LAROUSSE

MINI
DICCIONARIO

ESPAÑOL
FRANCÉS

FRANCÉS
ESPAÑOL

LAROUSSE

Para esta edición / Pour cette édition

CHLOÉ BOURBON   MARC CHABRIER

MICHAEL FUSARO   MERY MARTINELLI

GIOVANNI PICCI   DAVID TARRADAS

Para las ediciones anteriores / Pour les éditions précédentes

JOSÉ MARÍA ÁVILA JIMÉNEZ   MARC CHABRIER

ELVIRA DE MORAGAS   PABLO FERNÁNDEZ MORIANO

VALÉRIE KATZAROS   CARMEN MAGADÁN GARCÍA

ISABELLE NODAR COUTÉ   VÉRONIQUE PATARD

NURIA PEREZ SERRANO   VIRGINIE POUJADE

MONSERRAT BENITO SANFELIU   GABINO ALONSO

ISBN 84-8332-770-8 SPES EDITORIAL, S.L.,
Aribau 197-199, 3ª Planta 08021 Barcelona

ISBN 2-03-540245-X LAROUSSE, PARIS
21, rue du Montparnasse, 75283 Paris Cedex 06

Achevé d'imprimer en Janvier 2006
sur les presses de «La Tipografica Varese S.p.A.» à Varese (Italie)

LAROUSSE

MINI
DICTIONNAIRE

ESPAGNOL
FRANÇAIS

FRANÇAIS
ESPAGNOL

LAROUSSE

ÍNDICE

SOMMAIRE

El diccionario MINI ha sido concebido pensando especialmente en los principiantes y en los viajeros. Con sus más de 30.000 palabras y expresiones y más de 40.000 traducciones, este diccionario presenta no sólo el vocabulario general sino también las palabras de la vida cotidiana.

Se incluyen numerosos ejemplos e indicadores de sentido precisos que permiten aclarar el vocabulario esencial. Y se ha puesto especial cuidado en la presentación de los términos cuyo uso necesita una más amplia precisión.

A lo largo de esta obra, el lector podrá también descubrir varias notas culturales e información práctica que le permitirán tener una idea de conjunto de otro país.

Esperamos que esta obra sea de su agrado y no dude en enviarnos cualquier tipo de observación o sugerencia. "Bon Voyage !"

EL EDITOR

La gamme MINI Larousse a été conçue pour répondre aux besoins du débutant et du voyageur.

Avec plus de 30 000 mots et expressions et plus de 40 000 traductions, ce nouveau dictionnaire présente non seulement le vocabulaire général, mais aussi de nombreuses expressions permettant de déchiffrer panneaux de signalisation ou cartes de restaurant.

Le vocabulaire essentiel est éclairé par de nombreux exemples et des indicateurs de sens précis. La présentation est étudiée pour faciliter la consultation.

À la fois pratique et complet, cet ouvrage est une mine d'informations qui vous suivra partout. « Buen viaje », et n'hésitez pas à nous faire part de vos suggestions.

L'ÉDITEUR

Abreviaturas / Abréviations		
abreviatura	abr(ev)	abréviation
adjetivo	adj	adjectif
adverbio	adv	adverbe
español de América Latina	Amér	espagnol d'Amérique latine
anatomía	ANAT	anatomie
español de los Andes	Andes	espagnol des Andes
español de Argentina	Arg	espagnol d'Argentine
artículo	art	article
automóvil	AUTO	automobile
belgicismo	Belgique	belgicisme
español de Bolivia	Bol	espagnol de Bolivie
español de Centroamérica	Amér C	espagnol d'Amérique centrale
español del Caribe	Caribe	espagnol des Caraïbes
español de Chile	Chile	espagnol du Chili
español de Colombia	Col	espagnol de Colombie
comercio	COM(M)	commerce
conjunción	conj	conjonction
español del Cono Sur	C Sur	espagnol du cône sud
español de Cuba	Cuba	espagnol de Cuba
cocina	CULIN	cuisine
deportes	DEP	sports
derecho	DER	droit
despectivo	despec	péjoratif
derecho	DR	droit
español de Ecuador	Ecuad	espagnol d'Équateur
educación	EDUC	domaine scolaire
español de España	Esp	espagnol d'Espagne
exclamación	excl	interjection
femenino	f	féminin
familiar	fam	familier
figurado	fig	figuré

Abreviaturas / Abréviations		
finanzas	FIN	finance
formal	form	soutenu
femenino plural	fpl	féminin pluriel
gramática	GRAM(M)	grammaire
helvetismo	Suisse	helvétisme
informática	INFORM	informatique
exclamación	interj	interjection
invariable	inv	invariable
masculino	m	masculin
sustantivo masculino y femenino	mf	même forme pour le masculin et le féminin
sustantivo masculino y femenino (con una desinencia femenina)	m, f	nom masculin et féminin (avec une désinence féminine)
sustantivo ambiguo	m o f / m ou f	nom dont le genre est flottant
matemáticas	MAT(H)	mathématiques
medicina	MÉD / MED	médecine
español de México	Méx	espagnol du Mexique
militar	MIL	domaine militaire
masculino plural	mpl	masculin pluriel
música	MÚS / MUS	musique
sustantivo	n	nom
naútica	NAUT	navigation
sustantivo femenino	nf	nom féminin
sustantivo masculino	nm	nom masculin
sustantivo ambiguo	nm ou nf	nom dont le genre est flottant
sustantivo masculino y femenino (con una desinencia femenina)	nm, f	nom masculin et féminin (avec une désinence féminine)

Abreviaturas / Abréviations

sustantivo masculino y femenino	nmf	même forme pour le masculin et le féminin
número	núm / num	numéral
participio presente	p prés	participe présent
despectivo	péj	péjoratif
español de Perú	Perú	espagnol du Pérou
plural	pl	pluriel
política	POL	politique
participio pasado	pp	participe passé
prefijo	préf	préfixe
preposición	prep/prép	préposition
pronombre	pron	pronom
pronombre interrogativo	pron interr	pronom interrogatif
pronombre relativo	pron rel	pronom relatif
religión	RELIG	religion
español del Río de la Plata	R Plata	espagnol du Rio de la Plata
sustantivo	s	nom
educación	SCOL	domaine scolaire
singular	sing	singulier
formal	sout	soutenu
tecnología	TEC(H)	technologie
televisión	TV	télévision
verbo	v	verbe
verbo con preposición	v+prep	verbe suivi d'une préposition
verbo auxiliar	v aux	verbe auxiliaire
verbo copulativo	v copulativo	verbe suivi d'un attribut
verbo impersonal	v impers	verbe impersonnel
español de Venezuela	Ven	espagnol du Venezuela
verbo intransitivo	vi	verbe intransitif
verbo pronominal	vp	verbe pronominal
verbo transitivo	vt	verbe transitif
vulgar	vulg	vulgaire

La ordenación alfabética en español

En este diccionario se ha seguido la ordenación alfabética internacional. Esto significa que las entradas con *ch* aparecerán después de *cg* y no al final de *c*; del mismo modo las entradas con *ll* vendrán después de *lk* y no al final de *l*. Observe que la letra *ñ*, grafía particular del español, se ordena como letra independiente a continuación de la *n* antes de la *o*.

L'ordre alphabétique en espagnol

Ce dictionnaire respecte l'ordre alphabétique international. Le lecteur trouvera donc les entrées comprenant les consonnes *ch* dans l'ordre alphabétique strict, c'est-à-dire, après celles comprenant *cg* et non plus à la fin de la lettre *c*. De la même façon, les mots comprenant un *ll*, figurent après ceux comprenant *lk*, et non à la fin de la lettre *l*. Notons cependant, que le *ñ*, bien que lettre à part entière, figure à la fin de la lettre *n*.

	espagnol	français	commentaires
[i]	iris	fini	
[e]	estrella	bébé	
[a]	gato	lac	
[o]	otro	coco	
[u]	uno	coucou	mais *u* dans *que* ou *qui* et *gue* ou *gui* est muet, comme en français (sauf dans *güe* ou *güi*)
[ei̯]	peine, ley	Mireille	
[ai̯]	aire	pagaille	
[oi̯]	boina, soy	cow-boy	
[au̯]	causa	baobab	
[eu̯]	Europa		se prononce *éou*
[ɟ]	yeso, hierba	yoga	
[j]	ayer	ailleurs, yoyo	
[w]	huevo	oui, kiwi	
[p]	papá	pipe	
[t]	tiempo, tren	toi	
[k]	caro, cuco, saco, quiosco, que, kilo	cou	
[b]	boda, cambio, vaca, enviar	bon	
[β]	caballo, cavar, curvo		un *b* plus léger
[d]	donde	dire	
[ð]	cada, pardo		un *d* plus léger (en fin de mot, souvent omis dans la langue parlée)

X

	espagnol	français	commentaires
[g]	gas, tango, guerra	gaz	
[ɣ]	agosto, águila, agua		un *g* plus léger
[m]	mano, también	amour	
[n]	nada, antes, avión	noir, tenir	
[ɲ]	año	agneau	
[l]	ala, tal	lire	
[ɾ]	pero, tener, padre	roulé	
[r]	rosa, perro		*rr* est un *r* allongé
[s]	solo, casa, cortés	soupe	
[z]	resguardar	rose	
[f]	fiesta, frío	faire	
[tʃ]	ocho, China	atchoum	
[θ]	cerdo, cine, azul, paz		comme le *th* anglais dans *thing*, mais en Andalousie et en Amérique latine *s* comme dans *savon*
[x]	jamón, región		comme le *ch* allemand dans *nach*
[ʎ]	lluvia, calle		se rapproche du son contenu dans *million*

	francés	español	comentarios
[i]	fille, île	pipi	
[e]	année, mai	menos	
[ɛ]	bec, aime	cerdo, estable	una *e* más abierta
[a]	lac	para	
[o]	drôle, aube	loco	
[ɔ]	sol	cordero	una *o* más abierta
[u]	outil, goût	tú	
[y]	usage, lune		no existe en español; sonido intermedio entre la *i* y la *u*
[ø]	aveu, jeu		parecido a una *e* muda larga
[œ]	peuple, bœuf		no existe en español; sonido intermedio entre la *e* y la *o*
[ə]	le, je		no existe en español; corresponde a una *e* muda
[ã]	champ, ennui		sonido nasal parecido a *an* de *tango*
[ɛ̃]	timbre, main		sonido nasal parecido a *ein* de *veinte*
[õ]	ongle, mon		sonido nasal parecido a *on* de *conde*
[œ̃]	parfum, brun		sonido nasal parecido a *ein* de *veinte*
[j]	yeux, lieu	fiesta	
[w]	ouest, oui	muerte	
[ɥ]	lui, nuit	cuidado	no existe en español; sonido intermedio entre la *i* y la *u*

	francés	español	comentarios
[p]	prendre, gippe	poner	
[b]	bateau, rosbif	beber	
[t]	théâtre, temps	toro	
[d]	dalle, ronde	día	
[k]	coq, quatre	cama	
[g]	garder, épilogue	garganta	
[f]	fort, physique	feo	
[v]	voir, rive		sonido entre la f y la b, como en la pronunciación exagerada de la v española
[s]	savant, cela, français	así	
[z]	fraise, zoo	resguardar	s sonora, como un zumbido
[ʃ]	charrue, schéma		parecido a la ch andaluza al pronunciar chaval
[ʒ]	rouge, jeune		sonido parecido a la ll tal como se pronuncia en Argentina, etc.
[m]	ma, drame	mano	
[n]	nager, cône	nana	
[ŋ]	parking	angustia	
[ɲ]	agneau, peigner	niño	
[l]	halle, lit	pelo	
[r]	arracher, sabre		pronunciada con la garganta

El símbolo ['] representa la "h aspirada" francesa, por ejemplo *hacher*.	Le symbole ['] représente le « h aspiré » français, dans *hachis* ['aʃi], par exemple.
El símbolo ['] indica que la sílaba siguiente lleva el acento tónico.	Le symbole ['] indique que la syllabe suivante porte l'accent tonique.

Marcas registradas
El símbolo ® indica que la palabra en cuestión se considera marca registrada. Con todo, ni la presencia ni la ausencia de dicho símbolo afectan a la situación legal de cualquier marca.

Noms de marque
Les noms de marque sont désignés dans ce dictionnaire par le symbole ®. Néanmoins, ni ce symbole, ni son absence, ne sont représentatifs du statut légal de la marque.

A

a [a] *prep*
1. à ● a las **siete** à sept heures ● a la salida del cine à la sortie du cinéma ● voy a Sevilla je vais à Séville ● llegó a África/a Japón il est arrivé en Afrique/au Japon ● está a **cien** kilómetros c'est à cent kilómetres ● su casa está a la derecha/izquierda sa maison est à droite/gauche ● dáselo a Juan donne-le à Juan ● ¿a cuánto están las peras? à combien sont les poires ? ● ganaron por tres a cero ils ont gagné trois à zéro ● lavar a máquina/a mano laver à la machine/à la main
2. (*cuando de tiempo*) ● a las pocas semanas quelques semaines après ● al mes de casados au bout d'un mois de mariage
3. (*frecuencia, cantidad*) ● cuarenta horas a la semana quarante heures par semaine ● a cientos/miles par centaines/milliers
4. (*con complemento directo*) ● quiere a su hijo/gato il aime son fils/chat
5. (*modo*) à, en ● a la antigua à l'ancienne ● a escondidas en cachette
6. (*finalidad*) pour, à ● entró a pagar il entra pour payer ● aprender a nadar apprendre à nager
7. (*mandato*) ● ¡a comer! à table ! ● ¡a la cama! au lit !
8. (*en el momento de*) ● al llegar me encontré la casa vacía en arrivant j'ai trouvé la maison vide

a/c (*abr escrita de a cuenta*) sur le compte numéro...
abad, esa [aˈβað, esa] *m*, f abbé *m*, abbesse f
abadía [aβaˈðia] f abbaye f
abajo [aˈβaxo] *adv* **1.** (*de situación*) en dessous **2.** (*de dirección*) en bas ◇ *interj* ● ¡abajo la dictadura! à bas la dictature ! ● más abajo plus bas ● ir para abajo descendre ● el piso de abajo l'appartement du dessous
abalear [aβaleˈar] *vt* (*Andes, CAm & Ven*) tirer sur
abandonado, da [aβandoˈnaðo, ða] *adj* abandonné(e)
abandonar [aβandoˈnar] *vt* **1.** abandonner **2.** (*lugar*) quitter **3.** (*obligaciones*) négliger ● **abandonarse** *vp* **1.** (*en las obligaciones*) se laisser aller **2.** (*en el aspecto*) se négliger
abandono [aβanˈdono] *m* **1.** (*acción*) abandon *m* **2.** (*dejadez*) laisser-aller *m inv*
abanicarse [aβaniˈkarse] *vp* s'éventer
abanico [aβaˈniko] *m* éventail *m*
abarcar [aβarˈkar] *vt* **1.** (*incluir*) comprendre **2.** (*ver*) embrasser du regard
abarrotado, da [aβarroˈtaðo, ða] *adj* plein(e), bourré(e)
abarrotería [aβarroteˈria] f (CAm & Méx) épicerie f
abarrotero, ra [aβarroˈtero, ra] *m*, f (CAm & Méx) épicier *m*, -ère f
abarrotes [aβaˈrrotes] *mpl* (CAm & Méx) épicerie f
abastecer [aβasteˈθer] *vt* approvisionner ● **abastecerse** *vp* prep s'approvisionner en
abatible [aβaˈtiβle] *adj* inclinable

abatido, da [aβaˈtiðo, ða] *adj (desanimado)* abattu(e)

abatir [aβaˈtir] *vt (muro, árbol)* abattre

abdicar [aβðiˈkar] *vi* abdiquer

abdomen [aβˈðomen] *m* abdomen *m*

abdominales [aβðomiˈnales] *mpl* abdominaux *mpl*

abecedario [aβeθeˈðarjo] *m* alphabet *m*

abeja [aˈβexa] *f* abeille *f*

abejorro [aβeˈxoro] *m* bourdon *m*

aberración [aβeraˈθjon] *f (disparate)* aberration *f*

abertura [aβerˈtura] *f (agujero)* ouverture *f*

abeto [aˈβeto] *m* sapin *m*

abierto, ta [aˈβjerto, ta] *adj* ouvert(e) ● **estar abierto a** *(cambio, novedad)* être ouvert à

abismo [aˈβizmo] *m* abîme *m*

ablandar [aβlanˈdar] *vt* **1.** *(materia)* ramollir **2.** *(persona)* attendrir

abofetear [aβofeteˈar] *vt* gifler

abogado, da [aβoˈɣaðo, ða] *m, f* avocat *m, -e f*

abolición [aβoliˈθjon] *f* abolition *f*

abolir [aβoˈlir] *vt* abolir

abollar [aβoˈʎar] *vt* cabosser

abonado, da [aβoˈnaðo, ða] *adj* **1.** *(a servicio, revista)* abonné(e) **2.** *(a asociación)* inscrit(e) **3.** *(tierra)* fertilisé(e)

abonar [aβoˈnar] *vt* **1.** *(tierra)* fertiliser **2.** *(cuenta)* payer ● **abonarse a** *v prep* **1.** *(a servicio, revista)* s'abonner à **2.** *(a piscina, teatro)* prendre un abonnement à

abono [aˈβono] *m* **1.** *(del metro, autobús)* carte *f* d'abonnement **2.** *(para tierra)* engrais *m*

abordar [aβorˈðar] *vt* aborder

aborrecer [aβoreˈθer] *vt* avoir en horreur

abortar [aβorˈtar] *vi* **1.** *(intencionalmente)* avorter **2.** *(espontáneamente)* faire une fausse couche

aborto [aˈβorto] *m* **1.** *(intencional)* avortement *m* **2.** *(espontáneo)* fausse couche *f* **3.** *(fam) (persona fea)* avorton *m*

abrasador, ra [aβrasaˈðor, ra] *adj* **1.** *(sol)* brûlant(e) **2.** *(calor)* torride

abrasar [aβraˈsar] *vt* brûler

abrazadera [aβraθaˈðera] *f* anneau *m*

abrazar [aβraˈθar] *vt* serrer dans ses bras ● **abrazarse** *vp* s'étreindre

abrazo [aˈβraθo] *m* accolade *f* ● **dar un abrazo a alguien** embrasser qqn

abrebotellas [aβreβoˈteʎas] *m inv* ouvre-bouteille *m*

abrecartas [aβreˈkartas] *m inv* coupe-papier *m*

abrelatas [aβreˈlatas] *m inv* ouvre-boîte *m*

abreviar [aβreˈβjar] *vt* abréger

abreviatura [aβreβjaˈtura] *f* abréviation *f*

abridor [aβriˈðor] *m* **1.** *(para botellas)* décapsuleur *m* **2.** *(para latas)* ouvre-boîte *m*

abrigar [aβriˈɣar] *vt* couvrir ● **abrigarse** *vp* se couvrir

abrigo [aˈβriɣo] *m* manteau *m* ● **al abrigo de** à l'abri de

abril [aˈβril] *m* avril *m* ● **a principios/finales de abril** début/fin avril ● **a mediados de abril** à la mi-avril ● **el pasado/próximo (mes de) abril** en avril dernier/prochain ● **en abril** en avril ● **este (mes de) abril** *(pasado)* en avril dernier ; *(próximo)* en avril prochain ● **para abril** en

avril ● uno de los abriles más lluviosos l'un des mois d'avril les plus pluvieux ● **el doce de abril** le douze avril

abrillantador [aβriʎanta'ðor] *m* produit pour faire briller les sols

abrillantar [aβriʎan'tar] *vt* faire briller

abrir [a'βrir] *vt* 1. ouvrir 2. (alas) déployer 3. (agujero) percer ◇ *vi* ouvrir

abrochar [aβro'tʃar] *vt* 1. fermer 2. (cinturón) attacher ● **abrocharse** *vp* (camisa, abrigo) boutonner ● **abróchense los cinturones** attachez votre ceinture

abrumador, ra [aβruma'ðor, ra] *adj* accablant(e)

abrumarse [aβru'marse] *vp* être accablé(e)

abrupto, ta [a'βrupto, ta] *adj* (camino, terreno) abrupt(e)

ábside ['aβside] *m* abside f

absolución [aβsolu'θjon] *f* 1. DER acquittement *m* 2. RELIG absolution f

absolutamente [aβsoluta'mente] *adv* absolument

absoluto, ta [aβso'luto, ta] *adj* absolu(e) ● **en absoluto** pas du tout

absolver [aβsol'βer] *vt* ● absolver a de alguien (de) DER acquitter qqn (de) ; RELIG absoudre qqn (de)

absorbente [aβsor'βente] *adj* 1. (material) absorbant(e) 2. (actividad) prenant(e) 3. (persona) envahissant(e)

absorber [aβsor'βer] *vt* 1. (líquido) absorber 2. (suj: trabajo, persona) accaparer

absorto, ta [aβ'sorto, ta] *adj* ● **absorto en** plongé dans

abstemio, mia [aβs'temjo, mja] *adj* ● es abstemio il ne boit pas d'alcool

abstención [aβsten'θjon] *f* abstention f

abstenerse [aβste'nerse] ● **abstenerse de** *v prep* s'abstenir de

abstinencia [aβsti'nenθja] *f* abstinence f ● **hacer abstinencia** faire abstinence

abstracto, ta [aβs'trakto, ta] *adj* abstrait(e)

absurdo, da [aβ'surðo, ða] *adj* absurde

abuelo, la [a'βwelo, la] *m, f* 1. (familiar) grand-père m, grand-mère f 2. (fam) (anciano) pépé m, mémé f ● **abuelos** *mpl* grands-parents mpl

abultado, da [aβul'taðo, ða] *adj* volumineux(euse)

abultar [aβul'tar] *vi* prendre de la place

abundancia [aβun'danθja] *f* abondance f

abundante [aβun'dante] *adj* abondant(e)

aburrido, da [aβu'riðo, ða] *adj* ennuyeux(euse) ● **estar aburrido (harto)** en avoir assez

aburrimiento [aβuri'mjento] *m* ennui m

aburrir [aβu'rir] *vt* ennuyer ● **aburrirse** *vp* s'ennuyer

abusar [aβu'sar] ● **abusar de** *v prep* abuser de

abusivo, va [aβu'siβo, βa] *adj* 1. (precio) abusif(ive) 2. (Amér) (descarado) effronté(e) 3. (Amér) (que abusa) ● **es abusivo** c'est un profiteur

abuso [a'βuso] *m* abus m

acá [a'ka] *adv* ici ◇ *pron* (Amér) ● **acá es mi hermana María** voici ma sœur María

acabado, da [aka'βaðo, ða] *vt* 1. (concluir) finir 2. (provisiones) épuiser ◇ *vi* 1. finir ● **acabar bien/mal** finir bien/mal

2. (*volverse*) devenir ● acabó loco il est devenu fou

◆ **acabar con** *v prep* en finir avec ● acabó con mi paciencia il m'a poussé(e) à bout ● **acabar con alguien** (*fig*) achever qqn ◆ **acabar de** *v prep* (*haber ocurrido recientemente*) ● acabo de llegar je viens d'arriver

◆ **acabar en** *v prep* finir en ● esta palabra acaba en n ce mot finit en n ◆ **acabarse** *vp* (*agotarse*) ● se acabó el petróleo il n'y a plus de pétrole

academia [aka'ðemja] *f* **1.** (*escuela*) école *f* **2.** (*de ciencias, arte*) académie *f*

académico, ca [aka'ðemiko, ka] *adj* **1.** académique **2.** (*curso*) scolaire ◇ *m, f* académicien *m*, -enne *f*

acalorado, da [akalo'raðo, ða] *adj* **1.** (*exaltado*) échauffé(e) **2.** (*apasionado*) emporté(e) ● **estar acalorado** (*por el calor*) avoir chaud

acalorarse [akalo'rarse] *vp* **1.** (*por un esfuerzo*) avoir chaud **2.** (*excitarse*) s'échauffer

acampada [akam'paða] *f* camping *m* ● **ir de acampada** faire du camping

acampanado, da [akampa'naðo, ða] *adj* en forme de cloche

acampar [akam'par] *vi* camper

acantilado [akanti'laðo] *m* falaise *f*

acaparar [akapa'rar] *vt* accaparer

acápite [a'kapite] *m* (*Amér*) paragraphe *m*

acariciar [akari'θjar] *vt* caresser

acaso [a'kaso] *adv* peut-être ● **por si acaso** au cas où

acatarrarse [akata'rarse] *vp* s'enrhumer

acaudalado, da [akauða'laðo, ða] *adj* fortuné(e)

acceder [akθe'ðer] ◆ **acceder a** *v prep* **1.** (*lugar*) accéder à **2.** (*petición*) consentir à

accesible [akθe'sißle] *adj* accessible

acceso [ak'θeso] *m* **1.** (*a un lugar*) INFORM accès *m* **2.** (*a poder*) accession *f* ▼ **acceso pasajeros** accès à bord

accesorio, ria [akθe'sorjo, ja] *m* **1.** (*de coche*) accessoire *m* **2.** (*de cocina*) ustensile *m*

accidentado, da [akθiðen'taðo, ða] *adj* **1.** (*viaje, carrera*) mouvementé(e) **2.** (*terreno*) accidenté(e)

accidental [akθiðen'tal] *adj* accidentel(elle)

accidente [akθi'ðente] *m* accident *m* ● **accidente geográfico** accident de terrain ● **accidente laboral** accident du travail ● **por accidente** par hasard

acción [ak'θjon] *f* **1.** (*acto*) action *f* **2.** (*hecho*) acte *m* ◆ **acciones** *fpl* (*en bolsa*) actions *fpl*

acechar [aθe'tʃar] *vt* guetter

aceite [a'θejte] *m* huile *f* ● **aceite de girasol/de oliva** huile de tournesol/d'olive

aceitoso, sa [aθej'toso, sa] *adj* huileux(euse)

aceituna [aθej'tuna] *f* olive *f* ● **aceitunas rellenas** olives farcies (*d'anchois ou de poivrons*)

acelerador [aθelera'ðor] *m* accélérateur *m*

acelerar [aθele'rar] *vt & vi* accélérer

acelga [a'θelɣa] *f* bette *f*

acento [a'θento] *m* accent *m*

acentuación [aθentua'θjon] *f* accentuation *f*

acentuar [aθentu'ar] *vt* accentuer

aceptable [aθep'taβle] *adj* acceptable

aceptación [aθepta'θjon] *f* acceptation *f*

aceptar [aθep'tar] *vt* accepter

acequia [a'θekja] *f* canal *m* d'irrigation

acera [a'θera] *f* trottoir *m*

acerca [a'θerka] ◆ **acerca de** *prep* au sujet de

acercar [aθer'kar] *vt* (*aproximar*) approcher ◆ **acércame la sal** passe-moi le sel ◆ **acercarse** *vp* 1. (*día, fecha*) approcher 2. (*persona, animal*) s'approcher ◆ **acercarse a** *v prep* 1. (*lugar*) approcher de 2. (*persona, animal*) s'approcher de 3. (*solución, idea*) être proche de

acero [a'θero] *m* acier *m* ◆ **acero inoxidable** acier inoxydable

acertado, da [aθer'taðo, ða] *adj* 1. (*respuesta*) bon (bonne) 2. (*disparo*) dans le mille

acertar [aθer'tar] *vt* (*respuesta, solución*) trouver ◆ **acertar con** *v prep* 1. (*hallar*) trouver 2. (*elegir bien*) bien choisir ◆ **acertar en** *v prep* 1. (*dar en*) atteindre 2. (*elegir bien*) bien choisir

acertijo [aθer'tixo] *m* devinette *f*

achinado, da [atʃi'naðo, ða] *adj* (*Amer*) d'origine indienne

ácido, da ['aθiðo, ða] *adj* acide ◇ *m* acide *m*

acierto [a'θjerto] *m* 1. (*en respuesta*) bonne réponse *f* 2. (*habilidad*) discernement *m*

aclamar [akla'mar] *vt* acclamer

aclarar [akla'rar] *vt* (*ropa, platos*) rincer ◇ *v impers* ◆ **está aclarando** le temps se lève ◆ **aclararse** *vp* (*fam*) comprendre

aclimatación [aklimata'θjon] *f* acclimatation *f*

aclimatar [aklima'tar] *vt* acclimater ◆ **aclimatarse** *vp* s'acclimater

acogedor, ra [akoxe'ðor, ra] *adj* accueillant(e)

acoger [ako'xer] *vt* accueillir

acogida [ako'xiða] *f* accueil *m*

acomodado, da [akomo'ðaðo, ða] *adj* (*rico*) aisé(e)

acomodador, ra [akomoða'ðor, ra] *m, f* ouvreur *m*, -euse *f*

acomodarse [akomo'ðarse] *vp* (*aposentarse*) s'installer

acompañamiento [akompaɲa'mjento] *m* 1. (*de plato*) garniture *f* 2. (*en música*) accompagnement *m*

acompañante [akompa'ɲante] *mf* compagnon *m*, compagne *f*

acompañar [akompa'ɲar] *vt* 1. (*hacer compañía*) accompagner 2. (*adjuntar*) joindre ◆ **le acompaño en el sentimiento** je vous présente mes condoléances

acomplejado, da [akomple'xaðo, ða] *adj* complexé(e)

acondicionado, da [akondiθjo'naðo, ða] *adj* (*espacio*) aménagé(e)

acondicionador [akondiθjona'ðor] *m* après-shampoing *m*

acondicionar [akondiθjo'nar] *vt* aménager

aconsejable [akonse'xaβle] *adj* recommandé(e)

aconsejar [akonse'xar] *vt* conseiller

acontecer [akonte'θer] *v impers* arriver

acontecimiento [akonteθi'mjento] *m* événement *m*

acoplar [ako'plar] *vt* 1. *(encajar)* ajuster 2. *(adaptar)* adapter

acordado, da [akor'ðaðo, ða] *adj* convenu(e)

acordar [akor'ðar] *vt (decidir)* décider ◆ **acordarse de** *v prep (recordar)* ● **acordarse de algo** se souvenir de qqch ● **acordarse de hacer algo** penser à faire qqch

acorde [a'korðe] *adj (conforme)* en accord ◇ *m* accord *m* ● **acorde con** en accord avec

acordeón [akorðe'on] *m* accordéon *m*

acortar [akor'tar] *vt* 1. *(en tiempo)* écourter 2. *(en espacio)* raccourcir

acosar [ako'sar] *vt* 1. *(perseguir)* traquer 2. *(molestar)* harceler

acoso [a'koso] *m* poursuite *f*

acostar [akos'tar] *vt* coucher ◆ **acostarse** *vp* se coucher ● **acostarse con alguien** *(fam)* coucher avec qqn

acostumbrar [akostum'brar] *vt* ● **acostumbrar a alguien a** habituer qqn à ◆ **acostumbrar a** *v prep* avoir l'habitude de ◆ **acostumbrarse a** *v prep* s'habituer à

acotamiento [akota'mjento] *m (Amér)* bas-côté *m*

acreditado, da [akreði'taðo, ða] *adj* réputé(e)

acreditar [akreði'tar] *vt (con documentos)* certifier

acrílico, ca [a'kriliko, ka] *adj* acrylique

acrobacia [akro'βaθja] *f* acrobatie *f*

acróbata [a'kroβata] *mf* acrobate *mf*

acta ['akta] *f (de una reunión)* compte-rendu *m*

actitud [akti'tuð] *f* attitude *f*

activar [akti'βar] *vt* activer

actividad [aktiβi'ðað] *f* activité *f* ◆ **actividades** *fpl (tareas)* devoirs *mpl*

activo, va [ak'tiβo, βa] *adj* actif(ive)

acto ['akto] *m* acte *m* ● **acto seguido** tout de suite après ● **en el acto** sur-le-champ

actor, triz [ak'tor, 'triθ] *m, f* acteur *m*, -trice *f*

actuación [aktwa'θjon] *f* 1. *(acto, hecho)* conduite *f* 2. *(en el cine, teatro)* jeu *m*

actual [aktu'al] *adj* actuel(elle)

actualidad [aktuali'ðað] *f* actualité *f* ◆ **de actualidad** d'actualité ● **en la actualidad** à l'heure actuelle

actualización [aktualiθa'θjon] *f* mise à jour

actualizar [aktuali'θar] *vt* actualiser

actualmente [aktu͵al'mente] *adv* actuellement

actuar [aktu'ar] *vi* 1. agir 2. *(en cine, teatro)* jouer

acuarela [akwa'rela] *f* aquarelle *f*

acuario [a'kwarjo] *m* aquarium *m* ◆ **Acuario** *m* Verseau *m*

acuático, ca [a'kwatiko, ka] *adj* aquatique

acudir [aku'ðir] ◆ **acudir a** *vp (lugar, cita)* aller à, se rendre à

acueducto [akwe'ðukto] *m* aqueduc *m*

acuerdo [a'kwerðo] *m* accord *m* ● **de acuerdo** d'accord ● **estar de acuerdo** être d'accord ● **ponerse de acuerdo** se mettre d'accord

acumulación [akumula'θjon] *f* accumulation *f*

acumular [akumu'lar] *vt* accumuler

acupuntura [akupun'tura] *f* acupuncture *f*

acusación [akusa'θjon] *f* accusation *f*

acusado, da [aku'saðo, ða] *m, f* accusé *m, -e f*

acusar [aku'sar] *vt* ● acusar a alguien de accuser qqn de

acústica [a'kustika] *f* acoustique *f*

adaptación [aðapta'θjon] *f* adaptation *f*

adaptador [aðapta'ðor] *m* adaptateur *m*

adaptarse [aðap'tarse] ● **adaptarse a** *v prep* s'adapter à

adecuado, da [aðe'kwaðo, ða] *adj* adéquat(e)

adecuar [aðe'kwar] *vt* adapter ● **adecuarse a** *v prep* (acostumbrarse a) s'adapter à

a. de J.C. (*abr escrita de antes de Jesucristo*) av. J. C. (*avant Jésus-Christ*)

adelantado, da [aðelan'taðo, ða] *adj* **1.** (*trabajo, tarea*) avancé(e) **2.** (*alumno*) en avance **3.** (*pago*) anticipé(e) ● **ir adelantado** (*reloj*) avancer ● **por adelantado** d'avance

adelantamiento [aðelanta'mjento] *m* (*de persona, vehículo*) dépassement *m*

adelantar [aðelan'tar] *vt* **1.** avancer **2.** (*sobrepasar*) dépasser ◇ *vi* (*reloj*) avancer ● **adelantar una reunión** avancer une reunión ● **adelantarse** *vp* être en avance

adelante [aðe'lante] *adv* ● **más adelante** (*en tiempo*) plus tard ; (*en espacio*) plus loin ◇ *interj* **1.** (*siga*) en avant ! **2.** (*pase*) entrez ! ● **en adelante** dorénavant

adelanto [aðe'lanto] *m* **1.** (*progreso*) progrès *m* **2.** (*en carretera*) dépassement *m* **3.** (*de dinero*) avance *f*

adelgazante [aðelɣa'θante] *adj* amaigrissant(e)

adelgazar [aðelɣa'θar] *vt* (*kilos*) perdre ◇ *vi* maigrir

además [aðe'mas] *adv* en plus ● **además de ser caro es malo** non seulement c'est cher, mais en plus c'est mauvais

adentro [a'ðentro] *adv* dedans, à l'intérieur

adherente [aðe'rente] *adj* adhésif(ive)

adherir [aðe'rir] *vt* coller ● **adherirse a** *v prep* adhérer à

adhesión [aðe'sjon] *f* adhésion *f*

adhesivo, va [aðe'siβo, βa] *adj* adhésif(ive) ◇ *m* autocollant *m*

adicción [aðik'θjon] *f* dépendance *f*

adición [aði'θjon] *f* **1.** (*incorporación*) ajout *m* **2.** (*suma*) addition *f*

adicional [aðiθjo'nal] *adj* supplémentaire

adicto, ta [a'ðikto, ta] *adj* dépendant(e) ● **adicto a** (*partidario*) partisan de ; (*las drogas*) dépendant de

adiós [a'ðjos] *m* adieu *m* ◇ *interj* au revoir !

adivinanza [aðiβi'nanθa] *f* devinette *f*

adivinar [aðiβi'nar] *vt* deviner

adivino, na [aði'βino, na] *m, f* devin *m*, devineresse *f*

adjetivo [aðxe'tiβo] *m* adjectif *m*

adjuntar [aðxun'tar] *vt* **1.** joindre **2.** INFORM attacher ● **adjuntar un archivo** attacher un fichier ● **le adjunto...** vous trouverez ci-joint...

administración [aðministra'θjon] *f* administration *f* ● **la Administración** l'Administration

administrador [aðministra'ðor] *m* ● **administrador de (sitio) web** webmestre *m*

administrar [aðminis'trar] *vt* **1.** administrer **2.** (*organizar*) gérer

administrativo, va [aðminis'tɾatiβo, βa] *adj* administratif(ive) ◇ *m, f* employé *m*, -e *f* de bureau

admiración [aðmiɾa'θjon] *f* admiration *f*

admirar [aðmi'ɾaɾ] *vt* **1.** admirer **2.** *(provocar sorpresa)* étonner

admisible [aðmi'siβle] *adj* admissible

admitir [aðmi'tiɾ] *vt* admettre

admón. *abr escrita de* administración

adobe [a'ðoβe] *m* pisé *m*

adolescencia [aðoles'θenθja] *f* adolescence *f*

adolescente [aðoles'θente] *adj & mf* adolescent(e)

adonde [a'ðonde] *adv* où ● la ciudad adonde vamos la ville où nous allons

adónde [a'ðonde] *adv* où ● ¿adónde vas? où vas-tu ?

adopción [aðop'θjon] *f* adoption *f*

adoptar [aðop'taɾ] *vt* adopter

adoptivo, va [aðop'tiβo, βa] *adj* adoptif(ive)

adoquín [aðo'kin] *m* pavé *m*

adorable [aðo'ɾaβle] *adj* adorable

adoración [aðoɾa'θjon] *f* adoration *f*

adorar [aðo'ɾaɾ] *vt* adorer

adornar [aðoɾ'naɾ] *vt* décorer

adorno [a'ðoɾno] *m* décoration *f*

adosado, da [aðo'saðo, ða] *adj* adossé(e) ● casa adosada, chalé adosado *maison séparée d'une maison jumelle par un mur mitoyen*

adquirir [aðki'ɾiɾ] *vt* acquérir

adquisición [aðkisi'θjon] *f* acquisition *f*

adquisitivo, va [aðkisi'tiβo, βa] *adj* ● poder adquisitivo pouvoir *m* d'achat

adrede [a'ðɾeðe] *adv* exprès

ADSL ['a'ðe'ese'ele] *(abr de Asynchronous Digital Subscriber Line) m* ADSL *f*

aduana [a'ðwana] *f* douane *f*

aduanero, ra [aðwa'neɾo, ɾa] *adj & m, f* douanier(ère)

adulterio [aðul'teɾjo] *m* adultère *m*

adúltero, ra [a'ðulteɾo, ɾa] *adj & m, f* adultère

adulto, ta [a'ðulto, ta] *adj & m, f* adulte

adverbio [að'βeɾβjo] *m* adverbe *m*

adversario, ria [aðβeɾ'saɾjo, ɾja] *m, f* adversaire *mf*

adverso, sa [að'βeɾso, sa] *adj* adverse

advertencia [aðβeɾ'tenθja] *f* avertissement *m*

advertir [aðβeɾ'tiɾ] *vt* **1.** *(avisar)* avertir **2.** *(notar)* remarquer

aéreo, a [a'eɾeo, a] *adj* aérien(enne)

aeromodelismo [aeɾomoðe'lizmo] *m* aéromodélisme *m*

aeromoza [aeɾo'moθa] *f (Amér)* hôtesse *f* de l'air

aeronave [aeɾo'naβe] *f* aéronef *m*

aeropuerto [aeɾo'pweɾto] *m* aéroport *m*

aerosol [aeɾo'sol] *m* aérosol *m*

afán [a'fan] *m* **1.** *(deseo)* désir *m* **2.** *(en el trabajo)* ardeur *f*

afear [afe'aɾ] *vt* enlaidir

afección [afek'θjon] *f (enfermedad)* affection *f*

afectado, da [afek'taðo, ða] *adj* affecté(e) ● afectado de o por *(enfermedad)* atteint de

afectar [afek'taɾ] *vt* **1.** affecter **2.** *(concernir)* concerner

afectivo, va [afek'tiβo, βa] *adj* sensible

afecto [a'fekto] *m* affection *f*

afectuoso, sa [afektuo'so, sa] *adj* affectueux(euse)

afeitado, da [afej'taðo, ða] *adj* rasé(e) ◇ *m* rasage *m*

afeitarse [afej'tarse] *vp* se raser

afeminado, da [afemi'naðo, ða] *adj* efféminé(e)

afiche [a'fitʃe] *m* (*Amér*) affiche *f*

afición [afi'θjon] *f* 1. (*inclinación*) goût *m* 2. (*partidarios*) supporters *mpl* ● tener afición a algo aimer qqch

aficionado, da [afiθjo'naðo, ða] *adj* ● aficionado a amateur de

aficionarse [afiθjo'narse] ● aficionarse a *v prep* 1. (*interesarse por*) se passionner pour 2. (*habituarse a*) prendre goût à

afilado, da [afi'laðo, ða] *adj* aiguisé(e)

afilar [afi'lar] *vt* aiguiser

afiliado, da [afi'ljaðo, ða] *adj* affilié(e) ● afiliado a affilié à

afiliarse [afi'ljarse] ● afiliarse a *v prep* s'affilier à

afín [a'fin] *adj* (*gustos, ideas*) commun(e)

afinar [afi'nar] *vt* 1. (*instrumento*) accorder 2. (*tiro, puntería*) ajuster ◇ *vi* 1. (*cantar*) chanter juste 2. (*tocar*) jouer juste

afinidad [afini'ðað] *f* affinité *f*

afirmación [afirma'θjon] *f* affirmation *f*

afirmar [afir'mar] *vt* affirmer

afirmativo, va [afirma'tiβo, βa] *adj* affirmatif(ive)

afligido, da [afli'xiðo, ða] *adj* affligé(e)

afligir [afli'xir] *vt* affliger ● afligirse *vp* être affligé(e)

aflojar [aflo'xar] *vt* 1. (*cinturón, nudo*) desserrer 2. (*cuerda*) donner du mou ◇ *vi* 1. (*en esfuerzo*) se relâcher 2. (*fig*) (*ceder*) lâcher du lest

afluencia [a'flweanθja] *f* affluence *f*

afluente [a'flwente] *m* affluent *m*

afónico, ca [a'foniko, ka] *adj* aphone

aforo [a'foro] *m* (*de un local*) nombre *m* de places

afortunadamente [afortu,naða'mente] *adv* heureusement

afortunado, da [afortu'naðo, ða] *adj* 1. (*con suerte*) chanceux(euse) 2. (*oportuno*) heureux(euse) ● afortunado en heureux en

África ['afrika] *s* Afrique *f*

africano, na [afri'kano, na] *adj* africain(e) ◇ *m, f* Africain *m*, -e *f*

afrodisíaco [afroði'siako] *m* aphrodisiaque *m*

afrutado, da [afru'taðo, ða] *adj* fruité(e)

afuera [a'fwera] *adv* dehors ● afueras *fpl* ● las afueras de la banlieue

agarrar [aya'rar] *vt* 1. saisir 2. (*fam*) (*enfermedad*) attraper ● agarrarse a *v prep* 1. (*oportunidad*) saisir 2. (*pretexto*) recourir à

agencia [a'xenθja] *f* agence *f* ● agencia de viajes agence de voyages

agenda [a'xenda] *f* 1. agenda *m* 2. (*actividades*) programme *m* ● apuntar una cita en la agenda noter un rendez-vous dans son agenda

agente [a'xente] *mf* agent *m* ● agente de policía agent de police

ágil ['axil] *adj* 1. (*movimiento*) agile 2. (*mente*) vif (vive)

agilidad [axili'ðað] *f* 1. (*del cuerpo*) agilité *f* 2. (*de la mente*) vivacité *f*

agitación [axita'θjon] *f* agitation *f*

agitado, da [axi'taðo, ða] *adj* agité(e)

agitar [axi'tar] vt agiter ◆ **agitarse** vp **1.** (removerse) s'agiter **2.** (inquietarse) s'inquiéter

agnóstico, ca [aɣ'nostiko, ka] adj agnostique

agobiado, da [aɣo'βjaðo, ða] adj ◆ **estar agobiado por el trabajo** être débordé de travail ● **estar agobiado por los problemas** être accablé par les problèmes

agobiar [aɣo'βjar] vt **1.** (suj: problema, trabajo) accabler **2.** (suj: persona) angoisser ◆ **agobiarse** vp **1.** (con trabajo) être débordé(e) **2.** (con problemas) se faire du souci

agosto [a'ɣosto] m août m ● **a principios/finales de agosto** début/fin août ● **a mediados de agosto** à la mi-août ● **el pasado/próximo (mes de) agosto** en août dernier/prochain ● **en agosto** en août ● **este (mes de) agosto** (pasado) en août dernier ; (próximo) en août prochain ● **para agosto** en août ● **uno de los agostos más calurosos** l'un des mois d'août les plus chauds ● **el quince de agosto** le quinze août

agotado, da [aɣo'taðo, ða] adj épuisé(e)

agotador, ra [aɣota'ðor, ra] adj épuisant(e)

agotamiento [aɣota'mjento] m épuisement m

agotar [aɣo'tar] vt épuiser ◆ **agotarse** vp **1.** (suj: persona) s'épuiser **2.** (suj: producto) être épuisé(e)

agradable [aɣra'ðaβle] adj agréable

agradar [aɣra'ðar] vi plaire

agradecer [aɣraðe'θer] vt ● **agradecer (algo) a alguien** remercier qqn (de qqch)

agradecido, da [aɣraðe'θiðo, ða] adj reconnaissant(e)

agradecimiento [aɣraðeθi'mjento] m reconnaissance f

agredir [aɣre'ðir] vt agresser

agregado, da [aɣre'ɣaðo, ða] adj ajouté(e) ◇ m, f (en embajada) attaché m, -e f

agregar [aɣre'ɣar] vt ajouter

agresión [aɣre'sjon] f agression f

agresivo, va [aɣre'siβo, βa] adj agressif(ive)

agresor, ra [aɣre'sor, ra] m, f agresseur m

agreste [a'ɣreste] adj (paisaje) sauvage

agrícola [a'ɣrikola] adj agricole

agricultor, ra [aɣrikul'tor, ra] m, f agriculteur m, -trice f

agricultura [aɣrikul'tura] f agriculture f

agridulce [aɣri'ðulθe] adj aigre-doux (aigre-douce)

agrio, gria ['aɣrjo, ɣrja] adj **1.** (sabor) aigre **2.** (carácter) âpre

agrupación [aɣrupa'θjon] f groupe m

agrupar [aɣru'par] vt grouper

agua ['aɣwa] f **1.** (líquido) eau f **2.** (lluvia) pluie f ● **agua corriente** eau courante ● **agua de colonia** eau de Cologne ● **agua mineral** eau minérale ● **agua mineral con/sin gas** eau gazeuse/plate ● **agua oxigenada** eau oxygénée ● **agua potable** eau potable ● **agua tónica** ≃ Schweppes® m ◆ **aguas** fpl (mar) eaux fpl

aguacate [aɣwa'kate] m avocat m

aguacero [aɣwa'θero] m averse f

aguafiestas [aɣwa'fjestas] mf inv rabat-joie m inv

aguamiel [aɣwa'mjel] f (Méx & Carib) eau mélangée à du sucre de canne

aguanieve [aɣwa'njeβe] f neige f fondue

aguantar [aɣwan'tar] *vt* supporter ◇ *vi* (*durar*) résister ● **no aguantar a alguien** (*aborrecer*) ne pas supporter qqn ◆ **aguantarse** *vp* 1. (*contenerse*) se retenir 2. (*resignarse*) faire avec

aguardar [aɣwar'ðar] *vt* & *vi* attendre

aguardiente [aɣwar'ðjente] *m* eau-de-vie *f*

aguarrás [aɣwa'ras] *m* white-spirit *m*

agudeza [aɣu'ðeθa] *f* (*de ingenio*) finesse *f*

agudo, da [a'ɣuðo, ða] *adj* aigu(uë) ● **palabra aguda** mot accentué sur la dernière syllabe

águila ['aɣila] *f* aigle *m*

aguinaldo [aɣi'naldo] *m* étrennes *fpl*

aguja [a'ɣuxa] *f* 1. aiguille *f* 2. (*de pelo*) pique *f* ● **aguja hipodérmica** seringue *f* hypodermique

agujerear [aɣuxere'ar] *vt* percer des trous dans

agujero [aɣu'xero] *m* trou *m*

agujetas [aɣu'xetas] *fpl* courbatures *fpl*

ahí [a'i] *adv* là ● **ahí viene** le voilà ● **de ahí que** d'où le fait que ● **por ahí** (*por el lugar*) par là ● **por ahí va la cosa** c'est à peu près ça

ahijado, da [ai'xaðo, ða] *m, f* 1. (*de un padrino*) filleul *m*, -e *f* 2. (*en adopción*) protégé *m*, -e *f*

ahogado, da [...] ...enn *f* ... *m*, -e *f*

ahogarse [ao'ɣarse] *vp* 1. (*en agua*) se noyer 2. (*asfixiarse*) s'étouffer 3. (*sofocarse*) s'étrangler ● **ahogarse en un vaso de** agua se noyer dans un verre d'eau

ahora [a'ora] *adv* maintenant ● **por ahora** pour le moment ● **ahora bien** cela dit ● **ahora mismo** tout de suite

ahorcar [aor'kar] *vt* pendre ◆ **ahorcarse** *vp* se pendre

ahorita [ao'rita] *adv* (*Andes, CAm, Carib & Méx*) tout de suite

ahorrar [ao'rar] *vt* 1. (*dinero, energía, esfuerzos*) économiser 2. (*en el banco*) épargner 3. (*disgustos*) éviter

ahorro [a'oro] *m* 1. (*de energía*) économie *f* 2. (*de tiempo*) gain *m* ◆ **ahorros** *mpl* (*cantidad*) économies *fpl*

ahuecar [awe'kar] *vt* 1. (*lo compacto*) creuser 2. (*vaciar*) évider

ahumado, da [au'maðo, ða] *adj* fumé(e)

airbag® ['erβaɣ] *m* airbag® *m*

aire ['aire] *m* 1. air *m* 2. (*gracia, garbo*) allure *f* ● **aire acondicionado** air conditionné ● **al aire** (*al descubierto*) à l'air ● **al aire libre** (*en el exterior*) en plein air ● **darse** aires (*fig*) se donner de grands airs

airear [aire'ar] *vt* aérer

airoso, sa [ai'roso, sa] *adj* (*garboso*) gracieux(euse) ● **salir airoso de algo** se tirer brillamment de qqch

aislado, da [ajz'laðo, ða] *adj* isolé(e)

aislamiento [ajzla'mjento] *m* isolement *m*

aislante [ajz'lante] *adj* isolant(e)

aislar [ajz'lar] *vt* isoler ◆ **aislarse** *vp* s'isoler

ajedrez [axe'ðreθ] *m* échecs *mpl*

ajeno, na [a'xeno, na] *adj* d'autrui ● **ajeno a** étranger à

ajetreo [axe'treo] *m* agitation *f*

ají [a'xi] *m* (*Andes, RP & Ven*) piment *m* ● **ponerse como un ají** (*fam*) piquer un fard

ajiaco [a'xjako] *m* (*Amér*) ragoût aux piments

ajillo [aˈxiʎo] **• al ajillo** *adv* avec une sauce à base d'huile, d'ail et de piment

ajo [ˈaxo] *m* ail *m* **• estar en el ajo** *(fam) (de un problema, situación)* être dans le coup

ajuar [aˈxwar] *m* trousseau *m*

ajustado, da [axusˈtaðo, ða] *adj* **1.** *(ropa)* moulant(e) **2.** *(precio)* raisonnable

ajustar [axusˈtar] *vt* **1.** *(encajar)* ajuster **2.** *(precios, condiciones)* négocier **3.** IN-FORM régler **• ajustarse a** *v prep* s'adapter à

al [al] **>** a, el

ala [ˈala] *f* **1.** *(de ave)* aile *f* **2.** *(de sombrero)* bord *m*

alabanza [alaˈβanθa] *f* louange *f*

alabar [alaˈβar] *vt* vanter

alabastro [alaˈβastro] *m* albâtre *m*

alacena [alaˈθena] *f* placard *m* à provisions

alambre [aˈlambre] *m* **1.** *(de metal)* fil *m* de fer **2.** *(Amér)* brochette de viande ou de poisson avec des légumes

alameda [alaˈmeða] *f* promenade *f* *(bordée d'arbres)*

álamo [ˈalamo] *m* peuplier *m*

alardear [alarðeˈar] **• alardear de** *v prep* se targuer de

alargar [alarˈɣar] *vt* **1.** *(falda, pantalón)* rallonger **2.** *(situación)* prolonger **• alargar algo a alguien** *(acercar)* passer qqch à qqn **• alagarse** *vp (en discurso, conferencia)* parler longuement

alarma [aˈlarma] *f* alarme *f* **• dar la (voz de) alarma** donner l'alerte

alarmante [alarˈmante] *adj* alarmant(e)

alarmar [alarˈmar] *vt* alarmer **• alarmarse** *vp* s'alarmer

alba [ˈalβa] *f* aube *f*

albañil [alβaˈɲil] *m* maçon *m*

albarán [alβaˈran] *m* bon *m* de livraison

albaricoque [alβariˈkoke] *m (Esp)* abricot *m*

albatros [alˈβatros] *m inv* albatros *m*

albedrío [alβeˈðrio] *m* **• a su albedrío** à sa guise

alberca [alˈβerka] *f (Méx)* piscine *f*

albergar [alβerˈɣar] *vt* **1.** *(personas)* héberger **2.** *(odio)* nourrir **3.** *(esperanzas)* caresser **• albergarse** *vp* loger

albergue [alˈβerɣe] *m (de montaña)* refuge *m* **• albergue juvenil** auberge *f* de jeunesse

albóndiga [alˈβondiɣa] *f* boulette *f* de viande **• albóndigas a la jardinera** *boulettes de viande en sauce avec des légumes*

albornoz, ces [alβorˈnoθ, θes] *m* peignoir *m (de bain)*

alborotado, da [alβoroˈtaðo, ða] *adj* **1.** *(persona)* agité(e) **2.** *(enfant)* turbulent(e) **3.** *(cabello)* ébouriffé(e)

alborotar [alβoroˈtar] *vt* **1.** *(perturbar)* troubler **2.** *(amotinar)* soulever **3.** *(desordenar)* mettre en désordre ◇ *vi* chahuter **• alborotarse** *vp* s'affoler

alboroto [alβoˈroto] *m* **1.** *(ruido)* vacarme *m* **2.** *(jaleo)* agitation *f* **3.** *(desorden)* désordre *m*

albufera [alβuˈfera] *f* marécage *m (du Levant espagnol)*

álbum [ˈalβum] *m* album *m* **• álbum de fotos** album photos **• álbum familiar** album de famille

alcachofa [alkaˈtʃofa] *f* **1.** *(planta)* artichaut *m* **2.** *(de ducha)* pomme *f* **• alcachofas con jamón** *cœurs d'artichauts sautés au jambon*

alcalde, sa [al'kalde, sa] *m, f* maire *m*

alcaldía [alkal'dia] *f (cargo)* mairie *f*

alcalino, na [alka'lino, na] *adj* alcalin(e)

alcance [al'kanθe] *m* portée *f* ● **al alcance de** à portée de ● **dar alcance a alguien** rattraper qqn

alcanfor [alkan'for] *m* camphre *m*

alcantarilla [alkanta'riʎa] *f* égout *m*

alcanzar [alkan'θar] *vt* 1. *(igualarse con)* rattraper 2. *(autobús, tren)* attraper 3. *(meta, cima)* atteindre ● **alcanzar a arriver** à ● **alcanzar algo a alguien** passer qqch à qqn ● **alcanzar para** *v prep* suffire pour

alcaparra [alka'para] *f* câpre *f*

alcázar [al'kaθar] *m* alcazar *m*

alcoba [al'koβa] *f* chambre *f* à coucher

alcohol [alko'ol] *m* alcool *m*

alcohólico, ca [alko'oliko, ka] *adj* 1. *(bebida)* alcoolisé(e) 2. *(persona)* alcoolique ◇ *m, f* alcoolique *mf*

alcoholismo [alkoo'lizmo] *m* alcoolisme *m*

alcoholizado, da [alkooli'θaðo, ða] *adj* alcoolique

alcornoque [alkor'noke] *m* chêne-liège *m*

aldea [al'dea] *f* hameau *m*

aldeano, na [alde'ano, na] *m, f* villageois *m, f*

alebrestarse [aleβres'trarse] *vp (Col, Méx & Ven)* 1. *(ponerse nervioso)* s'énerver 2. *(enojarse)* se fâcher

alegrar [ale'ɣrar] *vt* 1. *(persona)* faire plaisir à 2. *(fiesta)* égayer ● **alegrarse de** *v prep* être content(e) de ● **alegrarse por** *v prep* se réjouir de

alegre [a'leɣre] *adj* 1. gai(e) 2. *(cara, expresión)* joyeux(euse)

alegremente [a,leɣre'mente] *adv* 1. *(con alegría)* joyeusement 2. *(sin pensar)* allègrement

alegría [ale'ɣria] *f* joie *f*

alejar [ale'xar] *vt* éloigner ● **alejarse de** *v prep* s'éloigner de

alemán, ana [ale'man, ana] *adj* allemand(e) ◇ *m, f* Allemand *m*, -e *f* ◇ *m (lengua)* allemand *m*

Alemania [ale'manja] *s* Allemagne *f*

alergia [a'lerxja] *f* allergie *f* ● **tener alergia a** être allergique à

alérgico, ca [a'lerxiko, ka] *adj* allergique ● **ser alérgico a** être allergique à

alero [a'lero] *m* auvent *m*

alerta [a'lerta] *f* alerte *f* ◇ *interj* alerte ! ◇ *adv* ● **alerta roja** alerte maximum ● **estar alerta** être sur ses gardes

aleta [a'leta] *f* 1. *(de pez)* nageoire *f* 2. *(de automóvil, nariz)* aile *f* ● **aletas** *fpl (para nadar)* palmes *fpl*

alevín [ale'βin] *m* 1. *(de pez)* alevin *m* 2. *(en deportes)* poussin *m*

alfabético, ca [alfa'βetiko, ka] *adj* alphabétique

alfabetización [alfaβetiθa'θjon] *f* alphabétisation *f*

alfabetizar [alfaβeti'θar] *vt* 1. *(personas)* alphabétiser 2. *(palabras, letras)* classer par ordre alphabétique

alfabeto [alfa'βeto] *m* alphabet *m*

alfarero, ra [alfa'rero, ra] *m, f* potier *m*, -ère *f*

alférez, ces [al'fereθ, θes] *m* ≃ sous-lieutenant *m*

alfil [al'fil] *m* fou *m (aux échecs)*

alfiler [alfi'ler] *m* épingle *f* ● **alfiler de gancho** (*Andes, RP & Ven*) épingle à nourrice

alfombra [al'fombra] *f* tapis *m*

alfombrilla [alfom'briʎa] *f* **1.** (*felpudo*) paillasson *m* **2.** (*de baño*) tapis *m* de bain **3.** (*de coche*) tapis *m* de sol ● **alfombrilla de ratón** tapis de souris

alga ['alɣa] *f* algue *f*

álgebra ['alxeβra] *f* algèbre *f*

algo ['alɣo] *pron* quelque chose ◇ *adv* un peu ● **¿busca usted algo?** vous cherchez quelque chose ? ● **por algo será** il y a certainement une raison ● **es algo presumida** elle est un peu prétentieuse

algodón [alɣo'ðon] *m* coton *m* ● **algodón hidrófilo** coton hydrophile ● **de algodón** en coton

alguien ['alɣjen] *pron* quelqu'un

alguno, na [al'ɣuno, na] *adj* **1.** (*indeterminado*) un (une) **2.** (*ninguno*) aucun(e) ◇ *pron* (*alguien*) quelqu'un ● **algún día** un jour ● **sin duda alguna** sans aucun doute ● **algunos no vinieron** certains ne sont pas venus

alhaja [a'laxa] *f* **1.** (*joya*) bijou *m* **2.** (*objeto*) joyau *m*

aliado, da [ali'aðo, ða] *adj* allié(e)

alianza [ali'anθa] *f* alliance *f*

aliarse [ali'arse] ◆ **aliarse con** *v prep* s'allier à o avec

alicates [ali'kates] *mpl* pince *f*

aliciente [ali'θjente] *m* encouragement *m*

aliento [a'ljento] *m* haleine *f* ● **quedarse sin aliento** (*fig*) avoir le souffle coupé ● **tener mal aliento** avoir mauvaise haleine

aligerar [alixe'rar] *vt* **1.** (*peso*) alléger **2.** (*paso*) hâter

alijo [a'lixo] *m* marchandise *f* de contrebande

alimentación [alimenta'θjon] *f* alimentation *f*

alimentar [alimen'tar] *vt* **1.** (*persona, animal*) nourrir **2.** (*máquina, motor*) alimenter ◇ *vi* être nourrissant(e) ◆ **alimentarse de** *v prep* se nourrir de

alimenticio, cia [alimen'tiθjo, θja] *adj* alimentaire

alimento [ali'mento] *m* aliment *m*

alinear [aline'ar] *vt* aligner ◆ **alinearse** *vp* s'aligner

aliñar [ali'ɲar] *vt* assaisonner

aliño [a'liɲo] *m* assaisonnement *m*

alioli [ali'oli] *m* aïoli *m*

aliviar [ali'βjar] *vt* **1.** (*dolor, enfermedad*) soulager **2.** (*trabajo, peso*) alléger

alivio [a'liβjo] *m* soulagement *m*

allá [a'ʎa] *adv* **1.** (*de espacio*) là-bas **2.** (*de tiempo*) autrefois ● **allá él** libre à lui

allegado, da [aʎe'ɣaðo, ða] *m, f* (*familiar*) proche *mf*

allí [a'ʎi] *adv* là ● **allí nació** c'est là qu'il est né ● **está allí** il est là-bas

alma ['alma] *f* âme *f*

almacén [alma'θen] *m* magasin *m* ● **almacenes** *mpl* grands magasins *mpl*

almacenar [almaθe'nar] *vt* **1.** (*guardar*) INFORM stocker **2.** (*acumular*) accumuler

almanaque [alma'nake] *m* almanach *m*

almejas [al'mexas] *fpl* palourdes *fpl* ● **almejas a la marinera** palourdes (à la) marinière

almendra [al'mendra] *f* amande *f*

almendrado [almen'draðo] *m petit gâteau aux amandes*

almendro [al'mendro] *m amandier m*

almíbar [al'miβar] *m sirop m* ● **en almíbar** *au sirop*

almidón [almi'ðon] *m amidon m*

almidonado, da [almiðo'naðo, ða] *adj amidonné(e)*

almidonar [almiðo'nar] *vt amidonner*

almirante [almi'rante] *m amiral m*

almohada [almo'aða] *f oreiller m*

almohadilla [almoa'ðiʎa] *f petit coussin m*

almorranas [almo'ranas] *fpl hémorroïdes fpl*

almorzar [almor'θar] *vi* **1.** *(al mediodía)* manger au déjeuner **2.** *(a media mañana)* ● **almorzar un bocadillo** prendre un sandwich ◇ *vi* **1.** *(al mediodía)* déjeuner **2.** *(a media mañana)* prendre un en-cas ● **invitar a alguien a almorzar** inviter qqn à déjeuner

almuerzo [al'mwerθo] *m* **1.** *(al mediodía)* déjeuner *m* **2.** *(a media mañana) en-cas pris entre le petit déjeuner et le déjeuner* ● **almuerzo de negocios** déjeuner d'affaires

aló [a'lo] *interj (Andes, CAm & Carib)* allô !

alocado, da [alo'kaðo, ða] *adj* **1.** *(insensato)* étourdi(e) **2.** *(decisión)* irréfléchi(e)

alojamiento [aloxa'mjento] *m logement m*

alojar [alo'xar] *vt loger* ● **alojarse** *vp loger*

alondra [a'londra] *f alouette f*

alpargata [alpar'ɣata] *f espadrille f*

Alpes ['alpes] *mpl* ● **los Alpes** les Alpes

alpinismo [alpi'nizmo] *m alpinisme m*

alpinista [alpi'nista] *mf alpiniste mf*

alpino, na [al'pino, na] *adj alpin(e)*

alpiste [al'piste] *m alpiste m*

alquilar [alki'lar] *vt louer* ▼ **se alquila** à louer

alquiler [alki'ler] *m* **1.** *(acción)* location *f* **2.** *(precio)* loyer *m* ● **alquiler de coches** location de voitures ● **de alquiler** *(casa)* en location ; *(coche)* de location

alquitrán [alki'tran] *m goudron m*

alrededor [alreðe'ðor] *adv* **1.** ● **alrededor (de)** *(en torno a)* autour (de) ● **la Tierra gira alrededor del Sol** la Terre tourne autour du Soleil **2.** ● **alrededor de 100 euros** *(aproximadamente)* environ 100 euros ● **alrededores** *mpl* ● **los alrededores** les environs

alta ['alta] *f* **1.** *(de enfermedad)* fin de l'arrêt maladie **2.** *(en asociación)* inscription *f* ● **dar de alta** *donner l'autorisation de reprendre le travail*

altar [al'tar] *m autel m*

altavoz, ces [alta'βoθ, θes] *m haut-parleur m*

alteración [altera'θjon] *f* **1.** *(cambio)* modification *f* **2.** *(trastorno)* trouble *m*

alterado, da [alte'raðo, ða] *adj troublé(e)*

alterar [alte'rar] *vt* **1.** *(cambiar)* modifier **2.** *(trastornar)* troubler **3.** *(enojar)* énerver ● **alterarse** *vp (enojarse)* s'énerver

altercado [alter'kaðo] *m altercation f*

alternar [alter'nar] *vt* alterner ● **alternar con** *prep (relacionarse con)* fréquenter

alternativa [alterna'tiβa] *f alternative f*

alterno, na [al'terno, na] *adj alterné(e)*

Alteza [al'teθa] f ● **Su Alteza** Son Altesse

altibajos [alti'βaxos] mpl (de terreno) irrégularités fpl ● **tener altibajos** (de humor) avoir des hauts et des bas

altillo [al'tiλo] m 1. (de vivienda) combles mpl 2. (de armario) placard situé au-dessus d'une penderie

altiplano [alti'plano] m haut plateau m

altitud [alti'tuð] f altitude f

altivo, va [al'tiβo, βa] adj hautain(e)

alto, ta ['alto, ta] adj 1. haut(e) 2. (persona, árbol) grand(e) 3. (sonido) fort(e) 4. (valor, precio) élevé(e) ◇ m 1. (interrupción) halte f 2. (lugar elevado) hauteur f ◆ adv 1. (arriba) haut 2. (al hablar) fort ◇ interj halte ! ● **en lo alto de** tout en haut de ● **de alto** de haut ● **a altas horas de la noche** à une heure avancée de la nuit

altoparlante [,altopar'lante] m (Amér) haut-parleur m

altramuz, ces [altra'muθ, θes] m graine f de lupin

altruismo [altru'izmo] m altruisme m

altruista [altru'ista] adj altruiste

altura [al'tura] f 1. (dimensión) hauteur f 2. (altitud) altitude f ● **dos metros de altura** deux mètres de haut ● **estar a la altura de** être à la hauteur de ◆ **alturas** fpl (el cielo) cieux mpl ● **a estas alturas** à ce stade

alubias [a'luβjas] fpl haricots mpl blancs

alucinación [aluθina'θjon] f hallucination f

alucinar [aluθi'nar] vi 1. (delirar) avoir des hallucinations 2. (fam) (asombrarse) être épaté(e)

alud [a'luð] m avalanche f

aludido, da [alu'ðiðo, ða] adj ● **darse por aludido** se sentir visé

aludir [alu'ðir] ◆ **aludir a** v prep faire allusion à

alumbrado [alum'braðo] m éclairage m

alumbrar [alum'brar] vt (iluminar) éclairer ◇ vi (dar a luz) mettre au monde

aluminio [alu'minjo] m aluminium m

alumno, na [a'lumno, na] m, f élève mf

alusión [alu'sjon] f allusion f ● **hacer alusión a** faire allusion à

alza [al'θa] f (de precios) hausse f ● **en alza** en hausse

alzar [al'θar] vt 1. (bandera, telón) lever 2. (precio, voz) élever ◆ **alzarse** vp 1. (levantarse) se lever 2. (sublevarse) se soulever

a.m. (abr escrita de ante meridiem) a.m.

amabilidad [amaβili'ðað] f amabilité f

amable [a'maβle] adj aimable

amablemente [a,maβle'mente] adv aimablement

amaestrado, da [amaes'traðo, ða] adj dressé(e)

amaestrar [amaes'trar] vt dresser

amamantar [amaman'tar] vt allaiter

amanecer [amane'θer] m lever m du jour ◇ v impers ● **amanece** le jour se lève ◆ **amanecer en** v prep (lugar) se réveiller à

amanerado, da [amane'raðo, ða] adj 1. (afectado) maniéré(e) 2. (afeminado) efféminé(e)

amansar [aman'sar] vt 1. (animal) dompter 2. (persona) calmer

amante [a'mante] mf amant m, maîtresse f ● **un amante de la música** (aficionado) un amoureux de la musique

amapola [ama'pola] *f* coquelicot *m*

amar [a'mar] *vt* aimer

amargado, da [amar'yaðo, ða] *adj* aigri(e)

amargar [amar'yar] *vt* rendre amer(ère) ◆ **amargarse** *vp* **1.** *(alimento)* devenir aigre **2.** *(persona)* s'aigrir

amargo, ga [a'maɾɣo, ɣa] *adj* amer(ère)

amarillear [amariʎe'ar] *vi* jaunir

amarillo, lla [ama'riʎo, ʎa] *adj* jaune ◇ *m* jaune *m*

amarilloso, sa [amari'ʎoso, sa] *adj* *(Amér)* jaunâtre

amarrar [ama'rar] *vt* **1.** attacher **2.** *(embarcación)* amarrer **3.** *(Amér) (zapato)* nouer

amarre [a'mare] *m* amarrage *m*

amasar [ama'sar] *vt* **1.** *(pan)* pétrir **2.** *(fortuna)* amasser

amateur [ama'ter] *adj & mf* amateur(trice)

amazona [ama'θona] *f (jinete)* cavalière *f*

Amazonas [ama'θonas] *m* ● **el Amazonas** l'Amazone *f*

amazónico, ca [ama'θoniko, ka] *adj* amazonien(enne)

ámbar ['ambar] *m* ambre *m*

ambición [ambi'θjon] *f* ambition *f*

ambicioso, sa [ambi'θjoso, sa] *adj* ambitieux(euse)

ambientador [ambjenta'ðor] *m* désodorisant *m*

ambiental [ambjen'tal] *adj* ambiant(e)

ambiente [am'bjente] *m* **1.** *(aire)* air *m* **2.** *(medio social, personal)* milieu *m* **3.** *(animación)* ambiance *f* **4.** *(CSur)* pièce *f* *(d'un logement)*

ambigüedad [ambiɣ̞ue'ðað] *f* ambiguïté *f*

ambiguo, gua [am'biɣwo, ɣwa] *adj* ambigu(uë)

ámbito ['ambito] *m* cadre *m* *(limites)*

ambos, bas ['ambos, bas] *adj inv* les deux ◇ *pron pl* tous les deux (toutes les deux) ● **ambos aspectos** les deux aspects

ambulancia [ambu'lanθja] *f* ambulance *f*

ambulante [ambu'lante] *adj* ambulant(e)

ambulatorio [ambula'torjo] *m (Esp)* dispensaire *m*

amén [a'men] *adv* amen ● **decir amén a todo** dire amen à tout

amenaza [ame'naθa] *f* menace *f* ● **amenaza de bomba** alerte *f* à la bombe

amenazar [amena'θar] *vt* menacer ◇ *v impers* ● **amenaza lluvia** la pluie menace ● **los amenazó con denunciarlos** il les a menacés de les dénoncer

amenizar [ameni'θar] *vt* égayer

ameno, na [a'meno, na] *adj* agréable

América [a'merika] *s* Amérique *f*

americana [ameri'kana] *f* veste *f* ➤ **americano**

americanismo [amerika'nizmo] *m* américanisme *m*

americano, na [ameri'kano, na] *adj* américain(e) ◇ *m, f* Américain *m*, -e *f* ◇ *m (lengua)* américain *m*

ametralladora [ametraʎa'ðora] *f* mitrailleuse *f*

ametrallar [ametra'ʎar] *vt* mitrailler

amígdalas [a'miɣðalas] *fpl* amygdales *fpl*

amigo, ga [a'miɣo, ɣa] *adj* & *m, f* ami(e) ● **ser amigos** être amis

amistad [amis'tað] *f* amitié *f* ◆ **amistades** *fpl* amis *mpl*

amnesia [am'nesja] *f* amnésie *f*

amnistía [amnis'tia] *f* amnistie *f*

amo, ma ['amo, ma] *m, f* maître *m*, maîtresse *f* ● **ama de casa** maîtresse de maison

amodorrado, da [amoðo'raðo, ða] *adj* assoupi(e)

amoldarse [amol'darse] ◆ **amoldarse a** *v prep* s'adapter à

amoníaco [amo'niako] *m* ammoniaque *m*

amontonar [amonto'nar] *vt* entasser ◆ **amontonarse** *vp* s'entasser

amor [a'mor] *m* amour *m* ● **amor propio** amour-propre *m* ● **hacer el amor** faire l'amour

amordazar [amorða'θar] *vt* bâillonner

amoroso, sa [amo'roso, sa] *adj* amoureux(euse)

amortiguador [amortiɣwa'ðor] *m* amortisseur *m*

amortiguar [amorti'ɣwar] *vt* amortir

amparar [ampa'rar] *vt* protéger ◆ **ampararse en** *v prep* (ley) s'abriter derrière

amparo [am'paro] *m* protection *f* ● **al amparo de** (ley, persona) sous la protection de ; (lluvia) à l'abri de

ampliación [amplja'θjon] *f* 1. (de local, fotografía) agrandissement *m* 2. (de negocio) développement *m* 3. (de capital) augmentation *f*

ampliar [ampli'ar] *vt* 1. (local, fotografía) agrandir 2. (negocio) développer 3. (capi-

tal) augmenter 4. (conocimientos) élargir 5. (estudios) poursuivre

amplificador [amplifika'ðor] *m* amplificateur *m*

amplio, plia ['ampljo, plja] *adj* 1. (sala, casa) grand(e) 2. (ropa) ample 3. (panorama) large

amplitud [ampli'tuð] *f* 1. (dimensión) largeur *f* 2. (de sala, casa) grandeur *f*

ampolla [am'poʎa] *f* ampoule *f*

amueblado, da [amɥe'βlaðo, ða] *adj* meublé(e)

amueblar [amɥe'βlar] *vt* meubler

amuermarse [amɥer'marse] *vp* (Esp) (fam) s'endormir

amuleto [amu'leto] *m* amulette *f*

amurallar [amura'ʎar] *vt* entourer de murailles

analfabetismo [analfaβe'tizmo] *m* analphabétisme *m*

analfabeto, ta [analfa'βeto, ta] *adj* & *m, f* analphabète

analgésico [anal'xesiko] *m* analgésique *m*

análisis [a'nalisis] *m inv* analyse *f* ● **análisis de sangre** analyse de sang

analítico, ca [ana'litiko, ka] *adj* analytique

analizar [anali'θar] *vt* analyser

analogía [analo'xia] *f* analogie *f*

analógico, ca [ana'loxiko, ka] *adj* analogique

análogo, ga [a'naloɣo, ɣa] *adj* analogue

ananás (Amér) [ana'nas] *m inv* ananas *m*

anaranjado, da [anaran'xaðo, ða] *adj* orangé(e)

anarquía [anar'kia] *f* anarchie *f*

anárquico, ca [a'narkiko, ka] *adj* anarchique

anarquista [anar'kista] *adj* anarchiste

anatomía [anato'mia] *f* anatomie *f*

anatómico, ca [ana'tomiko, ka] *adj* anatomique

anca ['anka] *f* (de rana) cuisse *f*

ancho, cha ['antʃo, tʃa] *adj* (amplio) large ◇ *m* largeur *f* ● **a sus anchas** à son aise ◇ **quedarse tan ancho** ne pas se gêner ● **venir ancho** (prenda) être grand

anchoa [an'tʃoa] *f* anchois *m*

anchura [an'tʃura] *f* largeur *f*

anciano, na [an'θjano, na] *adj* âgé(e) ◇ *m, f* personne *f* âgée

ancla ['ankla] *f* ancre *f*

anda ['anda] *interj* (sorpresa) sans blague !

ándale ['andale], **ándele** ['andele] *interj* (CAm & Méx) (fam) ● **¡ándale!** allez !

Andalucía [andalu'θia] *s* Andalousie *f*

andaluz, za [anda'luθ, θa] *adj* andalou(se) ◇ *m, f* Andalou *m*, -se *f*

andamio [an'damjo] *m* échafaudage *m*

andar [an'dar] *m* (de animal, persona) démarche *f*, allure *f* ● **tener andares de bailarina** avoir une démarche de danseuse, marcher comme une danseuse
◇ *vi*
1. (caminar, funcionar) marcher ● **el reloj no anda** la montre ne marche pas ● **las cosas andan mal en la empresa** les choses vont mal dans l'entreprise
2. (estar) être ● **creo que anda por el almacén** je crois qu'il est dans le magasin ● **el niño anda atareado con sus deberes** l'enfant est occupé par ses devoirs

● **andar haciendo algo** être en train de faire qqch
◇ *vt* (recorrer) parcourir
1. (papeleos, negocios) être dans
2. (asuntos, líos) être mêlé(e) à
● **andar por** *v prep* (alcanzar, rondar) ● **anda por los cuarenta años** il doit avoir dans les quarante ans
● **andar con** *v prep* (obrar con) ● **andarse con cuidado** faire attention ● **andarse con misterios** faire des mystères

andén [an'den] *m* (en la estación) quai *m*

Andes ['andes] *mpl* ● **los Andes** les Andes *fpl*

andinismo [andi'nizmo] *m* (Amér) alpinisme *m* (dans les Andes)

andinista [andi'nista] *mf* (Amér) alpiniste *mf* (dans les Andes)

andino, na [an'dino, na] *adj* andin(e)

anécdota [a'neɣðota] *f* anecdote *f*

anecdótico, ca [aneɣ'ðotiko, ka] *adj* anecdotique

anemia [a'nemja] *f* anémie *f*

anémico, ca [a'nemiko, ka] *adj* anémique

anémona [a'nemona] *f* anémone *f*

anestesia [anes'tesja] *f* anesthésie *f*

anestesista [aneste'sista] *mf* anesthésiste *mf*

anexo, xa [a'nekso, ksa] *adj* annexe ◇ *m* annexe *f* ● **como anexo** en pièce jointe

anfetamina [anfeta'mina] *f* amphétamine *f*

anfibios [an'fiβjos] *mpl* amphibiens *mpl*

anfiteatro [anfite'atro] *m* amphithéâtre *m*

anfitrión, ona [anfi'trjon, ona] *m, f* hôte *m*, hôtesse *f*

ángel ['anxel] *m* ange *m*

angelical [anxeli'kal] *adj* angélique

angina [an'xina] *f* angine *f* ● **angina de pecho** angine de poitrine ● **tener anginas** avoir une angine

anglosajón, ona [ˌanglosa'xon, ona] *adj* anglo-saxon(onne) ◇ *m, f* Anglo-Saxon *m*, -onne *f*

anguila [an'gila] *f* anguille *f*

angula [an'gula] *f* civelle *f*

angular [angu'lar] *adj* angulaire

ángulo ['angulo] *m* angle *m*

angustia [an'gustja] *f* angoisse *f*

angustiado, da [angus'tjaðo, ða] *adj* angoissé(e)

angustiarse [angus'tjarse] *vp* s'angoisser

angustioso, sa [angus'tjoso, sa] *adj* angoissant(e)

anhelar [ane'lar] *vt (ambicionar)* aspirer à

anhelo [a'nelo] *m* aspiration *f*

anidar [ani'ðar] *vi* nicher

anilla [a'niʎa] *f* anneau *m*

anillo [a'niʎo] *m* bague *f*

ánima ['anima] *f* âme *f*

animación [anima'θjon] *f* 1. animation *f* 2. *(alegría)* entrain *m*

animado, da [ani'maðo, ða] *adj* 1. *(con vida)* animé(e) 2. *(divertido)* amusant(e), divertissant(e)

animal [ani'mal] *m* animal *m* ◇ *adj* animal(e) ● **animal de compañía** animal de compagnie ● **animal doméstico** animal domestique ● **¡qué animal es!** *(ignorante)* qu'il est bête ! ; *(sin refinar)* quelle brute (épaisse) !

animar [ani'mar] *vt* 1. *(persona)* remonter le moral à 2. *(reunión)* animer ◆ **animarse** *vp* s'égayer ◆ **animarse a** *v prep* se décider à

ánimo ['animo] *m* 1. *(valor)* courage *m* 2. *(talante)* humeur *f* ◇ *interj* courage !

aniñado, da [ani'ɲaðo, ða] *adj* enfantin(e)

aniquilar [aniki'lar] *vt* anéantir

anís [a'nis] *m* anis *m*

aniversario [aniβer'sarjo] *m* anniversaire *m*

ano ['ano] *m* anus *m*

anoche [a'notʃe] *adv* hier soir

anochecer [anotʃe'θer] *m* ● **al anochecer** à la tombée de la nuit ◇ *v impers* ● **anochece** la nuit tombe

anomalía [anoma'lia] *f* anomalie *f*

anómalo, la [a'nomalo, la] *adj* anormal(e)

anonimato [anoni'mato] *m* anonymat *m*

anónimo, ma [a'nonimo, ma] *adj* anonyme ◇ *m* lettre *f* anonyme

anorak [ano'rak] *m* anorak *m*

anorexia [ano'reksja] *f* anorexie *f*

anotar [ano'tar] *vt* noter

ansia ['ansja] *f* 1. *(deseo, anhelo)* avidité *f* 2. *(inquietud)* anxiété *f*

ansiedad [ansje'ðað] *f* anxiété *f*

ansioso, sa [an'sjoso, sa] *adj* anxieux(euse) ● **ansioso por** *(deseoso de)* impatient de

Antártico [an'tartiko] *m* ● **el Antártico** l'Antartique *f*

¹**ante** ['ante] *prep* devant

²**ante** ['ante] *m (piel)* daim *m*

anteanoche [antea'notʃe] *adv* avant-hier soir

anteayer [antea'jer] *adv* avant-hier

antebrazo [ante'βraθo] *m* avant-bras *m inv*

antecedente [anteθe'ðente] *m* précédent *m* ● **tener antecedentes (penales)** avoir un casier judiciaire

anteceder [anteθe'ðer] *vt* précéder

antecesor, ra [anteθe'sor, ra] *m, f* prédécesseur *m*

antelación [antela'θjon] *f* ● **con antelación** à l'avance

antemano [ante'mano] ● **de antemano** *adv* d'avance

antena [an'tena] *f* antenne *f* ● **antena parabólica** antenne parabolique ● **antena satélite** antenne satellite ● **antena de telefonía móvil** antenne-relais *f*

anteojos [ante'oxos] *mpl* (*Amér*) lunettes *fpl*

antepasados [antepa'saðos] *mpl* ancêtres *mpl*

antepenúltimo, ma [ˌntepe'nultimo, ma] *adj* antépénultième

anterior [ante'rjor] *adj* précédent(e)

antes ['antes] *adv*
1. avant ● **antes se vivía mejor** avant on vivait mieux ● **¿quién ha llamado antes?** qui a appelé tout à l'heure ? ● **lo antes posible** dès que possible ● **llegó antes de las nueve** il est arrivé avant neuf heures ● **antes de nada** avant tout ● **antes de venir** avant de venir ● **antes (de) que llegarais** avant que vous n'arriviez ● **el hotel está antes del cruce** l'hôtel est avant le carrefour ● **yo la vi antes** c'est moi qui l'ai vu le premier

2. (*expresa preferencia*) ● **iría a la cárcel antes que mentir** j'irais en prison plutôt que de mentir
◇ *adj* ● **llegó el día antes** il est arrivé la veille ● **la noche antes fui a su casa** la nuit précédente, je suis allé chez lui

antesala [ante'sala] *f* antichambre *f*

antiabortista [ˌantjaβor'tista] *mf* ● **es un antiabortista** il est contre l'avortement

antiarrugas [ˌantja'ruɣas] *m inv* antirides *m*

antibiótico [anti'βjotiko] *m* antibiotique *m*

anticaspa [ˌanti'kaspa] *adj* antipelliculaire

anticiclón [antiθi'klon] *m* anticyclone *m*

anticipado, da [antiθi'paðo, ða] *adj* anticipé(e)

anticipar [antiθi'par] *vt* **1.** (*noticias*) dire à l'avance **2.** (*fecha, pago*) avancer
● **anticiparse a** *v prep* (*adelantarse*) devancer

anticipo [anti'θipo] *m* (*de dinero*) avance *f*

anticoncepción [ˌantikonθep'θjon] *f* contraception *f*

anticonceptivo [ˌantikonθep'tiβo] *m* contraceptif *m*

anticuado, da [anti'kwaðo, ða] *adj* **1.** (*ropa, música*) démodé(e) **2.** (*persona*) vieux jeu

anticuario [anti'kwarjo] *m* antiquaire *mf*

anticucho [anti'kutʃo] *m* (*Andes*) *CULIN* brochette *f*

anticuerpos [ˌanti'kuerpos] *mpl* anticorps *mpl*

antidepresivo [,antiðepre'siβo] *m* antidépresseur *m*

antier [an'tjer] *adv* (*Amér*) (*fam*) avant-hier

antifaz, ces [anti'faθ, θes] *m* loup *m* (*masque*)

antigrasa [,anti'ɣrasa] *adj* (*producto*) dégraissant(e) ● **un champú antigrasa** un shampoing pour cheveux gras

antiguamente [an,tiɣua'mente] *adv* autrefois

antigüedad [antiɣue'ðað] *f* **1.** (*época*) antiquité *f* **2.** (*en el trabajo*) ancienneté *f* ● **antigüedades** *fpl* antiquités *fpl*

antiguo, gua [an'tiɣuo, ɣua] *adj* **1.** (*viejo*) ancien(enne) **2.** (*pasado de moda*) démodé(e)

antihistamínico [,antiista'miniko] *m* antihistaminique *m*

antiinflamatorio [,antiinflama'torjo] *m* anti-inflammatoire *m*

Antillas [an'tiʎas] *fpl* ● **las Antillas** les Antilles *fpl*

antílope [an'tilope] *m* antilope *f*

antipatía [antipa'tia] *f* antipathie *f*

antipático, ca [anti'patiko, ka] *adj* antipathique

antirrobo [,anti'roβo] *adj* antivol ◇ *m* antivol *m*

antiséptico [,anti'septiko] *m* antiseptique *m*

antitérmico [,anti'termiko] *m* fébrifuge *m*

antivirus [,anti'βirus] *m* antivirus *m*

antojitos [anto'xitos] *mpl* (*Méx*) amuse-gueule(s) *mpl*

antojo [an'toxo] *m* (*capricho*) envie *f* ● **tener antojo de** avoir envie de

antología [antolo'xia] *f* anthologie *f*

antónimo [an'tonimo] *m* antonyme *m*

antorcha [an'tortʃa] *f* torche *f*

antro ['antro] *m* (*despec*) (*local*) bouiboui *m*

anual [anu'al] *adj* annuel(elle)

anuario [anu'arjo] *m* annuaire *m*

anulado, da [anu'laðo, ða] *adj* annulé(e)

anular [anu'lar] *m* annulaire *m* ◇ *vt* **1.** (*vuelo, cita*) annuler **2.** (*personalidad*) étouffer

anunciar [anun'θjar] *vt* **1.** annoncer **2.** (*en publicidad*) faire de la publicité pour

anuncio [a'nunθjo] *m* **1.** annonce *f* **2.** (*en publicidad*) publicité *f*

añadidura [aɲaði'ðura] *f* ajout *m* ● **por añadidura** en outre

añadir [aɲa'ðir] *vt* ajouter

añicos [a'ɲikos] *mpl* ● **hacer añicos** réduire en miettes

año ['aɲo] *m* année *f* ● **año nuevo** nouvel an *m* ● **hace años** il y a des années ● **hace dos años** il y a deux ans ● **tiene tres años** elle a trois ans

añoranza [aɲo'ranθa] *f* regret *m*

añorar [aɲo'rar] *vt* regretter

anzuelo [an'θuelo] *m* hameçon *m*

aorta [a'orta] *f* aorte *f*

apache [a'patʃe] *adj* apache ◇ *mf* Apache *mf*

apacible [apa'θiβle] *adj* calme

apadrinar [apaðri'nar] *vt* **1.** (*en bautizo*) être le parrain de **2.** (*proteger, ayudar*) parrainer

apagado, da [apa'ɣaðo, ða] *adj* **1.** (*luz, fuego*) éteint(e) **2.** (*persona*) effacé(e) **3.** (*color*) terne **4.** (*sonido*) étouffé(e)

apagar [apa'ɣar] *vt* éteindre ◆ **apagarse** *vp* s'éteindre

apagón [apa'ɣon] *m* coupure *f* de courant

apaisado, da [apaj'saðo, ða] *adj* **1.** (*libro, dibujo, formato*) à l'italienne (*format*) **2.** (*foto, INFORM*) paysage

apalabrar [apala'βrar] *vt* convenir verbalement de

apalancado, da [apalan'kaðo, ða] *adj* (*fam*) (*en lugar, posición*) installé(e)

apañado, da [apa'ɲaðo, ða] *adj* (*fam*) débrouillard(e)

apañarse [apa'ɲarse] *vp* (*fam*) se débrouiller ● **apañárselas (para hacer algo)** se débrouiller (pour faire qqch)

apapachar [apapa'tʃar] *vt* (*Amér*) câliner

apapacho [apapa'tʃo] *m* (*Méx*) câlin *m*

aparador [apara'ðor] *m* buffet *m*

aparato [apa'rato] *m* **1.** appareil *m* **2.** (*de radio, televisión*) poste *m* **3.** (*ostentación*) apparat *m*

aparcamiento [aparka'mjento] *m* **1.** (*lugar*) parking *m* **2.** (*hueco*) place *f* ▼ **aparcamiento público** parking public

aparcar [apar'kar] *vt* **1.** (*Esp*) (*vehículo*) garer **2.** (*problema, decisión*) suspendre ▼ **prohibido aparcar** interdiction de stationner ● **aparcar en batería** se garer en épi

aparecer [apare'θer] *vi* **1.** (*de forma repentina*) apparaître **2.** (*lo perdido*) réapparaître **3.** (*publicación*) paraître

aparejador, ra [apareχa'ðor, ra] *m, f* métreur *m, -euse f*

aparejar [apare'xar] *vt* gréer

aparejo [apa'rexo] *m* gréement *m*

aparentar [aparen'tar] *vt* feindre ● **no aparenta los años que tiene** il ne fait pas son âge

aparente [apa'rente] *adj* **1.** (*fingido*) apparent(e) **2.** (*vistoso*) voyant(e)

aparición [apari'θjon] *f* **1.** apparition *f* **2.** (*publicación*) parution *f*

apariencia [apa'rjenθja] *f* apparence *f* ● **en apariencia** en apparence ● **guardar las apariencias** sauver les apparences

apartado, da [apar'taðo, ða] *adj* écarté(e) ◇ *m* (*de libro, ley*) alinéa *m* ● **apartado de correos** boîte *f* postale

apartamento [aparta'mento] *m* appartement *m* ▼ **apartamentos de alquiler** appartements à louer

apartar [apar'tar] *vt* **1.** (*separar*) séparer **2.** (*alejar*) écarter ◆ **apartarse** *vp* s'écarter ● **apartarse de** s'écarter de

aparte [a'parte] *adv* **1.** à part **2.** (*además*) en plus ◇ *adj* à part ● **aparte de** (*excepto*) mis à part ; (*además de*) en plus de

aparthotel [aparto'tel] *m* appart-hôtel *m*

apasionado, da [apasjo'naðo, ða] *adj* passionné(e) ● **apasionado por** passionné de

apasionante [apasjo'nante] *adj* passionnant(e)

apasionar [apasjo'nar] *vt* passionner ◆ **apasionarse** *vp* (*excitarse*) s'emporter ● **apasionarse por** *v prep* (*aficionarse a*) se passionner pour

apdo (*abreviatura de apartado*) BP (*boîte postale*)

apechugar [apetʃu'ɣar] ◆ **apechugar con** *v prep* (*fam*) se coltiner

apego [a'peɣo] *m* ● tener apego a être attaché(e) à

apellidarse [apeʎiˈðarse] *vp* s'appeler ● se apellida Gómez son nom de famille est Gómez

apellido [apeˈʎiðo] *m* nom *m* de famille

apenado, da [ape'naðo, ða] *adj* (*CAm, Carib, Col & Méx*) gêné(e)

apenar [ape'nar] *vt* peiner ● **apenarse** *vp* (*CAm, Carib, Col & Méx*) avoir de la peine

apenas [a'penas] *adv* à peine

apéndice [a'pendiθe] *m* appendice *m*

apendicitis [apendi'θitis] *f inv* appendicite *f*

aperitivo [aperi'tiβo] *m* **1.** (*bebida*) apéritif *m* **2.** (*comida*) amuse-gueule *m*

apertura [aper'tura] *f* (*inauguración*) ouverture *f*

apestar [apes'tar] *vi* puer

apetecer [apete'θer] *vt* ● **me apetece** un café/salir j'ai envie d'un café/de sortir

apetecible [apete'θiβle] *adj* **1.** (*comida*) appétissant(e) **2.** (*viaje*) tentant(e)

apetito [ape'tito] *m* appétit *m* ● abrir el apetito ouvrir l'appétit ● tener apetito avoir de l'appétit

apetitoso, sa [apeti'toso, sa] *adj* **1.** (*sabroso*) délicieux(euse) **2.** (*deseable*) appétissant(e)

apicultura [apikul'tura] *f* apiculture *f*

apiñado, da [api'ɲaðo, ða] *adj* entassé(e)

apiñarse [api'ɲarse] *vp* s'entasser

apio ['apjo] *m* céleri *m*

apisonadora [apisona'ðora] *f* rouleau *m* compresseur

aplanar [apla'nar] *vt* aplanir

aplastar [aplas'tar] *vt* écraser

aplaudir [aplau'ðir] *vt* & *vi* applaudir

aplauso [a'plauso] *m* applaudissement *m*

aplazar [apla'θar] *vt* reporter ● aplazar una reunión repousser une réunion

aplicación [aplika'θjon] *f INFORM* application *f* ● ejecutar una aplicación lancer une application

aplicado, da [apli'kaðo, ða] *adj* appliqué(e)

aplicar [apli'kar] *vt* appliquer ◆ **aplicarse en** *v prep* s'appliquer à

aplique [a'plike] *m* applique *f*

aplomo [a'plomo] *m* aplomb *m*

apoderarse [apoðe'rarse] ◆ **apoderarse de** *v prep* s'emparer de

apodo [a'poðo] *m* surnom *m*

apogeo [apo'xeo] *m* apogée *m* ● estar en su apogeo être à son apogée

aportación [aporta'θjon] *f* apport *m*

aportar [apor'tar] *vt* apporter

aposta [a'posta] *adv* exprès

apostar [apos'tar] *vt* & *vi* parier ◆ **apostar por** *v prep* parier sur

apóstol [a'postol] *m* apôtre *m*

apóstrofo [a'postrofo] *m* apostrophe *f*

apoyar [apo'jar] *vt* **1.** appuyer **2.** (*animar*) soutenir ◆ **apoyarse en** *vp* & *v prep* s'appuyer sur

apoyo [a'pojo] *m* appui *m*

apreciable [apre'θjaβle] *adj* appréciable

apreciación [apreθja'θjon] *f* appréciation *f*

apreciado, da [apre'θjaðo, ða] *adj* apprécié(e)

apreciar [apre'θjar] *vt* **1.** apprécier **2.** (*percibir*) distinguer

aprecio [a'preθjo] *m* estime *f*

apremiar [apre'mjar] *vt & vi* presser

aprender [apren'der] *vt* apprendre ● **aprender a** apprendre à

aprendiz, za [apren'diθ, θa] (*mpl* -ces [θes], *fpl* -zas [θas]) *m, f* apprenti *m*, -e *f*

aprendizaje [aprendi'θaxe] *m* apprentissage *m*

aprensión [apren'sjon] *f* 1. (*miedo*) appréhension *f* 2. (*escrúpulo*) dégoût *m*

aprensivo, va [apren'siβo, βa] *adj* 1. (*miedoso*) craintif(ive) 2. (*escrupuloso*) délicat(e) 3. (*hipocondríaco*) hypocondriaque

apresurado, da [apresu'raðo, ða] *adj* précipité(e)

apresurarse [apresu'rarse] *vp* se dépêcher ● **apresurarse a** se dépêcher de

apretado, da [apre'taðo, ða] *adj* 1. serré(e) 2. (*agenda*) chargé(e)

apretar [apre'tar] *vt* 1. serrer 2. (*presionar*) appuyer sur ◇ *vi* (*calor, hambre*) redoubler ● **apretarse** *vp* se serrer ● **apretarse el cinturón** se serrer la ceinture

apretujar [apretu'xar] *vt* (*fam*) tasser ● **apretujarse** *vp* se tasser

aprisa [a'prisa] *adv* vite

aprobado [apro'βaðo] *m* mention *f* passable

aprobar [apro'βar] *vt* 1. (*asignatura, examen*) réussir 2. (*decisión, comportamiento*) approuver 3. (*ley, norma*) adopter

apropiado, da [apro'pjaðo, ða] *adj* approprié(e)

apropiarse [apro'pjarse] ● **apropiarse de** *v prep* s'approprier

aprovechado, da [aproβe'tʃaðo, ða] *adj* 1. (*tiempo*) bien employé(e) 2. (*espacio*) bien conçu(e)

aprovechar [aproβe'tʃar] *vt* 1. (*oferta, tiempo*) profiter de 2. (*espacio*) gagner 3. (*lo inservible*) récupérer ◇ *vi* ● **¡que aproveche!** bon appétit ! ● **aprovecharse de** *v prep* profiter de

aproximación [aproksima'θjon] *f* 1. (*acercamiento*) rapprochement *m* 2. (*en cálculo*) approximation *f*

aproximadamente [aproksi,maða'mente] *adv* approximativement

aproximar [aproksi'mar] *vt* approcher ● **aproximarse a** *v prep* s'approcher de

apto, ta ['apto, ta] *adj* ● **apto para** apte à ● **no apto para menores** interdit aux moins de 18 ans

apuesta [a'pwesta] *f* pari *m*

apuesto, ta [a'pwesto, ta] *adj* de belle prestance

apunarse [apu'narse] *vp* (*Andes*) avoir le mal des montagnes

apuntador, ra [apunta'ðor, ra] *m, f* (*de teatro*) souffleur *m*, -euse *f*

apuntar [apun'tar] *vt* 1. (*escribir*) noter 2. (*inscribir*) inscrire 3. (*con el dedo*) montrer 4. (*con arma*) viser ● **apuntarse** *vp* (*inscribirse*) s'inscrire ● **apuntarse a** *v prep* (*partido, club*) se joindre à

apunte [a'punte] *m* 1. (*nota*) note *f* 2. (*boceto*) esquisse *f* ● **tomar apuntes** prendre des notes

apuñalar [apuɲa'lar] *vt* poignarder

apurar [apu'rar] *vt* 1. (*agotar*) épuiser 2. (*preocupar*) inquiéter ● **apurarse** *vp* (*darse prisa*) se dépêcher ● **apurarse por** *v prep* (*preocuparse por*) s'inquiéter pour

apuro [a'puɾo] *m* **1.** (*dificultad*) ennui *m* **2.** (*escasez económica*) gêne *f* ● **dar apuro** (*dar vergüenza*) gêner ● **estar en apuros** avoir des ennuis

aquel, aquella [a'kel, ʎa] *adj* ce (cette) ● **aquella casa** cette maison ● **aquel año** cette année-là

aquél, aquélla [a'kel, ʎa] *pron* celui-là (celle-là) ● **aquél/aquélla que** celui/celle qui

aquello [a'keʎo] *pron neutro* cela

aquellos, llas [a'keʎos, ʎas] *adj pl* ces

aquéllos, llas [a'keʎos, ʎas] *pron pl* ceux-là (celles-là)

aquí [a'ki] *adv* ici ● **aquí arriba** en haut ● **aquí dentro** dedans

árabe [a'ɾaβe] *adj* arabe ◇ *mf* Arabe *mf* ◇ *m* (*lengua*) arabe *m*

Arabia Saudí [a'ɾaβjasau'ði] *s* Arabie Saoudite *f*

arado [a'ɾaðo] *m* charrue *f*

arandela [aɾan'dela] *f* (*de tornillo*) rondelle *f*

araña [a'ɾaɲa] *f* araignée *f*

arañar [aɾa'ɲaɾ] *vt* griffer

arañazo [aɾa'ɲaθo] *m* égratignure *f*

arar [a'ɾaɾ] *vt* labourer

arbitrar [aɾβi'tɾaɾ] *vt* arbitrer

árbitro, tra ['aɾβitɾo, tɾa] *m* arbitre *m*

árbol [aɾβol] *m* arbre *m* ● **árbol de Navidad** sapin *m* o arbre de Noël

arborescencia [aɾβoɾesˈθenθja] *f* INFORM arborescence *f*

arbusto [aɾ'βusto] *m* arbuste *m*

arca ['aɾka] *f* coffre *m*

arcada [aɾ'kaða] *f* (*en monumentos*) arcade *f* ● **arcadas** *fpl* (*náuseas*) haut-le-cœur *m inv*

arcaico, ca [aɾ'kajko, ka] *adj* archaïque

arcángel [aɾ'kanxel] *m* archange *m*

arcén [aɾ'θen] *m* bas-côté *m*

archipiélago [aɾtʃi'pjelaɣo] *m* archipel *m*

archivador [aɾtʃiβa'ðoɾ] *m* (*mueble*) classeur *m*

archivar [aɾtʃi'βaɾ] *vt* classer

archivo [aɾ'tʃiβo] *m* **1.** archives *fpl* **2.** INFORM fichier *m* ● **archivos temporales** fichiers temporaires ● **como archivo adjunto** en pièce jointe

arcilla [aɾ'θiʎa] *f* argile *f*

arcilloso, sa [aɾθi'ʎoso, sa] *adj* argileux(euse)

arco ['aɾko] *m* **1.** arc *m* **2.** (*Amér*) (*en deporte*) but *m* ● **arco iris** arc-en-ciel *m* ● **arco de triunfo** arc de triomphe

arder [aɾ'ðeɾ] *vi* brûler ● **está que arde** (*fam*) (*lugar, reunión*) ça chauffe ; (*persona*) il est furax

ardiente [aɾ'ðjente] *adj* **1.** (*bebida*) brûlant(e) **2.** (*deseo, brasa*) ardent(e)

ardilla [aɾ'ðiʎa] *f* écureuil *m*

área ['aɾea] *f* **1.** (*zona*) zone *f* **2.** (*medida*) are *m* **3.** (*en geometría*) surface *f* ▼ **área de descanso** aire de repos ▼ **área de recreo** aire de jeux

arena [a'ɾena] *f* sable *m* ● **arenas movedizas** sables mouvants

arenoso, sa [aɾe'noso, sa] *adj* sablonneux(euse)

arenque [a'ɾenke] *m* hareng *m*

aretes [a'ɾetes] *mpl* (*Andes & Méx*) boucles *fpl* d'oreille

Argelia [aɾ'xelja] *s* Algérie *f*

Argentina [aɾxen'tina] *s* Argentine *f*

argentino, na [arxen'tino, na] *adj* argentin(e) ◇ *m, f* Argentin *m*, -e *f*

argolla [ar'ɣoʎa] *f* (Col) (fam) alliance *f*

argot [ar'ɣot] *m* argot *m*

argumentar [arɣumen'tar] *vt* invoquer

argumento [arɣu'mento] *m* **1.** (razonamiento) argument *m* **2.** (de novela, película) thème *m*

aria ['arja] *f* aria *f*

árido, da ['ariðo, ða] *adj* aride

Aries ['arjes] *m* Bélier *m*

arista [a'rista] *f* arête *f*

aristocracia [aristo'kraθja] *f* aristocratie *f*

aristócrata [aris'tokrata] *mf* aristocrate *mf*

aritmética [arið'metika] *f* arithmétique *f*

arlequín [arle'kin] *m* arlequin *m*

arma ['arma] *f* arme *f* ◆ **ser de armas tomar** (tener un carácter fuerte) ne pas avoir froid aux yeux

armada [ar'maða] *f* (escuadra) flotte *f*

armadura [arma'ðura] *f* **1.** (coraza) armure *f* **2.** (de gafas) monture *f*

armamento [arma'mento] *m* armement *m*

armar [ar'mar] *vt* **1.** (ejército, arma) armer **2.** (mueble, tienda) monter **3.** (alboroto, ruido) faire ◆ **armarse** *vp* s'armer ◆ **armarse de** *v prep* (valor, paciencia) s'armer de

armario [ar'marjo] *m* armoire *f*

armazón [arma'θon] *f* armature *f*

armisticio [armis'tiθjo] *m* armistice *m*

armonía [armo'nia] *f* harmonie *f*

armónica [ar'monika] *f* harmonica *m*

armonizar [armoni'θar] *vt* harmoniser

aro [aro] *m* **1.** (anilla) anneau *m* **2.** (juguete) cerceau *m*

aroma [a'roma] *m* arôme *m*

arpa ['arpa] *f* harpe *f*

arqueología [arkeolo'xia] *f* archéologie *f*

arqueólogo, ga [arke'oloɣo, ɣa] *m, f* archéologue *mf*

arquero [ar'kero] *m* (Amér & Esp) gardien *m* de but

arquitecto, ta [arki'tekto, ta] *m, f* architecte *mf*

arquitectónico, ca [arkitek'toniko, ka] *adj* architectural(e)

arquitectura [arkitek'tura] *f* architecture *f*

arraigar [araj'ɣar] *vi* **1.** (planta, árbol) pousser **2.** (costumbre, vicio) s'ancrer

arrancar [aran'kar] *vt* **1.** arracher **2.** (motor) faire démarrer ◇ *vi* (vehículo) démarrer ◆ **arrancar de** *v prep* (tener origen en) remonter à

arranque [a'ranke] *m* (ímpetu) accès *m* ◆ **arranque de generosidad** élan *m* de générosité

arrasador, ra [arasa'ðor, ra] *adj* **1.** (ciclón, terremoto, incendio) dévastateur(trice) **2.** (éxito) triomphal(e)

arrastrar [aras'trar] *vt* **1.** (por el suelo) traîner **2.** (convencer) entraîner ◆ **arrastrarse** *vp* **1.** (reptar) se traîner **2.** (humillarse) ramper

arrastre [a'rastre] *m* déplacement *m* ◆ **estar para el arrastre** (fam) être au bout du rouleau

arrebatar [areβa'tar] *vt* (quitar) arracher

arrebato [are'βato] *m* (de ira, locura) accès *m*

arreglar [are'ɣlar] *vt* **1.** arranger **2.** (ordenar) ranger ◆ **arreglarse** *vp* s'arranger ◆ **arreglárselas** se débrouiller

arreglo [a'reɣlo] *m* **1.** *(reparación)* réparation *f* **2.** *(acuerdo)* arrangement *m*

arrendatario, ria [arenda'tarjo, rja] *m, f* locataire *mf*

arreos [a'reos] *mpl* harnais *m*

arrepentirse [arepen'tirse] ◆ **arrepentirse de** *v prep* se repentir de

arrestar [ares'tar] *vt* arrêter

arriba [a'riβa] *adv* **1.** *(posición)* au-dessus **2.** *(dirección)* en haut ● **más arriba** plus haut ● **de arriba abajo** *(detenidamente)* du début à la fin ; *(con desdén)* de la tête aux pieds ● **ir para arriba** monter ● **calle arriba** en remontant la rue ● **¡arriba las manos!** haut les mains ! ● **la vecina de arriba** la voisine du dessus

arriesgado, da [arjez'ɣaðo, ða] *adj* risqué(e)

arriesgar [arjez'ɣar] *vt* risquer ◆ **arriesgarse a** *v prep* se risquer à

arrimar [ari'mar] *vt* approcher ● **arrimar el hombro** donner un coup de main ◆ **arrimarse a** *v prep* s'approcher de

arroba [a'roβa] *f* INFORM arobase *m o f*

arrodillarse [aroði'ʎarse] *vp* s'agenouiller

arrogancia [aro'ɣanθja] *f* arrogance *f*

arrogante [aro'ɣante] *adj* arrogant(e)

arrojar [aro'xar] *vt* **1.** *(lanzar)* jeter **2.** *(vomitar)* rendre ● **arrojar a alguien de** *(echar)* chasser qqn de ◆ **arrojarse** *vp* se jeter

arroyo [a'rojo] *m* ruisseau *m*

arroz [a'roθ] *m* riz *m* ● **arroz a la cubana** riz blanc accompagné de sauce tomate et d'un œuf au plat ● **arroz a la cazuela** riz avec des légumes et de la viande cuits dans une terrine ● **arroz chaufa** *(Amér)* ≃ riz cantonnais ● **arroz con leche** riz au lait ● **arroz negro** *riz cuit dans l'encre de seiche*

arruga [a'ruɣa] *f* **1.** *(en piel)* ride *f* **2.** *(en tejido)* pli *m*

arrugado, da [aru'ɣaðo, ða] *adj* **1.** *(piel)* ridé(e) **2.** *(tejido, papel)* froissé(e)

arrugar [aru'ɣar] *vt* froisser ◆ **arrugarse** *vp* se froisser

arruinar [arui'nar] *vt* ruiner ◆ **arruinarse** *vp* être ruiné(e)

arsénico [ar'seniko] *m* arsenic *m*

arte [arte] *m o f* art *m* ● **por arte de magia** comme par enchantement ● **artes** *fpl* arts *mpl* ● **con malas artes** par des procédés malhonnêtes

artefacto [arte'fakto] *m* appareil *m*

arteria [ar'terja] *f* artère *f*

artesanal [artesa'nal] *adj* artisanal(e)

artesanía [artesa'nia] *f* artisanat *m* ● **de artesanía** artisanal(e)

artesano, na [arte'sano, na] *m, f* artisan *m, -e f*

ártico [artiko] *adj* arctique ● **el Ártico** l'Arctique *m*

articulación [artikula'θjon] *f* articulation *f*

articulado, da [artiku'laðo, ða] *adj* articulé(e)

articular [artiku'lar] *vt* articuler ◆ **articularse** *vp* s'articuler

articulista [artiku'lista] *mf* journaliste *mf*

artículo [ar'tikulo] *m* article *m* ● **artículos de consumo** biens *mpl* de consommation ● **artículos de lujo** articles de luxe

artificial [artifi'θjal] *adj* **1.** *(no natural)* artificiel(elle) **2.** *(falso)* affecté(e)

artificio [arti'fiθjo] *m* **1.** (*dispositivo*) dispositif *m* **2.** (*artimaña*) artifice *m*

artista [ar'tista] *mf* artiste *mf*

artístico, ca [ar'tistiko, ka] *adj* artistique

arveja [ar'βexa] *f* (*Amér*) petit pois *m*

arzobispo [arθo'βispo] *m* archevêque *m*

as ['as] *m* as *m*

asa ['asa] *f* anse *f* (*poignée*)

asado, da [a'saðo, ða] *adj* grillé(e) ◇ *m* rôti *m* ● **carne asada** viande grillée ● **pimientos asados** poivrons grillés ● **pollo asado** poulet rôti

asador [asa'ðor] *m* **1.** (*varilla*) broche *f* **2.** (*restaurante*) grill *m*

asalariado, da [asala'rjaðo, ða] *adj & m, f* salarié(e)

asaltar [asal'tar] *vt* **1.** (*banco, tienda*) attaquer **2.** (*persona*) agresser **3.** (*suj: duda*) assaillir

asalto [a'salto] *m* **1.** (*a banco, tienda*) hold-up *m inv* **2.** (*en boxeo, judo*) round *m*

asamblea [asam'blea] *f* assemblée *f*

asar [a'sar] *vt* rôtir ◆ **asarse** *vp* (*fig*) culre

ascendencia [asθen'denθja] *f* ascendance *f*

ascendente [asθen'dente] *adj* ascendant(e)

ascender [asθen'der] *vt* (*empleado*) promouvoir ◆ **ascender a** *v prep* (*quantité*) s'élever à

ascendiente [asθen'djente] *mf* ancêtre *mf*

ascenso [as'θenso] *m* **1.** (*a una montaña*) ascension *m* **2.** (*de puesto*) promotion *f*

ascensor [asθen'sor] *m* ascenseur *m*

asco ['asko] *m* dégoût *m* ● ¡**qué asco!** c'est dégoûtant ! ● **dar asco** dégoûter

● **ser un asco** (*fam*) (*cosa mala*) être nul (nulle) ● **estar hecho un asco** (*fam*) être vraiment dégoûtant(e)

ascua ['askwa] *f* charbon *m* ardent ● **estar en ascuas** être sur des charbons ardents

aseado, da [ase'aðo, ða] *adj* **1.** (*persona*) net (nette) **2.** (*lugar*) propre

asear [ase'ar] *vt* nettoyer ◆ **asearse** *vp* faire sa toilette

asegurado, da [aseɣu'raðo, ða] *adj & m, f* assuré(e)

asegurar [aseɣu'rar] *vt* **1.** (*garantizar*) assurer **2.** (*cuerda, nudo*) resserrer ● **asegurarse de** *v prep* ● **asegurarse de que** s'assurer que

asentir [asen'tir] *vi* acquiescer

aseo [a'seo] *m* **1.** (*acción*) toilette *f* **2.** (*cualidad*) propreté *f* **3.** (*habitación*) cabinet *m* de toilette ● **aseos** *mpl* toilettes *fpl*

aséptico, da [a'septiko, ka] *adj* aseptique

asequible [ase'kiβle] *adj* accessible

asesinar [asesi'nar] *vt* assassiner

asesinato [asesi'nato] *m* assassinat *m*

asesino, na [ase'sino, na] *adj* assassin(e) ◇ *m, f* assassin *m*

asesor, ra [ase'sor, ra] *m, f* conseiller *m*, -ère *f*

asesorar [aseso'rar] *vt* conseiller ◆ **asesorarse** *vp* prendre conseil

asesoría [aseso'ria] *f* **1.** (*oficio*) conseil *m* **2.** (*oficina*) cabinet *m*

asfaltado, da [asfal'taðo, ða] *adj* goudronné(e) ◇ *m* chaussée *f*

asfaltar [asfal'tar] *vt* asphalter

asfalto [as'falto] *m* asphalte *m*

asfixia [as'fiksja] *f* asphyxie *f*

asfixiante [asfik'sjante] *adj* **1.** *(gas)* asphyxiant(e) **2.** *(calor)* étouffant(e)

asfixiar [asfik'sjar] *vt* **1.** *(ahogar)* asphyxier **2.** *(fig)* *(agobiar)* étouffer ◆ **asfixiarse** *vp* **1.** *(ahogarse)* s'asphyxier **2.** *(fig)* *(agobiarse)* étouffer

así [a'si] *adv* ainsi, comme cela ◇ *adj inv* pareil(eille) ● **así de grande** grand(e) ● **así como** *(del mismo modo)* comme ça ● **así es** c'est ça ● **así es como** c'est ainsi que ● **así no más** *(Amér)* *(fam)* *(regular)* comme ci comme ça ; *(de repente)* sans prévenir ● **así y todo** malgré tout ● **y así todos los días** et c'est comme ça tous les jours

Asia ['asja] *s* Asie *f*

asiático, ca [a'sjatiko, ka] *adj* asiatique ◇ *m, f* Asiatique *mf*

asiento [a'sjento] *m* **1.** *(mueble)* siège *m* **2.** *(plaza sentada)* place *f*

asignatura [asiɣna'tura] *f* *(en la escuela)* matière *f*

asilado, da [asi'laðo, ða] *adj* réfugié(e)

asilo [a'silo] *m* *(para ancianos)* hospice *m* ● **asilo político** asile *m* politique

asimilación [asimila'θjon] *f* assimilation *f*

asimilar [asimi'lar] *vt* **1.** *(conocimientos)* assimiler **2.** *(cambio, situación)* accepter

asistencia [asis'tenθja] *f* **1.** assistance *f* **2.** *(a clase, espectáculo)* présence *f*

asistir [asis'tir] *vt* *(enfermo)* soigner ◆ **asistir a** *v prep* *(clase, espectáculo)* assister à

asma ['azma] *f* asthme *m*

asmático, ca [az'matiko, ka] *adj* asthmatique

asno, na ['azno, na] *m, f* âne *m*, ânesse *f*

asociación [asoθja'θjon] *f* association *f*

asociar [aso'θjar] *vt* associer ◆ **asociarse a** *v prep* *(club, institución)* s'inscrire à ◆ **asociarse con** *v prep* s'associer avec

asolar [aso'lar] *vt* dévaster

asomar [aso'mar] *vi* *(mostrarse)* apparaître ◇ *vt* ● **asomar la cabeza por la ventana** passer la tête par la fenêtre ◆ **asomarse a** *v prep* *(ventana, balcón)* se pencher à

asombrar [asom'brar] *vt* stupéfier ◆ **asombrarse de** *v prep* s'étonner de

asombro [a'sombro] *m* étonnement *m*

asorocharse [asoro'tʃarse] *vp* *(Chile & Perú)* avoir le mal des montagnes

aspa ['aspa] *f* **1.** *(de molino)* aile *f* **2.** *(de hélice)* pale *f*

aspecto [as'pekto] *m* aspect *m* ● **tener buen/mal aspecto** *(persona)* avoir bonne/mauvaise mine ; *(comida)* être/ne pas être appétissant(e)

aspereza [aspe'reθa] *f* aspérité *f*

áspero, ra ['aspero, ra] *adj* **1.** *(al tacto)* rugueux(euse) **2.** *(fruto, voz)* âpre

aspiradora [aspira'ðora] *f* aspirateur *m*

aspirar [aspi'rar] *vt* aspirer ◆ **aspirar a** *v prep* aspirer à

aspirina® [aspi'rina] *f* aspirine *f*

asqueado, da [aske'aðo, ða] *adj* dégoûté(e)

asquerosidad [askerosi'ðað] *f* ● **¡qué asquerosidad!** c'est répugnant !

asqueroso, sa [aske'roso, sa] *adj* répugnant(e)

asta ['asta] *f* **1.** *(de lanza, bandera)* hampe *f* **2.** *(de toro)* corne *f* **3.** *(de animal)* bois *m*

asterisco [aste'risko] *m* astérisque *m*

astillero [asti'ʎero] *m* chantier *m* naval

astro ['astro] *m* astre *m*

astrología [astrolo'xia] *f* astrologie *f*

astrólogo, ga [as'troloɣo, ɣa] *m, f* astrologue *mf*

astronauta [astro'naṷta] *mf* astronaute *mf*

astronomía [astrono'mia] *f* astronomie *f*

astronómico, ca [astro'nomiko, ka] *adj* astronomique

astrónomo, ma [as'tronomo, ma] *m, f* astronome *mf*

astuto, ta [as'tuto, ta] *adj* 1. (listo) astucieux(euse) 2. (taimado) rusé(e)

asumir [asu'mir] *vt* assumer

asunto [a'sunto] *m* 1. (tema) sujet *m* 2. (negocio) affaire *f*

asustar [asus'tar] *vt* faire peur à ♦ **asustarse** *vp* avoir peur

atacar [ata'kar] *vt* attaquer

atajo [a'taxo] *m* 1. (camino) raccourci *m* 2. (despec) (grupo) bande *f* ● **un atajo de** une bande de

ataque [a'take] *m* attaque *f* ● **ataque al corazón** crise *f* cardiaque ● **ataque de nervios** crise de nerfs ● **ataque de risa** fou rire *m* ● **ataque de tos** quinte *f* de toux

atar [a'tar] *vt* attacher

atardecer [atarðe'θer] *m* ● **al atardecer** à la tombée du jour

atareado, da [atare'aðo, ða] *adj* occupé(e)

atasco [a'tasko] *m* embouteillage *m*

ataúd [ata'uð] *m* cercueil *m*

ate [a'te] *m* (Amér) gelée *f* de coing

ateísmo [ate'ismo] *m* athéisme *m*

atención [aten'θjon] *f* attention *f* ● **atención al cliente** service *m* clients ● **llamar la atención** attirer l'attention

atender [aten'der] *vt* 1. (solicitud, petición) accéder à 2. (negocio, clientes) s'oc-

cuper de 3. (enfermo) soigner ◇ *vi* (escuchar) être attentif(ive)

atentado [aten'taðo] *m* attentat *m*

atentamente [a,tenta'mente] *adv* 1. (con atención) attentivement 2. (en cartas) ▼ **le saluda muy atentamente** (veuillez agréer, Madame/Monsieur, mes) salutations distinguées

atento, ta [a'tento, ta] *adj* 1. (con atención) attentif(ive) 2. (amable) attentionné(e)

atco, a [a'teo, a] *m, f* athée *mf*

aterrizaje [ateri'θaxe] *m* atterrissage *m*

aterrizar [ateri'θar] *vi* atterrir

aterrorizar [aterori'θar] *vt* terroriser

atestado, da [ates'taðo, ða] *adj* bondé(e)

atestiguar [atesti'ɣwar] *vt* témoigner

ático [a'tiko] *m* appartement *m* situé au dernier étage d'un immeuble

atinar [ati'nar] *vi* 1. (dar en el blanco) viser juste 2. (acertar) trouver

atípico, ca [a'tipiko, ka] *adj* atypique

Atlántico [að'lantiko] *m* ● **el Atlántico** l'Atlantique *m*

atlas ['aðlas] *m inv* atlas *m*

atleta [að'leta] *m* athlète *mf*

atlético, ca [að'letiko, ka] *adj* 1. (persona) athlétique 2. (competición, prueba) d'athlétisme

atletismo [aðle'tizmo] *m* athlétisme *m*

atmósfera [að'mosfera] *f* atmosphère *f*

atmosférico, ca [aðmos'feriko, ka] *adj* atmosphérique

atole [a'tole] *m* (Amér) boisson à base de farine de maïs

atolondrarse [atolon'drarse] *vp* être étourdi(e)

atómico, ca [a'tomiko, ka] *adj* atomique

átomo ['atomo] *m* atome *m*

atónito, ta [a'tonito, ta] *adj* sans voix

atontado, da [aton'tado, ða] *adj* **1.** *(aturdido)* étourdi(e) **2.** *(tonto)* abruti(e)

atorado, da [ato'raðo, ða] *adj* **1.** *(Amér)* *(atascado)* bouché(e) **2.** *(agitado, nervioso)* nerveux(euse)

atorar [ato'rar] *vt* *(Amér)* *(bloquear)* boucher ◆ **atorarse** *vp* **1.** *(Amér)* *(atascarse)* se boucher **2.** *(atragantarse)* s'étrangler

atracador, ra [atraka'ðor, ra] *m, f* *(ladrón)* voleur *m*, -euse *f* à main armée

atracar [atra'kar] *vt* **1.** *(banco, tienda)* attaquer **2.** *(persona)* agresser ◇ *vi* *(barco)* accoster ◆ **atracarse de** *v prep* *(fam)* s'empiffrer de

atracción [atrak'θjon] *f* attraction *f*

atraco [a'trako] *m* hold-up *m inv*

atractivo, va [atrak'tiβo, βa] *adj* attrayant(e) ◇ *m* **1.** *(cualidades)* attrait *m* **2.** *(de persona)* charme *m*

atraer [atra'er] *vt* attirer ◇ *vi* *(gustar)* plaire

atragantarse [atrayan'tarse] *vp* s'étrangler

atrapar [atra'par] *vt* attraper

atrás [a'tras] *adv* **1.** *(en el espacio)* derrière **2.** *(en movimiento)* en arrière **3.** *(en el tiempo)* plus tôt, avant

atrasado, da [atra'saðo, ða] *adj* en retard ◆ **ir atrasado** *(reloj)* retarder

atrasar [atra'sar] *vt* **1.** *(llegada, reloj)* retarder **2.** *(proyecto, cita)* reporter ◇ *vi* retarder ◆ **atrasarse** *vp* **1.** *(persona)* être en retard **2.** *(tren, proyecto)* prendre du retard

atraso [a'traso] *m* retard *m* ◆ **atrasos** *mpl* *(de dinero)* arriérés *mpl*

atravesar [atraβe'sar] *vt* traverser ◆ **atravesarse** *vp* *(interponerse)* se mettre en travers

atreverse [atre'βerse] ◆ **atreverse a** *v prep* oser

atrevido, da [atre'βiðo, ða] *adj* **1.** *(osado)* osé(e) **2.** *(insolente)* effronté(e) **3.** *(valiente)* intrépide

atribución [atriβu'θjon] *f* attribution *f*

atribuir [atriβu'ir] *vt* attribuer

atributo [atri'βuto] *m* attribut *m*

atrio ['atrjo] *m* *(de palacio, convento)* cour *f* intérieure

atropellar [atrope'λar] *vt* **1.** *(suj: vehículo)* renverser **2.** *(suj: persona)* bousculer ◆ **atropellarse** *vp* *(hablando)* bredouiller

atropello [atro'peλo] *m* *(por vehículo)* accident *m*

ATS [ate'ese] *mf* *(abr de ayudante técnico sanitario)* infirmier *m*, -ère *f*

atte *abr escrita de* atentamente

atún [a'tun] *m* thon *m* ◆ **atún en aceite** thon à l'huile

audaz, ces [au'ðaθ, θes] *adj* audacieux(euse)

audiencia [au'ðjenθja] *f* audience *f*

audiovisual [ˌauðjoβi'sual] *adj* audiovisuel(elle) ◇ *m* audiovisuel *m*

auditivo, va [auði'tiβo, βa] *adj* auditif(ive)

auditor, ra [auði'tor, ra] *m, f* FIN audit *m*

auditoría [auðito'ria] *f* **1.** *(trabajo)* audit *m* **2.** *(despacho)* cabinet *m* d'audit

auditorio [auði'torjo] *m* **1.** (*público*) auditoire *m* **2.** (*local*) auditorium *m*

auge ['auxe] *m* essor *m* ● **en auge** en plein essor

aula ['aula] *f* salle *f* de cours

aullar [au'ʎar] *vi* hurler

aullido [au'ʎiðo] *m* hurlement *m*

aumentar [aumen'tar] *vt* augmenter

aumento [au'mento] *m* **1.** (*de sueldo, peso*) augmentation *f* **2.** (*en óptica*) grossissement *m*

aun [aun] *adv* (*incluso*) même ◇ *conj* (*aunque*) bien que ● **aun así** même ainsi ● **aun estando malo...** bien qu'étant malade...

aún [a'un] *adv* (*todavía*) encore ● **aún no ha llamado** il n'a pas encore appelé

aunque [auŋke] *conj* bien que

aureola [aure'ola] *f* auréole *f*

auricular [auriku'lar] *m* (*de teléfono*) écouteur *m* ● **auriculares** *mpl* (*de radio, casete, TV*) casque *m*

ausencia [au'senθja] *f* absence *f*

ausente [au'sente] *adj* absent(e)

austeridad [austeri'ðað] *f* austérité *f*

austero, ra [aus'tero, ra] *adj* austère

Australia [aus'tralja] *s* Australie *f*

australiano, na [austra'ljano, na] *adj* australien(enne) ◇ *m, f* Australien *m*, -enne *f*

Austria ['austrja] *s* Autriche *f*

austríaco [aus'triako, ka] *adj* autrichien(enne) ◇ *m, f* Autrichien *m*, -enne *f*

autenticidad [autentiθi'ðað] *f* authenticité *f*

auténtico, ca [au'tentiko, ka] *adj* **1.** (*veraz*) authentique **2.** (*verdadero*) vrai(e) **3.** (*piel*) véritable

auto ['auto] *m* auto *f*

autoayuda [autoa'juða] *f* autodéveloppement *m*

autobiografía [autoβjoɣra'fia] *f* autobiographie *f*

autobús [auto'βus] *m* autobus *m*

autocar [auto'kar] *m* autocar *m* ● **autocar de línea** (*Esp*) autocar interurbain

autocaravana [autokara'βana] *f* camping-car *m*

autocontrol [autokon'trol] *m* maîtrise *f* de soi

autocorrección [autokorek'θjon] *f* correction *f* automatique

autóctono, na [au'toktono, na] *adj* autochtone

autoedición [autoeði'θjon] *f* PAO *f* (*publication assistée par ordinateur*)

autoescuela [autoes'kuela] *f* auto-école *f*

autógrafo [au'toɣrafo] *m* autographe *m*

automáticamente [auto.matika'mente] *adv* automatiquement

automático, ca [auto'matiko, ka] *adj* **1.** (*máquina, arma*) automatique **2.** (*gesto, comportamiento*) mécanique

automóvil [auto'moβil] *m* automobile *f*

automovilismo [automoβil'lizmo] *m* automobilisme *m*

automovilista [automoβi'lista] *mf* automobiliste *mf*

autonomía [autono'mia] *f* **1.** (*autosuficiencia*) INFORM autonomie *f* **2.** (*autogobierno*) communauté *f* autonome

autonómico, ca [auto'nomiko, ka] *adj* (*ley, región*) d'une communauté autonome

autónomo, ma [au'tonomo, ma] *adj* autonome

autopista [auto'pista] *f* autoroute *f*
● **autopista de peaje** autoroute *f* à péage
autopsia [au'topsja] *f* autopsie *f*
autor, ra [au'tor, ra] *m, f* auteur *m*
autoridad [autori'ðað] *f* autorité *f* ● **la autoridad** *(la policía)* les autorités
autoritario, ria [autori'tarjo, rja] *adj* autoritaire
autorización [autoriθa'θjon] *f* autorisation *f*
autorizado, da [autori'θaðo, ða] *adj* autorisé(e)
autorizar [autori'θar] *vt* autoriser
autorretrato [autorre'trato] *m* autoportrait *m*
autoservicio [,autoser'βiθjo] *m* self-service *m*
autostop [autos'top] *m* auto(-)stop *m* ● **hacer autostop** faire de l'auto(-)stop
autostopista [,autosto'pista] *mf* autostoppeur *m*, -euse *f*
autosuficiente [,autosufi'θjente] *adj* autosuffisant(e)
autovía [auto'βia] *f* route *f* à quatre voies
auxiliar [auksi'ljar] *adj* auxiliaire ◇ *mf (ayudante)* assistant *m*, -e *f* ◇ *vt (socorrer)* assister ● **auxiliar administrativo** employé *m*, -e *f* de bureau ● **auxiliar de vuelo** steward *m*, hôtesse de l'air *f*
auxilio [auk'siljo] *m* secours *m* ◇ *interj* au secours ! ● **primeros auxilios** premiers secours
aval [a'βal] *m* **1.** *(persona)* garant *m* **2.** *(documento)* aval *m*
avalador, ra [aβala'ðor, ra] *m, f* garant *m*, -e *f*
avalancha [aβa'lantʃa] *f* avalanche *f*

avalar [aβa'lar] *vt* **1.** *(crédito)* avaliser **2.** *(propuesta, idea)* donner son aval à
avance [a'βanθe] *m* **1.** *(de tecnología, ciencia)* progrès *m* **2.** *(de película)* bande-annonce *f* ● **avance informativo** flash *m* d'information
avanzado, da [a'βanθaðo, ða] *adj* avancé(e)
avanzar [aβan'θar] *vi* avancer
avaricioso, sa [aβari'θjoso, sa] *adj* intéressé(e)
avaro, ra [a'βaro, ra] *adj* avare
avda. *(abr escrita de avenida)* av. *(avenue)*
ave ['aβe] *f* oiseau *m*
AVE ['aβe] *m (Esp) (abr de alta velocidad española)* ≃ TGV *m (train à grande vitesse)*
avellana [aβe'ʎana] *f* noisette *f*
avellano [aβe'ʎano] *m* noisetier *m*
avena [a'βena] *f* avoine *f*
avenida [aβe'niða] *f* avenue *f*
aventar [aβen'tar] *vt (Andes & Méx)* jeter
aventón [aβen'ton] *m (Méx)* ● **dar un aventón a alguien** déposer qqn *(en voiture)*
aventura [aβen'tura] *f* aventure *f*
aventurarse [aβen'turarse] ◆ **aventurarse a** *v prep* s'aventurer à
aventurero, ra [aβen'turero, ra] *adj* aventureux(euse) ◇ *m, f* aventurier *m*, -ère *f*
avergonzado, da [aβerɣon'θaðo, ða] *adj* honteux(euse)
avergonzarse [aβerɣon'θarse] ◆ **avergonzarse de** *v prep* avoir honte de
avería [aβe'ria] *f* panne *f*

averiado, da [aβeri'aðo, ða] *adj* en panne

averiarse [aβeri'arse] *vp* tomber en panne

averiguar [aβeri'ɣwar] *vt* **1.** *(indagar)* chercher à savoir **2.** *(enterarse)* découvrir

aversión [aβer'sjon] *f* aversion *f*

avestruz, ces [aβes'truθ, θes] *m* autruche *f*

aviación [aβja'θjon] *f* aviation *f*

aviador, ra [aβja'ðor, ra] *m, f* aviateur *m*, -trice *f*

avión [a'βjon] *m* avion *m*

avioneta [aβjo'neta] *f* avion de tourisme

avisar [aβi'sar] *vt* appeler ◆ avisar de *v prep* **1.** *(comunicar)* informer de **2.** *(prevenir)* prévenir de ◆ avisar a alguien de algo prévenir qqn de qqch

aviso [a'βiso] *m* **1.** *(noticia)* avis *m* **2.** *(Amér) (prensa)* annonce *f* **3.** *(advertencia)* avertissement *m*

avispa [a'βispa] *f* guêpe *f*

avituallarse [aβitwa'ʎarse] *vp* se ravitailler

axila [ak'sila] *f* aisselle *f*

ay [ai] *interj* **1** *(expresa dolor)* aïe ! **2.** *(expresa pena)* oh !

ayer [a'jer] *adv* hier ◆ ayer noche hier soir ◆ ayer por la mañana hier matin

ayuda [a'juða] *f* aide *f*

ayudante [aju'ðante] *mf* assistant *m*, -e *f*

ayudar [aju'ðar] *vi* aider ◆ ayudar a alguien a o en algo aider qqn à faire qqch

ayunar [aju'nar] *vi* jeûner

ayuntamiento [ajunta'mjento] *m* **1.** *(corporación)* municipalité *f* **2.** *(edificio)* mairie *f*

azada [a'θaða] *f* houe *f*

azafata [aθa'fata] *f* hôtesse *f* ◆ azafata de vuelo hôtesse de l'air

azafate [aθa'βate] *m* *(Andes & CSur)* plateau *m*

azafrán [aθa'fran] *m* safran *m*

azar [a'θar] *m* hasard *m* ◆ al azar au hasard

azotea [aθo'tea] *f* terrasse *f* *(d'un immeuble)*

azúcar [a'θukar] *m o f* sucre *m*

azucarado, da [aθuka'raðo, ða] *adj* sucré(e)

azucarero [aθuka'rero] *m* sucrier *m*

azucena [aθu'θena] *f* lis *m*

azufre [a'θufre] *m* soufre *m*

azul [a'θul] *adj* bleu(e) ◇ *m* bleu *m* ◆ azul marino bleu marine

azulado, da [aθu'laðo, ða] *adj* bleuté(e)

azulejo [aθu'lexo] *m* azulejo *m*

azuloso, sa [aθu'loso, sa] *adj* *(Amér)* bleuté(e)

baba ['baβa] *f* bave *f*

babero [ba'βero] *m* bavoir *m*

babor [ba'βor] *m* bâbord *m*

babosa [ba'βosa] *f* limace *f*

babosada [baβo'saða] *f* *(CAm & Méx)* *(fam)* bêtise *f*

baboso, sa [ba'βoso, sa] *adj* **1.** (caracol, bebé) baveux(euse) **2.** (fam) (infantil) gamin(e) **3.** (Amér) (tonto) crétin(e)

baca ['baka] *f* galerie *f* (de voiture)

bacalao [baka'lao] *m* morue *f* ● **bacalao al pil-pil** morue frite avec une sauce à l'ail et au persil ● **bacalao a la llauna** morue en sauce cuite dans un moule métallique ● **bacalao a la vizcaína** morue au four avec des tomates, des oignons, des poivrons et du piment ● **bacalao con sanfaina** morue préparée avec une sorte de ratatouille

bacán [ba'kan] *adj* (RP) élégant(e) ◇ *m* (RP) dandy *m*

bachillerato [batʃiʎe'rato] *m* (estudios) cycle d'études qui précède les études universitaires

bacinica [baθi'nika] *f* (Amér) pot *m* de chambre

bacon ['bejkon] *m* bacon *m*

bádminton ['baðminton] *m* badminton *m*

bafle ['bafle] *m* baffle *m*

bahía [ba'ia] *f* baie *f*

bailar [bai'lar] *vt* danser ◇ *vi* **1.** (danzar) danser **2.** (prenda) être trop grand(e) **3.** (no encajar) jouer

bailarín, ina [baila'rin, ina] *m, f* danseur *m*, -euse *f*

baile ['bajle] *m* **1.** (danza) danse *f* **2.** (fiesta) bal *m*

baja ['baxa] *f* **1.** (por enfermedad) arrêt *m* maladie **2.** (de asociación, club) renvoi *m* ● **dar de baja** renvoyer ● **estar de baja** être en arrêt o congé maladie ➤ **bajo**

bajada [ba'xaða] *f* descente *f*

bajar [ba'xar] *vt* **1.** baisser **2.** (escalera) descendre **3.** *INFORM* télécharger ◇ *vi* (disminuir) baisser ● **bajar de** *v prep* (apearse de) descendre de

bajío [ba'xio] *m* (Amér) basse terre *f*

bajo, ja ['baxo, xa] *adj* **1.** bas (basse) **2.** (persona) petit(e) **3.** (sonido) grave ◇ *m* **1.** (instrumento) basse *f* **2.** (de una casa) rez-de-chaussée *m inv* ◇ *adv* (hablar) bas ◇ *prep* sous

bakalao [baka'lao] *m* (fam) techno *f*

bala ['bala] *f* balle *f* (d'arme)

balacear [balaθe'ar] *vt* (Amér) blesser par balle

balacera [bala'θera] *f* (Amér) fusillade *f*

balada [ba'laða] *f* ballade *f*

balance [ba'lanθe] *m* bilan *m* ● **hacer balance de** faire le bilan de

balancín [balan'θin] *m* rocking-chair *m*

balanza [ba'lanθa] *f* balance *f*

balar [ba'lar] *vi* bêler

balcón [bal'kon] *m* balcon *m*

balde ['balde] *m* seau *m* ● **de balde** gratis ● **en balde** en vain

baldosa [bal'dosa] *f* carreau *m* de céramique

Baleares [bale'ares] *fpl* ● **las (islas) Baleares** les (îles) Baléares

balido [ba'liðo] *m* bêlement *m*

ballena [ba'ʎena] *f* baleine *f*

ballet [ba'le] *m* ballet *m*

balneario [balne'arjo] *m* (Esp) **1.** station *f* thermale, ville *f* d'eau **2.** (Méx) (con piscinas) station thermale

Los balnearios

Au Mexique, le **balneario** est un endroit très fréquenté qui comporte généralement plusieurs piscines. Les gens s'y rendent pour se baigner, prendre des bains de soleil, déjeuner, boire un verre, etc.

balón [ba'lon] *m* ballon *m*

baloncesto [balon'θesto] *m* basket-ball *m*

balonmano [balom'mano] *m* hand-ball *m*

balonvolea [balombo'lea] *m* volley-ball *m*

balsa ['balsa] *f* 1. (embarcación) radeau *m* 2. (de agua) réservoir *m*

bálsamo ['balsamo] *m* baume *m*

bambú [bam'bu] *m* bambou *m*

banana [ba'nana] *f* (Perú & RP) banane *f*

banca ['baŋka] *f* 1. (institución) banque *f* 2. (profesión) secteur *m* bancaire 3. (Col, Ven & Méx) (para sentarse) banc *m* 4. (Andes & RP) (en el parlamento) siège *m*

banco ['baŋko] *m* 1. (para dinero) banque *f* 2. (para sentarse) banc *m* • **banco de arena** banc de sable • **banco de peces** banc de poissons • **Banco Central Europeo** Banque centrale européenne

banda ['banda] *f* 1. (grupo) bande *f* 2. (de músicos) fanfare *f* 3. (cinta) ruban *m* • **banda sonora** bande originale

bandeja [ban'dexa] *f* plateau *m*

bandera [ban'dera] *f* drapeau *m*

banderilla [bande'riʎa] *f* 1. (en toros) banderille *f* 2. (aperitivo) petite brochette d'amuse-gueule(s)

banderín [bande'rin] *m* fanion *m*

bandido [ban'diðo] *m* 1. (ladrón, asesino) bandit *m* 2. (farsan) (pillo) coquin *m*, -e *f*

bando ['bando] *m* 1. (partido) camp *m* 2. (de alcalde) arrêté *m* (municipal)

banjo ['banxo] *m* banjo *m*

banquero, ra [baŋ'kero, ra] *m, f* banquier *m*, -ère *f*

banqueta [baŋ'keta] *f* 1. banquette *f* 2. (Méx) (para peatones) trottoir *m*

bañadera [baɲa'ðera] *f* (Arg) (bañera) baignoire *f*

bañador [baɲa'ðor] *m* maillot *m* de bain

bañar [ba'ɲar] *vt* baigner • **bañarse** *vp* 1. (en playa, piscina) se baigner 2. (en el baño) prendre un bain

bañera [ba'ɲera] *f* baignoire *f*

bañista [ba'ɲista] *mf* baigneur *m*, -euse *f*

baño ['baɲo] *m* 1. bain *m* 2. (espacio, habitación) salle *f* de bains 3. (capa) couche *f* • **al baño maría** au bain-marie • **baños** *mpl* (balneario) eaux *fpl*

bar ['bar] *m* bar *m* • **bar musical** bar avec une ambiance de discothèque

baraja [ba'raxa] *f* jeu *m* de cartes

La baraja española

Le jeu de cartes espagnol comporte 48 cartes, réparties en quatre couleurs de douze cartes chacune : oros, l'or, bastos, le bâton, espadas, l'épée et copas, la coupe. Le dix, le onze et le douze de chaque couleur constituent les figures et portent respectivement les noms de sota (valet), caballo (cheval) et rey (roi).

barajar [bara'xar] *vt* 1. (naipes) battre 2. (posibilidades) envisager 3. (datos, números) brasser

baranda [baˈranda] f 1. (de escalera) rampe f 2. (de balcón) balustrade f

barandilla [baranˈdiʎa] f 1. (de escalera) rampe f 2. (de balcón) balustrade f

baratija [baraˈtixa] f babiole f

barato, ta [baˈrato, ta] adj bon marché (inv) ◆ **barato** adv bon marché

barba [ˈbarβa] f barbe f ◆ **por barba** par tête

barbacoa [barβaˈkoa] f barbecue m ◆ **a la barbacoa** au barbecue

barbaridad [barβariˈðað] f 1. (crueldad) atrocité f 2. (disparate) ineptie f ◆ **¡qué barbaridad!** quelle horreur ! ◆ **una barbaridad de** des tonnes de

barbarie [barˈβarje] f barbarie f

bárbaro, ra [ˈbarβaro, ra] adj 1. (cruel) barbare m 2. (fam) (estupendo) super

barbería [barβeˈria] f salon m de coiffure pour hommes

barbero [barˈβero] m coiffeur m pour hommes

barbilla [barˈβiʎa] f menton m

barbudo, da [barˈβuðo, ða] adj barbu(e)

barca [ˈbarka] f barque f ◆ **barca de pesca** bateau m de pêche

barcaza [barˈkaθa] f bac m

Barcelona [barθeˈlona] s Barcelone

barco [ˈbarko] m bateau m ◆ **barco de vela** bateau à voile

bareto [baˈreto] m (fam) bistrot m, (despec) boui-boui m

barítono [baˈritono] m baryton m

barniz, ces [barˈniθ, θes] m vernis m

barnizado, da [barniˈθaðo, ða] adj verni(e)

barnizar [barniˈθar] vt vernir

barómetro [baˈrometro] m baromètre m

barquillo [barˈkiʎo] m gaufre f

barra [ˈbara] f 1. (listón alargado) barre f 2. (de bar, café, restaurante) comptoir m 3. (helado, hielo) bloc m 4. INFORM barre f ◆ **barra de desplazamiento** barre de défilement ◆ **barra de herramientas** barre d'outils ◆ **barra invertida** antislash m ◆ **barra de labios** rouge m à lèvres ▼ **barra libre** boisson à volonté ◆ **barra de menús** barre de menu ◆ **barra de pan** ≈ baguette f ◆ **barra de tareas** barre des tâches

barraca [baˈraka] f 1. (chabola) baraque f 2. (para feria) stand m

barranco [baˈranko] m précipice m

barrendero [barenˈdero] m balayeur m

barreño [baˈreɲo] m bassine f

barrer [baˈrer] vt balayer

barrera [baˈrera] f 1. barrière f 2. (en toros) barrière qui sépare l'arène des gradins

barriada [baˈrjaða] f quartier m

barriga [baˈriɣa] f ventre m

barril [baˈril] m 1. (para bebidas) tonneau m 2. (de petróleo) baril m

barrio [ˈbarjo] m 1. (de población) quartier m 2. (Méx) bidonville m ◆ **barrio chino** quartier chaud ◆ **barrio comercial** quartier commerçant

barro [ˈbaro] m 1. (fango) boue f 2. (de alfarero) argile f

barroco, ca [baˈroko, ka] adj 1. (en arte) baroque 2. (recargado) rococo ◇ m baroque m

bártulos [ˈbartulos] mpl affaires fpl

barullo [baˈruʎo] m (fam) bazar m

basarse [ba'sarse] ◆ **basarse en** *v prep* se baser sur

bascas ['baskas] *fpl* mal *m* au cœur

báscula ['baskula] *f* bascule *f*

base ['base] *f* base *f* ● **base de datos** base de données ● **a base de** *(mediante)* à force de

básico, ca ['basiko, ka] *adj* de base

basta ['basta] *interj* ça suffit !

bastante [bas'tante] *adv* assez ◇ *adj* assez de ● **gana bastante dinero** il gagne pas mal d'argent

bastar [bas'tar] *vi* suffire ◆ **bastar con** suffire ● **basta con decirlo** il suffit de le dire ◆ **bastarse** *vp* ● **me basto solo para hacerlo** je peux le faire tout seul

bastardo, da [bas'tarðo, ða] *adj* bâtard(e)

bastidores [basti'ðores] *mpl* coulisses *fpl* ● **entre bastidores** dans les coulisses

basto, ta ['basto, ta] *adj* 1. *(vulgar, bruto)* grossier(ère) 2. *(áspero)* rugueux(euse) ◆ **bastos** *mpl* l'une des quatre couleurs du jeu de cartes espagnol

bastón [bas'ton] *m* 1. *(para andar)* canne *f* 2. *(de mando)* bâton *m*

basura [ba'sura] *f* ordures *fpl*

basurero, ra [basu'rero, ra] *m, f* éboueur *m* ◇ *m* décharge *f*

bata ['bata] *f* 1. *(de casa)* robe *f* de chambre 2. *(de trabajo)* blouse *f*

batalla [ba'taʎa] *f* bataille *f* ● **de batalla** *(para cada día)* de tous les jours

batería [bate'ria] *f* batterie *f* ● **batería de cocina** batterie de cuisine

batido [ba'tiðo] *m* milk-shake *m*

batidora [bati'ðora] *f* batteur *m* (électrique)

batín [ba'tin] *m* veste *f* d'intérieur

batir [ba'tir] *vt* 1. *(huevos, récord)* battre 2. *(nata)* fouetter

batuta [ba'tuta] *f* baguette *f* de chef d'orchestre

baúl [ba'ul] *m* 1. *(caja)* malle *f* 2. *(Col & CSur)* coffre *m* *(de voiture)*

bautismo [bau'tizmo] *m* baptême *m* *(sacrement)*

bautizar [bauti'θar] *vt* baptiser

bautizo [bau'tiθo] *m* baptême *m*

baya ['baja] *f* baie *f* *(fruit)*

bayeta [ba'jeta] *f* lavette *f* *(carré de tissu-éponge)*

bazar [ba'θar] *m* bazar *m*

beato, ta [be'ato, ta] *adj* 1. *(santo)* bienheureux(euse) 2. *(piadoso)* dévot(e) 3. *(fam)* *(santurrón)* bigot(e)

bebe, ba ['beβe, βa] *m, f* *(CSur & Méx)* *(fam)* bébé *m*

bebé [be'βe] *m* bébé *m*

beber [be'βer] *vt* & *vi* boire

bebida [be'βiða] *f* boisson *f*

bebido, da [be'βiðo, ða] *adj* ivre

bebito, ta [be'βito, ta] *m, f* *(Amér)* bébé *m*

beca ['beka] *f* bourse *f* *(d'étudiant)*

becario, ria [be'karjo, rja] *m, f* boursier *m*, -ère *f*

becerro, rra [be'θerro, ra] *m, f* veau *m*, génisse *f*

bechamel [betʃa'mel] *f* béchamel *f*

bedel [be'ðel] *m* appariteur *m*

begonia [be'ɣonja] *f* bégonia *m*

beige ['beʒ] *adj inv* beige

béisbol ['beizβol] *m* base-ball *m*

belén [be'len] *m* *(de Navidad)* crèche *f*

belga ['belɣa] *adj* belge ◇ *mf* Belge *mf*

Bélgica ['belxika] *s* Belgique *f*

bélico, ca ['beliko, ka] *adj* de guerre

belleza [be'ʎeθa] *f* beauté *f*

bello, lla ['beʎo, ʎa] *adj* beau (belle)

bellota [be'ʎota] *f* gland *m*

bencina [ben'θina] *f (Chile)* essence *f*

bendecir [bende'θir] *vt* bénir

bendición [bendi'θjon] *f* bénédiction *f*

bendito, ta [ben'dito, ta] *adj* bénit(e) ◇ *m, f (bobo)* simple *mf* d'esprit

beneficencia [benefi'θenθja] *f (caridad)* bienfaisance *f*

beneficiar [benefi'θjar] *vt* profiter à • **beneficiarse de** *v prep* profiter de

beneficio [bene'fiθjo] *m* 1. *(bien)* bienfait *m* 2. *(ganancia)* bénéfice *m* • **a beneficio de** au profit de

benéfico, ca [be'nefiko, ka] *adj* de bienfaisance

benevolencia [beneβo'lenθja] *f* bienveillance *f*

benévolo, la [be'neβolo, la] *adj* bienveillant(e)

bengala [ben'gala] *f* feu *m* de Bengale

berberechos [berβe'retʃos] *mpl* coques *fpl*

berenjena [beren'xena] *f* aubergine *f* • **berenjenas rellenas** aubergines farcies

bermudas [ber'muðas] *m o f pl* bermuda *m*

berrinche [be'rintʃe] *m* 1. *(fam) (llanto infantil)* colère *f* 2. *(disgusto)* rogne *f*

berza ['berθa] *f* chou *m*

besar [be'sar] *vt* embrasser • **besarse** *vp* s'embrasser

beso ['beso] *m* baiser *m* • **dar un beso** donner un baiser

bestia ['bestja] *adj* 1. *(bruto)* brut(e) 2. *(ignorante)* crétin(e) ◇ *mf* brute *f* ◇ *f (animal)* bête *f*

besugo [be'suɣo] *m* daurade *f*

betún [be'tun] *m (para zapatos)* cirage *m*

biberón [biβe'ron] *m* biberon *m*

Biblia ['biβlja] *f* Bible *f*

bibliografía [biβljoɣra'fia] *f* bibliographie *f*

biblioteca [biβljo'teka] *f* bibliothèque *f*

bibliotecario, ria [biβljote'karjo, rja] *m, f* bibliothécaire *mf*

bicarbonato [bikarβo'nato] *m* bicarbonate *m*

bíceps ['biθeps] *m inv* biceps *m*

bicho ['bitʃo] *m* 1. *(animal)* bestiole *f* 2. *(niño)* peste *f*

bici ['biθi] *f (fam)* vélo *m*

bicicleta [biθi'kleta] *f* bicyclette *f*

bicolor [biko'lor] *adj* bicolore

bidé [bi'ðe] *m* bidet *m*

bidón [bi'ðon] *m* bidon *m*

bien ['bjen] *adv*

1. **bien** • **habla bien inglés** il parle bien anglais • **estar bien** *(de aspecto, calidad)* être bien ; *(de salud)* aller bien • **¡muy bien!** très bien ! • **quiero un vaso de agua bien fría** je voudrais un verre d'eau bien fraîche

2. *(suficiente)* • **¡ya está bien!** ça suffit ! • **está bien de azúcar** il y a assez de sucre

3. *(de manera agradable)* bon • **oler bien** sentir bon

4. *(vale, de acuerdo)* bon, d'accord • **¡está bien!** d'accord !

◇ *adj inv* • **gente bien** des gens bien

◇ *conj* • **bien... bien** soit... soit • **entrégalo bien a mi padre, bien a mi madre** donne-le soit à mon père, soit à ma mère ● **más bien** plutôt

◇ *m* bien *m* ; *(calificación)* mention *f* assez bien ● **el bien y el mal** le bien et le mal ● **hacer el bien** faire le bien

● **bienes** *mpl (patrimonio)* biens *mpl* ● **bienes de consumo** biens de consommation ● **bienes inmuebles o raíces** biens immobiliers ● **bienes muebles** biens mobiliers

bienal [bje'nal] *adj* biennal(e)

bienestar [bjenes'tar] *m* bien-être *m inv*

bienvenida [bjembe'niða] *f* bienvenue *f*

bienvenido, da [bjembe'niðo, ða] *adj* bienvenu(e) ● **¡bienvenido!** soyez le bienvenu !

bife ['bife] *m (Andes & CSur)* bifteck *m*

bifocal [bifo'kal] *adj* bifocal(e)

bigote [bi'yote] *m* moustache *f*

bigotudo, da [biyo'tuðo, ða] *adj* moustachu(e)

bigudí [biyu'ði] *m* bigoudi *m*

bilingüe [bi'liŋɣwe] *adj* bilingue

billar [bi'ʎar] *m* billard *m* ● **billar americano** billard américain

billete [bi'ʎete] *m* **1.** billet *m* **2.** *(Esp) (de transporte)* ticket *m* ● **billete de ida y vuelta** *(billet)* aller-retour *m* ● **billete sencillo** aller *m* simple

billetero [biʎe'tero] *m* portefeuille *m*

billón [bi'ʎon] *m* billion *m*

binario, ria [bi'narjo, rja] *adj* binaire

bingo ['biŋgo] *m* **1.** *(juego)* bingo *m* **2.** *(sala)* salle *f* de bingo

biodegradable [bioðeyra'ðaβle] *adj* biodégradable

biografía [bioɣra'fia] *f* biographie *f*

biográfico, ca [bio'ɣrafiko, ka] *adj* biographique

biología [biolo'xia] *f* biologie *f*

biopsia [bi'opsja] *f* biopsie *f*

bioquímica [bio'kimika] *f* biochimie *f*

biquini [bi'kini] *m* bikini *m*

birlar [bir'lar] *vt (fam)* faucher

birra ['bira] *f (fam)* mousse *f*

birria ['birja] *f* **1.** *(fam) (cosa sin valor)* camelote *f* **2.** *(persona fea)* boudin *m* **3.** *(Méx) (carne)* viande *f*

birrioso, sa [bi'rjoso, sa] *adj (fam)* minable

bisabuelo, la [bisa'βwelo, la] *m, f* arrière-grand-père *m*, arrière-grand-mère *f* ● **bisabuelos** *mpl* arrière-grands-parents *mpl*

biscuit [bis'kuit] *m* petit gâteau *m* ● **biscuit con chocolate** gâteau au chocolat ● **biscuit glacé** biscuit glacé

bisexual [bisek'sual] *adj* bisexuel(elle)

bisnieto, ta [biz'njeto, ta] *m, f* arrière-petit-fils *m*, arrière-petite-fille *f* ● **bisnietos** *mpl* arrière-petits-enfants *mpl*

bisonte [bi'sonte] *m* bison *m*

bistec [bis'tek] *m* bifteck *m* ● **bistec de ternera** escalope *f* de veau ● **bistec a la plancha** bifteck grillé

bisturí [bistu'ri] *m* bistouri *m*

bisutería [bisute'ria] *f* bijoux *mpl* fantaisie

bit ['bit] *m* INFORM bit *m*

bíter ['biter] *m* bitter *m*

bizco, ca [ˈbiθko, ka] *adj* ● **es bizco** il louche

bizcocho [biθ'kotʃo] *m* ≃ génoise *f*

blanca ['blaŋka] *f* ● **estar sin blanca** *(fam)* ne pas avoir un rond

blanco, ca ['blaŋko, ka] *adj* blanc (blanche) ◇ *m, f* Blanc *m*, Blanche *f* ● *m* **1.** *(color)* blanc *m* **2.** *(diana)* cible *f* **3.** *(objetivo)* but *m* ● **dar en el blanco** mettre dans le mille ● **pasar la noche en blanco** passer une nuit blanche ● **quedarse con la mente en blanco** avoir un trou de mémoire

blando, da ['blando, da] *adj* **1.** (*cama, cera*) mou (molle) **2.** (*carne*) tendre **3.** (*persona, carácter*) faible

blanquear [blanke'ar] *vt* blanchir

blindado, da [blin'daðo, ða] *adj* blindé(e)

blindar [blin'dar] *vt* blinder

bloc ['blok] *m* **1.** (*de notas*) bloc-notes *m* **2.** (*de dibujo*) bloc *m* à dessin

bloque ['bloke] *m* bloc *m* ● **bloque de pisos** immeuble *m*

bloquear [bloke'ar] *vt* **1.** bloquer **2.** INFORM verrouiller ◆ **bloquearse** *vp* **1.** (*mecanismo, coche*) se bloquer **2.** (*persona*) faire un blocage

bloqueo [blo'keo] *m* **1.** (*mental*) blocage *m* **2.** (*económico, financiero*) embargo *m*

blusa ['blusa] *f* chemisier *m*

bluyines [blu'jines] *mpl* (*Amér*) jean *m*

bobada [bo'βaða] *f* bêtise *f* ● **decir bobadas** dire des bêtises

bobina [bo'βina] *f* bobine *f*

bobo, ba ['boβo, βa] *adj* **1.** (*tonto*) idiot(e) **2.** (*ingenuo*) niais(e)

boca ['boka] *f* bouche *f* ● **boca de incendios** bouche d'incendie ● **boca de metro** bouche de métro ● **boca abajo** sur le ventre ● **boca arriba** sur le dos ● **boca a boca** bouche-à-bouche *m inv*

bocacalle [boka'kaʎe] *f* rue *f*

bocadillería [bokaðiʎe'rja] *f* sandwicherie *f*

bocadillo [boka'ðiʎo] *m* sandwich *m*

bocado [bo'kaðo] *m* **1.** (*comida*) bouchée *f* **2.** (*mordisco*) morsure *f*

bocata [bo'kata] *m* (*fam*) sandwich *m*

boceto [bo'θeto] *m* **1.** (*de cuadro, dibujo, edificio*) esquisse *f* **2.** (*de texto*) ébauche *f*

bochorno [bo'tʃorno] *m* **1.** (*calor*) chaleur *f* étouffante **2.** (*vergüenza*) honte *f*

bochornoso, sa [botʃor'noso, sa] *adj* **1.** (*caluroso*) étouffant(e) **2.** (*vergonzoso*) honteux(euse)

bocina [bo'θina] *f* **1.** (*de coche*) Klaxon® *m* **2.** (*Andes & Méx*) (*de teléfono*) écouteur *m*

boda ['boða] *f* mariage *m* ● **bodas de oro/de plata** noces *fpl* d'or/d'argent

bodega [bo'ðeɣa] *f* **1.** cave *f* à vin **2.** (*bar*) bar *m* à vin **3.** (*Andes & Méx*) épicerie *f*

bodegón [boðe'ɣon] *m* nature *f* morte

bodrio ['boðrjo] *m* **1.** (*despec*) (*porquería*) horreur *f* **2.** (*comida*) ● **¡es un bodrio!** c'est infâme !

bofetada [bofe'taða] *f* gifle *f*

bogavante [boɣa'βante] *m* homard *m*

bohemio, mia [bo'emjo, mja] *adj* **1.** (*persona*) bohème **2.** (*vida*) de bohème

bohío [bo'io] *m* (*CAm, Col & Ven*) cabane *f*

boicot [boj'kot] (*pl* boicots [boj'kots]) *m* boycott *m* ● **hacer el boicot a** boycotter

boicotear [bojkote'ar] *vt* boycotter

boina ['bojna] *f* béret *m*

bola ['bola] *f* **1.** boule *f* **2.** (*fam*) (*mentira*) bobard *m* **3.** (*Amér*) (*fam*) (*rumor*) rumeur *f* **4.** (*Amér*) (*fam*) (*lío*) bazar *m* ● **hacerse bolas** (*Amér*) (*fam*) s'embrouiller

bolear [bole'ar] *vt* (*Méx*) (*embetunar*) cirer

bolera [bo'lera] *f* bowling *m*

bolero [bo'lero] *m* boléro *m*

boletería [bolete'ria] *f* (*Amér*) guichet *m*

boletín [bole'tin] *m* bulletin *m*

boleto [bo'leto] *m* (*Amér*) billet *m*

boli ['boli] *m* (*fam*) stylo *m*

bolígrafo [bo'liɣrafo] *m* stylo-bille *m*

bolillo [bo'liʎo] *m* (*Méx*) (*panecillo*) petit pain *m*

Bolivia [bo'liβja] *s* Bolivie *f*

boliviano, na [boli'βjano, na] *adj* bolivien(enne) ◇ *m, f* Bolivien *m*, -enne *f*

bollería [boʎe'ria] *f* viennoiserie *f*

bollo ['boʎo] *m* pain *m* au lait ● **los bollos** la viennoiserie

bolos ['bolos] *mpl* quilles *fpl*

bolsa ['bolsa] *f* 1. (*de plástico, papel, tela*) sac *m* 2. (*en economía*) bourse *f* ● **bolsa de basura** sac-poubelle *m* ● **bolsa de viaje** sac de voyage

bolsillo [bol'siʎo] *m* poche *f* ● **de bolsillo** de poche

bolso ['bolso] *m* sac *m* à main

boludez [bolu'ðeθ] *f* (*Amér*) (*vulg*) connerie *f*

boludo, da [bo'luðo, ða] *m, f* (*Amér*) (*vulg*) con *m*, conne *f*

bomba ['bomba] *f* 1. (*explosivo*) bombe *f* 2. (*máquina*) pompe *f* ● **bomba atómica** bombe atomique

bombardear [bombarðe'ar] *vt* bombarder

bombardeo [bombar'ðeo] *m* bombardement *m*

bombero [bom'bero] *m* pompier *m*

bombilla [bom'biʎa] *f* ampoule *f* (électrique)

bombillo [bom'biʎo] *m* (*CAm, Col & Ven*) ampoule *f* (électrique)

bombo ['bombo] *m* 1. (*tambor*) grosse caisse *f* 2. (*de lotería, rifa, sorteo*) sphère *f* ● **a bombo y platillo** à grand bruit

bombón [bom'bon] *m* chocolat *m* ● **ser un bombón** être joli(e) comme un cœur

bombona [bom'bona] *f* bonbonne *f* ● **bombona de butano** bouteille *f* de gaz

bombonería [bombone'ria] *f* confiserie *f*

bonanza [bo'nanθa] *f* 1. (*de tiempo, mar*) calme *m* 2. (*prosperidad*) prospérité *f*

bondad [bon'ðað] *f* bonté *f* ● **tenga la bondad de** (*formal*) ayez la bonté de

bondadoso, sa [bonda'ðoso, sa] *adj* bon (bonne)

bonificación [bonifika'θjon] *f* ristourne *f*

bonificar [bonifi'kar] *vt* faire une remise à

bonito, ta [bo'nito, ta] *adj* 1. (*persona, cosa*) joli(c) 2. (*cantidad*) bon (bonne) ◇ *m* thon *m* ● **bonito con tomate** thon à la tomate

bono ['bono] *m* (*vale*) bon *m* d'achat

bonobús [bono'βus] *m* (*Esp*) ticket de bus valable pour dix trajets

bonoloto [bono'loto] *f* (*Esp*) ~ loto *m*

bonometro [bo'nometro] *m* titre de transport valable pour dix trajets en métro ou en bus

bonsai [bon'saj] *m* bonsaï *m*

boñiga [bo'niɣa] *f* bouse *f*

boquerones [boke'rones] *mpl* anchois *mpl* (*frais*)

boquete [bo'kete] *m* brèche *f*

boquilla [bo'kiʎa] *f* 1. (*para cigarrillo*) fume-cigarette *m inv* 2. (*de flauta, trom-*

peta) embouchure f • **de boquilla** *(fam) (promesas)* en l'air

borda ['borða] f bord m • **por la borda** par-dessus bord

bordado, da [bor'ðaðo, ða] *adj* brodé(e) ◇ *m* broderie f • **salir bordado** être très réussi

bordar [bor'ðar] *vt* **1.** *(en costura)* broder **2.** *(actuación, interpretación)* parfaire

borde ['borðe] *m* bord *m* ◇ *adj (Esp) (fam) (antipático)* emmerdant(e) • **al borde de** au bord de

bordear [borðe'ar] *vt* border

bordillo [bor'ðiʎo] *m* bordure f

bordo ['borðo] *m* • **a bordo (de)** à bord (de)

borla ['borla] f **1.** *(adorno)* pompon *m* **2.** *(para maquillaje)* houppe f

borra ['bora] f **1.** *(relleno)* bourre f **2.** *(de polvo)* duvet *m*

borrachera [bora'tʃera] f • **coger una borrachera** se soûler

borracho, cha [bo'ratʃo, tʃa] *adj* soûl(e) ◇ *m, f* ivrogne *mf*

borrador [bora'ðor] *m* **1.** *(boceto)* brouillon *m* **2.** *(de pizarra)* tampon *m*, brosse f

borrar [bo'rar] *vt* **1.** *(hacer desaparecer)* INFORM effacer **2.** *(de lista)* rayer

borrasca [bo'raska] f tempête f

borrón [bo'ron] *m (de tinta)* pâté *m* • **hacer borrón y cuenta nueva** *(fig)* tourner la page

borroso, sa [bo'roso, sa] *adj* flou(e)

bosque ['boske] *m* **1.** bois *m* **2.** *(grande)* forêt f

bostezar [boste'θar] *vi* bâiller

bostezo [boste'θo] *m* bâillement *m*

bota ['bota] f **1.** *(calzado)* botte f **2.** *(de vino)* gourde f *(en peau)* • **botas de agua** bottes en caoutchouc • **ponerse las botas** *(fam)* s'en mettre plein la lampe

botana [bo'tana] f *(Méx)* amuse-gueule *m*

botánica [bo'tanika] f botanique f

botar [bo'tar] *vt* **1.** *(pelota)* faire rebondir **2.** *(Amér) (tirar)* jeter **3.** *(Amér) (echar)* renvoyer ◇ *vi* rebondir

bote ['bote] *m* **1.** *(recipiente)* pot *m* **2.** *(embarcación)* canot *m* **3.** *(salto)* bond *m* • **tener a alguien en el bote** *(fam)* avoir qqn dans la poche

botella [bo'teʎa] f bouteille f

botellín [bote'ʎin] *m* canette f

botellón [bote'ʎon] *m (Esp) (fam)* pratique très courante chez les jeunes Espagnols, qui consiste en de grandes beuveries en extérieur dans des lieux publics

botijo [bo'tixo] *m* cruche f

botín [bo'tin] *m* **1.** *(calzado)* bottine f **2.** *(de robo, atraco)* butin *m*

botiquín [boti'kin] *m* trousse f à pharmacie

botón [bo'ton] *m* bouton *m* ◆ **botones** *m inv (en un hotel)* groom *m*

bourbon ['burβon] *m* bourbon *m*

bóveda ['boβeða] f voûte f

bovino, na [bo'βino, na] *adj* bovin(e)

box [boks] *m (Amér)* DEP boxe f

boxear [bokse'ar] *vi* boxer

boxeo [bok'seo] *m* boxe f

boya ['boja] f bouée f

bragas ['braɣas] *fpl* culotte f

bragueta [bra'ɣeta] f braguette f

brandada [bran'daða] f • **brandada de bacalao** brandade f de morue

brandy ['brandi] *m* brandy *m*

brasa ['brasa] *f* braise *f* ● **a la brasa** au barbecue

brasero [bra'sero] *m* brasero *m*

brasier [bra'sjer] *m* (*Carib, Col & Méx*) soutien-gorge *m*

Brasil [bra'sil] *s* Brésil *m*

brasilero, ra [brasi'lero, ra] *adj* (*Amér*) brésilien(enne) ◇ *m, f* (*Amér*) Brésilien *m*, -enne *f*

bravo, va ['braβo, βa] *adj* **1.** (*toro*) sauvage **2.** (*persona*) brave **3.** (*mar*) démonté(e) ◇ *interj* bravo !

braza ['braθa] *f* brasse *f*

brazalete [braθa'lete] *m* bracelet *m*

brazo ['braθo] *m* bras *m* ● **brazo de gitano** ≃ gâteau *m* roulé ● **con los brazos abiertos** (*fig*) à bras ouverts ● **con los brazos cruzados** les bras croisés

brebaje [bre'βaxe] *m* breuvage *m*

brecha ['bretʃa] *f* **1.** (*abertura*) brèche *f* **2.** (*herida*) blessure *f*

brécol ['brekol] *m* brocoli *m*

breve ['breβe] *adj* bref (brève) ● **en breve** d'ici peu

brevedad [breβe'ðað] *f* brièveté *f*

brevemente [,breβe'mente] *adv* brièvement

brevet [bre'βe] *m* **1.** (*Chile*) (*para avión*) brevet *m* de pilote **2.** (*Ecuad & Perú*) (*para coche*) permis *m* de conduire **3.** (*RP*) (*para velero*) permis *m* nautique

brezo ['breθo] *m* bruyère *f*

bricolaje [briko'laxe] *m* bricolage *m*

brida ['briða] *f* bride *f*

brigada [bri'γaða] *f* **1.** (*de la policía*) brigade *f* **2.** (*de obreros, salvamento*) équipe *f*

brillante [bri'ʎante] *adj* brillant(e) ◇ *m* brillant *m*

brillantina [briʎan'tina] *f* brillantine *f*

brillar [bri'ʎar] *vi* briller

brillo ['briʎo] *m* éclat *m* ● **sacar brillo** faire briller

brilloso, sa [bri'ʎoso, sa] *adj* (*Amér*) brillant(e)

brindar [brin'dar] *vi* trinquer ◇ *vt* offrir ● **brindar por** *v prep* porter un toast à ● **brindarse a** *v prep* ● **brindarse a hacer algo** offrir de faire qqch

brindis ['brindis] *m* toast *m*

brío ['brio] *m* entrain *m*

brisa ['brisa] *f* brise *f*

británico, ca [bri'taniko, ka] *adj* britannique ◇ *m, f* Britannique *mf*

brizna ['briθna] *f* brin *m*

broca ['broka] *f* foret *m*

brocha ['brotʃa] *f* **1.** (*para pintar*) brosse *f* **2.** (*para afeitarse*) blaireau *m*

broche ['brotʃe] *m* **1.** (*joya*) broche *f* **2.** (*de vestido*) agrafe *f*

brocheta [bro'tʃeta] *f* brochette *f*

broma ['broma] *f* plaisanterie *f* ● **broma pesada** mauvaise plaisanterie ● **en broma** pour plaisanter ● **tomar a broma** prendre à la plaisanterie

bromear [brome'ar] *vi* plaisanter

bromista [bro'mista] *adj & mf* farceur(euse)

bronca ['bronka] *f* bagarre *f*

bronce ['bronθe] *m* bronze *m*

bronceado [bronθe'aðo] *m* bronzage *m*

bronceador [bronθea'ðor] *m* crème *f* solaire

broncearse [bronθe'arse] *vp* se faire bronzer

bronquios ['broŋkjos] *mpl* bronches *fpl*

bronquitis [broŋ'kitis] *f inv* bronchite *f*

brotar [bro'tar] *vi* **1.** (*plantas*) pousser **2.** (*sangre, agua*) jaillir

brote ['brote] *m* **1.** (*de planta*) pousse *f* **2.** (*de enfermedad*) premiers signes *mpl*

brujería [bruxe'ria] *f* sorcellerie *f*

brujo, ja ['bruxo, xa] *m, f* sorcier *m*, -ère *f*

brújula ['bruxula] *f* boussole *f*

brusco, ca ['brusko, ka] *adj* brusque

brusquedad [bruske'ðað] *f* **1.** (*imprevisión*) soudaineté *f* **2.** (*grosería*) brusquerie *f*

brutal [bru'tal] *adj* **1.** (*violento*) brutal(e) **2.** (*fam*) (*extraordinario*) énorme

brutalidad [brutali'ðað] *f* **1.** (*brusquedad*) brutalité *f* **2.** (*fam*) (*estupidez*) bêtise *f*

bruto, ta ['bruto, ta] *adj* **1.** (*violento*) brutal(e) **2.** (*ignorante*) bête **3.** (*sin educación*) rustre **4.** (*peso, precio, sueldo*) brut(e)

bucear [buθe'ar] *vi* faire de la plongée

buche ['butʃe] *m* **1.** (*de ave*) jabot *m* **2.** (*de líquido*) gorgée *f*

bucle ['bukle] *m* boucle *f*

bucólico, ca [bu'koliko, ka] *adj* bucolique

bueno, na, ['bweno, na] (*mejor es el comparativo y el superlativo de bueno*) *adj* bon (bonne) ◇ *adv* bon, d'accord ◇ *interj* (*Méx*) (*al teléfono*) allô ! • ¡**buenas!** bonjour ! • ¡**buen día!** (*Amér*) bonjour ! • ¡**buenas noches!** bonsoir ! • ¡**buenas tardes!** bonjour !

buey ['bwej] *m* bœuf *m* • **buey de mar** tourteau *m*

búfalo ['bufalo] *m* buffle *m*

bufanda [bu'fanda] *f* écharpe *f*

bufé [bu'fe] *m* • **bufé (libre)** buffet *m* libre

bufete [bu'fete] *m* cabinet *m* d'avocat

buhardilla [buar'ðiʎa] *f* **1.** (*desván*) mansarde *f* **2.** (*ventana*) lucarne *f*

búho ['buo] *m* hibou *m*

buitre ['bwitre] *m* vautour *m*

bujía [bu'xia] *f* bougie *f*

bulbo ['bulβo] *m* bulbe *m*

bulerías [bule'rias] *fpl* variante de chants et de danses flamenco

bulevar [bule'βar] *m* boulevard *m*

Bulgaria [bul'yarja] *s* Bulgarie *f*

búlgaro, ra ['bulyaro, ra] *adj* bulgare ◇ *m, f* Bulgare *mf*

bulla ['buʎa] *f* (*jaleo*) raffut *m*

bullicio [bu'ʎiθjo] *m* (*ruido*) brouhaha *m*

bullicioso, sa [buʎi'θjoso, sa] *adj* **1.** (*lugar*) animé(e) **2.** (*persona*) turbulent(e)

bulto ['bulto] *m* **1.** (*volumen*) volume *m* **2.** (*paquete*) paquet *m* **3.** (*en superficie, piel*) bosse *f* ▼ **un solo bulto de mano** un seul bagage à main

bumerán, anes [bume'ran, anes] *m* boomerang *m*

bungalow [bunga'lou] *m* bungalow *m*

buñuelo [bu'ɲuelo] *m* beignet *m* • **buñuelos de viento** pets-de-nonne *mpl* • **buñuelos de bacalao** beignets de morue

buque ['buke] *m* navire *m*

burbuja [bur'βuxa] *f* **1.** (*de gas, aire*) bulle *f* **2.** (*flotador*) flotteur *m*

burdel [bur'ðel] *m* bordel *m*

burgués, esa [bur'yes, esa] *adj & m, f* bourgeois(e)

burguesía [burye'sia] *f* bourgeoisie *f*

burla ['burla] *f* moquerie *f*

burlar [bur'lar] *vt* déjouer ◆ **burlarse de** *v prep* se moquer de

buró [bu'ro] *m* (*Méx*) table *f* de nuit

burrada [bu'raða] *f* **1.** (*dicho*) ânerie *f* **2.** (*hecho*) bêtise *f*

burrito ['burito] *m* (*Méx*) burrito *m*

burro, rra ['buro, ra] *m, f* **1.** (*animal*) âne *m*, ânesse *f* **2.** (*persona*) âne *m*

buscador [buska'ðor] *m* INFORM moteur *m* de recherche

buscar [bus'kar] *vt* **1.** chercher **2.** INFORM rechercher ● **ir a buscar** aller chercher

busto ['busto] *m* buste *m*

butaca [bu'taka] *f* fauteuil *m*

butano [bu'tano] *m* butane *m*

butifarra [buti'fara] *f* ● butifarra con judías *saucisse catalane grillée accompagnée de haricots blancs*

buzo ['buθo] *m* **1.** (*persona*) plongeur *m* **2.** (*traje*) bleu *m* de travail

buzón [bu'θon] *m* boîte *f* aux lettres ● buzón electrónico boîte aux lettres électronique ● buzón de voz boîte vocale

byte ['bait] *m* INFORM octet *m*

Cc

c/1. (*abr escrita de* calle) r. (rue) **2.** *abr escrita de* cuenta

c/c (*abr escrita de* cuenta corriente) compte *m* courant

cabales [ka'βales] *mpl* ● no estar en sus cabales ne pas avoir toute sa tête

cabalgada [kaβal'γaða] *f* chevauchée *f*

cabalgar [kaβal'γar] *vi* chevaucher

cabalgata [kaβal'γata] *f* défilé *m* ● la cabalgata (de los Reyes Magos) *défilé de chars et de cavaliers déguisés en Rois Mages pour l'Épiphanie*

caballa [ka'βaʎa] *f* maquereau *m*

caballería [kaβaʎe'ria] *f* **1.** (*cuerpo militar*) cavalerie *f* **2.** (*animal*) monture *f*

caballero [kaβa'ʎero] *m* **1.** (*hombre cortés*) gentleman *m* **2.** (*formal*) (*señor*) monsieur *m* ▼ caballeros (*en aseos, probadores*) messieurs

caballete [kaβa'ʎete] *m* **1.** (*para mesa, tabla*) tréteau *m* **2.** (*para cuadro, pizarra*) chevalet *m*

caballito [kaβa'ʎito] *m* ● caballito de mar hippocampe *m* ● caballito de totora (*Amér*) *petit canoë indien* ● caballitos *mpl* chevaux *mpl* de bois

caballo [ka'βaʎo] *m* **1.** (*animal*) cheval *m* **2.** (*en ajedrez*) cavalier *m* **3.** (*en la baraja*) *cavalier dans le jeu de cartes espagnol*

cabaña [ka'βaɲa] *f* cabane *f*

cabaré [kaβa're] *m* cabaret *m*

cabecear [kaβeθe'ar] *vi* **1.** (*afirmando, negando*) hocher la tête **2.** (*durmiéndose*) dodeliner de la tête

cabecera [kaβe'θera] *f* **1.** (*de la cama*) chevet *m* **2.** (*en un periódico*) manchette *f* **3.** (*lugar de preferencia*) place *f* d'honneur

cabecilla [kaβe'θiʎa] *mf* meneur *m*, -euse *f*

cabellera [kaβe'ʎera] *f* chevelure *f*

cabello [ka'βeʎo] *m* **1.** cheveu *m* **2.** (*cabellera*) cheveux *mpl* ● cabello de ángel cheveu d'ange

caber [ka'βer] *vi* **1.** (*haber espacio para*) rentrer, tenir **2.** (*pasar por, entrar*) rentrer ● la maleta no cabe en el armario la valise ne rentre pas dans l'armoire ● **no me cabe el vestido** cette robe est trop petite pour moi ● **cabe preguntarse si...** on peut se demander si... ● **no cabe duda** il n'y a pas de doute

cabestrillo [kaβes'triʎo] ◆ **en cabestrillo** *adv* en écharpe

cabeza [ka'βeθa] *f* **1.** tête *f* **2.** *(de grupo, familia)* chef *m* ● **cabeza de ajos** tête d'ail ● **cabeza de familia** chef *m* de famille ● **cabeza rapada** skinhead *mf inv* ● **por cabeza** par tête ● **ir de cabeza** ne pas savoir où donner de la tête ● **perder la cabeza** perdre la tête ● **sentar la cabeza** se ranger ● **traer de cabeza** rendre fou (folle)

cabezada [kaβe'θaða] *f* ● **darse una cabezada** se cogner la tête

cabida [ka'βiða] *f* ● **tener cabida para** avoir une capacité de

cabina [ka'βina] *f* cabine *f* ● **cabina telefónica** cabine téléphonique

cable ['kaβle] *m* câble *m* ● **cable eléctrico** câble électrique ● **por cable** par câble

cabo ['kaβo] *m* **1.** *(en geografía)* cap *m* **2.** *(cuerda)* cordage *m* **3.** *(militar)* caporal *m* ● **cabo suelto** question *f* en suspens ● **al cabo de** au bout de ● **atar cabos** faire des recoupements ● **de cabo a rabo** d'un bout à l'autre ● **llevar algo a cabo** mener qqch à bien

cabra ['kaβra] *f* chèvre *f* ● **estar como una cabra** *(fam)* être complètement cinglé(e)

cabrear [kaβre'ar] *vt (fam)* foutre en rogne ◆ **cabrearse** *vp (fam)* se foutre en rogne

cabreo [ka'βreo] *m (fam)* ● **coger un cabreo** se foutre en rogne

cabrito [ka'βrito] *m* chevreau *m*

cabrón [ka'βron] *m* **1.** *(vulg) (mala persona)* salaud *m* **2.** *(cornudo)* cocu *m*

cabronada [kaβro'naða] *f (vulg)* coup *m* bas

caca ['kaka] *f* **1.** *(fam) (excremento)* caca *m* **2.** *(suciedad)* cochonnerie *f*

cacahuate [kaka'wate] *m (Méx)* cacahouète *f*

cacahuete [kaka'wete] *m* cacahouète *f*

cacao [ka'kao] *m* **1.** *(chocolate)* cacao *m* **2.** *(jaleo)* pagaille *f*

cacarear [kakare'ar] *vi* caqueter

cacería [kaθe'ria] *f* partie *f* de chasse

cacerola [kaθe'rola] *f* fait-tout *m inv*

cachalote [katʃa'lote] *m* cachalot *m*

cacharro [ka'tʃaro] *m* **1.** *(de cocina)* ustensile *m* **2.** *(fam) (trasto)* machin *m* **3.** *(coche)* guimbarde *f*

caché [ka'tʃe] *f* cache *m*

cachear [katʃe'ar] *vt* fouiller *(une personne)*

cachemir [katʃe'mir] *m* cachemire *m*

cachetada [katʃe'taða] *f (Amér) (fam)* baffe *f*

cachete [ka'tʃete] *m* **1.** *(moflete)* joue *f* **2.** *(golpe)* gifle *f*

cachivache [katʃi'βatʃe] *m (fam)* truc *m*

cacho [ka'tʃo] *m* **1.** *(trozo)* bout *m* **2.** *(Andes & Ven) (cuerno)* corne *f*

cachondearse [katʃonde'arse] ◆ **cachondearse** *vp prep (fam)* se foutre de

cachondeo [katʃon'deo] *m (fam)* rigolade *f*

cachondo, da [ka'tʃondo, da] *adj (fam) (divertido)* marrant(e)

cachorro, rra [ka'tʃoro, ra] *m, f* **1.** *(de perro)* chiot *m* **2.** *(de mamífero)* petit *m*

cacique [ka'θike] *m* cacique *m*

cactus ['kaktus] *m inv* cactus *m*

cada [ka'ða] *adj* **1.** *(para distribuir)* chaque **2.** *(en frecuencia)* tous ● **cada uno** chacun ● **cada dos días** tous les deux jours ● **cada vez más** de plus en plus ● **cada vez (que)** chaque fois (que)

cadáver [ka'ðaβer] *m* cadavre *m*

cadena [ka'ðena] *f* **1.** chaîne *f* **2.** *(sucesión)* enchaînement *m* ● **en cadena** en chaîne

cadencia [ka'ðenθja] *f* cadence *f*

cadera [ka'ðera] *f* hanche *f*

cadete [ka'ðete] *m* cadet *m*

caducar [kaðu'kar] *vi* se périmer

caducidad [kaðuθi'ðað] *f* **1.** *(de producto, alimento, ley)* péremption *f* **2.** *(de documento, ley)* expiration *f*

caduco, ca [ka'ðuko, ka] *adj* **1.** *(hoja)* caduc (caduque) **2.** *(persona)* décati(e)

caer [ka'er] *vi* tomber ● **me cae bien** je l'aime bien ● **me cae mal** je ne l'aime pas ● **¡ya caigo!** j'y suis ! ● **caer en** *prep* ● **cae en domingo** ça tombe un dimanche ● **caer en la cuenta** comprendre ● **caerse** *vp* tomber

café [ka'fe] *m* café *m* ● **café solo** café noir ● **café con leche** café au lait ● **café cortado** café noisette ● **café molido** café moulu

El café

Il y a de nombreuses façons de boire le café en Espagne. Pour demander un expresso on dit **un café solo** ou, plus familièrement, **uno solo**. Si on y ajoute un peu de lait, il devient **cortado**. On peut aussi commander un **cortado** en Uruguay, au Chili, au Venezuela ou en Argentine. Un café additionné d'une goutte de cognac, de rhum ou d'anis au lieu de lait est un **carajillo**. Le carajillo accompagné d'un peu de lait s'appelle familièrement **trifásico**. Enfin, au petit déjeuner ou au goûter, on boit le **café con leche** (café au lait), une grande tasse contenant autant de café que de lait. En Amérique latine il existe aussi le **café de olla**, très sucré, préparé avec de la cannelle et d'autres épices.

cafebrería [kafeβre'ria] *f* (*Méx*) *établissement faisant à la fois fonction de café et de librairie*

cafeína [kafe'ina] *f* caféine *f*

cafetera [kafe'tera] *f* cafetière *f*

cafetería [kafete'ria] *f* café *m (établissement)*

cagar [ka'ɣar] *vi* (*vulg*) *(defecar)* chier ◇ *vt* (*vulg*) *(estropear)* foutre en l'air ● **la has cagado** tu t'es foutu dedans

caída [ka'iða] *f* chute *f*

caído, da [ka'iðo, ða] *adj* abattu(e) ◆ **caídos** *mpl* morts *mpl* pour la patrie

caimán [kaj'man] *m* caïman *m*

caja [ˈkaxa] *f* **1.** caisse *f* **2.** *(recipiente)* boîte *f* ● **caja de ahorros** caisse d'épargne ● **caja fuerte** coffre-fort *m* ● **caja de herramientas** boîte à outils ● **caja rápida**

caisse express ● **caja registradora** caisse enregistreuse

cajero, ra [ka'xero, ra] *m, f* caissier *m*, -ère *f* ● **cajero automático** distributeur *m* automatique de billets

cajetilla [kaxe'tiʎa] *f (de cigarrillos)* paquet *m* ◇ *m (Amér) (despec)* dandy *m*

cajón [ka'xon] *m* tiroir *m* ● **cajón de sastre** fourre-tout *m inv*

cajonera [kaxo'nera] *f* meuble ou partie de meuble à tiroirs

cajuela [ka'xwela] *f (Méx)* coffre *m*

cal [kal] *f* chaux *f*

cala ['kala] *f* crique *f*

calabacín [kalaβa'θin] *m* courgette *f* ● **calabacín relleno** courgette farcie

calabaza [kala'βaθa] *f* potiron *m*

calabozo [kala'βoθo] *m* cachot *m*

calada [ka'laða] *f (de cigaro)* bouffée *f*

calamar [kala'mar] *m* calmar *m* ● **calamares a la plancha** calmars grillés ● **calamares a la romana** beignets *mpl* de calmars ● **calamares en su tinta** calmars cuits dans leur encre

calambre [ka'lambre] *m* 1. *(de un músculo)* crampe *f* 2. *(descarga eléctrica)* décharge *f (électrique)*

calamidad [kalami'ðað] *f* calamité *f* ● **ser una calamidad** *(persona)* être une calamité

calar [ka'lar] *vt (suj: lluvia, frío, humedad)* transpercer ● **calar en** *v prep (ideas, propuestas, sentimiento)* avoir un impact sur ● **calarse** *vp* 1. *(mojarse)* se faire tremper 2. *(suj: vehículo)* caler 3. *(sombrero)* enfoncer

calato, ta [ka'lato, ta] *adj (Andes & CSur)* nu(e)

calaveras [kala'βeras] *fpl (Méx)* feux *mpl* arrière

calcar [kal'kar] *vt* décalquer

calcáreo, a [kal'kareo, a] *adj* calcaire

calcetín [kalθe'tin] *m* chaussette *f*

calcio ['kalθjo] *m* calcium *m*

calcomanía [kalkoma'nia] *f* décalcomanie *f*

calculador, ra [kalkula'ðor, ra] *adj* calculateur(trice)

calculadora [kalkula'ðora] *f* calculatrice *f*

calcular [kalku'lar] *vt* 1. *(cantidad)* calculer 2. *(suponer)* penser

cálculo ['kalkulo] *m* calcul *m*

caldear [kalde'ar] *vt* 1. *(local)* chauffer 2. *(ambiente)* chauffer

caldera [kal'dera] *f* chaudière *f*

calderilla [kalde'riʎa] *f* petite monnaie *f*

caldo ['kaldo] *m* bouillon *m* ● **caldo gallego** soupe à base de haricots, de chou et de pommes de terre

calefacción [kalefak'θjon] *f* chauffage *m* ● **calefacción central** chauffage central

calefactor [kalefak'tor] *m* radiateur *m*

calendario [kalen'darjo] *m* calendrier *m*

calentador [kalenta'ðor] *m* chauffe-eau *m inv*

calentamiento [kalenta'mjento] *m* échauffement *m*

calentar [kalen'tar] *vt* 1. *(agua, leche, comida)* faire chauffer 2. *(fig) (pegar)* frapper 3. *(fig) (incitar, provocar)* échauffer ● **calentarse** *vp* s'échauffer

calesitas [kale'sitas] *fpl (CSur)* manège *m (de chevaux de bois)*

calibrar [kali'βrar] *vt* 1. *(medir)* calibrer 2. *(fig) (juzgar)* mesurer

calibre [kaˈliβre] m 1. *(diámetro)* calibre m 2. *(importancia)* importance f

calidad [kaliˈðað] f qualité f ● **de calidad** de qualité ● **en calidad de** en qualité de

cálido, da [ˈkaliðo, ða] adj 1. *(caliente)* chaud(e) 2. *(afectuoso, acogedor)* chaleureux(euse)

caliente [kaˈljente] adj chaud(e) ● **en caliente** à chaud

calificación [kalifikaˈθjon] f 1. *(de prueba, acto)* qualification f 2. *(de alumno)* note f

calificar [kalifiˈkar] vt *(trabajo, examen)* noter ● **calificar a alguien de** qualifier qqn de

caligrafía [kaliɣraˈfia] f calligraphie f

cáliz [ˈkaliθ, θes] m calice m

callado, da [kaˈʎaðo, ða] adj 1. *(sin hablar)* silencieux(euse) 2. *(tímido, reservado)* réservé(e)

callar [kaˈʎar] vi *(no hablar)* se taire ◇ vt *(secreto)* taire ● **callarse** vp se taire

calle [ˈkaʎe] f 1. rue f 2. *(en natación)* couloir m ● **calle abajo/arriba** en remontant/ en descendant la rue ● **dejar a alguien en la calle** mettre qqn à la porte

calleja [kaˈʎexa] f allée f

callejero, ra [kaʎeˈxero, ra] adj de rue ◇ m index m des rues, répertoire m des rues

callejón [kaʎeˈxon] m 1. ruelle f 2. *(en toros)* couloir circulaire situé entre l'arène et les gradins ● **callejón sin salida** impasse f

callejuela [kaʎeˈxwela] f ruelle f

callo [ˈkaʎo] m 1. *(de manos)* durillon m 2. *(de pies)* cor m ● **callos** mpl tripes fpl ● **callos a la madrileña** tripes accommo-

dées dans une sauce à base de tomates, d'oignons, de piment et de chorizo

calloso, sa [kaˈʎoso, sa] adj calleux(euse)

calma [ˈkalma] f calme m

calmado, da [kalˈmaðo, ða] adj 1. *(tranquilo, sosegado)* calmé(e) 2. *(mar)* calme

calmante [kalˈmante] m calmant m

calmar [kalˈmar] vt calmer ● **calmarse** vp se calmer

calor [kaˈlor] m chaleur f

caloría [kaloˈria] f calorie f

calumnia [kaˈlumnja] f calomnie f

calumniar [kalumˈnjar] vt calomnier

calumnioso, sa [kalumˈnjoso, sa] adj calomnieux(euse)

caluroso, sa [kaluˈroso, sa] adj 1. *(día, lugar)* chaud(e) 2. *(persona, acogida)* chaleureux(euse)

calva [ˈkalβa] f *(cabeza)* crâne dégarni ➤ **calvo**

calvario [kalˈβarjo] m calvaire m

calvicie [kalˈβiθje] f calvitie f

calvo, va [ˈkalβo, βa] adj & m, f chauve

calzada [kalˈθaða] f chaussée f ● **calzada irregular** chaussée déformée

calzado [kalˈθaðo] m chaussure f

calzador [kalθaˈðor] m chausse-pied m inv

calzar [kalˈθar] vt chausser ● **¿qué número calza?** vous chaussez du combien ? ● **calzarse** vp se chausser

calzoncillos [kalθonˈθiʎos] mpl 1. slip m 2. *(short)* caleçon m

calzones [kalˈθones] mpl *(Amér)* slip m

cama [ˈkama] f lit m ● **cama de matrimonio** lit à deux places ● **guardar cama** garder le lit

camaleón [kamale'on] *m* caméléon *m*

¹cámara ['kamara] *f* **1.** *(para filmar)* caméra *f* **2.** *(de diputados, senadores)* chambre *f* **3.** *(de neumático)* chambre *f* à air
● **cámara fotográfica** appareil *m* photo
● **cámara de usar y tirar** appareil jetable
● **cámara de vídeo** Caméscope ® *m*

²cámara ['kamara] *mf* cadreur *m*, -euse *f*

camarada [kama'raða] *mf* camarade *mf*

camarero, ra [kama'rero, ra] *m, f* serveur *m*, -euse *f*

camarón [kama'ron] *m* petite crevette *f*

camarote [kama'rote] *m* cabine *f*

camastro [ka'mastro] *m* mauvais lit *m*

cambiar [kam'bjar] *vt* **1.** *(transformar)* changer **2.** *(intercambiar)* échanger ◇ *vi* changer ● **cambiar una reunión/una cita** déplacer une réunion/un rendez-vous
● **cambiar de** *v prep* changer de ● **cambiarse** *vp* se changer ● **cambiarse de** *v prep (ropa)* changer de

cambio ['kambjo] *m* **1.** *(transformación)* changement *m* **2.** *(intercambio)* échange *m* **3.** *(moneda pequeña)* monnaie *f* **4.** *(valor de moneda)* change *m* ● **cambio de marchas** changement de vitesse ▼ **cambio (de moneda)** change ▼ **cambio de sentido** *panneau routier signalant qu'il est possible de faire demi-tour* ● **en cambio** en revanche

camello [ka'meʎo] *m* chameau *m*

camellón [kame'ʎon] *m* (Col & Méx) terre-plein *m* central

camerino [kame'rino] *m (en teatro)* loge *f*

camilla [ka'miʎa] *f* civière *f*

camillero, ra [kami'ʎero, ra] *m, f* brancardier *m*, -ère *f*

caminante [kami'nante] *mf* marcheur *m*, -euse *f*

caminar [kami'nar] *vi* marcher ◇ *vt* parcourir (à pied)

caminata [kami'nata] *f* longue marche *f*

camino [ka'mino] *m* chemin *m* ● **camino de** en direction de ● **ir por buen/mal camino** *(fig)* être sur la bonne voie/la mauvaise pente ● **ponerse en camino** se mettre en route

El Camino de Santiago

Le **Camino de Santiago** est l'itinéraire de pèlerinage qui relie les Pyrénées à Saint-Jacques-de-Compostelle, en Galice, où, selon la légende, le corps de saint Jacques le Majeur aurait été déposé. Son tombeau se trouve dans la cathédrale. De nos jours, il s'agit à la fois d'une route empruntée par les pèlerins et d'un itinéraire touristique.

camión [ka'mjon] *m* **1.** *(de mercancías)* camion *m* **2.** *(CAm & Méx) (autobús)* bus *m*

camionero, ra [kamjo'nero, ra] *m, f* camionneur *m*

camioneta [kamjo'neta] *f* camionnette *f*

camisa [ka'misa] *f* chemise *f* ● **camisa de fuerza** camisole *f* de force

camiseta [kami'seta] *f* **1.** *(ropa interior)* tricot *m* de corps **2.** *(de verano)* tee-shirt *m* **3.** *(de deporte)* maillot *m*

camisola [kami'sola] *f* **1.** *(Amér)* chemisier *m* **2.** *(camisón)* chemise *f* de nuit

camisón [kami'son] *m* chemise *f* de nuit

camomila [kamo'mila] *f* camomille *f*

camorra [ka'mora] *f* bagarre *f*

camote [kamo'te] *m* (*Andes, CAm & Méx*) (*tipo de batata*) patate *f* douce

campamento [kampa'mento] *m* campement *m*

campana [kam'pana] *f* **1.** (*de iglesia*) cloche *f* **2.** (*de chimenea*) hotte *f* • **campana extractora** hotte aspirante

campanario [kampa'narjo] *m* clocher *m*

campaña [kam'paɲa] *f* campagne *f*

campechano, na [kampe'tʃano, na] *adj* (*sencillo, sin formulismos*) simple

campeón, ona [kampe'on, ona] *m, f* champion *m*, -onne *f*

campeonato [kampeo'nato] *m* championnat *m* • **de campeonato** (*fam*) d'enfer

campera [kam'pera] *f* (*RP*) blouson *m*

campesino, na [kampe'sino, na] *m, f* paysan *m*, -anne *f*

campestre [kam'pestre] *adj* champêtre

camping ['kampin] *m* camping *m* • **ir de camping** (*aller*) faire du camping

campista [kam'pista] *mf* campeur *m*, -euse *f*

campo ['kampo] *m* **1.** (*de cultivo*) champ *m* **2.** (*campiña*) campagne *f* **3.** (*ámbito, mundo*) domaine *m* • **campo de deportes** terrain *m* de sport • **campo de texto** zone *f* de texte • **dejar el campo libre** laisser le champ libre

campus ['kampus] *m inv* campus *m*

camuflar [kamu'flar] *vt* camoufler

cana ['kana] *f* cheveu *m* blanc

Canadá [kana'ða] *m* • **(el) Canadá** (le) Canada

canadiense [kana'ðjense] *adj* canadien(enne) ◇ *mf* Canadien *m*, -enne *f*

canal [ka'nal] *m* **1.** canal *m* **2.** (*de televisión*) chaîne *f* **3.** (*de desagüe*) conduite *f*

canalla [ka'naʎa] *mf* canaille *f*

canapé [kana'pe] *m* (*aperitivo*) canapé *m*

Canarias [ka'narjas] *fpl* • **(las islas) Canarias** les (îles) Canaries

canario, ria [ka'narjo, rja] *adj* canarien(enne) ◇ *m, f* Canarien *m*, -enne *f* ◇ *m* (*pájaro*) canari *m*

canasta [ka'nasta] *f* **1.** panier *m* **2.** (*en naipes*) canasta *f*

canastilla [kanas'tiʎa] *f* (*de bebé*) layette *f*

cancela [kan'θela] *f* grille *f*

cancelación [kanθela'θjon] *f* annulation *f*

cancelar [kanθe'lar] *vt* **1.** (*reunión, vuelo*) INFORM annuler **2.** (*cuenta, deuda*) solder

cáncer ['kanθer] *m* cancer *m* • **Cáncer** *m inv* Cancer *m inv*

cancerígeno, na [kanθe'rixeno, na] *adj* cancérigène

cancha ['kantʃa] *f* **1.** (*de fútbol, golf*) terrain *m* **2.** (*de tenis*) court *m*

canciller [kanθi'ʎer] *m* **1.** chancelier *m* **2.** (*Amér*) ministre *m* des Affaires étrangères

cancillería [kanθiʎe'ria] *f* **1.** chancellerie *f* **2.** (*Amér*) ministère *m* des Affaires étrangères

canción [kan'θjon] *f* chanson *f*

cancionero [kanθjo'nero] *m* **1.** (*de canciones*) recueil *m* de chansons **2.** (*de poemas*) recueil *m* de poésies

candado [kan'daðo] *m* cadenas *m*

candela [kan'dela] *f* (*Amér*) chandelle *f*

candelabro [kande'laβro] *m* candélabre *m*

candidato, ta [kandi'ðato, ta] *m, f* candidat *m*, -e *f*

candidatura [kandiða'tura] *f* **1.** *(a un cargo, puesto)* candidature *f* **2.** *(en elecciones)* liste *f* de candidats

candil [kan'dil] *m (Méx)* lustre *m*

candilejas [kandi'lexas] *fpl* feux *mpl* de la rampe

caneca [ka'neka] *f (Col)* poubelle *f*

canela [ka'nela] *f* cannelle *f*

canelones [kane'lones] *mpl* cannellonis *mpl*

cangrejo [kan'grexo] *m* crabe *m*

canguro [kan'guro] *m (animal)* kangourou *m* ◇ *mf (persona)* baby-sitter *mf*

caníbal [ka'niβal] *mf* cannibale *mf*

canica [ka'nika] *f* bille *f* ♦ **canicas** *fpl (juego)* billes *fpl*

canijo, ja [ka'nixo, xa] *adj* malingre

canilla [ka'niʎa] *f (CSur)* **1.** *(grifo)* robinet *m* **2.** *(fam) (pierna)* quille *f*

canjeable [kanxe'aβle] *adj* échangeable

canjear [kanxe'ar] *vt* échanger ♦ **canjear algo por algo** échanger qqch contre qqch

canoa [ka'noa] *f* canoë *m*

canon [ka'non] *m (norma)* canon *m*

canónico, ca [ka'noniko, ka] *adj* canonique

canoso, sa [ka'noso, sa] *adj* grisonnant(e)

cansado, da [kan'saðo, ða] *adj* **1.** *(fatigado)* fatigué(e) **2.** *(aburrido)* fatigant(e) ● **estar cansado (de)** être fatigué de (de)

cansador, ra [kan'saðor, ra] *adj (CSur)* **1.** *(que cansa)* fatigant(e) **2.** *(que aburre)* ennuyeux(euse)

cansancio [kan'sanθjo] *m* fatigue *f*

cansar [kan'sar] *vt* fatiguer ♦ **cansarse** *vp* se fatiguer ♦ **cansarse de 1.** *(fatigarse de)* se fatiguer de **2.** *(hartarse de)* se lasser de

cantábrico, ca [kan'taβriko, ka] *adj* cantabrique ● **el Cantábrico** le golfe de Gascogne

cantante [kan'tante] *mf* chanteur *m*, -euse *f*

cantaor, ra [kanta'or, ra] *m, f* chanteur *m*, -euse *f* de flamenco

cantar [kan'tar] *vt* **1.** *(canción)* chanter **2.** *(premio)* annoncer ◇ *vi* **1.** chanter **2.** *(fam) (confesar)* cracher le morceau

cántaro ['kantaro] *m* cruche *f* ● **llover a cántaros** pleuvoir des cordes

cantautor, ra [kantau'tor, ra] *m, f* auteur *m* compositeur interprète

cante ['kante] *m* ● **cante flamenco** chant *m* flamenco ● **cante jondo** âme *f* du chant flamenco

cantera [kan'tera] *f* **1.** *(de piedra)* carrière *f* **2.** *(de profesionales)* vivier *m*

cántico ['kantiko] *m* cantique *m*

cantidad [kanti'ðað] *f* **1.** quantité *f* **2.** *(importe)* somme *f* ◇ *adv (fam)* vachement ● **en cantidad** énormément

cantimplora [kantim'plora] *f* gourde *f*

cantina [kan'tina] *f* cafétéria *f*

canto ['kanto] *m* **1.** *(arte, canción)* chant *m* **2.** *(de moneda, libro)* tranche *f* **3.** *(de cuchillo)* dos *m* **4.** *(piedra)* caillou *m* ● **de canto** sur le côté

canturrear [kanture'ar] *vt & vi* chantonner

caña [ˈkaɲa] *f* **1.** *(de planta)* tige *f* **2.** *(de cerveza)* demi *m* ● **caña de azúcar** canne *f* à sucre ● **caña de pescar** canne à pêche

cáñamo [ˈkaɲamo] *m* chanvre *m*

cañaveral [kaɲaβeˈral] *m* **1.** *(de río)* roselière *f* **2.** *(plantación)* plantation *f* de canne à sucre

cañería [kaɲeˈria] *f* canalisation *f*

caño [ˈkaɲo] *m* **1.** *(de fuente)* jet *m* **2.** *(tubo)* tuyau *m* **3.** *(Perú) (grifo)* robinet *m*

cañón [kaˈɲon] *m* **1.** canon *m* **2.** *(entre montañas)* canyon *m*

cañonazo [kaɲoˈnaθo] *m* coup *m* de canon

caoba [kaˈoβa] *f* acajou *m*

caos [ˈkaos] *m inv* chaos *m*

caótico, ca [kaˈotiko, ka] *adj* chaotique

capa [ˈkapa] *f* **1.** couche *f* **2.** *(prenda)* cape *f* ● **capa de ozono** couche d'ozone ● **a capa y espada** contre vents et marées ● **andar de capa caída** *(persona)* être dans une mauvaise passe ; *(negocio)* battre de l'aile

capacidad [kapaθiˈðað] *f* capacité *f*

capacitado, da [kapaθiˈtaðo, ða] *adj* ● **estar capacitado para** être qualifié pour

caparazón [kaparaˈθon] *m* carapace *f*

capataz, ces [kapaˈtaθ, θes] *mf* contremaître *m*

capaz, ces [kaˈpaθ, θes] *adj* capable ● **ser capaz de** être capable de

capazo [kaˈpaθo] *m* cabas *m*

capellán [kapeˈʎan] *m* aumônier *m*

capicúa [kapiˈkua] *adj inv* palindrome *m*

capilar [kapiˈlar] *adj* capillaire ◇ *m* capillaire *m*

capilla [kaˈpiʎa] *f* chapelle *f*

capital [kapiˈtal] *adj* capital(e) ◇ *m* capital *m* ◇ *f* capitale *f*

capitalismo [kapitaˈlizmo] *m* capitalisme *m*

capitalista [kapitaˈlista] *adj & mf* capitaliste

capitán, ana [kapiˈtan, ana] *m, f* capitaine *m*

capitanía [kapitaˈnia] *f (edificio)* bureau *m* de l'état-major d'une région militaire

capitel [kapiˈtel] *m* chapiteau *m*

capítulo [kaˈpitulo] *m* chapitre *m*

capó [kaˈpo] *m* capot *m*

capón [kaˈpon] *m* **1.** *(animal)* chapon *m* **2.** *(golpe)* pichenette *f*

capota [kaˈpota] *f (de vehículo)* capote *f*

capote [kaˈpote] *m (de torero)* cape *f*

capricho [kaˈpritʃo] *m* caprice *m* ● **darse un capricho** se faire un petit plaisir

caprichoso, sa [kapriˈtʃoso, sa] *adj* capricieux(euse)

Capricornio [kapriˈkornjo] *m* Capricorne *m inv*

cápsula [ˈkapsula] *f* **1.** *(medicamento)* gelule *f* **2.** *(de cohete, proyectil)* capsule *f*

captar [kapˈtar] *vt* **1.** *(sonido, rumor)* capter **2.** *(explicación, idea)* saisir

captura [kapˈtura] *f* ● **captura de pantalla** capture *f* d'écran

capturar [kaptuˈrar] *vt* capturer

capucha [kaˈputʃa] *f* **1.** *(de prenda de vestir)* capuche *f* **2.** *(de pluma, bolígrafo)* capuchon *m*

capuchino, na [kapuˈtʃino, na] *adj & m, f* capucin(e) ◇ *m* capuccino *m*

capullo [kaˈpuʎo] *m* **1.** *(de flor)* bouton *m* **2.** *(de gusano)* cocon *m*

cara ['kara] *f* **1.** *(rostro)* visage *m*, figure *f* **2.** *(aspecto)* mine *f* **3.** *(lado)* face *f* ● **cara a cara** face à face ● **a cara o cruz** à pile ou face ● **de cara a** face à ● **dar la cara (por algo)** assumer la responsabilité (de qqch) ● **echar en cara** jeter à la figure ● **plantar cara** a tenir tête ● **tener (mucha) cara** être (très) culotté(e) ➤ **caro**

carabela [kara'βela] *f* caravelle *f*

carabina [kara'βina] *f* **1.** *(arma)* carabine *f* **2.** *(fam) (persona)* chaperon *m*

caracol [kara'kol] *m* **1.** *(animal)* escargot *m* **2.** *(del oído)* limaçon *m* ● **caracoles a la llauna** escargots sautés avec de l'ail et du persil

caracola [kara'kola] *f* conque *f*

caracolada [karako'laða] *f* escargots servis avec plusieurs sauces

carácter [ka'rakter] *m* caractère *m* ● **tener buen/mal carácter** avoir bon/mauvais caractère ● **tener mucho/poco carácter** avoir beaucoup/peu de caractère ◆ **caracteres** *mpl* caractères *mpl* ● **caracteres especiales** caractères spéciaux

característica [karakte'ristika] *f* caractéristique *f*

característico, ca [karakte'ristiko, ka] *adj* caractéristique

caracterizar [karakteri'θar] *vt* **1.** *(identificar)* caractériser **2.** *(representar)* incarner ◆ **caracterizarse por** *v prep* se caractériser par

caradura [kara'ðura] *adj inv (fam)* gonflé(e)

carajillo [kara'xiʎo] *m* café avec du cognac, de l'anis ou du rhum

caramba [ka'ramba] *interj* **1.** *(expresa sorpresa)* ça alors ! **2.** *(expresa enfado)* zut alors !

carambola [karam'bola] *f (en billar)* carambolage *m* ● **de carambola** *(de casualidad)* par hasard ; *(de rebote)* par ricochet

caramelo [kara'melo] *m* **1.** *(golosina)* bonbon *m* **2.** *(azúcar fundido)* caramel *m*

carátula [ka'ratula] *f* **1.** *(de libro, revista)* couverture *f* **2.** *(de disco)* pochette *f*

caravana [kara'βana] *f* **1.** *(en carretera)* bouchon *m* **2.** *(remolque)* caravane *f* ● **hacer caravana** rouler à la queue leu leu

caravaning [kara'βanin] *m* caravaning *m*

caray [ka'raj] *interj* mince !

carbón [kar'βon] *m* charbon *m*

carboncillo [karβon'θiʎo] *m* fusain *m*

carbono [kar'βono] *m* carbone *m*

carburador [karβura'ðor] *m* carburateur *m*

carburante [karβu'rante] *m* carburant *m*

carcajada [karka'xaða] *f* éclat *m* de rire ● **a carcajadas** aux éclats

cárcel ['karθel] *f* prison *f*

carcoma [kar'koma] *f* vrillette *f*

cardenal [karðe'nal] *m* **1.** *(en religión)* cardinal *m* **2.** *(en la piel)* bleu *m*

cardíaco, ca [kar'ðiako, ka] *adj* cardiaque

cardinal [karði'nal] *adj* cardinal(e)

cardiólogo, ga [kar'ðjoloγo, γa] *m, f* cardiologue *mf*

cardo ['karðo] *m* **1.** *(planta)* chardon *m* **2.** *(fam)* ● **es un cardo** *(persona arisca)* il est aimable comme une porte de prison ; *(persona fea)* c'est un (vrai) boudin

carecer [kare'θer] ◆ **carecer de** *v prep* manquer de

carencia [ka'renθja] *f* carence *f*

careta [ka'reta] *f* masque *m*

carey [ka'rej] *m* **1.** *(tortuga)* caret *m* **2.** *(material)* écaille *f*

carga ['karɣa] *f* **1.** charge *f* **2.** *(mercancía)* cargaison *f* **3.** *(para bolígrafo, mechero, pluma)* recharge *f* ▾ **carga y descarga** livraisons *f* ◆ **de carga** *(tren, camión)* de marchandises

cargado, da [kar'ɣaðo, ða] *adj* **1.** *(cielo)* chargé(e) **2.** *(ambiente)* étouffant(e) **3.** *(bebida)* tassé(e) **4.** *(café)* serré(e) ◆ **cargado de** plein de

cargador, ra [karɣa'ðor, ra] *m, f (persona)* débardeur *m* ◇ *m (de arma, batería)* chargeur *m*

cargar [kar'ɣar] *vt* **1.** charger **2.** *(tener capacidad para)* avoir une capacité de **3.** *(factura, letra, deudas)* faire payer **4.** *(fam) (molestar)* assommer ◆ **cargar algo de** remplir qqch de ◆ **cargar con** *v prep* **1.** *(paquete)* porter **2.** *(responsabilidad, consecuencias)* assumer **3.** *(persona)* supporter ◆ **cargar contra** *v prep* charger contre ◆ **cargarse** *vp* **1.** *(ambiente)* devenir étouffant(e) **2.** *(fam) (estropear)* bousiller **3.** *(fam) (matar)* zigouiller **4.** *(fam) (suspender)* recaler ◆ **cargarse de** *v prep* se remplir de

cargo ['karɣo] *m* **1.** *(empleo, función)* poste *m* **2.** *(en cuenta)* débit *m* ◆ **a cargo de** à la charge de ◆ **hacerse cargo de** *(responsabilizarse)* se charger de ; *(comprender)* se rendre compte de

cargosear [karɣose'ar] *vt (Amér)* agacer

cargoso, sa [kar'ɣoso, sa] *adj (CSur)* agaçant(e)

cariado, da [ka'rjaðo, ða] *adj* carié(e)

Caribe [ka'riβe] *m* ◆ **el Caribe** la Caraïbe

caribeño, ña [kari'βeɲo, ɲa] *adj* caribéen(enne) ◇ *m, f* Caribéen *m*, -enne *f*

caricatura [karika'tura] *f* caricature *f*

caricia [ka'riθja] *f* caresse *f*

caridad [kari'ðað] *f* charité *f*

caries ['karjes] *f inv* caric *f*

cariño [ka'riɲo] *m* **1.** *(afecto)* affection *f* **2.** *(cuidado)* soin *m* **3.** *(apelativo)* chéri *m*, -e *f* ◆ **tomar cariño a alguien** s'attacher à qqn

cariñoso, sa [kari'ɲoso, sa] *adj* affectueux(euse)

carisma [ka'rizma] *m* charisme *m*

caritativo, va [karita'tiβo, βa] *adj* **1.** *(persona)* charitable **2.** *(asociación)* caritatif(ive)

cariz [ka'riθ] *m* tournure *f*

carmín [kar'min] *m (para labios)* rouge *m* à lèvres

carnal [kar'nal] *adj* **1.** *(deseo)* charnel(elle) **2.** *(pariente)* au premier degré ◆ **un primo carnal** un cousin germain

carnaval [karna'βal] *m* carnaval *m*

El carnaval

En Espagne et en Amérique latine, le carnaval est la période de réjouissances qui précède le carême. Les Espagnols, en particulier les enfants, se promènent alors dans les rues en arborant leurs déguisements.

carne ['karne] f 1. (*alimento*) viande f 2. (*de persona, fruta*) chair f • **carne de cerdo/de cordero/de ternera** viande de porc/d'agneau/de veau • **carne picada** viande hachée • **carne de gallina** chair de poule

carné [kar'ne] m (*de club, asociación, partido*) carte f • **carné de conducir** permis m de conduire • **carné de identidad** carte d'identité

carnear [karne'ar] vt (*Amér*) 1. (*matar a las reses*) abattre 2. (*fig*) (*matar*) tuer

carnero [kar'nero] m mouton m

carnicería [karniθe'ria] f 1. (*tienda*) boucherie f 2. (*matanza*) carnage m

carnicero, ra [karni'θero, ra] m, f boucher m, -ère f

carnitas [kar'nitas] fpl (*Méx*) *viande marinée et grillée qui garnit les "tacos"*

caro, ra ['karo, ra] adj cher (chère) ◇ adv cher

carpa ['karpa] f 1. (*de circo*) chapiteau m 2. (*para fiestas*) tente f 3. (*pez*) carpe f

carpeta [kar'peta] f 1. (*para papeles*) chemise f (*dossier*) 2. INFORM dossier m

carpintería [karpinte'ria] f menuiserie f

carpintero, ra [karpin'tero, ra] m menuisier m

carrera [ka'rera] f 1. (*competición*) course f 2. (*estudios*) études fpl (univertaires) 3. (*profesión*) carrière f 4. (*en medias, calcetines*) échelle f • **a la carrera** en vitesse

carrerilla [kare'riʎa] f élan m • **de carrerilla** d'une traite

carreta [ka'reta] f charrette f

carrete [ka'rete] m 1. (*de fotografías*) pellicule f 2. (*de hilo*) bobine f 3. (*para pescar*) moulinet m

carretera [kare'tera] f route f • **carretera de cuota** (*Méx*) autoroute f

carretilla [kare'tiʎa] f brouette f

carril [ka'ril] m 1. (*de carretera, autopista*) voie f 2. (*de tren*) rail m • **carril bici** piste f cyclable

carrito [ka'rito] m 1. (*de la compra*) Caddie® m

carro ['karo] m 1. (*carruaje*) chariot m 2. (*Andes, CAm, Carib & Méx*) (*coche*) voiture f • **carro de la compra** Caddie® m • **carro comedor** (*Amér*) wagon-restaurant m

carrocería [karoθe'ria] f carrosserie f

carromato [karo'mato] m roulotte f

carroña [ka'roɲa] f charogne f

carroza [ka'roθa] f carrosse m

carruaje [karua'xe] m voiture f (*hippomobile*)

carrusel [karu'sel] m manège m

carta ['karta] f 1. (*escrito*) lettre f 2. (*de restaurante, de la baraja*) carte f • **enviar una carta** adresser o envoyer un courrier • **carta certificada** recommandé m • **carta de motivación/de recomendación** lettre de motivation/de recommandation

Empezar una carta

Cuando no conocemos a la persona, empezaremos una carta con *Madame* o *Monsieur* (nunca seguidas del apellido) o con la fórmula *Madame, Monsieur* cuando no sabemos exactamente si nos dirigimos a un hombre o a una mujer. *Cher* o *Chère* y el nombre de pila se emplea en un contexto menos formal. *Ma chère* o *Mon cher* con el nombre de pila sólo se utiliza con familiares o amigos. Todas estas expresiones van seguidas de una coma, y no de dos puntos como en español.

Terminar una carta

Una carta se termina siempre con una despedida. El solemne *Veuillez agréer* (retomando la frase del principio, *Madame, Monsieur*, (*l'expression de*) *mes salutations distinguées* es la fórmula de cortesía más corriente. En un contexto formal en el que ya conocemos al destinatario, podemos elegir entre *Salutations distinguées* y el más informal *Cordialement*. Con amigos o familiares finalizaremos con un cordial *Amitiés, Amicalement* o *À bientôt*, e incluso los más afectuosos *Je t'embrasse* o *Grosses bises*. A continuación se firma la carta.

cartabón [karta'βon] *m* équerre *f*

cartearse [karte'arse] *vp* s'écrire

cartel [kar'tel] *m* affiche *f*

cartelera [karte'lera] *f* **1.** (*en periódico*) rubrique *f* des spectacles **2.** (*tablón*) porte-affiche *m*

cartera [kar'tera] *f* **1.** (*para dinero*) portefeuille *m* **2.** (*para documentos*) porte-documents *m inv* **3.** (*de colegial*) cartable *m*

carterista [karte'rista] *mf* pickpocket *m*

cartero, ra [kar'tero, ra] *m, f* facteur *m*, -trice *f*

cartilla [kar'tiʎa] *f* (*de lectura*) abécédaire *m* ● **cartilla de ahorros** livret *m* de caisse d'épargne ● **cartilla de la Seguridad Social** carte *f* de Sécurité sociale

cartón [kar'ton] *m* **1.** carton *m* **2.** (*de cigarrillos*) cartouche *f*

cartucho [kar'tutʃo] *m* cartouche *f*

cartulina [kartu'lina] *f* bristol *m*

casa ['kasa] *f* maison *f* ● **casa de campo** maison de campagne ● **casa de huéspedes** pension *f* de famille

La Casa Rosada

C'est la résidence officielle du président de la République d'Argentine et le siège de son gouvernement. Le président y reçoit les ministres, les visiteurs de marque et ses homologues étrangers. La façade rose d'où cet édifice tire son nom donne sur la Plaza de Mayo.

casadero, ra [kasa'ðero, ra] *adj* en âge de se marier

casado, da [ka'saðo, ða] *adj* marié(e)

casamiento [kasa'mjento] *m* mariage *m*

casar [ka'sar] *vt* marier ● **casarse** *vp* ● **casarse (con)** se marier (avec)

cascabel [kaska'βel] *m* grelot *m*

cascada [kas'kaða] *f* cascade *f*

cascado, da [kas'kaðo, ða] *adj* **1.** (*vaso*) fêlé(e) **2.** (*fam*) (*estropeado*) nase

cascanueces [kaska'nweθes] *m inv* casse-noix *m inv*

cascar [kas'kar] *vt* **1.** *(romper)* casser **2.** *(fam) (golpear)* cogner

cáscara ['kaskara] *f* **1.** *(de huevo, frutos secos)* coquille *f* **2.** *(de plátanos)* peau *f* **3.** *(de naranja)* écorce *f*

casco ['kasko] *m* **1.** *(para la cabeza)* casque *m* **2.** *(envase)* bouteille *f* vide **3.** *(de caballo)* sabot *m* **4.** *(de barco)* coque *f* • **casco antiguo** vieille ville *f* • **casco urbano** centre-ville *m* • **cascos azules** casques bleus *mpl*

caserío [kase'rio] *m* maison *f* de campagne

caserita [kase'rita] *f (Amér)* maîtresse *f* de maison

casero, ra [ka'sero, ra] *adj* **1.** *(comida)* maison *(inv)* **2.** *(persona)* casanier(ère) ◇ *m, f* propriétaire *mf*

caseta [ka'seta] *f* **1.** *(de feria)* tente installée dans les foires pour danser le flamenco **2.** *(para perro)* niche *f* **3.** *(en la playa)* cabine *f* • **caseta telefónica** *(Méx)* cabine téléphonique

casete [ka'sete] *m (aparato)* magnétophone *m* ◇ *m o f (cinta)* cassette *f*

casi ['kasi] *adv* presque

casilla [ka'siʎa] *f* **1.** *(de impreso, tablero)* case *f* **2.** *(de mueble, caja, armario)* casier *m* • **casilla de correos** *(Andes & RP)* boîte *f* postale

casillero [kasi'ʎero] *m* casier *m*

casino [ka'sino] *m* casino *m*

caso ['kaso] *m* **1.** cas *m* **2.** *(en derecho)* affaire *f* • **en caso de que** au cas où • **en todo caso** en tout cas • **en cualquier caso** en tout cas • **hacer caso** prêter attention • **ser un caso** *(fam)* être un cas • **no venir al caso** être hors de propos

caspa ['kaspa] *f* pellicules *fpl (de cheveux)*

casquete [kas'kete] *m (gorra)* calotte *f*

casquillo [kas'kiʎo] *m* **1.** *(de bala)* douille *f* **2.** *(de lámpara)* culot *m*

casta ['kasta] *f* **1.** *(linaje)* lignée *f* **2.** *(raza)* race *f* ➤ **casto**

castaña [kas'taɲa] *f (fruto, golpe)* châtaigne *f*

castaño, ña [kas'taɲo, ɲa] *adj (color)* châtain ◇ *m (árbol)* châtaigner *m*

castañuelas [kasta'ɲwelas] *fpl* castagnettes *fpl*

castellano, na [kaste'ʎano, na] *adj* castillan(e) ◇ *m, f* Castillan *m*, -e *f* ◇ *m (lengua)* castillan *m*

El castellano

Le **castellano** (castillan) est la langue officielle du monde hispanophone. Cependant, certaines régions autonomes de l'Espagne, comme les Baléares, le Pays basque, la Catalogne, la Galice, la Navarre et Valence, ont pour langues officielles à la fois leur langue régionale et le castillan. En Amérique latine, la langue espagnole officielle est appelée simplement **español**.

castellanohablante [kasteʎanoa'blante], **castellanoparlante** [kasteʎanopar'lante] *adj & mf* castillanophone

castidad [kasti'ðað] *f* chasteté *f*

castigar [kasti'ɣar] *vt* punir

castigo [kas'tiɣo] *m* punition *f*

castillo [kas'tiʎo] *m* château *m*

castizo, za [kas'tiθo, θa] *adj* pur(e)

casto, ta ['kasto, ta] *adj* chaste

castor [kas'tor] *m* castor *m*

castrar [kas'trar] *vt* castrer

casualidad [ka'swaliðað] *f* hasard *m*
● **por casualidad** par hasard

catacumbas [kata'kumbas] *fpl* catacombes *fpl*

catalán, ana [kata'lan, ana] *adj* catalan(e) ◇ *m, f* Catalan *m*, -e ◇ *m* (lengua) catalan *m*

catalanohablante [katalanoa'blante],
catalanoparlante [katalanopar'lante] *adj* & *mf* catalanophone

catálogo [ka'taloyo] *m* catalogue *m*

Cataluña [kata'luɲa] *s* Catalogne *f*

catamarán [katama'ran] *m* catamaran *m*

catar [ka'tar] *vt* goûter

cataratas [kata'ratas] *fpl* **1.** (de agua) chutes *fpl* **2.** (en los ojos) cataracte *f*

catarro [ka'taro] *m* rhume *m*

catástrofe [ka'tastrofe] *f* catastrophe *f*

catastrófico, ca [katas'trofiko, ka] *adj* catastrophique

catear [kate'ar] *vt* (fam) recaler

catecismo [kate'θismo] *m* catéchisme *m*

cátedra ['kateðra] *f* (en enseñanza) chaire *f*

catedral [kate'ðral] *f* cathédrale *f*

catedrático, ca [kate'ðratiko, ka] *m, f* ≃ professeur *m* agrégé

categoría [kateyo'ria] *f* catégorie *f* ● **de categoría** de clase

catequesis [kate'kesis] *f inv* catéchèse *f*

cateto, ta [ka'teto, ta] *m, f* (despec) (palurdo) plouc *mf* ◇ *m* (de triángulo) côté *m*

catire, ra [ka'tire, ra] *adj* (Carib & Col) blond(e)

catolicismo [katoli'θismo] *m* catholicisme *m*

católico, ca [ka'toliko, ka] *adj* & *m, f* catholique

catorce [ka'torθe] *núm* quatorze

catre ['katre] *m* (fam) pieu *m*

cauce ['kauθe] *m* **1.** (de río) lit *m* **2.** (de acequia) canal *m*

caucho ['kautʃo] *m* caoutchouc *m*

caudal [kau'ðal] *m* **1.** (de un río) débit *m* **2.** (dinero) fortune *f*

caudaloso, sa [kauða'loso, sa] *adj* à fort débit

caudillo [kau'ðiʎo] *m* caudillo *m*

causa ['kausa] *f* cause *f* ● **a causa de** à cause de

causante [kau'sante] *m* (Amér) contribuable *m*

causar [kau'sar] *vt* **1.** causer **2.** (placer, victimas) faire

cáustico, ca ['kaustiko, ka] *adj* caustique

cautela [kau'tela] *f* précaution *f* ● **con cautela** avec précaution

cautivador, ra [kautiβa'ðor, ra] *adj* charmeur(euse)

cautivar [kauti'βar] *vt* charmer

cautiverio [kauti'perjo] *m* captivité *f* ● **en cautiverio** en captivité

cautivo, va [kau'tiβo, βa] *adj* & *m, f* captif(ive)

cauto, ta ['kauto, ta] *adj* prudent(e)

cava ['kaβa] *f* (bodega) cave *f* ◇ *m* vin catalan fabriqué selon la méthode champenoise ● **cava brut** "cava" brut ● **al cava** au "cava"

cavar [ka'βar] *vt* creuser

caverna [ka'βerna] *f* caverne *f*

cavernícola [kaβer'nikola] *adj* **1.** (*animal*) cavernicole **2.** (*persona*) des cavernes

caviar [ka'βjar] *m* caviar *m*

cavidad [kaβi'ðað] *f* cavité *f*

cavilar [kaβi'lar] *vi* réfléchir

caza ['kaθa] *f* **1.** (*actividad*) chasse *f* **2.** (*presa*) gibier *m* ● **andar** o **ir a la caza de** être à la poursuite de ● **dar caza a** donner la chasse à

cazador, ra [kaθa'ðor, ra] *m, f* (*persona*) chasseur *m*, -euse *f*

cazadora [kaθa'ðora] *f* (*prenda de ropa*) blouson *m*

cazar [ka'θar] *vt* **1.** chasser **2.** (*fam*) (*captar, entender*) piger **3.** (*fam*) (*marido, esposa*) dégoter

cazo ['kaθo] *m* **1.** (*cucharón*) louche *f* **2.** (*vasija*) casserole *f*

cazuela [ka'θwela] *f* casserole *f* en terre cuite ● **a la cazuela** à la casserole

cazurro, rra [ka'θuro, ra] *adj* (*bruto*) abruti(e)

CD-ROM [θeðe'rom] (*abr de Compact Disc Read-Only Memory*), **cederrón** [θeðe'ron] *m* **1.** (*disco*) CD-ROM *m inv* **2.** (*dispositivo*) lecteur *m* de CD-ROM

CE [θe'e] *f* (*abr de Comunidad Europea*) CE *f* (*Communauté européenne*)

cebar [θe'βar] *vt* gaver ♦ **cebarse en** *v prep* s'acharner sur

cebo ['θeβo] *m* appât *m*

cebolla [θe'βoʎa] *f* oignon *m*

cebolleta [θeβo'ʎeta] *f* ciboulette *f*

cebra [θeβra] *f* zèbre *m*

cecear [θeθe'ar] *vi* zézayer

ceder [θe'ðer] *vt & vi* céder ▼ **ceda el paso** cédez le passage

cedilla [θe'ðiʎa] *f* cédille *f*

cedro [θeðro] *m* cèdre *m*

cédula [θeðula] *f* certificat *m* ● **cédula de identidad** (*Amér*) carte *f* d'identité

cegato, ta [θe'γato, ta] *adj* (*fam*) bigleux(euse)

ceguera [θe'γera] *f* cécité *f*

ceja ['θexa] *f* sourcil *m* ● **meterse algo entre ceja y ceja** (*fam*) se mettre qqch dans la tête

celda ['θelda] *f* cellule *f* (*pièce*)

celdilla [θel'diʎa] *f* (*de panal*) alvéole *f*

celebración [θeleβra'θjon] *f* célébration *f*

celebrar [θele'βrar] *vt* **1.** (*cumpleaños, acontecimiento*) fêter **2.** (*asamblea, reunión*) tenir **3.** (*misa*) célébrer

célebre ['θeleβre] *adj* célèbre

celebridad [θeleβri'ðað] *f* célébrité *f* ● **ser una celebridad** être une célébrité

celeste [θe'leste] *adj* céleste

celestial [θeles'tjal] *adj* céleste

celo ['θelo] *m* **1.** (*cinta adhesiva*) Scotch® *m* **2.** (*en el trabajo*) zèle *m* ● **estar en celo** (*hembra*) être en chaleur ; (*macho*) être en rut ♦ **celos** *mpl* jalousie *f* ● **tener celos** être jaloux(ouse)

celofán® [θelo'fan] *m* Cellophane® *f*

celoso, sa [θe'loso, sa] *adj* jaloux(ouse)

célula [θelula] *f* cellule *f*

celular [θelu'lar] *adj* cellulaire

celulitis [θelu'litis] *f inv* cellulite *f*

cementerio [θemen'terjo] *m* cimetière *m* ● **cementerio de coches** casse *f*

cemento [θe'mento] *m* ciment *m* ● **cemento armado** béton *m* armé

cena ['θena] *f* dîner *m*

cenar [θe'nar] *vt* manger au dîner ◊ *vi* dîner

cencerro [θen'θero] *m* sonnaille *f* ● **estar como un cencerro** (*fam*) avoir un grain

cenefa [θe'nefa] *f* liséré *m*

cenicero [θeni'θero] *m* cendrier *m*

ceniza [θe'niθa] *f* cendre *f*

censado, da [θen'saðo, ða] *adj* recensé(e)

censar [θen'sar] *vt* recenser

censo ['θenso] *m* recensement *m* ● **censo electoral** listes *fpl* électorales

censor, ra [θen'sor, ra] *m, f* censeur *m*

censura [θen'sura] *f* censure *f*

censurar [θensu'rar] *vt* **1.** (*película, libro*) censurer **2.** (*conducta, actitud*) blâmer

cent ['θent] (*pl* **cents** ['θents]) *m* (*de euro*) centime *m*, cent *m*

centena [θen'tena] *f* centaine *f*

centenar [θente'nar] *m* centaine *f* ● **un centenar de** une centaine de

centenario, ria [θente'narjo, rja] *adj* centenaire ◊ *m* centenaire *m*

centeno [θen'teno] *m* seigle *m*

centésimo, ma [θen'tesimo, ma] *adj* centième

centigrado, da [θen'tiɣraðo, ða] *adj* centigrade

centímetro [θen'timetro] *m* centimètre *m*

céntimo ['θentimo] *m* centime *m* ● **no tener un céntimo** ne pas avoir un sou

centinela [θenti'nela] *mf* sentinelle *f*

centollo [θen'toʎo] *m* araignée *f* de mer

centrada, da [θen'traðo, ða] *adj* **1.** (*cuadro, mueble*) centré(e) **2.** (*persona*) équilibré(e) ● **centrado en** (*trabajo, lectura*) concentré sur

central [θen'tral] *adj* **1.** (*posición*) central(e) **2.** (*principal*) principal(e) ◊ *f* **1.** (*oficina*) maison *f* mère **2.** (*de energía*) centrale *f* ● **central eléctrica** centrale électrique

centralismo [θentra'lizmo] *m* centralisme *m*

centralita [θentra'lita] *f* standard *m* (*téléphonique*) ● **volver a poner con la centralita** repasser le standard (téléphonique)

centrar [θen'trar] *vt* **1.** (*cuadro, mueble*) centrer **2.** (*miradas, atención*) attirer ● **centrarse en** *v prep* (*trabajo, lectura*) se concentrer sur

céntrico, ca ['θentriko, ka] *adj* central(e)

centrifugar [θentrifu'ɣar] *vt* centrifuger

centrífugo, ga [θen'trifuɣo, ɣa] *adj* centrifuge

centro ['θentro] *m* centre *m* ● **centro comercial** centre commercial ● **centro social** *association culturelle de personnes habitant une même région* ● **centro turístico** site *m* touristique ● **centro urbano** centre-ville *m* ● **en el centro de** au centre de ● **ser el centro de** être le centre de

Centroamérica [θentroa'merika] *s* Amérique *f* centrale

centuria [θen'turja] *f* siècle *m*

ceñir [θe'ɲir] *vt* **1.** (*ajustar*) serrer **2.** (*rodear*) entourer ● **ceñirse a** *v prep* s'en tenir à

ceño ['θeɲo] *m* ● **fruncir el ceño** froncer les sourcils

CEOE ['θeo'e] *f* (*Esp*) (*abr de Confederación Española de Organizaciones Em-*

presariales) ≃ Medef *m (Mouvement des entreprises de France)*

cepa ['θepa] *f* cep *m*

cepillar [θepi'ʎar] *vt* brosser ◆ **cepillarse** *vp (fam)* **1.** *(trabajo)* expédier **2.** *(comida)* finir **3.** *(matar)* butter

cepillo [θe'piʎo] *m* brosse *f* ● **cepillo de dientes** brosse à dents

cepo ['θepo] *m* **1.** *(de animales)* piège *m* **2.** *(de coches)* sabot *m*

cera ['θera] *f* cire *f*

cerámica [θe'ramika] *f* céramique *f*

ceramista [θera'mista] *mf* céramiste *mf*

cerca ['θerka] *f* clôture *f* ◇ *adv* près ● la Navidad está cerca Noël est proche ● **cerca de** près de ● **de cerca** de près

cercanías [θerka'nias] *fpl (alrededores)* environs *mpl*

cercano, na [θer'kano, na] *adj* proche

cercar [θer'kar] *vt* **1.** *(vallar)* clôturer **2.** *(rodear)* encercler

cerco ['θerko] *m (de vallas)* clôture *f*

cerda ['θerða] *f (de cepillo)* soie *f*

cerdo, da ['θerðo, ða] *m, f* **1.** *(animal)* porc *m*, truie *f* **2.** *(despec) (persona)* porc *m* ◇ *adj (despec) (persona)* cochon ◇ *m (carne)* porc *m*

cereal [θere'al] *m* céréale *f*

cerebelo [θere'βelo] *m* cervelet *m*

cerebro [θe'reβro] *m* cerveau *m*

ceremonia [θere'monja] *f* cérémonie *f*

ceremonioso, sa [θeremo'njoso, sa] *adj* solennel(elle)

cereza [θe'reθa] *f* cerise *f*

cerezo [θe'reθo] *m* cerisier *m*

cerilla [θe'riʎa] *f* allumette *f*

cerillo [θe'riʎo] *m (CAm & Méx)* allumette *f*

cero ['θero] *adj inv* & *m* zéro ● cinco grados bajo cero moins cinq (degrés) ● cinco grados sobre cero plus cinq (degrés) ● empatados a cero zéro partout ● seis a cero six à zéro ● ser un cero a la izquierda *(fam)* être un zéro

cerquillo [θer'kiʎo] *m (Amér)* frange *f (de cheveux)*

cerrada [θe'raða] *f (Amér)* impasse *f*

cerrado, da [θe'raðo, ða] *adj* **1.** *(espacio, local)* fermé(e) **2.** *(introvertido)* renfermé(e) **3.** *(intransigente)* borné(e) **4.** *(acento, habla)* prononcé(e) ▼ **cerrado por vacaciones** fermé pour congé

cerradura [θera'ðura] *f* serrure *f*

cerrajería [θeraxe'ria] *f* serrurerie *f*

cerrajero, ra [θera'xero, ra] *m* serrurier *m*

cerrar [θe'rar] *vt* **1.** fermer **2.** *(acto, debate)* clore **3.** *(paso, acceso)* barrer **4.** *(pacto, trato)* conclure ◇ *vi* fermer ● **cerrar el desfile** fermer la marche ◆ **cerrarse** *vp (en uno mismo)* se renfermer ◆ **cerrarse a** *v prep* être fermé(e) à

cerro ['θero] *m* colline *f*

cerrojo [θe'roxo] *m* verrou *m*

certamen [θer'tamen] *m* concours *m*

certeza [θer'teθa] *f* certitude *f* ● tener la certeza de que avoir la certitude que

certidumbre [θerti'ðumbre] *f* certitude *f*

certificado, da [θertifi'kaðo, ða] *adj (carta, paquete)* recommandé(e) ◇ *m* certificat *m* ● **enviar algo certificado** envoyer qqch en recommandé

certificar [θertifi'kar] *vt* **1.** *(documento)* certifier **2.** *(carta, paquete)* envoyer en recommandé cervecería [θerβeθe'ria] f brasserie f

cerveza [θer'βeθa] f bière f ● **cerveza sin alcohol** bière sans alcool ● **cerveza de barril** bière à la pression f ● **cerveza negra** bière brune

cesar [θe'sar] vi cesser ◇ vt ● **cesar a alguien de** démettre qqn de ● **(no) cesar de** (ne pas) cesser de ● **sin cesar** sans cesse

cesárea [θe'sarea] f césarienne f

cese ['θese] m **1.** (de empleo, cargo) renvoi m **2.** (de actividad) cessation f

cesión [θe'sjon] f cession f

césped ['θespeð] m pelouse f

cesta ['θesta] f panier m ● **cesta de la compra** panier de la ménagère

cesto ['θesto] m corbeille f

cetro ['θetro] m sceptre m

cg (abr escrita de centigramo) cg (centigramme)

chabacano, na [tʃaβa'kano, na] adj vulgaire ◇ m **1.** (Méx) (fruto) abricot m **2.** (árbol) abricotier m

chabola [tʃa'βola] f baraque f

chacarero, ra [tʃaka'rero, ra] m, f (Andes & RP) **1.** (agricultor) fermier m, -ère f **2.** (hablador) bavard m, -e f

chacha ['tʃatʃa] f **1.** (fam) (criada) bonne f **2.** (niñera) bonne f d'enfants

cháchara ['tʃatʃara] f (fam) papotage m

chanclus [tʃaˈkloˈli] m vin léger du Pays basque

chacra ['tʃakra] f (Andes & RP) ferme f

chafar [tʃa'far] vt **1.** (aplastar) écraser **2.** (plan, proyecto) gâcher **3.** (fam) (desmoralizar) saper le moral m

chal ['tʃal] m châle m

chalado, da [tʃa'laðo, ða] adj (fam) dingue ● **estar chalado por** être dingue de

chalé [tʃa'le] m pavillon m

chaleco [tʃa'leko] m gilet m ● **chaleco salvavidas** gilet de sauvetage

chamaco, ca [tʃa'mako, ka] m, f (CAm & Méx) gamin m, -e f

chamba ['tʃamba] f (Méx & Ven) (fam) boulot m

chambear [tʃambe'ar] vi (Méx & Ven) (fam) bosser

champán [tʃam'pan] m champagne m

champiñón [tʃampi'non] m champignon m de Paris ● **champiñones con jamón** champignons au jambon

champú [tʃam'pu] m shampooing m

champurrado [tʃampu'raðo] m (Amér) boisson à base de farine de maïs

chamuscado, da [tʃamus'kaðo, ða] adj roussi(e)

chamuscarse [tʃamus'karse] vp roussir

chamusquina [tʃamus'kina] f roussi m ● **oler a chamusquina** (fam) sentir le roussi

chance ['tʃanθe] f (Amér) possibilité f, occasion f

chanchada [tʃan'tʃaða] f (Andes & CSur) **1.** (fig) (grosería) grossièreté f **2.** (porquería) cochonnerie f

chancho ['tʃantʃo] m (Andes, CAm & CSur) cochon m

chancla ['tʃankla] fpl (para la playa) tongs fpl

chancletas [tʃan'kletas] fpl tongs fpl

chanclos ['tʃanklos] mpl **1.** (de madera) sabots mpl **2.** (de goma) caoutchoucs mpl (enfilés sur les chaussures)

chándal ['tʃandal] m (Esp) survêtement m

changarro [tʃaŋ'garo] *m* (*Méx*) petit magasin *m*

chantaje [tʃan'taxe] *m* chantage *m*

chantajista [tʃanta'xista] *mf* maître-chanteur *m*

chapa ['tʃapa] *f* 1. (*de metal, madera*) plaque *f* 2. (*de botella*) capsule *f* 3. (*Amér*) (*cerradura*) serrure *f*

chapado, da [tʃa'paðo, ða] *adj* (*reloj, pulsera*) plaqué(e) ● **chapado a la antigua** (*anticuado*) vieux jeu

chapapote [tʃapa'pote] *m* galette *f* de pétrole

chapar [tʃa'par] *vt* plaquer

chaparrón [tʃapa'ron] *m* averse *f*

chapopote [tʃa'popote] *m* (*Carib & Méx*) goudron *m*

chapucería [tʃapuθe'ria] *f* travail *m* bâclé

chapucero, ra [tʃapu'θero, ra] *adj* (*trabajo, obra*) bâclé(e) ● **no seas chapucero** ne bâcle pas ton travail

chapulín [tʃapu'lin] *m* (*CAm & Méx*) sauterelle *f*

chapuza [tʃa'puθa] *f* 1. (*trabajo mal hecho*) travail *m* bâclé 2. (*trabajo ocasional*) bricolage *m*

chaqué [tʃa'ke] *m* jaquette *f*

chaqueta [tʃa'keta] *f* veste *f*

chaquetilla [tʃake'tiʎa] *f* spencer *m*

chaquetón [tʃake'ton] *m* trois-quarts *m*

charca ['tʃarka] *f* mare *f*

charco ['tʃarko] *m* flaque *f* (d'eau)

charcutería [tʃarkute'ria] *f* charcuterie *f* (*magasin*)

charla ['tʃarla] *f* 1. (*conversación*) discussion *f* 2. (*conferencia*) exposé *m* 3. *INFORM* chat *m*

charlar [tʃar'lar] *vi* 1. bavarder 2. *INFORM* chatter

charlatán, ana [tʃarla'tan, ana] *adj* bavard(e)

charnego, ga [tʃar'neɣo, ɣa] *m, f* (*despec*) *en Catalogne, immigrant(e) venant d'une autre région d'Espagne*

charola [tʃa'rola] *f* (*Méx*) plateau *m*

charro ['tʃaro] *adj* (*Méx*) typique des cavaliers mexicains ◇ *m* (*Méx*) cavalier *m* mexicain

chárter ['tʃarter] *m inv* charter *m*

chasco ['tʃasko] *m* 1. (*decepción*) déception *f* 2. (*broma*) tour *m*

chasis ['tʃasis] *m inv* châssis *m*

chat [tʃat] (*pl* **chats** ['tʃats]) *m INFORM* chat *m*, forum *m* de discussion ● **un chat de política/gastronomía** un forum de discussion sur la politique/gastronomie

chatarra [tʃa'tara] *f* ferraille *f*

chatarrero, ra [tʃata'rero, ra] *m, f* ferrailleur *m*

chatear [tʃate'ar] *vi INFORM* chatter

chato, ta ['tʃato, ta] *adj* 1. (*persona*) au nez camus 2. (*nariz*) aplati(e) ● *m, f* (*apelativo*) mon chou *mf* ◇ *m* (*de vino*) petit verre *m*

chau ['tʃaw] *interj* (*Andes & RP*) tchao !

chaucha ['tʃawtʃa] *f* (*Amér*) 1. (*patata*) pomme *f* de terre nouvelle 2. (*vaina*) cosse *f* 3. (*moneda*) petite monnaie *f*

chavo, va ['tʃaβo, βa] *m, f* (*Méx*) (*fam*) mec *m*, nana *f*

che ['tʃe] *interj* (*RP*) eh !

chef ['tʃef] *m* chef *m*

chele, a ['tʃele, a] *adj* (*CAm*) (*de cabello claro*) blond(e)

cheque ['tʃeke] *m* chèque *m* ● **cheque de viaje** chèque de voyage, traveller's chèque *m inv*

chequeo [tʃe'keo] *m (médico)* bilan *m* de santé

chequera [tʃe'kera] *f (Amér)* carnet *m* de chèques

chévere ['tʃeβere] *adj (Andes & Carib) (fam)* super

chic [tʃik] *adj inv* chic

chica ['tʃika] *f (criada)* bonne *f*, ➤ **chico**

chicha ['tʃitʃa] *f* 1. *(fam) (para comer)* bidoche *f* 2. *(fam) (de persona)* graisse *f* 3. *(Andes) (bebida) boisson alcoolisée à base de maïs*

chícharo ['tʃitʃaro] *m (CAm & Méx)* petit pois *m*

chicharrones [tʃitʃa'rones] *mpl* ≈ rillons *mpl*

chiche ['tʃitʃe] *m (Amér) (chuchería)* bibelot *m* ◇ *(Amér) (fam) (teta)* néné *m*

chichón [tʃi'tʃon] *m* bosse *f*

chicle ['tʃikle] *m* chewing-gum *m*

chico, ca ['tʃiko, ka] *adj* petit(e) ◇ *m, f* garçon *m*, fille *f*

chicote [tʃi'kote] *m (Amér)* 1. *(látigo)* fouet *m* 2. *(colilla)* mégot *m*

chifa ['tʃifa] *m (Perú) restaurant chinois*

chiflado, da [tʃi'flaðo, ða] *adj (fam)* cinglé(e)

chiflar [tʃi'flar] *vt (fam) (encantar)* adorer, raffoler de ◇ *vi (fam) (silbar)* siffler ● **me chiflan los pasteles** j'adore les gâteaux ◆ **chiflarse por** *v prep (fam)* 1. *(algo)* s'emballer pour 2. *(alguien)* être fou (folle) de

chiflido [tʃi'fliðo] *m (Amér)* sifflement *m*

Chile ['tʃile] *s* Chili *m*

chileno, na [tʃi'leno, na] *adj* chilien(enne) ◇ *m, f* Chilien *m*, -enne *f*

chillar [tʃi'ʎar] *vi* crier

chillido [tʃi'ʎiðo] *m* cri *m*

chillón, ona [tʃi'ʎon, ona] *adj* criard(e)

chimenea [tʃime'nea] *f* cheminée *f*

chimpancé [tʃimpan'θe] *m* chimpanzé *m*

china ['tʃina] *f* 1. *(piedra)* caillou *m* 2. *(Amér) (criada)* bonne *f* ● **me tocó la china** *(fam)* c'est tombé sur moi ➤ **chino**

China ['tʃina] *f* ● **(la) China** (la) Chine *f*

chinche ['tʃintʃe] *f* punaise *f (insecte)* ◇ *adj* enquiquinant(euse)

chincheta [tʃin'tʃeta] *f* punaise *f (clou)*

chinchín [tʃin'tʃin] *m (sonido)* flonflon *m* ◇ *interj* tchin-tchin !

chingado, da [tʃin'gaðo, ða] *adj (Méx) (vulg)* foutu(e)

chingar [tʃin'gar] *vt (Méx) (vulg)* baiser

chino, na ['tʃino, na] *adj* chinois(e) ◇ *m, f* Chinois *m*, -e *f* ◇ *m* 1. *(lengua)* chinois *m* 2. *(Méx) (mestizo)* métis *m*, -isse *f*

chip [tʃip] *m INFORM* puce *f*

chipirón [tʃipi'ron] *m* petit calamar *m* ● **chipirones en su tinta** *calamars dans une sauce faite avec leur encre*

chirimoya [tʃiri'moja] *f* anone *f*

chiripá [tʃiri'pa] *m (Bol & CSur) (de gaucho)* culotte des gauchos faite d'une couverture

chirucas [tʃi'rukas] *fpl* bottes *fpl* de toile

chisme ['tʃizme] *m* 1. *(habladuría)* commérage *m* 2. *(fam) (objeto, aparato)* truc *m*

chismoso, sa [tʃiz'moso, sa] *adj* cancanier(ère)

chispa ['tʃispa] f 1. (de fuego, electricidad) étincelle f 2. (gracia, ingenio) esprit m 3. (pizca) pincée f

chiste ['tʃiste] m histoire f drôle

chistorra [tʃis'tora] f saucisson typique d'Aragon et de Navarre

chistoso, sa [tʃis'toso, sa] adj drôle

chivarse [tʃi'βarse] vp (fam) moucharder

chivatazo [tʃiβa'taθo] m (fam) mouchardage m

chivato, ta [tʃi'βato, ta] m, f (fam) mouchard m, -e f ◇ m (Amér) 1. (hombre) ponte m 2. (aprendiz) apprenti m

chocar [tʃo'kar] vi 1. (coche, camión) se heurter 2. (sorprender) choquer 3. (discrepar) être incompatible 4. (discutir) s'accrocher 5. (copas, vasos) s'entrechoquer ◇ vt (la mano) taper dans

chocho, cha ['tʃotʃo, tʃa] adj 1. (viejo) gâteux(euse) 2. (fam) (encariñado) gaga ◇ m (vulg) (vulva) chatte f

choclo ['tʃoklo] f (CSur & Perú) maïs m

chocolate [tʃoko'late] m chocolat m

chocolatería [tʃokolate'ria] f (establecimiento) chocolatier m

chocolatina [tʃokola'tina] f barre f chocolatée

chófer ['tʃofer] m chauffeur m

chollo ['tʃoʎo] m (fam) 1. (trabajo, situación) bon plan m 2. (producto, compra) occase f

chomba [tʃomba] f (Andes & Arg) pull m

chompa [tʃompa] f (Andes) pull m

chongo [tʃongo] m (Méx) chignon m

chopo ['tʃopo] m peuplier m noir

choque ['tʃoke] m 1. (colisión) choc m 2. (pelea, riña) accrochage m

chorizo [tʃo'riθo] m 1. (embutido) chorizo m 2. (Esp) (fam) (ladrón) voleur m

choro ['tʃoro] m (Andes) moule f

chorrada [tʃo'raða] f (fam) bêtise f

chorrear [tʃore'ar] vi goutter

chorro ['tʃoro] m jet m ● a chorros à flots

choto, ta ['tʃoto, ta] m, f chevreau m, chevrette f

choza ['tʃoθa] f hutte f

christmas ['krizmas] m inv carte f de vœux (de Noël)

chubasco [tʃu'βasko] m averse f

chubasquero [tʃuβas'kero] m ciré m

chúcaro, ra ['tʃukaro, ra] adj (Andes & RP) sauvage

chuchería [tʃutʃe'ria] f 1. (golosina) friandise f 2. (trivialidad) babiole f

chucho, cha ['tʃutʃo, tʃa] m, f (fam) (perro) cabot m

chueco, ca ['tʃueko, ka] adj (Amér) 1. (torcido) tordu(e) 2. (patizambo) qui a les jambes arquées

chufa ['tʃufa] f souchet m (tubercule avec lequel on fait la "horchata")

chuleta [tʃu'leta] f de examen) antisèche f ● chuleta de cerdo/de ternera côte f de porc/de veau

chuletada [tʃule'taða] f repas à base de grillades

chuletón [tʃule'ton] m côte f de bœuf

chulo, la ['tʃulo, la] adj 1. (engreído) crâneur(euse) 2. (fam) (bonito) chouette ◇ m (de prostituta) maquereau m

chumbera [tʃum'bera] f figuier m de Barbarie

chupado, da [tʃu'paðo, ða] *adj* **1.** *(fig)* *(flaco)* squelettique **2.** *(fam)* *(fácil)* fastoche ● **está chupado** *(fam)* c'est du tout cuit

chupar [tʃu'par] *vt* **1.** *(caramelo, fruta)* sucer **2.** *(suj: esponja, papel)* absorber **3.** *(arruinar)* soutirer

chupe ['tʃupe] *m (Andes & Arg)* ragoût *m* ● **chupe de camarones** *soupe épaisse à base de pommes de terre et de crevettes*

chupete [tʃu'pete] *m* tétine *f*

chupito [tʃu'pito] *m (de licor)* gorgée *f*

churrasco [tʃu'rasko] *m* grillade *f*

churrería [tjure'ria] *f commerce de "churros"*

churro ['tʃuro] *m* **1.** *long beignet cylindrique* **2.** *(fam)* *(cosa mal hecha)* travail *m* bâclé

chusma ['tʃuzma] *f* racaille *f*

chutar [tʃu'tar] *vt* **1.** *(lanzar)* shooter **2.** *(fam)* *(funcionar)* marcher ● **esto va que chuta** *(fam)* ça marche comme sur des roulettes

chute ['tʃute] *m (fam)* *(de heroína)* shoot *m*

Cía ['θia] *(abr de compañía)* Cie *(compagnie)*

cibercafé [θiβerka'fe] *m* cybercafé *m*, webcafé *m*

cibercrimen [θiβer'krimen] *m* cybercrime *m*

ciberespacio [θiβeres'paθjo] *m* cyberespace *m*

cibernauta [θiβer'nauta] *mf* cybernaute *mf*

cibersexo [θiβer'sekso] *m* cybersexe *m*

cibertienda [θiβer'tjenda] *f* boutique *f* virtuelle

cicatriz, ces [θika'triθ, θes] *f* cicatrice *f*

cicatrizar [θikatri'θar] *vi* cicatriser ◆ **cicatrizarse** *vp* se cicatriser

ciclismo [θi'klizmo] *m* cyclisme *m*

ciclista [θi'klista] *mf* cycliste *mf*

ciclo ['θiklo] *m* cycle *m*

ciclomotor [θiklomo'tor] *m* cyclomoteur *m*

ciclón [θi'klon] *m* cyclone *m*

ciego, ga ['θjeɣo, ɣa] *m, f* aveugle *mf* ◇ *adj* ● **ciego de** aveuglé par

cielo ['θjelo] *m* **1.** ciel *m* **2.** *(de casa, habitación)* plafond *m* ● **¡cielo!** *(apelativo)* mon ange ! ● **como llovido del cielo** *(fig)* *(inesperadamente)* à pic ◆ **cielos** *interj* ciel !

ciempiés [θjem'pjes] *m inv* mille-pattes *m inv*

cien [θjen] *núm* cent ➤ **ciento**

ciencia ['θjenθja] *f* science *f* ● **ciencia ficción** science-fiction *f* ● **ciencias** *fpl (en educación)* sciences *fpl* ● **ciencias económicas/naturales** sciences économiques/naturelles

cienciología [θjenθolo'xia] *f* scientologie *f*

científico, ca [θjen'tifiko, ka] *adj & m, f* scientifique

ciento ['θjento] *núm* cent ● **por ciento** pour cent

cierre ['θjere] *m* **1.** fermeture *f* **2.** *(de negociación, trato)* conclusion *f* **3.** *(de actividad, acto)* clôture *f* ● **cierre relámpago** *(Amér)* fermeture *f* Éclair®

cierto, ta ['θjerto, ta] *adj* certain(e) ● **por cierto** au fait

ciervo, va ['θjerβo, βa] *m, f* cerf *m*, biche *f*

CIF [ˈθif] (abr de código de identificación fiscal) m code d'identification fiscale attribué à toute personne physique ou morale ayant des activités commerciales

cifra [ˈθifra] f chiffre m

cigala [θiˈɣala] f langoustine f

cigarra [θiˈɣara] f cigale f

cigarrillo [θiɣaˈriʎo] m cigarette f

cigarro [θiˈɣaro] m 1. (cigarrillo) cigarette f 2. (habano) cigare m

cigüeña [θiˈɣweɲa] f cigogne f

cilindrada [θilinˈdraða] f cylindrée f

cilíndrico, ca [θiˈlindriko, ka] adj cylindrique

cilindro [θiˈlindro] m cylindre m

cima [ˈθima] f cime f

cimientos [θiˈmjentos] mpl 1. (de edificio) fondations fpl 2. (principio, raíz) bases fpl

cinco [ˈθiŋko] adj inv & m cinq ◇ mpl cinq ◇ fpl **las cinco** cinq heures ● **doscientos cinco** deux cent cinq ● **treinta y cinco** trente-cinq ● **de cinco en cinco** cinq par cinq ● **empatados a cinco** cinq partout ● **los cinco** les cinq ● **cinco a cero** cinq à zéro

cincuenta [θinˈkwenta] núm cinquante

cine [ˈθine] m cinéma m

cineasta [θineˈasta] mf cinéaste mf

cinematografía [θinematoɣraˈfia] f cinématographie f

cinematográfico, ca [θinematoˈɣrafiko, ka] adj cinématographique

cínico, ca [ˈθiniko, ka] adj cynique

cinismo [θiˈnizmo] m cynisme m

cinta [ˈθinta] f 1. (de tela) ruban m 2. (de imagen, sonido) cassette f 3. (para medir) mètre m ruban ● **cinta aislante** gaine f isolante ● **cinta magnética** bande f magnétique

cintura [θinˈtura] f 1. (de persona) taille f 2. (de vestido) ceinture f

cinturón [θintuˈron] m ceinture f ● **cinturón de seguridad** ceinture de sécurité

cipote, ta [θiˈpote, ta] m, f (Amér) (muchacho) gamin m, -e f ◇ adj (rechoncho) rondouillard(e)

ciprés [θiˈpres] m cyprès m

circo [ˈθirko] m cirque m

circuito [θirˈkwito] m circuit m ● **circuito eléctrico** circuit électrique

circulación [θirkulaˈθjon] f circulation f

circular [θirkuˈlar] adj circulaire ◇ f circulaire f ◇ vi circuler

círculo [ˈθirkulo] m cercle m ● **círculo polar** cercle polaire

circunferencia [θirkunfeˈrenθja] f circonférence f

circunscribir [θirkunskriˈβir] vt circonscrire ● **circunscribir algo a** limiter qqch à

circunstancia [θirkunsˈtanθja] f circonstance f

circunstancial [θirkunstanˈθjal] adj fortuit(e)

cirio [ˈθirjo] m cierge m

cirrosis [θiˈrosis] f inv cirrhose f

ciruela [θiˈrwela] f prune f

ciruelo [θiˈrwelo] m prunier m

cirugía [θiruˈxia] f chirurgie f ● **cirugía plástica** chirurgie plastique

cirujano, na [θiruˈxano, na] m, f chirurgien m, -enne f

cisma [ˈθizma] m schisme m

cisne [ˈθizne] m cygne m

cisterna [θisˈterna] f citerne f

cita ['θita] f 1. (encuentro) rendez-vous m 2. (de frase, texto) citation f ♦ apuntar una cita noter un rendez-vous ♦ tener (una) cita avoir un rendez-vous

citación [θita'θjon] f (de juez) citation f

citar [θi'tar] vt citer ♦ citarse vp se donner rendez-vous

cítrico, ca ['θitriko, ka] adj citrique ♦ cítricos mpl agrumes mpl

ciudad [θju'ðað] f ville f

ciudadanía [θjuðaða'nia] f citoyenneté f

ciudadano, na [θjuðaða'ðano, na] adj citadin(e) ◇ m, f 1. (habitante) citadin m, -e f 2. (súbdito) citoyen m, -enne f

cívico, ca ['θiβiko, ka] adj civique

civil [θi'βil] adj civil(e)

civilización [θiβiliθa'θjon] f civilisation f

civilizado, da [θiβili'θaðo, ða] adj civilisé(e)

civismo [θi'βizmo] m 1. (cortesía) civilité f 2. (urbanidad) civisme m

cl (abr escrita de centilitro) cl (centilitre)

clan ['klan] m clan m

clara ['klara] f (de huevo) blanc m ➤ claro

claraboya [klara'βoja] f lucarne f

clarear [klare'ar] vi éclaircir ◇ vi 1. (día) poindre 2. (cielo) s'éclaircir ♦ al clarear el día au point du jour

claridad [klari'ðað] f clarté f

clarinete [klari'nete] m clarinette f

clarividencia [klariβi'ðenθja] f clairvoyance f

claro, ra ['klaro, ra] adj clair(e) ◇ m clairière f ◇ adv (hablar) clairement ◇ interj bien sûr ! ♦ poner o sacar en claro tirer au clair

clase ['klase] f 1. classe f 2. (variedad, tipo) sorte f 3. (enseñanza, lección) cours m

♦ **clase media** classe moyenne ♦ **clase preferente** classe affaires ♦ **clase turista** classe éco(nomique) ♦ **de primera clase** de première catégorie

clásico, ca ['klasiko, ka] adj classique

clasificación [klasifika'θjon] f classement m

clasificador, ra [klasifika'ðor, ra] adj classificateur(trice) ◇ m classeur m

clasificar [klasifi'kar] vt classer ♦ clasificarse vp (en competición) se qualifier

claudicar [klauði'kar] vi abandonner

claustro ['klaustro] m cloître m ♦ claustro de profesores conseil m de classe

claustrofobia [klaustro'foβja] f claustrophobie f

cláusula ['klausula] f clause f

clausura [klau'sura] f clôture f

clausurar [klausu'rar] vt 1. (acto, curso, celebración) clôturer 2. (local, establecimiento) termer

clavadista [kla'βaðista] mf (CAm & Méx) plongeur m, -euse f

clavado, da [kla'βaðo, ða] adj (en punto) sonnant(e) ♦ ser clavado a alguien être la copie conforme de qqn

clavar [kla'βar] vt 1. (clavo, palo) planter 2. (sujetar) clouer 3. (ojos, mirada) fixer 4. (fam) (en el precio) arnaquer

clave ['klaβe] f 1. (explicación, solución) clef f, code f 2. (de acceso) code m ◇ adj inv clef, clé

clavel [kla'βel] m œillet m

clavícula [kla'βikula] f clavicule f

clavija [kla'βixa] f (de enchufe, teléfono) fiche f

clavo ['klaβo] *m* **1.** *(para sujetar)* clou *m* **2.** *(especia)* clou *m* de girofle ● **dar en el clavo** mettre dans le mille

claxon® ['klakson] *m* Klaxon® *m*

cleptomanía [kleptoma'nia] *f* kleptomanie *f*

clérigo ['kleriyo] *m* prêtre *m*

clero ['klero] *m* clergé *m*

clic ['klik] *m* clic *m* ● **clic con el botón derecho/izquierdo** clic droit/gauche ● **doble clic** double-clic ● **hacer clic** cliquer ● **hacer doble clic** double-cliquer

clicar [kli'kar], **cliquear** [klike'ar] *vi* cliquer ● **para salir del programa, clica en "cerrar"** pour quitter le programme, cliquez sur "fermer"

cliché [kli'tʃe] *m* cliché *m*

cliente ['kljente] *mf* client *m*, -e *f* ● **buen cliente** bon client

clima ['klima] *m* climat *m*

climático, ca [kli'matiko, ka] *adj* climatique

climatizado, da [klimati'θaðo, ða] *adj* climatisé(e)

climatología [klimatolo'xia] *f* climatologie *f*

clímax ['klimaks] *m inv* point *m* culminant

clínica ['klinika] *f* clinique *f*

clínico, ca ['kliniko, ka] *adj* clinique

clip ['klip] *m* **1.** *(para papeles)* trombone *m* **2.** *(para pelo)* pince *f* **3.** *(pendiente)* clip *m*

cliquear = clicar

cloaca [klo'aka] *f* égout *m*

clonación [klona'θjon] *f* clonage *m* ● **clonación terapéutica** clonage thérapeutique

cloro ['kloro] *m* chlore *m*

clorofila [kloro'fila] *f* chlorophylle *f*

club ['kluβ] *m* club *m*

cm *(abr escrita de centímetro)* cm *(centimètre)*

coacción [koak'θjon] *f* pression *f*

coaccionar [koakθjo'nar] *vt* ● **coaccionar a alguien a o para que haga algo** faire pression sur quelqu'un pour lui faire faire qqch

coartada [koar'taða] *f* alibi *m*

coba ['koβa] *f* ● **dar coba a alguien** *(fam)* lécher les bottes de qqn

cobarde [ko'βarðe] *adj* & *mf* lâche

cobardía [koβar'ðia] *f* lâcheté *f*

cobertizo [koβer'tiθo] *m* auvent *m*

cobertura [koβer'tura] *f* (*Amér*) couverture *f*

cobijar [koβi'xar] *vt* **1.** *(albergar)* héberger **2.** *(proteger)* abriter ◆ **cobijarse** *vp* *(resguardarse)* s'abriter

cobra ['koβra] *f* cobra *m*

cobrador, ra [koβra'ðor, ra] *m*, *f* **1.** *(de autobús)* receveur *m*, -euse *f* **2.** *(de facturas, recibos)* encaisseur *m*

cobrar [ko'βrar] *vt* **1.** *(dinero)* toucher **2.** *(importancia)* prendre ● **cobrar fama** devenir célèbre

cobre ['koβre] *m* cuivre *m* ● **no tener un cobre** (*Amér*) ne pas avoir un sou

cobro ['koβro] *m* encaissement *m* ● **a cobro revertido** en PCV

coca ['koka] *f* **1.** *(planta)* coca *f* **2.** *(fam)* *(cocaína)* coke *f*

cocaína [koka'ina] *f* cocaïne *f*

cocainómano, na [kokai'nomano, na] *m*, *f* cocaïnomane *mf*

cocción [kok'θjon] *f* cuisson *f*

cocear [koθe'ar] *vi* ruer

cocer [ko'θer] vt cuire ◇ vi (hervir) bouillir ● **cocerse** vp 1. (comida) cuire 2. (fig) (plan) se tramer

cochayuyo [kotʃa'jujo] m (Amér) algue comestible de couleur noire

coche ['kotʃe] m voiture f ● **coche de alquiler** voiture de location ● **coche cama** wagon-lit m ● **coche restaurante** wagon-restaurant m

cochinillo [kotʃi'niʎo] m ● **cochinillo asado** cochon de lait rôti

cochino, na [ko'tʃino, na] adj dégoûtant(e) ◇ m, f (animal) cochon m, truie f

cocido, da [ko'θiðo, ða] adj cuit(e) ◇ m pot-au-feu aux pois chiches ● **cocido madrileño** pot-au-feu aux pois chiches et aux vermicelles

cocina [ko'θina] f 1. cuisine f 2. (aparato) cuisinière f ● **cocina de gas/de butano** cuisinière à gaz/à gaz butane ● **cocina eléctrica** cuisinière électrique

cocinar [koθi'nar] vt & vi cuisiner

cocinero, ra [koθi'nero, ra] m, f cuisinier m, -ère f

coco ['koko] m 1. (fruto) noix f de coco 2. (árbol) cocotier m 3. (fam) (cabeza) caboche f

cocodrilo [koko'ðrilo] m crocodile m

cocotero [koko'tero] m cocotier m

cóctel ['koktel] m cocktail m

coctelera [kokte'lera] f shaker m

codazo [ko'ðaθo] m coup de coude

codiciar [koðiθ'jar] vt convoiter

codificado, da [koðifi'kaðo, ða] adj 1. (mensaje, texto) codé(e) 2. (ley) codifié(e)

código ['koðiɣo] m code m ● **código de acceso** code d'accès ● **código de barras**

code-barres m ● **código penal** code pénal ● **código PIN** code PIN ● **código postal** code postal

codo ['koðo] m coude m ● **codo a codo** coude à coude

codorniz, ces [koðor'niθ, θes] f caille f

coeficiente [koefiθ'jente] m coefficient m ● **coeficiente intelectual** quotient m intellectuel

coetáneo, a [koe'taneo, a] adj contemporain(e)

coexistencia [koeksis'tenθja] f coexistence f

coexistir [koeksis'tir] ● **coexistir con** v prep coexister avec

cofia ['kofja] f coiffe f

cofradía [kofra'ðia] f 1. (no religiosa) corporation f 2. (religiosa) confrérie f

cofre ['kofre] m coffre m

coger [ko'xer] vt 1. (objeto, transporte) prendre 2. (animal, enfermedad) attraper 3. (frutos) cueillir 4. (suj: coche) renverser 5. (suj: toro) encorner 6. (captar, entender) saisir 7. (Amér) (vulg) (fornicar) baiser ◇ vi 1. (planta, árbol) prendre 2. (haber espacio para) rentrer ● **cogerse de** v prep s'accrocher à

cogida [ko'xiða] f (de toro) coup m de corne

cogollos [ko'ɣoʎos] mpl cœurs mpl de laitue

cogote [ko'ɣote] m nuque f

cohabitar [koaβi'tar] vi (pareja) vivre ensemble

coherencia [koe'renθja] f cohérence f

coherente [koe'rente] adj cohérent(e)

cohete [ko'ete] m fusée f

COI ['koi] m (abr de *Comité Olímpico Internacional*) CIO m (*Comité International Olympique*)

coima ['koima] f (*Andes & RP*) (*fam*) pot-de-vin m

coincidencia [koinθi'ðenθja] f coïncidence f

coincidir [koinθi'ðir] vi coïncider ◆ **coincidir con** v prep **1.** (*estar de acuerdo*) être d'accord avec **2.** (*ocurrir en el mismo momento*) coïncider avec

coito ['koito] m coït m

cojear [koxe'ar] vi **1.** (*persona*) boiter **2.** (*mueble*) être bancal(e)

cojín [ko'xin] m coussin m

cojo, ja ['koxo, xa] adj **1.** (*persona*) boiteux(euse) **2.** (*mueble*) bancal(e) ◇ m, f boiteux m, -euse f

cojón [ko'xon] m (*vulg*) couille f ◆ **cojones** interj (*vulg*) (*enfado*) bordel !

cojudear [koxuðe'ar] vt (*Amér*) (*fam*) déconner

cojudez [koxu'ðeθ] f (*Andes*) (*fam*) connerie f

cojudo, da [ko'xuðo, ða] adj (*Andes*) (*fam*) con m, conne f

cojudo, da [ko'xuðo, ða] adj (*Andes*) (*fam*) con m, conne f

col ['kol] f chou m

cola ['kola] f **1.** queue f **2.** (*de vestido*) traîne f **3.** (*para pegar*) colle f **4.** (*bebida*) Coca® m ◆ **cola de caballo** queue-de-cheval f ◆ **hacer cola** faire la queue ◆ **traer cola** (*fig*) avoir des suites

colaboración [kolaβora'θjon] f collaboration f

colaborador, ra [kolaβora'ðor, ra] m, f collaborateur m, -trice f

colaborar [kolaβo'rar] ◆ **colaborar en** v prep collaborer à

colada [ko'laða] f lessive f

colado, da [ko'laðo, ða] adj ● **estar colado por** (*fam*) en pincer pour

colador [kola'ðor] m passoire f

colar [ko'lar] vt **1.** (*líquido*) filtrer **2.** (*lo falso, lo ilegal*) passer ◇ vi (*mentira*) prendre ◆ **colarse** vp (*fam*) **1.** (*en una cola*) resquiller **2.** (*en tren, metro*) se faufiler **3.** (*equivocarse*) se planter

colcha ['koltʃa] f couvre-lit m

colchón [kol'tʃon] m matelas m

colchoneta [koltʃo'neta] f **1.** (*de playa*) matelas m pneumatique **2.** (*de gimnasio*) tapis m de sol

colección [kolek'θjon] f collection f

coleccionar [kolekθjo'nar] vt collectionner

coleccionista [kolekθjo'nista] mf collectionneur m, -euse f

colecta [ko'lekta] f collecte f

colectivo, va [kolek'tiβo, βa] adj collectif(ive) ◇ m. **1.** (*grupo*) association f **2.** (*Andes*) (*autobús*) microbus m

colega [ko'leɣa] mf collègue mf

colegiado, da [kole'xjaðo, ða] m, f DEP arbitre mf

colegial, la [kole'xjal, la] m, f collégien m, -enne f

colegio [ko'lexjo] m **1.** (*de estudiantes*) école f **2.** (*de médicos*) ordre m ◆ **colegio profesional** association f professionnelle

cólera ['kolera] m (*enfermedad*) choléra m ◇ f (*sentimiento*) colère f

colérico, ca [ko'leriko, ka] adj colérique

colesterol [koleste'rol] m cholestérol m

coleta [ko'leta] f couette f

colgador [kolɣaˈðor] *m* étendoir *m*

colgar [kolˈɣar] *vt* **1.** pendre **2.** *(ropa mojada)* étendre **3.** *(cuadro)* accrocher **4.** *(teléfono)* raccrocher **5.** *(fam) (abandonar)* laisser tomber ◆ **colgarse** *vi* INFORM planter

coliflor [koliˈflor] *f* chou-fleur *m*

colilla [koˈliʎa] *f* mégot *m*

collna [koˈlina] *f* colline *f*

colirio [koˈlirjo] *m* collyre *m*

colitis [koˈlitis] *f inv* colite *f*

collage [koˈlas] *m* collage *m*

collar [koˈʎar] *m* collier *m*

collarín [koʎaˈrin] *m* minerve *f*

colmado [kolˈmaðo] *m* épicerie *f* ◆ **colmar a alguien de** combler qqn de

colmena [kolˈmena] *f* ruche *f*

colmillo [kolˈmiʎo] *m* **1.** *(de persona)* canine *f* **2.** *(de elefante)* défense *f* **3.** *(de perro)* croc *m*

colmo [ˈkolmo] *m* comble *m*

colocación [kolokaˈθjon] *f* **1.** *(situación)* emplacement *m* **2.** *(empleo)* place *f*

colocado, da [koloˈkaðo, ða] *adj (fam)* **1.** *(drogado)* défoncé(e) **2.** *(bebido)* bourré(e)

colocar [koloˈkar] *vt* placer ◆ **colocar a alguien** *(proporcionar empleo)* placer qqn ◆ **colocarse** *vp* **1.** *(con drogas)* se défoncer **2.** *(con alcohol)* se bourrer la gueule

Colombia [koˈlombja] *s* Colombie *f*

colombiano, na [kolomˈbjano, na] *adj* colombien(enne) ◇ *m, f* Colombien *m, -ienne f*

colonia [koˈlonja] *f* **1.** *(grupo de personas, territorio)* colonie *f* **2.** *(perfume)* eau *f* de

Cologne **3.** *(para niños)* colonie *f* de vacances **4.** *(Méx) (barrio)* quartier *m* ◆ **colonia proletaria** *(Méx)* bidonville *m* ◆ **ir de colonias** partir en colonie de vacances

colonización [koloniθaˈθjon] *f* colonisation *f*

colonizar [koloniˈθar] *vt* coloniser

colono, na [koˈlono, na] *m* colon *m (persone)*

coloquial [koloˈkjal] *adj* parlé(e) *(langue)*

coloquio [koˈlokjo] *m* colloque *m*

color [koˈlor] *m* **1.** couleur *f* **2.** *(aspecto)* jour *m* ◆ **en color** en couleurs

colorado, da [koloˈraðo, ða] *adj* rouge ◆ **ponerse colorado** rougir

colorante [koloˈrante] *m* colorant *m*

colorete [koloˈrete] *m* fard *m* à joues

colorido [koloˈriðo] *m* coloris *m* ◆ **tener colorido** *(animación)* être animé(e)

colosal [koloˈsal] *adj* colossal(e)

columna [koˈlumna] *f* colonne *f* ◆ **columna vertebral** colonne vertébrale

columpiarse [kolumˈpjarse] *vp* se balancer

columpio [koˈlumpjo] *m* balançoire *f* ◆ **estar en coma** être dans le coma

coma [ˈkoma] *f* **1.** virgule *f* ◇ *m* coma *m* ◆ **estar en coma** être dans le coma

comadreja [komaˈðrexa] *f* belette *f*

comadrona [komaˈðrona] *f* sage-femme *f*

comandante [komanˈdante] *mf* commandant *m*

comando [koˈmando] *m* commando *m*

comarca [koˈmarka] *f* région *f*

comba [ˈkomba] *f* corde *f* à sauter

combate [komˈbate] *m* combat *m*

combatir [kombaˈtir] *vi & vt* combattre

combinación [kombina'θjon] *f* combinaison *f* ● **tener buena combinación** (*en el metro*) ne pas avoir beaucoup de changements à faire

combinado [kombi'naðo] *m* cocktail *m*

combinar [kombi'nar] *vt* combiner ◇ *vi* être assorti(e) ● **combinar algo con** (*compaginar*) combiner qqch avec ● **combinar con** *v prep* être assorti(e) à

combustible [kombus'tiβle] *m* combustible *m*

combustión [kombus'tjon] *f* combustion *f*

comecocos [kome'kokos] *m inv* casse-tête *m inv*

comedia [ko'meðja] *f* comédie *f* ● **hacer comedia** (*fam*) jouer la comédie

comediante [kome'ðjante] *mf* comédien *m*, -enne *f*

comedor [kome'ðor] *m* salle *f* à manger

comedura [kome'ðura] *f* (*fam*) ● **comedura de coco** prise *f* de tête

comensal [komen'sal] *mf* convive *mf*

comentar [komen'tar] *vt* commenter

comentario [komen'tarjo] *m* commentaire *m*

comentarista [komenta'rista] *mf* commentateur *m*, -trice *f*

comenzar [komen'θar] *vt & vi* commencer ● **comenzar a** *v prep* commencer à

comer [ko'mer] *vt* manger ◇ *vi* 1. manger 2. (*al mediodía*) déjeuner ● **invitar a alguien a comer** inviter qqn à déjeuner

comercial [komer'θjal] *adj* commercial(e) ◇ *m* (*Amér*) TV publicité *f* ● **trabaja como comercial desde hace cinco años** il est commercial depuis cinq ans

comercializar [komerθjali'θar] *vt* commercialiser

comerciante [komer'θjante] *mf* commerçant *m*, -e *f*

comerciar [komer'θjar] ● **comerciar con** *v prep* commercer avec

comercio [ko'merθjo] *m* commerce *m* ● **comercio electrónico** commerce électronique

comestible [komes'tiβle] *adj* comestible

cometa [ko'meta] *m* comète *f* ◇ *f* cerf-volant *m*

cometer [kome'ter] *vt* commettre

cometido [kome'tiðo] *m* (*encargo*) mission *f*

cómic ['komik] *m* bande *f* dessinée

comicios [ko'miθjos] *mpl* (*formal*) élections *fpl*

cómico, ca ['komiko, ka] *adj & m, f* comique

comida [ko'miða] *f* 1. (*alimento*) nourriture *f* 2. (*almuerzo, cena*) repas *m* ● **comida casera** cuisine *f* familiale ● **comida de negocios** déjeuner *m* d'affaires ● **comidas para llevar** plats *mpl* à emporter ● **comida rápida** restauration *f* rapide

comienzo [ko'mjenθo] *m* début *m* ● **a comienzos del año** au début de l'année ● **comienzos del año** au début de l'année

comillas [ko'miʎas] *fpl* guillemets *mpl* ● **entre comillas** entre guillemets

comilón, ona [komi'lon, ona] *adj & m, f* (*CSur & Esp*) (*fam*) gros mangeur (grosse mangeuse)

comilona [komi'lona] *f* (*fam*) gueuleton *m*

comino [ko'mino] *m* cumin *m* ● **me importa un comino** (*fam*) je m'en fiche complètement

comisaría [komisa'ria] f commissariat m

comisario, ria [komi'sarjo, rja] m, f commissaire m

comisión [komi'sjon] f commission f

comisura [komi'sura] f commissure f

comité [komi'te] m comité m

comitiva [komi'tiβa] f cortège m

como [komo] adv **1.** comme ● haz como quieras fais comme tu veux ● es tan alto como yo il est aussi grand que moi ● como si comme si **2.** (aproximadamente) à peu près ● me quedan como cincuenta euros il me reste à peu près cinquante euros ◇ conj **1.** (ya que) comme ● como no llegabas nos fuimos comme tu n'arrivais pas, nous sommes partis **2.** (si) si ● ¡como vuelvas a hacerlo! si jamais tu recommences !

cómo [komo] adv **1.** comment ● ¿cómo te llamas? comment t'appelles-tu ? ● ¿cómo? comment ? **2.** (exclamativo) comme ● ¡cómo pasa el tiempo! comme le temps passe vite ! ● ¡cómo no! bien sûr ! ◇ m ● el cómo y el porqué le comment et le pourquoi

cómoda ['komoða] f commode f ➤ cómodo

cómodamente [,komoða'mente] adv confortablement

comodidad [komoði'ðað] f ● con comodidad confortablement ● un hôtel con todas las comodidades un hôtel tout confort

comodín [komo'ðin] m (en juegos) joker m

cómodo, da ['komoðo, ða] adj **1.** (confortable) confortable **2.** (práctico) commode

comodón, ona [komo'ðon, ona] adj (fam) flemmard(e)

compa ['kompa] mf (Amér) (fam) copain m, copine f

compacto, ta [kom'pakto, ta] adj compact(e)

compadecer [kompaðe'θer] vt avoir pitié de ● te compadezco je compatis ● compadecerse de v prep ● compadecerse de alguien plaindre qqn

compadre [kompa'ðre] m (CAm & Méx) camarade m

compadrear [kompaðre'ar] vi (RP) (fam) crâner

compadreo [kompa'ðreo] m (RP) (fam) camaraderie f

compaginar [kompaxi'nar] vt ● compaginar algo con concilier qqch avec

compañerismo [kompaɲe'rizmo] m camaraderie f

compañero, ra [kompa'ɲero, ra] m, f **1.** (de juego, clase) camarade mf **2.** (de trabajo) collègue mf **3.** (amigo) ami m, -e f

compañía [kompa'ɲia] f compagnie f ● de compañía de compagnie ● hacer compañía tenir compagnie

comparación [kompara'θjon] f comparaison f

comparar [kompa'rar] vt comparer ● compararse con v prep se comparer à

comparsa [kom'parsa] f **1.** (de fiesta) groupe de personnes déguisées de la même manière pendant le carnaval et chantant des chansons satiriques **2.** (de teatro) figurants mpl ◇ mf (subalterno) subalterne mf

compartimiento [komparti'mjento] m compartiment m

compartir [kompar'tir] *vt* partager ● **compartir algo con alguien** partager qqch avec qqn

compás [kom'pas] *m* **1.** *(instrumento)* compas *m* **2.** *(ritmo)* mesure *f*

compasión [kompa'sjon] *f* compassion *f*

compasivo, va [kompa'siβo, βa] *adj* compatissant(e)

compatibilidad [kompatiβili'ðað] *f* compatibilité *f*

compatible [kompa'tiβle] *adj* compatible ● **compatible con** compatible avec

compatriota [kompa'trjota] *mf* compatriote *mf*

compenetrarse [kompene'trarse] *vp* bien s'entendre

compensación [kompensa'θjon] *f* compensation *f*

compensar [kompen'sar] *vt* compenser ● **no me compensa ir en coche** ça ne vaut pas la peine que j'y aille en voiture ● **compensar algo con** compenser qqch par

competencia [kompe'tenθja] *f* **1.** *(rivalidad)* concurrence *f* **2.** *(incumbencia)* ressort *m* **3.** *(aptitud)* compétence *f* **4.** *(Amér)* DEP compétition *f*

competente [kompe'tente] *adj* compétent(e)

competición [kompeti'θjon] *f* *(Esp)* compétition *f*

competir [kompe'tir] *vi (rivalizar)* être en compétition

competitivo, va [kompeti'tiβo, βa] *adj* **1.** *(precio)* compétitif(ive) **2.** *(mercado)* concurrentiel(elle) **3.** *(deporte)* de compétition

complacer [kompla'θer] *vt* faire plaisir à ◆ **complacerse en** *v prep* avoir plaisir à

complaciente [kompla'θjente] *adj* complaisant(e)

complejidad [komplexi'ðað] *f* complexité *f*

complejo, ja [kom'plexo, xa] *adj* complexe ◇ *m* complexe *m*

complementar [komplemen'tar] *vt* compléter ◆ **complementarse** *vp* se compléter

complementario, ria [komplemen'tarjo, rja] *adj* complémentaire

complemento [komple'mento] *m* complément *m*

completamente [kom,pleta'mente] *adv* complètement

completar [komple'tar] *vt* **1.** *(terminar)* compléter **2.** *(Amér) (rechazar)* remplir

completo, ta [kom'pleto, ta] *adj* complet(ète) ▼ **completo** complet ● **por completo** complètement

complexión [komplek'sjon] *f* constitution *f (physique)*

complicación [komplika'θjon] *f* complication *f*

complicado, da [kompli'kaðo, ða] *adj* compliqué(e)

complicar [kompli'kar] *vt* compliquer ● **complicar a alguien en** impliquer qqn dans ◆ **complicarse** *vp* se compliquer

cómplice ['kompliθe] *mf* complice *mf*

complot [kom'plot] *m* complot *m*

componente [kompo'nente] *m* **1.** composant *m* **2.** *(de un grupo)* membre *m*

componer [kompo'ner] *vt* **1.** *(obra literaria, musical)* composer **2.** *(lo desordenado)* ranger **3.** *(lo roto)* réparer ◆ **componerse**

vp (Amér) (curar) récupérer ● **componér-selas** *(fam)* se débrouiller ◆ **componerse de** *v prep* se composer de

comportamiento [komporta'mjento] *m* comportement *m*

comportar [kompor'tar] *vt* impliquer ◆ **comportarse** *vp* se conduire

composición [komposi'θjon] *f* composition *f*

compositor, ra [komposi'tor, ra] *m, f* compositeur *m*, -trice *f*

compostura [kompos'tura] *f (buena educación)* tenue *f*

compota [kom'pota] *f* compote *f*

compra ['kompra] *f* achat *m* ● **hacer la compra** faire son marché ● **ir de compras** faire des courses

comprador, ra [kompra'ðor, ra] *m, f* acheteur *m*, -euse *f*

comprar [kom'prar] *vt* acheter

comprender [kompren'der] *vt* comprendre

comprensible [kompren'siβle] *adj* compréhensible

comprensión [kompren'sjon] *f* compréhension *f*

comprensivo, va [kompren'siβo, βa] *adj* compréhensif(ive)

compresa [kom'presa] *f* **1.** *(para herida)* compresse *f* **2.** *(para higiene femenina)* serviette *f* hygiénique

compresión [kompre'sjon] *f* compression *f*

compresor [kompre'sor] *m (máquina)* compresseur *m*

comprimido, da [kompri'miðo, ða] *adj* comprimé(e) ◇ *m* comprimé *m*

comprimir [kompri'mir] *vt* **1.** comprimer **2.** *INFORM* compresser, zipper

comprobación [komproβa'θjon] *f* vérification *f*

comprobar [kompro'βar] *vt* vérifier

comprometer [komprome'ter] *vt* **1.** *(poner en peligro)* compromettre **2.** *(hacer responsable)* impliquer ◆ **comprometerse** *vp (novios)* se fiancer ◆ **comprometerse a** *v prep* s'engager à ◆ **comprometerse con** *v prep* s'engager envers

comprometido, da [komprome'tiðo, ða] *adj* **1.** *(asunto)* délicat(e) **2.** *(con una idea)* engagé(e)

compromiso [kompro'miso] *m* **1.** *(obligación)* engagement *m* **2.** *(acuerdo)* compromis *m* **3.** *(apuro)* embarras *m* ● **sin compromiso** sans engagement

compuerta [kom'pwerta] *f* vanne *f*

compuesto, ta [kom'pwesto, ta] *adj* **1.** *(por varios elementos)* composé(e) **2.** *(reparado)* arrangé(e) ◇ *m* composé *m*

compungido, da [kompun'xiðo, ða] *adj* contrit(e)

comulgar [komul'yar] *vi* communier ◆ **comulgar con** *v prep (ideas, sentimientos)* partager

común [ko'mun] *adj* commun(e)

comuna [ko'muna] *f* **1.** communauté *f* **2.** *(CSur & Perú) (ayuntamiento)* mairie *f*

comunicación [komunika'θjon] *f* **1.** communication *f* **2.** *(escrito)* avis *m*

comunicado, da [komuni'kaðo, ða] *adj* communiqué(e) ◇ *m* communiqué *m* ● **bien/mal comunicado** *(pueblo, ciudad, lugar)* bien/mal desservi

comunicar [komuni'kar] *vt* communiquer ◇ *vi* (*teléfono*) être occupé(e)

comunicativo, va [komunika'tiβo, βa] *adj* communicatif(ive)

comunidad [komuni'ðað] *f* (*grupo*) communauté *f* ● **comunidad autónoma** (*Esp*) communauté autonome (*nom donné à chacune des 17 régions d'Espagne, dotées d'un gouvernement propre*) ● **Comunidad Europea** Communauté Européenne

Las comunidades autónomas

L'Espagne est divisée en 17 communautés autonomes : Andalousie, Aragón, Asturies, Baléares, Canaries, Cantabrique, Castille-la Manche, Castille-León, Catalogne, Estrémadure, Galice, La Rioja, Madrid, Murcie, Navarre, Pays basque et Valence, auxquelles s'ajoutent Ceuta et Melilla, enclaves espagnoles situées sur la côte d'Afrique du Nord. Chaque **comunidad autónoma** est constituée d'une ou plusieurs provinces qui sont autonomes sur le plan administratif.

comunión [komu'njon] *f* communion *f*

comunismo [komu'nizmo] *m* communisme *m*

comunista [komu'nista] *mf* communiste *mf*

comunitario, ria [komuni'tarjo, rja] *adj* communautaire

con [kon] *prep*
1. avec ● **clavó el clavo con el martillo** il a enfoncé le clou avec le marteau ● **trabaja con su padre** il travaille avec son père ● **lo ha conseguido con su esfuerzo** il y est parvenu grâce à ses efforts ● **le robaron la cartera con varios documentos** on lui a volé son attaché-case qui contenait plusieurs documents
2. (*a pesar de*) bien que ● **con lo aplicado que es lo han suspendido** bien qu'il soit très appliqué, il a été recalé ● **con todo iremos a su casa** nous irons chez lui malgré tout
3. (*condición*) si ● **con salir a las cinco será suficiente** si nous partons à cinq heures, ça ira
4. (*en locuciones*) ● **con (tal) que** du moment que ● **con (tal) que llegue a tiempo me conformo** du moment qu'il arrive à l'heure, je ne me plains pas

conato [ko'nato] *m* **1.** (*de agresión*) tentative *f* **2.** (*de incendio*) début *m*

cóncavo, va [ˈkonkaβo, βa] *adj* concave

concebir [konθe'βir] *vt* concevoir ● **no concebir** (*no entender*) ne pas arriver à comprendre

conceder [konθe'ðer] *vt* **1.** (*dar*) accorder **2.** (*asentir*) admettre

concejal, la [konθe'xal, la] *m, f* conseiller *m* municipal, conseillère *f* municipale

concentración [konθentra'θjon] *f* **1.** (*de personas*) rassemblement *m* **2.** (*de partículas*) concentration *f*

concentrado, da [konθen'traðo, ða] *adj* concentré(e) ◇ *m* concentré *m*

concentrar [konθen'trar] *vt* **1.** (*interés, atención*) concentrer **2.** (*lo desunido*)

rassembler • concentrarse en *v prep*
1. *(estudio, trabajo)* se concentrer sur
2. *(lugar)* se rassembler dans

concepción [konθep'θjon] *f* conception *f*

concepto [kon'θepto] *m* concept *m* **• en
concepto de** au titre de **• bajo ningún
concepto** en aucun cas **• tener en gran
concepto a** alguien avoir une haute idée
de qqn

concernir [konθer'nir] **• concernir a** *v
prep* concerner

concertación [konθerta'θjon] *f* concertation *f*

concertar [konθer'tar] *vt* convenir de

concesión [konθe'sjon] *f* **1.** concession *f*
2. *(de premio)* remise *f*

concesionario, ria [konθesjo'narjo, rja]
adj concessionnaire **• concesionario** *m*
concessionnaire *m*

concha ['kontʃa] *f* **1.** *(caparazón)* coquille
f **2.** *(material)* écaille *f*

conchudo, da [kon'tʃuðo, ða] *adj*
(Amér) *(vulg)* con (conne)

conciencia [konθjen'θja] *f* conscience *f*
• a conciencia consciencieusement **• tener conciencia de** avoir conscience de

concienzudo, da [konθjen'θuðo, ða] *adj*
consciencieux(euse)

concierto [kon'θjerto] *m* **1.** *(actuación
musical)* concert *m* **2.** *(composición musical)*
concerto *m* **3.** *(convenio)* accord *m*

conciliación [konθilja'θjon] *f* conciliation *f*

conciliar [konθi'ljar] *vt* **1.** *(poner de acuerdo)* réconcilier **2.** *(sueño)* trouver **• con-
ciliarse con** *v prep* se réconcilier avec

concisión [konθi'sjon] *f* concision *f*

conciso, sa [kon'θiso, sa] *adj* concis(e)

concluir [konklu'ir] *vt* **1.** *(acabar)* terminer **2.** *(deducir)* conclure

conclusión [konklu'sjon] *f* conclusion *f*

concordancia [konkor'ðanθja] *f* concor-
dance *f*

concordar [konkor'ðar] *vt* mettre d'accord ◇ *vi* *(género, número)* s'accorder
• concordar con *v prep* *(coincidir con)*
concorder avec

concordia [kon'korðja] *f* entente *f*

concretar [konkre'tar] *vt* **1.** *(especificar)*
préciser **2.** *(reducir)* résumer

concreto, ta [kon'kreto, ta] *adj*
concret(ète) ◇ *m* **• concreto armado**
(Amér) béton *m* armé

concubina [konku'βina] *f* concubine *f*

concurrencia [konku'renθja] *f* **1.** *(público)* assistance *f* **2.** *(de hechos)* coïncidence
f

concurrente [konku'rente] *mf* participant *m*, -e *f*

concurrido, da [konku'riðo, ða] *adj* fré-
quenté(e)

concurrir [konku'rir] *vi* *(coincidir)* se rejoindre **• concurrir a** *v prep* assister à

concursante [konkur'sante] *mf* candidat *m*, -e *f*

concursar [konkur'sar] *vi* concourir

concurso [kon'kurso] *m* concours *m*

condado [kon'daðo] *m* *(territorio)* comté *m*

condal [kon'dal] *adj* **• la Ciudad Condal**
Barcelone

conde, desa ['konde, 'desa] *m, f* comte
m, comtesse *f*

condecoración [kondekora'θjon] *f*
1. *(insignia)* décoration *f* **2.** *(acto)* remise *f*
de décoration

condena [konde'na] f condamnation f

condenado, da [konde'naðo, ða] adj & m, f condamné(e)

condenar [konde'nar] vt condamner

condensación [kondensa'θjon] f condensation f

condensar [konden'sar] vt condenser

condición [kondi'θjon] f 1. condition f 2. (modo de ser) naturel m ◆ **estar en buenas/malas condiciones** être en bon/mauvais état

condicional [kondiθjo'nal] adj conditionnel(elle)

condimentar [kondimen'tar] vt assaisonner

condimento [kondi'mento] m condiment m

condominio [kondo'minjo] m (Méx) immeuble m en copropriété

conducción [konduk'θjon] f conduite f

conducir [kondu'θir] vt & vi conduire

conducta [kon'dukta] f conduite f

conducto [kon'dukto] m 1. (tubo) conduit m 2. (vía) voie f

conductor, ra [konduk'tor, ra] m, f (de vehículo) conducteur m, -trice f ◇ m (transmisor) conducteur m

conectar [konek'tar] vt 1. (cables, piezas) raccorder 2. (radio, televisión) brancher ◆ **conectar con** v prep prendre contact avec ● **no conecto (bien) con él** je ne m'entends pas bien avec lui ◆ **conectarse** vp se connecter

conejera [kone'xera] f terrier m

conejo, ja [ko'nexo, xa] m, f lapin m, -e f

conexión [konek'sjon] f 1. liaison f 2. INFORM connexion f

confección [konfek'θjon] f confection f ◆ **confecciones** fpl (tienda) prêt-à-porter m

confederación [konfeðera'θjon] f confédération f

conferencia [konfe'renθja] f 1. (disertación) conférence f 2. (por teléfono) communication f longue distance

conferenciante [konferen'θjante] mf conférencier m, -ère f

confesar [konfe'sar] vt 1. (delito, crimen) avouer 2. (pecados) confesser ◆ **confesarse** vp se confesser

confesión [konfe'sjon] f 1. (de delito, crimen) aveu m 2. (de pecados) confession f

confesionario [konfesjo'narjo] m confessionnal m

confesor [konfe'sor] m confesseur m

confeti [kon'feti] m confetti m

confiado, da [kon'fjaðo, ða] adj confiant(e)

confianza [kon'fjanθa] f confiance f ● **tener mucha confianza con alguien** bien connaître qqn

confiar [konfi'ar] vt confier ◆ **confiar en** v prep avoir confiance en ● **confiar en que** espérer que ◆ **confiarse** vp (despreocuparse) être (trop) sûr(e) de soi

confidencia [konfi'ðenθja] f confidence f

confidencial [konfiðen'θjal] adj confidentiel(elle)

confidente [konfi'ðente] mf 1. (de un secreto) confident m, -e f 2. (de la policía) indicateur m, -trice f

configuración [konfiɣura'θjon] f configuration f

configurar [konfiɣu'rar] vt configurer

confirmación [konfirma'θjon] f confirmation f

confirmar [konfir'mar] vt confirmer

confiscar [konfis'kar] vt confisquer

confitado, da [konfi'taðo, ða] adj confit(e)

confite [kon'fite] m sucrerie f

confitería [konfite'ria] f **1.** confiserie f (magasin) **2.** (CSur) (para tomar café) café m

confitura [konfi'tura] f confiture f

conflictivo, va [konflik'tiβo, βa] adj conflictuel(elle)

conflicto [kon'flikto] m conflit m

confluencia [kon'fluenθja] f **1.** (de ríos) confluent m **2.** (de calles) croisement m

confluir [konflu'ir] ◆ **confluir en** v prep converger vers

conformarse [konfor'marse] ◆ **conformarse con** v prep se contenter de

conforme [kon'forme] adj d'accord ◇ adv **1.** (como) tel que (telle que) **2.** (a medida que) à mesure que ◆ **conforme a** conformément à ◆ **conforme con** en conformité avec

conformidad [konformi'ðað] f ◆ **dar su conformidad** donner son accord

conformismo [konfor'mizmo] m conformisme m

conformista [konfor'mista] mf conformiste mf

confort [kon'fort] m confort m

confortable [konfor'taβle] adj confortable

confrontación [konfronta'θjon] f confrontation f

confundir [konfun'dir] vt **1.** (no distinguir) confondre **2.** (liar) embrouiller ◆ **confun-**

dir algo/a alguien con confondre qqch/qqn avec ◆ **confundirse** vp (equivocarse) se tromper ◆ **confundirse con** v prep (mezclarse con) se confondre avec

confusión [konfu'sjon] f confusion f

confuso, sa [kon'fuso, sa] adj confus(e)

congelación [konxela'θjon] f congélation f

congelado, da [konxe'laðo, ða] adj **1.** (alimentos, productos) surgelé(e) **2.** (persona) congelé(e) ◆ **congelados** mpl surgelés mpl

congelador [konxela'ðor] m congélateur m

congelar [konxe'lar] vt **1.** (líquido) congeler **2.** (alimentos) surgeler ◆ **congelarse** vp (persona) geler

congeniar ◆ **congeniar con** v prep sympathiser avec

congénito, ta [kon'xenito, tal adj congénital(e)

congestión [konxes'tjon] f congestion f

conglomerado [konglome'raðo] m (de madera) aggloméré m

congregar [kongre'yar] vt rassembler ◆ **congregarse** vp se rassembler

congresista [kongre'sista] mf congressiste mf

congreso [kon'greso] m congrès m ◆ **congreso de diputados** ~ Chambre f des Députés

conjetura [konxe'tura] f conjecture f

conjugación [konxuɣa'θjon] f **1.** (de verbos) conjugaison f **2.** (de colores, estilos) combinaison f

conjugar [konxu'yar] vt conjuguer

conjunción [konxun'θjon] f conjonction f

conjuntamente [kon,xunta'mente] *adv* conjointement

conjuntivitis [konxunti'βitis] *f inv* conjonctivite *f*

conjunto [kon'xunto] *m* **1.** ensemble *m* **2.** *(de rock)* groupe *m* ● **en conjunto** dans l'ensemble

conmemoración [kommemora'θjon] *f* commémoration *f*

conmemorar [kommemo'rar] *vt* commémorer

conmigo [kom'miɣo] *pron* avec moi

conmoción [kommo'θjon] *f (perturbación)* commotion *f* ● **conmoción cerebral** commotion cérébrale

conmover [kommo'βer] *vt* émouvoir

conmutador [kommuta'ðor] *m* **1.** *(de electricidad)* commutateur *m* **2.** *(Amér) (de teléfono)* standard *m* téléphonique

cono ['kono] *m* cône *m*

conocer [kono'θer] *vt* **1.** connaître **2.** *(distinguir)* reconnaître ◆ **conocerse** *vp* se connaître

conocido, da [kono'θiðo, ða] *adj* connu(e) ◇ *m, f* connaissance *f*

conocimiento [konoθi'mjento] *m* connaissance *f* ◆ **conocimientos** *mpl (saberes)* connaissances *fpl*

conque [konke] *conj* alors ● **no llegaste conque me fui** tu n'es pas venu, alors je suis parti

conquista [kon'kista] *f* conquête *f*

conquistador, ra [konkista'ðor, ra] *m, f* **1.** *(de país)* conquistador *m* **2.** *(persona seductora)* séducteur *m*, -trice *f*

conquistar [konkis'tar] *vt* conquérir

consagrado, da [konsa'ɣraðo, ða] *adj* consacré(e)

consagrar [konsa'ɣrar] *vt* **1.** consacrer **2.** *(obispo, rey)* sacrer

consciente [kons'θjente] *adj* conscient(e) ● **ser consciente de** être conscient(e) de

consecuencia [konse'kɣenθja] *f* conséquence *f* ● **a consecuencia de** à la suite de ● **en consecuencia** en conséquence

consecuente [konse'kɣente] *adj* **1.** *(persona)* conséquent(e) **2.** *(hecho)* consécutif(ive)

consecutivo, va [konseku'tiβo, βa] *adj* consécutif(ive)

conseguir [konse'ɣir] *vt* obtenir

consejo [kon'sexo] *m* conseil *m*

consenso [kon'senso] *m* consensus *m*

consentido, da [konsen'tiðo, ða] *adj* gâté(e) *(enfant)*

consentir [konsen'tir] *vt* permettre

conserje [kon'serxe] *mf* concierge *mf*

conserjería [konserxe'ria] *f* conciergerie *f*

conserva [kon'serβa] *f* conserve *f* ● **en conserva** en conserve

conservador, ra [konserβa'ðor, ra] *adj* conservateur(trice)

conservadurismo [konserβaðu'rizmo] *m* conservatisme *m*

conservante [konser'βante] *m* conservateur *m (produit)*

conservar [konser'βar] *vt* conserver ◆ **conservarse** *vp* **1.** *(alimentos, productos)* se conserver **2.** *(persona)* être bien conservé(e)

conservatorio [konserβa'torjo] *m* conservatoire *m*

considerable [konsiðe'raβle] *adj* considérable

consideración [konsiðera'θjon] f consideración f ● **de consideración** importante(e)

considerar [konsiðe'rar] vt considérer

consigna [kon'siɣna] f consigne f ● **en consigna** à la consigne

consignación [konsiɣna'θjon] f 1. consignation f 2. (dinero asignado) crédit m

consigo [kon'siɣo] pron 1. (con él, con ella) avec lui (avec elle) 2. (con usted) avec vous 3. (con uno mismo) avec soi

consiguiente [konsi'ɣjente] ● **por consiguiente** adv par conséquent

consistencia [konsis'tenθja] f consistance f

consistente [konsis'tente] adj consistant(e)

consistir [konsis'tir] ● **consistir en** v prep 1. (componerse de) consister en 2. (estar fundado en) reposer sur

consistorio [konsis'torjo] m (ayuntamiento) hôtel m de ville

consola [kon'sola] f console f

consolar [konso'lar] vt consoler ● **consolarse** vp se consoler

consolidación [konsoliða'θjon] f consolidation f

consolidar [konsoli'ðar] vt consolider

consomé [konso'me] m bouillon m de viande ● **consomé al jerez** bouillon de viande au Xérès

consonante [konso'nante] f consonne f

consorcio [kon'sorθjo] m consortium m

consorte [kon'sorte] mf conjoint m, -e f

conspiración [konspira'θjon] f conspiration f

conspirar [konspi'rar] vi conspirer

constancia [kons'tanθja] f constance f

constante [kons'tante] adj constant(e) ◇ f constante f ● **constante vitales** fonctions fpl vitales

constantemente [kons,tante'mente] adv constamment

constar [kons'tar] ● **constar de** v prep être constitué(e) de ● **constar en** v prep figurer dans ● **me consta qué** je suis certain(e) que ● **que conste que...** notez que...

constelación [konstela'θjon] f constellation f

constipado [konsti'paðo] m rhume m

constiparse [konsti'parse] vp s'enrhumer

constitución [konstitu'θjon] f constitution f

constitucional [konstituθjo'nal] adj constitutionnel(elle)

constituir [konstitu'ir] vt constituer ● **constituirse** vp se constituer ● **constituirse de** v prep être constitué(e) de

construcción [konstruk'θjon] f construction f

constructivo, va [konstruk'tiβo, βa] adj constructif(ive)

constructor [konstruk'tor] m constructeur m

constructora [konstruk'tora] f entreprise f de bâtiment

construir [konstru'ir] vt construire

consuelo [kon'suelo] m consolation f

cónsul ['konsul] mf consul m

consulado [konsu'laðo] m consulat m

consulta [kon'sulta] f 1. consultation f 2. INFORM requête f ● **consulta (médica)** cabinet m médical

consultar [konsul'tar] vt consulter

consultorio [konsul'torjo] *m* **1.** *(de médico)* cabinet *m* médical **2.** *(de revista)* courrier *m* des lecteurs **3.** *(de radio)* émission durant laquelle un spécialiste répond aux questions des auditeurs

consumibles [konsu'miβles] *mpl* consommables *mpl*

consumición [konsumi'θjon] *f* *(Esp)* consommation *f* ▾ **consumición obligatoria** consommation obligatoire

consumidor, ra [konsumi'ðor, ra] *m, f* consommateur *m*, -trice *f*

consumir [konsu'mir] *vt* **1.** *(gastar)* consommer **2.** *(acabar totalmente)* dilapider ◇ *vi* *(gastar)* consommer ◆ **consumirse** *vp* **1.** *(extinguirse)* se consumer **2.** *(alimentos)* se consommer

consumismo [konsu'mizmo] *m* surconsommation *f*

consumo [kon'sumo] *m* consommation *f*

contabilidad [kontaβili'ðað] *f* comptabilité *f*

contable [kon'taβle] *mf* *(Esp)* comptable *mf*

contactar [kontak'tar] *vi* ● **contactar con alguien** contacter qqn ● **volver a contactar con alguien** recontacter qqn

contacto [kon'takto] *m* contact *m* ● **estar/seguir en contacto con alguien** être/rester en contact avec qqn ● **ponerse en contacto con alguien** prendre contact avec qqn ● **tener contactos** (en una empresa/en el extranjero) avoir des contacts (dans une entreprise/à l'étranger) ● **volveré a ponerme en contacto con usted** je vous recontacterai (ultérieurement)

contador, ra [konta'ðor, ra] *m, f* *(Amér)* *(contable)* comptable *mf* ◇ *m* *(de luz, gas, teléfono)* compteur *m*

contagiar [konta'xjar] *vt* **1.** *(enfermedad)* transmettre **2.** *(risa)* communiquer

contagio [kon'taxjo] *m* *(de enfermedad)* transmission *f* ● **por contagio** par contagion

contagioso, sa [konta'xjoso, sa] *adj* contagieux(euse)

container [kontaj'ner] *m* **1.** *(de mercancías)* conteneur *m* **2.** *(de basuras)* benne *f* à ordures

contaminación [kontamina'θjon] *f* pollution *f*

contaminado, da [kontami'naðo, ða] *adj* pollué(e)

contaminar [kontami'nar] *vt* polluer ◆ **contaminarse** *vp* être pollué(e)

contar [kon'tar] *vt* **1.** compter **2.** *(explicar)* raconter ◇ *vi* compter ◆ **contar con** *v prep* compter sur

contemplaciones [kontempla'θjones] *fpl* ● **sin contemplaciones** sans ménagement

contemplar [kontem'plar] *vt* contempler

contemporáneo, a [kontempo'raneo, a] *adj* contemporain(e)

contenedor [kontene'ðor] *m* conteneur *m* ● **contenedor de basura** benne *f* à ordures

contener [konte'ner] *vt* **1.** contenir **2.** *(respiración, risa)* retenir ◆ **contenerse** *vp* se retenir

contenido, da [konte'niðo, ða] *adj* contenu(e) ◇ *m* contenu *m*

contentar [konten'tar] vt faire plaisir à
● **contentarse con** v prep se contenter de

contento, ta [kon'tento, ta] adj content(e)

contestación [kontesta'θjon] f réponse f

contestador [kontesta'ðor] m ● **contestador automático** répondeur m (téléphonique)

contestar [kontes'tar] vt répondre à ◇ vi répondre

contexto [kon'teksto] m contexte m

contigo [kon'tiɣo] pron avec toi

contiguo, gua [kon'tiɣuo, ɣua] adj contigu(uë)

continental [kontinen'tal] adj continental(e)

continente [konti'nente] m continent m

continuación [kontinua'θjon] f suite f ● **a continuación** ensuite

continuamente [kon,tinua'mente] adv continuellement

continuar [kontinu'ar] vt (proseguir) continuer ◇ vi 1. continuer 2. (permanecer) être toujours (au même endroit) 3. (extenderse) continuer

continuo, nua [kon'tinuo, nua] adj 1. (sin interrupción) continu(e) 2. (repetido) continuel(elle)

contorno [kon'torno] m contour m

contra ['kontra] prep contre ◇ m contre m ● **en contra** contre ● **estar en contra de algo** être contre qqch ● **los pros y los contras** le pour et le contre

contrabajo [kontra'βaxo] m contrebasse f

contrabandista [kontraβan'dista] mf contrebandier m, -ère f

contrabando [kontra'βando] m contrebande f

contracorriente [,kontrako'rjente] ● **a contracorriente** adv à contre-courant

contradecir [kontraðe'θir] vt contredire ● **contradecirse** vp se contredire

contradicción [kontraðik'θjon] f contradiction f

contradictorio, ria [kontraðik'torjo, rja] adj contradictoire

contraer [kontra'er] vt contracter ● **contraer matrimonio** contracter mariage

contraindicado, da [,kontraindi'kaðo, ða] adj contre-indiqué(e)

contraluz [kontra'luθ] ● **a contraluz** adv à contre-jour

contrapartida [,kontrapar'tiða] f contrepartie f ● **en contrapartida** en contrepartie

contrapelo [kontra'pelo] ● **a contrapelo** adv 1. (acariciar) à rebrousse-poil 2. (actuar) à contrecœur

contrapeso [kontra'peso] m contrepoids m

contrariar [kontrari'ar] vt contrarier

contrario, ria [kon'trarjo, rja] adj 1. contraire 2. (opuesto) opposé(e) ◇ m, f adversaire mf ● **al contrario** au contraire ● **por el contrario** au contraire ● **llevar la contraria a alguien** contredire qqn

contraseña [kontra'seɲa] f (palabra, frase) INFORM mot m de passe

contrastar [kontras'tar] vt 1. (comparar) comparer 2. (comprobar) éprouver ◇ vi contraster

contraste [kon'traste] m contraste m

contratar [kontra'tar] *vt* **1.** *(persona)* embaucher **2.** *(servicio, obra)* ● **contratar algo con alguien** passer un contrat pour qqch avec qqn

contratiempo [kontra'tjempo] *m* contretemps *m*

contrato [kon'trato] *m* contrat *m*

contribuir [kontriβu'ir] ◆ **contribuir a** *v prep* contribuer à ● **contribuir con** *v prep (suma)* donner une participation de

contrincante [kontrin'kante] *mf* adversaire *mf*

control [kon'trol] *m* contrôle *m* ● **control de pasaportes** contrôle des passeports

controlar [kontro'lar] *vt* contrôler ◆ **controlarse** *vp* se contrôler

contusión [kontu'sjon] *f* contusion *f*

convalidar [kombali'ðar] *vt (estudios)* obtenir une équivalence pour

convencer [komben'θer] *vt* convaincre ◆ **convencerse de** *v prep* se convaincre de

convención [komben'θjon] *f* convention *f*

convencional [kombenθjo'nal] *adj* conventionnel(elle)

conveniente [kombe'njente] *adj* **1.** *(beneficioso, pertinente)* bon (bonne) **2.** *(correcto)* convenable

convenio [kon'benjo] *m* convention *f*

convenir [kombe'nir] *vt* convenir de ◇ *vi* convenir

convento [kon'bento] *m* couvent *m*

conversación [kombersa'θjon] *f* conversation *f* ● **dar conversación a alguien** faire la conversation à qqn

conversar [komber'sar] *vi* converser

convertir [komber'tir] *vt* convertir ● **convertir algo en** transformer qqch en ● **lo convirtió en estrella** il a fait de lui une vedette ● **convertirse a** *v prep (religión, ideología)* se convertir à ◆ **convertirse en** *v prep (transformarse en)* devenir

convicción [kombik'θjon] *f* conviction *f*

convidado, da [kombi'ðaðo, ða] *m, f* convive *mf*

convidar [kombi'ðar] *vt* convier

convincente [kombin'θente] *adj* convaincant(e)

convite [kom'bite] *m* banquet *m*

convivencia [kombi'βenθja] *f* vie *f* en commun

convivir [kombi'βir] ◆ **convivir con** *v prep* vivre avec

convocar [kombo'kar] *vt* convoquer

convocatoria [komboka'torja] *f* convocation *f*

convulsión [kombul'sjon] *f* **1.** *(de músculos)* convulsion *f* **2.** *(fig) (política, social)* agitation *f*

cónyuge ['konɟuxe] *mf* conjoint *m*, -e *f*

coña ['koɲa] *f (fam)* ● **estar de coña** déconner ● **dar la coña** emmerder

coñac [ko'nak] *m* cognac *m*

coñazo [ko'naθo] *m (fam)* ● **ser un coñazo** être chiant(e)

coño ['koɲo] *m (vulg) (vulva)* chatte *f* ◇ *interj (vulg)* bordel !

cookie ['kuki] *m* cookie *m*

cooperar [koope'rar] *vi* coopérer

cooperativa [koopera'tiβa] *f* coopérative *f*

coordinación [koorðina'θjon] *f* coordination *f*

coordinar [koorði'nar] *vt* coordonner

copa ['kopa] *f* **1.** *(para beber)* verre *m* à pied **2.** *(trofeo)* coupe *f* **3.** *(de árbol)* cime *f* • **invitar a una copa** inviter à prendre un verre • **ir de copas** sortir prendre un verre • **tomar una copa** prendre un verre ♦ **copas** *fpl (de la baraja) l'une des quatre couleurs du jeu de cartes espagnol*
copeo [ko'peo] *m* • **ir de copeo** *(fam)* faire la tournée des bars
copia ['kopja] *f* copie *f* • **copia de seguridad** *INFORM* copie de sauvegarde
copiar [ko'pjar] *vt* copier • **un copiar y pegar** un copier-coller
copiloto [kopi'loto] *m* copilote *mf*
copioso, sa [ko'pjoso, sa] *adj* copieux(euse)
copla ['kopla] *f* **1.** *(estrofa)* couplet *m* **2.** *(canción)* chanson *f*
copo ['kopo] *m* flocon *m*
coquetear [kokete'ar] *vi* flirter
coqueto, ta [ko'keto, ta] *adj* **1.** coquet(ette) **2.** *(frívolo)* aguicheur(euse)
coraje [ko'raxe] *m (valor)* courage *m* • **dar coraje** *(enfadar)* mettre en colère
coral [ko'ral] *m* corail *m* ◇ *f* chorale *f*
coraza [ko'raθa] *f* cuirasse *f*
corazón [kora'θon] *m* cœur *m* ♦ **corazones** *mpl (de la baraja)* cœur *m*
corbata [kor'βata] *f* cravate *f*
corchea [kor'tʃea] *f* croche *f*
corchete [kor'tʃete] *m* **1.** *(cierre)* agrafe *f* **2.** *(signo)* crochet *m*
corcho ['kortʃo] *m* **1.** *(material)* liège *m* **2.** *(tapón)* bouchon *m*
cordel [kor'ðel] *m* ficelle *f*
cordero, ra [kor'ðero, ra] *m, f (animal)* agneau *m*, agnelle *f* ◇ *m (carne)* agneau *m* • **cordero asado** agneau rôti
cordial [kor'ðjal] *adj* cordial(e)
cordialmente [kor͵ðjal'mente] *adv* cordialement
cordillera [korði'ʎera] *f* cordillère *f* • **la cordillera Cantábrica** les monts Cantabriques
cordón [kor'ðon] *m* **1.** *(de zapato)* lacet *m* **2.** *(cable eléctrico)* fil *m* • **cordón umbilical** cordon *m* ombilical
Corea [ko'rea] *s* Corée *f* • **Corea del Norte/del Sur** Corée du Nord/du Sud
coreografía [koreoɣra'fia] *f* chorégraphie *f*
corista [ko'rista] *mf* choriste *mf*
cornada [kor'naða] *f* coup *m* de corne
cornamenta [korna'menta] *f* cornes *fpl*
córnea ['kornea] *f* cornée *f*
corneja [kor'nexa] *f* corneille *f*
córner ['korner] *m* corner *m*
corneta [kor'neta] *f (Ven) (de coche)* avertisseur *m*
cornete [kor'nete] *m (de helado)* cornet *m*
cornisa [kor'nisa] *f* corniche *f*
coro ['koro] *m* chœur *m* • **a coro** en chœur
corona [ko'rona] *f* **1.** couronne *f* **2.** *(fig) (trono)* Couronne *f*
coronar [koro'nar] *vt* couronner
coronel [koro'nel] *m* colonel *m*
coronilla [koro'niʎa] *f* sommet *m* du crâne • **estar hasta la coronilla** en avoir par-dessus la tête
corporal [korpo'ral] *adj* corporel(elle)
corpulento, ta [korpu'lento, ta] *adj* corpulent(e)
Corpus ['korpus] *m* Fête-Dieu *f*

corral [ko'ral] *m* **1.** *(para animales)* cour *f* (de ferme) **2.** *(de aves)* basse-cour *f*

correa [ko'rea] *f* **1.** *(de bolso)* bandoulière *f* **2.** *(de reloj)* courroie *f* **3.** *(de animal)* laisse *f*

corrección [korek'θjon] *f* correction *f*

correctamente [ko̞rekta'mente] *adv* correctement

correcto, ta [ko'rekto, ta] *adj* correct(e)

corredor, ra [kore'ðor, ra] *m, f* **1.** *(en deporte)* coureur *m*, -euse *f* **2.** *(intermediario)* courtier *m*, -ère *f* ◇ *m (pasillo)* corridor *m*

corregir [kore'xir] *vt* corriger ◆ **corregirse** *vp* se corriger

correo [ko'reo] *m (correspondencia)* courrier *m* ● **correo aéreo** poste *f* aérienne ● **correo basura** spam *m* ● **correo certificado** courrier recommandé ● **correo electrónico** courrier *m* électronique, e-mail *m* ● **correo urgente** pli *m* urgent ◆ **Correos** *m inv* Poste *f* ▼ **Correos y Telégrafos** ≃ La Poste

Empezar un correo electrónico

En un contexto un poco formal se puede escribir como una carta. En general se pone simplemente *Bonjour*. Entre amigos o compañeros de trabajo se emplea *Cher* o *Bonjour* seguido del nombre de pila y de una sola coma. Entre amigos o de manera muy relajada se puede encontrar *Salut* pero de hecho todo es posible, desde el *Ave*, *Hugh*, hasta *Hi*. En la respuesta, incluso en el marco profesional, es muy frecuente no emplear ninguna fórmula, para evitar tener que estar poniendo una cada vez.

Terminar un correo electrónico

La despedida en un correo electrónico en general es bastante informal. Se pueden retomar por supuesto las fórmulas que se emplean en una carta, pero lo más corriente es terminar con *Cordialement* o la más informales *À bientôt* o *A+*. Entre amigos y familiares se emplean los afectuosos *Bises*, *Bisous* o *Grosses bises*.

correr [ko'rer] *vi* **1.** courir **2.** *(río)* couler **3.** *(tiempo)* passer ◇ *vt* **1.** *(desplazar)* pousser **2.** *(deslizar)* tirer ● **dejar correr** laisser courir ◆ **correrse** *vp (pintura, colores)* couler

correspondencia [korespon'denθja] *f* correspondance *f*

corresponder [korespon'der] *vi* **1.** correspondre **2.** *(incumbir)* revenir ● **corresponder a algo** remercier de qqch ● **te corresponde hacerlo** c'est à toi de le faire

correspondiente [korespon'djente] *adj* correspondant(e)

corresponsal [korespon'sal] *mf* correspondant *m*, -e *f (d'un journal)*

corrida [ko'riða] *f* corrida *f*

corriente [ko'rjente] *adj* **1.** courant(e) **2.** *(común)* ordinaire ◇ *f* courant *m* ● **corriente (eléctrica)** courant (électrique) ● **estar al corriente de algo** être au courant de qqch ● **poner al corriente** mettre au courant ● **el 15 del corriente** mes le 15 courant ● **mantener a alguien al corriente (de algo)** tenir qqn au courant (de qqch)

corro ['koro] *m* ronde *f*

corromper [korom'per] *vt* 1. *(sobornar)* corrompre 2. *(pudrir)* pourrir

corrupción [korup'θjon] *f* corruption *f*

corsé [kor'se] *m* corset *m*

corsetería [korsete'ria] *f* boutique *f* de lingerie

cortacésped [korta'θesped] *m* tondeuse *f* à gazon

cortado, da [kor'taðo, ða] *adj* 1. *(salsa)* tourné(e) 2. *(labios, manos)* gercé(e) 3. *(fig) (persona)* timide ◇ *m* noisette *f* *(café)*

cortafuegos [korta'fueɣos] *m inv* pare-feu *m*

cortante [kor'tante] *adj* 1. *(cuchilla)* tranchant(e) 2. *(persona)* cassant(e) 3. *(viento)* cinglant(e) 4. *(frío)* glacial(e)

cortar [kor'tar] *vt* 1. couper 2. *(calle)* barrer 3. *(conversación)* interrompre 4. *(labios, piel)* gercer ● **cortarse** *vp* 1. *(herirse)* se couper 2. *(leche, salsa)* tourner 3. *(fig) (avergonzarse)* se troubler

cortauñas [korta'uɲas] *m inv* coupe-ongles *m inv*

corte ['korte] *m* 1. coupure *f* 2. *(raja en tela)* déchirure *f* 3. *(fig) (vergüenza)* honte *f* ● **corte de pelo** coupe *f* de cheveux ● **Cortes** ['kortes] *fpl* ● **las Cortes** *f* l'un *lement espagnol*

cortés [kor'tes] *adj* courtois(e)

cortesía [korte'sia] *f* politesse *f*

corteza [kor'teθa] *f* 1. *(de árbol)* écorce *f* 2. *(de pan, queso)* croûte *f*

cortijo [kor'tixo] *m* ferme *f* *(andalouse)*

cortina [kor'tina] *f* rideau *m*

corto, ta ['korto, ta] *adj* 1. *(breve)* court(e) 2. *(fam) (tonto)* simplet(ette) ● **corto de vista** myope ● **quedarse corto** calculer trop juste

cortometraje [,kortome'traxe] *m* court-métrage *m*

cosa ['kosa] *f* chose *f* ● **eso es cosa mía** cela ne regarde que moi ● **como si tal cosa** comme si de rien n'était

coscorrón [kosko'ron] *m* coup *m* sur la tête

cosecha [ko'setʃa] *f* récolte *f*

cosechar [kose'tʃar] *vt* récolter ◇ *vi* faire la récolte

coser [ko'ser] *vt* & *vi* coudre

cosmopolita [kosmopo'lita] *adj* cosmopolite

cosmos ['kosmos] *m inv* cosmos *m*

coso ['koso] *m* (CSur) (chisme) truc *m*

cosquillas [kos'kiʎas] *fpl* chatouilles *fpl* ● **hacer cosquillas** chatouiller ● **tener cosquillas** être chatouilleux(euse)

cosquilleo [koski'ʎeo] *m* chatouillement *m*

costa ['kosta] *f* côte *f* ● **a costa de** aux dépens de

costado [kos'taðo] *m* flanc *m*

costanera [kosta'nera] *f* (CSur) bord *m* de mer

costar [kos'tar] *vt* coûter

Costa Rica ['kosta 'rika] *s* Costa Rica *m*

costarriqueño, ña [,kostari'keɲo, ɲa] *adj* costaricien(enne) ◇ *m, f* Costaricien *m, -enne f*

coste ['koste] *m (Esp)* coût *m*

costero, ra [kos'tero, ra] *adj* côtier(ère) ◇ *m (Méx)* route *f* côtière

costilla [kos'tiʎa] *f* côte *f* • **costillas de cordero** côtelettes *fpl* d'agneau

costo ['kosto] *m* coût *m*

costoso, sa [kos'toso, sa] *adj* coûteux(euse)

costra ['kostra] *f* croûte *f*

costumbre [kos'tumbre] *f* habitude *f* • **tener la costumbre de** avoir l'habitude de

costura [kos'tura] *f* couture *f*

costurera [kostu'rera] *f* couturière *f*

costurero [kostu'rero] *m* corbeille *f* à ouvrage

cota [kota] *f* cote *f (sur une carte)*

cotejo [ko'texo] *m* confrontation *f*

cotidiano, na [koti'ðjano, na] *adj* quotidien(enne)

cotilla [ko'tiʎa] *mf (fam)* commère *f*

cotilleo [koti'ʎeo] *m (fam)* potin *m*

cotillón [koti'ʎon] *m* cotillon *m*

cotización [kotiθa'θjon] *f (de la moneda)* cours *m*

cotizar [koti'θar] *vt* **1.** *(en Bolsa)* coter **2.** *(cuota)* cotiser

coto ['koto] *m* réserve *f* • **coto (privado) de caza** chasse *f* gardée

cotorra [ko'tora] *f* **1.** perruche *f* **2.** *(fam) (charlatán)* pie *f*

coyuntura [kojun'tura] *f* conjoncture *f*

coz [koθ] *f* ruade *f*

cráneo ['kraneo] *m* crâne *m*

cráter ['krater] *m* cratère *m*

creación [krea'θjon] *f* création *f*

creador, ra [krea'ðor, ra] *m, f* créateur *m*, -trice *f*

crear [kre'ar] *vt* créer

creatividad [kreatiβi'ðað] *f* créativité *f*

creativo, va [krea'tiβo, βa] *adj* créatif(ive)

crecer [kre'θer] *vi* **1.** *(persona)* grandir **2.** *(luna, interés)* croître **3.** *(río)* grossir **4.** *(planta)* pousser

crecimiento [kreθi'mjento] *m* croissance *f*

credencial [kreðen'θjal] *f* laissez-passer *m inv*

crédito ['kreðito] *m* **1.** *(préstamo)* crédit *m* **2.** *(confianza)* confiance *f*

credo ['kreðo] *m* credo *m*

creencia [kre'enθja] *f* **1.** *(en religión)* croyance *f* **2.** *(convicción)* conviction *f*

creer [kre'er] *vt* croire • **¡ya lo creo!** je pense bien ! • **creer en** *v prep* croire en

creído, da [kre'iðo, ða] *adj* prétentieux(euse)

crema ['krema] *f* crème *f* • **crema de belleza** crème de beauté • **crema de ave** velouté *m* de volaille • **crema de cangrejos** velouté de crabe • **crema de espárragos** velouté d'asperges • **crema de marisco** velouté de fruits de mer • **crema catalana** crème renversée • **crema pastelera** crème pâtissière

cremallera [krema'ʎera] *f* fermeture *f* Éclair®

crepe ['krep], **crepa** ['krepa] *(Méx)* *f* crêpe *f*

cresta ['kresta] *f* crête *f*

cretino, na [kre'tino, na] *adj* crétin(e)

creyente [kre'jente] *mf* croyant *m*, -e *f*

cría ['kria] *f* **1.** *(de ganado)* élevage *m* **2.** *(hijo de animal)* petit *m* ➤ **crío**

criadero [krja'ðero] *m* élevage *m*

criadillas [krĩa'ðiʎas] *fpl testicules d'animal (de taureau par exemple) utilisés en cuisine*

criado, da [kri'aðo, ða] *m, f* domestique *mf*

crianza [kri'anθa] *f* 1. élevage *m* 2. *(de hijos)* éducation *f*

criar [kri'ar] *vt* élever ◇ *vi (tener crías)* avoir des petits

criatura [kria'tura] *f* 1. créature *f* 2. *(niño)* enfant *m*

crimen ['krimen] *m* crime *m*

criminal [krimi'nal] *mf* criminel *m*, -elle *f*

crío, a ['krio, a] *m, f* gamin *m*, -e *f*

criogenizar [kriɔxeni'θar], **crionizar** [krjoni'θar] *vt* TEC cryogéniser

criollo, lla [kri'oʎo, ʎa] *m, f* créole *mf*

crionizar = criogenizar

crisis ['krisis] *f inv* crise *f*

cristal [kris'tal] *m* verre *m*

cristalería [kristale'ria] *f* 1. *(tienda)* vitrerie *f* 2. *(objetos)* verrerie *f*

cristalino, na [krista'lino, na] *adj* cristallin(e) ◇ *m* cristallin *m*

cristianismo [kristia'nizmo] *m* christianisme *m*

cristiano, na [kris'tiano, na] *adj & m, f* chrétien(enne)

Cristo ['kristo] *m* Christ *m*

criterio [kri'terjo] *m* 1. *(regla, norma)* critère *m* 2. *(juicio)* avis *m*

crítica ['kritika] *f* critique *f* ➤ **crítico**

criticar [kriti'kar] *vt* critiquer

crítico, ca ['kritiko, ka] *adj & m, f* critique

croar [kro'ar] *vi* coasser

crol ['krol] *m* crawl *m*

cromo ['kromo] *m (estampa)* image *f*

crónica ['kronika] *f* chronique *f*

cronometrar [kronome'trar] *vt* chronométrer

cronómetro [kro'nometro] *m* chronomètre *m*

croqueta [kro'keta] *f* croquette *f*

croquis ['krokis] *m inv* croquis *m*

cross ['kros] *m inv* cross *m*

cruasán [krua'san] *m* croissant *m*

cruce ['kruθe] *m* 1. *(de calles, caminos)* croisement *m* 2. *(en el teléfono)* interférence *f*

crucero [kru'θero] *m* 1. *(en barco)* croisière *f* 2. *(de iglesia)* croisée *f* du transept

crucial [kru'θjal] *adj* crucial(e)

crucifijo [kruθi'fixo] *m* crucifix *m*

crucigrama [kruθi'ɣrama] *m* mots *mpl* croisés

crudo, da ['kruðo, ða] *adj* 1. *(alimento)* cru(e) 2. *(novela, película)* dur(e) 3. *(clima)* rude ◇ *m* brut *m*

cruel [kru'el] *adj* cruel(elle)

crueldad [kruel'daθ] *f* cruauté *f*

crujido [kru'xiðo] *m* craquement *m*

crujiente [kru'xjente] *adj* croustillant(e)

crustáceo [krus'taθeo] *m* crustacé *m*

cruz ['kruθ] *f* 1. croix *f* 2. *(de moneda)* pile *f* 3. *(fig) (carga)* calvaire *m*

cruzada [kru'θaða] *f* croisade *f*

cruzar [kru'θar] *vt (calle)* traverser ◆ **cruzarse** *vp* ◆ **cruzarse de brazos** se croiser les bras ◆ **cruzarse con** *v prep* ◆ **cruzarse con alguien** croiser qqn

cta. *abr escrita de* cuenta

cte. *abr escrita de* corriente

cuaderno [kua'ðerno] *m* cahier *m*

cuadra ['kwaðra] f 1. écurie f 2. (*Amér*) (*esquina*) coin m 3. (*Amér*) (*de casas*) pâté m de maisons

cuadrado, da [kwa'ðraðo, ða] *adj* carré(e) ◇ m carré m

cuadriculado, da [kwaðriku'laðo, ða] *adj* quadrillé(e)

cuadrilla [kwa'ðriʎa] f 1. (*de trabajadores*) équipe f 2. (*de maleantes*) bande f

cuadro ['kwaðro] m 1. (*cuadrado*) carré m 2. (*pintura*) tableau m ● a o de cuadros à carreaux

cuajada [kwa'xaða] f caillé m ● cuajada con miel caillé avec du miel

cual ['kwal] *pron* ● el/la cual lequel/laquelle ● lo cual (*sujeto*) ce qui ; (*complemento*) ce que ● sea cual sea quel (quelle) que soit

cuál ['kwal] *pron* 1. (*interrogativo*) quel (quelle) 2. (*especificando*) lequel (laquelle) ● ¿cuál es la diferencia? quelle est la différence ? ● no sé cuál es el mejor je ne sais pas lequel est le meilleur

cualidad [kwali'ðað] f qualité f

cualificado, da [kwalifi'kaðo, ða] *adj* qualifié(e)

cualquier [kwal'kjer] ➤ cualquiera

cualquiera [kwal'kjera] *adj* n'importe quel (n'importe quelle) ◇ *pron* n'importe qui ◇ *mf* moins que rien *mf* ● en cualquier lugar n'importe où

cuando ['kwando] *adv* & *prep* quand ◇ *conj* (*si*) si ● cuando la guerra pendant la guerre ● de cuando en cuando o de vez en cuando de temps en temps ● cuando tú lo dices será verdad si c'est toi qui le dis, ça doit être vrai

cuándo ['kwando] *adv* quand ● ¿cuándo vendrás? quand viendras-tu ?

cuantía [kwan'tia] f quantité f

cuanto, ta ['kwanto, ta] *adj* 1. (*todo*) tout le (toute la) ● gasta cuanto dinero gana il dépense tout l'argent qu'il gagne 2. (*compara cantidades*) ● cuantas más mentiras digas, menos te creerán plus tu raconteras de mensonges, moins on te croira ◇ *pron* 1. (*de personas*) tous ceux qui (toutes celles qui) ● dio las gracias a todos cuantos lo ayudaron il a remercié tous ceux qui l'ont aidé 2. (*todo lo que*) tout ce que ● todo cuanto dijo era verdad tout ce qu'il a dit était vrai 3. (*compara cantidades*) ● cuanto más se tiene, más se quiere plus on en a, plus on en veut 4. (*en locuciones*) ● cuanto antes le plus vite possible ● en cuanto dès que ● en cuanto a en ce qui concerne

cuánto, ta ['kwanto, ta] *adj* 1. (*interrogativo*) combien de 2. (*exclamativo*) que de ◇ *pron* (*interrogativo*) combien ● ¿cuántos quieres? combien en veux-tu ? ● no sé cuántos serán je ne sais pas combien ils seront ● ¡cuántos problemas! que de problèmes ! ● ¿cuánto hay? combien y en a-t-il ? ● me pregunto cuánto gana je me demande combien il gagne ● unos cuántos quelques-uns

cuarenta [kwa'renta] *núm* quarante

cuaresma [kwa'rezma] f carême m

cuartel [kuar'tel] *m* caserne *f* • **cuartel de la Guardia Civil** caserne de la Garde civile

cuartelazo [kuarte'laθo] *m* (*Amér*) putsch *m*

cuarteto [kuar'teto] *m* quatuor *m*

cuartilla [kuar'tiʎa] *f* feuille *f* (de papier)

cuarto, ta [kuarto, ta] *adj* quatrième ◇ *m, f* quatrième ◇ *m* 1. (*habitación*) chambre *f* 2. (*parte*) quart *m* 3. (*fracción*) quatrième *m* • **cuarto de baño** salle *f* de bains • **cuarto de hora** quart d'heure • **un cuarto de kilo** une demi-livre • **el cuarto** le quatrième • **la cuarta** la quatrième • **capítulo cuarto** chapitre quatre • **el cuarto día** le quatrième jour • **en cuarto lugar** o **en cuarta posición** en quatrième position • **la cuarta parte** un quatrième

cuarzo [kuarθo] *m* quartz *m*

cuate, ta [kuate, ta] *m, f* (*CAm & Méx*) (*fam*) copain *m*, copine *f*

cuatro [kuatro] *adj inv & m* quatre ◇ *mpl* quatre ◇ *fpl* • **las cuatro** quatre heures • **doscientos cuatro** deux cent quatre • **treinta y cuatro** trente-quatre • **de cuatro en cuatro** quatre par quatre • **empatados a cuatro** quatre partout • **los cuatro** les quatre • **cuatro a cero** quatre à zéro

cuatrocientos, tas [kuatro'θjentos, tas] *núm* quatre cents

Cuba [kuβa] *s* Cuba

cubalibre [kuβa'liβre] *m* rhum-Coca *m*

cubano, na [ku'βano, na] *adj* cubain(e) ◇ *m, f* Cubain *m*, -e *f*

cubertería [kuβerte'ria] *f* ménagère *f* (couverts)

cubeta [ku'βeta] *f* 1. (de barómetro) cuvette *f* 2. (Amér) (cubo) seau *m*

cúbico, ca [kuβiko, ka] *adj* cubique

cubierta [ku'βjerta] *f* 1. (de libro) couverture *f* 2. (de barco) pont *m* 3. (de edificio) toiture *f*

cubierto, ta [ku'βjerto, ta] *adj* couvert(e) ◇ *m* couvert *m* • **a cubierto** à l'abri

cubito [ku'βito] *m* • **cubito de hielo** glaçon *m*

cúbito [kuβito] *m* cubitus *m*

cubo [kuβo] *m* 1. (recipiente) seau *m* 2. (en geometría, matemáticas) cube *m* • **cubo de la basura** poubelle *f*

cubrir [ku'βrir] *vt* couvrir ◆ **cubrirse** *vp* se couvrir

cucaracha [kuka'ratʃa] *f* cafard *m*

cuchara [ku'tʃara] *f* cuillère *f*

cucharada [kutʃa'raða] *f* cuillerée *f*

cucharilla [kutʃa'riʎa] *f* petite cuillère *f*

cucharón [kutʃa'ron] *m* louche *f*

cuchilla [ku'tʃiʎa] *f* lame *f* • **cuchilla de afeitar** lame de rasoir

cuchillo [ku'tʃiʎo] *m* couteau *m*

cuclillas [ku'kliʎas] • **en cuclillas** *adv* accroupi(e)

cucurucho [kuku'rutʃo] *m* cornet *m*

cuelgue [kuelγe] *m* (fam) trip *m* • **¡lleva un buen cuelgue!** il est en plein trip !

cuello [kueʎo] *m* 1. cou *m* 2. (de camisa) col *m*

cuenca [kuenka] *f* bassin *m*

cuenco [kuenko] *m* terrine *f* (plat)

cuenta [kuenta] *f* 1. compte *m* 2. (factura) note *f* 3. (de collar) perle *f* • **caer en la**

cuenta comprendre ● darse cuenta de se rendre compte de ● tener en cuenta algo tenir compte de qqch

cuentagotas [kuenta'ɣotas] *m inv* compte-gouttes *m inv* ● en cuentagotas au compte-gouttes

cuentakilómetros [,kuentaki'lometros] *m inv* compteur *m* kilométrique

cuento ['kuento] *m* 1. *(relato)* conte *m* 2. *(mentira)* histoire *f*

cuerda ['kuerða] *f* 1. corde *f* 2. *(del reloj)* ressort *m* ● cuerdas vocales cordes vocales

cuerno ['kuerno] *m* 1. *(de animal)* corne *f* 2. *(instrumento)* cor *m* de chasse

cuero ['kuero] *m* cuir *m* ● en cueros nu(e) comme un ver ● cuero cabelludo cuir chevelu

cuerpo ['kuerpo] *m* corps *m*

cuervo ['kuerβo] *m* corbeau *m*

cuesta ['kuesta] *f* côte *f* ● a cuestas sur le dos ● ir cuesta arriba monter (la côte) ● ir cuesta abajo descendre (la pente)

cuestión [kues'tjon] *f* question *f* ● ser cuestión de être une question de

cuestionario [kuestjo'narjo] *m* questionnaire *m*

cueva ['kueβa] *f* grotte *f*

cuidado [kui'ðaðo] *m* 1. *(esmero)* soin *m* 2. *(vigilancia)* attention *f* ◇ *interj* attention ! ● cuidado con attention à ● estar al cuidado de s'occuper de ● tener cuidado faire attention ● un golpe de cuidado un vilain coup

cuidadosamente [kuiða,ðosa'mente] *adv* soigneusement

cuidadoso, sa [kuiða'ðoso, sa] *adj* soigneux(euse)

cuidar [kui'ðar] *vt* prendre soin de ● cuidar de *v prep (asistir)* soigner ● cuidarse *vp* se ménager ● cuidarse de *v prep* s'occuper de

culata [ku'lata] *f* culasse *f*

culebra [ku'leβra] *f* couleuvre *f*

culebrón [kule'βron] *m (fam)* feuilleton *m* mélo

culo ['kulo] *m* fesses *fpl*

culpa ['kulpa] *f* faute *f* ● tiene la culpa c'est de sa faute

culpabilidad [kulpaβili'ðað] *f* culpabilité *f*

culpable [kul'paβle] *adj* & *mf* coupable ● culpable de coupable de

culpar [kul'par] *vt* accuser ● culpar a alguien de accuser qqn de

cultivar [kulti'βar] *vt* cultiver

cultivo [kul'tiβo] *m* culture *f (des terres)*

culto, ta ['kulto, ta] *adj* 1. *(persona)* cultivé(e) 2. *(estilo, lenguaje)* soutenu(e) ◇ culte *m*

cultura [kul'tura] *f* culture *f*

cultural [kultu'ral] *adj* culturel(elle)

culturismo [kultu'rizmo] *m* musculation *f*

cumbre ['kumbre] *f* sommet *m*

cumpleaños [kumple'aɲos] *m inv* anniversaire *m*

cumplido [kum'pliðo] *m* compliment *m*

cumplir [kum'plir] *vt* 1. *(ley, reglamento)* respecter 2. *(orden)* exécuter 3. *(años)* avoir 4. *(promesa)* tenir 5. *(condena)* purger ◇ *vi (plazo)* expirer ● cumplir con *v prep* 1. *(deber)* remplir 2. *(palabra)* tenir

cúmulo ['kumulo] *m* 1. *(de cosas)* tas *m* 2. *(de nubes)* cumulus *m*

cuna ['kuna] *f* berceau *m*

cuneta [ku'neta] f **1.** (de calle) caniveau m **2.** (de carretera) fossé m

cuña ['kuɲa] f **1.** (calza) cale f **2.** (en radio, televisión) message m publicitaire

cuñado, da [ku'naðo, ða] m, f beau-frère m, belle-sœur f

cuota ['kuota] f **1.** (a club) cotisation f **2.** (cupo) quote-part f

cuplé [ku'ple] m chanson populaire espagnole légèrement satirique et licencieuse

cupo ['kupo] m **1.** (cantidad máxima) quota m **2.** (cantidad proporcional) quote-part f

cupón [ku'pon] m (de sorteo, lotería) billet m

cúpula ['kupula] f coupole f

cura ['kura] m (sacerdote) curé ◇ f **1.** (restablecimiento) guérison f **2.** (tratamiento) cure f • **cura de reposo** cure de repos

curandero, ra [kuran'dero, ra] m, f guérisseur m, -euse f

curar [ku'rar] vt **1.** (enfermedad, herida) soigner **2.** (carne, pescado) faire sécher **3.** (pieles) tanner • **curarse** de v prep guérir de

curiosidad [kurjosi'ðað] f curiosité f • **tener curiosidad por** être curieux(euse) de

curioso, sa [ku'rjoso, sa] adj & m, f curieux(euse)

curita [ku'rita] f (Amér) pansement m adhésif

curry ['kurɪ] m curry m • **al curry** au curry

cursi ['kursi] adj (fam) **1.** (persona, modales) maniéré(e) **2.** (vestido) de mauvais goût

cursillo [kur'siʎo] m **1.** (curso breve) stage m **2.** (de conferencias) cycle m de conférences

curso ['kurso] m **1.** cours m **2.** (año académico) année f scolaire **3.** (grupo de alumnos) promotion f • **en curso** en cours

cursor [kur'sor] m INFORM curseur m • **situar el cursor en...** positionner le curseur sur...

curva ['kurβa] f **1.** courbe f **2.** (de camino, carretera) virage m

curvado, da [kur'βaðo, ða] adj courbe

custodia [kus'toðja] f garde f

cutis ['kutis] m inv peau f (du visage)

cutre ['kutre] adj (fam) **1.** (lugar) glauque **2.** (de mal gusto) ringard(e) **3.** (tacaño) radin(e)

cuy ['kuj] m (Amér) cochon m d'Inde

cuyo, ya ['kujo, ja] adj dont le (dont la) • **el señor cuyo hijo viste ayer** le monsieur dont tu as vu le fils hier • **el libro en cuya portada...** le livre sur la couverture duquel...

CV ['θe'βe] (abr de currículum vitae) m CV m • **enviar un CV** envoyer un CV

D. abr escrita de don

dado ['daðo] m dé m

daga ['daɣa] f dague f

dalia ['dalja] f dahlia m

dama ['dama] f dame f • **damas** fpl (juego) dames fpl

danés, esa [da'nes, esa] *adj* danois(e)
◇ *m, f* Danois *m, -e f* ◇ *m* (lengua) danois
m

danza ['danθa] *f* danse *f*

dañar [da'ɲar] *vt* endommager

danzar [dan'θar] *vt & vi* danser

dañino, na [da'ɲino, na] *adj* **1.** (sustancia)
nocif(ive) **2.** (animal) nuisible

daño ['daɲo] *m* **1.** (dolor) mal *m* **2.** (perjuicio) dégât *m* ● **daños y perjuicios** dommages et intérêts ● **hacer daño** faire mal

dar ['dar] *vt*
1. donner ● **dame ese libro** donne-moi
ce livre ● **no le quieren dar trabajo** ils ne
veulent pas lui donner de travail ● **me
dio un consejo de amigo** il m'a donné un
conseil d'ami ● **el dinero no da la felicidad** l'argent ne fait pas le bonheur ● **daba señales de cansancio** il donnait des
signes de fatigue ● **da clases/conferencias en la universidad** il donne des
cours/conférences à l'université ● **van a
dar una fiesta para su aniversario** ils vont
donner une fête pour son anniversaire
2. (beneficios, intereses) rapporter ● **esta
cuenta no da suficiente** ce compte ne
rapporte pas assez
3. (suj: reloj) sonner ● **el reloj ha dado las
diez** l'horloge a sonné dix heures
4. (encender) allumer ● **por favor, da la luz**
s'il te plaît, allume la lumière
5. (provocar) ● **me da vergüenza/pena** cela me fait honte/de la peine ● **me da la risa**
ça me fait rire
6. (decir) ● **me dio las gracias/los buenos
días** il m'a dit merci/bonjour
7. (expresa acción) ● **dar un grito** pousser
un cri ● **dar un susto a alguien** faire peur

à qqn ● **dar un empujón a alguien** bousculer qqn
8. (fam) (en cine, televisión) passer ● **¿qué
dan esta noche en la tele?** qu'est-ce qu'il
y a ce soir à la télé ?
9. (considerar) ● **dar algo/a alguien por**
considérer qqch/qqn comme ● **lo dieron
por muerto** on l'a tenu pour mort
10. (en locuciones) ● **dar de sí** (ropa) se détendre ; (zapato) se faire
◇ *vi*
1. (horas) sonner ● **han dado las tres en el
reloj** trois heures viennent de sonner à
l'horloge
2. (golpear en) ● **le dieron en la cabeza** ils
l'ont frappé à la tête
3. (sobrevenir) ● **le dieron varios ataques
al corazón** il a eu plusieurs crises cardiaques
4. (proporcionar) ● **dar de comer a alguien**
donner à manger à qqn
5. (alcanzar) ● **dar en el blanco** mettre
dans le mille ● **el sol le da en la cara** il a
le soleil dans les yeux
6. (en locuciones) ● **da igual** o **lo mismo** ce
n'est pas grave ● **dar que pensar** donner
à penser ● **esta historia dio mucho que
hablar** cette histoire a fait beaucoup parler ● **¡qué más da!** qu'est-ce que ça peut
faire !
● **dar a** *v prep*
1. (estar orientado) (ventana, balcón) donner sur ; (puerta) ouvrir sur
2. (llave de paso) ouvrir
● **dar con** *v prep* (encontrar) trouver
● **darse** *vp*
1. (suceder) arriver ● **se ha dado el caso
de...** il est arrivé que...

2. *(tener aptitud)* ● se me dan bien/mal las
matemáticas je suis bon/mauvais en
mathématiques

3. *(en locuciones)* ● darse prisa se dépêcher ● dárselas de valiente jouer les durs

◆ **darse a** *v prep (entregarse)* s'adonner à

◆ **dar contra** *v prep (golpearse)* se cogner

◆ **darse por** *v prep (considerarse)* se considérer

dardo ['darðo] *m* dard *m* ● **dardos** *mpl*
(juego) fléchettes *fpl*

dátil ['datil] *m* datte *f*

dato ['dato] *m* donnée *f* ● **datos** perso-
nales coordonnées *fpl*

dcha. *(abr escrita de derecha)* dr., dte
(droite)

d. de J.-C. *(abr escrita de después de
Jesucristo)* ap. J.-C. *(après Jésus-Christ)*

de [de] *prep*

1. de ● el coche de mi padre la voiture de
mon père ● bebió un gran vaso de agua
il a bu un grand verre d'eau ● háblame
de ti parle-moi de toi ● una bici de carreras un vélo de course ● soy de Madrid
je suis de Madrid ● vengo de mi casa je
viens de chez moi ● el mejor de todos
le meilleur de tous ● más/menos de
plus/moins de ● morirse de frío mourir
de froid

2. *(materia)* en ● un reloj de oro une montre en or

3. *(en descripciones)* ● de fácil manejo facile à utiliser ● la señora de verde la dame en vert

4. *(en calidad de)* comme ● trabaja de
bombero Il travaille comme pompier

5. *(tiempo)* ● trabaja de noche y duerme
de día il travaille la nuit et dort le jour

● **llegamos de madrugada** nous sommes
arrivés à l'aube

6. *(condición)* si ● de querer ayudarme, lo
haría s'il voulait m'aider, il le ferait

7. *(después de adj y antes de infinitivo)* à ● fácil de hacer facile à faire

debajo [de'βaxo] *adv* dessous ● **debajo
de** sous ● **por debajo de** en dessous de

debate [de'βate] *m* débat *m*

debatir [deβa'tir] *vt* ● debatir algo débattre de qqch

deber [de'βer] *m* devoir *m* ● es mi deber
c'est mon devoir ● hacer los deberes *(trabajo escolar)* faire ses devoirs

◇ *vt* devoir ● nos debemos ir a casa a las
diez nous devons rentrer à la maison à
dix heures ● me debes 60 euros tu me
dois 60 euros

◆ **deber de** *v prep (expresa suposición)* devoir ● debe de tener más de sesenta años
il doit avoir plus de soixante ans

◆ **deberse a** *v prep*

1. *(ser consecuencia de)* être dû (due) à ● el
retraso se debe a la huelga le retard est
dû à la grève

2. *(dedicarse a)* se dévouer à ● dice que se
debe a sus hijos elle dit qu'elle se dévoue
à ses enfants

debido, da [de'βido, ða] *adj* dû (due)
● debido a à cause de

débil ['deβil] *adj* faible

debilidad [deβili'ðað] *f* faiblesse *f* ● sentir debilidad por avoir un faible pour

debilitar [deβili'tar] *vt* affaiblir

debut (de pit] *m* (de artista) débuts *mpl*

década ['dekaða] *f* décennie *f* ● tercera
década troisième décennie

decadencia [deka'ðenθja] *f* décadence *f*

decadente [deka'ðente] *adj* décadent(e)

decaer [deka'er] *vi* **1.** *(fuerza, energía)* décliner **2.** *(ánimos, esperanzas)* faiblir **3.** *(país)* s'affaiblir

decaído, da [deka'iðo, ða] *adj (deprimido)* abattu(e)

decano, na [de'kano, na] *m, f* doyen *m*, -enne *f*

decena [de'θena] *f* dizaine *f*

decente [de'θente] *adj* **1.** *(honesto)* décent(e) **2.** *(adecuado)* convenable **3.** *(limpio)* propre

decepción [deθep'θjon] *f* déception *f*

decepcionar [deθepθjo'nar] *vt* décevoir ◆ **decepcionarse** *vp* être déçu(e)

decidido, da [deθi'ðiðo, ða] *adj* décidé(e)

decidir [deθi'ðir] *vt* **1.** *(acordar)* décider (de) **2.** *(determinar)* décider de ● **decidir hacer algo** décider de faire qqch ◆ **decidirse** *a v prep* se décider à

decimal [deθi'mal] *adj* décimal(e)

décimo, ma ['deθimo, ma] *adj & m, f* dixième ◆ *m (fracción, lotería)* dixième *m* ● **el décimo** le dixième ● **la décima** la dixième ● **capítulo décimo** chapitre dix ● **el décimo día** le dixième jour ● **en décimo lugar** o **en décima posición** en dixième position ● **la décima parte** un dixième

decir [de'θir] *vt* dire ● **decir que sí** dire oui ● **¡diga?** o **¿dígame?** *(al teléfono)* allô ! ● **es decir** c'est-à-dire ● **se dice que...** on dit que...

decisión [deθi'sjon] *f* décision *f*

declaración [deklara'θjon] *f* **1.** déclaration *f* **2.** *(testimonio)* déposition *f* ● **declaración de renta** déclaration de revenus

● **prestar declaración** témoigner ● **tomar declaración** recueillir une déposition

declarado, da [dekla'raðo, ða] *adj* déclaré(e)

declarar [dekla'rar] *vt* **1.** déclarer **2.** *(testimoniar)* témoigner ◇ *vi (dar testimonio)* témoigner ◆ **declararse** *vp* **1.** se déclarer **2.** *(en el amor)* faire une déclaration (d'amour)

declinar [dekli'nar] *vt & vi* décliner

decoración [dekora'θjon] *f* décoration *f*

decorado [deko'raðo] *m* décor *m*

decorar [deko'rar] *vt* **1.** *(casa, habitación)* décorer **2.** *(escenario)* monter le décor de

decretar [dekre'tar] *vt* décréter

decreto [de'kreto] *m* décret *m*

dedal [de'ðal] *m* dé *m* à coudre

dedicación [deðika'θjon] *f* ● **de dedicación exclusiva** *(en el trabajo)* à temps plein

dedicar [deði'kar] *vt* **1.** *(tiempo, dinero, energía)* consacrer **2.** *(obra)* dédier ◆ **dedicarse** *a v prep* se consacrer à ● **se dedica a la pintura** il est peintre

dedo ['deðo] *m* doigt *m* ● **dedo anular** annulaire *m* ● **dedo corazón** majeur *m* ● **dedo gordo** pouce *m* ● **dedo índice** index *m* ● **dedo meñique** petit doigt *m* ● **hacer dedo** *(fam)* faire du stop

deducción [deðuk'θjon] *f* déduction *f*

deducir [deðu'θir] *vt* déduire

defecar [defe'kar] *vi* déféquer

defecto [de'fekto] *m* défaut *m*

defender [defen'der] *vt* défendre ◆ **defenderse** *vp* se défendre ● **defenderse de** *v prep* se défendre contre

defensa [de'fensa] *f* défense *f*

defensor, ra [defen'sor, ra] *m, f* défenseur *m*

deficiencia [defi'θjenθja] *f* **1.** *(defecto)* défaillance *f* **2.** *(falta, ausencia)* insuffisance *f*

deficiente [defi'θjente] *adj* déficient(e)

déficit ['defiθit] *m inv* **1.** *(en economía)* déficit *m* **2.** *(escasez)* manque *m*

definición [defini'θjon] *f* définition *f*

definir [defi'nir] *vt* définir ◆ **definirse** *vp* *(fig) (en postura, ideas)* prendre position

definitivo, va [defini'tiβo, βa] *adj* définitif(ive) ◆ **en definitiva** *loc* définitive

deformación [deforma'θjon] *f* déformation *f*

deformar [defor'mar] *vt* déformer

defraudar [defrau'ðar] *vt* **1.** *(decepcionar)* décevoir **2.** *(estafar)* frauder

defunción [defun'θjon] *f (formal)* décès *m*

degenerado, da [dexene'raðo, ða] *m, f* dégénéré *m,* -e *f*

degenerar [dexene'rar] *vi* dégénérer

degustación [deɣusta'θjon] *f* dégustation *f*

dejadez [dexa'ðeθ] *f* laisser-aller *m inv*

dejar [de'xar] *vt*

1 *(colocar, poner)* laisser ● deja el abrigo en la percha laisse ton manteau sur le porte-manteau ● le dejaré la llave a la portera *o* laisser raj la clef o la concierge ● en vacaciones dejo el perro a mi madre pendant les vacances, je laisse mon chien à ma mère ● deja un poco de café para mí laisse-moi un peu de café ● déjalo, que se fastidie laisse tomber, tant pis pour lui ● ¡déjame, que tengo trabajo laisse moi (tranquille), j'ai du travail !

▼ **dejen salir antes de entrar** laissez sortir avant d'entrer

2. *(prestar)* prêter ● me dejó su pluma para firmar il m'a prêté son stylo pour que je signe

3. *(abandonar)* quitter ● dejó a su familia il a quitté sa famille ● ha dejado los estudios il a abandonné ses études

4. *(producir)* ● ha dejado buena impresión il a fait bonne impression

5. *(omitir)* oublier ● dejar algo por *o* sin hacer ne pas faire qqch

6. *(esperar)* ● dejar que attendre que ● dejó que acabara de llover para salir il a attendu qu'il cesse de pleuvoir pour sortir

7. *(en locuciones)* ● dejar algo/a alguien aparte laisser qqch/qqn de côté ● dejar algo/a alguien atrás laisser qqch/qqn derrière soi ● dejar caer algo laisser entendre qqch

◆ **dejar de** *v prep*

1. *(parar)* arrêter de ● deja de gritar arrête de crier

2. *(olvidar)* ● ¡no dejes de escribirme! n'oublie pas de m'écrire !

◆ **dejarse** *vp*

1. *(olvidarse)* ● dejarse algo en algún sitio laisser *o* oublier qqch quelque part

2. *(descuidarse, abandonarse)* se laisser aller

3. *(en locuciones)* ● dejarse llevar por se laisser influencer par ● dejarse ver se montrer

◆ **dejarse de** *v prep* ● ¡déjate de cuentos! arrête de raconter des histoires !

del [del] ▶ **de, el**

delantal [delan'tal] *m* tablier *m*

delante [de'lante] *adv* devant ● **delante de** devant ● **por delante de** devant

delantera [delan'tera] *f (de coche, avión)* avant *m* ● **coger** o **tomar la delantera** devancer

delantero, ra [delan'tero, ra] *adj* avant *(inv)* ◊ *m, f (en deporte)* avant *m*

delatar [dela'tar] *vt* 1. *(persona)* dénoncer 2. *(suj: gesto, acto)* trahir

delco® ['delko] *m* Delco® *m*

delegación [deleɣa'θjon] *f* 1. *(oficina)* agence *f* 2. *(representación)* délégation *f*

delegado, da [dele'ɣaðo, ða] *m, f* délégué *m*, -e *f*

delegar [dele'ɣar] *vt* déléguer

deletrear [deletre'ar] *vt* épeler

delfín [del'fin] *m* dauphin *m*

delgado, da [del'ɣaðo, ða] *adj* 1. *(flaco)* maigre 2. *(fino)* mince

deliberadamente [deliβe,raða'mente] *adv* délibérément

deliberado, da [deliβe'raðo, ða] *adj* délibéré(e)

deliberar [deliβe'rar] *vt* délibérer

delicadeza [delika'ðeθa] *f* délicatesse *f*

delicado, da [deli'kaðo, ða] *adj* délicat(e)

delicia [de'liθja] *f* délice *m*

delicioso, sa [deli'θjoso, sa] *adj* délicieux(euse)

delincuencia [delin'kwenθja] *f* délinquance *f*

delincuente [delin'kwente] *mf* délinquant *m*, -e *f* ● **delincuente común** petit délinquant

delirante [deli'rante] *adj* délirant(e)

delirar [deli'rar] *vi* délirer

delirio [de'lirjo] *m* délire *m*

delito [de'lito] *m* délit *m*

delta ['delta] *m* delta *m*

demanda [de'manda] *f* 1. demande *f* 2. *(en un juicio)* action *f* en justice

demandar [deman'dar] *vt* 1. *(pedir)* demander 2. *(en un juicio)* poursuivre

demás [de'mas] *adj* ● **las demás personas** les autres personnes ◊ *pron* ● **los/ las demás** les autres ● **lo demás** le reste ● **por lo demás** à part ça

demasiado, da [dema'sjaðo, ða] *adj* trop de ◊ *adv* trop ● **demasiado pan** trop de pain ● **come demasiado** il mange trop

demencia [de'menθja] *f* démence *f*

demente [de'mente] *adj* dément(e)

democracia [demo'kraθja] *f* démocratie *f*

demócrata [de'mokrata] *adj & mf* démocrate

democráticamente [demo,kratika'mente] *adv* démocratiquement

democrático, ca [demo'kratiko, ka] *adj* démocratique

demoledor, ra [demole'ðor, ra] *adj* 1. *(máquina, aparato)* de démolition 2. *(argumento)* écrasant(e) 3. *(crítica)* virulent(e)

demoler [demo'ler] *vt* démolir

demonio [de'monjo] *m* démon *m* ● **¿qué demonios está haciendo?** bon sang, qu'est-ce qu'il fait ?

demora [de'mora] *f* retard *m*

demostración [demostra'θjon] *f* 1. démonstration *f* 2. *(de afecto, sentimiento)* preuve *f*

demostrar [demos'trar] *vt* 1. *(probar)* démontrer 2. *(indicar)* montrer

denominación [denomina'θjon] *f* dénomination *f* ● **denominación de origen** appellation *f* d'origine

La denominación de origen

En Espagne et en Amérique latine, la **denominación de origen** ou **D.O.** est un label de qualité apposé sur certains vins et denrées alimentaires qui ont été produits selon des méthodes approuvées par le syndicat professionnel.

densidad [densi'ðað] *f* densité *f*

denso, sa ['denso, sa] *adj* dense

dentadura [denta'ðura] *f* dentition *f* • **dentadura postiza** dentier *m*

dentífrico [den'tifriko] *m* dentifrice *m*

dentista [den'tista] *mf* dentiste *mf*

dentro ['dentro] *adv* (en el interior) dedans, à l'intérieur • **dentro de** dans • **dentro del coche** dans la voiture • **dentro de un año** dans un an

denunciante [denun'θjante] *mf* dénonciateur *m*, -trice *f*

denunciar [denunθi'ar] *vt* dénoncer

departamento [departa'mento] *m* 1. (de armario, maleta) compartiment *m* 2. (de empresa, organismo) département *m*

dependencia [depen'denθja] *f* 1. (subordinación) dépendance *f* 2. (sección, departamento) service *m* • **dependencias** *fpl* (en edificio) dépendances *fpl*

depender [depen'der] • **depender de** *v prep* dépendre de

dependiente, ta [depen'djente, ta] *m, f* vendeur *m*, -euse *f*

depilarse [depi'larse] *vp* s'épiler

depilatorio, ria [depila'torjo, rja] *adj* dépilatoire

deporte [de'porte] *m* sport *m* • **deportes de invierno** sports d'hiver • **hacer deporte** faire du sport

deportista [depor'tista] *mf* sportif *m*, -ive *f*

deportivo, va [depor'tiβo, βa] *adj* 1. (competición, prueba) sportif(ive) 2. (zapatillas, ropa) de sport 3. (conducta, comportamiento) fair-play (*inv*) ◇ *m* voiture *f* de sport

depositar [deposi'tar] *vt* déposer

depósito [de'posito] *m* 1. dépôt *m* 2. (recipiente) réservoir *m* • **depósito de agua** citerne *f* • **depósito de gasolina** réservoir d'essence

depre ['depre] (*fam*) *adj* déprimé(e) ◇ *f* déprime *f*

depresión [depre'sjon] *f* dépression *f*

depresivo, va [depre'siβo, βa] *adj* dépressif(ive)

deprimido, da [depri'miðo, ða] *adj* déprimé(e)

deprimir [depri'mir] *vt* déprimer • **deprimirse** *vp* être déprimé(e)

deprisa [de'prisa] *adv* vite

depuradora [depura'ðora] *f* épurateur *m*

depurar [depu'rar] *vt* épurer

derecha [de'retʃa] *f* • **la derecha** (lado derecho) la droite ; (mano derecha) la main droite • **a la derecha** à droite • **ser de derechas** être de droite

derecho, cha [de'retʃo, tʃa] *adj* droit(e) ◇ *m* 1. droit *m* 2. (de tela, prenda) endroit *m* ◇ *adv* droit • **todo derecho** tout droit • **del derecho** à l'endroit • **¡no hay derecho!** ce n'est pas juste !

derivar [deri'βar] ◆ **derivar de** *v prep* *(proceder de)* dériver de ◆ **derivar en** *v prep* *(acabar en)* se terminer par

dermoprotector, ra [ˌdermoprotek'tor, ra] *adj* dermoprotecteur(trice)

derramar [dera'mar] *vt* répandre ◆ **derramarse** *vp* se répandre

derrame [de'rame] *m* écoulement *m* ● **derrame cerebral** hémorragie *f* cérébrale

derrapar [dera'par] *vi* déraper

derretir [dere'tir] *vt* faire fondre ◆ **derretirse** *vp* fondre

derribar [deri'βar] *vt* **1.** *(casa, muro)* abattre **2.** *(fig) (régimen, gobernante)* renverser

derrochar [dero'tʃar] *vt* **1.** *(dinero)* gaspiller **2.** *(esfuerzos)* déployer **3.** *(simpatía, energía)* déborder de

derroche [de'rotʃe] *m* **1.** *(de dinero)* gaspillage *m* **2.** *(de esfuerzos)* déploiement *m* **3.** *(de simpatía, energía)* démonstration *f*

derrota [de'rota] *f* défaite *f*

derrotar [dero'tar] *vt* battre

derrumbar [derum'bar] *vt* démolir ◆ **derrumbarse** *vp* s'effondrer

desabrochar [desaβro'tʃar] *vt* défaire *(botón, agrafe)* ◆ **desabrocharse** *vp* se déboutonner

desaconsejable [desakonse'xaβle] *adj* déconseillé(e)

desacreditar [desakreði'tar] *vt* discréditer

desacuerdo [desa'kɣerðo] *m* désaccord *m*

desafiar [desafi'ar] *vt* **1.** *(persona)* défier **2.** *(elementos, peligros)* affronter ● **desafiar a alguien a** défier qqn de

desafinar [desafi'nar] *vi* **1.** *(persona)* chanter faux **2.** *(instrumento)* être désaccordé(e) ◆ **desafinarse** *vp* **1.** *(instrumento de cuerda)* se désaccorder **2.** *(instrumento de viento)* sonner faux

desafío [desa'fio] *m* défi *m*

desafortunadamente [desafortu,naða'mente] *adv* malheureusement

desafortunado, da [desafortu'naðo, ða] *adj* **1.** *(sin suerte)* malchanceux(euse) **2.** *(inoportuno)* malheureux(euse)

desagradable [desaɣra'ðaβle] *adj* désagréable

desagradecido, da [desaɣraðe'θiðo, ða] *adj* ingrat(e)

desagüe [de'saɣɣe] *m* tuyau *m* d'écoulement

desahogarse [desao'ɣarse] *vp* **1.** *(hablar)* s'épancher **2.** *(aliviarse)* se défouler

desaire [de'saire] *m* affront *m*

desajuste [desa'xuste] *m* **1.** *(de máquina, conducta)* dérèglement *m* **2.** *(económico)* déséquilibre *m* ● **desajuste horario** décalage *m* horaire

desaliñado, da [desali'naðo, ða] *adj* négligé(e)

desalojar [desalo'xar] *vt* (faire) évacuer ● **desalojar a alguien de** déloger qqn de

desamparado, da [desampa'raðo, ða] *adj* abandonné(e)

desangrarse [desan'grarse] *vp* **1.** saigner abondamment **2.** *(totalmente)* perdre tout son sang

desanimar [desani'mar] *vt* décourager ◆ **desanimarse** *vp* se décourager

desaparecer [desapare'θer] *vi* disparaître

desaparecido, da [desapare'θiðo, ða] *m, f* disparu *m*, -e *f*

desaparición [desapari'θjon] *f* disparition *f*

desapercibido, da [desaperθi'βiðo, ða] *adj* ● **pasar desapercibido** passer inaperçu

desaprovechar [desaproβe'tʃar] *vt* 1. *(tiempo, ocasión)* perdre 2. *(comida, agua)* gaspiller

desarmador [desarma'ðor] *m (Méx)* tournevis *m*

desarrollado, da [desaro'ʎaðo, ða] *adj* développé(e)

desarrollador, ra [desaroʎa'ðor, ra] *m, f* développeur *m*

desarrollar [desaro'ʎar] *vt* développer ● **desarrollarse** *vp* 1. se développer 2. *(suceder, ocurrir)* se dérouler

desarrollo [desa'roʎo] *m* 1. développement *m* 2. *(de una persona)* croissance *f*

desasosiego [desaso'sjeɣo] *m* trouble *m*

desastre [de'sastre] *m* 1. *(catástrofe, fracaso)* désastre *m* 2. *(fig) (persona inútil)* calamité *f* 3. *(fig) (objeto de mala calidad)* catastrophe *f*

desatar [desa'tar] *vt* 1. détacher *m* 2. *(sentimiento)* déchaîner

desatino [desa'tino] *m* bêtise *f*

desavenencia [desaβe'nenθja] *f (desacuerdo)* désaccord *m*

desayunar [desaju'nar] *vi* prendre son petit déjeuner ◇ *vt* ● **desayunar algo** prendre qqch au petit déjeuner

desayuno [desa'juno] *m* petit déjeuner *m*

desbarajuste [desβara'xuste] *m* désordre *m*

desbaratar [desβara'tar] *vt* faire échouer

desbloquear [desβloke'ar] *vt* déverrouiller

desbordarse [desβor'ðarse] *vp* 1. *(río, lago)* déborder 2. *(sentimiento, pasión)* se déchaîner

descabellado, da [deskaβe'ʎaðo, ða] *adj* insensé(e)

descafeinado [deskafej'naðo] *adj m* décaféiné ◇ *m* décaféiné *m*

descalificar [deskalifi'kar] *vt* 1. *(jugador)* disqualifier 2. *(desacreditar)* discréditer

descalzarse [deskal'θarse] *vp* se déchausser

descalzo, za [des'kalθo, θa] *adj* pieds nus ● **ir descalzo** marcher pieds nus

descampado [deskam'paðo] *m* terrain *m* vague

descansar [deskan'sar] *vi* se reposer

descansillo [deskan'siʎo] *m* palier *m* *(d'escalier)*

descanso [des'kanso] *m* 1. *(reposo)* repos *m* 2. *(pausa)* pause *f* 3. *(alivio)* soulagement *m* 4. *(en espectáculo)* entracte *m* 5. *(en competición)* mi-temps *f inv*

descapotable [deskapo'taβle] *m* décapotable *f*

descarado, da [deska'raðo, ða] *adj* effronté(e)

descarga [des'karɣa] *f* 1. déchargement *m* 2. *INFORM* téléchargement *m* ● **descarga eléctrica** décharge *f* électrique

descargar [deskar'ɣar] *vt* 1. décharger 2. *INFORM* télécharger ● **descargarse** *vp* 1. *(batería, encendedor)* se décharger 2. *(desahogarse)* se défouler

descaro [des'karo] *m* effronterie *f*

descarrilar [deskari'lar] *vi* dérailler

descartar [deskar'tar] *vt* écarter

descendencia [desθen'denθja] *f* descendance *f*

descender [desθen'der] *vi* **1.** *(bajar)* descendre **2.** *(disminuir)* baisser

descendiente [desθen'djente] *mf* descendant *m*, -e *f*

descenso [des'θenso] *m* **1.** descente *f* **2.** *(de índice, temperatura)* baisse *f*

descifrar [desθi'frar] *vt* déchiffrer

descolgar [deskol'ɣar] *vt* & *vi* décrocher

descolorido, da [deskolo'riðo, ða] *adj* décoloré(e)

descomponer [deskompo'ner] *vt* **1.** décomposer **2.** *(estropear)* abîmer ◆ **descomponerse** *vp* **1.** se décomposer **2.** *(Méx) (averiarse)* tomber en panne

descomposición [deskomposi'θjon] *f* décomposition *f* ● **descomposición (de vientre)** dérangement *m* intestinal

descomprimir [deskompri'mir] *vt* INFORM décompresser, dézipper

descompuesto, ta [deskom'pwesto, ta] *pp* ➤ **descomponer** ◇ *adj (Méx)* en panne

desconcertante [deskonθer'tante] *adj* déconcertant(e)

desconcertar [deskonθer'tar] *vt* déconcerter

desconectarse [deskonek'tarse] *vp* INFORM se déconnecter

desconfianza [deskon'fjanθa] *f* méfiance *f*

desconfiar [deskonfi'ar] ◆ **desconfiar de** *v prep* ne pas avoir confiance en

descongelar [deskonxe'lar] *vt* **1.** *(alimentos, bebidas)* décongeler **2.** *(nevera)* dégivrer ◆ **descongelarse** *vp* décongeler

descongestionarse [deskonxestjo'narse] *vp* **1.** *(tráfico)* se débloquer **2.** *(nariz)* se déboucher

desconocer [deskono'θer] *vt* **1.** *(no conocer)* ne pas connaître **2.** *(no saber)* ignorer

desconocido, da [deskono'θiðo, ða] *m*, *f* inconnu *m*, -e *f*

desconocimiento [deskonoθi'mjento] *m* méconnaissance *f*

desconsiderado, da [deskonsiðe'raðo, ða] *adj* grossier(ère)

desconsolado, da [deskonso'laðo, ða] *adj* triste

desconsuelo [deskon'swelo] *m* tristesse *f*

descontar [deskon'tar] *vt* déduire

descrédito [des'kreðito] *m* discrédit *m*

describir [deskri'βir] *vt* décrire

descripción [deskrip'θjon] *f* description *f*

descuartizar [deskwarti'θar] *vt* dépecer

descubierto, ta [desku'βjerto, ta] *pp* ➤ **descubrir** ◇ *adj* **1.** *(sin tapar)* découvert(e) **2.** *(sin nubes)* dégagé(e) ● **al descubierto** *(al aire libre)* en plein air ; *(en evidencia)* ouvertement

descubrimiento [deskuβri'mjento] *m* découverte *f*

descubrir [desku'βrir] *vt* **1.** découvrir **2.** *(inventar)* inventer

descuento [des'kwento] *m (rebaja)* remise *f*

descuerar [deskwe'rar] *vt (Amér) (fig)* dénigrer

descuidado, da [deskwi'ðaðo, ða] *adj* **1.** *(persona, aspecto)* négligé(e) **2.** *(lugar)* mal entretenu(e)

descuidar [deskwi'ðar] *vt* négliger ◆ **descuidarse** *vp* ne pas faire attention

descuido [des'kчido] *m* **1.** *(imprudencia)* inattention *f* **2.** *(error)* négligence *f*

desde ['dezðe] *prep* **1.** *(en el tiempo)* depuis *f* **2.** *(en el espacio)* de ◆ **desde el lunes** depuis lundi ◆ **desde mi casa** de ma maison ◆ **desde luego** bien sûr ◆ **desde que** depuis que ◆ **desde que murió** depuis qu'il est mort

desdén [dez'ðen] *m* dédain *m*

desdentado, da [dezðen'taðo, ða] *adj* édenté(e)

desdicha [dez'ðitʃa] *f* malheur *m*

desdoblar [dezðo'βlar] *vt* déplier

desear [dese'ar] *vt* désirer ◆ **te deseo mucha suerte** je te souhaite bonne chance

desechable [dese'tʃaβle] *adj* jetable

desechar [dese'tʃar] *vt* rejeter

desecho [de'setʃo] *m* déchet *m*

desembarcar [desembar'kar] *vi* débarquer

desembocadura [desemboka'ðura] *f* **1.** *(de río)* embouchure *f* **2.** *(de calle)* débouché *m*

desembocar [desembo'kar] ◆ **desembocar en** *v prep* **1.** *(río)* se jeter dans **2.** *(calle, situación)* déboucher sur

desempeñar [desempe'ɲar] *vt* **1.** *(papel)* jouer **2.** *(funciones)* exercer **3.** *(objeto empeñado)* récupérer

desempleo [desem'pleo] *m* chômage *m*

desencadenar [desenkaðe'nar] *vt* *(provocar)* déchaîner ◆ **desencadenarse** *vp* se déchaîner

desencajarse [desenka'xarse] *vp* **1.** *(pieza)* se déboîter **2.** *(rostro)* se décomposer

desencanto [desen'kanto] *m* désenchantement *m*

desenchufar [desentʃu'far] *vt* débrancher

desenfadado, da [desenfa'ðaðo, ða] *adj* décontracté(e)

desenfrenado, da [desenfre'naðo, ða] *adj* effréné(e)

desengañar [desenga'ɲar] *vt* détromper ◆ **desengañarse** *vp* se détromper ◆ **desengañarse de** *v prep* être déçu(e) par

desengaño [desen'gaɲo] *m* déception *f*

desenlace [desen'laθe] *m* dénouement *m*

desenmascarar [desemmaska'rar] *vt* démasquer

desenredar [desenre'ðar] *vt* démêler

desentenderse [desenten'derse] ◆ **desentenderse de** *v prep* *(obligaciones, actividades)* négliger

desenvolver [desembol'βer] *vt* *(paquete, regalo)* défaire ◆ **desenvolverse** *vp* *(persona)* se débrouiller

deseo [de'seo] *m* désir *m*

desequilibrado, da [desekili'βraðo, ða] *adj* déséquilibré(e)

desesperación [desespera'θjon] *f* désespoir *m*

desesperarse [desespe'rarse] *vp* se désespérer

destacható [destatʃa'to] *m* toupet *m*

desfallecer [desfaʎe'θer] *vi* défaillir

desfigurarse [desfiɣu'rarse] *vp* se décomposer *(visage)*

desfiladero [desfila'ðero] *m* défilé *m* *(en montagne)*

desfile [des'file] *m* défilé *m*

desfragmentación [desfraɣmenta'θjon] *f* INFORM défragmentation *f*

desfragmentar [desfraɣmen'tar] *vt INFORM* défragmenter

desgana [dez'ɣana] *f* (falta de apetito) manque *m* d'appétit ● **con desgana** sans entrain

desgastar [dezɣas'tar] *vt* user

desgracia [dez'ɣraθja] *f* **1.** (suerte contraria) malchance *f* **2.** (suceso trágico) malheur *m* ● **por desgracia** malheureusement

desgraciadamente [dezɣra,θjaða'mente] *adv* malheureusement

desgraciado, da [dezɣra'θjaðo, ða] *m, f* pauvre homme *m*, pauvre femme *f*

desgraciar [dezɣra'θjar] *vt* abîmer

desgreñado, da [dezɣre'naðo, ða] *adj* échevelé(e) ● **ir desgreñado** être échevelé

deshacer [desa'θer] *vt* **1.** défaire **2.** (destruir) détruire **3.** (derretir) faire fondre ● **deshacerse** *vp* **1.** se défaire **2.** (derretirse) fondre ● **deshacerse de** *v prep* se défaire o se débarrasser de

deshecho, cha [de'setʃo, tʃa] *adj* **1.** (sin hacer) défait(e) **2.** (estropeado) cassé(e) **3.** (triste, abatido) abattu(e)

desheredar [desere'ðar] *vt* déshériter

deshidratarse [desiðra'tarse] *vp* se déshydrater

deshielo [dez'jelo] *m* dégel *m*

deshonesto, ta [deso'nesto, ta] *adj* malhonnête

deshonra [de'sonra] *f* déshonneur *m*

deshuesar [dezwe'sar] *vt* **1.** (carne) désosser **2.** (fruta) dénoyauter

desierto, ta [de'sjerto, ta] *adj* désert(e) ◇ *m* désert *m*

designar [desiɣ'nar] *vt* **1.** (persona) désigner **2.** (lugar) choisir

desigual [desi'ɣual] *adj* **1.** (no uniforme) inégal(e) **2.** (irregular) changeant(e)

desigualdad [desiɣual'dað] *f* inégalité *f*

desilusión [desilu'sjon] *f* désillusion *f*

desilusionar [desilusjo'nar] *vt* décevoir

desinfectante [desinfek'tante] *m* désinfectant *m*

desinfectar [desinfek'tar] *vt* désinfecter

desinflar [desin'flar] *vt* dégonfler

desinstalar [desinsta'lar] *vt INFORM* désinstaller

desintegración [desinteɣra'θjon] *f* désintégration *f*

desinterés [desinte'res] *m* manque *m* d'intérêt

desinteresado, da [desintere'saðo, ða] *adj* désintéressé(e)

desistir [desis'tir] ● **desistir de** *v prep* ● **desistir de (hacer) algo** renoncer à (faire) qqch

desliz, ces [dez'liθ, θes] *m* faux pas *m*

deslizar [dezli'θar] *vt* (hacer pasar) glisser ● **deslizarse** *vp* (resbalar) glisser

deslumbrar [dezlum'brar] *vt* éblouir

desmadrarse [dezma'ðrarse] *vp* (fam) (persona) délirer

desmaquillador [dezmakiʎa'ðor] *m* (producto) démaquillant *m*

desmaquillarse [dezmaki'ʎarse] *vp* se démaquiller

desmayarse [dezma'jarse] *vp* s'évanouir

desmayo [dez'majo] *m* évanouissement *m*

desmentir [dezmen'tir] *vt* démentir

desmesurado, da [dezmesu'raðo, ða] *adj* démesuré(e)

desmontar [dezmon'tar] *vt (estructura, aparato)* démonter ◆ **desmontar de** *v prep (del caballo)* descendre de

desmoralizar [dezmorali'θar] *vt* démoraliser

desnatado, da [dezna'taðo, ða] *adj (Esp)* écrémé(e)

desnivel [dezni'βel] *m* déséquilibre m

desnudar [deznu'ðar] *vt* déshabiller ◆ **desnudarse** *vp* se déshabiller

desnudo, da [dez'nuðo, ða] *adj* nu(e)

desnutrición [deznutri'θjon] *f* malnutrition f

desobedecer [desoβeðe'θer] *vt* désobéir

desobediente [desoβe'ðjente] *adj* désobéissant(e)

desodorante [desoðo'rante] *m* déodorant m

desorden [de'sorðen] *m* désordre m ◆ **en desorden** en désordre

desordenar [desorðe'nar] *vt* déranger

desorganización [desorγaniθa'θjon] *f* désorganisation f

desorientar [desorjen'tar] *vt* désorienter ◆ **desorientarse** *vp* **1.** *(perderse)* se perdre **2.** *(confundirse)* être désorienté(e)

despachar [despa'tʃar] *vt* **1.** *(vender)* vendre **2.** *(despedir)* congédier

despacho [des'patʃo] *m* bureau m ◆ **despacho de billetes** guichet m

despacio [des'paθjo] *adv* lentement ◇ *interj* doucement !

despampanante [despampa'nante] *adj (fam) (chica)* canon *(inv)*

desparpajo [despar'paxo] *m* sans-gêne *inv*

despecho [des'petʃo] *m* dépit m

despectivo, va [despek'tiβo, βa] *adj* méprisant(e)

despedida [despe'ðiða] *f* adieux *mpl*

despedir [despe'ðir] *vt* **1.** *(decir adiós)* dire au revoir à **2.** *(del trabajo)* renvoyer **3.** *(arrojar)* jeter **4.** *(desprender)* dégager **5.** *(suj: volcán)* cracher ◆ **despedirse** *vp* **1.** *(decir adiós)* dire au revoir **2.** *(del trabajo)* quitter son travail

despegar [despe'γar] *vt & vi* décoller ◆ **despegarse** *vp* se décoller

despegue [des'peγe] *m* décollage m

despeinarse [despei'narse] *vp* se décoiffer

despejado, da [despe'xaðo, ða] *adj* dégagé(e)

despejar [despe'xar] *vt* **1.** *(lugar)* dégager **2.** *(incógnita)* trouver **3.** *(dudas)* éclaircir ◆ **despejarse** *vp* **1.** *(cielo, día)* se dégager **2.** *(persona)* se réveiller

despensa [des'pensa] *f* garde-manger m *inv*

despeñadero [despeɲa'ðero] *m* précipice m

desperdiciar [desperði'θjar] *vt* gaspiller

desperdicio [desper'ðiθjo] *m* gaspillage m ◆ **desperdicios** *mpl (basura)* déchets *mpl*

desperezarse [despere'θarse] *vp* s'étirer

desperfecto [desper'fekto] *m* dégât m

despertador [desperta'ðor] *m* réveil m

despertar [desper'tar] *vt* **1.** *(persona)* réveiller **2.** *(interés, sospecha)* éveiller **3.** *(admiración)* susciter ◆ **despertarse** *vp* se réveiller

despido [des'piðo] *m* licenciement m

despierto, ta [des'pjerto, ta] *adj* éveillé(e)

despistado, da [despis'taðo, ða] *adj* tête en l'air

despistarse [despis'tarse] *vp* **1.** *(desorientarse)* s'égarer **2.** *(distraerse)* avoir un moment d'inattention

despiste [des'piste] *m* **1.** *(distracción)* étourderie *f* **2.** *(error)* faute *f* d'étourderie

desplazarse [despla'θarse] *vp* se déplacer

desplegar [desple'ɣar] *vt* **1.** *(mapa, periódico)* déplier **2.** *(cualidad, alas, bandera)* déployer

desplomarse [desplo'marse] *vp* s'effondrer

despojos [des'poxos] *mpl* **1.** *(de animal)* abats *mpl* **2.** *(de persona)* dépouille *f* mortelle **3.** *(sobras)* restes *mpl*

despreciar [despre'θjar] *vt* **1.** *(persona, cosa)* mépriser **2.** *(posibilidad, propuesta)* rejeter

desprecio [des'preθjo] *m* mépris *m*

desprender [despren'der] *vt* **1.** *(desenganchar)* détacher **2.** *(olor)* dégager ◆ **desprenderse** *vp* se détacher ◆ **desprenderse de** *v prep* **1.** *(deshacerse de)* se détacher de **2.** *(deducirse de)* se dégager de

desprendimiento [desprendi'mjento] *m* éboulement *m*

despreocuparse [despreoku'parse] ◆ **despreocuparse de** *v prep* se désintéresser de

desprevenido, da [despreβe'niðo, ða] *adj* ● **coger desprevenido** prendre au dépourvu

desproporcionado, da [desproporθjo'naðo, ða] *adj* disproportionné(e)

después [des'pwes] *adv*
1. *(en el tiempo)* après ● **decídete, después será demasiado tarde** décide-toi, après il sera trop tard
2. *(en espacio, lista)* ensuite ● **¿qué calle viene después?** quelle rue y a-t-il ensuite ? ● **Juan está primero, después vas tú** Juan est le premier, ensuite c'est toi
3. *(en locuciones)* ● **después de comer** après le déjeuner ● **después de que te fueras** après que tu es parti ● **después de todo** après tout
◇ *adj* ● **vino años después** il est venu des années plus tard

destacar [desta'kar] *vt* *(realzar)* souligner ◇ *vi* *(resaltar)* ressortir

destajo [des'taxo] *m* forfait *m* ● **a destajo** *(por un tanto)* au forfait ; *(sin descanso)* d'arrache-pied

destapar [desta'par] *vt* *(caja, botella)* ouvrir

destello [des'teʎo] *m* *(de luz)* éclat *m*

destemplado, da [destem'plaðo, ða] *adj* *(persona)* fiévreux(euse)

desteñir [deste'ɲir] *vt* **1.** ternir **2.** *(suj: ropa)* déteindre sur ◇ *vi* déteindre

desternillante [desterni'ʎante] *adj* *(fam)* tordant(e)

desterrar [deste'rar] *vt* **1.** *(persona)* exiler **2.** *(fig)* *(pensamiento, sentimiento)* chasser

destierro [des'tjero] *m* exil *m*

destilación [destila'θjon] *f* distillation *f*

destilar [desti'lar] *vt* distiller

destilería [destile'ria] *f* distillerie *f*

destinar [desti'nar] *vt* destiner ● **destinar a alguien a** affecter qqn à

destinatario, ria [destina'tarjo, rja] *m, f* destinataire *mf*

destino [des'tino] *m* 1. *(azar)* destin *m* 2. *(de viaje)* destination *f* 3. *(finalidad)* usage *m* 4. *(trabajo)* affectation *f* • **con destino a** à destination de

destornillador [destorniʎa'ðor] *m* tournevis *m*

destornillar [destorni'ʎar] *vt* dévisser

destrozar [destro'θar] *vt* 1. *(objeto)* mettre en pièces 2. *(plan, proyecto)* détruire 3. *(fig) (persona, carrera)* briser

destrucción [destruk'θjon] *f* destruction *f*

destruir [destru'ir] *vt* 1. *(plan, proyecto)* démolir

desuso [de'suso] *m* • **caer en desuso** tomber en désuétude

desvalijar [dezβali'xar] *vt* dévaliser

desván [dez'βan] *m* grenier *m*

desvanecimiento [dezβaneθi'mjento] *m* évanouissement *m*

desvariar [dezβari'ar] *vi* délirer

desvelar [dezβe'lar] *vt* 1. *(persona)* empêcher de dormir 2. *(secreto, misterio)* dévoiler • **desvelarse** *vp* ne pas pouvoir dormir

desventaja [dezβen'taxa] *f* désavantage *m*

desvergonzado, da [dezβerɣon'θaðo, ða] *adj* effronté(e)

desvestirse [dezβes'tirse] *vp* se dévêtir

desviar [dezβi'ar] *vt* détourner • **desviarse de** *v prep* 1. *(camino)* dévier de 2. *(tema)* s'éloigner de

desvío [dez'βio] *m* déviation *f*

detallar [deta'ʎar] *vt* détailler

detalle [de'taʎe] *m* 1. *(pormenor, minucia)* détail *m* 2. *(delicadeza)* attention *f* • **al detalle** *(minuciosamente)* en détail

detallista [deta'ʎista] *adj* méticuleux(euse)

detectar [detek'tar] *vt* détecter

detective [detek'tiβe] *mf* détective *mf*

detener [dete'ner] *vt* arrêter • **detenerse** *vp* s'arrêter

detenido, da [dete'niðo, ða] *m, f* détenu *m, -e f*

detergente [deter'xente] *m* 1. *(para la ropa)* lessive *f* 2. *(para el suelo)* détergent *m*

determinación [determina'θjon] *f* détermination *f* • **tomar una determinación** prendre une résolution

determinado, da [determi'naðo, ða] *adj* déterminé(e)

determinante [determi'nante] *adj* déterminant(e)

determinar [determi'nar] *vt* 1. *(fijar)* déterminer 2. *(causar, motivar)* être à l'origine de • **determinar hacer algo** décider de faire qqch

detestable [detes'taβle] *adj* détestable

detestar [detes'tar] *vt* détester

detrás [de'tras] *adv* 1. *(en el espacio)* derrière 2. *(en el orden)* après • **detrás de la puerta** derrière la porte • **por detrás** par derrière

deuda ['deuða] *f* dette *f* • **contraer deudas** avoir des dettes

devaluación [deβalua'θjon] *f* dévaluation *f*

devaluar [deβalu'ar] *vt* dévaluer

devoción [deβo'θjon] *f* dévotion *f*

devolución [deβolu'θjon] *f* **1.** *(de dinero)* remboursement *m* **2.** *(de objetos)* retour *m* à l'expéditeur

devolver [deβol'βer] *vt* & *vi* rendre ▼ **devuelve cambio** cet appareil rend la monnaie

devorar [deβo'rar] *vt* dévorer

devoto, ta [de'βoto, ta] *adj (en religión)* dévot(e) ● **ser devoto de** *(aficionado)* être amateur de

dg *(abr escrita de decigramo)* dg *(décigramme)*

DGT ['de'xe'te] *(abr de Dirección General de Tráfico) organisme dépendant du ministère de l'Intérieur espagnol, chargé de la circulation routière*

día ['dia] *m* **1.** jour *m* **2.** *(espacio de tiempo)* journée *f* ● **día del espectador** *jour où le prix des places de cinéma est réduit* ● **día festivo/laborable** jour férié/ouvrable ● **día de los inocentes** *(Esp)* ≃ 1er avril ● **día libre** jour de congé ● **día del santo (patrón)** fête *f* patronale ● **día de los muertos** Toussaint *f* ● **es de día** il fait jour ● **al día siguiente** le lendemain ● **del día** frais (fraîche) *(alimentos)* ● **por día** par jour

El Día de los Inocentes

La tradition veut que le jour des saints Innocents, soit le 28 décembre, les enfants et les adultes se fassent des plaisanteries et se jouent des tours appelés **inocentadas**. La plaisanterie la plus courante est d'accrocher un personnage découpé dans du papier dans le dos de quelqu'un sans qu'il s'en rende compte. Les médias diffusent généralement une fausse nouvelle qu'ils démentent le lendemain.

El Día de los Muertos

C'est le nom que porte au Mexique le jour où l'on célèbre les défunts et qui correspond en Espagne à la fête de la Toussaint. Cette fête, l'une des plus importantes du Mexique, qui commence le premier novembre, est surtout célébrée le 2. Aujourd'hui, reprenant l'exemple d'Halloween, les enfants se déguisent de mort, momies, vampires, sorcières, etc. Les pâtissiers vendent des têtes de mort en sucre et en chocolat de toutes tailles qui portent sur le front le nom de la personne à laquelle elles seront offertes ainsi que le **pan de muerto**, une sorte de grand pain au lait rond recouvert de sucre. Dans les maisons et dans les rues, les gens portent des offrandes à leurs morts, des fleurs, des bougies et un assortiment des choses que le défunt aimait de son vivant : par exemple, de la tequila, des cigarettes, du pain.

diabetes [dja'βetes] *f inv* diabète *m*

diabético, ca [dja'βetiko, ka] *m, f* diabétique *mf*

diablo [di'aβlo] m diable m ◆ ¿qué diablos quieres? qu'est-ce que tu veux, à la fin ?

diablura [dia'βlura] f diablerie f

diabólico, ca [dja'βoliko, ka] adj diabolique

diadema [dja'ðema] f serre-tête m inv

diagnosticar [djaɣnosti'kar] vt diagnostiquer

diagnóstico [djaɣ'nostiko] m diagnostic m

dialecto [dja'lekto] m dialecte m

diálogo [di'aloɣo] m dialogue m

diamante [dja'mante] m diamant m ◆ **diamantes** mpl (palo de la baraja) carreau m

diana ['djana] f centre m de la cible

diapositiva [djaposi'tiβa] f diapositive f

diariero, ra [dja'rjero, ra] m, f (Andes & CSur) journaliste mf

diario, ria [di'arjo, rja] adj quotidien(enne) ◇ m journal m ◆ **a diario** tous les jours

diarrea [dja'rea] f diarrhée f

dibujar [diβu'xar] vt dessiner

dibujo [di'βuxo] m dessin m ◆ **dibujos animados** dessins animés

diccionario [dikθjo'narjo] m dictionnaire m ◆ **diccionario de bolsillo** dictionnaire de poche

dicha ['ditʃa] f bonheur m

dicho, cha ['ditʃo] pp ➤ **decir** ◇ m dicton m ◇ adj ◆ **dicho y hecho** aussitôt dit aussitôt fait ◆ **mejor dicho** ou plutôt

diciembre [di'θjembre] m décembre m ◆ **a principios/finales de diciembre** début/fin décembre ◆ **a mediados de diciembre** à la mi-décembre ◆ **el pasado/**

próximo (mes de) diciembre en décembre dernier/prochain ◆ **en diciembre** en décembre ◆ **este (mes de) diciembre** (pasado) en décembre dernier ; (próximo) en décembre prochain ◆ **para diciembre** en décembre ◆ **uno de los diciembres más fríos** l'un des mois de décembre les plus froids ◆ **el cuatro de diciembre** le quatre décembre

dictado [dik'taðo] m dictée f

dictador [dikta'ðor] m dictateur m

dictadura [dikta'ðura] f dictature f

dictamen [dik'tamen] m avis m

dictar [dik'tar] vt **1.** (texto) dicter **2.** (decreto, ley) promulguer

dictatorial [diktato'rjal] adj dictatorial(e)

diecinueve [djeθi'nweβe] núm dix-neuf

dieciocho [dje'θjotʃo] núm dix-huit

dieciséis [djeθi'sejs] núm seize

diecisiete [djeθi'sjete] núm dix-sept

diente ['djente] m dent f ◆ **diente de ajo** gousse f d'ail ◆ **diente de leche** dent de lait

diéresis ['djeresis] f inv tréma m

diésel ['djesel] m diesel m

diestro, tra ['djestro, tra] adj **1.** (de la derecha) droit(e) **2.** (experto) adroit(e) ◇ m (torero) torero m

dieta ['djeta] f régime m ◆ **dietas** fpl frais mpl

dietética [dje'tetika] f diététique f

diez ['djeθ] adj inv & m dix ◇ mpl dix ◇ fpl ◆ **las diez** dix heures ◆ **doscientos diez** deux cent dix ◆ **de diez en diez** dix par dix ◆ **empatados a diez** dix partout ◆ **los diez** les dix ◆ **diez a cero** dix à zéro

diferencia [dife'renθja] f 1. différence f 2. *(discrepancia)* différend m ● **a diferencia de** à la différence de

diferenciar [diferen'θjar] vt différencier

diferente [dife'rente] adj différent(e) ◇ adv différemment

diferido, da [dife'riðo, ða] adj différé(e) ● **en diferido** en différé

diferir [dife'rir] vt *(posponer)* différer ◆ **diferir de** v prep *(estar en desacuerdo con)* ne pas être d'accord avec

difícil [di'fiθil] adj difficile

dificultad [difikul'tað] f difficulté f

difundir [difun'dir] vt 1. diffuser 2. *(noticia)* répandre

difunto, ta [di'funto, ta] m, f défunt m, -e f

difusión [difu'sjon] f diffusion f

digerir [dixe'rir] vt digérer

digestión [dixes'tjon] f digestion f ● **hacer la digestión** digérer

digital [dixi'tal] adj 1. *(de los dedos)* digital(e) 2. *(en electrónica)* numérique

digitalizar [dixitali'θar] vt INFORM numériser

dígito ['dixito] m chiffre m

dignarse [diɣ'narse] vp ● **dignarse hacer algo** daigner faire qqch

dignidad [diɣni'ðað] f dignité f

digno, na ['diɣno, na] adj digne

dilema [di'lema] m dilemme m

diligente [dili'xente] adj *(resuelto)* actif(ive)

diluviar [dilu'βjar] v impers pleuvoir à torrents

diluvio [di'luβjo] m déluge m

dimensión [dimen'sjon] f dimension f

diminuto, ta [dimi'nuto, ta] adj tout petit *(toute petite)*

dimitir [dimi'tir] vi démissionner ◆ **dimitir de** v prep démissionner de

Dinamarca [dina'marka] s Danemark m

dinámico, ca [di'namiko, ka] adj dynamique

dinamita [dina'mita] f dynamite f

dinastía [dinas'tia] f dynastie f

dinero [di'nero] m argent m ● **dinero de bolsillo** argent de poche ● **dinero suelto** monnaie f

dinosaurio [dino'sau̯rjo] m dinosaure m

diócesis ['djoθesis] f inv diocèse m

dios ['djos] m dieu m ◆ **Dios** m Dieu m ● **como Dios manda** comme il faut ● **¡Dios mío!** mon Dieu ! ● **¡por Dios!** je t'en/vous en prie !

diploma [di'ploma] m diplôme m

diplomacia [diplo'maθja] f diplomatie f

diplomado, da [diplo'maðo, ða] m, f diplômé m, -e f

diplomarse [diplo'marse] ◆ **diplomarse en** v prep ● **diplomarse en ingeniería** obtenir son diplôme d'ingénieur

diplomático, ca [diplo'matiko, ka] adj diplomatique ◇ m, f diplomate m

diplomatura [diploma'tura] f ≃ licence f *(diplôme)*

diptongo [dip'tongo] m diphtongue f

diputación [diputa'θjon] f *(edificio)* chambre f des députés ● **diputación provincial** institution chargée du gouvernement des provinces d'une communauté autonome en Espagne

diputado, da [dipu'taðo, ða] m, f député m

dique ['dike] m digue f

dirección [direk'θjon] *f* **1.** direction *f* **2.** *(domicilio)* adresse *f* ● **dirigirse a la dirección** s'adresser à la direction ● **dirección asistida** direction assistée ● **dirección de correo electrónico** adresse électronique ● **dirección de la empresa** direction de l'entreprise ● **dirección IP** adresse IP ● **dirección particular** adresse personnelle o perso ● **dirección profesional/del trabajo** adresse professionnelle/du bureau ● **Dirección General de Tráfico** *organisme dépendant du ministère de l'Intérieur espagnol, chargé de la circulation routière* ● **dar la dirección de correo electrónico a alguien** donner son mail à qqn ● **tener una dirección de correo electrónico** avoir un mail

direccionales [direkθju'nales] *mpl* *(Amér)* clignotants *mpl*

directa [di'rekta] *f* cinquième vitesse *f*

directo, ta [di'rekto, ta] *adj* direct(e) ● **en directo** en direct

director, ra [direk'tor, ra] *m, f* directeur *m*, -trice *f* ● **director de recursos humanos/de informática** directeur des ressources humaines/de l'informatique

directorio [direk'torjo] *m INFORM* répertoire *m* ● **directorio telefónico** *(Amér)* annuaire *m* téléphonique

dirigente [diri'xente] *mf* dirigeant *m, -e f*

dirigir [diri'xir] *vt* **1.** diriger **2.** *(guiar, orientar)* guider **3.** *(película)* réaliser **4.** *(obra de teatro)* mettre en scène **5.** *(destinar)* adresser ● **dirigir la palabra a alguien** adresser la parole à qqn ● **dirigirse a** *v prep* **1.** *(ir, marchar hacia)* se diriger vers **2.** *(hablar a)* s'adresser à

discapacidad [diskapaθi'ðað] *f* handicap *m*

discapacitado, da [diskapaθi'tað̃o, ða] *adj & m, f* handicapé(e)

discar [dis'kar] *vt (Andes & RP)* composer *(un número de teléfono)*

disciplina [disθi'plina] *f* discipline *f*

discípulo, la [dis'θipulo, la] *m, f* disciple *mf*

disco [disko] *m* **1.** disque *m* **2.** *(semáforo)* feu *m* ● **disco compacto** disque compact ● **disco duro** disque dur

disconformidad [diskonformi'ðað] *f* désaccord *m*

discoteca [disko'teka] *f* discothèque *f*

discotequero, ra [diskote'kero, ra] *adj (música, ambiente)* de discothèque

discreción [diskre'θjon] *f* discrétion *f*

discrepancia [diskre'panθja] *f* divergence *f*

discreto, ta [dis'kreto, ta] *adj* discret(ète)

discriminación [diskrimina'θjon] *f* discrimination *f*

discriminar [diskrimi'nar] *vt* discriminer

disculpa [dis'kulpa] *f* excuse *f*

disculpar [diskul'par] *vt* excuser ● **disculparse** *vp* s'excuser ◆ **disculparse por** *v prep* s'excuser de

discurrir [disku'rir] *vi* réfléchir

discurso [dis'kurso] *m* discours *m*

discusión [disku'sjon] *f* discussion *f*

discutible [disku'tiβle] *adj* discutable

discutir [disku'tir] *vt* **1.** *(debatir)* discuter de **2.** *(contradecir)* discuter ◆ *vi (reñir)* se disputer

disecar [dise'kar] *vt* disséquer

diseñador, ra [diseɲa'ðor, ra] *m, f* **1.** *(de muebles)* designer *mf*, dessinateur *m*, -trice *f* **2.** *(de moda)* créateur *m*, -trice *f*, styliste *mf*

diseñar [dise'ɲar] *vt* **1.** dessiner **2.** *(crear)* créer

diseño [di'seɲo] *m* design *m inv* ◆ **de diseño** design

disfraz, ces [dis'fraθ, θes] *m* déguisement *m*

disfrazar [disfra'θar] *vt* déguiser ◆ **disfrazarse de** *v prep* se déguiser en

disfrutar [disfru'tar] *vi* s'amuser ◆ **disfrutar de** *v prep* **1.** *(ventajas)* bénéficier de **2.** *(buena salud)* jouir de **3.** *(vacaciones)* profiter de

disgustar [dizɣus'tar] *vt* déplaire ◆ **disgustarse** *vp* se fâcher

disgusto [diz'ɣusto] *m* contrariété *f*

disidente [disi'ðente] *mf* dissident *m*, -e *f*

disimular [disimu'lar] *vt* dissimuler ◇ *vi* faire comme si de rien n'était

disminución [dizminu'θjon] *f* diminution *f*

disminuir [dizminu'ir] *vt* diminuer

disolvente [disol'βente] *m* dissolvant *m*

disolver [disol'βer] *vt* dissoudre

disparar [dispa'rar] *vt* *(arma)* décharger ◇ *vi* tirer ◆ **dispararse** *vp* **1.** *(persona)* s'emporter **2.** *(precios)* s'envoler

disparate [dispa'rate] *m* bêtise *f*

disparo [dis'paro] *m* coup *m* de feu

dispensar [dispen'sar] *vt* ● **dispensar a alguien de** dispenser qqn de

dispersar [disper'sar] *vt* disperser

disponer [dispo'ner] *vt* **1.** *(colocar)* disposer **2.** *(preparar)* préparer **3.** *(establecer)* établir ◆ **disponer de** *v prep* disposer de ◆ **disponerse a** *v prep* s'apprêter à

disponible [dispo'niβle] *adj* disponible

disposición [disposi'θjon] *f* disposition *f* ● **a disposición de** à la disposition de

dispositivo [disposi'tiβo] *m* dispositif *m*

dispuesto, ta [dis'puesto, ta] *pp* ➤ **disponer** ◇ *adj* prêt(e) ● **dispuesto a** prêt à

disputa [dis'puta] *f* dispute *f*

disputar [dispu'tar] *vt* disputer ◇ *vi* se disputer ◆ **disputarse** *vp* se disputer

disquete [dis'kete] *m* disquette *f*

disquetera [diske'tera] *f* lecteur *m* de disquettes

distancia [dis'tanθja] *f* distance *f* ● **¿a qué distancia?** à quelle distance ?

distanciarse [distan'θjarse] *vp* **1.** s'éloigner **2.** *(perder afecto)* prendre ses distances

distante [dis'tante] *adj* **1.** *(lugar)* éloigné(e) **2.** *(persona)* distant(e)

distinción [distin'θjon] *f* distinction *f*

distinguido, da [distin'giðo, ða] *adj* distingué(e)

distinguir [distin'gir] *vt* distinguer

distintivo [distin'tiβo] *m* badge *m*

distinto, ta [dis'tinto, ta] *adj* différent(e)

distracción [distrak'θjon] *f* distraction *f*

distraer [distra'er] *vt* distraire ◆ **distraerse** *vp* **1.** *(descuidarse)* se déconcentrer **2.** *(no prestar atención)* être distrait(e) **3.** *(entretenerse)* se distraire

distraído, da [distra'iðo, ða] *adj* **1.** *(despistado)* distrait(e) **2.** *(entretenido)* amusant(e)

distribución [distriβu'θjon] *f* distribution *f*

distribuir [distriβu'ir] *vt* distribuer

distrito [dis'trito] *m* district *m* • **distrito postal** code *m* postal

disturbio [dis'turβjo] *m* troubles *mpl*

diurno, na [di'urno, na] *adj* diurne

diva ['diβa] *f* diva *f*

diván [di'βan] *m* divan *m*

diversidad [diβersi'ðað] *f* diversité *f*

diversión [diβer'sjon] *f* distraction *f*

diverso, sa [di'βerso, sa] *adj* divers(e)

divertido, da [diβer'tiðo, ða] *adj* amusant(e)

divertirse [diβer'tirse] *vp* s'amuser

dividir [diβi'ðir] *vt* 1. diviser 2. *(repartir)* partager

divino, na [di'βino, na] *adj* divin(e)

divisar [diβi'sar] *vt* apercevoir

divisas [di'βisas] *fpl* devises *fpl*

división [diβi'sjon] *f* division *f*

divorciado, da [diβor'θjaðo, ða] *adj & m, f* divorcé *m, -e f*

divorciarse [diβor'θjarse] *vp* divorcer

divorcio [di'βorθjo] *m* divorce *m*

divulgar [diβul'ɣar] *vt* divulguer

DNI ['de'ene'i] *m* (*Esp*) (*abr de documento nacional de identidad*) ≃ carte *f* nationale d'identité

dobladillo [doβla'ðiʎo] *m* ourlet *m*

doblaje [do'βlaxe] *m* doublage *m*

doblar [do'βlar] *vt* 1. doubler 2. *(plegar, flexionar)* plier • **doblar la esquina** tourner au coin de la rue

doble ['doβle] *adj* double ◇ *mf* 1. *(persona idéntica)* double *m* 2. *(en cine)* doublure *f* ◇ *m* double *m* • **el doble (de)** deux fois

plus (que) • **dobles** *mpl* (*en tenis*) double *m*

doce ['doθe] *adj inv & m* douze ◇ *mpl* douze ◇ *fpl* • **las doce** *(de la mañana)* midi • *(de la noche)* minuit • **doscientos doce** deux cent douze • **de doce en doce** douze par douze • **empatados a doce** douze partout • **los doce** les douze • **doce a cero** douze à zéro

docena [do'θena] *f* douzaine *f*

docente [do'θente] *adj* 1. *(personal)* enseignant(e) 2. *(centro)* d'enseignement

dócil ['doθil] *adj* docile

doctor, ra [dok'tor, ra] *m, f* docteur *m*

doctorado [dokto'raðo] *m* doctorat *m*

doctorarse [dokto'rarse] *vp* obtenir son doctorat

doctrina [dok'trina] *f* doctrine *f*

documentación [dokumenta'θjon] *f* papiers *mpl* • **documentación del coche** papiers de la voiture • **tener/enviar documentación** avoir/envoyer de la documentation

documental [dokumen'tal] *m* documentaire *m*

documento [doku'mento] *m* document *m* • **documento nacional de identidad** ≃ carte *f* nationale d'identité

dogma ['doɣma] *m* dogme *m*

dogmático, ca [doɣ'matiko, ka] *adj* dogmatique

dólar ['dolar] *m* dollar *m*

doler [do'ler] *vt* 1. *(sentir dolor, daño)* faire mal • *(avergonzar)* faire de la peine • **me duele la pierna** j'ai mal à la jambe • **me duele verte llorar** ça me fait de la peine de te voir pleurer

dolor [do'lor] *m* **1.** *(daño)* douleur *f* **2.** *(pena)* peine *f* ● **dolor de cabeza** mal *m* de tête ● **tener dolor de** avoir mal à

doloroso, sa [dolo'roso, sa] *adj* douloureux(euse)

domador, ra [doma'ðor, ra] *m, f* dompteur *m*, -euse *f*

domar [do'mar] *vt* dompter

domesticar [domesti'kar] *vt* domestiquer

doméstico, ca [do'mestiko, ka] *adj* **1.** *(de la casa)* ménager(ère) **2.** *(animal)* domestique

domicilio [domi'θiljo] *m* domicile *m* ● **a domicilio** à domicile

dominante [domi'nante] *adj* dominant(e)

dominar [domi'nar] *vt* **1.** dominer **2.** *(pasiones, incendio, idioma)* maîtriser ◇ *vi* dominer ◆ **dominarse** *vp* se dominer

domingo [do'mingo] *m* dimanche *m* ● **domingo de Pascua** dimanche de Pâques ● **domingo de Ramos** dimanche des Rameaux ● **cada domingo** o **todos los domingos** tous les dimanches ● **caer en domingo** tomber un dimanche ● **el próximo domingo** o **el domingo que viene** dimanche prochain ● **viene el domingo** il vient dimanche ● **el domingo pasado** dimanche dernier ● **el domingo por la mañana/tarde/noche** dimanche matin/après-midi/soir ● **este domingo** *(pasado)* dimanche dernier ; *(próximo)* dimanche prochain ● **los domingos** le dimanche

dominguero, ra [domin'gero, ra] *m, f (fam)* conducteur *m*, -trice *f* du dimanche

dominical [domini'kal] *adj* dominical(e)

dominio [do'minjo] *m* **1.** *(autoridad)* domination *f* **2.** *(territorio, ámbito)* INFORM domaine *m* **3.** *(de una lengua)* maîtrise *f*

dominó [domi'no] *m* dominos *mpl*

don ['don] *m* don *m* ● **don Luís García** monsieur Luís García

donante [do'nante] *mf* donneur *m*, -euse *f*

donativo [dona'tiβo] *m* don *m*

donde ['donde] *adv* où ● **el bolso está donde lo dejaste** le sac est là où tu l'as laissé ● **de/desde donde** d'où ● **por donde** par où ◇ *pron* ● **ésta es la casa donde nací** c'est la maison où je suis né ● **de/desde donde** d'où ● **ése es el camino por donde pasamos** c'est le chemin par lequel nous sommes passés

dónde ['donde] *adv (interrogativo)* où ● **¿dónde está el niño?** où est le petit ? ● **no sé dónde se habrá metido** je ne sais pas où il est ● **¿de/desde dónde?** d'où ? ● **¿por dónde?** par où ?

donut® ['donut] *m* beignet *m* rond

dopaje [do'paxe] *m* dopage *m*

doparse [do'parse] *vp* se doper

doping ['dopin] *m* dopage *m*

dorado, da [do'raðo, da] *adj* **1.** *(color)* doré(e) **2.** *(de oro)* d'or

dormir [dor'mir] *vi* dormir ◇ *vt* endormir ◆ **dormirse** *vp* **1.** *(persona)* s'endormir **2.** *(parte del cuerpo)* s'engourdir

dormitorio [dormi'torjo] *m* chambre *f* (à coucher)

dorsal [dor'sal] *adj* dorsal(e)

dorso ['dorso] *m* dos *m* ● **dorso de la mano** dos de la main

dos ['dos] *adj* inv & *m* deux ◇ *mpl* deux ◇ *fpl* ● **las dos** deux heures ● **doscientos dos** deux cent deux ● **treinta y dos** trente-deux ● **de dos en dos** deux par deux ● **empatados a dos** deux partout ● **los dos** les deux ● **dos a cero** deux à zéro ● **cada dos por tres** à tout bout de champ

doscientos, tas [dos'θjentos, tas] *núm* deux cents

dosis ['dosis] *f inv* dose *f*

dotado, da [do'taðo, ða] *adj* doué(e) ● **dotado de** (persona) doué de ; (edificio, instalación) équipé de

dotar [do'tar] *vt* doter

Dr. (abr escrita de doctor) Dr (docteur)

Dra. (abr escrita de doctora) Dr (docteur)

dragón [dra'ɣon] *m* dragon *m*

drama ['drama] *m* drame *m*

dramático, ca [dra'matiko, ka] *adj* dramatique

dramaturgo, ga [drama'turɣo, ɣa] *m, f* dramaturge *mf*

droga ['droɣa] *f* drogue *f*

drogadicción [droɣaðik'θjon] *f* toxicomanie *f*

drogadicto, ta [droɣa'ðikto, ta] *m, f* toxicomane *mf*

droguería [droɣe'ria] *f* droguerie *f*

dto. abr escrita de descuento

ducha [duʧa] *f* douche *f* ● **darse una ducha** prendre une douche

ducharse [du'ʧarse] *vp* se doucher

duda ['duða] *f* doute *m* ● **sin duda** sans doute

dudar [du'ðar] *vi* douter ● **dudar de** *v prep* douter de

duelo ['dwelo] *m* **1.** duel *m* **2.** (pena) deuil *m*

duende ['dwende] *m* **1.** (de cuentos infantiles) lutin *m* **2.** (gracia, encanto) charme *m* ● **tener duende** avoir du charme

dueño, ña ['dweɲo, ɲa] *m, f* propriétaire *mf*

dulce ['dulθe] *adj* **1.** doux (douce) **2.** (azucarado) sucré(e) ◇ *m* **1.** (pastel) gâteau *m* **2.** (golosina) bonbon *m*

dulzura [dul'θura] *f* douceur *f*

duna ['duna] *f* dune *f*

dúo ['duo] *m* duo *m*

dúplex ['dupleks] *m inv* duplex *m*

duplicar [dupli'kar] *vt* (cantidad) doubler

duración [dura'θjon] *f* durée *f*

durante [du'rante] *prep* pendant

durar [du'rar] *vi* durer

durazno [du'raθno] *m* (Amér) pêche *f*

dureza [du'reθa] *f* **1.** dureté *f* **2.** (callosidad) durillon *m*

duro, ra ['duro, ra] *adj* dur(e) ◇ *m* (moneda) ancienne pièce de cinq pesetas ◇ *adv* dur

DVD [de'βe'ðe] (abr de Digital Video Disc o Digital Versatile Disc) *m* **1.** (disco) DVD *m* **2.** (aparato) lecteur *m* de DVD

ébano ['eβano] *m* ébène *f*

ebrio, bria ['eβrjo, βrja] *adj* ivre

ebullición [eβuʎi'θjon] *f* ébullition *f*

echar [e'ʧar] *vt* **1.** (tirar) lancer ; (red, basura) jeter ● **echó la pelota** il a lancé le ballon

2. *(añadir, accionar)* mettre ● **echa sal a la sopa, está sosa** mets du sel dans la soupe, elle est fade ● **echar la llave/el cerrojo** fermer à clé/le verrou ● **echar el freno** mettre le frein à main

3. *(decir)* ● **nos echó un discurso al llegar** en arrivant, il nous a fait un discours

4. *(enviar)* poster ● **echa esta carta en el buzón** poste cette lettre

5. *(expulsar)* renvoyer ● **lo echaron del colegio** il s'est fait renvoyer du collège ● **la han echado a la calle** ils l'ont mis à la porte

6. *(vapor, chispas)* faire ● **echar humo** fumer

7. *(brotar)* ● **los árboles echan hojas** les arbres bourgeonnent ● **echar flores** fleurir

8. *(acostar)* allonger ● **echa al niño en el sofá para que duerma** allonge le petit sur le canapé pour qu'il dorme

9. *(calcular)* ● **¿cuántos años me echas?** quel âge me donnes-tu ?

10. *(fam)* (en televisión, cine) passer ● **¿qué echan esta noche en la tele?** qu'est-ce qu'il y a ce soir à la télé ?

11. *(en locuciones)* ● **echar abajo** (edificio) abattre ; *(gobierno)* renverser ; *(proyecto)* faire échouer ● **te echo de menos** tu me manques

● **echarse** *vp*

1. *(lanzarse)* se jeter

2. *(acostarse)* s'allonger

● **echarse a** *v prep*

1. *(empezar a)* se mettre à ● **se echó a correr** il s'est mis à courir

2. *(dirigirse)* prendre ● **nos echamos a la carretera de buena mañana** nous avons pris la route très tôt

echarpe [e'tʃarpe] *m* écharpe *f*

eclesiástico, ca [ekle'sjastiko, ka] *adj* ecclésiastique

eclipse [e'klipse] *m* éclipse *f*

eco ['eko] *m* écho *m*

ecología [ekolo'xia] *f* écologie *f*

ecológico, ca [eko'loxiko, ka] *adj* écologique

economía [ekono'mia] *f* économie *f*

económico, ca [eko'nomiko, ka] *adj* économique

economista [ekono'mista] *mf* économiste *mf*

ecosistema [ekosis'tema] *m* écosystème *m*

ecotasa [eko'tasa] *f* écotaxe *f*

ecuación [ekua'θjon] *f* équation *f*

ecuador [ekua'ðor] *m* équateur *m*
◆ **Ecuador** *m* ● **(el) Ecuador** l'Équateur *m*

ecuatoriano, na [ekuato'rjano, na] *adj* équatorien(enne) ◇ *m, f* Équatorien *m*, -enne *f*

edad [e'ðað] *f* âge *m* ● **la Edad Media** le Moyen Âge

edición [eði'θjon] *f* édition *f*

edificante [eðifi'kante] *adj* édifiant(e)

edificar [eðifi'kar] *vt* construire

edificio [eði'fiθjo] *m* bâtiment *m*

editar [eði'tar] *vt* éditer

editor, ra [eði'tor, ra] *m, f* éditeur *m*, -trice *f* ◇ *m* INFORM éditeur *m*

editorial [eðito'rjal] *f* maison *f* d'édition

edredón [eðre'ðon] *m* édredon *m*

educación [eðuka'θjon] *f* éducation *f*

educado, da [eðu'kaðo, ða] *adj* poli(e) ● **bien/mal educado** bien/mal élevé

educar [eðu'kar] *vt* **1.** éduquer **2.** *(hijos)* élever

educativo, va [eðuka'tiβo, βa] *adj* éducatif(ive)

EE.UU. (*abr escrita de Estados Unidos*) USA *mpl*

efectivo [efek'tiβo] *m* ● **en efectivo** en espèces

efecto [e'fekto] *m* effet *m* ● **efectos personales** effets personnels ● **efectos secundarios** effets secondaires ● **en efecto** en effet

efectuar [efektu'ar] *vt* effectuer

eficacia [efi'kaθja] *f* efficacité *f*

eficaz, ces [efi'kaθ, θes] *adj* efficace

eficiente [efi'θjente] *adj* efficace

Egipto [e'xipto] *s* Égypte *f*

egoísmo [eɣo'izmo] *m* égoïsme *m*

egoísta [eɣo'ista] *adj* égoïste

egresado, da [eɣre'saðo, ða] *m, f* (*Amér*) diplômé *m*, -e *f*

egresar [eɣre'sar] *vi* (*Amér*) obtenir son diplôme

egreso [e'ɣreso] *m* (*Amér*) diplôme *m*

ej. (*abr escrita de ejemplo*) ex. (*exemple*)

eje ['exe] *m* axe *m*

ejecución [exeku'θjon] *f* exécution *f*

ejecutar [exeku'tar] *vt* exécuter

ejecutivo, va [exeku'tiβo, βa] *m, f* (*de empresa*) cadre *m*

ejemplar [exem'plar] *adj* exemplaire ● *m* exemplaire *m*

ejemplo [e'xemplo] *m* exemple *m* ● **poner un ejemplo** donner un exemple ● **por ejemplo** par exemple

ejercer [exer'θer] *vt* exercer

ejercicio [exer'θiθjo] *m* exercice *m* ● **ejercicio físico** exercice physique

ejército [e'xerθito] *m* armée *f*

ejote [e'xote] *m* (*CAm & Méx*) haricot *m* vert

el, la [el, la] (*mpl* **los** [los], *fpl* **las** [las]) *art*

1. le (la) ● **el libro** le livre ● **la casa** la maison ● **el amor** l'amour ● **las niñas** les petites filles ● **el agua** l'eau ● **el hacha** la hache ● **el águila** l'aigle

2. (*indica pertenencia*) ● **se rompió la pierna** il s'est cassé la jambe

3. (*con días de la semana*) ● **vuelven el sábado** ils reviennent samedi prochain

4. (*en locuciones*) ● **el de** celui de ● **el que** (*sujeto*) celui qui ; (*complemento*) celui que

él, ella ['el, 'eʎa] *pron* **1.** (*sujeto, predicado*) il (elle) ● **ella es una amiga de la familia** c'est une amie de la famille ● **mi hermano es él** mon frère, c'est lui **2.** (*complemento*) lui (elle) ● **voy a ir de vacaciones con él** je vais partir en vacances avec lui **3.** (*posesivo*) ● **de él/ella** à lui/elle

elaborar [elaβo'rar] *vt* élaborer

elasticidad [elastiθi'ðað] *f* élasticité *f*

elástico, ca [e'lastiko, ka] *adj* élastique

elección [elek'θjon] *f* **1.** (*de regalo, vestido*) choix *m* **2.** (*de presidente, jefe*) élection *f* ● **elecciones** *fpl* élections *fpl*

electricidad [elektriθi'ðað] *f* électricité *f*

electricista [elektri'θista] *mf* électricien *m*, -enne *f*

eléctrico, ca [e'lektriko, ka] *adj* électrique

electrocutar [elektroku'tar] *vt* électrocuter

electrodoméstico [elektroðo'mestiko] *m* appareil *m* électroménager

electrónica [elek'tronika] *f* électronique *f*

electrónico, ca [elek'troniko, ka] *adj* électronique

elefante [ele'fante] *m* éléphant *m*

elegancia [ele'ɣanθja] *f* élégance *f*

elegante [ele'ɣante] *adj* élégant(e)

elegir [ele'xir] *vt* **1.** *(escoger)* choisir **2.** *(en votación)* élire

elemental [elemen'tal] *adj* élémentaire

elemento [ele'mento] *m* élément *m* ◆ **elementos** *mpl* *(fuerzas de la naturaleza)* éléments *mpl*

elevación [eleβa'θjon] *f* élévation *f*

elevado, da [ele'βaðo, ða] *adj* élevé(e)

elevador [eleβa'ðor] *m* *(Andes, CAm & Méx)* ascenseur *m*

elevadorista [eleβaðo'rista] *mf* *(Andes, CAm & Méx)* garçon *m* d'ascenseur

elevar [ele'βar] *vt* élever ◆ **elevarse** *vp* s'élever

eliminación [elimina'θjon] *f* élimination *f*

eliminar [elimi'nar] *vt* éliminer

élite ['elite] *f* élite *f*

ella ['eʎa] ➤ **él**

ellos, ellas ['eʎos, 'eʎas] *pron pl* **1.** *(sujeto, predicado)* ils, elles ◆ **ellos me han ayudado** ils m'ont aidé ◆ **mi amigos son ellos** mes amis, ce sont o c'est eux **2.** *(complemento)* eux, elles ◆ **voy a ir al cine con ellos** je vais aller au cinéma avec eux ◆ **díselo a ellos** dis-le-leur **3.** *(posesivo)* ◆ **de ellos/ellas** à eux/elles

elocuencia [elo'kwenθja] *f* éloquence *f*

elocuente [elo'kwente] *adj* éloquent(e)

elogiar [elo'xjar] *vt* faire l'éloge de

elogio [elo'loxjo] *m* éloge *m*

elote [e'lote] *m* *(Méx & CAm)* épi *m* de maïs

eludir [elu'ðir] *vt* **1.** *(pregunta)* éluder **2.** *(obligaciones, compromisos)* se soustraire à **3.** *(perseguidores)* échapper à

e-mail ['i'mejl] *m* **1.** *(mensaje)* e-mail *m* **2.** *(sistema de correo)* courrier *m* électronique, e-mail *m* ◆ **enviar un e-mail** envoyer un e-mail

emancipado, da [emanθi'paðo, ða] *adj* émancipé(e)

emanciparse [emanθi'parse] *vp* s'émanciper

embajada [emba'xaða] *f* ambassade *f*

embajador, ra [embaxa'ðor, ra] *m, f* ambassadeur *m*, -drice *f*

embalar [emba'lar] *vt* emballer ◆ **embalarse** *vp* s'emballer

embalsamar [embalsa'mar] *vt* embaumer

embalse [em'balse] *m* lac *m* *(de barrage)*

embarazada [embara'θaða] *adj f* ◆ **estar embarazada** être enceinte

embarazo [emba'raθo] *m* **1.** *(de mujer)* grossesse *f* **2.** *(turbación)* embarras *m*

embarcación [embarka'θjon] *f* embarcation *f*

embarcadero [embarka'ðero] *m* embarcadère *m*

embarcar [embar'kar] *vi* embarquer ◆ **embarcarse** *vp* *(pasajeros)* s'embarquer ◆ **embarcarse en** *v prep* *(asunto, empresa)* se lancer dans

embargar [embar'ɣar] *vt* saisir

embargo [em'barɣo] *m* *(de bienes)* saisie *f* ◆ **sin embargo** cependant

embarque [em'barke] *m* embarquement *m*

embestir [embes'tir] vt charger *(attaquer)*

emblema [em'blema] m emblème m

emborracharse [embora't∫arse] vp se soûler

emboscada [embos'kaða] f embuscade f

embotellado, da [embote'λaðo, ða] adj **1.** (vino, agua) en bouteille **2.** (calle, circulación) embouteillé(e)

embotellamiento [emboteλa'mjento] m **1.** (de tráfico) embouteillage m **2.** (de vino, agua) mise f en bouteille

embotellar [embote'λar] vt mettre en bouteille

embrague [em'braɣe] m embrayage m

embrión [embri'on] m embryon m

embromar [embro'mar] vt (Amér) casser les pieds à

embrujar [embru'xar] vt ensorceler

embudo [em'buðo] m entonnoir m

embustero, ra [embus'tero, ra] m, f menteur m, -euse f

embutidos [embu'tiðos] mpl charcuterie f

emergencia [emer'xenθja] f urgence f

emigración [emiɣra'θjon] f **1.** (de persona, pueblo) émigration f **2.** (de animales) migration f

emigrante [emi'ɣrante] mf émigrant m, -e f

emigrar [emi'ɣrar] vi **1** (persona, pueblo) émigrer **2.** (animales) migrer

eminente [emi'nente] adj éminent(e)

emisión [emi'sjon] f émission f

emisor, ra [emi'sor, ra] adj émetteur(trice)

emisora [emi'sora] f station f (de radio)

emitir [emi'tir] vt émettre

emoción [emo'θjon] f émotion f

emocionado, da [emoθjo'naðo, ða] adj ému(e)

emocionante [emoθjo'nante] adj émouvant(e)

emocionarse [emoθjo'narse] vp être ému(e)

emoticono [emoti'kono] m emoticon m

empacho [em'pat∫o] m indigestion f

empanada [empa'naða] f sorte de tourte à la viande ou au poisson ● **empanada gallega** tourte au thon

empanadilla [empana'ðiλa] f chausson fourré à la viande ou au thon

empanarse [empa'narse] vp être embué(e)

empapado, da [empa'paðo, ða] adj trempé(e)

empapar [empa'par] vt tremper ◆ **empaparse** vp être trempé(e)

empapelar [empape'lar] vt tapisser

empaquetar [empake'tar] vt emballer ▼ **empaquetado para regalo** endroit où l'on fait des paquets-cadeaux dans les grands magasins

empastar [empas'tar] vt plomber

empaste [em'paste] m plombage m

empatar [empa'tar] vi être à égalité ◇ vt (Andes & Ven) (empalmar) emboîter

empate [em'pate] m **1.** (en juego, deporte) égalité f **2.** (Andes & Ven) (empalme) emboîtement m ● **empate a dos** deux partout

empañar [empa'nar] vt mettre en gage ◆ **empeñarse** vp (endeudarse) s'endetter ◆ **empeñarse en** v prep (insistir en) s'obstiner à

empeño [em'peɲo] m *(constancia)* acharnement m

empeorar [empeo'rar] vt aggraver ◇ vi empirer

emperador, triz [empera'ðor, 'triθ] *(fpl -ces* [θes]*)* m, f empereur m, impératrice f ◇ m *(pez)* espadon m

empezar [empe'θar] vt & vi commencer ◆ **empezar a** v prep commencer à

empinado, da [empi'naðo, ða] adj escarpé(e)

empleado, da [emple'aðo, ða] m, f employé m, -e f

emplear [emple'ar] vt employer

empleo [em'pleo] m emploi m

emplomadura [emploma'ðura] f *(Amér)* plombage m

emplomar [emplo'mar] vt *(Amér)* plomber

empotrado, da [empo'traðo, ða] adj encastré(e) ◆ **armario empotrado** placard m

emprender [empren'der] vt entreprendre

empresa [em'presa] f entreprise f

empresario, ria [empre'sarjo, rja] m, f chef m d'entreprise

empujar [empu'xar] vt pousser ◆ **empujar a alguien a hacer algo** pousser qqn à faire qqch

empujón [empu'xon] m grand coup m ◆ **a empujones** *(bruscamente)* en bousculant ; *(de forma discontinua)* par à-coups

en [en] prep

1. *(en el interior)* dans ◆ **entraron en la habitación** ils sont entrés dans la chambre ◆ **viven en la capital** ils vivent dans la capitale

2. *(sobre la superficie)* sur ◆ **en la bandeja/ la mesa** sur le plateau/la table

3. *(en un punto concreto)* à ◆ **en casa** à la maison ◆ **en el trabajo** au travail

4. *(tiempo)* en, à ◆ **llegará en mayo/Navidad** il arrivera en mai/à Noël

5. *(medio de transporte)* en ◆ **ir en coche/ tren/avión/barco** aller en voiture/train /avion/bateau

6. *(modo)* en, à ◆ **lo dijo en inglés** il l'a dit en anglais ◆ **en voz baja** à voix basse

7. *(precio)* ◆ **te lo dejo en 100 euros** je te le laisse à 100 euros ◆ **las ganancias se calculan en millones** les gains se chiffrent en millions

8. *(tema, cualidad)* en ◆ **es un experto en la materia** c'est un expert en la matière ◆ **lo supera en inteligencia** il est plus intelligent que lui

enaguas [e'nayuas] fpl jupon m

enamorado, da [enamo'raðo, ða] adj amoureux(euse) ◆ **enamorado de** amoureux de

enamorarse [enamo'rarse] ◆ **enamorarse de** v prep tomber amoureux(euse) de

enano, na [e'nano, na] adj & m, f nain(e)

encabezar [enkaβe'θar] vt **1.** *(lista, grupo)* être en tête de **2.** *(carta, escrito)* figurer en tête de

encadenar [enkaðe'nar] vt enchaîner ◆ **encadenarse** vp s'enchaîner

encajar [enka'xar] vt **1.** *(meter)* emboîter **2.** *(aceptar)* encaisser ◇ vi *(caber)* s'emboîter ◆ **encajar con** v prep *(cuadrar)* cadrer avec

encaje [en'kaxe] m dentelle f

encalar [enka'lar] vt blanchir à la chaux

encamotarse [enkamo'tarse] *vp* (*Amér*) (*fam*) s'amouracher

encantado, da [enkan'taðo, ða] *adj* 1. (*contento*) enchanté(e) 2. (*casa, lugar*) hanté(e) 3. (*persona*) ensorcelé(e) 4. (*fam*) (*distraído*) distrait(e) ◇ *interj* (*en presentación*) enchanté(e) !

encantador, ra [enkanta'ðor, ra] *adj* charmant(e)

encantar [enkan'tar] *vt* 1. (*gustar*) ● encantarle algo a alguien adorer qqch ● ¡me encanta! j'adore ! 2. (*hechizar*) ensorceler ◆ **encantarse** *vp* avoir un moment de distraction

encanto [en'kanto] *m* 1. (*atractivo*) charme *m* 2. (*hechizo*) enchantement *m*

encapotado, da [enkapo'taðo, ða] *adj* (*cielo*) couvert(e)

encapricharse [enkapri'tʃarse] ◆ **encapricharse con** *v prep* 1. (*cosa, persona*) s'enticher de 2. (*obstinarse en*) se mettre en tête de

encaramarse [enkara'marse] ◆ **encaramarse a** *v prep* se percher sur

encarar [enka'rar] *vt* affronter ◆ **encararse con** *v prep* tenir tête à

encarcelar [enkarθe'lar] *vt* emprisonner

encarecer [enkare'θer] *vt* (*precio*) faire monter

encargado, da [enkar'yaðo, ða] *m, f* gérant *m*, -e *f*

encargar [enkar'yar] *vt* (*pedir*) commander ● encargar algo a alguien (*poner al cuidado*) charger qqn de qqch ◆ **encargarse de** *v prep* se charger de

encargo [en'karyo] *m* 1. (*pedido*) commande *f* 2. (*tarea*) mission *f* 3. (*recado*) commission *f*

encariñarse [enkari'narse] ◆ **encariñarse con** *v prep* s'attacher à

encarnado, da [enkar'naðo, ða] *adj* 1. (*rojo*) incarnat(e) 2. (*personificado*) incarné(e)

encausar [enkau'sar] *vt* mettre en accusation

encendedor [enθende'ðor] *m* briquet *m*

encender [enθen'der] *vt* allumer ◆ **encenderse** *vp* s'allumer

encendido [enθen'diðo] *m* allumage *m*

encerado [enθe'raðo] *m* 1. (*pizarra*) tableau *m* (noir) 2. (*del suelo*) cirage *m*

encerrar [enθe'rar] *vt* 1. (*meter dentro*) enfermer 2. (*contener*) renfermer ◆ **encerrarse** *vp* s'enfermer ● encerrarse en sí mismo se renfermer

encestar [enθes'tar] *vi* marquer un panier

enchilarse [entʃi'larse] *vp* (*Méx*) (*fam*) 1. (*con chile*) avoir la bouche en feu 2. (*enfadarse*) se fâcher

enchinar [entʃi'nar] *vt* (*Amér*) friser

enchufar [entʃu'far] *vt* 1. (*aparato eléctrico*) brancher 2. (*fam*) (*a una persona*) pistonner

enchufe [en'tʃufe] *m* 1. (*clavija*) prise *f* (de courant) 2. (*fam*) (*recomendación*) piston *m*

encía [en'θia] *f* gencive *f*

enciclopedia [enθiklo'peðja] *f* encyclopédie *f*

encierro [en'θjero] *m* 1. (*de personas*) réclusion *f* 2. (*de toros*) course de taureaux lâchés dans les rues avant d'être conduits au toril

encima [en'θima] *adv* 1. (*arriba*) au-dessus 2. (*además*) en plus 3. (*sobre sí*) sur soi

● **encima de** *(sobre)* sur ; *(en lugar superior)* au-dessus de ● **por encima** superficiellement ● **por encima de** au-dessus de ● **por encima de todo** par-dessus tout ● **no llevo dinero encima** je n'ai pas d'argent sur moi

encimera [enθiˈmera] *f* plan m de travail

encina [enˈθina] *f* chêne m vert

encinta [enˈθinta] *adj f* ● **estar encinta** être enceinte

encoger [enkoˈxer] *vt (miembro)* contracter ◇ *vi (tejido)* rétrécir ● **encogerse** *vp (tejido, ropa)* rétrécir ● **encogerse de hombros** hausser les épaules

encolar [enkoˈlar] *vt* coller

encolerizarse [enkoleriˈθarse] *vp* se mettre en colère

encomienda [enkomjenˈða] *f (Amér) (paquete)* colis m

encontrar [enkonˈtrar] *vt* trouver ● **encontrar trabajo** trouver du travail ● **encontrarse** *vp* **1.** *(coincidir)* se rencontrer **2.** *(hallarse)* se trouver ● **encontrarse con alguien** rencontrer qqn ● **encontrarse cansado** se sentir fatigué

encrespado, da [enkresˈpaðo, ða] *adj* **1.** *(pelo)* crépu(e) **2.** *(mar)* agité(e)

encrucijada [enkruθiˈxaða] *f* carrefour m

encuadernar [enkwaðerˈnar] *vt* relier

encuadre [enˈkwaðre] *m* cadrage m

encubrir [enkuˈβrir] *vt* **1.** *(persona)* couvrir **2.** *(hecho)* dissimuler

encuentro [enˈkwentro] *m* rencontre f

encuesta [enˈkwesta] *f* sondage m *(d'opinion)*

encuestador, ra [enkwestaˈðor, ra] *m, f* enquêteur m, -trice f

enderezar [endereˈθar] *vt* redresser

endeudado, da [endewˈðaðo, ða] *adj* endetté(e)

endivia [enˈdiβja] *f* endive f

enemigo, ga [eneˈmiɣo, ɣa] *m, f* ennemi m, -e f ● **enemigo de** ennemi de

energía [enerˈxia] *f* énergie f

enérgico, ca [eˈnerxiko, ka] *adj* énergique

enero [eˈnero] *m* janvier m ● **a principios/finales de enero** début/fin janvier ● **a mediados de enero** à la mi-janvier ● **el pasado/próximo (mes de) enero** en janvier dernier/prochain ● **en enero** en janvier ● **este (mes de) enero** *(pasado)* en janvier dernier ; *(próximo)* en janvier prochain ● **para enero** en janvier ● **uno de los eneros más fríos** l'un des mois de janvier les plus froids ● **el seis de enero** le six janvier

enfadado, da [enfaˈðaðo, ða] *adj* fâché(e)

enfadarse [enfaˈðarse] *vp* se fâcher

enfado [enˈfaðo] *m* colère f

enfermar [enferˈmar] *vi* tomber malade ● **enfermarse** *vp (Amér)* tomber malade

enfermedad [enfermeˈðað] *f* maladie f

enfermería [enfermeˈria] *f* infirmerie f

enfermero, ra [enferˈmero, ra] *m, f* infirmier m, -ère f

enfermizo, za [enferˈmiθo, θa] *adj* **1.** *(de poca salud)* maladif(ive) **2.** *(obsesivo)* malsain(e)

enfermo, ma [enˈfermo, ma] *adj & m, f* malade ● **ponerse enfermo** tomber malade

enfocar [enfoˈkar] *vt* **1.** *(luz, foco)* braquer **2.** *(cámara fotográfica, de vídeo)* faire la mise au point sur **3.** (fig) (asunto, cuestión, problema) aborder

enfoque [en'foke] m **1.** (de cámara fotográfica, vídeo) mise f au point **2.** (fig) (de asunto, cuestión, problema) approche f

enfrentamiento [enfrenta'mjento] m affrontement m

enfrentarse [enfren'tarse] vp s'affronter ◆ **enfrentarse a** v prep (oponerse a) tenir tête à

enfrente [en'frente] adv en face ◆ **enfrente de** en face de

enfriamiento [enfria'mjento] m refroidissement m

enfriarse [enfri'arse] vp **1.** (comida, bebida) refroidir **2.** (relación) se refroidir **3.** (resfriarse) prendre froid

enganchar [engan'tʃar] vt **1.** accrocher **2.** (caballos) atteler ◆ **engancharse** vp s'accrocher

enganche [en'gantʃe] m **1.** (mecanismo, pieza) crochet m **2.** (trenes, caballos) attelage m **3.** (Amér) (depósito) acompte m ◆ **de enganche** (Amér) en acompte

engañar [enga'ɲar] vt tromper ◆ **engañarse** vp **1.** (ilusionarse) se leurrer **2.** (equivocarse) se tromper

engaño [en'gaɲo] m tromperie f

engañoso, sa [enga'ɲoso, sa] adj trompeur(euse)

engendrar [enxen'drar] vt engendrer

englobar [englo'βar] vt englober

engordar [engor'ðar] vi **1.** grossir **2.** (alimento) faire grossir

engorde [en'gorðe] f (Amér) ◆ **(carne) de engorde** viande de bêtes qui ont été engraissées

engranaje [engra'naxe] m engrenage m

engrasar [engra'sar] vt graisser ◆ **engrasarse** vp (motor) s'encrasser

engreído, da [engre'iðo, ða] adj suffisant(e) (prétentieux)

enhorabuena [enora'βwena] f félicitations fpl ◇ interj félicitations ! ◆ **dar la enhorabuena a alguien** féliciter qqn

enigma [e'niɣma] m énigme f

enjabonar [enxaβo'nar] vt **1.** savonner **2.** (fig) (dar coba) passer de la pommade à ◆ **enjabonarse** vp se savonner

enjuagar [enxwa'ɣar] vt rincer ◆ **enjuagarse** vp se rincer

enlace [en'laθe] m **1.** (de trenes) correspondance f **2.** (de carreteras) échangeur m **3.** (formal) (matrimonio) union f ◇ ~ intermediario mf

enlazar [enla'θar] vt relier

enlosar [enlo'sar] vt daller

enmendar [emmen'dar] vt corriger ◆ **enmendarse** vp se corriger

enmienda [em'mjenda] f **1.** (corrección) correction f **2.** (de ley) amendement m

enmudecer [emmuðe'θer] vi **1.** (perder el habla) devenir muet(ette) **2.** (callarse) se taire

enojado, da [eno'xaðo, ða] adj en colère

enojar [eno'xar] vt mettre en colère ◆ **enojarse** vp se mettre en colère

enojo [e'noxo] m colère f

enorme [e'norme] adj énorme

enredadera [enreða'ðera] f plante f grimpante

enredar [enre'ðar] vt **1.** (lana, hilo, pelo) emmêler **2.** (engañar) embrouiller ◆ **enredar a alguien en** entraîner qqn dans

enredo [en'reðo] *m* **1.** *(de lana, hilo)* enchevêtrement *m* **2.** *(en el pelo)* nœuds *mpl* **3.** *(situación difícil)* imbroglio *m*

enriquecer [enrike'θer] *vt* enrichir ♦ **enriquecerse** *vp* s'enrichir

enrojecer [enroxe'θer] *vt* & *vi* rougir

enrollar [enro'ʎar] *vt* enrouler ♦ **enrollarse** *vp* (*Esp*) *(fam)* **1.** *(hablar)* avoir la langue bien pendue **2.** *(portarse bien)* ¡enróllate! sois sympa ! ♦ **enrollarse con** *v prep* (*Esp*) *(fam)* **1.** *(hablar)* tenir la jambe à **2.** *(ligar)* sortir avec

enrutador [enruta'ðor] *m* INFORM routeur *m*

ensaimada [ensaj'maða] *f* gâteau brioché typique de Majorque

ensalada [ensa'laða] *f* salade *f* ♦ **ensalada catalana** *salade verte accompagnée de tomates, d'oignons et de charcuterie* ♦ **ensalada de lechuga** o **verde** salade verte ♦ **ensalada mixta** *salade verte accompagnée de tomates* ♦ **ensalada del tiempo** *salade verte accompagnée de tomates, de carottes et d'oignons* ♦ **ensalada variada** salade composée

ensaladera [ensala'ðera] *f* saladier *m*

ensaladilla [ensala'ðiʎa] *f* ♦ **ensaladilla (rusa)** salade *f* russe

ensanchar [ensan'tʃar] *vt* élargir

ensayar [ensa'jar] *vt* **1.** *(espectáculo)* répéter **2.** *(mecanismo, invento)* tester

ensayo [en'sajo] *m* **1.** *(de espectáculo)* répétition *f* **2.** *(en técnica, literatura)* essai *m*

enseguida [ense'ɣiða] *adv* tout de suite

ensenada [ense'naða] *f* anse *f (de mer)*

enseñanza [ense'ɲanθa] *f* enseignement *m*

enseñar [ense'ɲar] *vt* **1.** *(mostrar, indicar)* montrer **2.** *(en escuela, universidad)* enseigner

enseres [en'seres] *mpl* biens *mpl*

ensopar [enso'par] *vt* (*Amér*) tremper

ensuciar [ensu'θjar] *vt* salir ♦ **ensuciarse** *vp* se salir

ente ['ente] *m* **1.** *(ser)* être *m* **2.** *(asociación)* organisme *m*

entender [enten'der] *vt* **1.** comprendre **2.** *(opinar)* penser ◇ *vi* comprendre ♦ **entender de** *v prep* s'y connaître en ♦ **entenderse** *vp* **1.** *(comprenderse)* se comprendre **2.** *(llegar a un acuerdo)* s'entendre **3.** *(fam)* *(estar liado)* avoir une liaison ♦ **entenderse bien/mal con alguien** bien/mal s'entendre avec qqn

entendido, da [enten'diðo, ða] *m, f* connaisseur *m*, -euse *f* ♦ **entendido en** connaisseur en

enterarse [ente'rarse] ♦ **enterarse de** *v prep* **1.** *(noticia, suceso)* apprendre **2.** *(darse cuenta)* se rendre compte de

entero, ra [en'tero, ra] *adj* **1.** entier(ère) **2.** *(firme)* fort(e) ♦ **por entero** entièrement

enterrar [ente'rar] *vt* enterrer

entidad [enti'ðað] *f* **1.** *(asociación)* organisme *m* **2.** *(en filosofía)* entité *f*

entierro [en'tjero] *m* enterrement *m*

entlo *abr escrita de* **entresuelo**

entonces [en'tonθes] *adv* alors ♦ **desde entonces** depuis ♦ **en** o **por aquel entonces** en ce temps-là

entrada [en'traða] *f* **1.** *(lugar)* entrée *f* **2.** *(billete)* place *f* **3.** *(anticipo)* apport *m* initial ▼ **entrada libre** entrée libre

▼ entrada por la otra puerta entrez par l'autre porte ● de entrada d'emblée

entrantes [en'trantes] *mpl* (*entremeses*) entrées *fpl*

entrañable [entra'ɲaβle] *adj* **1.** (*digno de afecto*) attendrissant(e) **2.** (*recuerdos, amigo*) cher (chère)

entrañas [en'traɲas] *fpl* entrailles *fpl*

entrar [en'trar] *vi*
1. ● la pelota entró por la ventana le ballon est entré par la fenêtre ● la consumición no entra la boisson n'est pas comprise
2. (*caber*) ● este anillo no te entra cette bague est trop petite pour toi
3. (*entender*) ● no le entra la geometría la géométrie, ça ne rentre pas ● no me entra que aún lo quieras je n'arrive pas à comprendre que tu l'aimes encore
4. (*estado físico o de ánimo*) ● me está entrando frío je commence à avoir froid ● me entró mucha pena ça m'a fait beaucoup de peine ● me entraron ganas de hablar j'ai eu envie de parler
5. *AUTO* passer ● no entra la quinta la cinquième ne passe pas
◇ *vt* (*introducir*) rentrer

● **entrar a** *v prep* (*empezar*) commencer à ● entró a trabajar en la fábrica en mayo il a commencé à travailler à l'usine en mai

● **entrar de** *v prep* (*empezar a trabajar de*) être embauché(e) comme ● entró de secretaria elle a été embauchée comme secrétaire

● **entrar en** *v prep*
1. ● el clavo ha entrado en la pared el clou est entré dans le mur ● entró en el partido en abril il est entré au parti en avril ● esto no entraba en mis cálculos ceci n'entrait pas dans mes calculs
2. (*caber*) ● en el garaje entran dos coches dans le garage il y a de la place pour deux voitures
3. (*participar*) participer à
4. (*cantidad*) ● ¿cuántas peras entran en un kilo? il faut combien de poires pour faire un kilo ?

entre ['entre] *prep* **1.** entre ● aparcar entre dos coches se garer entre deux voitures ● vendré entre las tres y las cuatro je viendrai entre trois et quatre heures **2.** (*en medio de*) parmi ● estaba entre los asistentes il était parmi les personnes présentes ● encontré tu carta entre los libros j'ai trouvé ta lettre parmi les livres **3.** (*participación, cooperación*) ● entre tú y yo lo conseguiremos à nous deux nous y arriverons ● entre nosotros (*en confianza*) entre nous

entreabierto, ta [,entrea'βjerto, ta] *adj* entrouvert(e)

entreacto [entre'akto] *m* entracte *m*

entrecejo [entre'θexo] *m* ● fruncir el entrecejo froncer les sourcils

entrecot [entre'kot] *m* entrecôte *f*

entrega [en'treɣa] *f* **1.** (*de premio, llaves*) remise *f* (*de podido*) livraison *f* **2.** (*dedicación*) dévouement *m* **4.** (*fascículo*) fascicule *m*

entregar [entre'ɣar] *vt* (*dar*) remettre
● **entregarse a** *v prep* **1.** (*rendirse*) se livrer à **2.** (*abandonarse a*) s'abandonner à **3.** (*dedicarse a*) se consacrer à **4.** (*bebida*) s'adonner à

entrelazar [entrela'θar] *vt* entrelacer

entremeses [entre'meses] *mpl* hors-d'œuvre *m*

entrenador, ra [entrena'ðor, ra] *m, f* entraîneur *m*, -euse *f*

entrenamiento [entrena'mjento] *m* entraînement *m*

entrenar [entre'nar] *vt* entraîner ◆ **entrenarse** *vp* s'entraîner

entrepierna [entre'pjerna] *f* entrejambe *m*

entreplanta [entre'planta] *f* faux étage *m*

entresuelo [entre'sʯelo] *m* entresol *m*

entretanto [entre'tanto] *adv* entre-temps

entretecho [entre'tetʃo] *m* (Chile) grenier *m*

entretener [entrete'ner] *vt* 1. (divertir) distraire 2. (hacer retrasar) retarder ◆ **entretenerse** *vp* 1. (divertirse) se distraire 2. (retrasarse) s'attarder

entretenido, da [entrete'niðo, ða] *adj* 1. (divertido) distrayant(e) 2. (que requiere atención) prenant(e)

entretenimiento [entreteni'mjento] *m* distraction *f*

entretiempo [entre'tjempo] ◆ **de entretiempo** *adj* (ropa) de demi-saison

entrever [entre'βer] *vt* entrevoir

entreverar [entreβe'rar] *vt* (Amér) entremêler ◆ **entreverarse** *vp* (Amér) s'entremêler

entrevero [entre'βero] *m* (Amér) confusion *f*

entrevista [entre'βista] *f* 1. (reunión) entretien *m* 2. (en radio, TV) interview *f* ◆ **tener/pedir una entrevista** avoir/solliciter un entretien ◆ **entrevista telefónica/**de trabajo entretien téléphonique/d'embauche

entrevistador, ra [entreβista'ðor, ra] *m, f* intervieweur *m*, -euse *f*

entrevistar [entreβis'tar] *vt* interviewer

entristecer [entriste'θer] *vt* attrister ◆ **entristecerse** *vp* s'attrister

entrometerse [entrome'terse] *vp* s'immiscer

entusiasmado, da [entusjaz'maðo, ða] *adj* enthousiasmé(e)

entusiasmar [entusjaz'mar] *vi* enthousiasmer ◆ **entusiasmarse** *vp* s'enthousiasmer

entusiasmo [entu'sjazmo] *m* enthousiasme *m*

entusiasta [entu'sjasta] *adj* enthousiaste

envasar [emba'sar] *vt* conditionner

envase [em'base] *m* (recipiente) emballage *m* ◆ **envase sin retorno** bouteille *f* non consignée

envejecer [embexe'θer] *vi* vieillir

envenenamiento [embenena'mjento] *m* empoisonnement *m*

envenenar [embene'nar] *vt* empoisonner

envergadura [emberɣa'ðura] *f* envergure *f*

enviar [embi'ar] *vt* envoyer ◆ **enviar algo por correo** envoyer qqch par la poste ◆ **enviar un mensaje/una carta/un correo electrónico/un fax** envoyer un message/un courrier/un mail/un fax

envidia [em'biðja] *f* envie *f*

envidiar [embi'ðjar] *vt* envier

envidioso, sa [embi'ðjoso, sa] *adj* envieux(euse)

envío [em'bio] *m* **1.** *(acción)* envoi *m* **2.** *(paquete)* colis *m*

enviudar [embju'ðar] *vi* devenir veuf (veuve)

envolver [embol'βer] *vt* envelopper

enyesar [enʝe'sar] *vt* plâtrer

epidemia [epi'ðemja] *f* épidémie *f*

epidermis [epi'ðermis] *f inv* épiderme *m*

epidural [epiðu'ral] *f (anestesia)* péridurale *f*

episodio [epi'soðjo] *m* épisode *m*

época ['epoka] *f* époque *f*

equilibrado, da [ekili'βraðo, ða] *adj* équilibré(e)

equilibrar [ekili'βrar] *vt* équilibrer

equilibrio [eki'liβrjo] *m* équilibre *m*

equilibrista [ekili'βrista] *mf* équilibriste *mf*

equipaje [eki'paxe] *m* bagages *mpl* ● **equipaje de mano** bagage *m* à main

equipar [eki'par] *vt* équiper

equipo [e'kipo] *m* **1.** *(de personas)* équipe *f* **2.** *(de objetos, prendas)* matériel *m* **3.** *(de música)* chaîne *f* (hi-fi)

equitación [ekita'θjon] *f* équitation *f*

equivalente [ekiβa'lente] *adj* équivalent(e) ◇ *m* équivalent *m*

equivaler [ekiβa'ler] ● **equivaler a** *v prep* équivaloir à

equivocación [ekiβoka'θjon] *f* erreur *f*

equivocado, da [ekiβo'kaðo, ða] *adj* ● **estar equivocado** se tromper

equivocar [ekiβo'kar] *vt* ● **equivocar algo con algo** confondre qqch avec qqch ● **equivocarse** *vp* se tromper ● **equivocarse de** se tromper de

era ['era] *f* **1.** ère *f* **2.** *(del campo)* aire *f*

erguido, da [er'ɣiðo, ða] *adj (cabeza, persona)* dressé(e)

erizo [e'riθo] *m* hérisson *m*

ermita [er'mita] *f* ermitage *m*

erótico, ca [e'rotiko, ka] *adj* érotique

erotismo [ero'tizmo] *m* érotisme *m*

errante [e'rante] *adj* errant(e)

errar [e'rar] *vi (equivocarse)* se tromper

erróneo, a [e'rroneo, a] *adj* erroné(e)

error [e'rror] *m* **1.** erreur *f* **2.** *INFORM* bogue *m* ● **depurar** *o* **eliminar errores** déboguer

eructar [eruk'tar] *vi* éructer

eructo [e'rukto] *m* rot *m*

erudito, ta [eru'ðito, ta] *m, f* érudit *m*, -e *f*

erupción [erup'θjon] *f* éruption *f*

esbelto, ta [ez'βelto, ta] *adj* svelte

esbozo [ez'βoθo] *m* ébauche *f*

escabeche [eska'βetʃe] *m* ● **en escabeche** mariné(e)

escala [es'kala] *f* **1.** échelle *f* **2.** *(de barco, avión)* escale *f* ● **escala musical** gamme *f* ● **a gran escala** à grande échelle

escalador, ra [eskala'ðor, ra] *m, f* alpiniste *mf*

escalar [eska'lar] *vt* **1.** *(montaña, pico)* escalader **2.** *(posiciones)* grimper

escalera [eska'lera] *f* **1.** *(de casa, edificio)* escalier *m* **2.** *(portátil)* échelle *f* ● **escalera de caracol** escalier en colimaçon ● **escalera mecánica** escalier mécanique ● **subir/bajar las escaleras** monter/descendre les escaliers

escalerilla [eskale'riʎa] *f* passerelle *f*

escalibada [eskali'βaða] *f* spécialité culinaire catalane à base de légumes grillés

escalofrío [eskalo'frio] *m* frisson *m*

escalón [eska'lon] *m* marche *f*

escalope [eska'lope] *m* escalope *f*

escalopín [eskalo'pin] *m* ● escalopines de ternera petites escalopes *fpl* de veau

escama [es'kama] *f* écaille *f*

escampar [eskam'par] *v impers* ● salimos cuando escampó nous sommes sortis quand il a cessé de pleuvoir

escandalizar [eskandali'θar] *vt* scandaliser ◆ **escandalizarse** *vp* se scandaliser

escándalo [es'kandalo] *m* **1.** *(inmoralidad)* scandale *m* **2.** *(alboroto)* tapage *m*

escanear [eskane'ar] *vt* scanner

escáner [es'kaner] *m* scanner *m*, scanneur *m*

escaño [es'kaɲo] *m (de diputado)* siège *m*

escapar [eska'par] *vi* s'échapper ◆ **escapar de** *v prep* **1.** *(encierro)* s'échapper de **2.** *(peligro)* échapper à ◆ **escaparse** *vp* **1.** *(persona)* s'échapper **2.** *(líquido, gas)* fuir

escaparate [eskapa'rate] *m* vitrine *f*

escape [es'kape] *m (de líquido, gas)* fuite *f* ● a escape à toute vitesse

escarabajo [eskara'βaxo] *m* scarabée *m*

escarbar [eskar'βar] *vt (tierra)* gratter

escarcha [es'kartʃa] *f* givre *m*

escarmentar [eskarmen'tar] *vt* donner une leçon à ◇ *vi* tirer la leçon *(d'une expérience)*

escarola [eska'rola] *f* frisée *f*

escasear [eskase'ar] *vi* manquer

escasez [eska'seθ] *f* **1.** *(insuficiencia)* pénurie *f* **2.** *(pobreza)* indigence *f*

escaso, sa [es'kaso, sa] *adj* **1.** *(poco frecuente)* rare **2.** *(recursos, comida)* maigre ● un metro escaso à peine un mètre

● andar escaso de dinero avoir peu d'argent

escayola [eska'jola] *f (Esp)* plâtre *m*

escayolar [eskajo'lar] *vt (Esp)* plâtrer

escena [es'θena] *f* scène *f*

escenario [esθe'narjo] *m* **1.** *(de teatro)* scène *f* **2.** *(fig) (de un suceso)* théâtre *m*

escepticismo [esθepti'θizmo] *m* scepticisme *m*

escéptico, ca [es'θeptiko, ka] *adj* sceptique

esclavitud [esklaβi'tuð] *f* esclavage *m*

esclavo, va [es'klaβo, βa] *m, f* esclave *mf*

esclusa [es'klusa] *f* écluse *f*

escoba [es'koβa] *f* balai *m*

escobilla [esko'βiʎa] *f* **1.** *(escoba)* balayette *f* **2.** *(Andes) (cepillo)* brosse *f*

escocer [esko'θer] *vi (herida, piel)* brûler

Escocia [es'koθja] *s* Écosse *f*

escoger [esko'xer] *vt* choisir

escolar [esko'lar] *adj* scolaire ◇ *mf* écolier *m*, -ère *f*

escolaridad [eskolari'ðað] *f* scolarité *f*

escollo [es'koʎo] *m* écueil *m*

escolta [es'kolta] *f* escorte *f*

escombros [es'kombros] *mpl* gravats *mpl*

esconder [eskon'der] *vt* cacher ◆ **esconderse** *vp* se cacher

escondidas [eskon'diðas] ● **a escondidas** *adv* en cachette

escondido, da [eskon'diðo, ða] *adj* caché(e)

escondite [eskon'dite] *m* **1.** *(lugar)* cachette *f* **2.** *(juego)* cache-cache *m inv*

escopeta [esko'peta] *f* fusil *m (de chasse)*

escorpión [eskor'pjon] *m* scorpion *m* ◆ **Escorpión** *m* Scorpion *m inv*

escotado, da [esko'taðo, ða] *adj* décolleté(e)

escote [es'kote] *m* décolleté *m* ● **pagamos a escote** chacun paie sa part

escotilla [esko'tiʎa] *f* écoutille *f*

escribir [eskri'βir] *vt & vi* écrire ● **escribir a mano** écrire à la main ● **escribirse** *vp* s'écrire

escrito [es'krito] *pp* ➤ escribir ◇ *m* écrit *m*

escritor, ra [eskri'tor, ra] *m, f* écrivain *m*

escritorio [eskri'torjo] *m* **1.** *(mueble)* secrétaire *m* **2.** INFORM bureau *m*

escritura [eskri'tura] *f* **1.** *(letra)* écriture *f* **2.** DER acte *m*

escrúpulo [es'krupulo] *m* *(duda, recelo)* scrupule *m* ● **tener escrúpulos** *(manías)* faire le délicat (la délicate)

escuadra [es'kwaðra] *f* **1.** *(en dibujo)* equerre *f* **2.** *(de barcos)* escadre *f* **3.** *(del ejército)* escouade *f*

escuchar [esku'tʃar] *vt & vi* écouter ● **escuchar la radio** écouter la radio

escudella [esku'ðeʎa] *f* escudella *cata lana sorte de pot-au-feu avec du vermicelle et de la saucisse catalane*

escudo [es'kuðo] *m* **1.** *(arma defensiva)* bouclier *m* **2.** *(emblema)* blason *m*

escuela [es'kwela] *f* école *f* ● **escuela pública/privada** école publique/privée ● **escuela universitaria** institut *m* universitaire

esculpir [eskul'pir] *vt* sculpter

escultor, ra [eskul'tor, ra] *m, f* sculpteur *m*

escultura [eskul'tura] *f* sculpture *f*

escupir [esku'pir] *vt & vi* cracher

escurrir [esku'rir] *vt* **1.** *(platos)* égoutter **2.** *(ropa)* essorer ◇ *vi* *(suelo)* être glissant(e) ● **escurrirse** *vp* *(deslizarse)* glisser

ese, sa [ese, sa] *adj* ce (cette) ● **esa casa** cette maison ● **el hombre ese** cet homme-là

ése, sa [ese, sa] *pron* celui-là (celle-là) ● **no cojas este libro, coge ése** ne prends pas ce livre-ci, prends celui-là

esencia [e'senθja] *f* essence *f*

esencial [esen'θjal] *adj* essentiel(elle)

esfera [es'fera] *f* **1.** *(en geometría)* sphère *f* **2.** *(del reloj)* cadran *m* ● **las altas esferas** *(fig)* les hautes sphères de

esférico, ca [es'feriko, ka] *adj* sphérique

esforzarse [esfor'θarse] *vp* faire des efforts ● **esforzarse en** o **por** *v prep* s'efforcer de

esfuerzo [es'fwerθo] *m* effort *m*

esfumarse [esen'θual] *vp* se volatiliser

esgrima [ez'ɣrima] *f* escrime *f*

esguince [ez'ɣinθe] *m* entorse *f*

eslabón [ezla'βon] *m* chaînon *m*

eslalon [ez'lalon] *m* slalom *m*

eslip [ez'lip] *(pl* eslips [ez'lips]*)* *m* slip *m*

esmalte [ez'malte] *m* émail *m* ● **esmalte de uñas** vernis *m* à ongles

esmeralda [ezme'ralda] *f* émeraude *f*

esmerarse [ezme'rarse] *vp* s'appliquer

esmero [ez'mero] *m* soin *m*

esmoquin [ez'mokin] *m* smoking *m*

esnob [ez'noβ] *(pl* esnobs [ez'noβs]*)* *mf* snob *mf*

eso [eso] *pron neutro* cela ● **eso me interesa mucho** cela m'intéresse ● **a eso de las tres** vers trois heures ● **y eso que** et pourtant

ESO [eso] *(abr de enseñanza secundaria obligatoria) f (Esp)* ≃ collège *m*

esos, sas ['esos, sas] ➤ **ese**

ésos, sas ['esos, sas] ➤ **ése**

espaciador [espaθja'ðor] *f* INFORM barre *f* d'espacement

espacial [espa'θjal] *adj* spatial(e)

espacio [es'paθjo] *m* espace *m* • **por un espacio de 2 horas** pendant 2 heures

espacioso, sa [espa'θjoso, sa] *adj* spacieux(euse)

espada [es'paða] *f* épée *f* • **espadas** *fpl* (palo de la baraja) l'une des quatre couleurs du jeu de cartes espagnol

espaguetis [espa'yetis] *mpl* spaghettis *mpl*

espalda [es'palda] *f* 1. (de persona, animal) dos *m* 2. (en natación) dos *m* crawlé • **cubrirse las espaldas** protéger ses arrières • **a espaldas de** à l'insu de

espantapájaros [espanta'paxaros] *m inv* épouvantail *m*

espanto [es'panto] *m* épouvante *f*

espantoso, sa [espan'toso, sa] *adj* 1. (aterrador) épouvantable 2. (muy feo) affreux(euse) 3. (fig) (enorme) terrible

España [es'paɲa] *s* Espagne *f*

español, la [espa'ɲol, la] *adj* espagnol(e) ◇ *m, f* Espagnol *m*, -e *f* ◇ *m* (lengua) espagnol *m*

esparadrapo [espara'ðrapo] *m* sparadrap *m*

esparcir [espar'θir] *vt* répandre

espárrago [es'parayo] *m* asperge *f* • **espárrago triguero** asperge verte

espasmo [es'pazmo] *m* spasme *m*

espátula [es'patula] *f* spatule *f*

especia [es'peθja] *f* épice *f*

especial [espe'θjal] *adj* spécial(e)

especialidad [espeθjali'ðað] *f* spécialité *f*

especialista [espeθja'lista] *mf* spécialiste *mf*

especializado, da [espeθjali'θaðo, ða] *adj* spécialisé(e)

especializarse [espeθjali'θarse] • **especializarse en** *v prep* se spécialiser en

especialmente [espe,θjal'mente] *adv* spécialement

especie [es'peθje] *f* espèce *f* • **especie protegida** espèce protégée • **en especie(s)** en nature

especificar [espeθifi'kar] *vt* spécifier

específico, ca [espe'θifiko, ka] *adj* spécifique

espectáculo [espek'takulo] *m* spectacle *m*

espectador, ra [espekta'ðor, ra] *m, f* spectateur *m*, -trice *f*

especulación [espekula'θjon] *f* spéculation *f*

espejismo [espe'xizmo] *m* mirage *m*

espejo [es'pexo] *m* glace *f*, miroir *m*

espera [es'pera] *f* attente *f* • **en espera de** dans l'attente de

esperanza [espe'ranθa] *f* espoir *m*

esperar [espe'rar] *vt & vi* attendre • **¡eso espero!** j'espère bien ! • **¡espera y verás!** attends, tu vas voir ! • **¡puedes esperar sentado!** (fig) tu peux toujours attendre ! • **esperar que** (confiar) espérer que • **esperarse** *vp* s'attendre

esperma [es'perma] *m* sperme *m*

espeso, sa [es'peso, sa] *adj* épais (épaisse)

espesor [espe'sor] *m* épaisseur *f*

espía [es'pia] *mf* espion *m*, -onne *f*

espiar [espi'ar] *vt* espionner *f*

espiga [es'piɣa] *f* épi *m*

espina [es'pina] *f* 1. *(de planta)* épine *f* 2. *(de pez)* arête *f*

espinacas [espi'nakas] *fpl* épinards *mpl*

espinilla [espi'niʎa] *f* 1. *(de la pierna)* tibia *m* 2. *(en la piel)* point *m* noir

espionaje [espjo'naxe] *m* espionnage *m*

espiral [espi'ral] *f* spirale *f* ● **en espiral** en spirale

espirar [espi'rar] *vi* expirer

espiritismo [espiri'tizmo] *m* spiritisme *m*

espíritu [es'piritu] *m* esprit *m*

espiritual [espiritu'al] *adj* spirituel(elle)

espléndido, da [es'plendiðo, ða] *adj* 1. *(magnífico)* splendide 2. *(generoso)* prodigue

esplendor [esplen'dor] *m* splendeur *f*

espliego [es'pljeɣo] *m* lavande *f*

esponja [es'ponxa] *f* éponge *f*

esponjoso, sa [espon'xoso, sa] *adj* spongieux(euse)

espontaneidad [espontanei'ðað] *f* spontanéité *f*

espontáneo, a [espon'taneo, a] *adj* spontané(e) ◇ *m, f (en toros)* spectateur(trice) qui saute dans l'arène pour toréer

esposas [es'posas] *fpl (para detenido)* menottes *fpl*

esposo, sa [es'poso, sa] *m, f (cónyuge)* époux *m*, épouse *f*

espray [es'praj] *m* spray *m*

esprint [es'prin] *m* sprint *m*

esprínter [es'printer] *mf* sprinter *m*

espuma [es'puma] *f* mousse *f* ● **espuma para el pelo** mousse coiffante

esqueleto [eske'leto] *m* squelette *m*

esquema [es'kema] *m* schéma *m*

esquematizar [eskemati'θar] *vt* schématiser

esquí [es'ki] *m* ski *m* ● **esquí acuático** ski nautique

esquiador, ra [eskia'ðor, ra] *m, f* skieur *m*, -euse *f*

esquiar [eski'ar] *vi* skier

esquilar [eski'lar] *vt* tondre

esquimal [eski'mal] *adj* esquimau(aude) ◇ *mf* Esquimau *m*, -aude *f*

esquina [es'kina] *f* coin *m* ● **hacer esquina (con)** faire l'angle (avec)

esquivar [eski'βar] *vt* esquiver

estabilidad [estaβili'ðað] *f* stabilité *f*

estable [es'taβle] *adj* stable

establecer [estaβle'θer] *vt* établir ◆ **establecerse** *vp* s'établir

establecimiento [estaβleθi'mjento] *m* établissement *m*

establo [es'taβlo] *m* étable *f*

estaca [es'taka] *f* pieu *m*

estación [esta'θjon] *f* 1. *(de tren, autobús)* gare *f* 2. *(del año, temporada)* saison *f* ● **estación de servicio** station-service

estacionamiento [estaθjona'mjento] *m* stationnement *m* ▼ **estacionamiento indebido** stationnement interdit ▼ **estacionamiento limitado** stationnement limité

estacionar [estaθjo'nar] *vt* stationner ▼ **no estacionar** défense de stationner ◆ **estacionarse** *vp* stationner

estadio [es'taðjo] *m (de deporte)* stade *m*

estadística [esta'ðistika] *f* statistique *f*

estado [es'taðo] *m* état *m* ● **el Estado** l'État ● **estado civil** état civil ● **estado de**

salud état de santé ● **en buen/mal estado** être en bon/mauvais état ● **estar en estado** être enceinte

Estados Unidos [es'taðosu'niðos] *mpl* ● **(los) Estados Unidos** (les) États-Unis *mpl*

estadounidense [es,taðouni'ðense] *adj* américain(e) ◇ *mf* Américain *m*, -e *f*

estafa [es'tafa] *f* escroquerie *f*

estafador, ra [estafa'ðor, ra] *m, f* escroc *m*

estafar [esta'far] *vt* escroquer

estalactita [estalak'tita] *f* stalactite *f*

estalagmita [estalaɣ'mita] *f* stalagmite *f*

estallar [esta'ʎar] *vi* **1.** *(bomba)* exploser **2.** *(guerra, revolución)* éclater ● **estallar en carcajadas** éclater de rire

estallido [esta'ʎiðo] *m* explosion *f*

estambre [es'tambre] *m* étamine *f*

estamento [esta'mento] *m* classe *f (de la société)*

estampado, da [estam'paðo, ða] *adj* imprimé(e) ◇ *m* imprimé *m*

estampida [estam'piða] *f* débandade *f* ● **salir de estampida** partir comme une flèche

estampilla [estam'piʎa] *f (Amér)* **1.** *(sello)* timbre *m* **2.** *(cromo)* cachet *m*

estancado, da [estan'kaðo, ða] *adj* **1.** *(agua, río)* stagnant(e) **2.** *(situación, proyecto)* en suspens

estancarse [estan'karse] *vp (agua, situación, proyecto)* stagner

estancia [es'tanθja] *f* **1.** *(cuarto)* pièce *f* **2.** *(tiempo)* séjour *m* **3.** *(CSur) (hacienda)* ferme *f* d'élevage

estanciero, ra [estan'θjero, ra] *m, f (Amér)* propriétaire *mf* de ferme d'élevage

estanco [es'tanko] *m* bureau *m* de tabac

estándar [es'tandar] *adj* standard

estanque [es'tanke] *m* étang *m*

estante [es'tante] *m* étagère *f (planche)*

estantería [estante'ria] *f* étagère *f (meuble)*

estaño [es'taɲo] *m* étain *m*

estar [es'tar] *vi*
1. être ● **¿está Juan?** est-ce que Juan est là ? ● **hoy estamos a martes 13 de julio** nous sommes le mardi 13 juillet ● **estamos a 20 grados** il fait 20 degrés ● **para eso están los amigos** les amis sont là pour ça
2. *(quedarse)* rester ● **estaré un par de horas y me iré** je resterai une heure ou deux et je m'en irai
3. *(hallarse listo)* être prêt(e) ● **la comida estará a las tres** le repas sera prêt à trois heures
4. *(expresa duración)* ● **estoy pintando** je suis en train de peindre ● **estuvieron trabajando día y noche** ils ont travaillé jour et nuit
◇ *v cop*
1. *(expresa cualidad, estado)* être, aller ● **¿cómo estás?** comment vas-tu ? ● **esta calle está sucia** cette rue est sale ● **estar bien/mal** aller bien/mal ● **el cielo está con nubes** le ciel est nuageux ● **estoy sin dinero** je suis sans argent ● **el jefe está que muerde** le chef n'est pas à prendre avec des pincettes ● **está como cajera en un supermercado** elle est caissière dans un supermarché ● **están de viaje** ils sont

en voyage ● **estar en el paro** être au chômage
2. *(sentar)* ● **el traje te está muy bien** le costume te va très bien ● **este sombrero me está ancho** ce chapeau est trop grand pour moi
3. *(consistir)* ● **el problema está en la fecha** c'est la date qui pose problème
4. *(en locuciones)* ● **¿estamos?** prêts ?
◆ **estar por** *v prep*
1. *(faltar)* ● **esto está por hacer** ceci est à faire
2. *(hallarse a punto de)* ● **estuve por darle una bofetada** j'ai failli le gifler
◆ **estarse** *vp (permanecer)* rester ● **estate quieto** reste tranquille
estatal [esta'tal] *adj* d'État ● **un organismo estatal** un organisme d'État
estático, ca [es'tatiko, ka] *adj* statique
estatua [es'tatwa] *f* statue *f*
estatura [esta'tura] *f* stature *f*
estatus [es'tatus] *m inv* statut *m* social
estatuto [esta'tuto] *m* statut *m*
¹este, ta [esste, ta] *adj* ce (cette) ● **me han regalado este reloj** on m'a offert cette montre ● **esta mañana ha llovido** ce matin, il a plu ● **me gusta más este hotel que ése** cet hôtel me plaît plus que l'autre
²este ['este] *m* est *m* ● **el Este** l'Est *m*
órto, ta ['este, ta] *pron* celui-ci (celleci) ● **aquella camisa es bonita, pero ésta me gusta más** cette chemise-là est jolie, mais je préfère celle-ci
estera [es'tera] *f* natte *f (en paille)*
estéreo [es'tereo] *adj* stéréo *(inv)* ◇ *m* stéréo *f*
estéril [es'teril] *adj* stérile

esterilizar [esterili'θar] *vt* stériliser
esternón [ester'non] *m* sternum *m*
estética [es'tetika] *f* esthétique *f*
estibador, ra [estiβa'ðor, ra] *m, f* arrimeur *m*
estiércol [es'tjerkol] *m* fumier *m*
estilo [es'tilo] *m* **1.** style *m* **2.** *(de natación)* nage *f* ● **algo por el estilo** quelque chose comme ça
estilográfica [estilo'ɣrafika] *f* stylo *m* plume
estima [es'tima] *f* estime *f*
estimación [estima'θjon] *f* estimation *f*
estimado, da [esti'maðo, ða] *adj* estimé(e)
estimulante [estimu'lante] *adj* stimulant(e) ◇ *m* stimulant *m*
estimular [estimu'lar] *vt* stimuler
estímulo [es'timulo] *m* **1.** *(aliciente)* stimulant *m* **2.** *(ánimo)* stimulation *f*
estirado, da [esti'raðo, ða] *adj* hautain(e)
estirar [esti'rar] *vt* **1.** *(cable, cuerda)* tendre **2.** *(brazos, piernas)* étirer ● **estirar de** *v prep* tirer sur ● **estirarse** *vp* s'étirer
estirpe [es'tirpe] *f* souche *f (lignée)*
esto ['esto] *pron neutro* ceci, ça ● **esto es un nuevo producto** ceci est un nouveau produit ● **esto no puede ser** ça n'est pas possible
estofado [esto'faðo] *m* ragoût *m*
estoicismo [estoi'θizmo] *m* stoïcisme *m*
estoico, ca [es'tojko, ka] *adj* stoïque
estómago [es'tomaɣo] *m* estomac *m*
estorbar [estor'βar] *vt* **1.** *(obstaculizar)* bloquer le passage **2.** *(molestar)* gêner
estorbo [es'torβo] *m (obstáculo)* gêne *f*

estornudar [estornu'ðar] *vi* éternuer

estornudo [estor'nuðo] *m* éternuement *m*

estos, tas ['estos, tas] ➤ **este**

éstos, tas ['estos, tas] ➤ **éste**

estrafalario, ria [estrafa'larjo, rja] *adj* saugrenu(e)

estrangulador, ra [estrangula'ðor, ra] *m, f* étrangleur *m*, -euse *f*

estrangular [estrangu'lar] *vt* étrangler

estratega [estra'teɣa] *mf* stratège *m*

estrategia [estra'texja] *f* stratégie *f*

estratégico, ca [estra'texiko, ka] *adj* stratégique

estrechar [estre't∫ar] *vt* **1.** *(calle, ropa)* rétrécir **2.** *(mano)* serrer **3.** *(amistad, relación)* resserrer ◆ **estrecharse** *vp* se serrer

estrecho, cha [es'tret∫o, t∫a] *adj* étroit(e) ◇ *m* détroit *m* ● **estar estrecho** *(en un lugar)* être à l'étroit

estrella [es'treʎa] *f* **1.** *(astro)* étoile *f* **2.** *(de cine)* vedette *f* ● **estrella de mar** étoile de mer ● **estrella fugaz** étoile filante

estrellarse [estre'ʎarse] ◆ **estrellarse contra** *v prep (coche, avión)* s'écraser contre

estremecerse [estreme'θerse] ◆ **estremecerse de** *v prep* trembler de

estrenar [estre'nar] *vt* **1.** *(ropa, coche)* étrenner **2.** *(en el teatro)* donner la première **3.** *(en el cine)* projeter pour la première fois

estreno [es'treno] *m* **1.** *(de espectáculo)* première *f* **2.** *(de película)* sortie *f*

estreñimiento [estreɲi'mjento] *m* constipation *f*

estrepitoso, sa [estrepi'toso, sa] *adj* retentissant(e)

estrés [es'tres] *m* stress *m*

estría [es'tria] *f* strie *f*

estribillo [estri'βiʎo] *m* refrain *m*

estribo [es'triβo] *m* **1.** *(del jinete)* étrier *m* **2.** *(del automóvil)* marchepied *m* ● **perder los estribos** *(fig)* perdre les pédales

estribor [estri'βor] *m* tribord *m*

estricto, ta [es'trikto, ta] *adj* strict(e)

estrofa [es'trofa] *f* strophe *f*

estropajo [estro'paxo] *m* tampon *m* à récurer

estropeado, da [estrope'aðo, ða] *adj* **1.** abîmé(e) **2.** *(coche, máquina)* en panne

estropear [estrope'ar] *vt* **1.** *(máquina, aparato, comida)* abîmer **2.** *(proyecto, plan)* faire échouer ◆ **estropearse** *vp* **1.** *(dañarse)* s'abîmer **2.** *(máquina, aparato)* tomber en panne **3.** *(planes, proyecto)* échouer

estructura [estruk'tura] *f* structure *f*

estuario [es'twarjo] *m* estuaire *m*

estuche [es'tut∫e] *m* étui *m*

estudiante [estu'ðjante] *mf* étudiant *m*, -e *f*

estudiar [estu'ðjar] *vt* **1.** *(asignatura)* apprendre **2.** *(asunto, problema)* étudier ◇ *vi* étudier ● **estudiar medicina** faire des études de médecine

estudio [es'tuðjo] *m* **1.** *(para un examen)* travail *m* **2.** *(análisis, investigación)* étude *f* **3.** *(de artista)* atelier *m* **4.** *(piso)* studio *m* ◆ **estudios** *mpl* **1.** *(de radio, televisión)* studios *mpl* **2.** *(enseñanza)* études *fpl*

estudioso, sa [estu'ðjoso, sa] *adj* studieux(euse)

estufa [es'tufa] *f* poêle *m*

estupefacto, ta [estupe'fakto, ta] *adj* stupéfait(e)

estupendo, da [estu'pendo, da] *adj* formidable ◇ *interj* formidable !

estupidez [estupi'ðeθ] *f* **1.** *(calidad)* stupidité *f* **2.** *(acto)* bêtise *f*

estúpido, da [es'tupiðo, ða] *adj* stupide

ETA ['eta] *f (abr de Euskadi ta Askatasuna)* ETA *f*

etapa [e'tapa] *f* étape *f*

etarra [e'tarra] *mf* membre *m* de l'ETA

etc. *(abr escrita de etcétera)* etc. *(et cetera)*

etcétera [et'θetera] *adv* et cetera

eternidad [eterni'ðað] *f* éternité *f*

eterno, na [e'terno, na] *adj* **1.** *(perpetuo)* éternel(elle) **2.** *(que dura mucho)* interminable **3.** *(que se repite)* sempiternel(elle)

ética ['etika] *f* éthique *f*

ético, ca ['etiko, ka] *adj* éthique

etimología [etimolo'xia] *f* étymologie *f*

etiqueta [eti'keta] *f* **1.** étiquette *f* **2.** INFORM balise *f* ● **de etiqueta** *(cena)* habillé(e) ; *(traje)* de soirée

étnico, ca ['eðniko, ka] *adj* ethnique

ETS [e'te'ese] *f* **1.** *(abr de Escuela Técnica Superior)* école supérieure d'ingénieurs dépendant d'une université **2.** *(abr de enfermedad de transmisión sexual)* MST *f (maladie sexuellement transmissible)*

eucalipto [euka'lipto] *m* eucalyptus *m*

eucaristía [eukaris'tia] *f* eucharistie *f*

eufemismo [eufe'mizmo] *m* euphémisme *m*

eufórico, ca [eu'foriko, ka] *adj* euphorique

euro ['euro] *m* euro *m*

Europa [eu'ropa] *s* Europe *f*

europeo, a [euro'peo, a] *adj* européen(enne) ◇ *m, f* Européen *m*, -enne *f*

Euskadi [eus'kaði] *s* Euskadi *f (Pays basque)*

euskera [eus'kera] *adj* basque ◇ *m (lengua)* euskera *m*

eutanasia [euta'nasja] *f* euthanasie *f*

evacuación [eβakya'θjon] *f* évacuation *f*

evacuar [eβa'kyar] *vt* évacuer

evadir [eβa'ðir] *vt (problemas, dificultades)* fuir ◆ **evadirse** *vp* s'évader ◆ **evadirse de** *v prep* s'évader de

evaluación [eβalya'θjon] *f* évaluation *f*

evaluar [eβalu'ar] *vt* évaluer

evangelio [eβan'xeljo] *m* **1.** évangile *m* **2.** *(fam) (verdad indiscutible)* parole *f* d'évangile

evangelización [eβanxeliθa'θjon] *f* évangélisation *f*

evaporarse [eβapo'rarse] *vp* s'évaporer

evasión [eβa'sjon] *f* évasion *f* ● **evasión de capitales** fuite *f* des capitaux

eventual [eβentu'al] *adj* **1.** éventuel(elle) **2.** *(trabajo, ingresos)* occasionnel(elle)

eventualidad [eβentuali'ðað] *f* **1.** *(posibilidad)* éventualité *f* **2.** *(de situación)* précarité *f*

evidencia [eβi'ðenθja] *f* **1.** *(claridad)* évidence *f* **2.** *(prueba)* preuve *f* ● **poner algo en evidencia** mettre qqch en évidence ● **poner a alguien en evidencia** tourner qqn en ridicule

evidente [eβi'ðente] *adj* évident(e)

evidentemente [eβi'ðente'mente] *adv* évidemment

evitar [eβi'tar] *vt* éviter

evocar [eβo'kar] *vt* évoquer

evolución [eβolu'θjon] f évolution f

evolucionar [eβoluθjo'nar] vi évoluer

exactamente [ek,sakta'mente] adv exactement

exactitud [eksakti'tuð] f exactitude f

exacto, ta [e'ksakto, ta] adj exact(e)

exageración [eksaxera'θjon] f exagération f

exagerado, da [eksaxe'raðo, ða] adj exagéré(e)

exagerar [eksaxe'rar] vt & vi exagérer

exaltarse [eksal'tarse] vp s'exalter

examen [ek'samen] m examen m

examinar [eksami'nar] vt **1.** (alumno) faire passer un examen à **2.** (analizar) examiner ◆ **examinarse** vp passer un examen ◆ **examinarse de** v prep passer une épreuve de

excavación [ekskaβa'θjon] f (en arqueología) fouille f

excavadora [ekskaβa'ðora] f pelle f mécanique

excavar [ekska'βar] vt **1.** creuser **2.** (en arqueología) fouiller

excedencia [eksθe'ðenθja] f **1.** (de empleado) congé m **2.** (de funcionario) mise f en disponibilité

exceder [eksθe'ðer] vt dépasser ◆ **excederse** vp dépasser les bornes

excelencia [eksθe'lenθja] f excellence f ● Su Excelencia Son Excellence ● por excelencia par excellence

excelente [eksθe'lente] adj excellent(e)

excentricidad [eksθentriθi'ðað] f excentricité f

excéntrico, ca [eks'θentriko, ka] m, f excentrique mf

excepción [eksθep'θjon] f exception f ● a o con excepción de à l'exception de ● de excepción d'exception

excepcional [eksθepθjo'nal] adj exceptionnel(le)

excepto [eks'θepto] adv excepté ▼ excepto festivos sauf les jours fériés

excesivo, va [eksθe'siβo, βa] adj excessif(ive)

exceso [eks'θeso] m **1.** (abuso) excès m **2.** (excedente) excédent m ● exceso de equipaje excédent de bagages ● exceso de peso excès de poids ● exceso de velocidad excès de vitesse ● en exceso trop

excitar [eksθi'tar] vt exciter ◆ **excitarse** vp s'exciter

exclamación [eksklama'θjon] f exclamation f

excluir [eksklu'ir] vt exclure

exclusiva [eksklu'siβa] f **1.** (periódico) exclusivité f **2.** ● en exclusiva en exclusivité

exclusivo, va [eksklu'siβo, βa] adj **1.** (único) seul(e) **2.** (total) exclusif(ive)

excursión [eskur'sjon] f excursion f ● ir de excursión partir en excursion

excusa [eks'kusa] f excuse f

excusar [eksku'sar] vt excuser ◆ **excusarse** vp s'excuser

exento, ta [ek'sento, ta] adj ● exento de exempt de

exhaustivo, va [eksaus'tiβo, βa] adj exhaustif(ive)

exhibición [eksiβi'θjon] f **1.** (de cuadros) exposition f **2.** (de deportes) exhibition f **3.** (de modelos) présentation f

exhibir [eksi'βir] vt **1.** (documentos, modelos) présenter **2.** (cuadros) exposer **3.** (película) projeter

exigencia [eksi'xenθja] f exigence f

exigente [eksi'xente] adj exigeant(e)

exigir [eksi'xir] vt exiger

exiliar [eksi'ljar] vt exiler ◆ **exiliarse** vp s'exiler

exilio [ek'siljo] m exil m

existencia [eksis'tenθja] f existence f ◆ **existencias** fpl (mercancías) stocks mpl

existir [eksis'tir] vi exister ● **existen muchas posibilidades** il y a beaucoup de possibilités

éxito ['eksito] m **1.** succès m **2.** (canción) tube m ● **tener éxito** avoir du succès

exitoso, sa [eksi'toso, sa] m, f (Amér) ● **es un exitoso** il réussit tout ce qu'il fait

exótico, ca [ek'sotiko, ka] adj exotique

expedición [ekspeði'θjon] f **1.** (de paquete, mercancía) expédition f **2.** (de pasaporte, certificado) délivrance f

expediente [ekspe'ðjente] m dossier m

expedir [ekspe'ðir] vt **1.** (paquete, mercancía) expédier **2.** (pasaporte, certificado) délivrer

expendedor, ra [ekspende'ðor, ra] m, f vendeur m, -euse f ● **expendedor automático** distributeur m automatique

expendedora [ekspende'ðora] f ● **expendedora de billetes** distributeur automatique de billets

expensas [eks'pensas] ◆ **a expensas de** loc prep aux dépens de

experiencia [ekspe'rjenθja] f expérience f

experimentado, da [eksperimen'taðo, ða] adj expérimenté(e)

experimental [eksperimen'tal] adj expérimental(e)

experimentar [eksperimen'tar] vt **1.** expérimenter **2.** (sensación, sentimiento) éprouver

experimento [ekspe ri'mento] m expérience f (essai)

experto, ta [eks'perto, ta] m, f expert m ● **experto en** expert en

expirar [ekspi'rar] vi (formal) expirer

explicación [eksplika'θjon] f explication f

explicar [ekspli'kar] vt **1.** expliquer **2.** (asignatura) enseigner ◆ **explicarse** vp s'expliquer

explícito, ta [eks'pliθito, ta] adj explicite

explorador, ra [eksplora'ðor, ra] m, f explorateur m, -trice f

explorar [eksplo'rar] vt **1.** (terreno, lugar) explorer **2.** (paciente) examiner

explosión [eksplo'sjon] f explosion f

explosivo, va [eksplo'siβo, βa] adj explosif(ive) ◇ m explosif m

explotación [eksplota'θjon] f exploitation f

explotar [eksplo'tar] vi exploser ◇ vt exploiter

expo ['ekspo] f exposition de grande importance, comme l'exposition universelle

exponente [ekspo'nente] m exposant m

exponer [ekspo'ner] vt **1.** exposer **2.** (arriesgar) risquer ◆ **exponerse a** v prep s'exposer à

exportación [eksporta'θjon] f exportation f

exportar [ekspor'tar] vt exporter

exposición [eksposi'θjon] f **1.** (de pinturas, objetos) exposition f **2.** (de tema, asun-

to) exposé *m* ● **exposición de arte** exposition artistique

expositor, ra [ekspozi'tor, ra] *m, f (persona)* exposant *m*, -e *f* ◇ *m (mueble)* présentoir *m*

exprés [eks'pres] *adj* express

expresar [ekspre'sar] *vt* exprimer ● **expresarse** *vp* s'exprimer

expresión [ekspre'sjon] *f* expression *f*

expresivo, va [ekspre'siβo, βa] *adj* 1. *(mirada)* expressif(ive) 2. *(abrazo)* affectueux(euse)

expreso, sa [eks'preso, sa] *adj* 1. *(claro)* exprès(esse) 2. *(tren, café)* express ◇ *m (tren)* express *m*

exprimidor [eksprimi'ðor] *m* presse-agrumes *m inv*

exprimir [ekspri'mir] *vt (limón, naranja)* presser

expuesto, ta [eks'pwesto, ta] *adj* 1. exposé(e) 2. *(arriesgado)* dangereux(euse) ● **estar expuesto a** être exposé à

expulsar [ekspul'sar] *vt* expulser

expulsión [ekspul'sjon] *f* expulsion *f*

exquisitez [ekskisi'teθ] *f* 1. *(cualidad)* délicatesse *f* 2. *(comida)* délice *m*

exquisito, ta [ekski'sito, ta] *adj* exquis(e)

éxtasis ['ekstasis] *m inv* extase *f*

extender [eksten'der] *vt* 1. étendre 2. *(certificado, cheque)* établir ● **extenderse** *vp* 1. s'étendre 2. *(durar)* se prolonger

extensión [eksten'sjon] *f* 1. *(en espacio)* étendue *f* 2. *(en tiempo)* durée *f* 3. *(alcance)* portée *f* ● **pedir/pasar la extensión (número) 42** demander/passer le poste (numéro) 42

extenso, sa [eks'tenso, sa] *adj* 1. *(espacio)* étendu(e) 2. *(duración)* long (longue)

exterior [ekste'rjor] *adj* extérieur(e) ◇ *m* extérieur *m*

exterminar [ekstermi'nar] *vt* exterminer

externo, na [eks'terno, na] *adj & m, f* externe

extinguirse [ekstin'girse] *vp* s'éteindre

extintor [ekstin'tor] *m* extincteur *m*

extirpar [ekstir'par] *vt* 1. *(formal)* 1. *(quiste)* extirper 2. *(muela)* extraire

extra ['ekstra] *adj* 1. *(calidad, producto)* supérieur(e) 2. *(horas, gastos)* supplémentaire ◇ *m* 1. *(de dinero)* bonus *m* 2. *(de menú)* supplément *m* ◇ *mf (en cine)* figurant *m*, -e *f*

extracción [ekstrak'θjon] *f* extraction *f*

extracto [eks'trakto] *m* extrait *m* ● **extracto de cuentas** relevé *m* de compte

extractor [ekstrak'tor] *m (de humos)* hotte *f* aspirante

extradición [ekstraði'θjon] *f* extradition *f*

extraer [ekstra'er] *vt* 1. *(muela, diente)* arracher 2. *(petróleo)* extraire

extranjero, ra [ekstran'xero, ra] *adj & m, f* étranger *m*, -ère *f* ◇ *m* étranger *m* ● **vivir en el extranjero** vivre à l'étranger

extrañar [ekstra'ɲar] *vt* 1. *(sorprender)* étonner 2. *(echar de menos)* ● **extraña a sus padres** ses parents lui manquent ● **extrañarse de** *v prep* s'étonner de

extrañeza [ekstra'ɲeθa] *f* 1. *(rareza)* bizarrerie *f* 2. *(sorpresa)* étonnement *m*

extraño, ña [eks'traɲo, ɲa] *adj* 1. *(raro)* étrange 2. *(no propio)* étranger(ère) ◇ *m, f* étranger *m*, -ère *f*

extraordinario, ria [ekstraorði'narjo, rja] *adj* extraordinaire

extraterrestre [ekstrate'rrestre] *mf* extraterrestre *mf*

extravagante [ekstraβa'ɣante] *adj* extravagant(e)

extraviar [ekstraβi'ar] *vt* égarer ◆ **extraviarse** *vp* s'égarer

extremar [ekstre'mar] *vt* redoubler de

extremaunción [ekstremaun'θjon] *f* extrême-onction *f*

extremidades [ekstremi'ðaðes] *fpl* extrémités *fpl*

extremista [ekstre'mista] *mf* extrémiste *mf*

extremo, ma [eks'tremo, ma] *adj* **1**. *(último)* extrême **2**. *(ideología)* extrémiste **3**. *(frío, calor)* intense ◇ *m* **1**. *(final)* extrémité *f* **2**. *(punto máximo)* extrême *m* **3**. *(en deporte)* ailier *m* ● **en extremo** extrêmement

extrovertido, da [ekstroβer'tiðo, ða] *adj* extraverti(e)

fabada [fa'βaða] *f* ● **fabada (asturiana)** plat typique des Asturies comparable au cassoulet

fábrica [fa'βrika] *f* usine *f*

fabricante [faβri'kante] *mf* fabricant *m*, -e *f*

fabricar [faβri'kar] *vt* fabriquer

fábula ['faβula] *f* fable *f*

fabuloso, sa [faβu'loso, sa] *adj* fabuleux(euse)

faceta [fa'θeta] *f* facette *f*

fachada [fa'tʃaða] *f* façade *f*

fácil ['faθil] *adj* **1**. facile **2**. *(persona)* facile à vivre ● **es fácil que vengamos** il est probable que nous venions

facilidad [faθili'ðað] *f* facilité *f* ● **tener facilidad para** avoir la possibilité de

facilitar [faθili'tar] *vt* **1**. *(hacer fácil)* faciliter **2**. *(proporcionar)* fournir

factor [fak'tor] *m* facteur *m*

factura [fak'tura] *f* facture *f*

facturación [faktura'θjon] *f* **1**. *(de empresa)* chiffre *m* d'affaires **2**. *(de equipaje)* enregistrement *m*

facturar [faktu'rar] *vt* **1**. *(cobrar)* facturer **2**. *(equipaje)* enregistrer

facultad [fakul'tað] *f* faculté *f* ● **facultad de ciencias/letras** faculté de sciences/lettres

faena [fa'ena] *f* **1**. *(tarea, trabajo)* travail *m* **2**. *(en los toros)* série de passes exécutées avec la muleta par le torero

faisán [faj'san] *m* faisan *m*

faja ['faxa] *f* **1**. *(ropa interior)* gaine *f* **2**. *(para cintura)* ceinture *f*

fajo ['faxo] *m* liasse *f*

falange [fa'lanxe] *f* phalange *f*

falda ['falda] *f* **1**. *(prenda)* jupe *f* **2**. *(de montaña)* flanc *m* ● **ser aficionado a las faldas** être un coureur de jupons

falla ['faʎa] *f* **1**. *(de terreno)* faille *f* **2**. *(defecto)* défaut *m* **3**. *(en Valencia)* grande figure en carton-pâte brûlée lors des fêtes de la Saint-Joseph ● **las Fallas** fêtes de la Saint-Joseph à Valence

Las Fallas de San José

Ce sont les fêtes les plus typiques de Valence. Au cours de l'année, les habitants construisent des personnages en carton-pâte, les **ninots**, et le 16 mars a lieu la **plantà**, c'est-à-dire l'exposition dans les rues et sur les places de tous les **ninots** et de leurs monuments illustrant des thèmes satiriques ou **fallas**. Au bout de trois jours, un jury décide lequel de ces **ninots** sera sauvé de la **cremà**, c'est-à-dire de l'embrasement de tous les **ninots** le 19 mars à minuit, jour de la Saint-Joseph. Des fêtes semblables ont lieu dans d'autres villes et villages de la région.

fallar [fa'ʎar] *vi* **1.** *(memoria)* défaillir **2.** *(corazón, motor)* lâcher **3.** *(fracasar)* échouer

fallecer [faʎe'θer] *vi* décéder

fallo ['faʎo] *m* **1.** *(equivocación)* erreur *f* **2.** *(omisión)* défaillance *f* **3.** *(sentencia)* jugement *m*

falsedad [false'ðað] *f* **1.** fausseté *f* **2.** *(mentira)* mensonge *m*

falsificar [falsifi'kar] *vt* falsifier

falso, sa ['falso, sa] *adj* faux (fausse)

falta ['falta] *f* **1.** *(carencia, necesidad)* manque *m* **2.** *(error, infracción)* faute *f* **3.** *(de asistencia, puntualidad)* absence *f* ● **falta de educación** manque d'éducation ● **echar en falta** *(persona, cosa)* regretter ; *(lo desaparecido)* remarquer l'absence de ● **hace falta pan** il faut du pain

faltar [fal'tar] *vi* **1.** manquer **2.** *(estar ausente)* être absent(e) **3.** *(quedar)* rester ● **faltar a clase** manquer la classe ● ¡**no faltaba más!** il ne manquait plus que ça ! ● **falta una semana para Navidad** il reste une semaine jusqu'à Noël ◆ **faltar a** *v prep* **1.** manquer à **2.** *(ofender)* manquer de respect à

fama ['fama] *f* **1.** *(popularidad)* célébrité *f* **2.** *(reputación)* réputation *f*

familia [fa'milja] *f* famille *f* ● **familia numerosa** famille nombreuse

familiar [fami'ljar] *adj* **1.** *(de familia)* familial(e) **2.** *(conocido, llano)* familier(ère) ◇ *mf* parent *m*, -e *f*

familiarizarse [familjari'θarse] ◆ **familiarizarse con** *v prep* se familiariser avec

famoseo [famo'seo] *m (fam)* VIP *mpl (Very Important People)*

famoso, sa [fa'moso, sa] *adj* célèbre

fanatismo [fana'tizmo] *m* fanatisme *m*

fandango [fan'dango] *m* **1.** *(baile, danza)* fandango *m* **2.** *(fam) (juerga)* raffut *m*

fanfarrón, ona [fanfa'ron, ona] *adj* fanfaron(onne)

fantasía [fanta'sia] *f* **1.** *(imaginación)* fantaisie *f* **2.** *(imagen, ilusión)* chimère *f*

fantasma [fan'tazma] *m* **1.** *(espectro)* fantôme *m* **2.** *(fam) (persona presuntuosa)* crâneur *m*, -euse *f*

fantástico, ca [fan'tastiko, ka] *adj* fantastique

farmacéutico, ca [farma'θeutiko, ka] *m*, *f* pharmacien *m*, -enne *f*

farmacia [far'maθja] *f* pharmacie *f* ● **farmacia de guardia** pharmacie de garde

faro ['faro] *m* phare *m*

farol [fa'rol] *m* **1.** (*lámpara*) lanterne *f* **2.** (*en los toros*) passe *f* de cape **3.** (*fam*) (*mentira*) bluff *m*

farola [fa'rola] *f* réverbère *m*

farolillo [faro'liʎo] *m* lampion *m*

farsa ['farsa] *f* farce *f*

farsante [far'sante] *adj* **1.** (*impostor*) comédien(enne) **2.** (*hipócrita*) hypocrite

fascismo [fas'θizmo] *m* fascisme *m*

fascista [fas'θista] *mf* fasciste *mf*

fase ['fase] *f* phase *f*

fastidiar [fasti'ðjar] *vt* ennuyer ◆ **fastidiarse** *vp* (*fam*) (*plan, proyecto*) tomber à l'eau ◆ **¡te fastidias!** tant pis pour toi !

fastidio [fas'tiðjo] *m* ennui *m*

fatal [fa'tal] *adj* **1.** (*inevitable*) fatal(e) **2.** (*muy malo*) très mauvais(e) ◇ *adv* (*fam*) très mal

fatalidad [fatali'ðað] *f* **1.** (*desgracia*) malchance *f* **2.** (*destino, suerte*) fatalité *f*

fatiga [fa'tiɣa] *f* fatigue *f*

fatigarse [fati'ɣarse] *vp* se fatiguer

fauna ['fauna] *f* faune *f*

favor [fa'βor] *m* **1.** (*ayuda*) service *m* **2.** (*beneficio, preferencia*) faveur *f* ● **estar a favor de** être en faveur de ● **hacer un favor** rendre un service ● **pedir un favor** demander un service ● **por favor** s'il te plaît, s'il vous plaît

favorable [faβo'raβle] *adj* favorable

favorecer [faβore'θer] *vt* **1.** (*quedar bien*) avantager **2.** (*beneficiar*) favoriser

favorito, ta [faβo'rito, ta] *adj* favori(ite) ◆ **favoritos** *mpl* favoris *mpl*

fax ['faks] *m inv* fax *m* ● **enviar un fax** envoyer un fax

fayuquero [faju'kero] *m* (*CAm & Méx*) contrebandier *m*

fe ['fe] *f* foi *f* ● **de buena/mala fe** de bonne/mauvaise foi

fealdad [feal'dað] *f* laideur *f*

febrero [fe'βrero] *m* février *m* ● **a principios/finales de febrero** début/fin février ● **a mediados de febrero** à la mi-février ● **el pasado/próximo** (**mes de**) **febrero** en février dernier/prochain ● **en febrero** en février ● **este** (**mes de**) **febrero** (*pasado*) en février dernier ; (*próximo*) en février prochain ● **para febrero** en février ● **uno de los febreros más secos** l'un des mois de février les plus secs ● **el doce de febrero** le douze février

fecha ['fetʃa] *f* date *f* ● **fecha de caducidad** (*de alimentos*) date limite de consommation ; (*de pasaporte*) date d'expiration ● **fecha de nacimiento** date de naissance ● **por estas fechas** à cette période

fechar [fe'tʃar] *vt* dater

fecundo, da [fe'kundo, da] *adj* fécond(e)

federación [feðera'θjon] *f* fédération *f*

felicidad [feliθi'ðað] *f* bonheur *m* ◆ **felicidades** *interj* **1.** (*para congratular*) félicitations ! **2.** (*en cumpleaños*) joyeux anniversaire ! **3.** (*en santo*) bonne fête ! **4.** (*en boda*) meilleurs vœux !

felicitación [feliθita'θjon] *f* (*tarjeta*) carte *f* de vœux ◆ **felicitaciones** *fpl* félicitations *fpl*

felicitar [feliθi'tar] *vt* féliciter

feligrés, esa [feli'ɣres, esa] *m, f* paroissien *m*, -enne *f*

feliz [fe'liθ] *adj* heureux(euse) ● **¡felices Pascuas!** joyeux Noël ! ● **¡feliz Año Nuevo!** bonne année ! ● **¡feliz cumpleaños!**

joyeux anniversaire ! ● **¡feliz Navidad!** joyeux Noël !

felpudo [fel'puðo] *m* paillasson *m*

femenino, na [feme'nino, na] *adj* féminin(e)

feminismo [femi'nizmo] *m* féminisme *m*

feminista [femi'nista] *mf* féministe *mf*

fémur ['femur] *m* fémur *m*

fenomenal [fenome'nal] *adj* **1.** *(fam)* *(estupendo)* formidable **2.** *(fam)* *(muy grande)* phénoménal(e)

fenómeno [fe'nomeno] *m* phénomène *m* ◇ *adv* *(fam)* vachement bien

feo, a ['feo, a] *adj* **1.** *(rostro, decoración)* laid(e) **2.** *(acción, tiempo, nariz)* vilain(e) **3.** *(asunto)* sale

féretro ['feretro] *m* cercueil *m*

feria ['ferja] *f* **1.** *(mercado)* foire *f* **2.** *(atracciones)* fête *f* foraine **3.** *(exposición)* salon *m* ● **feria del libro** salon du livre ● **feria de muestras** foire *f* salon

La Feria de Abril

La foire de Séville, qui a lieu au mois d'avril, est la plus célèbre d'Espagne. Dans une enceinte à l'air libre sont installées une multitude de **casetas** ou grandes tentes louées par des familles, des groupes d'amis ou des clubs, dans lesquelles les gens se réunissent pour bavarder, boire, manger et danser les **sevillanas**. Si l'entrée à la **feria** est gratuite, il n'en est pas de même pour toutes les **casetas**. Certaines sont en effet réservées à

la famille et aux invités, d'autres, en revanche, qui accueillent les représentations d'institutions publiques, sont ouvertes à tous. La **feria** de Séville marque aussi le début de la saison tauromachique en Espagne.

---

fermentación [fermenta'θjon] *f* fermentation *f*

feroz, ces [fe'roθ, θes] *adj* **1.** *(animal)* féroce **2.** *(mirada, enfermedad)* terrible

ferretería [ferete'ria] *f* quincaillerie *f*

ferrocarril [feroka'ril] *m* chemin *m* de fer

ferroviario, ria [fero'βjarjo, rja] *adj* ferroviaire

ferry ['feri] *(pl ferries* ['feris]*)* *m* ferry-boat *m*

fértil ['fertil] *adj* fertile

fertilidad [fertili'ðað] *f* fertilité *f*

festival [festi'βal] *m* festival *m* ● **festival de cine** festival de cinéma

Los festivales

Les festivals de théâtre les plus importants d'Espagne sont le Festival Internacional de Teatro de Mérida et le Fira de Teatre al Carrer de Tàrrega. Les festivals de cinéma se déroulent entre septembre et octobre : Festival Internacional de Cine de San Sebastián, Semana Internacional de Cine de Valladolid (SEMINCI), Festival de Cinema Fantàstic de Sitges, Festival de Cine Iberoamericano de Huelva.

festividad [festiβiˈðað] f fête f

festivo, va [fesˈtiβo, βa] *adj* 1. *(traje, ambiente)* de fête 2. *(tono)* badin(e) 3. *(día)* férié(e)

feto [ˈfeto] m fœtus m

fiambre [ˈfjambre] m charcuterie f

fiambrera [fjamˈbrera] f 1. *(de metal)* ≈ gamelle f 2. *(de plástico)* ≈ Tupperware ® m

fianza [ˈfjanθa] f caution f

fiar [fiˈar] vt 1. *(vender a crédito)* faire crédit à 2. *(hacerse responsable)* se porter garant(e) de ◆ **fiarse de** v prep faire confiance à

fibra [ˈfiβra] f fibre f ● **fibra óptica** fibre f optique

ficción [fikˈθjon] f fiction f

ficha [ˈfitʃa] f 1. *(de datos)* INFORM fiche f 2. *(de casino, parchís)* jeton m 3. *(de dominó)* domino m

fichar [fiˈtʃar] vt 1. *(datos)* mettre sur fiche 2. *(empleado)* engager 3. *(delincuente)* ficher ◆ **fichar con** v prep signer un contrat avec

fichero [fiˈtʃero] m fichier m ● **ficheros temporales** fichiers temporaires

ficticio, cia [fikˈtiθjo, θja] *adj* fictif(ive)

fidelidad [tiðeliˈðað] f fidélité f

fideos [fiˈðeos] mpl vermicelle m

fideuá [fiðeˈwa] f spécialité culinaire du Levant proche de la paella mais à base de vermicelle

fiebre [ˈfjeβre] f fièvre f

fiel [ˈfjel] *adj* fidèle ◇ mf fidèle mf

fieltro [ˈfjeltro] m feutre m *(tissu)*

fiera [ˈfjera] f 1. *(animal)* bête f féroce 2. *(persona)* brute f

fiero, ra [ˈfjero, ra] *adj* féroce

fierro [ˈfjero] m *(Amér)* fer m

fiesta [ˈfjesta] f 1. fête f 2. *(día de descanso)* jour m férié ● **fiesta patronal** fête du saint patron dans une localité ● **fiesta patrias** fête nationale

Las fiestas patronales

Toutes les villes d'Espagne, ainsi que les quartiers et les villages, célèbrent les **fiestas patronales**, fêtes du saint patron. Les festivités et les activités culturelles sont très variées : folklore régional, danse, musique, théâtre, processions, feux d'artifice, événements sportifs, courses de taureaux ou fêtes foraines, et elles se déroulent généralement en plein air. À la tombée de la nuit, un bal est organisé dans la rue. Il est d'usage de bien manger et de bien boire lors de ces fêtes, qui peuvent durer de deux jours à une semaine selon les villes.

Las fiestas patrias

C'est le nom donné en Amérique latine à la fête nationale qui commémore l'indépendance vis-à-vis de la Couronne espagnole. C'est la fête la plus importante de chaque pays et elle dure généralement deux jours.

figura [fiˈɣura] f 1. *(forma exterior)* silhouette f 2. *(representación)* figure f

figurar [fiɣuˈrar] vt 1. *(representar)* représenter 2. *(simular)* feindre ◇ vi 1. *(constar*

figurer 2. *(ser importante)* être en vue
♦ **figurarse** *vp* imaginer

figurativo, va [fiɣuraˈtiβo, βa] *adj* figuratif(ive)

figurín [fiɣuˈrin] *m* dessin *m* de mode

fijador [fixaˈðor] *m* ● **fijador de pelo** *(espray)* spray *m* fixant ; *(crema)* gel *m*

fijar [fiˈxar] *vt* fixer ♦ **fijarse** *vp (prestar atención)* faire attention ● **¡fíjate lo que me dijo!** tu te rends compte de ce qu'il m'a dit ! ♦ **fijarse en** *v prep* 1. *(prestar atención a)* faire attention à 2. *(darse cuenta de)* remarquer

fijo, ja [ˈfixo, xa] *adj* fixe ● **m** *(teléfono)* fixe *m* ● **llamar al fijo** appeler sur le fixe

fila [ˈfila] *f* 1. *(hilera)* rang *m* 2. *(cola)* file *f*

filatelia [filaˈtelja] *f* philatélie *f*

filete [fiˈlete] *m* 1. filet *m* 2. *(de carne)* bifteck *m* ● **filete de lenguado** filet de sole ● **filete de ternera** escalope *f* de veau

filiación [filjaˈθjon] *f* 1. *(datos personales)* renseignements *mpl* personnels 2. *(procedencia)* filiation *f*

filial [fiˈljal] *adj* filial(e) ◇ **f** filiale *f*

Filipinas [filiˈpinas] *fpl* ● **(las) Filipinas** (les) Philippines *fpl*

filipino, na [filiˈpino, na] *adj* philippin(e) ◇ **m, f** Philippin *m*, -e *f*

filmar [filˈmar] *vt & vi* filmer

filoso, sa [fiˈloso, sa] *adj (Amér)* aiguisé(e)

filosofar [filosoˈfar] *vi* philosopher

filosofía [filosoˈfia] *f* philosophie *f*

filósofo, fa [fiˈlosofo, fa] *m, f* philosophe *mf*

filtrado [filˈtraðo] *m* filtrage *m*

filtrar [filˈtrar] *vt* filtrer

filtro [ˈfiltro] *m* 1. filtre *m* 2. *(pócima)* philtre *m* ● **filtro solar** filtre solaire

fin [ˈfin] *m* fin *f* ● **fin de semana** weekend *m* ▼ **fin zona de estacionamiento** fin de stationnement autorisé ● **a fines de** à la fin de ● **a fin de que** afin que ● **en fin** *(en resumen)* enfin ● **por fin** *(por último)* enfin

final [fiˈnal] *adj* final(e) ◇ **m** fin *f* ◇ **f** finale *f*

finalidad [finaliˈðað] *f* finalité *f*

finalista [finaˈlista] *mf* finaliste *mf*

finalizar [finaliˈθar] *vt* terminer, achever ◇ *vi* se terminer

financiación [finanθjaˈθjon] *f* financement *m*

financiar [finanˈθjar] *vt* financer

financista [finanˈθista] *mf (Amér)* financier *m*

finanzas [fiˈnanθas] *fpl* 1. *(mundo)* finance *f* 2. *(dinero)* finances *fpl*

finca [ˈfinka] *f (de campo)* propriété *f*

finde [ˈfinde] *m (fam)* week-end *m*

finger [ˈfinger] *m* passerelle *f (pour les avions)*

fingir [finˈxir] *vt* feindre

finlandés, esa [finlanˈdes, esa] *adj* finlandais(e) ◇ **m, f** Finlandais *m*, -e *f* ◇ **m** *(lengua)* finnois *m*

Finlandia [finˈlandja] *s* Finlande *f*

fino, na [ˈfino, na] *adj* 1. fin(e) 2. *(refinado)* raffiné(e) ◇ **m** *(vino)* xérès très sec ● **finas hierbas** fines herbes

firma [ˈfirma] *f* 1. *(de persona)* signature *f* 2. *(empresa)* firme *f*

firmar [firˈmar] *vt* signer

firme [ˈfirme] *adj* 1. ferme 2. *(bien sujeto)* stable

firmemente [,firme'mente] *adv* fermement

firmeza [fir'meθa] *f* fermeté *f*

fiscal [fis'kal] *adj* **1.** *(inspección, impuesto)* fiscal(e) **2.** *(abogado)* du ministère public ◇ *mf (abogado)* procureur *m* (de la République)

fiscalía [fiska'lia] *f* **1.** *(oficio)* ministère *m* public **2.** *(oficina)* cabinet *m* du procureur

física ['fisika] *f* physique *f*

físico, ca ['fisiko, ka] *adj* physique ◇ *m, f (persona)* physicien *m*, -enne *f* ◇ *m (aspecto exterior)* physique *m*

fisioterapeuta [fisjotera'peuta] *mf* physiothérapeute *mf*

fisonomía [fisono'mia] *f* physionomie *f*

fisonomista [fisono'mista] *adj* physionomiste

flaco, ca ['flako, ka] *adj* maigre

flamante [fla'mante] *adj* **1.** *(espléndido)* resplendissant(e) **2.** *(nuevo)* flambant neuf

flamenco, ca [fla'menko, ka] *adj (de Flandes)* flamand(e) ◇ *m, f (de Flandes)* Flamand *m*, -e *f* ◇ *m* **1.** *(cante andaluz)* flamenco *m* **2.** *(ave)* flamant *m* **3.** *(lengua)* flamand *m*

flan ['flan] *m* flan *m* ♦ **flan con nata** crème renversée servie avec de la chantilly

flaqueza [fla'keθa] *f* faiblesse *f*

flash ['flas] *m* flash *m*

flauta ['flauta] *f* flûte *f*

flecha ['fletʃa] *f* flèche *f*

fleco ['fleko] *m* frange *f (de tela)*

flemón [fle'mon] *m* phlegmon *m*

flequillo [fle'kiʎo] *m* frange *f (de cheveux)*

flexibilidad [fleksiβili'ðað] *f* **1.** *(de material)* flexibilité *f* **2.** *(de persona, carácter)* souplesse *f*

flexible [flek'siβle] *adj* **1.** *(material)* flexible **2.** *(persona, carácter)* souple

flexión [flek'sjon] *f* flexion *f*

flojera [flo'xera] *f (fam)* flemme *f*

flojo, ja ['floxo, xa] *adj* **1.** *(cuerda, nudo)* lâche **2.** *(carácter, persona)* faible **3.** *(trabajo)* médiocre

flor ['flor] *f* fleur *f*

flora ['flora] *f* flore *f*

florecer [flore'θer] *vi* **1.** *(planta)* fleurir **2.** *(prosperar)* être florissant(e)

florero [flo'rero] *m* vase *m*

florido, da [flo'riðo, ða] *adj* fleuri(e)

florista [flo'rista] *mf* fleuriste *mf*

floristería [floriste'ria] *f* fleuriste *m (magasin)*

flota ['flota] *f* flotte *f*

flotador [flota'ðor] *m* **1.** flotteur *m* **2.** *(para nadar)* bouée *f*

flotar [flo'tar] *vi* flotter

flote ['flote] ♦ **a flote** *adv* à flot ♦ **salir a flote** *(fig)* se renflouer

fluido, da [flu'iðo, ða] *adj* fluide ♦ **fluido** *m* fluide *m*

fluir [flu'ir] *vi* couler

flúor ['fluor] *m* fluor *m*

foca ['foka] *f* phoque *m*

foco ['foko] *m* **1.** *(lámpara)* projecteur *m* **2.** *(de lente, infección)* foyer *m* **3.** *(Andes & Méx) (bombilla)* ampoule *f*

folclore [fol'klore] *m* folklore *m*

folclórico, ca [fol'kloriko, ka] *adj* folklorique

folio ['foljo] *m* feuille *f (de papel)*

follaje [fo'ʎaxe] *m* feuillage *m*

folleto [fo'ʎeto] *m* brochure *f*

fomentar [fomen'tar] *vt* développer

fonda ['fonda] *f* auberge *f*

fondo ['fondo] *m* fond *m* ● **a fondo** à fond ● **al fondo de** au fond de ◆ **fondos** *mpl* **1.** *(dinero)* fonds *mpl* **2.** *(de archivo, biblioteca)* fonds *m*

fonema [fo'nema] *m* phonème *m*

fono ['fono] *m* (*Amér*) écouteur *m (de téléphone)*

fontanero, ra [fonta'nero, ɾa] *m, f (Esp)* plombier *m*

footing ['futin] *m* footing *m*

forastero, ra [foɾas'teɾo, ɾa] *m, f* étranger *m*, -ère *f*

forense [fo'ɾense] *mf* médecin *m* légiste

forestal [foɾes'tal] *adj* forestier(ère)

forjar [for'xar] *vt* forger

forma ['foɾma] *f* **1.** forme *f* **2.** *(modo, manera)* façon *f* ● **en forma de** en forme de ● **estar en forma** être en forme ◆ **formas** *fpl (modales)* formes *fpl*

formación [foɾma'θjon] *f* formation *f* ● **formación profesional** *enseignement technique en Espagne*

formal [for'mal] *adj* **1.** *(análisis)* formel(elle) **2.** *(persona, empresa)* sérieux(euse)

formalidad [foɾmali'ðað] *f* **1.** *(seriedad)* sérieux *m* **2.** *(requisito)* formalité *f*

formar [for'mar] *vt* former ◆ **formarse** *vp* se former

formato [for'mato] *m* formato *m*

formidable [foɾmi'ðaβle] *adj* formidable

fórmula ['foɾmula] *f* formule *f*

formular [foɾmu'lar] *vt* **1.** *(en química)* rédiger la formule de **2.** *(expresar)* formuler

formulario [foɾmu'laɾjo] *m* formulaire *m* ● **rellenar un formulario** remplir un formulaire

foro ['foɾo] *m* forum *m*

forrar [fo'rar] *vt* **1.** *(libro, mueble)* couvrir **2.** *(ropa)* doubler ◆ **forrarse** *vp (fam)* s'en mettre plein les poches

forro ['foro] *m* **1.** *(de prenda de vestir)* doublure *f* **2.** *(de libro)* couverture *f*

fortaleza [foɾta'leθa] *f* **1.** *(fuerza)* force *f* **2.** *(recinto)* forteresse *f*

fortuna [for'tuna] *f* **1.** *(riqueza)* fortune *f* **2.** *(suerte)* chance *f* ● **por fortuna** heureusement

forzado, da [for'θaðo, ða] *adj* forcé(e)

forzar [for'θar] *vt* forcer ● **forzar a alguien a** forcer qqn à

forzosamente [for,θosa'mente] *adv* forcément

fósforo ['fosfoɾo] *m* allumette *f*

fósil ['fosil] *m* fossile *m*

foso ['foso] *m* **1.** *(de castillo)* fossé *m* **2.** *(de teatro)* fosse *f* d'orchestre

foto ['foto] *f (fam)* photo *f* ● **sacar una foto** prendre une photo

fotocopia [foto'kopja] *f* photocopie *f* ● **hacer una fotocopia de algo** faire une photocopie de qqch

fotocopiadora [fotokopja'ðoɾa] *f* photocopieuse *f*

fotocopiar [fotoko'pjar] *vt* photocopier

fotografía [fotoɣɾa'fia] *f* photographie *f*

fotografiar [fotoɣɾafi'ar] *vt* photographier

fotográfico, ca [foto'ɣrafiko, ka] *adj* photographique

fotógrafo, fa [fo'toɣrafo, fa] *m, f* photographe *mf*

FP ['efe'pe] *abr de* formación profesional

fra. *abr escrita de* factura

tracasar [fraka'sar] *vi* échouer

fracaso [fra'kaso] *m* échec *m*

fracción [frak'θjon] *f* fraction *f*

fractura [frak'tura] *f* fracture *f*

fragancia [fra'ɣanθja] *f* parfum *m*

frágil ['fraxil] *adj* fragile

fragmento [fraɣ'mento] *m* fragment *m*

fraile ['frajle] *m* frère *m* (*religieux*)

frambuesa [fram'bwesa] *f* framboise *f*

francamente [,franka'mente] *adv* franchement

francés, esa [fran'θes, esa] *adj* français(e) ◇ *m, f* Français *m*, -e *f* ◇ *m* (*lengua*) français *m*

Francia ['franθja] *s* France *f*

franco, ca ['franko, ka] *adj* franc (franche) ◇ *m* franc *m* ● **franco suizo** franc suisse

francotirador, ra [,frankotira'ðor, ra] *m, f* franc-tireur *m*

franela [fra'nela] *f* flanelle *f*

franja ['franxa] *f* 1. (*de adorno*) frange *f* 2. (*banda*) bande *f*

tranqueo [fran'keo] *m* affranchissement *m*

frasco ['frasko] *m* flacon *m*

frase ['frase] *f* phrase *f*

fraternal [frater'nal] *adj* fraternel(elle)

fraternidad [fraterni'ðað] *f* fraternité *f*

fraude ['frawðe] *m* fraude *f*

fray [fraj] *m* ● **fray Luis** frère Luis

frazada [fra'θaða] *f* (*Amér*) couverture *f* ● **frazada eléctrica** couverture chauffante

frecuencia [fre'kwenθja] *f* fréquence *f*

frecuente [fre'kwente] *adj* fréquent(e)

fregadero [freɣa'ðero] *m* évier *m*

fregado, da [fre'ɣaðo, ða] *adj* (*Amér*) (*fam*) enquiquinant(e)

fregar [fre'ɣar] *vt* 1. (*limpiar*) laver 2. (*frotar*) frotter 3. (*Amér*) (*fam*) (*molestar*) enquiquiner ● **fregar los platos** faire la vaisselle

fregona [fre'ɣona] *f* 1. (*utensilio*) balai-serpillière *m* 2. (*despec*) (*mujer*) bonniche *f*

freír [fre'ir] *vt* faire frire

frenar [fre'nar] *vt* 1. freiner 2. (*impulso, ira*) refréner ◇ *vi* freiner

frenazo [fre'naθo] *m* coup *m* de frein

frenético, ca [fre'netiko, ka] *adj* 1. (*rabioso*) fou furieux (folle furieuse) 2. (*exaltado*) frénétique

freno ['freno] *m* frein *m* ● **freno de mano** frein à main ● **freno de urgencia** signal *m* d'alarme (*dans un train*)

frente ['frente] *f* (*de la cara*) front *m* ◇ *m* 1. (*en guerra*) front *m* 2. (*de manifestación, marcha*) tête *f* ● **de frente** (*de cara*) de face ; (*con valentía*) de front ● **frente a** en face de ● **frente a frente** face à face ● **estar al frente de** être à la tête de

fresa ['fresa] *f* fraise *f*

fresco, ca ['fresko, ka] *adj* 1. frais (fraîche) 2. (*fam*) (*tejido, ropa*) léger(ère) 3. (*fam*) (*desvergonzado*) sans-gêne (*inv*) ◇ *m, f* (*desvergonzado*) ● **ser un fresco** (*fam*) être sans-gêne ◇ *m* 1. (*frío suave*) fraîcheur *f* 2. (*pintura*) fresque *f*

fresno ['frezno] *m* frêne *m*

fresón [fre'son] *m* fraise *f (de serre)*

fricandó [frikan'do] *m* ragoût catalan fait avec du veau, de l'ail, de l'oignon et des tomates

frigorífico [friɣo'rifiko] *m (Esp)* réfrigérateur *m*

frijol [fri'xol] *m (Amér)* haricot *m*

frío, a ['frio, a] *adj* froid(e) ◇ *m* froid *m*

fritada [fri'taða] *f* friture *f* ● **fritada de pescado** friture de poissons

frito, ta ['frito, ta] *adj* frit(e) ● **me tiene frito** *(fam) (exasperado)* il me tape sur les nerfs

fritura [fri'tura] *f* friture *f*

frívolo, la ['friβolo, la] *adj* frivole

frondoso, sa [fron'doso, sa] *adj* touffu(e)

frontera [fron'tera] *f* frontière *f*

fronterizo, za [fronte'riθo, θa] *adj* frontalier(ère)

frontón [fron'ton] *m* **1.** *(juego)* pelote *f* basque **2.** *(de edificio)* fronton *m*

frotar [fro'tar] *vt* frotter

fruncir [frun'θir] *vt* froncer ● **fruncir el ceño** froncer les sourcils

frustración [frustra'θjon] *f* **1.** frustration *f* **2.** *(decepción)* déception *f* **3.** *(de plan, proyecto)* échec *m*

frustrarse [frus'trarse] *vp* **1.** être frustré(e) **2.** *(desilusionarse)* être déçu(e) **3.** *(plan, proyecto)* échouer

fruta ['fruta] *f* fruit *m* ● **fruta del tiempo** fruits de saison ● **le gusta la fruta** il aime les fruits

frutal [fru'tal] *m* arbre *m* fruitier

frutería [frute'ria] *f* marchand *m* de fruits *(magasin)*

frutero, ra [fru'tero, ra] *m, f (persona)* marchand *m*, -e *f* de fruits ◇ *m (recipiente)* coupe *f* à fruits

frutilla [fru'tiʎa] *f (Andes & RP)* fraise *f*

fruto ['fruto] *m* fruit *m* ● **frutos secos** fruits secs

FTP ['efe'te'pe] *(abr de* File Transfer Protocol*) m* ● **servidor FTP** site FTP

fuego ['fweɣo] *m* feu *m* ◇ *interj* **1.** *(incendie)* au feu ! **2.** MIL feu ! ● **fuegos artificiales** feu d'artifice ● **¿tienes fuego?** tu as du feu ?

fuente ['fwente] *f* **1.** *(en la calle)* fontaine *f* **2.** *(manantial, origen)* source *f* **3.** *(recipiente)* plat *m*

fuera ['fwera] *adv* dehors ◇ *interj* dehors ! ● **fuera de combate** hors de combat ▼ **fuera de servicio** hors service ● **el coche está fuera** la voiture est dehors ● **tu hermano está fuera** ton frère n'est pas là ● **fuera de** en dehors de ● **por fuera** à l'extérieur

fueraborda [fwera'βorða] *m* hors-bord *m*

fuerte ['fwerte] *adj* **1.** fort(e) **2.** *(resistente)* solide **3.** *(intenso, violento)* violent(e) ◇ *m* **1.** *(fortaleza)* fort *m* **2.** *(afición)* point *m* fort ◇ *adv (con fuerza)* fort

fuerza ['fwerθa] *f* force *f* ● **a fuerza de** *(gracias a)* grâce à ; *(insistir en)* à force de ● **a la fuerza de** force ● **por fuerza** *(por obligación)* de force ; *(por necesidad)* forcément

fuga ['fuɣa] *f* fuite *f*

fugarse [fu'ɣarse] *vp* s'évader

fugaz, ces [fu'ɣaθ, θes] *adj* fugace

fugitivo, va [fuxi'tiβo, βa] *m, f* fugitif *m*, -ive *f*

fulana [fu'lana] *f* (*fam*) (*prostituta*) prostituée *f*

fulano, na [fu'lano, na] *m, f* (*nombre desconocido*) Machin *m*, Machine *f* ● **un fulano** (*despec*) un type ● **fulano y mengano** (*fam*) Machin et Trucmuche

fulminante [fulmi'nante] *adj* foudroyant(e)

fumador, ra [fuma'ðor, ra] *m, f* fumeur *m*, -euse *f* ▼ **no fumadores** non fumeur

fumar [fu'mar] *vt & vi* fumer ● **fumar en pipa** fumer la pipe ▼ **no fumar** interdiction de fumer

función [fun'θjon] *f* 1. fonction *f* 2. (*de teatro*) représentation *f* 3. (*de cine*) séance *f*

funcionar [funθjo'nar] *vi* fonctionner

funcionario, ria [funθjo'narjo, rja] *m, f* fonctionnaire *mf*

funda ['funda] *f* étui *m*

fundación [funda'θjon] *f* fondation *f*

fundador, ra [funda'ðor, ra] *m, f* fondateur *m*, -trice *f*

fundamental [fundamen'tal] *adj* fondamental(e)

fundamento [funda'mento] *m* (*base*) fondement *m* ● **fundamentos** *mpl* 1. (*conocimientos*) bases *fpl* 2. (*cimientos*) fondations *fpl*

fundar [fun'dar] *vt* fonder ● **fundarse en** *v prep* se fonder sur

fundición [fundi'θjon] *f* 1. (*de metal*) fonte *f* 2. (*fábrica*) fonderie *f*

fundir [fun'dir] *vt* 1. (*derretir*) fondre 2. (*unir*) unir 3. (*fam*) (*gastar*) claquer ● **fundirse** *vp* fondre

funeral [fune'ral] *m* funérailles *fpl*

fungir [fun'xir] ◆ **fungir de** *v prep* (*Amér*) faire office de

funicular [funiku'lar] *m* 1. (*por tierra*) funiculaire *m* 2. (*por aire*) téléphérique *m*

furgón [fur'yon] *m* fourgon *m*

furgoneta [furyo'neta] *f* fourgonnette *f*

furia ['furja] *f* fureur *f*

furioso, sa [fu'rjoso, sa] *adj* furieux(euse)

furor [fu'ror] *m* fureur *f* ● **hacer furor** faire fureur

fusible [fu'siβle] *m* fusible *m*

fusil [fu'sil] *m* fusil *m* (*de guerre*)

fusilar [fusi'lar] *vt* fusiller

fusión [fu'sjon] *f* fusion *f*

fustán [fus'tan] *m* (*Perú & Ven*) jupon *m*

fútbol ['fuðβol] *m* football *m* ● **fútbol sala** football en salle

futbolín [fuðβo'lin] *m* baby-foot *m inv*

futbolista [fuðβo'lista] *mf* footballeur *m*, -euse *f*

futuro, ra [fu'turo, ra] *adj* futur(e) ◇ *m* 1. (*porvenir*) avenir *m* 2. *GRAM* futur *m*

g G

g (*abr escrita de gramo*) g (*gramme*)

g/ *abr escrita de giro*

gabán [ga'βan] *m* pardessus *m*

gabardina [gaβar'ðina] *f* gabardine *f*

gabinete [gaβi'nete] *m* cabinet *m*

gafas ['gafas] *fpl* lunettes *fpl* ● **gafas progresivas** lunettes à verres progressifs ● **gafas de sol** lunettes de soleil

gaita ['gajta] *f* cornemuse *f* ● **es una gaita** *(fam) (fastidio)* c'est la galère

gala ['gala] *f* gala *m* ● **de gala** de gala ◆ **galas** *fpl* ● **se puso sus mejores galas** elle a mis ses plus beaux atours

galán [ga'lan] *m* **1.** *(hombre atractivo)* bel homme *m* **2.** *(actor)* jeune premier *m*

galaxia [ga'laksja] *f* galaxie *f*

galería [gale'ria] *f* galerie *f* ● **galería de arte** galerie d'art ● **galerías** *fpl (tiendas)* galerie *f* marchande

Gales ['gales] *s* pays *m* de Galles

Galicia [ga'liθja] *s* Galice *f*

gallego, ga [ga'ʎeɣo, ɣa] *adj* galicien(enne) ◇ *m, f* Galicien *m*, -enne *f* ◇ *m (lengua)* galicien *m*

galleta [ga'ʎeta] *f* biscuit *m*

gallina [ga'ʎina] *f* poule *f* ◇ *mf (fam) (cobarde)* poule *f* mouillée

gallinero [gaʎi'nero] *m* poulailler *m*

gallo ['gaʎo] *m* **1.** *(ave)* coq *m* **2.** *(pescado)* limande *f* **3.** *(nota falsa)* canard *m*

galopar [galo'par] *vi* galoper

galope [ga'lope] *m* galop *m*

gama ['gama] *f* gamme *f*

gamba ['gamba] *f (Esp)* crevette *f* ● **gambas al ajillo** crevettes à l'ail ● **gambas a la plancha** crevettes grillées

gamberro, rra [gam'bero, ra] *m, f* voyou *m*

gamonal [gamo'nal] *m (Amér)* riche propriétaire *m* terrien

gamuza [ga'muθa] *f (para limpiar)* peau *f* de chamois

gana ['gana] *f* ● **gana (de)** envie *f* (de) ● **de buena gana** volontiers ● **de mala gana** à contrecœur ● **no me da la gana de hacerlo** je n'ai pas envie de le faire

◆ **ganas** *fpl* **1.** *(deseo)* envie *f* **2.** *(hambre)* appétit *m* ● **comer con ganas** manger avec appétit ● **tener ganas de** avoir envie de

ganadería [ganaðe'ria] *f* **1.** élevage *m* **2.** *(reses)* cheptel *m*

ganadero, ra [gana'ðero, ra] *m, f* éleveur *m*, -euse *f*

ganado [ga'naðo] *m* bétail *m*

ganador, ra [gana'ðor, ra] *m, f* gagnant *m*, -e *f*

ganancias [ga'nanθjas] *fpl* bénéfices *mpl*

ganar [ga'nar] *vt & vi* gagner ● **hemos ganado con el cambio** nous avons gagné au change ◆ **ganarse** *vp* ● **ganarse algo** *(conseguir)* gagner qqch ● **ganarse la vida** gagner sa vie

ganchillo [gan'tʃiʎo] *m* crochet *m*

gancho ['gantʃo] *m* **1.** crochet *m* **2.** *(CAm, Méx & Ven) (percha)* cintre *m* ● **tener gancho** *(fam)* avoir du chien

gandul, la [gan'dul, la] *adj (fam)* feignant(e)

ganga ['ganga] *f (fam) (artículo barato)* affaire *f*

ganso, sa ['ganso, sa] *m, f* jars *m*, oie *f*

garabato [gara'βato] *m* gribouillage *m*

garaje [ga'raxe] *m* garage *m*

garantía [garan'tia] *f* garantie *f*

garbanzo [gar'βanθo] *m* pois *m* chiche

garganta [gar'ganta] *f* gorge *f*

gargantilla [garɣan'tiʎa] *f* ras-du-cou *m (collier)*

gárgaras ['garɣaras] *fpl* gargarismes *mpl*

garra ['gara] *f* griffe *f*

garrafa [ga'rafa] *f* carafe *f*

garrapata [gara'pata] *f* tique *f*

garúa [ga'rua] *f (Amér)* bruine *f*

gas ['gas] *m* gaz *m* ✦ **gases** *mpl* (del estómago) gaz *mpl*

gasa ['gasa] *f* gaze *f*

gaseosa [gase'osa] *f* limonade *f*

gaseoso, sa [gase'oso, sa] *adj* gazeux(euse)

gasfiteria [gasfite'ria] *f* (Chile, Ecuad & Perú) plomberie *f*

gasfitero, ra [gasfi'tero, ra] *m, f* (Chile, Ecuad & Perú) plombier *m*

gasóleo [ga'soleo] *m* gazole *m*

gasolina [gaso'lina] *f* essence *f* ● **gasolina normal** essence ordinaire ● **gasolina sin plomo** essence sans plomb ● **(gasolina) súper** super *m*

gasolinera [gasoli'nera] *f* pompe *f* à essence

gastar [gas'tar] *vt* **1.** (dinero) dépenser **2.** (colonia, crema) utiliser **3.** (provisiones) finir ✦ **gastarse** *vp* (consumirse) s'user ● **¿qué número gastas?** tu fais du combien ? ● **gastar una broma a alguien** faire une blague à qqn

gasto ['gasto] *m* dépense *f*

gastritis [gas'tritis] *f inv* gastrite *f*

gastronomía [gastrono'mia] *f* gastronomie *f*

gastronómico, ca [gastro'nomiko, ka] *adj* gastronomique

gatear [gate'ar] *vi* marcher à quatre pattes

gatillo [ga'tiʎo] *m* gâchette *f*

gato, ta ['gato, ta] *m, f* chat *m*, chatte *f* o *m* (aparato) cric *m* ● **a gatas** à quatre pattes

gauchada [gau'tʃaða] *f* (Amér) (fig) service *m*

gaucho ['gautʃo] *m* gaucho *m*

Los gauchos

Le gaucho est une figure emblématique du continent sud-américain. Installés dans des zones rurales en Argentine, en Uruguay et dans le sud du Brésil, les gauchos travaillaient dans les ranchs. Excellents cavaliers, ils savaient très bien manier les **boleadoras** (armes de jet constituées de trois longues courroies terminées par des boules de pierre) qui permettaient d'immobiliser le bétail. Traditionnellement, ils portaient un chapeau à bord, un pantalon large et un ceinturon étroit. Comme certains d'entre eux menaient une vie de nomade, les gauchos incarnaient un certain esprit de rébellion. Ils ont disparu au début du XXᵉ siècle, lorsque l'on s'est mis à délimiter les ranchs avec des fils de fer barbelés.

gavilán [gaβi'lan] *m* épervier *m*

gaviota [ga'βjota] *f* mouette *f*

gazpacho [gaθ'patʃo] *m* ● **gazpacho (andaluz)** gaspacho *m*

Gb (abr escrita de gigabyte) *m* Go *m* (gigaoctet)

gel ['xel] *m* gel *m*

gelatina [xela'tina] *f* **1.** gélatine *f* **2.** (postre) gelée *f*

gemelo, la [xe'melo, la] *adj* m & *m, f* jumeau(elle) ◇ *m* (músculo) mollet *m* ✦ **gemelos** *mpl* **1.** (botones) boutons *mpl* de manchette **2.** (para ver) jumelles *fpl*

gemido [xe'miðo] *m* gémissement *m*

Géminis ['xeminis] *m* Gémeaux *mpl*

gemir [xe'mir] *vi* gémir

generación [xenera'θjon] *f* génération *f*

generador [xenera'ðor] *m* générateur *m*

general [xene'ral] *adj* général(e) ◇ *m* général *m* ● **en general** en général ● **por lo general** en général

generalizar [xenerali'θar] *vt* & *vi* généraliser

generalmente [xene,ral'mente] *adv* généralement

generar [xene'rar] *vt* générer

género ['xenero] *m* **1.** genre *m* **2.** *(mercancía)* marchandise *f*

generosidad [xenerosi'ðað] *f* générosité *f*

generoso, sa [xene'roso, sa] *adj* **1.** généreux(euse) **2.** *(comida, ración)* copieux(euse)

genial [xe'njal] *adj* génial(e)

genio ['xenjo] *m* **1.** *(carácter)* caractère *m* **2.** *(mal carácter)* mauvais caractère *m* **3.** *(persona inteligente, ser fabuloso)* génie *m* ● **tener mal genio** avoir mauvais caractère

genitales [xeni'tales] *mpl* organes *mpl* génitaux

gente ['xente] *f* gens *mpl* ● **es buena gente** *(fam)* il/elle est sympa ● **mi gente** *(fam)* les miens

gentil [xen'til] *adj* **1.** *(cortés)* courtois(e) **2.** *(gracioso)* gracieux(euse)

gentileza [xenti'leθa] *f* **1.** *(cortesía)* courtoisie *f* **2.** *(gracia)* grâce *f*

genuino, na [xe'nuino, na] *adj* **1.** *(auténtico)* authentique **2.** *(piel)* véritable

geografía [xeoɣra'fia] *f* géographie *f*

geográficamente [xeo,ɣrafika'mente] *adv* geographiquement

geometría [xeome'tria] *f* géométrie *f*

geométrico, ca [xeo'metriko, ka] *adj* géométrique

geranio [xe'ranjo] *m* géranium *m*

gerente [xe'rente] *mf* gérant *m*, -e *f*

germen ['xermen] *m* germe *m*

gestión [xes'tjon] *f* **1.** *(de asunto)* démarche *f* **2.** *(de empresa)* gestion *f*

gestionar [xestjo'nar] *vt* **1.** *(tramitar)* faire des démarches pour *2.* *(empresa)* gérer

gesto ['xesto] *m* **1.** geste *m* **2.** *(mueca)* grimace *f*

gestor, ra [xes'tor, ra] *m*, *f* **1.** *(de gestoría)* personne effectuant des démarches administratives pour le compte de tiers ou d'entreprises **2.** *(de empresa)* gestionnaire *mf*

gestoría [xesto'ria] *f* **1.** *(establecimiento)* cabinet *m* d'affaires **2.** *(actividad)* gestion *f*

GHz *(abr escrita de gigahercio)* *m* GHz *m (gigahertz)*

Gibraltar [xiβral'tar] *s* Gibraltar

gibraltareño, ña [xiβralta'reɲo, ɲa] *m, f* Gibraltarien *m*, -enne *f*

gigabyte [xiɣa'bajt] *m* gigaoctet *m*

gigahercio [xiɣa'erθjo] *m* gigahertz *m*

gigante, ta [xi'ɣante, ta] *adj* & *adj* géant(e) ◇ *m* *(ser fabuloso)* géant *m*

gigantesco, ca [xiɣan'tesko, ka] *adj* gigantesque

gimnasia [xim'nasja] *f* gymnastique *f*

gimnasio [xim'nasjo] *m* gymnase *m*

gimnasta [xim'nasta] *mf* gymnaste *mf*

ginebra [xi'neβra] *f* gin *m*

ginecólogo, ga [xine'koloɣo, ɣa] *m, f* gynécologue *mf*

gin tonic [ʝin'tonik] *m* gin tonic *m*

giñar = jiñar

gira ['xira] *f* tournée *f*

girar [xi'rar] *vt* **1.** *(cambiar el sentido de)* tourner **2.** *(dinero)* virer **3.** *(letra)* tirer ◇ *vi* tourner

girasol [xira'sol] *m* tournesol *m*

giro ['xiro] *m* **1.** *(movimiento circular)* tour *m* **2.** *(curva)* virage *m* **3.** *(aspecto, expresión)* tournure *f* **4.** *(de dinero)* virement *m* • **giro postal** ≃ mandat *m* • **giro urgente** mandat *m* urgent

gis [xis] *m (Méx)* craie *f*

gitano, na [xi'tano, na] *adj* gitan(e) ◇ *m, f* Gitan *m*, -e *f*

glaciar [gla'θjar] *m* glacier *m*

gladiolo [gla'ðjolo] *m* glaïeul *m*

glándula ['glandula] *f* glande *f*

global [glo'βal] *adj* global(e)

globalización [gloβaliθa'θjon] *f* mondialisation *f*, globalisation *f*

globo ['gloβo] *m* **1.** globe *m* **2.** *(para jugar, volar)* ballon *m* • **globo terráqueo** globe terrestre

glóbulo ['gloβulo] *m* globule *m*

gloria ['glorja] *f* **1.** gloire *f* **2.** *(placer)* plaisir *m*

glorieta [glo'rjeta] *f* **1.** *(plaza)* rond-point *m* **2.** *(de jardín)* tonnelle *f*

glorioso, sa [glo'rjoso, sa] *adj* glorieux(euse)

glotón, ona [glo'ton, ona] *adj* glouton(onne)

glucosa [glu'kosa] *f* glucose *m*

glúteos ['gluteos] *m* (muscles *mpl*) fessiers *mpl*

gobernador, ra [goβerna'ðor, ra] *m, f* gouverneur *m*

gobernante [goβer'nante] *mf* gouvernant *m*, -e *f*

gobernar [goβer'nar] *vt* **1.** gouverner **2.** *(vehículo)* conduire

gobierno [go'βjerno] *m* **1.** *(grupo)* gouvernement *m* **2.** *(de nave)* gouvernail *m* • **gobierno civil** ≃ préfecture *f*

goce ['goθe] *m* jouissance *f*

godo, da ['goðo, ða] *m, f* • **los godos** les Goths *mpl*

gol ['gol] *m* but *m (en sport)*

goleador, ra [golea'ðor, ra] *m, f* buteur *m*

golf ['golf] *m* golf *m*

golfa ['golfa] *f (fam) (prostituta)* prostituée *f*

golfo, fa ['golfo, fa] *m, f* voyou *m* ◇ *m (en geografía)* golfe *m*

golondrina [golon'drina] *f* hirondelle *f*

golosina [golo'sina] *f* friandise *f*

goloso, sa [go'loso, sa] *adj* gourmand(e)

golpe ['golpe] *m* **1.** coup *m* **2.** *(con coche)* accrochage *m* **3.** *(fam) (ocurrencia)* repartie *f* • **golpe bajo** coup bas • **de golpe** tout d'un coup

golpear [golpe'ar] *vt & vi* frapper

golpiza [gol'piθa] *f (Amér)* volée *f*

goma ['goma] *f* **1.** *(sustancia viscosa)* gomme *f* **2.** *(caucho)* caoutchouc *m* **3.** *(banda elástica)* élastique *m* • **goma (de borrar)** gomme *f*

gomero [go'mero] *m (Amér)* gommier *m*

gomina [go'mina] *f* gomina *f*

góndola ['gondola] *f (Amér)* autobus *m*

gordo, da ['gorðo, ða] *adj* & *m, f* gros (grosse) ◇ *m* ● **el gordo** *(de la lotería)* le gros lot ● **le tocó el gordo** il a touché le gros lot

El gordo

C'est le gros lot attribué à chaque tirage de la Loterie nationale en Espagne et en Amérique latine, en particulier à Noël où les numéros gagnants sont chantés par des enfants.

gordura [gor'ðura] *f* embonpoint *m*
gorila [go'rila] *m* gorille *m*
gorjeo [gor'xeo] *m* gazouillement *m*
gorra ['gora] *f* casquette *f* ● **de gorra** *(fam)* à l'œil
gorrión [go'rjon] *m* moineau *m*
gorro ['goro] *m* bonnet *m*
gota ['gota] *f* goutte *f* ● **no me queda ni gota de harina** il ne me reste pas un gramme de farine ● **gotas** *fpl* MED gouttes *fpl*
gotera [go'tera] *f* **1.** *(filtración)* gouttière *f* **2.** *(grieta)* fuite *f* **3.** *(mancha)* tache *f* d'humidité
gótico, ca ['gotiko, ka] *adj* gothique ◇ *m* gothique *m*
gozar [go'θar] *vi* éprouver du plaisir ● **gozar de** *v prep* jouir de
gozo ['goθo] *m* réjouissance *f*
GPS ['xe'pe'ese] *(abr de Global Positioning System)* *m* GPS *m*
gr *abr de* **grado**
grabación [graβa'θjon] *f* enregistrement *m*
grabado [gra'βaðo] *m* gravure *f*

grabar [gra'βar] *vt* **1.** graver **2.** *(canción, voz, imágenes)* enregistrer
gracia ['graθja] *f* **1.** *(atractivo)* charme *m* **2.** *(humor)* drôlerie *f* **3.** *(elegancia)* grâce *f* **4.** *(don)* talent *m* **5.** *(chiste)* plaisanterie *f* ● **hacer gracia** faire rire ● **gracias** *fpl* merci *m* ● **muchas gracias** merci beaucoup ● **gracias a** grâce à ● **gracias por** merci de ● **dar las gracias a** remercier
gracioso, sa [gra'θjoso, sa] *adj* **1.** *(que da risa)* drôle **2.** *(con encanto)* gracieux(euse)
grada ['graða] *f* **1.** *(de estadio, plaza de toros)* gradin *m* **2.** *(peldaño)* marche *f*
gradería [graðe'ria] *f* *(de estadio, plaza de toros)* gradins *mpl*
grado ['graðo] *m* **1.** *(medida, fase)* degré *m* **2.** *(de enseñanza)* niveau *m* **3.** *(del ejército)* grade *m* ● **de buen grado** de bon gré
graduación [graðua'θjon] *f* **1.** *(de bebida)* titre *m* **2.** *(de militar)* grade *m* **3.** *(acto)* graduation *f* **4.** *(estudios)* diplôme *m*
graduado, da [gra'ðuaðo, ða] *adj* **1.** *(regla, termómetro)* gradué(e) **2.** *(persona)* diplômé(e) ◇ *m, f* *(persona)* diplômé *m*, -e *f* ◇ *m* *(título)* diplôme *m* ● **graduado en** diplômé en
gradual [gra'ðual] *adj* graduel(elle)
gradualmente [graðua'lmente] *adv* graduellement
graduar [gra'ðuar] *vt* **1.** *(calefacción, calentador)* régler **2.** *(regla, termómetro)* graduer ● **graduarse** *vp* **1.** *(estudiante)* obtenir son diplôme **2.** *(militar)* être promu(e) ● **graduarse en** *v prep* obtenir son diplôme me
graffiti [gra'fiti] *m* graffiti *m*
grafía [gra'fia] *f* graphie *f*

gráfica ['grafika] f *(curva)* courbe f (graphique)

gráfico, ca ['grafiko, ka] *adj* **1.** *(con dibujos, fotos)* graphique **2.** *(fig) (expresivo)* clair(e) ◇ *m (dibujo)* graphique m

gragea [gra'xea] f dragée f

gramática [gra'matika] f grammaire f

gramatical [gramati'kal] *adj* grammatical(e)

gramo ['gramo] m gramme m

gran ['gran] ➤ **grande**

granada [gra'naða] f grenade f

granadilla [grana'ðiʎa] f *(Amér)* fruit m de la passion

granate [gra'nate] *adj inv* & m grenat m

Gran Bretaña ['grambre'taɲa] s Grande-Bretagne f

grande ['grande] *adj* grand(e) ◇ m *(noble)* grand m ● **grandes almacenes** grands magasins ● **me va grande** *(vestido, zapato)* c'est trop grand

grandeza [gran'deθa] f grandeur f

grandioso, sa [gran'djoso, sa] *adj* grandiose

granel [gra'nel] ◆ **a granel** *adv* **1.** *(a peso)* en vrac **2.** *(en abundancia)* à foison

granero [gra'nero] m grenier m *(grange)*

granito [gra'nito] m granit m

granizada [grani'θuða] f grêle f

granizado [grani'θaðo] m boisson glacée à base de jus de fruit

granizar [grani'θar] v impers ● **graniza** il grêle

granja ['granxa] f ferme f

granjero, ra [gran'xero, ra] m, f fermier m, -ère f

grano ['grano] m **1.** grain m **2.** *(de la piel)* bouton m ● **ir al grano** *(fam)* en venir au fait

granuja [gra'nuxa] mf **1.** canaille f **2.** *(niño)* garnement m

grapa ['grapa] f agrafe f

grapadora [grapa'ðora] f agrafeuse f

grapar [gra'par] vt agrafer

grasa ['grasa] f graisse f ➤ **graso**

grasiento, ta [gra'sjento, ta] *adj* gras (grasse)

graso, sa ['graso, sa] *adj* gras (grasse)

gratificar [gratifi'kar] vt gratifier ▼ **se gratificará** récompense promise

gratinado [grati'naðo] m gratin m

gratinar [grati'nar] vt gratiner

gratis ['gratis] *adv* gratis

gratitud [grati'tuð] f gratitude f

grato, ta ['grato, ta] *adj* agréable

gratuito, ta [gratu'ito, ta] *adj* gratuit(e)

grave ['graβe] *adj* grave

gravedad [graβe'ðað] f gravité f

gravilla [gra'βiʎa] f gravillon m

Grecia ['greθja] s Grèce f

gremio ['gremjo] m corporation f

greña ['greɲa] f tignasse f

griego, ga ['grjeɣo, ɣa] *adj* grec (grecque) ◇ m, f Grec m, Grecque f ◇ m *(lengua)* grec m

grieta ['grjeta] f **1.** *(en la pared, techo)* fissure f **2.** *(en la piel)* crevasse f

grifero, ra [gri'fero, ra] m, f *(Perú)* pompiste mf

grifo ['grifo] m **1.** *(llave)* robinet m **2.** *(Perú) (gasolinera)* station service f

grill ['gril] m gril m

grilla ['griʎa] f *(Amér) (fam)* cabale f

grillo ['griʎo] m grillon m

gripa ['gripa] *f (Col & Méx)* grippe *f*

gripe ['gripe] *f* grippe *f*

gris ['gris] *adj* **1.** gris(e) **2.** *(fig) (persona)* terne ◇ *m* gris *m*

gritar [gri'tar] *vi* crier

grito ['grito] *m* cri *m* ● **a gritos** à cor et à cri

grosella [gro'seʎa] *f* **1.** groseille *f* **2.** *(bebida)* sirop *m* de groseille

grosería [grose'ria] *f* grossièreté *f*

grosero, ra [gro'sero, ra] *adj* grossier(ère)

grosor [gro'sor] *m* épaisseur *f*

grotesco, ca [gro'tesko, ka] *adj* grotesque

grúa ['grua] *f* **1.** *(para vehículos)* dépanneuse *f* **2.** *(para construir)* grue *f*

grueso, sa ['grueso, sa] *adj* gros (grosse) ◇ *m (espesor, volumen)* épaisseur *f* ● **el grueso de** le gros de

grumo ['grumo] *m* grumeau *m*

gruñido [gru'ɲiðo] *m* grognement *m*

gruñir [gru'ɲir] *vi* grogner

grupa ['grupa] *f* croupe *f*

grupo ['grupo] *m* groupe *m* ● **grupo de noticias** newsgroup *m* ● **grupo de riesgo** groupe à risque ● **grupo sanguíneo** groupe sanguin ● **en grupo** en groupe

gruta ['gruta] *f* grotte *f*

GSM [xe'ese'eme] *(abr de Global System for Mobile Communications)* GSM *m*

guaca ['gwaka] *f (Amér)* tombeau *m* précolombien

guacal [gwa'kal] *m (Amér)* calebasse *f*

guacamole [gwaka'mole] *m (Méx)* guacamole *m*

guachimán [gwatʃi'man] *m (Amér)* gardien *m*

guacho, cha ['gwatʃo, tʃa] *adj* **1.** *(Amér) (huérfano)* orphelin(e) **2.** *(solitario)* solitaire ◇ *m, f (Amér)* bâtard *m*, -e *f*

guaco ['gwako] *m (Amér)* poterie *f* précolombienne

guagua ['gwaɣwa] *f* **1.** *(Carib) (autobús)* bus *m* **2.** *(Andes) (bebé)* bébé *m*

guaíño [gwa'iɲo] *m (Amér)* chanson mélancolique indigène

guajiro, ra [gwa'xiro, ra] *m, f (Amér)* paysan *m*, -anne *f (cubain)*

guano ['gwano] *m* guano *m*

guante ['gwante] *m* gant *m*

guantera [gwan'tera] *f* boîte *f* à gants

guapo, pa ['gwapo, pa] *adj* **1.** *(persona)* beau (belle) **2.** *(fam) (objeto, ropa)* chouette

guardabarros [gwarða'βaros] *m inv* garde-boue *m inv*

guardacoches [gwarða'kotʃes] *mf inv* gardien *m*, -enne *f* de parking

guardaespaldas [,gwarðaes'paldas] *m, f inv* garde du corps

guardameta [gwarða'meta] *mf* gardien *m*, -enne *f* de but

guardapolvo [gwarða'polβo] *m* **1.** *(prenda)* blouse *f* **2.** *(funda)* housse *f*

guardar [gwar'ðar] *vt* **1.** *(en un lugar)* ranger **2.** *(conservar, cuidar)* garder **3.** *(cumplir)* observer **4.** *INFORM* ● **guardar (como)** enregistrer (sous) ◆ **guardarse de** *v prep* se garder de

guardarropa [gwarða'ropa] *m* **1.** *(de local)* vestiaire *m* **2.** *(armario)* armoire *f*

guardería [gwarðe'ria] *f* crèche *f (pour enfants)*

guardia ['gwarðja] *mf* (*policia*) agent *m* ◇ *f* garde *f* • **guardia civil** ≃ gendarme *m* • **guardia municipal** o **urbano** policier *m* municipal • **guardia de seguridad** vigile *m* • **de guardia** de garde • **Guardia Civil** *f* Garde *f* civile ≃ gendarmerie *f*

guardián, ana [gwar'ðjan, ana] *m, f* gardien *m*, -enne *f*

guarida [gwa'riða] *f* tanière *f*

guarnición [gwarni'θjon] *f* **1.** (*de comida*) garniture *f* **2.** (*del ejército*) garnison *f*

guarro, rra ['gwaro, ra] *adj* (*despec*) dégoûtant(e)

guasa ['gwasa] *f* • **¡tiene guasa la cosa!** (*fam*) elle est forte, celle-là !

guasca ['gwaska] *f* (*Amér*) (*látigo*) fouet *m*

Guatemala [gwate'mala] *s* Guatemala *m*

guatemalteco, ca [gwatemal'teko, ka] *adj* guatémaltèque ◇ *m, f* Guatémaltèque *mf*

guateque [gwa'teke] *m* boum *f*

guayaba [gwa'jaβa] *f* goyave *f*

guayabo [gwa'jaβo] *m* goyavier *m*

güero, ra ['gwero, ra] *adj* (*Méx*) (*fam*) blond(e)

guerra ['gera] *f* guerre *f* • **guerra civil/mundial** guerre civile/mondiale

guerrera [ge'rera] *f* (*prenda de vestir*) vareuse *f*

guerrero, ra [ge'rero, ra] *m, f* (*persona*) guerrier *m*

guerrilla [ge'riʎa] *f* **1.** (*grupo*) groupe *m* de guerrilleros **2.** (*estrategia*) guérilla *f*

guerrillero, ra [geri'ʎero, ra] *m, f* guérillero *m*

guía ['gia] *mf* (*persona*) guide *m* ◇ *f* (*libro, indicación*) guide *m* • **guía telefónica**

annuaire *m* • **guía turística** guide touristique

guiar [gi'ar] *vt* **1.** guider **2.** (*coche, vehículo*) conduire ◆ **guiarse por** *v prep* se guider à

guijarro [gi'xaro] *m* caillou *m*

guillotina [giʎo'tina] *f* **1.** (*para decapitar*) guillotine *f* **2.** (*para papel*) massicot *m*

guinda ['ginda] *f* griotte *f*

guindilla [gin'diʎa] *f* piment *m* rouge

guiñar [gi'nar] *vt* • **guiñar un ojo** faire un clin d'œil

guiñol [gi'nol] *m* guignol *m*

guion [gi'on] *m* **1.** (*argumento*) scénario *m* **2.** (*esquema*) plan *m* **3.** (*en gramática*) trait d'union

guionista [gio'nista] *mf* scénariste *mf*

guiri ['giri] *mf* (*Esp*) (*fam & despec*) étranger *m*, -ère *f*

guirnalda [gir'nalda] *f* guirlande *f*

guisado [gi'saðo] *m* ragoût *m*

guisante [gi'sante] *m* petit pois *m* • **guisantes con jamón** o **salteados** petits pois cuisinés avec des dés de jambon de pays

guiso ['giso] *m* ragoût *m*

güisqui ['γyiski] *m* whisky *m*

guitarra [gi'tara] *f* guitare *f*

guitarrista [gita'rista] *mf* guitariste *mf*

gusa ['gusa] *f* (*fam*) dalle *f* • **a estas horas me entra una gusa que no veas** à cette heure-ci, j'ai vraiment la dalle

gusano [gu'sano] *m* ver *m*

gustar [gus'tar] *vi* (*agradar*) plaire • **me gusta esta chica** cette fille me plaît • **me gusta la pintura** j'aime la peinture

gusto ['gusto] *m* **1.** goût *m* **2.** *(placer)* plaisir *m* ● **a gusto** *(cómodamente)* à son aise ● **al gusto** *(filete, entrecot)* à votre goût

h. *(abr escrita de hora)* h *(heure)*

ha. *(abr escrita de hectárea)* ha *(hectare)*

haba ['aβa] *f* fève *f* ● **habas a la catalana** fèves cuisinées avec des lardons, des saucisses et du vin

habano [a'βano] *m* havane *m*

¹haber [a'βer] *m* *(en cuentas, contabilidad)* crédit *m* ● **tiene tres pisos en su haber** il est propriétaire de trois appartements
◆ **haberes** *mpl (bienes)* biens *mpl*

²haber [a'βer] *v aux*
1. *(en tiempos compuestos)* avoir ● **los niños ya han comido** les enfants ont déjà mangé
2. *(antes de verbo de movimiento, estado o permanencia)* ● **ha salido** il est sorti ● **nos hemos quedado en casa** nous sommes restés à la maison
3. *(expresa reproche)* ● **¡haber venido antes!** tu n'avais qu'à arriver plus tôt ! ● **¡habérselo dicho!** tu aurais pu le dire !
◇ *v impers*
1. avoir ● **¿qué hay hoy para comer?** qu'est-ce qu'on mange aujourd'hui ? ● **hubo muchos problemas** il y a eu beau-coup de problèmes ● **el jueves no habrá reparto** il n'y aura pas de livraison le jeudi
2. *(expresa obligación)* ● **hay que cuidar a los enfermos** il faut soigner les malades
3. *(en locuciones)* ● **habérselas con alguien** se bagarrer avec qqn ● **¡hay que ver qué malo es!** qu'est-ce qu'il est méchant ! ● **no hay de qué** il n'y a pas de quoi
◆ **haber de** *v prep (estar obligado)* devoir ● **has de trabajar más** tu dois travailler davantage

habichuela [aβi'tʃwela] *f* haricot *m*

hábil ['aβil] *adj* habile ● **día hábil** jour ouvrable

habilidad [aβili'ðað] *f* habileté *f*

habiloso, sa [aβi'loso, sa] *adj (Chile)* intelligent(e)

habitación [aβita'θjon] *f* **1.** pièce *f* **2.** *(dormitorio)* chambre *f* ● **habitación doble/individual** chambre double/simple

habitante [aβi'tante] *mf* habitant *m*, -e *f*

habitar [aβi'tar] *vi & vt* habiter

hábito ['aβito] *m* **1.** *(costumbre)* habitude *f* **2.** *(traje)* habit *m*

habitual [aβitu'al] *adj* habituel(elle)

habitualmente [aβitu,al'mente] *adv* habituellement

hablador, ra [aβla'ðor, ra] *adj* bavard(e)

habladurías [aβlaðu'rias] *fpl* commérages *mpl*

hablar [a'βlar] *vi & vt* parler ● **hablar a alguien** parler à qqn ● **hablar por teléfono** parler au téléphone ● **hablar por hablar** parler pour parler ● **¡ni hablar!** pas question ! ◆ **hablar de** *v prep* parler de
◆ **hablarse** *vp* se parler

hacer [a'θer] vt
1. faire ● **hacer planes/un vestido** faire des projets/une robe ● **hacer el tonto** faire l'idiot ● **el árbol hace sombra** l'arbre fait de l'ombre ● **el reloj hace tictac** la montre fait tic-tac ● **deberías hacer deporte** tu devrais faire du sport ● **hicimos muchas fotografías del viaje** nous avons fait beaucoup de photos du voyage ● **he hecho la cama** j'ai fait mon lit ● **hacer feliz a alguien** rendre qqn heureux ● **me hizo daño/reír** il m'a fait mal/rire ● **hizo arrancar los árboles** il a fait arracher les arbres
2. (construir) construire ● **han hecho un edificio nuevo** un nouveau bâtiment a été construit
3. (dar aspecto) ● **este traje te hace más delgado** ce costume t'amincit
◊ vi
1. faire ● **déjame hacer a mí** laisse-moi faire
2. (aparentar) ● **haz como si no lo vieras** fais comme si tu ne le voyais pas
◊ v impers
1. (tiempo meteorológico) ● **hace frío/calor** il fait froid/chaud ● **hace buen/mal tiempo** il fait beau/mauvais
2. (tiempo transcurrido) ● **hace una semana** il y a une semaine ● **hace ya una hora que espero** cela fait une heure que j'attends
● **hacer de** v prep
1. (trabajar) ● **hace de cajera** elle travaille comme caissière
2. (en cine y teatro) ● **hace de malo** il joue le rôle du méchant
● **hacerse** vp
1. (convertirse) devenir ● **se hizo monja** elle est devenue bonne sœur ● **hacerse viejo** se faire vieux
2. (mostrarse) ● **intenta hacerse el simpático** il essaye de se rendre sympathique ● **se hace el atrevido** il joue les courageux
3. (resultar) ● **se está haciendo tarde** il se fait tard
4. (formarse) se former
5. (desarrollarse, crecer) pousser
6. (cocerse) cuire
● **hacerse a** v prep (acostumbrarse a) se faire à
● **hacerse con** v prep (apropiarse de) ● **se hizo con el poder** il a pris le pouvoir
hacha ['atʃa] f hache f
hachís [xa'tʃis] m haschisch m
hacia ['aθja] prep vers ● **hacia abajo/arriba** vers le bas/le haut ● **hacia aquí/allí** par ici/là ● **hacia atrás/adelante** en arrière/avant ● **hacia las tres** vers trois heures
hacienda [a'θjenda] f **1.** (finca) exploitation f agricole **2.** (bienes) fortune f ● **la Hacienda Pública** le Trésor (public)
hacker ['xaker] mf hacker m, pirate m informatique
hada ['aða] f fée f
Haití [ai'ti] s Haïti
hala ['ala] interj **1.** (para dar prisa) allez ! **2.** (expresa contrariedad) allons donc !
halago [a'layo] m flatterie f
halcón [al'kon] m faucon m
hall ['xol] m hall m
hallar [a'ʎar] vt trouver ● **hallarse** vp se trouver
halógeno, na [a'loxeno, na] adj halogène

halterofilia [altero'filja] *f* haltérophilie *f*

hamaca [a'maka] *f* hamac *m*

hambre ['ambre] *f* faim *f* • **tener hambre** avoir faim

hambriento, ta [am'brjento, ta] *adj* affamé(e)

hamburguesa [ambur'ɣesa] *f* hamburger *m*

hamburguesería [amburɣese'ria] *f* fastfood *m*

hámster ['xamster] *m* hamster *m*

hangar [an'gar] *m* hangar *m*

hardware ['xarwar] *m* INFORM hardware *m*, matériel *m*

harina [a'rina] *f* farine *f*

hartar [ar'tar] *vt* 1. *(atiborrar)* gaver 2. *(cansar)* fatiguer ◆ **hartarse de** *v prep* 1. *(cansarse de)* en avoir assez de 2. *(hacer en exceso)* ne pas arrêter de 3. *(comiendo)* se gaver de

harto, ta [ˈarto, ta] *adj* 1. *(saciado)* repu(e) 2. *(cansado)* fatigué(e) • **estar harto de** en avoir assez de

hasta [ˈasta] *prep* jusqu'à ◇ *adv (incluso)* même • **hasta luego** au revoir • **hasta pronto** à bientôt • **hasta que** jusqu'à ce que • **trabaja hasta cuando está enfermo** il travaille même lorsqu'il est malade

haya ['aja] *f* hêtre *m*

haz, ces ['aθ, θes] *m* 1. *(de luz)* faisceau *m* 2. *(de leña)* fagot *m* 3. *(de hierba)* gerbe *f*

hazaña [a'θaɲa] *f* exploit *m*

hebilla [e'βiʎa] *f* boucle *f (de ceinture, chaussure etc)*

hebra ['eβra] *f* 1. *(de hilo, especias)* brin *m* 2. *(en legumbres)* fil *m*

hebreo, a [e'βreo, a] *adj* hébreu ◇ *m, f* Israélite *mf* ◇ *m (lengua)* hébreu *m*

hechizar [etʃi'θar] *vt* envoûter

hechizo [e'tʃiθo] *m* envoûtement *m*

hecho, cha ['etʃo, tʃa] *pp* ➤ **hacer** ◇ *adj* cuit(e) ◇ *m* fait *m* • **hecho de** fait de • **de hecho** de fait • **muy hecho** *(filete)* bien cuit • **poco hecho** *(filete)* saignant

hectárea [ek'tarea] *f* hectare *m*

helada [e'laða] *f* gelée *f*

heladería [elaðe'ria] *f* marchand *m* de glaces

helado, da [e'laðo, ða] *adj* glacé(e) ◇ *m* glace *f* • **quedarse helado** *(asombrado)* avoir un choc

helar [e'lar] *v impers* & *vt* geler • **helarse** *vp* 1. *(congelarse)* geler 2. *(pasar frío)* se geler

hélice [ˈeliθe] *f* hélice *f*

helicóptero [eli'koptero] *m* hélicoptère *m*

hematoma [ema'toma] *m* hématome *m*

hembra ['embra] *f* 1. *(animal)* femelle *f* 2. *(de enchufe)* prise *f* femelle

hemorragia [emo'raxja] *f* hémorragie *f*

heno ['eno] *m* foin *m*

hepatitis [epa'titis] *f inv* hépatite *f*

herbolistería [erβoriste'ria] *f* herboristerie *f*

heredar [ere'ðar] *vt* hériter de

heredero, ra [ere'ðero, ra] *m, f* héritier *m*, -ère *f*

hereje [e'rexe] *mf* hérétique *mf*

herejía [ere'xia] *f* hérésie *f*

herencia [e'renθja] *f* héritage *m*

herida [e'riða] *f* blessure *f*

herido, da [e'riðo, ða] *adj* & *m, f* blessé(e)

herir [e'rir] vt blesser ◆ **herirse** vp se blesser

hermanastro, tra [erma'nastro, tra] m, f demi-frère m, demi-sœur f

hermano, na [er'mano, na] m, f frère m, sœur f

hermético, ca [er'metiko, ka] adj hermétique

hermoso, sa [er'moso, sa] adj beau (belle)

hermosura [ermo'sura] f beauté f

héroe ['eroe] m héros m

heroico, ca [e'rojko, ka] adj héroïque

heroína [ero'ina] f héroïne f

heroinómano, na [eroi'nomano, na] m, f héroïnomane mf

heroísmo [ero'ismo] m héroïsme m

herradura [erra'ðura] f fer m à cheval

herramienta [erra'mjenta] f outil m ◆ **herramientas** fpl INFORM outils mpl

herrería [erre'ria] f (taller) forge f

herrero [e'rrero] m forgeron m

hervir [er'βir] vt faire bouillir ◇ vi (líquido) bouillir

heterosexual [eteroseksu'al] mf hétérosexuel m, -elle f

hidalgo [i'ðalɣo] m hidalgo m

hidratante [iðra'tante] adj hydratant(e)

hidratar [iðra'tar] vt hydrater

hiedra ['jeðra] f lierre m

hielo ['jelo] m glace f

hiena ['jena] f hyène f

hierba ['jerβa] f herbe f

hierbabuena [jerβa'βuena] f menthe f

hierro ['jerro] m fer m

hígado ['iɣaðo] m foie m

higiene [i'xjene] f hygiène f

higiénico, ca [i'xjeniko, ka] adj hygiénique

higo ['iɣo] m figue f ◆ **higo chumbo** figue de Barbarie

higuera [i'ɣera] f figuier m

hijastro, tra [i'xastro, tra] m, f beau-fils m, belle-fille f (d'un premier mariage)

hijo, ja ['ixo, xa] m, f fils m, fille f ◆ **hijo político** gendre m ● **hija política** belle-fille f ◆ **hijo de puta** (vulg) fils de pute ● **hijo de la chingada** (Amér) (vulg) fils de pute ◆ **hijos** mpl enfants mpl

hilera [i'lera] f rangée f

hilo ['ilo] m 1. fil m 2. (de voz, agua) filet m ◆ **hilo musical** fond m musical

hilvanar [ilβa'nar] vt faufiler

hincapié [inka'pje] m ● **hacer hincapié** en mettre l'accent sur

hincha ['intʃa] mf supporter m

hinchado, da [in'tʃaðo, ða] adj 1. (globo, colchón) gonflé(e) 2. (parte del cuerpo) enflé(e)

hinchar [in'tʃar] vt 1. (inflar) gonfler 2. (exagerar) grossir ◆ **hincharse** vp (parte del cuerpo) enfler ◆ **hincharse de** v prep (comida) se gaver de

hinchazón [intʃa'θon] f enflure f

híper ['iper] m (fam) hypermarché m

hipermercado [ipermer'kaðo] m hypermarché m

hipermetropía [ipermetro'pia] f hypermétropie f

hipertensión [iperten'sjon] f hypertension f

hipertenso, sa [iper'tenso, sa] adj hypertendu(e)

hipertexto [iper'teksto] m INFORM hypertexte m

hipervínculo [iper'βinkulo] *m* INFORM lien *m* hypertexte

hípica ['ipika] *f* hippisme *m*

hipnotizar [ipnoti'θar] *vt* hypnotiser

hipo ['ipo] *m* hoquet *m*

hipocresía [ipokre'sia] *f* hypocrisie *f*

hipócrita [i'pokrita] *adj* hypocrite

hipódromo [i'poðromo] *m* hippodrome *m*

hipopótamo [ipo'potamo] *m* hippopotame *m*

hipoteca [ipo'teka] *f* hypothèque *f*

hipótesis [i'potesis] *f inv* hypothèse *f*

hipotético, ca [ipo'tetiko, ka] *adj* hypothétique

hippie ['xipi] *mf* hippie *mf*

hispánico, ca [is'paniko, ka] *adj* hispanique

hispano, na [is'pano, na] *adj* **1.** *(en España)* espagnol(e) **2.** *(en Estados Unidos)* hispanique

Hispanoamérica [is,panoa'merika] *s* Amérique *f* latine

hispanoamericano, na [is,panoameri'kano, na] *adj* hispano-américain(e) ◇ *m, f* Hispano-Américain *m, -e f*

hispanohablante [is,panoa'βlante], **hispanoparlante** [is,panopar'lante] *mf* hispanophone *mf*

histeria [is'terja] *f* hystérie *f*

histérico, ca [is'teriko, ka] *adj* hystérique

historia [is'torja] *f* histoire *f*

histórico, ca [is'toriko, ka] *adj* historique

historieta [isto'rjeta] *f* **1.** *(relato)* petite histoire *f* **2.** *(cuento con dibujos)* bande *f* dessinée

hocico [o'θiko] *m* museau *m*

hockey ['xokei] *m* hockey *m*

hogar [o'ɣar] *m* foyer *m*

hogareño, ña [oɣa'reɲo, ɲa] *adj* casanier(ère)

hoguera [o'ɣera] *f* **1.** bûcher *m* **2.** *(de fiesta)* feu *m* de joie

hoja ['oxa] *f* **1.** feuille *f* **2.** *(de cuchillo)* lame *f* ● hoja de afeitar lame de rasoir ● hoja de cálculo tableur *m* ● hoja de estilo feuille de style

hojalata [oxa'lata] *f* fer-blanc *m*

hojaldre [o'xaldre] *m* pâte *f* feuilletée

hola ['ola] *interj* bonjour !

Holanda [o'landa] *s* Hollande *f*

holandés, esa [olan'des, esa] *adj* hollandais(e) ◇ *m, f* Hollandais *m, -e f* ◇ *m (lengua)* hollandais *m*

holgado, da [ol'ɣaðo, ða] *adj* **1.** *(ropa)* ample **2.** *(vida, situación)* aisé(e)

holgazán, ana [olɣa'θan, ana] *adj* fainéant(e)

hombre ['ombre] *m* homme *m* ◇ *interj (sorpresa)* tiens ! ● hombre de negocios homme d'affaires

hombreras [om'breras] *fpl* épaulettes *fpl*

hombro ['ombro] *m* épaule *f*

homenaje [ome'naxe] *m* hommage *m* ● en homenaje a en hommage à

homeopatía [omeopa'tia] *f* homéopathie *f*

homicida [omi'θiða] *mf* meurtrier *m*, -ère *f*

homicidio [omi'θiðjo] *m* homicide *m*

homosexual [omoseksu'al] *mf* homosexuel *m*, -elle *f*

hondo, da ['ondo, da] *adj* profond(e)

Honduras [on'duras] *s* Honduras *m*

hondureño, ña [ondu'reɲo, ɲa] *adj* hondurien(enne) ◇ *m, f* Hondurien *m, -enne f*

honestidad [onesti'ðað] *f* honnêteté *f*

honesto, ta [o'nesto, ta] *adj* honnête

hongo ['oŋgo] *m* champignon *m*

honor [o'nor] *m* honneur *m* ● **en honor de** en l'honneur de

honorario [ono'rarjo] *adj* honoraire ◆ **honorarios** *mpl* honoraires *mpl*

honra ['onra] *f* honneur *m* ● **¡soy español, y a mucha honra!** je suis espagnol, et fier de l'être !

honradez [onra'ðeθ] *f* honnêteté *f*

honrado, da [on'raðo, ða] *adj* honnête

honrar [on'rar] *vt* honorer

hora ['ora] *f* heure *f* ● **hora punta** heure de pointe ▼ **horas convenidas** sur rendez-vous ● **¿a qué hora?** à quelle heure ? ● **¿qué hora es?** quelle heure est-il ? ● **pedir hora para** prendre rendez-vous pour ● **tener hora** avoir l'heure ● **a última hora** au dernier moment

horario [o'rarjo] *m* horaire *m* ▼ **horario comercial** heures d'ouverture

horca ['orka] *f* **1.** *(de ejecución)* potence *f* **2.** *(en agricultura)* fourche *f*

horchata [or't͡ʃata] *f* ≃ sirop *m* d'orgeat

horizontal [oriθon'tal] *adj* horizontal(e)

horizonte [ori'θonte] *m* horizon *m*

horma ['orma] *f* **1.** *(molde)* forme *f* **2.** *(utensilio)* embauchoir *m*

hormiga [or'miɣa] *f* fourmi *f*

hormigón [ormi'ɣon] *m* béton *m* ● **hormigón armado** béton armé

hormigonera [ormiɣo'nera] *f* bétonnière *f*

hormiguero [ormi'ɣero] *m* fourmilière *f*

hormona [or'mona] *f* hormone *f*

hornear [orne'ar] *vt* enfourner

horno ['orno] *m* four *m* ● **al horno** au four

horóscopo [o'roskopo] *m* horoscope *m*

horquilla [or'kiʎa] *f* épingle *f* à cheveux

hórreo ['oreo] *m* silo en granite sur pilotis typique de Galice et des Asturies

horrible [o'riβle] *adj* horrible

horror [o'ror] *m* horreur *f* ● **¡qué horror!** quelle horreur !

horrorizar [orori'θar] *vt* horrifier

horroroso, sa [oro'roso, sa] *adj* horrible

hortaliza [orta'liθa] *f* légume *m*

hortelano, na [orte'lano, na] *m, f* maraîcher *m, -ère f*

hortensia [or'tensja] *f* hortensia *m*

hortera [or'tera] *adj* *(fam & despec)* *(vulgar, ordinario)* ringard(e) ◇ *mf* *(fam & despec)* ringard *m, -e f*, beauf *m*

hospedarse [ospe'ðarse] *vp* loger

hospital [ospi'tal] *m* hôpital *m*

hospitalario, ria [ospita'larjo, rja] *adj* hospitalier(ère)

hospitalidad [ospitali'ðað] *f* hospitalité *f*

hospitalizar [ospitali'θar] *vt* hospitaliser

hostal [os'tal] *m* hôtel *m*

hostelería [ostele'ria] *f* hôtellerie *f*

hostia ['ostja] *f* **1.** *(en religión)* ostie *f* **2.** *(Esp)* *(vulg)* *(golpe, tortazo)* beigne *f* ◇ *interj* *(Esp)* *(vulg)* putain ! ● **darse una hostia** *(vulg)* se casser la gueule ; *(en coche)* se planter

hostil [os'til] *adj* hostile

hotel [o'tel] *m* hôtel *m* ● **hotel de lujo** hôtel de luxe

hotelero, ra [ote'lero, ra] *adj* hôtelier(ère)

hoy ['oj] *adv* aujourd'hui ● hoy en día, hoy por hoy de nos jours

hoyo ['ojo] *m* trou *m*

hoz ['oθ] *f* faucille *f*

HTML ['atʃe'te'eme'ele] (*abr de* HyperText Markup Language) *m* HTML *m*

HTTP, http ['atʃe'te'te'pe] (*abr de* HyperText Transfer Protocol) *m* HTTP *m*

huachafería [watʃafe'ria] *f* (*Amér*) ● es una huachafería c'est de mauvais goût

huachafo, fa [wa'tʃafo, fa] *adj* (*Perú*) de mauvais goût

huachinango [watʃi'nango] *m* (*Amér*) pagre *m*

hucha ['utʃa] *f* tirelire *f*

hueco, ca ['weko, ka] *adj* (*vacío*) creux (creuse) ◇ *m* 1. (*agujero*) place *f* 2. (*de tiempo*) creux *m*

huelga ['welɣa] *f* grève *f*

huella ['weʎa] *f* trace *f* ● huellas dactilares empreintes *fpl* digitales

huérfano, na ['werfano, na] *m, f* orphelin *m*, -e *f*

huerta ['werta] *f* 1. (*huerto grande*) plaine *f* maraîchère 2. (*de árboles frutales*) verger *m*

huerto ['werto] *m* jardin *m* potager

hueso ['weso] *m* 1. os *m* 2. (*de una fruta*) noyau *m*

huésped, da ['wespeð, ða] *m, f* hôte *m*, invité *m*, -e *f*

huevada [we'βaða] *f* (*Andes, Chile & Perú*) (*fam*) bêtise *f*

huevear [weβe'ar] *vi* (*Andes, Chile & Perú*) (*fam*) faire l'imbécile

huevo ['weβo] *m* œuf *m* ● huevo duro œuf dur ● huevo estrellado œuf sur le plat ● huevo frito œuf frit ● huevos al plato œufs cuits au four ● huevos revueltos œufs brouillés ● huevos a la flamenca œufs sur le plat accompagnés de tranches de chorizo et de sauce tomate ● huevo pasado por agua œuf à la coque ● huevo tibio o de la copa (*Amér*) œuf à la coque

huevón [we'βon] *m* (*Andes & Ven*) (*vulg*) couillon *m*

huida [u'iða] *f* fuite *f*

huir [u'ir] *vi* s'enfuir ◆ huir de *v prep* fuir

humanidad [umani'ðað] *f* humanité *f* ◆ humanidades *fpl* sciences *fpl* humaines

humanitario, ria [umani'tarjo, rja] *adj* humanitaire

humano, na [u'mano, na] *adj* humain(e) ◇ *m* humain *m*

humareda [uma'reða] *f* nuage *m* de fumée

humedad [ume'ðað] *f* humidité *f*

humedecer [umeðe'θer] *vt* humecter

húmedo, da ['umeðo, ða] *adj* humide

humilde [u'milde] *adj* humble

humillación [umiʎa'θjon] *f* humiliation *f*

humillante [umi'ʎante] *adj* humiliant(e)

humillar [umi'ʎar] *vt* humilier

humo ['umo] *m* fumée *f* ● tener (unos) humos prendre de grands airs

humor [u'mor] *m* 1. humeur *f* 2. (*gracia*) humour *m* ● mal/buen humor mauvaise/bonne humeur

humorismo [umo'rizmo] *m* humour *m*

humorista [umo'rista] *mf* comique *m*

humorístico, ca [umo'ristiko, ka] *adj* humoristique

hundir [un'dir] *vt* **1.** *(barco)* couler **2.** *(edificio, techo)* démolir **3.** *(persona)* anéantir **4.** *(cuchillo, mano)* plonger ◆ **hundirse** *vp* **1.** *(barco)* couler **2.** *(edificio, techo, persona)* s'effondrer

húngaro, ra ['ungaro, ra] *adj* hongrois(e) ◇ *m, f* Hongrois *m, -e f* ◇ *m (lengua)* hongrois *m*

Hungría [un'gria] *s* Hongrie *f*

huracán [ura'kan] *m* ouragan *m*

hurtadillas [urta'ðiʎas] ◆ **a hurtadillas** *adv* en cachette

hurto ['urto] *m* larcin *m*

i I

ibérico, ca [i'ßeriko, ka] *adj* ibérique

Ibiza [i'ßiθa] *s* Ibiza *f*

iceberg [iθe'ßery] *m* iceberg *m*

ICONA [i'kona] *(abr de Instituto Nacional para la Conservación de la Naturaleza) m* ≃ SNPN *f (Société nationale de protection de la nature)*

icono [i'kono] *m* icône *f*

ida ['iða] *f* aller *m* ◆ **billete de ida y vuelta** *m* billet *m* aller-retour

idea [i'ðea] *f* idée *f* ◆ **ni idea** aucune idée

ideal [iðe'al] *adj* idéal(e) ◇ *m* idéal *m*

idealismo [iðea'lizmo] *m* idéalisme *m*

idealista [iðea'lista] *mf* idéaliste *mf*

idéntico, ca [i'ðentiko, ka] *adj* identique

identidad [iðenti'ðað] *f* identité *f*

identificación [iðentifika'θjon] *f* identification *f*

identificador [iðentifika'ðor] *m* INFORM identifiant *m*

identificar [iðentifi'kar] *vt* identifier ◆ **identificarse** *vp* montrer ses papiers d'identité ◆ **identificarse con** *v prep* s'identifier à

ideología [iðeolo'xia] *f* idéologie *f*

idilio [i'ðiljo] *m* idylle *f*

idioma [i'ðjoma] *m* langue *f*

idiota [i'ðjota] *adj* idiot(e)

ídolo [i'ðolo] *m* idole *f*

idóneo, a [i'ðoneo, a] *adj* adéquat(e)

iglesia [i'ɣlesja] *f* église *f* ◆ **la Iglesia** l'Église

ignorancia [iɣno'ranθja] *f* ignorance *f*

ignorante [iɣno'rante] *adj* ignorant(e)

ignorar [iɣno'rar] *vt* ignorer

igual [i'ɣual] *adj* **1.** *(idéntico, parecido)* pareil(eille) **2.** *(constante)* égal(e) ◇ *adv* de la même façon ◆ **es igual** ça ne fait rien ◆ **me da igual** cela m'est égal ◆ **al igual que** de la même façon que ◆ **por igual** à parts égales

igualado, da [iɣua'laðo, ða] *adj* ◆ **están igualados** ils sont à égalité

igualdad [iɣual'dað] *f* égalité *f*

igualmente [iɣual'mente] *adv* également ◆ **¡que te diviertas mucho! - igualmente** amuse-toi bien ! - toi aussi !

ilegal [ile'ɣal] *adj* illégal(e)

ilegalizar [ileɣali'θar] *vt* rendre illégal(e)

ilegítimo, ma [ile'xitimo, ma] *adj* illégitime

ileso, sa [i'leso, sa] *adj* indemne

ilimitado, da [ilimi'taðo, ða] *adj* illimi-té(e)

ilocalizable [ilokali'θaβle] *adj* (al teléfo-no) non joignable

ilógico, ca [i'loxiko, ka] *adj* illogique

iluminación [ilumina'θjon] *f* 1. (alumbra-do) éclairage *m* 2. (en las fiestas) illumina-tion *f*

iluminar [ilumi'nar] *vt* 1. illuminer 2. (dar luz a) éclairer

ilusión [ilu'sjon] *f* 1. (alegría) plaisir *m* 2. (esperanza) espoir *m* ● **hacerse ilusiones** se faire des illusions

ilusionarse [ilusjo'narse] *vp* se faire des illusions

ilustración [ilustra'θjon] *f* illustration *f*

ilustrar [ilus'trar] *vt* illustrer

ilustre [i'lustre] *adj* illustre

imagen [i'maxen] *f* 1. image *f* 2. (escultu-ra) statue *f* 3. (descripción) portrait *m*

imaginación [imaxina'θjon] *f* imagina-tion *f*

imaginar [imaxi'nar] *vt* imaginer ◆ **ima-ginarse** *vp* s'imaginer

imaginario, ria [imaxi'narjo, rja] *adj* imaginaire

imaginativo, va [imaxina'tiβo, βa] *adj* imaginatif(ive)

imán [i'man] *m* aimant *m*

imbécil [im'beθil] *adj* imbécile

imitación [imita'θjon] *f* 1. imitation *f* 2. (de obra de arte) plagiat *m*

imitar [imi'tar] *vt* imiter

impaciencia [impa'θjenθja] *f* impatience *f*

impaciente [impa'θjente] *adj* impa-tient(e) ● **impaciente por** impatient(e) de

impar [im'par] *adj* impair(e)

imparable [impa'raβle] *adj* imparable

imparcial [impar'θjal] *adj* impartial(e)

impasible [impa'siβle] *adj* impassible

impecable [impe'kaβle] *adj* impeccable

impedimento [impeði'mento] *m* empê-chement *m*

impedir [impe'ðir] *vt* empêcher

impensable [impen'saβle] *adj* impensa-ble

imperativo [impera'tiβo] *m* impératif *m*

imperceptible [imperθep'tiβle] *adj* imperceptible

imperdible [imper'ðiβle] *m* épingle *f* à nourrice

imperdonable [imperðo'naβle] *adj* im-pardonnable

imperfecto, ta [imper'fekto, ta] *adj* im-parfait(e) ◇ *m* imparfait *m*

imperial [impe'rjal] *adj* impérial(e)

imperio [im'perjo] *m* empire *m*

impermeable [imperme'aβle] *adj* im-perméable ◇ *m* imperméable *m*

impersonal [imperso'nal] *adj* imperson-nel(elle)

impertinencia [imperti'nenθja] *f* imper-tinence *f*

impertinente [imperti'nente] *adj* im-pertinent(e)

ímpetu [ˈimpetu] *m* 1. (energía) énergie *f* 2. (rapidez) force *f*

implicar [impli'kar] *vt* impliquer

implícito, ta [im'pliθito, ta] *adj* implicite

imponer [impo'ner] *vt* imposer ◇ *vi* en imposer

importación [importa'θjon] *f* importa-tion *f*

importancia [impor'tanθja] f importance f

importante [impor'tante] adj important(e)

importar [impor'tar] vt & vi importer ● **no importa** ce n'est pas grave ● ¿a ti qué te importa? qu'est-ce que ça peut te faire ? ● ¿te importa que venga con nosotros? ça t'ennuie s'il vient avec nous ?

importe [im'porte] m montant m ▼ importe del billete prix du billet

imposibilidad [imposiβili'ðað] f impossibilité f

imposible [impo'siβle] adj impossible ◇ m impossible m ◇ interj impossible !

impostor, ra [impos'tor, ra] m, f imposteur m

impotencia [impo'tenθja] f impuissance f

impotente [impo'tente] adj impuissant(e)

impreciso, sa [impre'θiso, sa] adj imprécis(e)

impregnar [impreɣ'nar] vt imprégner

imprenta [im'prenta] f imprimerie f

imprescindible [impresθin'diβle] adj indispensable

impresión [impre'sjon] f impression f

impresionante [impresjo'nante] adj impressionnant(e)

impresionar [impresjo'nar] vt impressionner

impreso [im'preso] m imprimé m

impresora [impre'sora] f imprimante f ● impresora de chorro de tinta imprimante à jet d'encre ● impresora láser imprimante laser

imprevisto [impre'βisto] m imprévu m

imprimir [impri'mir] vt imprimer

improvisación [improβisa'θjon] f improvisation f

improvisado, da [improβi'saðo, ða] adj improvisé(e)

improvisar [improβi'sar] vt improviser

imprudente [impru'ðente] adj imprudent(e)

impuesto [im'pwesto] m impôt m

impulsar [impul'sar] vt pousser ● impulsar a alguien a pousser qqn à

impulsivo, va [impul'siβo, βa] adj impulsif(ive)

impulso [im'pulso] m **1.** (empuje) impulsion f **2.** (estímulo) élan m

impuro, ra [im'puro, ra] adj impur(e)

inaceptable [inaθep'taβle] adj inacceptable

inadecuado, da [inaðe'kwaðo, ða] adj inadéquat(e)

inadmisible [inaðmi'siβle] adj inadmissible

inaguantable [inaɣwan'taβle] adj insupportable

inauguración [inaɣɣura'θjon] f inauguration f

inaugurar [inaɣɣu'rar] vt inaugurer

incapacidad [inkapaθi'ðað] f incapacité f

incapaz, ces [inka'paθ, θes] adj incapable ● ser incapaz de être incapable de

incendio [in'θendjo] m incendie m ● contra incendios contre les incendies

incentivo [inθen'tiβo] m incitation f

incidente [inθi'ðente] m incident m

incineradora [inθinera'ðora] f incinérateur m

incinerar [inθine'rar] vt incinérer

incitar [inθi'tar] *vt* inciter
inclinación [inklina'θjon] *f* **1.** *(tendencia)* penchant *m* **2.** *(de terreno)* inclinaison *f* **3.** *(saludo, afecto)* inclination *f*
inclinarse [inkli'narse] *vp* se pencher ◆ **inclinarse por** *v prep* **1.** *(preferir)* pencher pour **2.** *(decidirse por)* être tenté(e) de
incluido, da [inklu'iðo, ða] *adj* inclus(e)
incluir [inklu'ir] *vt* inclure
inclusive [inklu'siβe] *adv* y compris
incluso [in'kluso] *adv* même ● **incluso nos invitaron a cenar** ils nous ont même invités à dîner
incógnita [in'koɣnita] *f* **1.** *(enigma)* mystère *m* **2.** *(en matemáticas)* inconnue *f*
incoherente [inkoe'rente] *adj* incohérent(e)
incoloro, ra [inko'loro, ra] *adj* incolore
incómodo, da [in'komoðo, ða] *adj* inconfortable
incomparable [inkompa'raβle] *adj* incomparable
incompatibilidad [inkompatiβili'ðað] *f* incompatibilité *f* ● **incompatibilidad de caracteres** incompatibilité d'humeur
incompetente [inkompe'tente] *adj* incompétent(e)
incomprensible [inkompren'siβle] *adj* incompréhensible
incomunicado, da [inkomuni'kaðo, ða] *adj* isolé(e)
incondicional [inkondiθjo'nal] *adj* inconditionnel(elle)
inconfundible [inkonfun'diβle] *adj* reconnaissable entre tous (toutes)
inconsciencia [inkons'θjenθja] *f* inconscience *f*

inconsciente [inkons'θjente] *adj* inconscient(e)
incontable [inkon'taβle] *adj* **1.** *(cantidad)* incalculable **2.** *(hecho)* irracontable
inconveniente [inkombe'njente] *m* inconvénient *m*
incorporación [inkorpora'θjon] *f* incorporation *f*
incorporar [inkorpo'rar] *vt* **1.** *(agregar)* incorporer **2.** *(levantar)* redresser ◆ **incorporarse** *vp* *(levantarse)* se redresser ◆ **incorporarse a** *v prep* **1.** *(equipo, grupo)* intégrer **2.** *(trabajo)* commencer
incorrecto, ta [inko'rekto, ta] *adj* incorrect(e)
incorregible [inkore'xiβle] *adj* incorrigible
incrédulo, la [in'kreðulo, la] *adj* incrédule
increíble [inkre'iβle] *adj* incroyable
incremento [inkre'mento] *m* accroissement *m*
incubadora [inkuβa'ðora] *f* couveuse *f*
incubar [inku'βar] *vt* couver
inculpado, da [inkul'paðo, ða] *m, f* inculpé *m*, -e *f*
inculto, ta [in'kulto, ta] *adj* *(persona)* inculte
incumbir [inkum'bir] *vi* incomber
incurable [inku'raβle] *adj* incurable
incurrir [inku'rir] ◆ **incurrir en** *v prep* *(error, falta)* commettre
indecente [inde'θente] *adj* indécent(e)
indeciso, sa [inde'θiso, sa] *adj* indécis(e)
indefenso, sa [inde'fenso, sa] *adj* sans défense
indefinido, da [indefi'niðo, ða] *adj* indéfini(e)

indemnización [indemniθa'θjon] *f* indemnisation *f*

indemnizar [indemni'θar] *vt* indemniser

independencia [indepen'denθja] *f* indépendance *f*

independiente [indepen'djente] *adj* indépendant(e)

independizarse [independi'θarse] ♦ **independizarse de** *v prep* devenir indépendant(e) de

indeterminado, da [indetermi'naðo, ða] *adj* indéterminé(e)

India ['indja] *f* ♦ **(la) India** l'Inde *f*

indicación [indika'θjon] *f (señal)* signe *m* ♦ **indicaciones** *fpl (instrucciones)* indications *fpl*

indicador [indika'ðor] *m* indicateur *m* ♦ **indicador de dirección** clignotant *m*

indicar [indi'kar] *vt* indiquer

indicativo, va [indika'tiβo, βa] *adj* indicatif(ive)

índice ['indiθe] *m* **1.** *(de precios, en matemáticas)* indice *m* **2.** *(de natalidad, mortalidad)* taux *m* **3.** *(de libro)* table *f* des matières **4.** *(dedo)* index *m*

indicio [in'diθjo] *m* indice *m*

indiferencia [indife'renθja] *f* indifférence *f*

indiferente [indife'rente] *adj* indifférent(e)

indígena [in'dixena] *mf* indigène *mf*

indigerible [indixe'riβle] *adj (alimento, libro)* indigeste

indigestión [indixes'tjon] *f* indigestion *f*

indigesto, ta [indi'xesto, ta] *adj* indigeste

indignación [indiɣna'θjon] *f* indignation *f*

indignado, da [indiɣ'naðo, ða] *adj* indigné(e)

indignante [indiɣ'nante] *adj* révoltant(e)

indio, dia ['indjo, dja] *adj* indien(enne) ♦ *m,* Indien *m,* -enne *f*

indirecta [indi'rekta] *f* sous-entendu *m*

indirecto, ta [indi'rekto, ta] *adj* indirect(e)

indiscreto, ta [indis'kreto, ta] *adj* indiscret(ète)

indiscriminado, da [indiskrimi'naðo, ða] *adj* indistinct(e)

indiscutible [indisku'tiβle] *adj* indiscutable

indispensable [indispen'saβle] *adj* indispensable

indispuesto, ta [indis'pwesto, ta] *adj* indisposé(e)

individual [indiβiðu'al] *adj* individuel(elle)

individuo [indi'βiðuo] *m* **1.** Individu *m* **2.** *(despec)* type *m*

índole ['indole] *f* nature *f*

Indonesia [indo'nesja] *s* Indonésie *f*

indudablemente [indu'ðaβle'mente] *adv* indubitablement

indumentaria [indumen'tarja] *f* tenue *f*

industria [in'dustrja] *f* **1.** *(actividad)* industrie *f* **2.** *(fábrica)* usine *f*

industrial [indus'trjal] *adj* industriel(elle) ♦ *mf* Industriel *m*

industrializado, da [industrjali'θaðo, ða] *adj* industrialisé(e)

inédito, ta [i'neðito, ta] *adj* inédit(o)

INEM [i'nem] *m (Esp) (abr de Instituto Nacional de Empleo)* ≃ ANPE *f (Agence nationale pour l'emploi)*

inepto, ta [i'nepto, ta] *adj* inepte

inequívoco, ca [ine'kiβoko, ka] *adj* manifeste

inesperado, da [inespe'raðo, ða] *adj* inespéré(e)

inestable [ines'taβle] *adj* instable

inevitable [ineβi'taβle] *adj* inévitable

inexperto, ta [ineks'perto, ta] *adj* inexpérimenté(e)

infalible [infa'liβle] *adj* infaillible

infancia [in'fanθja] *f* enfance *f*

infanta [in'fanta] *f* infante *f*

infantería [infante'ria] *f* infanterie *f*

infantil [infan'til] *adj* **1.** *(enfermedad, persona, comportamiento)* infantile **2.** *(literatura, juego)* enfantin(e)

infarto [in'farto] *m* infarctus *m*

infección [infek'θjon] *f* infection *f*

infeccioso, sa [infek'θjoso, sa] *adj* infectieux(euse)

infectar [infek'tar] *vt* infecter ✦ **infectarse** *vp* s'infecter

infelicidad [infeliθi'ðað] *f* malheur *m*

infeliz, ces [infe'liθ, θes] *adj & mf* malheureux(euse) ● **¡pobre infeliz!** *(fam) (ingenuo)* il est bien brave !

inferior [infe'rjor] *adj* inférieur(e)

inferioridad [inferjori'ðað] *f* infériorité *f*

infidelidad [infiðeli'ðað] *f* infidélité *f*

infiel [in'fjel] *adj & mf* infidèle

infierno [in'fjerno] *m* enfer *m*

ínfimo, ma ['infimo, ma] *adj* infime

infinito, ta [infi'nito, ta] *adj* infini(e) ◇ *m* infini *m*

inflación [infla'θjon] *f* inflation *f*

inflar [in'flar] *vt* gonfler ✦ **inflarse de** *v prep* *(fam) (comida)* se gaver de

inflexible [inflek'siβle] *adj* inflexible

influencia [influ'enθja] *f* influence *f* ● **tener influencia** avoir de l'influence

influenciar [influen'θjar] *vt* influencer

influir [influ'ir] ✦ **influir en** *v prep* avoir de l'influence sur

influjo [in'fluxo] *m* influence *f*

influyente [influ'jente] *adj* influent(e)

información [informa'θjon] *f* information *f* ▼ **información** *(en tienda)* accueil

informal [infor'mal] *adj* **1.** *(persona)* peu sérieux(euse) **2.** *(ropa, lenguaje)* décontracté(e) **3.** *(reunión)* informel(elle)

informalidad [informali'ðað] *f* manque *m* de sérieux

informar [infor'mar] *vt* informer ✦ **informarse** *vp* s'informer

informática [infor'matika] *f* informatique *f*

informático, ca [infor'matiko, ka] *adj* informatique ◇ *m, f* informaticien *m*, -enne *f*

informativo [informa'tiβo] *m* informations *fpl*

informe [in'forme] *m* rapport *m* ✦ **informes** *mpl* *(de empleado)* références *fpl*

infracción [infrak'θjon] *f* infraction *f*

infrarrojo [infra'roxo] *m* infrarouge *m*

infundir [infun'dir] *vt* inspirer

infusión [infu'sjon] *f* infusion *f*

ingeniería [inxenje'ria] *f* génie *m* *(science)*

ingeniero, ra [inxe'njero, ra] *m, f* ingénieur *m*

ingenio [in'xenjo] *m* *(agudeza)* ingéniosité *f*

ingenioso, sa [inxe'njoso, sa] *adj* ingénieux(euse)

ingenuidad [inxenui'ðað] *f* ingénuité *f*

ingenuo, nua [in'xenuo, nua] *adj* naïf (naïve)

Inglaterra [ingla'tera] *s* Angleterre *f*

ingle ['ingle] *f* aine *f*

inglés, esa [in'gles, esa] *adj* anglais(e) ◇ *m, f* Anglais *m*, -e *f* ◇ *m* (*lengua*) anglais *m*

ingrato, ta [in'grato, ta] *adj* ingrat(e)

ingrediente [ingre'ðjente] *m* ingrédient *m*

ingresar [ingre'sar] *vt* (*dinero*) déposer ◆ **ingresar en** *v prep* être admis(e) à

ingreso [in'greso] *m* 1. (*de dinero*) dépôt *m* 2. (*en hospital, escuela*) admission *f*

inhabitable [inaβi'taβle] *adj* inhabitable

inhalar [ina'lar] *vt* inhaler

inhibición [iniβi'θjon] *f* inhibition *f*

inhumano, na [inu'mano, na] *adj* inhumain(e)

iniciación [iniθja'θjon] *f* initiation *f*

inicial [ini'θjal] *adj* initial(e) ◇ *f* initiale *f*

inicialización [iniθjaliθa'θjon] *f* INFORM initialisation *f*

inicializar [iniθjali'θar] *vt* INFORM initialiser

iniciar [ini'θjar] *vt* 1. commencer 2. INFORM démarrer ◆ **iniciarse en** *v prep* s'initier à

iniciativa [iniθja'tiβa] *f* initiative *f* ◆ **tener iniciativa** faire preuve d'initiative

inicio [i'niθjo] *m* début *m*

inimaginable [inimaxi'naβle] *adj* inimaginable

injerto [in'xerto] *m* greffe *f*

injusticia [inxus'tiθja] *f* injustice *f*

injusto, ta [in'xusto, ta] *adj* injuste

inmaduro, ra [imma'ðuro, ra] *adj* 1. (*fruto*) pas mûr(e) 2. (*muchacho*) immature

inmediatamente [immeðjata'mente] *adv* immédiatement

inmediato, ta [imme'ðjato, ta] *adj* 1. (*instantáneo*) immédiat(e) 2. (*contiguo*) voisin(e) ◆ **de inmediato** immédiatement

inmejorable [immexo'raβle] *adj* exceptionnel(elle)

inmenso, sa [im'menso, sa] *adj* immense

inmigración [immiɣra'θjon] *f* immigration *f*

inmigrante [immi'ɣrante] *mf* immigrant *m*, -e *f*

inmigrar [immi'ɣrar] *vi* immigrer

inmobiliaria [immoβi'ljarja] *f* société *f* immobilière

inmoral [immo'ral] *adj* immoral(e)

inmortal [immor'tal] *adj* immortel(elle)

inmóvil [im'moβil] *adj* immobile

inmovilizar [immoβili'θar] *vt* immobiliser

inmueble [im'mueβle] *m* immeuble *m*

inmune [im'mune] *adj* immunisé(e)

inmunidad [immuni'ðað] *f* immunité *f*

innato, ta [in'nato, ta] *adj* inné(e)

innecesario, ria [inneθe'sarjo, rja] *adj* inutile

innovación [innoβa'θjon] *f* innovation *f*

inocencia [ino'θenθja] *f* innocence *f*

inocentada [inoθen'taða] *f* ≈ poisson *m* d'avril

inocente [ino'θente] *adj & mf* innocent(e)

inofensivo, va [inofen'siβo, βa] *adj* inoffensif(ive)

inolvidable [inolβi'ðaβle] *adj* inoubliable

inoportuno, na [inopor'tuno, na] *adj* inopportun(e)

inoxidable [inoksi'ðaβle] *adj* inoxydable

inquietarse [inkie'tarse] *vp* s'inquiéter

inquieto, ta [inki'eto, ta] *adj* **1.** (*preocupado*) inquiet(ète) **2.** (*revoltoso*) agité(e)

inquietud [inkie'tuð] *f* inquiétude *f*

inquilino, na [inki'lino, na] *m, f* locataire *mf*

Inquisición [inkisi'θjon] *f* ● **la Inquisición** l'Inquisition

insaciable [insa'θjaβle] *adj* insatiable

insalubre [insa'luβre] *adj* insalubre

insatisfacción [insatisfak'θjon] *f* insatisfaction *f*

insatisfecho, cha [insatis'fetʃo, tʃa] *adj* insatisfait(e)

inscribirse [inskri'βirse] ◆ **inscribirse en** *v prep* s'inscrire à

inscripción [inskrip'θjon] *f* inscription *f*

insecticida [insekti'θiða] *m* insecticide *m*

insecto [in'sekto] *m* insecte *m*

inseguridad [inseɣuri'ðað] *f* **1.** (*falta de confianza*) manque *m* d'assurance **2.** (*peligro*) insécurité *f*

inseguro, ra [inse'ɣuro, ra] *adj* **1.** (*sin confianza*) peu sûr(e) de soi **2.** (*peligroso*) dangereux(euse)

insensato, ta [insen'sato, ta] *adj* stupide

insensible [insen'siβle] *adj* insensible

inseparable [insepa'raβle] *adj* inséparable

inserción [inser'θjon] *f* insertion *f*

insertar [inser'tar] *vt* insérer ● **insertar algo en** insérer qqch dans

inservible [inser'βiβle] *adj* inutilisable

insignia [in'siɣnja] *f* **1.** insigne *m* **2.** (*bandera*) pavillon *m*

insignificante [insiɣnifi'kante] *adj* insignifiant(e)

insinuar [insinu'ar] *vt* insinuer ◆ **insinuarse** *vp* (*persona*) faire des avances

insípido, da [in'sipiðo, ða] *adj* insipide

insistencia [insis'tenθja] *f* insistance *f*

insistir [insis'tir] *vi* insister ◆ **insistir en** *v prep* insister sur

insolación [insola'θjon] *f* insolation *f*

insolencia [inso'lenθja] *f* insolence *f*

insolente [inso'lente] *adj* insolent(e)

insólito, ta [in'solito, ta] *adj* insolite

insolvente [insol'βente] *adj* insolvable

insomnio [in'somnjo] *m* insomnie *f*

insonorización [insonoriθa'θjon] *f* insonorisation *f*

insoportable [insopor'taβle] *adj* insupportable

inspeccionar [inspekθjo'nar] *vt* inspecter

inspector, ra [inspek'tor, ra] *m, f* inspecteur *m*, -trice *f*

inspiración [inspira'θjon] *f* inspiration *f*

inspirar [inspi'rar] *vt* inspirer ◆ **inspirarse** *v prep* s'inspirer de

instalación [instala'θjon] *f* installation *f* ● **instalación eléctrica** installation électrique ◆ **instalaciones** *fpl* (*edificios*) équipements *mpl* ● **instalaciones deportivas** équipements sportifs

instalar [insta'lar] *vt* installer ◆ **instalarse** *vp* s'installer

instancia [ins'tanθja] *f* (*solicitud*) requête *f*

instantánea [instan'tanea] *f* instantané *m*

instantáneo, a [instan'taneo, a] *adj* instantané(e)

instante [ins'tante] *m* instant *m* • **al instante** à l'instant

instintivo, va [instin'tiβo, βa] *adj* instinctif(ive)

instinto [ins'tinto] *m* instinct *m*

Institución [institu'θjon] *f* institution *f*

institucional [instituθjo'nal] *adj* institutionnel(elle)

instituir [institu'ir] *vt* instituer

instituto [insti'tuto] *m* **1.** *(de enseñanza)* lycée *m* **2.** *(cultural, de investigación)* institut *m*

institutriz, ces [institu'triθ, θes] *f* institutrice *f*

instrucción [instruk'θjon] *f* instruction *f* • **instrucciones** *fpl* *(de uso)* mode *m* d'emploi

instruir [instru'ir] *vt* instruire

instrumental [instrumen'tal] *m* instruments *mpl*

instrumento [instru'mento] *m* instrument *m*

insuficiente [insufi'θjente] *adj* insuffisant(e) ◇ *m* *(calificación)* mention *f* insuffisante

insufrible [insu'friβle] *adj* insupportable

insultante [insul'tante] *adj* insultant(e)

insultar [insul'tar] *vt* insulter • **insultarse** *vp* s'insulter

insulto [in'sulto] *m* insulte *f*

insuperable [insupe'raβle] *adj* imbattable

intacto, ta [in'takto, ta] *adj* intact(e)

integración [inteɣra'θjon] *f* intégration *f*

integrarse [inte'ɣrarse] • **integrarse en** *v prep* s'intégrer dans

íntegro, gra ['inteɣro, ɣra] *adj* **1.** *(cosa)* intégral(e) **2.** *(persona)* intègre

intelectual [intelektu'al] *mf* intellectuel *m*, -elle *f*

inteligencia [inteli'xenθja] *f* intelligence *f* • **inteligencia artificial** intelligence artificielle

inteligente [inteli'xente] *adj* intelligent(e)

intemperie [intem'perje] *f* • **a la intemperie** à la belle étoile

intención [inten'θjon] *f* intention *f* • **con la intención de** dans l'intention de • **tener la intención de** avoir l'intention de

intencionado, da [intenθjo'naðo, ða] *adj* intentionné(e) • **bien/mal intencionado** bien/mal intentionné

intensivo, va [inten'siβo, βa] *adj* intensif(ive)

intenso, sa [in'tenso, sa] *adj* intense

intentar [inten'tar] *vt* essayer

intento [in'tento] *m* **1.** *(tentativa)* tentative *f* **2.** *(propósito)* intention *f* **3.** *(en deportes)* essai *m*

interactivo, va [interak'tiβo, βa] *adj* interactif(ive)

intercalar [interka'lar] *vt* intercaler

intercambio [inter'kambjo] *m* échange *m*

interceder [interθe'ðer] • **interceder por** *v prep* intercéder en faveur de

interceptar [interθep'tar] *vt* intercepter

interés [inte'res] *m* intérêt *m*

interesado, da [intere'saðo, ða] *adj* intéressé(e)

interesante [intere'sante] *adj* intéressant(e)

interesar [intere'sar] *vi* intéresser ◆ **interesarse en** *v prep* s'intéresser à ◆ **interesarse por** *v prep* **1.** *(tema)* s'intéresser à **2.** *(salud)* s'inquiéter de

interfaz [inter'faθ] *m o f* INFORM interface *f*

interferencia [interfe'renθja] *f* interférence *f*

interino, na [inte'rino, na] *adj & m, f* intérimaire

interior [inte'rjor] *adj* **1.** intérieur(e) **2.** *(piso)* sur cour ◇ *m* **1.** intérieur *m* **2.** *(fig)* *(conciencia)* for *m* intérieur

interlocutor, ra [interloku'tor, ra] *m, f* interlocuteur *m*, -trice *f*

intermediario, ria [interme'ðjarjo, rja] *m, f* intermédiaire *mf*

intermedio, dia [inter'meðjo, ðja] *adj* intermédiaire ◇ *m* *(de espectáculo)* intermède *m*

interminable [intermi'naβle] *adj* interminable

intermitente [intermi'tente] *m* clignotant *m*

internacional [internaθjo'nal] *adj* international(e)

internado [inter'naðo] *m* internat *m*

internauta [inter'nauta] *mf* internaute *mf*

Internet [inter'net] *m* Internet *m* ● **navegar por Internet** naviguer o surfer sur Internet

interno, na [in'terno, na] *adj & m, f* interne

interponerse [interpo'nerse] *vp* s'interposer

interpretación [interpreta'θjon] *f* interprétation *f*

interpretar [interpre'tar] *vt* interpréter

intérprete [in'terprete] *mf* interprète *mf*

interrogación [interoɣa'θjon] *f* interrogation *f*

interrogante [intero'ɣante] *m* interrogation *f*

interrogar [intero'ɣar] *vt* interroger

interrogatorio [interoɣa'torjo] *m* interrogatoire *m*

interrumpir [interum'pir] *vt* interrompre

interrupción [interup'θjon] *f* interruption *f*

interruptor [interup'tor] *m* interrupteur *m*

interurbano, na [interur'βano, na] *adj* interurbain(e)

intervalo [inter'βalo] *m* intervalle *m*

intervención [interβen'θjon] *f* intervention *f* ● **intervención quirúrgica** intervention chirurgicale

intervenir [interβe'nir] *vi* intervenir ◇ *vt* **1.** *(en medicina)* opérer **2.** *(confiscar)* saisir

interviú [inter'βju] *f* interview *m o f*

intestino [intes'tino] *m* intestin *m*

intimidad [intimi'ðað] *f* intimité *f*

íntimo, ma ['intimo, ma] *adj* intime

intocable [into'kaβle] *adj* intouchable

intolerable [intole'raβle] *adj* intolérable

intolerante [intole'rante] *adj* intolérant(e)

intoxicación [intoksika'θjon] *f* intoxication *f* ● **intoxicación alimenticia** intoxication alimentaire

intoxicarse [intoksi'karse] *vp* s'intoxiquer

intranet [intra'net] *f* intranet *m*

intranquilo, la [intran'kilo, la] *adj* **1.** *(preocupado)* inquiet(ète) **2.** *(nervioso)* agité(e)

intransigente [intransi'xente] *adj* intransigeant(e)

intransitable [intransi'taβle] *adj* impraticable

intrépido, da [in'trepido, ða] *adj* intrépide

intriga [in'triγa] *f* curiosité *f*

intrigar [intri'γar] *vt & vi* intriguer

introducción [introðuk'θjon] *f* introduction *f*

introducir [introðu'θir] *vt* introduire ▼ **introducir monedas** insérer la monnaie

introvertido, da [introβer'tiðo, ða] *adj* introverti(e)

intruso, sa [in'truso, sa] *m, f* intrus *m*, -e *f*

intuición [intu̯i'θjon] *f* intuition *f*

intuir [intu'ir] *vt* inonder

inusual [inusu'al] *adj* inhabituel(elle)

inútil [i'nutil] *adj* **1.** inutile **2.** *(torpe)* maladroit(e) **3.** *(inválido)* invalide

invadir [imba'ðir] *vt* envahir

inválido, da [im'baliðo, ða] *m, f* invalide *mf*

invasión [imba'sjon] *f* invasion *f*

invasor, ra [imba'sor, ra] *m, f* envahisseur *m*

invención [imben'θjon] *f* invention *f*

inventar [imben'tar] *vt* inventer

inventario [imben'tarjo] *m* inventaire *m*

invento [im'bento] *m* invention *f*

invernadero [imberna'ðero] *m* serre *f*

inversión [imber'sjon] *f* **1.** *(de dinero)* investissement *m* **2.** *(de orden)* inversion *f*

inversionista [imbersjo'nista] *mf* (*Amér*) investisseur *m*, -euse *f*

inverso, sa [im'berso, sa] *adj* inverse ● **a la inversa** à l'inverse

invertir [imber'tir] *vt* **1.** *(dinero)* investir **2.** *(tiempo)* consacrer **3.** *(orden)* inverser

investigación [imbestiγa'θjon] *f* **1.** *(de delito, crimen)* enquête *f* **2.** *(en ciencia)* recherche *f*

investigador, ra [imbestiγa'ðor, ra] *m, f* chercheur *m*, -euse *f*

investigar [imbesti'γar] *vt* **1.** *(delito, crimen)* enquêter sur **2.** *(en ciencia)* faire des recherches sur

invidente [imbi'ðente] *mf* non-voyant *m*, -e *f*

invierno [im'bjerno] *m* hiver *m* ● **en invierno** en hiver

invisible [imbi'siβle] *adj* invisible

invitación [imbita'θjon] *f* invitation *f*

invitado, da [imbi'taðo, ða] *m, f* invité *m*, -e *f*

invitar [imbi'tar] *vt* inviter ● **invitar a alguien** a inviter qqn à

involucrar [imbolu'krar] *vt* impliquer ◆ **involucrarse en** *v prep* être impliqué(e) dans

invulnerable [imbulne'raβle] *adj* invulnérable

inyección [injek'θjon] *f* **1.** *(acción)* injection *f* **2.** *(medicamento)* piqûre *f*

ir ['ir] *vi* **1.** *(desplazarse)* aller ● **iremos en coche/en tren/andando** nous irons en voiture/en train/à pied ● **la carretera va hasta Valencia** la route va jusqu'à Valence ● **los**

negocios van mal les affaires vont mal ● **¿cómo te va?** comment ça va ? **2.** *(funcionar)* marcher ● **tu coche va muy bien** ta voiture marche très bien **3.** *(vestir)* être ● **ir de azul/en camiseta** être en bleu/en tee-shirt ● **ir con corbata** porter une cravate **4.** *(tener aspecto físico)* ● **iba hecho un pordiosero** on aurait dit un mendiant ● **tal como voy no puedo entrar** je ne peux pas entrer habillé comme ça **5.** *(expresa duración gradual)* ● **voy mejorando mi estilo** j'améliore mon style peu à peu **6.** *(sentar, convenir)* aller ● **le va fatal el color negro** le noir ne lui va pas du tout ● **me irían bien unas vacaciones** des vacances me feraient du bien **7.** *(en locuciones)* ● **fue y dijo que...** il est allé dire que... ● **ni me va ni me viene** *(fam)* je n'en ai rien à faire ● **¡qué va!** *(fam)* tu parles ! ● **vamos, no te preocupes** allez, ne t'inquiète pas ● **¿vamos bien a Madrid?** pour Madrid, c'est la bonne route ?

◆ **ir a** *v prep (expresa intención, opinión)* ● **voy a decírselo a mi padre** je vais le dire à mon père

◆ **ir con** *v prep (referirse)* ● **ir con alguien** viser qqn

◆ **ir de** *v prep*
1. *(tratar de)* ● **la película va de vampiros** c'est un film sur les vampires **2.** *(fig) (persona)* ● **va de listo** il fait le malin

◆ **ir por** *v prep*
1. *(buscar)* aller chercher **2.** *(alcanzar)* en être à ● **voy por la mitad del libro** j'en suis à la moitié du livre **3.** *(referirse)* ● **ir por alguien** viser qqn

◆ **irse** *vp*
1. *(marcharse)* partir ● **¡vete!** va-t'en ! **2.** *(gastarse, desaparecer)* s'en aller ● **irse abajo** *(edificio)* s'effondrer ; *(negocio)* péricliter ; *(proyecto)* tomber à l'eau

ira ['ira] *f (formal)* colère *f*

Irak [i'rak] *s* Irak *m*

Irán [i'ran] *s* Iran *m*

Irlanda [ir'landa] *s* Irlande *f* ● **Irlanda del Norte** Irlande du Nord

irlandés, esa [irlan'des, esa] *adj* irlandais(e) ◇ *m, f* Irlandais *m*, -e *f*

ironía [iro'nia] *f* ironie *f*

irónico, ca [i'roniko, ka] *adj* ironique

IRPF ['i'erpe'efe] *m (Esp) (abr de impuesto sobre la renta de las personas físicas)* impôt sur le revenu des personnes physiques en Espagne

irracional [iraθjo'nal] *adj* irrationnel(elle)

irrecuperable [irekupe'raβle] *adj* irrécupérable

irregular [ireɣu'lar] *adj* irrégulier(ère)

irregularidad [ireɣulari'ðað] *f* irrégularité *f*

irresistible [iresis'tiβle] *adj* irrésistible

irresponsable [irespon'saβle] *adj* irresponsable

irreversible [ireβer'siβle] *adj* irréversible

irrigar [iri'ɣar] *vt* irriguer

irritable [iri'taβle] *adj* irritable

irritación [irita'θjon] *f* irritation *f*

irritante [iri'tante] *adj* irritant(e)

irritar [iri'tar] *vt* irriter ● **irritarse** *vp* s'irriter

isla ['izla] *f* île *f*

islam [iz'lam] *m* islam *m*

islandés, esa [izlan'des, esa] *adj* islandais(e) ◇ *m, f* Islandais *m, -e f*

Islandia [iz'landja] *s* Islande *f*

islote [iz'lote] *m* îlot *m*

Israel [izra'el] *s* Israël

istmo ['izðmo] *m* isthme *m*

Italia [i'talja] *s* Italie *f*

italiano, na [ita'ljano, na] *adj* italien(enne) ◇ *m, f* Italien *m, -enne f* ◇ *m* (lengua) italien *m*

itinerario [itine'rarjo] *m* itinéraire *m*

IVA ['iβa] *m* **1.** (*Esp*) (abr de impuesto sobre el valor añadido) ≃ TVA *f* (taxe sur la valeur ajoutée) **2.** (*Amér*) (abr de impuesto sobre el valor agregado) ≃ TVA *f*

Izda. (abr escrita de izquierda) gche (gauche)

izquierda [iθ'kjerða] *f* ● **la izquierda** (lado izquierdo) la gauche ; (mano izquierda) la main gauche ● **a la izquierda** à gauche ● **ser de izquierdas** être de gauche

izquierdo, da [iθ'kjerðo, ða] *adj* gauche

jabalí [xaβa'li] *m* sanglier *m*

jabalina [xaβa'lina] *f* (en deporte) javelot *m*

jabón [xa'βon] *m* savon *m*

jabonera [xaβo'nera] *f* porte-savon *m*

jabugo [xa'βuyo] *m* Jabugo *m* (jambon espagnol de qualité supérieure)

jacal [xa'kal] *m* (Amér) hutte *f*

jacuzzi® [ʒa'kuðsi] *m* Jacuzzi® *m*

jade ['xaðe] *m* jade *m*

jadear [xaðe'ar] *vi* haleter

jaiba ['xajβa] *f* (CAm, Carib & Méx) crabe *m*

jalar [xa'lar] *vt* (Amér) (tirar hacia sí) tirer

jalea [xa'lea] *f* gelée *f*

jaleo [xa'leo] *m* (fam) **1.** (alboroto) raffut *m* **2.** (lío) histoire *f*

Jamaica [xa'majka] *s* Jamaïque *f*

jamás [xa'mas] *adv* jamais

jamón [xa'mon] *m* jambon *m* ● **jamón de bellota** jambon de pays de qualité supérieure ● **jamón de jabugo** jambon de pays de qualité supérieure provenant de la région de Huelva ● **jamón serrano** jambon de montagne ● **jamón (de) York** jambon blanc

Japón [xa'pon] *m* ● **(el) Japón** le Japon *m*

japonés, esa [xapo'nes, esa] *adj* japonais(e) ◇ *m, f* Japonais *m, -e f* ◇ *m* (lengua) japonais *m*

jarabe [xa'raβe] *m* sirop *m*

jardín [xar'ðin] *m* jardin *m* ● **jardín botánico** jardin botanique ● **jardín de infancia** jardin d'enfants ● **jardín público** jardin public

jardinera [xarði'nera] *f* (recipiente) jardinière *f*

jardinero, ra [xarði'nero, ra] *m, f* jardinier *m, -ère f* ● **ternera a la jardinera** veau jardinière

jarra ['xarra] *f* carafe *f* ● **en jarras** les poings sur les hanches

jarro ['xarro] *m* pichet *m*

jarrón [xa'ron] *m* vase *m*

jaula ['xawla] *f* cage *f*

jazmín [xaθ'min] *m* jasmin *m*

jazz ['ɟas] *m* jazz *m*

jefatura [xefa'tura] *f* **1.** *(lugar)* direction *f* **2.** *(cargo)* direction *f* ● **jefatura de policía** ≃ commissariat *m* de police

jefe, fa ['xefe, fa] *m, f* chef *m* ● **jefe de gobierno** chef de gouvernement

jerez [xe'reθ] *m* xérès *m*

El jerez

Le xérès, ou jerez, est un vin blanc sec et alcoolisé produit à Jerez de la Frontera, en Andalousie. Il en existe plusieurs sortes : le **fino** et l'**amontillado** sont secs et clairs, tandis que l'**oloroso** est plus foncé et plus parfumé. La variété de **fino** appelée **manzanilla** ne doit pas être confondue avec la tisane à la camomille !

jerga ['xerɣa] *f* jargon *m*

jeringuilla [xerin'giʎa] *f* seringue *f*

jeroglífico [xero'ɣlifiko] *m* **1.** *(signo)* hiéroglyphe *m* **2.** *(pasatiempo)* rébus *m*

jersey [xer'sej] *m (Esp)* pull(-over) *m* ● **jersey de cuello alto** pull *m* à col roulé

Jesucristo [xesu'kristo] *s* Jésus-Christ

jesús [xe'sus] *interj* **1.** *(después de estornudo)* à tes/vos souhaits ! **2.** *(de asombro)* ça alors !

jícama ['xikama] *f (CAm & Méx)* tubercule *m*

jinete [xi'nete] *m* cavalier *m*

jiñar, giñar [xi'ɲar] *vi (vulg)* chier

jirafa [xi'rafa] *f* girafe *f*

jirón [xi'ron] *m (Perú)* avenue *f*

jitomate [xito'mate] *m (CAm & Méx)* tomate *f*

JJ.OO. *(abr escrita de Juegos Olímpicos)* JO *mpl (Jeux olympiques)*

joder [xo'ðer] *vi (vulg) (copular)* baiser ◇ *vt (vulg)* **1.** *(fastidiar)* emmerder **2.** *(estropear)* niquer ◇ *interj (vulg)* **1.** *(Esp) (expresa queja)* putain ! **2.** *(expresa asombro)* merde alors !

Jordania [xor'ðanja] *s* Jordanie *f*

jornada [xor'naða] *f* **1.** *(de obrero, trabajador)* journée *f* o temps *m* de travail **2.** *(de viaje, trayecto)* trajet *m*

jornal [xor'nal] *m* salaire *m* journalier

jornalero, ra [xorna'lero, ra] *m, f* journalier *m*, -ère *f*

jota ['xota] *f* jota *f*

joven ['xoβen] *adj* jeune ◇ *mf* jeune homme *m*, jeune fille *f*

joya ['xoja] *f* **1.** bijou *m* **2.** *(cosa valiosa)* trésor *m* **3.** *(fig) (persona)* perle *f*

joyería [xoje'ria] *f* bijouterie *f*, joaillerie *f*

joyero, ra [xo'jero, ra] *m, f* bijoutier *m*, -ère *f*, joaillier *m*, -ère *f* ◇ *m* coffret *m* à bijoux

joystick ['jojstik] *m* joystick *m*, manette *f* (de jeux)

jubilación [xuβila'θjon] *f* retraite *f*

jubilado, da [xuβi'laðo, ða] *m, f* retraité *m*, -e *f*

jubilarse [xuβi'larse] *vp* prendre sa retraite

judaísmo [xuða'izmo] *m* judaïsme *m*

judía [xu'ðia] *f (Esp)* haricot *m* ● **judía tierna** o **verde** haricot vert

judío, a [xu'ðio, a] *adj* juif (juive) ◇ *m* Juif *m*, Juive *f*

judo ['xuðo] *m* judo *m*

juego ['xɣeɣo] *m* **1.** jeu *m* **2.** *(de té, café)* service *m* **3.** *(de cama)* parure *f* ● **juego de azar** jeu de hasard ● **juego de manos** tour *m* de passe-passe ● **juego de sociedad** jeu de société ● **Juegos Olímpicos** Jeux olympiques ● **hacer juego** être assorti(e)

juerga ['xɣeɣa] *f* bringue *f*

jueves ['xɣeβes] *m inv* jeudi *m* ● **Jueves Santo** Jeudi Saint ● **cada jueves** o **todos los jueves** tous les jeudis ● **caer en jueves** tomber un jeudi ● **el próximo jueves** o **el jueves que viene** jeudi prochain ● **viene el jueves** il vient jeudi ● **el jueves pasado** jeudi dernier ● **el jueves por la mañana/tarde/noche** jeudi matin/après-midi/soir ● **este jueves** *(pasado)* jeudi dernier ; *(próximo)* jeudi prochain ● **los jueves** le jeudi

juez, za [ˈxɣeθ, θa] *(mpl* **-ces** [θes], *fpl* **-zas** [θas]) *m f* juge *m* ● **juez de línea** *(en fútbol)* juge de touche

jugador, ra [xɣaˈðor, ra] *m, f* joueur *m*, euse *f*

jugar [xuˈɣar] *vi* jouer ◇ *vt (partido, partida)* faire ◆ **jugar a** *v prep* jouer à ● **jugar con** *v prep* jouer avec ● **jugarse** *vp* **1.** *(arriesgar)* jouer **2.** *(apostar)* parier

jugo ['xuɣo] *m* **1.** *(líquido)* jus *m* **2.** *(fig) (interés)* substance *f*

jugoso, sa [xuˈɣoso, sa] *adj* **1.** *(fruta)* juteux(euse) **2.** *(fig) (interesante)* savoureux(euse)

juguete [xuˈɣete] *m* jouet *m*

juguetería [xuɣeteˈria] *f* magasin *m* de jouets

juguetón, ona [xuɣeˈton, ona] *adj* joueur(euse)

juicio [ˈxuiθjo] *m* jugement *m* ● **a mi juicio** à mon sens

julio ['xuljo] *m* juillet *m* ● **a principios/finales de julio** début/fin de juillet ● **a mediados de julio** à la mi-juillet ● **el pasado/próximo (mes de) julio** en juillet dernier/prochain ● **en julio** en septembre ● **este (mes de) julio** *(pasado)* en juillet dernier ; *(próximo)* en juillet prochain ● **para julio** en juillet ● **uno de los julios más calurosos** l'un des mois de juillet les plus chauds ● **el ocho de julio** le huit juillet

junco ['xunko] *m* jonc *m*

jungla ['xuŋgla] *f* jungle *f*

junio ['xunjo] *m* juin *m* ● **a principios/finales de junio** début/fin juin ● **a mediados de junio** à la mi juin ● **el pasado/próximo (mes de) junio** en juin dernier/prochain ● **en junio** en juin ● **este (mes de) junio** *(pasado)* en juin dernier ; *(próximo)* en juin prochain ● **para junio** en juin ● **uno de los junios más calurosos** l'un des mois de juin les plus chauds ● **el dos de junio** le deux juin

junta ['xunta] *f* **1.** *(grupo de personas)* assemblée *f*, conseil *m* **2.** *(sesión)* séance *f*

juntar [xunˈtar] *vt* **1.** *(aproximar)* joindre **2.** *(reunir)* réunir **3.** *(acumular)* rassembler ◆ **juntarse** *vp* **1.** *(aproximarse)* se rejoindre **2.** *(reunirse)* s'assembler **3.** *(pareja)* vivre ensemble

junto, ta ['xunto, ta] *adj* ensemble ◇ *adv (a la vez)* en même temps ● **junto a** près de ● **todo junto** ensemble

jurado [xu'raðo] *m (tribunal)* jury *m*

jurar [xu'rar] *vt & vi* jurer

jurídico, ca [xu'riðiko, ka] *adj* juridique

justicia [xus'tiθja] *f* justice *f*

justificación [xustifika'θjon] *f* justification *f*

justificar [xustifi'kar] *vt* justifier ◆ **justificarse** *vp* se justifier

justo, ta ['xusto, ta] *adj & adv* juste

juvenil [xuβe'nil] *adj* juvénile

juventud [xuβen'tuð] *f* jeunesse *f*

juzgado [xuθ'γaðo] *m* **1.** tribunal *m* **2.** *(territorio)* juridiction *f*

juzgar [xuθ'γar] *vt* juger

K

karaoke [kara'oke] *m* karaoké *m*

kárate ['karate] *m* karaté *m*

Kb *(abr escrita de kilobyte) m inv* Ko *m (kilo-octet)*

kg *(abr escrita de kilogramo)* kg *(kilogramme)*

kilo ['kilo] *m* kilo *m* ● **un cuarto de kilo de** une demi-livre de

kilobyte [kilo'βajt] *m* kilo-octet *m*

kilogramo [kilo'γramo] *m* kilogramme *m*

kilómetro [ki'lometro] *m* kilomètre *m* ● **kilómetros por hora** kilomètresj à l'heure

kimono [ki'mono] *m* kimono *m*

kínder ['kinder] *m (Andes & Méx)* crèche *f (pour les enfants)*

kit ['kit] *m* kit *m* ● **kit manos libres** kit mains libres

kiwi ['kiwi] *m* kiwi *m*

km *(abr escrita de kilómetro)* km *(kilomètre)*

L

l *(abr escrita de litro)* l *(litre)*

la [la] *(pl* **las** [las]) ➤ **el, lo**

laberinto [laβe'rinto] *m* labyrinthe *m*

labio ['laβjo] *m* lèvre *f*

labor [la'βor] *f* **1.** travail *m* **2.** *(de bordado, ganchillo)* ouvrage *m*

laborable [laβo'raβle] *adj (día)* ouvrable ◇ *m* jour *m* ouvrable ▼ **sólo laborables** fermé les dimanches et jours fériés

laboral [laβo'ral] *adj* de travail

laboratorio [laβora'torjo] *m* laboratoire *m* ● **laboratorio fotográfico** labo *m* photo

laborioso, sa [laβo'rjoso, sa] *adj* **1.** *(trabajador)* travailleur(euse) **2.** *(complicado, difícil)* laborieux(euse)

labrador, ra [laβra'ðor, ra] *m, f* cultivateur *m,* -trice *f*

labrar [la'βrar] *vt* **1.** *(tierra)* cultiver **2.** *(madera, piedra)* travailler

laca ['laka] *f* laque *f*

lacio, cia ['laθjo, θja] *adj (cabello)* raide

la

lacón [la'kon] *m* ● lacón con grelos épaule de porc salée accompagnée de feuilles de navet

lácteo, a ['lakteo, a] *adj* laitier(ère)

ladera [la'ðera] *f* versant *m*

lado ['laðo] *m* **1.** côté *m* **2.** *(de disco, moneda)* face *f* **3.** *(sitio)* endroit *m* ● **al lado de** à côté de ● **al otro lado de** de l'autre côté de ● **de lado** de côté ● **en otro lado** ailleurs

ladrar [la'ðrar] *vi* aboyer

ladrido [la'ðriðo] *m* aboiement *m*

ladrillo [la'ðriʎo] *m* brique *f*

ladrón, ona [la'ðron, ona] *m, f (persona)* voleur *m*, -euse *f* ◇ *m (enchufe)* prise *f* multiple

lagartija [layar'tixa] *f* (petit) lézard *m*

lagarto [la'yarto] *m* lézard *m*

lago ['layo] *m* lac *m*

lágrima ['layrima] *f* larme *f*

laguna [la'yuna] *f* **1.** *(de agua)* lagune *f* **2.** *(fig) (de ley, memoria)* lacune *f*

lamentable [lamen'taβle] *adj* **1.** *(triste, penoso)* regrettable **2.** *(malo)* lamentable

lamentar [lamen'tar] *vt* regretter ● **lamentarse** *vp* se lamenter ● **lamentarse de** *v prep* se lamenter sur

lamer [la'mer] *vt* lécher

lámina ['lamina] *f* **1.** *(de madera, metal)* lame *f* **2.** *(grabado)* planche *f*

lámpara ['lampara] *f* lampe *f*

lampista [lam'pista] *mf (fam) (fontanero)* plombier *m*

lana ['lana] *f* **1.** laine *f* **2.** *(Amér) (fam) (dinero)* fric *m*

lancha ['lantʃa] *f* chaloupe *f* ● **lancha motora** vedette *f*

langosta [lan'gosta] *f* **1.** *(crustáceo)* langouste *f* **2.** *(insecto)* sauterelle *f*

langostino [langos'tino] *m* grosse crevette *f* ● **langostinos a la plancha** crevettes grillées ● **langostinos al ajillo** crevettes à l'ail

lanza ['lanθa] *f* lance *f*

lanzar [lan'θar] *vt* lancer ◆ **lanzarse a** *v prep (mar, agua)* se jeter à ● **lanzarse sobre** *v prep (precipitarse)* se précipiter sur

lapa ['lapa] *f* **1.** *(molusco)* patelle *f* **2.** *(fam) (persona)* pot *m* de colle

lapicera [lapi'θera] *f (CSur)* stylo *m*

lápida ['lapiða] *f* pierre *f* (commémorative)

lápiz, ces ['lapiθ, θes] *m* crayon *m* ● **lápiz de labios** rouge *m* à lèvres ● **lápiz de ojos** crayon pour les yeux

largavistas [larya'βistas] *m inv (Amér)* jumelles *fpl*

largo, ga ['laryo, ya] *adj* long (longue) ◇ *m* longueur *f* ● **a la larga** à la longue ● **a lo largo de** *(playa, carretera)* le long de ; *(en el transcurso de)* tout au long de ● **de largo recorrido** *(tren)* grandes lignes

largometraje [laryome'traxe] *m* long-métrage *m*

laringe [la'rinxe] *f* larynx *m*

láser ['laser] *m* laser *m*

lástima ['lastima] *f* **1.** *(compasión)* peine *f* **2.** *(disgusto, pena)* dommage *m* ● **¡qué lástima!** quel dommage !

lata ['lata] *f* **1.** *(envase)* boîte *f* (de conserve) **2.** *(lámina metálica)* fer-blanc *m* ● **lata de conserva** boîte de conserve ● **ser una lata** *(fam) (ser un aburrimiento)* être la barbe ; *(fam) (ser un estorbo)* être casse-pieds

latido [la'tiðo] *m* battement *m (du cœur)*

látigo ['latiɣo] *m* fouet *m*

latín [la'tin] *m* latin *m*

Latinoamérica [latinoa'merika] *s* Amérique *f* latine

latinoamericano, na [la,tinoameri'kano, na] *adj* latino-américain(e) ◇ *m, f* Latino-Américain *m*, -e *f*

latir [la'tir] *vi (palpitar)* battre

laurel [lau̯'rel] *m* laurier *m*

lava ['laβa] *f* lave *f*

lavabo [la'βaβo] *m* **1.** *(pila)* lavabo *m* **2.** *(habitación)* toilettes *fpl*

lavadero [laβa'ðero] *m* lavoir *m*

lavado [la'βaðo] *m* lavage *m* ● **lavado automático** lavage automatique

lavadora [laβa'ðora] *f* lave-linge *m inv*

lavanda [la'βanda] *f* lavande *f*

lavandería [laβande'ria] *f* blanchisserie *f*

lavaplatos [laβa'platos] *mf inv (persona)* plongeur *m*, -euse *f* ◇ *m inv (máquina)* lave-vaisselle *m inv*

lavar [la'βar] *vt* laver ● **lavar la ropa** faire la lessive ● **lavarse** *vp* se laver

lavavajillas [,laβaβa'xiʎas] *m inv* **1.** *(máquina)* lave-vaisselle *m inv* **2.** *(detergente)* liquide *m* vaisselle

laxante [lak'sante] *m* laxatif *m*

lazo ['laθo] *m* **1.** nœud *m* **2.** *(para animales)* lasso *m* **3.** *(fig) (vínculo)* lien *m*

LCD ['ele'θe'ðe] *(abr de Liquid Crystal Display)* *m* LCD *m*

le [le] *(pl* **les** [les]*) pron* **1.** *(a él, ella)* lui **2.** *(a usted, ustedes)* vous ● **le di una manzana** je lui ai donné une pomme ● **le tengo miedo** j'ai peur de lui/d'elle ● **le dije que no** *(a usted)* je vous ai dit non

leal [le'al] *adj* loyal(e)

lealtad [leal'tað] *f* loyauté *f*

lección [lek'θjon] *f* leçon *f*

lechal [le'tʃal] *adj* de lait *(agneau, cochon)*

leche ['letʃe] *f* lait *m* ◇ *interj (expresa enfado)* merde ! ● **leche condensada** lait concentré ● **leche desnatada** o **descremada** lait écrémé ● **leche entera** lait entier ● **leche frita** *dessert à base de lait, de Maïzena et de beurre* ● **leche limpiadora** lait démaquillant ● **darse una leche** *(fam)* se prendre une gamelle

lechera [le'tʃera] *f (recipiente)* pot *m* à lait ➤ **lechero**

lechería [letʃe'ria] *f* crémerie *f*

lechero, ra [le'tʃero, ra] *m, f* laitier *m*, -ère *f*

lecho ['letʃo] *m* lit *m*

lechuga [le'tʃuɣa] *f* laitue *f*

lechuza [le'tʃuθa] *f* chouette *f*

lector, ra [lek'tor, ra] *m, f* lecteur *m*, -trice *f* ◇ *m (aparato)* lecteur *m* ● **lector de CD/DVD** lecteur de CD/DVD ● **lector de MP3/WMA** lecteur MP3/WMA

lectura [lek'tura] *f* lecture *f*

leer [le'er] *vt & vi* lire

legal [le'ɣal] *adj* légal(e)

legalidad [leɣali'ðað] *f* légalité *f*

legible [le'xiβle] *adj* lisible

legislación [lexisla'θjon] *f* législation *f*

legislatura [lexisla'tura] *f* législature *f*

legítimo, ma [le'xitimo, ma] *adj* **1.** *(legal)* légitime **2.** *(auténtico)* authentique

legumbre [le'ɣumbre] *f* légume *m* sec

lejano, na [le'xano, na] *adj* lointain(e)

lejía [le'xia] *f* eau *f* de Javel

lejos ['lexos] *adv* loin ● **a lo lejos** au loin ● **de lejos** de loin ● **lejos de loin de**

lencería [lenθe'ria] *f* **1.** *(ropa interior)* lingerie *f* **2.** *(tienda)* boutique *f* de lingerie

lengua ['leŋgua] *f* langue *f* ◆ **lengua materna** langue maternelle ● **lengua oficial** langue officielle

lenguado [len'guaðo] *m* sole *f*

lenguaje [len'guaxe] *m* langage *m*

lengüeta [len'gweta] *f* **1.** *(de zapato)* languette *f* **2.** *(de instrumento musical)* anche *f*

lentamente [,lenta'mente] *adv* lentement

lente ['lente] *m o f (en óptica)* lentille *f* ● **lentes de contacto** verres *mpl* de contact ◆ **lentes** *mpl (gafas)* lunettes *fpl*

lenteja [len'texa] *f* lentille *f* ● **lentejas estofadas** lentilles à l'étouffée

lentitud [lenti'tuð] *f* lenteur *f*

lento, ta ['lento, ta] *adj* lent(e) ◇ *adv* lentement

leña ['leɲa] *f (para fuego)* bois *m (de chauffage)*

leñador, ra [leɲa'ðor, ra] *m, f* bûcheron *m*, -onne *f*

leño ['leɲo] *m (de árbol)* bois *m*

Leo ['leo] *m* Lion *m*

león, ona [le'on, 'ona] *m, f* lion *m*, lionne *f*

leopardo [leo'parðo] *m* léopard *m*

leotardos [leo'tarðos] *mpl* collant *m (épais)*

lépero, ra ['lepero, ra] *adj (Amér)* **1.** *(vulgar)* grossier(ère) **2.** *(astuto)* rusé(e)

lesbiana [lez'βjana] *f* lesbienne *f*

lesión [le'sjon] *f* lésion *f*

letal [le'tal] *adj* mortel(elle)

letra ['letra] *f* **1.** *(signo)* lettre *f* **2.** *(de persona)* écriture *f* **3.** *(de canción)* paroles *fpl* ◆ **letras** *fpl (en enseñanza)* lettres *fpl*

letrero [le'trero] *m* écriteau *m*

levantamiento [leβanta'mjento] *m (sublevación)* soulèvement *m* ● **levantamiento de pesos** haltérophilie *f*

levantar [leβan'tar] *vt* **1.** *(mano, brazo, prohibición)* lever **2.** *(caja, peso, persona)* soulever **3.** *(poner derecho)* relever **4.** *(edificar)* élever **5.** *(ánimos, esperanzas)* redonner ◆ **levantarse** *vp* **1.** se lever **2.** *(sublevarse)* se soulever

Levante [le'βante] *m* **1.** *(este)* levant *m* **2.** *(viento)* vent *m* d'est ● **el Levante** le Levant *(región d'Espagne)*

léxico ['leksiko] *m* lexique *m*

ley ['lei] *f* loi *f*

leyenda [le'jenda] *f* légende *f*

liar [li'ar] *vt* **1.** *(atar)* lier **2.** *(envolver)* envelopper **3.** *(fam) (complicar)* embrouiller ◆ **liarse** *vp (enredarse)* s'embrouiller ◆ **liarse a** *v prep (comenzar a)* se mettre à ◆ **liarse con** *v prep (fam) (sexualmente)* avoir une liaison avec

Líbano ['liβano] *s* Liban *m*

libélula [li'βelula] *f* libellule *f*

liberal [liβe'ral] *adj* libéral(e)

liberar [liβe'rar] *vt* libérer

libertad [liβer'tað] *f* liberté *f*

libertador, ra [liβerta'ðor, ra] *m, f* libérateur *m*, -trice *f*

Libia ['liβja] *s* Libye *f*

libra ['liβra] *f* livre *f* ● **libra esterlina** livre sterling ◆ **Libra** *f* Balance *f*

librar [li'βrar] *vi* être en congé ◆ **librarse de** *v prep* **1.** *(peligro)* échapper à **2.** *(obligación)* se dispenser de

libre ['liβre] *adj* libre ● **libre de** *(obligación)* dégagé(e) de ; *(impuestos)* exoneré(e) de

librería [liβre'ria] f **1.** *(establecimiento)* librairie f **2.** *(mueble)* bibliothèque f

librero [li'βrero] m *(CAm & Méx)* bibliothèque f

libreta [li'βreta] f carnet m

libro [liβro] m livre m ● libro de bolsillo livre de poche ● libro de reclamaciones livre des réclamations ● libro de texto manuel m scolaire

licencia [li'θenθja] f permission f

licenciado, da [liθen'θjaðo, ða] m, f titulaire du diplôme de fin du second cycle de l'enseignement supérieur

licenciarse [liθen'θjarse] vp **1.** *(en universidad)* obtenir le diplôme de fin du second cycle de l'enseignement supérieur **2.** *(de servicio militar)* être libéré(e)

licenciatura [liθenθja'tura] f *(estudios)* diplôme sanctionnant le second cycle de l'enseignement supérieur ≃ DESS m

liceo [li'θeo] m *(CSur & Ven)* ≃ lycée m

licor [li'kor] m liqueur f

licorería [likore'ria] f marchand m de spiritueux

licuadora [likua'ðora] f mixer m

líder [lider] mf leader m

lidia [liðja] f *(de toro)* combat m

liebre [ljeβre] f lièvre m

lienzo [ljenθo] m toile f

liga [liya] f **1.** *(de personas, países)* ligue f **2.** *(en deporte)* championnat m **3.** *(para medias)* jarretière f

ligar [li'yar] vt lier ◇ vi *(fam)* draguer

ligeramente [li,xera'mente] adv légèrement

ligero, ra [li'xero, ra] adj léger(ère) ● a la ligera à la légère

light ['lajt] adj **1.** *(comida)* allégé(e) **2.** *(bebida, cigarrillo)* light

ligue ['liye] m *(fam)* **1.** *(relación)* aventure f **2.** *(persona)* petit copain m, petite copine f

lija ['lixa] f papier m de verre

lijar [li'xar] vt poncer

lila ['lila] adj inv lilas ◇ f lilas m

lima ['lima] f lime f ● lima para uñas lime à ongles

límite ['limite] m limite f

limón [li'mon] m citron m

limonada [limo'naða] f citronnade f

limonero [limo'nero] m citronnier m

limosna [li'mozna] f aumône f

limpiabotas [limpja'βotas] mf inv cireur m de chaussures

limpiacristales [,limpjakris'tales] mf inv *(persona)* laveur m, -euse f de carreaux ◇ m inv *(detergente)* produit m pour les vitres

limpiador, ra [limpja'ðor, ra] m, f nettoyeur m, -euse f

limpiaparabrisas [,limpjapara'βrisas] m inv essuie-glace m

limpiar [lim'pjar] vt nettoyer ● limpiar la casa faire le ménage ● lo limpiaron *(fam)* ils lui ont tout fauché

limpieza [lim'pjeθa] f **1.** *(cualidad)* propreté f **2.** *(acción)* nettoyage m **3.** *(destreza)* adresse f **4.** *(honradez)* honnêteté f ● hacer la limpieza faire le ménage

limpio, pia ['limpjo, pja] adj **1.** *(sin suciedad)* propre **2.** *(pulcro)* soigneux(euse) **3.** *(puro)* pur(e) **4.** *(correcto)* honnête **5.** *(dinero)* net (nette) ● poner en limpio mettre au propre

linaje [li'naxe] m lignage m

lince ['linθe] m lynx m

lindo, da ['lindo, da] adj joli(e) ● **de lo lindo** (fig) (mucho) joliment

línea ['linea] f 1. ligne f 2. (hilera) rangée f ● **línea directa** ligne directe ● **línea telefónica** ligne téléphonique ● **líneas aéreas** lignes aériennes

lingote [lin'gote] m lingot m

lingüística [lin'gwistika] f linguistique f

lingüístico, ca [lin'gwistiko, ka] adj linguistique

lino ['lino] m lin m

linterna [lin'terna] f lampe f de poche

lío ['lio] m 1. (embrollo) histoire f 2. (fam) (desorden) pagaille f 3. (fam) (amorío) aventure f ● **hacerse un lío** (fam) s'embrouiller ● **meterse en un lío** (fam) se mettre dans une sale histoire

llonesa [ljo'nesa] f – profiterole f

liquidación [likiða'θjon] f liquidation f

liquidar [liki'ðar] vt liquider

líquido ['likiðo] m liquide m

lira ['lira] f 1. (instrumento musical) lyre f 2. (moneda) lire f

lirio ['lirjo] m iris m

liso, sa ['liso, sa] adj 1. (superficie) lisse 2. (vestido, color) uni(e) 3. (pelo) raide ◊ m, f (Amér) effronté m, e f

lista ['lista] f 1. (enumeración) liste f 2. (de tela) bande f ● **lista de boda** liste de mariage ● **lista de correo** liste de mailing ● **lista desplegable** liste déroulante ● **lista de espera** liste d'attente ● **lista de precios** liste des prix ● **lista de vinos** carte f des vins ➤ **listo**

listín [lis'tin] m répertoire m ● **listín telefónico** annuaire m téléphonique

listo, ta ['listo, ta] adj 1. (inteligente) intelligent(e) 2. (astuto) malin(igne) ◊ interj ça y est ! ● **estar listo** être prêt

listón [lis'ton] m 1. (de madera) baguette f 2. (en deporte) barre f

lisura [li'sura] f (Perú) sans-gêne m inv

litera [li'tera] f 1. (cama) lit m superposé 2. (de tren, barco) couchette f

literal [lite'ral] adj littéral(e)

literario, ria [lite'rarjo, rja] adj littéraire

literatura [litera'tura] f littérature f

litro ['litro] m litre m

llaga ['ʎaɣa] f plaie f

llama ['ʎama] f 1. (de fuego) flamme f 2. (animal) lama m

llamada [ʎa'maða] f appel m ● **llamada automática** communication f automatique ● **llamada a cobro revertido** appel en PCV ● **llamada interurbana** communication interurbaine ● **llamada metropolitana** communication locale ● **llamada provincial/interprovincial** communication à l'intérieur d'une province/d'une province à une autre ● **llamada telefónica** appel téléphonique

llamar [ʎa'mar] vt appeler ◊ vi 1. (a la puerta) frapper 2. (al timbre) sonner ● **llamar por teléfono** téléphoner ● **llamarse** vp s'appeler

llano, na ['ʎano, na] adj 1. (superficie, terreno) plat(e) 2. (natural, sencillo) simple ◊ m plaine f

llanta ['ʎanta] f 1. jante f 2. (Amér) (rueda) pneu m

llanura [ʎa'nura] f plaine f

llave ['ʎaβe] f 1. clef f, clé f 2. (signo ortográfico) accolade f ● **llave de contacto** clef de contact ● **llave de paso** robinet m d'arrêt ● **llave inglesa** clef anglaise ● **llave maestra** passe-partout *m* ● **llave USB** clé USB

llegada [ʎe'ɣaða] *f* arrivée *f* ▼ **llegadas internacionales** arrivées internationales

llegar [ʎe'ɣar] *vi* 1. arriver 2. *(ser suficiente)* suffire ● **con 50 euros me llega** avec 50 euros j'ai assez ● **hacer llegar algo** faire parvenir qqch ● **llegar a** *v prep* 1. atteindre 2. *(posición)* devenir 3. *(fin)* arriver à ● **llegar a ser** devenir ● **llegar a conocer** finir par connaître ● **llegar a** *v prep* rentrer de

llenar [ʎe'nar] *vt* remplir ● **llenarse** *vp* 1. *(lugar)* remplir 2. *(hartarse)* se gaver ● **llenarse de** *v prep (cubrirse de)* se couvrir de

lleno, na ['ʎeno, na] *adj* plein(e) ◇ *m* ● **hay lleno en el teatro** le théâtre fait salle comble ● **de lleno** en plein

llevar [ʎe'βar] *vt* 1. *(transportar)* transporter ● **el barco lleva carga y pasajeros** le navire transporte des marchandises et des passagers 2. *(acompañar)* emmener ● **llevó al niño a casa de la abuela** il a emmené le petit chez sa grand-mère 3. *(prenda)* porter ● **lleva gafas** il porte des lunettes 4. *(tener)* avoir ● **llevar el pelo largo** avoir les cheveux longs ● **no llevamos dinero** nous n'avons pas d'argent sur nous 5. *(pasarse tiempo)* ● **lleva tres semanas de viaje** cela fait trois semaines qu'il est en voyage 6. *(ocupar tiempo)* ● **me llevó mucho tiempo hacer el trabajo** le travail m'a pris beaucoup de temps 7. *(ocuparse, dirigir)* ● **lleva la contabilidad** il tient la comptabilité ● **lleva muy bien sus estudios** il mè-ne très bien ses études 8. *(soportar)* supporter ● **lleva mal la soledad** il supporte mal la solitude 9. *(sobrepasar)* ● **te llevo seis puntos** j'ai six points de plus que toi ◇ *vi* 1. *(conducir)* mener ● **esta carretera lleva a Madrid** cette route mène à Madrid 2. *(antes de participio)* (haber) ● **llevo leída media novela** j'ai déjà lu la moitié du roman 3. *(estar)* ● **lleva mucho tiempo saliendo con él** ça fait longtemps qu'elle sort avec lui ● **llevarse** *vp* 1. *(coger)* prendre 2. *(premio)* remporter 3. *(recibir)* avoir ● **¡me llevé un susto!** j'ai eu une de ces peurs ! 4. *(estar de moda)* se porter ● **llevarse** *vp* 1. *(coger)* prendre 2. *(premio)* remporter 3. *(recibir)* avoir ● **¡me llevé un susto!** j'ai eu une de ces peurs ! 4. *(estar de moda)* se porter 5. *(en matemáticas)* retenir 6. *(entenderse)* ● **llevarse bien/mal (con)** s'entendre bien/mal (avec)

llorar [ʎo'rar] *vi* & *vt* pleurer

llorón, ona [ʎo'ron, ona] *m, f* pleurnicheur *m*, -euse *f*

llover [ʎo'βer] *v impers* & *vi* pleuvoir ● **llueve a cántaros** il pleut des cordes

llovizna [ʎo'βiθna] *f* bruine *f*

lloviznar [ʎoβiθ'nar] *v impers* bruiner

lluvia ['ʎuβja] *f* pluie *f*

lluvioso, sa [ʎu'βjoso, sa] *adj* pluvieux(euse)

lo, la [lo, la] *(mpl* los [los], *fpl* las [las]) *pron* 1. *(a él, ella)* le, la, l' *(delante de vocal)* ● **lo sabe** il le sait ● **la oigo** je l'entends 2. *(a ellos, ellas)* les ● **los vi** je les ai vus 3. *(a usted, a ustedes)* vous ● **lo invito a mi casa** je vous invite chez moi ◇ *art* ● **lo mejor** le mieux ● **lo peor** le pire ◇ *pron neutro* ● **siento lo de ayer** je regrette ce qui s'est passé hier ● **acepté lo que me ofrecieron** j'ai accepté ce qu'on m'a offert

lobo, ba [ˈloβo, βa] *m, f* loup *m*, louve *f*

local [loˈkal] *adj* local(e) ◇ *m* local *m*

localidad [lokaliˈðað] *f* **1.** *(pueblo, ciudad)* localité *f* **2.** *(asiento, entrada)* place *f*

localización [lokaliθaˈθjon] *f* localisation *f*

localizar [lokaliˈθar] *vt* localiser ◆ **localizarse** *vp* être localisé(e)

loción [loˈθjon] *f* lotion *f* ● **loción bronceadora** lait *m* solaire

loco, ca [ˈloko, ka] *adj & m, f* fou (folle) ● **a lo loco** n'importe comment ● **loco por** fou de ● **volver loco a alguien** rendre qqn fou ● **las motos me vuelven loco** c'est un fou de motos

locomotora [lokomoˈtora] *f* locomotive *f*

locura [loˈkura] *f* folie *f*

locutor, ra [lokuˈtor, ra] *m, f* présentateur *m*, -trice *f*

locutorio [lokuˈtorjo] *m* **1.** *(de emisora)* studio *m* **2.** *(de convento, cárcel)* parloir *m* ● **locutorio (telefónico)** cabines *fpl* téléphoniques

lodo [ˈloðo] *m* boue *f*

lógica [ˈloxika] *f* logique *f*

lógico, ca [ˈloxiko, ka] *adj* **1.** *(razonable)* logique *f* **2.** *(natural)* normal(e)

logrado, da [loˈɣraðo, ða] *adj* réussi(e)

lograr [loˈɣrar] *vt* obtenir

logro [ˈloɣro] *m* réussite *f*

lombriz [lomˈbriθ, θes] *f* ver *m* de terre

lomo [ˈlomo] *m* **1.** *(de animal)* dos *m* **2.** *(carne)* échine *f* **3.** *(de libro)* tranche *f* ● **lomo de cerdo** échine de porc ● **lomo embuchado** rôti *m* de porc farci ● **lomo ibérico** gros saucisson d'échine de porc

fumée ● **lomos de merluza** filets *mpl* de colin

lona [ˈlona] *f* toile *f* de bâche

loncha [ˈlontʃa] *f* *(de queso, embutido)* tranche *f*

lonche [ˈlontʃe] *m* *(Col & Méx)* déjeuner *m* léger

Londres [ˈlondres] *s* Londres

longaniza [longaˈniθa] *f* saucisse *f*

longitud [lonxiˈtuð] *f* longueur *f*

lonja [ˈlonxa] *f* **1.** *(edificio)* bourse *f* de commerce **2.** *(loncha)* tranche *f*

loro [ˈloro] *m* perroquet *m*

lote [ˈlote] *m* lot *m*

lotería [loteˈria] *f* loterie *f* ● *(Esp)* **lotería primitiva** ~ loto *m*

lotero, ra [loˈtero, ra] *m, f* vendeur *m*, -euse *f* de billets de loterie

loza [ˈloθa] *f* **1.** *(material)* faïence *f* **2.** *(vajilla)* vaisselle *f*

Ltda. (*abr escrita de limitada*) SARL *f* (*société à responsabilité limitée*)

lubina [luˈβina] *f* loup *m* de mer

lubricante [luβriˈkante] *m* lubrifiant *m*

lucha [ˈlutʃa] *f* lutte *f* ● **lucha libre** lutte libre

luchador, ra [lutʃaˈðor, ra] *m, f* lutteur *m*, -euse *f*

luchar [luˈtʃar] *vi* lutter

luciérnaga [luˈθjernaɣa] *f* ver *m* luisant

lucir [luˈθir] *vi* **1.** *(brillar)* briller **2.** *(trabajo, esfuerzo)* profiter ◆ *(Amér)* *(verse bien)* aller bien ◇ *vt* **1.** *(valor, ingenio)* faire preuve de **2.** *(llevar puesto)* porter ◆ **lucirse** *vp* **1.** *(quedar bien)* briller **2.** *(exhibirse)* se montrer ● **¡te has lucido!** *(fam)* tu as l'air fin !

lucro [ˈlukro] *m* gain *m*

lúdico, ca ['luðiko, ka] *adj* ludique

luego ['lweɣo] *adv* **1.** *(después)* ensuite **2.** *(Amér) (pronto)* tôt ◇ *conj* donc ● **desde luego** *(sin duda)* bien sûr ; *(para reprochar)* vraiment ● **¡desde luego siempre llegas tarde!** vraiment, tu es toujours en retard ! ● **luego, luego** *(Amér) (inmediatamente después)* tout de suite

lugar [lu'ɣar] *m* **1.** *(sitio)* lieu *m* **2.** *(posición)* place *f* **3.** *(localidad)* endroit *m* ● **en primer lugar** en premier lieu ● **en cualquier lugar** n'importe où ● **en lugar de** au lieu de ● **tener lugar** avoir lieu

lujo ['luxo] *m* luxe ● **de lujo** de luxe

lujoso, sa [lu'xoso, sa] *adj* luxueux(euse)

lujuria [lu'xurja] *f* luxure *f*

lumbago [lum'baɣo] *m* lumbago *m*

luminoso, sa [lumi'noso, sa] *adj* lumineux(euse)

luna ['luna] *f* **1.** lune *f* **2.** *(de cristal)* glace *f*

lunar [lu'nar] *adj* lunaire ◇ *m* grain *m* de beauté ◆ **lunares** *mpl (estampado)* pois *mpl*

lunes ['lunes] *m inv* lundi *m* ● **cada lunes o todos los lunes** tous les lundis ● **caer en lunes** tomber un lundi ● **el próximo lunes o el lunes que viene** lundi prochain ● **viene el lunes** il vient lundi ● **el lunes pasado** lundi dernier ● **el lunes por la mañana/tarde/noche** lundi matin/après-midi/soir ● **este lunes** *(pasado)* lundi dernier ; *(próximo)* lundi prochain ● **los lunes** le lundi

luneta [lu'neta] *f (de coche)* lunette *f* arrière ● **luneta térmica** dégivreur *m*

lupa ['lupa] *f* loupe *f*

lustrabotas [lustra'βotas] *mf inv (Amér)* cireur *m* de chaussures

lustrador [lustra'ðor] *m (Amér)* cireur *m* de chaussures

luto ['luto] *m* deuil *m* ● **estar de luto** être en deuil

luz, ces ['luθ, θes] *f* **1.** lumière *f* **2.** *(electricidad)* électricité *f* ● **luz solar** rayonnement *m* solaire ● **se ha ido la luz** il y a une panne de courant ● **dar a luz** accoucher, mettre au monde ◆ **luces** *fpl (de coche)* feux *mpl*

lycra® ['likra] *f* Lycra® *m*

m *(abr escrita de metro)* m *(mètre)*

macana [ma'kana] *f (Amér)* **1.** *(garrote)* gourdin *m* **2.** *(fig) (disparate)* bêtise *f*

macanudo [maka'nuðo] *adj (CSur & Perú) (fam)* super

macarrones [maka'rones] *mpl* macaronis *mpl*

macedonia [maθe'ðonja] *f* macédoine *f* ● **macedonia de frutas** salade *f* de fruits

maceta [ma'θeta] *f* pot *m* *(de fleurs)*

machacar [matʃa'kar] *vt* **1.** *(aplastar)* piler **2.** *(fig) (vencer)* écraser **3.** *(fam) (estudiar)* potasser

machismo [ma'tʃizmo] *m* machisme *m*

machista [ma'tʃista] *mf* machiste *mf*

macho ['matʃo] *adj* **1.** mâle **2.** *(fig) (hombre)* macho ◇ *m* mâle *m*

macizo, za [ma'θiθo, θa] *adj* **1.** (*sólido*) massif(ive) **2.** (*fam & fig*) ● estar macizo (*atractivo*) être canon ; (*fuerte*) être baraqué ◇ *m* massif *m*

macramé [makra'me] *m* macramé *m*

macro ['makro] *f* macro *f*

macuto [ma'kuto] *m* sac *m* à dos

madeja [ma'ðexa] *f* pelote *f*

madera [ma'ðera] *f* bois *m* ● de madera en bois

madrastra [ma'ðrastra] *f* belle-mère *f* (*compagne du père*)

madre ['maðre] *f* mère *f* ● madre política belle-mère *f* (*mère du conjoint*) ● ¡madre mía! mon Dieu !

madreselva [maðre'selβa] *f* chèvrefeuille *m*

Madrid [ma'ðrið] *s* Madrid ● Madrid capital la ville de Madrid

madriguera [maðri'yera] *f* tanière *f*

madrileño, ña [maðri'leɲo, ɲa] *adj* madrilène ◇ *m, f* Madrilène *mf*

madrina [ma'ðrina] *f* marraine *f*

madrugada [maðru'yaða] *f* **1.** (*noche*) matin *m* **2.** (*amanecer*) aube *f*

madrugador, ra [maðruya'ðor, ra] *adj* matinal(e)

madrugar [maðru'yar] *vi* se lever tôt

madurar [maðu'rar] *vt & vi* mûrir

madurez [maðu'reθ] *f* **1.** *maturité f* **2.** (*edad adulta*) âge *m* mûr

maduro, ra [ma'ðuro, ra] *adj* **1.** mûr(e) **2.** (*proyecto, plan, idea*) mûrement réfléchi(e)

maestría [maes'tria] *f* maîtrise *f*

maestro, tra [ma'estro, tra] *m, f* (*de escuela*) maître *m*, maîtresse *f* ◇ *m* **1.** maître *m* **2.** (*músico*) maestro *m*

mafia ['mafja] *f* mafia *f*

magdalena [mayða'lena] *f* madeleine *f*

magia ['maxja] *f* magie *f*

mágico, ca ['maxiko, ka] *adj* magique

magistrado, da [maxis'traðo, ða] *m, f* magistrat *m*

magistratura [maxistra'tura] *f* magistrature *f*

magnate [may'nate] *m* magnat *m*

magnesio [may'nesjo] *m* magnésium *m*

magnético, ca [may'netiko, ka] *adj* magnétique

magnetófono [mayne'tofono] *m* magnétophone *m*

magnífico, ca [may'nifiko, ka] *adj* magnifique

magnitud [mayni'tuð] *f* **1.** (*dimensión*) grandeur *f* **2.** (*importancia*) ampleur *f*

magnolia [may'nolja] *f* magnolia *f*

mago, ga ['mayo, ya] *m, f* **1.** (*en espectáculo*) magicien *m*, -enne *f* **2.** (*personaje fantástico*) enchanteur *m*, -eresse *f*

magro, gra ['mayro, yra] *adj* maigre (*viande*)

maguey [ma'yej] *m* (*Amér*) agave *m*

maicena® [mai'θena] *f* Maïzena® *f*

maíz [ma'ið] *m* maïs *m*

majestuoso, sa [maxes'tɥoso, sa] *adj* majestueux(euse)

majo, ja ['maxo, xa] *adj* (*Esp*) **1.** (*agradable*) sympa(thique) **2.** (*bonito*) mignon(onne)

mal ['mal] *adj* ➤ **malo** ◇ *m* mal *m* ● el mal le mal ◇ *adv* mal ● encontrarse mal se sentir mal ● ofr/ver mal entendre/voir mal ● oler mal sentir mauvais ● saber mal avoir mauvais goût ● sentar mal (*ropa*) aller mal ; (*comida*) ne pas réussir à ;

(actitud) ne pas plaire à ● **ir de mal en peor** aller de mal en pis

Malasia [ma'lasja] s Malaisie *f*

malcriar [malkri'ar] *vt* gâter *(les enfants)*

maldad [mal'dað] *f* méchanceté *f*

maldición [maldi'θjon] *f* malédiction *f*

maldito, ta [mal'dito, ta] *adj* maudit(e) ● **¡maldita sea!** *(fam)* bon sang !

maleable [male'aβle] *adj* malléable

malecón [male'kon] *m* jetée *f*

maleducado, da [maleðu'kaðo, ða] *adj* mal élevé(e)

malentendido [ˌmalenten'diðo] *m* malentendu *m*

malestar [males'tar] *m* malaise *m*

maleta [ma'leta] *f* valise *f* ● **hacer las maletas** faire ses valises

maletero [male'tero] *m (de coche)* coffre *m*

maletín [male'tin] *m* mallette *f*

malformación [ˌmalforma'θjon] *f* malformation *f*

malgastar [malɣas'tar] *vt* gaspiller

malhablado, da [mala'βlaðo, ða] *adj* grossier(ère)

malhechor, ra [male'tʃor, ra] *adj* malfaisant(e)

malhumorado, da [ˌmalumo'raðo, ða] *adj* de mauvaise humeur

malicia [ma'liθja] *f* **1.** *(maldad)* méchanceté *f* **2.** *(astucia)* malice *f*

malintencionado, da [ˌmalintenθjo'naðo, ða] *adj* malintentionné(e)

malla ['maʎa] *f (tejido)* maille *f* ◆ **mallas** *fpl (prenda)* caleçon *m (pour femme)*

Mallorca [ma'ʎorka] *s* Majorque *f*

malo, la ['malo, la] *(peor es el comparativo y el peor el superlativo de malo)* *adj* **1.** *(no bueno)* mauvais(e) **2.** *(propenso al mal)* méchant(e) **3.** *(travieso)* vilain(e) ● **estar malo** *(estar enfermo)* être malade ● **estar de malas** être de mauvaise humeur ● **por las malas** de force

malograr [malo'ɣrar] *vt (Andes)* abîmer ◆ **malograrse** *vp (Andes)* s'abîmer

malpensado, da [malpen'saðo, ða] *m, f* ● **ser un malpensado** avoir l'esprit mal tourné

maltratador, ra [maltrata'ðor, ra] *m, f* auteur *m* de maltraitances

maltratar [maltra'tar] *vt* **1.** *(persona)* maltraiter **2.** *(objeto)* abîmer

mamá [ma'ma] *f (fam)* maman *f* ● **mamá grande** *(Amér)* grand-mère *f*

mamadera [mama'ðera] *f (CSur & Perú)* **1.** *(biberón)* biberon *m* **2.** *(tetilla)* tétine *f*

mamar [ma'mar] *vt & vi* téter

mamey [ma'mej] *m (Amér)* **1.** *(árbol)* sapotier *m* **2.** *(fruto)* sapote *f*

mamífero [ma'mifero] *m* mammifère *m*

mamila [ma'mila] *f (Méx)* biberon *m*

mamita [ma'mita] *f (Amér)* maman *f*

mampara [mam'para] *f* **1.** *(de ducha)* pare-douche *m* **2.** *(de habitación)* cloison *f*

manada [ma'naða] *f* troupeau *m*

mánager ['manaʤer] *mf* manager *mf*

manantial [manan'tjal] *m* source *f*

mancha ['mantʃa] *f* tache *f*

manchar [man'tʃar] *vt* tacher ◆ **mancharse** *vp* se tacher

manco, ca ['manko, ka] *adj* manchot(e)

mancuerna [man'kɥerna] *f (CAm & Méx)* bouton *m* de manchette

mandar [man'dar] *vt* **1.** *(dar órdenes)* ordonner **2.** *(enviar)* envoyer **3.** *(dirigir)* commander • **mandar hacer algo** faire faire qqch • **¿mande?** (*Amér*) pardon ?

mandarina [manda'rina] *f* mandarine *f*

mandíbula [man'diβula] *f* mâchoire *f*

mando ['mando] *m* **1.** (*autoridad*) commandement *m* **2.** (*jefe*) cadre *m* **3.** (*instrumento*) commande *f* • **mando a distancia** télécommande *f*

manecilla [mane'θiʎa] *f* aiguille *f* (*de montre*)

manejable [mane'xaβle] *adj* maniable

manejar [mane'xar] *vt* **1.** (*herramienta, aparato*) manier **2.** (*dinero*) brasser **3.** (*fig*) (*persona*) mener **4.** (*Amér*) conduire

manejo [ma'nexo] *m* **1.** (*de herramienta, aparato*) maniement *m* **2.** (*de dinero*) brassage *m* **3.** (*fig*) (*engaño, astucia*) manigances *fpl*

manera [ma'nera] *f* manière *f* • **de esta manera** comme ça • **de cualquier manera** (*mal*) n'importe comment ; (*de todos modos*) de toute façon • **de manera que** de telle sorte que • **maneras** *fpl* (*comportamiento*) manières *fpl*

manga ['manga] *f* **1.** (*de prenda*) manche *f* **2.** (*para regar*) tuyau *m* **3.** (*cómic*) manga *m*

mango ['mango] *m* **1.** (*asa*) manche *m* **2.** (*fruta*) mangue *f* **3.** (*árbol*) manguier *m*

manguera [man'gera] *f* tuyau *m* d'arrosage

maní [ma'ni] *m* (*Andes, CAm & RP*) cacahouète *f*

manía [ma'nia] *f* manie *f* • **cogerle manía a alguien** prendre qqn en grippe

maniático, ca [mani'atiko, ka] *adj* maniaque

manicomio [mani'komjo] *m* asile *m* (*d'aliénés*)

manicura [mani'kura] *f* manucure *f* • **hacerse la manicura** se faire les ongles

manifestación [manifesta'θjon] *f* manifestation *f*

manifestante [manifes'tante] *mf* manifestant *m*, -e *f*

manifestar [manifes'tar] *vt* manifester ◆ **manifestarse** *vp* se manifester

manifiesto, ta [mani'fjesto, ta] *adj* manifeste ◇ *m* manifeste *m*

manillar [mani'ʎar] *m* guidon *m*

maniobra [ma'njoβra] *f* manœuvre *f*

manipular [manipu'lar] *vt* manipuler

maniquí [mani'ki] *m & mf* mannequin *m*

manito [ma'nito] *m* (*Amér*) (*fam*) pote *m*

manivela [mani'βela] *f* manivelle *f*

mano ['mano] *f* **1.** main *f* **2.** (*capa*) couche *f* **3.** (*de juego*) partie *f* ◇ *m* (*CAm & Méx*) (*fam*) pote *m* • **mano de obra** main-d'œuvre *f* • **a mano** (*sin máquina*) à la main ; (*cerca*) sous la main • **a mano derecha/izquierda** à droite/gauche • **de segunda mano** d'occasion • **dar la mano a alguien** serrer la main à qqn • **echar una mano a alguien** donner un coup de main à qqn

manopla [ma'nopla] *f* moufle *f*

manosear [manose'ar] *vt* tripoter

mansión [man'sjon] *f* demeure *f* ≃ hôtel *m* particulier

manso, sa ['manso, sa] *adj* **1.** (*animal*) docile **2.** (*persona*) paisible

manta ['manta] *f* couverture *f*

manteca [man'teka] *f* **1.** (*de animal*) graisse *f* **2.** (*de leche*) beurre *m* • **manteca**

de cacao beurre de cacao ● **manteca de cerdo** saindoux *m*

mantecado [mante'kaðo] *m* **1.** *(de Navidad)* petit gâteau fait de pâte sablée au saindoux que l'on mange à Noël **2.** *(helado)* crème *f* glacée

mantel [man'tel] *m* nappe *f*

mantelería [mantele'ria] *f* linge *m* de table

mantener [mante'ner] *vt* **1.** maintenir **2.** *(conservar)* conserver **3.** *(sujetar)* soutenir **4.** *(sustentar, tener)* entretenir **5.** *(promesa, palabra)* tenir ◆ **mantenerse** *vp* ● **mantenerse (de o con)** vivre (de) ● **mantenerse en pie** tenir debout ● **mantenerse joven** rester jeune

mantenimiento [manteni'mjento] *m* entretien *m*

mantequería [manteke'ria] *f* crémerie *f*

mantequilla [mante'kiʎa] *f* beurre *m*

mantero, ra [man'tero, ra] *m, f (fam) (vendedor callejero)* vendeur *m*, -euse *f* à la sauvette

mantilla [man'tiʎa] *f* mantille *f*

mantón [man'ton] *m* châle *m*

manual [manu'al] *adj* manuel(elle) ◇ *m* manuel *m*

manualidades [manuali'ðaðes] *fpl* travaux *mpl* manuels

manuscrito [manus'krito] *m* manuscrit *m*

mañana [ma'ɲana] *f* matin *m* ◇ *m (futuro)* lendemain *m* ◇ *adv (día siguiente)* demain ● **a las dos de la mañana** à deux heures du matin ● **por la mañana** le matin ● **mañana por la mañana** demain matin

manzana [man'θana] *f* **1.** *(fruto)* pomme *f* **2.** *(de casas)* pâté *m* de maisons ● **manzanas al horno** pommes au four

manzanilla [manθa'niʎa] *f* **1.** *(infusión)* camomille *f* **2.** *(vino)* manzanilla *m*

mañanitas [maɲa'nitas] *fpl (Amér) chant populaire mexicain à l'occasion d'un anniversaire*

manzano [man'θano] *m* pommier *m*

mapa ['mapa] *m* carte *f (plan)* ● **mapa de la ciudad** plan *m* de ville

maqueta [ma'keta] *f* maquette *f*

maquetación [maketa'θjon] *f* mise *f* en page

maquillaje [maki'ʎaxe] *m* maquillage *m*

maquillar [maki'ʎar] *vt* maquiller ◆ **maquillarse** *vp* se maquiller

máquina ['makina] *f* **1.** machine *f* **2.** *(locomotora)* locomotive *f* **3.** *(CAm & Cuba) (coche)* voiture *f* ● **máquina de afeitar** rasoir *m* électrique ● **máquina de coser** machine à coudre ● **máquina fotográfica** appareil *m* photo ● **a máquina** à la machine

maquinaria [maki'narja] *f* machinerie *f*

maquinilla [maki'niʎa] *f* rasoir *m* (électrique)

maquinista [maki'nista] *mf (de metro, tren)* mécanicien *m*

mar ['mar] *m o f* mer *f* ● **el mar Cantábrico** le golfe de Gascogne ● **el mar Mediterráneo** la mer Méditerranée ● **la mar de cosas** *(fam)* plein de choses ● **la mar de bien** *(fam) (muy)* super o vachement bien

maracas [ma'rakas] *fpl* maracas *fpl*

maratón [mara'ton] *m o f* marathon *m*

maravilla [mara'βiʎa] *f* **1.** *(cosa extraordinaria)* merveille *f* **2.** *(impresión)* émerveillement *m*

maravilloso, sa [maraβi'ʎoso, sa] *adj* merveilleux(euse)

marca ['marka] *f* **1.** marque *f* **2.** *(en deporte)* score *m* ● **marca registrada** marque déposée ● **de marca** *(ropa, producto)* de marque

marcado, da [mar'kaðo, ða] *adj* marqué(e)

marcador [marka'ðor] *m* **1.** *(panel)* tableau *m* d'affichage **2.** *(rotulador)* marqueur *m*

marcapasos [marka'pasos] *m inv* pacemaker *m*

marcar [mar'kar] *vt* **1.** marquer **2.** *(indicar, señalar)* indiquer **3.** *(número de teléfono)* composer **4.** *(pelo)* faire un brushing ● **marcar un gol** marquer un but

marcha ['martʃa] *f* **1.** *(partida)* départ *m* **2.** *(de vehículo)* vitesse *f* **3.** *(desarrollo, pieza musical)* marche *f* **4.** *(fam) (animación)* ambiance *f* ● **ir de marcha** *(fam)* faire la fête ● **poner algo en marcha** mettre qqch en route

marchar [mar'tʃar] *vi (soldado)* marcher au pas ● **marcharse** *vp* s'en aller

marchitarse [martʃi'tarse] *vp* se faner

marchoso, sa [mar'tʃoso, sa] *adj (fam)* **1.** *(persona)* fêtard(e) **2.** *(música)* qui bouge bien **3.** *(sala, ciudad, bar)* animé(e)

marciano, na [mar'θjano, na] *m, f* martien *m*, -enne *f*

marco ['marko] *m* **1.** cadre *m* **2.** *(de puerta, ventana)* encadrement *m*

marea [ma'rea] *f* marée *f* ● **marea negra** marée noire

mareado, da [mare'aðo, ða] *adj* ● **estar mareado** avoir mal au cœur

marearse [mare'arse] *vp* **1.** *(en coche, avión)* avoir mal au cœur **2.** *(en barco)* avoir mal au cœur

marejada [mare'xaða] *f* houle *f*

marejadilla [marexa'ðiʎa] *f* houle *f* moyenne

maremoto [mare'moto] *m* raz de marée *m*

mareo [ma'reo] *m* **1.** *(malestar)* mal *m* au cœur **2.** *(en barco)* mal *m* de mer

marfil [mar'fil] *m* ivoire *m*

margarina [marɣa'rina] *f* margarine *f*

margarita [marɣa'rita] *f* marguerite *f*

margen ['marxen] *m* **1.** marge *f* **2.** *(de camino, río)* rive *f* **3.** *(para actuar)* marge *f* de manœuvre

marginación [marxina'θjon] *f* marginalisation *f*

marginado, da [marxi'naðo, ða] *m, f* marginal *m*, -e *f*

mariachi [ma'rjatʃi] *m (Amér)* mariachi *m*

Los mariachis

Ces musiciens mexicains, qui portent un pantalon noir, un boléro richement orné et un grand sombrero, se réunissent en orchestres pour interpréter des chansons au cours de fêtes populaires, dans les restaurants et dans la rue. On peut les faire venir chez soi à l'occasion d'un anniversaire, d'un mariage, etc.

maricón [mari'kon] *m* (*vulg & despec*) pédé *m*

marido [ma'riðo] *m* mari *m*

marihuana [mari'wana] *f* marijuana *f*

marina [ma'rina] *f* marine *f*

marinero, ra [mari'nero, ra] *adj* (*pueblo*) de marins ● **a la marinera** (*almejas, mejillones*) (à la) marinière

marino [ma'rino] *m* marin *m*

marioneta [marjo'neta] *f* marionnette *f*

mariposa [mari'posa] *f* papillon *m*

mariquita [mari'kita] *f* coccinelle *f*

mariscada [maris'kaða] *f* ≃ plateau *m* de fruits de mer

marisco [ma'risko] *m* fruits *mpl* de mer

marisma [ma'rizma] *f* marais *m* (*du littoral*)

marítimo, ma [ma'ritimo, ma] *adj* maritime

marmitaco, marmitako [marmi'tako] *m plat typique du Pays basque à base de morue et de pommes de terre*

mármol ['marmol] *m* marbre *m*

marqués, esa [mar'kes, esa] *m, f* marquis *m*, -e *f*

marquesina [marke'sina] *f* marquise *f* (*auvent*)

marrano, na [ma'rano, na] *adj* (*fam*) (*sucio*) cochon(onne) ◇ *m, f* (*animal*) cochon *m*, truie *f* ● **¡que tío más marrano!** (*fam*) quel saligaud !

marrón [ma'ron] *adj* marron

marroquí [maro'ki] *adj* marocain(e) ◇ *mf* Marocain *m*, -e *f*

Marruecos [ma'ruekos] *s* Maroc *m*

martes ['martes] *m inv* mardi *m* ● **cada martes o todos los martes** tous les mardis ● **caer en martes** tomber un mardi

● **el próximo martes o el martes que viene** mardi prochain ● **viene el martes** il vient mardi ● **el martes pasado** mardi dernier ● **el martes por la mañana/tarde/noche** mardi matin/après-midi/soir ● **este martes** (*pasado*) mardi dernier ; (*próximo*) mardi prochain ● **los martes** le mardi

martillo [mar'tiʎo] *m* marteau *m*

mártir ['martir] *mf* martyr *m*, -e *f*

marzo ['marθo] *m* mars *m* ● **a principios/finales de marzo** début/fin mars ● **a mediados de marzo** à la mi-mars ● **el pasado/próximo (mes de) marzo** en mars dernier/prochain ● **en marzo** en mars ● **este (mes de) marzo** (*pasado*) en mars dernier ; (*próximo*) en mars prochain ● **para marzo** en mars ● **uno de los marzos más lluviosos** l'un des mois de mars les plus pluvieux ● **el nueve de marzo** le neuf mars

más ['mas] *adv*

1. plus ● **Juan es más alto/ambicioso** Juan est plus grand/ambitieux ● **más peras/aire** plus de poires/d'air ● **más de/que** plus de/que ● **Juan es más joven que tú** Juan est plus jeune que toi ● **de más** de o en trop ● **el/la más** le/la plus ● **dos más dos** deux plus deux

2. (*en frases negativas*) ● **no quiero más** je n'en veux plus ● **ni un día más** pas un jour de plus

3. (*con pron interrogativo o indefinido*) ● **¿quién/qué más?** qui/quoi d'autre ? ● **no vino nadie más** personne d'autre n'est venu

4. (*indica intensidad*) ● **¡qué día más bonito!** quelle belle journée ! ● **¡es más tonto!** qu'est-ce qu'il est bête !

5. *(indica preferencia)* mieux ● **más vale que te quedes en casa** il vaut mieux que tu restes à la maison
6. *(en locuciones)* ● **más o menos** plus ou moins ● **¿qué más da?** qu'est-ce que ça peut faire ? ● **dijo poco más al respecto** il n'a pas dit grand-chose à ce sujet ● **no está contento, es más, está enfadado** il n'est pas content, je dirais même qu'il est fâché ● **por más que lo intente no lo conseguirá** il aura beau essayer, il n'y arrivera pas
◇ *m inv (en matemáticas)* plus *m* ● **tuvo sus más y sus menos** il y a eu des hauts et des bas

masa ['masa] *f* **1.** masse *f* **2.** *(de pan, bizcocho)* pâte *f* **3.** *(Amér) (pastelillo)* petit gâteau *m*

masaje [ma'saxe] *m* massage *m*

masajista [masa'xista] *mf* masseur *m*, -euse *f*

mascar [mas'kar] *vt* mâcher

máscara ['maskara] *f* masque *m*

mascarilla [maska'riʎa] *f* masque *m*

mascota [mas'kota] *f* mascotte *f*

masculino, na [masku'lino, na] *adj* masculin(e)

masía [ma'sia] *f* ferme *f* *(en Catalogne)*

masticar [masti'kar] *vt* mastiquer

mástil ['mastil] *m* mât *m*

matadero [mata'ðero] *m* abattoir *m*

matador [mata'ðor] *m* matador *m*

matambre [ma'tambre] *m (RP)* plat *m* de côtes

matamoscas [mata'moskas] *m inv (paleta)* tapette *f*

matanza [ma'tanθa] *f* **1.** *(de personas, animales)* tuerie *f* **2.** *(de cerdo)* abattage *m*

matar [ma'tar] *vt* **1.** tuer **2.** *(brillo, color)* ternir ● **matarse** *vp* se tuer

matarratas [mata'ratas] *m inv* **1.** *(veneno)* mort-aux-rats *f* **2.** *(fam) (bebida)* tord-boyaux *m*

matasellos [mata'seʎos] *m inv* cachet *m*

mate ['mate] *adj* mat(e) ◇ *m* **1.** *(planta, infusión)* maté *m* **2.** *(en ajedrez)* mat *m*

matemáticas [mate'matikas] *fpl* mathématiques *fpl*

matemático, ca [mate'matiko, ka] *adj* mathématique

materia [ma'terja] *f* matière *f* ● **materia prima** matière première

material [mate'rjal] *adj* **1.** *(de materia)* matériel(elle) **2.** *(verdadero)* réel(elle) ◇ *m* **1.** *(componente)* matériau *m* **2.** *(instrumentos)* matériel *m*

maternidad [materni'ðað] *f* maternité *f*

materno, na [ma'terno, na] *adj* maternel(elle)

matinal [mati'nal] *adj* matinal(e)

matiz, ces [ma'tiθ, θes] *m* nuance *f*

matizar [mati'θar] *vt* nuancer

matón [ma'ton] *m (fam)* **1.** *(bravucón)* dur *m* **2.** *(guardaespaldas)* gorille *m* **3.** *(asesino)* homme *m* de main

matorral [mato'ral] *m* **1.** *(lugar)* fourré *m* **2.** *(arbusto)* buisson *m*

matrícula [ma'trikula] *f* **1.** *(de vehículo)* immatriculation *f* **2.** *(de colegio, universidad)* inscription *f* **3.** *(documento)* certificat *m* d'inscription ● **matrícula de honor** ≈ félicitations *fpl* du jury

matricular [matriku'lar] *vt* *(vehículo)* immatriculer ● **matricularse** *vp* s'inscrire

matrimonio [matri'monjo] *m* **1.** *(pareja)* couple *m* **2.** *(ceremonia)* mariage *m*

matutino, na [matu'tino, na] *adj* matinal(e)

maullar [mau'ʎar] *vi* miauler

maullido [mau'ʎiðo] *m* miaulement *m*

máxima ['maksima] *f* **1.** *(frase)* maxime *f* **2.** *(temperatura)* température *f* maximale

máximo, ma ['maksimo, ma] *adj* maximal(e) ◇ *m* maximum *m* ● **como máximo** au maximum ● **el máximo triunfo** le plus grand triomphe

maya ['maja] *adj* maya ◇ *mf* Maya *m* ◇ *m* (lengua) maya *m*

mayo ['majo] *m* mai *m* ● **a principios/finales de mayo** début/fin mai ● **a mediados de mayo** à la mi-mai ● **el pasado/próximo (mes de) mayo** en mai dernier/prochain ● **en mayo** en mai ● **este (mes de) mayo** *(pasado)* en mai dernier ; *(próximo)* en mai prochain ● **para mayo** en mai ● **uno de los mayos más lluviosos** l'un des mois de mai les plus pluvieux ● **el seis de mayo** le six mai

mayonesa [majo'nesa] *f* mayonnaise *f*

mayor [ma'jor] *adj* **1.** *(en edad)* plus âgé(e) **2.** *(en tamaño)* plus grand(e) **3.** *(en importancia, calidad)* supérieur(e) ● **al por mayor** en gros ● **la mayor parte** la majorité ◇ *m* *(en el ejército)* major *m* ● **mayor de edad** majeur(e) ◇ *mf* **el/la mayor** *(en edad)* le plus âgé/la plus âgée ; *(en tamaño, importancia)* le plus grand/la plus grande ● **los mayores** *(adultos)* les grandes personnes

mayoreo [majo'reo] *m* *(Amér)* vente *f* en gros

mayoría [majo'ria] *f* majorité *f*

mayúscula [ma'juskula] *f* majuscule *f* ● **en mayúscula** en majuscules

mazapán [maθa'pan] *m* massepain *m*

mazo ['maθo] *m* **1.** *(de madera)* maillet *m* **2.** *(Amér)* *(de cartas)* paquet *m*

MB *(abr escrita de megabyte)* *m inv* Mo *m* *(megaoctet)*

me [me] *pron* **1.** me, m' *(delante de vocal)* ● **viene a verme** il vient me voir ● **me quiere** il m'aime ● **me levanto a las siete** je me lève à sept heures **2.** *(en imperativo)* moi, me ● **¡mírame!** regarde-moi ! ● **¡no me digas que no!** ne me dis pas non !

mear [me'ar] *vi* *(vulg)* pisser

mecánica [me'kanika] *f* mécanique *f*

mecánico, ca [me'kaniko, ka] *adj* mécanique ◇ *m* mécanicien *m*

mecanismo [meka'nizmo] *m* mécanisme *m*

mecedora [meθe'ðora] *f* fauteuil *m* à bascule

mecer [me'θer] *vt* bercer

mecha ['metʃa] *f* mèche *f*

mechero [me'tʃero] *m* briquet *m*

mechón [me'tʃon] *m* mèche *f*

medalla [me'ðaʎa] *f* médaille *f*

medallón [meða'ʎon] *m* médaillon *m* ● **medallones de rape** médaillons de lotte ● **medallones de solomillo** tournedos *mpl*

media ['meðja] *f* *(promedio)* moyenne *f* ◆ **medias** ['meðjas] *fpl* **1.** *(de mujer)* bas *mpl* **2.** *(Amér)* *(calcetines)* chaussettes *fpl* ◇ *mpl* *(de comunicación)* médias *mpl*
➤ **medio**

mediado, da [me'ðjaðo, ða] *adj* ● **a mediados de** vers le milieu de

mediana [me'ðjana] *f* **1.** *(en geometría)* médiane *f* **2.** *(de autopista)* ligne *f* blanche

mediano, na [me'ðjano, na] *adj* moyen(enne)

medianoche [meðja'notʃe] *f* minuit *m*

mediante [me'ðjante] *prep* grâce à

mediar [me'ðjar] *vi* **1.** *(transcurrir)* s'écouler **2.** *(interceder)* intercéder ● **mediaba el mes de julio** c'était la mi-juillet ● **media un kilómetro entre las dos casas** il y a un kilomètre entre les deux maisons

medicamento [meðika'mento] *m* médicament *m* ● **medicamento genérico** (médicament) générique *m*

medicina [meði'θina] *f* **1.** *(ciencia)* médecine *f* **2.** *(medicamento)* médicament *m*

medicinal [meðiθi'nal] *adj* médicinal(e)

médico, ca ['meðiko, ka] *m, f* médecin *m* ● **médico de guardia** médecin de garde

medida [me'ðiða] *f* mesure *f* ● **medidas de seguridad** mesures de sécurité ● **a medida que** au fur et à mesure que ● **tomar medidas** prendre des mesures

medieval [meðje'βal] *adj* médiéval(e)

medio, dia ['meðjo, ðja] *adj* **1.** *(mitad de)* demi(e) **2.** *(mediano)* moyen(enne) ● **medio ambiente** environnement *m* ● **media hora** demi-heure *f* ● **medio kilo (de)** une livre (de) ● **media docena (de)** une demi-douzaine (de) ● **media pensión** demi-pension *f* ● **a medias** *(sin terminar)* à moitié ; *(partido entre dos)* moitié moitié ◇ *adv* *(no del todo)* à moitié ● **medio loco** à moitié fou ● **a medio hacer** à moitié fait ◇ *m* **1.** *(mitad)* moitié *f* **2.** *(centro, ambiente)* milieu *m* **3.** *(manera)* moyen *m* ● **en medio de** au milieu de ● **por medio de** au moyen de ● **medios** *mpl (recursos)* moyens *mpl* ● **medios (de comunicación)** médias *mpl*

mediocre [me'ðjokre] *adj* médiocre

mediocridad [meðjokri'ðað] *f* médiocrité *f*

mediodía [meðjo'ðia] *m* midi *m*

mediopensionista [,meðjopensjo'nista] *mf* demi-pensionnaire *mf*

medir [me'ðir] *vt* mesurer

meditar [meði'tar] *vt & vi* méditer

mediterráneo, a [meðite'raneo, a] *adj* méditerranéen(enne) ● **el (mar) Mediterráneo** la (mer) Méditerranée

médium ['meðjum] *mf* médium *mf*

medusa [me'ðusa] *f* méduse *f*

megabyte [meɣa'bajt] *m* INFORM mégaoctet *m*

megáfono [me'ɣafono] *m* haut-parleur *m*

mejilla [me'xiʎa] *f* joue *f*

mejillón [mexi'ʎon] *m* moule *f* ● **mejillones a la marinera** moules (à la) marinière

mejor [me'xor] *adj* meilleur(e) ◇ *adv* mieux ◇ *interj* tant mieux ! ● **el/la mejor** le meilleur/la meilleure ● **la mejor alumna** la meilleure élève ● **es mejor que...** il vaut mieux que... ● **a lo mejor** peut-être ● **a lo mejor viene** il viendra peut-être

mejora [me'xora] *f* **1.** amélioration *f* **2.** *(de sueldo)* augmentation *f*

mejorar [mexo'rar] *vi* **1.** améliorer **2.** *(superar)* être meilleur (e) **3.** ● **este medicamento lo mejoró** *(enfermo)* ce médicament lui a fait du bien ◇ *vi* **1.** *(enfermo)* aller mieux **2.** *(tiempo, clima)* s'améliorer ● **mejorarse** *vp* **1.** *(enfermo)* aller mieux **2.** *(tiempo, clima)* s'améliorer

mejoría [mexo'ria] *f* amélioration *f*

melancolía [melanko'lia] *f* mélancolie *f*

melancólico, ca [melaŋ'koliko, ka] *adj* mélancolique

melena [me'lena] *f* **1.** *(de persona)* longue chevelure *f* **2.** *(de león)* crinière *f*

mella ['meʎa] *f* **1.** *(en arma, herramienta)* brèche *f* **2.** *(en dientes)* trou *m* ● **hacer mella en alguien** marquer qqn

mellizo, za [me'ʎiθo, θa] *adj* jumeau(elle) ◆ **mellizos** *mpl* jumeaux *mpl*

melocotón [meloko'ton] *m (Esp)* pêche *f* ● **melocotón en almíbar** pêche au sirop

melocotonero [melokoto'nero] *m (Esp)* pêcher *m*

melodía [melo'ðia] *f* mélodie *f*

melodrama [melo'ðrama] *m* mélodrame *m*

melodramático, ca [meloðra'matiko, ka] *adj* mélodramatique

melón [me'lon] *m* melon *m* ● **melón con jamón** melon et jambon de pays

membrillo [mem'briʎo] *m* coing *m*

memorable [memo'raβle] *adj* mémorable

memoria [me'morja] *f* **1.** mémoire *f* **2.** *(recuerdo)* souvenir *m* **3.** *(estudio)* mémoire *m* **4.** *(informe)* rapport *m* ● **de memoria** par cœur ● **escribir sus memorias** écrire ses mémoires ● **memoria caché** mémoire cache ● **memoria intermedia** mémoire tampon ● **memoria de sólo lectura** mémoire morte ● **memoria viva** mémoire vive

memorizar [memori'θar] *vt* mémoriser

menaje [me'naxe] *m (de cocina)* ustensiles *mpl*

mención [men'θjon] *f* mention *f*

mencionar [menθjo'nar] *vt* mentionner

mendigo, ga [men'diɣo, ɣa] *m, f* mendiant *m*, -e *f*

menestra [me'nestra] *f* ● **menestra de verduras** jardinière *f* de légumes

menor [me'nor] *adj* **1.** *(en edad)* plus jeune **2.** *(en tamaño)* plus petit(e) **3.** *(en importancia)* inférieur(e) **4.** *(en calidad)* mineur(e) ◇ *mf* personne *f* mineur *m*, -e *f* ● **menor de edad** mineur *m*, -e *f* ● **el/la menor** *(en edad)* le/la plus jeune ; *(en tamaño)* le plus petit/la plus petite ; *(en importancia)* le/la moindre

Menorca [me'norka] *s* Minorque

menos ['menos] *adv* **1.** *(comparativo)* ● **está menos gordo** il est moins gros ● **menos manzanas/aire** moins de pommes/d'air ● **menos de/que** moins de/ que ● **tengo menos calor que ayer** j'ai moins chaud qu'hier ● **de menos** en moins **2.** *(superlativo)* ● **el/la/lo menos** le/ la/le moins **3.** *(en matemáticas, horas)* moins ● **son las cuatro menos diez** il est quatre heures moins dix ● **tres menos dos igual a uno** trois moins deux égale un **4.** *(excepto)* sauf ● **acudieron todos menos él** ils sont tous venus sauf lui **5.** *(en locuciones)* ● **a menos que** à moins que ● **al menos** o **por lo menos** au moins ● **un poco menos** un peu moins ● **es lo de menos** ce n'est pas le plus important ● **¡menos mal!** heureusement ! ◇ *m inv* moins *m* ● **el menos es el signo de la resta** le moins est le signe de la soustraction

menospreciar [menospre'θjar] *vt* **1.** *(despreciar)* mépriser **2.** *(apreciar poco)* sous-estimer

menosprecio [menos'preθjo] *m* mépris *m*

mensaje [men'saxe] *m* message *m* ● dejar un mensaje laisser un message/un mot

mensajero, ra [mensa'xero, ra] *m, f* **1.** *(de mensajes)* messager *m*, -ère *f* **2.** *(de paquetes, cartas)* coursier *m*, -ère *f* ● enviar o mandar a un mensajero envoyer un coursier

menstruación [menstrwa'θjon] *f* menstruation *f*

mensual [mensu'al] *adj* mensuel(elle)

menta ['menta] *f* menthe *f* ● a la menta à la menthe

mental [men'tal] *adj* mental(e)

mente ['mente] *f* esprit *m*

mentir [men'tir] *vi* mentir

mentira [men'tira] *f* mensonge *m*

mentiroso, sa [menti'roso, sa] *m, f* menteur *m*, -euse *f*

mentón [men'ton] *m* menton *m*

menú [me'nu] *m* menu *m* ● menú de degustación menu dégustation ● menú del día menu du jour ● menú desplegable *INFORM* menu déroulant ● menú de Inicio *INFORM* menu Démarrer

menudeo [menu'ðeo] *m* (*Amér*) vente *f* au détail

menudo, da [me'nuðo, ða] *adj* **1.** *(persona)* menu(e) **2.** *(objeto, cosa)* petit(e) **3.** *(antes de sustantivo)* *(para enfatizar)* ● ¡menuda sorpresa! quelle surprise ! ● ¡menudo lío! tu parles d'une histoire ! ● ¡menudo artista! quel grand artiste ! ● ¡menuda suerte he tenido! j'ai eu une de ces chances ! ● a menudo souvent

meñique [me'ɲike] *m* petit doigt *m*

mercadillo [merka'ðiʎo] *m* marché *m*

mercado [mer'kaðo] *m* marché *m*

mercancía [merkan'θia] *f* marchandise *f*

mercantil [merkan'til] *adj* commercial(e)

mercería [merθe'ria] *f* mercerie *f*

mercurio [mer'kurjo] *m* mercure *m*

merecer [mere'θer] *vt* mériter ◆ **merecerse** *vp* mériter

merendar [meren'dar] *vi* goûter *(l'après-midi)* ◇ *vt* ● merendar algo prendre qqch au goûter

merendero [meren'dero] *m* buvette *f*

merengue [me'renge] *m* meringue *f*

meridiano, na [meri'ðjano, na] *adj* **1.** *(del mediodía)* de midi **2.** *(fig)* *(evidente)* éclatant(e) ◇ *m* *(de la Tierra)* méridien *m*

meridional [meriðjo'nal] *adj* méridional(e)

merienda [me'rjenda] *f* **1.** *(de media tarde)* goûter *m* **2.** *(para excursión)* pique-nique *m*

mérito ['merito] *m* mérite *m*

merluza [mer'luθa] *f* colin *m* ● merluza a la plancha colin grillé ● merluza a la romana colin à la romaine ● merluza a la vasca colin en sauce avec un œuf poché

mermelada [merme'laða] *f* confiture *f*

mero ['mero] *m* mérou *m* ● mero a la plancha mérou grillé

mes ['mes] *m* mois *m* ● en el mes de au mois de

mesa ['mesa] *f* table *f* ● poner/quitar la mesa mettre/débarrasser la table

mesero, ra [me'sero, ra] *m, f* (*Amér*) serveur *m*, -euse *f*

meseta [me'seta] *f* plateau *m* *(relief)*

mesilla [me'siʎa] *f* ● mesilla de noche table *f* de nuit

mesón [me'son] *m* auberge *f*

mestizo, za [mes'tiθo, θa] *m, f* métis *m,* -isse *f*

meta ['meta] *f* **1.** but *m* **2.** *(de carrera)* ligne *f* d'arrivée

metáfora [me'tafora] *f* métaphore *f*

metal [me'tal] *m* métal *m*

metálico, ca [me'taliko, ka] *adj* métallique ◇ *m (dinero)* liquide *m* ● **en metálico** en liquide

meteorito [meteo'rito] *m* météorite *f*

meteorología [meteorolo'xia] *f* météorologie *f*

meter [me'ter] *vt* **1.** *(introducir)* mettre ● **meter algo/a alguien en** mettre qqch/ qqn dans ● **meter dinero en el banco** mettre de l'argent à la banque ● **lo han metido en la cárcel** on l'a mis en prison **2.** *(hacer participar)* ● **me ha metido en la asociación** il m'a fait entrer dans l'association **3.** *(causar)* ● **meter miedo a alguien** faire peur à qqn ● **¡no me metas prisa!** ne me bouscule pas ! ● **no metas ruido** ne fais pas de bruit **4.** *(fam) (hacer soportar)* ● **nos meterá su discurso** il va nous sortir son discours **5.** *(fam) (imponer)* ● **me han metido una multa** on m'a collé une amende **6.** *(fam) (echar)* ● **le metieron una bronca por llegar tarde** il s'est fait engueuler parce qu'il était en retard ◆ **meterse** *vp (estar)* ● **¿dónde se ha metido?** où est-il passé ? ◆ **meterse a** *v prep* **1.** *(dedicarse a)* devenir **2.** *(empezar)* se mettre à ◆ **meterse con** *v prep* **1.** *(atacar, molestar)* s'en prendre à **2.** *(incordiar)* chercher ◆ **meterse en** *v prep* **1.** *(entrar)* entrer dans ● **se metió en el cine** il est entré dans le cinéma **2.** *(entrometerse)* se mêler de **3.** *(mezclarse con)* être mêlé(e) à

método ['metoðo] *m* méthode *f*

metralla [me'traʎa] *f* mitraille *f*

metro ['metro] *m* **1.** mètre *m* **2.** *(transporte)* métro *m*

metrópoli [me'tropoli] *f* métropole *f*

mexicano, na [mexi'kano, na] *adj* mexicain(e) ◇ *m, f* Mexicain *m,* -e *f*

México ['mexiko] *s* Mexique *m*

mezcla ['meθkla] *f* mélange *m*

mezclar [meθ'klar] *vt* **1.** mélanger **2.** *(en negocio, asunto)* mêler ◆ **mezclarse en** *v prep (asunto)* se mêler de

mezquino, na [meθ'kino, na] *adj* mesquin(e)

mezquita [meθ'kita] *f* mosquée *f*

mg *(abr escrita de miligramo)* mg *(milligramme)*

mi [mi] *(pl* **mis** [mis]*) adj* mon (ma) ● **mis libros** mes livres

mí ['mi] *pron* moi ● **piensa en mí** pense à moi ● **¿te acuerdas de mí?** tu te souviens de moi ? ● **¡a mí qué!** et alors ! ● **por mí...** en ce qui me concerne...

mico ['miko] *m* ouistiti *m*

microbio [mi'kroβjo] *m* microbe *m*

micrófono [mi'krofono] *m* microphone *m*

microondas [mikro'ondas] *m inv* micro-ondes *m inv*

microordenador [mikroorðena'ðor] *m* microordinateur *m*

microprocesador [mikroproθesa'ðor] *m* microprocesseur *m*

microscopio [mikros'kopjo] *m* microscope *m*

miedo ['mjeðo] *m* peur *f* ● **tener miedo de** avoir peur de

miedoso, sa [mje'ðoso, sa] *adj* peureux(euse)

miel ['mjel] *f* miel *m*

miembro ['mjembro] *m* membre *m*

mientras ['mjentras] *conj* **1.** *(hasta que)* tant que **2.** *(al tiempo que)* pendant que ● **mientras que** *(por el contrario)* alors que ● **mientras** *(por)* pendant ce temps ● **mientras esté aquí** tant que je serai là

miércoles ['mjerkoles] *m inv* mercredi *m* ● **cada miércoles** o **todos los miércoles** tous les mercredis ● **caer en miércoles** tomber un mercredi ● **el próximo miércoles** o **el miércoles que viene** mercredi prochain ● **viene el miércoles** il vient mercredi ● **el miércoles pasado** mercredi dernier ● **el miércoles por la mañana/tarde/noche** mercredi matin/après-midi/soir ● **este miércoles** *(pasado)* mercredi dernier ; *(próximo)* mercredi prochain ● **los miércoles** le mercredi

mierda ['mjerða] *f* merde *f* ◇ *interj* *(vulg)* merde !

mies ['mjes] *f* **1.** *(cereal)* blé *m* mûr **2.** *(siega)* moisson *f*

miga ['miɣa] *f* **1.** *(de pan)* mie *f* **2.** *(trocito)* miette *f* ● **el tema tiene miga** *(fig)* le sujet est plein d'intérêt ● **migas** *fpl (quiso)* *pain émietté imbibé de lait et frit*

migaja [mi'ɣaxa] *f* miette *f*

migra ['miɣra] *f (Amér) (fam) police de l'immigration au Sud des États-Unis*

mil ['mil] *núm* mille

milagro [mi'laɣro] *m* miracle *m* ● **de milagro** par miracle

milanesa [mila'nesa] *f* ● **a la milanesa** à la milanaise

milenario, ria [mile'narjo, rja] *adj* millénaire ◇ *m* millénaire *m*

milenio [mi'lenjo] *m* millénaire *m*

milésimo, ma [mi'lesimo, ma] *adj* millième

mili ['mili] *f (fam)* service *m* (militaire) ● **hacer la mili** faire son service

miligramo [mili'ɣramo] *m* milligramme *m*

mililitro [mili'litro] *m* millilitre *m*

milímetro [mi'limetro] *m* millimètre *m*

militante [mili'tante] *mf* militant *m*, -e *f*

militar [mili'tar] *adj* & *mf* militaire

milla ['miʎa] *f* **1.** *(en tierra)* mile *m* **2.** *(en mar)* mille *m* (marin)

millar [mi'ʎar] *m* millier *m*

millón [mi'ʎon] *núm* million *m*

millonario, ria [miʎo'narjo, rja] *m, f* millionnaire *mf*

mimado, da [mi'maðo, ða] *adj* gâté(e)

mimar [mi'mar] *vt* gâter

mímica ['mimika] *f* ● **expresarse con mímica** s'exprimer par gestes

mimosa [mi'mosa] *f* mimosa *m*

min *(abr escrita de minuto)* min *(minute)*

mina ['mina] *f* mine *f*

mineral [mine'ral] *adj* minéral(e) ◇ *m (sustancia)* minerai *m*

minero, ra [mi'nero, ra] *m, f* mineur *m*

miniatura [minja'tura] *f* miniature *f*

minidisco [mini'ðisko] *m* minidisque *m*

minifalda [mini'falda] *f* minijupe *f*

minimizar [minimi'θar] *vt INFORM* réduire

mínimo, ma ['minimo, ma] *adj* minime ◇ *m* minimum *m* ● **como mínimo** au minimum ● **la temperatura mínima** la tem-

pérature minimale ● **no tengo la más mínima idea** je n'en ai pas la moindre idée
ministerio [minis'terjo] *m* ministère *m*
ministro, tra [mi'nistro, tra] *m, f* ministre *m*
minoría [mino'ria] *f* minorité *f*
minoritario, ria [minori'tarjo, rja] *adj* minoritaire
minucioso, sa [minu'θjoso, sa] *adj* minutieux(euse)
minúscula [mi'nuskula] *f* minuscule *f* ● **en minúscula** en minuscule
minúsculo, la [mi'nuskulo, la] *adj* minuscule
minusválido, da [minuz'βaliðo, ða] *m, f* handicapé *m*, -e *f*
minutero [minu'tero] *m* aiguille *f* des minutes
minuto [mi'nuto] *m* minute *f*
mío, mía [mio, 'mia] *adj* à moi ◇ *pron* ● **el mío** le mien ● **la mía** la mienne ● **este libro es mío** ce livre est à moi ● **lo mío es la poesía** (*fam*) mon truc c'est la poésie ● **un amigo mío** un de mes amis ● **los míos** (*mi familia*) les miens *mpl*
miope [mi'ope] *adj* myope
miopía [mio'pia] *f* myopie *f*
mirada [mi'raða] *f* regard *m*
mirador [mira'ðor] *m* **1.** (*para ver un paisaje*) belvédère *m* **2.** (*balcón*) bow-window *m*
mirar [mi'rar] *vt* **1.** regarder **2.** (*vigilar*) faire attention à **3.** (*considerar*) prendre en considération ◇ *vi* (*estar orientado*) donner sur ◆ **mirarse** *vp* se regarder
mirilla [mi'riʎa] *f* judas *m* (*de porte*)
mirlo ['mirlo] *m* merle *m*

mirón, ona [mi'ron, ona] *m, f* (*fam*) **1.** (*curioso*) curieux *m*, -euse *f* **2.** (*que espía*) voyeur *m*, -euse *f*
misa ['misa] *f* messe *f* ● **misa del gallo** messe de minuit
miserable [mise'raβle] *adj* **1.** misérable **2.** (*mezquino*) avare
miseria [mi'serja] *f* misère *f*
misericordia [miseri'korðja] *f* miséricorde *f*
misil [mi'sil] *m* missile *m*
misión [mi'sjon] *f* mission *f*
misionero, ra [misjo'nero, ra] *m, f* missionnaire *mf*
mismo, ma ['mizmo, ma] *adj & pron* même ● **el/la mismo** le/la même ● **ahora mismo** tout de suite ● **lo mismo (que)** la même chose (que) ● **me da lo mismo** ça m'est égal
misterio [mis'terjo] *m* mystère *m*
misterioso, sa [miste'rjoso, sa] *adj* mystérieux(euse)
mitad [mi'tað] *f* **1.** (*parte*) moitié *f* **2.** (*centro, medio*) milieu *m*
mitin ['mitin] *m* meeting *m*
mito ['mito] *m* mythe *m*
mitología [mitolo'xia] *f* mythologie *f*
mitote [mi'tote] *m* (*Amér*) (*fam*) grabuge *m* ● **armar un mitote** ficher la pagaille
mixto, ta ['miksto, ta] *adj* mixte ◇ *m* sandwich de pain de mie au jambon et au fromage
ml (*abr escrita de mililitro*) ml (*millilitre*)
mm (*abr escrita de milímetro*) mm (*millimètre*)
mobiliario [moβi'ljarjo] *m* mobilier *m*

mocasines [moka'sines] *mpl* mocassins *mpl*

mochila [mo'tʃila] *f* sac *m* à dos

mocho [mo'tʃo] *m* balai *m* espagnol

mochuelo [mo'tʃuelo] *m* hibou *m*

moco ['moko] *m* morve *f*

moda ['moða] *f* mode *f* ● **a la moda** à la mode ● **estar de moda** être à la mode

modalidad [moðali'ðað] *f* **1.** modalité *f* **2.** *(en deporte)* catégorie *f*

modelo [mo'ðelo] ◇ *m* modèle *m* ◇ *mf* **1.** *(de artista)* modèle *m* **2.** *(de moda)* mannequin *m*

módem ['moðem] *(pl* **módems** ['moðems]) *m* modem *m*

modernismo [moðer'nizmo] *m (en arte)* art *m* nouveau

modernista [moðer'nista] *adj (en arte)* art nouveau

moderno, na [mo'ðerno, na] *adj* moderne

modestia [mo'ðestja] *f* modestie *f*

modesto, ta [mo'ðesto, ta] *adj* modeste

modificación [moðifika'θjon] *f* modification *f*

modificar [moðifi'kar] *vt* modifier

modisto, ta [mo'ðisto, ta] *m, f* grand couturier *m*

modo ['moðo] *m* **1.** façon *f* **2.** GRAM & INFORM mode *m* ● **de modo que** alors ● **no podía aguantarlo, de modo que me fui** je ne pouvais pas le supporter, alors je suis partie ● **de ningún modo** en aucune façon ● **de todos modos** de toute façon ● **en cierto modo** d'une certaine façon

moflete [mo'flete] *m* bonne joue *f*

mogollón [moɣo'ʎon] *m (fam)* ● **un mogollón de** un tas de

moho ['moo] *m* moisissure *f*

mojado, da [mo'xaðo, ða] *adj* mouillé(e)

mojar [mo'xar] *vt* **1.** mouiller **2.** *(pan)* tremper ◆ **mojarse** *vp* se mouiller

molde ['molde] *m* moule *m*

moldeado [molde'aðo] *m* mise *f* en plis

moldear [molde'ar] *vt* **1.** *(fundir)* mouler **2.** *(dar forma)* modeler ● **moldear el pelo** faire une mise en plis

mole ['mole] *m (Méx)* sauce épicée à base de tomates, d'ail, d'épices et parfois de chocolat, qui accompagne le poulet ou le riz

molestar [moles'tar] *vt* **1.** *(incordiar)* déranger **2.** *(disgustar)* ennuyer **3.** *(doler)* faire mal ◆ **molestarse** *vp* **1.** *(enfadarse, ofenderse)* se vexer **2.** *(darse trabajo)* se déranger

molestia [mo'lestja] *f* **1.** *(fastidio)* gêne *f* **2.** *(dolor)* douleur *f* légère

molesto, ta [mo'lesto, ta] *adj* ● **ser molesto** être gênant ● **estar molesto** *(estar enfadado)* être fâché ; *(estar incómodo)* être gêné

molino [mo'lino] *m* moulin *m* ● **molino de viento** moulin à vent

molusco [mo'lusko] *m* mollusque *m*

momento [mo'mento] *m* moment *m* ● **al momento** à l'instant ● **de momento, por el momento** pour le moment ● **de un momento a otro** d'un moment à l'autre ● **hace un momento** il y a un moment ● **¡un momento!** un instant ! ● **espérame, será un momento** attends-moi, j'en ai pour une minute

momia ['momja] *f* momie *f*

mona ['mona] ◆ **mona de Pascua** *f* gâteau vendu à Pâques ➤ mono

monada [mo'naða] *f* ● es una monada *(persona)* elle est mignonne ; *(cosa)* c'est mignon

monaguillo [mona'ɣiʎo] *m* enfant de chœur

monarca [mo'narka] *m* monarque *m*

monarquía [monar'kia] *f* monarchie *f*

monasterio [monas'terjo] *m* monastère *m*

Moncloa [mon'kloa] *f* ● la Moncloa *siège de la présidence du gouvernement espagnol*

La Moncloa

C'est, depuis 1977, la résidence officielle du chef du gouvernement espagnol et le siège de ce gouvernement. Situé au nord-ouest de Madrid, ce palais fait partie d'un ensemble de bâtiments officiels et a été l'objet de nombreux remaniements, en particulier après la guerre civile.

moneda [mo'neða] *f* pièce *f* (de monnaie)

monedero [mone'ðero] *m* porte-monnaie *m inv*

monitor, ra [moni'tor, ra] *m, f* moniteur *m*, -trice ◇ *m* (pantalla) moniteur *m*

monja ['monxa] *f* religieuse *f*

monje ['monxe] *m* moine *m*

mono, na ['mono, na] *adj* mignon(onne) ● ¡qué mono! comme c'est mignon ! ◇ *m, f* singe *m*, guenon *f* ◇ *m* **1.** (prenda) salopette *f* **2.** (para trabajar) bleu *m* de travail

monólogo [mo'noloɣo] *m* monologue *m*

monopatín [,monopa'tin] *m* planche *f* à roulettes

monopolio [mono'poljo] *m* monopole *m*

monótono, na [mo'notono, na] *adj* monotone

monovolumen [,monoβo'lumen] *m* monospace *m*

monstruo ['monstruo] *m* monstre *m*

montacargas [monta'karɣas] *m inv* monte-charge *m*

montaje [mon'taxe] *m* **1.** (de máquina, película) montage *m* **2.** (de espectáculo) mise *f* en scène **3.** (para engañar) coup *m* monté

montaña [mon'taɲa] *f* montagne *f* ● **montaña rusa** montagnes russes

montañismo [monta'nizmo] *m* alpinisme *m*

montañoso, sa [monta'ɲoso, sa] *adj* montagneux(euse)

montar [mon'tar] *vt* **1.** monter **2.** (nata) fouetter ◇ *vi* monter ● **montar a caballo** monter à cheval ● **montar en bicicleta** faire du vélo

monte ['monte] *m* montagne *f*

montera [mon'tera] *f* (de torero) toque *f*

montón [mon'ton] *m* tas *m*

montura [mon'tura] *f* monture *f*

monumental [monumen'tal] *adj* monumental(e)

monumento [monu'mento] *m* monument *m*

moño ['moɲo] *m* chignon *m*

moqueta [mo'keta] *f* moquette *f*

mora ['mora] *f* (fruto) mûre *f* ➤ moro

morado, da [mo'raðo, ða] *adj* violet(ette) ◇ *m* **1.** *(color)* violet *m* **2.** *(herida)* bleu *m*

moral [mo'ral] *adj* moral(e) ◇ *f* **1.** *(principios, conducta)* morale *f* **2.** *(ánimo)* moral *m*

moraleja [mora'lexa] *f* morale *f (d'une fable)*

moralista [mora'lista] *mf* moraliste *mf*

morcilla [mor'θiʎa] *f* boudin *m (noir)*

mordaza [mor'ðaθa] *f* bâillon *m*

mordedura [morðe'ðura] *f* morsure *f*

morder [mor'ðer] *vt* mordre

mordida [mor'ðiða] *f (Méx) (fam)* bakchich *m*

mordisco [mor'ðisko] *m* **1.** *(acto, herida)* morsure *f* **2.** *(trozo)* bouchée *f*

moreno, na [mo'reno, na] *adj* **1.** *(pelo, piel)* brun(e) **2.** *(por el sol)* bronzé(e)

moribundo, da [mori'βundo, da] *adj* moribond(e)

morir [mo'rir] *vi* mourir ◆ **morirse** *vp* mourir ◆ **morirse por** *v prep* **me muero por ir a esa fiesta** *(fig)* je meurs d'envie d'aller à cette fête

moro, ra [mo'ro, ra] *adj* **1.** *(en la Edad Media)* maure *mf* **2.** *(despec)* arabe ◇ *m, f* **1.** *(en la Edad Media)* Maure *mf* **2.** *(despec)* Arabe *mf*

morocho, cha [mo'rotʃo, tʃa] *adj (Andes & RP) (fam)* **1.** *(robusto)* costaud(e) **2.** *(moreno)* brun(e)

moroso, sa [mo'roso, sa] *m, f* mauvais payeur *m*

morralla [mo'raʎa] *f (Méx)* petite monnaie *f*

morro ['moro] *m (de animal)* museau *m* ● **por el morro** *(fam)* gratis ◆ **morros** *mpl (fam)* lèvres *fpl*

mortadela [morta'ðela] *f* mortadelle *f*

mortal [mor'tal] *adj* mortel(elle)

mortero [mor'tero] *m* mortier *m*

mosaico [mo'sajko] *m* mosaïque *f*

mosca ['moska] *f* mouche *f* ● **por si las moscas** *(fam)* au cas où

moscatel [moska'tel] *m* muscat *m (vin doux)*

mosquito [mos'kito] *m* moustique *m*

mostaza [mos'taθa] *f* moutarde *f*

mostrador [mostra'ðor] *m* comptoir *m* ● **mostrador de ayuda** *INFORM* assistance *f* ▼ **mostrador de facturación** *(en aeropuerto)* enregistrement

mostrar [mos'trar] *vt* montrer ◆ **mostrarse** *vp* se montrer

motel [mo'tel] *m* motel *m*

motivación [motiβa'θjon] *f* motivation *f*

motivar [moti'βar] *vt* motiver

motivo [mo'tiβo] *m* motif *m* ● **con motivo de** *(a causa de)* en raison de ; *(para celebrar)* à l'occasion de

moto ['moto] *f* moto *f* ● **moto acuática** scooter *m* des mers

motocicleta [motoθi'kleta] *f* motocyclette *f*

motociclismo [ˌmotoθi'klizmo] *m* motocyclisme *m*

motociclista [ˌmotoθi'klista] *mf* motocycliste *mf*

motocross [moto'kros] *m inv* motocross *m*

motoneta [moto'neta] *f (Amér)* scooter *m*

motor [mo'tor] *m* moteur *m*

motora [mo'tora] *f* bateau *m* à moteur

motorista [moto'rista] *mf* motocycliste *mf*

mountain bike ['mountajm'bajk] *f* VTT *m* (vélo tout terrain)

mousse ['mus] *f* mousse *f* ◆ **mousse de chocolate/de limón** mousse au chocolat/au citron

mover [mo'βer] *vt* 1. déplacer 2. *(hacer funcionar)* faire marcher ◆ **moverse** *vp* 1. *(agitarse)* bouger 2. *(trasladarse)* se déplacer

movida [mo'βiða] *f (fam)* ambiance *f*

movido, da [mo'βiðo, ða] *adj* 1. *(día)* chargé(e) 2. *(conversación, viaje)* mouvementé(e) 3. *(foto, imagen)* flou(e)

móvil ['moβil] *adj* mobile ◇ *m* mobile *m*

movimiento [moβi'mjento] *m* 1. mouvement *m* 2. *(circulación, viaje)* passage *m* 3. *(de cuenta corriente)* opération *f*

mozárabe [mo'θaraβe] *adj* mozarabe ◇ *m (lengua)* mozarabe *m*

mozo, za ['moθo, θa] *m, f* jeune homme *m*, jeune fille *f* ◇ *m* 1. *(de estación)* porteur *m* 2. *(recluta)* appelé *m* 3. *(Esp, Perú & RP) (camarero)* serveur *m*

MP3 ['eme'pe'tres] *m (INFORM)* 1. *(formato)* MP3 *m* 2. *(archivo)* fichier *m* MP3

mucamo, ma [mu'kamo, ma] *m, f (Amér)* domestique *mf*

muchacha [mu'tʃatʃa] *f (fam) (criada)* bonne *f* ➤ **muchacho**

muchachada [mutʃa'tʃaða] *f (Amér)* bande *f* d'enfants

muchacho, cha [mu'tʃatʃo, tʃa] *m, f* garçon *m*, fille *f*

muchedumbre [mutʃe'ðumbre] *f* foule *f*

mucho, cha ['mutʃo, tʃa] *adj* beaucoup de ◇ *adv* 1. beaucoup 2. *(indica frecuencia)* souvent ◇ *pron* ● **muchos piensan que...** beaucoup de gens pensent que... ● **mucho más/menos** beaucoup plus/moins ● **mucho antes/después** bien avant/après ● **mucho ruido** beaucoup de bruit ● **mucho gusto** *(saludo)* enchanté(e) ● **como mucho** (tout) au plus ● **¡con mucho gusto!** avec plaisir ! ● **ni mucho menos** loin de là ● **por mucho que lo intente** il a beau essayer

mudanza [mu'ðanθa] *f* déménagement *m*

mudar [mu'ðar] *vi* ● **mudar de piel/plumas** muer ◆ **mudarse** *vp* 1. *(de casa)* déménager 2. *(de ropa)* se changer

mudéjar [mu'ðexar] *adj & mf* mudéjar(e)

mudo, da ['muðo, ða] *adj & m, f* muet(ette)

mueble ['mweβle] *m* meuble *m*

mueca ['mweka] *f* grimace *f*

muela ['mwela] *f* 1. dent *f* 2. *(diente molar)* molaire *f*

muelle ['mweʎe] *m* 1. ressort *m* 2. *(de puerto)* quai *m*

muerte ['mwerte] *f* mort *f*

muerto, ta ['mwerto, ta] *adj & m, f* mort(e) ● **muerto de miedo** mort de peur

muestra ['mwestra] *f* 1. *(de mercancía)* échantillon *m* 2. *(de cariño, simpatía)* marque *f* 3. *(exposición)* exposition *f* 4. *(de cansancio)* signe *m*

mugido [mu'xiðo] *m* mugissement *m*

mugir [mu'xir] *vi* mugir

mujer [mu'xer] *f* femme *f*

mulato, ta [muˈlato, ta] *m, f* mulâtre *mf*

muleta [muˈlcta] *f* **1.** béquille *f* **2.** *(de torero)* muleta *f*

mulo, la [ˈmulo, la] *m, f* mulet *m*, mule *f*

multa [ˈmulta] *f* amende *f*

multar [mulˈtar] *vt* condamner à une amende

multicine [multiˈθine] *m* cinéma *m* multisalles

multinacional [multinaθjoˈnal] *f* multinationale *f*

múltiple [ˈmultiple] *adj* multiple

multiplicación [multiplikaˈθjon] *f* multiplication *f*

multiplicar [multipliˈkar] *vt & vi* multiplier ◆ **multiplicarse** *vp* se multiplier

multitud [multiˈtuð] *f* multitude *f*

mundial [munˈdial] *adj* mondial(e)

mundo [ˈmundo] *m* monde *m* ● **todo el mundo** tout le monde ● **un hombre de mundo** un homme qui a vécu

munición [muniˈθjon] *f* munition *f*

municipal [muniθiˈpal] *adj (del municipio)* municipal(e) ◇ *mf (guardia)* policier *m* municipal

municipio [muniˈθipjo] *m* **1.** *(territorio)* commune *f* **2.** *(organismo)* municipalité *f*

muñeca [muˈɲeka] *f (de la mano)* poignet *m*

muñeco, ca [muˈɲeko, ka] *m, f (juguete)* poupée *f*

muñeira [muˈɲejra] *f* danse populaire de Galice

muñequera [muɲeˈkera] *f* DEP poignet *m*

mural [muˈral] *m* peinture *f* murale

muralla [muˈraʎa] *f* muraille *f*

murciélago [murˈθjelaɣo] *m* chauve-souris *f*

muro [ˈmuro] *m* mur *m*

musa [ˈmusa] *f* muse *f*

músculo [ˈmuskulo] *m* muscle *m*

museo [muˈseo] *m* musée *m*

musgo [ˈmuzɣo] *m* mousse *f*

música [ˈmusika] *f* musique *f* ● **música ambiental** musique d'ambiance ● **música clásica/pop** musique classique/pop ➤ **músico**

musical [musiˈkal] *adj* musical(e)

músico, ca [ˈmusiko, ka] *m, f* musicien *m*, -enne *f*

muslo [ˈmuzlo] *m* cuisse *f* ● **muslo de pollo** cuisse de poulet

musulmán, ana [musulˈman, ana] *adj & m, f* musulman(e)

mutilado, da [mutiˈlaðo, ða] *m, f* mutilé *m*, -e *f*

mutua [ˈmutɣa] *f* mutuelle *f*

mutuo, tua [ˈmutɣo, tɣa] *adj* mutuel(elle)

muy [ˈmuj] *adv* très

nabo [ˈnaβo] *m* navet *m*

nacer [naˈθer] *vi* **1.** naître **2.** *(río)* prendre sa source

nacimiento [naθiˈmjento] *m* **1.** naissance *f* **2.** *(de río)* source *f* **3.** *(belén)* crèche *f*

nación [naˈθjon] *f* nation *f*

nacional [naθjoˈnal] *adj* national(e)

nacionalidad [naθjonaliˈðað] *f* nationalité *f*

nada [ˈnaða] *pron* rien ◇ *adv (en absoluto)* pas du tout ● **de nada** de rien ● **no me gusta nada** ça ne me plaît pas du tout ● **no quiero nada más** je ne veux rien d'autre ● **como si nada** comme si de rien n'était

nadador, ra [naðaˈðor, ra] *m, f* nageur *m*, -euse *f*

nadar [naˈðar] *vi* nager

nadie [ˈnaðje] *pron* personne ● **no llamó nadie** personne n'a appelé ● **nadie me lo dijo** personne ne me l'a dit

nailon® [ˈnajlon] *m* Nylon® *m*

naipe [ˈnaipe] *m* carte *f (à jouer)*

nalga [ˈnalɣa] *f* fesse *f*

nana [ˈnana] *f* berceuse *f*

naranja [naˈranxa] *adj inv* orange ◇ *m (color)* orange *m* ◇ *f (fruto)* orange *f* ● **naranja exprimida** orange pressée

naranjada [naranˈxaða] *f* orangeade *f*

naranjo [naˈranxo] *m* oranger *m*

narco [ˈnarko] *mf* ● **una red de narcos** un réseau de narcos

narcotraficante [ˌnarkotrafiˈkante] *mf* trafiquant *m*, -e *f* de drogue

narcotráfico [narkoˈtrafiko] *m* trafic *m* de stupéfiants

nariz, ces [naˈriθ, θes] *f* nez *m*

narración [naraˈθjon] *f* narration *f*

narrador, ra [naraˈðor, ra] *m, f* narrateur *m*, -trice *f*

narrar [naˈrar] *vt* narrer

narrativa [naraˈtiβa] *f* roman *m*

nata [ˈnata] *f (Esp)* crème *f* ● **nata montada** crème fouettée

natación [nataˈθjon] *f* natation *f*

natillas [naˈtiʎas] *fpl* crème *f (entremets)*

nativo, va [naˈtiβo, βa] *m, f* natif *m*, -ive *f*

natural [natuˈral] *adj* naturel(elle) ● **natural de** originaire de

naturaleza [naturaˈleθa] *f* nature *f* ● **por naturaleza** par nature

naufragar [naufraˈɣar] *vi* faire naufrage

naufragio [nauˈfraxjo] *m* naufrage *m*

náuseas [ˈnauseas] *fpl* nausées *fpl* ● **tener náuseas** avoir des nausées

náutico, ca [ˈnautiko, ka] *adj* nautique

navaja [naˈβaxa] *f* couteau *m (à lame pliante)*

naval [naˈβal] *adj* naval(e)

nave [ˈnaβe] *f* **1.** *(barco)* vaisseau *m* **2.** *(de iglesia)* nef *f* **3.** *(en una fábrica)* hangar *m* ● **nave espacial** vaisseau spatial

navegable [naβeˈɣaβle] *adj* navigable

navegación [naβeɣaˈθjon] *f* navigation *f*

navegador [naβeɣaˈðor] *m* INFORM navigateur *m*, browser *m*

navegar [naβeˈɣar] *vi* naviguer

Navidad [naβiˈðað] *s* Noël *m* ● **¡Feliz Navidad!** joyeux Noël ! ● **Navidades** *fpl* **1.** *(vacaciones)* vacances *fpl* de Noël **2.** *(fiestas)* fêtes *fpl* de Noël

nazareno [naθaˈreno] *m (en Semana Santa)* pénitent *m*

neblina [neˈβlina] *f* brume *f*

necedad [neθeˈðað] *f* sottise *f*

necesario, ria [neθeˈsarjo, rja] *adj* nécessaire

neceser [neθeˈser] *m* nécessaire *m* (de toilette)

necesidad [neθesiˈðað] *f* besoin *m* ● **de primera necesidad** de première nécessité ● **hacer sus necesidades** *(fisiológicas)* faire ses besoins • **pasar necesidades** *(estrecheces)* être dans le besoin

necesitar [neθesi'tar] *vt* avoir besoin de ▼ **se necesita camarero** cherche serveur

necio, cia ['neθjo, θja] *adj* idiot(e)

nécora ['nekora] *f* étrille *f*

necrológicas [nekro'loxikas] *fpl* rubrique *f* nécrologique

negación [neɣa'θjon] *f* négation *f*

negado, da [ne'ɣaðo, ða] *adj (despec)* incapable

negar [ne'ɣar] *vt* **1.** *(desmentir)* nier **2.** *(denegar)* refuser • **negarse (a)** *v prep* refuser (de)

negativa [neɣa'tiβa] *f* refus *m*

negativo, va [neɣa'tiβo, βa] *adj* négatif(ive) ◇ *m* négatif *m*

negociable [neɣo'θjaβle] *adj* négociable

negociación [neɣoθja'θjon] *f* négociation *f*

negociador, ra [neɣoθja'ðor, ra] *m, f* négociateur *m*, -trice *f*

negociar [neɣo'θjar] *vt* négocier ◇ *vi (comerciar)* faire du commerce

negocio [ne'ɣoθjo] *m* **1.** affaire *f* **2.** *(local)* commerce *m* • **hacer negocio** gagner de l'argent

negro, gra ['neɣro, ɣra] *adj* **1.** noir(e) **2.** *(fig)* sombre ◇ *m, f (persona)* Noir *m*, -e *f* ◇ *m (color)* noir *m*

nene, na ['nene, na] *m, f (fam)* bébé *m*

nenúfar [ne'nufar] *m* nénuphar *m*

nervio [ner'βjo] *m* **1.** nerf *m* **2.** *(de planta)* nervure *f* • **tener los nervios de punta** avoir les nerfs à vif

nerviosismo [nerβjo'sismo] *m* nervosité *f*

nervioso, sa [ner'βjoso, sa] *adj* **1.** nerveux(euse) **2.** *(irritado)* énervé(e)

neto, ta ['neto, ta] *adj* net (nette)

neumático [neu'matiko] *m* pneu *m*

neura ['neura] *(fam)* *f* **1.** *(obsesión)* obsession *f* **2.** *(depresión)* déprime *f*

neurosis [neu'rosis] *f* névrose *f*

neutral [neu'tral] *adj* neutre

neutro, tra ['neutro, tra] *adj* neutre

nevada [ne'βaða] *f* chute *f* de neige

nevado, da [ne'βaðo, ða] *adj* enneigé(e)

nevar [ne'βar] *v impers* neiger

nevera [ne'βera] *f* réfrigérateur *m*

ni [ni] *conj* ni • **no es alto ni bajo** il n'est ni grand ni petit • **ni... ni ni... ni** • **ni mañana ni pasado** ni demain ni après-demain ◇ *adv* même pas • **no he comido ni una manzana** je n'ai même pas mangé une pomme • **no me quedaré ni un minuto más** je ne resterai pas une minute de plus • **ni siquiera lo ha probado** il n'y a même pas goûté • **¡ni que lo conocieras!** quand bien même tu le connaîtras ! • **está tan atareado que ni come** il est tellement occupé qu'il ne mange même pas • **no quiero ni pensarlo** je ne veux même pas y penser

Nicaragua [nika'raɣwa] *s* Nicaragua *m*

nicaragüense [nikara'ɣwense] *adj* nicaraguayen(enne) ◇ *mf* Nicaraguayen *m*, -enne *f*

nicho ['nitʃo] *m (en cementerio)* niche *f*

nido ['niðo] *m* nid *m*

niebla ['njeβla] *f* brouillard *m*

nieto, ta ['njeto, ta] *m, f* petit-fils *m*, petite-fille *f* • **nietos** *mpl* petits-enfants *mpl*

nieve ['njeβe] *f* neige *f*

NIF ['nif] *m (abr de número de identificación fiscal)* numéro d'identification at-

tribué à toute personne physique en Espagne

ningún [niŋ'gun] ➤ **ninguno**

ninguno, na [niŋ'guno, na] *adj & pron* aucun(e) ● **ningún libro** aucun livre ● **en ninguna parte** nulle part ● **ninguno funciona** aucun ne marche ● **ninguno de ellos lo vio** aucun d'eux ne l'a vu

niña ['niɲa] *f (del ojo)* pupille *f* ➤ **niño**

niñera [ni'ɲera] *f* nourrice *f*

niñez [ni'ɲeθ] *f* enfance *f*

niño, ña ['niɲo, ɲa] *m, f* petit garçon *m*, petite fille *f*

níquel ['nikel] *m* nickel *m*

níspero ['nispero] *m* **1.** *(árbol)* néflier *m* **2.** *(fruto)* nèfle *f*

nítido, da ['nitiðo, ða] *adj* net (nette)

nitrógeno [ni'troxeno] *m* azote *m*

nivel [ni'βel] *m* niveau *m* ● **nivel de vida** niveau de vie ● **al nivel de** au niveau de

no ['no] *adv* non ● **no tengo hambre** je n'ai pas faim ● **no quiero ir** je ne veux pas y aller ● **¿te gusta? - no** ça te plaît ? - non ● **¡cómo no!** bien sûr ! ● **¡eso sí que no!** certainement pas ! ● **¡que no!** certainement pas !

n° *(abr escrita de número)* n° *(numéro)*

noble ['noβle] *adj & mf* noble

nobleza [no'βleθa] *f* noblesse *f*

noche ['notʃe] *f* **1.** nuit *f* **2.** *(atardecer)* soir *m* ● **esta noche no ceno en casa** ce soir je ne dîne pas à la maison ● **de noche** la nuit ● **es de noche** il fait nuit ● **por la noche** la nuit, le soir ● **ayer por la noche** hier soir ● **de la noche** du soir

Nochebuena [notʃe'βwena] *f* nuit *f* de Noël

nochero [no'tʃero] *m (Amér)* **1.** *(vigilante nocturno)* veilleur *m* de nuit **2.** *(trasnochador)* noctambule *mf* **3.** *(mueble)* table *f* de nuit

Nochevieja [ˌnotʃe'βjexa] *f* nuit *f* de la Saint-Sylvestre

La Nochevieja

La nuit du 31 décembre, on fête par un bal l'année qui s'achève. On y distribue des **bolsas de cotillón**, qui contiennent des confettis, des chapeaux en carton ou des langues de belle-mère. Selon la tradition des **uvas de la suerte**, le fait de manger un grain de raisin au son de chacun des douze coups de minuit porte chance toute l'année à venir.

noción [no'θjon] *f* notion *f* ● **tener nociones de...** avoir des notions de...

nocivo, va [no'θiβo, βa] *adj* nocif(ive)

noctámbulo, la [nok'tambulo, la] *m, f* noctambule *mf*

nocturno, na [nok'turno, na] *adj* nocturne

nogal [no'ɣal] *m* noyer *m*

nómada ['nomaða] *adj* nomade *mf*

nombrar [nom'brar] *vt* nommer

nombre ['nombre] *m* nom *m* ● **nombre de pila** nom de baptême ● **¿nombre y apellidos?** nom, prénom ? ● **en nombre de** au nom de

nomeolvides [ˌnomeol'βiðes] *m inv* **1.** *(planta)* myosotis *m inv* **2.** *(pulsera)* gourmette *f*

nómina ['nomina] f **1.** *(lista de empleados)* registre m du personnel **2.** *(sueldo)* paie f **3.** *(documento)* fiche f de paie

nopal [no'pal] m *(Amér)* nopal m

nórdico, ca ['norðiko, ka] adj **1.** *(del norte)* du nord **2.** *(escandinavo)* nordique

noreste [no'reste] m nord-est m

noria ['norja] f **1.** *(para agua)* noria f **2.** *(de feria)* grande roue f

norma ['norma] f **1.** *(reglamento)* règle f **2.** *(de industria)* INFORM norme f

normal [nor'mal] adj normal(e)

normalmente [nor,mal'mente] adv normalement

noroeste [noro'este] m nord-ouest m

norte ['norte] m nord m

Norteamérica [,nortea'merika] s Amérique f du Nord

norteamericano, na [,norteameri'kano, na] adj nord-américain(e) ◇ m, f Nord-Américain(e), -e f

Noruega [no'rueɣa] s Norvège f

noruego, ga [no'rueɣo, ɣa] adj norvégien(enne) ◇ m, f Norvégien m, -enne f ◇ m *(lengua)* norvégien m

nos [nos] pron nous ● **viene a vernos** il vient nous voir ● **nos lo dijo** elle nous l'a dit ● **nos queremos** nous nous aimons ● **¡vayámonos!** allons-nous en !

nosotros, tras [no'sotros, tras] pron nous ● **entre nosotros** entre nous

nostalgia [nos'talxja] f nostalgie f

nostálgico, ca [nos'talxiko, ka] adj nostalgique

nota ['nota] f note f ● **tomar nota** prendre note

notable [no'taβle] adj remarquable ◇ m *(calificación)* mention f bien

notar [no'tar] vt **1.** *(darse cuenta de)* remarquer **2.** *(percibir)* sentir

notario, ria [no'tarjo, rja] m, f notaire m

noticia [no'tiθja] f nouvelle f ● **noticias** fpl *(en radio y televisión)* informations fpl

novata [no'βataða] f bizutage m

novato, ta [no'βato, ta] m, f novice mf

novecientos, tas [noβe'θjentos, tas] núm neuf cents

novedad [noβe'ðað] f nouveauté f ▼ **novedades** *(en tienda)* nouveautés

novela [no'βela] f roman m ● **novela de aventuras** roman d'aventures ● **novela policíaca** roman policier ● **novela rosa** roman à l'eau de rose

novelesco, ca [noβe'lesko, ka] adj romanesque

novelista [noβe'lista] mf romancier m, -ère f

noveno, na [no'βeno, na] adj & m, f neuvième ◇ m *(fracción)* neuvième m ● **el noveno** le neuvième ● **la novena** la neuvième ● **capítulo noveno** chapitre neuf ● **el noveno día** le neuvième jour ● **en novena lugar** o **en novena posición** en neuvième position ● **la novena parte** un neuvième

noventa [no'βenta] núm quatre-vingt-dix

noviazgo [no'βjaθɣo] m *(relaciones)* fiançailles fpl

noviembre [no'βjembre] m novembre m ● **a principios/finales de noviembre** début/fin novembre ● **a mediados de noviembre** à la mi-novembre ● **el pasado/próximo (mes de) noviembre** en novembre dernier/prochain ● **en noviembre** en novembre ● **este (mes de) noviembre** *(pasado)* en novembre dernier ;

(próximo) en novembre prochain ● **para noviembre** en novembre ● **uno de los noviembres más fríos** l'un des mois de novembre les plus froids ● **el cinco de noviembre** le cinq novembre

novillada [noβiˈʎaða] *f* course de jeunes taureaux

novillero, ra [noβiˈʎero, ra] *m, f* torero combattant de jeunes taureaux

novillo, lla [noˈβiʎo, ʎa] *m, f* jeune taureau *m*, génisse *f*

novio, via [noˈβjo, βja] *m, f* **1.** *(prometido)* fiancé *m*, -e *f* **2.** *(compañero)* copain *m*, copine *f* ● **novios** *mpl* *(recién casados)* jeunes mariés *mpl*

nubarrón [nuβaˈron] *m* gros nuage *m*

nube [ˈnuβe] *f* nuage *m*

nublado, da [nuˈβlaðo, ða] *adj* nuageux(euse)

nublarse [nuˈβlarse] *v impers* se couvrir *(ciel)*

nubosidad [nuβosiˈðað] *f* nébulosité *f*

nuboso, sa [nuˈβoso, sa] *adj* nuageux(euse)

nuca [ˈnuka] *f* nuque *f*

nuclear [nukleˈar] *adj* nucléaire

núcleo [ˈnukleo] *m* noyau *m*

nudillos [nuˈðiʎos] *mpl* jointures *fpl* *(des doigts)*

nudismo [nuˈðizmo] *m* nudisme *m*

nudista [nuˈðista] *mf* nudiste *mf*

nudo [ˈnuðo] *m* nœud *m*

nuera [ˈnwera] *f* belle-fille *f*

nuestro, tra [ˈnwestro, tra] *adj* notre ◇ *pron* ● **el nuestro** le nôtre ● **la nuestra** la nôtre ● **nuestro piso** notre appartement ● **nuestros libros** nos livres ● **lo nuestro es el cine** notre truc c'est le cinéma ● **un amigo nuestro** un de nos amis

nuevamente [ˌnweβaˈmente] *adv* de o à nouveau

Nueva Zelanda [ˈnweβaθeˈlanda] *s* Nouvelle-Zélande *f*

nueve [ˈnweβe] *adj inv* & *m* neuf ◇ *mpl* neuf ◇ *fpl* ● **las nueve** neuf heures ● **doscientos nueve** deux cent neuf ● **treinta y nueve** trente-neuf ● **de nueve en nueve** neuf par neuf ● **empatados a nueve** neuf partout ● **los nueve** les neuf ● **nueve a cero** neuf à zéro

nuevo, va [ˈnweβo, βa] *adj* **1.** *(reciente)* nouveau(elle) **2.** *(poco usado)* neuf (neuve) ● **de nuevo** de o à nouveau

nuez, ces [ˈnweθ, θes] *f* **1.** noix *f* **2.** *(del cuello)* pomme *f* d'Adam

nulidad [nuliˈðað] *f* nullité *f*

nulo, la [ˈnulo, la] *adj* nul (nulle)

núm. *(abr escrita de* número*)* nº *(número)*

numerado, da [numeˈraðo, ða] *adj* numéroté(e)

número [ˈnumero] *m* **1.** numéro *m* **2.** *(cifra, cantidad)* nombre *m* **3.** *(ropa)* taille *f* **4.** *(zapatos)* pointure *f* ● **número de teléfono/de móvil/de fax** numéro de téléphone/de portable/de fax ● **número equivocado** faux numéro ● **equivocarse de número** faire un faux numéro

numeroso, sa [numeˈroso, sa] *adj* nombreux(euse)

numismática [numizˈmatika] *f* numismatique *f*

nunca [ˈnunka] *adv* jamais ● **no llama nunca** il n'appelle jamais ● **nunca jamás** o **más** jamais plus

nupcial [nup'θjal] *adj* nuptial(e)

nupcias ['nupθjas] *fpl* noces *fpl*

nutria ['nutrja] *f* loutre *f*

nutrición [nutri'θjon] *f* nutrition *f*

nutritivo, va [nutri'tiβo, βa] *adj* nutritif(ive)

ñato, ta ['ɲato, ta] *adj* (*Amér*) aplati(e)

ñoñería [ɲoɲe'ria] *f* niaiserie *f*

ñoño, ña ['ɲoɲo, ɲa] *adj* **1.** (*remilgado*) cucul **2.** (*quejica*) geignard(e) **3.** (*soso*) mièvre

ñoqui ['ɲoki] *m* gnocchi *m*

ñudo [al'ɲuðo] ◆ **al ñudo** *adv* (*Amér*) pour rien

o [o] *conj* ou ● **rojo o verde** rouge ou vert ● **o sea** autrement dit

oasis [o'asis] *m inv* oasis *f*

obedecer [oβeðe'θer] *vt* obéir à ◆ **obedecer a** *v prep* obéir à

obediencia [oβe'ðjenθja] *f* obéissance *f*

obediente [oβe'ðjente] *adj* obéissant(e)

obesidad [oβesi'ðað] *f* obésité *f*

obeso, sa [o'βeso, sa] *adj* obèse

obispo [o'βispo] *m* évêque *m*

objeción [oβxe'θjon] *f* objection *f*

objetividad [oβxetiβi'ðað] *f* objectivité *f*

objetivo, va [oβxe'tiβo, βa] *adj* objectif(ive) ◇ *m* objectif *m*

objeto [oβ'xeto] *m* objet *m* ● **objetos perdidos** objets trouvés ● **con objeto de** dans le but de

obligación [oβliɣa'θjon] *f* obligation *f*

obligar [oβli'ɣar] *vt* obliger ◆ **obligarse a** *v prep* **1.** (*forzarse a*) s'obliger à **2.** (*moralmente*) s'engager à

obligatorio, ria [oβliɣa'torjo, rja] *adj* obligatoire

obra ['oβra] *f* **1.** œuvre *f* **2.** (*edificio en construcción*) chantier *m* ● **obra de caridad** œuvre de charité ● **obra de teatro** pièce *f* de théâtre ◆ **obras** *fpl* (*reformas*) travaux *mpl*

obrador [oβra'ðor] *m* atelier *m*

obrero, ra [o'βrero, ra] *m, f* ouvrier *m*, -ère *f*

obsequiar [oβse'kjar] *vt* offrir

obsequio [oβ'sekjo] *m* cadeau *m*

observación [oβserβa'θjon] *f* observation *f*

observador, ra [oβserβa'ðor, ra] *adj* observateur(trice)

observar [oβser'βar] *vt* observer ◇ *vi* (*comentar*) remarquer

observatorio [oβserβa'torjo] *m* observatoire *m*

obsesión [oβse'sjon] *f* obsession *f*

obsesionar [oβsesjo'nar] *vt* obséder ◆ **obsesionarse con** *v prep* être obsédé(e) par

obstáculo [oβs'takulo] *m* obstacle *m*

obstante [oβs'tante] ◆ **no obstante** *conj* néanmoins

obstinado, da [oβsti'naðo, ða] *adj* obstiné(e)

obstruir [oβs'truir] *vt* **1.** obstruer **2.** (*dificultar*) empêcher ◆ **obstruirse** *vp* se boucher

obtener [oβte'ner] *vt* obtenir

obvio, via ['oββjo, βja] *adj* évident(e)

oca ['oka] *f* **1.** oie *f* **2.** *(juego)* jeu *m* de l'oie

ocasión [oka'sjon] *f* occasion *f* ● de ocasión d'occasion

ocasional [okasjo'nal] *adj* occasionnel(elle)

ocaso [o'kaso] *m* **1.** *(anochecer)* crépuscule *m* **2.** *(fig) (decadencia)* déclin *m*

occidental [okθiðen'tal] *adj* occidental(e)

occidente [okθi'ðente] *m* occident *m* ● (el) Occidente (l')Occident

océano [o'θeano] *m* océan *m*

ochenta [o'tʃenta] *núm* quatre-vingts

ocho ['otʃo] *adj inv & m* huit ◇ *mpl* huit ◇ *fpl* ● las ocho huit heures ● doscientos ocho deux cent huit ● treinta y ocho trente-huit ● de ocho en ocho huit par huit ● empatados a ocho huit partout ● los ocho les huit ● ocho a cero huit à zéro

ochocientos, tas [otʃo'θjentos, tas] *núm* huit cents

ocio [o'θjo] *m* loisirs *mpl*

ocioso, sa [o'θjoso, sa] *adj* oisif(ive)

ocre ['okre] *adj inv* ocre

octavo, va [ok'taβo, βa] *adj & m, f* huitième ◇ *m (fracción)* huitième *m* ● el octavo le huitième ● la octava la huitième ● capítulo octavo chapitre huit ● el octavo día le huitième jour ● en octavo lugar o en octava posición en huitième position ● la octava parte un huitième

octubre [ok'tuβre] *m* octobre *m* ● a principios/finales de octubre début/fin octobre ● a mediados de octubre à la mi-octobre ● el pasado/próximo (mes de) octubre en octobre dernier/prochain

● en octubre en octobre ● este (mes de) octubre *(pasado)* en octobre dernier ; *(próximo)* en octobre prochain ● para octubre en octobre ● uno de los octubres más templados l'un des mois d'octobre les plus doux ● el siete de octubre le sept octobre

oculista [oku'lista] *mf* oculiste *mf*

ocultar [okul'tar] *vt* cacher

oculto, ta [o'kulto, ta] *adj* caché(e)

ocupación [okupa'θjon] *f* **1.** occupation *f* **2.** *(oficio)* profession *f*

ocupado, da [oku'paðo, ða] *adj* occupé(e)

ocupar [oku'par] *vt* **1.** occuper **2.** *(dar empleo)* employer ◆ **ocuparse** *v prep* s'occuper de

ocurrir [oku'rir] *vi* arriver ◆ **ocurrirse** *vp* ● no se me ocurre ninguna solución je ne vois aucune solution ● ¡ni se te ocurra! tu n'y penses même pas !

odiar [o'ðjar] *vt* haïr

odio ['oðjo] *m* haine *f*

oeste [o'este] *m* ouest *m*

ofensiva [ofen'siβa] *f* offensive *f*

oferta [o'ferta] *f* **1.** offre *f* **2.** *(rebaja)* promotion *f*

oficial [ofi'θjal] *adj* officiel(elle) ◇ *mf* officier *m*

oficina [ofi'θina] *f* bureau *m* ● oficina de correos bureau de poste ● oficina de objetos perdidos bureau des objets trouvés ● oficina de turismo office *m* du tourisme

oficinista [ofiθi'nista] *mf* employé *m*, -e *f* de bureau

oficio [o'fiθjo] *m* **1.** métier *m* **2.** *(misa)* office *m*

ofimática [ofi'matika] *f* bureautique *f*

ofrecer [ofre'θer] *vt* offrir ◆ **ofrecerse** *v prep* ◆ **se ofreció a ayudarme** il s'est offert pour m'aider

oftalmología [oftalmolo'xia] *f* ophtalmologie *f*

ogro ['oɣro] *m* ogre *m*

oído [o'iðo] *m* 1. *(sentido)* ouïe *f* 2. *(órgano)* oreille *f* ◆ **al oído** à l'oreille

oír [o'ir] *vt* 1. entendre 2. *(atender)* écouter ◆ **¡oiga!** allô !

ojal [o'xal] *m* boutonnière *f*

ojalá [oxa'la] *interj* ◆ **¡ojalá lo haga!** *(esperanza)* pourvu qu'il le fasse ! ◆ **¡ojalá estuviera aquí!** *(añoranza)* si seulement il était là !

ojeras [o'xeras] *fpl* cernes *mpl*

ojo ['oxo] *m* 1. œil *m* 2. *(de aguja)* chas *m* 3. *(de cerradura)* trou *m* ◆ *interj* (expresa advertencia) attention ! ◆ **ojo de buey** œil-de-bœuf *m* ◆ **a ojo** *(fig)* à vue de nez

OK [o'kei] *interj* OK !

okupa [o'kupa] *mf* (fam) squatter *m*

ola ['ola] *f* 1. vague *f* 2. *(de enfermedad)* épidémie *f* ◆ **ola de calor/de frío** vague de chaleur/de froid

ole ['ole] *interj* olé !

oleaje [ole'axe] *m* houle *f*

oleo ['oleo] *m* huile *f*

oler [o'ler] *vt & vi* sentir ◆ **oler bien/mal** sentir bon/mauvais ◆ **olerse** *vp* ◆ **olerse algo** flairer qqch

olfato [ol'fato] *m* 1. odorat *m* 2. *(fig)* (astucia) flair *m*

olimpiadas [olim'pjaðas] *fpl* Jeux olympiques *mpl*

olímpico, ca [o'limpiko, ka] *adj* olympique

oliva [o'liβa] *f* olive *f*

olivo [o'liβo] *m* olivier *m*

olla ['oʎa] *f* marmite *f* ◆ **olla a presión** Cocotte-Minute® *f*

olmo ['olmo] *m* orme *m*

olor [o'lor] *m* odeur *f* ◆ **olor a** odeur de

olvidar [olβi'ðar] *vt* oublier ◆ **olvidarse de** *v prep* ◆ **se olvidó de cerrar la puerta** il a oublié de fermer la porte

olvido [ol'βiðo] *m* oubli *m*

ombligo [om'bliɣo] *m* nombril *m*

omitir [omi'tir] *vt* omettre

once ['onθe] *adj inv & m* onze ◆ *m* onze *m* ◆ *fpl* **las once** onze heures ◆ **doscientos once** deux cent onze ◆ **de once en once** onze par onze ◆ **empatados a once** onze partout ◆ **los once** les onze ◆ **once a cero** onze à zéro

ONCE ['onθe] *(abr de Organización Nacional de Ciegos Españoles)* *f* (Esp) association espagnole d'aide aux aveugles et aux handicapés, qui organise une loterie

La ONCE

Cette organisation espagnole indépendante, fondée à l'origine pour venir en aide aux aveugles, couvre actuellement d'autres infirmités. Son but principal est de fournir du travail à ses membres. Une loterie nationale quotidienne a été créée et les membres de l'association se chargent d'en vendre les billets ; c'est là leur principale source de revenus.

onda ['onda] *f* 1. onde *f* 2. *(de pelo, tela)* ondulation *f*

ondulado, da [ondu'laðo, ða] *adj* ondulé(e)

ONU ['onu] (*abr de Organización de las Naciones Unidas*) *f* ONU *f* (*Organisation des Nations Unies*)

opaco, ca [o'pako, ka] *adj* opaque

opción [op'θjon] *f* choix *m* ● **tener opción a** (*tener derecho a*) avoir droit à

ópera ['opera] *f* opéra *m*

operación [opera'θjon] *f* opération *f* ● **operación retorno/salida** opération retours/grands départs

operador, ra [opera'ðor, ra] *m, f* (*de teléfonos*) opérateur *m*, -trice *f*

operar [ope'rar] *vt* opérer

operario, ria [ope'rarjo, rja] *m, f* ouvrier *m*, -ère *f*

opinar [opi'nar] *vt* penser ◇ *vi* donner son opinion

opinión [opi'njon] *f* opinion *f* ● **la opinión pública** l'opinion publique

oponer [opo'ner] *vt* opposer ◆ **oponerse (a)** *v prep* s'opposer (à)

oportunidad [oportuni'ðað] *f* occasion *f* ▼ **oportunidades** (*en tienda*) bonnes affaires

oportuno, na [opor'tuno, na] *adj* opportun(e)

oposición [oposi'θjon] *f* **1.** opposition *f* **2.** (*resistencia*) résistance *f* ● **la oposición** (*en política*) l'opposition ◆ **oposiciones** *fpl* (*para empleo*) concours *m* (*généralement administratif*)

oprimir [opri'mir] *vt* **1.** (*apretar*) appuyer sur **2.** (*reprimir*) opprimer

optar [op'tar] ◆ **optar a** *v prep* (*aspirar a*) aspirer à ◆ **optar por** *v prep* (*escoger*) opter pour

optativo, va [opta'tiβo, βa] *adj* optionnel(elle)

óptica ['optika] *f* (*ciencia*) optique *f* ● **ir a la óptica** aller chez l'opticien

optimismo [opti'mizmo] *m* optimisme *m*

optimista [opti'mista] *adj* optimiste

opuesto, ta [o'pwesto, ta] *adj* opposé(e) ● **opuesto a** opposé à

oración [ora'θjon] *f* **1.** (*rezo*) prière *f* **2.** (*frase*) phrase *f*

orador, ra [ora'ðor, ra] *m, f* orateur *m*, -trice *f*

oral [o'ral] *adj* oral(e)

órale ['orale] *interj* (*Amér*) **1.** (*ánimo*) allez ! **2.** (*consentimiento*) d'accord !

orangután [orangu'tan] *m* orang-outan *m*

oratoria [ora'torja] *f* oratoire *m*

órbita ['orβita] *f* **1.** orbite *f* **2.** (*ámbito*) sphère *f* d'influence

orca ['orka] *f* orque *f*

orden ['orðen] *m* (*de lugar, objetos*) ordre *m* ● **en orden** en ordre ◇ *f* (*mandato*) ordre *m*

ordenación [orðena'θjon] *f* (*de sacerdote*) ordination *f*

ordenado, da [orðe'naðo, ða] *adj* ordonné(e)

ordenador [orðena'ðor] *m* (*Esp*) ordinateur *m* ● **ordenador de bolsillo** ordinateur de poche ● **ordenador portátil** ordinateur portable

ordenar [orðe'nar] *vt* **1.** (*apretar*) ordonner **2.** (*habitación, armario*) ranger

ordeñar [orðe'nar] *vt* traire

ordinario, ria [orði'narjo, rja] *adj* **1.** (*habitual*) ordinaire **2.** (*vulgar*) grossier(ère)

orégano [o'reɣano] *m* origan *m*

oreja [o'rexa] *f* oreille *f*

orgánico, ca [or'ɣaniko, ka] *adj* organique

organismo [orɣa'nizmo] *m* organisme *m*

organización [orɣaniθa'θjon] *f* **1.** organisation *f* **2.** *(conjunto de personas)* organisateurs *mpl*

organizador, ra [orɣaniθa'ðor, ra] *m, f* organisateur *m*, -trice *f*

organizar [orɣani'θar] *vt* organiser

órgano ['orɣano] *m* **1.** *(parte del cuerpo)* organe *m* **2.** *(instrumento musical)* orgue *m*

orgullo [or'ɣuʎo] *m* **1.** *(vanidad)* orgueil *m* **2.** *(satisfacción)* fierté *f*

orgulloso, sa [orɣu'ʎoso, sa] *adj (vanidoso)* orgueilleux(euse) ● **orgulloso de** *(satisfecho de)* fier de

oriental [orjen'tal] *adj* oriental(e) ◇ *mf* Oriental *m*, -e *f*

orientar [orjen'tar] *vt* orienter

orientativo, va [orjenta'tiβo, βa] *adj* indicatif(ive)

oriente [o'rjente] *m* est *m* ● **(el) Oriente** *(países asiáticos)* (l')Orient

orificio [ori'fiθjo] *m* orifice *m*

origen [o'rixen] *m* origine *f*

original [orixi'nal] *adj* **1.** *(único, extraño)* original(e) **2.** *(inicial)* originel(elle)

originario, ria [orixi'narjo, rja] *adj* **1.** *(país, ciudad)* d'origine **2.** *(inicial)* originel(elle) ● **originario de** originaire de

orilla [o'riʎa] *f* **1.** *(de río, lago)* rive *f* **2.** *(de mar)* rivage *m* **3.** *(de camino, tela)* bord *m* **4.** *(de bosque)* lisière *f*

orillarse [ori'ʎarse] *vp* (Col, Méx & Ven) s'écarter

orina [o'rina] *f* urine *f*

orinal [ori'nal] *m* pot *m* de chambre

orinar [ori'nar] *vi* uriner

oro ['oro] *m* or *m* ● **oros** *mpl* (de la baraja) l'une des quatre couleurs du jeu de cartes espagnol

orquesta [or'kesta] *f* **1.** orchestre *m* **2.** *(lugar en teatro)* fosse *f* d'orchestre

orquestar [orkes'tar] *vt* orchestrer

orquídea [or'kiðea] *f* orchidée *f*

ortiga [or'tiɣa] *f* ortie *f*

ortodoxo, xa [orto'ðokso, sa] *adj* orthodoxe

oruga [o'ruɣa] *f* chenille *f*

os [os] *pron* vous ● **no os vi** je ne vous ai pas vus ● **os** lo dijo il vous l'a dit ● **¿os vais?** vous partez ? ● **¡lavaos las manos!** lavez-vous les mains ! ● **¡no os peleéis!** ne vous disputez pas !

oscilar [osθi'lar] *vi* osciller

oscuridad [oskuri'ðað] *f* obscurité *f*

oscuro, ra [os'kuro, ra] *adj* **1.** sombre **2.** *(color)* foncé(e) **3.** *(fig) (confuso)* obscur(e) ● **a oscuras** dans le noir

oso, sa ['oso, sa] *m, f* ours *m*, ourse *f*

ossobuco [oso'βuko] *m* osso-buco *m inv*

ostra ['ostra] *f* huître *f* ● **aburrirse como una ostra** *(fam)* s'ennuyer comme un rat mort ◆ **ostras** *interj* *(fam)* la vache !

OTAN ['otan] *f* OTAN *f*

otoño [o'toɲo] *m* automne *m* ● **en otoño** en automne

otorrino, na [oto'rino, na] *m, f* (fam) oto-rhino *mf*

otorrinolaringólogo, ga [oto,rinolarin'goloɣo, ɣa] *m, f* oto-rhino-laryngologiste *mf*

otro, tra ['otro, tra] *adj* autre ● **el otro día** l'autre jour ◇ *pron* 1. un autre (une autre) 2. ● **el otro/la otra** l'autre ● **dame otro** donne-m'en un autre ● **otros prefieren la playa** d'autres préfèrent la plage

ovalado, da [oβa'laðo, ða] *adj* ovale

ovario [o'βarjo] *m* ovaire *m*

oveja [o'βexa] *f* brebis *f*

ovni ['oβni] *m* ovni *m*

óxido ['oksiðo] *m* 1. (en química) oxyde *m* 2. (de metales) rouille *f*

oxígeno [ok'sixeno] *m* oxygène *m*

oyente [o'jente] *mf* auditeur *m*, -trice *f*

ozono [o'θono] *m* ozone *m*

P

p. (abr escrita de página) p. (page)

pabellón [paβe'ʎon] *m* 1. pavillon *m* 2. (tienda de campaña) tente *f*

pacer [pa'θer] *vi* paître

pachamama [patʃa'mama] *f* (Amér) terre *f* (nourricière)

pacharán [patʃa'ran] *m* liqueur à base d'airelles

paciencia [pa'θjenθja] *f* patience *f* ● **perder la paciencia** perdre patience ● **tener paciencia** avoir de la patience

paciente [pa'θjente] *adj & mf* patient(e)

pacificación [paθifika'θjon] *f* pacification *f*

pacífico, ca [pa'θifiko, ka] *adj* pacifique ● **el Pacífico** le Pacifique

pacifismo [paθi'fizmo] *m* pacifisme *m*

pacifista [paθi'fista] *mf* pacifiste *mf*

pack ['pak] *m* pack *m*

pacto ['pakto] *m* pacte *m*

padecer [paðe'θer] *vt* 1. (enfermedad) souffrir de 2. (soportar) subir ◇ *vi* souffrir ● **padecer de** *v prep* souffrir de

padrastro [pa'ðrastro] *m* beau-père *m* (compagnon de la mère)

padre ['paðre] *m* père *m* ◇ *adj* (Méx) (fam) super ● **estar padre** (Méx) (fam) être super ● **padres** *mpl* parents *mpl*

padrino [pa'ðrino] *m* 1. (de boda) témoin *m* 2. (de bautizo) parrain *m* ● **padrinos** *mpl* parrains *mpl*

padrísimo [pa'ðrisimo] *adj* (Méx) (fam) génial(e)

padrote [pa'ðrote] *m* (Amér) (fam) maquereau *m*

paella [pa'eʎa] *f* paella *f*

pág. (abr escrita de página) p. (page)

paga ['paɣa] *f* paie *f*

La paga extraordinaria

En Espagne, la plupart des salaires pour des postes en C.D.I. sont calculés sur la base de 14 paiements d'un même montant, ce qui permet aux salariés de toucher une double paye ou **paga extraordinaria** deux fois par an, en juin et en décembre.

pagadero, ra [paɣa'ðero, ra] *adj* ● **pagadero a** payable à

pagado, da [pa'ɣaðo, ða] *adj* (deuda, cuenta) payé(e)

pagano, na [pa'ɣano, na] *m, f* païen *m*, -enne *f*

pagar [pa'ɣar] *vt* **1.** payer **2.** (corresponder) payer de retour ◇ *vi* payer ▼ **pague en caja antes de retirar su vehículo** payez à la caisse avant de reprendre votre véhicule

página ['paxina] *f* page *f* ● **página personal/profesional** site *m* personnel/professionnel ● **página web** site web o internet

pago ['paɣo] *m* paiement *m* ● **como pago de** en remerciement de

paila ['pajla] *f* (Amér) **1.** (sartén) poêle *f* **2.** (charco pequeño) bassin naturel dans une rivière

país [pa'is] *m* pays *m*

paisaje [paj'saxe] *m* paysage *m*

paisano, na [paj'sano, na] *m, f* (de país, ciudad) compatriote *mf* ◇ *m* (persona civil) civil *m* ● **de paisano** en civil

Países Bajos [pa'isez'βaxos] *mpl* ● **los Países Bajos** les Pays-Bas *mpl*

País Vasco [pa'iz'βasko] *m* ● **el País Vasco** le Pays basque

paja ['paxa] *f* **1.** (hierba) *f* **2.** (fig) (relleno) remplissage *m*

pajarita [paxa'rita] *f* (de tela) nœud *m* papillon

pájaro ['paxaro] *m* oiseau *m*

paje ['paxe] *m* page *m*

pala ['pala] *f* **1.** pelle *f* **2.** (raqueta) raquette *f* **3.** (de remo) pale *f*

palabra [pa'laβra] *f* **1.** (vocablo) mot *m* **2.** (aptitud, promesa) parole *f* ● **de palabra** (hablando) de vive voix ● **palabra clave** mot-clé *m* ● **palabras** *fpl* (palabrería) discours *m*

palacio [pa'laθjo] *m* palais *m* ● **palacio municipal** (Amér) hôtel *m* de ville

El Palacio de la Moneda

C'est la résidence officielle du président de la République du Chili et le siège de son gouvernement. C'est là que le président reçoit les ministres, les visiteurs de marque et ses homologues étrangers. Construit à la fin du XIXᵉ siècle, l'édifice est de style néoclassique.

El Palacio de la Zarzuela

Résidence actuelle du roi d'Espagne, le palais de la Zarzuela est situé sur les collines du Pardo, au nord-ouest de Madrid. Construit entre 1634 et 1638 par Juan Gómez de Mora et Alonso Carbonell, sous le règne de Philippe IV, c'était à l'origine une maison de campagne et un pavillon de chasse. Édifice de style néoclassique à un seul étage avec une cour intérieure rectangulaire, il a été reconstruit au XVIIIᵉ siècle en style rococo.

paladar [pala'ðar] *m* **1.** (en la boca) palais *m* **2.** (gusto) goût *m*

paladear [palaðe'ar] *vt* savourer

palanca [pa'lanka] *f* levier *m* ● **palanca de cambios** levier (de changement) de vitesse ● **palanca de juegos** joystick *m*

palangana [palan'gana] *f* bassine *f*

palco ['palko] *m* loge *f* (de théâtre)

paletilla [pale'tiʎa] *f* (omóplato) omoplate *f* ● **paletilla de cordero** épaule *f* d'agneau

pálido, da ['paliðo, ða] *adj* pâle

palillo [pa'liʎo] *m* 1. (para dientes) cure-dents *m inv* 2. (para tambor) baguette *f*

paliza [pa'liθa] *f* raclée *f* ● **darse una (buena) paliza** (fam) (esforzarse) en mettre un coup ● **dar la paliza** (fam) (hablando) saoûler ● **el viaje ha sido una paliza** (fam) le voyage a été crevant

palma ['palma] *f* 1. (de mano) paume *f* 2. (palmera) palmier *m* 3. (hoja de palmera) palme *f* ● **palmas** *fpl* (aplausos) applaudissements *mpl* ● **dar palmas** frapper dans ses mains (au rythme de la musique)

palmada [pal'maða] *f* tape *f* ● **dar palmadas** frapper dans ses mains

palmera [pal'mera] *f* palmier *m*

palmitos [pal'mitos] *mpl* cœurs *mpl* de palmier ● **palmitos en vinagreta** cœurs de palmier à la vinaigrette

palo ['palo] *m* 1. (madera) bâton *m* 2. (golpe) coup *m* de bâton 3. (de barco) mât *m* 4. (en naipes) couleur *f*

paloma [pa'loma] *f* 1. pigeon *m* 2. (blanca) colombe *f*

palomar [palo'mar] *m* pigeonnier *m*

palomitas [palo'mitas] *fpl* pop-corn *m inv*

palpitar [palpi'tar] *vi* palpiter ● **en sus palabras palpitaba su emoción** ses paroles trahissaient son émotion

palta ['palta] *f* (Andes & RP) avocat *m* (fruit)

pamela [pa'mela] *f* capeline *f*

pampa ['pampa] *f* pampa *f*

pan ['pan] *m* pain *m* ● **pan dulce** (Amér) viennoiserie *f* ● **pan de molde** pain de mie ● **pan de muerto** (Méx) sorte de grand pain au lait que l'on mange à la Toussaint ● **pan rallado** chapelure *f* ● **pan con tomate** tranche de pain frottée d'ail et de tomate et arrosée d'huile d'olive ● **pan tostado** pain grillé

panadería [panaðe'ria] *f* boulangerie *f*

panadero, ra [pana'ðero, ra] *m, f* boulanger *m*, -ère *f*

panal [pa'nal] *m* (de colmena) rayon *m*

Panamá [pana'ma] *s* Panamá *m*

panameño, ña [pana'meɲo, ɲa] *adj* panaméen(enne) ◇ *m, f* Panaméen *m*, -enne *f*

pancarta [pan'karta] *f* pancarte *f*

pandereta [pande'reta] *f* tambour *m* de basque

pandilla [pan'diʎa] *f* bande *f* (d'amis)

panecillo [pane'θiʎo] *m* petit pain *m*

panel [pa'nel] *m* panneau *m*

panera [pa'nera] *f* 1. (cesta) corbeille *f* à pain 2. (caja) huche *f* à pain

pánico ['paniko] *m* panique *f*

panorama [pano'rama] *m* 1. (paisaje) panorama *m* 2. (situación) situation *f*

panorámica [pano'ramika] *f* vue *f* panoramique

panorámico, ca [pano'ramiko, ka] *adj* panoramique

pantaletas [panta'letas] *fpl* (CAm & Ven) culotte *f*

pantalla [pan'taʎa] *f* **1.** (de cine, televisión) INFORM écran *m* **2.** (de lámpara) abat-jour *m*

pantalones [panta'lones] *mpl* pantalon *m* ● **pantalones cortos** culottes *fpl* courtes ● **pantalones vaqueros** jean *m*

pantano [pan'tano] *m* **1.** (embalse) retenue *f* d'eau **2.** (ciénaga) marais *m*

pantanoso, sa [panta'noso, sa] *adj* **1.** marécageux(euse) **2.** (fig) (difícil) épineux(euse)

pantera [pan'tera] *f* panthère *f*

pantimedias [panti'meðjas] *fpl* (Méx) collants *mpl*

pantorrilla [panto'riʎa] *f* mollet *m*

pantys ['pantis] *mpl* collant *m*

pañal [pa'ɲal] *m* couche *f* (culotte)

paño ['paɲo] *m* **1.** (trapo) chiffon *m* **2.** (tejido) drap *m* ● **paño de cocina** torchon *m* (de cuisine)

pañuelo [pa'ɲwelo] *m* **1.** (para limpiarse) mouchoir *m* **2.** (de adorno) foulard *m*

papa ['papa] *f* (Amér) pomme de terre *f* **Papa** ['papa] *m* ● **el Papa** le Pape

papá [pa'pa] *m* (fam) papa *m* ● **papá grande** (Amér) grand-père *m* ● **papás** *mpl* (fam) parents *mpl*

papachador, ra [papatʃa'ðoɾ, ɾa] *adj* (Amér) caressant(e)

papachar [papa'tʃaɾ] *vt* (Amér) cajoler

papagayo [papa'ɣajo] *m* perroquet *m*

papalote [papa'lote] *m* (Amér) cerf-volant *m*

papel [pa'pel] *m* **1.** papier *m* **2.** (de actor, función) rôle *m* ● **papel higiénico** papier toilette ● **papel pintado** papier peint

● **hacer el papel de** (en cine, teatro) jouer le rôle de ● **papeles** *mpl* (documentos) papiers *mpl*

papeleo [pape'leo] *m* paperasserie *f*

papelera [pape'leɾa] *f* **1.** corbeille *f* à papier **2.** (fábrica) papeterie *f*

papelería [papele'ɾia] *f* papeterie *f*

papeleta [pape'leta] *f* **1.** (de votación) bulletin *m* de vote **2.** (de sorteo) billet *m* **3.** (de examen) bulletin *m* de notes **4.** (fig) (asunto difícil) ● **¡vaya papeleta!** quelle tuile !

paperas [pa'peɾas] *fpl* oreillons *mpl*

papilla [pa'piʎa] *f* (alimento) bouillie *f*

paquete [pa'kete] *m* paquet *m*

Paquistán [pakis'tan] *s* Pakistan *m*

paquistaní [pakista'ni] *adj* pakistanais(e) ◇ *m* ∘ *f* Pakistanais *m*, -e *f*

par ['paɾ] *adj* pair(e) ◇ *m* paire *f* ● **abierto de par en par** grand ouvert ● **sin par** hors pair ● **un par de...** quelques...

para ['paɾa] *prep* **1.** pour ● **este agua no es buena para beber** cette eau n'est pas bonne à boire ● **lo he comprado para ti** je l'ai acheté pour toi ● **te lo repetiré para que te enteres** je te le répéterai pour que tu comprennes ● **lo he hecho para agradarte** je l'ai fait pour te faire plaisir ● **está muy espabilado para su edad** il est très éveillé pour son âge **2.** (dirección) ● **voy para casa** rentre à la maison ● **salir para Sevilla** partir pour Séville **3.** (tiempo) ● **lo tendré acabado para mañana** je l'aurai fini d'ici demain ● **la ceremonia se ha fijada para el día cinco** la cérémonie a été fixée au cinq **4.** (inminencia, propósito) ● **la comida está lista para servir** le repas est prêt à être servi

parabólica [paɾaˈβolika] *f* antenne *f* parabolique

parabrisas [paɾaˈβɾisas] *m inv* pare-brise *m inv*

paracaídas [paɾakaˈiðas] *m inv* parachute *m*

parachoques [paɾaˈtʃokes] *m inv* pare-chocs *m inv*

parada [paˈɾaða] *f* arrêt *m* ● **parada de autobús** arrêt d'autobus ● **parada de taxis** station *f* de taxis ➤ **parado**

paradero [paɾaˈðeɾo] *m* (*Andes*) arrêt *m* (d'autobus)

parado, da [paˈɾaðo, ða] *adj* **1.** (*coche, máquina*) arrêté(e) **2.** (*desempleado*) au chômage **3.** (*tímido*) indolent ⋄ *m, f* chômeur *m*, -euse *f*

paradoja [paɾaˈðoxa] *f* paradoxe *m*

paradójico, ca [paɾaˈðoxiko, ka] *adj* paradoxal(e)

parador [paɾaˈðoɾ] *m* (*mesón*) relais *m* ● **parador nacional** (*Esp*) hôtels de luxe gérés par le ministère du Tourisme espagnol, installés dans des monuments historiques, des bâtiments d'intérêt artistique ou dans des sites exceptionnels éloignés des centres urbains ; leurs restaurants proposent des spécialités locales ou régionales.

paraguas [paˈɾaɣwas] *m inv* parapluie *m*

Paraguay [paɾaˈɣwai] *s* Paraguay *m*

paraguayo, ya [paɾaˈɣwajo, ja] *adj* paraguayen(enne) ⋄ *m, f* Paraguayen *m*, -enne *f*

paraíso [paɾaˈiso] *m* paradis *m*

paraje [paˈɾaxe] *m* contrée *f*

paralelo, la [paɾaˈlelo, la] *adj* parallèle ⋄ *m* parallèle *m*

parálisis [paˈɾalisis] *f inv* paralysie *f*

paralítico, ca [paɾaˈlitiko, ka] *m, f* paralytique *mf*

paralizar [paɾaliˈθaɾ] *vt* paralyser

parapente [paɾaˈpente] *m* parapente *m*

parar [paˈɾaɾ] *vt* arrêter ⋄ *vi* **1.** (*detenerse*) s'arrêter **2.** (*hacer huelga*) faire grève **3.** (*Amér*) lever ▼ **para en todas las estaciones** s'arrête dans toutes les gares ● **sin parar** sans arrêt ◆ **pararse** *vp* **1.** (*detenerse*) s'arrêter **2.** (*Amér*) (*ponerse de pie*) se lever

pararrayos [paɾaˈrajos] *m inv* paratonnerre *m*

parasol [paɾaˈsol] *m* parasol *m*

parche [ˈpaɾtʃe] *m* patch *m*

parchís [paɾˈtʃis] *m inv* ≃ petits chevaux *mpl*

parcial [paɾˈθjal] *adj* **1.** (*opinión*) partiel(elle) **2.** (*injusto*) partial(e) ⋄ *m* partiel *m*

pardo, da [ˈpaɾðo, ða] *adj* brun(e)

parecer [paɾeˈθeɾ] *m* **1.** (*opinión*) avis *m* **2.** (*aspecto*) apparence *f* ⋄ *v cop* (*tener aspecto de*) avoir l'air ⋄ *v impers* sembler ● **un perro que parece un lobo** un chien qui ressemble à un loup ● **pareces cansado** tu as l'air fatigué ● **me parece que...** il me semble que... ● **parece que se está nublando el cielo** le ciel semble se couvrir ◆ **parecerse** *vp* se ressembler ◆ **parecerse a** *v prep* ressembler à

parecido, da [paɾeˈðiðo, ða] *adj* ● **parecido (a)** (*semejante*) semblable (à) ⋄ *m* ressemblance *f*

pared [paˈɾeð] *f* mur *m*

pareja [paˈɾexa] *f* **1.** (*par*) paire *f* **2.** (*de novios, casados*) couple *m* **3.** (*compañero*) partenaire *mf*

parentesco [paren'tesko] *m* **1.** *(en familia)* lien *m* de parenté **2.** *(relación)* parenté *f*

paréntesis [pa'rentesis] *m inv* parenthèse *f* • **entre paréntesis** entre parenthèses

pareo [pa'reo] *m* paréo *m*

pariente, ta [pa'rjente, ta] *m, f* parent *m, -e f*

parking ['parkin] *m (Esp)* parking *m*

parlamentario, ria [parlamen'tarjo, rja] *m, f* parlementaire *mf*

parlamento [parla'mento] *m* **1.** parlement *m* **2.** *(monólogo)* tirade *f*

parlanchín, ina [parlan'tʃin, ina] *adj* bavard(e)

paro ['paro] *m* **1.** *(desempleo)* chômage *m* **2.** *(parada)* arrêt *m* **3.** *(huelga)* arrêt *m* de travail • **estar en paro** être au chômage

parpadear [parpaðe'ar] *vi* **1.** cligner des yeux **2.** *INFORM* clignoter

párpado [ˈparpaðo] *m* paupière *f*

parque ['parke] *m* parc *m* • **parque acuático** parc aquatique • **parque de atracciones** parc d'attractions • **parque de bomberos** *(Esp)* caserne *f* de pompiers • **parque infantil** terrain *m* de jeux • **parque nacional** parc national • **parque zoológico** parc zoologique

Los parques naturales

Les parcs naturels sont protégés par l'État en raison de leur beauté. Leur accès est libre, mais il est soumis à des règles qui impliquent le respect de la faune et de la flore locales. Les principaux parcs d'Espagne sont les parcs naturels du Coto de Doñana (province de Huelva), d'Ordesa (province de Huesca), le parc naturel Delta del Ebro (province de Tarragone), le parc national los Glaciares en Argentine, celui d'Isla Cocos au Costa Rica, du Darién au Panama et de Canaima au Venezuela.

parqué [par'ke] *m* parquet *m*

parquear [parke'ar] *vt (Col)* garer

parquímetro [par'kimetro] *m* parcmètre *m*

parra ['para] *f* treille *f*

párrafo ['parafo] *m* paragraphe *m*

parrilla [pa'riʎa] *f* **1.** gril *m* **2.** *(Amér) (del coche)* galerie *f* • **a la parrilla** au gril

parrillada [pari'ʎaða] *f* grillade *f* • **parrillada de carne/pescado** assortiment de viandes grillées ou de poissons grillés

parroquia [pa'rokja] *f* **1.** paroisse *f* **2.** *(fig) (clientes)* clientèle *f*

parte ['parte] *f* **1.** *(de conjunto)* partie *f* **2.** *(sitio)* part *f* **3.** *(lado, cara)* côté *m* ◇ *m* rapport *m* • **dar parte de algo** informer de qqch • **de parte de alguien** de la part de qqn • **¿de parte de quién?** c'est de la part de qui ? • **en alguna parte** quelque part • **en otra parte** autre part, ailleurs • **en parte** en partie • **en ni por todas partes** partout • **por otra parte** d'autre part

participación [partiθipa'θjon] *f* **1.** *(colaboración)* participation *f* **2.** *(de boda, bautizo)* faire-part *m* **3.** *(en lotería)* billet *m*

participar [partiθi'par] *vi* participer ◇ *vt* • **participar algo a alguien** faire part de qqch à qqn • **participar en** *v prep* participer à

partícula [par'tikula] *f* particule *f*

particular [partiku'lar] *adj* **1.** (particulier **2.** *(privado)* privé(e) ● **en particular** en particulier

partida [par'tiða] *f* **1.** *(en el juego)* partie *f* **2.** *(marcha)* départ *m* **3.** *(certificado)* acte *m* **4.** *(de género, mercancías)* lot *m* ● **partida de nacimiento** extrait *m* d'acte de naissance

partidario, ria [parti'ðarjo, rja] *m, f* partisan *m* ● **partidario de** partisan de

partidista [parti'ðista] *adj* partisan(e)

partido [par'tiðo] *m* **1.** *(en política)* parti *m* **2.** *(en deporte)* match *m* ● **partido de ida/vuelta** match aller/retour ● **sacar partido** tirer parti

partir [par'tir] *vt* **1.** *(dividir)* partager **2.** *(romper)* casser **3.** *(repartir)* répartir **4.** *(cortar)* couper ◇ *vi (ponerse en camino)* partir ● **partir de** *v prep (tomar como base)* partir de ● **a partir de** à partir de

partitura [parti'tura] *f* partition *f*

parto ['parto] *m* accouchement *m*

parvulario [parβu'larjo] *m* école *f* maternelle

pasa ['pasa] *f* raisin *m* sec

pasable [pa'saβle] *adj* passable

pasada [pa'saða] *f* **1.** *(con escoba, de pintura)* coup *m* **2.** *(fam) (cosa extraordinaria)* ● **tu coche nuevo es una pasada** ta nouvelle voiture est vraiment géniale ● **de pasada** *(de paso)* en passant

pasado, da [pa'saðo, ða] *adj* **1.** *(semana, mes)* dernier(ère) **2.** *(viejo)* vieux (vieille) **3.** *(deteriorado)* périmé(e) **4.** *(fruta)* blet (blette) ◇ *m* passé *m* ● **pasado de moda** démodé(e) ● **pasado mañana** après-demain

pasaje [pa'saxe] *m* **1.** *(de avión, barco)* billet *m* **2.** *(pasajeros)* passagers *mpl* **3.** *(calle, parte)* passage *m* ▼ **pasaje particular** passage privé

pasajero, ra [pasa'xero, ra] *adj & m, f* passager(ère) ▼ **pasajeros sin equipaje** passagers sans bagages

pasamanos [pasa'manos] *m inv* main *f* courante

pasaporte [pasa'porte] *m* passeport *m*

pasar [pa'sar] *vt* **1.** passer ● **¿me pasas la sal?** tu me passes le sel ? ● **pasar la harina por el tamiz** passer la farine au tamis ● **no pases el semáforo en rojo** ne passe pas au rouge ● **pasó dos años en Roma** il a passé deux ans à Rome ● **ya ha pasado los cuarenta** il a passé la quarantaine ● **pasar una película** passer un film ● **me has pasado el catarro** tu m'as passé ton rhume **2.** *(cruzar)* traverser ● **ayúdame a pasar la calle** aide-moi à traverser la rue **3.** *(trasladar)* ● **pasar algo de un sitio a otro** déménager qqch d'un endroit à un autre **4.** *(llevar adentro)* ● **pasar a alguien** faire entrer qqn **5.** *(admitir)* tolérer ● **no podemos pasar esta actitud** nous ne pouvons tolérer cette attitude ● **le pasa todos sus caprichos** elle lui passe tous ses caprices **6.** *(rebasar, adelantar)* dépasser **7.** *(padecer)* ● **está pasando una depresión** elle fait une dépression **8.** *(aprobar)* réussir ● **ya he pasado el examen** j'ai réussi mon examen **9.** *(en locuciones)* ● **pasar lista** faire l'appel ● **pasar visita** examiner (les malades) ◇ *vi* **1.** *(ir)* passer ● **déjame más sitio que no paso** poussetoi, je ne peux pas passer ● **pasaré por mi oficina/por tu casa** je passerai à mon bureau/chez toi • pasó el frío le froid est passé • el tiempo pasa muy deprisa le temps passe très vite • pasar de... a... passer de... à... • el autobús pasa por mi casa l'autobus passe devant chez moi • pasó por mi lado il est passé à côté de moi • el Manzanares pasa por Madrid le Manzanares passe à Madrid • me ha visto pero ha pasado de largo il m'a vu mais est passé sans s'arrêter 2. (entrar) entrer ▼ no pasar entrée interdite ◇ ¡pase! entrez ! 3. (suceder) se passer, arriver ◆ ¿qué te pasa? qu'est-ce qui t'arrive ? • ¿qué pasa aquí? qu'est-ce qui se passe ici ? • pase lo que pase quoi qu'il arrive 4. (divertirse) • pasarlo bien bien s'amuser • pasar a v prep (cambiar de acción, tema) passer à • pasar de v prep (fam) (prescindir) • paso de ir al cine je n'ai aucune envie d'aller au cinéma • paso de política la politique ne m'intéresse pas • pasar por v prep (tolerar) supporter • pasarse vp 1. passer • se pasaron el día hablando ils ont passé la journée à parler • pasarse a (cambiar de bando) passer à 2. (comida) se gâter 3. (medicamentos) être périmé(e) 4. (olvidarse) • se me pasó decírselo j'ai oublié de le dire 5. (no fijarse) • no se le pasa nada rien ne lui échappe 6. (fam) (propasarse) • te estás pasando tu pousses un peu

pasarela [pasa'rela] f 1. (de barco) passerelle f 2. (para modelos) podium m

pasatiempo [pasa'tjempo] m passe-temps m

Pascua ['paskwa] f 1. (fiesta cristiana) Pâques m 2. (fiesta judía) Pâque f • **Pascuas** fpl (Navidad) Noël m

pase ['pase] m 1. (permiso) laissez-passer m 2. (en fútbol, toros) passe f

pasear [pase'ar] vt promener ◇ vi se promener ◆ **pasearse** vp se promener

paseíllo [pase'iʎo] m tour d'honneur du torero et de ses assistants avant de commencer à toréer

paseo [pa'seo] m promenade f • dar un paseo faire une promenade • ir de paseo aller se promener • de mi casa a la oficina hay un paseo mon bureau est à deux pas de chez moi

pasillo [pa'siʎo] m couloir m

pasión [pa'sjon] f passion f

pasiva [pa'siβa] f voie f passive ➤ **pasivo**

pasividad [pasiβi'ðað] f passivité f

pasivo, va [pa'siβo, βa] adj passif(ive) ◇ m (deudas) passif m

paso ['paso] m 1. pas m 2. (acción de pasar, camino) passage m 3. (gestión) démarche f • paso de cebra passage clouté • paso a nivel passage à niveau • paso de peatones passage (pour) piétons • paso subterráneo passage souterrain • a dos pasos à deux pas • de paso au passage

pasodoble [paso'ðoβle] m paso doble m inv

pasta ['pasta] f 1. (macarrones, espaguetis) pâtes fpl 2. (para pastelería) pâte f 3. (Esp) (pastelillo) petit gâteau m sec 4. (Esp) (fam) (dinero) fric m • pasta de dientes dentifrice m

pastel [pas'tel] m 1. (tarta) gâteau m 2. (en pintura) pastel m

pastelería [pastele'ria] f pâtisserie f

pastelero, ra [paste'lero, ra] m, f pâtissier m, -ère f

pastilla [pas'tiʎa] f **1.** (*medicamento*) pilule f **2.** (*caramelo*) bonbon m ● **pastilla de jabón** savonnette f

pastor, ra [pas'tor, ra] m, f berger m, -ère f ◇ m (*sacerdote*) pasteur m

pastoreo [pasto'reo] m pâturage m

pata [pata] f **1.** (*de animal*) patte f **2.** (*de mueble*) pied m ◇ m (Perú) (*amigo*) pote m ● **pata negra** jambon de pays de qualité supérieure ● **estar patas arriba** (*fig*) (*estar desordenado*) être sens dessus dessous ● **meter la pata** (*fam*) faire une gaffe ● **tener mala pata** (*fam*) avoir la poisse ➤ **pato**

patada [pa'taða] f coup m de pied

patata [pa'tata] f (Esp) pomme f de terre ● **patatas fritas** frites fpl ; (*de bolsa*) chips fpl

paté [pa'te] m pâté m

patente [pa'tente] adj (*evidente*) patent(e) ◇ f **1.** (*autorización*) patente f **2.** (*de invento*) brevet m **3.** (Amér) (*matrícula de coche*) plaque f d'immatriculation

patera [pa'tera] f embarcation de fortune utilisée par les clandestins partis d'Afrique du Nord pour traverser la Méditerranée

paterno, na [pa'terno, na] adj paternel(elle)

patilla [pa'tiʎa] f **1.** (*de barba*) favori m **2.** (*de gafas*) branche f

patín [pa'tin] m **1.** patin m **2.** (*juguete*) trottinette f ● **patín de pedales** pédalo m ● **patín de vela** catamaran m

patinaje [pati'naxe] m patinage m ● **patinaje sobre hielo** patinage sur glace

patinar [pati'nar] vi **1.** patiner **2.** (*fam*) (*equivocarse*) gaffer

patinazo [pati'naθo] m **1.** (*resbalón*) glissade f **2.** (*fam*) (*equivocación*) bourde f

patinete [pati'nete] m trottinette f

patio [patjo] m **1.** (*de casa*) cour f **2.** (*de escuela*) cour f (*de récréation*) ● **patio de butacas** orchestre m (*au théâtre*) ● **patio interior** cour intérieure

pato, ta [pato, ta] m, f canard m, cane f ● **pato a la naranja** canard à l'orange ● **pato confitado** confit m de canard

patoso, sa [pa'toso, sa] adj (Esp) pataud(e)

patria [patrja] f patrie f

patriota [pa'trjota] mf patriote mf

patriótico, ca [pa'trjotiko, ka] adj patriotique

patrocinador, ra [patroθina'ðor, ra] m, f sponsor m

patrón, ona [pa'tron, ona] m, f patron m, -onne f ◇ m (*en costura*) patron m

patronal [patro'nal] f patronat m

patrono, na [pa'trono, na] m, f patron m, -onne f

patrulla [pa'truʎa] f patrouille f ● **patrulla urbana** îlotiers mpl

pausa [pausa] f pause f

pauta [pauta] f règle f

pavimento [paβi'mento] m revêtement m

pavo, va [paβo, βa] m, f dindon m, dinde f ● **pavo real** paon m

payaso, sa [pa'jaso, sa] m, f clown m

paz, ces [paθ, θes] f paix f ● **dejar en paz** laisser tranquille ● **hacer las paces** faire la paix ● **que en paz descanse** qu'il/qu'elle repose en paix

pazo [paθo] m maison f de famille m (*en Galice*)

PC ['pe'θe] *m* (*abr de personal computer*) PC *m*

PD (*abr escrita de posdata*) PS (*postscriptum*)

PDA ['pe'ðe'a] (*abr de Personal Digital Assistant*) *m* PDA *m*

PDF ['pe'ðe'efe] (*abr de Portable Document Format*) *m* PDF *m*

peaje [pe'axe] *m* péage *m*

peatón [pea'ton] *m* piéton *m*, -onne *f*

peatonal [peato'nal] *adj* piétonnier(ère)

peca ['peka] *f* tache *f* de rousseur

pecado [pe'kaðo] *m* péché *m*

pecador, ra [peka'ðor, ra] *m, f* pécheur *m*, -eresse *f*

pecar [pe'kar] *vi* pécher

pecera [pe'θera] *f* aquarium *m*

pecho ['petʃo] *m* **1.** (*en anatomía*) poitrine *f* **2.** (*de animal*) poitrail *m* **3.** (*mama*) sein *m*

pechuga [pe'tʃuya] *f* (*de ave*) blanc *m*

pecoso, sa [pe'koso, sa] *adj* • **ser pecoso** avoir des taches de rousseur

peculiar [peku'ljar] *adj* particulier(ère)

pedagogía [peðayo'xia] *f* pédagogie *f*

pedagogo, ga [peða'yoyo, ya] *m, f* pédagogue *mf*

pedal [pe'ðal] *m* pédale *f*

pedalear [peðale'ar] *vi* pédaler

pedante [pe'ðante] *adj* pédant(e)

pedazo [pe'ðaθo] *m* morceau *m* • **hacer pedazos** mettre en morceaux

pedestal [peðes'tal] *m* piédestal *m*

pediatra [pe'ðjatra] *mf* pédiatre *mf*

pedido [pe'ðiðo] *m* commande *f*

pedir [pe'ðir] *vt* **1.** demander **2.** (*en restaurante, bar*) commander **3.** (*necesitar*) avoir besoin de ◇ *vi* (*mendigar*) mendier

• **pedir disculpas** faire des excuses • **pedir un crédito** demander un prêt • **pedir prestado** emprunter • **pedir un taxi** appeler un taxi

pedo ['peðo] *m* pet *m*

pedófilo, la [pe'ðofilo, la] *m, f* pédophile *mf*

pedregoso, sa [peðre'yoso, sa] *adj* pierreux(euse)

pedrisco [pe'ðrisko] *m* grêle *f*

pega ['peya] *f* **1.** (*para pegar*) colle *f* **2.** (*inconveniente*) difficulté *f* • **poner pegas (a)** faire obstacle (à)

pegajoso, sa [peya'xoso, sa] *adj* collant(e)

pegamento [peya'mento] *m* colle *f*

pegar [pe'yar] *vt* **1.** (*adherir, arrimar*) coller **2.** (*golpear*) frapper **3.** (*grito*) pousser **4.** (*contagiar*) passer ◇ *vi* (*suj: sol*) taper • **pegar un salto** faire un bond • **pegar con** *v prep* (*armonizar*) • **el verde y el rosa no pegan** le vert et le rose ne vont pas (bien) ensemble • **pegarse** *vp* **1.** (*chocar*) se cogner **2.** (*adherirse*) coller **3.** (*pelearse*) se battre **4.** (*despec*) (*a una persona*) coller

pegatina [peya'tina] *f* autocollant *m*

peinado [pej'naðo] *m* coiffure *f*

peinador, ra [pej'naðor, ra] *m, f* (*Méx & RDom*) coiffeur *m*, -euse *f*

peinar [pej'nar] *vt* peigner • **peinarse** *vp* se coiffer

peine ['pejne] *m* peigne *m*

peineta [pej'neta] *f* peigne *m* (*de mantille*)

p.ej. (*abr escrita de por ejemplo*) p. ex (*par exemple*)

peladilla [pela'ðiʎa] *f* dragée *f*

pelar [pe'lar] *vt* **1.** *(patatas)* éplucher **2.** *(fruta)* peler **3.** *(ave)* plumer **4.** *(pelo)* tondre ◆ **pelarse** *vp* ● **pelarse de frío** peler de froid

peldaño [pel'daɲo] *m* marche *f (d'escalier)*

pelea [pe'lea] *f* bagarre *f*

pelear [pele'ar] *vi* se battre ◆ **pelearse** *vp* se disputer

peletería [pelete'ria] *f* fourreur *m*

peli *f (fam)* film *m*

pelícano [pe'likano] *m* pélican *m*

película [pe'likula] *f* **1.** *(en cine)* film *m* **2.** *(capa fina)* pellicule *f*

peligro [pe'liɣro] *m* danger *m* ● **correr peligro** être en danger

peligroso, sa [peli'ɣroso, sa] *adj* dangereux(euse)

pelirrojo, ja [peli'roxo, xa] *adj* roux (rousse)

pellejo [pe'ʎexo] *m* peau *f*

pellizcar [peʎiθ'kar] *vt* pincer

pellizco [pe'ʎiθko] *m* pincement *m*

pelma ['pelma] *mf (fam)* casse-pieds *mf inv*

pelo ['pelo] *m* **1.** poil *m* **2.** *(cabello)* cheveux *mpl* ● **pelo rizado** cheveux frisés ● **tomar el pelo a alguien** *(fam)* se payer la tête de qqn ● **con pelos y señales** dans les moindres détails ● **no se mató por un pelo** il s'en est fallu d'un cheveu qu'il ne se tue

pelota [pe'lota] *f* **1.** *(balón)* ballon *m* **2.** *(pequeña)* balle *f* ◇ *mf (fam) (persona)* lèche-bottes *mf inv* ● **pelota vasca** pelote *f* basque ● **jugar a la pelota** jouer au ballon ● **hacer la pelota** *(fam)* cirer les bottes

pelotari [pelo'tari] *mf* joueur *m*, -euse *f* de pelote basque

pelotón [pelo'ton] *m* **1.** *(de gente)* foule *f* **2.** *(de soldados)* peloton *m*

pelotudo, da [pelo'tuðo, ða] *adj (RP) (fam)* crétin(e)

peluca [pe'luka] *f* perruque *f*

peludo, da [pe'luðo, ða] *adj* poilu(e)

peluquería [peluke'ria] *f* **1.** *(local)* salon *m* de coiffure **2.** *(oficio)* coiffure *f* ▼ **peluquería-estética** salon de coiffure et de beauté

peluquero, ra [pelu'kero, ra] *m*, *f* coiffeur *m*, -euse *f*

pelvis ['pelβis] *f inv* bassin *m (os)*

pena ['pena] *f* **1.** peine *f* **2.** *(CAm, Carib, Col, Méx & Ven) (vergüenza)* honte *f* ● **¡qué pena!** quel dommage ! ● **a duras penas** à grand-peine ● **valer la pena** valoir la peine

penalti [pe'nalti] *m* penalty *m*

pendiente [pen'djente] *adj (por hacer)* en suspens ◇ *m (Esp) (adorno)* boucle *f* d'oreille ◇ *f (cuesta)* pente *f*

péndulo [pen'dulo] *m* pendule *m*

pene ['pene] *m* pénis *m*

penetrar [pene'trar] ◆ **penetrar en** *v prep* **1.** pénétrer dans **2.** *(perforar)* pénétrer

penicilina [peniθi'lina] *f* pénicilline *f*

península [pe'ninsula] *f* péninsule *f*

peninsular [peninsu'lar] *adj* péninsulaire

penitencia [peni'tenθja] *f* pénitence *f* ● **hacer penitencia** faire pénitence

penitente [peni'tente] *m* pénitent *m*

penoso, sa [pe'noso, sa] *adj* **1.** *(espectáculo)* affligeant(e) **2.** *(trabajo)* pénible

3. (*CAm, Carib, Col, Méx & Ven*) (*vergonzoso*) honteux(euse)

pensador, ra [pensa'ðor, ra] *m, f* penseur *m*, -euse *f*

pensamiento [pensa'mjento] *m* pensée *f*

pensar [pen'sar] *vt* **1.** (*meditar*) penser à **2.** (*opinar, tener la intención de*) penser **3.** (*idear*) réfléchir à ◇ *vi* penser ◆ **pensar en** *v prep* penser à ◆ **pensar sobre** *v prep* réfléchir sur

pensativo, va [pensa'tiβo, βa] *adj* pensif(ive)

pensión [pen'sjon] *f* **1.** (*establecimiento*) pension *f* **2.** (*dinero*) retraite *f* ◆ **media pensión** demi-pension *f* ◆ **pensión completa** pension complète

peña ['peɲa] *f* **1.** (*piedra*) rocher *m* **2.** (*de amigos*) bande *f* **3.** (*asociación*) club *m*

peñasco [pe'ɲasko] *m* rocher *m*

peón [pe'on] *m* **1.** (*obrero*) manœuvre *m* **2.** (*en el campo*) ouvrier *m* agricole **3.** (*en ajedrez*) pion *m*

peonza [pe'onθa] *f* toupie *f*

peor [pe'or] *adj* ◆ **peor (que)** pire (que) ◆ **es peor alumno que su hermano** il est plus mauvais élève que son frère ◇ *adv* ◆ **es cada vez peor** c'est de pire en pire ◆ **es todavía peor** c'est encore pire ◇ *mf* ◆ **el/la peor** le/la pire

pepino [pe'pino] *m* concombre *m*

pepita [pe'pita] *f* **1.** (*de fruta*) pépin *m* **2.** (*de metal*) pépite *f*

pepito [pe'pito] *m* (*de carne*) petit sandwich chaud à la viande

pequeño, ña [pe'keɲo, ɲa] *adj* petit(e)

pera ['pera] *f* poire *f*

peral [pe'ral] *m* poirier *m*

percebe [per'θeβe] *m* pouce-pied *m*

percha ['pertʃa] *f* cintre *m*

perchero [per'tʃero] *m* portemanteau *m*

percibir [perθi'βir] *vt* percevoir

perdedor, ra [perðe'ðor, ra] *m, f* perdant *m*, -e *f*

perder [per'ðer] *vt* **1.** perdre **2.** (*tren, oportunidad*) rater ◇ *vi* perdre ◆ **la película ha perdido mucho con los cortes** le film a perdu beaucoup de son intérêt à cause des coupures ◆ **echarse a perder** (*fam*) s'abîmer ◆ **perderse** *vp* se perdre

pérdida ['perðiða] *f* perte *f*

perdigón [perði'γon] *m* plomb *m* (*de chasse*)

perdiz, ces [per'ðiθ, θes] *f* perdrix *f*

perdón [per'ðon] *m* pardon *m* ◇ *interj* pardon !

perdonar [perðo'nar] *vt* **1.** (*obligación, castigo*) faire grâce (de) **2.** (*ofensa*) pardonner ◆ **perdonar una deuda a alguien** libérer qqn d'une dette

peregrinación [pereɣrina'θjon] *f* pèlerinage *m*

peregrino, na [pere'ɣrino, na] *m, f* pèlerin *m*

perejil [pere'xil] *m* persil *m*

pereza [pe'reθa] *f* paresse *f* ◆ **me da pereza salir** je n'ai pas envie de sortir

perezoso, sa [pere'θoso, sa] *adj* paresseux(euse)

perfección [perfek'θjon] *f* perfection *f*

perfeccionista [perfekθjo'nista] *mf* perfectionniste *mf*

perfectamente [perfekta'mente] *adv* parfaitement

perfecto, ta [per'fekto, ta] *adj* parfait(e)

perfil [per'fil] *m* profil *m* ● **de perfil** de profil

perforación [perfora'θjon] *f* perforation *f*

perforar [perfo'rar] *vt* perforer

perfumar [perfu'mar] *vt* parfumer ◆ **perfumarse** *vp* se parfumer

perfume [per'fume] *m* parfum *m*

perfumería [perfume'ria] *f* parfumerie *f* ▼ **perfumería-cosmética** parfums et produits de beauté

pergamino [perɣa'mino] *m* parchemin *m*

pérgola ['perɣola] *f* pergola *f*

periferia [peri'ferja] *f* périphérie *f*

periódico, ca [pe'rjoðiko, ka] *adj* périodique ◇ *m* journal *m*

periodismo [perjo'ðizmo] *m* journalisme *m*

periodista [perjo'ðista] *mf* journaliste *mf*

periodo [pe'rjoðo] *m* **1.** *(espacio de tiempo)* période *f* **2.** *(menstruación)* règles *fpl*

periquito [peri'kito] *m* perruche *f*

peritaje [peri'taxe] *m* expertise *f*

perito, ta [pe'rito, ta] *m, f* **1.** *(experto)* expert *m* **2.** *(ingeniero técnico)* ingénieur *m* technique

perjudicar [perxuði'kar] *vt* nuire à

perjuicio [per'xwiθjo] *m* **1.** *(material)* dégât *m* **2.** *(moral)* préjudice *m*

perla ['perla] *f* perle *f* ● **ir de perlas** *(fig)* tomber à pic ou point nommé

permanecer [permane'θer] *vi* rester ◆ **permanecer en** *v prep* rester à

permanencia [perma'nenθja] *f* permanence *f*

permanente [perma'nente] *adj* permanent(e) ◇ *f* permanente *f*

permiso [per'miso] *m* permission *f* ● **permiso de conducir** permis *m* de conduire

permitir [permi'tir] *vt* permettre

pernoctar [pernok'tar] *vi* passer la nuit

pero [pero] *conj* mais

perpendicular [perpendiku'lar] *adj* perpendiculaire ◇ *f* perpendiculaire *f* ● **perpendicular a** perpendiculaire à

perpetuo, tua [per'petɣo, tɣa] *adj* perpétuel(elle)

perplejo, ja [per'plexo, xa] *adj* perplexe

perra ['pera] *f (fam)* ● **coger una perra** piquer une colère ● **no tengo ni una perra** je n'ai pas un rond ➤ **perro**

perrito [pe'rito] *m* ● **perrito caliente** hot dog *m*

perro, rra ['pero, ra] *m, f* chien *m*, chienne *f*

persa ['persa] *adj* persan(e) ◇ *mf* Persan *m*, -e *f*

persecución [perseku'θjon] *f* poursuite *f*

perseguir [perse'ɣir] *vt* **1.** *(seguir)* poursuivre **2.** *(querer lograr)* rechercher

persiana [per'sjana] *f* persienne *f*

persona [per'sona] *f* personne *f* ● **en persona** en personne

personaje [perso'naxe] *m* personnage *m*

personal [perso'nal] *adj* personnel(elle) ◇ *m (empleados)* personnel *m* ● **hay mucho personal** *(fam)* il y a du peuple ▼ **sólo personal autorizado** réservé aux personnes autorisées

personalidad [personali'ðað] *f* personnalité *f*

personalizar [personali'θar] *vt* personnaliser

perspectiva [perspek'tiβa] *f* **1.** perspective *f* **2.** (*punto de vista*) point *m* de vue

persuadir [persua'ðir] *vt* persuader

persuasión [persua'sjon] *f* persuasion *f*

pertenecer [pertene'θer] *vi* appartenir ◆ **pertenecer a** *v prep* **1.** (*ser parte de*) faire partie de **2.** (*ser miembro de*) être membre de **3.** (*corresponder a*) appartenir à

perteneciente [pertene'θjente] *adj* ◆ **perteneciente a** appartenant à

pertenencias [perte'nenθjas] *fpl* biens *mpl*

pértiga ['pertiɣa] *f* perche *f*

Perú [pe'ru] *m* ◆ **(el) Perú** (le) Pérou

peruano, na [pe'ruano, na] *adj* péruvien(enne) ◇ *m, f* Péruvien *m*, -enne *f*

pesa ['pesa] *f* poids *m* ◆ **pesas** *fpl* (*en gimnasia*) haltères *mpl*

pesadez [pesa'ðeθ] *f* **1.** lourdeur *f* **2.** (*aburrimiento*) ennui *m*

pesadilla [pesa'ðiʎa] *f* cauchemar *m*

pesado, da [pe'saðo, ða] *adj* **1** lourd(e) **2.** (*agotador*) pénible **3.** (*aburrido*) ennuyeux(euse)

pesadumbre [pesa'ðumbre] *f* chagrin *m*

pésame ['pesame] *m* ◆ **dar el pésame** présenter ses condoléances

pesar [pe'sar] *m* chagrin *m* ◇ *vi* & *vt* peser ◆ **a pesar de** malgré ◆ **me pesa decírtelo pero** je suis désolé de te dire que...

pesca ['peska] *f* pêche *f*

pescadería [peskaðe'ria] *f* poissonnerie *f*

pescadero, ra [peska'ðero, ra] *m, f* poissonnier *m*, -ère *f*

pescadilla [peska'ðiʎa] *f* merlan *m*

pescadito [peska'ðito] *m* ◆ **pescadito frito** petite friture *f*

pescado [pes'kaðo] *m* poisson *m*

pescador, ra [peska'ðor, ra] *m, f* pêcheur *m*, -euse *f*

pescar [pes'kar] *vt* **1.** pêcher **2.** (*fam*) (*pillar*) attraper

pesebre [pe'seβre] *m* **1.** (*para animales*) mangeoire *f* **2.** (*belén*) crèche *f*

pesero [pe'sero] *m* (*Amér*) minibus *m* (*pour le transport en commun*)

peseta [pe'seta] *f* peseta *f*

pesimismo [pesi'mizmo] *m* pessimisme *m*

pesimista [pesi'mista] *adj* pessimiste

pésimo, ma ['pesimo, ma] *adj* très mauvais(e)

peso ['peso] *m* **1.** poids *m* **2.** (*moneda*) peso *m*

pesquero, ra [pes'kero, ra] *adj* de pêche ◇ *m* bateau *m* de pêche

pestañas [pes'taɲas] *fpl* cils *mpl*

peste ['peste] *f* **1.** (*enfermedad*) peste *f* **2.** (*fam*) (*mal olor*) puanteur *f*

pesticida [pesti'θiða] *m* pesticide *m*

pestillo [pes'tiʎo] *m* verrou *m*

petaca [pe'taka] *f* **1.** (*para tabaco*) blague *f* **2.** (*para bebidas*) flasque *f*

pétalo ['petalo] *m* pétale *m*

petanca [pe'tanka] *f* pétanque *f*

petardo [pe'tarðo] *m* pétard *m*

petición [peti'θjon] *f* (*solicitud*) demande *f*

peto ['peto] *m* salopette *f*

petróleo [pe'troleo] *m* pétrole *m*

petrolero, ra [petro'lero, ra] *adj* pétrolier(ère) ◇ *m* pétrolier *m*

petrolífero, ra [petro'lifero, ra] *adj* pétrolifère

petulancia [petu'lanθja] *f* arrogance *f*

petulante [petu'lante] *adj* arrogant(e)

petunia [pe'tunja] *f* pétunia *m*

peúco [pe'uko] *m* chausson *m (de bébé)*

pez, ces [peθ, θes] *m* poisson *m* ● **pez espada** espadon *m*

pezón [pe'θon] *m* mamelon *m*

pezuña [pe'θuɲa] *f* sabot *m (d'animal)*

pianista [pja'nista] *mf* pianiste *mf*

piano [pjano] *m* piano *m* ● **piano bar** piano-bar *m*

piar [pjar] *vi* piailler

pibe, ba [piße, ßa] *m, f (Amér) (fam)* **1.** *(hombre)* mec *m*, nana *f* **2.** *(niño)* gamin *m*, -e *f*

picador, ra [pika'ðor, ra] *m, f* picador *m*

picadora [pika'ðora] *f* hachoir *m*

picadura [pika'ðura] *f* **1.** *(de insecto, aguja)* piqûre *f* **2.** *(de reptil)* morsure *f*

picante [pi'kante] *adj* **1.** *(comida)* piquant(e) **2.** *(fig) (broma, chiste)* grivois(e)

picantería [pikante'ria] *f (Amér)* petit restaurant où l'on sert des amuse-gueule piquants

picar [pi'kar] *vt* **1.** piquer **2.** *(suj: réptil, pez)* mordre **3.** *(piedra)* concasser **4.** *(comida)* hacher **5.** *(billete)* poinçonner ◇ *vi* **1.** *(comer un poco)* grignoter **2.** *(suj: sal, pimienta, pimiento)* piquer **3.** *(suj: piel)* démanger **4.** *(suj: sol)* taper ● **picarse** *vp* **1.** *(ropa)* se miter **2.** *(vino)* se piquer **3.** *(muela)* se carier **4.** *(fam) (enfadarse)* se vexer

pícaro, ra ['pikaro, ra] *adj (astuto)* malin(igne)

picas ['pikas] *fpl (palo de la baraja)* pique *m*

pichincha [pi'tʃintʃa] *f (Amér) (fam)* occase *f*

pichón [pi'tʃon] *m* pigeonneau *m*

picnic ['piɣnik] *m* pique-nique *m*

pico ['piko] *m* **1.** pic *m* **2.** *(de ave)* bec *m* ● **y pico** et quelques

picor [pi'kor] *m* démangeaison *f*

picoso, sa [pi'koso, sa] *adj (Méx)* piquant(e)

pie [pje] *m* **1.** pied *m* **2.** *(de un escrito)* bas *m* ● **pies de cerdo** pieds de cochon ● **a pie** à pied ● **en pie** debout ● **estar de pie** être debout ● **hacer pie** *(en el agua)* avoir pied

piedad [pje'ðað] *f* pitié *f*

piedra ['pjeðra] *f* **1.** pierre *f* **2.** *(en el riñón)* calcul *m* ● **piedra preciosa** pierre précieuse

piel [pjel] *f* **1.** peau *f* **2.** *(cuero)* cuir *m* **3.** *(pelo)* fourrure *f*

pierna ['pjerna] *f* **1.** jambe *f* **2.** *(de animal)* patte *f* ● **pierna de cordero** gigot *m* d'agneau ● **estirar las piernas** se dégourdir les jambes

pieza ['pjeθa] *f* pièce *f* ● **pieza de recambio** pièce détachée

pijama [pi'xama] *m* pyjama *m*

pijo, ja [pi'xo, xa] *adj (fam)* BCBG *(inv) (bon chic bon genre)* ◇ *m, f (fam)* minet *m*, -ette *f*

pila ['pila] *f* **1.** pile *f* **2.** *(fregadero)* évier *m* ● **pila alcalina** pile alcaline

pilar [pi'lar] *m* pilier *m*

píldora ['pildora] *f* pilule *f*

pillar [piˈʎar] vt **1.** (agarrar) attraper **2.** (atropellar) renverser **3.** (fam) (sorprender) surprendre ● **pillar una insolación/un resfriado** (fam) attraper une insolation/un rhume ◆ **pillarse** vp se coincer

pilotar [piloˈtar] vt piloter

piloto [piˈloto] mf pilote m ◇ m **1.** (indicador) voyant m lumineux **2.** (de coche) feu m **3.** INFORM pilote m ● **piloto automático** pilote automatique

pimentón [pimenˈton] m piment m rouge moulu

pimienta [piˈmjenta] f poivre m ● **a la pimienta verde** au poivre vert

pimiento [piˈmjento] m piment m ● **pimientos del piquillo** poivrons rouges que l'on mange grillés

PIN [ˈpin] (abr de Personal Identification Number) m PIN m

pincel [pinˈθel] m pinceau m

pincha [ˈpintʃa] mf (fam) DJ mf inv (disc-jockey)

pinchar [pinˈtʃar] vt **1.** piquer **2.** (fam) (provocar) asticoter ◆ **pincharse** vp se piquer

pinchazo [pinˈtʃaθo] m **1.** (en la piel) piqûre f **2.** (de rueda) crevaison f

pinche [ˈpintʃe] adj (Méx) (fam) satané(r)

pincho [ˈpintʃo] m **1.** (de planta) épine f **2.** (varilla) brochette f ● **pincho moruno** brochette de viande

pinga [ˈpiŋga] f (Amér) (vulg) quéquette f

ping-pong® [ˈpimˈpon] m ping-pong m

pingüino [pinˈgwino] m pingouin m

pino [ˈpino] m pin m

Los Pinos

C'est la résidence officielle du président du Mexique et le siège de son gouvernement. C'est là que le président reçoit les ministres, les visiteurs de marque et ses homologues étrangers.

pintada [pinˈtaða] f **1.** (escrito) graffiti m **2.** (ave) pintade f

pintado, da [pinˈtaðo, ða] adj **1.** (coloreado) peint(e) **2.** (maquillado) maquillé(e) ▼ **recién pintado** peinture fraîche

pintalabios [pintaˈlaβjos] m inv rouge m à lèvres

pintar [pinˈtar] vt **1.** (con colores) peindre **2.** (fig) (describir) dépeindre ◆ **pintarse** vp (maquillarse) se maquiller

pintor, ra [pinˈtor, ra] m, f peintre m

pintoresco, ca [pintoˈresko, ka] adj pittoresque

pintura [pinˈtura] f peinture f

pinzas [ˈpinθas] fpl **1.** (para tender la ropa) pinces fpl à linge **2.** (instrumento, de crustáceo) pinces fpl

piña [ˈpiɲa] f **1.** (tropical) ananas m **2.** (del pino) pomme f de pin **3.** (fam) (de gente) troupeau m ● **piña en almíbar** ananas au sirop ● **piña natural** ananas au naturel

piñata [piˈɲata] f récipient que les enfants brisent à coups de bâton pour récupérer les friandises qui sont à l'intérieur

piñón [piˈɲon] m pignon m

piojo [ˈpjoxo] m pou m

pipa [ˈpipa] f **1.** (de fumar) pipe f **2.** (comida) pépin m **3.** (de girasol) graine f de tournesol

pipí [pi'pi] *m (fam)* pipi *m*

pipiolo, la [pi'pjolo, la] *m, f (fam & despec)* petit jeune *m*, jeunette *f*

pique ['pike] *m (fam)* dispute *f* ● **irse a pique** *(barco)* couler

piragua [pi'raɣua] *f* pirogue *f*

piragüismo [piraˈɣuizmo] *m* canoë-kayak *m (discipline)*

pirámide [pi'ramiðe] *f* pyramide *f*

piraña [pi'raɲa] *f* piranha *m*

pirata [pi'rata] *adj & mf* pirate

piratear [pirate'ar] *vt* pirater

Pirineos [piri'neos] *mpl* ● **los Pirineos** les Pyrénées *fpl*

pirómano, na [pi'romano, na] *m, f* pyromane *mf*

piropo [pi'ropo] *m* compliment *m*

pirueta [pi'rueta] *f* pirouette *f*

pisada [pi'saða] *f* pas *m*

pisar [pi'sar] *vt* **1.** marcher sur **2.** *(acelerador, freno)* appuyer sur

piscina [pis'θina] *f* piscine *f*

Piscis [pis'θis] *m inv* Poissons *mpl*

pisco ['pisko] *m (Chile & Perú)* eau-de-vie fabriquée à Pisco, au Pérou ● **pisco sour** *(Amér)* cocktail à base d'eau-de-vie de Pisco et de citron vert

piso ['piso] *m* **1.** *(Esp)* appartement *m* **2.** *(suelo)* sol *m* **3.** *(de un edificio)* étage *m* ● **piso piloto** appartement témoin

pisotón [piso'ton] *m* ● **me dieron un pisotón** quelqu'un m'a marché sur le pied

pista ['pista] *f* piste *f* ● **pista de baile** piste de danse ● **pista de tenis** court *m* de tennis

pistacho [pis'tatʃo] *m* pistache *f*

pistola [pis'tola] *f* pistolet *m*

pistolero [pisto'lero] *m* bandit *m*

pitar [pi'tar] *vi* **1.** *(tocar el pito)* siffler **2.** *(del coche)* klaxonner ● **salir pitando** *(fig)* partir en quatrième vitesse

pitillera [piti'ʎera] *f* étui *m* à cigarettes

pitillo [pi'tiʎo] *m* cigarette *f*

pito ['pito] *m* sifflet *m*

pitón [pi'ton] *m* **1.** *(del toro)* corne *f* **2.** *(de vasija)* bec *m* (verseur) **3.** *(serpiente)* python *m*

píxel ['piksel] *m* pixel *m*

pixelización [pikseliθa'θjon] *f* pixellisation *f*

pizarra [pi'θara] *f* **1.** *(encerado)* tableau *m* **2.** *(roca)* ardoise *f*

pizza ['piðsa] *f* pizza *f*

pizzería [piðse'ria] *f* pizzeria *f*

pizzero, ra [pið'sero, ra] *m, f* **1.** *(repartidor)* livreur(euse) de pizzas **2.** *(cocinero)* pizzaïolo *m*

placa ['plaka] *f* plaque *f* ● **placa madre** *INFORM* carte *f* mère ● **placa de memoria** *INFORM* barrette *f* mémoire

placer [pla'θer] *m* plaisir *m* ● **es un placer** c'est un plaisir

plan ['plan] *m* plan *m* ● **hacer planes** faire des projets

plancha ['plantʃa] *f* **1.** *(para planchar)* fer *m* à repasser **2.** *(para cocinar)* gril *m* **3.** *(de madera)* planche *f* **4.** *(fam) (metedura de pata)* gaffe *f* ● **a la plancha** grillé(e)

planchar [plan'tʃar] *vt* repasser

planeta [pla'neta] *m* planète *f*

planilla [pla'niʎa] *f (Amér)* formulaire *m*

plano, na ['plano, na] *adj* plat(e) ◇ *m* plan *m*

planta ['planta] *f* **1.** *(vegetal, del pie)* plante *f* **2.** *(en arquitectura)* plan *m* **3.** *(piso)* étage *m* **4.** *(fábrica)* usine *f* ● **planta baja** rez-de-chaussée *m inv* ● **segunda planta** deuxième étage

plantar [plan'tar] *vt* planter ◆ **plantarse** *vp* **1.** *(aparecer)* se présenter ● **me planto** *(en naipes)* servi(e)

planteamiento [plantea'mjento] *m* **1.** *(explicación)* présentation *f* **2.** *(exposición)* approche *f*

plantear [plante'ar] *vt* **1.** *(plan, proyecto)* présenter **2.** *(problema, cuestión)* poser ◆ **plantearse** *vp* **1.** *(problema, cuestión)* se poser **2.** *(posibilidad, cambio)* envisager

plantilla [plan'tiʎa] *f* **1.** *(de una empresa)* personnel *m* **2.** *(de zapato)* semelle *f* **3.** *(modelo)* patron *m*

plasma ['plazma] *m* ● **pantalla de plasma** écran *m* (à) plasma

plástico, ca ['plastiko] *adj* plastique ◇ *m* plastique *m* ● **de plástico** en plastique

plastificar [plastifi'kar] *vt* plastifier

plastilina [plasti'lina] *f* pâte *f* à modeler

plata ['plata] *f* **1.** *(metal)* argent *m* **2.** *(Amér) (fam) (dinero)* argent *m* ● **de plata** en argent

plataforma [plata'forma] *f* plate-forme *f*

plátano ['platano] *m* **1.** *(fruta)* banane *f* **2.** *(árbol)* bananier *m*

platea [pla'tea] *f* parterre *m* *(au théâtre)*

plateresco, ca [plate'resko, ka] *adj* plateresque

plática ['platika] *f* *(CAm & Méx)* conversation *f*

platicar [plati'kar] *vi* *(CAm & Méx)* converser

platillo [pla'tiʎo] *m* **1.** *(plato pequeño)* soucoupe *f* **2.** *(de balanza)* plateau *m* ◆ **platillos** *mpl (en música)* cymbales *fpl*

plato ['plato] *m* **1.** *(recipiente)* assiette *f* **2.** *(comida)* plat *m* ● **plato combinado** plat garni ● **plato del día** plat du jour ● **plato principal** plat principal ● **platos caseros** plats maison

platudo, da [pla'tuðo, ða] *adj (Amér) (fam)* friqué(e)

playa ['plaja] *f* plage *f* ● **playa de estacionamiento** *(CSur & Perú)* parking *m*

play-back ['pleiβak] *m* play-back *m*

playeras [pla'jeras] *fpl* tennis *fpl*

plaza ['plaθa] *f* **1.** place *f* **2.** *(puesto, vacante)* poste *m* ● **plaza de toros** *(Esp)* arènes *fpl*

plazo ['plaθo] *m* **1.** délai *m* **2.** *(pago)* versement *m* ● **a plazos** à crédit ● **a corto/largo plazo** à court/long terme

plegable [ple'ɣaβle] *adj* pliant(e)

pleito ['pleito] *m* procès *m*

plenamente [ˌplena'mente] *adv* pleinement

plenitud [pleni'tuð] *f* plénitude *f*

pleno, na ['pleno, na] *adj* plein(e) ◇ *m* séance *f* plénière

pliegue ['plieɣe] *m* pli *m*

plomería [plome'ria] *f* *(Amér)* plomberie *f*

plomero, ra [plo'mero, ra] *m, f (Amér)* plombier *m*

plomo ['plomo] *m* **1.** plomb *m* **2.** *(fam) (pesado, pesada)* casse-pieds *mf inv*

pluma ['pluma] *f* plume *f* ● **pluma estilográfica** o **fuente** *(Amér)* stylo *m* (à) plume

plumaje [plu'maxe] *m* **1.** *(de ave)* plumage *m* **2.** *(adorno)* plumet *m*

plumero [plu'mero] *m* **1.** *(para el polvo)* plumeau *m* **2.** *(adorno)* plumet *m*

plumier [plu'mjer] *(pl* **plumiers** [plu'mjers]) *m* plumier *m*

plumilla [plu'miʎa] *f* plume *f (de stylo)*

plumón [plu'mon] *m* **1.** *(de ave)* duvet *m* **2.** *(anorak)* doudoune *f*

plural [plu'ral] *adj* pluriel(elle) ◇ *m* pluriel *m*

pluralidad [plurali'ðað] *f* pluralité *f*

plusmarca [pluz'marka] *f* record *m*

plusmarquista [pluzmar'kista] *mf* recordman *m*, recordwoman *f*

p.m. *(abr escrita de post meridiem)* p.m.

p.n. *(abr escrita de peso neto)* poids *m* net

p.o. *(abr escrita de por orden)* pour *(dans un contrat)*

población [poβla'θjon] *f* **1.** *(habitantes)* population *f* **2.** *(ciudad)* localité *f*

poblado, da [po'βlaðo, ða] *adj* peuplé(e) ◇ *m* village *m*

poblar [po'βlar] *vt* peupler

pobre [po'βre] *adj* **1.** pauvre **2.** *(escaso)* faible ◇ *mf* pauvre *mf*

pobreza [po'βreθa] *f* **1.** *(miseria)* pauvreté *f* **2.** *(escasez)* manque *m*

pochismo [po'tʃizmo] *m* *(Amér) (fam)* espagnol parlé par les Mexicains vivant en Californie

pocho, cha [po'tʃo, tʃa] *adj* **1.** *(fruta)* blet (blette) **2.** *(fam) (enfermo)* patraque **3.** *(Amér) (fam)* américanisé(e) *(se dit des Mexicains)*

pocilga [po'θilɣa] *f* porcherie *f*

poco, ca ['poko, ka] *adj* peu de ● **tiene pocos amigos** il a peu d'amis ◇ *pron* peu ● **un poco (de)** un peu (de) ◇ *adv* **1.** *(con escasez)* peu **2.** *(tiempo corto)* dentro de poco bientôt ● **hace poco** il y a peu de temps ● **poco a poco** peu à peu ● **por poco me caigo** j'ai failli tomber

poda ['poða] *f* élagage *m*

podar [po'ðar] *vt* **1.** *(árboles)* élaguer **2.** *(vides, rosales)* tailler

poder [po'ðer] *m* **1.** pouvoir *m* ● **poder adquisitivo** pouvoir d'achat ● **poderes públicos** pouvoirs publics ● **estar en el poder** être au pouvoir ● **hacerse con el poder** prendre le pouvoir **2.** *(posesión)* possession *f* ● **estar en poder de alguien** être entre les mains de qqn ◇ *vt* **1.** pouvoir ● **puedo levantar esta piedra** je peux soulever ce rocher ● **¿se puede fumar aquí?** on peut fumer ici ? ● **no podemos abandonarlo** nous ne pouvons pas l'abandonner ● **puedo ir en barco o en avión** je peux y aller en bateau ou en avion ● **podría ser más discreto** il pourrait être plus discret ● **es tonto a más no poder** il est complètement idiot ● **disfrutamos a más no poder** on en a profité à fond ● **no poder más** n'en plus pouvoir ● **¿se puede?** je peux ? ◇ *v impers (ser posible)* ● **puede ser que llueva** il se peut qu'il pleuve ● **¿vendrás mañana? - puede** tu viens demain ? - peut-être ◇ *vt (tener más fuerza)* battre ● **no hay quien me pueda** je suis le plus fort ● **tú puedes a Ricardo** tu peux battre Ricardo ◆ **poder con** *v prep* **1.** *(enfermedad, rival)* vaincre **2.** *(tarea, problema)* ● **no podré con el problema de mates** je n'arriverai pas à faire le problème de maths **3.** *(soportar)* ● **no poder con algo/alguien** ne pas supporter qqch/qqn

poderoso, sa [poðe'roso, sa] *adj* puissant(e)

podio [po'ðjo] *m* podium *m*

podrido, da [po'ðriðo, ða] *adj* pourri(e)

poema [po'ema] *m* poème *m*

poesía [poe'sia] *f* poésie *f*

poeta [po'eta] *m* poète *m*

poético, ca [po'etiko, ka] *adj* poétique

polar [po'lar] *adj* polaire

polaroid® [pola'rojð] *f* Polaroid® *f*

polea [po'lea] *f* poulie *f*

polémica [po'lemika] *f* polémique *f*

polémico, ca [po'lemiko, ka] *adj* polémique

polen ['polen] *m* pollen *m*

policía [poli'θia] *f* police *f* ◇ *mf* policier *m*, femme *f* policier ● **policía municipal o urbana** police municipale ● **policía nacional** police nationale

policíaco, ca [poli'θiako, ka] *adj* policier(ère)

polideportivo [poliðepor'tiβo] *m* club *m* omnisports

poliéster [po'ljester] *m* polyester *m*

políglota [po'liɣlota] *mf* polyglotte *mf*

polígono [po'liɣono] *m* polygone *m*

politécnica [poli'teɣnika] *f* — école *f* d'ingénieurs

política [po'litika] *f* politique *f*

político, ca [po'litiko, ka] *adj* politique ◇ *m*, *f* homme *m* politique, femme *f* politique ● **padre político** beau-père *m* *(père du conjoint)* ● **hermano político** beau-frère *m*

póliza ['poliθa] *f* **1.** *(de seguros)* police *f* **2.** *(sello)* timbre *m* fiscal

pollera [po'ʎera] *f (Amér)* jupe *f*

pollito [po'ʎito] *m* poussin *m*

pollo ['poʎo] *m* poulet *m* ● **pollo asado** poulet rôti ● **pollo a la plancha** poulet grillé ● **pollo al ajillo/al curry** poulet à l'ail/au curry

polo ['polo] *m* **1.** *(de una pila)* pôle *m* **2.** *(helado)* glace *f* **3.** *(jersey, juego)* polo *m* ● **el Polo Norte/Sur** le pôle Nord/Sud

pololo, la [po'lolo, la] *m*, *f (Amér) (persona pesada)* casse-pieds *m inv* ◇ *m (Amér) (galán)* séducteur *m*

Polonia [po'lonja] *s* Pologne *f*

polución [polu'θjon] *f* pollution *f*

polvera [pol'βera] *f* poudrier *m*

polvo ['polβo] *m* poussière *f* ● **polvos** *mpl (en cosmética, medicina)* poudre *f* ● **polvos de talco** talc *m*

pólvora [pol'βora] *f* poudre *f*

polvoriento, ta [polβo'rjento, ta] *adj* poussiéreux(euse)

polvorón [polβo'ron] *m* petit gâteau fait de pâte sablée que l'on mange à Noël

pomada [po'maða] *f* pommade *f*

pomelo [po'melo] *m* pamplemousse *m*

pomo ['pomo] *m (de puerta, cajón)* bouton *m*

pómulo ['pomulo] *m* pommette *f*

ponchar [pon'tʃar] *vt (CAm & Méx)* crever *(pincha)* ● **poncharse** *vp (CAm & Méx)* crever

poner [po'ner] *vt* **1.** mettre ● **¿dónde has puesto el libro?** où as-tu mis le livre ? ● **pon más azúcar en el café** mets plus de sucre dans le café ● **le he puesto un pantalón corto** je lui ai mis un short ● **pon la radio** mets la radio ● **poner en marcha** mettre en marche ● **pongamos que...**

mettons o admettons que... **2.** *(hacer estar de cierta manera)* ● me has puesto colorado tu m'as fait rougir ● lo puso triste ça l'a rendu triste ● *(telegrama, fax)* ● poner una conferencia faire un appel à l'étranger ● ¿me pones con Juan? tu me passes Juan ? **4.** *(llamar)* appeler ● le han puesto Mario ils l'ont appelé Mario **5.** *(abrir)* ● han puesto una tienda nueva ils ont ouvert un nouveau magasin **6.** *(instalar)* installer ● han puesto su casa con mucho gusto ils ont arrangé leur maison avec beaucoup de goût **7.** *(asignar)* donner ● ya no ponen deberes on ne donne plus de devoirs à la maison **8.** *(aplicar facultad)* ● no pone ningún interés en el trabajo il ne s'intéresse pas du tout au travail **9.** *(escribir, decir)* ● no sé qué pone ahí je ne sais pas ce qui est écrit là ● pon tu firma en la factura signe la facture **10.** *(en cine, teatro)* passer ● ¿qué ponen en la tele? qu'est-ce qu'il y a à la télé ? **11.** *(dar trabajo)* ● lo han puesto de recepcionista il a été embauché comme réceptionniste ◇ *vi* *(ave)* pondre ● esta gallina ya no pone cette poule ne pond plus ◆ **ponerse** *vp* **1.** *(colocarse)* se mettre **2.** *(ropa, gafas, maquillaje)* mettre **3.** *(estar de cierta manera)* ● me puse muy contenta j'étais toute contente ● se puso rojo il est devenu tout rouge **4.** *(de salud)* ● ponerse malo o enfermo tomber malade ● ponerse bien se rétablir **5.** *(suj: astro)* se coucher

poniente [po'njente] *m* **1.** *(oeste)* ouest *m* **2.** *(viento)* vent *m* d'ouest

popa ['popa] *f* poupe *f*

popote [popo'te] *m* (Méx) paille *f* (pour boire)

popular [popu'lar] *adj* populaire

popularidad [populari'ðað] *f* popularité *f*

póquer ['poker] *m* poker *m*

por [por] *prep*

1. *(causa)* à cause de ● se enfadó por tu culpa elle s'est fâchée à cause de toi

2. *(finalidad)* pour ● lo hizo por complacerte il l'a fait pour te faire plaisir ● lo hizo por ella il l'a fait pour elle

3. *(medio, agente)* par ● por mensajero/fax par coursier/fax ● el récord fue batido por el atleta le record a été battu par l'athlète ● entramos en España por Irún nous sommes entrés en Espagne par Irún

4. *(tiempo concreto)* ● por la mañana/tarde/noche le matin/l'après-midi/la nuit

5. *(tiempo aproximado)* ● por abril en avril

6. *(lugar aproximado)* ● está por ahí il est par là ● ¿por dónde vive? il habite dans quel coin ?

7. *(a cambio)* ● cambió el coche por la moto il a échangé sa voiture contre une moto

8. *(en lugar de)* ● él lo hará por mí il le fera à ma place

9. *(distribución)* ● cien euros por unidad cinq euros pièce ● 20 km por hora 20 km à l'heure

10. *(en matemáticas)* fois ● dos por dos deux fois deux

porcelana [porθe'lana] *f* porcelaine *f*

porcentaje [porθen'taxe] *m* pourcentage *m*

porche ['portʃe] *m* porche *m*

porción [por'θjon] *f* portion *f*

porno ['porno] *adj* (fam) porno

pornografía [pornoɣraˈfia] _f_ pornographie _f_

pornográfico, ca [pornoˈɣrafiko, ka] _adj_ pornographique

porque [ˈporke] _conj_ parce que

porqué [porˈke] _m_ ● **el porqué de...** le pourquoi de...

porrón [poˈron] _m_ récipient en verre dans lequel on boit le vin à la régalade

portaaviones [portaaβiˈones] _m inv_ porte-avion _m_

portada [porˈtaða] _f_ couverture _f_

portador, ra [portaˈðor, ra] _m, f_ porteur _m_, -euse _f_ ● **al portador** au porteur

portaequipajes [portaekiˈpaxes] _m inv_ coffre _m_ à bagages

portafolios [portaˈfoljos] _m inv_ porte-documents _m_

portal [porˈtal] _m_ **1.** entrée _f_ **2.** INFORM portail _m_

portalámparas [portaˈlamparas] _m inv_ douille _f_

portamaletas [portamaˈletas] _m inv_ (Amér) coffre _m_ (à bagages)

portarse [porˈtarse] _vp_ se comporter ● **los niños se portaron bien** les enfants ont été sages ● **¡pórtate bien!** sois sage ! ● **si te portas mal...** si tu ne te tiens pas bien...

portátil [porˈtatil] _adj_ portable

portavoz, ces [portaˈβoθ, θes] _mf_ porte-parole _mf inv_

portazo [porˈtaθo] _m_ ● **dar un portazo** claquer la porte

portería [porteˈria] _f_ **1.** (conserjería) loge _f_ (de concierge) **2.** (en deporte) buts _mpl_

portero, ra [porˈtero, ra] _m, f_ **1.** (conserje) gardien _m_, -enne _f_ **2.** (en deporte) gardien _m_ de but ● **portero electrónico** interphone _m_

Portugal [portuˈɣal] _s_ Portugal _m_

portugués, esa [portuˈɣes, esa] _adj_ portugais(e) ◇ _m, f_ Portugais _m_, -e _f_ ◇ _m_ (lengua) portugais _m_

porvenir [porβeˈnir] _m_ avenir _m_

posada [poˈsaða] _f_ auberge _f_ ● **dar posada a alguien** héberger qqn

posarse [poˈsarse] _vp_ se poser

posavasos [posaˈβasos] _m inv_ dessous _m_ de verre

posdata [pozˈðata] _f_ post-scriptum _m inv_

pose [ˈpose] _f_ pose _f_

poseedor, ra [poseeˈðor, ra] _m, f_ possesseur _m_

poseer [poseˈer] _vt_ posséder

posesión [poseˈsjon] _f_ possession _f_

posesivo, va [poseˈsiβo, βa] _adj_ possessif(ive) ◇ _m_ possessif _m_

posgrado [pozˈɣraðo] _m_ ≃ troisième cycle _m_

posibilidad [posiβiliˈðað] _f_ ● **hay posibilidades de que...** il est possible que...

posible [poˈsiβle] _adj_ possible

posición [posiˈθjon] _f_ **1.** position _f_ **2.** (condición social, económica) situation _f_

positivamente [posi,tiβaˈmente] _adv_ positivement

positivo, va [posiˈtiβo, βa] _adj_ positif(ive) ◇ _m_ (en fotografía) positif _m_

posmoderno, na [pozmoˈðerno, na] _adj_ postmoderne

poso [ˈposo] _m_ dépôt _m_ (d'un liquide)

postal [posˈtal] _f_ carte _f_ postale

poste [ˈposte] _m_ poteau _m_

póster [ˈposter] _m_ poster _m_

posterior [poste'rjor] *adj* **1.** *(en el espacio)* de derrière **2.** *(en el tiempo)* postérieur(e) **3.** *(en el orden)* suivant(e)

postre ['postre] *m* dessert ● **postre de la casa** dessert maison

póstumo, ma ['postumo, ma] *adj* posthume

postura [pos'tura] *f* **1.** *(colocación, posición)* posture *f* **2.** *(actitud)* attitude *f*

potable [po'taβle] *adj* potable

potaje [po'taxe] *m* plat de légumes secs ● **potaje de garbanzos** ragoût de pois chiches

potencia [po'tenθja] *f* puissance *f*

potenciar [poten'θjar] *vt* (fig) favoriser

potrero [po'tre'ro] *m* (Amér) herbage *m*

potrillo [po'triλo] *m* (Amér) coupe *f*

potro, tra ['potro] *m, f (caballo)* poulain *m* ◇ *m (en gimnasia)* cheval-d'arçons *m inv*

pozo ['poθo] *m* puits *m*

p.p. *(abr escrita de por poder)* par procuration

práctica ['praktika] *adj* ➤ **práctico** ◇ *f* **1.** pratique *f* **2.** *(experiencia)* expérience *f* ● **prácticas** *fpl* **1.** *(en clase)* travaux *mpl* pratiques **2.** *(en empresa)* stage *m* ● **buscar unas prácticas** chercher un stage ● **hacer unas prácticas** faire un stage, être en stage

practicante [prakti'kante] *mf* **1.** *(en religión)* pratiquant *m*, -e *f* **2.** *(auxiliar médico)* aide-soignant *m*, -e *f*

practicar [prakti'kar] *vt* **1.** *(profesión)* exercer **2.** *(deporte)* pratiquer ◇ *vi* (con un maestro) s'exercer ● **practicar la natación** faire de la natation

práctico, ca ['praktiko, ka] *adj* pratique

pradera [pra'ðera] *f* prairie *f*

prado ['praðo] *m* pré *m*

pral. *abr escrita de* **principal**

precario, ria [pre'karjo, rja] *adj* précaire

precaución [prekau'θjon] *f* précaution *f*

precintado, da [preθin'taðo, ða] *adj* scellé(e)

precio ['preθjo] *m* prix *m* ● **precio fijo** prix fixe ● **precio de coste** prix de revient ● **¿que precio tiene?** combien ça coûte ?

preciosidad [preθjosi'ðað] *f* **1.** *(cualidad)* beauté *f* **2.** *(cosa preciosa)* merveille *f*

precioso, sa [pre'θjoso, sa] *adj* **1.** *(valioso)* précieux(euse) **2.** *(bonito)* ravissant(e)

precipicio [preθi'piθjo] *m* précipice *m*

precipitación [preθipita'θjon] *f* précipitation *f*

precipitado, da [preθipi'taðo, ða] *adj* précipité(e)

precipitarse [preθipi'tarse] *vp* se précipiter

precisamente [pre.θisa'mente] *adv* précisément

precisar [preθi'sar] *vt* **1.** *(especificar)* préciser **2.** *(necesitar)* avoir besoin de

preciso, sa [pre'θiso, sa] *adj* précis(e) ● **es preciso que...** il faut que...

precoz [pre'koθ] *adj* précoce

predicar [preði'kar] *vt* prêcher

predilecto, ta [preði'lekto, ta] *adj* préféré(e)

predominar [preðomi'nar] *vi* prédominer

preeminente [preemi'nente] *adj* prééminent(e)

preescolar [preesko'lar] *adj* préscolaire

preferencia [prefe'renθja] *f* **1.** *(inclinación)* préférence *f* **2.** *(prioridad)* priorité *f*

preferible [prefe'riβle] *adj* préférable

preferir [prefe'rir] *vt* préférer

prefijo [pre'fixo] *m* **1.** *(de teléfono)* indicatif *m* **2.** GRAM préfixe *m*

pregón [pre'yon] *m* discours *m*

pregonar [preyo'nar] *vt* **1.** *(noticia)* rendre public **2.** *(fig) (secreto)* crier sur tous les toits

pregonero [preyo'nero] *m* crieur *m* public

pregunta [pre'yunta] *f* question *f* ● **hacer una pregunta** poser une question ● **preguntas más frecuentes** foire *f* aux questions

preguntar [preyun'tar] *vt* **1.** demander **2.** *(lección)* interroger sur ◆ **preguntar por** *v prep* **1.** *(solicitar)* demander **2.** *(interesarse por)* demander des nouvelles de ◆ **preguntarse** *vp* se demander

prehistórico, ca [preis'toriko, ka] *adj* préhistorique

prejuicio [pre'xuiθjo] *m* préjugé *m*

premamá [prema'ma] *adj inv* pour femme enceinte

prematuro, ra [prema'turo, ra] *adj* prématuré(e)

premeditación [premeðita'θjon] *f* préméditation *f*

premiar [pre'mjar] *vt* récompenser

premio ['premjo] *m* **1.** prix *m* **2.** *(en lotería, rifa)* lot *m* ● **premio gordo** gros lot

premisa [pre'misa] *f* hypothèse *f*

prenatal [prena'tal] *adj* prénatal(e)

prenda ['prenda] *f* **1.** *(vestido)* vêtement *m* **2.** *(garantía)* gage *m*

prensa ['prensa] *f* presse *f*

preocupación [preokupa'θjon] *f* souci *m*

preocupado, da [preoku'paðo, ða] *adj* ● **estar preocupado** être inquiet

preocupar [preoku'par] *vt* inquiéter ◆ **preocuparse de** *v prep* (encargarse de) veiller à ◆ **preocuparse por** *v prep* s'inquiéter de

prepago [pre'payo] *m* pré-paiement *m* ● **tarjeta de prepago** carte pré-payée

preparación [prepara'θjon] *f* **1.** préparation *f* **2.** *(formación)* bagage *m*

preparar [prepa'rar] *vt* préparer ◆ **prepararse** *vp* se préparer

preparativos [prepara'tiβos] *mpl* préparatifs *mpl*

preparatoria [prepara'torja] *f (Méx)* fin du second cycle des études secondaires

preponderante [preponde'rante] *adj* prépondérant(e)

preposición [preposi'θjon] *f* préposition *f*

prepotente [prepo'tente] *adj* arrogant(e)

presa ['presa] *f* **1.** *(de un animal)* proie *f* **2.** *(embalse)* barrage *m* ➤ **preso**

presbiterio [prezβi'terjo] *m* chœur *m* *(d'une église)*

prescindir [presθin'dir] ◆ **prescindir de** *v prep* se passer de

presencia [pre'senθja] *f* **1.** présence *f* **2.** *(aspecto)* allure *f*

presenciar [presen'θjar] *vt* assister à

presentable [presen'taβle] *adj* présentable

presentación [presenta'θjon] *f* **1.** présentation *f* **2.** *(aspecto)* aspect *m* ● **hacer una presentación de algo** faire une présentation de qqch ● **hacer las presentaciones** faire les présentations

presentador, ra [presenta'ðor, ra] *m, f* présentateur *m*, -trice *f*

presentar [presen'tar] *vt* présenter ◆ **presentar alguien a alguien** présenter qqn à qqn ◆ **presentarse (a)** *v prep* se présenter (à)

presente [pre'sente] *adj* présent(e) ◇ *m* présent *m* ● **en el presente** de nos jours ● **tener algo presente** se rappeler qqch

presentimiento [presenti'mjento] *m* pressentiment *m*

preservar [preser'βar] *vt* préserver

preservativo [preserβa'tiβo] *m* préservatif *m*

presidencia [presi'ðenθja] *f* 1. (cargo, lugar) présidence *f* 2. (persona) président *m*

presidencial [presiðen'θjal] *adj* présidentiel(elle)

presidente, ta [presi'ðente, ta] *m, f* président *m*, -e *f*

presidiario, ria [presi'ðjarjo, rja] *m, f* prisonnier *m*, -ère *f*

presidir [presi'ðir] *vt* 1. présider 2. (predominar) présider à

presión [pre'sjon] *f* pression *f* ● **presión sanguínea** tension o pression artérielle

preso, sa ['preso, sa] *m, f* prisonnier *m*, -ère *f*

préstamo ['prestamo] *m* prêt *m*

prestar [pres'tar] *vt* 1. prêter 2. (declaración) faire ◆ **prestarse a** *v prep* 1. (ofrecerse a) offrir o 2. (dar motivo a) prêter à

prestigio [pres'tixjo] *m* prestige *m*

presumido, da [presu'miðo, ða] *adj* prétentieux(euse)

presumir [presu'mir] *vt* présumer ◆ **presumir de** *v prep* ● **presume de listo** il se croit intelligent

presunción [presun'θjon] *f* présomption *f*

presunto, ta [pre'sunto, ta] *adj* présumé(e)

presuntuoso, sa [presuntu'oso, sa] *adj* présomptueux(euse)

presupuesto [presu'pwesto] *m* budget *m*

pretencioso, sa [preten'θjoso, sa] *adj* prétentieux(euse)

pretender [preten'der] *vt* 1. (intentar) vouloir 2. (hacer creer) prétendre ◆ **pretender a** *v prep* aspirer à

pretendiente [preten'djente] *mf* 1. (aspirante) candidat *m*, -e *f* 2. (al trono) prétendant *m*, -e *f* ◇ *m* (de una mujer) prétendant *m*

pretensión [preten'sjon] *f* 1. (intención) intention *f* 2. (aspiración) prétention *f*

pretexto [pre'teksto] *m* prétexte *m*

prever [pre'βer] *vt* prévoir

previo, via ['preβjo, βja] *adj* préalable

previsor, ra [preβi'sor, ra] *adj* prévoyant(e)

previsto, ta [pre'βisto, ta] *pp* ➤ prever ◇ *adj* prévu(e)

primaria [pri'marja] *f* (enseñanza) primaire *m*

primario, ria [pri'marjo, rja] *adj* primaire

primavera [prima'βera] *f* printemps *m* ● **en primavera** au printemps

primer [pri'mer] ➤ primero

primera [pri'mera] *f* 1. (categoría) première catégorie *f* 2. (velocidad) première *f*

primero, ra [pri'mero, ra] *adj & m, f* premier(ère) ◇ *adv* d'abord ● **primeros auxilios** premiers soins ● **primera clase** première classe ● **el primero** le premier ● **la primera** la première ● **lo primero** le plus important ● **capítulo primero** chapitre un

● **el primer día** le premier jour ● **en primer lugar** o **en primera posición** en première position ● **a primeros de** au début de

primo, ma [ˈprimo, ma] *m, f* **1.** cousin *m*, -e *f* **2.** *(fam) (bobo)* poire *f* ● **hacer el primo** *(fam)* se faire avoir

primogénito, ta [primoˈxenito, ta] *m, f* aîné *m*, -e *f*

princesa [prinˈθesa] *f* princesse *f*

principado [prinθiˈpaðo] *m* principauté *f*

principal [prinθiˈpal] *adj (más importante)* principal(e) ◇ *m (piso)* étage situé entre l'entresol et le premier étage

príncipe [ˈprinθipe] *m* prince *m*

principiante, ta [prinθiˈpjante, ta] *m, f* débutant *m*, -e *f*

principio [prinˈθipjo] *m* **1.** début *m* **2.** *(causa, origen)* origine *f* **3.** *(norma)* principe *m* ● **al principio** au début ● **a principios de** au début de ● **en principio** en principe ● **por principio** par principe

pringoso, sa [prinˈɣoso, sa] *adj* graisseux(euse)

prioridad [prjoriˈðað] *f* priorité *f*

prisa [ˈprisa] *f* hâte *f* ● **darse prisa** se dépêcher ● **tener prisa** être pressé(e)

prisión [priˈsjon] *f* prison *f*

prisionero, ra [prisjoˈnero, ra] *m, f* prisonnier *m*, -ère *f*

prisma [ˈprisma] *m* prisme *m*

prismáticos [prizˈmatikos] *mpl* jumelles *fpl*

privado, da [priˈβaðo, ða] *adj* privé(e)

privar [priˈβar] *vt* priver ● **privarse de** *vp* se priver de

privilegiado, da [priβileˈxjaðo, ða] *adj* privilégié(e)

privilegio [priβiˈlexjo] *m* privilège *m*

proa [ˈproa] *f* proue *f*

probabilidad [proβaβiliˈðað] *f* probabilité *f*

probable [proˈβaβle] *adj* probable

probador [proβaˈðor] *m* cabine *f* d'essayage

probar [proˈβar] *vt* **1.** prouver **2.** *(ensayar)* essayer **3.** *(comida, bebida)* goûter ◇ *vi (intentar)* essayer ● **probarse** *vp* essayer

probeta [proˈβeta] *f* éprouvette *f*

problema [proˈβlema] *m* problème *m*

problemático, ca [proβleˈmatiko, ka] *adj* problématique

procedencia [proθeˈðenθja] *f* **1.** *(origen, fuente)* origine *f* **2.** *(de un tren, barco)* provenance *f*

procedente [proθeˈðente] *adj (oportuno)* pertinent(e) ● **procedente de** *(persona)* originaire de ; *(tren, barco)* en provenance de

proceder [proθeˈðer] *m (comportamiento)* comportement *m* ◇ *vi* **1.** *(actuar)* agir **2.** *(ser oportuno)* convenir ● **proceder de** *v prep* **1.** *(provenir de)* provenir de **2.** *(de un lugar)* venir de

procedimiento [proθeðiˈmjento] *m* procédé *m*

procesado, da [proθeˈsaðo, ða] *m, f* accusé *m*, -e *f*

procesamiento [proθesaˈmjento] *m* ● **procesamiento de textos** traitement *m* de texte

procesar [proθeˈsar] *vt (enjuiciar)* poursuivre

procesión [proθeˈsjon] *f* procession *f*

proceso [proˈθeso] *m* **1.** *(desarrollo)* processus *m* **2.** *(método)* procédé *m* **3.** DER procédure *f*

proclamación [proklama'θjon] *f* proclamation *f*

proclamar [prokla'mar] *vt* proclamer ◆ **proclamarse** *vp* se proclamer

procurar [proku'rar] *vt* s'efforcer de

prodigarse [proði'ɣarse] *vp* se montrer ● **prodigarse en atenciones** se répandre en attentions

producción [proðuk'θjon] *f* production *f*

producir [proðu'θir] *vt* produire ◆ **producirse** *vp* se produire

productividad [proðuktiβi'ðað] *f* productivité *f*

productivo, va [proðuk'tiβo, βa] *adj* productif(ive)

producto [pro'ðukto] *m* 1. produit *m* 2. *(resultado)* fruit *m*

productor, ra [proðuk'tor, ra] *m, f* producteur *m*, -trice *f*

productora [proðuk'tora] *f (en cine)* maison *f* de production

profecía [profe'θia] *f* prophétie *f*

profesión [profe'sjon] *f* profession *f*

profesional [profesjo'nal] *adj & mf* professionnel(elle)

profesionista [profesjo'nista] *mf (Méx)* professionnel *m*, -elle *f*

profesor, ra [profe'sor, ra] *m, f* professeur *m*

profeta [pro'feta] *m* prophète *m*

profiteroles [profite'roles] *mpl* profiteroles *fpl*

profundidad [profundi'ðað] *f* profondeur *f*

profundo, da [pro'fundo, da] *adj* profond(e)

programa [pro'ɣrama] *m* 1. programme *m* 2. *(en televisión, radio)* émission *f* ● **programa espía** spyware *m*

programación [proɣrama'θjon] *f* 1. *(en televisión, radio)* programme *m* 2. *INFORM* programmation *f*

programador, ra [proɣrama'ðor, ra] *m, f* 1. *(en televisión, radio)* programmateur *m*, -trice *f* 2. *INFORM* programmeur *m*, -euse *f*

programar [proɣra'mar] *vt* programmer

progresar [proɣre'sar] *vi* progresser

progresivo, va [proɣre'siβo, βa] *adj* progressif(ive)

progreso [pro'ɣreso] *m* progrès *m*

prohibición [proiβi'θjon] *f* interdiction *f*

prohibido, da [proi'βiðo, ða] *adj* interdit(e) ▼ **prohibido aparcar** stationnement interdit ▼ **prohibido el paso** interdiction dentrer ▼ **prohibido el paso a personas ajenas a la obra** chantier interdit au public ▼ **prohibido fijar carteles** défense d'afficher ▼ **prohibido fumar** défense de fumer ▼ **prohibida la entrada** entrée interdite ▼ **prohibida la entrada a menores** entrée interdite aux moins de 18 ans

prohibir [proi'βir] *vt* interdire

prójimo ['proximo] *m* prochain *m*

proliferación [prolifera'θjon] *f* prolifération *f*

prólogo ['proloɣo] *m* préface *f*

prolongar [prolon'gar] *vt* prolonger ◆ **prolongarse** *vp* se prolonger

promedio [pro'meðjo] *m* moyenne *f*

promesa [pro'mesa] *f* promesse *f*

prometer [prome'ter] *vt & vi* promettre ◆ **prometerse** *vp (para casarse)* se fiancer

prometido, da [prome'tiðo, ða] *m, f* fiancé *m*, -e *f*

promoción [promo'θjon] *f* promotion *f*

promocionar [promoθjo'nar] *vt* promouvoir ◆ **promocionarse** *vp (persona)* se faire valoir

promotor, ra [promo'tor, ra] *m, f* promoteur *m*, -trice *f*

pronóstico [pro'nostiko] *m* pronostic *m* ● **pronóstico del tiempo** prévisions *fpl* météorologiques

pronto ['pronto] *adv* **1.** *(temprano)* tôt **2.** *(rápidamente)* vite ● **de pronto** soudain ● **tan pronto como** dès que

pronunciación [pronunθja'θjon] *f* pronunciation *f*

pronunciar [pronun'θjar] *vt* prononcer

propaganda [propa'yanda] *f* propagande *f*

propensión [propen'sjon] *f* ● **tener propensión a** avoir tendance à

propenso, sa [pro'penso, sa] *adj* ● **ser propenso a** être sujet à

propicio, cia [pro'piθjo, θja] *adj* propice

propiedad [propje'ðað] *f* propriété *f*

propietario, ria [propje'tarjo, rja] *m, f* propriétaire *mf*

propina [pro'pina] *f* pourboire *f*

propio, pia ['propjo, pja] *adj* **1.** *(de propiedad, peculiar)* propre **2.** *(apropiado)* approprié(e) **3.** *(natural)* naturel(elle) ● **tiene coche propio** il a sa propre voiture ● **el propio director** le directeur lui-même

proponer [propo'ner] *vt* proposer ◆ **proponerse** *vp* se proposer

proporcionado, da [proporθjo'naðo, ða] *adj* proportionné(e)

proporcionar [proporθjo'nar] *vt* **1.** *(información, datos)* fournir **2.** *(satisfacción, tristeza)* causer

proposición [proposi'θjon] *f* proposition *f*

propósito [pro'posito] *m* **1.** *(intención)* intention *f* **2.** *(objetivo)* but *m* ● **a propósito** exprès ● **a propósito de** à propos de

propuesta [pro'pwesta] *f* proposition *f*

prórroga ['proroya] *f* **1.** prorogation *f* **2.** *(en deporte)* prolongation *f*

prorrogar [proro'yar] *vt* **1.** *(prolongar)* prolonger **2.** *(aplazar)* reporter

prosa ['prosa] *f* prose *f*

proscrito, ta [pros'krito, ta] *m, f* proscrit *m*, -e *f*

prospecto [pros'pekto] *m* **1.** prospectus *m* **2.** *(de medicamento)* notice *f*

próspero, ra ['prospero, ra] *adj* prospère

prostíbulo [pros'tiβulo] *m* maison *f* close

prostitución [prostitu'θjon] *f* prostitution *f*

prostituto, ta [prosti'tuto, ta] *m, f* prostitué *m*, -e *f*

prota ['prota] *mf (fam)* personnage *m* principal

protagonista [protayo'nista] *mf* protagoniste *mf*

protección [protek'θjon] *f* protection *f*

proteger [prote'xer] *vt* protéger ♦ **protegerse** *vp* se protéger

protegido, da [prote'xiðo, ða] *m, f* protégé *m*, -e *f*

proteína [prote'ina] *f* protéine *f*

protesta [pro'testa] *f* protestation *f*

protestante [protes'tante] *mf* protestant *m*, -e *f*

protestar [protes'tar] *vi* protester

protocolo [proto'kolo] *m* protocole *m*

provecho [pro'βetʃo] *m* profit *m* ● ¡**buen provecho!** bon appétit !

provechoso, sa [proβe'tʃoso, sa] *adj* profitable

proveedor [proβee'ðor] *m* ● **proveedor de acceso** fournisseur *m* d'accès

provenir [proβe'nir] ♦ **provenir de** *v prep* provenir de

proverbio [pro'βerβjo] *m* proverbe *m*

provincia [pro'βinθja] *f* province *f*

provisional [proβisjo'nal] *adj* provisoire

provocación [proβoka'θjon] *f* provocation *f*

provocar [proβo'kar] *vt* 1. provoquer 2. *(incitar)* inciter ● ¿**te provoca ir al cine?** *(Amér)* ça te dit d'aller au ciné ?

provocativo, va [proβoka'tiβo, βa] *adj* provocant(e)

próximo, ma ['proksimo, ma] *adj* 1. *(cercano)* proche 2. *(siguiente)* prochain(e) ▼ **próximas llegadas** prochaines arrivées

proxy ['proksi] *m* INFORM proxy *m*

proyección [projek'θjon] *f* projection *f*

proyectar [projek'tar] *vt* projeter

proyecto [pro'jekto] *m* projet *m*

proyector [projek'tor] *m* projecteur *m*

prudencia [pru'ðenθja] *f* prudence *f*

prudente [pru'ðente] *adj* prudent(e)

prueba ['prweβa] *f* 1. *(demostración, manifestación)* preuve *f* 2. *(ensayo)* essai *m* 3. *(examen, competición)* épreuve *f*

psicoanálisis [sikoa'nalisis] *m inv* psychanalyse *f*

psicología [sikolo'xia] *f* psychologie *f*

psicológico, ca [siko'loxiko, ka] *adj* psychologique

psicólogo, ga [si'koloɣo, ɣa] *m, f* psychologue *mf*

psicópata [si'kopata] *mf* psychopathe *mf*

psiquiatra [si'kjatra] *mf* psychiatre *mf*

psiquiátrico [si'kjatriko] *m* hôpital *m* psychiatrique

psíquico, ca ['sikiko, ka] *adj* psychique

pta. *(abr escrita de peseta)* PTA

púa ['pua] *f* 1. *(pincho)* piquant *m* 2. *(de peine)* dent *f*

pub [paβ] *m* bar *m*

pubertad [puβer'tað] *f* puberté *f*

pubis ['puβis] *m inv* pubis *m*

publicación [puβlika'θjon] *f* publication *f*

públicamente [,puβlika'mente] *adv* publiquement

publicar [puβli'kar] *vt* publier

publicidad [puβliθi'ðað] *f* publicité *f*

publicitario, ria [puβliθi'tarjo, rja] *adj* publicitaire

público, ca ['puβliko, ka] *adj* public(ique) ◇ *m* public *m* ● **en público** en public

pucha ['putʃa] *interj* *(Andes & RP)* punaise !

pucho ['putʃo] *m* *(Amér)* mégot *m*

pudin ['puðin] *m* pudding *m*

pudor [pu'ðor] m 1. (recato) pudeur f 2. (timidez) timidité f

pudrir [pu'ðrir] vt pourrir ◆ **pudrirse** vp pourrir

pueblo ['pweβlo] m 1. (localidad) village m 2. (nación, proletariado) peuple m

puente ['pwente] m 1. pont m 2. (en los dientes) bridge m ● **puente aéreo** (Esp) liaison aérienne quasi ininterrompue entre Madrid et Barcelone ● **hacer puente** faire le pont

puerco, ca ['pwerko, ka] adj dégoûtant(e) ◇ m, f 1. (animal) porc m, truie f 2. (Méx) (carne) porc m 3. (fam) (persona) cochon m, -onne f

puerro ['pwero] m poireau m

puerta ['pwerta] f 1. porte f 2. DEP buts mpl ● **puerta de embarque** porte d'embarquement ● **puerta principal** entrée f principale

puerto ['pwerto] m 1. (de mar, INFORM) port m 2. (de montaña) col m ● **puerto deportivo** port de plaisance ● **puerto Ethernet** port Ethernet ● **puerto paralelo** port parallèle ● **puerto serie** port série ● **puerto USB** port USB

Puerto Rico ['pwerto'riko] m Porto Rico m

pues [pwes] conj 1. (indica causa) car 2. (indica continuación) eh bien ● ¿pues sabes qué pasó? eh bien, tu sais ce qui est arrivé ? ● ¡pues claro! mais bien sûr !

puesta ['pwesta] f ● **puesta de sol** coucher m de soleil

puesto, ta ['pwesto, ta] pp ➤ poner ◇ adj (elegante) bien habillé(e) ◇ m 1. poste m 2. (posición) place f 3. (en mercado) étal m ◆ **puesto que** puisque

pulga ['pulɣa] f puce f

pulgar [pul'ɣar] m pouce m

pulidora [puli'ðora] f ponceuse f

pulir [pu'lir] vt 1. polir 2. (perfeccionar) peaufiner

pulmón [pul'mon] m poumon m

pulmonía [pulmo'nia] f pneumonie f

pull-over [pul'oβer] m (Amér) pull-over m

pulpa ['pulpa] f 1. (de fruta, planta) pulpe f 2. (carne) chair f

pulpo ['pulpo] m poulpe m ● **pulpo a la gallega** poulpe préparé avec une sauce piquante

pulque ['pulke] m (CAm & Méx) pulque m

pulquería [pulke'ria] f (CAm & Méx) débit de boissons où l'on vend du pulque

pulsar [pul'sar] vt appuyer sur

pulsera [pul'sera] f bracelet m

pulso ['pulso] m pouls m ● **tener pulso** avoir la main sûre

puma ['puma] m puma m

puna ['puna] f (Andes & Arg) mal m des montagnes

punk [pank] mf punk mf

punta ['punta] f 1. pointe f 2. (extremo) bout m ● **en la punta de la lengua** sur le bout de la langue

puntapié [punta'pie] m coup m de pied

puntera [pun'tera] f bout m (d'une chaussure)

puntería [punte'ria] f adresse f (au tir)

puntero [pun'tero] m ● **puntero** (del ratón) INFORM pointeur m (de la souris)

puntiagudo, da [puntia'ɣuðo, ða] adj pointu(e)

puntilla [pun'tiʎa] f dentelle f rapportée

punto ['punto] m point m ● **punto de encuentro** point de rencontre ● **punto de vista** point de vue ● **punto y aparte** point à la ligne ● **punto y coma** point-virgule m ● **punto y seguido** point ● **puntos suspensivos** points de suspension ● **a punto de** sur le point de ● **en punto** (hora) pile ● **llegar en el punto justo** arriver à point nommé

puntuación [puntμa'θjon] f 1. (en competición) classement m 2. (en examen) note f 3. GRAM ponctuation f

puntual [puntu'al] adj 1. ponctuel(elle) 2. (detallado) précis(e)

puntualidad [puntuali'ðað] f ponctualité f

puntualización [puntualiθa'θjon] f précision f

puntualizar [puntuali'θar] vt préciser

puntuar [puntu'ar] vt 1. (examen) noter 2. (texto) ponctuer

puñado [pu'ɲaðo] m poignée f

puñal [pu'ɲal] m poignard m

puñalada [puɲa'laða] f coup m de poignard

puñeta [pu'ɲeta] interj (fam) mince !

puñetazo [puɲe'taθo] m coup m de poing

puñetero, ra [puɲe'tero, ra] adj (fam) ● **tu puñetero marido** ton fichu mari

puño ['puɲo] m 1. (mano cerrada) poing m 2. (de camisa) poignet m 3. (de arma) crosse f 4. (de paraguas) poignée f

punzón [pun'θon] m poinçon m

pupa ['pupa] f 1. (en el labio) bouton m de fièvre 2. (fam) (daño) bobo m

pupitre [pu'pitre] m pupitre m

puré [pu're] m purée f ● **puré de patatas** o **papas** (Amér) purée de pommes de terre ● **estar hecho puré** (fam) être vanné

puritano, na [puri'tano, na] adj puritain(e)

puro, ra ['puro, ra] adj pur(e) ◇ ◆ **cigare** m

puto, ta ['puto, ta] adj (vulg) ● **este puto...** ce putain de... ◇ ◆ m, f (vulg) pute f

puzle ['puθle] m puzzle m

PVP m (abr escrita de precio de venta al público) ppv (prix public de vente)

PYME ['pime] f (abr de pequeña y mediana empresa) ≃ PME f (petite et moyenne entreprise)

pza. (abr escrita de plaza) Pl., pl. (place)

que [ke] pron 1. (sujeto) qui ● **ése es el hombre que me lo compró** c'est cet homme qui me l'a acheté 2. (complemento directo) que ● **el hombre que conociste ayer** l'homme que tu as rencontré hier 3. (complemento indirecto) ● **ése es el chico al que hablé** c'est le jeune homme à qui j'ai parlé ● **la persona de la que te hablo es médico** la personne dont je te parle est médecin 4. (complemento circunstancial) ● **la playa a la que fui es preciosa** la plage où je suis allé est très belle ● **la mujer con la que hablas es mi novia** la femme avec laquelle tu parles est ma fiancée ● **el día en que fui llovía** il pleuvait le jour où j'y suis allé ◇ conj 1. que ● **es impor-**

tante que me escuches il est important que tu m'écoutes ● **me ha confesado que me quiere** il m'a avoué qu'il m'aimait ● **es más rápido que tú** il est plus rapide que toi ● **antes morir que ir a verle** plutôt mourir que d'aller le voir ● **me lo pidió tantas veces que se lo di** il me l'a demandé tellement de fois que je le lui ai donné ● **ven aquí que te vea** viens ici que je te voie ● **espero que te diviertas** j'espère que tu t'amuseras **2.** (*expresa causa*) ● **hemos de esperar, que todavía no es la hora** il faut attendre, ce n'est pas encore l'heure **3.** (*expresa disyunción*) ● **quieras que no, harás lo que yo te mande** que tu le veuilles ou non, tu feras ce que je dis **4.** (*expresa hipótesis*) ● **que no quieres, pues no pasa nada** si tu ne veux pas, ce n'est pas grave **5.** (*en oraciones exclamativas*) ● **¡que sí/no!** mais si/non ! ● **¡que te diviertas!** amuse-toi bien !

qué [ke] *adj* (*Interrogativo*) quel (quelle) ● **¿qué hora es?** quelle heure est-il ? ◇ *pron* (*interrogativo*) que ● **¿qué dijo?** qu'est-ce qu'il t'a dit ? ● **no sé qué hacer** je ne sais pas quoi faire ● **¿qué?** quoi ? ● **¿por qué (...)?** pourquoi (...) ? ◇ *adv* (*exclamativo*) que ● **¡qué tonto eres!** que tu es bête !

quebrado [ke'βraðo] *m* MAT fraction *f*
quebrar [ke'βrar] *vt* casser ◇ *vi* (*empresa*) faire faillite

quedar [ke'ðar] *vi* **1.** rester **2.** (*sentar*) aller **3.** (*estar situado*) se trouver ● **el trabajo ha quedado perfecto** le travail est parfait ● **quedar bien/mal con alguien** faire bonne/mauvaise impression à qqn ◆ **quedar con** *v prep* (*citarse*) prendre rendez vous avec ◆ **quedar en** *v prep* (*acordar*) convenir de ◆ **quedar en ridículo** se ridiculiser ● **quedar en nada** ne rien donner ◆ **quedar por** *v prep* ● **¿qué queda por hacer?** que reste-t-il à faire ? ◆ **quedarse** *vp* **1.** (*permanecer*) rester **2.** (*llegar a ser*) devenir **3.** (*retener*) garder **4.** (*adquirir*) prendre ◆ **quedarse con** *v prep* (*preferir*) choisir

quehacer [kea'θer] *m* travail *m*
quejarse [ke'xarse] ◆ **quejarse (por** o **de)** *v prep* se plaindre (de)
quejido [ke'xiðo] *m* gémissement *m*
quemadura [kema'ðura] *f* brûlure *f*
quemar [ke'mar] *vt & vi* brûler ◆ **quemarse** *vp* **1.** se brûler **2.** (*por el sol*) prendre un coup de soleil
queque ['keke] *m* (*Andes o CAm*) biscuit *m*

querer [ke'rer] *m* amour *m* ◇ *vt* **1.** (*desear*) vouloir ● **el niño quiere una bicicleta** le petit veut un vélo ● **queremos que las cosas vayan bien** nous voulons que tout aille bien ● **¿quiere pasar?** vous voulez entrer ? ● **¿cuánto quiere por el coche?** combien voulez-vous pour la voiture ? ● **tal vez él quiera acompañarte** peut-être qu'il voudra t'accompagner ● **quisiera hacer obras en verano** je voudrais faire des travaux en été **2.** (*amar*) aimer ● **te quiero je t'aime 3.** (*requerir*) avoir besoin de ◇ *vi* **1.** (*apetecer*) vouloir ● **ven cuando quieras** viens quand tu voudras **2.** (*en locuciones*) ● **lo hizo queriendo/sin querer** il l'a fait exprès/sans faire exprès ◇ *v impers* (*haber atisbos*) ● **parece que quiere llover** on dirait qu'il va pleuvoir ● **quererse** *vp* s'aimer

querido, da [ke'riðo, ða] *adj (en una carta)* cher (chère)

queso ['keso] *m* fromage *m* ● **queso de bola** fromage de Hollande ● **queso manchego** *fromage de brebis de la Manche* ● **queso rallado** fromage râpé

quiebra ['kjeβra] *f* faillite *f*

quien [kjen] *pron* 1. *(sujeto)* qui 2. *(complemento)* que ◇ *pron* 1. *(sujeto)* celui qui (celle qui) 2. *(complemento)* celui que (celle que) ● **fue mi hermano quien me lo explicó** c'est mon frère qui me l'a expliqué ● **es Pepe de quien no me fío** c'est à Pepe que je ne fais pas confiance ● **quien lo quiera que venga** que celui qui veut vienne ● **apoyaré a quien considere oportuno** je soutiendrai celui que je jugerai bon de soutenir

quién ['kjen] *pron* qui ● **¿quién es ese hombre?** qui est cet homme ? ● **¿a quiénes has invitado?** qui as-tu invité ? ● **¿quién es?** *(en la puerta)* qui est là ? ; *(al teléfono)* qui est à l'appareil ? ● **¡quién pudiera verlo!** si seulement je pouvais le voir !

quieto, ta ['kjeto, ta] *adj* 1. tranquille 2. *(inactivo)* calme

quilla ['kiʎa] *f* quille *f*

quilo ['kilo] *m* kilo *m* ● **un cuarto de quilo** de une demi-livre de

química ['kimika] *f* chimie *f*

químico, ca ['kimiko, ka] *m, f* chimiste *mf*

quince ['kinθe] *núm* quinze ● **quince días** quinze jours ● **dentro de quince días** dans quinze jours

quincena [kin'θena] *f* quinzaine *f*

quiniela [ki'njela] *f* ≃ loto *m* sportif

quinientos, tas [ki'njentos, tas] *núm* cinq cents

quinqué [kin'ke] *m* quinquet *m*

quinteto [kin'teto] *m* 1. *(estrofa)* strophe de cinq vers 2. MÚS quintette *m*

quinto, ta ['kinto, ta] *adj & m, f* cinquième ◇ *m* 1. *(fracción)* cinquième *m* 2. *(recluta)* appelé *m* ● **el quinto** le cinquième ● **la quinta** la cinquième ● **capítulo quinto** chapitre cinq ● **el quinto día** le cinquième jour ● **en quinto lugar** o **en quinta posición** en cinquième position ● **la quinta parte** un cinquième

quiosco [ki'osko] *m* kiosque *m*

quirófano [ki'rofano] *m* bloc *m* opératoire

quisquilloso, sa [kiski'ʎoso, sa] *adj* pointilleux(euse)

quitamanchas [kita'mantʃas] *m inv* détachant *m*

quitar [ki'tar] *vt* 1. enlever 2. *(robar)* prendre ● **quitarse** *vp (apartarse)* se pousser ● **quitarse la ropa** se déshabiller

quizá(s) [ki'θa(s)] *adv* peut-être ● **quizás no lo sepa** il ne le sait peut-être pas

r R

rábano ['raβano] *m* radis *m*

rabia ['raβja] *f* rage *f*

rabieta [ra'βjeta] *f* colère *f*

rabioso, sa [ra'βjoso, sa] *adj* 1. *(perro)* enragé(e) 2. *(fig) (violento)* furieux(euse)

rabo ['raβo] *m* queue *f*

racha ['ratʃa] *f* (de viento, aire) rafale *f*
● **mala racha** (fam) mauvaise passe *f*
● **tener una buena racha** (fam) être en veine

racial [ra'θjal] *adj* racial(e)

racimo [ra'θimo] *m* **1.** (de uvas) grappe *f* **2.** (de dátiles, plátanos) régime *m*

ración [ra'θjon] *f* **1.** (porción) part *f* **2.** (de comida) ration *f*

racismo [ra'θizmo] *m* racisme *m*

racista [ra'θista] *mf* raciste *mf*

radar [ra'ðar] *m* radar *m*

radiación [raðja'θjon] *f* radiation *f*

radiador [raðja'ðor] *m* radiateur *m*

radiante [ra'ðjante] *adj* radieux(euse)

radio ['raðjo] *f* radio *m* ◇ *m* **1.** rayon *m* **2.** (hueso) radius *m*

radioaficionado, da [ˌraðjoafiθjo'naðo, ða] *m, f* radioamateur *m*

radiocasete [ˌraðjoka'sete] *m* radiocassette *f*

radiodespertador [ˌraðjoðesperta'ðor] *m* radioréveil *m*

radiodifusión [ˌraðjoðifu'sjon] *f* radiodiffusion *f*

radiodifusora [ˌraðjoðifu'sora] *f* (Amér) TV station *f* émettrice

radiografía [ˌraðjoɣra'fia] *f* radiographie *f*

radiólogo, ga [ra'ðjoloɣo, ɣa] *m, f* radiologue *mf*

radionovela [ˌraðjono'βela] *f* feuilleton *m* radiodiffusé

radiorreloj [ˌraðjorre'lox] *m* radioréveil *m*

radiotaxi [raðjo'taksi] *m* radio-taxi *m*

radioyente [raðjo'jente] *mf* auditeur *m*, -trice *f*

ráfaga ['rafaɣa] *f* **1.** rafale *f* **2.** (de luces) appel *m* de phares

rafia ['rafja] *f* raphia *m*

rafting ['raftin] *m* raft *m*

raíl [ra'il] *m* rail *m*

raíz [ra'iθ] *f* **1.** racine *f* **2.** (causa) origine *f* ● **raíz cuadrada** racine carrée ● **a raíz de** à la suite de

raja ['raxa] *f* **1.** (de melón, sandía) tranche *f* **2.** (en madera, pared) fissure *f*

rajatabla [raxa'taβla] ● **a rajatabla** *adv* à la lettre

rallador [raʎa'ðor] *m* râpe *f*

rallar [ra'ʎar] *vt* râper

rally, rallies ['rali, 'ralis] *m* rallye *m*

RAM ['ram] (abr de Random-Access Memory) *f* RAM *f*

rama ['rama] *f* branche *f*

ramada [ra'maða] *f* (Amér) auvent *m*

rambla ['rambla] *f* (paseo) promenade *f*

ramo ['ramo] *m* **1.** (de flores) bouquet *m* **2.** (de una actividad) branche *f*

rampa ['rampa] *f* **1.** (para subir y bajar) rampe *f* **2.** (pendiente) côte *f*

rana ['rana] *f* grenouille *f*

ranchera [ran'tʃera] *f* (Méx) chanson populaire mexicaine

rancho ['rantʃo] *m* **1.** (granja) ranch *m* **2.** (comida) gamelle *f*

rancio, cia ['ranθjo, θja] *adj* **1.** (parado) rance **2.** (vino) aigre

rango ['rango] *m* rang *m*

ranura [ra'nura] *f* rainure *f*

rape ['rape] *m* lotte *f* ● **rape a la marinera** lotte marinière ● **rape a la plancha** lotte grillée

rápidamente [ˌrapiða'mente] *adv* rapidement

rapidez [rapi'ðeθ] f rapidité f

rápido, da ['rapiðo, ða] adj rapide
♦ **rápido** m rapide m ◇ adv rapidement
♦ **rápidos** mpl (de río) rapides mpl

raptar [rap'tar] vt enlever

raqueta [ra'keta] f raquette f

raramente [,rara'mente] adv rarement

raro, ra ['raro, ra] adj **1.** (extraño) bizarre
2. (poco frecuente, escaso) rare ● **rara vez**
rarement

rascacielos [raska'θjelos] m inv gratte-
ciel m inv

rascar [ras'kar] vt gratter

rasgar [raz'ɣar] vt déchirer

rasgo ['razɣo] m trait m

raso, sa ['raso, sa] adj **1.** (superficie)
plat(e) **2.** (cucharada) ras(e) ◇ m satin m
● **al raso** (al aire libre) à la belle étoile

rastrillo [ras'triʎo] m râteau m

rastro ['rastro] m **1.** trace f **2.** (mercadillo)
marché m aux puces

Los rastros

Marché de rue où l'on vend toutes sortes d'objets anciens, d'occasion et neufs. Ce nom vient du
Rastro de Madrid, mais on trouve
ce genre de marché dans de nombreuses villes d'Espagne.

rata ['rata] f rat m

ratero, ra [ra'tero, ra] m, f voleur m,
-euse f

rato ['rato] m moment m ● **ratos libres**
moments perdus ● **a ratos** par moments
● **pasar un buen/mal rato** passer un bon/
mauvais moment

ratón [ra'ton] m souris f ● **ratón óptico/
con rueda** INFORM souris optique/à roulette

raya ['raja] f **1.** raie f **2.** (estampado) rayure f **3.** (de pantalón) pli m ● **a** o **de rayas** à
rayures

rayo ['rajo] m **1.** rayon m **2.** (de tormenta)
foudre f ● **rayos X** rayons X

rayuela [ra'jwela] f marelle f

raza ['raθa] f race f ● **de raza** de race

razón [ra'θon] f **1.** raison f **2.** (argumento)
argument m ● **dar la razón a alguien** donner raison à qqn ● **entrar en razón** se raisonner ● **tener razón** avoir raison ▼ **se
vende piso: razón portería** appartement à
vendre : renseignements chez le gardien

razonable [raθo'naβle] adj raisonnable

razonamiento [raθona'mjento] m raisonnement m

razonar [raθo'nar] vt (exponer) justifier
◇ vi (pensar) raisonner

reacción [reak'θjon] f réaction f

reaccionar [reakθjo'nar] vi réagir

reactor [reak'tor] m **1.** réacteur m
2. (avión) avion m à réaction

real [re'al] adj **1.** (verdadero) réel(elle)
2. (de rey) royal(e)

realeza [rea'leθa] f royauté f

realidad [reali'ðað] f réalité f ● **en realidad** en réalité

realismo [rea'lizmo] m réalisme m

realización [realiθa'θjon] f réalisation f

realizar [reali'θar] vt réaliser

realmente [re,al'mente] adv réellement

realquilado, da [realki'laðo, ða] m, f
sous-locataire mf

realquilar [realki'lar] vt sous-louer

reanimación [reanima'θjon] f 1. (de fuerzas, energía) regain m 2. (de enfermo) réanimation f 3. (del ánimo) réconfort m

rebaja [re'βaxa] f 1. (de precio) réduction f 2. (de altura, nivel) baisse f ▼ **rebajas** (en tienda) soldes

rebajado, da [reβa'xaðo, ða] adj réduit(e)

rebajar [reβa'xar] vt 1. (precio) réduire 2. (altura, nivel) abaisser 3. (fig) (humillar) rabaisser

rebanada [reβa'naða] f tranche f de pain

rebanar [reβa'nar] vt couper (en tranches)

rebaño [re'βaɲo] m troupeau m

rebelarse [reβe'larse] vp se rebeller

rebelde [re'βelde] adj & mf rebelle

rebeldía [reβel'dia] f révolte f

rebelión [reβe'ljon] f rébellion f

rebozado, da [reβo'θaðo, ða] adj (carne, pescado) enrobé(e) de pâte à frire

recado [re'kaðo] m (mensaje) message m ● **dejar un recado** laisser un message/un mot

recaer [reka'er] vi 1. (en enfermedad) faire une rechute 2. (en vicio, error) retomber

recalcar [rekal'kar] vt insister sur

recalentar [rekalen'tar] vt 1. (volver a calentar) réchauffer 2. (calentar demasiado) surchauffer ◆ **recalentarse** vp (calentarse demasiado) surchauffer

recámara [re'kamara] f 1. (de arma) magasin m 2. (CAm, Col & Méx) (dormitorio) chambre f

recamarera [rekama'rera] f (CAm, Col & Méx) femme f de ménage

recambio [re'kambjo] m pièce f de rechange

recargar [rekar'yar] vt 1. recharger 2. (cargar demasiado) surcharger 3. (impuesto) majorer

recato [re'kato] m 1. (pudor) pudeur f 2. (miramiento) prudence f

recepción [reθep'θjon] f réception f ● a la recepción del paquete à réception du colis ● dirigirse a la recepción s'adresser à l'accueil o à la réception ● dejar algo en la recepción laisser qqch à l'accueil o à la réception

Presentarse en la recepción

Si se llega solo a la recepción de una empresa, uno da su apellido precedido de *Monsieur* o *Madame* y, a continuación, se dice de qué empresa se viene y a la persona a la que se desea ver *Je suis de (nombre de su empresa), j'ai rendez-vous avec Monsieur (o Madame) X o Pourriez-vous, s'il vous plaît, avertir Monsieur (o Madame) X que je suis arrivé(e) ?* En grupo, uno puede decir simplemente qué empresa representa y preguntar por la persona a quien se desea ver *Bonjour, nous sommes de (nombre de su empresa), nous avons rendez-vous avec Monsieur X, pourriez-vous lui dire que nous sommes arrivés ?*

En un hotel se suele dar el nombre y apellido(s): *J'ai réservé une chambre au nom de Monsieur X.*

recepcionista [reθepθjo'nista] *mf* réceptionniste *mf*

receptor [reθep'tor] *m* récepteur *m*

recesión [reθe'sjon] *f* récession *f*

receta [re'θeta] *f* recette *f* ● **receta (médica)** ordonnance *f*

recetar [reθe'tar] *vt* prescrire

rechazar [retʃa'θar] *vt* **1.** rejeter **2.** *(repeler)* repousser

rechazo [re'tʃaθo] *m* rejet *m*

recibidor [reθiβi'ðor] *m* entrée *f*

recibimiento [reθiβi'mjento] *m* accueil *m*

recibir [reθi'βir] *vt* **1.** *(tomar)* recevoir **2.** *(dar la bienvenida a)* accueillir

recibo [re'θiβo] *m* reçu *m*

reciclado, da [reθi'klaðo, ða] *adj* recyclé(e)

reciclar [reθi'klar] *vt* recycler ◆ **reciclarse** *vp* se recycler

recién [re'θjen] *adv* ● **recién hecho** fait récemment ● **recién nacido** nouveau-né ▼ **recién pintado** peinture fraîche

reciente [re'θjente] *adj* récent(e)

recientemente [re,θjente'mente] *adv* récemment

recinto [re'θinto] *m* enceinte *f*

recipiente [reθi'pjente] *m* récipient *m*

recital [reθi'tal] *m* récital *m*

recitar [reθi'tar] *vt* réciter

reclamación [reklama'θjon] *f* réclamation *f* ▼ **reclamaciones y quejas** réclamations

reclamar [rekla'mar] *vt* réclamer

recluir [reklu'ir] *vt* enfermer

reclusión [reklu'sjon] *f* **1.** *(encierro)* réclusion *f* **2.** *(lugar)* prison *f*

recobrar [reko'βrar] *vt* **1.** *(joya, cartera)* récupérer **2.** *(salud)* recouvrer **3.** *(alegría, esperanza)* retrouver ● **recobrar el conocimiento** reprendre connaissance ◆ **recobrarse de** *v prep* **1.** *(enfermedad)* se remettre de **2.** *(pena, sufrimiento)* se consoler de

recogedor [rekoxe'ðor] *m* pelle *f* (à poussière)

recoger [reko'xer] *vt* **1.** *(del suelo)* ramasser **2.** *(poner en orden)* ranger **3.** *(reunir)* réunir **4.** *(recolectar)* récolter ● **recoger a alguien** *(ira a buscar)* passer prendre qqn ; *(acoger)* recueillir qqn ◆ **recogerse** *vp* **1.** *(retirarse)* se retirer **2.** *(acostarse)* aller se coucher

recogida [reko'xiða] *f* **1.** *(de objetos, basura)* ramassage *m* **2.** *(de frutos)* récolte *f*

recolección [rekolek'θjon] *f* récolte *f*

recomendar [rekomen'dar] *vt* recommander

recompensa [rekom'pensa] *f* récompense *f*

recompensar [rekompen'sar] *vt* récompenser

reconocer [rekono'θer] *vt* **1.** reconnaître **2.** *(agradecer)* être reconnaissant(e) de **3.** *(en medicina)* examiner

reconocimiento [rekonoθi'mjento] *m* **1.** reconnaissance *f* **2.** *(en medicina)* examen *m* médical

reconquista [rekon'kista] *f* ● **la Reconquista** la Reconquista

récord ['rekor] *m* record *m*

recordar [rekor'ðar] *vt* se rappeler ● **me recuerda a su padre** il me rappelle son père

recorrer [reko'rer] *vt* parcourir

recorrido [reko'riðo] *m* parcours *m*
● **trenes de largo recorrido** grandes lignes

recortar [rekor'tar] *vt* 1. *(tela, pelo)* couper 2. *(papel)* découper 3. *(fig) (gastos, presupuesto)* réduire

recostarse [rekos'tarse] *vp* s'allonger

recreo [re'kreo] *m* 1. *(diversión)* loisir *m* 2. *(de escolares)* récréation *f*

recta ['rekta] *f* droite *f* ➤ **recto**

rectangular [rektaŋgu'lar] *adj* rectangulaire

rectángulo [rek'taŋgulo] *m* rectangle *m*

rectitud [rekti'tuð] *f* droiture *f*

recto, ta ['rekto, ta] *adj* droit(e) ◇ *adv*
● **todo recto** tout droit

rector, ra [rek'tor, ra] *m, f* recteur *m*

recuerdo [re'kyerðo] *m* souvenir *m*
● **dale recuerdos** salue-le de ma part

recuperación [rekupera'θjon] *f* 1. récupération *f* 2. *(de enfermedad)* guérison *f* 3. *(después de accidente)* rééducation *f* 4. *(de examen)* rattrapage *m*

recuperar [rekupe'rar] *vt* 1. récupérer 2. *(tiempo)* rattraper ● **recuperarse (de)** *vp prep* se remettre (de)

recurrir [reku'rir] *vi (en juicio)* faire appel ● **recurrir a** *v prep* avoir recours à

recurso [re'kurso] *m* 1. *(medio)* recours *m* 2. *(reclamación)* pourvoi *m* ● **recursos** *mpl* ressources *fpl* ● **recursos humanos** ressources humaines

red ['reð] *f* 1. *(de carreteras, Internet)* réseau *m* 2. *(para pescar, en deporte)* filet *m* 3. *(de tiendas)* chaîne *f* ● **red local** réseau local ● **red Wi-Fi** réseau Wi-Fi

redacción [reðak'θjon] *f* rédaction *f*

redactar [reðak'tar] *vt* rédiger

redactor, ra [reðak'tor, ra] *m, f* rédacteur *m*, -trice *f*

redil [re'ðil] *m* enclos *m*

redondeado, da [reðonde'aðo, ða] *adj* arrondi(e)

redondel [reðon'del] *m* rond *m*

redondo, da [re'ðondo, da] *adj* 1. rond(e) 2. *(trabajo)* parfait(e) 3. *(negocio)* bon (bonne)

reducción [reðuk'θjon] *f* réduction *f*

reducir [reðu'θir] *vt* 1. réduire 2. *(tropas, rebeldes)* soumettre ● **reducirse a** *v prep* se réduire à

reembolsar [reembol'sar] *vt* rembourser

reembolso [reem'bolso] *m* remboursement *m* ● **contra reembolso** contre remboursement

reemplazar [reempla'θar] *vt* remplacer

reestrenar [reestre'nar] *vt* reprendre *(film, pieza)*

reestreno [rees'treno] *m* reprise *f*

reestructurar [reestruktu'rar] *vt* restructurer

retacción [refak'θjon] *f (Chile & Méx)* réparation *f*

refaccionar [refakθjo'nar] *vt (Amér)* réparer

referencia [refe'renθja] *f* 1. référence *f* 2. *(nota)* renvoi *m* ● **referencias** *fpl (informes)* références *fpl*

referéndum [refe'rendum] *m* référendum *m*

referente [refe'rente] *adj* ● **referente a** algo concernant qqch

referirse [refe'rirse] ● **referirse a** *v prep (aludir a)* parler de

refinería [refine'ria] *f* raffinerie *f*

reflector [reflek'tor] *m* réflecteur *m*

reflejar [refle'xar] *vt* refléter ◆ **reflejarse** *vp* se refléter

reflejo, ja [re'flexo, xa] *adj* réflexe ◇ *m* **1.** reflet *m* **2.** *(del organismo)* réflexe *m* ● **hacerse reflejos** *(en peluquería)* (se faire) faire un balayage ● **tener reflejos** avoir des réflexes

reflexión [reflek'sjon] *f* réflexion *f*

reflexionar [refleksjo'nar] *vi* réfléchir

reforma [re'forma] *f* **1.** *(de ley, proyecto)* réforme *f* **2.** *(de casa, edificio)* rénovation *f*

reformar [refor'mar] *vt* **1.** *(ley, proyecto)* réformer **2.** *(casa, edificio)* rénover ◆ **reformarse** *vp (corregirse)* changer *(de comportamiento)*

reforzar [refor'θar] *vt* renforcer

refrán [re'fran] *m* proverbe *m*

refrescante [refres'kante] *adj* rafraîchissant(e)

refresco [re'fresko] *m* rafraîchissement *m*

refrigerado, da [refrixe'raðo, ða] *adj* climatisé(e)

refrigerador [refrixera'ðor] *m* réfrigérateur *m*

refugiado, da [refu'xjaðo, ða] *m, f* réfugié *m, -e f*

refugiar [refu'xjar] *vt* donner refuge à ◆ **refugiarse** *vp* se réfugier

refugio [re'fuxjo] *m* **1.** refuge *m* **2.** *(de guerra)* abri *m*

regadera [reɣa'ðera] *f* **1.** *(para plantas)* arrosoir *m* **2.** *(Col, Méx & Ven)* (ducha) douche *f*

regadío [reɣa'ðio] *m* terres *fpl* irrigables

regalar [reɣa'lar] *vt* offrir

regaliz, ces [reɣa'liθ, θes] *m* réglisse *m*

regalo [re'ɣalo] *m* cadeau *m*

regañar [reɣa'nar] *vt (reñir)* gronder ◇ *vi (pelearse)* se disputer

regar [re'ɣar] *vt* arroser

regata [re'ɣata] *f* **1.** régate *f* **2.** *(canal)* rigole *f*

regatear [reɣate'ar] *vt* **1.** *(precio)* marchander **2.** *(en fútbol)* dribbler

regazo [re'ɣaθo] *m* giron *m*

regenerar [rexene'rar] *vt* **1.** *(cosa)* régénérer **2.** *(persona)* transformer ◆ **regenerarse** *vp (persona)* se transformer

regente [re'xente] *m (Amér)* maire *m*

régimen ['reximen] *m* **1.** régime *m* **2.** *(conjunto de normas)* règlement *m*

región [re'xjon] *f* région *f*

regional [rexjo'nal] *adj* régional(e)

regir [re'xir] *vt* diriger ◇ *vi (estar vigente)* être en vigueur

registrar [rexis'trar] *vt* **1.** *(inspeccionar, cachear)* fouiller **2.** *(en lista, registro)* enregistrer **3.** *(grabar)* enregistrer ◆ **registrarse** *vp (ocurrir)* se produire

registro [re'xistro] *m* **1.** registre *m* **2.** *(inspección)* fouille *f* ● **registro civil** état *m* civil

regla ['reɣla] *f* **1.** règle *f* **2.** *(menstruación)* règles *fpl* ● **en regla** en règle ● **por regla general** en règle générale

reglamento [reɣla'mento] *m* règlement *m*

regrabable [reɣra'βaβle] *adj INFORM* réinscriptible

regrabadora [reɣraβa'ðora] *f INFORM* graveur *m*

regresar [reɣre'sar] *vt* (*Amér*) rendre ◇ *vi* revenir ✦ **regresarse** *vp* (*Amér*) revenir

regreso [re'ɣreso] *m* retour *m*

regular [reɣu'lar] *adj* **1.** régulier(ère) **2.** (*mediocre*) moyen(enne) **3.** (*moderado*) raisonnable ◇ *vt* réglementer ◇ *adv* comme ci comme ça

regularidad [reɣulari'ðað] *f* régularité *f*

rehabilitar [reaβili'tar] *vt* **1.** (*local, casa*) réhabiliter **2.** (*enfermo*) rééduquer

rehén [re'en] *mf* otage *m*

rehogar [reo'ɣar] *vt* faire revenir

reina ['rejna] *f* **1.** reine *f* **2.** (*en naipes*) ≃ dame *f*

reinado [rej'naðo] *m* règne *m*

reinar [rej'nar] *vi* régner

reincorporar [rejŋkorpo'rar] *vt* réintégrer ✦ **reincorporarse a** *v prep* (*trabajo*) reprendre

reiniciar [rejni'θjar] *vt* INFORM réinitialiser

reino ['rejno] *m* **1.** (*territorio*) royaume *m* **2.** (*en biología*) règne *m*

Reino Unido ['rejnou'niðo] *m* ✦ **el Reino Unido** le Royaume-Uni

reintegro [rejn'teɣro] *m* **1.** (*pago*) remboursement *m* **2.** (*en lotería*) remboursement *m* du billet

reír [re'ir] *vi* rire ◇ *vt* (*chistes*) rire de ✦ **reírse de** *v prep* **1.** rire de **2.** (*burlarse de*) se moquer de

reivindicación [rejβindika'θjon] *f* revendication *f*

reivindicar [rejβindi'kar] *vt* revendiquer

reja ['rexa] *f* grille *f*

rejilla [re'xiʎa] *f* **1.** (*de ventana*) grillage *m* **2.** (*de cocina, horno*) grille *f* **3.** (*de silla*) cannage *m*

rejuvenecer [rexuβene'θer] *vt & vi* rajeunir

relación [rela'θjon] *f* **1.** (*conexión*) rapport *m* **2.** (*trato*) relation *f* **3.** (*enumeración*) liste *f* **4.** (*descripción*) récit *m* ✦ **con relación a** o **en relación con** en ce qui concerne ✦ **relaciones** *fpl* **1.** (*contactos*) relations *fpl* **2.** (*noviazgo*) relation *f* amoureuse

relacionar [relaθjo'nar] *vt* relier ✦ **relacionarse** *vp* être lié(e) ✦ **relacionarse con** *v prep* (*tratar con frecuencia a*) fréquenter

relajación [relaxa'θjon] *f* relaxation *f*

relajar [rela'xar] *vt* **1.** (*piernas, músculos*) décontracter **2.** (*persona*) détendre ✦ **relajarse** *vp* se détendre

relajo [re'laxo] *m* (*Amér*) (*fam*) raffut *m*

relámpago [re'lampaɣo] *m* éclair *m*

relampaguear [relampaɣe'ar] *v impers* ✦ **relampaguea** il y a des éclairs

relatar [rela'tar] *vt* **1.** (*historia*) raconter **2.** (*suceso*) relater

relativo, va [rela'tiβo, βa] *adj* relatif(ive) ✦ **relativo a** (*referente a*) concernant

relato [re'lato] *m* **1.** (*exposición*) rapport *m* **2.** (*narración*) récit *m*

relevo [re'leβo] *m* **1.** (*sustitución*) relève *f* **2.** DEP relais *m* ✦ **relevos** *mpl* (*carrera*) course *f* de relais

relieve [re'ljeβe] *m* relief *m*

religión [reli'xjon] *f* religion *f*

religioso, sa [reli'xjoso, sa] *adj & m, f* religieux(euse)

relinchar [relin't∫ar] *vi* hennir

relincho [re'lint∫o] *m* hennissement *m*

rellano [re'ʎano] *m* palier *m*

rellenar [reʎe'nar] *vt* **1.** remplir **2.** *(pollo)* farcir

relleno, na [re'ʎeno, na] *adj* **1.** *(muy lleno)* rempli(e) **2.** *(persona)* enveloppé(e) ◇ *m* **1.** *(de pollo)* farce *f* **2.** *(de pastel)* garniture *f*

reloj [re'lox] *m* **1.** *(de campanario, estación)* horloge *f* **2.** *(de pared, chimenea)* pendule *f* **3.** *(para persona)* montre *f* ● **reloj de arena** sablier *m* ● **reloj de pulsera** montre-bracelet *f*

relojería [reloxe'ria] *f* horlogerie *f*

relojero, ra [relo'xero, ra] *m, f* horloger *m*, -ère *f*

remar [re'mar] *vi* ramer

remediar [reme'ðjar] *vt (solucionar)* remédier à

remedio [re'meðjo] *m* **1.** *(solución)* solution *f* **2.** *(auxilio)* aide *f* **3.** *(para enfermedad)* remède *m* ● **no queda más remedio** il n'y a pas d'autre solution ● **no tiene más remedio que...** il ne peut pas faire autrement que de... ● **sin remedio** *(inevitablemente)* forcément

remendar [remen'dar] *vt* rapiécer

remezón [reme'θon] *m (Amér)* tremblement *m* de terre

remite [re'mite] *m* nom et adresse de l'expéditeur

remitente [remi'tente] *mf* expéditeur *m*, -trice *f*

remitir [remi'tir] *vt* expédier ◆ **remitir a** *v prep (hacer referencia a)* renvoyer à

remo ['remo] *m* rame *f*

remojar [remo'xar] *vt* faire tremper

remojo [re'moxo] *m* ● **poner en remojo** faire tremper

remolacha [remo'lat∫a] *f* betterave *f*

remolcador [remolka'ðor] *m* **1.** *(embarcación)* remorqueur *m* **2.** *(camión)* dépanneuse *f*

remolcar [remol'kar] *vt* remorquer

remolque [re'molke] *m* **1.** *(acción)* remorquage *m* **2.** *(vehículo)* remorque *f*

remontar [remon'tar] *vt* **1.** *(pendiente, cuesta)* gravir **2.** *(río)* remonter ◆ **remontarse a** *v prep* remonter à

remordimiento [remorði'mjento] *m* remords *m*

remoto, ta [re'moto, ta] *adj* **1.** *(lejano)* lointain(e) **2.** *(fig) (improbable)* minime

remover [remo'βer] *vt* remuer

remuneración [remunera'θjon] *f* rémunération *f*

renacuajo [rena'kyaxo] *m* têtard *m*

rencor [ren'kor] *m* rancune *f*

rendición [rendi'θjon] *f* reddition *f*

rendimiento [rendi'mjento] *m* rendement *m*

rendir [ren'dir] *vt (homenaje, culto)* rendre ◇ *vi* **1.** *(máquina, empleado)* être performant(e) **2.** *(negocio)* être rentable **3.** *(dinero)* rapporter ◆ **rendirse** *vp* se rendre

RENFE ['renfe] *(abr de Red Nacional de Ferrocarriles Españoles) f (Esp)* chemins de fer espagnols ≃ SNCF *f (Société nationale des chemins de fer)*

renovación [renoβa'θjon] *f* **1.** *(de contrato, carné)* renouvellement *m* **2.** *(de decoración, local)* rénovation *f*

renovar [reno'βar] *vt* **1.** *(contrato, vestuario)* renouveler **2.** *(carné, pasaporte)* faire renouveler **3.** *(decoración, local)* rénover

renta ['renta] *f* **1.** *(alquiler)* loyer *m* **2.** *(ingresos)* revenu *m* **3.** *(beneficio)* rente *f*

rentable [ren'taβle] *adj* rentable

rentar [ren'tar] *vt* *(Amér)* louer

renunciar [renun'θjar] ◆ **renunciar a** *v prep* **1.** *(prescindir de)* renoncer à **2.** *(declinar)* refuser

reñir [re'nir] *vt* *(reprender)* gronder ◇ *vi* **1.** *(enfadarse)* se disputer **2.** *(romper relaciones)* rompre

reo, a ['reo, a] *m, f* inculpé *m*, -e *f*

reparación [repara'θjon] *f* réparation *f*

reparar [repa'rar] *vt* réparer ◆ **reparar en** *v prep* *(advertir)* remarquer ◆ **no reparar en gastos** ne pas regarder à la dépense

repartidor, ra [reparti'ðor, ra] *m, f* livreur *m*, -euse *f*

repartir [repar'tir] *vt* **1.** *(dividir)* partager **2.** *(distribuir)* distribuer

reparto [re'parto] *m* **1.** *(de bienes, dinero)* partage *m* **2.** *(de mercancías, periódicos)* livraison *f* **3.** *(de actores)* distribution *f*

repasar [repa'sar] *vt* **1.** *(revisar)* passer en revue **2.** *(releer)* réviser **3.** *(remendar)* recoudre ◆ **repasar apuntes** relire ses notes

repaso [re'paso] *m* **1.** *(de lección, trabajo)* révision *f* **2.** *(fam)* *(reprensión)* savon *m*

repelente [repe'lente] *adj* *(repugnante)* repoussant(e)

repente [re'pente] ◆ **de repente** *adv* tout à coup

repentino, na [repen'tino, na] *adj* soudain(e)

repercusión [reperku'sjon] *f* répercussion *f*

repertorio [reper'torjo] *m* répertoire *m*

repetición [repeti'θjon] *f* répétition *f*

repetidor, ra [repeti'ðor, ra] *m, f* *(alumno)* redoublant *m*, -e *f* ◇ *m* *(en telecomunicaciones)* relais *m*

repetir [repe'tir] *vt* **1.** *(hacer de nuevo)* refaire **2.** *(decir de nuevo)* répéter **3.** *(comida, bebida)* reprendre **4.** *(curso)* redoubler ◇ *vi* *(sabor)* donner des renvois

réplica ['replika] *f* réplique *f*

replicar [repli'kar] *vt & vi* répliquer

repoblación [repoβla'θjon] *f* repeuplement *m* ◆ **repoblación forestal** reboisement *m*

repoblar [repo'βlar] *vt* repeupler

reponer [repo'ner] *vt* **1.** *(colocar de nuevo)* remettre **2.** *(sustituir)* remplacer **3.** *(película, obra de teatro)* reprendre ◆ **reponerse** *vp* *(recuperarse)* se remettre

reportaje [repor'taxe] *m* reportage *m*

reportar [repor'tar] *vt* *(Méx)* informer de ◆ **reportarse** *vp* *(Andes, CAm & Méx)* se présenter

reporte [re'porte] *m* *(Méx)* information *f*

reportero, ra [repor'tero, ra] *m, f* reporter *m*

reposamuñecas [reposamu'ɲekas] *m inv* repose-poignets *m*

reposera [repo'sera] *f* *(Amér)* chaise *f* longue

reposo [re'poso] *m* repos *m*

repostería [reposte'ria] *f* pâtisserie *f*

representación [representa'θjon] *f*
1. représentation *f* 2. *(grupo de personas)*
délégation *f* ● **en representación de** en
tant que représentant(e) de

representante [represen'tante] *mf*
1. *(vendedor)* représentant *m*, -e *f* 2. *(de artista)* agent *m*

representar [represen'tar] *vt* 1. représenter 2. *(obra de teatro)* jouer 3. *(edad)*
faire

representativo, va [representa'tiβo,
βa] *adj* représentatif(ive)

represión [repre'sjon] *f* répression *f*

reprimir [repri'mir] *vt* 1. *(sublevación,
huelga)* réprimer 2. *(lágrimas, risa)* retenir
● **reprimirse** *vp* se retenir

reprochar [repro'tʃar] *vt* reprocher

reproche [re'protʃe] *m* reproche *m*

reproducción [reproðuk'θjon] *f* reproduction *f*

reproducir [reproðu'θir] *vt* reproduire
● **reproducirse** *vp* se reproduire

reptar [rep'tar] *vi* ramper

reptil [rep'til] *m* reptile *m*

república [re'puβlika] *f* république *f*

República Dominicana [re'puβlika-
ðomini'kana] *f* ● **la República Dominicana**
la République Dominicaine

republicano, na [repuβli'kano, na] *adj*
républicain(e)

repuesto [re'pwesto] *m* pièce *f* de rechange ● **de repuesto** de rechange

repugnar [repuɣ'nar] *vt* répugner

reputación [reputa'θjon] *f* réputation *f*

requerir [reke'rir] *vt* exiger

requesón [reke'son] *m* fromage *m* frais

res ['res] *f* 1. *(animal)* tête *f* de bétail
2. *(Col, Méx & Ven)* *(bovino)* (viande *f*
de) vache *f*

resaca [re'saka] *f* 1. *(fam)* *(de borrachera)*
gueule *f* de bois 2. *(del mar)* ressac *m*

resbalada [rezβa'laða] *f* *(Amér)* glissade
f

resbaladizo, za [rezβala'ðiθo, θa] *adj*
glissant(e)

resbalar [rezβa'lar] *vi* 1. glisser 2. *(fam)*
(equivocarse) se tromper ● **eso me resbala**
(fam) j'en ai rien à faire o cirer ● **resba-
larse** *vp* glisser

rescatar [reska'tar] *vt* délivrer

rescate [res'kate] *m* 1. sauvetage *m*
2. *(dinero)* rançon *f*

resentimiento [resenti'mjento] *m* res-
sentiment *m*

reserva [re'serβa] *f* 1. réserve *f* 2. *(de hotel, tren)* réservation *f* 3. *(discreción)* discrétion *f* ● **reserva natural** réserve natu-
relle ● **de reserva** en réserve ▼ **reservas
hoteles y pensiones** réservations d'hôtels ◇ *m (vino)* ● **un reserva del 91** un mil-
lésime 91

reservación [reserβa'θjon] *f* *(Amér)* réservation *f*

reservado, da [reser'βaðo, ða] *adj* réser-
vé(e) ◇ *m* compartiment *m* réservé

reservar [reser'βar] *vt* réserver

resfriado, da [resfri'aðo, ða] *adj* enrhu-
mé(e) ◇ *m* rhume *m*

resfriarse [resfri'arse] *vp* s'enrhumer

resfrío [res'frio] *m (Amér)* rhume *m*

resguardar [rezɣwar'ðar] ♦ **resguardar de** v prep protéger de ♦ **resguardarse de** v prep se mettre à l'abri de

resguardo [rez'ɣwarðo] m reçu m

residencia [resi'ðenθja] f **1.** (casa) résidence f **2.** (lugar) lieu m de résidence **3.** (pensión) hôtel m

residuo [re'siðwo] m résidu m ♦ **residuos** mpl (desperdicios) déchets mpl

resignarse [resiɣ'narse] vp se résigner

resistencia [resis'tenθja] f résistance f

resistente [resis'tente] adj résistant(e)

resistir [resis'tir] vt **1.** résister à **2.** (dolor, enfermedad) supporter ◇ vi résister ♦ **resistirse a** v prep se refuser à

resolución [resolu'θjon] f ♦ **alta resolución** haute résolution f

resolver [resol'βer] vt résoudre

resonancia [reso'nanθja] f **1.** résonance f **2.** (fig) (repercusión) retentissement m

resorte [re'sorte] m ressort m

respaldo [res'paldo] m (de asiento) dossier m

respectivo, va [respek'tiβo, βa] adj respectif(ive)

respecto [res'pekto] m ♦ **al respecto** à ce sujet ♦ **con respecto a** en ce qui concerne ♦ **respecto a** au sujet de

respetable [respe'taβle] adj respectable

respetar [respe'tar] vt respecter

respeto [res'peto] m respect m

respiración [respira'θjon] f respiration f

respirar [respi'rar] vi respirer

respiro [res'piro] m répit m ♦ **darse un respiro** souffler

resplandor [resplan'dor] m éclat m

responder [respon'der] vt répondre à ◇ vi **1.** répondre **2.** (reaccionar) réagir ♦ **responder a** v prep **1.** (contestar, corresponder) répondre **2.** (deberse a) être dû (due) à ♦ **responder de** v prep (responsabilizarse de) répondre de ♦ **responder por** v prep (avalar a) répondre de

responsabilidad [responsaβili'ðað] f responsabilité f

responsable [respon'saβle] adj responsable ♦ **responsable de** adj responsable de

respuesta [res'pwesta] f réponse f

resta ['resta] f soustraction f

restar [res'tar] vt **1.** (quitar) enlever **2.** MAT soustraire

restauración [restaura'θjon] f restauration f

restaurado, da [restau'raðo, ða] adj restauré(e)

restaurador, ra [restaura'ðor, ra] m, f restaurateur m, -trice f

restaurante [restau'rante] m restaurant m

restaurar [restau'rar] vt restaurer

resto ['resto] m reste m ♦ **restos mortales** dépouille f mortelle

restricción [restrik'θjon] f restriction f

resucitar [resuθi'tar] vt & vi ressusciter

resuelto, ta [re'swelto, ta] pp ▸ resolver ◇ adj résolu(e)

resultado [resul'taðo] m résultat m

resultar [resul'tar] vi **1.** (ser, acabar en) être **2.** (tener éxito) réussir ♦ **el viaje resultó largo** le voyage a été long ♦ **resultar de** v prep (originarse de) ressortir de ♦ **¿qué**

resultará de todo esto? que ressortira-t-il de tout cela ?

resumen [re'sumen] *m* résumé *m*

resumir [resu'mir] *vt* résumer

retablo [re'taβlo] *m* retable *m*

retal [re'tal] *m* coupon *m* (de tissu)

retención [reten'θjon] *f* 1. (en sueldo) retenue *f* 2. (de tráfico) embouteillage *m* 3. (de líquidos, grasas) rétention *f*

retirado, da [reti'raðo, ða] *adj* 1. (apartado) retiré(e) 2. (jubilado) retraité(e)

retirar [reti'rar] *vt* retirer ◆ **retirarse** *vp* (jubilarse) prendre sa retraite

reto ['reto] *m* défi *m*

retocar [reto'kar] *vt* 1. (fotografía, pintura) retoucher 2. (trabajo) mettre la dernière main à

retorcer [retor'θer] *vt* tordre ◆ **retorcerse** *de v prep* (dolor, risa) se tordre de

retórica [re'torika] *f* rhétorique *f*

retornable [retor'naβle] *adj* consigné(e)

retorno [re'torno] *m* retour *m*

retransmisión [retranzmi'sjon] *f* retransmission *f*

retransmitir [retranzmi'tir] *vt* retransmettre

retrasado, da [retra'saðo, ða] *adj* 1. (trabajo) en retard 2. (no actual) vieux (vieille) 3. (despec) (persona) attardé(e)

retrasar [retra'sar] *vt* 1. (cita, reloj) retarder 2. (viaje, proyecto) repousser ◆ **retrasarse** *vp* 1. être en retard 2. (reloj) retarder

retraso [re'traso] *m* retard *m* ● **con retraso** en retard ● **llevar retraso** être en retard

retratar [retra'tar] *vt* 1. (fotografiar) photographier 2. (dibujar, pintar) faire le portrait de 3. (fig) (describir) dépeindre

retrato [re'trato] *m* portrait *m*

retrete [re'trete] *m* toilettes *fpl*

retroceder [retroθe'ðer] *vi* reculer

retroproyector [retropro'jektor] *m* rétroprojecteur *m*

retrospectivo, va [retrospek'tiβo, βa] *adj* rétrospectif(ive)

retrovisor [retroβi'sor] *m* rétroviseur *m*

reuma ['reuma] *m o f* rhumatisme *m*

reunión [reu'njon] *f* réunion *f*

reunir [reu'nir] *vt* réunir ◆ **reunirse** *vp* se réunir

revancha [re'βantʃa] *f* revanche *f*

revelado [reβe'laðo] *m* développement *m* (en photographie) ● **revelado en color/blanco y negro** tirage *m* couleur/noir et blanc

revelar [reβe'lar] *vt* 1. (secreto, noticia) révéler 2. (fotografía) développer

reventar [reβen'tar] *vt* 1. (romper) faire éclater 2. (fam) (fastidiar) tuer ◇ *vi* 1. (cansarse) être crevé(e) 2. (estallar) éclater 3. (fam) (morir) crever ◆ **reventarse** *vp* (romperse) éclater

reventón [reβen'ton] *m* (de rueda) éclatement *m*

reverencia [reβe'renθja] *f* révérence *f*

reversa [re'βersa] *f* (Méx) (de coche) marche *f* arrière

reversible [reβer'siβle] *adj* réversible

reverso [re'βerso] *m* revers *m*

revés [re'βes] *m* revers *m* ◆ **al revés** *(en orden contrario)* à l'envers ; *(al contrario)* au contraire

revestimiento [reβesti'mjento] *m* revêtement *m*

revisar [reβi'sar] *vt* **1.** *(texto, trabajo)* réviser **2.** *(cuentas)* vérifier **3.** *(coche)* faire réviser

revisión [reβi'sjon] *f* **1.** *(de texto, trabajo)* révision *f* **2.** *(de cuentas)* vérification *f*

revisor, ra [reβi'sor, ra] *m, f* (en tren, autobús) contrôleur *m*, -euse *f*

revista [re'βista] *f* revue *f*

revistero [reβis'tero] *m* porte-revues *m inv*

revolcarse [reβol'karse] *vp* se rouler

revoltillo [reβol'tiʎo] *m* **1.** *(desorden)* fouillis *m* **2.** *(plato)* œufs brouillés aux champignons, à l'ail, etc.

revoltoso, sa [reβol'toso, sa] *adj* turbulent(e)

revolución [reβolu'θjon] *f* **1.** révolution *f* **2.** *(en mecánica)* tour *m*

revolucionario, ria [reβoluθjo'narjo, rja] *m, f* révolutionnaire *mf*

revolver [reβol'βer] *vt* **1.** *(mezclar)* remuer **2.** *(desordenar)* mettre sens dessus dessous

revólver [re'βolβer] *m* revolver *m*

revuelta [re'βwelta] *f* révolte *f*

revuelto, ta [re'βwelto, ta] *pp* ➤ **revolver** ◇ *adj* **1.** *(desordenado)* sens dessus dessous **2.** *(alborotado)* troublé(e) **3.** *(turbio)* trouble **4.** *(tiempo)* instable **5.** *(mar)* agité(e) ◇ *m* œufs brouillés accompagnés d'un autre ingrédient

rey ['rej] *m* roi *m* ◆ **Reyes** *mpl (fiestas)* Épiphanie *f* ◆ **los Reyes Magos** les Rois mages

Los Reyes Magos

Selon la tradition espagnole, ce sont les Rois mages qui apportent les cadeaux aux enfants le 6 janvier (**el día de Reyes** ou **Reyes**). Ce jour-là, le dessert traditionnel est le **roscón de reyes**, qui contient une figurine. La personne qui la trouve doit offrir le gâteau.

rezar [re'θar] *vi* prier ◇ *vt* ◆ **rezar una oración** faire une prière

rezo ['reθo] *m* prière *f*

ría ['ria] *f* ria *f*

riachuelo [ria'tʃwelo] *m* ruisseau *m*

riada [ri'aða] *f* inondation *f*

ribera [ri'βera] *f* **1.** rive *f* **2.** *(de mar)* rivage *m*

ribete [ri'βete] *m* **1.** *(de vestido, zapato)* liseré *m* **2.** *(fig) (atisbo)* touche *f*

rico, ca ['riko, ka] *adj* **1.** riche **2.** *(sabroso)* délicieux(euse) **3.** *(fam) (simpático)* adorable **4.** *(Amér) (día, casa)* agréable

ridículo, la [ri'ðikulo, la] *adj* ridicule ◇ *m* ridicule *m* ◆ **hacer el ridículo** se ridiculiser

riego ['rjeɣo] *m* **1.** *(de tierra)* arrosage *m* **2.** *(de campo)* irrigation *f*

rienda ['rjenda] *f* rêne *f*

riesgo ['rjesɣo] *m* risque *m* ◆ **a todo riesgo** tous risques

rifar [ri'far] *vt* tirer au sort

rigidez [rixi'ðeθ] *f* **1.** *(de palo, tela)* rigidité *f* **2.** *(de carácter, norma)* rigueur *f*

rígido, da [ˈrixiðo, ða] *adj* **1.** rigide **2.** *(norma, regla)* rigoureux(euse)

rigor [ri'ɣor] *m* rigueur *f* ● **de rigor** de rigueur

riguroso, sa [riɣu'roso, sa] *adj* **1.** rigoureux(euse) **2.** *(severo)* rigide

rima [ˈrima] *f* **1.** *(entre versos)* rime *f* **2.** *(poema)* poème *m* lyrique

rímel® [ˈrimel] *m* Rimmel® *m*

rincón [rin'kon] *m* **1.** coin *m* **2.** *(lugar apartado)* recoin *m*

ring [ˈrin] *m* ring *m*

rinoceronte [rinoθe'ronte] *m* rhinocéros *m*

riña [ˈrina] *f* **1.** *(discusión)* dispute *f* **2.** *(pelea)* bagarre *f*

riñón [ri'non] *m* **1.** *(parte del cuerpo)* rein *m* **2.** *(en cocina)* rognon *m* ● **riñónes al jerez** *(guiso)* rognons au xérès

riñonera [rino'nera] *f* banane *f* *(sac)*

río [ˈrio] *m* **1.** *(con desembocadura en mar)* fleuve *m* **2.** *(con desembocadura en río)* rivière *f*

rioja [ri'oxa] *m* vin de la région espagnole de la Rioja

RIP *(abr escrita de requiescat in pace)* RIP

riqueza [ri'keθa] *f* richesse *f*

risa [ˈrisa] *f* rire *m* ● **¡qué risa!** comme c'est drôle !

ristra [ˈristra] *f* chapelet *m*

ritmo [ˈriðmo] *m* rythme *m*

rito [ˈrito] *m* rite *m*

ritual [ritu'al] *m* rituel *m*

rival [ri'βal] *mf* rival *m*, -e *f*

rizado, da [ri'θaðo, ða] *adj* **1.** *(pelo)* frisé(e) **2.** *(papel, tela)* crêpé(e) **3.** *(mar)* moutonneux(euse)

rizo [ˈriθo] *m* boucle *f*

robar [ro'βar] *vt* **1.** voler **2.** *(en naipes, dominó)* piocher

roble [ˈroβle] *m* chêne *m*

robo [ˈroβo] *m* vol *m*

robot [ro'βot] *m* robot *m*

robusto, ta [ro'βusto, ta] *adj* robuste

roca [ˈroka] *f* roche *f*

roce [ˈroθe] *m* **1.** frottement *m* **2.** *(trato)* fréquentation *f* **3.** *(desavenencia)* heurt *m*

rociar [roθi'ar] *vt* asperger

rocío [ro'θio] *m* rosée *f*

rock [ˈrok] *m* rock *m*

rocoso, sa [ro'koso, sa] *adj* rocheux(euse)

rodaballo [roða'βaʎo] *m* turbot *m*

rodaje [ro'ðaxe] *m* **1.** *(de película)* tournage *m* **2.** *(de vehículo)* rodage *m*

rodar [ro'ðar] *vt* **1.** *(película)* tourner **2.** *(vehículo)* roder ◇ *vi* **1.** rouler **2.** *(caer)* dégringoler **3.** *(deambular)* errer

rodeado, da [roðe'aðo, ða] *adj* entouré(e) ● **rodeado de** entouré de

rodear [roðe'ar] *vt* **1.** entourer **2.** *(con tropas, policías)* cerner **3.** *(dar la vuelta a)* faire le tour de ● **rodearse de** *v prep* s'entourer de

rodeo [ro'ðeo] *m* **1.** détour *m* **2.** *(espectáculo)* rodéo *m* ● **dar rodeos** *(fig)* tergiverser ● **déjate de rodeos** arrête de tourner autour du pot ● **no andar** o **ir con rodeos** ne pas y aller par quatre chemins

rodilla [ro'ðiʎa] f genou m ● **de rodillas** à genoux

rodillo [ro'ðiʎo] m rouleau m

roedor [roe'ðor] m rongeur m

roer [ro'er] vt ronger ● **los remordimientos le roen la conciencia** (fig) il est rongé par les remords

rogar [ro'ɣar] vt ● **rogar a alguien que haga algo** prier qqn de faire qqch

rojo, ja ['roxo, xa] adj rouge ⋄ m, f POL rouge mf ⋄ m (color) rouge m

rollito [ro'ʎito] m rouleau m de printemps

rollo ['roʎo] m 1. (cilindro) rouleau m 2. (película fotográfica) pellicule f 3. (fam) (cosa aburrida) ● **¡qué rollo!** quelle barbe ! ● **ser un rollo** être gonflant(e) 4. (fam) (lío sentimental) ● **tiene un rollo con su secretaria** il a une aventure avec sa secrétaire 5. ● **soltar un rollo a alguien** (fam) (discurso) sortir un blabla à qqn 6. (fam) (tipo de vida) ● **no me va su rollo** il est fourré dans des histoires qui ne me branchent pas

romana [ro'mana] f ● **a la romana** à la romaine ➤ **romano**

románico, ca [ro'maniko, ka] adj roman(e) ⋄ m roman m

romano, na [ro'mano, na] adj romain(e)

romántico, ca [ro'mantiko, ka] adj romantique

rombo ['rombo] m losange m

romería [rome'ria] f 1. (peregrinación) pèlerinage m 2. (fiesta popular) fête f patronale

romero [ro'mero] m romarin m

romo, ma ['romo, ma] adj émoussé(e)

rompecabezas [ˌrompeka'βeθas] m inv 1. (juego) puzzle m 2. (fig) (asunto complicado) casse-tête m inv

rompedor, ra [rompe'ðor, ra] adj révolutionnaire

rompeolas [rompe'olas] m inv brise-lames m inv

romper [rom'per] vt 1. (partir) casser 2. (papel, tela) déchirer 3. (hábito, relación, silencio) rompre 4. (monotonía, amistad) briser ⋄ vi (olas) se briser ● **romper a** v prep (empezar a) se mettre à ● **romper con** v prep (terminar relación) rompre avec ● **romperse** vp 1. (partirse) se casser 2. (desgarrarse) s'user

ron [ron] m rhum m

roncar [ron'kar] vi ronfler

ronco, ca ['ronko, ka] adj enroué(e)

ronda ['ronda] f 1. (paseo) promenade f 2. (calle) boulevard m périphérique 3. (grupo de personas) orchestre m d'étudiants 4. (de vigilancia) ronde f 5. (fam) (de copas, tapas) tournée f

rondín [ron'din] m (Amér) 1. (vigilante) gardien m 2. (instrumento) harmonica m

ronquido [ron'kiðo] m ronflement m

ronronear [ronrone'ar] vi ronronner

ronroneo [ronro'neo] m ronronnement m

ropa ['ropa] f vêtements mpl ● **ropa blanca** linge m blanc ● **ropa interior** sous-vêtements mpl ● **ropa sucia** linge m sale

roquefort [roke'for] m roquefort m ● **al roquefort** au roquefort

rosa ['rosa] f rose f ⋄ adj inv rose ● **rosa de los vientos** rose des vents

rosado, da [ro'saðo, ða] *adj* rosé(e) ◇ *m (vino)* rosé

rosal [ro'sal] *m* rosier *m*

rosario [ro'sarjo] *m* **1.** *(objeto)* chapelet *m* **2.** *(oración)* rosaire *m*

roscón [ros'kon] *m* ● **roscón (de Reyes)** brioche aux fruits que l'on mange à l'occasion de la fête des Rois

rosetón [rose'ton] *m* rosace *f*

rosquilla [ros'kiʎa] *f* petite pâtisserie sèche en forme d'anneau

rostro ['rostro] *m* visage *m*

rotativo [rota'tiβo] *m* journal *m*

roto, ta ['roto, ta] *pp* ➤ **romper** ◇ *adj* cassé(e) ◇ *m (en tela)* accroc *m*

rotonda [ro'tonda] *f* **1.** *(plaza)* rond-point *m* **2.** *(edificio)* rotonde *f*

rotulador [rotula'ðor] *m (Esp)* feutre *m*

rótulo ['rotulo] *m* écriteau *m*

rotundo, da [ro'tundo, da] *adj* catégorique

rozar [ro'θar] *vt* frôler ● **rozarse** *vp (desgastarse)* s'user

r.p.m. *(abr escrita de* revoluciones por minuto) tr/min *(tour par minute)*

Rte. *(abr escrita de* remitente) exp *(expéditeur)*

RTVE ['ere'te'uβe'e] *f (abr de Radiotelevisión Española)* organisme public espagnol de radiodiffusion et de télévision

rubí [ru'βi] *m* rubis *m*

rubio, bia ['ruβjo, βja] *adj* blond(e)

rubor [ru'βor] *m* **1.** *(enrojecimiento)* rougeur *f* **2.** *(vergüenza)* honte *f*

ruborizarse [ruβori'θarse] *vp* rougir

rudimentario, ria [ruðimen'tarjo, rja] *adj* rudimentaire

rudo, da ['ruðo, ða] *adj* **1.** *(sin refinar)* rude **2.** *(descortés)* grossier(ère)

rueda ['rweða] *f* **1.** roue *f* **2.** *(corro)* cercle *m* ● **rueda de prensa** conférence *f* de presse ● **rueda de repuesto** o **de recambio** roue de secours

ruedo ['rweðo] *m* **1.** *(plaza de toros)* arène *f* **2.** *(límite exterior)* bord *m (circulaire)*

ruego ['rweɣo] *m* prière *f (demande)*

rugby ['ruɣβi] *m* rugby *m*

rugido [ru'xiðo] *m* rugissement *m*

rugir [ru'xir] *vi* rugir

rugoso, sa [ru'ɣoso, sa] *adj* **1.** *(áspero)* rugueux(euse) **2.** *(con arrugas)* fripé(e)

ruido ['rwiðo] *m* bruit *m*

ruidoso, sa [rwi'ðoso, sa] *adj* bruyant(e)

ruin ['rwin] *adj* **1.** *(malo)* vil(e) **2.** *(avaro)* pingre

ruina ['rwina] *f* ruine *f* ● **ser la ruina de alguien** causer la perte de qqn

ruinoso, sa [rwi'noso, sa] *adj* **1.** *(edificio)* en ruine **2.** *(negocio, trabajo)* ruineux(euse)

ruiseñor [rwise'ɲor] *m* rossignol *m*

ruleta [ru'leta] *f* roulette *f*

rulo ['rulo] *m (para el pelo)* bigoudi *m*

ruma ['ruma] *f (Andes)* tas *m*

rumba ['rumba] *f (baile)* rumba *f*

rumbo ['rumbo] *m* cap *m* ● **rumbo a** en direction de

rumiante [ru'mjante] *m* ruminant *m*

rumiar [ru'mjar] *vt* ruminer

rumor [ru'mor] *m* **1.** *(chisme)* rumeur *f* **2.** *(ruido de voces)* brouhaha *m*

rumorearse [rumore'arse] *vp* ● **se rumorea que...** le bruit court que...

ruptura [rup'tura] *f* rupture *f*

rural [ru'ral] *adj* rural(e)

Rusia ['rusja] *s* Russie *f*

ruso, sa ['ruso, sa] *adj* russe ◇ *m*, *f* Russe *mf* ◇ *m* (lengua) russe *m*

ruta ['ruta] *f* (itinerario) route *f*

rutina [ru'tina] *f* routine *f*

s (abr escrita de segundo) s (seconde)

S (abr escrita de San) St (Saint)

s/n (abr escrita de sin número) dans le libellé d'une adresse, symbole indiquant qu'il n'y a pas de numéro

SA ['ese'a] *f* (abr de sociedad anónima) SA *f* (société anonyme)

sábado ['saßaðo] *m* samedi *m* ● **cada sábado** o **todos los sábados** tous les samedis ● **caer en sábado** tomber un samedi ● **el próximo sábado** o **el sábado que viene** samedi prochain ● **el sábado** il vient samedi ● **el sábado pasado** samedi dernier ● **el sábado por la mañana/tarde/noche** samedi matin/après-midi/soir ● **este sábado** (pasado) samedi dernier ; (próximo) samedi prochain ● **los sábados** le samedi

sábana ['saßana] *f* drap *m*

sabañón [saßa'non] *m* engelure *f*

saber [sa'ßer] *m* savoir *m* ◇ *vi* **1.** savoir **2.** (entender de) s'y connaître en ◇ *vi* (Amér) (soler) avoir l'habitude de ● **saber algo de** (tener noticias de) avoir des nou-

velles de ● **saber bien/mal** (alimento, bebida) avoir bon/mauvais goût ● **saber mal a alguien** (disgustar) ne pas plaire à qqn ◆ **saber a** *v prep* (tener sabor de) avoir un goût de

sabiduría [saßiðu'ria] *f* **1.** (conocimientos) savoir *m* **2.** (prudencia) sagesse *f*

sabio, bia ['saßjo, ßja] *adj* **1.** (con conocimientos) savant(e) **2.** (prudente) sage ◇ *m*, *f* savant *m*, -e *f*

sable ['saßle] *m* sabre *m*

sabor [sa'ßor] *m* goût *m* ● **un sabor a** un goût de

saborear [saßore'ar] *vt* savourer

sabotaje [saßo'taxe] *m* sabotage *m*

sabroso, sa [sa'ßroso, sa] *adj* **1.** (comida) délicieux(euse) **2.** (fig) (propuesta, negocio) intéressant(e) **3.** (fig) (cantidad) substantiel(elle) **4.** (fig) (comentario, noticia) savoureux(euse)

sacacorchos [saka'kortʃos] *m inv* tire-bouchon *m*

sacapuntas [saka'puntas] *m inv* taille-crayon *m*

sacar [sa'kar] *vt* **1.** (poner fuera) sortir **2.** (conseguir, obtener) obtenir **3.** (ganar) gagner **4.** (sonsacar) soutirer **5.** (extraer) tirer **6.** (resolver) résoudre **7.** (en los naipes, dominó) piocher **8.** (copia, foto) faire ◇ *vi* (en tenis) servir ● **sacar billetes/entradas** prendre des billets ● **sacar brillo** faire briller ● **sacar dinero** retirer de l'argent ● **sacar la lengua** tirer la langue ● **sacar buenas/malas notas** avoir de bonnes/mauvaises notes ● **sacarse un** (carné, permiso) passer

sacarina [saka'rina] *f* saccharine *f*

sacerdote [saθerˈðote] *m* prêtre *m*

saciar [saˈθjar] *vt* assouvir ● **saciar la sed** étancher sa soif

saco [ˈsako] *m* 1. sac *m* 2. (*Amér*) (*chaqueta*) veste *f* ● **saco de dormir** sac de couchage

sacramento [sakraˈmento] *m* sacrement *m*

sacrificar [sakrifiˈkar] *vt* 1. sacrifier 2. (*animal para el consumo*) abattre ● **sacrificarse (por)** *v prep* se sacrifier (pour)

sacrificio [sakriˈfiθjo] *m* 1. sacrifice *m* 2. (*de animal para el consumo*) abattage *m*

sacristán [sakrisˈtan] *m* sacristain *m*

sacudida [sakuˈðiða] *f* secousse *f*

sacudir [sakuˈðir] *vt* 1. secouer 2. (*fam*) (*pegar*) flanquer une raclée à

safari [saˈfari] *m* 1. (*expedición*) safari *m* 2. (*parque*) parc *m* animalier

Sagitario [saxiˈtarjo] *m* Sagittaire *m*

sagrado, da [saˈɣraðo, ða] *adj* sacré(e)

sal [ˈsal] *f* 1. sel *m* 2. (*fig*) (*en el habla*) piquant *m* ● **sales** *fpl* (*de baño*) sels *mpl*

sala [ˈsala] *f* salle *f* ● **sala climatizada** salle climatisée ● **sala de espera** salle d'attente ● **sala de estar** salle de séjour ● **sala de fiestas** salle de bal ● **sala de juegos** salle de jeux ● **sala de reuniones** salle de réunion

salado, da [saˈlaðo, ða] *adj* 1. (*alimento, comida*) salé(e) 2. (*fig*) (*chistoso*) drôle 3. (*Amér*) (*desgraciado*) malchanceux(euse)

salamandra [salaˈmandra] *f* salamandre *f*

salar [saˈlar] *vt* saler

salario [saˈlarjo] *m* salaire *m*

salchicha [salˈtʃitʃa] *f* saucisse *f*

salchichón [saltʃiˈtʃon] *m* saucisson *m*

saldo [ˈsaldo] *m* solde *m*

salero [saˈlero] *m* 1. salière *f* 2. (*fig*) (*gracia*) charme *m*

salida [saˈliða] *f* 1. sortie *f* 2. (*de tren, avión, en deporte*) départ *m* 3. (*solución*) issue *f* 4. (*pretexto*) échappatoire *f* 5. (*ocurrencia*) trait *m* d'esprit 6. (*de productos*) débouchés *mpl* ▼ **salida sin compra** sortie sans achat ▼ **salida de emergencia** o **de incendios** sortie de secours ▼ **salidas internacionales** (*de trenes, aviones*) départs internationaux

salina [saˈlina] *f* salin *m*

salir [saˈlir] *vi* 1. sortir ● **salió a la calle** il est sorti dans la rue ● **Pedro sale mucho con sus amigos** Pedro sort beaucoup avec ses amis ● **Juan y María salen juntos** Juan et María sortent ensemble ● **el tapón sale poco a poco** le bouchon sort petit à petit 2. (*marcharse*) partir ● **el tren sale muy temprano** le train part très tôt ● **ha salido para Madrid** il est parti pour Madrid 3. (*resultar*) ● **ha salido muy estudioso** il est très studieux ● **salió elegida mejor actriz del año** elle a été élue meilleure actrice de l'année ● **me ha salido bien el examen** j'ai réussi l'examen ● **les ha salido mal el plan** leur plan a échoué 4. (*resolver*) ● **este problema no me sale** je n'arrive pas à résoudre ce problème ● **me ha salido la división** j'ai résolu la division 5. (*sol*) se lever 6. (*dientes, patas*) pousser 7. (*publicación*) paraître 8. (*en imagen, prensa*) ● **¡qué bien sales en la foto!** tu es très bien sur la photo ! ● **mi vecina salió en la tele** ma voisine est passée à la télé **9.** *(ocasión)* se présenter **10.** *(sobresalir)* ressortir **11.** *INFORM* quitter **12.** *(en locuciones)* ● **salir adelante** *(persona, empresa)* s'en sortir ; *(proyecto, propuesta)* se réaliser ● **salir de** *v prep* **1.** *(de dentro a fuera)* sortir de **2.** *(proceder)* ● **el vino sale de la uva** le raisin donne le vin ● **salir por** *v prep (costar)* ● **la comida le ha salido por 20 euros** le repas lui est revenu à 20 euros ● **salirse de** *v prep* **1.** *(de lugar)* sortir de **2.** *(de asociación, partido)* quitter **3.** *(de vía)* dérailler **4.** *(de carretera)* quitter **5.** *(de tema)* s'écarter de

saliva [sa'liβa] *f* salive *f*

salmón [sal'mon] *m* saumon *m* ● **salmón ahumado/fresco** saumon fumé/frais

salmonete [salmo'nete] *m* rouget *m*

salón [sa'lon] *m* **1.** salon *m* **2.** *(de edificio público)* salle *f* ● **salón del automóvil** salon de l'automobile ● **salón recreativo** salle de jeux

salpicadera [salpika'ðera] *f* *(Méx)* garde-boue *m inv*

salpicadero [salpika'ðero] *m* tableau *m* du bord

salpicar [salpi'kar] *vt* éclabousser

salpicón [salpi'kon] *m* morceaux *m* de viande ou de poisson assaisonnés d'oignon, d'huile et de vinaigre ● **salpicón de marisco** "salpicón" de fruits de mer

salpimentar [salpimen'tar] *vt* saupoudrer de sel et de poivre

salsa ['salsa] *f* **1.** sauce *f* **2.** *(baile, música)* salsa *f* **3.** *(fig) (gracia)* attrait *m* ● **salsa béchamel o besamel** sauce béchamel ● **sal-**

sa rosa sauce cocktail ● **salsa de tomate** sauce tomate ● **salsa verde** ≈ sauce tartare

salsera [sal'sera] *f* saucière *f*

saltamontes [salta'montes] *m inv* sauterelle *f*

saltar [sal'tar] *vi* **1.** sauter **2.** *(levantarse)* bondir **3.** *(estallar)* exploser ◇ *vt (obstáculo)* sauter ● **saltarse** *vp* **1.** *(omitir)* sauter **2.** *(no respetar)* ignorer **3.** *(semáforo, stop)* brûler ● **se me ha saltado un botón** j'ai perdu un bouton

salteado, da [salte'aðo, ða] *adj* CULIN sauté(e)

saltear [salte'ar] *vt* **1.** *(asaltar)* attaquer **2.** CULIN faire sauter

salto ['salto] *m* **1.** saut *m* **2.** *(en el tiempo)* saut *m* ● **salto de agua** chute *f* d'eau ● **dar saltos de un tema o otro** passer d'un sujet à l'autre ● **dar saltos de alegría o contento** sauter de joie ● **salto de página** saut de page

salud [sa'luð] *f* santé *f* ◇ *interj (para brindar)* santé ! ● **estar bien/mal de salud** être en bonne/mauvaise santé ● **tener buena/mala salud** avoir une bonne/mauvaise santé

saludable [salu'ðaβle] *adj* **1.** sain(e) **2.** *(fig) (provechoso)* salutaire

saludar [salu'ðar] *vt* **1.** saluer ▼ **le saludá atentamente** *(en cartas)* meilleures salutations ● **saludarse** *vp* se saluer

saludo [sa'luðo] *m* salut *m* ● **Ana te manda saludos** tu as le bonjour d'Ana ▼ **(muchos) saludos** *(en cartas)* sincères salutations ▼ un saludo afectuoso *(en cartas)* affectueusement

salvación [salβa'θjon] *f RELIG* salut *m* ● no tener salvación *(enfermo)* être perdu(e)

Salvador [salβa'ðor] *m* ● El Salvador le Salvador

salvadoreño, ña [salβaðo'reɲo, ɲa] *adj* salvadorien(enne) ◇ *m, f* Salvadorien *m,* -enne *f*

salvaje [sal'βaxe] *adj* sauvage

salvamanteles [,salβaman'teles] *m inv* dessous-de-plat *m inv*

salvar [sal'βar] *vt* 1. sauver 2. *(peligro)* échapper à 3. *(obstáculo)* franchir 4. *(dificultad)* surmonter 5. *(distancia)* parcourir 6. *(fichero)* sauvegarder, enregistrer ● salvarse *vp RELIG* sauver son âme ● salvarse de *v prep (persona)* réchapper de

salvaslip [salβaz'lip] *m* protège-slip *m*

salvavidas [salβa'βiðas] *m inv* bouée *f* de sauvetage

salvo ['salβo] *adv* sauf ● a salvo à l'abri

san [san] ➤ santo

sanatorio [sana'torjo] *m* clinique *f*

sanción [san'θjon] *f* sanction *f*

sancochado [sanko'tʃaðo] *m (Amér) plat à base de viande, de banane plantain et de manioc*

sancochar [sanko'tʃar] *vt (Amér) faire une cuisine peu relevée*

sandalia [san'dalja] *f* sandale *f*

sandía [san'dia] *f* pastèque *f*

sándwich ['sanwitʃ] *m* sandwich *m (de pain de mie)*

sanfermines [sanfer'mines] *mpl* Sanfermines *fpl*

Los sanfermines

Les fêtes les plus populaires de Pampelune, capitale de la Navarre, sont les **sanfermines** en l'honneur de **San Fermín**, le saint patron de la ville. Le coup d'envoi des festivités, qui durent une semaine, est donné le 7 juillet (jour de la fête du saint) sur la place de la mairie par le **chupinazo**, un tir de pétards. Ensuite, des groupes d'amis ou **cuadrillas** parcourent bras dessus bras dessous les rues de la ville au son des fanfares : c'est ce qu'on appelle le **pasacalles**. Les courses de taureaux quotidiennes sont précédées de l'**encierro**, qui constitue la particularité de ces fêtes : les jeunes gens libèrent les troupeaux de taureaux du toril et courent devant eux jusqu'aux arènes où la corrida aura lieu l'après-midi.

sangrar [san'grar] *vi* saigner ◇ *vt* 1. saigner 2. *(árbol)* gemmer 3. *(línea, párrafo)* commencer en retrait

sangre ['sangre] *f* sang *m* ● sangre fría sang-froid *m*

sangría [san'gria] *f (bebida)* sangria *f*

sangriento, ta [san'grjento, ta] *adj* 1. *(con sangre)* sanglant(e) 2. *(cruel)* sanguinaire

sanidad [sani'ðað] f 1. (*servicio*) santé f 2. (*higiene*) hygiène f

sanitario, ria [sani'tarjo, rja] adj sanitaire ◇ m, f (*persona*) professionnel m, -elle f de la santé ◆ **sanitarios** mpl (*instalación*) sanitaires mpl

sano, na ['sano, na] adj 1. sain(e) 2. (*sin daño*) intact(e) ◆ **sano y salvo** sain et sauf

santiguarse [santi'ɣwarse] vp se signer

santo, ta ['santo, ta] adj & m, f saint(e) ◇ m (*onomástica*) fête f

El santo

La fête du saint dont on porte le nom est très célébrée en Espagne, pays de tradition catholique. Les personnes dont c'est la fête invitent leurs parents, leurs amis et leurs collègues de travail à prendre un verre. En retour, ils reçoivent de menus cadeaux.

santuario [santu'arjo] m sanctuaire m

sapo ['sapo] m crapaud m

saque ['sake] m 1. (*en fútbol*) coup m d'envoi 2. (*en tenis*) service m

saquear [sake'ar] vt 1. (*ciudad, casa*) mettre à sac 2. (*fam*) (*nevera, tienda*) faire une razzia sur

sarampión [saram'pjon] m rougeole f

sarcástico, ca [sar'kastiko, ka] adj sarcástique

sardana [sar'ðana] f sardane f

sardina [sar'ðina] f sardine f ◆ **sardinas a la plancha** sardines grillées

sargento [sar'xento] m sergent m

sarna ['sarna] f gale f

sarpullido [sarpu'ʎiðo] m éruption f cutanée

sarro ['saro] m tartre m

sartén [sar'ten] f poêle f

sastre ['sastre] m tailleur m

sastrería [sastre'ria] f ◆ **en la sastrería** chez le tailleur

satélite [sa'telite] m satellite m

sátira ['satira] f satire f

satírico, ca [sa'tiriko, ka] adj satirique

satisfacción [satisfak'θjon] f satisfaction f

satisfacer [satisfa'θer] vt 1. satisfaire 2. (*deuda*) honorer 3. (*pregunta*) répondre à 4. (*requisitos*) remplir ◆ **satisfacerse con** v prep (*conformarse*) se contenter de

satisfecho, cha [satis'fetʃo, tʃa] pp ➤ **satisfacer** ◇ adj 1 (*complacido*) satisfait(e) 2. (*al comer*) repu(e)

sauce ['sauθe] m saule m

sauna ['sauna] f sauna m

saxofón [sakso'fon] m saxophone m

sazonar [saθo'nar] vt assaisonner

se [se] pron

1. (*reflexivo, recíproco*) se, s' (*delante de vocal*) ● **el niño se lava los dientes** le petit se lave les dents ● **se quieren** ils s'aiment 2. (*en imperativo*) vous ● **¡siéntese!** asseyez-vous ! ● **¡cálmense!** calmez-vous ! ● **¡no se ponga nervioso!** ne vous énervez pas !

3. (*en construcción pasiva*) ● **las cosas se guardan en su sitio** il faut ranger les choses à leur place ● **se ha suspendido la reunión** la réunion a été suspendue

4. *(en construcción impersonal)* on ▼ **se habla inglés** on parle anglais ▼ **se prohíbe fumar** interdiction de fumer

5. *(a él, ella)* lui ● **yo se lo daré** je le lui donnerai

6. *(a ellos, ellas)* leur ● **se lo dije pero no me creyeron** je le leur ai dit mais ils ne m'ont pas cru

7. *(a usted, ustedes)* vous ● **si usted quiere, yo se las mandaré** si vous voulez, je vous les enverrai

secador [seka'ðor] *m* séchoir *m* ● **secador de pelo** sèche-cheveux *m inv*

secadora [seka'ðora] *f (de ropa)* sèche-linge *m inv*

secano [se'kano] *m* terrain *m* non irrigué

secar [se'kar] *vt* **1.** *(dejar seco)* sécher **2.** *(enjugar)* essuyer ◆ **secarse** *vp* **1.** *(río, fuente)* s'assécher **2.** *(planta, árbol, piel)* se dessécher **3.** *(ropa, cabello, superficie)* sécher

sección [sek'θjon] *f* **1.** section *f* **2.** *(en almacén)* rayon *m* **3.** *(en empresa, oficina)* service *m*

seco, ca [seko, ka] *adj* **1.** sec *(sèche)* **2.** *(río, fuente)* à sec ● **a secas** tout court ● **lavar en seco** nettoyer à sec ● **parar en seco** s'arrêter net

secretaría [sekreta'ria] *f* secrétariat *m*

secretariado [sekreta'rjaðo] *m* secrétariat *m*

secretario, ria [sekre'tarjo, rja] *m, f* secrétaire *mf*

secreto, ta [se'kreto, ta] *adj* secret(ète) ◇ *m* secret *m* ● **en secreto** en secret

secta ['sekta] *f* secte *f*

sector [sek'tor] *m* secteur *m*

secuestrador, ra [sekyestra'ðor, ra] *m, f* ravisseur *m*, -euse *f*

secuestrar [sekyes'trar] *vt* **1.** *(persona)* enlever **2.** *(avión)* détourner

secuestro [se'kyestro] *m* **1.** *(de persona)* enlèvement *m* **2.** *(de avión)* détournement *m*

secundario, ria [sekun'darjo, rja] *adj* secondaire

sed ['seð] *f* soif *f* ● **dar sed** donner soif ● **tener sed** avoir soif

seda ['seða] *f* soie *f*

sedante [se'ðante] *m* sédatif *m*

sede ['seðe] *f* siège *m*

sedentario, ria [seðen'tarjo, rja] *adj* sédentaire

sediento, ta [se'ðjento, ta] *adj* assoiffé(e)

seductor, ra [seðuk'tor, ra] *adj* séduisant(e) ◇ *m, f* séducteur *m*, -trice *f*

segador, ra [seɣa'ðor, ra] *m, f* moissonneur *m*, -euse *f*

segadora [seɣa'ðora] *f (máquina)* moissonneuse *f*

segar [se'ɣar] *vt* **1.** *(cereal)* moissonner **2.** *(hierba)* faucher

segmento [seɣ'mento] *m* segment *m*

seguido, da [se'ɣiðo, ða] *adj* **1.** *(continuo)* continu(e) **2.** *(consecutivo)* de suite, d'affilée ◇ *adv* **1.** *(en línea recta)* tout droit ● **en seguida** tout de suite ● **todo seguido** tout droit

seguir [se'ɣir] *vt* **1.** suivre **2.** *(reanudar)* poursuivre ◇ *vi* continuer ● **sigue soltero/enfermo** il est toujours célibataire/

malade ● **seguir a algo** *(sucederse)* suivre qqch

según [se'yun] *prep* selon ◇ *adv* **1.** *(como)* comme **2.** *(a medida que)* (au fur et) à mesure que ● **según yo/tú** selon moi/toi ● **según lo que me han dicho** d'après ce qu'on m'a dit

segunda [se'yunda] *f* **1.** *(categoría)* deuxième catégorie *f* **2.** *(velocidad)* seconde *f* ➤ **segundo**

segundero [seyun'dero] *m* trotteuse *f* *(d'une montre)*

segundo, da [se'yundo, da] *adj* deuxième, second(e) ◇ *m, f* **1.** deuxième *mf*, second *m*, -e *f* **2.** *(persona)* second *m*, -e *f* ◇ *m* **1.** *(de tiempo)* seconde *f* **2.** *(fracción)* demi *m* ● **el segundo** le deuxième ● **la segunda** la deuxième ● **capítulo segundo** chapitre deux ● **el segundo día** le deuxième jour ● **en segundo lugar** o **en segunda posición** en deuxième position ● **la segunda parte** un deuxième ● **con segundas** *(fig)* avec des arrière-pensées

seguramente [se,yura'mente] *adv* **1.** *(con seguridad)* sûrement **2.** *(probablemente)* probablement

seguridad [seyuri'ðað] *f* sécurité *f* ● **Seguridad Social** Sécurité sociale

seguro, ra [se'yuro, ra] *adj* sûr(e) ◇ *m* **1.** *(de coche, vida, casa)* assurance *f* **2.** *(de arma, máquina)* cran *m* de sûreté **3.** *(fam)* *(Seguridad Social)* Sécu *f* **4.** ● **Seguro Social** *(Amér)* ≃ Sécurité sociale ◇ *adv* sûrement ● **estar seguro** *(cierto, confiado)* être sûr ; *(sin temor)* être tranquille

seis ['seis] *adj inv & m* six ◇ *mpl* six ◇ *fpl* ● **las seis** six heures ● **doscientos seis**

deux cent six ● **treinta y seis** trente-six ● **de seis en seis** six par six ● **empatados a seis** six partout ● **los seis** les six ● **seis a cero** six à zéro

seiscientos, tas [seis'θjentos, tas] *núm* six cents

selección [selek'θjon] *f* **1.** sélection *f* **2.** *(equipo nacional)* équipe *f* nationale

seleccionador, ra [selekθjona'ðor, ra] *m, f* sélectionneur *m*, -euse *f*

seleccionar [selekθjo'nar] *vt* sélectionner

selectividad [selektiβi'ðað] *f* examen d'entrée à l'université ≃ baccalauréat *m*

La selectividad

La selectividad est une série d'examens sanctionnant la fin des études secondaires et permettant l'entrée à l'université. Ces examens durent deux jours et portent sur toutes les matières étudiées. La moyenne obtenue détermine l'admission de l'étudiant dans l'une ou l'autre des facultés.

selecto, ta [se'lekto, ta] *adj* de choix

selector [selek'tor] *m* sélecteur *m*

self-service [self'serβis] *m* self-service *m*

sello ['seʎo] *m* **1.** *(de correos)* timbre *m* **2.** *(tampón)* tampon *m*

selva ['selβa] *f* forêt *f* vierge

semáforo [se'maforo] *m* feu *m* *(de signalisation)*

semana [se'mana] *f* semaine *f* ● Semana Santa Semaine Sainte

La Semana Santa

En Espagne et en Amérique latine, à l'occasion de la Semaine Sainte, de nombreuses cérémonies commémorent la passion et la résurrection de Jésus-Christ. Les célébrations les plus spectaculaires sont les processions au cours desquelles des statues religieuses sont transportées à dos d'homme. Des pénitents entièrement masqués appartenant à différentes confréries suivent les porteurs, tandis que la foule se joint à eux pour prier. Les plus célèbres sont celles de Séville en Espagne, de Taxco au Mexique et de Lima au Pérou. La procession de la Vierge de la Macarena à Séville est l'une des plus importantes et donne parfois lieu à des *saetas*, brefs poèmes religieux chantés du haut d'un balcon.

semanal [sema'nal] *adj* hebdomadaire

semanario [sema'narjo] *m* hebdomadaire *m*

sembrar [sem'brar] *vt* semer

semejante [seme'xante] *adj* **1.** *(parecido)* semblable **2.** *(tal)* pareil(eille) ◇ *m* semblable *m*

semejanza [seme'xanθa] *f* ressemblance *f*

semen ['semen] *m* sperme *m*

semestre [se'mestre] *m* semestre *m*

semidesnatado, da [semiðezna'taðo, ða] *adj* **1.** *(leche)* demi-écrémé(e) **2.** *(yogur)* à 50% de matières grasses

semidirecto, ta [semiði'rekto, ta] *adj* semi-direct(e)

semifinal [semifi'nal] *f* demi-finale *f*

semilla [se'miʎa] *f* graine *f*

sémola ['semola] *f* semoule *f*

Senado [se'naðo] *m* ● el Senado le Sénat

senador, ra [sena'ðor, ra] *m, f* sénateur *m*

sencillo, lla [sen'θiʎo, ʎa] *adj* simple ◇ *m (Amér) (monedas)* petite monnaie *f*

sendero [sen'dero] *m* sentier *m*

seno ['seno] *m* sein *m*

sensación [sensa'θjon] *f* sensation *f* ● causar sensación faire sensation

sensacional [sensaθjo'nal] *adj* sensationnel(elle)

sensacionalismo [sensaθjona'lizmo] *m* sensationnalisme *m*

sensacionalista [sensaθjona'lista] *adj* à sensation

sensato, ta [sen'sato, ta] *adj* sensé(e)

sensibilidad [sensiβili'ðað] *f* sensibilité *f*

sensible [sen'siβle] *adj* sensible

sensual [sensu'al] *adj* sensuel(elle)

sentado, da [sen'taðo, ða] *adj* réfléchi(e) ● dar por sentado considérer comme acquis

sentar [sen'tar] *vt* asseoir ◇ *vi* ● sentar bien/mal a alguien *(comida, bebida)* réussir/ne pas réussir à qqn ; *(ropa, zapatos, joyas)* aller bien/mal à qqn ; *(comentario, broma)* plaire/déplaire à qqn ◆ **sentarse** *vp* s'asseoir

sentencia [sen'tenθja] *f* sentence *f*

sentenciar [senten'θjar] *vt* condamner

sentido [sen'tiðo] *m* **1.** sens *m* **2.** *(entendimiento)* raison *f* ● **sentido común** sens commun ● **un sin sentido** un non-sens

sentimental [sentimen'tal] *adj* sentimental(e)

sentimiento [senti'mjento] *m* **1.** sentiment *m* **2.** *(pena)* douleur *f*

sentir [sen'tir] *m* sentiment *m* ◇ *vt* **1.** *(percibir, apreciar)* sentir **2.** *(alegría, tristeza)* éprouver **3.** *(miedo, dolor)* avoir **4.** *(lamentar)* regretter ● **lo siento** *(disculpa)* je suis désolé(e) ; *(pésame)* toutes mes condoléances ● **sentirse** *vp* se sentir ● **sentirse bien/mal** se sentir bien/mal

seña ['seɲa] *f* signe *m* ● **señas** *fpl* **1** *(dirección)* adresse *f*, coordonnées *fpl* **2.** *(características)* signes *mpl* ● **señas personales** *(rasgos físicos)* signes particuliers ● **dar las señas a alguien** donner o laisser ses coordonnées à qqn ● **pedir las señas a alguien** prendre les coordonnées de qqn

Dar las señas oralmente

Al dar oralmente las señas, primero se indica el número y luego el nombre de la calle, plaza o tipo de vía, el código postal y la ciudad. El teléfono se da por grupos de dos cifras (los ceros aparte), por ejemplo 01 44 39 70 51 se dirá *zéro un quarante quatre - trente-neuf soixante-dix - cinquante et un*. Los franceses precisan a menudo el código que permite entrar en el edificio; una vez dentro, es fre-

cuente que haya un segundo código o bien un interfono. En París es también usual dar el nombre de la estación de metro más cercana.

Dar las señas por escrito

Al dar las señas por escrito, primero se indica el nombre y apellido(s); en un contexto profesional se precisará la función en la empresa, el nombre de la empresa y el departamento. A continuación, la dirección completa, como en un sobre; el número, el nombre de la calle, plaza o tipo de vía, el código postal precedido de F y luego la ciudad (por ejemplo, F-75000 PARIS); las empresas tienen a veces un *Cedex*, un código de correo de empresa con reparto especial. Luego vienen el número de teléfono y de fax. Por último, el correo electrónico; a veces también se da la dirección de la página web de la empresa o de la página personal.

señal [se'ɲal] *f* **1.** *(signo, indicio)* signe *m* **2.** *(aviso, orden)* signal **3.** *(de teléfono)* tonalité *f* **4.** *(huella)* trace *f* **5.** *(cicatriz)* marque *f* **6.** *(fianza)* acompte *m* ● **señal de tráfico** panneau *m* de signalisation

señalado, da [seɲa'laðo, ða] *adj* important(e)

señalar [seɲa'lar] *vt* **1.** *(poner marca, nombrar)* signaler **2.** *(con la mano, dedo)* montrer **3.** *(ser indicio de)* indiquer **4.** *(lugar, precio, fecha)* fixer

señor, ra [se'ɲor, ra] *adj (fam) (gran)* beau (belle) ◇ *m* **1.** monsieur *m* **2.** *(caballero)* gentleman *m* **3.** *(dueño)* maître *m* ▼ **Muy señor mío:** *(en carta)* Cher Monsieur,

señora [se'ɲora] *f* **1.** dame *f* **2.** *(tratamiento)* madame *f* **3.** *(esposa)* femme *f* **4.** *(dueña)* maîtresse *f* ▼ **Muy señora mía:** *(en carta)* Chère Madame,

señorita [seɲo'rita] *f* **1.** *(tratamiento)* mademoiselle *f* **2.** *(mujer soltera)* demoiselle *f* **3.** *(maestra)* maîtresse *f*

señorito, ta [seɲo'rito, ta] *adj (despec)* ● **es muy señorito** *(refinado)* il aime bien se faire servir ◇ *m (hijo del amo)* fils *m* de la familia

separación [separa'θjon] *f* **1.** séparation *f* **2.** *(espacio, distancia)* écart *m*

separado, da [sepa'raðo, ða] *adj* séparé(e)

separar [sepa'rar] *vt* **1.** séparer **2.** *(apartar)* éloigner **3.** *(reservar)* mettre de côté **4.** *(distinguir)* distinguer ◆ **separarse** *vp* se séparer

sepia ['sepja] *f* seiche *f* ● **sepia a la plancha** seiche grillée

septentrional [septentrjo'nal] *adj* septentrional(e)

septiembre [sep'tjembre] = **setiembre**

séptimo, ma ['septimo, ma] *adj & m, f* septième ◇ *m (fracción)* septième *m* ● **el séptimo** le septième ● **la séptima** la septième ● **capítulo séptimo** chapitre sept ● **el séptimo día** le septième jour ● **en séptimo lugar** o **en séptima posición** en

septième position ● **la séptima parte** un septième

sepulcro [se'pulkro] *m* tombeau *m*

sequía [se'kia] *f* sécheresse *f*

ser ['ser] *m* être *m* ● **ser humano/vivo** être humain/vivant
◇ *v aux (forma la voz pasiva)* être ● **fue visto por un testigo** il a été vu par un témoin ◇ *v cop* être ● **mi abrigo es rojo** mon manteau est rouge ● **son estudiantes** ils sont étudiants ● **el gato es un mamífero** le chat est un mammifère ● **eres como tu padre** tu es comme ton père
◇ *vi*

1. *(haber, existir)* être ● **ser o no ser** être ou ne pas être ● **¿cuánto es?** c'est combien ? ● **hoy es martes** aujourd'hui on est mardi ● **hoy es San José** aujourd'hui c'est la Saint-Joseph ● **¿qué hora es?** quelle heure est-il ? ● **son las tres de la tarde** il est trois heures de l'après-midi

2. *(suceder, ocurrir)* avoir lieu ● **el eclipse fue ayer** l'éclipse a eu lieu hier

3. *(causar)* ● **el negocio fue su ruina** cette affaire a causé sa perte

4. *(en locuciones)* ● **a no ser que** à moins que ● **como sea** coûte que coûte ● **o sea** c'est-à-dire
◇ *v impers (expresión de tiempo)* ● **es de día/de noche** il fait jour/nuit ● **es muy tarde** il est très tard
◆ **ser de** *v prep*

1. *(estar hecho de)* être en

2. *(ser originario de)* être de

3. *(pertenecer a)* être à

4. *(formar parte de)* être membre de

♦ **ser para** *v prep* (servir para, ser adecuado para) ● este trapo es para limpiar los cristales ce chiffon sert à nettoyer les vitres ● este libro no es para los niños ce n'est pas un livre pour les enfants

serenar [sere'nar] *vt* apaiser ♦ **serenarse** *vp* 1. se calmer 2. *(tiempo)* s'améliorer

serenidad [sereni'ðað] *f* sérénité *f*

sereno, na [se'reno, na] *adj* 1. *(persona)* serein(e) 2. *(tiempo)* clair(e) 3. *(mar)* calme

serie ['serje] *f* série *f*

seriedad [serje'ðað] *f* sérieux *m*

serio, ria [serjo, rja] *adj* 1. sérieux(euse) 2. *(sin adornos)* strict(e) ● **en serio** sérieusement ● **ir en serio** *(asunto, declaración)* être sérieux(euse) ; *(suj: novios)* entretenir une relation sérieuse ● **tomar en serio** prendre au sérieux

sermón [ser'mon] *m* sermon *m*

serpentina [serpen'tina] *f* serpentin *m*

serpiente [ser'pjente] *f* serpent *m*

serrar [se'rar] *vt* scier

serrín [se'rin] *m* sciure *f*

servicio [ser'βiθjo] *m* 1. service *m* 2. *(criados)* domestiques *mpl* ● **servicio a domicilio** (service de) livraison *f* à domicile ● **servicio militar** service militaire ● **servicio posventa** service après-vente ● **servicio público** service public ● **servicio de urgencias** service des urgences ● **estar de servicio** être de service ● **servicios** *mpl* (aseos) toilettes *fpl*

servidor [serβi'ðor] *m* INFORM serveur *m*

servidumbre [serβi'ðumbre] *f* (criados) domestiques *mpl*

servilleta [serβi'ʎeta] *f* serviette *f* (de table)

servir [ser'βir] *vt* 1. service 2. *(ser útil a)* être utile à ◇ *vi* servir ♦ **servir de** *v prep* servir à ♦ **servirse** *vp* se servir ▼ **sírvase usted mismo** servez-vous ♦ **servirse de** *v prep* se servir de

sesenta [se'senta] *núm* soixante

sesión [se'sjon] *f* 1. séance *f* 2. *(de teatro)* représentation *f*

sesos ['sesos] *mpl* 1. *(de animal)* cervelle *f* 2. *(fam)* *(de persona)* jugeote *f*

seta ['seta] *f* champignon *m* ● **setas al ajillo/con gambas** champignons à l'ail/aux crevettes

setecientos, tas [sete'θjentos, tas] *núm* sept cents

setenta [se'tenta] *núm* soixante-dix

setiembre [se'tjembre] *m* septembre *m* ● **a principios/finales de setiembre** début/fin septembre ● **a mediados de setiembre** à la mi-septembre ● **el pasado/próximo (mes de) setiembre** en septembre dernier/prochain ● **en setiembre** en septembre ● **este (mes de) setiembre** en septembre *(pasado)* en septembre dernier ; *(próximo)* en septembre prochain ● **para setiembre** en septembre ● **uno de los setiembres más lluviosos** l'un des mois de septembre les plus pluvieux ● **el nueve de setiembre** le neuf septembre

seto ['seto] *m* haie *f*

severidad [seβeri'ðað] *f* sévérité *f*

severo, ra [se'βero, ra] *adj* sévère

Sevilla [se'βiʎa] *s* Séville

sevillanas [seβi'ʎanas] *fpl* 1. *(baile)* danse populaire andalouse 2. *(música)* musique populaire andalouse

sexismo [sek'sizmo] *m* sexisme *m*

sexista [sek'sista] *mf* sexiste *mf*

sexo ['sekso] *m* sexe *m*

sexto, ta ['seksto, ta] *adj & m, f* sixième ⋄ *m (fracción)* sixième *m* ● **el sexto** le sixième ● **la sexta** la sixième ● **capítulo sexto** chapitre six ● **el sexto día** le sixième jour ● **en sexto lugar** o **en sexta posición** en sixième position ● **la sexta parte** un sixième

sexual [seksu'al] *adj* sexuel(elle)

sexualidad [seksuali'ðað] *f* sexualité *f*

shorts ['tʃors] *mpl* short *m*

show ['tʃow] *m* show *m*

si [si] *conj* si ● **si viene él yo me voy** s'il vient je m'en vais ● **me pregunto si lo sabe** je me demande s'il le sait

sí ['si] *(pl* **síes** ['sies]) *adv* 1. *(afirmación)* oui 2. *(tras pregunta negativa)* si ⋄ *pron* 1. *(él)* lui 2. *(ella)* elle 3. *(ellos)* eux 4. *(ellas)* elles 5. *(usted, ustedes)* vous ⋄ *m* oui *m* ● **¿vendrás?** - **sí** tu viendras ? - oui ● **¿no vendrás?** - **sí** tu ne viendras pas ? - si ● **cuando uno piensa en sí mismo** quand on pense à soi ● **dar el sí** donner son approbation

sida ['siða] *m* sida *m*

sidra ['siðra] *f* cidre *m*

siega ['sjeɣa] *f* moisson *f*

siembra ['sjembra] *f* semailles *fpl*

siempre ['sjempre] *adv* 1. toujours 2. *(Amér) (con toda seguridad)* vraiment ● **desde siempre** depuis toujours

sien ['sjen] *f* tempe *f*

sierra ['sjera] *f* 1. *(herramienta)* scie *f* 2. *(de montañas)* chaîne *f*

siesta ['sjesta] *f* sieste *f* ● **echar una siesta** faire la sieste

siete ['sjete] *adj inv & m* sept ⋄ *mpl* sept ⋄ *fpl* ● **las siete** sept heures ● **doscientos siete** deux cent sept ● **treinta y siete** trente-sept ● **de siete en siete** sept par sept ● **empatados a siete** sept partout ● **los siete** les sept ● **siete a cero** sept à zéro ⋄ *f* ● **¡la gran siete!** *(Amér) (fam) (admiración)* ouah ! ; *(enfado)* purée !

sifón [si'fon] *m* 1. *(botella)* siphon *m* 2. *(agua con gas)* eau *f* de Seltz

sigla ['siɣla] *f* sigle *f*

siglo ['siɣlo] *m* siècle *m* ● **hace un siglo que no la he visto** *(fam)* ça fait des siècles que je ne l'ai pas vue

significado [siɣnifi'kaðo] *m* signification *f*

significar [siɣnifi'kar] *vt* signifier

significativo, va [siɣnifika'tiβo, βa] *adj* 1. *(con significado)* significatif(ive) 2. *(importante, destacado)* important(e)

signo ['siɣno] *m* signe *m* ● **signo de admiración/de interrogación** point *m* d'exclamation/d'interrogation

siguiente [si'ɣjente] *adj & mf* suivant(e) ● **¡el siguiente!** au suivant !

sílaba ['silaβa] *f* syllabe *f*

silbar [sil'βar] *vi & vt* siffler

silbato [sil'βato] *m* sifflet *m*

silbido [sil'βiðo] *m* sifflement *m*

silenciador [silenθja'ðor] *m* silencieux *m*

silencio [si'lenθjo] *m* silence *m*

silenciosamente [silen̩θjosa'mente] *adv* silencieusement

silencioso, sa [silen'θjoso, sa] *adj* silencieux(euse)

silicona [sili'kona] *f* silicone *f*

silla ['siʎa] *f* chaise *f* ● **silla de ruedas** fauteuil *m* roulant

sillín [si'ʎin] *m* selle *f (de bicyclette etc)*

sillón [si'ʎon] *m* fauteuil *m*

silueta [si'lweta] *f* silhouette *f*

silvestre [sil'βestre] *adj (planta)* sauvage

símbolo ['simbolo] *m* symbole *m*

simétrico, ca [si'metriko, ka] *adj* symétrique

similar [simi'lar] *adj* semblable

similitud [simili'tuð] *f* similitude *f*

simpatía [simpa'tia] *f* sympathie *f*

simpático, ca [sim'patiko, ka] *adj* sympathique

simpatizante [simpati'θante] *mf* sympathisant *m*, -e *f*

simpatizar [simpati'θar] *vi* sympathiser ● **simpatizar con** *v prep* sympathiser avec

simple ['simple] *adj* **1.** simple **2.** *(inge-nuo)* simplet(ette) ◇ *m (en tenis, ping-pong)* simple *m*

simplicidad [simpliθi'ðað] *f* **1.** *(sencillez)* simplicité *f* **2.** *(ingenuidad)* naïveté *f*

simular [simu'lar] *vt* simuler

simultáneo, a [simul'taneo, a] *adj* simultané(e)

sin [sin] *prep* sans

sinagoga [sina'yoya] *f* synagogue *f*

sinceridad [sinθeri'ðað] *f* sincérité *f*

sincero, ra [sin'θero, ra] *adj* sincère

sincronizar [sinkroni'θar] *vt* synchroni-ser

sindicato [sindi'kato] *m* syndicat *m*

sinfonía [sinfo'nia] *f* symphonie *f*

sinfónico, ca [sin'foniko, ka] *adj* sym-phonique

singular [singu'lar] *adj* **1.** singulier(ère) **2.** *(único)* unique ◇ *m* singulier *m*

siniestro, tra [si'njestro, tra] *adj* sinistre

sinnúmero [sin'numero] *m* ● **un sinnú-mero de** une foule de

sino [sino] *conj* **1.** *(para contraponer)* mais **2.** *(excepto)* sauf ● **no es azul, sino verde** ce n'est pas bleu, mais vert ● **nadie lo sabe sino él** personne ne le sait sauf lui ● **no quiero sino que se haga justicia** je veux seulement que justice soit faite

sinónimo [si'nonimo] *m* synonyme *m*

síntesis ['sintesis] *f inv* synthèse *f*

sintético, ca [sin'tetiko, ka] *adj* synthé-tique

sintetizador [sintetiθa'ðor] *m* synthéti-seur *m*

síntoma ['sintoma] *m* symptôme *m*

sintonía [sinto'nia] *f* **1.** *(música)* indicatif *m* **2.** *(de estación de radio)* fréquence *f*

sintonizar [sintoni'θar] *vt* ● **sintoniza Radio Joven (busca)** mets Radio Joven ; *(escucha)* vous écoutez Radio Joven

sinvergüenza [simber'ɣwenθa] *mf* **1.** *(descarado)* effronté *m*, -e *f* **2.** *(estafador)* crapule *f*

siquiera [si'kjera] *adv* au moins ● **dime siquiera su nombre** dis-moi au moins son nom ● **ni siquiera** même pas ● **ni siquiera me saludó** il ne m'a même pas dit bon-jour

sirena [si'rena] *f* sirène *f*

sirviente, ta [sir'βjente, ta] *m, f* domestique *mf*

sistema [sis'tema] *m* système *m* ● **por sistema** systématiquement ● **sistema operativo** système d'exploitation

El sistema educativo

Le système éducatif espagnol comprend deux niveaux : le primaire et le secondaire. Les enfants entrent à l'école primaire ou **educación primaria** à l'âge de 6 ans puis suivent le cursus secondaire, **educación secundaria obligatoria**, à partir de l'âge de 12 ans. En Espagne, les élèves qui optent pour un cycle long choisissent à 16 ans le **bachillerato**, qui dure deux ans. Ensuite, pour pouvoir entrer à l'université, il leur faut passer une série d'examens. Au Mexique, les trois années précédant l'entrée à l'université sont appelées **preparatoria**.

sitiar [si'tjar] *vt* assiéger

sitio ['sitjo] *m* **1.** (*lugar*) endroit *m* **2.** (*asiento, espacio*) place *f* **3.** (*de ciudad, pueblo*) siège *m* **4.** *INFORM* site *m* **5.** (*Méx*) (*de taxis*) station *f* ● **en otro sitio** ailleurs ● **hacer sitio** faire de la place

situación [situa'θjon] *f* situation *f*

situar [situ'ar] *vt* **1.** (*colocar*) placer **2.** (*localizar*) situer ◆ **situarse** *vp* **1.** se placer **2.** (*enriquecerse*) se faire une situation

SL ['ese'ele] *f* (*abr de sociedad limitada*) SARL *f* (*société à responsabilité limitée*)

SM (*abr escrita de Su Majestad*) SM (*Sa Majesté*)

SMS ['ese'eme'ese] (*abr de Short Message System*) *m* SMS *m* ● **enviar un SMS** envoyer un SMS

sobaco [so'βako] *m* aisselle *f*

sobado, da [so'βaðo, ða] *adj* **1.** (*ropa, tejido*) élimé(e) **2.** (*fig*) (*tema, argumento*) éculé(e)

soberbia [so'βerβja] *f* orgueil *m*

soberbio, bia [so'βerβjo, βja] *adj* **1.** (*arrogante*) orgueilleux(euse) **2.** (*fig*) (*magnífico*) superbe

soborno [so'βorno] *m* corruption *f*

sobrar [so'βrar] *vi* **1.** rester **2.** (*estar de más*) être de trop ● **nos sobra comida** il nous reste à manger

sobras ['soβras] *fpl* (*de comida*) restes *mpl*

sobrasada [soβra'saða] *f* saucisson pimenté typique de Majorque

¹sobre ['soβre] *m* enveloppe *f*

Las señas en un sobre

Al escribir a una empresa o en un contexto formal, el apellido va precedido de *Monsieur* o *Madame*; entre amigos o familiares se ponen simplemente el nombre y el apellido. A continuación se indica el nombre de la empresa y la dirección completa: primero el número y luego el nombre de la calle, plaza o tipo de vía, que a menudo se suele abreviar *bd* (*boulevard*) y *av.* (*avenue*). El nombre

de la ciudad se escribe preferentemente en mayúsculas y sin acen-
tos. Las empresas dan también a
veces un *Cedex*, un código de correo de empresa con reparto especial. Si el destinatario vive en casa
de alguien, después de su nombre
y apellido(s) se indica *c/o* seguido
del nombre y apellido(s) de la persona en casa de la cual esta persona se aloja.

²sobre ['soβre] *prep* **1.** sur ● **el libro estaba sobre la mesa** le livre était sur la
table ● **un libro sobre el amor** un livre sur
l'amour ● **sobre todo** surtout **2.** *(por encima de)* au-dessus de ● **el pato vuela sobre el lago** le canard vole au-dessus du
lac **3.** *(superioridad)* ● **su opinión está sobre la de los demás** son opinion fait autorité sur celle des autres **4.** *(alrededor)*
vers ● **llegaron sobre las diez** ils sont arrivés vers dix heures

sobreático [soβre'atiko] *m (piso)*
≃ chambre *f* de bonne

sobrecarga [soβre'karγa] *f* surcharge *f*

sobredosis [soβre'ðosis] *f inv* overdose *f*

sobrehumano, na [soβreu'mano, na]
adj surhumain(e)

sobremesa [soβre'mesa] *f* temps passé
à bavarder à table après le repas ● **de
sobremesa** *(programación)* de l'après-
midi

sobrenombre [soβre'nombre] *m* surnom *m*

sobrepasar [soβrepa'sar] *vt* dépasser

sobreponer [soβrepo'ner] *vt* superposer
● **sobreponerse a** *v prep (no dejarse abatir
por)* surmonter

sobrepuesto, ta [soβre'pwesto, ta] *pp*
➤ **sobreponer**

sobresaliente [soβresa'ljente] *adj* remarquable ◇ *m (calificación)* mention *f*
très bien

sobresalir [soβresa'lir] *vi* **1.** *(en tamaño)*
dépasser **2.** *(en importancia)* se distinguer

sobresalto [soβre'salto] *m* sursaut *m*

sobrevivir [soβreβi'βir] *vi* survivre

sobrevolar [soβreβo'lar] *vt* survoler

sobrino, na [so'βrino, na] *m, f* neveu *m*,
nièce *f*

sobrio, bria ['soβrjo, βrja] *adj* sobre

sociable [so'θjaβle] *adj* sociable

social [so'θjal] *adj* social(e)

socialista [soθja'lista] *mf* socialiste *mf*

sociedad [soθje'ðað] *f* société *f*

socio, cia ['soθjo, θja] *m, f* **1.** *(de club, asociación)* membre *m* **2.** *(de negocio)* associé
m, -e f

sociología [soθjolo'xia] *f* sociologie *f*

sociólogo, ga [so'θjoloγo, γa] *m, f* socio-
logue *mf*

socorrer [soko'rer] *vt* secourir

socorrismo [soko'rizmo] *m* secourisme
m

socorrista [soko'rista] *mf* secouriste *mf*

socorro [so'koro] *m* secours *m* ◇ *interj*
au secours !

soda ['soða] *f* soda *m*

sofá [so'fa] *m* canapé *m*

sofisticado, da [sofisti'kaðo, ða] *adj* so-
phistiqué(e)

sofocante [sofo'kante] *adj (calor, ambiente)* étouffant(e)

sofoco [so'foko] *m* **1.** *(ahogo)* étouffement *m* **2.** *(fig) (vergüenza)* honte *f* ● **llevarse un sofoco** être vert(e) de rage

sofrito [so'frito] *m* friture d'oignons et de tomates

software ['softgʊer] *m* logiciel *m*

sol ['sol] *m* **1.** soleil *m* **2.** *(de plaza de toros)* place côté soleil dans l'arène

solamente [,sola'mente] *adv* seulement ● **lo hizo solamente para ayudarme** il ne l'a fait que pour m'aider

solapa [so'lapa] *f* **1.** *(de vestido, chaqueta)* revers *m* **2.** *(de libro)* rabat *m*

solar [so'lar] *adj (del sol)* solaire ◇ *m (terreno)* terrain *m* vague

solárium [so'larjum] *m* solarium *m*

soldado [sol'daðo] *m* soldat *m*

soldador, ra [solda'ðor, ra] *m (herramienta)* fer *m* à souder

soldar [sol'dar] *vt* souder

soleado, da [sole'aðo, ða] *adj* ensoleillé(e)

soledad [sole'ðað] *f* solitude *f*

solemne [so'lemne] *adj* **1.** solennel(elle) **2.** *(fig) (grande)* grandiose

solemnidad [solemni'ðað] *f* solennité *f*

soler [so'ler] *vi* ● **suele cenar tarde** en général il dîne tard ● **aquí suele hacer mucho frío** il fait généralement très froid ici

solfeo [sol'feo] *m* solfège *m*

solicitar [soliθi'tar] *vt* demander

solicitud [soliθi'tuð] *f* demande *f*

solidaridad [soliðari'ðað] *f* solidarité *f*

sólido, da ['soliðo, ða] *adj* solide ◇ *m* solide *m*

solista [so'lista] *mf* soliste *mf*

solitario, ria [soli'tarjo, rja] *adj & m, f* solitaire ◇ *m* **1.** *(joya)* solitaire *m* **2.** *(juego)* réussite *f*

sollozar [soλo'θar] *vi* sangloter

sollozo [so'λoθo] *m* sanglot *m*

solo, la ['solo, la] *adj* seul(e) ● **un café solo** un café noir ● **a solas** tout seul (toute seule)

sólo ['solo] *adv* seulement

solomillo [solo'miλo] *m* filet *m* ● **solomillo a la parrilla** filet grillé

soltar [sol'tar] *vt* **1.** lâcher **2.** *(dejar libre)* libérer **3.** *(aflojar)* desserrer **4.** *(lanzar)* lancer ● **soltar un estornudo** éternuer

soltero, ra [sol'tero, ra] *adj & m, f* célibataire

solterón, ona [solte'ron, ona] *m, f* vieux garçon *m*, vieille fille *f*

soltura [sol'tura] *f* aisance *f* ● **con soltura** avec aisance

solución [solu'θjon] *f* solution *f*

solucionar [soluθjo'nar] *vt* résoudre

solvente [sol'βente] *adj* solvable

sombra ['sombra] *f* **1.** ombre *f* **2.** *(de plaza de toros)* place côté ombre dans l'arène ● **a la sombra** à l'ombre ● **dar sombra** donner de l'ombre

sombrero [som'brero] *m* chapeau *m*

sombrilla [som'briλa] *f* parasol *m*

someter [some'ter] *vt* soumettre ● **someter a alguien a algo** soumettre qqn à qqch ● **someterse** *vp* se soumettre

somier [so'mjer] *m* sommier *m*

somnífero [som'nifero] *m* somnifère *m*

sonajero [sona'xero] *m* hochet *m*

sonar [so'nar] *vi* **1.** (teléfono, timbre) sonner **2.** (ser conocido) dire quelque chose **3.** (letra) se prononcer ◆ **su nombre me suena** son nom me dit quelque chose ◆ **sonar a** *v prep* (parecer) avoir l'air ◆ **suena a verdad** cela a l'air d'être vrai ◆ **sonarse** *vp* (nariz) se moucher

sonido [so'niðo] *m* son *m*

sonoro, ra [so'noro, ra] *adj* sonore

sonreír [sonre'ir] *vi* sourire ◆ **sonreírse** *vp* sourire

sonriente [sonri'ente] *adj* souriant(e)

sonrisa [son'risa] *f* sourire *m*

sonrojarse [sonro'xarse] *vp* rougir

sonso, sa [sonso, sa] *adj* (Amér) (fam) crétin(e)

soñar [so'nar] *vi & vt* rêver ◆ **soñar con** *v prep* rêver de

sopa ['sopa] *f* soupe *f* ◆ **sopa de ajo** potage *m* à l'ail ◆ **sopa de cebolla** soupe à l'oignon ◆ **sopa de marisco/de pescado** soupe de fruits de mer/de poisson

sopera [so'pera] *f* soupière *f*

soplar [so'plar] *vi* souffler ◇ *vt* **1.** (aire, polvo, migas) souffler sur **2.** (fig) (respuesta) souffler

soplete [so'plete] *m* chalumeau *m*

soplido [so'pliðo] *m* souffle *m*

soplo ['soplo] *m* **1.** souffle *m* **2.** (fam) (chivatazo) tuyau *m*

soportal [sopor'tal] *m* porche *m* ◆ **soportales** *mpl* arcades *fpl*

soportar [sopor'tar] *vt* supporter

soporte [so'porte] *m* support *m*

soprano [so'prano] *mf* soprano *mf*

sorber [sor'βer] *vt* **1.** (beber) boire **2.** (haciendo ruido) boire en aspirant **3.** (tragar) absorber

sorbete [sor'βete] *m* sorbet *m* ◆ **sorbete de frambuesa/de limón** sorbet à la framboise/au citron

sordo, da [ˈsorðo, ða] *adj & m, f* sourd(e)

sordomudo, da [sorðoˈmuðo, ða] *m, f* sourd-muet *m*, sourde-muette *f*

soroche [soˈrotʃe] *m* (Andes) mal *m* des montagnes

sorprendente [sorprenˈdente] *adj* surprenant(e)

sorprender [sorprenˈder] *vt* surprendre ◆ **sorprenderse** *vp* être surpris(e)

sorpresa [sorˈpresa] *f* surprise *f* ◆ **por sorpresa** par surprise

sorpresivo, va [sorpreˈsiβo, βa] *adj* (Amér) inattendu(e)

sortear [sorteˈar] *vt* **1.** (rifar) tirer au sort **2.** (fig) (obstáculo) éviter **3.** (fig) (dificultad) esquiver

sorteo [sorˈteo] *m* tirage *m* au sort

sortija [sorˈtixa] *f* bague *f*

SOS ['ese'o'ese] *m* SOS *m*

sosiego [soˈsjeɣo] *m* calme *m*

soso, sa [ˈsoso, sa] *adj* **1.** (comida, alimento) fade **2.** (persona) insipide

sospechar [sospeˈtʃar] *vt* soupçonner ◆ **sospechar de** *v prep* ◆ **sospechan de él** ils le soupçonnent

sospechoso, sa [sospeˈtʃoso, sa] *adj & m, f* suspect(e)

sostén [sosˈten] *m* **1.** (apoyo) soutien *m* **2.** (prenda femenina) soutien-gorge *m*

sostener [soste'ner] vt 1. soutenir 2. *(mantener, alimentar)* entretenir ◆ **sostenerse** vp 1. *(sujetarse)* se tenir 2. *(tenerse en pie)* tenir debout

sostenible [soste'niβle] adj 1. *(crecimiento, desarrollo)* durable ● **el desarrollo sostenible** le développement durable 2. *(teoría, razonamiento)* soutenable

sota ['sota] f *(en naipes)* ≃ valet m

sotana [so'tana] f soutane f

sótano ['sotano] m sous-sol m

squash [es'kuaʃ] m squash m

Sr. *(abr escrita de señor)* M *(Monsieur)*

Sra. *(abr escrita de señora)* Mme *(Madame)*

Sres. *(abr escrita de señores)* MM *(Messieurs)*

Srta. *(abr escrita de señorita)* Mlle *(Mademoiselle)*

SSMM *(abr escrita de Sus Majestades)* Leurs Majestés

Sta. *(abr escrita de santa)* Ste *(sainte)*

Sto. *(abr escrita de santo)* St *(saint)*

stop [es'top] m stop m

su [su] *(pl* **sus** [sus]*)* adj 1. *(de él, ella)* son, sa 2. *(de ellos, ellas)* leur 3. *(de usted, ustedes)* votre ● **sus libros** *(de él, ella)* ses livres ; *(de ellos, ellas)* leurs livres ; *(de usted, ustedes)* vos livres

suave ['suaβe] adj doux *(douce)*

suavidad [suaβi'ðað] f douceur f

suavizante [suaβi'θante] m adoucissant m

subasta [su'βasta] f vente f aux enchères

subcampeón, ona [suβkampe'on, 'ona] m, f second m, -e f

subconsciente [suβkons'θjente] m subconscient m

subdesarrollado, da [suβðesaro'ʎaðo, ða] adj sous-développé(e)

subdesarrollo [suβðesa'roʎo] m sous-développement m

subdirector, ra [suβðirek'tor, ra] m, f sous-directeur m, -trice f

subdirectorio [suβðirek'torjo] m INFORM sous-répertoire m

súbdito, ta ['suβðito, ta] m, f 1. *(de rey)* sujet m, -ette f 2. *(de país)* ressortissant m, -e f

subida [su'βiða] f 1. *(ascensión)* ascension f 2. *(pendiente, cuesta)* montée f 3. *(de precios, temperatura)* hausse f

subir [su'βir] vt 1. monter 2. *(precio)* augmenter 3. *(voz)* élever 4. *(persiana, ventanilla)* remonter ◇ vi monter ● **subió de subdirector a director** il est passé de sous-directeur à directeur ◆ **subir a** v prep 1. *(piso)* monter à 2. *(montaña)* faire l'ascension de 3. *(avión, coche)* monter dans 4. *(cuenta, factura)* s'élever à

súbito, ta ['suβito, ta] adj soudain(e)

subjetivo, va [suβxe'tiβo, βa] adj subjectif(ive)

subjuntivo [suβxun'tiβo] m subjonctif m

sublevar [suβle'βar] vt révolter ◆ **sublevarse** vp *(contra la autoridad)* se soulever

sublime [su'βlime] adj sublime

submarinismo [suβmari'nizmo] m plongée f sous-marine

submarinista [suβmari'nista] mf plongeur m, -euse f

submarino [suβma'rino] *m* sous-marin *m*

subrayar [suβra'jar] *vt* souligner

subsidio [suβ'siðjo] *m* subvention *f*

subsistencia [suβsis'tenθja] *f* subsistance *f*

subsuelo [suβ'swelo] *m* sous-sol *m*

subterráneo, a [suβte'raneo, a] *adj* souterrain(e) ◇ *m* souterrain *m*

subtitulado, da [suβtitu'laðo, ða] *adj* sous-titré(e)

subtítulo [suβ'titulo] *m* sous-titre *m*

suburbio [su'βurβjo] *m* banlieue *f* défavorisée

subvención [suββen'θjon] *f* subvention *f*

sucedáneo [suθe'ðaneo] *m* succédané *m*

suceder [suθe'ðer] *v impers* arriver • ¿qué le sucede? qu'est-ce qu'il vous arrive ? ◆ *v prep* succéder à • suceder a [algn/algo] succéder à

sucesión [suθe'sjon] *f* **1.** succession *f* **2.** (descendencia) descendance *f*

sucesivo, va [suθe'siβo, βa] *adj* **1.** (consecutivo) successif(ive) **2.** (siguiente) suivant(e) • en lo sucesivo à l'avenir

suceso [su'θeso] *m* événement *m*

sucesor, ra [suθe'sor, ra] *m, f* successeur *m*

suciedad [suθje'ðað] *f* saleté *f*

sucio, cia [su'θjo, θja] *adj* **1.** sale **2.** (que puede ensuciarse) salissant(e) ◇ *adv* jugar sucio tricher

suculento, ta [suku'lento, ta] *adj* succulent(e)

sucumbir [sukum'bir] *vi* succomber

sucursal [sukur'sal] *f* succursale *f*

sudaca [su'ðaka] *mf* (despec) latino *mf*

sudadera [suða'ðera] *f* sweat-shirt *m*

sudado [su'ðaðo] *m* (Amér) ragoût *m*

Sudáfrica [su'ðafrika] *s* Afrique *f* du Sud

Sudamérica [suða'merika] *s* Amérique *f* du Sud

sudamericano, na [suðameri'kano, na] *adj* sud-américain(e) ◇ *m, f* Sud-Américain *m, f*

sudar [su'ðar] *vi* **1.** (persona) suer, transpirer **2.** (pared, recipiente) suinter **3.** (fam) (trabajar mucho) en baver

sudeste [su'ðeste] *m* sud-est *m*

sudoeste [suðo'este] *m* sud-ouest *m*

sudor [su'ðor] *m* sueur *f*, transpiration *f*

Suecia ['sweθja] *s* Suède *f*

sueco, ca ['sweko, ka] *adj* suédois(e) ◇ *m, f* Suédois *m, -e f* ◇ *m* (lengua) suédois *m*

suegro, gra ['sweɣro, ɣra] *m, f* beau-père *m* (père du conjoint), belle-mère *f* (mère du conjoint) ◆ suegros *mpl* beaux-parents *mpl*

suela ['swela] *f* semelle *f*

sueldo ['sweldo] *m* salaire *m*

suelo ['swelo] *m* **1.** (piso) sol *m* **2.** (terreno) terrain *m* • en el suelo par terre

suelto, ta ['swelto, ta] *adj* **1.** détaché(e) **?** (ropa) ample ◇ *m* (dinero) monnaie *f* • la chaqueta y la falda se venden sueltas la veste et la jupe sont vendues séparément

sueño ['sweɲo] *m* **1.** sommeil *m* **2.** (fantasía, deseo) rêve *m* • coger el sueño s'endormir

suero ['swero] *m* sérum *m*

suerte ['sųerte] *f* **1.** (fortuna) chance *f* **2.** (azar, casualidad) hasard *m* **3.** (destino) sort *m* **4.** (en el toreo) nom donné aux actions exécutées au cours des "tercios" ou étapes de la corrida ◇ interj bonne chance ! ● **por suerte** par chance ● **tener suerte** avoir de la chance

suéter ['sųeter] *m* pull *m*

suficiente [sufi'θjente] *adj* suffisant(e) ◇ *m* (calificación) mention *f* passable

sufragio [su'fraxjo] *m* suffrage *m*

sufrido, da [su'friðo, ða] *adj* **1.** (persona) résigné(e) **2.** (color) peu salissant(e)

sufrimiento [sufri'mjento] *m* souffrance *f*

sufrir [su'frir] *vt* **1.** (accidente, caída) être victime de **2.** (persona) supporter ◇ *vi* souffrir ● **sufrir de** *v prep* souffrir de

sugerencia [suxe'renθja] *f* suggestion *f*

sugerir [suxe'rir] *vt* suggérer

suicidio [sųi'θiðjo] *m* suicide *m*

suite ['sųit] *f* (de hotel) suite *f*

Suiza ['sųiθa] *s* Suisse *f*

suizo, za ['sųiθo, θa] *adj* suisse ◇ *m, f* Suisse *mf* ◇ *m* (bollo) sorte de petit pain au lait

sujetador [suxeta'ðor] *m* (Esp) soutien-gorge *m*

sujetar [suxe'tar] *vt* **1.** (agarrar) tenir **2.** (asegurar, aguantar) maintenir ◆ **sujetarse a** o **de** *v prep* (agarrarse) se tenir à

sujeto, ta [su'xeto, ta] *adj* (agarrado) fixé(e) ◇ *m* **1.** sujet *m* **2.** (despec) (individuo) individu *m*

suma ['suma] *f* **1.** somme *f* **2.** (operación matemática) addition *f*

sumar [su'mar] *vt* additionner

sumario [su'marjo] *m* **1.** (resumen) sommaire *m* **2.** (de juicio) instruction *f*

sumergible [sumer'xiβle] *adj* (reloj) étanche

sumergirse [sumer'xirse] *vp* plonger

suministrar [suminis'trar] *vt* fournir

suministro [sumi'nistro] *m* **1.** (acción) fourniture *f* **2.** (de agua, electricidad) distribution *f* **3.** (de víveres) approvisionnement *m*

sumiso, sa [su'miso, sa] *adj* soumis(e)

súper ['super] *adj* (fam) super ◇ *m* (fam) supermarché *m* ◇ *f* (gasolina) super *m*

superación [supera'θjon] *f* dépassement *m*

superar [supe'rar] *vt* **1.** (aventajar) surpasser **2.** (límite) dépasser **3.** (prueba, obstáculo) surmonter ◆ **superarse** *vp* se surpasser

superficial [superfi'θjal] *adj* superficiel(elle)

superficie [super'fiθje] *f* surface *f*

superfluo, flua [su'perflųo, flųa] *adj* superflu(e)

superior [supe'rjor] *adj* supérieur(e) ◇ *m* (jefe) supérieur *m* (hiérarchique) ● **superior a** supérieur(e) à

supermercado [supermer'kaðo] *m* supermarché *m*

superponer [superpo'ner] *vt* superposer

superstición [supersti'θjon] *f* superstition *f*

supersticioso, sa [supersti'θjoso, sa] *adj* superstitieux(euse)

superviviente [superβi'βjente] *mf* survivant *m*, -e *f*

suplemento [suple'mento] *m* supplément *m*

suplente [su'plente] *adj* ● un jugador suplente un remplaçant ● un médico suplente un médecin remplaçant

supletorio, ria [suple'torjo] *adj* ● cama supletoria lit *m* supplémentaire ◇ *m* (teléfono) poste *m* supplémentaire

súplica ['suplika] *f* (petición) requête *f*

suplir [su'plir] *vt* 1. (falta, carencia) compenser 2. (substituir) remplacer

suponer [supo'ner] *vt* 1. supposer 2. (conjeturar) imaginer

suposición [suposi'θjon] *f* supposition *f*

supositorio [suposi'torjo] *m* suppositoire *m*

suprimir [supri'mir] *vt* supprimer

supuesto, ta [su'pwesto, ta] *pp* ➤ suponer ◇ *adj* 1. (falso) prétendu(e) 2. (presunto) présumé(e) ◇ *m* hypothèse *f* ● por supuesto bien sûr

sur ['sur] *m* sud *m*

surco ['surko] *m* 1. sillon *m* 2. (en piel) ride *f*

sureño, ña [su'reɲo, ɲa] *adj* du sud

surf ['surf] *m* surf *m*

surfear [surfe'ar] *vi* surfer

surfista [sur'fista] *mf* surfeur *m*, -euse *f*

surgir [sur'xir] *vi* 1. surgir 2. (brotar) jaillir

surtido, da [sur'tiðo, ða] *adj* approvisionné(e) ◇ *m* 1. (de prendas) choix *m* 2. (de pastas) assortiment *m*

surtidor [surti'ðor] *m* 1. (de agua) jet *m* 2. (de gasolina) pompe *f*

susceptible [susθep'tiβle] *adj* susceptible ● susceptible de susceptible de

suscribir [suskri'βir] *vt* 1. (escrito) souscrire 2. (opinión) souscrire à ● suscribirse a *v prep* (publicación) s'abonner à

suscripción [suskrip'θjon] *f* 1. (a una publicación) abonnement *m* 2. (pago) souscription *f*

suspender [suspen'der] *vt* 1. suspendre 2. (examen) rater ● lo suspendieron en setiembre il s'est fait recaler en septembre

suspense [sus'pense] *m* (Esp) suspense *m*

suspenso [sus'penso] *m* note inférieure à la moyenne

suspensores [suspen'sores] *mpl* (Amér) bretelles *fpl*

suspirar [suspi'rar] *vi* soupirer ● suspirar por *v prep* 1. (persona) soupirer après 2. (coche, viaje) avoir une folle envie de

suspiro [sus'piro] *m* soupir *m*

sustancia [sus'tanθja] *f* 1. substance *f* 2. (de alimento) consistance *f*

sustancial [sustan'θjal] *adj* substantiel(elle)

sustantivo [sustan'tiβo] *m* substantif *m*

sustituir [sustitu'ir] *vt* remplacer ● sustituir algo/a alguien por remplacer qqch/qqn par

susto ['susto] *m* peur *f* ● ¡qué susto! quelle peur !

sustracción [sustrak'θjon] *f* 1. (robo) vol *m* 2. (resta) soustraction *f*

sustraer [sustra'er] *vt* 1. (robar) subtiliser 2. (restar) soustraire

susurrar [susu'rar] *vi* & *vt* (persona) chuchoter

suyo, ya ['sujo, ja] *adj* **1.** (*de él*) à lui **2.** (*de ella*) à elle **3.** (*de ellos*) à eux **4.** (*de ellas*) à elles **5.** (*de usted, ustedes*) à vous ◇ *pron* ● **el suyo** (*de él, ella*) le sien ; (*de usted, ustedes*) le vôtre ● **la suya** (*de él, ella*) la sienne ; (*de ellos, ellas*) la leur ; (*de usted, ustedes*) le vôtre ● **los suyos** (*de él, ella*) les siens ; (*de ellos, ellas*) les leurs ; (*de usted, ustedes*) les vôtres ● **las suyas** (*de él, ella*) les siennes ; (*de ellos, ellas*) les leurs ; (*de usted, ustedes*) les vôtres ● **lo suyo es la literatura** son truc, c'est la littérature ● **un amigo suyo** (*de él, ella*) un de ses amis ; (*de ellos, ellas*) un de leurs amis ; (*de usted, ustedes*) un de vos amis ● **los suyos** (*su familia*) les siens

t **T**

t (*abr escrita de tonelada*) t (*tonne*)
tabaco [ta'βako] *m* tabac *m* ● **¿tienes tabaco?** tu as une cigarette ?
tábano [ta'βano] *m* taon *m*
tabasco [ta'βasko] *m* tabasco *m*
taberna [ta'βerna] *f* bistrot *m*
tabique [ta'βike] *m* cloison *f*
tabla ['taβla] *f* **1.** planche *f* **2.** (*de metal*) plaque *f* **3.** (*esquema, gráfico*) INFORM tableau *m* **4.** (*lista, catálogo*) table *f* **5.** (*en arte*) panneau *m* ● **tabla de multiplicar** table de multiplication ● **tabla de planchar** planche à repasser ● **tablas** *fpl* (*escenario*)

planches *fpl* ● **quedar en tablas** o **hacer tablas** (*en ajedrez*) faire partie nulle
tablao [ta'βlao] *m* ● **tablao flamenco** *représentation de flamenco dans un bar*
tablero [ta'βlero] *m* **1.** (*tabla*) panneau *m* **2.** (*de ajedrez*) échiquier *m* **3.** (*de damas*) damier *m*
tableta [ta'βleta] *f* **1.** (*de chocolate*) tablette *f* **2.** (*medicamento*) comprimé *m*
tablón [ta'βlon] *m* planche *f* ● **tablón de anuncios** tableau *m* d'affichage
tabú [ta'βu] *m* tabou *m*
taburete [taβu'rete] *m* tabouret *m*
tacaño, ña [ta'kaɲo, ɲa] *adj* radin(e)
tachar [ta'tʃar] *vt* (*palabra, frase, número*) barrer
tacho ['tatʃo] *m* (*CSur*) poubelle *f*
tácito, ta ['taθito, ta] *adj* tacite
taco ['tako] *m* **1.** (*para pared*) taquet *m* **2.** (*de billar*) queue *f* **3.** (*de jamón, queso*) dé *m* **4.** (*de papel*) bloc *m* **5.** (*fam*) (*palabrota*) gros mot *m* **6.** (*fam*) (*lío*) embrouille *f* **7.** (*CAm & Méx*) (*tortilla*) taco *m*
tacón [ta'kon] *m* talon *m* (*de chaussure*)
tacto ['takto] *m* **1.** (*sentido*) toucher *m* **2.** (*en el trato*) tact *m*
taekwondo [tae'kɣondo] *m* taekwondo *m*
Taiwán [tai'wan] *s* Taiwan
tajada [ta'xaða] *f* **1.** (*de melón, sandía*) tranche *f* **2.** (*fam*) (*borrachera*) cuite *f*
tal ['tal] *adj* tel (telle) ◇ *pron* ceci, cela ● **tal vez** peut-être ● **me repitió lo mismo que ayer, y tal y cual...** il m'a répété la même chose qu'hier, ceci, cela...
taladradora [talaðra'ðora] *f* perceuse *f*

taladrar [tala'ðrar] *vt* percer

taladro [ta'laðro] *m* perceuse *f*

talco ['talko] *m* talc *m*

talento [ta'lento] *m* talent *m*

Talgo ['talyo] *m* train articulé doté d'essieux à écartement variable

talla ['taʎa] *f* taille *f*

tallarines [taʎa'rines] *mpl* tagliatelles *fpl*

taller [ta'ʎer] *m* **1.** (de trabajo manual) atelier *m* **2.** (de coches) garage *m* (de reparation de voitures)

tallo ['taʎo] *m* (de flor, planta) tige *f*

talón [ta'lon] *m* **1.** (de pie, calcetín) talon *m* **2.** (cheque) chèque *m*

talonario [talo'narjo] *m* chéquier *m*

tamal [ta'mal] *m* (CAm & Méx) petit pâté à base de viande et de farine de maïs enveloppé dans une feuille de bananier ou de maïs

tamaño [ta'maɲo] *m* taille *f*

también [tam'bjen] *adv* aussi ● yo también moi aussi ● también dijo que... il a dit aussi que...

tambor [tam'bor] *m* **1.** tambour *m* **2.** (de detergente) baril *m*

tampoco [tam'poko] *adv* non plus ● yo tampoco moi non plus ● si a ti no te gusta a mí tampoco a mí no plaît pas alors ça ne me plaît pas non plus

tampón [tam'pon] *m* tampon *m*

tan [tan] ➤ tanto

tanda ['tanda] *f* **1.** (grupo) groupe *m* **2.** (serie) série *f* **3.** (turno) tour *m*

tándem ['tandem] *m* (bicicleta) tandem *m*

tanga ['tanga] *m* string *m*

tango ['tango] *m* tango *m*

tanque ['tanke] *m* **1.** (de guerra) tank *m* **2.** (vehículo cisterna) citerne *f*

tanto, ta ['tanto, ta] (delante de adj tan) adj **1.** tant de, tellement de ● ¡hay tantos libros! il y a tant de livres ! ● tiene tantas ganas de irse que... il a tellement envie de s'en aller que... ● es muy rico, ¡tiene tanto dinero! il est très riche, il a tellement d'argent ! ● nos daban tantos euros al día on nous donnait tant d'euros par jour ● tiene cincuenta y tantos años elle a cinquante ans et quelques **2.** (en comparaciones) ● hay tantas peras como manzanas il y a autant de poires que de pommes ◇ pron **1.** autant ● yo tengo muchas posibilidades, él no tantas j'ai beaucoup de possibilités, il n'en ai pas autant ● había mucha gente allí, aquí no tanta il y avait beaucoup de monde là-bas, il n'y en avait pas autant ici **2.** (cantidad indeterminada) tant ● supongamos que vengan tantos supposons qu'il en vienne tant ● a tantos de (mes) le tant ● ser uno de tantos être un parmi tant d'autres ➤ (en locuciones) ● eran las tantas il était très tard ● llegaron a las tantas ils sont arrivés très tard ◇ adv **1.** (cantidad) autant ● no me sirvas tanto ne m'en sers pas autant ● come tanto que va a reventar il mange tellement qu'il va éclater ● de eso hace tanto que... il y a si longtemps de cela que... **2.** (en comparaciones) ● es tan alto como su padre il est aussi grand que son père ● sabe tanto como yo elle en sait autant que moi **3.** (en locuciones) ● por (lo) tanto par conséquent • **tanto (es así) que** tant et si bien que ◇ *m* **1.** *(punto)* point *m* • **consiguieron el tanto de la victoria** ils ont obtenu le point de la victoire • **marcar un tanto** marquer un point ; *(gol)* marquer un but **2.** *(cantidad indeterminada)* • **un tanto por hoja** tant par page • **tanto por ciento** pourcentage *m*

tapa ['tapa] *f* **1.** *(de recipiente)* couvercle *m* **2.** *(de libro)* couverture *f* **3.** *(de zapato)* talon *m* **4.** *(Esp) (de comida)* tapas *fpl* ▼ **tapas variadas** tapas variées

Las tapas

Les **tapas**, qui varient selon les régions, sont des amuse-gueule (olives, fromage, charcuterie, poulpe, poisson frit, **tortilla**, etc.) servis en apéritif le midi ou le soir. Dans la plupart des villes espagnoles, il existe des rues où abondent les bars spécialisés en **tapas**, les plus célèbres se trouvant dans les villes du nord (Pampelune, Saint-Sébastien) et en Andalousie. En Amérique-latine, on les appelle **botanas**.

tapabarro [tapa'βaro] *m (Amér)* garde-boue *m inv*

tapadera [tapa'ðera] *f* **1.** *(de recipiente)* couvercle *m* **2.** *(fig) (para encubrir)* couverture *f*

tapar [ta'par] *vt* **1.** couvrir **2.** *(botella)* boucher **3.** *(cofre, caja, boca)* fermer **4.** *(ocultar)* cacher • **taparse** *vp* se couvrir

tapete [ta'pete] *m* **1.** napperon *m* **2.** *(de juego)* tapis *m*

tapia ['tapja] *f* mur *m (de clôture)*

tapicería [tapiθe'ria] *f* **1.** *(tela)* tapisserie *f* **2.** *(tienda)* tapissier *m*

tapiz, ces [ta'piθ, θes] *m* tapisserie *f*

tapizado [tapi'θaðo] *m (de mueble)* tapisserie *f*

tapizar [tapi'θar] *vt* **1.** *(mueble)* recouvrir **2.** *(pared)* tapisser

tapón [ta'pon] *m* **1.** bouchon *m* **2.** *(en el oído)* bouchon *m (de cire)*

taquería [take'ria] *f (Méx) magasin ou restaurant où l'on sert des "tacos"*

Las taquerías

Au Mexique, la **taquería** est un restaurant populaire où l'on sert une cuisine traditionnelle, en particulier les **tacos**, galettes de maïs, ou **tortillas**, fourrées de viande hachée, de fromage et de légumes. Depuis les années 80, les **taquerías** sont devenues à la mode en Europe, dans d'autres pays d'Amérique et en particulier aux États-Unis, mais beaucoup de ces restaurants n'ont qu'un lointain rapport avec leur modèle mexicain.

taquigrafía [takiɣra'fia] *f* sténographie *f*

taquilla [ta'kiʎa] *f* **1.** *(de cine, teatro, tren)* guichet *m* **2.** *(de gimnasio)* vestiaire *m* **3.** *(recaudación)* recette *f*

taquillero, ra [taki'ʎero, ra] *adj* **1.** *(actor, espectáculo)* qui fait recette **2.** *(película)* qui fait beaucoup d'entrées ◇ *m, f* guichetier *m*, -ère *f*

tara ['tara] *f* tare *f*

tardar [tar'ðar] *vi* ● **el tren tarda tres horas en ir hasta París** le train met trois heures pour aller jusqu'à Paris ● **tardar en** *v prep* **1.** *(llevar tiempo)* ● **tardó un año en hacerlo** il a mis un an à le faire **2.** *(retrasarse)* ● **no tardarán en llegar** ils ne vont pas tarder à arriver

tarde ['tarðe] *f* **1.** *(antes de anochecer)* après-midi *m* **2.** *(después de anochecer)* soir *m* ◇ *adv* **1.** *(a hora avanzada)* tard **2.** *(con retraso)* en retard ● **a las tres de la tarde** à trois heures de l'après-midi ● **trabaja por la tarde** elle travaille l'après-midi ● **¡buenas tardes!** *(antes de anochecer)* bonjour ! ; *(después de anochecer)* bonsoir !

tarea [ta'rea] *f* **1.** *(trabajo)* travail *m* **2.** *(misión)* tâche *f* **3.** *(deberes escolares)* devoirs *mpl*

tarifa [ta'rifa] *f* tarif *m* ▼ **tarifas de metro** tarifs du métro ● **tarifa nocturna** tarif de nuit

tarima [ta'rima] *f* estrade *f*

tarjeta [tar'xeta] *f* carte *f* ● **tarjetas admitidas** cartes de crédit acceptées ● **tarjeta de crédito** carte de crédit ● **tarjeta de embarque** carte d'embarquement ● **tarjeta gráfica** carte graphique ● **tarjeta de memoria** carte mémoire ● **tarjeta multiviaje** coupon valable pour dix voyages en métro ou en bus ● **tarjeta postal** carte postale ● **tarjeta de sonido** carte son ● **tarjeta de visita** carte (de visite)

tarro ['taro] *m* pot *m*

tarta ['tarta] *f* **1.** gâteau *m* **2.** *(plana)* tarte *f* ● **tarta de la casa** tarte maison ● **tarta de chocolate** gâteau au chocolat ● **tarta helada** gâteau glacé ● **tarta de Santiago** gâteau à base d'amandes typique de Galice ● **tarta al whisky** gâteau glacé au whisky

tartamudo, da [tarta'muðo, ða] *m, f* bègue *mf*

tasa ['tasa] *f* taxe *f*

tasca ['taska] *f* bistrot *m*

tatuaje [tatu'axe] *m* tatouage *m*

taurino, na [tau'rino, na] *adj* taurin(e)

Tauro ['tauro] *m* Taureau *m inv*

tauromaquia [tauro'makja] *f* tauromachie *f*

La tauromaquia

La tauromachie est l'art de combattre les taureaux dans l'arène. La corrida s'ouvre par le défilé des toreros vêtus du costume traditionnel brodé de paillettes, appelé *traje de luces*, précédés de deux cavaliers (*alguacillillos*). Chacun des trois toreros principaux, les *matadores* ou *espadas*, est suivi de ses assistants ou *subalternos*, puis des *picadores* à cheval qui forment ensemble la *cuadrilla*. La corrida proprement dite, ou *lidia*, est divisée en trois parties. Au cours de chaque corrida, six taureaux sont lâchés chacun à leur tour dans l'arène, ou *ruedo*. Le matador reçoit le taureau et effectue une série de passes avec une grande cape rose, **el capote**. Dans la troisième et dernière partie de la **lidia**, le matador saisit son épée et la **muleta**, rectangle de serge rouge replié sur un bâton, et exécute la **faena**, une série de passes destinées à trouver le moment propice pour frapper le taureau de son épée.

taxi ['taksi] *m* taxi *m*

taxímetro [tak'simetɾo] *m* compteur *m (de taxi)*

taxista [tak'sista] *mf* chauffeur *m* de taxi

taza ['taθa] *f* **1.** tasse *f* **2.** *(de retrete)* cuvette *f*

tazón [ta'θon] *m* bol *m*

te [te] *pron* **1.** te, t' *(delante de vocal)* ● **no te mira nadie** personne ne te regarde ● **ya te lo he dado** je te l'ai déjà donné ● **¿a qué hora te levantas?** à quelle heure tu te lèves ? **2.** *(en imperativo)* toi, te ● **¡lávate!** lave-toi ! ● **¡no te vayas!** ne t'en va pas !

té ['te] *m* thé *m*

teatral [tea'tɾal] *adj* théâtral(e)

teatro [te'atɾo] *m* théâtre *m*

tebeo® [te'βeo] *m* bande *f* dessinée

techo ['tetʃo] *m* **1.** *(interior)* plafond *m* **2.** *(tejado)* toit *m*

tecla ['tekla] *f* touche *f* ● **tecla de anulación** touche d'annulation ● **tecla de borrado** touche de suppression ● **tecla de control** touche de contrôle ● **tecla de entrada** touche entrée ● **tecla de escape** touche escape ● **tecla de mayúsculas** touche majuscule

teclado [te'klaðo] *m* clavier *m* ● **teclado numérico** pavé *m* numérique

teclear [tekle'aɾ] *vi (en ordenador)* taper *(sur le clavier)*

técnica ['teɣnika] *f* technique *f*

técnico, ca ['teɣniko, ka] *adj* technique

tecnología [teɣnolo'xia] *f* technologie *f*

tecnológico, ca [teɣno'loxiko, ka] *adj* technologique

teja ['texa] *f* tuile *f*

tejado [te'xaðo] *m* toit *m*

tejanos [te'xanos] *mpl* jean *m*

tejer [te'xeɾ] *vt* **1.** *(tela)* tisser **2.** *(jersey, labor)* tricoter

tejido [te'xiðo] *m* tissu *m*

tejo ['texo] *m (juego)* palet *m*

tel. *(abr escrita de teléfono)* tél. *(téléphone)*

tela ['tela] *f* **1.** tissu *m* **2.** *(tejido basto, cuadro)* toile *f* **3.** *(fam) (dinero)* fric *m* ● **esto tiene (mucha) tela** *(fam)* ce n'est pas de la tarte

telaraña [tela'ɾaɲa] *f* toile *f* d'araignée

tele ['tele] *f (fam)* télé *f*

telearrastre [telea'rastɾe] *m* remontepente *m*

telebasura [teleβa'suɾa] *f* TV télépoubelle *f*

telecabina [teleka'βina] *f* télécabine *f*

telecomunicación [telekomunika'θjon] *f* télécommunication *f*

teleconferencia [telekonfe'renθja] *f* téléconférence *f*

telediario [tele'ðjarjo] *m* journal *m* télévisé

teledirigido, da [teleðiri'xiðo, ða] *adj* téléguidé(e)

telefax [tele'faks] *m inv* télécopieur *m*

teleférico [tele'feriko] *m* téléphérique *m*

telefonazo [telefo'naθo] *m* (*fam*) coup *m* de fil

telefonear [telefone'ar] *vt* téléphoner

Telefónica [tele'fonika] *f* opérateur téléphonique historique espagnol ≃ France Télécom

telefónico, ca [tele'foniko, ka] *adj* téléphonique

telefonillo [telefo'niʎo] *m* (*fam*) interphone *m*

telefonista [telefo'nista] *mf* standardiste *m*

teléfono [te'lefono] *m* téléphone *m*
● **teléfono fijo** téléphone fixe ● **teléfono móvil** téléphone portable

contexto formal la conversación se termina con un simple *au revoir* y con amigos se dice *grosses bises* o *bisous*.

telenovela [teleno'βela] *f* feuilleton *m* télévisé

teleobjetivo [teleoβxe'tiβo] *m* télé-objectif *m*

telepatía [telepa'tia] *f* télépathie *f*

telerrealidad [telereali'ðað] *f* TV téléréalité *f*

telescopio [teles'kopjo] *m* télescope *m*

telesilla [tele'siʎa] *f* télésiège *m*

telespectador, ra [telespekta'ðor, ra] *m, f* téléspectateur *m*, -trice *f*

telesquí [teles'ki] *m* téléski *m*

teletaquilla [teleta'kiʎa] *f* kiosque *m* interactif

teletexto [tele'teksto] *m* télétexte *m*

teletienda [tele'tjenda] *f* téléachat *m*

teletipo® [tele'tipo] *m* Télétype® *m*

teletrabajador, ra [teletraβaxa'ðor, ra] *m & f* télétravailleur *m*, -euse *f*

televidente [teleβi'ðente] *mf* téléspectateur *m*, -trice *f*

televisado, da [teleβi'saðo, ða] *adj* télévisé(e)

televisión [teleβi'sjon] *f* télévision *f*

televisor [teleβi'sor] *m* téléviseur *m*

telón [te'lon] *m* rideau *m* (*de scène*)

tema ['tema] *m* 1. sujet *m* 2. (*melodía, canción*) thème *m*

temática [te'matika] *f* thématique *f*

temático, ca [te'matiko, ka] *adj* thématique

temblar [tem'blar] *vi* trembler

temblor [tem'blor] *m* tremblement *m*

temer [te'mer] *vt* craindre ◆ **temer por** *v prep* avoir peur pour ◆ **temerse** *vp* (*sospechar*) craindre

temor [te'mor] *m* crainte *f*

temperamento [tempera'mento] *m* tempérament *m*

temperatura [tempera'tura] *f* température *f*

tempestad [tempes'tað] *f* tempête *f*

templado, da [tem'plaðo, ða] *adj* 1. (*temperatura, clima*) tempéré(e) 2. (*agua, comida*) tiède

templo ['templo] *m* temple *m*

temporada [tempo'raða] *f* 1. (*periodo concreto*) saison *f* 2. (*de una actividad*) période *f* ◆ **temporada alta/baja** haute/basse saison ◆ **una temporada** (*periodo indefinido*) un certain temps, quelque temps ◆ **de temporada** (*fruta*) de saison ; (*trabajo, actividad*) saisonnier(ère)

temporal [tempo'ral] *adj* temporaire ◇ *m* tempête *f*

temprano, na [tem'prano, na] *adj* précoce ◇ *adv* tôt ◆ **frutas/verduras tempranas** primeurs *fpl*

tenazas [te'naθas] *fpl* tenailles *fpl*

tendedero [tende'ðero] *m* étendoir *m*

tendencia [ten'denθja] *f* tendance *f*

tender [ten'der] *vt* 1. étendre 2. (*extender, entregar*) tendre ◆ **tender a** *v prep* tendre à ◆ **tenderse** *vp* s'étendre

tenderete [tende'rete] *m* étalage *m*

tendero, ra [ten'dero, ra] *m, f* petit commerçant *m*, petite commerçante *f*

tendón [ten'don] *m* tendon *m*

tenedor [tene'ðor] *m* fourchette *f*

tener [te'ner] *vt* **1.** *(poseer)* avoir • tiene mucho dinero il a beaucoup d'argent • el piso tiene cuatro habitaciones l'appartement a quatre pièces • tengo dos hijos j'ai deux fils • ¿cuántos años tienes? quel âge as-tu ? • tiene los ojos azules il a les yeux bleus • ya tiene diez años il a déjà dix ans • tener un niño avoir un enfant • tener frío/calor avoir froid/chaud • tener fiebre/dolor de muelas avoir de la fièvre/mal aux dents • le tiene lástima il a pitié de lui • tiene algo que decirnos il a quelque chose à nous dire • tener lugar avoir lieu • hoy tengo clase j'ai cours aujourd'hui **2.** *(medir)* faire • la sala tiene cuatro metros de largo le salon fait quatre mètres de long **3.** *(sujetar, coger)* tenir • ten el libro que me pediste tiens, voici le livre que tu m'as demandé **4.** *(mantener)* • hemos tenido una discusión nous nous sommes disputés • tuvieron una pelea en la calle ils se sont bagarrés dans la rue **5.** *(para desear)* • ¡que tengas un buen viaje! bon voyage ! • ¡que tengan unas felices fiestas! joyeuses fêtes ! **6.** *(valorar, considerar)* • tener algo/a alguien por o como ... considérer qqch/qqn comme • ten por seguro que lloverá tu peux être sûr qu'il pleuvra • le tienen por informal ils ne le considèrent pas comme quelqu'un de sérieux ◇ *vaux* **1.** *(haber)* avoir • teníamos pensado ir al teatro nous avions pensé aller au théâtre **2.** *(obligación)* • tener que hacer algo devoir faire qqch • tenemos que estar a las ocho nos devons y être à huit heu-

res **3.** *(hacer estar)* • me tienes loca con tus tonterías tu me rends folle avec tes bêtises

teniente [te'njente] *m* lieutenant *m*

tenis ['tenis] *m* tennis *m* • tenis de mesa tennis de table

tenista [te'nista] *mf* joueur *m*, -euse *f* de tennis

tenor [te'nor] *m* ténor *m*

tensión [ten'sjon] *f* tension *f*

tenso, sa ['tenso, sa] *adj* tendu(e)

tentación [tenta'θjon] *f* tentation *f*

tentáculo [ten'takulo] *m* tentacule *m*

tentempié [tentem'pje] *m (bebida, comida)* en-cas *m inv*

tenue ['tenwe] *adj* **1.** *(tela, cortina)* fin(e) **2.** *(color, luz)* velouté(e) **3.** *(voz)* faible

teñir [te'ɲir] *vt* teindre

teología [teolo'xia] *f* théologie *f*

teoría [teo'ria] *f* théorie *f* • en teoría en théorie

terapeuta [tera'peuta] *mf* thérapeute *mf*

tercer [ter'θer] ➤ tercero

tercera [ra] *f* **1.** *(categoría)* troisième catégorie *f* **2.** *(velocidad)* troisième *f*

tercermundista [ter.θermun'dista] *adj* **1.** *du* tiers-monde **2.** *(política)* tiers mondiste

tercero, ra [ter'θero, ra] *adj & m, f* troisième o *m (fracción)* troisième *m* • el tercero le troisième • la tercera la troisième • capítulo tercero chapitre trois • el tercer día le troisième jour • en tercer lugar o en tercera posición en troisième position • la tercera parte un troisième • tercera edad troisième âge

tercio [ter'θjo] *m* **1.** *(tercera parte)* tiers *m* **2.** *(de corrida de toros)* nom donné à chacune des trois phases de la corrida

terciopelo [terθjo'pelo] *m* velours *m*

terco, ca ['terko, ka] *adj (persona)* entêté(e)

tergal® [ter'γal] *m* Tergal® *m*

termas ['termas] *fpl* thermes *mpl*

terminado, da [termi'naðo, ða] *adj* terminé(e)

terminal [termi'nal] *adj* final(e) ◇ *m (de ordenador)* terminal *m* ◇ *f* **1.** *(de tren, autobús)* terminus *m* **2.** *(de aeropuerto)* terminal *m*

terminar [termi'nar] *vt* terminer ◇ *vi* se terminer ◆ **terminar en** *v prep (objeto)* finir en ◆ **terminar por** *v prep* finir par

término ['termino] *m* **1.** terme *m* **2.** *(límite)* limite *f* **3.** *(plazo)* délai *m* ● **término municipal** ≃ commune *f* ◆ **términos** *mpl (de contrato)* termes *mpl*

terminología [terminolo'xia] *f* terminologie *f*

termita [ter'mita] *f* termite *f*

termo® ['termo] *m* Thermos® *f*

termómetro [ter'mometro] *m* thermomètre *m*

termostato [termos'tato] *m* thermostat *m*

ternera [ter'nera] *f (carne)* veau *m* ● **ternera asada** viande *f* de veau rôtie

ternero, ra [ter'nero, ra] *m, f* veau *m*, génisse *f*

terno ['terno] *m* **1.** *(grupo)* trio *m* **2.** *(Amér) (traje)* costume *m* trois pièces

ternura [ter'nura] *f* tendresse *f*

terraplén [tera'plen] *m* terre-plein *m*

terrateniente [terate'njente] *mf* propriétaire terrien *m*, propriétaire terrienne *f*

terraza [te'raθa] *f* terrasse *f*

terremoto [tere'moto] *m* tremblement *m* de terre

terreno [te'reno] *m* **1.** terrain *m* **2.** *(fig) (ámbito)* domaine *m*

terrestre [te'restre] *adj* terrestre

terrible [te'rißle] *adj* terrible

territorio [teri'torjo] *m* territoire *m*

terrón [te'ron] *m* **1.** *(de tierra)* motte *f* **2.** *(de azúcar)* morceau *m*

terror [te'ror] *m* terreur *f*

terrorismo [tero'rizmo] *m* terrorisme *m*

terrorista [tero'rista] *mf* terroriste *mf*

tertulia [ter'tulja] *f* **1.** *(personas)* réunion informelle au cours de laquelle on débat d'un sujet particulier **2.** *(lugar)* lieu où se tiennent ces réunions

tesis ['tesis] *f inv* thèse *f*

tesoro [te'soro] *m* trésor *m* ● **el Tesoro Público** le Trésor Public

test ['tes] *m inv* test *m*

testamento [testa'mento] *m* testament *m*

testarudo, da [testa'ruðo, ða] *adj* têtu(e)

testículo [tes'tikulo] *m* testicule *m*

testigo [tes'tiγo] *mf* témoin *m*

testimonio [testi'monjo] *m* témoignage *m*

teta ['teta] *f (fam)* nichon *m*

tetera [te'tera] *f* théière *f*

tetra brick® [tetra'ßrik] *m* Tétrabrick® *m*

textil [teks'til] *adj* textile

texto ['teksto] *m* texte *m*

textura [teks'tura] *f* texture *f*

ti [ti] *pron* toi ● **pienso en ti** je pense à toi ● **me acordaré de ti** je me souviendrai de toi

tianguis ['tjangis] *m* (*Méx*) marché *m*

tibia ['tiβja] *f* tibia *m*

tibio, bia ['tiβjo, βja] *adj* tiède

tiburón [tiβu'ron] *m* requin *m*

ticket ['tiket] *m* ticket *m*

tiempo ['tjempo] *m* temps *m* ● **tiempo libre** temps libre ● **a tiempo** à temps ● **al mismo tiempo que** en même temps que ● **con tiempo** à l'avance ● **del tiempo** (*fruta*) de saison ; (*bebida*) à température ambiante ● **en otros tiempos** en d'autres temps ● **hace tiempo** il y a longtemps ● **tener tiempo** avoir le temps ● **todo el tiempo** tout le temps ● **¿cuánto tiempo tiene tu hijo?** quel âge a ton fils ?

tienda ['tjenda] *f* 1. (*establecimiento*) magasin *m* 2. (*para acampar*) tente *f* ● **tienda de campaña** tente ● **tienda de comestibles** magasin d'alimentation ● **tienda de confecciones** magasin de prêt-à-porter

tierno, na ['tjerno, na] *adj* tendre

tierra ['tjera] *f* 1. terre *f* 2. (*territorio, patria*) pays *m* ● **la Tierra** la Terre ● **tierra adentro** à l'intérieur des terres

tieso, sa ['tjeso, sa] *adj* 1. raide 2. (*fig*) (*engreído*) guindé(e)

tiesto ['tjesto] *m* 1. (*maceta*) pot *m* (de fleurs) 2. (*trozo*) vieillerie *f*

tigre, esa ['tiɣre, esa] *m, f* tigre *m*, tigresse *f*

tijeras [ti'xeras] *fpl* ciseaux *mpl*

tila ['tila] *f* (*infusión*) tilleul *m*

tilde ['tilde] *f* 1. (*signo ortográfico*) tilde *m* 2. (*acento gráfico*) accent *m* écrit

tiliches [ti'litʃes] *mpl* (*Amér*) attirail *m*

timbal [tim'bal] *m* (*instrumento*) timbale *f*

timbre ['timbre] *m* 1. (*aparato*) sonnette *f* 2. (*de voz, sello*) timbre *m*

tímido, da ['timiðo, ða] *adj* timide

timo ['timo] *m* escroquerie *f*

timón [ti'mon] *m* 1. gouvernail *m* 2. (*Andes*) (*volante*) volant *m* ● **llevar el timón de** (*negocio, proyecto*) diriger

tímpano ['timpano] *m* tympan *m*

tina ['tina] *f* 1. (*vasija*) jarre *f* 2. (*Amér*) (*bañera*) baignoire *f*

tino ['tino] *m* 1. (*acierto*) adresse *f* 2. (*moderación*) modération *f*

tinta ['tinta] *f* encre *f*

tintero [tin'tero] *m* encrier *m*

tinto ['tinto] *m* (*vino*) rouge *m*

tintorería [tintore'ria] *f* teinturerie *f*

tío, a ['tio, a] *m, f* 1. (*pariente*) oncle *m*, tante *f* 2. (*fam*) (*individuo*) mec *m*, nana *f*

tiovivo [tjo'βiβo] *m* manège *m*

típico, ca ['tipiko, ka] *adj* typique

tipo, pa ['tipo] *m, f* (*fam*) (*individuo*) type *m*, nana *f* ◇ *m* (*clase*) type *m* ● **tipo de cambio** taux *m* de change ● **tipo de letra** police *f* ● **tener buen tipo** être bien fait(e)

tipografía [tipoɣra'fia] *f* typographie *f*

tira ['tira] *f* (*de papel, tela*) bande *f*

tirada [ti'raða] *f* tirage *m* ● **hay una tirada hasta allí** il y a un bout de chemin jusqu'à là-bas

tiradero [tira'ðero] *m* (*Méx*) pagaille *f*

tirador [tira'ðor] *m* poignée *f*

tiranía [tira'nia] *f* tyrannie *f*

tirano, na [ti'rano, na] *m, f* tyran *m*

tirante [ti'rante] *adj* tendu(e) ◆ **tirantes** *mpl* bretelles *fpl*

tirar [ti'rar] *vt* **1.** jeter **2.** *(malgastar)* dilapider **3.** *(derribar)* abattre **4.** *(volcar, derramar)* renverser **5.** *(disparar)* tirer ◇ *vi* **1.** tirer **2.** *(atraer)* attirer **3.** *(desviarse)* tourner **4.** *(fam) (funcionar)* marcher **5.** *(fam) (durar)* tenir le coup ● **tirar de algo** tirer sur qqch ● **ir tirando** faire aller ▼ **tirar** *(en puertas)* tirez ◆ **tirar a** *v prep (parecerse a)* ressembler à ● **este vestido es azul tirando a verde** cette robe est d'un bleu qui tire sur le vert ◆ **tirarse** *vp* **1.** *(lanzarse, arrojarse)* se jeter **2.** *(tumbarse)* s'étendre **3.** *(tiempo)* passer

tirita® [ti'rita] *f* pansement *m*

tiritar [tiri'tar] *vi* grelotter

tiro ['tiro] *m* **1.** *(disparo)* coup *m* de feu **2.** *(en deporte)* tir *m* **3.** *(herida)* balle *f* **4.** *(de chimenea)* tirage *m* **5.** *(de carruaje)* attelage *m*

tirón [ti'ron] *m (robo)* vol *m* à l'arraché ● **de un tirón** d'un trait

tisú [ti'su] *m* brocart *m*

títere ['titere] *m* pantin *m* ◆ **títeres** *mpl* spectacle *m* de marionnettes

titular [titu'lar] *adj* titulaire ◇ *m (de periódico)* gros titre *m* ◇ *vt* intituler ◆ **titularse** *vp* **1.** *(llamarse)* s'intituler **2.** *(en estudios)* obtenir un diplôme

título ['titulo] *m* **1.** titre *m* **2.** *(diploma)* diplôme *m*

tiza ['tiθa] *f* **1.** craie *f* **2.** *(para billar)* bleu *m*

tlapalería [tlapale'ria] *f (Méx)* quincaillerie *f*

toalla [to'aʎa] *f* serviette *f* ● **toalla de ducha** serviette de bain ● **toalla de manos** essuie-mains *m inv*

tobillo [to'βiʎo] *m* cheville *f*

tobogán [toβo'ɣan] *m* toboggan *m*

tocadiscos [toka'ðiskos] *m inv* tourne-disque *m*

tocador [toka'ðor] *m* **1.** *(mueble)* coiffeuse *f* **2.** *(habitación)* cabinet *m* de toilette

tocar [to'kar] *vt* **1.** toucher ▼ **no tocar el género** ne pas toucher **2.** *(instrumento musical)* jouer de **3.** *(timbre, campana)* sonner **4.** *(asunto, tema)* aborder ◇ *vi* **1.** *(corresponder en reparto)* revenir ● **te toca hacerlo** c'est à toi de le faire ● **ahora te toca a ti** maintenant, c'est ton tour ● **esta es la parte que te toca** c'est la part qui te revient **2.** *(caer en suerte)* ● **le ha tocado la lotería** il a gagné à la loterie ◆ **tocar a** *v prep (estar próximo)* toucher

tocino [to'θino] *m* lard *m* ● **tocino de cielo** *(dulce)* flan riche en jaunes d'œufs

todavía [toða'βia] *adv* **1.** *(aún)* encore **2.** *(con todo)* en plus ● **todavía no lo sabe** il ne le sait pas encore

todo, da ['toðo, ða] *adj* tout(e) ● **todo el día** toute la journée ● **todos los días/los lunes** tous les jours/les lundis ◇ *pron* **1.** *(todas las cosas)* tout(e) ● **lo he vendido todo** j'ai tout vendu **2.** *(todas las personas)* ● **han venido todos** ils sont tous venus ● **todas me lo dicen** elles me le disent toutes ◇ *m* tout *m* ● **ante todo** avant tout ● **sobre todo** surtout

toga ['toɣa] *f* toge *f*

toldo ['toldo] *m* store *m*

tolerancia [tole'ranθja] *f* tolérance *f*

tolerante [tole'rante] *adj* tolérant(e)

tolerar [tole'rar] *vt* tolérer

toma ['toma] *f* prise *f*

tomar [to'mar] *vt* prendre ● **tomó a mi madre por mi hermana** il a pris ma mère pour ma sœur ● **tomar (algo) a mal** mal prendre (qqch) ● **tomar el fresco** prendre le frais ● **tomar el sol** prendre un bain de soleil ● **tomar parte en** prendre part à ● **tomar prestado** emprunter ● **tomar cariño a alguien** prendre qqn en affection

tomate [to'mate] *m* tomate *f*

tómbola ['tombola] *f* tombola *f*

tomillo [to'miʎo] *m* thym *m*

tomo ['tomo] *m* tome *m*

tonel [to'nel] *m* tonneau *m*

tonelada [tone'laða] *f* tonne *f*

tóner ['toner] *m* toner *m*

tongo ['toŋgo] *m* (*Amér*) chapeau rond que portent les Indiens boliviens

tónica ['tonika] *f* ≈ Schweppes ® *m*

tónico, ca ['toniko, ka] *adj* tonique ◇ *m* tonique *m*

tono ['tono] *m* ton *m*

tontería [tonte'ria] *f* **1.** (*estupidez*) bêtise *f* **2.** (*cosa sin valor*) bricole *f*

tonto, ta ['tonto, ta] *adj* bête

tope ['tope] *m* **1.** (*pieza*) butoir *m* **2.** (*punto máximo*) limite *f*

tópico, ca ['topiko, ka] *adj* **1.** (*tema, expresión*) banal(e) **2.** (*medicamento*) à usage local ◇ *m* cliché *m* (*lieu commun*)

topó ['topo] *m* taupe *f*

tórax ['toraks] *m* thorax *m*

torbellino [torβe'ʎino] *m* tourbillon *m*

torcer [tor'θer] *vt* **1.** (*doblar*) tordre **2.** (*girar, inclinar*) tourner ◇ *vi* tourner ● **torcerse** *vp* **1.** (*tobillo, brazo*) se tordre **2.** (*negocio*) mal tourner **3.** (*plan, proyecto*) tomber à l'eau

torcido, da [tor'θiðo, ða] *adj* **1.** (*doblado*) tordu(e) **2.** (*inclinado*) de travers

torear [tore'ar] *vt* **1.** (*toro, vaquilla*) combattre **2.** (*fig*) (*evitar*) éviter **3.** (*fig*) (*burlarse de*) taquiner ◇ *vi* (*suj: torero*) toréer

torera [to'rera] *f* (*prenda*) boléro *m*

torero, ra [to'rero, ra] *m, f* torero *m*

tormenta [tor'menta] *f* orage *m*

tormentoso, sa [tormen'toso, sa] *adj* orageux(euse)

torneo [tor'neo] *m* tournoi *m*

tornillo [tor'niʎo] *m* vis *f*

torniquete [torni'kete] *m* garrot *m*

toro ['toro] *m* taureau *m* ● **toros** *mpl* corrida *f*

torpe ['torpe] *adj* **1.** (*poco hábil*) maladroit(e) **2.** (*en comprender*) lent(e)

torpedo [tor'peðo] *m* torpille *f*

torpeza [tor'peθa] *f* **1.** (*falta de habilidad*) maladresse *f* **2.** (*en comprender*) lenteur *f* **3.** (*necedad*) bêtise *f*

torre ['tore] *f* **1.** tour *f* **2.** (*de iglesia*) clocher *m*

torrente [to'rente] *m* torrent *m*

tórrija [to'rixa] *f* pain *m* perdu

torta ['torta] *f* **1.** (*de harina*) galette *f* **2.** (*fam*) (*bofetada*) baffe *f* **3.** (*Méx*) (*de pan*) sandwich *m* ● **ni torta** (*fam*) que dalle ● **se dio** o **se pegó una torta con el coche** *(fam)* il s'est planté en voiture

tortazo [tor'taθo] *m (fam) (bofetada)* baffe *f* ● **se dio** o **se pegó un tortazo con el coche** *(fam)* il s'est planté en voiture

tortilla [tor'tiʎa] *f* **1.** omelette *f* **2.** *(Méx) (de harina)* galette *f (de maïs)* ● **tortilla (a la) francesa** omelette nature ● **tortilla de atún/de champiñón** omelette au thon/aux champignons de Paris ● **tortilla de gambas/de jamón** omelette aux crevettes/au jambon ● **tortilla de patatas** o **española** omelette aux pommes de terre

tortuga [tor'tuɣa] *f* tortue *f*

torturar [tortu'rar] *vt* torturer

tos ['tos] *f* toux *f*

toser [to'ser] *vi* tousser

tostada [tos'taða] *f* toast *m (tranche de pain)*

tostador [tosta'ðor] *m* grille-pain *m inv*

tostar [tos'tar] *vt* faire griller ● **tostarse** *vp (al sol)* se faire bronzer

total [to'tal] *adj* total(e) ◇ *m* total *m* ◇ *adv* bref ● **total que me fui** bref, je suis parti

totalidad [totali'ðað] *f* totalité *f* ● **la totalidad de los alumnos** tous les élèves

totora [to'tora] *f (Amér)* roseau *m*

tóxico, ca ['toksiko, ka] *adj* toxique

toxicomanía [toksikoma'nia] *f* toxicomanie *f*

toxicómano, na [toksi'komano, na] *m, f* toxicomane *mf*

trabajador, ra [traβaxa'ðor, ra] *adj & m, f* travailleur(euse)

trabajar [traβa'xar] *vi & vt* travailler ● **trabaja de** o **como camarero** il est garçon de café

trabajo [tra'βaxo] *m* **1.** travail *m* **2.** *(empleo)* emploi *m* ● **trabajos manuales** travaux manuels ● **costar mucho trabajo** demander beaucoup d'efforts

trabalenguas [traβa'lenguas] *m inv* mot ou phrase difficile à prononcer

traca ['traka] *f* chapelet *m* de pétards

tractor [trak'tor] *m* tracteur *m*

tradición [traði'θjon] *f* tradition *f*

tradicional [traðiθjo'nal] *adj* traditionnel(elle)

tradicionalmente [traðiθjo,nal'mente] *adv* traditionnellement

traducción [traðuk'θjon] *f* traduction *f*

traducir [traðu'θir] *vt* traduire

traductor, ra [traðuk'tor, ra] *m, f* traducteur *m*, -trice *f*

traer [tra'er] *vt* **1.** *(trasladar una cosa)* apporter ● **tráeme un vaso de agua** apportemoi un verre d'eau ● **¿qué traes ahí?** qu'est-ce que tu as là ? ; *(de un sitio)* rapporter ● **me trajo un regalo de Cuba** il m'a rapporté un cadeau de Cuba **2.** *(trasladar a una persona)* amener ● **trae a tu amiga a la fiesta** viens avec ton amie à la fête ; *(de un sitio)* ramener ● **nos trajo a casa** il nous a ramenés à la maison **3.** *(provocar, ocasionar)* ● **este asunto le trajo graves problemas** cette histoire lui a causé de graves ennuis **4.** *(contener)* ● **el periódico trae una gran noticia** il y a une grande nouvelle dans le journal **5.** *(llevar puesto)* porter ● **hoy trae un abrigo muy bonito** elle porte un très joli man-

teau aujourd'hui ♦ **traerse** *vp* ● traérse-
las *(fam)* être coton

traficante [trafi'kante] *mf* trafiquant *m*,
-e *f*

traficar [trafi'kar] *vi* ● **traficar (con algo)** faire du trafic (de qqch)

tráfico ['trafiko] *m* **1.** *(de vehículos)* circulation *f* **2.** *(de drogas)* trafic *m*

tragar [tra'ɣar] *vt* **1.** *(ingerir, creer)* avaler **2.** *(fam) (soportar)* supporter **3.** *(fam)
(engullir)* engloutir ◊ *vi* avaler ● **no tragar a alguien** *(fam)* ne pas pouvoir sentir
qqn ♦ **tragarse** *vp* **1.** *(ingerir)* avaler **2.** *(orgullo, lágrimas)* ravaler **3.** *(creer)* gober

tragedia [tra'xeðja] *f* tragédie *f*

trágico, ca ['traxiko, ka] *adj* tragique

tragicomedia [traxiko'meðja] *f* tragi-
comédie *f*

trago ['traɣo] *m* **1.** gorgée *f* **2.** *(fam) (copa)* verre *m* ● **pasar un mal trago** *(fam)*
passer un mauvais moment

traición [trai'θjon] *f* trahison *f*

traje ['traxe] *m* **1.** *(vestido)* robe *f* **2.** *(de
región, época)* costume *m* ● **traje (de chaqueta)** *(de hombre)* costume ; *(de mujer)*
tailleur *m* ● **traje de baño** maillot *m* de
bain ● **traje de luces** habit *m* de lumière
(du torero)

trama ['trama] *f* **1.** trame *f* **2.** *(de obra)* intrigue *f* **3.** *(fig) (confabulación)* machina-
tion *f*

tramar [tra'mar] *vt* tramer

tramitar [trami'tar] *vi* ● **tramitar algo**
faire des démarches pour obtenir qqch

tramo ['tramo] *m* **1.** *(de camino, calle)*
tronçon *m* **2.** *(de escalera)* volée *f*

tramontana [tramon'tana] *f* tramonta-
ne *f*

tramoya [tra'moja] *f* *(en teatro)* machinerie *f*

tramoyista [tramo'jista] *mf* machiniste
mf

trampa ['trampa] *f* **1.** piège *m* **2.** *(en juego, competición)* triche *f* **3.** *(puerta)* trappe
f ● **hacer trampa** tricher

trampolín [trampo'lin] *m* **1.** *(en gimnasia)*
trampoline *m* **2.** *(en piscina)* plongeoir *m*
3. *(en esquí)* tremplin *m*

trance ['tranθe] *m* **1.** *(apuro)* mauvais
pas *m* **2.** *(estado hipnótico)* transe *f*

tranquilidad [trankili'ðuð] *f* tranquillité
f

tranquilo, la [tran'kilo, la] *adj* **1.** tranquille **2.** *(mar, tiempo)* calme **3.** *(libre de
preocupaciones)* insouciant(e)

transbordador [tranzβorða'ðor] *m* ferry *m*

transbordar [tranzβor'ðar] *vt* transbor-
der

transbordo [tranz'βorðo] *m* changement *m* *(de train etc)* ● **hacer transbordo**
changer

transcurrir [transku'rir] *vi* *(tiempo)*
s'écouler

transeúnte [transe'unte] *mf* passant *m*,
-e *f*

transferencia [transfe'renθja] *f* virement *m* ● **transferencia de archivos**
transfert *m* de fichiers

transferir [transfe'rir] *vt* transférer
● **transferir un mensaje** transférer un
message

transformación [transforma'θjon] *f* transformation *f*

transformador [transforma'ðor] *m* transformateur *m*

transformar [transfor'mar] *vt* transformer ● **transformar algo/a alguien en** transformer qqch/qqn en ◆ **transformarse** *vp* se transformer ◆ **transformarse en** *v prep* se transformer en

transfusión [transfu'sjon] *f* transfusion *f*

transición [transi'θjon] *f* transition *f*

transigir [transi'xir] *vi* transiger ◆ **transigir con** *v prep* transiger sur

transistor [transis'tor] *m* transistor *m*

tránsito ['transito] *m* (*de vehículos*) circulation *f*

translúcido, da [tranz'luθiðo, ða] *adj* translucide

transmitir [tranzmi'tir] *vt* transmettre ● **transmitir un mensaje** transmettre un message

transparente [transpa'rente] *adj* transparent(e)

transportar [transpor'tar] *vt* transporter

transporte [trans'porte] *m* transport *m* ● **transporte privado** moyen *m* de transport privé ● **transporte público** transports en commun

transversal [tranzβer'sal] *adj* transversal(e)

tranvía [tram'bia] *m* tramway *m*

trapear [trape'ar] *vt* (*Amér*) (*habitación*) passer la serpillière dans

trapecio [tra'peθjo] *m* trapèze *m*

trapecista [trape'θista] *mf* trapéziste *mf*

trapo ['trapo] *m* chiffon *m* ● **trapo de cocina** torchon *m*

tráquea ['trakea] *f* trachée *f*

tras [tras] *prep* 1. (*después de*) après 2. (*detrás de*) derrière

trasero, ra [tra'sero, ra] *adj* arrière ◇ *m* (*fam*) derrière *m*

trasladar [trazla'ðar] *vt* 1. (*desplazar*) déplacer 2. (*viajeros, herido*) transporter 3. (*empleado, trabajador*) muter 4. (*reunión, fecha*) reporter ◆ **trasladarse** *vp* 1. (*desplazarse*) se déplacer 2. (*mudarse*) déménager

traslado [traz'laðo] *m* 1. (*de muebles, libros*) déplacement *m* 2. (*de puesto, cargo*) mutation *f*

traspasar [traspa'sar] *vt* 1. (*atravesar*) transpercer 2. (*camino, materia*) traverser 3. (*puerta, límite*) franchir 4. (*negocio*) céder

traspié [tras'pje] *m* faux pas *m*

trasplantar [trasplan'tar] *vt* 1. (*planta*) transplanter 2. (*órgano*) greffer

trasplante [tras'plante] *m* greffe *f*

traste ['traste] *m* (*CSur*) (*trasero*) derrière *m* ● **trastes** *mpl* (*Andes, CAm & Méx*) affaires *fpl* ● **fregar los trastes** faire la vaisselle

trasto ['trasto] *m* 1. (*objeto inútil*) vieillerie *f* 2. (*fig*) (*persona*) bon *m*, bonne *f* à rien ● **trastos** *mpl* 1. (*pertenencias*) affaires *fpl* 2. (*equipo*) matériel *m*

tratado [tra'taðo] *m* traité *m*

tratamiento [trata'mjento] *m* 1. traitement *m* 2. (*título*) titre *m* ● **tratamiento de textos** traitement de texte

tratar [traˈtar] *vt* **1.** traiter **2.** *(conocer)* fréquenter ◆ **tratar de** *v prep* **1.** *(hablar sobre)* traiter de **2.** *(intentar)* essayer de

tratativas [trataˈtiβas] *fpl* *(CSur)* formalités *fpl*

trato [ˈtrato] *m* **1.** traitement *m* **2.** *(relación)* fréquentation *f* **3.** *(acuerdo)* marché *m*

trauma [ˈtrauma] *m* traumatisme *m*

través [traˈβes] ◆ **a través de** *loc prep* à travers

travesaño [traβeˈsaɲo] *m* **1.** *(pieza)* traverse *f* **2.** DEP *(de portería)* barre *f* transversale

travesía [traβeˈsia] *f* **1.** *(viaje)* traversée *f* **2.** *(calle)* passage *m*

travestí [traβesˈti] *m* travesti *m*

travieso, sa [traˈβjeso, sa] *adj* **1.** *(vivo, malicioso)* espiègle **2.** *(revoltoso)* turbulent(e)

trayecto [traˈjekto] *m* trajet *m*

trayectoria [trajekˈtoria] *f* trajectoire *f*

trazado [traˈθaðo] *m* tracé *m*

trazar [traˈθar] *vt* **1.** *(línea, dibujo)* tracer **2.** *(proyecto, plan)* concevoir

trazo [ˈtraθo] *m* trait *m*

trébol [ˈtreβol] *m* trèfle *m* ◆ **tréboles** *fpl (palo de la baraja)* trèfles *mpl*

trece [ˈtreθe] *núm* treize

tregua [ˈtreɣwa] *f* trêve *f*

treinta [ˈtreinta] *núm* trente

tremendo, da [treˈmendo, da] *adj* terrible

tren [ˈtren] *m* train *m* ◆ **tren de cercanías** train de banlieue ◆ **tren de lavado** portique *m* de lavage automatique

trenza [ˈtrenθa] *f* tresse *f*

trepar [treˈpar] *vi* grimper

tres [ˈtres] *adj inv & m* trois ◇ *mpl* trois ◇ *fpl* ◆ **las tres** trois heures ◆ **doscientos tres** deux cent trois ◆ **treinta y tres** trente-trois ◆ **de tres en tres** trois par trois ◆ **empatados a tres** trois partout ◆ **los tres les trois** ◆ **tres a cero** trois à zéro ◆ **cada dos por tres** à tout bout de champ

trescientos, tas [tresˈθjentos, tas] *núm* trois cent(s)

tresillo [treˈsiʎo] *m* **1.** *(sofá)* salon comportant un canapé et deux fauteuils assortis **2.** *(juego)* hombre *m*

trial [triˈal] *m* trial *m*

triangular [triaŋɡuˈlar] *adj* triangulaire

triángulo [triˈaŋɡulo] *m* triangle *m*

tribu [ˈtriβu] *f* tribu *f*

tribuna [triˈβuna] *f* tribune *f*

tribunal [triβuˈnal] *m* **1.** tribunal *m* **2.** *(en examen, oposición)* jury *m*

triciclo [triˈθiklo] *m* tricycle *m*

trigo [ˈtriɣo] *m* blé *m*

trilladora [triʎaˈðora] *f* batteuse *f*

trillar [triˈʎar] *vt* battre *(le blé)*

trillizos, zas [triˈʎiθos, θas] *m, f pl* triplés *mpl* -es *fpl*

trimestral [trimesˈtral] *adj* trimestriel(elle)

trimestre [triˈmestre] *m* trimestre *m*

trinchante [trinˈtʃante] *m* **1.** *(cuchillo)* couteau à découper **2.** *(tenedor)* fourchette *f* à découper

trineo [triˈneo] *m* **1.** *(pequeño)* luge *f* **2.** *(grande)* traîneau *m*

trío [ˈtrio] *m* trio *m*

tripa ['tripa] f 1. (intestino) tripes fpl 2. (barriga) ventre m ◆ **tripas** fpl (de máquina, objeto) intérieur m

triple ['triple] adj triple ◇ m (en baloncesto) panier valant trois points ● **el triple de** trois fois plus de

trípode ['tripoðe] m trépied m

tripulación [tripula'θjon] f équipage m

tripulante [tripu'lante] mf membre m de l'équipage

triste ['triste] adj 1. triste 2. (antes de sustantivo) (persona) pauvre ; (salario, recompensa) maigre

tristeza [tris'teθa] f tristesse f

triturar [tritu'rar] vt 1. (desmenuzar) broyer 2. (mascar) triturer

triunfal [trjun'fal] adj triomphal(e)

triunfar [trjun'far] vi 1. (vencer) triompher 2. (tener éxito) réussir

triunfo ['trjunfo] m triomphe m

trivial [tri'βjal] adj banal(e)

trizas ['triθas] fpl ● hacer trizas algo réduire qqch en miettes

trocha ['trotʃa] f (Amér) écartement m (des voies de chemin de fer)

trofeo [tro'feo] m trophée m

trombón [trom'bon] m trombone m

trombosis [trom'bosis] f inv thrombose f

trompa ['trompa] f 1. trompe f 2. (fam) (borrachera) cuite f

trompazo [trom'paθo] m coup m

trompeta [trom'peta] f trompette f

tronar [tro'nar] v impers tonner

tronco ['tronko] m tronc m

trono ['trono] m trône m

tropa ['tropa] f 1. (de soldados) troupe f 2. (fam) (de personas) armée f

tropecientos, tas [trope'θjentos, tas] adj pl (fam) ● he recibido tropecientos mensajes j'ai reçu trente six mille messages

tropezar [trope'θar] vi trébucher ◆ **tropezar con** v prep 1. (obstáculo, estorbo) buter sur 2. (fig) (persona) tomber sur

tropezón [trope'θon] m faux pas m ◆ **tropezones** mpl (de jamón, pan) morceaux de viande, de jambon, de pain, de fromage, etc. ajoutés à une soupe

tropical [tropi'kal] adj tropical(e)

trópico ['tropiko] m tropique m

tropiezo [tro'pjeθo] m 1. faux pas m 2. (fig) (dificultad) embûche f

trotar [tro'tar] vi 1. (caballo) trotter 2. (fam) (persona) cavaler

trote ['trote] m trot m ● ¡ya no estoy para esos trotes! (fam) j'ai passé l'âge !

trozo ['troθo] m morceau m ● a trozos en morceaux ● un trozo de un morceau de

trucaje [tru'kaxe] m trucage m

trucha ['trutʃa] f truite f ● trucha a la navarra truite farcie d'une tranche de poitrine fumée et servie grillée

truco ['truko] m 1. (trampa, engaño) truc m 2. (en cine) trucage m

trueno ['trweno] m 1. tonnerre m 2. (estampido) coup m de tonnerre 3. (de arma) détonation f

trufa ['trufa] f truffe f ● trufas heladas truffes glacées au chocolat

trusa ['trusa] f (Perú) 1. (traje de baño) slip m de bain 2. (calzoncillos) slip m

tu [tu] (*pl* **tus** [tus]) *adj* ton (ta) • **tus libros** tes livres

tú [tu] *pron* **1.** (*sujeto*) tu **2.** (*predicado*) toi • **tú te llamas Juan** tu t'appelles Juan • **el culpable eres tú** c'est toi le coupable • **hablar** o **tratar de tú** tutoyer

tuberculosis [tuβerku'losis] *f inv* tuberculose *f*

tubería [tuβe'ria] *f* tuyauterie *f*

tubo ['tuβo] *m* **1.** (*de agua, gas*) tuyau *m* **2.** (*recipiente*) tube *m* • **tubo de escape** pot *m* d'échappement

tuerca ['tuerka] *f* écrou *m*

tuerto, ta ['tuerto, ta] *adj* borgne

tul ['tul] *m* tulle *m*

tulipán [tuli'pan] *m* tulipe *f*

tullido, da [tu'ʎiðo, ða] *adj* infirme

tumba ['tumba] *f* tombe *f*

tumbar [tum'bar] *vt* **1.** (*derribar*) faire tomber **2.** (*fam*) (*en examen*) coller • **tumbarse** *vp* s'allonger

tumbona [tum'bona] *f* chaise *f* longue

tumor [tu'mor] *m* tumeur *f*

tumulto [tu'multo] *m* **1.** (*disturbio*) tumulte *m* **2.** (*confusión*) cohue *f*

tuna ['tuna] *f* orchestre d'étudiants vêtus de capes noires ornées de rubans multicolores. Ils parcourent les rues en chantant des chansons et en jouant des airs de leur répertoire

túnel ['tunel] *m* tunnel *m*

Túnez ['tuneθ] *s* **1.** (*país*) Tunisie *f* **2.** (*ciudad*) Tunis

túnica [tunika] *f* tunique *f*

tupido, da [tu'piðo, ða] *adj* (*tejido*) serré(e)

turbina [tur'βina] *f* turbine *f*

turbio, bia [tur'βio, βja] *adj* **1.** (*líquido, agua*) trouble **2.** (*fig*) (*asunto, negocio*) louche

turbulencia [turβu'lenθja] *f* **1.** turbulence *f* **2.** (*confusión*) tumulte *m*

turco, ca [tu'turko, ka] *adj* turc (turque) ◇ *m*, *f* Turc *m*, Turque *f* ◇ *m* (*lengua*) turc *m*

turismo [tu'rizmo] *m* **1.** tourisme *m* **2.** (*coche*) voiture *f* de tourisme

turista [tu'rista] *mf* touriste *mf*

turistear [turist'ear] *vi* (*Andes & Méx*) faire du tourisme

turístico, ca [tu'ristiko, ka] *adj* touristique

túrmix® ['turmiks] *m* mixer *m*

turno ['turno] *m* **1.** tour *m* **2.** (*sucesión*) roulement *m* ▼ **espere su turno** attendez votre tour

Turquía [tur'kia] *s* Turquie *f*

turrón [tu'rron] *m* touron *m* (*confiserie de Noël semblable au nougat*)

tute ['tute] *m* jeu semblable au whist

tutear [tute'ar] *vt* tutoyer • **tutearse** *vp* se tutoyer

tuteo [tute'eo] *m* tutoiement *m*

El tuteo

Le *tuteo* est employé par les personnes qui préfèrent utiliser le *tú* au lieu de *usted*, qui est beaucoup plus formel. Aujourd'hui en Espagne, l'usage du *tú* est devenu plus répandu, tandis que celui d'*usted* est devenu moins fréquent et réservé à certaines occasions formelles ou aux relations professionnelles, pour marquer le respect. Beaucoup de gens, surtout parmi les jeunes, apprécient d'être tutoyés, même par des inconnus.

tutor, ra [tu'tor, ɾa] *m, f* **1.** *(de bienes, menor)* tuteur *m*, -trice *f* **2.** *(profesor particular)* précepteur *m*, -trice *f* **3.** *(de curso)* professeur *m* principal

tuyo, ya ['tujo, ja] *adj* à toi ◇ *pron* • **el tuyo** le tien • **la tuya** la tienne • **este libro es tuyo** ce livre est à toi • **lo tuyo es el teatro** ton truc c'est le théâtre • **un vecino tuyo** un de tes voisins • **los tuyos** *(tu familia)* les tiens *mpl*

TV *f (abr escrita de televisión)* TV *f (télévision)*

*U*U

UCI ['uθi] *f (abr de unidad de cuidados intensivos)* unité *f* de soins intensifs

Ud. *abr escrita de* **usted**

Uds. *abr escrita de* **ustedes**

UE *(abr escrita de Unión Europea) f* UE *f (Union européenne)*

úlcera ['ulθera] *f* ulcère *m*

ultimar [ulti'mar] *vt* **1.** *(terminar)* mettre la dernière main à **2.** *(Amér) (matar)* tuer

último, ma ['ultimo, ma] *adj* dernier(ère) • **a últimos de** *(mes, año)* à la fin de • **por último** enfin • **en el último rincón del desván** dans le coin le plus caché du grenier • **última llamada** *(en aeropuerto)* dernier appel *m*

ultramarinos [ultrama'rinos] *m inv (tienda)* épicerie *f*

ultravioleta [ultraβjo'leta] *adj* ultraviolet(ette)

umbral [um'bral] *m* seuil *m*

un, una ['un, 'una] *art* un (une) • **un hombre** un homme • **una mujer** une femme • **un águila** un aigle • **unos niños** des enfants • **unos meses** quelques mois • **unas cartas** des lettres • **un día volveré** je reviendrai un jour = **uno**

unánime [u'nanime] *adj* unanime

UNED [u'neð] *f (abr de Universidad Nacional de Educación a Distancia)* ≃ CNED *m (Centre national d'enseignement à distance)*

únicamente [,unika'mente] *adv* uniquement

único, ca ['uniko, ka] *adj* **1.** *(solo)* seul(e) **2.** *(excepcional)* unique

unidad [uni'ðað] *f* unité *f* • **unidad central** unité centrale

unido, da [u'niðo, ða] *adj* uni(e)

unifamiliar [unifami'ljar] *adj* **1.** *(vivienda, casa)* individuel(elle) **2.** *(empresa)* familial(e)

unificación [unifika'θjon] *f* unification *f*

uniforme [uni'forme] *m* uniforme *m*

unión [u'njon] *f* union *f*

unir [u'nir] *vt* **1.** unir **2.** *(juntar)* joindre **3.** *(piezas)* assembler **4.** *(comunicar)* relier **5.** *(mezclar)* lier • **unirse** *vp* s'unir

unisex [uni'seks] *adj inv* unisexe

universal [uniβer'sal] *adj* universel(elle)

universidad [uniβersi'ðað] *f* université *f*

universitario, ria [uniβersi'tarjo, rja] *m, f* diplômé *m*, -e *f* de l'université

universo [uni'βerso] *m* univers *m*

uno, na ['uno, na] *art*

1. un (une) ● **tienen una gran piscina** ils ont une grande piscine ● **había unos coches mal aparcados** il y avait des voitures mal garées ● **he conocido a unas chicas muy simpáticas** j'ai fait la connaissance de filles très sympathiques

2. *(aproximadamente)* ● **había unas doce personas** il y avait une douzaine de personnes ● **me voy unos días** je pars quelques jours

◇ *adj inv* un (une) ● **había cincuenta y una mujeres** il y avait cinquante et une femmes

◇ *pron*

1. *(indefinido)* un (une) ● **los bombones están muy buenos, coge uno** les chocolats sont délicieux, prends en un ● **tienes muchas manzanas, dame unas** tu as beaucoup de pommes, donne-m'en quelques-unes ● **uno/una de** l'un/l'une de ● **uno... otro** l'un... l'autre ● **uno habla, otro calla** l'un parle, l'autre se tait

2. *(fam) (cierta persona)* ● **ayer hablé con uno que te conoce** hier, j'ai parlé à un type qui te connaît

3. *(yo)* on ● **entonces es cuando se da uno cuenta...** c'est alors qu'on se rend compte de... ● **una ya está acostumbrada a eso** j'y suis habituée

4. *(en locuciones)* ● **como uno más** comme tout le monde ● **uno a uno** un à un ● **de uno en uno** un par un ● **uno por uno** un par un ● **más de uno** plus d'un

◇ *m* un ● **doscientos uno** deux cent un ● **treinta y uno** trente et un ● **empatados a uno** un partout ● **uno a cero** un à zéro

◇ *f (hora)* ● **la una** une heure

untar [un'tar] *vt* **1.** *(pan, tostada)* tartiner **2.** *(manchar)* tacher **3.** *(con crema, pomada)* enduire ◆ **untarse** *vp* **1.** *(mancharse)* se tacher **2.** *(con crema, pomada)* s'enduire

uña ['uɲa] *f* **1.** *(de persona)* ongle *m* **2.** *(de animal)* griffe *f* **3.** *(de caballo, vaca)* sabot *m* ● **hacerse las uñas** se faire les ongles

uralita® [ura'lita] *f* tôle ondulée de Fibrociment®

uranio [u'ranjo] *m* uranium *m*

urbanización [urβaniθa'θjon] *f* **1.** *(acción)* urbanisation *f* **2.** *(lugar)* lotissement *m*

urbano, na [ur'βano, na] *adj* urbain(e) ◇ *m,* f agent *m* de police

urgencia [ur'xenθja] *f* urgence *f* ● **con urgencia** d'urgence o **en urgencia** ◆ **urgencias** *fpl (en hospital)* urgences *fpl*

urgente [ur'xente] *adj* urgent(e)

urgentemente [urˌxente'mente] *adv* d'urgence

urinario [uri'narjo] *m* urinoir *m*

URL ['u'ere'ele] *(abr de Uniform Resource Locator) m* URL *f*

urna ['urna] *f* **1.** urne *f* **2.** *(de exposición)* vitrine *f*

urticaria [urti'karja] *f* urticaire *f*

Uruguay [uru'ɣuaj] *s* Uruguay *m*

uruguayo, ya [uru'ɣuajo, ja] *adj* uruguayen(enne) ◇ *m,* f Uruguayen *m,* -enne *f*

usado, da [u'saðo, ða] *adj* **1.** *(utilizado)* usagé(e) **2.** *(viejo)* d'occasion **3.** *(palabra)* usité(e) **4.** *(gastado)* usé(e)

usar [u'sar] *vt* **1.** *(utilizar)* utiliser **2.** *(llevar)* porter

USB [u'ese'be] *(abr de Universal Serial Bus) m* ● **llave USB** clé USB ● **puerto USB** port USB

uso ['uso] *m* **1.** utilisation *f* **2.** *(empleo)* usage *m* ● **usos y costumbres** les us et coutumes

usted, des [us'teð, ðes] *pron* vous ● **¿usted es español?** vous êtes espagnol ? ● **¿cómo están ustedes?** comment allez-vous ? ● **me gustaría hablar con usted** j'aimerais vous parler ● **tratar a alguien de usted** vouvoyer qqn

usual [usu'al] *adj* habituel(elle)

usuario, ria [u'suarjo, rja] *m, f* **1.** *(de transportes, servicios)* usager *m* **2.** *(de máquina, INFORM)* utilisateur *m*, -trice *f*

utensilio [uten'siljo] *m* ustensile *m*

útero ['utero] *m* utérus *m*

útil ['util] *adj* utile ◇ *m* outil *m*

utilidad [utili'ðað] *f* **1.** utilité *f* **2.** *(provecho)* profit *m*

utilitario [utili'tarjo] *m* petite voiture *f*

utilizar [utili'θar] *vt* utiliser

uva ['uβa] *f* raisin *m* ● **uvas de la suerte** tradition selon laquelle avaler 12 grains de raisin au rythme des 12 coups de minuit le 31 décembre porte chance

V v

vaca ['baka] *f* **1.** *(animal)* vache *f* **2.** *(carne)* bœuf *m*

vacaciones [baka'θjones] *fpl* vacances *fpl* ● **estar/ir de vacaciones** être/partir en vacances

vacante [ba'kante] *f* poste *m* vacant

vaciar [baθi'ar] *vt* **1.** vider **2.** *(dejar hueco)* évider

vacilar [baθi'lar] *vi* **1.** *(dudar)* hésiter **2.** *(tambalearse)* chanceler

vacilón [baθi'lon] *m* *(Amér)* fête *f*

vacío, a [ba'θio, a] *adj* **1.** vide **2.** *(no ocupado)* libre **3.** *(superficial)* creux (creuse) ◇ *m* vide *m* ● **al vacío** *(envasado)* sous vide

vacuna [ba'kuna] *f* vaccin *m*

vacunación [bakuna'θjon] *f* vaccination *f*

vacunar [baku'nar] *vt* vacciner

vado ['baðo] *m* **1.** *(en la calle)* bateau *m* **2.** *(de río)* gué *m* ▼ **vado permanente** sortie de voitures

vagabundo, da [baɣa'βundo, da] *m, f* vagabond *m*, -e *f*

vagamente [ˌbaɣa'mente] *adv* vaguement

vagina [ba'xina] *f* vagin *m*

vago, ga ['baɣo, ɣa] *adj* **1.** *(perezoso)* feignant(e) **2.** *(impreciso)* vague

vagón [ba'ɣon] *m* wagon *m*

vagoneta [baɣo'neta] *f* wagonnet *m*

vaho ['bao] *m* **1.** *(vapor)* vapeur *f* **2.** *(aliento, en cristales)* buée *f* ● **vahos** *mpl (de hierbas)* inhalation *f*

vaina ['baina] *f* **1.** *(funda)* étui *m* **2.** *(de guisantes, habas)* cosse *f*

vainilla [bai'niʎa] *f* vanille *f*

vajilla [ba'xiʎa] *f* vaisselle *f*

vale ['bale] *m* **1.** *(papel)* bon *m* **2.** *(Ven) (fam) (amigo)* copain *m* ◇ *interj* ● **¿vale?** d'accord ? ● **¡vale!** d'accord ! ● **¡vale (ya)!** ça suffit !

Valencia [ba'lenθja] s Valence

valenciana [balen'θjana] f (*Amér*) revers m (de pantalon)

valentía [balen'tia] f (*cualidad*) courage m

valer [ba'ler] m valeur f ◇ *vt* valoir ◇ *vi* **1.** (*ser eficaz*) valoir **2.** (*servir*) aller **3.** (*ser válido*) être valable **4.** (*estar permitido*) être permis(e) ● **este chico vale** c'est un garçon bien ● **estos zapatos ya no me valen** ces chaussures ne me vont plus ● **valer la pena** valoir la peine ● **más vale que no le digas nada** il vaut mieux que tu ne lui dises rien ◆ **valerse de** *v prep* se servir de

valeriana [bale'rjana] f valériane f

validez [bali'δeθ] f validité f

válido, da [ba'liδo, δa] adj valable

valiente [ba'ljente] adj courageux(euse)

valija [ba'lixa] f (*RP*) valise f

valioso, sa [ba'ljoso, sa] adj précieux(euse)

valla ['baʎa] f **1.** clôture f **2.** (*de publicidad*) panneau m publicitaire **3.** DEP haie f

valle ['baʎe] m vallée f

valor [ba'lor] m **1.** valeur f **2.** (*valentía*) courage m

valoración [balora'θjan] f évaluation f

valorar [balo'rar] vt évaluer

válvula ['balβula] f **1.** (*eléctrica*) valve f **2.** (*de coche*) soupape f

vanguardista [banguar'δista] adj avantgardiste

vanidad [bani'δað] f vanité f

vanidoso, sa [bani'δoso, sa] adj vaniteux(euse)

vano, na ['bano, na] adj vain(e) ● **en vano** (*inútilmente*) en vain

vapor [ba'por] m vapeur f ● **al vapor** à la vapeur

vaporizador [baporiθa'δor] m vaporisateur m

vaquero, ra [ba'kero, ra] adj (*ropa, chaqueta, pantalón*) en jean ● **vaqueros** mpl jean m

vara ['bara] f bâton m

variable [ba'rjaβle] adj **1.** (*opinión, clima*) variable **2.** (*carácter*) changeant(e)

variado, da [ba'rjaðo, ða] adj varié(e)

variar [ba'rjar] vt **1.** (*cambiar*) changer **2.** (*dar variedad*) varier ◆ **variar de** *v prep* changer de

varicela [bari'θela] f varicelle f

varices [ba'riθes] fpl varices fpl

variedad [barje'δað] f variété f ● **teatro de variedades** théâtre de variétés

varios, rias ['barjos, rjas] adj pl **1.** (*algunos*) plusieurs **2.** (*diferentes*) divers(es) ▼ **varios** divers

varón [ba'ron] m **1.** (*hombre*) homme m **2.** (*niño*) garçon m

varonil [baro'nil] adj **1.** (*valiente, fuerte*) viril(e) **2.** (*prenda, colonia*) pour homme

vasallo, lla [ba'saʎo, ʎa] m, f vassal m, f

vasco, ca ['basko, ka] adj basque ◇ m, f Basque mf ◇ m (*lengua*) basque m ● **a la vasca** (a la) busquaise

vascohablante [baskoa'βlante], **vascoparlante** [baskopar'lante] adj & mf bascophone

vasija [ba'sixa] f pot m

vaso ['baso] m verre m

vasto, ta ['basto, ta] *adj* vaste

váter ['bater] *m* W-C *mpl*

Vaticano [bati'kano] *m* ● **el Vaticano** le Vatican

vaya ['baja] *interj* **1.** *(sorpresa)* ça alors ! **2.** *(admiración)* ouah ! ● ¡**vaya moto!** quelle moto !

Vda. *(abr escrita de viuda)* vve *(veuve)*

Vdo. *(abr escrita de viudo)* vf *(veuf)*

vecindad [beθin'dað] *f* voisinage *m*

vecindario [beθin'darjo] *m* **1.** *(de una casa, un barrio)* voisins *mpl* **2.** *(de un pueblo, una ciudad)* habitants *mpl*

vecino, na [be'θino, na] *adj* voisin(e) ◇ *m, f* **1.** *(de una casa, un barrio)* voisin *m*, -e *f* **2.** *(de un pueblo, una ciudad)* habitant *m*, -e *f*

vegetación [bexeta'θjon] *f* végétation *f*

vegetal [bexe'tal] *adj* végétal(e) ◇ *m* **1.** végétal *m* **2.** *(sándwich)* sandwich *m* crudités

vegetariano, na [bexeta'rjano, na] *m, f* végétarien *m*, -enne *f*

vehículo [be'ikulo] *m* véhicule *m*

veinte ['bejnte] *núm* vingt

vejez [be'xeθ] *f* vieillesse *f*

vejiga [be'xiɣa] *f* vessie *f*

vela ['bela] *f* **1.** *(para dar luz)* bougie *f* **2.** *(de barco)* voile *f* **3.** *(vigilia)* veille *f* ● **estar en vela** veiller

velero [be'lero] *m* voilier *m*

veleta [be'leta] *f* girouette *f*

vello ['beʎo] *m* *(de persona)* duvet *m*

velo ['belo] *m* voile *m*

velocidad [beloθi'ðað] *f* vitesse *f* ● **la baja/alta velocidad** le bas/haut débit

▼ **velocidad controlada por radar** contrôle radar

velódromo [be'loðromo] *m* vélodrome *m*

velomotor [belomo'tor] *m* vélomoteur *m*

velorio [be'lorjo] *m* veillée *f* funèbre

veloz, ces [be'loθ, θes] *adj* rapide

vena ['bena] *f* veine *f*

venado [be'naðo] *m* gibier *m*

vencedor, ra [benθe'ðor, ra] *m, f* vainqueur *m*

vencer [ben'θer] *vt* **1.** vaincre **2.** *(dificultad, obstáculo)* surmonter **3.** *(suj: suceso, cansancio)* abattre ◇ *vi* **1.** *(ganar)* gagner **2.** *(contrato, plazo)* expirer **3.** *(pago, deuda)* échoir

vencido, da [ben'θiðo, ða] *adj (derrotado)* vaincu(e) ● **darse por vencido** s'avouer vaincu

vencimiento [benθi'mjento] *m* **1.** *(de contrato, plazo)* expiration *f* **2.** *(de pago, deuda)* échéance *f*

venda ['benda] *f* bande *f (pansement)*

vendaje [ben'daxe] *m* bandage *m*

vendar [ben'dar] *vt* bander

vendaval [benda'ßal] *m* grand vent *m*

vendedor, ra [bende'ðor, ra] *m, f* vendeur *m*, -euse *f*

vender [ben'der] *vt* vendre

vendimia [ben'dimja] *f* vendange *f*

vendimiador, ra [bendimja'ðor, ra] *m, f* vendangeur *m*, -euse *f*

vendimiar [bendi'mjar] *vt* vendanger

veneno [be'neno] *m* **1.** poison *m* **2.** *(de animales)* venin *m*

venenoso, sa [bene'noso, sa] *adj* **1.** *(seta)* vénéneux(euse) **2.** *(serpiente)* venimeux(euse)

venezolano, na [beneθo'lano, na] *adj* vénézuélien(enne) ◇ *m, f* Vénézuélien *m*, -enne *f*

Venezuela [bene'θwela] *s* Venezuela *m*

venganza [ben'ganθa] *f* vengeance *f*

vengarse [ben'garse] *vp* se venger

venida [be'niða] *f* venue *f*

venir [be'nir] *vi* **1.** venir • vino ayer por la tarde il est venu hier après-midi **2.** *(llegar, suceder)* • ya vienen los turistas les touristes arrivent • el vino una desgracia inesperada il lui est arrivé un malheur inattendu **3.** *(seguir en el tiempo)* • el año/la semana que viene l'année/la semaine prochaine • ahora viene la escena más divertida maintenant c'est la scène la plus drôle **4.** *(hallarse, estar)* être • su foto viene en la primera página sa photo est en première page • el texto viene en inglés le texte est en anglais **5.** *(ropa, zapatos)* aller • el abrigo le viene pequeño el manteau est trop petit pour lui • tus zapatos no me vienen tes chaussures ne me vont pas **6.** *(en locuciones)* • ¿a qué viene esto? pourquoi dis-tu ça ? • **venir de** *v prep (proceder)* venir de • **venirse** *vp (llegar)* venir • **venirse abajo** *(edificio, persona)* s'effondrer ; *(proyecto)* tomber à l'eau

venta ['benta] *f* **1.** venta *f* **2.** *(hostal)* auberge *f* • venta de billetes vente des billets • venta al detalle vente au détail • venta al por mayor vente en gros ▼ **en venta** à vendre

ventaja [ben'taxa] *f* avantage *m*

ventana [ben'tana] *f* fenêtre *f* • ventana emergente pop-up *m*

ventanilla [benta'niʎa] *f* **1.** *(de tren)* fenêtre *f* **2.** *(de coche)* vitre *f* **3.** *(de avión)* hublot *m* **4.** *(de oficina, cine)* guichet *m*

ventilación [bentila'θjon] *f* ventilation *f*

ventilador [bentila'ðor] *m* ventilateur *m*

ventisca [ben'tiska] *f* tempête *f* de neige

ventosa [ben'tosa] *f* ventouse *f*

ventoso, sa [ben'toso, sa] *adj* venteux(euse)

ver ['ber] *vt*

1. voir • desde casa vemos el mar de chez nous on voit le mar • fui a ver a unos amigos je suis allé voir des amis • ayer lo vi en el parque hier je l'ai vu au parc • esta es tu manera de ver las cosas c'est ta façon de voir les choses • ya veo que estás de mal humor je vois bien que tu es de mauvaise humeur • ya veo lo que quieres decir je vois ce que tu veux dire • voy a ver si han venido ya je vais voir s'ils sont arrivés • yo no lo veo tan mal ce n'est pas si mal

2. *(televisión)* regarder

3. *(en locuciones)* • ¡hay que ver lo tonto que es! qu'est-ce qu'il peut être bête ! • por lo visto o que se ve apparemment • ver mundo voyager • volver a ver revoir

◇ *vi* ver voir • los ciegos no ven les aveugles ne voient pas • ver bien/mal voir bien/mal • ¿a ver? creo que ese lápiz es mío fais voir ? je crois que ce crayon est à moi • a ver qué pasa voyons ce qui se passe • **verse con** *v prep (tratarse)* voir

veraneante [berane'ante] *mf* estivant *m*, -e *f*

veranear [berane'ar] *vi* passer ses vacances d'été

veraneo [bera'neo] *m* vacances *fpl* d'été

veraniego, ga [bera'njeɣo, ɣa] *adj* estival(e)

verano [be'rano] *m* été *m* • **en verano** en été

veras ['beras] ◆ **de veras** *loc adv* **1.** (*realmente*) vraiment **2.** (*en serio*) sérieusement

verbena [ber'βena] *f* **1.** (*fiesta*) fête populaire nocturne **2.** (*planta*) verveine *f*

verbo [ber'βo] *m* verbe *m* • **verbo auxiliar** verbe auxiliaire

verdad [ber'ðað] *f* vérité *f* • **de verdad** (*realmente*) vraiment ; (*en serio*) sérieusement • ¿**verdad?** n'est-ce pas ?

verdadero, ra [berða'ðero, ra] *adj* **1.** (*cierto, real*) vrai(e) **2.** (*no falso*) véritable

verde ['berðe] *adj* **1.** (*color*) vert(e) **2.** (*fig*) (*sin experiencia*) jeune **3.** (*fig*) (*obsceno*) osé(e) ⋄ *m* vert *m*

verdulería [berðule'ria] *f* • **ir a la verdulería** aller chez le marchand de légumes

verdulero, ra [berðu'lero, ra] *m, f* marchand *m*, -e *f* de légumes

verdura [ber'ðura] *f* légume *m* • **verdura con patatas** légumes cuits à l'eau avec des pommes de terre

vereda [be'reða] *f* **1.** (*camino*) sentier *m* **2.** (*CSur & Perú*) (*acera*) trottoir *m*

veredicto [bere'ðikto] *m* verdict *m*

vergonzoso, sa [berɣon'θoso, sa] *adj* **1.** (*deshonroso*) honteux(euse) **2.** (*tímido*) timide

vergüenza [ber'ɣwenθa] *f* **1.** honte *f* **2.** (*pudor*) pudeur *f* **3.** (*dignidad*) amour-propre *m*

verificar [berifi'kar] *vt* vérifier

verja ['berxa] *f* grille *f*

vermú [ber'mu] *m* **1.** (*licor*) vermouth *m* **2.** (*aperitivo*) apéritif *m*

verosímil [bero'simil] *adj* vraisemblable

verruga [be'ruɣa] *f* verrue *f*

versión [ber'sjon] *f* version *f* • **versión original** version originale

verso ['berso] *m* **1.** (*género*) vers *m* **2.** (*poema*) poème *m*

vertedero [berte'ðero] *m* **1.** (*de basuras*) décharge *f* **2.** (*de aguas*) déversoir *m*

verter [ber'ter] *vt* renverser

vertical [berti'kal] *adj* vertical(e)

vértice ['bertiθe] *m* sommet *m*

vertido [ber'tiðo] *m* déchet *m*

vertiente [ber'tjente] *f* **1.** (*de montaña*) versant *m* **2.** (*de tejado*) pente *f*

vértigo ['bertiɣo] *m* vertige *m*

vestíbulo [bes'tiβulo] *m* hall *m*

vestido [bes'tiðo] *m* **1.** (*prenda de vestir*) vêtement *m* **2.** (*de mujer*) robe *f*

vestimenta [besti'menta] *f* vêtements *mpl*

vestir [bes'tir] *vt* **1.** habiller **2.** (*llevar puesto*) porter ⋄ *vi* être habillé(e) ◆ **vestirse** *vp* s'habiller

vestuario [bestu'arjo] *m* **1.** (*ropa de persona*) garde-robe *f* **2.** (*de actores*) costumes *mpl* **3.** (*en gimnasio, piscina*) vestiaire *m* **4.** (*en teatro*) loge *f*

veterano, na [bete'rano, na] *m, f* vétéran *m*

veterinario, ria [beteri'narjo, rja] *m, f* vétérinaire *mf*

vez, ces ['beθ, θes] *f* **1.** fois *f* **2.** *(turno)* tour *m* ● **a veces** parfois ● **¿has estado en París alguna vez?** tu es déjà allé à Paris ? ● **una vez** une fois ● **dos veces** deux fois ● **de vez en cuando** de temps en temps ● **pocas veces** rarement ● **muchas veces** souvent ● **otra vez** encore une fois ● **tres veces al día** trois fois par jour ● **unas veces** parfois ● **en vez de** au lieu de ● **pedir la vez** demander son tour

VHF ['uβe'at∫e'efe] *m (abr de very high frequency)* VHF *f*

vía ['bia] *f* voie *f* ● **por vía aérea** par avion

vladucto [bja'ðukto] *m* viaduc *m*

vlajar [bja'xar] *vi* voyager

viaje ['bjaxe] *m* voyage *m* ● **viaje de novios** voyage de noces ● **ir de viaje** partir en voyage ● **¡buen viaje!** bon voyage !

viajero, ra [bja'xero, ra] *m, f* voyageur *m*, -euse *f*

víbora ['biβora] *f* vipère *f*

vibrar [bi'βrar] *vi* vibrer

vicepresidente, ta [biθepresi'ðente, ta] *m, f* vice-président *m*, -e *f*

viciarse [bi'θjarse] *vp* ● **viciarse (con algo)** *(persona)* devenir dépendant(e) (de qqch)

vicio ['biθjo] *m* **1.** *(mala costumbre)* manie *f* **2.** *(inmoralidad)* vice *m*

vicioso, sa [bi'θjoso, sa] *adj* vicieux(euse)

víctima ['biktima] *f* victime *f* ● **ser víctima de** être victime de

victoria [bik'torja] *f* victoire *f*

vid ['bið] *f* vigne *f*

vida ['biða] *f* **1.** vie *f* **2.** *(duración)* durée *f* de vie ● **vida familiar** vie de famille ● **buena vida** belle vie ● **mala vida** mauvaise vie ● **de toda la vida** depuis toujours ● **amargarle la vida a alguien** rendre la vie impossible à qqn

vidente [bi'ðente] *mf* voyant *m*, -e *f*

vídeo [bi'ðeo] *m* **1.** *(técnica)* vidéo *f* **2.** *(aparato)* magnétoscope *m*

videocámara [,biðeo'kamara] *f* Caméscope® *m*

videocasete [,biðeoka'sete] *m* cassette *f* vidéo

videoconferencia [,biðeokonfe'renθja] *f* visioconférence *f*

videojuego [,biðeo'xweɣo] *m* jeu *m* vidéo

videovigilancia [,biðeoβixi'lanθja] *f* vidéosurveillance *f*

vidriera [bi'ðrjera] *f* vitrail *m*

vidrio [bi'ðrjo] *m (material)* verre *m*

vieira ['bjeira] *f* coquille *f* Saint-Jacques

viejo, ja ['bjexo, xa] *adj* vieux (vieille) ● **un hombre viejo** un vieil homme ● **hacerse viejo** vieillir ◇ *m, f* **1.** *(anciano)* vieux *m*, vieille *f* **2.** *(RP & Ven)* *(compañero, amigo)* pote *m*

viento ['bjento] *m* vent *m*

vientre ['bjentre] *m* ventre *m*

viernes ['bjernes] *m inv* vendredi *m* ● **Viernes Santo** Vendredi Saint ● **cada viernes o todos los viernes** tous les vendredis ● **caer en viernes** tomber un vendredi ● **el próximo viernes o el viernes que viene** vendredi prochain ● **viene el viernes** il vient vendredi ● **el viernes pasado** vendredi dernier ● **el viernes por la**

mañana/tarde/noche vendredi matin/ après-midi/soir ● **este viernes** *(pasado)* vendredi dernier ; *(próximo)* vendredi prochain ● **los viernes** le vendredi

Vietnam [bjeð'nam] *s* Vietnam *m*

viga ['biɣa] *f* poutre *f*

vigencia [bi'xenθja] *f* validité *f*

vigente [bi'xente] *adj* en vigueur

vigilante [bixi'lante] *mf* surveillant *m*, -e *f*

vigilar [bixi'lar] *vt* surveiller

vigor [bi'ɣor] *m* vigueur *f* ● **en vigor** en vigueur

vigoroso, sa [biɣo'roso, sa] *adj* vigoureux(euse)

vil ['bil] *adj* **1.** *(persona)* méprisable **2.** *(acto, conducta)* vil(e)

villancico [biʎan'θiko] *m* chant *m* de Noël

vinagre [bi'naɣre] *m* vinaigre *m*

vinagreras [bina'ɣreras] *fpl* huilier *m*

vinagreta [bina'ɣreta] *f* vinaigrette *f* ● **salsa vinagreta** vinaigrette *f* ● **a la vinagreta** à la vinaigrette

vinculación [binkula'θjon] *f* lien *m*

vincular [binku'lar] *vt* lier

vino ['bino] *m* vin *m* ● **vino blanco/rosado/tinto** vin blanc/rosé/rouge ● **vino de la casa** vin de la maison ● **vino corriente** vin ordinaire ● **vino de mesa** vin de table

viña ['biɲa] *f (terreno)* vigne *f*

violación [biola'θjon] *f* **1.** *(de ley)* violation *f* **2.** *(abuso sexual)* viol *m*

violador, ra [biola'ðor, ra] *m, f* violeur *m*, -euse *f*

violar [bio'lar] *vt* violer

violencia [bio'lenθja] *f* violence *f* ● **me causa violencia preguntárselo** ça me gêne de le lui demander

violento, ta [bio'lento, ta] *adj* violent(e) ● **estar violento** être gêné ● **ser violento** être gênant

violeta [bio'leta] *f* violette *f*

violín [bio'lin] *m* violon *m*

violinista [bioli'nista] *mf* violoniste *mf*

violoncelo [bjolon'tʃelo] *m* violoncelle *m*

virgen ['birxen] *adj* vierge ● **la Virgen** la Vierge

Virgo ['birɣo] *m* Vierge *f inv*

virtud [bir'tuð] *f* vertu *f* ● **en virtud de** en vertu de

viruela [bi'rwela] *f* variole *f*

virus ['birus] *m inv* virus *m*

viruta [bi'ruta] *f (de madera)* copeau *m* ● **virutas de jamón** petites tranches fines de jambon de pays

visa ['bisa] *f (Amér)* visa *m*

visado [bi'saðo] *m* visa *m*

víscera [bis'θera] *f* viscère *m*

viscosa [bis'kosa] *f* viscose *f*

visera [bi'sera] *f* visière *f*

visible [bi'siβle] *adj* visible

visillos [bi'siʎos] *mpl* voilages *mpl*

visita [bi'sita] *f* **1.** *(acción)* visite *f* **2.** *(persona)* visiteur *m*, -euse *f* ● **hacer una visita** rendre une visite

visitante [bisi'tante] *mf* visiteur *m*, -euse *f*

visitar [bisi'tar] *vt* **1.** *(amigo, pariente)* rendre visite **2.** *(ciudad, museo, cliente)* visiter **3.** *(suj: médico)* examiner

vislumbrar [bizlum'brar] vt entrevoir

víspera ['bispera] f (día anterior) veille f

vista ['bista] f 1. vue f 2. (ojos) yeux mpl 3. (perspicacia, astucia) flair m 4. (juicio) audience f ● a primera o simple vista à première vue ● con vistas a dans l'intention de ● en vista de vu, compte tenu de ● en vista de que étant donné que ● ¡hasta la vista! à la prochaine ! ● vista previa aperçu m avant impression

vistazo [bis'taθo] m coup m d'œil ● echar un vistazo jeter un coup d'œil

visto, ta ['bisto, ta] adj ● estar bien/mal visto (hecho, conducta) être bien/mal vu ● está muy visto (ropa) c'est démodé ; (truco, chiste) c'est du déjà-vu ● por lo visto apparemment ● visto que vu que, puisque

vistoso, sa [bis'toso, sa] adj voyant(e)

visualización [bisualiθa'θjon] f affichage m

visualizar [bisuali'θar] vt afficher

vital [bi'tal] adj 1. vital(e) 2. (con vitalidad) plein(e) de vitalité

vitalidad [bitali'ðað] f vitalité f

vitamina [bita'mina] f vitamine f

vitrina [bi'trina] f vitrine f (meuble)

viudo, da ['bjuðo, ða] m, f veuf m, veuve f

viva ['biβa] interj ¡viva los novios! vive les mariés !

víveres ['biβeres] mpl vivres mpl

vivienda [bi'βjenda] f logement m

vivir [bi'βir] vi 1. vivre 2. (residir) habiter ◇ vt vivre ● vivir de v prep vivre de

vivo, va ['biβo, βa] adj 1. vif (vive) 2. (ingenioso, expresivo) vivant(e) ● estar

vivo être en vie ● en vivo (programa, emisión) en direct ; (en persona) en chair et en os

vizcaíno, na [biθka'ino, na] adj ● a la vizcaína (à la) basquaise

vocabulario [bokaβu'larjo] m vocabulaire m

vocación [boka'θjon] f vocation f

vocal [bo'kal] f voyelle f

vodka ['boðka] m vodka f

vol. (abr escrita de volumen) vol. (volume)

volador, ra [bola'ðor, ra] adj volant(e)

volante [bo'lante] adj volant(e) ◇ m volant m

volar [bo'lar] vi 1. (avión, pájaro) voler 2. (fam) (tiempo) passer vite 3. (fam) (desaparecer) s'envoler 4. (fam) (correr) se dépêcher ◇ vt (hacer explotar) faire sauter

volcán [bol'kan] m volcan m

volcánico, ca [bol'kaniko, ka] adj volcanique

volcar [bol'kar] vt renverser ◇ vi 1. se renverser 2. (barco) se retourner

voleibol [bolei'βol] m volley-ball m

voley ['bolei] m (fam) volley m ● voley-playa beach-volley m

volquete [bol'kete] m camión m à benne

voltaje [bol'taxe] m voltage m

voltear [bolte'ar] vt 1. (Andes & Méx) (volverse) tourner 2. (Amér) (derribar) renverser ● voltearse vp (Andes, CAm, Carib & Méx) (volverse) se retourner

voltereta [bolte'reta] f culbute f

volumen [bo'lumen] *m* volume *m*
● **ajuste del volumen** réglage du volume

voluntad [bolun'tað] *f* volonté *f*

voluntario, ria [bolun'tarjo, rja] *adj* ●
m, f volontaire ◇ *m* (*soldado*) engagé *m*
volontaire

voluntarioso, sa [bolunta'rjoso, sa] *adj*
● **ser voluntarioso** avoir de la volonté

volver [bol'βer] *vt* **1.** (*cabeza, ojos, vista*)
tourner ● **he vuelto los ojos hacia don-
de estabas** j'ai tourné les yeux vers toi
2. (*dar la vuelta a*) retourner ● **vuelve la
tortilla** retourner l'omelette **3.** (*convertir*) rendre ● **la desgracia lo volvió un delincuente** le malheur a fait de lui un délinquant ● **vas a volverme loco** tu vas
me rendre fou ◇ *vi* **1.** (*regresar*) revenir
● **vuelve, no te vayas** reviens, ne t'en va
pas ● **no volveré esta noche** je ne rentre-
rai pas cette nuit ● **volvamos a nuestro
tema** revenons à notre sujet **2.** (*ir de nuevo*) retourner ● **no pienso volver a este
hotel** je n'ai pas l'intention de retourner
dans cet hôtel ● **volver a** *v prep* (*hacer
otra vez*) ● **volver a hacer/leer** refaire/re-
lire ● **vuelve a llover** il recommence à
pleuvoir ◆ **volverse** *vp* **1.** (*darse la vuelta*)
se retourner ● **volverse atrás** (*desdecir-
se*) faire machine arrière **2.** (*convertirse*)
devenir ● **se volvió insomne** il est devenu insomniaque ● **volverse a** *v prep* (*ir de
vuelta*) retourner à ● **volverse de** *v prep*
(*volver de vuelta*) revenir de

vomitar [bomi'tar] *vt* vomir

vos ['bos] *pron* (*Andes, CAm, Carib &
RP*) tu

VOSE *f* (*abr escrita de versión original
subtitulada en español*) ≃ VOST *f* (*version originale sous-titrée*)

vosotros, tras [bo'sotros, tras] *pron*
vous

votación [bota'θjon] *f* vote *m*

votante [bo'tante] *mf* votant *m*, -e *f*

votar [bo'tar] *vt* & *vi* voter

voto ['boto] *m* **1.** (*en elecciones*) voix *f*
2. (*derecho a votar*) droit *m* de vote **3.** *RELIG*
vœu *m*

voz, ces ['boθ, θes] *f* **1.** voix *f* **2.** (*grito*) cri
m **3.** (*rumor*) rumeur *f* ● **en voz alta/baja**
à voix haute/basse ● **dar una voz** crier

VPO ['uβe'pe'o] (*abr de vivienda de protección oficial*) *f* ≃ HLM *f* ou *f*

vuelo ['bwelo] *m* vol *m* ● **vuelo chárter/
regular** vol charter/régulier ▼ **vuelos na-
cionales** vols nationaux ● **una falda con
mucho vuelo** une jupe très ample

vuelta ['bwelta] *f* **1.** tour *m* **2.** (*regreso*) retour *m* **3.** (*de monedas*) monnaie *f* ● **vuelta de campana** (*de coche*) tonneau *m*
● **vuelta al cole(gio)** rentrée *f* des classes
● **dar la vuelta** rendre la monnaie ● **dar
la vuelta al colchón** retourner le matelas
● **dar una vuelta** faire un tour ● **dar vueltas** tourner ● **darse la vuelta** se retourner
(*personne*) ● **estar de vuelta** être de retour ● **a la vuelta** au retour ● **a la vuelta
de la esquina** au coin de la rue ● **a vuelta
de correo** par retour du courrier

vuelto ['bwelto] *pp* ➤ **volver** ◇ *m* (*Amér*)
monnaie *f*

vuestro, tra ['bwestro, tra] *adj* votre
◇ *pron* ● **el vuestro** le vôtre ● **la vuestra**
la vôtre ● **vuestros libros** vos livres ● **lo**

vuestro es el deporte votre truc c'est le sport • **un amigo vuestro** un de vos amis

vulgar [bul'ɣar] *adj* **1.** vulgaire **2.** *(común)* courant(e)

y [i] *conj* **1.** et • **tú y yo** toi et moi • **¿y tu mujer?** et ta femme ? **2.** *(pero)* et pourtant • **sabía que no lo conseguiría y seguía intentándolo** il savait qu'il n'y parviendrait pas et pourtant il continuait à essayer

ya [ˈʝa] *adv* **1.** *(denota pasado)* déjà • **ya me lo has dicho** tu me l'as déjà dit • **ya no vive aquí** il n'habite plus ici **2.** *(inmediatamente)* tout de suite • **hay que hacerlo ya** il faut le faire tout de suite • **ya te llamaré** je t'appellerai **3.** *(refuerza al verbo)* **bien • ya lo sé, pero...** je sais bien, mais ... ◇ *interj* **1.** *(expresa asentimiento)* oui, c'est ça ! **2.** *(expresa comprensión)* oui, j'ai compris ! ◇ *conj* • **ya llegue tarde, ya llegue temprano...** que j'arrive tôt ou que j'arrive tard... • **ya que** puisque

yacimiento [ʝaθiˈmjento] *m* gisement *m*

yanqui [ˈʝaŋki] *mf (despec)* Amerloque *m*

yate [ˈʝate] *m* yacht *m*

yegua [ˈʝeɣwa] *f* jument *f*

yema [ˈʝema] *f* **1.** *(de huevo)* jaune *m* **2.** *(de dedo)* bout *m* **3.** *(de planta)* bourgeon *m* **4.** *(dulce)* confiserie à base de jaune d'œuf et de sucre

yerbatero [ʝerβaˈtero] *m (Andes)* guérisseur *m*

yerno [ˈʝerno] *m* gendre *m*

yeso [ˈʝeso] *m* **1.** *(mineral)* gypse *m* **2.** *(material)* plâtre *m*

W

walkman® [ˈwolman] *m* Walkman® *m*

wáter [ˈbater] *m* W-C *mpl*

waterpolo [waterˈpolo] *m* water-polo *m*

WC *(abr escrita de water closet)* W-C *mpl*

web [ˈweβ] *f* **web** *m* • **la web** le Web • **una (página) web** un site web

webmaster [weβˈmaster] *mf* webmestre *mf*

whisky [ˈwiski] *m* whisky *m*

Wi-Fi [ˈwifi] *(abr de Wireless Fidelity)* *m* Wi-Fi *m*

windsurf [ˈwinsurf] *m* • **hacer windsurf** faire de la planche à voile

---

X

xenofobia [seno'foβja] *f* xénophobie *f*

xilófono [siˈlofono] *m* xylophone *m*

xml, XML [ˈekisˈemeˈele] *(abr de Extensible Markup Language)* *m* XML *m*

yo [ʼʝo] *pron* **1.** *(sujeto)* je **2.** *(predicado)* moi ● **yo me llamo Juan** je m'appelle Juan ● **yo animo a todos** j'encourage tout le monde ● **yo que tú/él** moi, à ta/sa place ● **el culpable soy yo** c'est moi le coupable

yodo [ʼʝoðo] *m* iode *m*

yoga [ʼʝoɣa] *m* yoga *m*

yogur [ʝoʼɣur] *m* yaourt *m*

yunque [ʼʝunke] *m* enclume *f*

yunta [ʼʝunta] *f (Amér)* boutons *mpl* de manchette

zZ

zafacón [θafaʼkon] *m (Amér)* poubelle *f (en métal)*

zafiro [θaʼfiro] *m* saphir *m*

zaguán [θaʼɣwan] *m* entrée *f*

zambullida [θambuʼʎiða] *f* plongeon *m*

zambullirse [θambuʼʎirse] *vp* plonger

zanahoria [θanaʼorʝa] *f* carotte *f*

zancadilla [θankaʼðiʎa] *f* ● **poner la zancadilla a alguien** faire un croche-pied à qqn

zancudo [θanʼkuðo] *m (Amér)* moustique *m*

zanja [ʼθanxa] *f* tranchée *f*

zapallo [θaʼpaʎo] *m (Amér)* courgette *f*

zapateado [θapateʼaðo] *m* danse espagnole rythmée par des coups de talons

zapatería [θapateʼria] *f* **1.** *(tienda)* magasin *m* de chaussures **2.** *(taller)* cordonnerie *f*

zapatero, ra [θapaʼtero, ra] *m, f* **1.** *(vendedor)* chausseur *m* **2.** *(reparador)* cordonnier *m*, -ère *f* ◇ *m (mueble)* armoire *f* à chaussures

zapatillas [θapaʼtiʎas] *fpl (para estar en casa)* chaussons *mpl* ● **zapatillas de deporte** tennis *fpl*

zapatos [θaʼpatos] *m* chaussures *fpl* ● **zapatos de caballero/señora** chaussure *f* pour homme/femme

zapeo [θaʼpeo] *m* zapping *m*

zapping [ʼθapin] *m* zapping *m* ● **hacer zapping** zapper

zarandear [θarandeʼar] *vt* secouer *(personne)*

zarpar [θarʼpar] *vi* appareiller

zarpazo [θarʼpaθo] *m* coup *m* de griffe

zarza [ʼθarθa] *f* ronce *f*

zarzamora [θarθaʼmora] *f* mûre *f*

zarzuela [θarʼθwela] *f* **1.** *(guiso)* plat de poisson et de coquillages en sauce **2.** *(obra musical)* zarzuela *f (genre d'opérette typiquement espagnole)*

zenit [θeʼnit] *m* zénith *m* ● **en el zenit de** *(fig)* au sommet de

zinc [ʼθink] *m* zinc *m*

zip, ZIP [ʼθip] *m* zip, ZIP *m* ● **archivo zip** fichier zip

zíper [ʼθiper] *m (CAm, Carib & Méx)* fermeture *f* Éclair®

zipizape [ˌθipiʼθape] *m (fam)* grabuge *m*

zócalo [ʼθokalo] *m* **1.** *(de edificio)* soubassement *m* **2.** *(de muro, pared)* plinthe *f*

zodíaco [θoʼðiako] *m* zodiaque *m*

zona [ˈθona] f zone f ▼ **zona de estacionamiento limitado y vigilado** zone de stationnement limité ● **zona euro** zone euro ● **zona verde** (con árboles) espace m vert

La zona azul

Il s'agit d'une zone de stationnement payant. Dans la plupart des villes, le paiement s'effectue au moyen d'un horodateur. Le ticket délivré par l'appareil doit être placé en évidence derrière le pare-brise. Dans ces zones, le stationnement est gratuit certains jours et à certaines heures indiqués sur l'horodateur.

zonzo, za [ˈθonθo, θa] adj (Amér) crétin(e)

zoo [ˈθoo] m zoo m

zoológico, ca [θooˈloxiko, ka] adj zoologique ◇ m parc m zoologique

zopenco, ca [θoˈpenko, ka] adj (fam) idiot(e)

zorra [ˈθora] f (vulg) (prostituta) pute f

zorro, rra [ˈθoro, ra] m, f (animal) renard m, -e f ◇ m (piel) renard m ● **un zorro** (fig) (persona astuta) un vieux renard

zuecos [ˈθwekos] mpl **1.** (de madera) sabots mpl **2.** (de piel) galoches fpl

zumbar [θumˈbar] vi bourdonner ◇ vt ● **zumbar a alguien** (fam) ficher une raclée à qqn

zumbido [θumˈbiðo] m bourdonnement m

zumo [ˈθumo] m (Esp) jus m ● **zumo de fruta/de naranja** jus de fruits/d'orange

zurcir [θurˈθir] vt repriser

zurdo, da [ˈθurðo, ða] adj **1.** (mano, ojo) gauche **2.** (persona) gaucher(ère)

zurrar [θuˈrar] vt (fam) ● **zurrar a alguien** ficher une raclée à qqn

CONJUGACIÓN
DE LOS
VERBOS ESPAÑOLES

acertar :
pres ind : acierto, acertamos, etc.
• *pres subj :* acierte, acertemos, etc.
• *imperat :* acierta, acertemos, acertad, etc.

adquirir :
pres ind : adquiero, adquirimos, etc.
• *pres subj :* adquiera, adquiramos, etc. • *imperat :* adquiere, adquiramos, adquirid, etc.

amar :
pres ind : amo, amas, ama, amamos, amáis, aman
• *imperf ind :* amaba, amabas, amaba, amábamos, amabais, amaban
• *pret indef :* amé, amaste, amó, amamos, amasteis, amaron • *fut :* amaré, amarás, amará, amaremos, amaréis, amarán • *cond :* amaría, amarías, amaría, amaríamos, amaríais, amarían

• *pres subj :* ame, ames, ame, amemos, améis, amen
• *imperf subj :* amara, amaras, amara, amáramos, amarais, amaran
• *imperat :* ama, ame, amemos, amad, amen • *ger :* amando • *partic :* amado, -da

andar :
pret indef : anduve, anduvimos, etc.
• *imperf subj :* anduviera, anduviéramos, etc.

avergonzar :
pres ind : avergüenzo, avergonzamos, etc. • *pret indef :* avergoncé, avergonzó, avergonzamos, etc. • *pres subj :* avergüence, avergoncemos, etc.
• *imperat :* avergüenza, avergüence, avergoncemos, avergonzad, etc.

caber :
pres ind : quepo,

cabe, cabemos, etc.
• *pret indef :* cupe, cupimos, etc. • *fut :* cabré, cabremos, etc. • *cond :* cabría, cabríamos, etc. • *pres subj :* quepa, quepamos, etc.
• *imperf subj :* cupiera, cupiéramos, etc. • *imperat :* cabe, quepa, quepamos, cabed, etc.

caer :
pres ind : caigo, cae, caemos, etc. • *pret indef :* cayó, caímos, cayeron, etc.
• *pres subj :* caiga, caigamos, etc.
• *imperf subj :* cayera, cayéramos, etc. • *imperat :* cae, caiga, caigamos, caed, etc. • *ger :* cayendo

conducir :
pres ind : conduzco, conduce, conducimos, etc. • *pret indef :* conduje, condujimos, etc.
• *pres subj :* conduzca, conduzca-

mos, etc. • *imperf
subj*: condujera,
condujéramos, etc.
• *imperat*: con-
duce, conduzca,
conduzcamos, con-
ducid, etc.

conocer:
pres ind: conozco,
conoce, conoce-
mos, etc. • *pres
subj*: conozca,
conozcamos, etc.
• *imperat*: conoce,
conozca, conozca-
mos, etc.

dar:
pres ind: doy, da,
damos, etc. • *pret
indef*: di, dio, di-
mos, etc. • *pres
subj*: dé, demos,
etc. • *imperf subj*:
diera, diéramos, etc.
• *imperat*: da, dé,
demos, dad, etc.

decir:
pres ind: digo, dice,
decimos, etc. • *pret
indef*: dije, dijimos,
etc. • *fut*: diré, dire-
mos, etc.

• *cond*: diría, di-
ríamos, etc. • *pres
subj*: diga, digamos,
etc. • *imperf subj*:
dijera, dijéramos,
etc. • *imperat*:
di, diga, digamos,
decid, etc. • *ger*:
diciendo • *partic*:
dicho, -cha

discernir:
pres ind: discierno,
discernimos, etc.
• *pres subj*: discier-
na, discernamos,
etc. • *imperat*:
discierne, discierna,
discernamos, dis-
cernid, etc.

dormir:
pres ind: duermo,
dormimos, etc.
• *pret indef*: dur-
mió, dormimos,
durmieron, etc.
• *pres subj*: duer-
ma, durmamos,
etc. • *imperf subj*:
durmiera, dur-
miéramos, etc.
• *imperat*: duerme,
duerma, durma-
mos, dormid, etc.
• *ger*: durmiendo

errar:
pres ind: yerro, er-
ramos, etc. • *pres
subj*: yerre, erre-
mos, etc. • *impe-
rat*: yerra, yerre,
erremos, errad, etc.

estar:
pres ind: estoy,
estás, está, esta-
mos, estáis, es-
tán • *imperf ind*:
estaba, estabas,
estaba, estábamos,
estabais, estaban
• *pret indef*: estu-
ve, estuviste, estu-
vo, estuvimos, estu-
visteis, estuvieron
• *fut*: estaré, estarás,
estará, estaremos,
estaréis, estarán
• *cond*: estaría,
estarías, estaría, es-
taríamos, estaríais,
estarían • *pres subj*:
esté, estés, esté, es-
temos, estéis, estén
• *imperf subj*: es-
tuviera, estuvieras,
estuviera, estuviéra-
mos, estuvierais, es-
tuvieran • *imperat*:
está, esté, estemos,

estad, estén • **ger**: estando • **partic**: estado

---

haber:
pres ind: he, has, ha, hemos, habéis, han • **imperf ind**: había, habías, había, habíamos, habíais, habían • **pret indef**: hube, hubiste, hubo, hubimos, hubisteis, hubieron • **fut**: habré, habrás, habrá, habremos, habréis, habrán • **cond**: habría, habrías, habría, habríamos, habríais, habrían • **pres subj**: haya, hayas, haya, hayamos, hayáis, hayan • **imperf subj**: hubiera, hubieras, hubiera, hubiéramos, hubierais, hubieran • **imperat**: he, haya, hayamos, habed, hayan • **ger**: habiendo • **partic**: habido, -da

---

hacer:
pres ind: hago,

hace, hacemos, etc. • **pret indef**: hice, hizo, hicimos, etc. • **fut**: haré, haremos, etc. • **cond**: haría, haríamos, etc. • **pres subj**: haga, hagamos, etc. • **imperf subj**: hiciera, hiciéramos, etc. • **imperat**: haz, haga, hagamos, haced, etc. • **partic**: hecho, -cha

---

huir:
pres ind: huyo, huimos, etc. • **pret indef**: huyó, huimos, huyeron, etc. • **pres subj**: huya, huyamos, etc. • **imperf subj**: huyera, huyéramos, etc. • **imperat**: huye, huya, huyamos, huid, etc. • **ger**: huyendo

---

ir:
pres ind: voy, va, vamos, etc. • **pret indef**: fui, fue, fuimos, etc. • **pres subj**: vaya, vayamos, etc. • **im-**

perf **subj**: fuera, fuéramos, etc. • **imperat**: ve, vaya, vayamos, id, etc. • **ger**: yendo

---

leer:
pret indef: leyó, leímos, leyeron, etc. • **imperf subj**: leyera, leyéramos • **ger**: leyendo

---

lucir:
pres ind: luzco, luce, lucimos, etc. • **pres subj**: luzca, luzcamos, etc. • **imperat**: luce, luzca, luzcamos, lucid, etc.

---

mover:
pres ind: muevo, movemos, etc. • **pres subj**: mueva, movamos, etc. • **imperat**: mueve, mueva, movamos, moved, etc.

---

nacer:
pres ind: nazco, nace, nacemos, etc. • **pres subj**: nazca, nazcamos, etc.

• *imperat:* nace, nazca, nazcamos, naced, etc.

oír :

pres ind: oigo, oye, oímos, etc. • *pret indef:* oyó, oímos, oyeron, etc. • *pres subj:* oiga, oigamos, etc. • *imperf subj:* oyera, oyéramos, etc. • *imperat:* oye, oiga, oigamos, oíd, etc. • *ger:* oyendo

oler :

pres ind: huelo, olemos, etc. • *pres subj:* huela, olamos, etc. • *imperat:* huele, huela, olamos, oled, etc.

parecer :

pres ind: parezco, parece, parecemos, etc. • *pres subj:* parezca, parezcamos, etc. • *imperat:* parece, parezca, parezcamos, pareced, etc.

partir :

pres ind: parto, partes, parte, partimos, partís, parten • *imperf ind:* partía, partías, partía, partíamos, partíais, partían • *pret indef:* partí, partiste, partió, partimos, partisteis, partieron • *fut:* partiré, partirás, partirá, partiremos, partiréis, partirán • *cond:* partiría, partirías, partiría, partiríamos, partiríais, partirían • *pres subj:* parta, partas, parta, partamos, partáis, partan • *imperf subj:* partiera, partieras, partiera, partiéramos, partierais, partieran • *imperat:* parte, parta, partamos, partid, partan • *ger:* partiendo • *partic:* partido, -da

pedir :

pres ind: pido, pedimos, etc. • *pret indef:* pidió, pedimos, pidieron, etc. • *pres subj:* pida, pidamos, etc. • *imperf subj:* pidiera, pidiéramos, etc. • *imperat:* pide, pida, pidamos, pedid, etc. • *ger:* pidiendo

poder :

pres ind: puedo, podemos, etc. • *pret indef:* pude, pudimos, etc. • *fut:* podré, podremos, etc. • *cond:* podría, podríamos, etc. • *pres subj:* pueda, podamos, etc. • *imperf subj:* pudiera, pudiéramos, etc. • *imperat:* puede, pueda, podamos, poded, etc. • *ger:* pudiendo

poner :

pres ind: pongo, pone, ponemos, etc. • *pret indef:* puse, pusimos, etc. • *fut:* pondré, pondremos, etc. • *cond:* pondría,

pondríamos, etc.
● *pres subj* : ponga, pongamos, etc.
● *imperf subj* : pusiera, pusiéramos, etc. ● *imperat* : pon, ponga, pongamos, poned, etc. ● *partic* : puesto, -ta

querer :

pres ind : quiero, queremos, etc.
● *pret indef* : quise, quisimos, etc. ● *fut* : querré, querremos, etc. ● *cond* : querría, querríamos, etc. ● *pres subj* : quiera, queramos, etc. ● *imperf subj* : quisiera, quisiéramos, etc. ● *imperat* : quiere, quiera, queramos, quered, etc.

reír :

pres ind : río, reímos, etc. ● *pret indef* : rio, reímos, rieron, etc. ● *pres subj* : ría, riamos, etc. ● *imperf subj* : riera, riéramos, etc. ● *imperat* : ríe, ría, riamos, reíd, etc. ● *ger* : riendo

saber :

pres ind : sé, sabe, sabemos, etc. ● *pret indef* : supe, supimos, etc. ● *fut* : sabré, sabremos, etc. ● *cond* : sabría, sabríamos, etc. ● *pres subj* : sepa, sepamos, etc. ● *imperf subj* : supiera, supiéramos, etc. ● *imperat* : sabe, sepa, sepamos, sabed, etc.

salir :

pres ind : salgo, sale, salimos, etc. ● *fut* : saldré, saldremos, etc. ● *cond* : saldría, saldríamos, etc. ● *pres subj* : salga, salgamos, etc. ● *imperat* : sal, salga, salgamos, salid, etc.

sentir :

pres ind : siento, sentimos, etc. ● *pret indef* : sintió, sentimos, sintieron, etc. ● *pres subj* : sienta, sintamos, etc. ● *imperf subj* : sintiera, sintiéramos, etc. ● *imperat* : siente,

sienta, sintamos, sentid, etc. ● *ger* : sintiendo

ser :

pres ind : soy, eres, es, somos, sois, son
● *imperf ind* : era, eras, era, éramos, erais, eran ● *pret indef* : fui, fuiste, fue, fuimos, fuisteis, fueron ● *fut* : seré, serás, será, seremos, seréis, serán ● *cond* : sería, serías, sería, seríamos, seríais, serían ● *pres subj* : sea, seas, sea, seamos, seáis, sean ● *imperf subj* : fuera, fueras, fuera, fuéramos, fuerais, fueran ● *imperat* : sé, sea, seamos, sed, sean ● *ger* : siendo ● *partic* : sido, -da

sonar :

pres ind : sueno, sonamos, etc. ● *pres subj* : suene, sonemos, etc. ● *imperat* : suena, suene, sonemos, sonad, etc.

temer :
pres ind: temo, temes, teme, tememos, teméis, temen • *imperf ind:* temía, temías, temía, temíamos, temíais, temían • *pret indef:* temí, temiste, temió, temimos, temisteis, temieron • *fut:* temeré, temerás, temerá, temeremos, temeréis, temerán • *cond:* temería, temerías, temería, temeríamos, temeríais, temerían • *pres subj:* tema, temas, tema, temamos, temáis, teman • *imperf subj:* temiera, temieras, temiera, temiéramos, temierais, temieran • *imperat:* teme, tema, temamos, temed, teman • *ger:* temiendo • *partic:* temido, -da

tender :
pres ind: tiendo, tendemos, etc. • *pres subj:* tienda, tenda- mos, etc. • *imperat:* tiende, tendamos, etc.

tener :
pres ind: tengo, tiene, tenemos, etc. • *pret indef:* tuve, tuvimos, etc. • *fut:* tendré, tendremos, etc. • *cond:* tendría, tendríamos, etc. • *pres subj:* tenga, tengamos, etc. • *imperf subj:* tuviera, tuviéramos, etc. • *imperat:* ten, tenga, tengamos, tened, etc.

traer :
pres ind: traigo, trae, traemos, etc. • *pret indef:* traje, trajimos, etc. • *pres subj:* traiga, traigamos, etc. • *imperf subj:* trajera, trajéramos, etc. • *imperat:* trae, traiga, traigamos, traed, etc. • *ger:* trayendo

valer :
pres ind: valgo, vale, valemos, etc. • *fut:* valdré, valdremos, etc. • *cond:* valdría, valdríamos, etc. • *pres subj:* valga, valgamos, etc. • *imperat:* vale, valga, valgamos, valed, etc.

venir :
pres ind: vengo, viene, venimos, etc. • *pret indef:* vine, vinimos, etc. • *fut:* vendré, vendremos, etc. • *cond:* vendría, vendríamos, etc. • *pres subj:* venga, vengamos, etc. • *imperf subj:* viniera, viniéramos, etc. • *imperat:* ven, venga, vengamos, venid, etc. • *ger:* viniendo

ver :
pres ind: veo, ve, vemos, etc. • *pret indef:* vi, vio, vimos, etc. • *imperf subj:* viera, viéramos, etc. • *imperat:* ve, vea, veamos, ved, etc. • *ger:* viendo, etc. • *partic:* visto, -ta

CONJUGAISON
DES
VERBES FRANÇAIS

avoir :

ind prés : j'ai, tu as, il a, nous avons, vous avez, ils ont • *imparfait :* j'avais, tu avais, il avait, nous avions, vous aviez, ils avaient • *ind futur :* j'aurai, tu auras, il aura, nous aurons, vous aurez, ils auront • *subj prés :* que j'aie, que tu aies, qu'il aie, que nous ayons, que vous ayez, qu'ils aient • *imp :* aie, ayons • *pprés :* ayant • *pp :* eu

être :

ind prés : je suis, tu es, il est, nous sommes, vous êtes, ils sont • *imparfait :* j'étais, tu étais, il était, nous étions, vous étiez, ils étaient • *ind fut :* je serai, tu seras, il sera, nous serons, vous serez, ils seront • *subj prés :* que je sois, que tu sois, qu'il soit, que nous soyons, que

vous soyez, qu'ils soient • *imp :* sois, soyons • *pprés :* étant • *pp :* été

chanter :

ind prés : je chante, tu chantes, il chante, nous chantons, vous chantez, ils chantent • *imparfait :* je chantais, tu chantais, il chantait, nous chantions, vous chantiez, ils chantaient • *ind fut :* je chanterai, tu chanteras, il chantera, nous chanterons, vous chanterez, ils chanteront • *subj prés :* que je chante, que tu chantes, qu'il chante, que nous chantions, que vous chantiez, qu'ils chantent • *imp :* chante, chantons • *pprés :* chantant • *pp :* chanté

baisser :

ind prés : je baisse, nous baissons • *imparfait :* je baissais • *ind fut :* je baisserai • *subj prés :* que je

baisse • *imp :* baisse, baissons • *pprés :* baissant • *pp :* baissé

pleurer :

ind prés : je pleure, nous pleurons • *imparfait :* je pleurais • *ind fut :* je pleurerai • *subj prés :* que je pleure • *imp :* pleure, pleurons • *pprés :* pleurant • *pp :* pleuré

jouer :

ind prés : je joue, nous jouons • *imparfait :* je jouais • *ind fut :* je jouerai • *subj prés :* que je joue • *imp :* joue, jouons • *pprés :* jouant • *pp :* joué

saluer :

ind prés : je salue, nous saluons • *imparfait :* je saluais • *ind fut :* je saluerai • *subj prés :* que je salue • *imp :* salue, saluons • *pprés :* saluant • *pp :* salué

arguer :
ind prés : j'argue, nous arguons ● *imparfait :* j'arguais ● *ind fut :* j'arguerai ● *subj prés :* que j'argue ● *imp :* argue, arguons ● *pprés :* arguant ● *pp :* argué

copier :
ind prés : je copie, nous copions ● *imparfait :* je copiais ● *ind fut :* je copierai ● *subj prés :* que je copie ● *imp :* copie, copions ● *pprés :* copiant ● *pp :* copié

prier :
ind prés : je prie, nous prions ● *imparfait :* je priais ● *ind fut :* je prierai ● *subj prés :* que je prie ● *imp :* prie, prions ● *pprés :* priant ● *pp :* prié

payer :
ind prés : je paie, nous payons, ils paient ● *imparfait :* je payais ● *ind fut :*

je paierai ● *subj prés :* que je paie ● *imp :* paie, payons ● *pprés :* payant ● *pp :* payé

grasseyer :
ind prés : je grasseye, nous grasseyons ● *imparfait :* je grasseyais ● *ind fut :* je grasseyerai ● *subj prés :* que je grasseye ● *imp :* grasseye, grasseyons ● *pprés :* grasseyant ● *pp :* grasseyé

ployer :
ind prés : je ploie, nous ployons, ils ploient ● *imparfait :* je ployais ● *ind fut :* je ploierai ● *subj prés :* que je ploie ● *imp :* ploie, ployons ● *pprés :* ployant ● *pp :* ployé

essuyer :
ind prés : j'essuie, nous essuyons ● *imparfait :* j'essuyais ● *ind fut :*

j'essuierai ● *subj prés :* que j'essuie ● *imp :* essuie, essuyons ● *pprés :* essuyant ● *pp :* essuyé

créer :
ind prés : je crée, nous créons ● *imparfait :* je créais ● *ind fut :* je créerai ● *subj prés :* que je crée ● *imp :* crée, créons ● *pprés :* créant ● *pp :* créé

avancer :
ind prés : j'avance, nous avançons, ils avancent ● *imparfait :* j'avançais ● *ind fut :* j'avancerai ● *subj prés :* que j'avance ● *imp :* avance, avançons ● *pprés :* avançant ● *pp :* avancé

manger :
ind prés : je mange, nous mangeons ● *imparfait :* je mangeais ● *ind fut :* je mangerai ● *subj prés :* que je mange

• *imp* : mange, mangeons • *pprés* : mangeant • *pp* : mangé

céder :

ind prés : je cède, nous cédons, ils cèdent • *imparfait* : je cédais • *ind fut* : je céderai • *subj prés* : que je cède • *imp* : cède, cédons • *pprés* : cédant • *pp* : cédé

semer :

ind prés : je sème, nous semons • *imparfait* : je semais • *ind fut* : je sèmerai • *subj prés* : que je sème • *imp* : sème, semons • *pprés* : semant • *pp* : semé

rapiécer :

ind prés : je rapièce, nous rapiéçons, ils rapiècent • *imparfait* : je rapiéçais • *ind fut* : je rapiécerai • *subj prés* : que je rapièce • *imp* : rapièce, rapiéçons • *pprés* : rapiéçant • *pp* : rapiécé

acquiescer :

ind prés : j'acquiesce, nous acquiesçons, ils acquiescent • *imparfait* : j'acquiesçais • *ind fut* : j'acquiescerai • *subj prés* : que j'acquiesce • *imp* : acquiesce, acquiesçons • *pprés* : acquiesçant • *pp* : acquiescé

siéger :

ind prés : je siège, nous siégeons, ils siègent • *imparfait* : je siégeais • *ind fut* : je siégerai • *subj prés* : que je siège • *imp* : siège, siégeons • *pprés* : siégeant • *pp* : siégé

23. déneiger :

ind prés : je déneige, nous déneigeons • *imparfait* : je déneigeais • *ind fut* : je déneigerai • *subj prés* : que je déneige • *imp* : déneige, déneigeons • *pprés* : déneigeant • *pp* : déneigé

appeler :

ind prés : j'appelle, nous appelons, ils appellent • *imparfait* : j'appelais • *ind fut* : j'appellerai • *subj prés* : que j'appelle • *imp* : appelle, appelons • *pprés* : appelant • *pp* : appelé

peler :

ind prés : je pèle, nous pelons, ils pèlent • *imparfait* : je pelais • *ind fut* : je pèlerai • *subj prés* : que je pèle • *imp* : pèle, pelons • *pprés* : pelant • *pp* : pelé

interpeller :

ind prés : j'interpelle, nous interpellons • *imparfait* : j'interpellais • *ind fut* : j'interpellerai • *subj prés* : que j'interpelle • *imp* : interpelle, interpellons • *pprés* : interpellant • *pp* : interpellé

jeter :

ind prés : je jette,

nous jetons, ils jettent • *imparfait*: je jetais • *ind fut*: je jetterai • *subj prés*: que je jette • *imp*: jette, jetons • *pprés*: jetant • *pp*: jeté

acheter :

ind prés: j'achète, nous achetons, ils achètent • *imparfait*: j'achetais • *ind fut*: j'achèterai • *subj prés*: que j'achète • *imp*: achète, achetons • *pprés*: achetant • *pp*: acheté

dépecer :

ind prés: je dépèce, nous dépeçons, ils dépècent • *imparfait*: je dépeçais • *ind fut*: je dépècerai • *subj prés*: que je dépèce • *imp*: dépèce, dépeçons • *pprés*: dépeçant • *pp*: dépecé

envoyer :

ind prés: j'envoie, nous envoyons, ils envoient • *imparfait*: j'envoyais • *ind fut*: j'enverrai • *subj prés*: que j'envoie • *imp*: envoie, envoyons • *pprés*: envoyant • *pp*: envoyé

aller :

ind prés: je vais, nous allons, ils vont • *imparfait*: j'allais • *ind fut*: j'irai • *subj prés*: que j'aille • *imp*: va, allons • *pprés*: allant • *pp*: allé

finir :

ind prés: je finis, tu finis, il finit, nous finissons, vous finissez, ils finissent • *imparfait*: je finissais, tu finissais, il finissait, nous finissions, vous finissiez, ils finissaient • *ind fut*: je finirai, tu finiras, il finira, nous finirons, vous finirez, ils finiront • *subj prés*: que je finisse, que tu finisses, qu'il finisse, que nous finis-

sions, que vous finissiez, qu'ils finissent • *imp*: finis, finissons • *pprés*: finissant • *pp*: fini

haïr :

ind prés: je hais, nous haïssons • *imparfait*: je haïssais • *ind fut*: je haïrai • *subj prés*: que je haïsse • *imp*: hais, haïssons • *pprés*: haïssant • *pp*: haï

ouvrir :

ind prés: j'ouvre, nous ouvrons • *imparfait*: j'ouvrais • *ind fut*: j'ouvrirai • *subj prés*: que j'ouvre • *imp*: ouvre, ouvrons • *pprés*: ouvrant • *pp*: ouvert

fuir :

ind prés: je fuis, nous fuyons, ils fuient • *imparfait*: je fuyais • *ind fut*: je fuirai • *subj prés*: que je fuie • *imp*: fuis, fuyons • *pprés*: fuyant • *pp*: fui

dormir :

ind prés : je dors, nous dormons • *imparfait :* je dormais • *ind fut :* je dormirai • *subj prés :* que je dorme • *imp :* dors, dormons • *pprés :* dormant • *pp :* dormi

mentir :

ind prés : je mens, nous mentons • *imparfait :* je mentais • *ind fut :* je mentirai • *subj prés :* que je mente • *Imp :* mens, mentons • *pprés :* mentant • *pp :* menti

servir :

ind prés : je sers, nous servons • *imparfait :* je servais • *ind fut :* je servirai • *subj prés : que je* serve • *imp :* sers, servons • *pprés :* servant • *pp :* servi

acquérir :

ind prés : j'acquiers, nous acquérons, ils acquièrent • *im-* parfait : j'acquérais • *ind fut :* j'acquerrai • *subj prés :* que j'acquière • *imp :* acquiers, acquérons • *pprés :* acquérant • *pp :* acquis

venir :

ind prés : je viens, nous venons, ils viennent • *imparfait :* je venais • *ind fut :* je viendrai • *subj prés :* que je vienne • *imp :* viens, venons • *pprés :* venant • *pp :* venu

cueillir :

ind prés : je cueille, nous cueillons • *imparfait :* je cueillais • *ind fut :* je cueillerai • *subj prés :* que je cueille • *imp :* cueille, cueillons • *pprés :* cueillant • *pp :* cueilli

mourir :

ind prés : je meurs, nous mourons, ils meurent • *imparfait :* je mourais • *ind fut :* je mourrai • *subj prés :* que je meure • *imp :* meurs, mourons • *pprés :* mourant • *pp :* mort

partir :

ind prés : je pars, nous partons • *imparfait :* je partais • *ind fut :* je partirai • *subj prés :* que je parte • *imp :* pars, partons • *pprés :* partant • *pp :* parti

revêtir :

ind prés : je revêts, nous revêtons • *imparfait :* je revêtais • *ind fut :* je revêtirai • *subj prés :* que je revête • *imp :* revêts, revêtons • *pprés :* revêtant • *pp :* revêtu

courir :

ind prés : je cours, nous courons • *imparfait :* je courais • *ind fut :* je courrai • *subj prés :* que je coure • *imp :* cours, courons • *pprés :* courant • *pp :* couru

faillir :

ind prés : je faillis, nous faillissons • *imparfait :* je faillissais • *ind fut :* je faillirai • *subj prés :* que je faillisse • *pprés :* faillissant • *pp :* failli

défaillir :

ind prés : je défaille, nous défaillons • *imparfait :* je défaillais • *ind fut :* je défaillirai • *subj prés :* que je défaille • *imp :* défaille, défaillons • *pprés :* défaillant • *pp :* défailli

bouillir :

ind prés : je bous, nous bouillons • *imparfait :* je bouillais • *ind fut :* je bouillirai • *subj prés :* que je bouille • *imp :* bous, bouillons • *pprés :* bouillant • *pp :* bouilli

gésir :

ind prés : je gis, nous gisons • *imparfait :* je gisais • *pprés :* gisant • *pp :* gît

saillir :

ind prés : il saille, ils saillent • *imparfait :* il saillait • *ind fut :* je saillerai • *subj prés :* qu'il saille, qu'ils saillent • *pprés :* saillant • *pp :* sailli

ouïr :

ind prés : j'ouïs, nous ouïssons • *imparfait :* j'ouïssais • *ind fut :* j'ouïrai • *subj prés :* que j'ouïsse • *imp :* ouïs, ouïssons • *pprés :* oyant • *pp :* ouï

recevoir :

ind prés : je reçois, nous recevons, ils reçoivent • *imparfait :* je recevais • *ind fut :* je recevrai • *subj prés :* que je reçoive • *imp :* reçois, recevons • *pprés :* recevant • *pp :* reçu

devoir :

ind prés : je dois, nous devons, ils doivent • *imparfait :* je devais • *ind

fut : je devrai • *subj prés :* que je doive • *pprés :* devant • *pp :* dû

mouvoir :

ind prés : je meus, nous mouvons, ils meuvent • *imparfait :* je mouvais • *ind fut :* je mouvrai • *subj prés :* que je meuve, que nous mouvions, qu'ils meuvent • *imp :* meus, mouvons • *pprés :* mouvant • *pp :* mû

émouvoir :

ind prés : j'émeus, nous émouvons, ils émeuvent • *imparfait :* j'émouvais • *ind fut :* j'émouvrai • *subj prés :* que j'émeuve • *imp :* émeus, émouvons • *pprés :* émouvant • *pp :* ému

promouvoir :

ind prés : je promeus, nous promouvons, ils promeuvent • *imparfait :*

je promouvais ● *ind fut* : je promouvrai ● *subj prés* : que je promeuve ● *imp* : promeus, promouvons ● *pprés* : promouvant ● *pp* : promu

vouloir :

ind prés : je veux, nous voulons, ils veulent ● *imparfait* : je voulais ● *ind fut* : je voudrai ● *subj prés* : que je veuille, que nous voulions, qu'ils veuillent ● *imp* : veuille, veuillons ● *pprés* : voulant ● *pp* : voulu

pouvoir :

ind prés : je peux, nous pouvons, ils peuvent ● *imparfait* : je pouvais ● *ind fut* : je pourrai ● *subj prés* : que je puisse ● *pprés* : pouvant ● *pp* : pu

savoir :

ind prés : je sais, nous savons, ils savent ● *imparfait* : je savais

● *ind fut* : je saurai ● *subj prés* : que je sache ● *imp* : sache, sachons ● *pprés* : sachant ● *pp* : su

valoir :

ind prés : je vaux, nous valons ● *imparfait* : je valais ● *ind fut* : je vaudrai ● *subj prés* : que je vaille ● *imp* : vaux, valons ● *pprés* : valant ● *pp* : valu

prévaloir :

ind prés : je prévaux, nous prévalons ● *imparfait* : je prévalais ● *ind fut* : je prévaudrai ● *subj prés* : que je prévale ● *imp* : prévaux, prévalons ● *pprés* : prévalant ● *pp* : prévalu

voir :

ind prés : je vois, nous voyons, ils voient ● *imparfait* : je voyais ● *ind fut* : je verrai ● *subj prés* : que je voie ● *imp* : vois, voyons

● *pprés* : voyant ● *pp* : vu

prévoir :

ind prés : je prévois, nous prévoyons, ils prévoient ● *imparfait* : je prévoyais ● *ind fut* : je prévoirai ● *subj prés* : que je prévole ● *imp* : prévois, prévoyons ● *pprés* : prévoyant ● *pp* : prévu

pourvoir :

ind prés : je pourvois, nous pourvoyons, ils pourvoient ● *imparfait* : je pourvoyais ● *ind fut* : je pourvoirai ● *subj prés* : que je pourvoie ● *imp* : pourvois, pourvoyons ● *pprés* : pourvoyant ● *pp* : pourvu

asseoir :

ind prés : j'assieds, nous asseyons, ils asseoient ● *imparfait* : j'asseyais ● *ind fut* : j'assiérai ● *subj prés* : que j'asseye ● *imp* : assieds, asseyons ● **pprés** : asseyant ● **pp** : assis

surseoir :

ind prés : je sursois, nous sursoyons, ils sursoient ● **imparfait** : je sursoyais ● **ind fut** : je surseoirai ● **subj prés** : que je surseoie ● **imp** : sursois, sursoyons ● **pprés** : sursoyant ● **pp** : sursis

seoir :

ind prés : il sied, ils siéent ● **imparfait** : il seyait ● **ind fut** : il siéra ● **subj prés** : qu'il siée, qu'ils siéent ● **pprés** : seyant

pleuvoir :

ind prés : il pleut ● **imparfait** : il pleuvait ● **ind fut** : il pleuvra ● **subj prés** : qu'il pleuve ● **pprés** : pleuvant ● **pp** : plu

falloir :

ind prés : il faut ● **imparfait** : il fallait ● **ind fut** : il faudra

● **subj prés** : qu'il faille ● **pp** : fallu

échoir :

ind prés : il échoit, ils échoient ● **imparfait** : il échoyait ● **ind fut** : il échoira ● **subj prés** : qu'il échoie ● **pprés** : échéant ● **pp** : échu

déchoir :

ind prés : je déchois, nous déchoyons, ils déchoient ● **ind fut** : je déchoirai ● **subj prés** : que je déchoie, qu'ils déchoient ● **pp** : déchu

choir :

ind prés : je chois, ils choient ● **ind fut** : je choirai ● **pp** : chu

vendre :

ind prés : je vends, tu vends, il vend, nous vendons, vous vendez, ils vendent ● **imparfait** : je vendais, tu vendais, il vendait, nous vendions, vous vendiez, ils vendaient ● **ind**

fut : je vendrai, tu vendras, il vendra, nous vendrons, vous vendrez, ils vendront ● **subj prés** : que je vende, que tu vendes, qu'il vende, que nous vendions, que vous vendiez, qu'ils vendent ● **imp** : vends, vendons ● **pprés** : vendant ● **pp** : vendu

répandre :

ind prés : je répands, nous répandons ● **imparfait** : je répandais ● **ind fut** : je répandrai ● **subj prés** : que je répande ● **imp** : répands, répandons ● **pprés** : répandant ● **pp** : répandu

répondre :

ind prés : je réponds, nous répondons ● **imparfait** : je répondais ● **ind fut** : je répondrai ● **subj prés** : que je réponde ● **imp** : réponds, répondons ● **pprés** :

répondant ● *pp :*
répondu

---

mordre :
ind prés : je mords,
nous mordons ● *im-*
parfait : je mordais
● *ind fut :* je mor-
drai ● *subj prés :* que
je morde ● *imp :*
mords, mordons
● *pprés :* mordant
● *pp :* mordu

---

perdre :
ind prés : je perds,
nous perdons ● *im-*
parfait : je perdais
● *ind fut :* je perdrai
● *subj prés :* que je
perde ● *imp :* perds,
perdons ● *pprés :*
perdant ● *pp :* perdu

---

rompre :
ind prés : je romps,
nous rompons
● *imparfait :* je
rompais ● *ind fut :*
je romprai ● *subj*
prés : que je rompe
● *imp :* romps, rom-
pons ● *pprés :* rom-
pant ● *pp :* rompu

---

prendre :
ind prés : je prends,
nous prenons, ils
prennent ● *im-*
parfait : je prenais
● *ind fut :* je pren-
drai ● *subj prés :*
que je prenne ●
imp : prends,
prenons ● *pprés :*
prenant ● *pp :* pris

---

craindre :
ind prés : je crains,
nous craignons
● *imparfait :* je
craignais ● *ind fut :*
je craindrai ● *subj*
prés : que je craigne
● *imp :* crains, crai-
gnons ● *pprés :* crai-
gnant ● *pp :* craint

---

peindre :
ind prés : je peins,
nous peignons ● *im-*
parfait : je peignais
● *ind fut :* je peindrai
● *subj prés :* que je
peigne ● *imp :* peins,
peignons ● *pprés :*
peignant ● *pp :*
peint

---

joindre :
ind prés : je joins,

---

nous joignons ● *im-*
parfait : je joignais
● *ind fut :* je joindrai
● *subj prés :* que je
joigne ● *imp :* joins,
joignons ● *pprés :*
joignant ● *pp :* joint

---

battre :
ind prés : je bats,
nous battons ● *im-*
parfait : je battais
● *ind fut :* je battrai
● *subj prés :* que je
batte ● *imp :* bats,
battons ● *pprés :*
battant ● *pp :* battu

---

mettre :
ind prés : je mets,
nous mettons ● *im-*
parfait : je mettais
● *ind fut :* je mettrai
● *subj prés :* que je
mette ● *imp :* mets,
mettons ● *pprés :*
mettant ● *pp :* mis

---

moudre :
ind prés : je mouds,
nous moulons ● *im-*
parfait : je moulais
● *ind fut :* je mou-
drai ● *subj prés :*
que je moule ● *imp :*
mouds, moulons

11

- *pprés :* moulant
- *pp :* moulu

---

coudre :

ind prés : je couds, nous cousons • *imparfait :* il cousait • *ind fut :* je coudrai • *subj prés :* que je couse • *imp :* couds, cousons • *pprés :* cousant • *pp :* cousu

---

absoudre :

ind prés : j'absous, nous absolvons • *imparfait :* j'absolvais • *ind fut :* j'absoudrai • *subj prés :* que j'absolve • *imp :* absous, absolvons • *pprés :* absolvant • *pp :* absous

---

résoudre :

ind prés : je résous, nous résolvons • *imparfait :* je résolvais • *ind fut :* je résoudrai • *subj prés :* que je résolve • *imp :* résous, résolvons • *pprés :* résolvant • *pp :* résolu

---

suivre :

ind prés : je suis, nous suivons • *imparfait :* je suivais • *ind fut :* je suivrai • *subj prés :* que je suive • *imp :* suis, suivons • *pprés :* suivant • *pp :* suivi

---

vivre :

ind prés : je vis, nous vivons • *imparfait :* je vivais • *ind fut :* je vivrai • *subj prés :* que je vive, que nous vivions • *imp :* vis, vivons • *pprés :* vivant • *pp :* vécu

---

paraître :

ind prés : je parais, nous paraissons • *imparfait :* je paraissais • *ind fut :* je paraîtrai • *subj prés :* que je paraisse • *imp :* parais, paraissons • *pprés :* paraissant • *pp :* paru

---

naître :

ind prés : je nais, nous naissons • *imparfait :* je naissais

---

- *ind fut :* je naîtrai
- *subj prés :* que je naisse • *imp :* nais, naissons • *pprés :* naissant • *pp :* né

---

croître :

ind prés : je croîs, nous croissons • *imparfait :* il croissait • *ind fut :* je croîtrai • *subj prés :* que je croisse • *imp :* croîs, croissons • *pprés :* croissant • *pp :* crû

---

accroître :

ind prés : j'accrois, nous accroissons • *imparfait :* il accroissait • *ind fut :* j'accroîtrai • *subj prés :* que j'accroisse • *imp :* accrois, accroissons • *pprés :* accroissant • *pp :* accru

---

rire :

ind prés : je ris, nous rions • *imparfait :* je riais • *ind fut :* je rirai • *subj prés :* que je rie • *imp :* ris, rions • *pprés :* riant • *pp :* ri

---

conclure :

ind prés : je conclus, nous concluons ● *imparfait :* je concluais ● *ind fut :* je conclurai ● *subj prés :* que je conclue ● *imp :* conclus, concluons ● *pprés :* concluant ● *pp :* conclu

nuire :

ind prés : je nuis, nous nuisons ● *imparfait :* je nuisais ● *ind fut :* je nuirai ● *subj prés :* que je nuise ● *imp :* nuis, nuisons ● *pprés :* nuisant ● *pp :* nui

conduire :

ind prés : je conduis, nous conduisons ● *imparfait :* je conduisais ● *ind fut :* je conduirai ● *subj prés :* que je conduise ● *imp :* conduis, conduisons ● *pprés :* conduisant ● *pp :* conduit

écrire :

ind prés : j'écris, nous écrivons ● *impar-*fait : j'écrivais ● *ind fut :* j'écrirai ● *subj prés :* que j'écrive ● *imp :* écris, écrivons ● *pprés :* écrivant ● *pp :* écrit

suffire :

ind prés : je suffis, nous suffisons ● *imparfait :* je suffisais ● *ind fut :* je suffirai ● *subj prés :* que je suffise ● *pprés :* suffisant ● *pp :* suffi

confire :

ind prés : je confis, nous confisons ● *imparfait :* je confisais ● *ind fut :* je confirai ● *subj prés :* que je confise ● *imp :* confis, confisons ● *pprés :* confisant ● *pp :* confit

dire :

ind prés : je dis, nous disons ● *imparfait :* je disais ● *ind fut :* je dirai ● *subj prés :* que je dise ● *imp :* dis, disons ● *pprés :* disant ● *pp :* dit

contredire :

ind prés : je contredis, nous contredisons ● *imparfait :* je contredisais ● *ind fut :* je contredirai ● *subj prés :* que je contredise ● *imp :* contredis, contredisons ● *pprés :* contredisant ● *pp :* contredit

maudire :

ind prés : je maudis, nous maudissons ● *imparfait :* je maudissais ● *ind fut :* je maudirai ● *subj prés :* que je maudisse ● *imp :* maudis, maudissons ● *pprés :* maudissant ● *pp :* maudit

bruire :

ind prés : je bruis ● *imparfait :* je bruyais ● *ind fut :* je bruirai ● *pp :* bruit

lire :

ind prés : je lis, nous lisons ● *imparfait :* je lisais ● *ind fut :*

je lirai ● *subj prés :* que je lise, que nous lisions ● *imp :* lis, lisons ● *pprés :* lisant ● *pp :* lu

croire :
ind prés : je crois, nous croyons, ils croient ● *imparfait :* je croyais ● *ind fut :* je croirai ● *subj prés :* que je croie ● *imp :* crois, croyons ● *pprés :* croyant ● *pp :* cru

boire :
ind prés : je bois, nous buvons, ils boivent ● *imparfait :* je buvais ● *ind fut :* je boirai ● *subj prés :* que je boive ● *imp :* bois, buvons ● *pprés :* buvant ● *pp :* bu

faire :
ind prés : je fais, nous faisons, ils font ● *imparfait :* je faisais ● *ind fut :* je ferai ● *subj prés :* que je fasse ● *imp :* fais, faisons,

faites ● *pprés :* faisant ● *pp :* fait

plaire :
ind prés : je plais, nous plaisons ● *imparfait :* je plaisais ● *ind fut :* je plairai ● *subj prés :* que je plaise ● *imp :* plais, plaisons ● *pprés :* plaisant ● *pp :* plu

taire :
ind prés : je tais, nous taisons ● *imparfait :* je taisais ● *ind fut :* je tairai ● *subj prés :* que je taise ● *imp :* tais, taisons ● *pprés :* taisant ● *pp :* tu

extraire :
ind prés : j'extrais, nous extrayons, ils extraient ● *imparfait :* j'extrayais ● *ind fut :* j'extrairai ● *subj prés :* que j'extraie ● *imp :* extrais, extrayons ● *pprés :* extrayant ● *pp :* extrait

clore :
ind prés : je clos, nous closons ● *ind fut :* je clorai ● *subj prés :* que je close ● *pprés :* closant ● *pp :* clos

vaincre :
ind prés : je vaincs, nous vainquons ● *imparfait :* je vainquais ● *ind fut :* je vaincrai ● *subj prés :* que je vainque ● *imp :* vaincs, vainquons ● *pprés :* vainquant ● *pp :* vaincu

frire :
ind prés : je fris ● *ind fut :* je frirai ● *imp :* fris ● *pp :* frit

foutre :
ind prés : je fous, nous foutons ● *imparfait :* je foutais ● *ind fut :* je foutrai ● *subj prés :* que je foute ● *imp :* fous, foutons ● *pprés :* foutant ● *pp :* foutu

a A

a [a] ➤ **avoir**

A [a] (*abr de* autoroute) A (*autopista*)

à [a] *prép*
1. (*indique un complément d'objet direct*) ● **penser à qqch/qqn** pensar en algo/alguien ● **donner qqch à qqn** dar algo a alguien
2. (*indique le lieu où l'on est*) en ● **j'habite à Paris** vivo en París ● **rester à la maison** quedarse en casa ● **à la sortie de la ville** a la salida de la ciudad ● **à la campagne/montagne** en el campo/la montaña ● **nous sommes à deux kilomètres du village** estamos a dos kilómetros del pueblo
3. (*indique le lieu où l'on va*) a ● **allons au théâtre** vayamos al teatro ● **il est parti à la pêche** se ha ido a pescar ● **aller au Portugal** ir a Portugal ● **aller à Paris** ir a París
4. (*introduit un complément de temps*) a ● **embarquement à 21 h 30** embarque a las 21.30 h ● **au mois d'août** en el mes de agosto ● **le musée est à cinq minutes d'ici** el museo esta a cinco minutos de aquí ● **à jeudi !** ¡hasta el jueves!
5. (*indique la manière, le moyen*) a ● **à pied** a pie ● **écrire au crayon** escribir con lápiz ● **à la française** a la francesa ● **ils vivent à deux dans une pièce** viven dos en una habitación ● **fait à la main** hecho a mano
6. (*indique l'appartenance*) de ● **à qui sont ces lunettes ?** ¿de quién son estas gafas?

● **cet argent est à moi/à lui/à Isabelle** ese dinero es mío/suyo/de Isabel ● **une amie à moi** una amiga mía
7. (*indique un prix*) ● **une place à 15 euros** una entrada a 15 euros
8. (*indique une caractéristique*) de ● **le garçon aux yeux bleus** el chico de los ojos azules ● **un bateau à vapeur** un barco de vapor ● **une chemise à manches courtes** una camisa de manga corta
9. (*indique un rapport*) por ● **100 km à l'heure** 100 km por hora
10. (*indique le but*) ▼ **maison à vendre** casa en venta ● **le courrier à poster** la correspondencia que hay que enviar

AB (*abr écrite de* assez bien) ≃ B (*bien*)

abaisser [abese] *vt* (*levier*) bajar

abandon [abãdɔ̃] *nm* à ● **à l'abandon** descuidado(da) ● **laisser qqch à l'abandon** descuidar algo

abandonné, e [abãdɔne] *adj* abandonado(da)

abandonner [abãdɔne] *vt* abandonar ◇ *vi* rendirse

abat-jour [abaʒuʀ] *nm inv* pantalla f

abats [aba] *nmpl* **1.** (*de bétail*) asaduras fpl **2.** (*de volaille*) menudillos mpl

abattoir [abatwaʀ] *nm* matadero m

abattre [abatʀ] *vt* **1.** (*arbre*) talar **2.** (*mur*) derribar **3.** (*tuer*) matar ● **ne te laisse pas abattre !** ¡no te dejes vencer!

abattu, e [abaty] *adj* (*découragé*) abatido(da)

abbaye [abei] *nf* abadía f

abcès [apsɛ] *nm* absceso m

abeille [abɛj] *nf* abeja f

aberrant, e [abeʀɑ̃, ɑ̃t] *adj* aberrante

abîmer [abime] *vt* estropear ◆ **s'abîmer** *vp* estropearse ● **s'abîmer les yeux** estropearse los ojos

aboiements [abwamã] *nmpl* ladridos *mpl*

abolir [abɔliʀ] *vt* abolir

abominable [abɔminabl] *adj* abominable

abondant, e [abɔ̃dɑ̃, ɑ̃t] *adj* abundante

abonné, e [abɔne] *nm, f* **1.** abonado *m*, -da *f* **2.** *(à un journal)* suscriptor *m*, -ra *f* **3.** *(à une bibliothèque, à un club)* socio *m*, -cia *f* ◇ *adj* *(à un service, au théâtre)* abonado(da) ● **être abonné à un journal** estar suscrito a un periódico

abonnement [abɔnmã] *nm* **1.** *(à un journal)* suscripción *f* **2.** *(à un service, au théâtre)* abono *m* **3.** *(à une bibliothèque, à un club)* carné *m* de socio **4.** *(de bus, de métro)* bono *m*

abonner [abɔne] ◆ **s'abonner à** *vp + prep* ● **s'abonner à un journal** suscribirse a un periódico

abord [abɔʀ] ◆ **d'abord** *adv* primero ◆ **abords** *nmpl* inmediaciones *fpl* ● **aux abords de Paris** en las inmediaciones de París

abordable [abɔʀdabl] *adj* *(prix)* asequible

aborder [abɔʀde] *vt* abordar ◇ *vi* NAUT atracar

aboutir [abutiʀ] *vi* *(réussir)* dar resultado ● **les négociations ont abouti** las negociaciones han llegado a un resultado ● **aboutir à** *(arriver à)* llegar a

aboyer [abwaje] *vi* ladrar

abrégé [abʀeʒe] *nm* ● **en abrégé** en resumen

abréger [abʀeʒe] *vt* abreviar ● **abrège !** *(fam)* ¡(ve) al grano!

abreuvoir [abʀœvwaʀ] *nm* abrevadero *m*

abréviation [abʀevjasjɔ̃] *nf* abreviatura *f*

abri [abʀi] *nm* refugio *m* ● **être à l'abri de qqch** *(des intempéries)* estar al abrigo de algo ; *(fig)* *(de menaces, de soupçons)* estar libre de algo ● **se mettre à l'abri (de)** ponerse a cubierto (de) ● **abri antiatomique** refugio atómico

abricot [abʀiko] *nm* albaricoque *m*

abriter [abʀite] ◆ **s'abriter (de)** *vp + prep* resguardarse de

abrupt, e [abʀypt] *adj* abrupto(ta)

abruti, e [abʀyti] *adj* **1.** *(fam)* *(bête)* estúpido(da) **2.** *(assommé)* aturdido(da) ◇ *nm, f* *(fam)* estúpido *m*, -da *f*

abrutissant, e [abʀytisɑ̃, ɑ̃t] *adj* embrutecedor(ra)

ABS [abe'ɛs] *(abr de Antiblockiersystem)* **nm** ABS *m*

absence [apsɑ̃s] *nf* **1.** ausencia *f* **2.** SCOL falta *f* ● **en l'absence de qqn** en ausencia de alguien ● **en mon/ton absence** en mi/tu ausencia

absent, e [apsɑ̃, ɑ̃t] *adj & nm, f* *(personne)* ausente

absenter [apsɑ̃te] ◆ **s'absenter** *vp* ausentarse

absolu, e [apsɔly] *adj* absoluto(ta)

absolument [apsɔlymɑ̃] *adv* **1.** *(à tout prix)* sin falta **2.** *(bien sûr)* por supuesto

absorbant, e [apsɔʀbɑ̃, ɑ̃t] *adj* *(papier, tissu)* absorbente

absorber [apsɔʀbe] *vt* **1.** absorber **2.** *(nourriture)* ingerir

abstenir [apstənir] ◆ **s'abstenir** _vp (de voter)_ abstenerse ◆ **s'abstenir de faire qqch** abstenerse de hacer algo

abstention [apstɑ̃sjɔ̃] _nf_ abstención _f_

abstenu, e [apstəny] _pp_ ➤ **abstenir**

abstrait, e [apstrɛ, ɛt] _adj_ abstracto(ta)

absurde [apsyrd] _adj_ absurdo(da)

abus [aby] _nm_ abuso _m_ ▼ **attention à l'abus d'alcool** el abuso de alcohol perjudica la salud

abuser [abyze] _vi_ abusar ◆ **abuser de** abusar de ◆ **il abuse !** _(fam)_ ¡exagera!

académie [akademi] _nf (zone administrative)_ distrito educativo en Francia ◆ **Académie française** sociedad oficial de literatos para la defensa del idioma ~ Real Academia _f_

acajou [akaʒu] _nm_ caoba _f_

accaparer [akapare] _vt (conversation, personne)_ acaparar

accéder [aksede] ◆ **accéder à** _v + prep_ **1.** _(lieu)_ entrar en **2.** _(poste, pouvoir)_ acceder a

accélérateur [akseleratœr] _nm_ acelerador _m_

accélération [akselerasjɔ̃] _nf_ aceleración _f_

accélérer [akselere] _vi_ **1.** AUTO acelerar **2.** _(se dépêcher)_ apresurarse

accent [aksɑ̃] _nm_ acento _m_ ◆ **mettre l'accent sur** hacer hincapié en ◆ **accent aigu/grave** acento agudo/grave ◆ **accent circonflexe** acento circunflejo

accentuer [aksɑ̃tɥe] _vt (mot)_ acentuar ◆ **s'accentuer** _vp (s'intensifier)_ acentuarse

acceptable [akseptabl] _adj_ aceptable

accepter [aksɛpte] _vt_ **1.** aceptar **2.** _(supporter)_ admitir ◆ **il a accepté de m'aider**

aceptó ayudarme ▼ **l'établissement n'accepte pas les chèques** no se aceptan cheques

accès [aksɛ] _nm_ acceso _m_ ◆ **donner accès à** _(suj: ticket)_ permitir la entrada a ◆ **cette porte donne accès au jardin** esta puerta da al jardín ▼ **accès interdit** prohibida la entrada ▼ **accès aux trains** acceso a los andenes

accessible [aksesibl] _adj_ accesible

accessoire [akseswar] _nm_ **1.** _(bijou, écharpe)_ complemento _m_ **2.** _(outil)_ accesorio _m_

accident [aksidɑ̃] _nm_ accidente _m_ ◆ **accident de la route** accidente de circulación ◆ **accident du travail** accidente laboral ◆ **accident de voiture** accidente de coche

accidenté, e [aksidɑ̃te] _adj_ **1.** _(voiture)_ siniestrado(da) **2.** _(terrain)_ accidentado(da)

accidentel, elle [aksidɑ̃tɛl] _adj_ **1.** _(mort)_ por accidente **2.** _(rencontre, découverte)_ accidental

accolade [akɔlad] _nf (signe graphique)_ llave _f_

accompagnateur, trice [akɔ̃paɲatœr, tris] _nm, f_ acompañante _mf_

accompagnement [akɔ̃paɲmɑ̃] _nm_ **1.** CULIN guarnición _f_ **2.** MUS acompañamiento _m_

accompagner [akɔ̃paɲe] _vt_ acompañar

accomplir [akɔ̃plir] _vt_ cumplir

accord [akɔr] _nm_ **1.** acuerdo _m_ **2.** MUS acorde _m_ **3.** GRAMM concordancia _f_ ◆ **d'accord !** ¡de acuerdo! ◆ **se mettre d'accord** ponerse de acuerdo ◆ **être d'accord avec** estar de acuerdo con ◆ **être**

d'accord pour faire qqch estar de acuerdo para hacer algo

accordéon [akɔʀdeɔ̃] *nm* acordeón *m*

accorder [akɔʀde] *vt MUS* afinar ● accorder qqch à qqn conceder algo a alguien ✦ **s'accorder** *vp* **1.** concordar **2.** (s'octroyer) otorgarse ● je me suis accordé une journée de repos he decidido tomarme un día de descanso

accoster [akɔste] *vt* (personne) abordar ◇ *vi NAUT* atracar

accotement [akɔtmɑ̃] *nm* arcén *m* ▼ accotements non stabilisés arcén sin pavimentar

accouchement [akuʃmɑ̃] *nm* parto *m*

accoucher [akuʃe] *vi* ● accoucher (de) dar a luz (a) ● accoucher de jumeaux dar a luz mellizos

accouder [akude] ✦ **s'accouder** *vp* ● s'accouder au comptoir/à la fenêtre apoyar los codos en la barra/la ventana

accoudoir [akudwaʀ] *nm* brazo *m* (de un sillón)

accourir [akuʀiʀ] *vi* acudir

accouru, e [akuʀy] *pp* ➤ accourir

accoutumer [akutyme] ✦ **s'accoutumer à** *vp + prep* acostumbrarse a

accroc [akʀo] *nm* (déchirure) desgarrón *m*

accrochage [akʀoʃaʒ] *nm* **1.** (accident) choque *m* **2.** (fam) (dispute) agarrada *f*

accrocher [akʀoʃe] *vt* **1.** (remorque, caravane) enganchar **2.** (tableau) colgar **3.** (déchirer) engancharse **4.** (heurter) chocar con ● **s'accrocher** *vp* (fam) (persévérer) luchar ● **s'accrocher à** (se tenir à) agarrarse a

accroupir [akʀupiʀ] ✦ **s'accroupir** *vp* agacharse

accueil [akœj] *nm* **1.** (bienvenue) acogida *f* **2.** (bureau) recepción *f* ● s'adresser à l'accueil dirigirse a la recepción ● laisser qqch à l'accueil dejar algo en la recepción

accueillant, e [akœjɑ̃, ɑ̃t] *adj* acogedor(ra)

accueillir [akœjiʀ] *vt* acoger ● comment a-t-il accueilli la nouvelle ? ¿cómo se tomó la noticia?

accumuler [akymyle] *vt* acumular ✦ **s'accumuler** *vp* acumularse

accusation [akyzasjɔ̃] *nf* acusación *f*

accusé, e [akyze] *nm, f* acusado *m*, -da *f* ✦ **accusé** *nm* ● accusé de réception acuse *m* de recibo

accuser [akyze] *vt* ● il est accusé de vol/de négligence se le acusa de robo/de negligencia ● on l'accusé de voler dans la caisse lo acusan de haber robado dinero de la caja

acéré, e [aseʀe] *adj* afilado(da)

acharnement [aʃaʀnəmɑ̃] *nm* empeño *m* ● avec acharnement con empeño

acharner [aʃaʀne] ✦ **s'acharner** *vp* ● s'acharner à faire qqch empeñarse en hacer algo ● s'acharner sur qqn (verbalement, physiquement) ensañarse con alguien ● s'acharner sur qqch poner empeño en algo

achat [aʃa] *nm* compra *f* ● faire des achats ir de compras

acheter [aʃte] *vt* **1.** comprar **2.** (corrompre) sobornar ● je lui ai acheté sa collection de timbres le he comprado su colección de sellos ● j'ai acheté un manteau à ma fille he comprado un abrigo a mi hija

acheteur, euse [aʃtœʀ, øz] *nm, f* comprador *m*, -ra *f*

achever [aʃve] *vt* **1.** *(terminer)* acabar **2.** *(tuer)* rematar ◆ **s'achever** *vp* acabarse ● **les travaux s'achèvent cette semaine** las obras se terminan esta semana

acide [asid] *adj* ácido(da) ◇ *nm* ácido *m*

acidulé [asidyle] *adj* ● **bonbon acidulé** caramelo ácido

acier [asje] *nm* acero *m* ● **acier inoxydable** acero inoxidable ● **en acier** de acero

acné [akne] *nf* acné *m*

acompte [akɔ̃t] *nm* anticipo *m*

à-coup, s [aku] *nm* sacudida *f* ● **par à-coups** a trompicones

acoustique [akustik] *nf* acústica *f*

acquérir [akeʀiʀ] *vt* adquirir

acquis, e [aki, iz] *pp* > **acquérir**

acquisition [akizisjɔ̃] *nf* adquisición *f* ● **faire l'acquisition de qqch** adquirir algo

acquitter [akite] *vt DR* absolver ◆ **s'acquitter de** *vp* + *prep* **1.** *(dette)* saldar **2.** *(tâche, devoir)* cumplir con

âcre [akʀ] *adj (odeur)* acre

acrobate [akʀɔbat] *nmf* acróbata *mf*

acrobatie [akʀɔbasi] *nf* acrobacia *f*

acrylique [akʀilik] *nm* acrílico *m*

acte [akt] *nm* **1.** acto *m* **2.** *(document)* acta *f* ● **acte de naissance** partida *f* de nacimiento

acteur, trice [aktœʀ, tʀis] *nm, f* actor *m*, -triz *f*

actif, ive [aktif, iv] *adj* activo(va)

action [aksjɔ̃] *nf* acción *f*

actionnaire [aksjɔnɛʀ] *nmf* accionista *mf*

actionner [aksjɔne] *vt* accionar

active > **actif**

activer [aktive] *vt* **1.** *(feu)* avivar **2.** INFORM activar ◆ **s'activer** *vp (se dépêcher)* apresurarse

activité [aktivite] *nf* actividad *f* ● **activité physique/sportive** actividad física/deportiva ● **activité professionnelle** actividad profesional ● **en activité** *(travailleur)* en activo ; *(volcan)* en actividad

actrice > **acteur**

actualité [aktɥalite] *nf* ● **l'actualité** la actualidad ● **d'actualité** de actualidad ● **actualités** *nfpl* noticias *fpl*

actuel, elle [aktɥɛl] *adj* actual

actuellement [aktɥɛlmɑ̃] *adv* actualmente

acupuncture [akypɔ̃ktyʀ] *nf* acupuntura *f*

adaptateur [adaptatœʀ] *nm (pour prise de courant)* adaptador *m*

adaptation [adaptasjɔ̃] *nf* adaptación *f* ● **temps d'adaptation** tiempo *m* de adaptación

adapter [adapte] *vt* adaptar ● **adapter qqch à** adaptar algo a ◆ **s'adapter** *vp* ● **s'adapter (à)** adaptarse (a)

additif [aditif] *nm* aditivo *m* ▼ **sans additif** sin aditivos

addition [adisjɔ̃] *nf* **1.** *(calcul)* suma *f* **2.** *(note)* cuenta *f* ● **faire une addition** sumar ● **demander/payer l'addition** pedir/pagar la cuenta ● **l'addition, s'il vous plaît !** ¡la cuenta, por favor!

additionner [adisjɔne] *vt* añadir

adepte [adɛpt] *nmf* **1.** *(d'une secte)* adepto *m*, -ta *f* **2.** *(amateur)* ● **je suis un adepte du ski/du rock** soy un amante del esquí/del rock

adéquat, e [adekwa, at] *adj* adecuado(da)

adhérent, e [adeʁɑ̃, ɑ̃t] *nm, f* socio *m*, -cia *f*

adhérer [adeʁe] *vi* ● **adhérer à** *(coller)* adherir a ; *(être membre de)* afiliarse a

adhésif, ive [adezif, iv] *adj (pansement, ruban)* adhesivo(va)

adieu, x [adjø] *nm* adiós *m* ● **adieu !** ¡adiós! ● **faire ses adieux à qqn** despedirse de alguien

adjectif [adʒɛktif] *nm* adjetivo *m*

adjoint, e [adʒwɛ̃, ɛ̃t] *nm, f* adjunto *m*, -ta *f*

admettre [admɛtʁ] *vt* admitir ● **être admis à un examen** aprobar un examen

administration [administʁasjɔ̃] *nf* administración *f* ● **l'Administration** la Administración

admirable [admiʁabl] *adj* admirable

admirateur, trice [admiʁatœʁ, tʁis] *nm, f* admirador *m*, -ra *f*

admiration [admiʁasjɔ̃] *nf* admiración *f*

admirer [admiʁe] *vt* admirar

admis, e [admi, iz] *pp* ➤ **admettre**

admissible [admisibl] *adj* **1.** *(tolérable)* admisible **2.** *SCOL* apto para presentarse a las últimas pruebas de un examen

ADN [adeɛn] *(abr de acide désoxyribonucléique) nm inv* ADN *m* *(ácido desoxirribonucleico)*

adolescence [adɔlesɑ̃s] *nf* adolescencia *f*

adolescent, e [adɔlesɑ̃, ɑ̃t] *nm, f* adolescente *mf*

adopter [adɔpte] *vt* adoptar

adoptif, ive [adɔptif, iv] *adj* adoptivo(va)

adoption [adɔpsjɔ̃] *nf (d'un enfant)* adopción *f*

adorable [adɔʁabl] *adj* encantador(ra)

adorer [adɔʁe] *vt* adorar ● **j'adore le chocolat** me encanta el chocolate

adosser [adose] ● **s'adosser** *vp* ● **s'adosser à** ou **contre** apoyarse en ou contra

adoucir [adusiʁ] *vt* suavizar

adresse [adʁɛs] *nf* **1.** *(domicile)* dirección *f* **2.** *(habileté)* destreza *f* **3.** ● **adresse personnelle** ou **perso** dirección particular ● **adresse professionnelle/au bureau** dirección profesional/del trabajo ● **adresse électronique** dirección de correo electrónico ● **adresse IP** dirección IP

adresser [adʁese] *vt* **1.** *(courrier, message)* remitir **2.** *(remarque)* hacer ● **s'adresser à** *vp + prep* **1.** *(parler à)* dirigirse a **2.** *(concerner)* estar destinado a

Adriatique [adʁijatik] *nf* ● **l'Adriatique** el Adriático

adroit, e [adʁwa, at] *adj* diestro(tra) *(hábil)*

ADSL [adeɛsɛl] *(abr de Asynchronous Digital Subscriber Line) nf* ADSL *m*

adulte [adylt] *nmf* adulto *m*, -ta *f*

adverbe [advɛʁb] *nm* adverbio *m*

adversaire [advɛʁsɛʁ] *nmf* adversario *m*, -ria *f*

adverse [advɛʁs] *adj* ● **dans le camp adverse** en el campo contrario ● **la partie adverse** la parte contraria

aération [aeʁasjɔ̃] *nf* ventilación *f*

aérer [aeʁe] *vt* ventilar

aérien, enne [aeʁjɛ̃, ɛn] *adj* aéreo(a)

aérodrome [aeʁɔdʁom] *nm* aeródromo *m*

aérodynamique [aerɔdinamik] *adj* aerodinámico(ca)

aérogare [aerɔgar] *nf* terminal *f* (de aeropuerto)

aéroglisseur [aerɔglisœr] *nm* aerodeslizador *m*

aérophagie [aerɔfaʒi] *nf* aerofagia *f*

aéroport [aerɔpɔr] *nm* aeropuerto *m*

aérosol [aerɔsɔl] *nm* aerosol *m*

affaiblir [afebliʀ] *vt* debilitar ◆ **s'affaiblir** *vp* debilitarse

affaire [afɛʀ] *nf* 1. (entreprise) negocio *m* 2. (problème) asunto *m* 3. (scandale) caso *m* 4. (marché) trato *m* 5. (procès) causa *f*, caso *m* ● **avoir affaire à qqn** tener que tratar con alguien ● **faire l'affaire** convenir ● **une sale affaire** un asunto feo ● **l'affaire Dreyfus** el caso Dreyfus ● **c'est une (bonne) affaire !** ¡es una ganga! ◆ **affaires** *nfpl* (objets) cosas *fpl* ● **les affaires** FIN los negocios ● **occupe-toi de tes affaires !** ¡ocúpate de tus asuntos!

affaisser [afese] ◆ **s'affaisser** *vp* 1. (personne) desplomarse 2. (plancher) hundirse

affamé, e [afame] *adj* hambriento(ta)

affecter [afɛkte] *vt* 1. (toucher) afectar 2. (fonds) destinar 3. (personne) asignar

affection [afɛksjɔ̃] *nf* (sentiment) afecto *m*

affectueusement [afɛktɥøzmã] *adv* con cariño ▼ **bien affectueusement** (dans une lettre) afectuosamente

affectueux, euse [afɛktɥø øz] *adj* cariñoso(sa)

affichage [afiʃaʒ] *nm* INFORM visualización *f* ▼ **affichage interdit** prohibido fijar carteles

affiche [afiʃ] *nf* cartel *m*

afficher [afiʃe] *vt* 1. (placarder) pegar 2. INFORM visualizar

affilée [afile] ◆ **d'affilée** *adv* ● **deux heures d'affilée** dos horas seguidas ● **il a mangé quatre hamburgers d'affilée** se ha comido cuatro hamburguesas una tras otra

affirmation [afirmasjɔ̃] *nf* afirmación *f*

affirmer [afirme] *vt* afirmar ◆ **s'affirmer** *vp* (personnalité, talent) afianzarse

affligeant, e [afliʒã, ãt] *adj* lamentable

affluence [aflyãs] *nf* afluencia *f* ● **aux heures d'affluence** en las horas de afluencia

affluent [aflyã] *nm* afluente *m*

affolement [afɔlmã] *nm* pánico *m*

affoler [afɔle] *vt* alarmar ◆ **s'affoler** *vp* perder la calma ● **ne t'affole pas !** ¡no pierdas la calma!

affranchir [afʀãʃiʀ] *vt* (timbrer) franquear

affranchissement [afʀãʃismã] *nm* (d'une lettre, d'un colis) franqueo *m*

affreusement [afʀøzmã] *adv* (extrêmement) ● **il est affreusement tard !** ¡es tardísimo!

affreux, euse [afʀø, øz] *adj* horrendo(da)

affronter [afʀɔ̃te] *vt* 1. (ennemi, danger) afrontar 2. SPORT enfrentarse con ◆ **s'affronter** *vp* enfrentarse

affût [afy] *nm* ● **être à l'affût (de)** estar al acecho (de)

affûter [afyte] *vt* afilar

afin [afɛ̃] ◆ **afin de** *prép* a fin de ◆ **afin que** *conj* a fin de que

africain, e [afʀikɛ̃, ɛn] *adj* africano(na) ♦ **Africain, e** *nm, f* africano m, -na f

Afrique [afʀik] *nf* ● **l'Afrique** África f ● **l'Afrique du Nord** África del Norte ● **l'Afrique du Sud** Sudáfrica f

agaçant, e [agasɑ̃, ɑ̃t] *adj* irritante

agacer [agase] *vt* irritar

âge [aʒ] *nm* edad f ● **quel âge as-tu ?** ¿cuántos años tienes? ● **une personne d'un certain âge** una persona mayor ● **le troisième âge** la tercera edad

âgé, e [aʒe] *adj* mayor ● **cet enfant est âgé de cinq ans** este niño tiene cinco años ● **les personnes âgées** la gente mayor

agence [aʒɑ̃s] *nf* agencia f ● **agence de voyages** agencia de viajes

agenda [aʒɛ̃da] *nm* agenda f ● **agenda électronique** agenda electrónica ● **noter un rendez-vous sur son agenda** apuntar una cita en la agenda

agenouiller [aʒnuje] ♦ **s'agenouiller** *vp* arrodillarse

agent [aʒɑ̃] *nm* agente mf ● **agent (de police)** agente mf (de policía) ● **agent de change** agente de cambio y bolsa

agglomération [aglɔmeʀasjɔ̃] *nf* **1.** *(amas)* aglomeración f **2.** *(ville)* población f ● **l'agglomération parisienne** París y sus alrededores

aggraver [agʀave] *vt* agravar ♦ **s'aggraver** *vp* agravarse

agile [aʒil] *adj* ágil

agilité [aʒilite] *nf* agilidad f

agir [aʒiʀ] *vi* **1.** actuar **2.** *(avoir un effet)* surtir efecto ♦ **s'agir** *v impers* ● **il s'agit de** se trata de ● **de quoi s'agit-il ?** ¿de qué se

trata? ● **il s'agit de faire des efforts** hay que esforzarse

agitation [aʒitasjɔ̃] *nf* agitación f

agité, e [aʒite] *adj* **1.** *(personne, sommeil)* agitado(da) **2.** *(mer)* embravecido(da)

agiter [aʒite] *vt* agitar ♦ **s'agiter** *vp* moverse

agneau, x [aɲo] *nm* cordero m

agonie [agɔni] *nf* agonía f ● **être à l'agonie** agonizar

agrafe [agʀaf] *nf* **1.** *(de bureau)* grapa f **2.** *(de vêtement)* corchete m

agrafer [agʀafe] *vt* grapar

agrafeuse [agʀaføz] *nf* grapadora f

agrandir [agʀɑ̃diʀ] *vt* **1.** ampliar **2.** *(trou)* ensanchar ♦ **s'agrandir** *vp* ampliarse

agrandissement [agʀɑ̃dismɑ̃] *nm (photo)* ampliación f

agréable [agʀeabl] *adj* agradable

agrès [agʀɛ] *nmpl* aparatos mpl de gimnasia

agresser [agʀese] *vt* agredir

agresseur [agʀesœʀ] *nm* agresor m

agressif, ive [agʀesif, iv] *adj* agresivo(va)

agression [agʀesjɔ̃] *nf* agresión f

agricole [agʀikɔl] *adj* agrícola

agriculteur, trice [agʀikyltœʀ, tʀis] *nm, f* agricultor m, -ra f

agriculture [agʀikyltyʀ] *nf* agricultura f

agripper [agʀipe] *vt* agarrar ♦ **s'agripper à** *vp + prep* agarrarse a

agroalimentaire [agʀoalimɑ̃tɛʀ] *adj (industrie, produit)* agroalimentario(ria) ◇ *nm* ● **l'agroalimentaire** la industria agroalimentaria

agrumes [agʀym] *nmpl* cítricos mpl

ahuri, e [ayʀi] *adj* pasmado(da)

ahurissant, e [ayrisã, ãt] *adj* asombroso(sa)

ai [e] ➤ **avoir**

aide [ed] *nf* ayuda *f* ● **appeler à l'aide** pedir auxilio ● **à l'aide !** ¡auxilio! ● **à l'aide de** *(personne)* con la ayuda de ; *(outil)* mediante

aider [ede] *vt* ayudar ● **il m'a aidé à transporter ces cartons** me ayudó a llevar estas cajas de cartón ● **s'aider** *vp* ayudarse

aie [e] ➤ **avoir**

aïe [aj] *interj* ¡ay!

aigle [egl] *nm* águila *f*

aigre [egr] *adj* agrio (agria)

aigre-doux, douce [egr-du, dus] *(mpl* aigres-doux, *fpl* aigres-douces) *adj* agridulce ● **porc à l'aigre-douce** cerdo *m* agridulce

aigri, e [egri] *adj* amargado(da)

aigu, uë [egy] *adj* agudo(da)

aiguillage [eguija3] *nm (manœuvre)* cambio *m* de agujas

aiguille [eguij] *nf* 1. aguja *f* 2. *(de montre)* manecilla *f* ● **aiguille de pin** aguja de pino ● **aiguille à tricoter** aguja de hacer punto

aiguillette [eguijet] *nf* ● **aiguillette de canard** pechuga de pato asada y cortada en lonchas

aiguiser [egize] *vt* afilar

ail [aj] *nm* ajo *m*

aile [el] *nf* 1. ala *f* 2. *(de voiture)* aleta *f*

ailier, ère [elje, ɛʀ] *nm, f* SPORT extremo *m*

aille [aj] ➤ **aller**

ailleurs [ajœr] *adv* en otra parte ● **d'ailleurs** *(du reste)* además ; *(à propos)* por cierto

aimable [emabl] *adj* amable

aimant [emã] *nm* imán *m*

aimer [eme] *vt* querer ● **j'aime (bien) le chocolat** me gusta el chocolate ● **j'aime (bien) nager** me gusta nadar ● **j'aime bien Paul** Paul me cae bien ● **j'aimerais visiter l'Espagne** me gustaría visitar España ● **j'aimerais mieux partir** preferiría irme ● **je t'aime** te quiero

aine [en] *nf* ingle *f*

aîné, e [ene] *adj & nm, f* mayor ● **elle est mon aînée de deux ans** es dos años mayor que yo

ainsi [ẽsi] *adv* así ● **ainsi que** así como ● **et ainsi de suite** y así sucesivamente

aïoli [ajɔli] *nm* alioli *m*

air [ɛʀ] *nm* 1. aire *m* 2. *(apparence)* aspecto *f* ● **il a l'air (d'être) malade** parece enfermo ● **il a l'air d'un clown** parece un payaso ● **il a l'air de faire beau** parece que hace bueno ● **en l'air** *(en haut)* hacia arriba ● **les mains en l'air** ¡arriba las manos! ● **il a fichu notre projet en l'air** echó a perder nuestro proyecto ● **prendre l'air** tomar el aire ● **air conditionné** aire acondicionado

Airbag® [ɛʀbag] *nm* airbag® *m*

aire [ɛʀ] *nf* área *f* ● **aire de jeu** área de juego ● **aire de repos** área de descanso ● **aire de stationnement** zona *f* de aparcamiento

airelle [ɛʀɛl] *nf* arándano *m*

aisance [ezãs] *nf* 1. *(facilité)* soltura *f* 2. *(richesse)* holgura *f*

aise [ɛz] *nf* ● **à l'aise** a gusto ● **mal à l'aise** incómodo(da)

aisé, e [eze] *adj (riche)* acomodado(da)

aisselle [ɛsɛl] *nf* axila *f*

ajouter [aʒute] *vt* ● **ajouter qqch (à)** añadir algo (a) ● **j'ajoute qu'il est arrivé en retard** y además llegó tarde

ajuster [aʒyste] *vt* ajustar

alarmant, e [alaʀmɑ̃, ɑ̃t] *adj* alarmante

alarme [alaʀm] *nf* alarma *f* ● **donner l'alarme** dar la alarma

albanais, e [albanɛ, ɛz] *adj* albanés(esa) ● **albanais** *nm (langue)* albanés *m* ● **Albanais, e** *nm, f* albanés *m*, -esa *f*

Albanie [albani] *nf* ● **l'Albanie** Albania *f*

album [albɔm] *nm* **1.** *(livre)* álbum *m* **2.** *(disque)* elepé *m* ● **album (de) photos** álbum de fotos

alcool [alkɔl] *nm* alcohol *m* ● **sans alcool** sin alcohol ● **alcool à 90°** alcohol de 90° ● **alcool à brûler** alcohol de quemar

alcoolique [alkɔlik] *nmf* alcohólico *m*, -ca *f*

alcoolisé, e [alkɔlize] *adj* alcohólico(ca) ● **non alcoolisé** sin alcohol

Alcootest® [alkotɛst] *nm* alcoholímetro *m*

aléatoire [aleatwaʀ] *adj (risqué)* aleatorio(ria)

alentours [alɑ̃tuʀ] *nmpl* alrededores *mpl* ● **aux alentours** *(près)* en los alrededores ● **aux alentours de** *(environ)* cerca de

alerte [alɛʀt] *nf* alerta ● **donner l'alerte** dar la alerta

alerter [alɛʀte] *vt* **1.** *(d'un danger)* alertar **2.** *(police, pompiers)* avisar

algèbre [alʒɛbʀ] *nf* álgebra *f*

Alger [alʒe] *n* Argel

Algérie [alʒeʀi] *nf* ● **l'Algérie** Argelia *f*

algérien, enne [alʒeʀjɛ̃, ɛn] *adj* argelino(na) ● **Algérien, enne** *nm, f* argelino *m*, -na *f*

algues [alg] *nfpl* algas *fpl*

alibi [alibi] *nm* coartada *f*

alignement [aliɲmɑ̃] *nm* alineación *f*

aligner [aliɲe] *vt* alinear ● **s'aligner** *vp* alinearse

aliment [alimɑ̃] *nm* alimento *m*

alimentation [alimɑ̃tasjɔ̃] *nf* **1.** alimentación *f* **2.** *(épicerie)* comestibles *mpl*

alimenter [alimɑ̃te] *vt* **1.** *(nourrir)* alimentar **2.** *(approvisionner)* suministrar

Allah [ala] *nm* Alá *m*

allaiter [alete] *vt* amamantar

alléchant, e [aleʃɑ̃, ɑ̃t] *adj* tentador(ra)

allée [ale] *nf (chemin)* paseo *m* ● **allées et venues** ajetreo *m* ● **faire des allées et venues** ir de un lado para otro

allégé, e [aleʒe] *adj (aliment)* bajo(ja) en calorías

Allemagne [almaɲ] *nf* ● **l'Allemagne** Alemania *f*

allemand, e [almɑ̃, ɑ̃d] *adj* alemán(ana) ● **allemand** *nm (langue)* alemán *m* ● **Allemand, e** *nm, f* alemán *m*, -ana *f*

aller [ale] *nm* ida *f* ● **à l'aller** a la ida ● **un aller (simple)** un billete de ida ● **un aller et retour** un billete de ida y vuelta
◇ *vi*
1. *(se déplacer)* ir ● **aller au Portugal** ir a Portugal ● **pour aller à la cathédrale, s'il vous plaît ?** por favor, ¿para ir a la catedral? ● **aller en vacances** irse de vacaciones ● **aller à l'école** ir a la escuela ● **aller au supermarché** ir al supermercado

2. *(exprime un état)* estar ● **comment allez-vous ?** ¿cómo está usted? ● **(comment) ça va ? - ça va** ¿qué tal? - bien ● **aller bien/mal** *(personne)* estar bien/mal ; *(situation)* ir bien/mal

3. *(convenir)* ● **aller à qqn** quedar bien ● **ça te va d'aller au cinéma ?** ¿te apetece ir al cine? ● **ça te va lundi prochain ?** ¿te va bien el lunes que viene? ● **le vert ne va pas avec le rose** el verde no pega con el rosa

4. *(suivi d'un infinitif, exprime le but)* ● **aller faire qqch** ir a hacer algo ● **j'irai le chercher à la gare** iré a buscarle a la estación ● **va voir si tout se passe bien** va a ver si todo va bien ● **aller voir qqch** ir a ver algo ● **aller voir qqn** ir a visitar a alguien

5. *(suivi d'un infinitif, exprime le futur proche)* ● **quand vas-tu te décider ?** ¿cuándo vas a decidirte? ● **le film va commencer** la película está a punto de empezar

6. *(dans des expressions)* ● **allez !** ¡venga! ● **allons !** ¡vamos! ● **y aller** *(partir)* irse ; *(s'y rendre)* ir ● **vas-y !** ¡venga! ● **bon, j'y vais** *(je pars)* bueno, me voy ● **on y va** ¿vamos?

◆ **s'en aller** *vp (personne, tache)* irse ● **allez-vous-en !** ¡váyase!

allergie [alɛʀʒi] *nf* alergia *f*

allergique [alɛʀʒik] *adj* ● **être allergique à** ser alérgico(a) a

aller-retour [alɛʀ(ə)tuʀ] *(pl* **allers-retours)** *nm (billet)* billete *m* de ida y vuelta

alliage [aljaʒ] *nm* aleación *f*

alliance [aljɑ̃s] *nf* alianza *f*

allié, e [alje] *nm, f* aliado *m*, -da *f*

allô [alo] *interj* ¿diga?

allocation [alɔkasjɔ̃] *nf* subsidio *m* ● **allocations familiales** prestaciones *m* familiares

allonger [alɔ̃ʒe] *vt* 1. *(bras, jambes)* estirar 2. *(vêtement)* alargar ◆ **s'allonger** *vp* 1. *(s'étendre)* tumbarse 2. *(devenir plus long)* alargarse

allumage [alymaʒ] *nm* AUTO encendido *m*

allume-cigares [alymsigaʀ] *nm inv* encendedor *m (de coche)*

allumer [alyme] *vt* encender ◆ **s'allumer** *vp* encenderse

allumette [alymɛt] *nf* cerilla *f*

allure [alyʀ] *nf* 1. *(apparence)* aspecto *m* 2. *(vitesse)* velocidad *f* ● **à toute allure** a toda pastilla

allusion [alyzjɔ̃] *nf* alusión *f* ● **faire allusion à** aludir a

alors [alɔʀ] *adv* entonces ● **alors, tu viens ? ¿vienes, o qué?** ● **ça alors !** ¡vaya! ● **et alors ?** *(et ensuite)* ¿y? ● **alors que** *(tandis que)* mientras que ; *(pendant que)* cuando

alourdir [aluʀdiʀ] *vt* 1. volver más pesado(da) 2. *(phrase, style)* recargar

aloyau, x [alwajo] *nm* solomillo *m*

Alpes [alp] *nfpl* ● **les Alpes** los Alpes

alphabet [alfabɛ] *nm* alfabeto *m*

alphabétique [alfabetik] *adj* alfabético(a) ● **par ordre alphabétique** por orden alfabético

alpin [alpɛ̃] *adj m* ● **ski**

alpinisme [alpinism] *nm* alpinismo *m*

alpiniste [alpinist] *nmf* alpinista *mf*

Alsace [alzas] *nf* ● **l'Alsace** Alsacia *f*

altermondialisation [altɛʀmɔ̃djalizasjɔ̃] *nf* altermundialización *f*

altermondialiste [altɛrmɔ̃djalist] *adj* & *nmf* altermundialista *mf*

alternatif [altɛrnatif] *adj m* ➤ **courant**

alternativement [altɛrnativmɑ̃] *adv* alternativamente

alterner [altɛrne] *vi* alternar

altitude [altityd] *nf* altitud *f*, altura *f* ● **à 2 000 m d'altitude** a 2.000 m de altitud

alu [aly] *(fam) adj* ● **papier alu** papel *m* de aluminio

aluminium [alyminjɔm] *nm* aluminio *m*

amabilité [amabilite] *nf* amabilidad *f*

amadouer [amadwe] *vt* engatusar

amaigrissant, e [amegrisɑ̃, ɑ̃t] *adj* adelgazante

amande [amɑ̃d] *nf* almendra *f* ● **pâte d'amandes** mazapán *m*

amant [amɑ̃] *nm* amante *m*

amarrer [amare] *vt (bateau)* amarrar

amasser [amase] *vt* amontonar

amateur, trice [amatœr, tris] *adj (musicien, sportif)* aficionado(da) ◇ *nm, f* **1.** *(non professionnel)* aficionado *m*, -da *f* **2.** *(péj) (peu sérieux)* diletante *mf* ● **être amateur de bon vin** ser aficionado al buen vino

Amazone [amazon] *nm* ● **l'Amazone** el Amazonas

Amazonie [amazɔni] *nf* ● **l'Amazonie** Amazonia *f*

ambassade [ɑ̃basad] *nf* embajada *f*

ambassadeur, drice [ɑ̃basadœr, dris] *nm, f* embajador *m*, -ra *f*

ambiance [ɑ̃bjɑ̃s] *nf* ambiente *m* ● **d'ambiance** *(musique, éclairage)* ambiental ● **il y a de l'ambiance !** ¡hay mucho ambiente! ● **bonne/mauvaise ambiance** buen/mal ambiente

ambigu, uë [ɑ̃bigy] *adj* ambiguo(gua)

ambitieux, euse [ɑ̃bisjø, øz] *adj* **1.** *(personne)* ambicioso(sa) **2.** *(projet)* de gran envergadura

ambition [ɑ̃bisjɔ̃] *nf* **1.** *(but)* anhelo *m* **2.** *(désir de réussite)* ambición *f*

ambulance [ɑ̃bylɑ̃s] *nf* ambulancia *f*

ambulant [ɑ̃bylɑ̃] *adj m* ➤ **marchand**

âme [am] *nf* alma *f*

amélioration [ameljɔrasjɔ̃] *nf* mejora *f*

améliorer [ameljɔre] *vt* mejorar ● **s'améliorer** *vp* **1.** *(santé, situation)* mejorar **2.** *(élève)* progresar

aménagé, e [amenaʒe] *adj (cuisine, camping)* acondicionado(da)

aménager [amenaʒe] *vt (pièce, appartement)* acondicionar

amende [amɑ̃d] *nf* multa *f*

amener [amne] *vt* **1.** *(emmener)* llevar **2.** *(faire venir avec soi)* traerse **3.** *(causer)* acarrear

amer, ère [amɛr] *adj* **1.** *(goût)* amargo(ga) **2.** *(personne)* amargado(da)

américain, e [amerikɛ̃, ɛn] *adj* americano(na), norteamericano(na) ● **Américain, e** *nm, f* americano *m*, -na *f*, norteamericano *m*, -na *f*

Amérique [amerik] *nf* ● **l'Amérique** América *f* ● **l'Amérique centrale** América Central, Centroamérica *f* ● **l'Amérique latine** América Latina, Latinoamérica *f* ● **l'Amérique du Nord** América del Norte, Norteamérica *f* ● **l'Amérique du Sud** América del Sur, Sudamérica *f*

amertume [amɛrtym] *nf* **1.** *(d'un aliment)* amargor *m* **2.** *(tristesse)* amargura *f*

ameublement [amœbləmɑ̃] *nm* mobiliario *m*

ami, e [ami] *nm, f* **1.** *(camarade)* amigo *m*, -ga *f* **2.** *(fiancé)* novio *m*, -via *f* ● **être (très) amis** ser (muy) amigos

amiable [amjabl] *adj* ● **à l'amiable** *(arrangement, divorce)* amistoso(sa) ● **le problème a été réglé à l'amiable** el problema se ha solventado amistosamente

amiante [amjãt] *nm* amianto *m*

amical, e, aux [amikal, o] *adj* cordial

amicalement [amikalmã] *adv* cordialmente

amitié [amitje] *nf* amistad *f* ▾ **amitiés** *(dans une lettre)* recuerdos

amnésique [amnezik] *adj* amnésico(ca)

amont [amõ] *nm* ● **en amont** río arriba ; *(fig)* antes

amorcer [amɔrse] *vt* iniciar

amortir [amɔrtir] *vt* **1.** *(choc, son)* amortiguar **2.** *(rentabiliser)* amortizar

amortisseur [amɔrtisœr] *nm* amortiguador *m*

amour [amur] *nm* amor *m* ● **faire l'amour** hacer el amor

amoureux, euse [amurø, øz] *adj* enamorado(da) ● **être amoureux de qqn** estar enamorado de alguien ● **amoureux** *nmpl* enamorados *mpl* ● **les amoureux de la nature** los amantes de la naturaleza

amour-propre [amurprɔpr] *(pl* **amours-propres)** *nm* amor *m* propio

amovible [amɔvibl] *adj* amovible

amphithéâtre [ãfiteatr] *nm* anfiteatro *m*

ample [ãpl] *adj* amplio(plia)

amplement [ãpləmã] *adv* ampliamente

ampli [ãpli] *(abr de* amplificateur) *nm* *(fam)* amplificador *m*

amplificateur [ãplifikatœr] *nm* amplificador *m*

amplifier [ãplifje] *vt* amplificar

ampoule [ãpul] *nf* **1.** *(de lampe)* bombilla *f* **2.** *(de médicament, sur la peau)* ampolla *f*

amputer [ãpyte] *vt* amputar

amusant, e [amyzã, ãt] *adj* divertido(da)

amuse-gueule [amyzgœl] *nm inv* aperitivo *m*

amuser [amyze] *vt* ● **amuser qqn** divertir a alguien ● **s'amuser** *vp* **1.** *(se distraire)* divertirse **2.** *(jouer)* jugar ● **s'amuser à faire qqch** dedicarse a hacer algo ● **ça m'amuse de m'embêter se divierte molestándome** ● **ça ne m'amuse pas de faire ça** no me hace ninguna gracia hacer esto

amygdales [amidal] *nfpl* amígdalas *fpl*

an [ã] *nm año m* ● **il a neuf ans** tiene nueve años ● **en l'an 2010** en el año 2010

anachronique [anakrɔnik] *adj* anacrónico(ca)

analogique [analɔʒik] *adj* analógico(ca)

analogue [analɔg] *adj* análogo(ga)

analphabète [analfabɛt] *adj & nmf* analfabeto(ta)

analyse [analiz] *nf* **1.** análisis *m inv* **2.** *(psychanalyse)* psicoanálisis *m inv* ● **analyse (de sang)** análisis (de sangre)

analyser [analize] *vt* analizar

ananas [anana(s)] *nm* piña *f*

anarchie [anarʃi] *nf* anarquía *f*

anatomie [anatɔmi] *nf* anatomía *f*

ancêtre [ãsɛtr] *nmf* **1.** *(parent)* antepasado *m*, -da *f* **2.** *(première version)* ● **l'ancêtre de l'ordinateur** el predecesor del ordenador

anchois [ɑ̃ʃwa] *nm* **1.** (*frais*) boquerón *m* **2.** (*en conserve*) anchoa *f*

ancien, enne [ɑ̃sjɛ̃, ɛn] *adj* antiguo(gua) ◆ **ancien** *nm* (*Afrique*) (*aîné*) anciano *m*

ancienneté [ɑ̃sjɛnte] *nf* (*dans une entreprise*) antigüedad *f*

ancre [ɑ̃kʀ] *nf* ancla *m* ● **jeter/lever l'ancre** echar/levar anclas

Andalousie [ɑ̃daluzi] *nf* ● **l'Andalousie** Andalucía *f*

Andes [ɑ̃d] *nfpl* ● **les Andes** los Andes ● **la Cordillère des Andes** la Cordillera de los Andes

Andorre [ɑ̃dɔʀ] *nf* ● **l'Andorre** Andorra *f*

andouille [ɑ̃duj] *nf* **1.** CUUN especie de salchicha a base de tripas de cerdo **2.** (*fam*) (*imbécile*) imbécil *mf*

andouillette [ɑ̃dujɛt] *nf* embutido a base de tripas de cerdo o de ternera

âne [an] *nm* burro *m*

anéantir [aneɑ̃tiʀ] *vt* (*ville, espoirs*) aniquilar

anecdote [anɛkdɔt] *nf* anécdota *f*

anémie [anemi] *nf* anemia *f*

ânerie [anʀi] *nf* burrada *f* ● **faire/dire des âneries** hacer/decir burradas

anesthésie [anɛstezi] *nf* anestesia *f* ● **être sous anesthésie** estar bajo anestesia ● **anesthésie générale/locale** anestesia general/local

ange [ɑ̃ʒ] *nm* ángel *m*

angine [ɑ̃ʒin] *nf* angina *f* ● **angine de poitrine** angina de pecho

anglais, e [ɑ̃glɛ, ɛz] *adj* inglés(esa) ◆ **anglais** *nm* (*langue*) inglés *m* ● **Anglais, e** *nm, f* inglés *m*, -esa *f*

angle [ɑ̃gl] *nm* **1.** (*coin*) esquina *f* **2.** (*géométrique*) ángulo *m* ● **angle droit** ángulo recto

Angleterre [ɑ̃glətɛʀ] *nf* ● **l'Angleterre** Inglaterra *f*

angoisse [ɑ̃gwas] *nf* angustia *f*

angoissé, e [ɑ̃gwase] *adj* angustiado(da)

angora [ɑ̃gɔʀa] *nm* angora *f*

anguille [ɑ̃gij] *nf* anguila *f* ● **anguille au vert** anguilas cocinadas con vino blanco, nata, espinacas y hierbas aromáticas; especialidad belga

animal, aux [animal, o] *nm* animal *m* ● **animal domestique** animal doméstico

animateur, trice [animatœʀ, tʀis] *nm, f* **1.** (*de club, de groupe*) animador *m*, -ra *f* **2.** (*à la radio, à la télévision*) presentador *m*, -ra *f*

animation [animasjɔ̃] *nf* animación *f* ◆ **animations** *nfpl* actividades *fpl*

animé, e [anime] *adj* animado(da)

animer [anime] *vt* **1.** animar **2.** (*jeu, émission*) presentar ● **s'animer** *vp* animarse

anis [ani(s)] *nm* anís *m*

ankyloser [ɑ̃kiloze] ● **s'ankyloser** *vp* anquilosarse

anneau, x [ano] *nm* **1.** (*bague*) anillo *m* **2.** (*maillon*) eslabón *m* ◆ **anneaux** *nmpl* SPORT anillas *fpl*

année [ane] *nf* año *m* ● **année bissextile** año bisiesto ● **année scolaire** curso *m* escolar

annexe [anɛks] *nf* **1.** (*document*) documento *m* adjunto **2.** (*bâtiment*) dependencia *f*

anniversaire [anivɛʀsɛʀ] *nm* cumpleaños *m inv* ● **bon** OU **joyeux anniversaire !**

¡feliz cumpleaños! ● **anniversaire de mariage** aniversario *m* de boda

annonce [anɔ̃s] *nf* **1.** anuncio *m* **2.** *(message parlé)* aviso *m* ● **(petites) annonces** anuncios por palabras

annoncer [anɔ̃se] *vt* anunciar ● **s'annoncer** *vp* ● **s'annoncer bien** presentarse bien

annuaire [anɥɛʁ] *nm* anuario *m* ● **annuaire (téléphonique)** guía *f* de teléfonos

annuel, elle [anɥɛl] *adj* anual

annulaire [anɥlɛʁ] *nm* anular *m*

annulation [anylasjɔ̃] *nf* anulación *f*

annuler [anyle] *vt* **1.** anular **2.** *INFORM* cancelar

anomalie [anɔmali] *nf* anomalía *f*

anonyme [anɔnim] *adj* anónimo(ma)

anorak [anɔʁak] *nm* anorak *m*

anormal, e, aux [anɔʁmal, o] *adj* anormal

ANPE [aɛnpeə] *nf (abr de Agence nationale pour l'emploi)* ≃ INEM *m (Instituto Nacional de Empleo)*

anse [ɑ̃s] *nf* **1.** *(poignée)* asa *f* **2.** *(crique)* ensenada *f*

Antarctique [ɑ̃taʁktik] *nm* Antártida *f* ● **l'(océan) Antarctique** el (océano) Antártico

antenne [ɑ̃tɛn] *nf* antena *f* ● **antenne parabolique** antena parabólica ● **antenne relais** antena (base) de telefonía móvil ● **antenne satellite** antena satélite

antérieur, e [ɑ̃teʁjœʁ] *adj* **1.** *(précédent)* anterior **2.** *(de devant)* delantero(ra)

anthrax [ɑ̃tʁaks] *nm* ántrax *m inv*

antibiotique [ɑ̃tibjɔtik] *nm* antibiótico *m*

antibrouillards [ɑ̃tibʁujaʁ] *nmpl* faros *mpl* antiniebla

anticiper [ɑ̃tisipe] *vt* anticipar

antidopage [ɑ̃tidɔpaʒ], **antidoping** [ɑ̃tidɔpiŋ] *adj inv* ● **contrôle antidopage** control antidopaje

antidote [ɑ̃tidɔt] *nm* antídoto *m*

antigel [ɑ̃tiʒɛl] *nm* anticongelante *m*

antillais, e [ɑ̃tije, ɛz] *adj* antillano(na) ● **Antillais, e** *nm, f* antillano *m*, -na *f*

Antilles [ɑ̃tij] *nfpl* ● **les Antilles** las Antillas

antimite [ɑ̃timit] *nm* antipolillas *m inv*

antimondialisation [ɑ̃timɔ̃djalizasjɔ̃] *nf* antiglobalización *f*

antimondialiste [ɑ̃timɔ̃djalist] *nmf* antiglobalista *mf*

antipathique [ɑ̃tipatik] *adj* antipático(ca)

antiquaire [ɑ̃tikɛʁ] *nmf* anticuario *m*, -ria *f*

antique [ɑ̃tik] *adj* antiguo(gua)

antiquité [ɑ̃tikite] *nf* antigüedad *f* ● **magasin d'antiquités** tienda *f* de antigüedades ● **l'Antiquité** la Antigüedad

antiseptique [ɑ̃tisɛptik] *adj* antiséptico(ca)

antislash [ɑ̃tislaʃ] *nm* barra *f* invertida

antivirus [ɑ̃tiviʁys] *nm inv INFORM* anti-virus *m inv*

antivol [ɑ̃tivɔl] *nm* antirrobo *m*

anxiété [ɑ̃ksjete] *nf* ansiedad *f*

anxieux, euse [ɑ̃ksjø, øz] *adj* ansioso(sa)

AOC [aɔse] *nf (abr de appellation d'origine contrôlée)* ≃ DO *f (denominación de origen)*

août [u(t)] *nm* agosto *m* ● **en août** ou **au mois d'août** en (el mes de) agosto ● **début août** a principios de agosto ● **fin août** a finales de agosto ● **le deux août** el dos de agosto

apaiser [apeze] *vt* aplacar

apercevoir [apɛʀsəvwaʀ] *vt* divisar ◆ **s'apercevoir** *vp* ● **s'apercevoir de** darse cuenta de ● **s'apercevoir que** darse cuenta de que

¹ **aperçu, e** [apɛʀsy] *pp* ➤ apercevoir

² **aperçu** [apɛʀsy] *nm* ● **avoir/donner un aperçu de qqch** tener/dar una visión de conjunto de algo ● **aperçu avant impression** INFORM vista *f* previa

apéritif [apeʀitif] *nm* aperitivo *m*

aphone [afɔn] *adj* afónico(ca)

aphte [aft] *nm* afta *f*

apitoyer [apitwaje] ◆ **s'apitoyer sur** *vp* + *prep* apiadarse de

ap. J.-C. (*abr écrite de après Jésus-Christ*) d. J.C (*después de Jesucristo*)

aplanir [aplaniʀ] *vt* allanar

aplatir [aplatiʀ] *vt* aplanar

aplomb [aplɔ̃] *nm* (*culot*) desfachatez *f* ● **d'aplomb** (*vertical*) derecho(cha)

apostrophe [apɔstʀɔf] *nf* (*signe graphique*) apóstrofo *m* ● **"s" apostrophe "s"** apóstrofo

apôtre [apotʀ] *nm* apóstol *m*

apparaître [apaʀɛtʀ] *vi* aparecer ● **il apparaît évident que...** resulta evidente que...

appareil [apaʀɛj] *nm* **1.** (*dispositif*) aparato *m* **2.** (*poste téléphonique*) teléfono *m* ● **qui est à l'appareil ?** ¿con quién hablo? ● **appareil digestif** aparato digestivo ● **appareil jetable** cámara *f* de usar y tirar

● **appareil ménager** electrodoméstico *m*
● **appareil photo** cámara fotográfica
● **appareil photo numérique** cámara digital

apparemment [apaʀamɑ̃] *adv* al parecer

apparence [apaʀɑ̃s] *nf* apariencia *f* ● **en apparence** en apariencia

apparent, e [apaʀɑ̃, ɑ̃t] *adj* **1.** aparente **2.** (*couture, poutre, brique*) a la vista

apparition [apaʀisjɔ̃] *nf* aparición *f* ● **faire son apparition** aparecer

appartement [apaʀtəmɑ̃] *nm* apartamento *m*

appartenir [apaʀtəniʀ] *vi* ● **appartenir à** pertenecer a

appartenu [apaʀtəny] *pp* ➤ appartenir

apparu, e [apaʀy] *pp* ➤ apparaître

appât [apa] *nm* cebo *m*

appel [apɛl] *nm* llamada *f* ● **faire l'appel** SCOL pasar lista ● **faire appel à** recurrir a ● **faire un appel de phares** dar luces ● **appel au secours** llamada de socorro

appeler [aple] *vt* llamar ● **appeler à l'aide** pedir socorro ● **appeler un taxi** pedir un taxi ◆ **s'appeler** *vp* llamarse ● **comment t'appelles-tu ?** ¿cómo te llamas? ● **je m'appelle...** me llamo...

appendicite [apɛ̃disit] *nf* apendicitis *f inv*

appétissant, e [apetisɑ̃, ɑ̃t] *adj* apetitoso(sa)

appétit [apeti] *nm* apetito *m* ● **avoir de l'appétit** tener apetito ● **bon appétit !** ¡buen provecho!

applaudir [aplodiʀ] *vt & vi* aplaudir

applaudissements [aplodismɑ̃] *nmpl* aplausos *mpl*

application [aplikasjɔ̃] *nf* aplicación *f*
● **lancer une application** ejecutar una aplicación

applique [aplik] *nf* aplique *m*

appliqué, e [aplike] *adj* aplicado(da)

appliquer [aplike] *vt* aplicar ◆ **s'appliquer** *vp* aplicarse

appoint [apwɛ̃] *nm* ● **faire l'appoint** dar el importe exacto ● **d'appoint** (chauffage, lit) adicional

apporter [apɔʀte] *vt* **1.** traer **2.** (fournir) aportar

appréciation [apʀesjasjɔ̃] *nf* **1.** apreciación *f* **2.** SCOL observación *f*

apprécier [apʀesje] *vt* apreciar

appréhension [apʀeɑ̃sjɔ̃] *nf* aprensión *f*

apprendre [apʀɑ̃dʀ] *vt* **1.** aprender **2.** (nouvelle) enterarse de ● **apprendre qqch à qqn** (discipline) enseñar algo a alguien ; (nouvelle) comunicar algo a alguien ● **apprendre à faire qqch** aprender a hacer algo

apprenti, e [apʀɑ̃ti] *nm, f* aprendiz *m, -za f*

apprentissage [apʀɑ̃tisaʒ] *nm* aprendizaje *m*

apprêter [apʀete] ● **s'apprêter à** *vp + prep* (être sur le point de) ● **s'apprêter à faire qqch** disponerse a hacer algo

appris, e [apʀi, iz] *pp* ▶ **apprendre**

apprivoiser [apʀivwaze] *vt* amansar

approcher [apʀɔʃe] *vt* acercar ◇ *vi* acercarse ● **approcher qqch de** acercar algo a ● **approcher de** acercarse a ◆ **s'approcher** *vp* acercarse ● **s'approcher de** acercarse

approfondir [apʀɔfɔ̃diʀ] *vt* profundizar

approprié, e [apʀɔpʀije] *adj* apropiado(da)

approuver [apʀuve] *vt* aprobar

approvisionner [apʀɔvizjɔne] ● **s'approvisionner** *vp* ● **s'approvisionner (en)** abastecerse (de)

approximatif, ive [apʀɔksimatif, iv] *adj* aproximado(da)

appui-tête [apɥitɛt] *(pl appuis-tête) nm* reposacabezas *m inv*

appuyer [apɥije] *vt* apoyar ◇ *vi* ● **appuyer sur** apretar ◆ **s'appuyer** *vp* ● **s'appuyer à** apoyarse en

après [apʀe] *prép* después de ◇ *adv* después ● **après avoir fait le ménage** después de haber hecho la limpieza ● **après tout** después de todo ● **l'année d'après** el año siguiente ● **d'après moi** para mí

après-demain [apʀedmɛ̃] *adv* pasado mañana

après-midi [apʀemidi] *nm ou nf inv* tarde *f* ● **je travaille l'après-midi** (tous les jours) trabajo por la tarde ● **dans l'après-midi** por la tarde

après-rasage, s [apʀeʀazaʒ] *nm* loción *f* para después del afeitado

après-shampooing [apʀeʃɑ̃pwɛ̃] *nm inv* suavizante *m* (para el pelo)

après-ski, s [apʀeski] *nm* descanso *mpl*, après-ski *m inv*

a priori [apʀijɔʀi] *adv* a priori ◇ *nm inv* prejuicio *m*

apte [apt] *adj* ● **apte à (faire)** qqch apto(ta) para (hacer) algo

aptitude [aptityd] *nfpl* aptitudes *fpl*

aquarelle [akwaʀɛl] *nf* acuarela *f*

aquarium [akwaʀjɔm] *nm* acuario *m*

aquatique [akwatik] *adj* acuático(ca)

aqueduc [akdyk] *nm* acueducto *m*

Aquitaine [akiten] *nf* ● l'Aquitaine Aquitania *f*

AR 1. (*abr écrite de aller-retour*) ida y vuelta *f* **2.** (*abr écrite de accusé de réception*) acuse *m* de recibo

arabe [aʀab] *adj* árabe ◇ *nm* (*langue*) árabe *m* ● **Arabe** *nmf* árabe *mf*

arachide [aʀaʃid] *nf* cacahuete *m*

araignée [aʀeɲe] *nf* araña *f*

arbitraire [aʀbitʀɛʀ] *adj* arbitrario(ria)

arbitre [aʀbitʀ] *nm* árbitro *m*, -tra *f*

arbitrer [aʀbitʀe] *vt* arbitrar

arborescence [aʀbɔʀesɑ̃s] *nf* INFORM arborescencia *f*

arbre [aʀbʀ] *nm* árbol *m* ● **arbre fruitier** árbol frutal ● **arbre généalogique** árbol genealógico

arbuste [aʀbyst] *nm* arbusto *m*

arc [aʀk] *nm* arco *m*

arcade [aʀkad] *nf* arcada *f* ● **arcade sourcilière** arco *m* de la ceja

arc-bouter [aʀkbute] ◆ **s'arc-bouter** *vp* apoyarse

arc-en-ciel [aʀkɑ̃sjɛl] (*pl* arcs-en-ciel) *nm* arco iris *m inv*

archaïque [aʀkaik] *adj* arcaico(ca)

arche [aʀʃ] *nf* (*voûte*) arco *m* ● l'Arche de Noé el Arca de Noé

archéologie [aʀkeɔlɔʒi] *nf* arqueología *f*

archéologue [aʀkeɔlɔg] *nmf* arqueólogo *m*, -ga *f*

archet [aʀʃɛ] *nm* arco *m*

archipel [aʀʃipɛl] *nm* archipiélago *m*

architecte [aʀʃitɛkt] *nmf* arquitecto *m*, -ta *f*

architecture [aʀʃitɛktyʀ] *nf* arquitectura *f*

archives [aʀʃiv] *nfpl* archivos *mpl*

Arctique [aʀktik] *nm* ● l'(océan) Arctique el (océano) Ártico

ardent, e [aʀdɑ̃, ɑ̃t] *adj* ardiente

ardeur [aʀdœʀ] *nf* ardor *m*

ardoise [aʀdwaz] *nf* pizarra *f*

ardu, e [aʀdy] *adj* arduo(a)

arènes [aʀɛn] *nfpl* **1.** (*romaines*) circo *m* **2.** (*pour corridas*) plaza *f* de toros

arête [aʀɛt] *nf* **1.** (*de poisson*) espina *f* **2.** (*angle*) arista *f*

argent [aʀʒɑ̃] *nm* **1.** (*métal*) plata *f* **2.** (*monnaie*) dinero *m*, plata (*Amér*) ● **argent liquide** dinero en metálico ● **argent de poche** dinero para gastos menudos

argenté, e [aʀʒɑ̃te] *adj* plateado(da)

argenterie [aʀʒɑ̃tʀi] *nf* plata *f* (*vajilla y cubertería de*)

argentin, e [aʀʒɑ̃tɛ̃, in] *adj* argentino(na) ● **Argentin, e** *nm, f* argentino *m*, -na *f*

Argentine [aʀʒɑ̃tin] *nf* ● l'Argentine Argentina *f*

argile [aʀʒil] *nf* arcilla *f*

argot [aʀgo] *nm* argot *m*

argument [aʀgymɑ̃] *nm* argumento *m*

aride [aʀid] *adj* árido(da)

aristocratie [aʀistɔkʀasi] *nf* aristocracia *f*

arithmétique [aʀitmetik] *nf* aritmética *f*

armature [aʀmatyʀ] *nf* **1.** (*charpente*) armazón *m* **2.** (*d'un soutien-gorge*) aros *mpl*

arme [aʀm] *nf* arma *f* ● **arme à feu** arma de fuego ● **arme blanche** arma blanca

armé, e [aʀme] *adj* armado(da) ● **être armé de** ir armado con

armée [aʀme] *nf* ejército *m*

armement [aʀməmɑ̃] *nm* armamento *m*

armer [aʀme] vt 1. armar 2. *(appareil photo)* cargar

armistice [aʀmistis] nm armisticio m

armoire [aʀmwaʀ] nf armario m ● **armoire à pharmacie** botiquín m

armoiries [aʀmwaʀi] nfpl escudo m de armas

armure [aʀmyʀ] nf armadura f

aromate [aʀɔmat] nm especia f

aromatique [aʀɔmatik] adj aromático(ca)

aromatisé, e [aʀɔmatize] adj aromatizado(da) ● **un yaourt aromatisé à la vanille** un yogur con sabor a vainilla

arôme [aʀom] nm 1. *(d'un plat)* olor m ; *(du café)* aroma m ; *(du vin)* buqué m ; *(d'une fleur)* fragancia f 2. *(goût)* aroma m

arqué, e [aʀke] adj arqueado(da) ● **(avoir) les jambes arquées** (tener) las piernas arqueadas

arracher [aʀaʃe] vt arrancar ● **le voleur lui arracha son sac** el ladrón le arrebató el bolso

arrangement [aʀɑ̃ʒmɑ̃] nm arreglo m

arranger [aʀɑ̃ʒe] vt arreglar ● **cela m'arrange** me viene bien ● **cela ne m'arrange pas du tout** no me viene nada bien ● **s'arranger** vp 1. *(se mettre d'accord)* ponerse de acuerdo 2. *(s'améliorer)* arreglarse ● **tout finira par s'arranger** todo terminará por arreglarse ● **arrangez-vous pour être à l'heure** procurad llegar puntuales

arrestation [aʀɛstasjɔ̃] nf arresto m ● **être en état d'arrestation** estar detenido(da)

arrêt [aʀɛ] nm 1. *(interruption)* interrupción f 2. *(immobilisation)* inmovilización f 3. *(station)* parada f ▼ **arrêt interdit** prohibido parar ou estacionar ▼ **ne pas descendre avant l'arrêt complet du train** no apearse del tren hasta que se detenga por completo ● **arrêt d'autobus** parada de autobús ● **arrêt de travail** baja f *(laboral)* ● **bouton arrêt** botón m parar ● **sans arrêt** sin cesar

arrêter [aʀete] vt 1. parar 2. *(suspect)* detener ◇ vi parar ● **arrête !** ¡ya está bien! ● **j'ai arrêté de fumer l'an dernier** dejé de fumar el año pasado ● **s'arrêter** vp pararse ● **il s'est arrêté de travailler en juin** dejó de trabajar en junio

arrhes [aʀ] nfpl señal f ● **verser des arrhes** dejar una señal

arrière [aʀjɛʀ] adj inv trasero(ra) ◇ nm parte f trasera ● **à l'arrière** en la parte trasera, detrás ● **à l'arrière de** en la parte trasera de, detrás de ● **en arrière** *(regarder, tomber)* hacia atrás ; *(rester)* atrás

arriéré, e [aʀjeʀe] adj *(péj)* atrasado(da)

arrière-boutique, s [aʀjɛʀbutik] nf trastienda f

arrière-grand-mère [aʀjɛʀgʀɑ̃mɛʀ] *(pl* arrière-grands-mères*)* nf bisabuela f

arrière-grand-père [aʀjɛʀgʀɑ̃pɛʀ] *(pl* arrière-grands-pères*)* nm bisabuelo m

arrière-grands-parents [aʀjɛʀgʀɑ̃paʀɑ̃] nmpl bisabuelos mpl

arrière-pensée, s [aʀjɛʀpɑ̃se] nf segunda intención f

arrière-plan, s [aʀjɛʀplɑ̃] nm ● **à l'arrière-plan** en segundo plano

arrière-saison [aʀjɛʀsɛzɔ̃] nf final m del otoño

arrivée [aʀive] nf llegada f ▼ **arrivées** llegadas

arriver [aʀive] vi **1.** *(train, personne)* llegar **2.** *(se produire)* ocurrir ◊ *v impers* ● **il arrive qu'il pleuve en été** puede ocurrir que llueva en verano ● **il m'arrive d'aller au cinéma** a veces voy al cine ● **que t'est-il arrivé ?** ¿que te ha pasado? ● **arriver à** qqch conseguir algo ● **je n'arrive pas à ouvrir la porte** no consigo abrir la puerta

arriviste [aʀivist] nmf arribista mf

ar(r)obas, arobase [aʀɔbaz] nf INFORM arroba f

arrogant, e [aʀɔgɑ̃, ɑ̃t] adj arrogante

arrondir [aʀɔ̃diʀ] vt redondear ● **arrondir ses fins de mois** redondear los fines de mes

arrondissement [aʀɔ̃dismɑ̃] nm distrito m

arrosage [aʀozaʒ] nm riego m

arroser [aʀoze] vt regar

arrosoir [aʀozwaʀ] nm regadera f

Arrt abr abr écrite de **arrondissement**

art [aʀ] nm arte m ou f ● **art roman/gothique** arte m románico/gótico ● **arts plastiques** artes fpl plásticas ● **le septième art** el séptimo arte

Arte [aʀte] n canal de televisión cultural franco-alemán

artère [aʀtɛʀ] nf arteria f

artichaut [aʀtiʃo] nm alcachofa f

article [aʀtikl] nm artículo m

articulation [aʀtikylasjɔ̃] nf articulación f

articulé, e [aʀtikyle] adj **1.** *(objet, langage)* articulado(da) **2.** *(lampe)* flexible

articuler [aʀtikyle] vt & vi articular

artifice [aʀtifis] nm ➤ **feu**

artificiel, elle [aʀtifisjɛl] adj artificial

artisan, e [aʀtizɑ̃, an] nm, f artesano m, -na f

artisanal, e, aux [aʀtizanal, o] adj artesanal

artisanat [aʀtizana] nm artesanía f

artiste [aʀtist] nmf artista mf

artistique [aʀtistik] adj artístico(ca)

¹ as [a] ➤ **avoir**

² as [as] nm as m ● **l'as de pique** el as de picas

asc. abr écrite de **ascenseur**

ascendant [asɑ̃dɑ̃] nm ascendente m

ascenseur [asɑ̃sœʀ] nm ascensor m

ascension [asɑ̃sjɔ̃] nf ascenso m ● **Ascension** nf ● **l'Ascension** la Ascensión

asiatique [azjatik] adj asiático(ca) ● **Asiatique** nmf asiático m, -ca f

Asie [azi] nf ● **l'Asie** Asia f

asile [azil] nm **1.** *(psychiatrique)* manicomio m **2.** *(refuge, politique)* asilo m

aspect [aspɛ] nm aspecto m

asperge [aspɛʀʒ] nf espárrago m ● **asperges à la flamande** espárragos acompañados de huevo duro picado, mantequilla y perejil; especialidad belga

asperger [aspɛʀʒe] vt rociar

aspérités [aspeʀite] nfpl asperezas fpl

asphyxier [asfiksje] vt asfixiar ● **s'asphyxier** vp asfixiarse

aspirant, e [aspiʀɑ̃t] adj f ➤ **hotte**

aspirateur [aspiʀatœʀ] nm aspirador m

aspirer [aspiʀe] vt aspirar

aspirine® [aspiʀin] nf aspirina® f

assaillant, e [asajɑ̃, ɑ̃t] nm, f asaltante mf

assaillir [asajiʀ] vt asaltar ● **il fut assailli de questions** lo acosaron con preguntas

assaisonnement [asɛzɔnmɑ̃] nm aliño m

assassin [asasɛ̃] nm asesino m, -na f

assassiner [asasine] vt asesinar

assaut [aso] nm asalto m ● **donner l'assaut** asaltar

assemblage [asɑ̃blaʒ] nm montaje m

assemblée [asɑ̃ble] nf asamblea f ● **l'Assemblée (nationale)** *el parlamento francés* ≃ el Congreso de los Diputados

assembler [asɑ̃ble] vt montar

asseoir [aswar] ◆ **s'asseoir** vp sentarse

assez [ase] adv bastante ● **il y a assez de pommes pour faire une tarte** hay bastantes manzanas para hacer una tarta ● **nous n'avons pas assez de temps** no tenemos bastante tiempo ● **en avoir assez (de)** estar harto(ta) (de)

assidu, e [asidy] adj 1. (*élève*) asiduo(dua) 2. (*travail*) constante

assiéger [asjeʒe] vt asediar

assiette [asjɛt] nf plato m ● **assiette de crudités** entremés de hortalizas crudas aliñadas ● **assiette creuse** ou **à soupe** plato hondo ou sopero ● **assiette à dessert** plato de postre ● **assiette plate** plato llano ● **assiette valaisanne** plato a base de jamón, carne curada, queso y pepinillos, típico de la región de Valais en Suiza

assimiler [asimile] vt asimilar

assis, e [asi, iz] pp ➤ asseoir ◇ adj ● **être assis** estar sentado

assises [asiz] nfpl ● **(cour d')assises** ≃ sala f de lo penal

assistance [asistɑ̃s] nf asistencia f

assistant, e [asistɑ̃, ɑ̃t] nm, f 1. (*aide*) ayudante mf 2. (*en langues étrangères*) auxiliar mf de conversación ● **assistante sociale** asistente f social

assister [asiste] vt asistir ● **assister à** (*concert*) asistir a ; (*meurtre*) presenciar

association [asɔsjasjɔ̃] nf asociación f

associer [asɔsje] vt asociar ◆ **s'associer** vp ● **s'associer (à** ou **avec qqn)** asociarse (con alguien)

assombrir [asɔ̃bʀiʀ] vt ensombrecer ◆ **s'assombrir** vp ensombrecerse

assommer [asɔme] vt tumbar

assorti, e [asɔʀti] adj 1. (*vêtements, couleurs*) conjuntado(da), a juego 2. (*varié*) surtido(da) ● **être assorti à** hacer juego con

assortiment [asɔʀtimɑ̃] nm surtido m

assoupir [asupiʀ] ◆ **s'assoupir** vp adormilarse

assouplir [asupliʀ] vt dar flexibilidad a

assouplissant [asuplisɑ̃] nm suavizante m

assouplissement [asuplismɑ̃] nm flexibilidad f

assouplisseur [asuplisœʀ] = **assouplissant**

assourdissant, e [asuʀdisɑ̃, ɑ̃t] adj ensordecedor(ra)

assumer [asyme] vt asumir

assurance [asyʀɑ̃s] nf 1. (*contrat*) seguro m 2. (*aisance*) seguridad f ● **assurance automobile** seguro del coche ● **assurance tous risques** seguro a todo riesgo

assuré, e [asyʀe] adj 1. (*certain*) seguro(ra) 2. (*résolu*) firme

assurer [asyʀe] vt 1. (*maison, voiture*) asegurar 2. (*fonction, tâche*) hacerse cargo de ● **je t'assure que c'est vrai** te aseguro que es verdad ● **il est fou, je t'assure !** ¡te ase-

guro que está loco! ◆ **s'assurer** *vp* asegurarse ● **s'assurer contre le vol** asegurarse
contra el robo ● **s'assurer de** asegurarse
de ● **s'assurer que** asegurarse de que
astérisque [asterisk] *nm* asterisco *m*
asthmatique [asmatik] *adj* asmáti-
co(ca)
asthme [asm] *nm* asma *f* ● **avoir de**
l'asthme padecer asma
asticot [astiko] *nm* gusano *m*
astiquer [astike] *vt* sacar brillo a
astre [astʀ] *nm* astro *m*
astrologie [astʀɔlɔʒi] *nf* astrología *f*
astronaute [astʀɔnot] *nmf* astronauta
mf
astronomie [astʀɔnɔmi] *nf* astronomía *f*
astuce [astys] *nf* **1.** *(ingéniosité)* astucia *f*
2. *(truc)* truco *m*
astucieux, euse [astysjø, øz] *adj* astu-
to(ta)
Asturies [astyʀi] *nfpl* ● **les Asturies**
Asturias *f*
atelier [atǝlje] *nm* **1.** taller *m* **2.** *(de peintre)* estudio *m* ● **un atelier d'écriture**
(groupe de travail) un taller de escritura
athée [ate] *adj* ateo(a)
athénée [atene] *nm* *(Belg)* instituto de
enseñanza secundaria en Bélgica
athlète [atlet] *nmf* atleta *mf*
athlétisme [atletism] *nm* atletismo *m*
Atlantique [atlɑ̃tik] *nm* ● **l'(océan)**
Atlantique el (océano) Atlántico
atlas [atlas] *nm* atlas *m inv*
atmosphère [atmɔsfɛʀ] *nf* atmósfera *f*
atome [atom] *nm* átomo *m*
atomique [atɔmik] *adj* atómico(ca)
atomiseur [atɔmizœʀ] *nm* atomizador
m

atout [atu] *nm* **1.** *(carte)* triunfo *m*
2. *(avantage)* baza *f* ● **atout pique** triunfo
de picas
atroce [atʀɔs] *adj* atroz
atrocité [atʀɔsite] *nf* atrocidad *f*
attachant, e [ataʃɑ̃, ɑ̃t] *adj* entrañable
● **un garçon attachant** un chico encantador
attaché-case [ataʃekɛz] *(pl* **attachés-**
cases) *nm* maletín *m*
attachement [ataʃmɑ̃] *nm* apego *m*
attacher [ataʃe] *vt* **1.** atar **2.** *INFORM* adjuntar ◇ *vi* pegar ● **attachez vos ceintures**
abróchense los cinturones ● **attacher un**
fichier adjuntar un archivo ● **s'attacher**
vp abrocharse ● **s'attacher à qqn** encariñarse con alguien
attaquant, e [atakɑ̃, ɑ̃t] *nm, f SPORT* ata-
cante *m*
attaque [atak] *nf* **1.** *(agression)* asalto *m*
2. *MÉD* ataque *m*
attaquer [atake] *vt* atacar ◆ **s'attaquer**
à *vp + prep* **1.** enfrentarse a **2.** *(devoirs,*
vaisselle) liarse con
attarder [ataʀde] ◆ **s'attarder** *vp* retrasarse
atteindre [atɛ̃dʀ] *vt* **1.** *(toucher, attraper)*
alcanzar **2.** *(émouvoir)* afectar
atteint, e [atɛ̃, ɛ̃t] *pp* = **atteindre** ◇ *adj*
● **être atteint de** *(maladie)* sufrir de, tener
atteinte [atɛ̃t] *nf* ➤ **hors**
atteler [atle] *vt* **1.** *(chevaux)* uncir **2.** *(re-*
morque) enganchar
attelle [atɛl] *nf* tablilla *f*
attendre [atɑ̃dʀ] *vt & vi* esperar ● **atten-**
dre un enfant esperar un hijo ● **attendre**
que esperar que ● **attendre qqch de es-**

perar algo de ◆ **s'attendre à** *vp + prep* esperarse que

attendrir [atɑ̃dʀiʀ] *vt* enternecer

attentat [atɑ̃ta] *nm* atentado *m* ● **attentat à la bombe** atentado con bomba

attente [atɑ̃t] *nf* espera *f* ● **en attente** esperando ▼ **dans l'attente de recevoir de vos nouvelles...** *(dans une lettre)* quedo a la espera de sus noticias.

attentif, ive [atɑ̃tif, iv] *adj* atento(ta)

attention [atɑ̃sjɔ̃] *nf* atención *f* ● **attention !** ¡cuidado! ● **faire attention (à)** *(se concentrer)* prestar atención (a) ; *(être prudent)* tener cuidado (con)

atténuer [atenɥe] *vt* atenuar

atterrir [ateʀiʀ] *vi* aterrizar

atterrissage [ateʀisaʒ] *nm* aterrizaje *m* ● **à l'atterrissage** al aterrizaje

attestation [atɛstasjɔ̃] *nf* certificado *m*

attirant, e [atiʀɑ̃, ɑ̃t] *adj* atractivo(va)

attirer [atiʀe] *vt* atraer ● **attirer l'attention de qqn** llamar la atención de alguien ◆ **s'attirer** *vp* ● **s'attirer des ennuis** crearse problemas

attiser [atize] *vt (feu)* atizar

attitude [atityd] *nf (comportement)* actitud *f*

attraction [atʀaksjɔ̃] *nf* atracción *f*

attrait [atʀɛ] *nm* atractivo *m*

attraper [atʀape] *vt* **1.** coger **2.** *(surprendre)* pillar

attrayant, e [atʀɛjɑ̃, ɑ̃t] *adj* atractivo(va)

attribuer [atʀibɥe] *vt* ● **attribuer qqch à qqn** atribuir algo a alguien

attroupement [atʀupmɑ̃] *nm* aglomeración *f (de gente)*

atypique [atipik] *adj* atípico(ca)

au [o] = **à** + **le** ; ➤ **à**

aube [ob] *nf* alba *f* ● **à l'aube** al alba

auberge [obɛʀʒ] *nf* hostal *m* ● **auberge de jeunesse** albergue *m* juvenil

aubergine [obɛʀʒin] *nf* berenjena *f*

aucun, e [okœ̃, yn] *adj & pron* ninguno(na) *(*ningún *devant nom masculin)* ● **je n'ai vu aucun restaurant** no he visto ningún restaurante ● **sans aucun doute** sin duda alguna ● **aucune idée !** ¡ni idea! ● **aucun des deux** ninguno de los dos ● **aucun d'entre nous** ninguno de nosotros

audace [odas] *nf* atrevimiento *m*

audacieux, euse [odasjø, øz] *adj* atrevido(da)

au-delà [od(ə)la] *adv* más allá ● **au-delà de** más allá de

au-dessous [od(ə)su] *adv* debajo ● **les enfants de 12 ans et au-dessous** los niños de 12 años o menos ● **au-dessous de** debajo de

au-dessus [od(ə)sy] *adv* encima ● **les personnes de 50 ans et au-dessus** las personas de 50 años y más ● **au-dessus de** encima de ● **au-dessus de 200 euros** más de 200 euros

audience [odjɑ̃s] *nf* audiencia *f*

audiovisuel, elle [odjovizɥɛl] *adj* audiovisual

auditeur, trice [oditœʀ, tʀis] *nm, f* oyente *mf*

audition [odisjɔ̃] *nf* **1.** *(examen)* prueba *f* **2.** *(sens)* audición *f*

auditoire [oditwaʀ] *nm* auditorio *m (conjunto de oyentes)*

auditorium [oditɔʀjɔm] *nm* auditorio *m (local)*

augmentation [ɔgmɑ̃tasjɔ̃] *nf* aumento *m* ● **augmentation (de salaire)** aumento (de sueldo) ● **en augmentation** en aumento

augmenter [ɔgmɑ̃te] *vt & vi* aumentar

aujourd'hui [oʒuʀdɥi] *adv* **1.** hoy **2.** *(à notre époque)* hoy en día ● **d'aujourd'hui** de hoy

auparavant [opaʀavɑ̃] *adv* antes

auprès [opʀɛ] ◆ **auprès de** *prép* **1.** *(se trouver)* junto a **2.** *(en s'adressant à)* ante

auquel [okɛl] = **à + lequel**, lequel

¹aura etc ➤ avoir

²aura [oʀa] *nf* aura *f*

auréole [oʀeɔl] *nf (tache)* cerco *m*

aurore [oʀɔʀ] *nf* aurora *f*

ausculter [oskylte] *vt* auscultar

aussi [osi] *adv* **1.** *(également)* también ● **j'ai faim - moi aussi !** tengo hambre - ¡yo también! **2.** *(introduit une comparaison)* ● **il fait aussi chaud qu'à Bayonne** hace tanto calor como en Bayona ● **il est aussi intelligent que son frère** es tan inteligente como su hermano ● **je n'ai jamais rien vu d'aussi beau** nunca he visto nada tan bonito ◇ *conj (par conséquent)* así que

aussitôt [osito] *adv* en seguida ● **aussitôt que nous serons partis** tan pronto como nos hayamos ido

austère [ostɛʀ] *adj* austero(ra)

Australie [ostʀali] *nf* ● **l'Australie** Australia *f*

australien, enne [ostʀaljɛ̃, ɛn] *adj* australiano(na) ◆ **Australien, enne** *nm, f* australiano *m*, -na *f*

autant [otɑ̃] *adv* **1.** *(exprime la comparaison)* ● **autant que** tanto como ● **l'aller simple coûte presque autant que l'aller-retour** el billete de ida cuesta casi tanto como el de ida y vuelta ● **je n'ai pas autant d'amis que lui** no tengo tantos amigos como él ● **il y a autant de femmes que d'hommes** hay tantos hombres como mujeres **2.** *(exprime l'intensité)* ● **je ne savais pas qu'il pleuvait autant ici** no sabía que aquí llovía tanto ● **autant de** tanto(ta) ● **si j'avais autant de temps/autant de vacances** si tuviera tanto tiempo/tantas vacaciones ● **autant de choses** tantas cosas **3.** *(il vaut mieux)* ● **autant partir demain** más vale salir mañana **4.** *(dans des expressions)* ● **j'aime autant rester ici** prefiero quedarme aquí ● **d'autant que** puesto que ● **d'autant plus que** tanto más cuanto que ● **d'autant mieux que** tanto mejor cuanto que ● **pour autant que je sache** que yo sepa

autel [otɛl] *nm* altar *m*

auteur, e [otœʀ] *nm, f* autor *m*, -ra *f*

authentique [otɑ̃tik] *adj* auténtico(ca)

auto [oto] *nf* coche *m*, carro *m (Amér)* ● **autos tamponneuses** autos *mpl* de choque

autobiographie [otɔbjɔgʀafi] *nf* autobiografía *f*

autobus [otɔbys] *nm* autobús *m*

autocar [otɔkaʀ] *nm* autocar *m*

autocollant [otɔkɔlɑ̃] *nm* pegatina *f*

autocouchette(s) [otɔkuʃɛt] *adj inv* ● **train autocouchettes** tren con literas y transporte de coches

autocuiseur [otokyizœʀ] *nm* olla *f* a presión ou exprés

auto-école, s [otoekɔl] *nf* autoescuela *f*

autographe [otɔgʀaf] *nm* autógrafo *m*

automate [otɔmat] *nm* autómata *m*

automatique [otɔmatik] *adj* automático(ca)

automne [otɔn] *nm* otoño *m* ● **en automne** en otoño

automobile [otɔmɔbil] *adj* automovilístico(ca)

automobiliste [otɔmɔbilist] *nmf* automovilista *mf*

autonome [otɔnɔm] *adj* autónomo(ma)

autonomie [otɔnɔmi] *nf* autonomía *f*

autopsie [otɔpsi] *nf* autopsia *f*

autoradio [otɔʀadjo] *nm* radio *f* (del coche)

autorisation [otɔʀizasjɔ̃] *nf* autorización *f*

autoriser [otɔʀize] *vt* autorizar ● **je vous autorise à partir plus tôt** le autorizo a marcharse ou que se marche más temprano

autoritaire [otɔʀitɛʀ] *adj* autoritario(ria)

autorité [otɔʀite] *nf* autoridad *f* ● **les autorités** las autoridades

autoroute [otɔʀut] *nf* autopista *f* ● **autoroute à péage** autopista de peaje ● **autoroute de l'information** *INFORM* autopista de la información

auto(-)stop [otostɔp] *nm sing* autoto(e)stop *m* ● **faire de l'auto(-)stop** hacer auto(e)stop

autour [otuʀ] *adv* alrededor ● **tout autour** alrededor ● **autour de** alrededor de

autre [otʀ] *adj*
1. *(différent)* otro(tra) ● **j'aimerais essayer une autre robe** me gustaría probar me otro vestido
2. *(supplémentaire)* ● **une autre bouteille d'eau minérale, s'il vous plaît !** ¡otra botella de agua mineral por favor! ● **il n'y a rien d'autre à voir ici** no hay nada más que ver aquí ● **veux-tu quelque chose d'autre ?** ¿quieres algo más?
3. *(restant)* ● **les autres passagers sont priés d'embarquer** se ruega a los demás pasajeros que embarquen
4. *(dans des expressions)* ● **autre part** en otro lugar ● **d'autre part** por otra parte ● **rien d'autre** nada más
◇ *pron* ● **l'autre** el otro, la otra ● **un autre** otro ● **les deux autres** los otros dos ● **il ne se soucie pas des autres** no le preocupan los demás ● **d'une minute à l'autre** de un momento a otro ● **entre autres** entre otros/otras

autrefois [otʀəfwa] *adv* antaño

autrement [otʀəmɑ̃] *adv* **1.** *(différemment)* de otro modo **2.** *(sinon)* si no ● **autrement dit** dicho de otro modo

Autriche [otʀiʃ] *nf* ● **l'Autriche** Austria *f*

autrichien, enne [otʀiʃjɛ̃, ɛn] *adj* austriaco(ca) ● **Autrichien, enne** *nm, f* austriaco *m*, -ca *f*

autruche [otʀyʃ] *nf* avestruz *m*

auvent [ovɑ̃] *nm* tejadillo *m*

Auvergne [ovɛʀɲ] *nf* ➤ bleu

aux [o] = à + les, à

auxiliaire [ɔksiljɛʀ] *nmf* auxiliar *mf* ◇ *nm GRAMM* auxiliar *m*

auxquelles [okɛl] = à + lesquelles ; ➤ lequel

auxquels [okɛl] = à + lesquels ; ➤ lequel

av. *(abr écrite de avenue)* Avda. *(avenida)*

avachi, e [avaʃi] *adj* **1.** *(personne)* apalan-
cado(da) **2.** *(canapé, chaussures)* deforma-
do(da)

aval [aval] *nm* ● **en aval** río abajo ; *(fig)*
después

avalanche [avalɑ̃ʃ] *nf* alud *m*

avaler [avale] *vt* tragar

avance [avɑ̃s] *nf* adelanto *m* ● **à l'avance** con antelación ● **d'avance** *(payer)* por
adelantado ; *(remercier)* de antemano
● **arriver en avance** llegar con anticipa-
ción ● **être en avance** ir adelantado(da)

avancer [avɑ̃se] *vt* **1.** *(objet)* acercar
2. *(bras, main)* alargar **3.** *(anticiper, prêter)*
adelantar ◇ *vi* **1.** *(se déplacer)* avanzar
2. *(progresser)* ir adelante **3.** *(montre)* adelantar ◆ **s'avancer** *vp* **1.** *(se rapprocher)* acercarse **2.** *(partir devant)* ir delante
● **s'avancer dans son travail** adelantar en
el trabajo

avant [avɑ̃] *adv* antes ● **l'année d'avant**
el año anterior ◇ *nm* **1.** *(partie antérieure)*
parte *f* delantera ● **à l'avant** en la parte
delantera, delante ● **à l'avant de** en la
parte delantera de, delante de ● **en avant**
(regarder, tomber) hacia delante ; *(partir)*
delante **2.** SPORT delantero *m* ◇ *adj inv* de-
lantero(ra) ◇ *prép* ● **tournez avant l'église** gire antes de la iglesia ● **avant de partir, ferme bien la porte** antes de irte,
cierra bien la puerta ● **il est parti avant
moi** se fue antes que yo ● **avant que** antes de que ● **avant tout** *(surtout)* ante todo ; *(d'abord)* antes que nada

avantage [avɑ̃taʒ] *nm* ventaja *f* ● **avoir
l'avantage** llevar ventaja

avantager [avɑ̃taʒe] *vt* favorecer

avantageux, euse [avɑ̃taʒø, øz] *adj*
ventajoso(sa)

avant-bras [avɑ̃bʀa] *nm inv* antebrazo
m

avant-dernier, ère, s [avɑ̃dɛʀnje, ɛʀ]
adj & nm, f penúltimo(ma)

avant-hier [avɑ̃tjɛʀ] *adv* anteayer

avant-première, s [avɑ̃pʀəmjɛʀ] *nf*
preestreno *m* ● **en avant-première** de
preestreno

avant-propos [avɑ̃pʀopo] *nm inv* prólogo *m*

avare [avaʀ] *adj & nmf* avaro(ra)

avarice [avaʀis] *nf* avaricia *f*

avarié, e [avaʀje] *adj* podrido(da)

avec [avɛk] *prép* con ● **avec élégance** con
elegancia ● **et avec ça ?** ¿algo más? ● **faire avec** conformarse

avenir [avniʀ] *nm* futuro *m* ● **à l'avenir**
en lo sucesivo ● **d'avenir** con futuro

aventure [avɑ̃tyʀ] *nf* aventura *f*

aventurer [avɑ̃tyʀe] ◆ **s'aventurer** *vp*
aventurarse

aventurier, ère [avɑ̃tyʀje, ɛʀ] *nm, f*
aventurero *m*, -ra *f*

avenue [avny] *nf* avenida *f*

avérer [aveʀe] ◆ **s'avérer** *vp* revelarse
● **ses prédictions se sont avérées** sus pre-
dicciones resultaron ciertas

averse [avɛʀs] *nf* chaparrón *m*

avertir [avɛʀtiʀ] *vt* avisar ● **il faut l'avertir du danger** hay que avisarlo del peligro

avertissement [avɛʀtismɑ̃] nm aviso m

aveu, x [avø] nm confesión f

aveugle [avœgl] adj & nmf ciego(ga)

aveugler [avœgle] vt cegar

aveuglette [avœglɛt] ◆ **à l'aveuglette** adv a ciegas

aviateur, trice [avjatœʀ, tʀis] nm, f aviador m, -ra f

aviation [avjasjɔ̃] nf aviación f

avide [avid] adj ávido(da) ● **avide de** ávido(da) de

avion [avjɔ̃] nm avión m ▼ **par avion** por vía aérea ● **en avion** en avión ● **prendre l'avion** coger el avión

aviron [aviʀɔ̃] nm remo m

avis [avi] nm 1. (opinion) parecer m, opinión f 2. (information) aviso m ● **changer d'avis** cambiar de opinión ● **à mon avis** a mi parecer ● **avis de réception** acuse m de recibo

av. J.-C. (abr écrite de avant Jésus-Christ) a. de JC. (antes de Jesucristo)

¹**avocat, e** [avɔka, at] nm, f abogado m, -da f

²**avocat** [avɔka] nm (fruit) aguacate m

avoine [avwan] nf avena f

avoir [avwaʀ] vt

1. (posséder) tener ● **j'ai deux frères et une sœur** tengo dos hermanos y una hermana ● **je n'ai pas d'ordinateur** no tengo ordenador

2. (comme caractéristique) tener ● **avoir les cheveux bruns** tener el pelo castaño ● **avoir de l'ambition** tener ambición

3. (être âgé de) tener ● **quel âge as-tu ?** ¿qué edad tienes? ● **j'ai 13 ans** tengo 13 años

4. (examen) aprobar ● **j'ai eu mon permis le mois dernier** me saqué el carné de conducir el mes pasado

5. (note) sacar

6. (éprouver) ● **avoir des remords** tener remordimiento ● **avoir de la sympathie pour qqn** sentir simpatía por alguien

7. (fam) (duper) ● **se faire avoir** dejarse engañar ● **je t'ai bien eu !** ¡te la he dado con queso!

8. (exprime l'obligation) tener ● **avoir à faire qqch** tener que hacer algo ● **vous n'avez qu'à remplir ce formulaire** sólo tiene que rellenar este impreso

9. (dans des expressions) ● **vous en avez encore pour longtemps ?** ¿le queda mucho? ● **nous en avons eu pour 30 euros** nos ha salido por 30 euros

◇ v aux haber ● **j'ai terminé** he terminado ● **hier, nous avons fait 500 km** ayer hicimos 500 km ● **elle a été malade** ha estado enferma

◆ **il y a** v impers

1. (il existe) hay ● **il y a un problème** hay un problema ● **y a-t-il un cinéma par ici ?** ¿hay algún cine por aquí? ● **qu'est-ce qu'il y a ?** ¿qué pasa? ● **il n'y a qu'à revenir demain** habrá que volver mañana 2. (temporel) ● **il y a trois ans** hace tres años ● **il y a plusieurs années que nous venons en vacances ici** hace ya varios años que venimos aquí de vacaciones 3. (exprime l'obligation) ● **il n'y a plus qu'à tout recommencer** hay que volver a empezar

avortement [avɔʀtəmɑ̃] nm aborto m

avorter [avɔʀte] vi abortar

avouer [avwe] *vt* confesar ● **il faut avouer que** hay que reconocer que

avril [avʁil] *nm* abril *m* ● **le premier avril** ≃ el día de los (Santos) Inocentes ● **en avril** OU **au mois d'avril** en (el mes de) abril ● **début avril** a principios de abril ● **fin avril** a finales de abril ● **le deux avril** el dos de abril

axe [aks] *nm* **1.** eje *m* **2.** *(routier, ferroviaire)* importante vía de comunicación ● **axe rouge** *zona donde está prohibido parar o estacionar para evitar atascos*

ayant [ejɑ̃] *p prés* ➤ avoir

ayons [ejɔ̃] ➤ avoir

azote [azɔt] *nm* nitrógeno *m*

Azur [azyʁ] *nm* ➤ côte

B *(abr écrite de bien)* ≃ N *(notable)*

baba [baba] *nm* ● **baba au rhum** ≃ borracho *m*

babines [babin] *nfpl* belfos *mpl*

babiole [babjɔl] *nf* **1.** chuchería *f* **2.** *(broutille)* tontería *f*

bâbord [babɔʁ] *nm* babor *m* ● **à bâbord** a babor

baby-foot [babifut] *nm inv* futbolín *m*

baby-sitter, s [bebisitœʁ] *nmf* canguro *mf*

bac [bak] *nm* **1.** *(d'un évier)* pila *f* **2.** *(récipient)* recipiente *m* **3.** *(bateau)* transbordador *m* **4.** *(fam)* *(abr de baccalauréat)* ≃ bachillerato *m* ● **bac à légumes** verdulero *m* ● **passer son bac** ≃ examinarse de selectividad ● **avoir son bac** ≃ aprobar la selectividad

baccalauréat [bakalɔʁea] *nm* ≃ bachillerato *m*

Le baccalauréat

Al final de la *terminale*, el último curso del *lycée*, los alumnos franceses deben examinarse del *baccalauréat*, llamado familiarmente *bac*, para poder acceder a la universidad o a otros estudios superiores. Existen tres tipos de *bac général*: el *bac ES* (economía y sociales), el *bac L* (letras) y el *bac S* (ciencias). Además, existen los *bacs techniques* y los *bacs professionels*. En un currículum o en una oferta de trabajo se utiliza una fórmula del tipo *Bac+2* para indicar el nivel de estudios o número de cursos superados después del *bac*.

bâche [baʃ] *nf* lona *f*

bacille [basil] *nm MÉD* bacilo *m*

bâcler [bakle] *vt* *(fam)* hacer deprisa y corriendo

bacon [bekɔn] *nm* beicon *m*

bactérie [bakteʁi] *nf* bacteria *f*

badge [badʒ] *nm* **1.** *(pour vêtement)* chapa *f* **2.** *(d'identité)* credencial *f*

badigeonner [badiʒɔne] *vt* *(mur)* encalar

badminton [badmintɔn] *nm* bádminton *m*

baffe [baf] *nf* *(fam)* tortazo *m*

baffle [bafl] *nm* bafle *m*

bafouiller [bafuje] *vt & vi* farfullar

bagage [bagaʒ] *nm* **1.** (*sac, valise*) bulto *m* **2.** (*connaissances*) bagaje *m* ● **bagages** equipaje *m* ● **bagage à main** equipaje de mano ● **bagage cabine** equipaje de cabina

bagarre [bagaʀ] *nf* pelea *f*

bagarrer [bagaʀe] ● **se bagarrer** *vp* pelearse

bagarreur, euse [bagaʀœʀ, øz] *adj* peleón(ona)

bagnes [baɲ] *nm* queso de vaca suizo de consistencia firme que se utiliza sobre todo para la raclette

bagnole [baɲɔl] *nf* (*fam*) coche *m*

bague [bag] *nf* **1.** (*bijou*) sortija *f* **2.** (*anneau*) anillo *m*

baguette [bagɛt] *nf* **1.** (*tige*) vara *f* **2.** (*de chef d'orchestre*) batuta *f* **3.** (*chinoise*) palillo *m* **4.** (*pain*) barra *f* (de pan) ● **baguette magique** varita *f* mágica

baie [be] *nf* **1.** (*fruit*) baya *f* **2.** (*golfe*) bahía *f* **3.** (*fenêtre*) vano *m* ● **baie vitrée** ventanal *m*

baignade [beɲad] *nf* baño *m* ▼ **baignade interdite** prohibido bañarse

baigner [beɲe] *vt* bañar o *vi* ● **baigner dans** nadar en ● **baigné de larmes** bañado en lágrimas ● **se baigner** *vp* bañarse

baignoire [beɲwaʀ] *nf* bañera *f*

bail [baj] (*pl* **baux** [bo]) *nm* contrato *m* de arrendamiento

bâiller [baje] *vi* **1.** bostezar **2.** (*vêtement*) dar de sí

bâillonner [bajɔne] *vt* amordazar

bain [bɛ̃] *nm* baño *m* ● **prendre un bain** tomar un baño ● **prendre un bain de soleil** tomar el sol ● **grand bain** *parte de la* piscina que cubre ● **petit bain** *parte de la piscina que no cubre* ● **bain à remous** baño de burbujas

bain-marie [bɛ̃maʀi] (*pl* **bains-maries**) *nm* baño *m* (de) María ● **au bain-marie** al baño María

baïonnette [bajɔnet] *nf* (*arme*) bayoneta *f*

baiser [beze] *nm* beso *m*

baisse [bes] *nf* baja *f* ● **les prix sont en baisse** los precios están bajando

baisser [bese] *vt & vi* bajar ● **se baisser** *vp* agacharse

bal [bal] *nm* baile *m*

balade [balad] *nf* paseo *m*

balader [balade] ● **se balader** *vp* pasearse

balai [bale] *nm* **1.** (*pour nettoyer*) escoba *f* **2.** (*d'essuie glace*) escobilla *f* **3.** (*fam*) (*an*) taco *m*

balance [balɑ̃s] *nf* balanza *f* ● **Balance** *nf* Libra *f*

balancer [balɑ̃se] *vt* **1.** balancear **2.** (*fam*) (*jeter*) tirar ● **se balancer** *vp* **1.** balancearse **2.** (*sur une balançoire*) columpiarse

balancier [balɑ̃sje] *nm* péndulo *m*

balançoire [balɑ̃swaʀ] *nf* columpio *m*

balayer [baleje] *vt* barrer ● **le vent balaie les nuages** el viento barre las nubes

balayeur, euse [balejœʀ, øz] *nm, f* barrendero *m*, -ra *f*

balbutier [balbysje] *vt & vi* balbucear

balcon [balkɔ̃] *nm* **1.** balcón *m* **2.** (*au théâtre*) palco *m*

Baléares [baleaʀ] *nfpl* ● **les (îles) Baléares** las (islas) Baleares

baleine [balɛn] nf 1. *(animal)* ballena f 2. *(de parapluie)* varilla f

balise [baliz] nf 1. baliza f 2. INFORM etiqueta f

ballant, e [balɑ̃, ɑ̃t] adj ● **les bras ballants** con los brazos colgando

balle [bal] nf 1. SPORT pelota f 2. *(d'arme à feu)* bala f 3. *(fam) (franc)* ≃ pela f ● **balle à blanc** bala de fogueo

ballerine [balʀin] nf 1. *(chaussure)* torera f 2. *(danseuse)* bailarina f

ballet [balɛ] nm ballet m

ballon [balɔ̃] nm 1. SPORT balón m 2. *(jouet, montgolfière)* globo m 3. *(verre)* vaso m

ballonné, e [balɔne] adj hinchado(da)

ballotter [balɔte] vi sacudir ● **être ballotté** debatirse

balnéaire [balneɛʀ] adj ➤ station

balustrade [balystʀad] nf barandilla f

bambin [bɑ̃bɛ̃] nm chiquillo m, -lla f

bambou [bɑ̃bu] nm bambú m

banal, e [banal] adj banal

banane [banan] nf 1. *(fruit)* plátano m, banana f *(Amér)* 2. *(porte-monnaie)* riñonera f

bananier, ère [bananje, ɛʀ] adj ● **république bananière** república f bananera

banc [bɑ̃] nm banco m ● **banc de poissons** banco de peces ● **banc public** banco ● **banc de sable** banco de arena

bancaire [bɑ̃kɛʀ] adj bancario(ria)

bancal, e [bɑ̃kal] adj cojo(ja)

bancassurance [bɑ̃kasyʀɑ̃s] nf bancaseguro f

bandage [bɑ̃daʒ] nm vendaje m

bande [bɑ̃d] nf 1. *(de tissu, de papier)* tira f 2. *(pansement)* venda f 3. *(groupe)* pandilla f ● **bande d'arrêt d'urgence** carril m de emergencia ● **bande blanche** *línea blanca de señalización horizontal* ● **bande dessinée** cómic m ● **bande magnétique** cinta f magnética ● **bande originale** banda f sonora

bandeau, x [bɑ̃do] nm 1. *(dans les cheveux)* cinta f 2. *(sur les yeux)* venda f

bander [bɑ̃de] vt vendar

banderole [bɑ̃dʀɔl] nf pancarta f

bandit [bɑ̃di] nm bandido m, -da f

bandoulière [bɑ̃duljɛʀ] nf bandolera f ● **en bandoulière** en bandolera

banjo [bɑ̃dʒo] nm banjo m

banlieue [bɑ̃ljø] nf afueras fpl ● **les banlieues défavorisées** los suburbios

banlieusard, e [bɑ̃ljøzaʀ, aʀd] nm, f habitante de las afueras de una gran ciudad, en particular de París

banque [bɑ̃k] nf banco m ● **Banque centrale européenne** nf Banco Central Europeo

banquet [bɑ̃kɛ] nm banquete m

banquette [bɑ̃kɛt] nf asiento m

banquier, ère [bɑ̃kje, ɛʀ] nm, f banquero m, -ra f

banquise [bɑ̃kiz] nf banco m de hielo

baptême [batɛm] nm 1. *(sacrement)* bautismo m 2. *(cérémonie)* bautizo m ● **baptême de l'air** bautismo m del aire

bar [baʀ] nm 1. *(café)* bar m 2. *(comptoir)* barra f ● **bar à café** *(Helv)* bar en donde no se sirven bebidas alcohólicas

baraque [baʀak] nf 1. barraca f 2. *(de fête foraine)* caseta f 3. *(fam) (maison)* casa f

baratin [baʀatɛ̃] nm *(fam)* camelo m

barbare [baʀbaʀ] adj bárbaro(ra)

Barbarie [baʀbaʀi] n ➤ orgue

barbe [baʁb] *nf* barba *f* ● **barbe à papa** algodón *m* (de azúcar)

barbecue [baʁbəkju] *nm* barbacoa *f*

barbelé [baʁbəle] *nm* ● (fil de fer) bar- belé alambre *m* de espino

barboter [baʁbɔte] *vi* chapotear

barbouillé, e [baʁbuje] *adj* (malade) ● être barbouillé(e) tener el estómago revuelto

barbouiller [baʁbuje] *vt* **1.** (écrire) garabatear **2.** (salir) embadurnar

barbu [baʁby] *adj m* barbudo

Barcelone [baʁsalɔn] *n* Barcelona

Barco ® [baʁko] *nm* barco ® *m* (videopro-yector)

barème [baʁɛm] *nm* baremo *m*

baril [baʁil] *nm* barril *m*

bariolé, e [baʁjɔle] *adj* abigarrado(da)

barmaid [baʁmɛd] *nf* camarera *f*

barman [baʁman] *nm* camarero *m*

baromètre [baʁɔmɛtʁ] *nm* barómetro *m*

baron, onne [baʁɔ̃, ɔn] *nm, f* barón *m*, -onesa *f*

barque [baʁk] *nf* barca *f*

barrage [baʁaʒ] *nm* presa *f* ● **barrage de police** cordón *m* policial

barre [baʁ] *nf* **1.** barra *f* **2.** (chocolatée) chocolatina *f* **3.** NAUT timón *m* ● **barre de défilement** barra de desplazamiento ● **barre d'espace** espaciador *m* ● **barre de menu** barra de menús ● **barre d'outils** barra de herramientas ● **barre des tâches** barra de tareas

barreau, x [baʁo] *nm* barrote *m*

barrer [baʁe] *vt* **1.** (route) cortar **2.** (mot, phrase) tachar **3.** NAUT llevar el timón de

barrette [baʁɛt] *nf* **1.** (à cheveux) pasador *m* **2.** INFORM ● **barrette mémoire** placa *f* de memoria

barricade [baʁikad] *nf* barricada *f*

barricader [baʁikade] *vt* **1.** (porte) blo- quear **2.** (rue) bloquear con barricadas ● **se barricader** *vp* (dans une pièce) atrin- cherarse

barrière [baʁjɛʁ] *nf* barrera *f*

bar-tabac [baʁtaba] (*pl* bars-tabacs) *nm* bar con estanco

bas, basse [ba, bas] *adj* bajo(ja) ◇ *nm* **1.** (partie inférieure) parte *f* inferior **2.** (vê-tement) media *f* ◇ *adv* ● **parler/voler bas** hablar/volar bajo ● **en bas (de)** abajo (de)

bas-côté, s [bakote] *nm* (de la route) arcén *m*

bascule [baskyl] *nf* **1.** (pour peser) báscu- la *f* **2.** (jeu) balancín *m*

basculer [baskyle] *vt & vi* volcar

base [baz] *nf* base *f* ● **à base de** a base de ● **de base** básico(ca) ● **base de données** base de datos

baser [baze] *vt* ● **baser qqch sur** basar algo en ● **se baser sur** *vp + prep* basarse en

basilic [bazilik] *nm* albahaca *f*

basilique [bazilik] *nf* basílica *f*

basket [baskɛt] *nf* (chaussure) zapatilla *f* de deporte

basket(-ball) [baskɛt(bɔl)] *nm* balon- cesto *m*

basquaise [baskɛz] *adj* ➤ poulet

basque [bask] *adj* vasco(ca) ◇ *nm* (lan-gue) vasco *m*; euskera *m* ● **le Pays basque** el País Vasco ● **Basque** *nmf* vasco *m*, -ca *f*

basse ➤ bas

basse-cour [baskuʀ] (pl **basses-cours**) nf **1.** (cour) corral m **2.** (animaux) aves fpl de corral

bassin [basɛ̃] nm **1.** (plan d'eau) estanque m **2.** ANAT pelvis f inv ● **le Bassin parisien** la depresión parisina ● **grand/petit bassin** piscina f para adultos/niños

bassine [basin] nf barreño m

Bastille [bastij] nf Bastilla f ● **l'Opéra Bastille** la Ópera Bastilla

bataille [bataj] nf batalla f

bâtard, e [bataʀ, aʀd] nm, f (chien) chucho m, -cha f

bateau, x [bato] nm **1.** barco m **2.** (sur le trottoir) vado m ● **bateau de pêche** pesquero m ● **bateau à voiles** velero m

bateau-mouche [batomuʃ] (pl **bateaux-mouches**) nm barco para visitar París por el Sena

bâtiment [batimɑ̃] nm edificio m ● **le bâtiment** (secteur d'activité) la construcción

bâtir [batiʀ] vt construir

bâton [batɔ̃] nm palo m ● **bâton de craie** barra f de tiza ● **bâton de rouge à lèvres** lápiz m de labios

bâtonnet [batɔnɛ] nm bastoncillo m

battant [batɑ̃] nm (d'une porte) batiente m

battement [batmɑ̃] nm **1.** (coup) golpeteo m **2.** (du cœur) latido m **3.** (intervalle) tiempo m libre

batterie [batʀi] nf batería f ● **batterie de cuisine** batería de cocina

batteur, euse [batœʀ, øz] nm, f MUS batería mf ◆ **batteur** nm (mélangeur) batidora f

battre [batʀ] vt **1.** (frapper) pegar **2.** (tapis) sacudir **3.** (vaincre) ganar ◇ vi **1.** (cœur) latir **2.** (porte, volet) golpear ● **battre des œufs en neige** batir las claras

a punto de nieve ● **battre la mesure** marcar el compás ● **battre des mains** tocar palmas ◆ **se battre** vp ● **se battre (avec qqn)** pelearse (con alguien)

baume [bom] nm bálsamo m

baux ➤ bail

bavard, e [bavaʀ, aʀd] adj & nm, f charlatán(ana)

bavardage [bavaʀdaʒ] nm charloteo m

bavarder [bavaʀde] vi charlar

bavarois [bavaʀwa] nm CULIN pastel compuesto de crema inglesa con gelatina y frutas

bave [bav] nf baba f

baver [bave] vi babear ● **en baver** (fam) pasarlas canutas ● **j'en ai bavé** las he pasado canutas

bavette [bavɛt] nf (viande) lomo m bajo

baveux, euse [bavø, øz] adj (omelette) poco hecho(cha)

bavoir [bavwaʀ] nm babero m

bavure [bavyʀ] nf **1.** (tache) tinta f corrida **2.** (erreur) error m

bayou [baju] nm río que transcurre muy lentamente

bazar [bazaʀ] nm **1.** (magasin) bazar m **2.** (fam) (désordre) follón m

BCBG [besebeʒe] adj (abr de bon chic bon genre) pijo(ja)

BCE [beseə] nf abr de Banque Centrale Européenne

BD [bede] nf (fam) (abr de bande dessinée) cómic m

Bd abr écrite de boulevard

beau, belle [bo, bɛl] (mpl **beaux** [bo]) (bel [bɛl] devant voyelle ou h muet) adj **1.** (personne) guapo(pa) **2.** (chose) bonito(ta) **3.** (temps, cadeau) bueno(na) ◇ adv

• il fait beau hace bueno • j'ai beau essayer... por más que lo intento... • beau match ! ¡vaya partidazo! • un beau jour un buen día

Beaubourg [bobuʀ] *n* Centro nacional de arte y de cultura Georges-Pompidou

Beaubourg

El Centro Nacional de Arte y de Cultura Georges Pompidou, más comúnmente conocido como *Centro Beaubourg* o *Centro Pompidou*, es uno de los monumentos más visitados de París. Inaugurado en 1977 y situado en el barrio de *Les Halles*, el edificio fue objeto de gran controversia por su atrevido diseño arquitectónico, con una estructura vista de acero y conducciones exteriores de colores atrevidos. El edificio alberga el Museo Nacional de Arte Moderno y una biblioteca pública con una rica colección audiovisual.

beaucoup [boku] *adv* mucho • il a lu beaucoup de livres ha leído muchos libros • je travaille beaucoup plus maintenant ahora trabajo mucho más • beaucoup plus cher mucho más caro • elle fait beaucoup plus de fautes qu'avant hace muchas más faltas que antes • des pays, j'en ai visité beaucoup he visitado muchos países

beau-fils [bofis] (*pl* beaux-fils) *nm* 1. (*fils du conjoint*) hijastro *m* 2. (*gendre*) yerno *m*

beau-frère [bofʀɛʀ] (*pl* beaux-frères) *nm* cuñado *m*

beau-père [bopɛʀ] (*pl* beaux-pères) *nm* 1. (*père du conjoint*) suegro *m* 2. (*compagnon de la mère*) padrastro *m*

beauté [bote] *nf* belleza *f*

beaux-parents [bopaʀɑ̃] *nmpl* suegros *mpl*

bébé [bebe] *nm* bebé *m*

bec [bɛk] *nm* pico *m* • bec verseur pitorro *m*

béchamel [beʃamɛl] *nf* • (sauce) béchamel (salsa) besamel *f*

bêche [bɛʃ] *nf* laya *f*

bêcher [beʃe] *vt* layar

bée [be] *adj f* • bouche bée boquiabierto(ta)

bégayer [begeje] *vi* tartamudear

bégonia [begɔnja] *nm* begonia *f*

beige [bɛʒ] *adj* beis ◇ *nm* beis *m*

beigne [bɛɲ] *nm* 1. (*Québec*) buñuelo redondeado cubierto de azúcar glas 2. (*gifle*) • donner ou filer une beigne à qqn dar un sopapo a alguien

beignet [bɛɲɛ] *nm* buñuelo *m* • beignet de courgette calabacín *m* rebozado

bel ➤ beau

bêler [bele] *vi* balar

belge [bɛlʒ] *adj* belga ◆ **Belge** *nmf* belga *mf*

Belgique [bɛlʒik] *nf* • la Belgique Bélgica *f*

bélier [belje] *nm* carnero *m* ◆ **Bélier** *nm* Aries *m*

belle-fille [bɛlfij] (*pl* belles-filles) *nf* 1. (*fille du conjoint*) hijastra *f* 2. (*conjointe du fils*) nuera *f*

Belle-Hélène [bɛlelɛn] *adj* ➤ poire

belle-mère [bɛlmɛʀ] (*pl* belles-mères) *nf* **1.** *(mère du conjoint)* suegra *f* **2.** *(compagne du père)* madrastra *f*

belle-sœur [bɛlsœʀ] (*pl* belles-sœurs) *nf* cuñada *f*

belote [bəlɔt] *nf* juego de naipes

bénéfice [benefis] *nm* beneficio *m*

bénéficier [benefisje] ◆ **bénéficier de** *v + prep* beneficiarse de

bénéfique [benefik] *adj* benéfico(ca)

bénévole [benevɔl] *adj* benévolo(la)

bénin, igne [benɛ̃, iɲ] *adj* benigno(na)

bénir [beniʀ] *vt* bendecir

bénite [benit] *adj f* ➤ **eau**

bénitier [benitje] *nm* pila *f* de agua bendita

benne [bɛn] *nf* volquete *m*

BEP [beəpe] (*abr de brevet d'études professionnelles*) *nm* diploma de estudios profesionales

béquille [bekij] *nf* **1.** MÉD muleta *f* **2.** *(de vélo, de moto)* pie *m*

berceau, x [bɛʀso] *nm* cuna *f*

bercer [bɛʀse] *vt* acunar

berceuse [bɛʀsøz] *nf* nana *f*

Bercy [bɛʀsi] *n* *(ministère)* ministerio de Hacienda francés ● *(le Palais omnisports de Paris-)Bercy* gran sala parisina para espectáculos artísticos y deportivos

béret [beʀɛ] *nm* boina *f*

berge [bɛʀʒ] *nf* ribera *f*

berger, ère [bɛʀʒe, ɛʀ] *nm, f* pastor *m*, -ra *f* ● berger allemand pastor alemán

bergerie [bɛʀʒəʀi] *nf* aprisco *m*

berlingot [bɛʀlɛ̃go] *nm* **1.** *(bonbon)* caramelo en forma de rombo **2.** *(de lait, de javel)* envase de plástico blando

bermuda [bɛʀmyda] *nm* bermudas *fpl*

berner [bɛʀne] *vt* engañar

besoin [bəzwɛ̃] *nm* necesidad *f* ● j'ai besoin d'un marteau necesito un martillo ● j'ai besoin de me reposer necesito descansar ● nous avons besoin de temps necesitamos tiempo ● faire ses besoins hacer sus necesidades

bestiole [bɛstjɔl] *nf* bicho *m*

best-seller, s [bɛstsəlœʀ] *nm* best seller *m*

bétail [betaj] *nm* ganado *m*

bête [bɛt] *adj* tonto(ta) ◇ *nf* bestia *f*

bêtement [bɛtmɑ̃] *adv* tontamente

bêtise [betiz] *nf* tontería *f*

béton [betɔ̃] *nm* hormigón *m*

bette [bɛt] *nf* acelga *f*

betterave [bɛtʀav] *nf* remolacha *f*

beurre [bœʀ] *nm* mantequilla *f*

beurrer [bœʀe] *vt* untar con mantequilla

biais [bjɛ] *nm* ● par le biais de por medio de ● en biais en diagonal

bibelot [biblo] *nm* figurilla *f*

biberon [bibʀɔ̃] *nm* biberón *m* ● donner le biberon à dar el biberón a

Bible [bibl] *nf* ● la Bible la Biblia

bibliothécaire [biblijɔtekɛʀ] *nmf* bibliotecario *m*, -ria *f*

bibliothèque [biblijɔtɛk] *nf* biblioteca *f* ● la Bibliothèque nationale de France *la biblioteca nacional francesa*

biceps [bisɛps] *nm* bíceps *m inv*

biche [biʃ] *nf* cierva *f*

bicyclette [bisiklɛt] *nf* bicicleta *f*

bidet [bidɛ] *nm* bidé *m*

bidon [bidɔ̃] *nm* bidón *m* ◇ *adj inv* (*fam*) ● c'est bidon es mentira ● une excuse bidon una excusa barata

bidonville [bidɔ̃vil] *nm* barrio *m* de chabolas

Biélorussie [bjelɔrysi] *nf* ● la Biélorussie Bielorrusia *f*

bien [bjɛ̃] (mieux *est le comparatif et le superlatif de* bien) *adv*
1. *(de façon satisfaisante)* bien ● avez-vous bien dormi ? ¿ha dormido bien?
2. *(beaucoup, très)* muy ● je me suis bien amusé pendant ces vacances me he divertido mucho durante estas vacaciones ● une personne bien sympathique una persona muy simpática ● bien mieux/plus mucho mejor/más ● j'espère bien que... espero que...
3. *(au moins)* por lo menos ● cela fait bien deux mois qu'il n'a pas plu hace por lo menos dos meses que no llueve
4. *(effectivement)* ● c'est bien ce qu'il me semblait justo lo que yo pensaba ● c'est bien lui ! ¡sí, sí, es él!
5. *(dans des expressions)* ● bien des gens mucha gente ● il a bien de la chance tiene mucha suerte ● (c'est) bien fait (pour toi) ! ¡te lo mereces! ● nous ferions bien de réserver à l'avance deberíamos reservar con antelación
◇ *adj inv*
1. *(satisfaisant, de bonne qualité)* bien ● il est bien, ton ordinateur ? ¿que tal tu ordenador?
2. *(moralement)* bien ● c'est une fille bien es una chica formal ● des gens bien gente bien
3. *(convenable)* ● ça fait bien está bien visto ● bien comme il faut como es debido, como Dios manda

4. *(en bonne santé)* bien ● être/se sentir bien estar/sentirse bien
5. *(à l'aise)* a gusto ● on est bien dans ce fauteuil en esta butaca se está a gusto
6. *(beau)* ● elle est bien avec cet ensemble este conjunto le queda bien
◇ *interj* ¡bien!
● *nm* bien *m* ● c'est pour ton bien es por tu bien ● dire du bien de hablar bien de ● faire du bien à qqn sentar bien a alguien
● **biens** *nmpl (richesse)* bienes *mpl*

bien-être [bjɛ̃nɛtr] *nm inv* bienestar *m*

bienfaisant, e [bjɛ̃fəzɑ̃, ɑ̃t] *adj* benéfico(ca)

bientôt [bjɛ̃to] *adv* pronto ● à bientôt ! ¡hasta pronto!

bienveillant, e [bjɛ̃vejɑ̃, ɑ̃t] *adj* bondadoso(sa)

bienvenu, e [bjɛ̃v(ə)ny] *adj* bienvenido(da)

bienvenue [bjɛ̃v(ə)ny] *nf* ● bienvenue ! ¡bienvenido(da)! ● souhaiter la bienvenue à qqn dar la bienvenida a alguien

bière [bjɛr] *nf* cerveza *f* ● bière (à la) pression cerveza de barril

bifteck [biftɛk] *nm* bistec *m*

bifurquer [bifyrke] *vi* **1.** *(route)* bifurcarse ? *(voiture)* torcer

Bige ® [biʒ] *adj inv* Billet Bige *tarjeta de reducción en la red ferroviaria internacional para los menores de 26 años*

bigorneau, x [bigɔrno] *nm* bígaro *m*

bigoudi [bigudi] *nm* bigudí *m*

bijou, x [biʒu] *nm* joya *f*

bijouterie [biʒutri] *nf* joyería *f*

Bikini ® [bikini] *nm* biquini *m*

bilan [bilã] *nm* balance *m* ● **faire le bilan (de)** hacer (el) balance (de)

bilingue [bilɛ̃g] *adj* bilingüe

billard [bijaʀ] *nm* **1.** (*jeu*) billar *m* **2.** (*table*) mesa *f* de billar

bille [bij] *nf* **1.** bola *f* **2.** (*d'enfant*) canica *f*

billet [bije] *nm* billete *m* ● **billet (de banque)** billete ● **billet aller et retour** billete de ida y vuelta

billetterie [bijɛtʀi] *nf* taquilla *f* ● **billetterie automatique** (*de billets de train*) máquina expendedora de billetes de tren ; (*de billets de banque*) cajero *m* automático

bimensuel, elle [bimãsɥɛl] *adj* bimensual

binaire [binɛʀ] *adj* binario(ria)

biographie [bjɔgʀafi] *nf* biografía *f*

biologie [bjɔlɔʒi] *nf* biología *f*

biologique [bjɔlɔʒik] *adj* biológico(ca)

bioterrorisme [bjoteʀɔʀism] *nm* bioterrorismo *m*

bis [bis] *interj* ¡otra! ◇ *adv* bis ● **j'habite au 6 bis** vivo en el 6 bis

biscornu, e [biskɔʀny] *adj* (*objet, maison*) de forma irregular

biscotte [biskɔt] *nf* biscote *m*

biscuit [biskɥi] *nm* galleta *f* ● **biscuit salé** galleta salada

bise [biz] *nf* **1.** (*baiser*) beso *m* **2.** (*vent*) cierzo *m* ● **faire une bise à qqn** dar un beso a alguien ▼ **grosses bises** (*dans une lettre*) muchos besos ● **on se fait la bise ?** ¡ale, venga, un beso!

bison [bizɔ̃] *nm* bisonte *m* ● **Bison Futé** organismo de información sobre el estado del tráfico

bisou [bizu] *nm* (*fam*) besito *m*

bisque [bisk] *nf* ● **bisque de homard** sopa *f* de bogavante

bissextile [bisɛkstil] *adj* ➤ **année**

bistro(t) [bistʀo] *nm* **1.** (*bar*) bar *m* **2.** (*restaurant*) restaurante *m*

bit [bit] *nm INFORM* bit *m*

bitmap [bitmap] *adj inv INFORM* en mapa de bits

bitume [bitym] *nm* asfalto *m*

bizarre [bizaʀ] *adj* raro(ra)

blafard, e [blafaʀ, aʀd] *adj* **1.** (*visage*) demacrado(da) **2.** (*lumière*) mortecino(na)

blague [blag] *nf* **1.** (*histoire drôle*) chiste *m* **2.** (*mensonge, farce*) broma *f* ● **sans blague !** ¡venga ya!

blaguer [blage] *vi* bromear

blaireau [blɛʀo] *nm* (*fam*) (*personne obtuse*) cateto *m*, -ta *f*

blanc, blanche [blã, blãʃ] *adj* **1.** blanco(ca) **2.** (*vierge*) en blanco ● **rendre copie blanche** entregar el examen en blanco ● **blanc** *nm* **1.** (*couleur*) blanco *m* **2.** (*espace*) espacio *m* en blanco **3.** (*vin*) vino *m* blanco ● **à blanc** (*chauffer*) al rojo vivo ; (*tirer*) sin bala ● **blanc cassé** color *m* hueso ● **blanc d'œuf** clara *f* (de huevo) ● **blanc de poulet** pechuga *f* de pollo ● **Blanc, Blanche** *nm, f* blanco *m*, -ca *f*

blancheur [blãʃœʀ] *nf* blancura *f*

blanchir [blãʃiʀ] *vt* blanquear ◇ *vi* ponerse blanco(ca)

blanchisserie [blãʃisʀi] *nf* lavandería *f*

blanquette [blãkɛt] *nf* **1.** (*plat*) guiso de ternera, cordero o pollo con vino blanco **2.** (*vin*) vino espumoso del Sur de Francia ● **blanquette de veau** guiso de ternera con vino blanco

blasé, e [blaze] *adj* de vuelta de todo

blazer [blazɛʀ] *nm* americana *f*

blé [ble] *nm* **1.** trigo *m* **2.** *(fam) (argent)* pasta *f* ● **blé d'Inde** *(Québec)* maíz *m*

blême [blɛm] *adj* lívido(da)

blessant, e [blesɑ̃, ɑ̃t] *adj* hiriente

blessé, e [blese] *nm, f* herido *m*, -da *f*

blesser [blese] *vt* herir ◆ **se blesser** *vp* herirse ● **se blesser à la main** herirse en la mano

blessure [blesyʀ] *nf* herida *f*

blette [blɛt] = **bette**

bleu, e [blø] *adj* **1.** azul **2.** *(steak)* poco hecho(cha) ◆ **bleu** *nm* **1.** *(couleur)* azul *m* **2.** *(hématome)* cardenal *m* ● **bleu (d'Auvergne)** queso azul elaborado en Auvernia ● **bleu ciel** azul celeste ● **bleu marine** azul marino ● **bleu de travail** mono *m*

bleuet [bløɛ] *nm* **1.** aciano *m* **2.** *(Québec)* arándano *m*

blindé, e [blɛ̃de] *adj* blindado(da)

blizzard [blizaʀ] *nm* ventisca *f (en América del Norte)*

bloc [blɔk] *nm* **1.** bloque *m* **2.** *(de papier)* bloc *m* ● **à bloc** a fondo ● **en bloc** en bloque

blocage [blɔkaʒ] *nm* **1.** *(des prix, des salaires)* congelación *f* **2.** *(psychologique)* bloqueo *m*

bloc-notes [blɔknɔt] *(pl blocs-notes) nm* bloc *m* de notas

blocus [blɔkys] *nm* bloqueo *m*

blond, e [blɔ̃, blɔ̃d] *adj* rubio(bia) ● **blond platine** rubio platino

blonde [blɔ̃d] *nf (cigarette)* tabaco *m* rubio ● *(bière)* **blonde** cerveza *f* rubia

bloquer [blɔke] *vt* **1.** bloquear **2.** *(prix, salaires)* congelar

blottir [blɔtiʀ] ◆ **se blottir** *vp* acurrucarse

blouse [bluz] *nf (d'élève, de médecin)* bata *f*

blouson [bluzɔ̃] *nm* cazadora *f*

blues [bluz] *nm* blues *m inv* ● **avoir le blues** *(fig)* estar depre

BNF [beɛnɛf] *nf abr de* **Bibliothèque nationale de France**

bob [bɔb] *nm* gorro *m* de tela

bobine [bɔbin] *nf* carrete *m*

bobo [bobo] *(abr de bourgeois bohème) nmf* bo bo *mf*

bobsleigh [bɔbslɛg] *nm* bobsleigh *m*

bocal, aux [bɔkal, o] *nm* **1.** *(de conserves)* tarro *m* **2.** *(à poissons)* pecera *f*

body [bɔdi] *nm* body *m*

body-building, s [bɔdibildiŋ] *nm* body building *m*

bœuf [bœf] *(pl bœufs* [bø]*) nm* **1.** *(animal)* buey *m* **2.** *(viande)* vaca *f* ● **bœuf bourguignon** estofado de vaca con vino tinto

bof [bɔf] *interj* ¡bah! ● **comment tu as trouvé le film ? - bof !** ¿qué te pareció la película? - ¡bah!, regular

bogue [bɔg], **bug** [bʌg] *nm INFORM* error *m*

bohémien, enne [bɔemjɛ̃, ɛn] *nm, f* bohemio *m*, -mia *f*

boire [bwaʀ] *vt* **1.** *(avaler)* beber **2.** *(absorber)* absorber ◇ *vi* beber ● **boire un coup** echar un trago

bois [bwa] *nm* **1.** *(matière)* madera *f* **2.** *(de chauffage)* leña *f* **3.** *(forêt)* bosque *m* ◇ *nmpl (d'un cerf)* cornamenta *f*

boisé, e [bwaze] *adj* poblado(da) de árboles

boiseries [bwazʀi] *nfpl* revestimientos *mpl* de madera

boisson [bwasɔ̃] *nf* bebida *f* ● **la boisson** (*alcool*) la bebida

boîte [bwat] *nf* caja *f* ● **boîte d'allumettes** caja de cerillas ● **boîte de conserve** lata *f* (de conserva) ● **boîte aux lettres** buzón *m* ● **boîte e-mail** ou **aux lettres électronique** INFORM buzón de correo electrónico ● **boîte (de nuit)** discoteca *f* ● **boîte à outils** caja de herramientas ● **boîte postale** apartado *m* de correos ● **boîte de vitesses** caja de cambios ● **boîte vocale** buzón de voz

boiter [bwate] *vi* cojear

boiteux, euse [bwatø, øz] *adj* cojo(ja)

boîtier [bwatje] *nm* **1.** caja *f* **2.** (*d'appareil photo*) cuerpo *m*

bol [bɔl] *nm* tazón *m*

bolide [bɔlid] *nm* bólido *m*

Bolivie [bɔlivi] *nf* ● **la Bolivie** Bolivia *f*

bolivien, enne [bɔlivjɛ̃, ɛn] *adj* boliviano(na) ● **Bolivien, enne** *nm, f* boliviano *m, -na f*

bombardement [bɔ̃baʀdəmɑ̃] *nm* bombardeo *m*

bombarder [bɔ̃baʀde] *vt* bombardear ● **bombarder qqn de questions** acribillar a alguien a preguntas

bombe [bɔ̃b] *nf* **1.** (*arme*) bomba *f* **2.** (*vaporisateur*) espray *m* ● **bombe atomique** bomba atómica

bon, bonne [bɔ̃, bɔn] (*meilleur* [mεjœʀ] *est le comparatif et le superlatif de* bon) *adj*
1. (*agréable*) bueno(na) (*buen devant nom masculin*) ● **nous avons passé de** très bonnes vacances hemos pasado unas muy buenas vacaciones
2. (*de qualité*) bueno(na) ● **une bonne voiture** un buen coche
3. (*doué*) bueno(na) ● **être bon en qqch** ser bueno en algo
4. (*correct*) correcto(ta) ● **est-ce le bon numéro ?** ¿es el número correcto?
5. (*utile*) bueno(na) ● **c'est bon pour la santé** es bueno para la salud ● **il n'est bon à rien** no sirve para nada ● **c'est bon à savoir** es bueno saberlo
6. (*généreux*) generoso(sa)
7. (*comptant, titre de transport*) ● (**ne plus**) **être bon** (no) valer ● **votre carte de bus n'est plus bonne** su bonobús ya no vale
8. (*en intensif*) ● **ça fait une bonne heure que j'attends** hace una hora larga que estoy esperando
9. (*dans l'expression des souhaits*) ● **bonne année !** ¡feliz año nuevo! ● **bonnes vacances !** ¡buenas vacaciones!
10. (*dans des expressions*) ● **bon !** ¡bueno!, ¡bien! ● **ah bon ?** ¿sí? ● **c'est bon !** ¡está bien! ● **pour de bon** de una vez por todas ● **bon** *adv* ● **il fait bon** hace buen tiempo ● **sentir bon** oler bien ● **tenir bon** aguantar
◇ *nm* (*de commande*) orden *f* ; (*en cadeau*) vale *m*

bonbon [bɔ̃bɔ̃] *nm* caramelo *m*

bond [bɔ̃] *nm* brinco *m*

bondé, e [bɔ̃de] *adj* abarrotado(da)

bondir [bɔ̃diʀ] *vi* (*sauter*) brincar

bonheur [bɔnœʀ] *nm* **1.** (*état*) felicidad *f* **2.** (*chance*) suerte *f* ● **j'ai le bonheur de le connaître** tengo el placer de conocerlo ● **quel bonheur !** ¡qué bien!

bonhomme [bɔnɔm] (*pl* bonshommes [bɔ̃zɔm]) *nm* (*fam*) (*homme*) tipo *m*
● **bonhomme de neige** muñeco *m* de nieve

bonjour [bɔ̃ʒuʀ] *interj* ¡buenos días!
● **dire bonjour à qqn** saludar a alguien

bonne [bɔn] *adj* ▶ **bon** ◇ *nf* criada *f*

bonnet [bɔnɛ] *nm* gorro *m* ● **bonnet de bain** gorro de baño

bonsoir [bɔ̃swaʀ] *interj* **1.** (*avant le coucher du soleil*) ¡buenas tardes! **2.** (*après le coucher du soleil*) ¡buenas noches! ● **dire bonsoir à qqn** dar las buenas tardes/las buenas noches a alguien

bonté [bɔ̃te] *nf* bondad *f*

bord [bɔʀ] *nm* **1.** borde *m* **2.** (*d'une jupe, d'une nappe*) ribete *m* **3.** (*de la route*) cuneta *f* **4.** (*d'un cours d'eau*) orilla *f* ● **à bord (de)** a bordo (de) ● **au bord (de)** en la orilla (de) ● **au bord de la mer** a orillas del mar ; (*vacances*) en la playa ou costa

Bordeaux [bɔʀdo] *n* Burdeos

bordelaise [bɔʀdəlɛz] *adj* ▶ **entrecôte**

border [bɔʀde] *vt* **1.** (*longer, entourer*) bordear **2.** (*enfant*) arropar ● **bordé de** bordeado de

bordure [bɔʀdyʀ] *nf* **1.** (*bord*) borde *m* **2.** (*d'un vêtement*) ribete *m* ● **en bordure de** (*mer, rivière, forêt*) al borde de

borgne [bɔʀɲ] *adj* tuerto(ta)

borne [bɔʀn] *nf* ● **borne** (*kilométrique*) hito *m* kilométrico ● **dépasser les bornes** pasarse de la raya ● **borne interactive** INFORM terminal *m* interactivo

borné, e [bɔʀne] *adj* de pocos alcances

Bosnie Herzégovine [bɔsniɛʀzegɔvin] *nf* ● **la Bosnie-Herzégovine** Bosnia-Herzegovina *f*

bosquet [bɔskɛ] *nm* bosquecillo *m*

bosse [bɔs] *nf* **1.** (*saillie*) bulto *m* **2.** (*au front*) chichón *m* **3.** (*sur le dos*) joroba *f*

bossu, e [bɔsy] *adj* jorobado(da)

botanique [bɔtanik] *adj* botánico(ca) ◇ *nf* botánica *f*

botte [bɔt] *nf* **1.** (*chaussure*) bota *f* **2.** (*de fleurs, de radis, d'asperges*) manojo *m* **3.** (*de foin*) gavilla *f*, haz *m*

Bottin® [bɔtɛ̃] *nm* listín *m*

bottine [bɔtin] *nf* botín *m*

bouc [buk] *nm* **1.** (*animal*) chivo *m* **2.** (*barbe*) perilla *f* ● **bouc émissaire** chivo expiatorio

bouche [buʃ] *nf* boca *f* ● **bouche d'égout** alcantarilla *f* ● **bouche de métro** boca de metro

bouchée [buʃe] *nf* **1.** (*morceau*) bocado *m* **2.** (*au chocolat*) bombón *m* relleno ● **bouchée à la reine** volován *m*

¹**boucher** [buʃe] *vt* **1.** tapar **2.** (*bloquer*) obstruir

²**boucher, ère** [buʃe, ɛʀ] *nm, f* carnicero *m*, -ta *f*

boucherie [buʃʀi] *nf* carnicería *f*

bouchon [buʃɔ̃] *nm* **1.** (*couvercle*) tapón *m* **2.** (*embouteillage*) atasco *m* **3.** (*de pêche*) corcho *m* **4.** (*restaurant*) tasca *f*

boucle [bukl] *nf* **1.** (*de ceinture, de chaussure*) hebilla *f* (*de ataviar*) nudo *m* ● (*de lacet*) lazada *f* **4.** (*de fleuve*) meandro *m* ● **boucle d'oreille** pendiente *m*

bouclé, e [bukle] *adj* rizado(da)

boucler [bukle] *vt* **1.** (*valise*) cerrar **2.** (*ceinture*) abrochar **3.** (*fam*) (*enfermer*) encerrar ◇ *vi* (*cheveux*) rizar ● **boucle-la !** (*fam*) ¡cierra el pico!

bouclier [buklije] *nm* escudo *m*

bouddhiste [budist] *adj* & *nmf* budista

bouder [bude] *vi* estar de morros

boudin [budɛ̃] *nm* **1.** CULIN morcilla *f* **2.** (*fam*) (*personne laide*) feto *m* ● **boudin blanc** morcilla *f* blanca ● **boudin noir** morcilla *f*

boue [bu] *nf* barro *m*

bouée [bwe] *nf* **1.** (*pour nager*) flotador *m* **2.** (*balise*) boya *f* ● **bouée de sauvetage** salvavidas *m inv*

boueux, euse [buø, øz] *adj* fangoso(sa)

bouffant, e [bufɑ̃, ɑ̃t] *adj* ahuecado(da) ● **un pantalon bouffant** unos bombachos

bouffée [bufe] *nf* **1.** (*d'air, de tabac*) bocanada *f* **2.** (*de chaleur, d'angoisse*) sofoco *m*

bouffi, e [bufi] *adj* abotargado(da)

bougeotte [buʒɔt] *nf* ● **avoir la bougeotte** (*fam*) ser culo de mal asiento

bouger [buʒe] *vt* mover ◊ *vi* **1.** moverse **2.** (*situation*) cambiar

bougie [buʒi] *nf* **1.** (*cierge*) vela *f* **2.** TECH bujía *f*

bouillabaisse [bujabɛs] *nf* bullabesa *f*

bouillant, e [bujɑ̃, ɑ̃t] *adj* hirviente

bouillie [buji] *nf* papilla *f*

bouillir [bujiʀ] *vi* (*liquide, aliment*) hervir

bouilloire [bujwaʀ] *nf* hervidor *m*

bouillon [bujɔ̃] *nm* caldo *m*

bouillonner [bujɔne] *vi* borbotear

bouillotte [bujɔt] *nf* bolsa *f* de agua caliente

boulanger, ère [bulɑ̃ʒe, ɛʀ] *nm, f* panadero *m*, -ra *f*

boulangerie [bulɑ̃ʒʀi] *nf* panadería *f*

boule [bul] *nf* bola *f* ● **jouer aux boules** jugar a la petanca ● **boule de Bâle** (*Helv*) salchicha gruesa que se toma acompañada de salsa vinagreta ● **boules** *nfpl* ● **avoir les boules** (*fam*) (*avoir peur*) tener canguelo ; (*être énervé*) estar cabreado(da)

bouledogue [buldɔg] *nm* buldog *m*

boulet [bulɛ] *nm* bala *f*

boulette [bulɛt] *nf* bolita *f* ● **boulette de viande** albóndiga *f*

boulevard [bulvaʀ] *nm* bulevar *m* ● **les Grands Boulevards** *en París, bulevares que van de la plaza de la Madeleine a la República*

bouleversement [bulvɛʀsəmɑ̃] *nm* trastorno *m*

bouleverser [bulvɛʀse] *vt* trastornar

boulon [bulɔ̃] *nm* perno *m*

boulot [bulo] *nm* (*fam*) curro *m*

bouquet [bukɛ] *nm* **1.** (*de fleurs*) ramo *m* **2.** (*crevette*) gamba *f* **3.** (*d'un vin*) buqué *m* ● **bouquet de programmes** TV paquete *m* de programas

bouquin [bukɛ̃] *nm* (*fam*) libro *m*

bourbeux, euse [buʀbø, øz] *adj* fangoso(sa)

bourdon [buʀdɔ̃] *nm* abejorro *m*

bourdonner [buʀdɔne] *vi* zumbar

bourgeois, e [buʀʒwa, az] *adj* & *nm, f* burgués(esa)

bourgeoisie [buʀʒwazi] *nf* burguesía *f*

bourgeon [buʀʒɔ̃] *nm* brote *m*

bourgeonner [buʀʒɔne] *vi* brotar

Bourgogne [buʀgɔɲ] *nf* ● **la Bourgogne** Borgoña *f*

bourguignon, onne [buʀgiɲɔ̃, ɔn] *adj* ➤ **bœuf, fondue**

bourrasque [buʀask] *nf* borrasca *f*

bourratif, ive [buʀatif, iv] *adj* (*aliment*) empachoso(sa)

bourré, e [buʀe] adj **1.** *(plein)* abarrotado(da) **2.** *(fam) (ivre)* trompa ● **bourré de** repleto de

bourreau, x [buʀo] nm verdugo m

bourrelet [buʀlɛ] nm **1.** *(de graisse)* michelín m **2.** *(de porte)* burlete m

bourse [buʀs] nf **1.** *(d'études)* beca f **2.** *(porte-monnaie)* monedero m ● **la Bourse** la Bolsa

boursier, ère [buʀsje, ɛʀ] adj **1.** *(étudiant)* becario(ria) **2.** *(transaction)* bursátil

boursouflé, e [buʀsufle] adj hinchado(da)

bousculade [buskylad] nf tumulto m

bousculer [buskyle] vt **1.** *(heurter)* empujar **2.** *(fig) (presser)* meter prisa

boussole [busɔl] nf brújula f

bout [bu] nm **1.** *(extrémité)* punta f **2.** *(morceau)* trozo m ● **au bout de** al cabo de ● **arriver au bout de qqch** llegar al final de algo ● **être à bout de forces** quedarse sin fuerzas ● **être à bout (de nerfs)** estar al borde de un ataque de nervios

boute-en-train [butɑ̃tʀɛ̃] nm inv ● **le boute-en-train de la soirée** el alma de la fiesta

bouteille [butɛj] nf botella f ● **bouteille de gaz** bombona f de gas ● **bouteille d'oxygène** botella f de oxígeno

boutique [butik] nf tienda f ● **boutique franche** ou **hors taxe** tienda libre de impuestos

bouton [butɔ̃] nm **1.** *(de vêtement, de machine)* botón m **2.** *(sur la peau)* grano m **3.** *(de fleur)* capullo m

bouton-d'or [butɔ̃dɔʀ] *(pl boutons-d'or)* nm botón m de oro

boutonner [butɔne] vt abotonar

boutonnière [butɔnjɛʀ] nf ojal m

bowling [buliŋ] nm **1.** *(jeu)* bolos mpl **2.** *(salle)* bolera f

box [bɔks] nm inv **1.** *(garage)* garaje m individual **2.** *(d'écurie)* box m

boxe [bɔks] nf boxeo m

boxer [bɔksɛʀ] nm *(chien)* bóxer m

boxeur, euse [bɔksœʀ, øz] nm, f boxeador m, -ra f

boyau, x [bwajo] nm *(de roue)* tubular m ● **boyaux** nmpl ANAT tripas fpl

boycotter [bɔjkɔte] vt boicotear

BP *(abr écrite de boîte postale)* apdo *(apartado)*

bracelet [bʀaslɛ] nm pulsera f

bracelet-montre [bʀaslɛmɔ̃tʀ] *(pl bracelets-montres)* nm reloj m de pulsera

braconnier, ère [bʀakɔnje, ɛʀ] nm, f cazador m furtivo, cazadora furtiva f

brader [bʀade] vt liquidar ▼ **on brade !** ¡rebajamos las rebajas

braderie [bʀadʀi] nf liquidación f

braguette [bʀagɛt] nf bragueta f

braille [bʀaj] nm braille m

brailler [bʀaje] vi *(fam)* berrear

braise [bʀɛz] nf brasa f ● **à la braise** a la brasa

brancard [bʀɑ̃kaʀ] nm camilla f

branchages [bʀɑ̃ʃaʒ] nmpl ramaje m

branche [bʀɑ̃ʃ] nf **1.** *(d'arbre)* rama f **2.** *(de lunettes)* patilla f **3.** *(d'une discipline)* ramo m

branchement [bʀɑ̃ʃmɑ̃] nm conexión f ● **faire les branchements** conectar

brancher [bʀɑ̃ʃe] vt enchufar

brandade [bʀɑ̃dad] nf ● **brandade (de morue)** puré de bacalao y patatas

brandir [bʀɑ̃diʀ] vt blandir

branlant, e [brɑ̃lɑ̃, ɑ̃t] *adj* tambaleante
braquer [brake] *vt* (*diriger*) apuntar ◇ *vi*
(*automobiliste*) girar ● **braquer une arme
sur qqn** apuntar a alguien con un arma
◆ **se braquer** *vp* (*s'entêter*) cerrarse en
banda
bras [brɑ] *nm* brazo *m* ● **bras de mer** brazo de mar
brassard [brasar] *nm* brazal *m*
brasse [bras] *nf* braza *f*
brasser [brase] *vt* 1. (*remuer*) remover
2. (*affaires, argent*) manejar 3. (*bière*) fabricar
brasserie [brasri] *nf* cervecería *f*
brassière [brasjɛr] *nf* 1. (*pour bébé*) ca-
misita *f* 2. (*Québec*) (*soutien-gorge*) sujetador *m*
brave [brav] *adj* 1. (*courageux*) valiente
2. (*gentil*) buenazo(za) ● **un brave homme** (*honnête*) un buen hombre
bravo [bravo] *interj* ¡bravo!
bravoure [bravur] *nf* valentía *f*
break [brɛk] *nm* break *m*
brebis [brəbi] *nf* oveja *f*
brèche [brɛʃ] *nf* brecha *f*
bredouiller [brəduje] *vi* balbucear
bref, brève [brɛf, brɛv] *adj* breve ◆ **bref**
adv total ● **bref, il vaut mieux rester ici**
total, que lo mejor será quedarse aquí
Brésil [brezil] *nm* ● **le Brésil** Brasil *m*
brésilien, enne [breziljɛ̃, ɛn] *adj* brasi-
leño(ña) ◆ **Brésilien, enne** *nm, f* brasile-
ño *m*, -ña *f*
Bretagne [brətaɲ] *nf* ● **la Bretagne** Bretaña *f*
bretelle [brətɛl] *nf* 1. (*de vêtement*)
tirante *m* 2. (*d'autoroute*) enlace *m*
◆ **bretelles** *nfpl* tirantes *mpl*

breton, onne [brətɔ̃, ɔn] *adj* bre-
tón(ona) ● **breton** *nm* (*langue*) bretón *m*
◆ **Breton, onne** *nm, f* bretón *m*, -ona *f*
brève ➤ **bref**
brevet [brəvɛ] *nm* 1. (*diplôme*) diploma
m 2. (*d'invention*) patente *f* ● **brevet (des
collèges)** título que se obtiene en Francia
al final de la enseñanza primaria
bribes [brib] *nfpl* (*de conversation*) frag-
mentos *mpl*
bricolage [brikɔlaʒ] *nm* bricolaje *m*
● **faire du bricolage** hacer bricolaje
bricole [brikɔl] *nf* menudencia *f*
bricoler [brikɔle] *vt* arreglar ◇ *vi* hacer
bricolaje
bricoleur, euse [brikɔlœr, øz] *nm, f* ma-
nitas *mf inv*
bride [brid] *nf* (*harnais*) brida *f*
bridé, e [bride] *adj* ● **avoir les yeux bri-
dés** tener los ojos rasgados
bridge [bridʒ] *nm* 1. (*jeu*) bridge *m*
2. (*appareil dentaire*) puente *m*
brie [bri] *nm* brie *m*
brièvement [brijɛvmɑ̃] *adv* brevemente
brigade [brigad] *nf* brigada *f*
brigand [brigɑ̃] *nm* bandolero *m*, -ra *f*
brillamment [brijamɑ̃] *adv* con brillan-
tez
brillant, e [brijɑ̃, ɑ̃t] *adj* brillante ◆ **brillant** *nm* (*diamant*) brillante *m*
briller [brije] *vi* 1. (*luire*) brillar 2. (*réussir*) destacar
brin [brɛ̃] *nm* (*de laine*) hebra *f* ● **brin
d'herbe** brizna *f* de hierba ● **brin de muguet** ramito *m* de muguete
brindille [brɛ̃dij] *nf* ramilla *f*
brioche [brijɔʃ] *nf* brioche *m*, bollo *m*

brique [bʀik] nf **1.** ladrillo m **2.** (de lait, de jus de fruits) tetra brik® m

briquet [bʀikɛ] nm mechero m

brise [bʀiz] nf brisa f

briser [bʀize] vt **1.** romper **2.** (carrière, espoir, cœur) destrozar ● **briser les rêves de qqn** destrozar los sueños de alguien

britannique [bʀitanik] adj británico(ca) ● **Britannique** nmf británico m, -ca f

brocante [bʀɔkɑ̃t] nf (magasin) tienda f de antigüedades

brocanteur, euse [bʀɔkɑ̃tœʀ, øz] nm, f anticuario m, -ria f

broche [bʀɔʃ] nf **1.** (bijou) broche m **2.** CULIN pincho m

brochet [bʀɔʃɛ] nm lucio m

brochette [bʀɔʃɛt] nf pincho m

brochure [bʀɔʃyʀ] nf folleto m

brocoli [bʀɔkɔli] nm brécol m

broder [bʀɔde] vt bordar

broderie [bʀɔdʀi] nf bordado m

bronches [bʀɔ̃ʃ] nfpl bronquios mpl

bronchite [bʀɔ̃ʃit] nf bronquitis f inv

bronzage [bʀɔ̃zaʒ] nm bronceado m

bronze [bʀɔ̃z] nm bronce m

bronzer [bʀɔ̃ze] vi broncear ● **se faire bronzer** broncearse

brosse [bʀɔs] nf cepillo m ● **en brosse** (cheveux) al cepillo ● **brosse à cheveux/à dents** cepillo para el pelo/de dientes

brosser [bʀɔse] vt cepillar ◆ **se brosser** vp ● **se brosser les dents** cepillarse los dientes

brouette [bʀuɛt] nf carretilla f

brouhaha [bʀuaa] nm guirigay m

brouillard [bʀujaʀ] nm niebla f

brouillé [bʀuje] adj ➤ œuf

brouiller [bʀuje] vt **1.** enturbiar **2.** (vue) nublar ◆ **se brouiller** vp **1.** (se fâcher) enfadarse **2.** (idées) enturbiarse **3.** (vue) nublarse

brouillon [bʀujɔ̃] nm borrador m

broussailles [bʀusaj] nfpl maleza f

brousse [bʀus] nf sabana f

brouter [bʀute] vt pacer

browser [bʀɔzœʀ] nm navegador m

broyer [bʀwaje] vt triturar

brucelles [bʀysɛl] nfpl (Helv) pinzas fpl de depilar

brugnon [bʀyɲɔ̃] nm griñón m

bruine [bʀɥin] nf llovizna f

bruit [bʀɥi] nm ruido m ● **faire du bruit** hacer ruido ● **cette affaire a fait du bruit** este asunto ha dado mucho de que hablar

brûlant, e [bʀylɑ̃, ɑ̃t] adj **1.** (liquide, aliment) muy caliente **2.** (soleil) abrasador(ra)

brûlé [bʀyle] nm ● **ça sent le brûlé** huele a quemado

brûle-pourpoint [bʀylpuʀpwɛ̃] ◆ **à brûle-pourpoint** adv a quemarropa

brûler [bʀyle] vt **1.** quemar **2.** (irriter) escocer ◇ vi quemar ● **brûler un feu rouge** saltarse un semáforo ◆ **se brûler** vp quemarse ● **se brûler la main** quemarse la mano

brûlure [bʀylyʀ] nf **1.** (blessure) quemadura f **2.** (sensation) escozor m ● **brûlures d'estomac** ardor m de estómago

brume [bʀym] nf bruma f

brumeux, euse [bʀymø, øz] adj brumoso(sa)

brun, e [bʀœ̃, bʀyn] adj **1.** (personne, cheveux) moreno(na) **2.** (tabac) negro(gra)

brune [bʀyn] *nf (cigarette)* tabaco *m* negro ● **(bière) brune** cerveza *f* negra

Brushing® [bʀœʃiŋ] *nm* ● **un shampooing et un Brushing** lavar y marcar ● **faire un Brushing** marcar

brusque [bʀysk] *adj* brusco(ca)

brut, e [bʀyt] *adj* **1.** *(matière, pétrole)* crudo(da) **2.** *(poids, salaire)* bruto(ta) **3.** *(cidre, champagne)* seco(ca)

brutal, e, aux [bʀytal, o] *adj* brutal

brutaliser [bʀytalize] *vt* maltratar

brute [bʀyt] *nf* bruto *m*, -ta *f*

Bruxelles [bʀy(k)sɛl] *n* Bruselas

bruyant, e [bʀɥijɑ̃, ɑ̃t] *adj* ruidoso(sa)

bruyère [bʀɥijɛʀ] *nf* brezo *m*

BTS [beteɛs] *nm (abr de brevet de technicien supérieur)* título de técnico superior que sanciona dos años de estudios después del bachillerato

bu, e [by] *pp* ➤ **boire**

buanderie [bɥɑ̃dʀi] *nf (Québec)* lavandería *f*

bûche [byʃ] *nf* leño *m* ● **bûche de Noël** brazo de gitano que se sirve de postre en Navidad

bûcheron [byʃʀɔ̃] *nm* leñador *m*

budget [bydʒɛ] *nm* presupuesto *m*

buée [bɥe] *nf* vaho *m*

buffet [byfɛ] *nm* **1.** *(meuble)* aparador *m* **2.** *(repas)* bufé *m* ● **buffet froid** bufé frío

bug [bʌg] *nm* = **bogue**

building [bildiŋ] *nm* rascacielos *m inv.*

buisson [bɥisɔ̃] *nm* matorral *m*

buissonnière [bɥisɔnjɛʀ] *adj f* ➤ **école**

bulgare [bylgaʀ] *adj* búlgaro(ra) ◇ *nf (langue)* búlgaro *m* ● **Bulgare** *nmf* búlgaro *m*, -ra *f*

Bulgarie [bylgaʀi] *nf* ● **la Bulgarie** Bulgaria *f*

bulldozer [byldozɛʀ] *nm* buldozer *m*

bulle [byl] *nf* **1.** *(de gaz)* burbuja *f* **2.** *(de savon)* pompa *f* ● **faire des bulles** *(savon)* hacer pompas ; *(avec un chewing-gum)* hacer globos

bulletin [byltɛ̃] *nm* **1.** boletín *m* **2.** *(d'informations)* parte *m* ● **bulletin météorologique** parte meteorológico ● **bulletin de salaire** nómina *f* ● **bulletin de vote** papeleta *f* (de voto)

bungalow [bœ̃galo] *nm* bungalow *m*

bureau [byʀo] *nm* **1.** *(pièce)* despacho *m* **2.** *(lieu de travail)* oficina *f* **3.** *(meuble)* INFORM escritorio *m* ● **bureau de change** agencia *f* de cambio ● **bureau de poste** oficina de correos ● **bureau de tabac** estanco *m*

bureautique [byʀotik] *adj* ofimático(ca) ◇ *nf* ofimática *f*

burlesque [byʀlɛsk] *adj* burlesco(ca)

bus [bys] *nm* bus *m*

buste [byst] *nm* busto *m*

but [byt] *nm* **1.** *(intention)* objetivo *m* **2.** *(destination)* meta *f* **3.** SPORT *(point)* gol *m* ● **les buts** SPORT *(zone)* la portería ● **dans le but de** con el fin de

butane [bytan] *nm* butano *m*

buté, e [byte] *adj* terco(ca)

buter [byte] *vi* ● **buter sur** ou **contre** *(objet)* tropezar con ; *(difficulté)* toparse con

butin [bytɛ̃] *nm* botín *m*

butte [byt] *nf* colina *f*

buvard [byvaʀ] *nm* papel *m* secante

buvette [byvɛt] *nf* bar *m*

c C

c' ➤ ce

ça [sa] *pron* 1. eso 2. *(objet proche)* esto 3. *(objet lointain)* aquello ● ça, c'est la gare centrale esto es la estación central ● et ça là-bas, c'est quoi ? ¿qué es aquello? ● ça n'est pas facile aquello no es cosa fácil ● ça va ? - ça va ! ¿qué tal? - ¡bien! ● comment ça ? ¿cómo es eso? ● c'est ça eso es

cabane [kaban] *nf* cabaña f

cabaret [kabaʀɛ] *nm* cabaré m

cabillaud [kabijo] *nm* bacalao m fresco

cabine [kabin] *nf* 1. *(d'avocat)* cabina f 2. *(de bateau)* camarote m 3. *(sur la plage)* caseta f ● cabine de douche ducha f ● cabine d'essayage probador m ● cabine (de pilotage) cabina (de pilotaje) ● cabine (téléphonique) cabina (telefónica)

cabinet [kabinɛ] *nm* 1. *(d'avocat)* bufete m 2. *(de médecin)* consulta f ● cabinet de toilette cuarto m de aseo ● cabinets *nmpl* retrete m

câble [kabl] *nm* cable m ● (télévision par) câble (televisión por) cable

cabosser [kabɔse] *vt* abollar

caca [kaka] *nm* ● faire caca *(fam)* hacer caca

cacah(o)uète [kakawɛt] *nf* cacahuete m

cacao [kakao] *nm* cacao m

cache [kaʃ] *nm* INFORM caché f

cache-cache [kaʃkaʃ] *nm inv* ● jouer à cache-cache jugar al escondite

cachemire [kaʃmiʀ] *nm* cachemir m

cache-nez [kaʃne] *nm inv* bufanda f

cacher [kaʃe] *vt* 1. *(objet, personne)* esconder 2. *(vue, soleil)* tapar 3. *(vérité, sentiment)* disimular ● se cacher *vp* esconderse

cachet [kaʃe] *nm* 1. *(comprimé)* tableta f 2. *(tampon)* sello m

cachette [kaʃɛt] *nf* escondite m ● en cachette a escondidas

cachot [kaʃo] *nm* calabozo m

cacophonie [kakɔfɔni] *nf* cacofonía f

cactus [kaktys] *nm* cactus m inv

cadavre [kadavʀ] *nm* cadáver m

Caddie® [kadi] *nm* carrito m (de la compra)

cadeau, x [kado] *nm* regalo m ● faire un cadeau à qqn hacer un regalo a alguien ● je lui ai fait cadeau de mon téléviseur le regalé mi televisor

cadenas [kadna] *nm* candado m

cadence [kadɑ̃s] *nf* cadencia f ● en cadence al compás

cadet, ette [kadɛ, ɛt] *adj & nm, f* menor

Cadix [kadiks] *n* Cádiz f

cadran [kadʀɑ̃] *nm* 1. *(de montre, de tableau de bord)* esfera f ● cadran solaire reloj m de sol

cadre [kadʀ] *nm* 1. *(bordure, décor)* marco m 2. *(de tableau, de vélo)* cuadro m 3. *(d'une entreprise)* ejecutivo m ● dans le cadre de mon travail/de mes recherches en el marco de mi trabajo/de mis investigaciones

cafard [kafaʀ] *nm* cucaracha f ● avoir le cafard *(fam)* tener la depre

café [kafe] *nm* 1. café m 2. *(établissement)* bar m, cafetería f ● café crème ou au lait café con leche ● café épicé *(Helv)* café solo al que se le añade canela y clavo • **café internet** cibercafé m • **café liégeois** helado de café con nata montada • **café noir** café solo

Les cafés

En estos establecimientos (también llamados *bistrots*) se despacha todo tipo de bebidas y, en determinados casos, bocadillos o comidas ligeras. Algunos, especialmente en París, han tenido una estrecha vinculación con la vida política, intelectual, artística o literaria de una época determinada. En los cafés franceses si pedimos simplemente un *café*, nos servirán un café solo. Si queremos un café fuerte, tendremos que pedir un *café serré* o un *expresso*, y si lo queremos largo de agua, un *léger* o *allongé*. El término *café au lait* no se utiliza casi nunca para un café con leche, sino que se dice un *(café) crème*. El cortado es un *noisette*.

cafétéria [kafeteʀja] nf cafetería f
café-théâtre [kafeteɑtʀ] (pl **cafés-théâtres**) nm café-teatro m
cafetière [kaftjɛʀ] nf cafetera f • **cafetière électrique** cafetera eléctrica
cage [kaʒ] nf **1.** (*pour animaux*) jaula f **2.** SPORT portería f • **cage d'escalier** hueco m de la escalera
cagoule [kagul] nf pasamontañas m inv
cahier [kaje] nm cuaderno m • **cahier de brouillon/de texte** cuaderno de sucio/de ejercicios

caille [kaj] nf codorniz f
cailler [kaje] vi **1.** (*lait*) cuajar **2.** (*sang*) coagular
caillot [kajo] nm coágulo m
caillou, x [kaju] nm piedra f
caisse [kɛs] nf caja f • **caisse d'épargne** caja de ahorros • **caisse rapide** caja rápida
caissier, ère [kesje, ɛʀ] nm, f cajero m, -ra f
cajou [kaʒu] nm ➤ **noix**
cake [kɛk] nm plumcake m
calamars [kalamaʀ] nmpl calamares mpl
calcaire [kalkɛʀ] nm caliza f ◇ adj calcáreo(rea)
calciné, e [kalsine] adj calcinado(da)
calcium [kalsjɔm] nm calcio m
calcul [kalkyl] nm **1.** cálculo m **2.** MÉD • **calcul rénal** cálculo renal • **calcul mental** cálculo mental
calculatrice [kalkylatʀis] nf calculadora f
calculer [kalkyle] vt calcular
cale [kal] nf (*pour stabiliser*) calce m
calé, e [kale] adj (fam) (doué) empollado(da)
caleçon [kalsɔ̃] nm **1.** (*sous-vêtement*) calzoncillos mpl **2.** (*pantalon*) mallas fpl
calembour [kalɑ̃buʀ] nm retruécano m
calendrier [kalɑ̃dʀije] nm calendario m

Le calendrier scolaire

La vuelta a la escuela tiene lugar a principios de septiembre y las clases terminan a finales de junio. Además de los días festivos, distintos períodos vacacionales cortan el curso escolar: unos tienen lugar en la misma época para todos (una semana o diez días en noviembre para *la Toussaint* y en diciembre para Navidad), pero existen unas vacaciones de invierno (en febrero-marzo) y otras de primavera (en abril-mayo) que cambian según 3 zonas geográficas distintas (zona A, B y C) para evitar los atascos masivos y la paralización del país. La influencia del calendario lectivo va mucho más allá del sistema escolar: en los períodos de vacaciones, la actividad de empresas e instituciones disminuye significativamente.

cale-pied, s [kalpje] *nm* calapié *m*

caler [kale] *vt* (*stabiliser*) calzar ◇ *vi* **1.** (*voiture, moteur*) calar **2.** (*fam*) (*à table*) estar lleno(na)

califourchon [kalifuʁʃɔ̃] ♦ **à califourchon sur** *adv* a horcajadas en ou sobre

câlin [kalɛ̃] *nm* mimo *m* ● **faire un câlin à qqn** hacer un mimo a alguien

calmant [kalmɑ̃] *nm* calmante *m*

calmars [kalmaʁ] = calamars

calme [kalm] *adj* tranquilo(la) ◇ *nm* tranquilidad *f* ● **du calme!** ¡tranquilo!

calmer [kalme] *vt* calmar ● **se calmer** *vp* calmarse

calorie [kalɔʁi] *nf* caloría *f*

calque [kalk] *nm* ● **(papier-)calqué** papel *m* de calco

calvados [kalvados] *nm* aguardiente *m* de sidra

camarade [kamaʁad] *nmf* camarada *mf* ● **camarade de classe** compañero *m*, -ra *f* de clase

cambouis [kɑ̃bwi] *nm* grasa *f* (*de motor*)

cambré, e [kɑ̃bʁe] *adj* (*dos, reins*) arqueado(da)

cambriolage [kɑ̃bʁijɔlaʒ] *nm* robo *m*

cambrioler [kɑ̃bʁijɔle] *vt* robar

cambrioleur, euse [kɑ̃bʁijɔlœʁ, øz] *nm, f* ladrón *m*, -ona *f*

camembert [kamɑ̃bɛʁ] *nm* camembert *m*

caméra [kameʁa] *nf* cámara *f*

Caméscope® [kameskɔp] *nm* cámara *f* de vídeo

camion [kamjɔ̃] *nm* camión *m*

camion-citerne [kamjɔ̃sitɛʁn] (*pl* camions-citernes) *nm* camión *m* cisterna

camionnette [kamjɔnɛt] *nf* camioneta *f*

camionneur [kamjɔnœʁ] *nm* (*chauffeur*) camionero *m*

camp [kɑ̃] *nm* **1.** campamento *m* **2.** (*de joueurs, de sportifs*) campo *m* ● **camp de vacances** colonia *f* de vacaciones ● **faire un camp** irse de acampada ● **le camp adverse** el bando opuesto

campagne [kɑ̃paɲ] *nf* **1.** campo *m* **2.** (*électorale, publicitaire*) campaña *f*

camper [kɑ̃pe] *vi* acampar

campeur, euse [kɑ̃pœʁ, øz] *nm, f* campista *mf*

camping [kɑ̃piŋ] *nm* camping *m* ● **faire du camping** hacer camping ● **camping sauvage** acampada *f* libre

camping-car, s [kɑ̃piŋkaʁ] *nm* caravana *m*

Camping-Gaz® [kɑ̃piŋgaz] *nm inv* camping gas® *m inv*

Canada [kanada] *nm* • **le Canada** Canadá *m*

canadien, enne [kanadjɛ̃, ɛn] *adj* canadiense ◆ **Canadien, enne** *nm, f* canadiense *mf*

canadienne [kanadjɛn] *nf* **1.** *(veste)* chaqueta forrada de piel **2.** *(tente)* pequeña tienda de campaña

canal, aux [kanal, o] *nm* canal *m* • **Canal +** ≃ Canal Plus

canalisation [kanalizasjɔ̃] *nf* cañería *f*

canapé [kanape] *nm* **1.** *(siège)* sofá *m* **2.** *(toast)* canapé *m* • **canapé convertible** sofá cama

canapé-lit [kanapeli] *(pl* canapés-lits*)* *nm* sofá cama

canard [kanaʀ] *nm* pato *m* • **canard à l'orange** pato a la naranja • **canard laqué** plato chino que consiste en pato macerado en miel y asado

canari [kanaʀi] *nm* canario *m*

Canaries [kanaʀi] *nfpl* • **les (îles) Canaries** las (Islas) Canarias

cancer [kɑ̃sɛʀ] *nm* cáncer *m* ◆ **Cancer** *nm* Cáncer *m inv*

cancéreux, euse [kɑ̃seʀø, øz] *adj* canceroso(sa)

candidat, e [kɑ̃dida, at] *nm, f* candidato *m*, -ta *f*

candidature [kɑ̃didatyʀ] *nf* candidatura *f* • **poser sa candidature (à)** presentar una candidatura (para)

caneton [kantɔ̃] *nm* patito *m*

canette [kanɛt] *nf* *(de boisson)* botellín *m*

caniche [kaniʃ] *nm* caniche *m*

canicule [kanikyl] *nf* canícula *f*

canif [kanif] *nm* navaja *f*

canine [kanin] *nf* colmillo *m*

caniveau [kanivo] *nm* arroyo *m*

canne [kan] *nf* bastón *m* • **canne à pêche** caña *f* de pescar • **canne à sucre** caña de azúcar

cannelle [kanɛl] *nf* canela *f*

cannelloni(s) [kanɛlɔni] *nmpl* canelones *mpl*

cannette [kanɛt] = **canette**

canoë [kanɔe] *nm* canoa *f* • **faire du canoë** practicar piragüismo

canoë-kayak [kanɔekajak] *(pl* canoës-kayaks*)* *nm* kayak *m* • **faire du canoë-kayak** practicar piragüismo

canon [kanɔ̃] *nm* **1.** cañón *m* **2.** *(personne belle)* • **quel canon !** ¡está como un tren!

canot [kano] *nm* bote *m* • **canot pneumatique** lancha *f* neumática • **canot de sauvetage** bote salvavidas

Cantabrique [kɑ̃tabʀik] *n* • **la Cantabrique** Cantabria *f*

cantal [kɑ̃tal] *nm* queso de vaca fabricado en Auvernia

cantatrice [kɑ̃tatʀis] *nf* cantante *f* *(de ópera)*

cantine [kɑ̃tin] *nf* *(restaurant)* comedor *m*

cantique [kɑ̃tik] *nm* cántico *m*

canton [kɑ̃tɔ̃] *nm* **1.** *(en France)* división administrativa de un distrito **2.** *(en Suisse)* cantón *m*

Les cantons

Suiza, cuyo nombre oficial es Confederación Helvética, es un estado federal compuesto por 26 estados denominados cantones, aunque 6 de ellos son considerados semicantones. La extensión territorial, estructura y características de los cantones son muy variadas. Cada uno posee un poder ejecutivo y legislativo autónomos, salvo en lo que se refiere a determinados ámbitos como política exterior, aduanas, moneda o servicio de correos, reservados al gobierno federal.

cantonais [kɑ̃tɔnɛ] *adj m* ➤ **riz**

canyon [kanjɔn], **cañon** [kaɲɔ] *nm* cañón *m*

canyoning [kanɔniŋ] *nm* barranquismo *m*

caoutchouc [kautʃu] *nm* goma *f*

cap [kap] *nm* **1.** *(pointe de terre)* cabo *m* **2.** *NAUT* rumbo *m* ● **mettre le cap sur** poner rumbo a

CAP [seape] *nm* (*abr de Certificat d'aptitude professionnelle*) *diploma técnico obtenido tras dos años de formación profesional*

capable [kapabl] *adj* capaz ● **être capable de faire qqch** ser capaz de hacer algo

capacités [kapasite] *nfpl* capacidades *fpl*

cape [kap] *nf* capa *f*

capitaine [kapitɛn] *nm* capitán *m*

capital, e, aux [kapital, o] *adj* capital ● **capital** *nm* capital *m*

capitale [kapital] *nf* **1.** *(ville)* capital *f* **2.** *(lettre)* mayúscula *f*

capot [kapo] *nm* capó *m*

capote [kapɔt] *nf* AUTO capota *f*

capoter [kapɔte] *vi* **1.** *(projet, entreprise)* irse a pique **2.** *(Québec)* *(fam)* estar chiflado(da)

câpre [kɑpʀ] *nf* alcaparra *f*

caprice [kapʀis] *nm* capricho *m* ● **faire un caprice** hacer una rabieta

capricieux, euse [kapʀisjø, øz] *adj* caprichoso(sa)

Capricorne [kapʀikɔʀn] *nm* Capricornio *m inv*

capsule [kapsyl] *nf* *(de bouteille)* chapa *f* ● **capsule spatiale** cápsula *f* espacial

capter [kapte] *vt* *(station de radio)* sintonizar ● **mon portable ne capte pas ici** aquí el móvil no tiene cobertura

captivité [kaptivite] *nf* **1.** *(d'une personne)* cautiverio *m* **2.** *(d'un animal)* cautividad *f* ● **en captivité** *(animal)* en cautividad

capture [kaptyʀ] *nf* captura *f* ● **capture d'écran** captura de pantalla

capturer [kaptyʀe] *vt* capturar

capuche [kapyʃ] *nf* capucha *f*

capuchon [kapyʃɔ̃] *nm* **1.** *(d'un vêtement)* capucha *f* **2.** *(d'un stylo)* capuchón *m*

caquelon [kaklɔ̃] *nm* (*Helv*) recipiente de barro destinado a preparar fondues

¹ car [kaʀ] *conj* porque

² car [kaʀ] *nm* autocar *m*

carabine [kaʀabin] *nf* carabina *f*

caractère [kaʀaktɛʀ] *nm* carácter *m* ● **avoir du caractère** *(personne)* tener (mucho) carácter ● *(maison)* tener estilo ● **avoir bon/mauvais caractère** tener buen/mal carácter ● **en caractères d'imprimerie** en letra de imprenta ● **caractères spéciaux** caracteres especiales

caractéristique [kaʀakteʀistik] *nf* característica *f* ◆ *adj* ● **caractéristique de** característico(ca) de

carafe [kaʀaf] *nf* jarra *f*

Caraïbes [karaib] *nfpl* ● **les Caraïbes** el Caribe

carambolage [karãbɔlaʒ] *nm* choque *m* en cadena

caramel [karamel] *nm* **1.** (*sucre brûlé*) caramelo *m* **2.** (*bonbon*) tofe *m*

carapace [karapas] *nf* caparazón *m*

caravane [karavan] *nf* caravana *f*

carbonade [karbɔnad] *nf* ● **carbonade flamande** guiso de carne de buey preparado con cebolla, hierbas aromáticas y cerveza

carbone [karbɔn] *nm* carbono *m* ● **(papier) carbone** papel *m* carbón

carburant [karbyrã] *nm* carburante *m*

carburateur [karbyratœr] *nm* carburador *m*

carcasse [karkas] *nf* **1.** (*d'animal*) huesos *mpl* **2.** (*de voiture*) carcasa *f*

cardiaque [kardjak] *adj* cardíaco(ca)

cardigan [kardigã] *nm* cárdigan *m*

cardinaux [kardino] *adj m pl* ➤ **point**

cardiologue [kardjɔlɔg] *nmf* cardiólogo *m*, -ga *f*

caresse [kares] *nf* caricia *f*

caresser [karese] *vt* acariciar

cargaison [kargɛzɔ̃] *nf* cargamento *m*

cargo [kargo] *nm* carguero *m*

caricature [karikatyr] *nf* (*dessin*) caricatura *f*

carie [kari] *nf* caries *f inv*

carillon [karijɔ̃] *nm* repique *m*

carnage [karnaʒ] *nm* matanza *f* ● **faire un carnage** (*fig*) hacer una matanza

carnaval [karnaval] *nm* carnaval *m*

carnet [karnɛ] *nm* **1.** (*cahier*) libreta *f* **2.** (*de tickets, de timbres*) taco *m* ● **carnet d'adresses** agenda *f* de direcciones ● **car-**net de chèques talonario *m* de cheques ● **carnet de notes** SCOL boletín *m* (escolar)

carnotzet [karnɔtze] *nm* (*Helv*) zona de un restaurante en la que se comen los platos preparados con queso, como la raclette

carotte [karɔt] *nf* zanahoria *f*

carpe [karp] *nf* carpa *f*

carpette [karpɛt] *nf* alfombrilla *f*

carré, e [kare] *adj* cuadrado(da) ● **carré** *nm* **1.** (*forme géométrique*) cuadrado *m* **2.** (*de chocolat*) onza *f* **3.** (*d'agneau, de porc*) costillar *m* ● **deux mètres carrés** dos metros cuadrados ● **deux au carré** dos al cuadrado

carreau, x [karo] *nm* **1.** (*vitre*) cristal *f* **2.** (*sur le sol*) baldosa *f* **3.** (*sur les murs*) azulejo *m* **4.** (*sur un tissu*) cuadro *m* **5.** (*aux cartes*) diamante *m* ● **à carreaux** (*tissu, jupe*) de cuadros

carrefour [karfur] *nm* cruce *m*

carrelage [karlaʒ] *nm* **1.** (*sur le mur*) azulejos *mpl* **2.** (*par terre*) embaldosado *m*

carrément [karemã] *adv* **1.** (*franchement*) claramente **2.** (*très*) totalmente

carrière [karjɛr] *nf* **1.** (*de pierre*) cantera *f* **2.** (*profession*) carrera *f* ● **faire carrière dans** hacer carrera en

carrosse [karɔs] *nm* carroza *f*

carrosserie [karɔsri] *nf* carrocería *f*

carrure [karyr] *nf* **1.** (*de personne*) anchura *f* de espaldas **2.** (*fig*) (*envergure*) envergadura *f*

cartable [kartabl] *nm* cartera *f*

carte [kart] *nf* **1.** (*à jouer*) carta *f*, naipe *m* **2.** (*document officiel*) tarjeta *f* **3.** (*plan*) mapa *m* **4.** (*de restaurant*) carta *f* ● **à la carte** (*menu*) a la carta ● **carte bancaire/de cré-**

dit tarjeta bancaria/de crédito ● **Carte Bleue**® tarjeta de crédito francesa ● **carte d'embarquement** tarjeta de embarque ● **carte de fidélité** tarjeta de fidelidad ● **carte graphique** tarjeta gráfica ● **carte grise** ≃ permiso *m* de circulación ● **carte mémoire** tarjeta de memoria ● **carte mère** placa *f* madre ● **carte (nationale) d'identité** carné *m* de identidad ● **carte orange** ≃ abono *m* mensual ● **carte postale** postal *f* ● **carte son** tarjeta de sonido ● **carte téléphonique** ou **de téléphone** tarjeta telefónica ● **carte des vins** carta de vinos ● **carte (de visite)** tarjeta de visita

La Carte Bleue

Esta tarjeta, que depende de la red interbancaria francesa, permite realizar todo tipo de pagos, retirar dinero de los cajeros automáticos e incluso llamar por teléfono. Lleva incorporado un chip, por lo que al pagar o sacar dinero hay que teclear un código. Algunas llevan integrado el sistema de monedero electrónico *Monéo* para abonar pequeñas cantidades. La mayoría de los comercios franceses aceptan las tarjetas de crédito, generalmente por una cima superior a quince euros.

cartilage [kaʀtilaʒ] *nm* cartílago *m*

carton [kaʀtɔ̃] *nm* **1.** *(matière)* cartón *m* **2.** *(emballage)* caja *f* de cartón **3.** *(d'invitation, de sanction)* tarjeta *f*

cartouche [kaʀtuʃ] *nf* **1.** cartucho *m* **2.** *(de cigarettes)* cartón *m* *(de tabaco)*

cas [kɑ] *nm* caso *m* ● **au cas où** en caso de que ● **dans ce cas** en ese caso ● **en cas de besoin** en caso de necesidad ● **en cas** de todo caso ● **en tout cas** en todo caso

cascade [kaskad] *nf* **1.** *(chute d'eau)* cascada *f* **2.** *(au cinéma)* escena *f* peligrosa

cascadeur, euse [kaskadœʀ, øz] *nm, f* especialista *mf*

case [kɑz] *nf* **1.** *(de damier, de meuble)* casilla *f* **2.** *(hutte)* cabaña *f* ▼ **cochez la case choisie** marca con una cruz la casilla correspondiente

caserne [kazɛʀn] *nf* cuartel *m* ● **caserne des pompiers** cuartel de bomberos

casier [kazje] *nm* casillero *m* ● **casier à bouteilles** botellero *m* ● **casier judiciaire** antecedentes *mpl* penales

casino [kazino] *nm* casino *m*

casque [kask] *nm* casco *m*

casquette [kaskɛt] *nf* gorra *f*

casse-cou [kasku] *nmf inv* persona *f* temeraria

casse-croûte [kaskʀut] *nm inv* tentempié *m*

casse-noix [kasnwa] *nm inv* cascanueces *m inv*

casser [kase] *vt* romper ● **casser les oreilles à qqn** romper los tímpanos a alguien ● **casser les pieds à qqn** *(fam)* dar la lata a alguien ● **se casser** *vp* romperse ● **se casser le bras** romperse el brazo ● **se casser la figure** *(fam)* *(tomber)* romperse la crisma

casserole [kasʀɔl] *nf* cacerola *f*

casse-tête [kastɛt] *nm inv* rompecabezas *m inv*

cartilage [kaʀtilaʒ] *nm* cartílago *m*

cassette [kaset] *nf* casete *f* ● **cassette vidéo** cinta *f* de vídeo

cassis [kasis] *nm* grosella *f* negra

cassoulet [kasulɛ] *nm* especie de fabada con carne de pato o de cerdo

Castille [kastij] *nf* ● **la Castille** Castilla *f*

Catalogne [katalɔɲ] *nf* ● **la Catalogne** Cataluña *f*

catalogue [katalɔg] *nm* catálogo *m*

catastrophe [katastʀɔf] *nf* catástrofe *f*

catastrophique [katastʀɔfik] *adj* catastrófico(ca)

catch [katʃ] *nm* lucha *f* libre

catéchisme [kateʃism] *nm* catequesis *f* inv

catégorie [kategɔʀi] *nf* categoría *f*

catégorique [kategɔʀik] *adj* categórico(ca)

cathédrale [katedʀal] *nf* catedral *f*

catholique [katɔlik] *adj* & *nmf* católico(ca)

cauchemar [koʃmaʀ] *nm* pesadilla *f*

cause [koz] *nf* causa *f* ▾ **fermé pour cause de...** cerrado por... ● **à cause de** por culpa de

causer [koze] *vt* (*provoquer*) causar ◇ *vi* (*parler*) charlar

caution [kosjɔ̃] *nf* **1.** (*pour une location*) fianza *f* **2.** (*personne*) fiador *m*, -ra *f* ● **se porter caution (pour qqn)** salir fiador(ra) (de alguien)

cavalier, ère [kavalje, ɛʀ] *nm, f* **1.** (*à cheval*) jinete *m* **2.** (*partenaire*) pareja *f* ● **cavalier** *nm* (*aux échecs*) caballo *m*

cave [kav] *nf* **1.** (*sous-sol*) sótano *m* **2.** (*réserve de vin*) bodega *f* ● **cave à cigares** (*boîte*) cigarrera *f*

caverne [kavɛʀn] *nf* caverna *f*

caviar [kavjaʀ] *nm* caviar *m*

CB *abr écrite de* **Carte Bleue**®

CD [sede] *nm* (*abr de Compact Disc*) CD *m*

CDD [sedede] *nm* (*abr de contrat à durée déterminée*) contrato *m* temporal

CDI [sedei] *nm* **1.** (*abr de centre de documentation et d'information*) biblioteca de un centro de enseñanza secundaria **2.** (*abr de contrat à durée indéterminée*) contrato *m* indefinido

CD-ROM, Cédérom [sedeʀɔm] (*abr de Compact Disc Read-Only Memory*) *nm inv* CD-ROM *m*

ce, cette [sə, sɛt] (*mpl* **ces** [se]) (**cet** [sɛt] *devant voyelle ou h muet*) *adj*
1. (*proche dans l'espace ou dans le temps*) este (esta) ● **cette nuit** esta noche
2. (*éloigné dans l'espace ou dans le temps*) ese (esa) ● **donne-moi ce livre-là** dame ese libro
3. (*très éloigné dans l'espace ou dans le temps*) aquel (aquella) ● **cette année-là** aquel año
◇ *pron*
1. (*pour mettre en valeur*) ● **c'est mon frère** es mi hermano ● **c'est moi** soy yo ● **ce sont mes chaussettes** son mis calcetines ● **c'est votre collègue qui m'a renseigné** fue su colega quien me informó
2. (*dans des interrogations*) ● **est-ce bien là ?** ¿seguro que es ahí? ● **qui est-ce ?** ¿quién es?
3. (*avec un relatif*) ● **ce que tu voudras** lo que quieras ● **ce qui nous intéresse** lo que nos interesa ● **ce dont vous aurez besoin en camping** lo que necesitaréis cuando vayáis de camping

4. *(en intensif)* ● **ce qu'il fait chaud !** ¡qué calor hace! ● **ce qu'elle est belle !** ¡qué guapa es!

CE [seə] *nm* **1.** *(abr de cours élémentaire)* ● **CE1** ≃ segundo *m* de EP *(educación primaria)* ● **CE2** ≃ tercero *m* de EP *(educación primaria)* **2.** *(abr de comité d'entreprise)* comité *m* de empresa

ceci [səsi] *pron* esto ● **ceci veut dire que...** esto quiere decir que...

céder [sede] *vt* & *vi* ceder ▼ **cédez le passage** ceda el paso ● **céder à** *(personne)* ceder ante ; *(tentation, pression)* sucumbir a

CEDEX [sedɛks] *nm (abr de courrier d'entreprise à distribution exceptionnelle)* correo de empresa con reparto especial

cédille [sedij] *nf* cedilla *f* ● **c cédille** la c con cedilla

CEI [seəi] *nf (abr de Communauté des États indépendants)* CEI *f (Confederación de Estados Independientes)*

ceinture [sɛ̃tyʀ] *nf* **1.** *(taille)* cintura *f* **2.** *(accessoire)* cinturón *m* ● **ceinture de sécurité** cinturón *m* de seguridad

cela [səla] *pron* eso ● **cela ne fait rien** no importa ● **comment cela ?** ¿y eso? ● **c'est cela** eso es

célèbre [selɛbʀ] *adj* famoso(sa)

célébrer [selebʀe] *vt* celebrar

célébrité [selebʀite] *nf* **1.** *(gloire)* fama *f* **2.** *(star)* celebridad *f*

céleri [selʀi] *nm* apio *m* ● **céleri rémoulade** ensalada de apio rallado con un aliño a base de mostaza y aceite

célibataire [selibatɛʀ] *adj* & *nmf* soltero(ra) ● **mère célibataire** madre soltera ● **père célibataire** padre soltero

celle ➤ **celui**

celle-ci ➤ **celui-ci**

celle-là ➤ **celui-là**

cellule [selyl] *nf* **1.** célula *f* **2.** *(cachot)* celda *f*

cellulite [selylit] *nf* celulitis *f inv*

celui, celle [səlɥi, sɛl] *(mpl* **ceux** [sø] *pron* el (la) ● **celui de** delante de él ● **celui de devant** el de delante ● **celle de Pierre** la de Pierre ● **celui qui part à 13 h 30** el que sale a las 13:30h ● **ceux dont je t'ai parlé** aquéllos de los que te hablé

celui-ci, celle-ci [səlɥisi, sɛlsi] *(mpl* **ceux-ci** [søsi], *fpl* **celles-ci** [sɛlsi]) *pron* éste (ésta)

celui-là, celle-là [səlɥila, sɛlla] *(mpl* **ceux-là** [søla], *fpl* **celles-là** [sɛlla]) *pron* aquél (aquélla)

cendre [sɑ̃dʀ] *nf* ceniza *f*

cendrier [sɑ̃dʀije] *nm* cenicero *m*

censurer [sɑ̃syʀe] *vt* censurar

cent [sɑ̃] *adj num* ciento *(cien devant substantif)* ◇ *pron num* cien ◇ *nm* cien *m inv* ● **cent pour cent** cien por cien ● **cent euros** cien euros ● **cent deux euros** ciento dos euros ● **deux cents euros** doscientos euros ● **deux cent douze euros** doscientos doce euros ● **il a cent ans** hace cien años ● **page cent** página cien ● **ils étaient cent** eran cien ● *(au)* **cent rue Lepic** *(en la)* calle Lepic número cien ● **rentaine** [sɑ̃tɛn] *nf* ● **une centaine (de)** un centenar (de)

centième [sɑ̃tjɛm] *adj num* & *pron num* centésimo(ma) ◇ *nm (fraction)* centésima parte *f*

centime [sɑ̃tim] *nm* ● **centime (d'euro)** céntimo *m* (de euro)

centimètre [sɑ̃timɛtʀ] *nm* centímetro *m*

central, e, aux [sɑ̃tʀal, o] *adj* central

centrale [sɑ̃tʀal] *nf* central *f* ● **centrale nucléaire** central nuclear

centre [sɑ̃tʀ] *nm* centro *m* ● **aller dans le centre** ir al centro ● **habiter dans le centre** vivir en el centro ● **centre aéré** *centro recreativo para niños* ● **centre commercial** centro comercial

centre-ville [sɑ̃tʀavil] (*pl* **centres-villes**) *nm* casco *m* urbano

cèpe [sɛp] *nm* seta *f*

cependant [səpɑ̃dɑ̃] *conj* sin embargo

céramique [seʀamik] *nf* cerámica *f*

cercle [sɛʀkl] *nm* círculo *m*

cercueil [sɛʀkœj] *nm* ataúd *m*

céréale [seʀeal] *nf* cereal *m*

cérémonie [seʀemɔni] *nf* ceremonia *f*

cerf [sɛʀ] *nm* ciervo *m*

cerf-volant [sɛʀvɔlɑ̃] (*pl* **cerfs-volants**) *nm* cometa *f*

cerise [səʀiz] *nf* cereza *f*

cerisier [səʀizje] *nm* cerezo *m*

cerner [sɛʀne] *vt* cercar

cernes [sɛʀn] *nmpl* ojeras *fpl*

certain, e [sɛʀtɛ̃, ɛn] *adj* seguro(ra) ● **être certain de (faire) qqch** estar seguro de (hacer) algo ● **être certain que** estar seguro de que ● **un certain temps** cierto tiempo ● **un certain Jean** un tal Jean ◆ **certains, certaines** *adj & pron* algunos(nas)

certainement [sɛʀtɛnmɑ̃] *adv* **1.** *(probablement)* seguramente **2.** *(bien sûr)* por supuesto

certes [sɛʀt] *adv* **1.** *(bien sûr)* por supuesto **2.** *(il est vrai que)* desde luego

certificat [sɛʀtifika] *nm* certificado *m* ● **certificat médical** certificado médico ● **certificat de scolarité** *certificado con el que se acredita estar matriculado en un centro de enseñanza*

certifier [sɛʀtifje] *vt* certificar ▼ **certifié conforme** compulsado

certitude [sɛʀtityd] *nf* certeza *f*

cerveau, x [sɛʀvo] *nm* cerebro *m*

cervelas [sɛʀvəla] *nm* salchicha corta y gruesa de carne y sesos de cerdo

cervelle [sɛʀvɛl] *nf* sesos *mpl*

ces ➤ **ce**

Césars [sezar] *nmpl premio cinematográfico francés*

Les Césars

Desde 1976, la Academia de las Artes y Técnicas del Cine de Francia concede cada año estos galardones en el transcurso de una gala destinada a promover el cine nacional. Los César comprenden categorías tales como mejor actor, mejor director, mejor guión o mejor película. El nombre de los premios proviene del escultor que diseñó la estatuilla.

---

cesse [sɛs] ◆ **sans cesse** *adv* sin cesar

cesser [sese] *vi* cesar ● **cesser de faire qqch** dejar de hacer algo

c'est-à-dire [setadiʀ] *adv* es decir

cet ➤ **ce**

cette ➤ **ce**

ceux ➤ **celui**

ceux-ci ➤ **celui-ci**

ceux-là ➤ **celui-là**

cf. (*abr écrite de confer*) cf. (*confróntese*)

chacun, e [ʃakœ̃, yn] *pron* cada uno (cada una) • **chacun d'entre vous/nous/ eux** cada uno de nosotros/vosotros/ellos • **chacun pour soi** cada uno a lo suyo

chagrin [ʃagrɛ̃] *nm* pena *f* • **avoir du chagrin** estar triste

chahut [ʃay] *nm* jaleo *m* • **faire du chahut** armar jaleo

chaîne [ʃɛn] *nf* **1.** cadena *f* **2.** (*de télévision*) canal *m* • **à la chaîne** en cadena • **chaîne (hi-fi)** equipo *m* de alta fidelidad • **chaîne laser** cadena láser • **chaîne de montagnes** cordillera *f* • **chaîne à péage** canal de pago • **chaîne thématique** canal temático ◆ **chaînes** *nfpl* (*de voiture*) cadenas *fpl*

chair [ʃɛʀ] *nf* carne ◇ *adj inv* (*couleur*) carne (*inv*) • **chair à saucisse** carne picada • **en chair et en os** en carne y hueso • **avoir la chair de poule** tener la carne de gallina

chaise [ʃɛz] *nf* silla *f* • **chaise longue** tumbona *f* • **chaise roulante** silla de ruedas

châle [ʃal] *nm* chal *m*

chalet [ʃalɛ] *nm* **1.** chalé *m* **2.** (*Québec*) (*maison de campagne*) casa *f* de campo

chaleur [ʃalœʀ] *nf* (*d'un feu, du soleil*) calor *m*

chaleureux, euse [ʃalœʀø, øz] *adj* caluroso(a)

chaloupe [ʃalup] *nf* chalupa *f*

chalumeau, x [ʃalymo] *nm* soplete *m*

chalutier [ʃalytje] *nm* barco *m* pesquero

chamailler [ʃamaje] ◆ **se chamailler** *vp* pelearse

chambre [ʃɑ̃bʀ] *nf* habitación *f* • **chambre (à coucher)** dormitorio *m* • **chambre à air** cámara *f* de aire • **chambre d'amis** cuarto *m* de los invitados • **chambre d'hôte** estancia en casa de una familia, con alojamiento y desayuno, y en ocasiones también con comida principal • **chambre double/simple** habitación doble/individual • **Chambre des députés** ≃ Cámara *f* de Diputados

chameau, x [ʃamo] *nm* camello *m*

chamois [ʃamwa] *nm* ➤ **peau**

champ [ʃɑ̃] *nm* campo *m* • **champ de bataille** campo de batalla • **champ de courses** hipódromo *m*

champagne [ʃɑ̃paɲ] *nm* champán *m*

Le champagne

En la región de Champaña, en el norte de Francia, se produce este vino espumoso blanco, o en ocasiones rosado, con denominación de origen y elaborado conforme al *méthode champenoise*. El champán se elabora a partir de muchos tipos de uva, pero tres dominan la producción: el *pinot noir* y el *pinot meunier* (uvas tintas de pulpa blanca) y el *chardonnay* (uva blanca). Su consumo se asocia a acontecimientos familiares de importancia o a celebraciones. También se toma como aperitivo, solo o con licor de casis, cóctel conocido como *kir royal*.

champignon [ʃɑ̃piɲɔ̃] *nm* seta *f* • **champignons à la grecque** *champiñones en* salsa con aceite de oliva, limón y especias ● **champignon de Paris** champiñón *m*

champion, onne [ʃɑ̃pjɔ̃, ɔn] *nm, f* campeón *m*, -ona *f*

championnat [ʃɑ̃pjɔna] *nm* campeonato *m*

chance [ʃɑ̃s] *nf* **1.** *(sort favorable)* suerte *f* **2.** *(probabilité)* posibilidad *f* ● **avoir de la chance** tener suerte ● **avoir des chances de faire qqch** tener posibilidades de hacer algo ● **bonne chance !** ¡buena suerte!

chanceler [ʃɑ̃sle] *vi* tambalearse

Chandeleur [ʃɑ̃dlœr] *nf* ● **la Chandeleur** la Candelaria

chandelier [ʃɑ̃dəlje] *nm* candelabro *m*

chandelle [ʃɑ̃dɛl] *nf* candela *f* ● **un dîner aux chandelles** una cena a la luz de las velas

change [ʃɑ̃ʒ] *nm* *(taux)* cambio *m*

changement [ʃɑ̃ʒmɑ̃] *nm* cambio *m* ● **changement de vitesse** cambio de velocidades

changer [ʃɑ̃ʒe] *vt & vi* cambiar ● **changer des euros en dollars** cambiar euros en dólares ● **changer d'avis** cambiar de opinión ● **changer de chemise** cambiar de camisa ● **se changer** *vp* *(s'habiller)* cambiarse ● **se changer en** transformarse en

chanson [ʃɑ̃sɔ̃] *nf* canción *f*

chant [ʃɑ̃] *nm* canto *m*

chantage [ʃɑ̃taʒ] *nm* chantaje *m*

chanter [ʃɑ̃te] *vt & vi* cantar

chanteur, euse [ʃɑ̃tœr, øz] *nm, f* cantante *mf*

chantier [ʃɑ̃tje] *nm* obra *f*

chantilly [ʃɑ̃tiji] *nf* ● **(crème) chantilly** nata *f* montada

chantonner [ʃɑ̃tɔne] *vi* canturrear

chapeau, x [ʃapo] *nm* sombrero *m* ● **chapeau de paille** sombrero de paja

chapelet [ʃaplɛ] *nm* rosario *m*

chapelle [ʃapɛl] *nf* capilla *f*

chapelure [ʃaplyr] *nf* pan *m* rallado

chapiteau, x [ʃapito] *nm* *(de cirque)* carpa *f*

chapitre [ʃapitr] *nm* capítulo *m*

chapon [ʃapɔ̃] *nm* capón *m*

chaque [ʃak] *adj* cada ● **chaque jour** cada día

char [ʃar] *nm* **1.** *(de carnaval)* carroza *f* **2.** *(Québec) (voiture)* coche *m* ● **char (d'assaut)** carro *m* (de combate) ● **char à voile** tabla con ruedas propulsada por una vela

charabia [ʃarabja] *nm* *(fam)* galimatías *m inv*

charade [ʃarad] *nf* charada *f*

charbon [ʃarbɔ̃] *nm* **1.** carbón *m* **2.** MÉD ● **le charbon** el carbunco

charcuterie [ʃarkytri] *nf* **1.** *(aliments)* embutidos *mpl* **2.** *(magasin)* charcutería *f*

chardon [ʃardɔ̃] *nm* cardo *m*

charge [ʃarʒ] *nf* **1.** carga *f* **2.** *(responsabilité)* responsabilidad *f* ● **être en charge** *(portable)* estar cargándose ● **prendre qqch en charge** hacerse cargo de algo ● **les frais sont à votre charge** los gastos corren a su cargo ◆ **charges** *nfpl* *(d'un appartement)* ≈ gastos *mpl* de comunidad

chargement [ʃarʒəmɑ̃] *nm* *(cargaison)* cargamento *m*

charger [ʃarʒe] *vt* cargar ● **il m'a chargé de vous avertir** me encargó de que lo avisara ◆ **se charger de** *vp + prep* encargarse de

chariot [ʃaʀjo] nm **1.** *(de supermarché)* carrito m **2.** *(charrette)* carretilla f

charité [ʃaʀite] nf caridad f ● **demander la charité** pedir limosna

charlotte [ʃaʀlɔt] nf *pastel hecho con una crema rodeada de soletillas*

charmant, e [ʃaʀmɑ̃, ɑ̃t] adj encantador(ra)

charme [ʃaʀm] nm encanto m

charmer [ʃaʀme] vt encantar

charnière [ʃaʀnjɛʀ] nf bisagra f

charpente [ʃaʀpɑ̃t] nf armazón m

charpentier [ʃaʀpɑ̃tje] nm carpintero m

charrette [ʃaʀɛt] nf carreta f

charrue [ʃaʀy] nf arado m

charter [ʃaʀtɛʀ] nm ● *(vol)* charter *(vuelo)* chárter m

chas [ʃa] nm ojo m *(de aguja)*

chasse [ʃas] nf caza f ● **aller à la chasse** ir de caza ● **tirer la chasse (d'eau)** tirar de la cadena

chasselas [ʃasla] nm *variedad de cepa muy extendida en Suiza*

chasse-neige [ʃasnɛʒ] nm inv **1.** quitanieves m inv **2.** *(au ski)* cuña f

chasser [ʃase] vt **1.** *(animal)* cazar **2.** *(personne)* ahuyentar ◇ vi cazar ● **chasser qqn de** echar a alguien de

chasseur, euse [ʃasœʀ, øz] nm, f cazador m, -ra f

châssis [ʃasi] nm **1.** *(de voiture)* chasis m inv **2.** *(de fenêtre)* marco m

¹ chat [ʃa] nm charla f, chat m

² chat, chatte [ʃa, ʃat] nm, f gato m, -ta f ● **avoir un chat dans la gorge** tener carraspera

châtaigne [ʃatɛɲ] nf castaña f

châtaignier [ʃatɛɲe] nm castaño m

châtain [ʃatɛ̃] adj castaño(ña)

château, x [ʃato] nm ● **château (fort)** castillo m ● **château d'eau** arca f de agua

chaton [ʃatɔ̃] nm gatito m

chatouiller [ʃatuje] vt hacer cosquillas

chatouilleux, euse [ʃatujø, øz] adj cosquilloso(sa)

chatte [ʃat] ➤ **chat**

chatter [tʃate] vi INFORM charlar, chatear

chaud, e [ʃo, ʃod] adj **1.** caliente **2.** *(vêtement)* que abriga ● **chaud** adv ● **il fait chaud** hace calor ● **avoir chaud** tener calor ● **tenir chaud** abrigar ◇ nm ● **rester au chaud** quedarse calentito

chaudière [ʃodjɛʀ] nf caldera f

chaudronnée [ʃodʀɔne] nf *(Québec) plato elaborado cociendo un caldo con distintos tipos de pescado, cebolla y plantas aromáticas*

chauffage [ʃofaʒ] nm calefacción f ● **chauffage central** calefacción central ● **chauffage électrique/au gaz** calefacción eléctrica/de gas

chauffante [ʃofɑ̃t] adj f ➤ **plaque**

chauffard [ʃofaʀ] nm ● **c'est un chauffard** conduce como un loco ● **après l'accident, le chauffard a pris la fuite** tras el accidente, el conductor culpable del atropello se dio a la fuga

chauffe-eau [ʃofo] nm inv calentador m de agua

chauffer [ʃofe] vt calentar ◇ vi **1.** *(eau, aliment, moteur)* calentarse **2.** *(radiateur, soleil)* calentar

chauffeur [ʃofœʀ] nm chófer m ● **chauffeur de taxi** taxista mf

chaumière [ʃomjɛʀ] nf choza f

chaussée [ʃose] *nf* calzada *f* ▼ **chaussée déformée** firme irregular

chausse-pied, s [ʃospje] *nm* calzador *m*

chausser [ʃose] *vi* ● **chausser du 38** calzar un 38

chaussette [ʃosɛt] *nf* calcetín *m*

chausson [ʃosɔ̃] *nm* zapatilla *f* ● **chausson aux pommes** tarta *f* de manzana ● **chaussons de danse** zapatillas de ballet

chaussure [ʃosyʀ] *nf* zapato *m* ● **une paire de chaussures** un par de zapatos ● **chaussures à scratch** zapatos con velcro ● **chaussures de marche** botas *fpl* de marcha

chauve [ʃov] *adj* calvo(va)

chauve-souris [ʃovsuʀi] (*pl* **chauves-souris**) *nf* murciélago *m*

chauvin, e [ʃovɛ̃, in] *adj* chovinista

chavirer [ʃaviʀe] *vi* volcar

chef [ʃɛf] *nm* **1.** jefe *m*, -fa *f* **2.** (*cuisinier*) chef *m* ● **chef d'entreprise** empresario *m*, -ria *f* ● **chef d'État** jefe de Estado ● **chef de gare** jefe de estación ● **chef d'orchestre** director *m*, -ra *f* de orquesta

chef-d'œuvre [ʃedœvʀ] (*pl* **chefs-d'œuvre**) *nm* obra *f* maestra

chef-lieu [ʃefljø] (*pl* **chefs-lieux**) *nm* capital de una división administrativa

chemin [ʃəmɛ̃] *nm* camino *m* ● **en chemin** de camino

chemin de fer [ʃəmɛ̃dfɛʀ] (*pl* **chemins de fer**) *nm* ferrocarril *m*

cheminée [ʃəmine] *nf* chimenea *f*

chemise [ʃəmiz] *nf* **1.** (*vêtement*) camisa *f* **2.** (*en carton*) carpeta *f* ● **chemise de nuit** camisón *m*

chemisier [ʃəmizje] *nm* blusa *f*

chêne [ʃɛn] *nm* roble *m*

chenil [ʃənil] *nm* **1.** perrera *f* **2.** (*Helv*) (*objet sans valeur*) leonera *f*

chenille [ʃənij] *nf* oruga *f*

chèque [ʃɛk] *nm* cheque *m* ● **chèque barré/en blanc/sans provision** cheque cruzado/en blanco/sin fondos ● **chèque de voyage** cheque de viaje

Chèque-Restaurant® [ʃɛkʀɛstɔʀɑ̃] (*pl* **Chèques-Restaurant**) *nm* cheque *m* de restaurante

chéquier [ʃekje] *nm* talonario *m* de cheques

cher, chère [ʃɛʀ] *adj* caro(ra) ◇ *adv* ● **coûter cher** costar caro ▼ **Cher Monsieur**, (*dans une lettre*) Estimado señor: ▼ **Cher Laurent**, Querido Laurent:

chercher [ʃɛʀʃe] *vt* buscar ● **aller chercher qqch/qqn** ir a buscar algo/a alguien ● **chercher à** *v* + *prep* ● **chercher à faire qqch** intentar hacer algo

chercheur, euse [ʃɛʀʃœʀ, øz] *nm, f* investigador *m*, -ra *f*

chéri, e [ʃeʀi] *adj* querido(da) ◇ *nm, f* ● **mon chéri/ma chérie** cariño

cheval, aux [ʃəval, o] *nm* caballo *m* ● **monter à cheval** montar a caballo ● **faire du cheval** hacer equitación ● **à cheval sur** (*chaise, branche*) a horcajadas en ; (*lieux, périodes*) a caballo entre

chevalier [ʃəvalje] *nm* caballero *m*

chevelure [ʃəvlyʀ] *nf* cabellera *f*

chevet [ʃəvɛ] *nm* ➤ **lampe, table**

cheveu, x [ʃəvø] *nm* pelo *m* ● **cheveux** *nmpl* pelo *m*, cabello *m* ● **avoir les cheveux blonds/bruns** tener el pelo rubio/castaño ● **avoir les cheveux longs/courts** tener el pelo largo/corto

cheville [ʃəvij] nf **1.** ANAT tobillo m **2.** (en plastique) clavija f

chèvre [ʃɛvr] nf cabra f

chevreuil [ʃəvrœj] nm corzo m

chewing-gum, s [ʃwiŋgɔm] nm chicle m

chez [ʃe] prép **1.** ● il est chez lui está en su casa ● je reste chez moi me quedo en casa **2.** (commerçant) ● aller chez le coiffeur/chez le dentiste ira a la peluquería/al dentista **3.** (en ce qui concerne) ● ce que j'aime chez toi lo que me gusta de ou en ti

chic [ʃik] adj inv elegante

chiche [ʃiʃ] adj m ➤ pois

chicon [ʃikɔ̃] nm (Belg) endivia f

chicorée [ʃikɔre] nf **1.** (salade) escarola f **2.** (boisson) achicoria f

chien, chienne [ʃjɛ, ʃjɛn] nm, f perro m, -rra f

chiffon [ʃifɔ̃] nm trapo m ● chiffon (à poussière) trapo (del polvo)

chiffonner [ʃifɔne] vt arrugar

chiffre [ʃifr] nm **1.** MATH cifra f **2.** (montant) importe m

chignon [ʃiɲɔ̃] nm moño m

Chili [ʃili] nm ● le Chili Chile m

chilien, enne [ʃiljɛ̃, ɛn] adj chileno(na) ● Chilien, enne nm, f chileno m, -na f

chimie [ʃimi] nf química f

chimique [ʃimik] adj químico(ca)

Chine [ʃin] nf ● la Chine China f

chinois, e [ʃinwa, az] adj chino(na) ● chinois nm (langue) chino m ● Chinois, e nm, f chino m, -na f

chiot [ʃjo] nm cachorro m

chipolata [ʃipɔlata] nf salchicha pequeña de cerdo

chips [ʃips] nfpl patatas fpl fritas (de bolsa)

chirurgie [ʃiryrʒi] nf cirugía f ● chirurgie esthétique cirugía estética

chirurgien, enne [ʃiryrʒjɛ̃, ɛn] nm, f cirujano m, -na f

chlore [klɔr] nm cloro m

choc [ʃɔk] nm choque m

chocolat [ʃɔkɔla] nm chocolate m ● chocolat blanc/noir/au lait chocolate blanco/negro/con leche ● chocolat liégeois helado de chocolate con nata

chocolatier [ʃɔkɔlatje] nm ● aller chez le chocolatier ir a la chocolatería

chœsels [tʃuzɛl] nmpl (Belg) guiso de carne y despojos cocinado con cerveza

chœur [kœr] nm coro m ● en chœur a coro

choisir [ʃwazir] vt escoger, elegir

choix [ʃwa] nm elección f ● avoir le choix poder elegir ● au choix a elegir ● de premier/second choix de primera/segunda calidad

cholestérol [kɔlɛsterɔl] nm colesterol m

chômage [ʃomaʒ] nm paro m ● être au chômage estar en paro

chômeur, euse [ʃomœr, øz] nm, f parado m, -da f

choquant, e [ʃɔkɑ̃, ɑ̃t] adj chocante

choquer [ʃɔke] vt chocar

chorale [kɔral] nf coral f

chose [ʃoz] nf cosa f ● autre chose otra cosa ● quelque chose algo

chou, x [ʃu] nm col f ● chou de Bruxelles col de Bruselas ● chou à la crème bocadito m de crema ● chou rouge lombarda f

chouchou, oute [ʃuʃu, ut] *nm, f (fam)* ojito *m* derecho ◆ **chouchou** *nm* coletero *m*

choucroute [ʃukrut] *nf* ◆ **choucroute (garnie)** choucroute con carne de cerdo y patatas

chouette [ʃwɛt] *nf* lechuza *f* ◇ *adj (fam)* guay

chou-fleur [ʃuflœr] *(pl* **choux-fleurs)** *nm* coliflor *f*

chrétien, enne [kretjɛ̃, ɛn] *adj & nm, f* cristiano(na)

chromé, e [krome] *adj* cromado(da)

chromes [krom] *nmpl* accesorios cromados de un vehículo

chronique [krɔnik] *adj* crónico(ca) ◇ *nf* crónica *f*

chronologique [krɔnɔlɔʒik] *adj* cronológico(ca)

chronomètre [krɔnɔmɛtr] *nm* cronómetro *m*

chronométrer [krɔnɔmetre] *vt* cronometrar

CHU [seaʃy] *(abr de* centre hospitalo-universitaire) *nm* ≃ hospital *m* clínico

chuchotement [ʃyʃɔtmɑ̃] *nm* cuchicheo *m*

chuchoter [ʃyʃɔte] *vt & vi* cuchichear

chut [ʃyt] *interj* ¡chitón!

chute [ʃyt] *nf* caída *f* ◆ **chute d'eau** salto *m* de agua ◆ **chute de neige** nevada *f*

Chypre [ʃipr] *nf* Chipre *m*

chypriote [ʃiprijɔt], **cypriote** [siprijɔt] *adj* chipriota ◆ **Chypriote, Cypriote** *nmf* chipriota *mf*

ci [si] *adv* ◆ **ce livre-ci** este libro ◆ **ces jours-ci** estos días

cible [sibl] *nf* blanco *m*

ciboulette [sibulɛt] *nf* cebolleta *f*

cicatrice [sikatris] *nf* cicatriz *f*

cicatriser [sikatrize] *vi* cicatrizar

cidre [sidr] *nm* sidra *f*

Cie *(abr écrite de* compagnie) Cía *(compañía)*

ciel [sjɛl] *(pl* **cieux** [sjø] *ou* **ciels** [sjɛl]) *nm* cielo *m* ◆ **les cieux** *(le paradis)* los cielos

cierge [sjɛrʒ] *nm* cirio *m*

cieux [sjø] *nmpl* ➤ **ciel**

cigale [sigal] *nf* cigarra *f*

cigare [sigar] *nm* puro *m*

cigarette [sigarɛt] *nf* cigarillo *m* ◆ **cigarette filtre** cigarillo con filtro ◆ **cigarette russe** barquillo *m*

cigogne [sigɔɲ] *nf* cigüeña *f*

ci-joint, e [siʒwɛ̃, ɛ̃t] *adj* adjunto(ta) ◇ *adv* adjunto ◆ **vous trouverez ci-joint...** le adjunto...

cil [sil] *nm* pestaña *f*

cime [sim] *nf* cima *f*

ciment [simɑ̃] *nm* cemento *m*

cimetière [simtjɛr] *nm* cementerio *m*

cinéaste [sineast] *nmf* cineasta *mf*

ciné-club, s [sineklœb] *nm* cineclub *m*

cinéma [sinema] *nm* cine *m*

cinémathèque [sinematek] *nf* cinemateca *f*

cinéphile [sinefil] *nmf* cinéfilo *m*, -la *f*

cinq [sɛ̃k] *adj num & pron num* cinco ◇ *nm* cinco *m* ◆ **il a cinq ans** hace cinco años ◆ **il est cinq heures** son las cinco ◆ **le cinq janvier** el cinco de enero ◆ **page cinq** página cinco ◆ **ils étaient cinq** eran cinco ◆ **le cinq de pique** el cinco de picas ◆ **(au) cinq rue Lepic** (en la) calle Lepic número cinco

cinquantaine [sɛ̃kɑ̃tɛn] nf cinquentena f ● **une cinquantaine (de)** unos cincuenta ● **avoir la cinquantaine** tener los cincuenta

cinquante [sɛ̃kɑ̃t] adj num & pron num cincuenta ◇ nm cincuenta m ● **il a cinquante ans** tiene cincuenta años ● **page cinquante** página cincuenta ● **ils étaient cinquante** eran cincuenta ● **(au) cinquante rue Lepic** (en la) calle Lepic número cincuenta

cinquantième [sɛ̃kɑ̃tjɛm] adj num & pron num quincuagésimo ◇ nm 1. (fraction) quincuagésima parte f 2. (étage) quincuagésimo m (piso)

cinquième [sɛ̃kjɛm] adj num & pron num quinto ◇ nf 1. SCOL ≃ primero m de ESO (educación secundaria obligatoria) 2. (vitesse) quinta f ◇ nm 1. (fraction) quinta parte f 2. (étage) quinto m (piso) 3. (arrondissement) distrito m cinco ou quinto

cintre [sɛ̃tʀ] nm percha f

cintré, e [sɛ̃tʀe] adj entallado

club [klyb] nm (Québec) pastel elaborado con masa filo que se rellena con capas alternas de patatas, cebolla y carne

cirage [siʀaʒ] nm betún m

circonflexe [siʀkɔ̃flɛks] adj ➤ **accent**

circonstances [siʀkɔ̃stɑ̃s] nfpl circunstancias fpl

circuit [siʀkɥi] nm circuito m ● **circuit touristique** circuito turístico

circulaire [siʀkylɛʀ] adj circular ◇ nf circular f

circulation [siʀkylasjɔ̃] nf circulación f

circuler [siʀkyle] vi circular

cire [siʀ] nf cera f

ciré [siʀe] nm impermeable m

cirer [siʀe] vt 1. (chaussures) lustrar 2. (parquet) encerar ● **j'en ai rien à cirer** (vulg) me la suda

cirque [siʀk] nm circo m

ciseaux [sizo] nmpl ● **(une paire de) ciseaux** (un par de) tijeras fpl

citadin, e [sitadɛ̃, in] nm, f habitante mf de una ciudad

citation [sitasjɔ̃] nf cita f

cité [site] nf 1. (ville) ciudad f 2. (groupe d'immeubles) residencia f ● **cité universitaire** ciudad universitaria

citer [site] vt citar

citerne [sitɛʀn] nf cisterna f

citoyen, enne [sitwajɛ̃, ɛn] nm, f ciudadano m, -na f

citron [sitʀɔ̃] nm limón m ● **citron vert** limón verde ● **citron pressé** zumo m de limón natural

citronnade [sitʀɔnad] nf limonada f

citrouille [sitʀuj] nf calabaza f

civet [sivɛ] nm estofado de carne de caza marinada en vino tinto

civière [sivjɛʀ] nf camilla f

civil, e [sivil] adj civil ● nm civil m ● **en civil** de paisano

civilisation [sivilizasjɔ̃] nf civilización f

cl (abr écrite de centilitre) cl (centilitro)

clafoutis [klafuti] nm pastel de cerezas

clair, e [klɛʀ] adj claro ● clair adv claro ◇ nm ● **clair de lune** claro m de luna ● **c'est clair ?** ¿está claro?

clairement [klɛʀmɑ̃] adv claramente

clairière [klɛʀjɛʀ] nf claro m (del bosque)

clairon [klɛʀɔ̃] nm corneta f

clairsemé, e [klɛʀsəme] adj ralo(la)

clandestin, e [klɑ̃dɛstɛ̃, in] *adj & nm, f* clandestino(na)

claque [klak] *nf* bofetada *f*

claquement [klakmɑ̃] *nm* chasquido *m*

claquer [klake] *vt* ● **claquer la porte** dar un portazo ◇ *vi* (*volet, porte*) chasquear ● **claquer des dents** castañear ● **claquer des doigts** chasquear los dedos ● **se claquer** *vp* ● **se claquer un muscle** distenderse un músculo

claquettes [klakɛt] *nfpl* **1.** (*danse*) claqué *m* **2.** (*chaussures de plage*) sandalias *fpl* playeras

clarifier [klaʁifje] *vt* aclarar

clarinette [klaʁinɛt] *nf* clarinete *m*

clarté [klaʁte] *nf* claridad *f*

classe [klas] *nf* clase *f* ● **aller en classe** ir a clase ● **classe affaires** clase preferente ● **classe éco(nomique)** clase económica ● **première classe** primera clase ● **classe de mer** *colonia escolar en la playa* ● **classe de neige** *colonia escolar en la montaña en la que se esquía* ● **classe verte** *colonia escolar en el campo*

particularmente denso en comparación con las carreras universitarias. Los dos o tres años de *prépas* pueden convalidarse por el *DEUG* (diploma de dos cursos universitarios).

classement [klasmɑ̃] *nm* clasificación *f*

classer [klase] *vt* clasificar ● **se classer** *vp* ● **se classer premier** quedar primero

classeur [klasœʁ] *nm* carpeta *f* de anillas

classique [klasik] *adj* clásico(ca)

clavicule [klavikyl] *nf* clavícula *f*

clavier [klavje] *nm* teclado *m*

clé [kle] *nf* llave *f* ● **fermer qqch à clé** cerrar algo con llave ● **clé à molette** llave ajustable ● **clé anglaise** llave inglesa ● **clé de contact** llave de contacto ● **clé USB** llave USB

clef [kle] = **clé**

clémentine [klemɑ̃tin] *nf* clementina *f*

clic [klik] *nm INFORM* clic *m* ● **clic droit/gauche** clic con el botón derecho/izquierdo ● **double-clic** doble clic

Clic-Clac® [klikklac] *nm* (*sofá*) Clic-Clac® *m*

cliché [kliʃe] *nm* cliché *m*

client, e [klijɑ̃, ɑ̃t] *nm, f* cliente *m*, -ta *f* ● **bon client** buen cliente

clientèle [klijɑ̃tɛl] *nf* clientela *f*

cligner [kliɲe] *vi* ● **cligner des yeux** parpadear

clignotant [kliɲɔtɑ̃] *nm* intermitente *m*

clignoter [kliɲɔte] *vi* parpadear

clim [klim] (*abr de climatisation*) *nf* (*fam*) climatización *f*

climat [klima] *nm* clima *m*

climatisation [klimatizasjɔ̃] nf climatización f

climatisé, e [klimatize] adj climatizado(da)

clin d'œil [klɛ̃dœj] nm ● faire un clin d'œil à qqn guiñar el ojo a alguien ● en un clin d'œil en un abrir y cerrar de ojos

clinique [klinik] nf clínica f

clip [klip] nm **1.** (boucle d'oreille) pendiente m de clip **2.** (film) clip m

cliquable [klikabl] adj INFORM interactivo(va)

cliquer [klike] vi INFORM hacer clic

clochard, e [klɔʃaʀ, aʀd] nm, f vagabundo m, -da f

cloche [klɔʃ] nf campana f ● cloche à fromage quesera f

cloche-pied [klɔʃpje] ◆ à cloche-pied adv a la pata coja

clocher [klɔʃe] nm campanario m

clochette [klɔʃɛt] nf campanilla f

cloison [klwazɔ̃] nf tabique m

cloître [klwatʀ] nm claustro m

cloque [klɔk] nf (sur la peau) ampolla f

clôture [klotyʀ] nf (barrière) valla f

clôturer [klotyʀe] vt (champ, jardin) vallar

clou [klu] nm ● clou de girofle clavo ◆ **clous** nmpl (passage piéton) paso m de peatones

clouer [klue] vt clavar

clouté, e [klute] adj m ➤ **passage**

clown [klun] nm payaso m

club [klœb] nm club m

cm (abr écrite de centimètre) cm (centímetro)

CM [seɛm] nm (abr de cours moyen) ● CM1 ≃ cuarto m de EP (educación primaria) ● CM2 ≃ quinto m EP (educación primaria)

coaguler [kɔagyle] vi coagular

cobaye [kɔbaj] nm conejillo m de Indias

Coca(-Cola)® [kɔka(kɔla)] nm inv Coca-Cola® f

coccinelle [kɔksinɛl] nf mariquita f

cocher [kɔʃe] vt marcar con una cruz

cochon, onne [kɔʃɔ̃, ɔn] nm, f (fam) (personne sale) guarro m, -rra f ◆ **cochon** nm cerdo m ● cochon d'Inde conejillo m de Indias

cocktail [kɔktɛl] nm cóctel m

coco [kɔko] nm ➤ **noix**

cocotier [kɔkɔtje] nm cocotero m

cocotte [kɔkɔt] nf olla f ● cocotte en papier pajarita f (de papel)

Cocotte-Minute® [kɔkɔtminyt] (pl Cocottes Minute) nf olla f a presión

code [kɔd] nm código m ● code d'accès código de acceso ● code confidentiel código secreto ● code PIN código PIN ● code postal código postal ● code de la route código de circulación ▾ veillez taper ou saisir votre code escriba o entre su código ◆ **codes** nmpl AUTO luces fpl de cruce

codé, e [kɔde] adj codificado(da)

code-barres [kɔdbaʀ] (pl codes-barres) nm código m de barras

cœur [kœʀ] nm **1.** corazón m **2.** (centre) centro m **3.** (aux cartes) corazones mpl ● avoir bon cœur tener buen corazón ● de bon cœur de buena gana ● par cœur de memoria ● cœur d'artichaut corazón de alcachofa ● cœur de palmier palmito m

coffre [kɔfʀ] *nm* **1.** *(de voiture)* maletero *m* **2.** *(malle)* baúl *m*

coffre-fort [kɔfʀəfɔʀ] *(pl* coffres-forts) *nm* caja *f* fuerte

coffret [kɔfʀɛ] *nm* estuche *m*

cogénération [koʒeneʀasjɔ̃] *nf* cogeneración *f*

cognac [kɔɲak] *nm* coñac *m*

cogner [kɔɲe] *vi* **1.** *(frapper)* pegar **2.** *(faire du bruit)* golpear ◆ **se cogner** *vp* darse un golpe ◆ **se cogner la tête** darse un golpe en la cabeza

cohabitation [kɔabitasjɔ̃] *nf* POL cohabitación *f*

La cohabitation

Este término hace referencia a la existencia de una mayoría gubernamental y parlamentaria de tendencia política opuesta a la del *président*, el jefe del Estado. Fue utilizado por primera vez entre 1986 y 1988, cuando Francia tenía un presidente de la República socialista (François Mitterrand) y un primer ministro gaullista (Jacques Chirac).

cohabiter [kɔabite] *vi* cohabitar

cohérent, e [kɔeʀɑ̃, ɑ̃t] *adj* coherente

cohue [kɔy] *nf* gentío *m*

coiffer [kwafe] *vt* peinar ◆ **coiffé d'un chapeau** tocado con un sombrero ◆ **se coiffer** *vp* peinarse

coiffeur, euse [kwafœʀ, øz] *nm, f* peluquero *m*, -ra *f*

coiffure [kwafyʀ] *nf* peinado *m*

coin [kwɛ̃] *nm* **1.** *(rentrant)* rincón *m* **2.** *(saillant)* esquina *f* ◆ **au coin de** en la esquina de ◆ **dans le coin** *(dans les environs)* por aquí

coincer [kwɛ̃se] *vt* atascar ◆ **se coincer** *vp* atascarse ◆ **se coincer le doigt** pillarse el dedo

coïncidence [kɔɛ̃sidɑ̃s] *nf* coincidencia *f*

coïncider [kɔɛ̃side] *vi* coincidir

col [kɔl] *nm* **1.** *(de vêtement)* cuello *m* **2.** *(en montagne)* puerto *m* ◆ **col roulé** cuello vuelto ◆ **col en V** cuello de pico

colère [kɔlɛʀ] *nf* rabia *f* ◆ **être en colère (contre qqn)** estar enfadado(da) (con alguien) ◆ **se mettre en colère** enfadarse

colin [kɔlɛ̃] *nm* merluza *f*

colique [kɔlik] *nf* cólico *m*

colis [kɔli] *nm* ◆ **colis (postal)** paquete *m* postal

collaborer [kɔlabɔʀe] *vi* colaborar ◆ **collaborer à** colaborar en

collant, e [kɔlɑ̃, ɑ̃t] *adj* **1.** *(adhésif)* adhesivo(va) **2.** *(étroit)* ceñido(da) ◆ **collant** *nm* medias *fpl*

colle [kɔl] *nf* **1.** *(pâte)* pegamento *m* **2.** *(devinette)* pregunta *f* difícil **3.** SCOL *(retenue)* castigo *m*

collecte [kɔlɛkt] *nf* colecta *f*

collectif, ive [kɔlɛktif, iv] *adj* colectivo(va)

collection [kɔlɛksjɔ̃] *nf* colección *f*

collectionner [kɔlɛksjɔne] *vt* coleccionar

collège [kɔlɛʒ] *nm* **1.** colegio *m* **2.** *(établissement scolaire)* colegio donde se imparten los cursos equivalentes a la segunda ESO *(educación secundaria obligatoria)*

Le collège

En Francia, el *collège* es el estable-cimiento escolar de primer ciclo de enseñanza secundaria, desti-nado a alumnos de entre 11 y 15 años. El *collège* imparte los cursos de *sixième, cinquième, quatrième* y *troisième*. Al final del cuarto curso, los alumnos deben pasar un examen para obtener el *brevet des collèges*.

collégien, enne [kɔleʒjɛ̃, ɛn] *nm, f* colegial *m*, -a *f*

collègue [kɔlɛg] *nmf* colega *mf*

coller [kɔle] *vt* 1. pegar 2. SCOL *(punir)* castigar

collier [kɔlje] *nm* collar *m*

colline [kɔlin] *nf* colina *f*

collision [kɔlizjɔ̃] *nf* colisión *f*

colo [kɔlo] *(abr de colonie de vacances) nf (fam)* colonia *f* de vacaciones

Cologne [kɔlɔɲ] *n* ➤ **eau**

colombe [kɔlɔ̃b] *nf* paloma *f*

Colombie [kɔlɔ̃bi] *nf* • **la Colombie** Colombia *f*

colombien, enne [kɔlɔ̃bjɛ̃, ɛn] *adj* colombiano(na) • **Colombien, enne** *nm, f* colombiano m, -na *f*

colonie [kɔlɔni] *nf* colonia *f* • **colonie de vacances** colonia de vacaciones

colonne [kɔlɔn] *nf* columna *f* • **colonne vertébrale** columna vertebral

colorant [kɔlɔrɑ̃] *nm* colorante *m* ▾ **sans colorants** sin colorantes

colorier [kɔlɔrje] *vt* colorear

coloris [kɔlɔri] *nm* colorido *m*

COM [kɔm] *(abr de Collectivité d'outre-mer) nf* ente territorial francés de ultra-mar: se consideran COM la Polinesia Francesa, la isla de Mayotte (en el océano Índico), el grupo de islotes San Pedro y Miquelón (en el océano Atlántico) y el archipiélago de Wallis y Futuna (en el océano Pacífico)

coma [kɔma] *nm* coma *m* • **être dans le coma** estar en coma

combat [kɔ̃ba] *nm* 1. *(lutte)* combate *m* 2. *(fig) (contre la maladie, contre des idées)* lucha *f*

combattant, e [kɔ̃batɑ̃, ɑ̃t] *nm, f* combatiente *mf* • **ancien combattant** ex combatiente

combattre [kɔ̃batʁ] *vt & vi* combatir

combien [kɔ̃bjɛ̃] *adv* • **combien de temps faut-il ?** ¿cuánto tiempo se necesita? • **combien de valises avez-vous ?** ¿cuántas maletas tiene? • **combien ça coûte ?** ¿cuánto cuesta?

combinaison [kɔ̃binezɔ̃] *nf* 1. combinación *f* 2. *(de motard, de skieur)* mono *m* • **combinaison de plongée** traje *m* de submarinismo

combiné [kɔ̃bine] *nm* • **combiné (téléphonique)** auricular *m*

combiner [kɔ̃bine] *vt* 1. combinar 2. *(fam) (préparer)* montar

comble [kɔ̃bl] *nm* • **c'est un comble !** ¡es el colmo! • **le comble de la stupidité** el colmo de la estupidez

combler [kɔ̃ble] *vt* colmar

combustible [kɔ̃bystibl] *nm* combustible *m*

comédie [kɔmedi] *nf* comedia *f* ● **jouer la comédie** *(faire semblant)* hacer teatro ● **comédie musicale** comedia musical

comédien, enne [kɔmedjɛ̃, ɛn] *nm, f* **1.** *(acteur)* actor *m*, -triz *f* **2.** *(hypocrite)* comediante *mf*

comestible [kɔmɛstibl] *adj* comestible

comique [kɔmik] *adj* cómico(ca)

comité [kɔmite] *nm* comité *m* ● **comité d'entreprise** comité de empresa

commandant [kɔmɑ̃dɑ̃] *nm* **1.** *(MIL, d'un avion)* comandante *m* **2.** *(d'un bateau)* capitán *m*

commande [kɔmɑ̃d] *nf* **1.** *(achat)* pedido *m* **2.** *TECH* mando *m* **3.** *INFORM* comando *m* ● **les commandes** *(d'un avion)* los mandos

commander [kɔmɑ̃de] *vt* **1.** *(diriger)* mandar **2.** *(dans un restaurant)* pedir **3.** *(acheter)* encargar **4.** *TECH* accionar ● **commander un taxi** pedir un taxi

comme [kɔm] *conj* **1.** *(introduit une comparaison)* como ● **elle est blonde, comme sa mère** es rubia como su madre ● **comme si rien ne s'était passé** como si no hubiese pasado nada **2.** *(de la manière que)* como ● **comme vous voudrez** como quiera ● **comme il faut** como es debido **3.** *(par exemple)* como ● **les villes fortifiées comme Carcassonne** las ciudades fortificadas como Carcassonne **4.** *(en tant que)* ● **qu'est-ce que vous avez comme desserts ?** ¿qué tienen de postre?

5. *(étant donné que)* como ● **comme vous n'arriviez pas, nous sommes passés à table** como no llegabais, nos hemos sentado a la mesa **6.** *(dans des expressions)* ● **comme ça** así ● **comme ci comme ça** *(fam)* así así ● **sympa comme tout** *(fam)* muy majo(ja) ◇ *adv (marque l'intensité)* qué ● **comme c'est grand !** ¡qué grande! ● **vous savez comme il est difficile de se loger ici** ya sabe cuán difícil resulta encontrar vivienda aquí

commencement [kɔmɑ̃smɑ̃] *nm* comienzo *m*

commencer [kɔmɑ̃se] *vt & vi* empezar, comenzar ● **commencer à faire qqch** empezar a hacer algo ● **commencer par (faire) qqch** empezar por (hacer) algo

comment [kɔmɑ̃] *adv* cómo ● **comment ?** *(pour faire répéter)* ¿cómo? ● **comment tu t'appelles ?** ¿cómo te llamas? ● **comment allez-vous ?** ¿cómo está usted?

commentaire [kɔmɑ̃tɛr] *nm* comentario *m*

commerçant, e [kɔmɛrsɑ̃, ɑ̃t] *adj* comercial ◇ *nm, f* comerciante *mf*

commerce [kɔmɛrs] *nm* comercio *m* ● **dans le commerce** a la venta ● **commerce électronique** comercio electrónico

commercial, e, aux [kɔmɛrsjal, o] *adj* comercial ◆ **commercial** *nm* comercial *mf* ● **il est commercial depuis cinq ans** trabaja como comercial desde hace cinco años

commettre [kɔmetʀ] vt cometer ● **commettre un crime** cometer un crimen

commis, e [kɔmi, iz] pp ➤ **commettre**

commissaire [kɔmisɛʀ] nm ● **commissaire (de police)** comisario m (de policía)

commissariat [kɔmisarja] nm ● **missariat (de police)** comisaría f (de policía)

commission [kɔmisjɔ̃] nf 1. comisión f 2. (message) recado m ◆ **commissions** nfpl (courses) compra f ● **faire les commissions** hacer la compra

commode [kɔmɔd] adj cómodo(da) ◇ nf cómoda f

commun, e [kɔmœ̃, yn] adj 1. común 2. (banal) corriente ● **avoir qqch en commun** tener algo en común ● **mettre qqch en commun** compartir algo

communauté [kɔmynote] nf comunidad f

commune [kɔmyn] nf municipio m

communication [kɔmynikasjɔ̃] nf comunicación f ● **communication (téléphonique)** comunicación (telefónica)

communion [kɔmynjɔ̃] nf comunión f ● **faire sa première communion** hacer la primera comunión

communiqué [kɔmynike] nm comunicado m

communiquer [kɔmynike] vt comunicar ◇ vi 1. (dialoguer) comunicarse 2. (être relié) comunicar

communisme [kɔmynism] nm comunismo m

communiste [kɔmynist] adj & nmf comunista

compact, e [kɔ̃pakt] adj compacto ● **(disque) compact** disco m compacto

Compact Disc®, s [kɔ̃paktdisk] nm disco m compacto

compagne [kɔ̃paɲ] nf compañera f

compagnie [kɔ̃paɲi] nf compañía f ● **en compagnie de** en compañía de ● **tenir compagnie à** hacer compañía a ● **compagnie aérienne** compañía aérea

compagnon [kɔ̃paɲɔ̃] nm compañero m

comparable [kɔ̃paʀabl] adj comparable ● **comparable à** comparable a

comparaison [kɔ̃paʀɛzɔ̃] nf comparación f

comparer [kɔ̃paʀe] vt comparar ● **comparer qqch à** ou **avec** comparar algo a ou con

compartiment [kɔ̃paʀtimɑ̃] nm compartimento m ● **compartiment fumeurs/non-fumeurs** compartimento para fumadores/para no fumadores

compas [kɔ̃pa] nm compás m

compatibilité [kɔ̃patibilite] nf compatibilidad f

compatible [kɔ̃patibl] adj compatible

compatriote [kɔ̃patʀijɔt] nmf compatriota mf

compensation [kɔ̃pɑ̃sasjɔ̃] nf compensación f

compenser [kɔ̃pɑ̃se] vt compensar

compétence [kɔ̃petɑ̃s] nf competencia f

compétent, e [kɔ̃petɑ̃, ɑ̃t] adj competente

compétitif, ive [kɔ̃petitif, iv] adj competitivo(va)

compétition [kɔ̃petisjɔ̃] nf competición f ● **faire de la compétition** competi[r]

compil [kɔ̃pil] (*abr de* compilation) *nf* (*fam*) grandes éxitos *mpl*

complément [kɔ̃plemɑ̃] *nm* complemento *m*

complémentaire [kɔ̃plemɑ̃tɛʀ] *adj* complementario(ria)

complet, ète [kɔ̃plɛ, ɛt] *adj* **1.** completo(ta) **2.** (*aliment*) integral ▼ **complet** completo

complètement [kɔ̃plɛtmɑ̃] *adv* completamente

compléter [kɔ̃plete] *vt* completar ◆ **se compléter** *vp* completarse

complexe [kɔ̃plɛks] *adj* complejo(ja) ◇ *nm* complejo *m* ● **complexe multisalle** multicine *m*

complice [kɔ̃plis] *adj & nmf* cómplice

compliment [kɔ̃plimɑ̃] *nm* cumplido *m* ● **faire un compliment à qqn** hacer un cumplido a alguien

compliqué, e [kɔ̃plike] *adj* complicado(da)

compliquer [kɔ̃plike] *vt* complicar ◆ **se compliquer** *vp* complicarse

complot [kɔ̃plo] *nm* conspiración *f*

comportement [kɔ̃pɔʀtəmɑ̃] *nm* comportamiento *m*

comporter [kɔ̃pɔʀte] *vt* comprender ◆ **se comporter** *vp* comportarse

composer [kɔ̃poze] *vt* **1.** componer **2.** (*code, numéro*) marcar ● **composé de** constituido de

compositeur, trice [kɔ̃pozitœʀ, tʀis] *nm, f* compositor *m*, -ra *f*

composition [kɔ̃pozisjɔ̃] *nf* **1.** (*structure*) composición *f* **2.** SCOL redacción *f*

composter [kɔ̃poste] *vt* picar ▼ **compostez vos billets** *pique su billete*

Composter

En Francia, los títulos de transporte sólo se consideran válidos si el viajero los ha validado en un *composteur*, aparato que imprime una marca o perfora el billete. Sólo en las nuevas tarjetas de transporte no es necesario porque llevan un chip incorporado y se pasan delante de un lector óptico. Hay que guardar el billete debidamente picado hasta la salida del transporte o del recinto: si falta la marca de validación, se considerará que el viajero está en situación irregular y deberá pagar una multa.

compote [kɔ̃pɔt] *nf* compota *f* ● **compote de pommes** compota de manzana

compréhensible [kɔ̃pʀeɑ̃sibl] *adj* comprensible

compréhensif, ive [kɔ̃pʀeɑ̃sif, iv] *adj* comprensivo(va)

comprendre [kɔ̃pʀɑ̃dʀ] *vt* **1.** (*explication*) entender, comprender **2.** (*comporter*) comprender ◆ **se comprendre** *vp* (*personnes*) entenderse, comprenderse ● **ça se comprend** se entiende

compresse [kɔ̃pʀɛs] *nf* compresa *f*

compresser [kɔ̃pʀese] *vt* comprimir

compression [kɔ̃pʀesjɔ̃] *nf* compresión *f*

comprimé [kɔ̃pʀime] *nm* comprimido *m*

compris, e [kɔ̃pʀi, iz] *pp* ➤ **comprendre** ◇ *adj* incluido(da) ● **non compris** no incluido ● **tout compris** todo incluido ● **y compris** incluido

compromettre [kɔ̃prɔmɛtr] *vt* comprometer

compromis, e [kɔ̃prɔmi, iz] *pp* ➤ **compromettre** ◇ *nm* compromiso *m*

comptabilité [kɔ̃tabilite] *nf* **1.** contabilidad *f* **2.** *(département)* departamento *m* de contabilidad

comptable [kɔ̃tabl] *nmf* contable *mf*

comptant [kɔ̃tɑ̃] *adv* ● **payer comptant** pagar al contado

compte [kɔ̃t] *nm* cuenta *f* ● **se rendre compte de** darse cuenta de ● **se rendre compte que** darse cuenta de que ● **compte bancaire** cuenta bancaria ● **compte postal** cuenta de la caja postal ● **en fin de compte** ou **tout compte fait** a fin de cuentas ◆ **comptes** *nmpl* cuentas *fpl* ● **faire ses comptes** hacer cuentas

compte-gouttes [kɔ̃tgut] *nm inv* cuentagotas *m inv*

compter [kɔ̃te] *vt* & *vi* contar ● **compter faire qqch** pensar hacer algo ◆ **compter sur** *v* + *prep* contar con

compte-rendu [kɔ̃trɑ̃dy] *(pl* comptes-rendus) *nm* informe *m*

compteur [kɔ̃tœr] *nm* contador *m* ● **compteur (kilométrique)** cuentakilómetros *m inv* ● **compteur (de vitesse)** velocímetro *m*

comptoir [kɔ̃twar] *nm* **1.** *(de bar)* barra *f* **2.** *(de magasin)* mostrador *m*

comte, esse [kɔ̃t, kɔ̃tɛs] *nm, f* conde *m*, -desa *f*

con, conne [kɔ̃, kɔn] *adj* & *nm, f (vulg)* gilipollas *(inv)*

concentration [kɔ̃sɑ̃trasjɔ̃] *nf* concentración *f*

concentré, e [kɔ̃sɑ̃tre] *adj* concentrado(da) ◇ *nm* concentrado *m* ● **concentré de tomate** concentrado de tomate

concentrer [kɔ̃sɑ̃tre] *vt* concentrar ◆ **se concentrer (sur)** *vp* + *prep* concentrarse (en)

conception [kɔ̃sɛpsjɔ̃] *nf* **1.** *(création)* concepción *f* **2.** *(notion)* concepto *m*

concerner [kɔ̃sɛrne] *vt* concernir ● **en ce qui concerne...** por lo que respecta a...

concert [kɔ̃sɛr] *nm* concierto *m*

concessionnaire [kɔ̃sesjɔnɛr] *nmm* concesionario *m*, -ria *f*

concevoir [kɔ̃səvwar] *vt* **1.** *(projet, idée)* concebir *f* **2.** *(objet)* diseñar

concierge [kɔ̃sjɛrʒ] *nmf* conserje *mf*, portero *m*, -ra *f*

concis, e [kɔ̃si, iz] *adj* conciso(sa)

conclure [kɔ̃klyr] *vt* **1.** *(terminer)* concluir *f* **2.** *(déduire)* deducir

conclusion [kɔ̃klyzjɔ̃] *nf* conclusión *f* ● **en conclusion** en conclusión

concombre [kɔ̃kɔ̃br] *nm* pepino *m*

concours [kɔ̃kur] *nm* **1.** *(examen)* oposición *f* **2.** *(jeu)* concurso *m* ● **concours de circonstances** cúmulo *m* de circunstancias

concret, ète [kɔ̃krɛ, ɛt] *adj* concreto(ta)

concrétiser [kɔ̃kretize] ◆ **se concrétiser** *vp* concretizarse

concurrence [kɔ̃kyrɑ̃s] *nf* competencia *f*

concurrent, e [kɔ̃kyrɑ̃, ɑ̃t] *nm, f* **1.** *(d'une entreprise)* competidor *m*, -ra *f* **2.** *(dans une compétition, un jeu)* participante *mf*

condamnation [kɔ̃danasjɔ̃] *nf* condena *f*

condamner [kɔ̃dane] *vt* condenar ● **condamner qqn à** condenar a alguien a

condensation [kɔ̃dɑ̃sasjɔ̃] *nf* condensación *f*

condensé, e [kɔ̃dɑ̃se] *adj* condensado(da)

condiment [kɔ̃dimɑ̃] *nm* condimento *m*

condition [kɔ̃disjɔ̃] *nf* condición *f* ● **à condition de/que** a condición de/de que

conditionné [kɔ̃disjɔne] *adj m* ➤ **air**

conditionnel [kɔ̃disjɔnel] *nm* condicional *m*

condoléances [kɔ̃dɔleɑ̃s] *nfpl* pésame *m* ● **présenter ses condoléances à qqn** dar el pésame a alguien

conducteur, trice [kɔ̃dyktœʀ, tʀis] *nm, f* conductor *m*, -ra *f*

conduire [kɔ̃dɥiʀ] *vt* 1. conducir 2. *(guider)* llevar ◇ *vi* conducir ● **conduire à** *(chemin, couloir)* llevar a ● **se conduire** *vp* portarse

conduit, e [kɔ̃dɥi, it] *pp* ➤ **conduire**

conduite [kɔ̃dɥit] *nf* 1. *(attitude)* conducta *f* 2. *(tuyau)* conducto *m*

cône [kon] *nm* 1. cono *m* 2. *(glace)* cucurucho *m*

confection [kɔ̃feksjɔ̃] *nf* confección *f*

confectionner [kɔ̃feksjone] *vt* confeccionar

conférence [kɔ̃feʀɑ̃s] *nf* conferencia *f*

confesser [kɔ̃fese] ● **se confesser** *vp* confesarse

confession [kɔ̃fesjɔ̃] *nf* confesión *f*

confettis [kɔ̃feti] *nmpl* confeti *m*

confiance [kɔ̃fjɑ̃s] *nf* confianza *f* ● **avoir confiance en** tener confianza en ● **faire confiance à** confiar en

confiant, e [kɔ̃fjɑ̃, ɑ̃t] *adj* confiado(da)

confidence [kɔ̃fidɑ̃s] *nf* confidencia *f* ● **faire des confidences à qqn** hacer confidencias a alguien

confidentiel, elle [kɔ̃fidɑ̃sjel] *adj* confidencial

confier [kɔ̃fje] *vt* ● **confier qqch à qqn** confiar algo a alguien ● **se confier à** *vp + prep* confiarse a

configuration [kɔ̃figyʀasjɔ̃] *nf* configuración *f*

configurer [kɔ̃figyʀe] *vt* configurar

confirmation [kɔ̃fiʀmasjɔ̃] *nf* confirmación *f* ● **confirmation de réservation** confirmación de reserva

confirmer [kɔ̃fiʀme] *vt* confirmar

confiserie [kɔ̃fizʀi] *nf* 1. *(sucreries)* dulce *m*, golosina *f* 2. *(magasin)* confitería *f*

confisquer [kɔ̃fiske] *vt* confiscar

confit [kɔ̃fi] *adj m* ➤ **fruit** ◇ *nm* ● **confit de canard/d'oie** muslos de pato o de oca cocinados y conservados en su propia grasa

confiture [kɔ̃fityʀ] *nf* mermelada *f*

conflit [kɔ̃fli] *nm* conflicto *m*

confondre [kɔ̃fɔ̃dʀ] *vt* confundir

conforme [kɔ̃fɔʀm] *adj* ● **conforme à** conforme con

conformément [kɔ̃fɔʀmemɑ̃] ● **conformément à** *prep* ● **conformément à ses souhaits** conforme a sus deseos

confort [kɔ̃fɔʀ] *nm* comodidad *f* ▼ **tout confort** con todas las comodidades

confortable [kɔ̃fɔrtabl] *adj* cómodo(da)

confrère [kɔ̃frɛr] *nm* colega *mf*

confronter [kɔ̃frɔ̃te] *vt* confrontar

confus, e [kɔ̃fy, yz] *adj* **1.** *(compliqué)* confuso(sa) **2.** *(embarrassé)* avergonzado(da)

confusion [kɔ̃fyzjɔ̃] *nf* **1.** *(erreur, désordre)* confusión *f* **2.** *(honte)* vergüenza *f*

congé [kɔ̃ʒe] *nm* vacaciones *fpl* ● **être en congé** estar de vacaciones ● **avoir un jour de congé** tener un día libre ou de descanso ● **congé (de) maladie** baja *f* por enfermedad ● **congés payés** vacaciones pagadas

congélateur [kɔ̃ʒelatœr] *nm* congelador *m*

congeler [kɔ̃ʒle] *vt* congelar

congestion [kɔ̃ʒɛstjɔ̃] *nf MÉD* congestión *f*

congolais [kɔ̃ɡɔlɛ] *nm* ≃ sultana *f*

congrès [kɔ̃ɡrɛ] *nm* congreso *m*

conjoint, e [kɔ̃ʒwɛ̃, ɛ̃t] *nm, f* cónyuge *mf*

conjonction [kɔ̃ʒɔ̃ksjɔ̃] *nf* ● **conjonction de coordination/subordination** conjunción *f* coordinada/subordinada

conjonctivite [kɔ̃ʒɔ̃ktivit] *nf* conjuntivitis *f inv*

conjoncture [kɔ̃ʒɔ̃ktyr] *nf* coyuntura *f*

conjugaison [kɔ̃ʒyɡɛzɔ̃] *nf* conjugación *f*

conjuguer [kɔ̃ʒyɡe] *vt (verbe)* conjugar

connaissance [kɔnɛsɑ̃s] *nf* **1.** *(savoir)* conocimiento *m* **2.** *(relation)* conocido *m* -da *f* ● **avoir des connaissances en** tener conocimientos de ● **faire la connaissance de qqn** conocerse con alguien ● **perdre connaissance** perder el conocimiento

connaisseur, euse [kɔnɛsœr, øz] *nm, f* conocedor *m*, -ra *f*

connaître [kɔnɛtr] *vt* conocer ● **s'y connaître (en)** *vp + prep* saber (de)

conne ➤ **con**

connecter [kɔnɛkte] *vt* conectar ● **se connecter** *vp* conectarse ● **se connecter à Internet** conectarse a Internet

connexion [kɔnɛksjɔ̃] *nf INFORM* conexión *f*

connu, e [kɔny] *pp* ➤ **connaître** ◇ *adj* conocido(da)

conquérir [kɔ̃kerir] *vt* conquistar

conquête [kɔ̃kɛt] *nf* conquista *f*

conquis, e [kɔ̃ki, iz] *pp* ➤ **conquérir**

consacrer [kɔ̃sakre] *vt* ● **consacrer qqch à** dedicar algo a ● **se consacrer à** *vp + prep* dedicarse a

consciemment [kɔ̃sjamɑ̃] *adv* conscientemente

conscience [kɔ̃sjɑ̃s] *nf* conciencia *f* ● **avoir conscience de qqch** tener conciencia de algo ● **prendre conscience de qqch** tomar conciencia de algo ● **avoir mauvaise conscience** tener mala conciencia

consciencieux, euse [kɔ̃sjɑ̃sjø, øz] *adj* concienzudo(da)

conscient, e [kɔ̃sjɑ̃, ɑ̃t] *adj* consciente ● **être conscient de** ser consciente de

consécutif, ive [kɔ̃sekytif, iv] *adj* consecutivo(va)

conseil [kɔ̃sɛj] *nm* consejo *m* ● **demander conseil à qqn** pedir consejo a alguien

conseiller [kɔ̃sɛje] *vt* aconsejar ● **conseiller qqch à qqn** aconsejar algo a alguien ● **conseiller à qqn de faire qqch** aconsejar a alguien que haga algo

²**conseiller, ère** [kɔ̃seje, ɛʁ] *nm, f* consejero *m*, -ra *f* ● **conseiller d'orientation** consejero de orientación pedagógica

conséquence [kɔ̃sekɑ̃s] *nf* consecuencia *f*

conséquent [kɔ̃sekɑ̃] ● **par conséquent** *adv* por consiguiente

conservateur, trice [kɔ̃sɛʁvatœʁ, tʁis] *adj & nm, f* conservador(ra) ● **conservateur** *nm (alimentaire)* conservante *m*

conservatoire [kɔ̃sɛʁvatwaʁ] *nm* conservatorio *m*

conserve [kɔ̃sɛʁv] *nf (boîte)* conserva *f* ● **en conserve** en conserva

conserver [kɔ̃sɛʁve] *vt* conservar

considérable [kɔ̃sideʁabl] *adj* considerable

considération [kɔ̃sideʁasjɔ̃] *nf* ● **prendre qqn/qqch en considération** tomar a alguien/algo en consideración

considérer [kɔ̃sideʁe] *vt* ● **considérer que** considerar que ● **considérer qqn/ qqch comme** considerar a alguien/algo como

consigne [kɔ̃siɲ] *nf* consigna *f* ● **consigne automatique** consigna automática

consistance [kɔ̃sistɑ̃s] *nf* consistencia *f*

consistant, e [kɔ̃sistɑ̃, ɑ̃t] *adj* consistente

consister [kɔ̃siste] *vi* ● **consister à faire qqch** consistir en hacer algo ● **en quoi consiste votre projet ?** ¿en qué consiste vuestro proyecto?

consœur [kɔ̃sœʁ] *nf* colega *f*

consolation [kɔ̃sɔlasjɔ̃] *nf* consuelo *m*

console [kɔ̃sɔl] *nf* consola *f* ● **console de jeux** consola de juegos

consoler [kɔ̃sɔle] *vt* consolar

consommable [kɔ̃sɔmabl] *adj* ● **matériel consommable** consumibles *mpl*

consommateur, trice [kɔ̃sɔmatœʁ, tʁis] *nm, f* consumidor *m*, -ra *f*

consommation [kɔ̃sɔmasjɔ̃] *nf* **1.** *(d'alcool, de carburant)* consumo *m* **2.** *(dans un bar)* consumición *f*

consommé [kɔ̃sɔme] *nm* consomé *m*

consommer [kɔ̃sɔme] *vt* consumir ▼ à **consommer avant le...** consumir antes de...

consonne [kɔ̃sɔn] *nf* consonante *f*

constamment [kɔ̃stamɑ̃] *adv* constantemente

constant, e [kɔ̃stɑ̃, ɑ̃t] *adj* constante

constat [kɔ̃sta] *nm (d'accident)* atestado *m* ● **(faire un) constat à l'amiable** (hacer una) declaración *f* amistosa

constater [kɔ̃state] *vt* constatar

consterné, e [kɔ̃stɛʁne] *adj* consternado(da)

constipé, e [kɔ̃stipe] *adj* estreñido(da)

constituer [kɔ̃stitɥe] *vt* constituir ● **constitué de** constituido de

construction [kɔ̃stʁyksjɔ̃] *nf* construcción *f*

construire [kɔ̃stʁɥiʁ] *vt* construir

construit, e [kɔ̃stʁɥi, it] *pp* ➤ **construire**

consulat [kɔ̃syla] *nm* consulado *m*

consultation [kɔ̃syltasjɔ̃] *nf* consulta *f*

consulter [kɔ̃sylte] *vt* consultar

contact [kɔ̃takt] *nm* contacto *m* ● **mettre/couper le contact** poner/quitar el contacto ● **entrer en contact avec qqn** tomar contacto con alguien ● **être/rester en contact avec qqn** estar/seguir en contacto con alguien ● **prendre contact avec qqn** ponerse en contacto con alguien ● avoir des contacts (dans une entreprise/à l'étranger) tener contactos (en una empresa/en el extranjero)

contacter [kɔtakte] *vt* ● **contacter qqn** ponerse en contacto con alguien

contagieux, euse [kɔtaʒjø, øz] *adj* contagioso(sa)

contaminer [kɔtamine] *vt* **1.** *(rivière, air)* contaminar **2.** *(personne)* contagiar

conte [kɔt] *nm* cuento *m* ● **conte de fées** cuento de hadas

contempler [kɔtɑple] *vt* contemplar

contemporain, e [kɔtɑpɔrɛ, ɛn] *adj* contemporáneo(a)

contenir [kɔtnir] *vt* contener

content, e [kɔtɑ, ɑt] *adj* contento(ta) ● **être content de (faire) qqch** estar contento de (hacer) algo

contenter [kɔtɑte] *vt* contentar ● **se contenter de** *vp + prep* contentarse con ● **elle s'est contentée de sourire** se contentó con sonreír

contenu, e [kɔtny] *pp* ➤ **contenir** ◇ *nm* contenido *m*

contester [kɔteste] *vt* discutir

contexte [kɔtekst] *nm* contexto *m*

continent [kɔtinɑ] *nm* continente *m*

continu, e [kɔtiny] *adj* continuo(nua)

continuel, elle [kɔtinyel] *adj* continuo(nua)

continuellement [kɔtinyelmɑ] *adv* continuamente

continuer [kɔtinɥe] *vt* continuar ◇ *vi* seguir ● **continuer à ou de faire qqch** seguir haciendo algo

contour [kɔtur] *nm* contorno *m*

contourner [kɔturne] *vt* **1.** *(ville, montagne)* rodear **2.** *(obstacle)* esquivar

contraceptif, ive [kɔtraseptif, iv] *adj* anticonceptivo(va) ◇ *nm* anticonceptivo *m*

contraception [kɔtrasepsjɔ] *nf* anticoncepción *f* ● **moyen de contraception** medio *m* anticonceptivo

contracter [kɔtrakte] *vt* **1.** contraer **2.** *(assurance)* contratar

contradictoire [kɔtradiktwar] *adj* contradictorio(ria)

contraindre [kɔtrɛdr] *vt* obligar ● **contraindre qqn à faire qqch** obligar a alguien a hacer algo

contraire [kɔtrer] *nm* contrario *m* ◇ *adj* contrario(ria) ● **contraire à** contrario(ria) a ● **au contraire** al contrario

contrairement [kɔtrermɑ] ● **contrairement à** *prep* al contrario que

contrarier [kɔtrarje] *vt* contrariar

contraste [kɔtrast] *nm* contraste *m*

contrat [kɔtra] *nm* contrato *m* ● **contrat de travail** contrato de trabajo ● **rupture de contrat** ruptura *f* de contrato ● **contrat d'apprentissage** contrato en prácticas

contravention [kɔtravɑsjɔ] *nf (amende)* multa *f*

contre [kɔtr] *prép* **1.** *(en opposition avec)* contra **2.** *(en contact avec)* contra a **3.** *(en échange de)* por ● **un sirop contre la toux** un jarabe para la tos ● **par contre** en cambio

contre-attaque, s [kɔtratak] *nf* contraataque *m*

contrebande [kɔtrəbɑd] *nf* contrabando *m* ● **passer qqch en contrebande** introducir algo de contrabando ● **des ciga-

rettes de contrebande cigarrillos *mpl* de contrabando

contrebasse [kɔ̃trəbas] *nf* contrabajo *m*

contrecœur [kɔ̃trəkœr] ◆ **à contre-cœur** *adv* a regañadientes

contrecoup [kɔ̃trəku] *nm* repercusión *f*

contredire [kɔ̃trədir] *vt* contradecir

contre-indication, s [kɔ̃trɛ̃dikasjɔ̃] *nf* contraindicación *f*

contre-jour [kɔ̃trəʒur] *nm* ◆ **à contre-jour** *adv* a contraluz

contrepartie [kɔ̃trəparti] *nf* contrapartida *f* ● **en contrepartie** en contrapartida

contreplaqué [kɔ̃trəplake] *nm* contrachapado *m*

contrepoison [kɔ̃trəpwazɔ̃] *nm* contraveneno *m*

contresens [kɔ̃trəsɑ̃s] *nm* contrasentido *m* ● **(rouler) à contresens** (circular) en sentido contrario

contretemps [kɔ̃trətɑ̃] *nm* contratiempo *m*

contribuer [kɔ̃tribɥe] ◆ **contribuer à** *v + prep* contribuir a

contrôle [kɔ̃trol] *nm* control *m* ● **contrôle aérien** control aéreo ● **contrôle d'identité** control de identidad ● **perdre le contrôle de son véhicule** perder el control del vehículo

contrôler [kɔ̃trole] *vt* **1.** *(vérifier)* comprobar **2.** *(billets, papiers)* controlar

contrôleur, euse [kɔ̃trolœr, øz] *nm, f* revisor *m*, -ra *f*, interventor *m*, -ra *f* ● **contrôleur aérien** controlador *m* aéreo

contrordre [kɔ̃trɔrdr] *nm* contraorden *f*

convaincre [kɔ̃vɛ̃kr] *vt* convencer

convalescence [kɔ̃valesɑ̃s] *nf* convalecencia *f*

convenable [kɔ̃vnabl] *adj* **1.** *(adapté)* conveniente **2.** *(décent)* decente

convenir [kɔ̃vnir] ◆ **convenir à** *v + prep* **1.** *(satisfaire)* convenir a **2.** *(être adapté à)* ser adecuado(da) para ● **ça me convient** eso me conviene ● **non, cette robe ne convient pas à l'occasion** no, este vestido no es adecuado para esta ocasión

convenu, e [kɔ̃vny] *pp* ➤ **convenir**

conversation [kɔ̃vɛrsasjɔ̃] *nf* conversación *f*

convertible [kɔ̃vɛrtibl] *adj* ➤ **canapé**

convocation [kɔ̃vɔkasjɔ̃] *nf* convocatoria *f*

convoi [kɔ̃vwa] *nm* convoy *m* ● **convoi exceptionnel** transporte *m* especial

convoquer [kɔ̃vɔke] *vt* convocar

cookie [kuki] *nm* cookie *m*

coopération [kɔɔperasjɔ̃] *nf* cooperación *f*

coopérer [kɔɔpere] *vi* cooperar ● **coopérer à qqch** cooperar en algo

coordonné, e [kɔɔrdɔne] *adj* coordinado(da)

coordonnées [kɔɔrdɔne] *nfpl* señas *fpl* ● **laissez-moi vos coordonnées** déme sus señas ● **prendre les coordonnées de qqn** pedir las señas a alguien

coordonner [kɔɔrdɔne] *vt* coordinar

copain, copine [kɔpɛ̃, kɔpin] *nm, f (fam)* **1.** *(ami)* amigo *m*, -ga *f* **2.** *(petit ami)* novio *m*, -via *f*

coparentalité [kɔparɑ̃talite] *nf* coparentalidad *f*

copie [kɔpi] *nf* **1.** *(reproduction)* copia *f* **2.** *(devoir)* ejercicio *m* ● **copie de sauvegarde** copia de seguridad

copier [kɔpje] *vt* copiar ● **copier qqch sur qqn** copiar algo de alguien

copier-coller [kɔpjekɔle] *nm inv* INFORM copiar y pegar *m*

copieux, euse [kɔpjø, øz] *adj* copioso(sa)

copilote [kɔpilɔt] *nm* copiloto *m*

copine ➤ **copain**

coq [kɔk] *nm* gallo ● **coq au vin** *estofado de gallo con vino tinto*

coque [kɔk] *nf* **1.** *(de bateau)* casco *m* **2.** *(coquillage)* berberecho *m* **3.** *(de noix, d'œuf)* cáscara *f*

coquelet [kɔkle] *nm* gallo *m* joven

coquelicot [kɔkliko] *nm* amapola *f*

coqueluche [kɔklyʃ] *nf* MÉD tos *f* ferina

coquet, ette [kɔke, ɛt] *adj* coqueto(ta)

coquetier [kɔktje] *nm* huevera *f*

coquillage [kɔkijaʒ] *nm* **1.** *(crustacé)* marisco *m* **2.** *(coquille)* concha *f*

coquille [kɔkij] *nf* **1.** *(d'œuf, de noix)* cáscara *f* **2.** *(de mollusque)* concha *f* ● **coquille Saint-Jacques** vieira *f*

coquillettes [kɔkijɛt] *nfpl* coditos *mpl*

coquin, e [kɔkɛ̃, in] *adj* *(enfant)* pillo(lla)

cor [kɔʀ] *nm* **1.** *(instrument)* trompa *f* **2.** MÉD callo *m*

corail, aux [kɔʀaj, o] *nm* coral *m* ● *(train)* Corail ≃ *(tren)* Estrella

Coran [kɔʀã] *nm* Corán *m*

corbeau, x [kɔʀbo] *nm* cuervo *m*

corbeille [kɔʀbɛj] *nf* **1.** cesta *f* **2.** INFORM papelera *f* ● **corbeille à papiers** papelera *f*

corbillard [kɔʀbijaʀ] *nm* coche *m* fúnebre

corde [kɔʀd] *nf* cuerda *f* ● **corde à linge** cordel *m* para tender la ropa ● **corde à sauter** comba *f* ● **cordes vocales** cuerdas vocales

cordialement [kɔʀdjalmã] *adv* cordialmente

cordon [kɔʀdɔ̃] *nm* cordón *m* ● **cordon d'alimentation** cable *m* de alimentación

cordonnerie [kɔʀdɔnʀi] *nf* zapatería *f*

cordonnier [kɔʀdɔnje] *nm* zapatero *m*

Cordoue [kɔʀdu] *n* Córdoba

Corée [kɔʀe] *nf* Corea *f* ● **la Corée du Nord/Sud** Corea del Norte/del Sur

coréen, enne [kɔʀeɛ̃, ɛn] *adj* coreano(na) ● **coréen** *(langue)* coreano *m* ● **Coréen, enne** *nm, f* coreano *m*, -na *f*

coriandre [kɔʀjãdʀ] *nf* cilantro *m*

corne [kɔʀn] *nf* cuerno *m*

cornet [kɔʀnɛ] *nm* cucurucho *m*

cornettes [kɔʀnɛt] *nfpl* *(Helv)* pequeños macarrones

cornichon [kɔʀniʃɔ̃] *nm* pepinillo *m*

Corogne [kɔʀɔɲ] *nf* ● **La Corogne** La Coruña

corps [kɔʀ] *nm* cuerpo *m*

correct, e [kɔʀɛkt] *adj* correcto(ta)

correcteur, trice [kɔʀɛktœʀ, tʀis] *nm, f* corrector *m*, -ra *f* ● **correcteur** *nm* ● **correcteur orthographique** corrector ortográfico

correction [kɔʀɛksjɔ̃] *nf* **1.** corrección *f* **2.** *(punition)* correctivo *m* ● **correction automatique** autocorrección *f*

correspondance [kɔʀɛspɔ̃dãs] *nf* **1.** *(courrier)* correspondencia *f* **2.** *(transport)* enlace *m*, transbordo *m* **3.** *(train, métro)* cambio *m* ● **par correspondance** a distancia

correspondant, e [kɔʀespɔ̃dɑ̃, ɑ̃t] adj correspondiente ◇ nm, f **1.** (à qui on écrit) corresponsal mf **2.** (au téléphone) interlocutor(ra)

correspondre [kɔʀespɔ̃dʀ] vi **1.** (coïncider) corresponder **2.** (écrire) cartearse ● **correspondre à** corresponder con

corrida [kɔʀida] nf corrida f

corridor [kɔʀidɔʀ] nm corredor m

corriger [kɔʀiʒe] vt corregir ● **se corriger** vp (s'améliorer) enmendarse

corrosif, ive [kɔʀozif, iv] adj corrosivo(va)

corse [kɔʀs] adj corso(sa) ◆ **Corse** nmf corso m, -sa f ◇ nf **la Corse** Córcega f

cortège [kɔʀtɛʒ] nm séquito m

corvée [kɔʀve] nf faena f

Costa Rica [kɔstaʀika] nm ● **le Costa Rica** Costa Rica f

costaricain, e [kɔstaʀikɛ̃, ɛn] adj costarricense ◆ **Costaricain, e** nm, f costarricense mf

costaud [kɔsto] (f costaud ou costaude [kɔstod]) adj (fam) **1.** (musclé) fortachón(ona) **2.** (objet) recio(cia)

costume [kɔstym] nm **1.** (d'homme) traje m, terno m (Amér) **2.** (de théâtre, de déguisement) traje m

côte [kot] nf **1.** (pente) cuesta f **2.** ANAT costilla f **3.** (d'agneau, de porc) chuleta f **4.** (bord de mer) costa f ● **côte à côte** uno al lado del otro ● **la Côte d'Azur** la Costa Azul

côté [kote] nm lado m ● **à côté** al lado ● **à côté de** al lado de ● **de l'autre côté (de)** al otro lado (de) ● **mettre qqch de côté** apartar algo ● **de quel côté dois-je aller ?**

¿por dónde tengo que ir? ● **sur le côté** (sur le flanc) de costado, de lado

Côte d'Ivoire [kotdivwaʀ] nf ● **la Côte d'Ivoire** Costa de Marfil f

côtelé [kotle] adj m ▸ **velours**

côtelette [kotlɛt] nf chuleta f

cotisation [kɔtizasjɔ̃] nf cuota f ● **cotisations** nfpl (sociales) cotizaciones fpl

coton [kɔtɔ̃] nm algodón m ● **coton (hydrophile)** algodón (hidrófilo)

Coton-Tige ® [kɔtɔ̃tiʒ] (pl Cotons-Tiges) nm bastoncillo m (de algodón)

cou [ku] nm cuello m

couchage [kuʃaʒ] nm ▸ **sac**

couchant [kuʃɑ̃] adj m ▸ **soleil**

couche [kuʃ] nf **1.** (épaisseur) capa f **2.** (de bébé) pañal m

couche-culotte [kuʃkylɔt] (pl couches-culottes) nf pañal m

coucher [kuʃe] vt **1.** (mettre au lit) acostar **2.** (étendre) tumbar ◇ vi (dormir) dormir ● **être couché** (être étendu) estar tumbado ; (être au lit) estar acostado ● **coucher avec qqn** (fam) acostarse con alguien ◆ **se coucher** vp **1.** (personne) acostarse **2.** (soleil) ponerse

couchette [kuʃɛt] nf litera f

coucou [kuku] nm **1.** (oiseau) cuco m **2.** (horloge) reloj m de cuco ◇ interj ¡hola!

coude [kud] nm **1.** ANAT codo m **2.** (courbe) recodo m

coudre [kudʀ] vt & vi coser

couette [kwɛt] nf (édredon) funda f nórdica ● **couettes** nfpl (coiffure) coletas fpl

cougnou [kuɲu] nm (Belg) brioche plano con forma de niño Jesús que se come en Navidad

couler [kule] vi 1. (liquide, rivière) correr 2. (bateau) hundirse ◇ vt (bateau) hundir

couleur [kulœʀ] nf 1. (teinte) color m 2. (de cartes) ≈ palo m 3. ● de quelle couleur est...? ¿de qué color es...?

couleuvre [kulœvʀ] nf culebra f

coulis [kuli] nm salsa espesa de verdura, marisco o fruta

coulisses [kulis] nfpl bastidores mpl

couloir [kulwaʀ] nm 1. (d'appartement) pasillo m 2. (de bus) carril m

coup [ku] nm
1. (choc, mouvement) golpe m ● donner un coup à qqn darle un golpe a alguien ● donner un coup de coude à qqn darle un codazo a alguien ● coup au cœur vuelco m al corazón ● coup de pied patada f ● coup de poing puñetazo m ● coup de sonnette timbrazo m ● les douze coups de minuit las doce campanadas (de medianoche) 2. (avec un instrument) ● passer un coup de balai dar un barrido ● coup de couteau cuchillada f ● coup de feu disparo m ● coup de marteau martillazo m ● se donner un coup de peigne pasarse el peine 3. (choc moral) ● coup dur (fam) duro golpe 4. (à la porte) llamada f (a la puerta) 5. (aux échecs) movimiento m; (au football) ● coup franc golpe m franco, (au tennis) golpe m 6. (action malhonnête) ● faire un coup à qqn hacerle una mala jugada a alguien 7. (fam) (fois) vez f ● du premier coup a la primera ● d'un (seul) coup (en une fois) de una vez ; (soudainement) de repente 8. (dans des expressions) ● coup de chance golpe m de suerte ● coup de fil ou de téléphone llamada f (telefónica) ● coup de foudre flechazo m ● donner un coup de main à qqn echar una mano a alguien ● jeter un coup d'œil (à) echar un vistazo (a) ● j'ai attrapé un coup de soleil me ha pillado una insolación ● coup de vent ráfaga f ● passer en coup de vent hacer una visita de médico ● boire un coup (fam) echar un trago ● du coup por esto ● tenir le coup aguantar (el tipo) ● valoir le coup (fam) merecer la pena

coupable [kupabl] adj & nmf culpable ● coupable de culpable de

coupe [kup] nf 1. SPORT (récipient) copa f 2. (de cheveux, de vêtements) corte m ● à la coupe (fromage etc) al peso

coupe-papier [kuppapje] nm inv cortapapeles m inv

couper [kupe] vt cortar ◇ vi 1. cortar 2. (prendre un raccourci) atajar ● couper la parole à qqn interrumpir a alguien ● couper la route à qqn ponerse en el camino de alguien ● se couper vp cortarse ● se couper le doigt cortarse el dedo

couper-coller [kupekɔle] nm inv INFORM ● faire un couper-coller hacer un cortar y pegar

couple [kupl] nm pareja f

couplet [kuplɛ] nm cuplé m

coupure [kupyʀ] nf corte m ● coupure de courant apagón m ● coupure de journal recorte m de periódico

couque [kuk] nf (Belg) 1. (biscuit) galleta f 2. (pain d'épices) especie de pan que no tiene gran variedad de especias 3. (brioche) brioche m

cour [kuʀ] *nf* **1.** (*d'immeuble, de ferme*) patio *m* **2.** (*tribunal*) tribunal *m*, corte *f* (*Amér*) **3.** (*d'un roi*) corte *f* ● **cour (de récréation)** patio (de recreo)

courage [kuʀaʒ] *nm* valor *m* ● **bon courage !** ¡ánimo!

courageux, euse [kuʀaʒø, øz] *adj* valiente

couramment [kuʀamɑ̃] *adv* **1.** (*fréquemment*) corrientemente **2.** (*parler*) con fluidez

courant, e [kuʀɑ̃, ɑ̃t] *adj* corriente ◇ *nm* corriente *f* ● **être au courant (de)** estar al corriente (de) ● **tenir qqn au courant (de qqch)** mantener a alguien al corriente (de algo) ● **le 15 courant** el 15 del corriente mes ● **courant mai/septembre** mayo/septiembre corriente ● **courant d'air** corriente de aire ● **courant alternatif/continu** corriente alterna/continua

courbatures [kuʀbatyʀ] *nfpl* agujetas *fpl*

courbe [kuʀb] *adj* curvo(va) ◇ *nf* curva *f*

courber [kuʀbe] *vt* **1.** (*la tête*) agachar **2.** (*plier*) doblar

coureur, euse [kuʀœʀ, øz] *nm, f* ● **coureur automobile** piloto *m* de carreras ● **coureur cycliste** ciclista *m* ● **coureur à pied** corredor *m*

courgette [kuʀʒɛt] *nf* calabacín *m*

courir [kuʀiʀ] *vt & vi* correr

couronne [kuʀɔn] *nf* corona *f*

courriel [kuʀjel] *nm* correo m electrónico

courrier [kuʀje] *nm* correo *m* ● **par courrier** por correo ● **adresser/envoyer un courrier** enviar una carta ● **courrier électronique** correo electrónico

courroie [kuʀwa] *nf* correa *f*

cours [kuʀ] *nm* **1.** (*leçon*) clase *f* **2.** (*d'une monnaie*) curso *m* ● **au cours de** en el transcurso de ● **en cours** en curso ● **cours d'eau** río *m*

course [kuʀs] *nf* carrera *f* ● **courses** *nfpl* (*achats*) compras *fpl* ● **faire les courses** hacer la compra

coursier [kuʀsje] *nm* mensajero *m*, -ra *f* ● **envoyer un coursier** enviar ou mandar a un mensajero

court, e [kuʀ, kuʀt] *adj* corto(ta) ◇ *nm* (*de tennis*) pista *f* ◇ *adv* ● **être à court de** andar corto(ta) de ● **ses cheveux sont coupés court** lleva el pelo cortado muy corto

court-bouillon [kuʀbujɔ̃] (*pl* **courts-bouillons**) *nm* caldo *m* corto

court-circuit [kuʀsiʀkyi] (*pl* **courts-circuits**) *nm* cortocircuito *m*

court-métrage [kuʀmetʀaʒ] (*pl* **courts-métrages**) *nm* cortometraje *m*

courtois, e [kuʀtwa, az] *adj* cortés

couru, e [kuʀy] *pp* ➤ **courir**

couscous [kuskus] *nm* cuscús *m*

cousin, e [kuzɛ̃, in] *nm, f* primo *m*, -ma *f* ● **cousin germain** primo hermano ou carnal

coussin [kusɛ̃] *nm* cojín *m*

cousu, e [kuzy] *pp* ➤ **coudre**

coût [ku] *nm* coste *m*

couteau, x [kuto] *nm* cuchillo *m*

coûter [kute] *vt & vi* costar ● **combien ça coûte ?** ¿cuánto cuesta?

coutume [kutym] *nf* costumbre *f*

couture [kutyʀ] *nf* costura *f*

couturier, ère [kutyʀje, ɛʀ] *nm, f* costurero *m*, -ra *f* ● **grand couturier** modisto *m*

couvent [kuvɑ̃] *nm* convento *m*

couver [kuve] vt & vi empollar

couvercle [kuvɛʀkl] nm tapa f

couvert, e [kuvɛʀ, ɛʀt] pp ➤ couvrir ◇ nm cubierto m ◇ adj **1.** (ciel) nublado(da) **2.** (marché, parking) cubierto(ta) ● mettre le couvert poner la mesa ● couvert de cubierto de ou con ● bien couvert bien abrigado

couverture [kuvɛʀtyʀ] nf **1.** (de lit) manta f **2.** (de livre) tapa f

couvrir [kuvʀiʀ] vt **1.** (mettre un couvercle sur) tapar **2.** (livre, cahier) forrar ● couvrir qqch de cubrir algo con ● se couvrir vp **1.** (ciel) nublarse **2.** (s'habiller) abrigarse ● se couvrir de cubrirse de

cow-boy, s [kobɔj] nm vaquero m

CP [sepe] nm (abr de cours préparatoire) ≈ primero m de EP (educación primaria)

crabe [kʀab] nm cangrejo m

cracher [kʀaʃe] vt & vi escupir

craie [kʀɛ] nf **1.** (matière) creta f **2.** (pour écrire au tableau) tiza f

craindre [kʀɛ̃dʀ] vt **1.** (redouter) temer **2.** (être sensible à) alterarse con

craint, e [kʀɛ̃, ɛ̃t] pp ➤ craindre

crainte [kʀɛ̃t] nf temor m ● de crainte que por temor a que

craintif, ive [kʀɛ̃tif, iv] adj temeroso(sa)

cramique [kʀamik] nm (Belg) caracola con pasas

crampe [kʀɑ̃p] nf calambre m

crampon [kʀɑ̃pɔ̃] nm ● se cramponner (à) vp + prép aferrarse (a)

crampons [kʀɑ̃pɔ̃] nmpl (de foot, de rugby) tacos mpl

cran [kʀɑ̃] nm **1.** (de ceinture) agujero m **2.** (entaille) muesca f **3.** (fam) (courage) agallas fpl ● (couteau à) cran d'arrêt (navaja con) golpetillo m

crâne [kʀan] nm cráneo m

crapaud [kʀapo] nm sapo m

craquement [kʀakmɑ̃] nm crujido m

craquer [kʀake] vi **1.** (faire un bruit) crujir **2.** (casser) reventar **3.** (nerveusement) derrumbarse ◇ vt (allumette) frotar

crasse [kʀas] nf mugre f

cravate [kʀavat] nf corbata f

crawl [kʀol] nm crol m ● nager le crawl nadar crol

crayon [kʀɛjɔ̃] nm lápiz m ● crayon de couleur lápiz de color

création [kʀeasjɔ̃] nf creación f

crèche [kʀɛʃ] nf **1.** (garderie) guardería f **2.** RELIG belén m

crédit [kʀedi] nm crédito m ● acheter qqch à crédit comprar algo a crédito

créditer [kʀedite] vt abonar

créer [kʀee] vt crear

crémaillère [kʀemajɛʀ] nf ● pendre la crémaillère inaugurar (una casa con una fiesta)

crème [kʀɛm] nf crema f ● crème anglaise/pâtissière crema inglesa/pastelera ● crème caramel natillas con sabor a caramelo ● crème fraîche nata f ● crème glacée helado m

crémerie [kʀɛmʀi] nf lechería f

crémeux, euse [kʀemø, øz] adj cremoso(sa)

créneau, x [kʀeno] nm **1.** (de château) almena f **2.** (pour se garer) aparcamiento m ● faire un créneau aparcar

créole [kʀeɔl] adj ➤ tiz

crêpe [kʀɛp] nf crepe f

crêperie [kʀɛpʀi] nf crepería f

crépi [krepi] nm enlucido m

crépu, e [krepy] adj encrespado(da)

cresson [kresɔ̃] nm berro m

crête [krɛt] nf cresta f

cretons [krɔtɔ̃] nmpl (Québec) plato frío de carne de cerdo deshilachada cocinada con grasa

creuser [krøze] vt cavar ● ça creuse ! ¡esto abre el apetito! ◆ se creuser vp ● se creuser la tête ou la cervelle devanarse los sesos

creux, creuse [krø, krøz] adj hueco(ca) ◆ creux nm hueco m

crevaison [krəvɛzɔ̃] nf pinchazo m

crevant, e [krəvã, ɑ̃t] adj (fam) agotador(ra)

crevasse [krəvas] nf grieta f

crevé, e [krəve] adj (fam) reventado(da)

crever [krəve] vt 1. (percer) pinchar 2. (fam) (fatiguer) reventar ◇ vi 1. (exploser) reventar 2. (avoir une crevaison) pinchar 3. (fam) (mourir) palmarla

crevette [krəvɛt] nf gamba f ● crevette grise camarón m ● crevette rose gamba f

cri [kri] nm 1. grito m 2. (d'animal) aullido m ● pousser un cri pegar un grito

cric [krik] nm gato m (herramienta)

cricket [krikɛt] nm críquet m

crier [krije] vi 1. gritar 2. (parler fort) chillar ◇ vt gritar

crime [krim] nm crimen m ● crimes contre l'humanité crímenes mpl contra la humanidad

criminel, elle [kriminɛl] nm, f criminal mf

crinière [krinjɛr] nf (de lion) melena f

crise [kriz] nf 1. (économique) crisis f inv 2. (de rire, de larmes) ataque m ● crise cardiaque ataque cardíaco ● crise de foie empacho m ● crise de nerfs ataque de nervios

crispé, e [krispe] adj crispado(da)

cristal, aux [kristal, o] nm cristal m

critère [kritɛr] nm criterio m

critique [kritik] adj & nmf crítico(ca) ◇ nf crítica f

critiquer [kritike] vt criticar

croate [krɔat] adj croata ◇ nm (langue) croata m ◆ Croate nmf croata mf

Croatie [krɔasi] n ● la Croatie Croacia f

croc [kro] nm colmillo m

croche-pied, s [krɔʃpje] nm ● faire un croche-pied à qqn ponerle la zancadilla a alguien

crochet [krɔʃɛ] nm 1. (pour accrocher) gancho m 2. (tricot) ganchillo m

crocodile [krɔkɔdil] nm cocodrilo m

croire [krwar] vt creer ◇ vi ● croire à creer en ● croire en creer en ● croire que creer que ● il croit avoir raison ou qu'il a raison cree tener razón ou que tiene razón ◆ se croire vp ● il se croit intelligent se cree muy listo ● on se croirait au Moyen Âge como si estuviéramos en la Edad Media

croisement [krwazmã] nm cruce m

croiser [krwaze] vt 1. cruzar 2. (personne) cruzarse con ◆ se croiser vp cruzarse

croisière [krwazjɛr] nf crucero m

croissance [krwasãs] nf crecimiento m

croissant [krwasã] nm 1. (pâtisserie) cruasán m 2. (lune) media luna f

croix [krwa] nf cruz f ● en croix en cruz

Croix-Rouge [kʀwaʀuʒ] nf ● la Croix-Rouge la Cruz Roja

croque-madame [kʀɔkmadam] nm inv *sándwich caliente de jamón y queso con un huevo frito encima*

croque-monsieur [kʀɔkməsjø] nm inv *sándwich caliente de jamón y queso*

croquer [kʀɔke] vt (manger) morder ◇ vi (craquer) crujir

croquette [kʀɔket] nf croqueta f ● croquettes pour chiens galletas fpl para perro

cross [kʀɔs] nm inv cross m inv

crotte [kʀɔt] nf caca f

crottin [kʀɔtɛ̃] nm 1. (d'animal) cagajón m 2. (fromage) queso de cabra pequeño

rroustade [kʀustad] nf pastelillo de hojaldre relleno

croustillant, e [kʀustijã, ãt] adj crujiente

croûte [kʀut] nf 1. (de pain, de fromage) corteza f 2. MÉD costra f ● croûte au fromage (Helv) rebanada de pan cubierta de queso y rociada de vino que se gratina

croûton [kʀutɔ̃] nm cuscurro m

croyant, e [kʀwajã, ãt] adj creyente

CRS [seɛʀɛs] (abr de compagnie républicaine de sécurité) nm ≃ antidisturbios mpl

cru, e [kʀy] pp ➤ croire ◇ adj crudo(da) ◆ cru nm vino de una región vitivinícola especifica ● un grand cru un gran vino

crudités [kʀydite] nfpl entremés de hortalizas crudas con salsa vinagreta

crue [kʀy] nf crecida f ● être en crue desbordarse

cruel, elle [kʀyɛl] adj cruel

crustacés [kʀystase] nmpl crustáceos mpl

crypter [kʀipte] vt codificar ● chaîne cryptée canal codificado

Cuba [kyba] n Cuba f

cubain, e [kybɛ̃, ɛn] adj cubano(na) ◆ Cubain, e nm, f cubano m, -na f

cube [kyb] nm cubo m ● mètre cube metro cúbico

cueillir [kœjiʀ] vt coger

cuiller [kɥijɛʀ] = cuillère

cuillère [kɥijɛʀ] nf cuchara f ● cuillère à café ou petite cuillère cuchara de café ou cucharilla f ● cuillère à soupe cuchara (sopera)

cuillerée [kɥijeʀe] nf cucharada f

cuir [kɥiʀ] nm cuero m, piel f

cuire [kɥiʀ] vt & vi cocer ● faire cuire cocer

cuisine [kɥizin] nf cocina f ● faire la cuisine cocinar

cuisiner [kɥizine] vt & vi cocinar

cuisinier, ère [kɥizinje, ɛʀ] nm, f cocinero m, -ra f

cuisinière [kɥizinjɛʀ] nf cocina f

cuisse [kɥis] nf muslo m ● cuisses de grenouilles ancas fpl de rana

cuisson [kɥisɔ̃] nf cocción f

cuit, e [kɥi, kɥit] adj cocido(da) ● bien cuit bien hecho

cuivre [kɥivʀ] nm (métal) cobre m

culasse [kylas] nf ➤ joint

culotte [kylɔt] nf braga f ● culotte de cheval (vêtement) pantalones mpl de montar ; (cellulite) pistoleras fpl

culte [kylt] nm culto m

cultivateur, trice [kyltivatœʀ, tʀis] nm, f cultivador m, -ra f

cultiver [kyltive] *vt* cultivar ◆ **se cultiver** *vp (personne)* instruirse

culture [kyltyʀ] *nf* **1.** *(agricole)* cultivo *m* **2.** *(savoir, civilisation)* cultura *f* ◆ **cultures** *nfpl (terres cultivées)* cultivos *mpl*

culturel, elle [kyltyʀel] *adj* cultural

cumin [kymẽ] *nm* comino *m*

curé [kyʀe] *nm* cura *m*

cure-dents [kyʀdã] *nm inv* palillo *m* (de dientes)

curieux, euse [kyʀjø, øz] *adj* curioso(sa) ◆ **curieux** *nmpl* mirones *mpl*

curiosité [kyʀjozite] *nf* **1.** *(indiscrétion)* curiosidad *f* **2.** *(touristique)* lugar o monumento de interés turístico

curry [kyʀi] *nm* curry *m*

curseur [kyʀsœʀ] *nm* INFORM cursor *m* ● **positionner le curseur sur...** situar el cursor en...

cutanée [kytane] *adj f* ➤ **éruption**

cuvette [kyvet] *nf* **1.** *(bassine)* balde *m* **2.** *(vallée)* depresión *f*

CV [seve] *(abr de curriculum vitae)* nm CV *m (curriculum vitae)* ● **envoyer un CV** enviar un CV ● **faire un envoi de CV** enviar CV

cybercafé [sibeʀkafe] *nm* cibercafé *m*

cybercommerce [sibeʀkɔmeʀs] *nm* comercio *m* eletrónico

cybercrime [sibeʀkʀim] *nm* cibercrimen *m*

cybernaute [sibeʀnot] *nmf* cibernauta *mf*

cybersexe [sibeʀseks] *nm* cibersexo *m*

cyclable [siklabl] *adj* ➤ **piste**

cycle [sikl] *nm* ciclo *m*

cyclisme [siklism] *nm* ciclismo *m*

cycliste [siklist] *adj & nmf* ciclista ◇ *nm (short)* pantalones *mpl* de ciclista

cyclone [siklon] *nm* ciclón *m*

cygne [siɲ] *nm* cisne *m*

cylindre [silẽdʀ] *nm* cilindro *m*

cynique [sinik] *adj* cínico(ca)

cyprès [sipʀe] *nm* ciprés *m*

d' ➤ **de**

DAB [dab] *nm* ➤ **distributeur automatique de billets**

daim [dẽ] *nm* **1.** *(animal)* gamo *m* **2.** *(peau)* ante *m*

dalle [dal] *nf* losa *f* ● **avoir la dalle** *(fam) (avoir faim)* tener gusa

dame [dam] *nf* **1.** señora *f* **2.** *(aux cartes)* ≃ reina *f* ◆ **dames** *nfpl (jeu)* damas *fpl*

damier [damje] *nm (de dames)* damero *m*

Danemark [danmaʀk] *nm* ● **le Danemark** Dinamarca *f*

danger [dãʒe] *nm* peligro *m* ● **être en danger** estar en peligro

dangereux, euse [dãʒʀø, øz] *adj* peligroso(sa)

danois, e [danwa, az] *adj* danés(esa) ◆ **danois** *nm (langue)* danés *m* ◆ **Danois, e** *nm, f* danés *m*, -esa *f*

dans [dã] *prép*

1. *(indique la situation)* en ● **je vis dans le sud de la France** vivo en el sur de Francia ● **vous travaillez dans quel secteur ?** ¿en qué sector trabaja usted? ● **ils sont en**

vacances dans les Alpes están de vacaciones en los Alpes
2. *(indique la direction)* ● vous allez dans la mauvaise direction va en dirección equivocada ● nous allons en Espagne vamos a España
3. *(indique le moment)* ● dans ma jeunesse en mi juventud ● dans combien de temps arrivons-nous? ¿dentro de cuánto tiempo llegamos? ● le spectacle commence dans cinq minutes el espectáculo comienza dentro de cinco minutos
4. *(indique la provenance)* de ● choisissez un dessert dans notre sélection du jour elija un postre de nuestra selección del día
5. *(indique une approximation)* ● ça doit coûter dans les 30 euros debe (de) costar unos 30 euros

danse [dɑ̃s] *nf* ● la danse la danza ● une danse un baile ● danse classique/moderne danza clásica/moderna

danser [dɑ̃se] *vt & vi* bailar

danseur, euse [dɑ̃sœʀ, øz] *nm, f* bailarín *m*, -ina *f*

darne [daʀn] *nf* rodaja *f*

date [dat] *nf* fecha *f* ● date limite fecha límite ▼ date limite de consommation fecha de caducidad ▼ date limite de vente fecha límite de venta ● date de naissance fecha de nacimiento

dater [date] *vt (chèque, lettre)* fechar ◇ *vi (être vieux)* estar anticuado(da) ● dater de *(remonter à)* datar de

datte [dat] *nf* dátil *m*

daube [dob] *nf* ● bœuf en daube estofado de vaca con vino tinto

dauphin [dofɛ̃] *nm (animal)* delfín *m*

dauphine [dofin] *nf* ➤ pomme
dauphinois [dofinwa] *adj m* ➤ gratin
daurade [dɔʀad] *nf* dorada *f*
davantage [davɑ̃taʒ] *adv* (aún) más ● davantage de temps/d'argent (aún) más tiempo/dinero

de [də] *prép*
1. *(indique l'appartenance)* de ● la porte du salon la puerta del salón ● le frère de Pierre el hermano de Pierre
2. *(indique la provenance)* de ● d'où êtes-vous ? - de Bordeaux ¿de dónde es usted? - de Burdeos ● j'arrive de Lille llego de Lille
3. *(avec "à")* ● de Paris à Tokyo de París a Tokio ● de la mi-août à début septembre desde mediados de agosto hasta primeros de setiembre
4. *(indique une caractéristique)* de ● une statue de pierre una estatua de piedra ● des billets de 100 euros billetes de 100 euros ● l'avion de 7 h 20 el avión de las 7:20 ● un jeune homme de 25 ans un joven de 25 años
5. *(introduit un complément)* ● parler de qqch hablar de algo ● arrêter de faire qqch dejar de hacer algo
6. *(désigne le contenu)* de ● un verre de vin un vaso de vino
7. *(parmi)* ● plusieurs de ces œuvres sont des copies varias de estas obras son copias ● la moitié du temps/de nos clients la mitad del tiempo /de nuestros clientes
8. *(indique le moyen, la manière)* en ● saluer qqn d'un mouvement de tête saludar a alguien haciendo un gesto con la cabeza ● de bon cœur de buena gana ● d'un air distrait con aire distraído

9. *(indique la cause)* de ● **je meurs de faim !** ¡me muero de hambre!

◇ *art* ● **je voudrais du vin/du lait** quiero vino/leche ● **achète des yaourts/des pommes/des journaux** compra yogures/manzanas/periódicos ● **ils n'ont pas d'enfants** no tienen hijos

dé [de] *nm* dado *m* ● **dé (à coudre)** dedal *m*

déballer [debale] *vt* desenvolver

débarbouiller [debarbuje] ● **se débarbouiller** *vp* lavarse la cara

débardeur [debardœr] *nm* camiseta *f* sin mangas

débarquer [debarke] *vt & vi* desembarcar

débarras [debara] *nm* trastero *m* ● **bon débarras !** ¡adiós, muy buenas!

débarrasser [debarase] *vt* **1.** *(désencombrer)* despejar **2.** *(table)* quitar ● **débarrasser qqn de qqch** *(vêtement, paquets)* ayudar a alguien a quitarse algo ◆ **se débarrasser de** *vp + prep* **1.** *(vêtement, paquets)* quitarse **2.** *(personne)* quitarse de encima a

débat [deba] *nm* debate *m*

débattre [debatʀ] *vt* debatir ◇ *vi* discutir ● **débattre de qqch** discutir de algo ▼ *(prix)* **à débattre** (precio) a convenir ◆ **se débattre** *vp* forcejear

débit [debi] *nm* **1.** *(d'eau)* caudal *m* **2.** *(bancaire)* debe *m* ● **le bas/haut débit** *INFORM* la baja/alta velocidad

débiter [debite] *vt* **1.** *(compte)* cargar **2.** *(péj) (dire)* soltar

déblayer [debleje] *vt* despejar

débloquer [debloke] *vt* desbloquear ◇ *vi* *(fam)* ● **il débloque !** ¡desvaría!

déboguer [deboge] *vt* depurar, eliminar errores en

déboîter [debwate] *vt* **1.** *(objet)* desencajar **2.** *(os)* dislocar ◇ *vi* *(voiture)* desviarse ◆ **se déboîter** *vp* ● **se déboîter l'épaule** dislocarse el hombro

débordé, e [deborde] *adj* ● **être débordé (de travail)** estar muy agobiado (de trabajo), no dar abasto

déborder [deborde] *vi* **1.** *(lait, casserole)* rebosar **2.** *(rivière)* desbordarse

débouché [debuʃe] *nm* salida *f*

déboucher [debuʃe] *vt* **1.** *(bouteille)* descorchar **2.** *(nez)* despejar **3.** *(tuyau)* desatascar ◆ **déboucher sur** *v + prep* desembocar en

débourser [deburse] *vt* desembolsar

debout [dəbu] *adv* **1.** *(sur ses pieds)* de pie **2.** *(verticalement)* derecho(cha) **3.** *(réveillé)* levantado(da) ● **se mettre debout** ponerse en pie ● **tenir debout** tenerse en pie

déboutonner [debutɔne] *vt* desabrochar

débraillé, e [debraje] *adj* desaliñado(da)

débrancher [debrãʃe] *vt* desenchufar

débrayer [debreje] *vi* desembragar

débriefing [debrifiŋ] *nm* ● **faire un débriefing** recibir cuentas sobre una misión

débris [debri] *nmpl* pedazos *mpl*

débrouiller [debruje] ◆ **se débrouiller** *vp* apañárselas ● **se débrouiller pour faire qqch** apañárselas para hacer algo ● **débrouille-toi pour être à l'heure !** ¡apáñatelas para llegar puntual!

début [deby] *nm* principio *m* ● **au début (de)** al principio (de)

débutant, e [debytɑ̃, ɑ̃t] *nm, f* principiante *mf*

débuter [debyte] *vi* empezar

déca [deka] (*abr de décaféiné*) *nm* (*fam*) descafeinado *m*

décade [dekad] *nf* década *f* ◆ **troisième décade** tercera década

décaféiné, e [dekafeine] *adj* descafeinado(da)

décalage [dekalaʒ] *nm* desfase *m* ◆ **décalage horaire** diferencia *f* horaria

décalcomanie [dekalkɔmani] *nf* calcomanía *f*

décaler [dekale] *vt* 1. (*déplacer*) desplazar 2. (*avancer dans le temps*) aplazar

décalquer [dekalke] *vt* calcar

décapant [dekapɑ̃] *nm* decapante *m*

décaper [dekape] *vt* decapar

décapiter [dekapite] *vt* decapitar

décapotable [dekapɔtabl] *adj* descapotable ◇ *nf* descapotable *m*

décapsuler [dekapsyle] *vt* abrir

décapsuleur [dekapsylœr] *nm* abridor *m*

décéder [desede] *vi* fallecer

décembre [desɑ̃br] *nm* diciembre *m* ◆ **en décembre** on au mois de décembre en (el) mes de diciembre ◆ **début décembre** a principios de diciembre ◆ **fin décembre** a finales de diciembre ◆ **le deux décembre** el dos de diciembre

décent, e [desɑ̃, ɑ̃t] *adj* decente

déception [desɛpsjɔ̃] *nf* decepción *f*

décerner [deserne] *vt* (*prix*) otorgar

décès [desɛ] *nm* fallecimiento *m*

décevant, e [desvɑ̃, ɑ̃t] *adj* decepcionante

décevoir [desvwar] *vt* decepcionar

déchaîner [deʃene] *vt* desatar ◆ **se déchaîner** *vp* 1. (*personne*) desmadrarse 2. (*colère, tempête*) desatarse

décharge [deʃarʒ] *nf* 1. (*d'ordures*) vertedero *m* 2. (*électrique*) descarga *f*

décharger [deʃarʒe] *vt* descargar

déchausser [deʃose] ◆ **se déchausser** *vp* descalzarse

déchèterie, déchetterie [deʃɛtri] *nf* planta *f* de reciclaje

déchets [deʃɛ] *nmpl* residuos *mpl*

déchiffrer [deʃifre] *vt* descifrar

déchiqueter [deʃikte] *vt* desmenuzar

déchirer [deʃire] *vt* desgarrar ◆ **se déchirer** *vp* desgarrarse

déchirure [deʃiryr] *nf* desgarrón *m* ◆ **déchirure musculaire** desgarro *m* muscular

déci [desi] *nm* (*Helv*) vaso de vino de 10 centilitros

décidé, e [deside] *adj* decidido(da) ◆ **c'est décidé** está decidido

décidément [desidemɑ̃] *adv* realmente

décider [deside] *vt* decidir ◆ **décider qqn (à faire qqch)** convencer a alguien (de que haga algo) ◆ **décider de faire qqch** decidir hacer algo ◆ **se décider** *vp* decidirse ◆ **se décider à faire qqch** decidirse a hacer algo

décideur, euse [desidœr, øz] *nm, f* responsable *mf*

décimal, e, aux [desimal, o] *adj* decimal

décisif, ive [desizif, iv] *adj* decisivo(va)

décision [desizjɔ̃] *nf* decisión *f*

déclaration [deklarasjɔ̃] *nf* 1. declaración *f* 2. (*de vol, de perte*) parte *m* ◆ **déclaration d'impôts** declaración de la renta

déclarer [deklaʀe] *vt* declarar ● **rien à déclarer** nada que declarar ◆ **se déclarer** *vp* (*épidémie, incendie*) declararse

déclencher [deklɑ̃ʃe] *vt* **1.** (*mécanisme*) accionar **2.** (*guerre*) desencadenar

déclic [deklik] *nm* (*bruit*) chasquido *m* ● **avoir un déclic** (*comprendre*) comprender (por fin)

déco [deko] (*abr de décoration*) (*fam*) *nf* decoración *f*

décoiffer [dekwafe] *vt* despeinar

décollage [dekɔlaʒ] *nm* despegue *m*

décoller [dekɔle] *vt & vi* despegar ◆ **se décoller** *vp* despegarse

décolleté, e [dekɔlte] *adj* escotado(da) ◆ **décolleté** *nm* escote *m*

décolorer [dekɔlɔʀe] *vt* decolorar

décombres [dekɔ̃bʀ] *nmpl* escombros *mpl*

décommander [dekɔmɑ̃de] *vt* cancelar ◆ **se décommander** *vp* cancelar (*una cita, una invitación*)

décomposer [dekɔ̃poze] ◆ **se décomposer** *vp* (*pourrir*) descomponerse

décompresser [dekɔ̃pʀese] *vt* INFORM descomprimir

déconcentrer [dekɔ̃sɑ̃tʀe] ◆ **se déconcentrer** *vp* desconcentrarse

déconcerter [dekɔ̃sɛʀte] *vt* desconcertar

déconnecter [dekɔnɛkte] ◆ **se déconnecter** *vp* INFORM desconectarse

déconseiller [dekɔ̃seje] *vt* ● **je vous déconseille ce vin** no le recomiendo este vino ● **je te déconseille de le lui dire** te aconsejo que no se lo digas

décontracté, e [dekɔ̃tʀakte] *adj* relajado(da)

décor [dekɔʀ] *nm* **1.** (*paysage*) entorno *m* **2.** (*de théâtre*) decorado *m* **3.** (*d'une pièce*) decoración *f*

décorateur, trice [dekɔʀatœʀ, tʀis] *nm, f* decorador *m*, -ra *f*

décoration [dekɔʀasjɔ̃] *nf* **1.** (*d'une pièce*) decoración *f* **2.** (*médaille*) condecoración *f*

décorer [dekɔʀe] *vt* **1.** (*pièce, objet*) decorar **2.** (*soldat*) condecorar

décortiquer [dekɔʀtike] *vt* desmenuzar

découdre [dekudʀ] *vt* descoser ◆ **se découdre** *vp* descoserse

découler [dekule] ◆ **découler de** *v + prep* derivar de

découper [dekupe] *vt* **1.** (*gâteau*) partir **2.** (*viande*) trinchar **3.** (*images, photos*) recortar

découragé, e [dekuʀaʒe] *adj* desalentado(da)

décourager [dekuʀaʒe] *vt* desalentar ◆ **se décourager** *vp* desalentarse

décousu, e [dekuzy] *adj* **1.** (*vêtement, ourlet*) descosido(da) **2.** (*raisonnement, conversation*) deshilvanado(da)

découvert, e [dekuvɛʀ, ɛʀt] *pp* ➤ **découvrir** ◆ **découvert** *nm* (*bancaire*) descubierto *m* ● **être à découvert** estar en números rojos

découverte [dekuvɛʀt] *nf* descubrimiento *m*

découvrir [dekuvʀiʀ] *vt* **1.** descubrir **2.** (*ôter ce qui couvre*) destapar

décrire [dekʀiʀ] *vt* describir

décrocher [dekʀɔʃe] *vt* descolgar ● **décrocher (le téléphone)** descolgar (el teléfono) ◆ **se décrocher** *vp* descolgarse

déçu, e [desy] *pp* ➤ décevoir ◊ *adj* decepcionado(da)

dédaigneux, euse [dedɛɲø, øz] *adj* desdeñoso(sa)

dédain [dedɛ̃] *nm* desdén *m*

dedans [dədɑ̃] *adv* dentro ◊ *nm* interior *m* ● là-dedans ahí dentro

dédicacer [dedikase] *vt* ● dédicacer un livre à qqn dedicar un libro a alguien

dédier [dedje] *vt* ● dédier une chanson à qqn dedicar una canción a alguien

dédommagement [dedɔmaʒmɑ̃] *nm* 1. indemnización *f* 2. *(moral)* compensación *f*

dédommager [dedɔmaʒe] *vt* 1. indemnizar 2. *(moralement)* compensar

déduction [dedyksjɔ̃] *nf* deducción *f*

déduire [deduir] *vt* ● déduire qqch (de) deducir algo (de) ● j'en déduis que... (de ello) deduzco que...

déduit, e [dedui, it] *pp* ➤ déduire

déesse [deɛs] *nf* diosa *f*

défaire [defɛr] *vt* deshacer ● se défaire *vp* deshacerse

défait, e [defɛ, ɛt] *pp* ➤ défaire

défaite [defɛt] *nf* derrota *f*

défaut [defo] *nm* defecto *m* ● à défaut de a falta de ● par défaut *INFORM* por defecto

défavorable [defavɔrabl] *adj* desfavorable

défavoriser [defavɔrize] *vt* desfavorecer

défectueux, euse [defɛktɥø, øz] *adj* defectuoso(sa)

défendre [defɑ̃dr] *vt* defender ● défendre à qqn de faire qqch prohibir a alguien

que haga algo ● se défendre *vp* defenderse

défense [defɑ̃s] *nf* 1. *(d'une ville, d'un accusé)* defensa *f* 2. *(d'éléphant)* colmillo *m* ● prendre la défense de qqn defender a alguien ▼ défense de déposer des ordures prohibido verter basura ▼ défense d'entrer prohibida la entrada

défi [defi] *nm* desafío *m*, reto *m*

déficit [defisit] *nm* déficit *m*

déficitaire [defisitɛr] *adj* deficitario(ria)

défier [defje] *vt* desafiar

défigurer [defigyre] *vt* desfigurar

défilé [defile] *nm* 1. *(militaire)* desfile *m* 2. *(gorges)* desfiladero *m* ● défilé de mode desfile de modelos

défiler [defile] *vi* desfilar ● faire défiler *INFORM* desplazar (por la pantalla)

définir [definir] *vt* definir

définitif, ive [definitif, iv] *adj* definitivo(va) ● en définitive en definitiva

définition [definisjɔ̃] *nf* definición *f*

définitivement [definitivmɑ̃] *adv* definitivamente

défoncer [defɔ̃se] *vt* echar abajo

déformé, e [defɔrme] *adj* deforme

déformer [defɔrme] *vt* 1. deformar 2. *(fig) (réalité)* desfigurar

défouler [defule] ● se défouler *vp* desahogarse

défragmentation [defragmɑ̃tasjɔ̃] *nf* INFORM desfragmentación *f*

défragmenter [defragmɑ̃te] *vt* INFORM desfragmentar

défricher [defriʃe] *vt* desbrozar

dégager [degaʒe] *vt* 1. *(déblayer)* despejar 2. *(fumée, odeur)* desprender ● dégager qqch/qqn de *(libérer)* sacar algo/a alguien de ◆ **se dégager** *vp* **1.** *(se libérer)* liberarse **2.** *(ciel)* despejarse ◆ **se dégager de** *(se libérer de)* librarse de ; *(suj : fumée, odeur)* desprenderse de

dégainer [degene] *vt* desenfundar

dégarni, e [degarni] *adj (crâne, personne)* pelón(ona)

dégâts [dega] *nmpl* daños *mpl* ◆ **faire des dégâts** causar daños

dégel [deʒɛl] *nm* deshielo *m*

dégeler [deʒle] *vt* **1.** deshelar **2.** *(atmosphère)* caldear ◇ *vi* **1.** *(lac)* deshelarse **2.** *(surgelé)* descongelarse

dégénérer [deʒenere] *vi* degenerar

dégivrage [deʒivraʒ] *nm* descongelación *f*

dégivrer [deʒivre] *vt* **1.** *(réfrigérateur)* descongelar **2.** *(pare-brise)* deshelar

dégonfler [degɔ̃fle] *vt* deshinchar ◆ **se dégonfler** *vp* **1.** deshincharse **2.** *(fam) (avoir peur, renoncer)* rajarse

dégouliner [deguline] *vi* chorrear

dégourdi, e [degurdi] *adj* espabilado(da)

dégourdir [degurdir] ◆ **se dégourdir** *vp* ◆ **se dégourdir les jambes** estirar las piernas

dégoût [degu] *nm* asco *m*

dégoûtant, e [degutɑ̃, ɑ̃t] *adj* asqueroso(sa)

dégoûter [degute] *vt* asquear ◆ **cette expérience m'a dégoûté des voyages** esta experiencia me ha quitado las ganas de viajar

dégrafer [degrafe] *vt (vêtement)* desabrochar

degré [dəgre] *nm* grado *m*

dégressif, ive [degresif, iv] *adj* decreciente

dégringoler [degrɛ̃gɔle] *vi* rodar

dégueulasse [degœlas] *adj (fam)* asqueroso(sa)

déguisement [degizmɑ̃] *nm* disfraz *m*

déguiser [degize] *vt* disfrazar ◆ **se déguiser** *vp* disfrazarse ◆ **se déguiser en** disfrazarse de

dégustation [degystasjɔ̃] *nf* degustación *f*

déguster [degyste] *vt (goûter)* degustar

dehors [dəɔr] *adv* fuera ◇ *nm* exterior *m* ◆ **jeter** ou **mettre qqn dehors** echar a alguien fuera ◆ **en dehors de** *(à l'extérieur de)* fuera de ; *(sauf)* excepto ◆ **en dehors de la ville** fuera de la ciudad

déjà [deʒa] *adv* ya

déjeuner [deʒœne] *nm* **1.** *(à midi)* almuerzo *m* **2.** *(petit déjeuner)* desayuno *m* ◇ *vi* **1.** *(à midi)* almorzar **2.** *(le matin)* desayunar ◆ **déjeuner d'affaires** almuerzo ou comida *f* de negocios ◆ **inviter qqn à déjeuner** invitar a alguien a almorzar

délabré, e [delabre] *adj* destartalado(da)

délacer [delase] *vt* desatar

délai [delɛ] *nm* **1.** *(durée)* plazo *m* **2.** *(temps supplémentaire)* prórroga *f*

délavé, e [delave] *adj* descolorido(da)

délayer [deleje] *vt* desleír

Delco® [delko] *nm* delco® *m*

délégué, e [delege] *nm, f* delegado *m*, -da *f*

délibérément [deliberemɑ̃] *adv* deliberadamente

délicat, e [delika, at] *adj* delicado(da)

délicatement [delikatmã] *adv* con delicadeza

délicieux, euse [delisjø, øz] *adj* delicioso(sa)

délimiter [delimite] *vt* delimitar

délinquance [delɛ̃kɑ̃s] *nf* delincuencia *f* ● délinquance Informatique delincuencia informática

délinquant, e [delɛ̃kã, ãt] *nm, f* delincuente *nf*

délirer [delire] *vi* delirar

délit [deli] *nm* delito *m* ● (en) flagrant délit (en) flagrante delito

délivrer [delivre] *vt* 1. *(prisonnier)* liberar 2. *(autorisation, reçu)* expedir

déloyal, e, aux [delwajal, o] *adj* desleal

delta [delta] *nm (de rivière)* delta *m*

deltaplane [deltaplan] *nm* ala *f* delta

déluge [delyʒ] *nm* diluvio *m*

demain [dəmɛ̃] *adv* mañana ● à demain ! ¡hasta mañana! ● demain matin/soir mañana por la mañana/por la noche

demande [dəmɑ̃d] *nf* 1. *(réclamation)* petición *f* 2. *(formulaire)* solicitud *f* ● demandes d'emploi solicitudes de empleo ● sur demande por encargo

demander [dəmãde] *vt* 1. *(interroger sur)* preguntar 2. *(avoir)* pedir 3. *(nécessiter)* requerir ● demander qqch à qqn *(interroger)* preguntar algo a alguien ; *(silence, faveur, objet)* pedir algo a alguien ● demander à qqn de faire qqch pedir a alguien que haga algo ● se demander *vp* preguntarse

demandeur, euse [dəmɑ̃dœr, øz] *nm, f* ● demandeur(euse) d'emploi desempleado *m*, -da *f*

démangeaison [demɑ̃ʒezɔ̃] *nf* comezón *f* ● avoir des démangeaisons tener picores

démanger [demɑ̃ʒe] *vt* picar

démaquillant, e [demakijã, ãt] *adj* desmaquillador(ra) ● lait démaquillant leche *f* desmaquilladora ◆ démaquillant *nm* desmaquillador *m*

démarche [demarʃ] *nf* 1. *(allure)* andares *mpl* 2. *(administrative)* gestión *f* ● faire des démarches pour obtenir qqch hacer gestiones para obtener algo

démarrage [demaraʒ] *nm* arranque *m*

démarrer [demare] *vt* ● démarrer la voiture arrancar el coche ◇ *vi* 1. *(partir)* arrancar 2. *(commencer)* INFORM iniciar

démarreur [demarœr] *nm* arranque *m* *(mecanismo)*

démasquer [demaske] *vt* desenmascarar

démêler [demele] *vt* desenredar

déménagement [demenaʒmã] *nm* mudanza *f*

déménager [demenaʒe] *vi* mudarse ◇ *vt* trasladar

démener [demne] ● se démener *vp* 1. *(bouger)* agitarse 2. *(faire des efforts)* afanarse

dément, e [demã, ãt] *adj* 1. *(fou)* demente 2. *(fam) (incroyable)* demencial

démentir [demãtir] *vt* desmentir

démesuré, e [deməzyre] *adj* desmesurado(da)

démettre [demɛtr] ● se démettre *vp* ● se démettre l'épaule dislocarse un hombro

demeure [dəmœr] *nf* mansión *f*

demeurer [dəmœʀe] vi (sout) **1.** (habiter) residir **2.** (rester) quedar

demi, e [dəmi] adj medio(dia) ◆ **demi** nm caña f ● **cinq heures et demie** las cinco y media ● **un demi-kilo de** medio kilo de ● **à demi fermé** medio cerrado

demi-finale, s [dəmifinal] nf semifinal f

demi-frère, s [dəmifʀɛʀ] nm hermanastro m

demi-heure, s [dəmijœʀ] nf media hora f

demi-pension, s [dəmipɑ̃sjɔ̃] nf media pensión f

demi-pensionnaire, s [dəmipɑ̃sjɔnɛʀ] nmf mediopensionista mf

démis, e [demi, iz] pp ➤ **démettre**

demi-saison, s [dəmisɛzɔ̃] nf ● **de demi-saison** de entretiempo

demi-sœur, s [dəmisœʀ] nf hermanastra f

démission [demisjɔ̃] nf dimisión f ● **donner sa démission** presentar su dimisión

démissionner [demisjɔne] vi dimitir

demi-tarif, s [dəmitaʀif] nm medio billete m

demi-tour, s [dəmituʀ] nm media vuelta f ● **faire demi-tour** dar media vuelta

démocratie [demɔkʀasi] nf democracia f

démocratique [demɔkʀatik] adj democrático(ca)

démodé, e [demɔde] adj pasado(da) de moda

demoiselle [dəmwazɛl] nf señorita f ● **demoiselle d'honneur** dama f de honor

démolir [demɔliʀ] vt derribar

démon [demɔ̃] nm demonio m

démonstratif, ive [demɔ̃stʀatif, iv] adj efusivo(va)

démonstration [demɔ̃stʀasjɔ̃] nf **1.** demostración f **2.** (d'une machine) muestra f

démonter [demɔ̃te] vt desmontar

démontrer [demɔ̃tʀe] vt demostrar

démoraliser [demɔʀalize] vt desmoralizar

démouler [demule] vt (gâteau) sacar del molde

démuni, e [demyni] adj (pauvre) despojado(da)

dénicher [deniʃe] vt (trouver) topar con

dénivellation [denivɛlasjɔ̃] nf desnivel m

dénoncer [denɔ̃se] vt (coupable) denunciar

dénouement [denumɑ̃] nm desenlace m

dénouer [denwe] vt desatar

dénoyauter [denwajote] vt deshuesar

denrée [dɑ̃ʀe] nf comestible m ● **denrée alimentaire/périssable** producto m alimenticio/perecedero

dense [dɑ̃s] adj denso(sa)

dent [dɑ̃] nf diente m ● **dent de lait** diente de leche ● **dent de sagesse** muela f del juicio

dentelle [dɑ̃tɛl] nf encaje m

dentier [dɑ̃tje] nm dentadura f postiza

dentifrice [dɑ̃tifʀis] nm dentífrico m

dentiste [dɑ̃tist] nmf dentista mf

Denver [dɑ̃vɛʀ] n ➤ **sabot**

déodorant [deɔdɔʀɑ̃] nm desodorante m

dépannage [depanaʒ] nm reparación f ● **service de dépannage** AUTO servicio m de asistencia en carretera

dépanner [depane] vt **1.** reparar **2.** (fig) (aider) echar una mano a

dépanneur [depanœʀ] nm **1.** *(de voitures)* mecánico m **2.** *(d'appareils ménagers)* técnico m **3.** *(Québec) (épicerie)* ultramarinos abierto fuera del horario comercial habitual

dépanneuse [depanøz] nf grúa f *(remolque)*

dépareillé, e [depaʀeje] adj *(gant, chaussette)* desparejado(da)

départ [depaʀ] nm **1.** salida f **2.** *(d'une personne)* marcha f ● **au départ** *(au début)* en un principio ▾ **départs** salidas

départager [depaʀtaʒe] vt desempatar

département [depaʀtəmã] nm **1.** *(division administrative)* ≃ provincia f **2.** *(service)* departamento m

départementale [depaʀtəmɔ̃tal] nf ● **(route) départementale** ≃ comarcal f

dépassement [depasmã] nm *(sur la route)* adelantamiento m

dépasser [depase] vt **1.** *(passer devant)* pasar delante de **2.** *(voiture)* adelantar **3.** *(limite)* rebasar **4.** *(somme)* superar ◇ vi *(déborder)* sobresalir ● **il dépasse son père d'une tête** le saca una cabeza a su padre

dépaysement [depeizmã] nm **1.** *(lors d'un voyage)* sensación de sentirse desambientado **2.** *(changement)* cambio m de aires

dépêcher [depeʃe] ● **se dépêcher** vp darse prisa ● **se dépêcher de faire qqch** darse prisa en hacer algo

dépendre [depɑ̃dʀ] vi ● **dépendre de** depender de ● **ça dépend** depende

dépens [depɑ̃] ● **aux dépens de** prép a costa de

dépense [depɑ̃s] nf gasto m

dépenser [depɑ̃se] vt gastar ● **se dépenser** vp *(physiquement)* cansarse

dépensier, ère [depɑ̃sje, ɛʀ] adj derrochador(ra)

dépit [depi] nm despecho m ● **en dépit de** a pesar de

déplacement [deplasmã] nm **1.** desplazamiento m **2.** *(voyage)* viaje m ● **en déplacement** de viaje

déplacer [deplase] vt **1.** *(objet)* desplazar **2.** *(rendez-vous)* cambiar ● **déplacer une réunion/un rendez-vous** cambiar una reunión/una cita ● **se déplacer** vp **1.** *(bouger)* desplazarse **2.** *(voyager)* viajar

déplaire [deplɛʀ] ● **déplaire à** + prep ● **ça me déplaît** *(livre, tableau)* no me gusta ; *(attitude)* me desagrada

déplaisant, e [deplɛzɑ̃, ɑ̃t] adj desagradable

dépliant [deplijã] nm folleto m

déplier [deplije] vt **1.** *(papier)* desdoblar **2.** *(chaise)* abrir ● **se déplier** vp abrirse

déplorable [deplɔʀabl] adj deplorable

déployer [deplwaje] vt *(ailes, carte)* desplegar

déporter [depɔʀte] vt *(prisonnier)* deportar ● **se déporter** vp *(véhicule)* desviarse

déposer [depoze] vt **1.** dejar en **2.** *(argent)* depositar ● **se déposer** vp depositarse

dépôt [depo] nm **1.** *(de marchandises)* depósito m **2.** *(à la banque)* ingreso m **3.** *(de poussière, tartre)* acumulación f **4.** *(de bus)* cochera f

dépotoir [depɔtwaʀ] nm vertedero m

dépouiller [depuje] vt *(voler)* despojar

dépourvu, e [depuʀvy] adj ● **dépourvu de** desprovisto de ● **prendre qqn au**

dépourvu pillar a alguien desprevenido(da)

dépression [depresjɔ̃] *nf* depresión *f* ● **dépression (nerveuse)** depresión (nerviosa)

déprimer [deprime] *vt* deprimir ◊ *vi* estar depre

depuis [dəpɥi] *prép* desde ◊ *adv* desde entonces ● **il n'est jamais revenu depuis** no ha vuelto desde entonces ● **je travaille ici depuis trois ans** trabajo aquí desde hace tres años ● **depuis quand est-il marié ?** ¿desde cuándo está casado? ● **depuis que** desde que

député, e [depyte] *nm, f* diputado *m*, -da *f*

déraciner [derasine] *vt* arrancar de raíz

dérailler [deraje] *vi* (*train*) descarrilar

dérailleur [derajœr] *nm* cambio *m* de velocidades (*de bicicleta*)

dérangement [derɑ̃ʒmɑ̃] *nm* (*gêne*) trastorno *m* ● **en dérangement** averiado(da)

déranger [derɑ̃ʒe] *vt* **1.** (*gêner*) molestar **2.** (*objets, affaires*) desordenar ● **ça vous dérange si je fume ?** ¿le molesta si fumo? ● **se déranger** *vp* (*se déplacer*) desplazarse

dérapage [derapaʒ] *nm* (*glissade*) derrape *m*, patinazo *m*

déraper [derape] *vi* **1.** (*personne*) resbalar **2.** (*voiture*) derrapar, patinar

dérégler [deregle] *vt* estropear ● **se dérégler** *vp* estropearse

dérive [deriv] *nf* NAUT orza *f* ● **aller à la dérive** ir a la deriva

dériver [derive] *vi* (*bateau*) derivar

dermatologue [dermatɔlɔg] *nmf* dermatólogo *m*, -ga *f*

dernier, ère [dernje, ɛr] *adj & nm, f* último(ma) ● **la semaine dernière** la semana pasada ● **en dernier** (*arriver, passer*) en último lugar

dernièrement [dernjermɑ̃] *adv* últimamente

dérouler [derule] *vt* desenrollar ● **se dérouler** *vp* desarrollarse

dérouter [derute] *vt* **1.** (*surprendre*) desconcertar **2.** (*avion, navire*) desviar

derrière [derjer] *prép* detrás de ◊ *adv* detrás ◊ *nm* (*fesses*) trasero *m*

des [de] = **de** + **les** ; ➤ **de**, **un**

dès [de] *prép* (*à partir de*) desde ● **dès que** tan pronto como ● **dès qu'il arrivera** tan pronto como llegue

désaccord [dezakɔr] *nm* desacuerdo *m* ● **être en désaccord avec** estar en desacuerdo con

désaffecté, e [dezafekte] *adj* abandonado(da)

désagréable [dezagreabl] *adj* desagradable

désapprouver [dezapruve] *vt* **1.** (*personne*) reprobar **2.** (*décision*) desaprobar

désarçonner [dezarsɔne] *vt* desarzonar

désarmer [dezarme] *vt* (*malfaiteur*) desarmar

désastre [dezastr] *nm* desastre *m*

désastreux, euse [dezastrø, øz] *adj* desastroso(sa)

désavantage [dezavɑ̃taʒ] *nm* desventaja *f*

désavantager [dezavɑ̃taʒe] *vt* perjudicar

descendant, e [desɑ̃dɑ̃, ɑ̃t] *nm, f* descendiente *mf*

descendre [desɑ̃dʀ] *vt* bajar ◊ *vi* **1.** (*aller en bas*) bajar **2.** (*être en pente*) estar cuesta abajo **3.** (*baisser*) descender ● **descendre de** (*voiture, vélo*) bajar de ; (*ancêtres*) descender de

descente [desɑ̃t] *nf* **1.** (*à ski, en avion*) descenso *m* **2.** (*pente*) bajada *f* ● **descente de lit** alfombrilla *f* de cama

description [deskʀipsjɔ̃] *nf* descripción *f*

désemparé, e [dezɑ̃paʀe] *adj* desamparado(da)

déséquilibre [dezekilibʀ] *nm* desequilibrio *m* ● **en déséquilibre** en desequilibrio

déséquilibré, e [dezekilibʀe] *nm, f* desequilibrado *m*, -da *f*

déséquilibrer [dezekilibʀe] *vt* desequilibrar

désert, e [dezeʀ, eʀt] *adj* desierto(ta) ● **désert** *nm* desierto *m*

déserter [dezeʀte] *vi* desertar

désertique [dezeʀtik] *adj* desértico(ca)

désespéré, e [dezespeʀe] *adj* **1.** desesperado(da) **2.** (*regard*) de desesperación

désespoir [dezespwaʀ] *nm* desesperación *f*

déshabiller [dezabije] *vt* desnudar ● **se déshabiller** *vp* desnudarse

désherbant [dezeʀbɑ̃] *nm* herbicida *m*

désherber [dezeʀbe] *vt* deshierbar

déshonorer [dezonoʀe] *vt* deshonrar

déshydraté, e [dezidʀate] *adj* deshidratado(da)

déshydrater [dezidʀate] *vt* deshidratar ● **se déshydrater** *vp* deshidratarse

désigner [dezine] *vt* **1.** (*montrer*) señalar **2.** (*choisir*) designar

désillusion [dezilyzjɔ̃] *nf* desilusión *f*

désinfectant [dezɛ̃fɛktɑ̃] *nm* desinfectante *m*

désinfecter [dezɛ̃fɛkte] *vt* desinfectar

désinstaller [dezɛ̃stale] *vt* desinstalar

désintéressé, e [dezɛ̃teʀese] *adj* desinteresado(da)

désintéresser [dezɛ̃teʀese] ● **se désintéresser de** *vp* + *prep* desentenderse de

désinvolte [dezɛ̃vɔlt] *adj* **1.** (*personne*) desenvuelto(ta) **2.** (*geste*) atrevido(da)

désir [deziʀ] *nm* deseo *m*

désirer [deziʀe] *vt* desear ● **vous désirez ?** ¿qué desea? ● **laisser à désirer** dejar que desear

désobéir [dezɔbeiʀ] *vi* desobedecer ● **désobéir à** (*personne*) desobedecer a ; (*loi, règle*) quebrantar

désobéissant, e [dezɔbeisɑ̃, ɑ̃t] *adj* desobediente

désodorisant, e [dezɔdɔʀizɑ̃] *nm* ambientador *m*

désolant, e [dezɔlɑ̃, ɑ̃t] *adj* desolador(ra)

désolé, e [dezɔle] *adj* **1.** (*personne*) desconsolado(da) **2.** (*paysage*) desolador(ra) ● **je suis désolé de ne pas pouvoir venir** siento no poder venir ● **je suis désolé** lo siento

désordonné, e [dezɔʀdɔne] *adj* (*chambre, personne*) desvulenado(da)

désordre [dezɔʀdʀ] *nm* desorden *m* ● **être en désordre** estar desordenado(da)

désorienté, e [dezɔrjɑ̃te] *adj (déconcerté)* desorientado(da)

désormais [dezɔrmɛ] *adv* en adelante

desquelles [dekɛl] ➤ **de** + **lesquelles** ; **= lequel**

desquels [dekɛl] ➤ **de** + **lesquels** ; **= lequel**

dessécher [deseʃe] *vt* secar ◆ **se dessécher** *vp* **1.** *(peau)* resecarse **2.** *(plante)* secarse

desserrer [desere] *vt* **1.** *(vis)* desatornillar **2.** *(dents, poing)* abrir **3.** *(frein)* soltar **4.** *(ceinture)* aflojar

dessert [desɛr] *nm* postre *m*

desservir [desɛrvir] *vt* **1.** *(ville, gare)* tener parada en **2.** *(table)* quitar

dessin [desɛ̃] *nm* **1.** *(image)* dibujo *m* **2.** *(art)* diseño *m* ◆ **dessin animé** dibujos *mpl* animados

dessinateur, trice [desinatœr, tris] *nm, f* dibujante *mf*

dessiner [desine] *vt* **1.** dibujar **2.** *(vêtement, voiture)* diseñar

dessous [dəsu] *adv* debajo ◇ *nm (d'une table)* parte *f* inferior ● **les voisins du dessous** los vecinos de abajo ● **en dessous** debajo ● **en dessous de zéro** bajo cero ● **en dessous de la moyenne** por debajo de la media

dessous-de-plat [dəsudpla] *nm inv* salvamanteles *m inv*

dessus [dəsy] *adv* encima ◇ *nm (d'une cheminée, table)* parte *f* superior ● **les voisins du dessus** los vecinos de arriba ● **avoir le dessus** salirse con la suya

dessus-de-lit [dəsydli] *nm inv* colcha *f*

destin [dɛstɛ̃] *nm* destino *m*

destinataire [dɛstinatɛr] *nmf* destinatario *m*, -ria *f*

destination [dɛstinasjɔ̃] *nf* destino *m* ● **arriver à destination** llegar a su destino ● **à destination de** con destino a

destiné, e [dɛstine] *adj* ● **être destiné à qqn** *(adressé à)* ir dirigido a ● **être destiné à qqn/qqch** *(conçu pour)* estar pensado para alguien/algo ● **être destiné à faire qqch** *(conçu pour)* estar destinado a hacer algo

destruction [dɛstryksjɔ̃] *nf* destrucción *f*

détachant [detaʃɑ̃] *nm* quitamanchas *m inv*

détacher [detaʃe] *vt* **1.** soltar **2.** *(découper)* separar **3.** *(nettoyer)* quitar las manchas de **4.** *(ceinture)* desabrochar ◆ **se détacher** *vp* destacarse ● **se détacher de qqn** desapegarse de alguien

détail [detaj] *nm* detalle *m* ● **au détail** al por menor ● **en détail** con todo detalle

détaillant, e [detajɑ̃, ɑ̃t] *nm, f* minorista *mf*

détaillé, e [detaje] *adj* detallado(da)

détartrant [detartrɑ̃] *nm* desincrustante *m (antical)*

détaxé, e [detakse] *adj* libre de impuestos

détecter [detɛkte] *vt* detectar

détective [detɛktiv] *nm* detective *mf*

déteindre [detɛ̃dr] *vi* desteñir ● **déteindre sur** desteñir

déteint, e [detɛ̃, ɛ̃t] *pp* ➤ **déteindre**

détendre [detɑ̃dr] *vt* **1.** *(corde)* aflojar **2.** *(personne)* relajar **3.** *(atmosphère)* distendir ◆ **se détendre** *vp* **1.** *(corde)* aflojarse **2.** *(se décontracter)* relajarse

détendu, e [detɑ̃dy] *adj (décontracté)* relajado(da)

détenir [detniʀ] *vt* **1.** *(fortune, record)* poseer **2.** *(prisonnier)* retener **3.** *(pouvoir)* ostentar **4.** *(secret)* guardar

détenu, e [detny] *pp* ➤ **détenir** ◇ *nm, f* detenido *m*, -da *f*

détergent [detɛʀʒɑ̃] *nm* detergente *m*

détériorer [deteʀjɔʀe] *vt* deteriorar ◆ **se détériorer** *vp* deteriorarse

déterminé, e [detɛʀmine] *adj* determinado(da)

déterminer [detɛʀmine] *vt* determinar

déterrer [deteʀe] *vt* desenterrar

détester [detɛste] *vt* detestar

détonation [detɔnasjɔ̃] *nf* detonación *f*

détour [detuʀ] *nm (crochet)* ● **faire un détour** dar un rodeo

détourner [detuʀne] *vt* **1.** *(regard)* apartar **2.** *(argent)* malversar **3.** *(circulation)* desviar **4.** *(attention)* distraer ● **détourner qqn de** distraer a alguien de ◆ **se détourner** *vp* apartar la vista ● **se détourner de** *(se désintéresser de)* desinteresarse de

détraqué, e [detʀake] *adj* **1.** *(déréglé)* estropeado(da) **2.** *(fam) (fou)* chiflado(da)

détritus [detʀity(s)] *nmpl* detritus *m inv*

détroit [detʀwa] *nm* estrecho *m*

détruire [detʀɥiʀ] *vt* destruir

détruit, e [detʀɥi, it] *pp* ➤ **détruire**

dette [dɛt] *nf* deuda *f*

DEUG [dœg] *(abr de diplôme d'enseignement universitaire)* nm diploma francés que se obtiene tras dos años de estudios universitarios

deuil [dœj] *nm (décès)* defunción *f* ● **être en deuil** estar de luto

deux [dø] *num* dos *m* ● **à deux** entre dos ● **deux points** *(signe de ponctuation)* dos puntos *mpl* ● **il a deux ans** hace dos años ● **il est deux heures** son las dos ● **le deux janvier** el dos de enero ● **page deux** página dos ● **ils étaient deux** eran dos ● **le deux de carreau** el dos de diamantes ● **(au) deux rue Lepic** (en la) calle Lepic número dos

deuxième [døzjɛm] *adj num & pron num* segundo(da) ◇ *nm* **1.** *(étage)* segundo *m* (piso) **2.** *(arrondissement)* distrito *m* dos ou segundo

deux-pièces [døpjɛs] *nm* **1.** *(maillot de bain)* biquini *m* **2.** *(appartement)* piso con salón y un dormitorio

deux-roues [døʀu] *nm* vehículo *m* de dos ruedas

dévaliser [devalize] *vt* desvalijar

devancer [dəvɑ̃se] *vt* tomar la delantera

devant [dəvɑ̃] *prép* delante de ◇ *adv* **1.** *(en face)* delante de **2.** *(en avant)* antes ◇ *nm* **1.** *(d'une maison)* fachada *f* **2.** *(d'un vêtement)* delantero *m* ● **de devant** de delante

devanture [dəvɑ̃tyʀ] *nf* escaparate *m*

dévaster [devaste] *vt* devastar

développement [devlɔpmɑ̃] *nm* **1.** *(physique, économique)* desarrollo *m* **2.** *(de photos)* revelado *m* ● **développement durable** desarrollo sostenible

développer [devlɔpe] *vt* **1.** desarrollar **2.** *(photo)* revelar ● **faire développer des photos** revelar fotos ◆ **se développer** *vp* desarrollarse

développeur [devlɔpœʀ] *nm* desarrollador *m*, -ra *f*

devenir [dəvniʀ] *vi* ● il est devenu fou se volvió loco ● il est devenu avocat ha llegado a ser abogado ● ça devient inquiétant esto empieza a ponerse inquietante ● et alors, qu'est-ce que tu deviens ? y, ¿qué es de tu vida?

devenu, e [dəvny] *pp* ➤ devenir

déverrouiller [deveʀuje] *vt* INFORM desbloquear

déviation [devjasjɔ̃] *nf* desvío *m*

dévier [devje] *vt* desviar

deviner [dəvine] *vt* adivinar

devinette [dəvinɛt] *nf* adivinanza *f* ● jouer aux devinettes jugar a las adivinanzas

devis [dəvi] *nm* presupuesto *m*

dévisager [devizaʒe] *vt* mirar descaradamente

devise [dəviz] *nf* divisa *f*

deviser [dəvize] *vt* (Helv) presupuestar

dévisser [devise] *vt* 1. (vis) desatornillar 2. (couvercle) desenroscar

dévoiler [devwale] *vt* (secret, intentions) revelar

devoir [dəvwaʀ] *vt*
1. (argent, explications) ● devoir qqch à qqn deber algo a alguien
2. (exprime l'obligation) ● je dois partir tôt demain mañana tengo que marcharme temprano
3. (pour suggérer) deber ● vous devriez essayer le rafting debería probar el rafting
4. (exprime le regret) ● j'aurais dû/je n'aurais pas dû l'écouter tendría/no tendría que haberlo escuchado
5. (exprime la probabilité) deber de ● ça doit coûter cher debe de costar mucho ● le temps devrait s'améliorer cette se-

maine parece el tiempo va a mejorar esta semana
6. (exprime l'intention) tener que ● nous devions partir hier, mais... teníamos que salir ayer pero...
◇ *nm*
1. (obligation) deber *m*
2. SCOL ● devoir (à la maison) deber *m* ● devoir (sur table) examen *m*
◆ **devoirs** *nmpl* deberes *mpl* ● faire ses devoirs hacer los deberes ● devoirs de vacances deberes para las vacaciones

dévorer [devɔʀe] *vt* devorar

dévoué, e [devwe] *adj* abnegado(da)

dévouer [devwe] ◆ **se dévouer** *vp* consagrarse ● se dévouer pour faire qqch sacrificarse por hacer algo

devra [dəvʀa] ➤ devoir

devrai [dəvʀe] ➤ devoir

dézipper [dezipe] *vt* INFORM descomprimir

diabète [djabɛt] *nm* diabetes *f inv*

diabétique [djabetik] *adj* diabético(ca)

diable [djabl] *nm* diablo *m*

diabolo [djabɔlo] *nm* (boisson) ● diabolo menthe *bebida a base de gaseosa y jarabe de menta*

diagnostic [djagnɔstik] *nm* diagnóstico *m*

diagonale [djagɔnal] *nf* diagonal *f* ● lire en diagonale leer por encima

dialecte [djalɛkt] *nm* dialecto *m*

dialogue [djalɔg] *nm* diálogo *m*

diamant [djamɑ̃] *nm* diamante *m*

diamètre [djamɛtʀ] *nm* diámetro *m*

diapositive [djapozitiv] *nf* diapositiva *f*

diarrhée [djaʀe] *nf* diarrea *f*

dictateur [diktatœʀ] *nm* dictador *m*, -ra *f*

dictature [diktatyʀ] *nf* dictadura *f*

dictée [dikte] *nf* dictado *m*

dicter [dikte] *vt* dictar

dictionnaire [diksjɔnɛʀ] *nm* diccionario *m*

dicton [diktɔ̃] *nm* refrán *m*

dièse [djɛz] *nm inv* ♦ **appuyez sur (la touche) dièse** pulsar la (tecla) almohadilla

diesel [djezɛl] *nm* diésel *m* ♦ *adj* diésel

diététique [djetetik] *adj* dietético(ca)

dieu, x [djø] *nm* dios *m* ♦ **Dieu** *nm* Dios *m* ♦ **mon Dieu !** ¡Dios mío!

différence [difeʀɑ̃s] *nf* diferencia *f*

différent, e [difeʀɑ̃, ɑ̃t] *adj (distinct)* diferente ♦ **différent de** diferente de

différer [difeʀe] *vt & vi* diferir ♦ **différer de** diferir de

difficile [difisil] *adj* difícil

difficulté [difikylte] *nf* dificultad *f* ♦ **avoir des difficultés à faire qqch** tener dificultades para hacer algo ♦ **en difficulté** en apuros

diffuser [difyze] *vt* **1.** *RADIO* difundir **2.** *(chaleur, lumière)* emitir **3.** *(parfum)* exhalar

digérer [diʒeʀe] *vt* **1.** *(aliment)* digerir **2.** *(fig) (supporter)* tragar

digeste [diʒɛst] *adj* digestible

digestif, ive [diʒɛstif, iv] *adj* digestivo(va) ♦ **digestif** *nm* licor *m*

digestion [diʒɛstjɔ̃] *nf* digestión *f*

Digicode® [diʒikɔd] *nm código numérico con el que se accede a un edificio*

digital, e, aux [diʒital, o] *adj* digital

digne [diɲ] *adj* digno(na) ♦ **digne de** digno(na) de

digue [dig] *nf* dique *m*

dilater [dilate] *vt* dilatar ♦ **se dilater** *vp* dilatarse

diluer [dilɥe] *vt* diluir

dimanche [dimɑ̃ʃ] *nm* domingo *m* ♦ **nous sommes dimanche** estamos a ou hoy es domingo ♦ **dimanche 13 septembre** domingo 13 de septiembre ♦ **nous sommes partis dimanche** nos fuimos el domingo ♦ **dimanche dernier** el domingo pasado ♦ **dimanche prochain** el domingo próximo ou que viene ♦ **dimanche matin** el domingo por la mañana ♦ **le dimanche** los domingos ♦ **à dimanche !** ¡hasta el domingo!

dimension [dimɑ̃sjɔ̃] *nf* dimensión *f*

diminuer [diminɥe] *vt* **1.** *(chiffre, mesure)* reducir **2.** *(courage, mérite)* restar **3.** *(physiquement)* debilitar ◇ *vi* disminuir

diminutif [diminytif] *nm* diminutivo *m*

dinde [dɛ̃d] *nf (animal)* pava *f* ♦ **dinde aux marrons** pavo *m* con castañas

dîner [dine] *nm* cena *f* ◇ *vi* cenar

diplomate [diplɔmat] *adj & nmf* diplomático(ca) ♦ *nm* pudin a base de galletas, fruta escarchada y natillas

diplomatie [diplɔmasi] *nf* diplomacia *f*

diplôme [diplom] *nm* diploma *m*, título *m*

dire [diʀ] *vt*
1. *(prononcer, exprimer)* decir ♦ **dire la vérité** decir la verdad ♦ **dire à qqn que/pourquoi/comment** decir a alguien que/por qué/cómo ♦ **comment dit-on "de rien" en espagnol ?** ¿cómo se dice "de rien" en español? ♦ **on ne dit pas..., on dit...** no se dice... se dice...
2. *(prétendre)* ♦ **on dit que...** dicen que...

3. *(ordonner)* ● **dire à qqn de faire qqch** decir a alguien que haga algo

4. *(penser)* ● **qu'est-ce que vous en dites ?** ¿qué le parece? ● **que dirais-tu de... ?** ¿qué te parecería...? ● **dire que j'étais à deux mètres du président !** ¡y pensar que he estado a dos metros del presidente!

5. *(dans des expressions)* ● **on dirait un champ de bataille** parece una leonera ● **à vrai dire...** la verdad es que... ● **ça ne me dit rien** no me apetece nada ● **cela dit...** dicho esto... ● **dis donc !** *(surprise, reproche)* ¡oye! ; *(au fait)* por cierto,... ● **disons...** digamos...

◆ **se dire** *vp* decirse

direct, e [diʀɛkt] *adj* directo(ta) ● **direct** *nm (train)* directo *m* ● **en direct (de)** en directo (desde)

directement [diʀɛktəmɑ̃] *adv* directamente

directeur, trice [diʀɛktœʀ, tʀis] *nm, f* director *m*, -ra *f* ● **directeur des ressources humaines/de l'informatique** director de recursos humanos/de informática

direction [diʀɛksjɔ̃] *nf* dirección *f* ● **direction de l'entreprise** dirección de la empresa ● **en direction de Paris** con destino a París ▼ **toutes directions** todas direcciones ▼ **s'adresser à la direction** dirigirse a la dirección

dirigeant, e [diʀiʒɑ̃, ɑ̃t] *nm, f* **1.** POL dirigente *mf* **2.** *(d'une entreprise, d'un club)* directivo *m*, -va *f*

diriger [diʀiʒe] *vt* dirigir ● **diriger qqch sur** dirigir algo hacia ◆ **se diriger vers** *vp + prep* dirigirse haca

dis [di] ➤ **dire**

discipline [disiplin] *nf* disciplina *f*

discipliné, e [disipline] *adj* disciplinado(da)

disc-jockey, s [diskʒɔke] *nm* pinchadiscos *mf inv*

discothèque [diskɔtek] *nf* discoteca *f*

discours [diskuʀ] *nm* discurso *m*

discret, ète [diskʀe, ɛt] *adj* discreto(ta)

discrétion [diskʀesjɔ̃] *nf* discreción *f*

discrimination [diskʀiminasjɔ̃] *nf* discriminación *f*

discussion [diskysjɔ̃] *nf* charla *f*

discuter [diskyte] *vi* **1.** *(parler)* hablar **2.** *(protester)* protestar ● **discuter de qqch (avec qqn)** hablar de algo (con alguien)

dise [diz] ➤ **dire**

disjoncter [disʒɔ̃kte] *vi (en électricité)* saltar (los plomos) ● **ça a disjoncté** han saltado los plomos

disjoncteur [disʒɔ̃ktœʀ] *nm* disyuntor *m*

disons [dizɔ̃] ➤ **dire**

disparaître [dispaʀetʀ] *vi* desaparecer

disparition [dispaʀisjɔ̃] *nf* **1.** desaparición *f* **2.** *(d'une espèce)* extinción *f*

disparu, e [dispaʀy] *pp* ➤ **disparaître** ◇ *nm, f* desaparecido *m*, -da *f*

dispensaire [dispɑ̃seʀ] *nm* dispensario *m*

dispenser [dispɑ̃se] *vt* ● **dispenser qqn de qqch** dispensar a alguien de algo

disperser [dispeʀse] *vt* dispersar

disponible [dispɔnibl] *adj* disponible

disposé, e [dispoze] *adj* ● **être disposé à faire qqch** estar dispuesto a hacer algo

disposer [dispoze] *vt* disponer ◆ **disposer de** *v + prep* disponer de

dispositif [dispozitif] *nm* dispositivo *m*

disposition [dispozisjɔ̃] nf disposición f
● **prendre ses dispositions** tomar sus disposiciones ● **à la disposition de qqn** a disposición de alguien

disproportionné, e [dispʁɔpɔʁsjɔne] adj desproporcionado(da)

dispute [dispyt] nf disputa f

disputer [dispyte] vt disputar ◆ **se disputer** vp pelearse

disquaire [diskɛʁ] nmf vendedor m, -ra f de discos

disqualifier [diskalifje] vt descalificar

disque [disk] nm disco m ● **disque laser** disco láser ● **disque dur** disco duro

disquette [diskɛt] nf disquete m

dissertation [disɛʁtasjɔ̃] nf disertación f

dissimuler [disimyle] vt disimular

dissipé, e [disipe] adj indisciplinado(da)

dissiper [disipe] ◆ **se dissiper** vp (brouillard) disiparse

dissolvant [disɔlvɑ̃] nm 1. (à peinture) disolvente m 2. (à ongles) quitaesmalte m

dissoudre [disudʁ] vt disolver

dissous, oute [disu, ut] pp ➤ dissoudre

dissuader [disɥade] vt ● **dissuader qqn de faire qqch** disuadir a alguien de hacer algo

distance [distɑ̃s] nf distancia f ● **à une distance de 20 km** ou **à 20 km de distance** a una distancia de 20 km ou a 20 km de distancia ● **à distance** a distancia

distancer [distɑ̃se] vt (concurrent, sportif) ● **distancer la concurrence** tomar ventaja a la competencia

distinct, e [distɛ̃, ɛ̃kt] adj 1. (différent) distinto(ta) 2. (clair) claro(ra)

distinction [distɛ̃ksjɔ̃] nf ● **faire une distinction entre** hacer una distinción entre ● **sans distinction** sin distinción

distingué, e [distɛ̃ge] adj distinguido(da) ▼ **salutations distinguées** (dans une lettre) le saluda atentamente

distinguer [distɛ̃ge] vt distinguir ◆ **se distinguer de** vp + prep distinguirse de

distraction [distʁaksjɔ̃] nf distracción f

distraire [distʁɛʁ] vt distraer ◆ **se distraire** vp distraerse

distrait, e [distʁɛ, ɛt] pp ➤ distraire
◇ adj distraído(da)

distribuer [distʁibɥe] vt distribuir

distributeur [distʁibytœʁ] nm máquina f expendedora ● **distributeur (automatique) de billets** cajero m automático

distribution [distʁibysjɔ̃] nf 1. distribución f 2. (du courrier, des rôles) reparto m

dit, e [di, dit] pp ➤ dire

dîtes [dit] ➤ dire

divan [divɑ̃] nm diván m

divers, es [divɛʁ, ɛʁs] adj diversos(sas)
● **les divers droite/gauche** POL candidatos y representantes elegidos de derecha/ izquierda que no pertenecen a los grandes partidos tradicionales

divertir [divɛʁtiʁ] vt divertir ◆ **se divertir** vp divertirse

divertissement [divɛʁtismɑ̃] nm diversión f

divin, e [divɛ̃, in] adj divino(na)

diviser [divize] vt dividir

division [divizjɔ̃] nf división f

divorce [divɔʁs] nm divorcio m ● **demander/obtenir le divorce** pedir/obtener el divorcio

divorcé, e [divɔrse] *adj & nm, f* divorciado(da)

divorcer [divɔrse] *vi* divorciarse

dix [dis] *adj num & pron num* diez ◇ *nm* diez *m* ● **il a dix ans** hace diez años ● **il est dix heures** son las diez ● **le dix janvier** el diez de enero ● **page dix** página diez ● **le dix de pique** el diez de picas ● **(au) dix rue Lepic** (en la) calle Lepic número diez

dix-huit [dizɥit] *adj num & pron num* dieciocho ◇ *nm* dieciocho *m* ● **il a dix-huit ans** tiene dieciocho años ● **il est dix-huit heures** son las seis de la tarde ● **le dix-huit janvier** el dieciocho de enero ● **page dix-huit** página dieciocho ● **ils étaient dix-huit** eran dieciocho ● **(au) dix-huit rue Lepic** (en la) calle Lepic número dieciocho

dix-huitième [dizɥitjɛm] *adj num & pron num* decimoctavo(va) ◇ *nm* **1.** *(fraction)* decimoctava parte *f* **2.** *(étage)* decimoctavo *m* (piso) **3.** *(arrondissement)* distrito *m* dieciocho ou decimoctavo

dixième [dizjɛm] *adj num & pron num* décimo(ma) ◇ *nm* **1.** *(fraction)* décima parte *f* **2.** *(étage)* décimo *m* (piso) **3.** *(arrondissement)* distrito *m* diez ou décimo

dix-neuf [diznœf] *adj num & pron num* diecinueve ◇ *nm* diecinueve *m* ● **il a dix-neuf ans** tiene diecinueve años ● **il est dix-neuf heures** son las siete de la tarde ● **le dix-neuf janvier** el diecinueve de enero ● **page dix-neuf** página diecinueve ● **ils étaient dix-neuf** eran diecinueve ● **(au) dix-neuf rue Lepic** (en la) calle Lepic número diecinueve

dix-neuvième [diznœvjɛm] *adj num & pron num* decimonoveno(na) ◇ *nm* **1.** *(fraction)* decimonovena parte *f* **2.** *(étage)* decimonoveno *m* (piso) **3.** *(arrondissement)* distrito *m* diecinueve ou decimonoveno

dix-sept [disset] *adj num & pron num* diecisiete ◇ *nm* diecisiete *m* ● **il a dix-sept ans** tiene diecisiete años ● **il est dix-sept heures** son las cinco de la tarde ● **le dix-sept janvier** el diecisiete de enero ● **page dix-sept** página diecisiete ● **ils étaient dix-sept** eran diecisiete ● **(au) dix-sept rue Lepic** (en la) calle Lepic número diecisiete

dix-septième [dissetjɛm] *adj num & pron num* decimoséptimo(ma) ◇ *nm* **1.** *(fraction)* decimoséptima parte *f* **2.** *(étage)* decimoséptimo *m* (piso) **3.** *(arrondissement)* distrito *m* diecisiete ou decimoséptimo

dizaine [dizɛn] *nf* ● **une dizaine (de)** una decena (de)

DJ [didʒe] *nm* (*abr de disc-jockey*) pinchadiscos *mf inv*

docile [dɔsil] *adj* dócil

docks [dɔk] *nmpl* dársena *f*

docteur [dɔktœr] *nm* doctor *m*, -ra *f*

document [dɔkymɑ̃] *nm* documento *m*

documentaire [dɔkymɑ̃tɛr] *nm* documental *m*

documentaliste [dɔkymɑ̃talist] *nmf* SCOL documentalista *mf*

documentation [dɔkymɑ̃tasjɔ̃] *nf* documentación *f* ● **avoir/envoyer de la documentation** tener/enviar documentación ● **demander de la documentation** pedir documentación

documenter [dɔkymɑ̃te] ◆ **se documenter** *vp* documentarse

doigt [dwa] *nm* dedo *m* ◆ **doigt de pied** dedo del pie ◆ **à deux doigts de** a dos dedos de ◆ **un doigt de** (petite quantité) un dedo de

dois [dwa] ➤ devoir

doive [dwav] ➤ devoir

dollar [dɔlar] *nm* dólar *m*

domaine [dɔmɛn] *nm* **1.** (propriété) propiedad *f* **2.** (secteur) ámbito *m* **3.** INFORM dominio *m* ◆ **travailler dans le domaine de la finance** trabajar en el ámbito de las finanzas

dôme [dom] *nm* cúpula *f*

domestique [dɔmɛstik] *adj* doméstico(ca) ◇ *nmf* criado *m*, -da *f*

domicile [dɔmisil] *nm* domicilio *m* ◆ **à domicile** a domicilio

dominer [dɔmine] *vt & vi* dominar

dominos [dɔmino] *nmpl* dominó *m* ◆ **jouer aux dominos** jugar al dominó

dommage [dɔmaʒ] *nm* ◆ **(quel) dommage !** ¡qué pena! ◆ **c'est dommage de partir si tôt** es una pena tener que irse tan pronto ◆ **c'est dommage que** es una pena que ◆ **dommages** *nmpl* daños *mpl*

dompter [dɔ̃te] *vt* domar

dompteur, euse [dɔ̃tœr, øz] *nm, f* domador *m*, -ra *f*

DOM TOM [dɔmtɔm] *nmpl* antiguas provincias y territorios franceses de ultramar

DOM-TOM

Los territorios franceses de ultramar ya no se denominan *DOM* (*Départements d'Outre-Mer*) y *TOM* (*Territoires d'Outre-Mer*), sino que se subdividen en *DROM* (*Départements et Régions d'Outre-Mer*) y *COM* (*Collectivités d'Outre-Mer*). Además, la UE los ha reconocido como *PTOM* (*Pays et Territoires d'Outre-Mer*).

don [dɔ̃] *nm* don *m* ◆ **don de sang/d'organes** donación *f* de sangre/de órganos

donc [dɔ̃k] *conj* **1.** (par conséquent) así que **2.** (pour reprendre) pues

donjon [dɔ̃ʒɔ̃] *nm* torreón *m*

données [dɔne] *nfpl* datos *mpl*

donner [dɔne] *vt* dar ◆ **donner un livre à un ami** dar un libro a un amigo ◆ **donner à manger à qqn** dar de comer a alguien ◆ **donner chaud** dar calor ◆ **donner soif** dar sed ◆ **donner son sang** donar sangre ◆ **donner sur** *v + prep* dar a

dont [dɔ̃] *pron rel*
1. (complément du verbe ou de l'adjectif) del que (de la que) ◆ **la région dont je viens est très montagneuse** la región de donde vengo es muy montañosa ◆ **c'est le camping dont on nous a parlé** es el camping del que nos han hablado ◆ **l'établissement dont ils sont responsables** el establecimiento del que son responsables ◆ **la façon dont ça s'est passé** la manera con ocurrió
2. (complément d'un nom de personne) de quien ◆ **un homme dont on m'a parlé** un hombre de quien me han hablado
3. (complément du nom, exprime l'appartenance) cuyo(ya) ◆ **ton ami dont les parents sont divorcés** ese amigo tuyo cuyos padres están divorciados ◆ **c'est un pays**

dont la principale industrie est le tourisme es un país cuya principal industria es el turismo ● **pour ceux dont** la passion est le sport para aquellos cuya pasión es el deporte
4. *(parmi lesquels)* ● **nous avons passé plusieurs jours au Portugal, dont trois à la plage** pasamos varios días en Portugal, tres de ellos en la playa ● **certaines personnes, dont moi, pensent que...** algunas personas, yo entre ellos, piensan que...

dopage [dɔpaʒ] *nm* doping *m*, dopaje *m*

doré, e [dɔʀe] *adj* dorado(da)

dorénavant [dɔʀenavɑ̃] *adv* en adelante

dorin [dɔʀɛ̃] *nm* (Helv) denominación genérica de los vinos blancos procedentes del cantón de Vaud

dormir [dɔʀmiʀ] *vi* dormir

dortoir [dɔʀtwaʀ] *nm* dormitorio *m* común

dos [do] *nm* **1.** espalda *f* **2.** *(d'un siège)* respaldo *m* **3.** *(d'un livre, d'une feuille)* dorso *m* **4.** *(natation)* ● **dos crawlé** espalda *f* ● **au dos (de)** en el dorso (de) ● **de dos (à)** de espaldas (a) ● **avoir mal au dos** tener dolor de espalda

dose [doz] *nf* dosis *f inv*

dossier [dosje] *nm* **1.** *(d'un siège)* respaldo *m* **2.** *(documents)* informe *m*, dossier *m* **3.** INFORM carpeta *f* ● **dossier d'inscription** expediente *m* de inscripción

douane [dwan] *nf* aduana *f*

douanier, ère [dwanje, ɛʀ] *nm, f* aduanero *m*, -ra *f*

doublage [dublaʒ] *nm* doblaje *m*

double [dubl] *adj & adv* doble ◇ *nm* **1.** *(copie)* copia *f* **2.** *(partie de tennis)* dobles

mpl ● **le double (de)** el doble (de) ● **avoir qqch en double** tener algo repetido

double-clic [dublklik] *(pl doubles-clics) nm* INFORM doble clic *m* ● **faire un double-clic** hacer doble clic (en)

double-cliquer [dublklike] *vi* INFORM hacer doble clic ◇ *vt* hacer doble clic en

doubler [duble] ◇ *vi* **1.** doblar **2.** AUTO adelantar ◇ *vi* **1.** *(augmenter)* duplicarse **2.** AUTO adelantar ● **mes revenus ont doublé en un an** mis ingresos se han multiplicado por dos en un año

doublure [dublyʀ] *nf (d'un vêtement)* forro *m*

douce ➤ **doux**

doucement [dusmɑ̃] *adv* **1.** *(bas)* bajo **2.** *(lentement)* lentamente

douceur [dusœʀ] *nf* **1.** *(sensation)* suavidad *f* **2.** *(gentillesse)* dulzura *f* ● **avec douceur** suavemente ● **en douceur** despacio

douche [duʃ] *nf* ducha *f* ● **prendre une douche** tomar ou darse una ducha

doucher [duʃe] ● **se doucher** *vp* ducharse

doué, e [dwe] *adj* dotado(da) ● **être doué pour** ou **en qqch** tener facilidad para algo

douillet, ette [dujɛ, ɛt] *adj* **1.** *(personne)* delicado(da) **2.** *(lit)* mullido(da)

douleur [dulœʀ] *nf* dolor *m* ● **j'ai une douleur au ventre** tengo dolor de barriga ● **j'ai une douleur au bras** me duele el brazo

douloureux, euse [duluʀø, øz] *adj* **1.** *(opération, souvenir)* doloroso(sa) **2.** *(partie du corps)* dolorido(da)

doute [dut] *nm* duda *f* ● **avoir un doute (sur)** tener una duda (sobre) ● **sans doute** sin duda

douter [dute] *vt* dudar ● **douter que** dudar que ◆ **douter de** *v* + *prep* dudar de ◆ **se douter** *vp* ● **se douter de** sospechar ● **se douter que** sospechar que

doux, douce [du, dus] *adj* **1.** suave **2.** (*gentil*) dulce ● **il fait doux, aujourd'hui** hoy hace una temperatura agradable

douzaine [duzɛn] *nf* ● **une douzaine (de)** una docena (de)

douze [duz] *adj num & pron num* doce ◇ *nm* doce *m* ● **il a douze ans** tiene doce años ● **le douze janvier** el doce de enero ● **page douze** página doce ● **ils étaient douze** eran doce ● **(au) douze rue Lepic** (en la) calle Lepic número doce

douzième [duzjɛm] *adj num & pron num* duodécimo(ma) ◇ *nm* **1.** (*fraction*) duodécima parte *f* **2.** (*étage*) duodécimo *m* (*piso*) **3.** (*arrondissement*) distrito *m* doce ou duodécimo

dragée [draʒe] *nf* peladilla *f*

dragon [dragɔ̃] *nm* dragón *m*

draguer [drage] *vt* (*fam*) (*personne*) ligar con

dramatique [dramatik] *adj* dramático(ca)

drame [dram] *nm* drama *m*

drap [dra] *nm* sábana *f* ● **changer les draps** cambiar las sábanas

drap-housse [draus] (*pl* draps-housses) *nm* sábana *f* bajera (ajustable)

dresser [drese] *vt* **1.** (*lever*) levantar **2.** (*animal*) adiestrar ◆ **se dresser** *vp* **1.** (*se mettre debout*) levantarse **2.** (*s'élever*) erguirse

drogue [drɔg] *nf* droga *f* ● **drogue douce/dure** droga blanda/dura

drogué, e [drɔge] *nm, f* drogadicto *m,* -ta *f*

droguer [drɔge] ◆ **se droguer** *vp* drogarse

droguerie [drɔgri] *nf* droguería *f*

droit, e [drwa, drwat] *adj* **1.** derecho(cha) **2.** (*sans détour*) recto(ta) ◆ **droit** *adv* recto ◇ *nm* derecho *m* ● **le Droit** DR el derecho ● **droit de vote** derecho al voto ● **avoir le droit de faire qqch** tener derecho a hacer algo ● **avoir droit à qqch** tener derecho a algo ● **payer les droits d'inscription** pagar los derechos de inscripción

droite [drwat] *nf* derecha *f* ● **à droite (de)** a la derecha (de) ● **la droite** la derecha ● **de droite** (*du côté droit*) de la derecha ; POL de derechas

droitier, ère [drwatje, ɛʁ] *adj & nm, f* diestro(tra) (*que usa la mano derecha*)

drôle [drol] *adj* **1.** (*amusant*) divertido(da) **2.** (*bizarre*) raro(ra)

DROM [drɔm] (*abr de Départements et régions d'outre-mer*) *nmpl* territorios franceses de ultramar que son al mismo tiempo un departamento y una región: lo son Guadalupe, la Guyana Francesa, Martinica y la isla de la Reunión

drugstore [drœgstɔʁ] *nm* drugstore *m*

dû, due [dy] *pp* > **devoir**

duc, duchesse [dyk, dyʃes] *nm, f* duque *m,* -quesa *f*

duel [dɥɛl] *nm* duelo *m* ● **se battre en duel** batirse en duelo

duffle-coat, s [dœfəlkot] *nm* trenca *f*

dune [dyn] *nf* duna *f*

duo [dɥo] *nm* dúo *m*

duplex [dyplɛks] *nm* dúplex *m*

duplicata [dyplikata] *nm* duplicado *m*

duquel [dykɛl] ➤ de + lequel ; = lequel

dur, e [dyʀ] *adj* 1. duro(ra) 2. *(difficile)* difícil ✦ **dur** ✦ *adv* 1. *(travailler)* mucho 2. *(frapper)* fuerte

durant [dyʀɑ̃] *prép* durante

durcir [dyʀsiʀ] *vi* endurecer

durée [dyʀe] *nf* duración *f*

durer [dyʀe] *vi* durar

dureté [dyʀte] *nf* dureza *f*

duvet [dyvɛ] *nm* 1. *(plumes)* plumón *m* 2. *(sac de couchage)* saco *m* de dormir *(de plumón)*

DVD [devede] (*abr de Digital Video Disc ou Digital Versatile Disc*) *m inv* DVD *m*

DVD-ROM [devedeʀɔm] (*abr de Digital Video ou Versatile Disc Read Only Memory*) *nm* DVD-ROM *m*

dynamique [dinamik] *adj* dinámico(ca)

dynamite [dinamit] *nf* dinamita *f*

dynamo [dinamo] *nf* dinamo *f*

dyslexique [dislɛksik] *adj* disléxico(ca)

*e***E**

E (*abr écrite de est*) E (*este*)

eau, x [o] *nf* agua *f* ● **eau bénite** agua bendita ● **eau de Cologne** colonia *f* ● **eau douce** agua dulce ● **eau gazeuse/plate** agua con gas/sin gas ● **eau minérale** agua mineral ● **eau oxygénée** agua oxigenada ● **eau potable/non potable** agua potable/no potable ● **eau du robinet** agua del grifo ● **eau de toilette** colonia ● **eau de mer** agua salada ● **elle a perdu les eaux** ha roto aguas ● **tomber à l'eau** *(fig)* irse a pique

eau-de-vie [odvi] (*pl* eaux-de-vie) *nf* aguardiente *m*

ébéniste [ebenist] *nmf* ebanista *mf*

éblouir [ebluiʀ] *vt* deslumbrar

éblouissant, e [ebluisɑ̃, ɑ̃t] *adj* deslumbrante

éborgner [ebɔʀɲe] *vt* ● **éborgner qqn** dejar a alguien tuerto(ta)

éboueur [ebwœʀ] *nm* basurero *m*, -ra *f*

ébouillanter [ebujɑ̃te] *vt* escaldar ✦ **s'ébouillanter** *vp* escaldarse

éboulement [ebulmɑ̃] *nm* desprendimiento *m*

ébouriffé, e [eburife] *adj* desgreñado(da)

ébrécher [ebreʃe] *vt* mellar

ébrouer [ebrue] ✦ **s'ébrouer** *vp* sacudirse

ébruiter [ebrɥite] *vt* divulgar

ébullition [ebylisjɔ̃] *nf* ebullición *f* ● **porter qqch à ébullition** llevar algo a ebullición

écaille [ekaj] *nf* 1. *(de poisson)* escama *f* 2. *(matière)* concha *f* ● **en écaille** de concha

écailler [ekaje] *vt* *(poisson)* escamar

écarlate [ekarlat] *adj* escarlata

écarquiller [ekarkije] *vt* ● **écarquiller les yeux** abrir los ojos de par en par

écart [ekar] *nm* 1. *(distance)* distancia *f* 2. *(différence)* diferencia *f* ● **faire un écart** echarse a un lado ● **à l'écart (de)** al margen (de) ● **faire le grand écart** abrirse de piernas

écarter [ekarte] vt **1.** *(éloigner)* alejar **2.** *(ouvrir)* abrir

échafaudage [eʃafodaʒ] nm andamio m

échalote [eʃalɔt] nf chalote m

échancré, e [eʃɑ̃kre] adj *(vêtement)* escotado(da)

échange [eʃɑ̃ʒ] nm **1.** *(troc)* cambio m **2.** SCOL intercambio m **3.** *(au tennis)* peloteo m ● **en échange (de)** a cambio (de)

échanger [eʃɑ̃ʒe] vt intercambiar ● **échanger qqch contre** cambiar algo por

échangeur [eʃɑ̃ʒœr] nm *(d'autoroute)* cruce m a diferentes niveles

échantillon [eʃɑ̃tijɔ̃] nm muestra f

échappement [eʃapmɑ̃] nm ➤ pot, tuyau

échapper [eʃape] ◆ **échapper à** v + prep escapar de ● **ça m'a échappé** *(nom, détail)* se me ha ido de la memoria ; *(paroles)* se me han escapado ● **s'échapper** vp escaparse ● **s'échapper de** escaparse de

écharde [eʃard] nf astilla f

écharpe [eʃarp] nf bufanda f ● **le bras en écharpe** el brazo en cabestrillo

échauffement [eʃofmɑ̃] nm *(sportif)* calentamiento m

échauffer [eʃofe] ◆ **s'échauffer** vp *(sportif)* calentarse

échec [eʃɛk] nm fracaso m ● **échec !** ¡jaque! ● **échec et mat !** ¡jaque mate! ● **échec scolaire** fracaso escolar ◆ **échecs** nmpl ajedrez m ● **jouer aux échecs** jugar al ajedrez

échelle [eʃɛl] nf **1.** *(escalera f ?)* *(sur une carte)* escala f ● **faire la courte échelle à qqn** aupar a alguien ● **échelle de Richter** escala de Richter

échelon [eʃlɔ̃] nm **1.** *(d'échelle)* peldaño m **2.** *(grade)* escalón m

échine [eʃin] nf CULIN lomo m

échiquier [eʃikje] nm tablero m de ajedrez

écho [eko] nm eco m

échographie [ekɔɡrafi] nf ecografía f ● **faire** ou **passer une échographie** hacerse una ecografía

échouer [eʃwe] vi fracasar

éclabousser [eklabuse] vt salpicar

éclaboussure [eklabusyr] nf salpicadura f

éclair [eklɛr] nm **1.** relámpago m **2.** *(gâteau)* pastelito alargado relleno de crema de chocolate o de café

éclairage [eklɛraʒ] nm iluminación f

éclaircie [eklɛrsi] nf claro m *(entre nubes)*

éclaircir [eklɛrsir] vt aclarar ◆ **s'éclaircir** vp *(ciel)* despejarse

éclaircissement [eklɛrsismɑ̃] nm *(explication)* aclaración f

éclairer [eklɛre] vt **1.** *(illuminer)* iluminar **2.** *(expliquer)* aclarar ◆ **s'éclairer** vp *(visage)* iluminarse

éclaireur, euse [eklɛrœr, øz] nm, f explorador m, -ra f ● **partir en éclaireur** ir a reconocer el terreno

éclat [ekla] nm **1.** *(de verre)* trozo m **2.** *(d'une lumière)* resplandor m ● **éclats de rire** carcajadas fpl ● **éclats de voix** gritos mpl

éclatant, e [eklatɑ̃, ɑ̃t] adj **1.** *(lumière, blancheur, sourire)* resplandeciente **2.** *(succès)* brillante

éclater [eklate] *vi* estallar • **éclater de rire** echarse a reír • **éclater en sanglots** romper a llorar

éclipse [eklips] *nf* eclipse *m*

éclosion [eklozjɔ̃] *nf* eclosión *f*

écluse [eklyz] *nf* esclusa *f*

écobilan [ekɔbilã] *nm* ecobalance *m*

écœurant, e [ekœʀã, ãt] *adj* **1.** *(aliment)* asqueroso(sa) **2.** *(spectacle, comportement)* repugnante

écœurer [ekœʀe] *vt* dar asco

école [ekɔl] *nf* escuela *f*, colegio *m* • **école publique/privée** enseñanza *f* pública/privada • **je vais à l'école** voy al colegio

L'école

En Francia, la *école* es el establecimiento escolar de enseñanza primaria. Se divide en dos ciclos: *école maternelle*, para alumnos de entre 3 y 6 años, y que incluye los cursos *petite*, *moyenne* y *grande section*; y *école primaire*, destinada a alumnos de entre 6 y 11 años, y que comprende los cursos *CP* (o *cours préparatoire*), *CE1* (o *cours élémentaire 1*), *CE2*, *CM1* (o *cours moyen 1*) y *CM2*.

écolier, ère [ekɔlje, ɛʀ] *nm, f* colegial *m*, -la *f*

écologie [ekɔlɔʒi] *nf* ecología *f*

écologique [ekɔlɔʒik] *adj* ecológico(ca)

économie [ekɔnɔmi] *nf* economía *f* • **économies** *nfpl* ahorros *mpl* • **faire des économies** ahorrar

économique [ekɔnɔmik] *adj* económico(ca)

économiser [ekɔnɔmize] *vt* ahorrar

écorce [ekɔʀs] *nf* corteza *f*

écorcher [ekɔʀʃe] • **s'écorcher** *vp* • **s'écorcher le genou** arañarse la rodilla

écorchure [ekɔʀʃyʀ] *nf* arañazo *m*

écossais, e [ekɔse, ez] *adj* escocés(esa) • **Écossais, e** *nm, f* escocés *m*, -esa *f*

Écosse [ekɔs] *nf* • **l'Écosse** Escocia *f*

écotourisme [ekɔtuʀism] *nm* ecoturismo *m*

écouler [ekule] • **s'écouler** *vp* **1.** *(temps)* pasar **2.** *(liquide)* fluir

écouter [ekute] *vt* escuchar

écouteur [ekutœʀ] *nm* (de téléphone) auricular *m* • **écouteurs** *(casque)* cascos *mpl*

écran [ekʀã] *nm* pantalla *f* • **(crème) écran total** (crema solar de) protección *f* total • **le grand écran** *(le cinéma)* la pantalla grande • **le petit écran** *(la télévision)* la pequeña pantalla • **écran plat** pantalla *f* plana

écrasant, e [ekʀazã, ãt] *adj* aplastante

écraser [ekʀaze] *vt* **1.** aplastar **2.** *(en voiture)* atropellar • **se faire écraser** *(par une voiture)* ser atropellado(da) • **s'écraser** *vp* (avion) estrellarse

écrémé, e [ekʀeme] *adj* desnatado(da) • **demi-écrémé** semidesnatado(da)

écrevisse [ekʀavis] *nf* cangrejo *m* de río

écrier [ekʀije] • **s'écrier** *vp* exclamar

écrin [ekʀɛ̃] *nm* joyero *m*

écrire [ekʀiʀ] *vt & vi* escribir • **écrire à qqn** escribir a alguien • **s'écrire** *vp* escribirse

écrit, e [ekʀi, it] *pp* > **écrire** ◇ *nm* • **par écrit** por escrito • **à l'écrit** *(examen)* en el examen escrito

écriteau, x [ekʀito] *nm* letrero *m*

écriture [ekrityr] *nf* escritura *f*

écrivain, e [ekrivɛ̃, ɛn] *nm, f* escritor *m*, -ra *f*

écrou [ekru] *nm* tuerca *f*

écrouler [ekrule] ◆ **s'écrouler** *vp* derrumbarse

écru, e [ekry] *adj (couleur)* crudo(da)

ecsta [ɛksta] *(abr de ecstasy) (fam) nm* éxtasis *m inv (droga)*

écume [ekym] *nf* espuma *f*

écureuil [ekyrœj] *nm* ardilla *f*

écurie [ekyri] *nf* cuadra *f*

écusson [ekysɔ̃] *nm* escudo *m*

eczéma [ɛgzema] *nm* eccema *m* ● **j'ai de l'eczéma** tengo eccema

édenté, e [edɑ̃te] *adj* desdentado(da), mellado(da)

édifice [edifis] *nm* edificio *m*

éditer [edite] *vt* editar

éditeur, trice [editœr, tris] *nm, f* editor *m*, -ra *f*

édition [edisjɔ̃] *nf* edición *f*

édredon [edrədɔ̃] *nm* edredón *m*

éducatif, ive [edykatif, iv] *adj* educativo(va)

éducation [edykasjɔ̃] *nf* educación *f* ● **Éducation physique** educación física ● **l'Éducation nationale** ≃ la Educación Nacional

éduquer [edyke] *vt* educar

E.E.G. *(abr écrite de électroencéphalogramme) nm MÉD* EEG *m (electroencefalograma)*

effacer [efase] *vt* borrar ◆ **s'effacer** *vp* borrarse

effaceur [efasœr] *nm* borrador *m* de tinta

effectif [efɛktif] *nm* plantilla *f*

effectivement [efɛktivmɑ̃] *adv* efectivamente

effectuer [efɛktɥe] *vt* efectuar

efféminé, e [efemine] *adj* afeminado(da)

effervescent, e [efɛrvesɑ̃, ɑ̃t] *adj* efervescente

effet [efɛ] *nm* efecto *m* ● **effet secondaire** efecto secundario ● **effets spéciaux** efectos especiales ● **faire de l'effet** causar efecto ● **en effet** en efecto

efficace [efikas] *adj* eficaz

efficacité [efikasite] *nf* eficacia *f*

effilé, e [efile] *adj* afilado(da)

effilocher [efilɔʃe] ◆ **s'effilocher** *vp* deshilacharse

effleurer [eflœre] *vt* rozar

effondrer [efɔ̃dre] ◆ **s'effondrer** *vp* derrumbarse

efforcer [efɔrse] ◆ **s'efforcer de** *vp + prep* esforzarse por

effort [efɔr] *nm* esfuerzo *m* ● **faire des efforts (pour)** hacer esfuerzos (por)

effrayant, e [efrɛjã, ãt] *adj* espantoso(sa)

effrayer [efreje] *vt* asustar

effriter [efrite] ◆ **s'effriter** *vp* desmoronarse

effroyable [efrwajabl] *adj* espantoso(sa)

égal, e, aux [egal, o] *adj (identique)* igual ● **ca m'est égal** me da igual

également [egalmɑ̃] *adv (aussi)* igualmente

égaliser [egalize] *vt* igualar ◇ *vi SPORT* empatar

égalité [egalite] *nf* igualdad *f* ● **être à égalité** *SPORT* estar empatados(das)

● **égalité des chances** igualdad de oportunidades

égard [egaʀ] *nm* ● **à l'égard de** respecto a

égarer [egaʀe] *vt* extraviar ● **s'égarer** *vp (se perdre)* extraviarse

égayer [egeje] *vt* alegrar

église [egliz] *nf* iglesia *f* ● **l'Église** la Iglesia ● **un homme d'église** un eclesiástico

égoïste [egɔist] *adj & nmf* egoísta

égorger [egɔʀʒe] *vt* degollar

égouts [egu] *nmpl* alcantarillado *m*

égoutter [egute] *vt* escurrir

égouttoir [egutwaʀ] *nm* escurreplatos *m inv*

égratigner [egʀatiɲe] *vt* arañar ● **s'égratigner** *vp* arañarse ● **s'égratigner le genou** arañarse la rodilla

égratignure [egʀatiɲyʀ] *nf* arañazo *m*

égrener [egʀəne] *vt* desgranar

Égypte [eʒipt] *nf* ● **l'Égypte** Egipto *m*

égyptien, enne [eʒipsjɛ̃, ɛn] *adj* egipcio(cia) ● **Égyptien, enne** *nm, f* egipcio *m, -cia f*

eh [e] *interj* ¡eh! ● **eh bien !** ¡bueno!

éjection [eʒɛksjɔ̃] *nf* expulsión *f* ● **bouton d'éjection du CD-ROM** botón *m* de expulsión de la unidad de CD-ROM

élan [elɑ̃] *nm* **1.** *(pour sauter)* impulso *m* **2.** *(de tendresse)* arrebato *m* ● **prendre son élan** coger impulso

élancer [elɑ̃se] ● **s'élancer** *vp* lanzarse

élargir [elaʀʒiʀ] *vt* **1.** *(route, vêtement)* ensanchar **2.** *(débat, connaissances)* ampliar ● **s'élargir** *vp (route, vêtement)* ensancharse

élastique [elastik] *adj* elástico(ca) ◇ *nm* elástico *m*

électeur, trice [elɛktœʀ, tʀis] *nm, f* elector *m, -ra f* ● **carte d'électeur** credencial *para votar*

élections [elɛksjɔ̃] *nfpl* elecciones *fpl* ● **élections législatives** elecciones legislativas ● **élections présidentielles** elecciones presidenciales ● **se présenter aux élections** presentarse a las elecciones

électricien, enne [elɛktʀisjɛ̃, ɛn] *nm, f* electricista *mf*

électricité [elɛktʀisite] *nf* electricidad *f* ● **électricité statique** electricidad estática

électrique [elɛktʀik] *adj* eléctrico(ca)

électrocuter [elɛktʀɔkyte] ● **s'électrocuter** *vp* electrocutarse

électroménager [elɛktʀɔmenaʒe] *nm* electrodoméstico *m*

électronique [elɛktʀɔnik] *adj* electrónico(ca) ◇ *nf* electrónica *f*

électuaire [elɛktɥɛʀ] *nm (Helv)* crema *para untar parecida a la mermelada*

élégance [elegɑ̃s] *nf* elegancia *f*

élégant, e [elegɑ̃, ɑ̃t] *adj* elegante

élément [elemɑ̃] *nm* **1.** elemento *m* **2.** *(de meuble, de cuisine)* módulo *m*

élémentaire [elemɑ̃tɛʀ] *adj* elemental

éléphant [elefɑ̃] *nm* elefante *m*

élevage [ɛlvaʒ] *nm (activité)* ganadería *f* ● **l'élevage du bétail** la cría de ganado

élève [elɛv] *nmf* alumno *m, -na f*

élevé, e [ɛlve] *adj* elevado(da) ● **bien/mal élevé** bien/mal educado

élever [ɛlve] *vt* **1.** *(enfant, animaux)* criar **2.** *(niveau, voix)* elevar ● **s'élever** *vp* elevarse ● **les frais s'élèvent à 200 euros** los gastos ascienden a 200 euros

éleveur, euse [elvœʀ, øz] *nm, f* ganadero *m*, -ra *f*, criador *m*, -ra *f*

éliminatoire [eliminatwaʀ] *adj* eliminatorio(ria) ◇ *nf* eliminatoria *f*

éliminer [elimine] *vt* & *vi* eliminar • **il faut boire pour éliminer** hay que beber para eliminar

élire [eliʀ] *vt* elegir

elle [el] *pron* ella • **elle-même** ella misma • **elles** *pron* ellas • **elles sont arrivées** han llegado • **elles-mêmes** ellas mismas

éloigné, e [elwaɲe] *adj* alejado(da) • **éloigné de** (loin de) alejado de ; (différent de) diferente de

éloigner [elwaɲe] *vt* alejar • **s'éloigner (de)** *vp* + *prep* alejarse (de)

élongation [elɔ̃gasjɔ̃] *nf* elongación *f*

élu, e [ely] *pp* > **élire** ◇ *nm, f* representante *mf* del pueblo

Élysée [elize] *nm* • (**le palais de**) **l'Élysée** residencia del presidente de la República Francesa

L'Élysée

Este palacio del siglo XVIII, situado cerca de la avenida de los Campos Elíseos, es desde 1873 la residencia oficial del presidente de la República. A menudo se habla del *Élysée* para referirse a la presidencia.

e-mail [imɛl] (*pl* **e-mails**) *nm* correo *m* electrónico • **envoyer/recevoir un e-mail** enviar/recibir un correo electrónico • **tu me donnes ton e-mail ?** (adresse) ¿me das tu dirección de correo electrónico?

L'e-mail

Les espagnols utilisent le clavier international (QWERTY) un peu différent du clavier que l'on utilise en France (AZERTY). Contrairement à la lettre papier, les courriers électroniques se passent aisément d'introduction et de conclusion. En revanche, les formules de politesse en début et fin de courrier sont les mêmes que pour les lettres.

émail, aux [emaj, o] *nm* esmalte *m*

emballage [ɑ̃balaʒ] *nm* embalaje *m*

emballer [ɑ̃bale] *vt* **1.** empaquetar **2.** (fam) (enthousiasmer) entusiasmar

embarcadère [ɑ̃baʀkadɛʀ] *nm* embarcadero *m*

embarcation [ɑ̃baʀkasjɔ̃] *nf* embarcación *f*

embarquement [ɑ̃baʀkəmɑ̃] *nm* embarque *m* ▼ **embarquement immédial** embarque inmediato

embarquer [ɑ̃baʀke] *vt* **1.** (marchandises, passagers) embarcar **2.** (fam) (prendre) llevarse ◇ *vi* embarcar • **s'embarquer** embarcarse • **s'embarquer dans** embarcarse en

embarras [ɑ̃baʀa] *nm* apuro *m* • **mettre qqn dans l'embarras** poner a alguien en un aprieto

embarrassant, e [ɑ̃baʀasɑ̃, ɑ̃t] *adj* embarazoso(ra)

embarrasser [ɑ̃baʀase] *vt* **1.** (encombrer) atestar **2.** (gêner) poner en un compromiso • **s'embarrasser de** *vp* + *prep* (s'encombrer de) cargarse de • **il ne s'embarrasse pas de scrupules** no tiene ningún escrúpulo

embaucher [ɑ̃boʃe] vt contratar

embellir [ɑ̃beliʀ] vt 1. embellecer 2. (histoire, vérité) adornar ◇ vi embellecerse

embêtant, e [ɑ̃bɛtɑ̃, ɑ̃t] adj molesto(ta)

embêter [ɑ̃bɛte] vt 1. (taquiner) fastidiar 2. (contrarier) molestar ◆ **s'embêter** vp aburrirse

emblème [ɑ̃blɛm] nm emblema m

emboîter [ɑ̃bwate] vt encajar ◆ **s'emboîter** vp encajar

embouchure [ɑ̃buʃyʀ] nf desembocadura f

embourber [ɑ̃buʀbe] ◆ **s'embourber** vp atascarse

embout [ɑ̃bu] nm contera f

embouteillage [ɑ̃butɛjaʒ] nm atasco m • **être coincé dans les embouteillages** estar atrapado en un atasco

embranchement [ɑ̃bʀɑ̃ʃmɑ̃] nm (carrefour) cruce m

embrasser [ɑ̃bʀase] vt besar ◆ **s'embrasser** vp besarse

embrayage [ɑ̃bʀejaʒ] nm embrague m

embrayer [ɑ̃bʀeje] vi embragar

embrouiller [ɑ̃bʀuje] vt enredar ◆ **s'embrouiller** vp enredarse

embruns [ɑ̃bʀœ̃] nmpl salpicaduras fpl (de las olas)

embuscade [ɑ̃byskad] nf emboscada f

éméché, e [emeʃe] adj piripi

émeraude [emʀod] adj esmeralda ◇ nf esmeralda f

émerveillé, e [emɛʀveje] adj maravillado(da)

émetteur [emetœʀ] nm emisor m

émettre [emɛtʀ] vt emitir

émeute [emøt] nf motín m

émigré, e [emigʀe] adj & nm, f emigrado(da)

émigrer [emigʀe] vi emigrar

émincé [emɛ̃se] nm lonchas finas de carne en salsa • **émincé de veau à la zurichoise** carne y riñones de ternera preparados con nata, champiñones y vino blanco; especialidad suiza

émis, e [emi, iz] pp ➤ émettre

émission [emisjɔ̃] nf programa m

emmagasiner [ɑ̃magazine] vt almacenar

emmanchure [ɑ̃mɑ̃ʃyʀ] nf sisa f

emmêler [ɑ̃mele] vt enredar ◆ **s'emmêler** vp 1. (fils, cheveux) enredarse 2. (souvenirs, dates) embrollarse

emménager [ɑ̃menaʒe] vi instalarse

emmener [ɑ̃mne] vt llevar

emmental [emɛ̃tal] nm emmental m

emmitoufler [ɑ̃mitufle] ◆ **s'emmitoufler** vp abrigarse

emoticon [emɔtikɔ] nm INFORM emoticono m

émotif, ive [emɔtif, iv] adj emotivo(va)

émotion [emɔsjɔ̃] nf emoción f

émouvant, e [emuvɑ̃, ɑ̃t] adj conmovedor(ra)

émouvoir [emuvwaʀ] vt conmover

empaillé, e [ɑ̃paje] adj disecado(da)

empaqueter [ɑ̃pakte] vt empaquetar

emparer [ɑ̃paʀe] ◆ **s'emparer de** vp + prep apoderarse de

empêchement [ɑ̃peʃmɑ̃] nm impedimiento m • **avoir un empêchement** tener un contratiempo

empêcher [ɑ̃peʃe] vt impedir ● **empêcher qqn de faire qqch** impedir a alguien que haga algo ● **empêcher qqch d'arriver** impedir que algo ocurra ● **(il) n'empêche que** eso no quita que ◆ **s'empêcher de** vp + prep evitar, dejar de

empereur [ɑ̃pʀœʀ] nm emperador m

empester [ɑ̃peste] vt & vi apestar

empêtrer [ɑ̃petʀe] ◆ **s'empêtrer dans** vp + prep **1.** (fils) enredarse con **2.** (mensonges) liarse con

empiffrer [ɑ̃pifʀe] ◆ **s'empiffrer (de)** vp + prep (fam) atiborrarse (de)

empiler [ɑ̃pile] vt apilar ● **s'empiler** vp apilarse

empire [ɑ̃piʀ] nm imperio m

empirer [ɑ̃piʀe] vi empeorar

emplacement [ɑ̃plasmɑ̃] nm **1.** ubicación f **2.** (de parking) plaza f ● **emplacement réservé** aparcamiento reservado

emploi [ɑ̃plwa] nm **1.** (poste) empleo m **2.** (d'un objet, d'un mot) uso m ● **l'emploi** (en économie) el empleo ● **chercher/trouver un emploi** buscar/encontrar un empleo ● **offre/demande d'emploi** oferta/ solicitud de empleo ● **emploi du temps** horario m ● **mode d'emploi** instrucciones fpl para el uso

employé, e [ɑ̃plwaje] nm, f empleado m, -da f ● **employé de bureau** administrativo m

employer [ɑ̃plwaje] vt emplear

employeur, euse [ɑ̃plwajœʀ, øz] nm, f **1.** patrono m, -na f **2.** (entreprise) empresa f

empoigner [ɑ̃pwaɲe] vt empuñar

empoisonnement [ɑ̃pwazɔnmɑ̃] nm envenenamiento m

empoisonner [ɑ̃pwazɔne] vt envenenar

emporter [ɑ̃pɔʀte] vt **1.** (prendre avec soi) llevarse **2.** (suj : vent, rivière) arrancar ● **à emporter** (plats) para llevar ● **l'emporter sur** vencer ● **s'emporter** vp enfurecerse

empreinte [ɑ̃pʀɛ̃t] nf huella f ● **empreintes digitales** huellas digitales ● **empreinte génétique** huella genética

empresser [ɑ̃pʀese] ◆ **s'empresser de** vp + prep apresurarse en ● **s'empresser de faire qqch** apresurarse en hacer algo

emprisonner [ɑ̃pʀizɔne] vt encarcelar

emprunt [ɑ̃pʀœ̃] nm préstamo m ● **faire un emprunt** pedir un préstamo

emprunter [ɑ̃pʀœ̃te] vt **1.** (argent, objet) pedir prestado(da) **2.** (itinéraire) tomar ● **emprunter de l'argent à qqn** tomar dinero prestado a alguien ● **je lui ai emprunté son livre** le he tomado prestado el libro ● **je peux t'emprunter ton stylo ?** ¿me prestas el bolígrafo?

ému, e [emy] pp ➤ **émouvoir** ◇ adj emocionado(da)

en [ɑ̃] prép **1.** (indique le moment) en ● **en 1789** en 1789 ● **en août/été** en agosto/verano **2.** (indique le lieu où l'on est) en ● **être en classe** estar en clase ● **habiter en Angleterre** vivir en Inglaterra **3.** (indique le lieu où l'on va) a ● **aller en ville/en Normandie** ir a la ciudad/a Normandía **4.** (désigne la matière) de ● **un pull en laine** un jersey de lana **5.** (indique la durée) en ● **en dix minutes** en diez minutos **6.** (indique l'état) ● **être en vacances** estar de vacaciones ● **s'habiller en noir** vestirse de negro ● **combien ça fait en euros ?**

¿cuánto es en euros? ● **on dit "hola" en espagnol** se dice "hola" en español
7. *(indique le moyen)* en ● **voyager en avion/voiture** viajar en avión/coche
8. *(pour désigner la taille, la pointure)* à ● **auriez-vous celle-ci en 38 ?** ¿tiene usted la (talla) 38? ● **ce modèle existe-t-il en plus petit ?** ¿este modelo lo hacen en más pequeño?
9. *(devant un participe présent)* ● **il est arrivé en courant** llegó corriendo ● **en arrivant à Paris** al llegar a París
◇ *pron*
1. *(object indirect)* ● **j'en rêve la nuit** de noche sueño con ello ● **n'en parlons plus** no se hable más (de ello) ● **je vous en remercie** se lo agradezco
2. *(avec un indéfini)* ● **en reprendrez-vous ?** ¿tomará más?
3. *(indique la provenance)* de ● **j'en viens** vengo de ahí ● **il est entré dans le magasin au moment où j'en sortais** entró en la tienda en el momento en que yo salía
4. *(complément du nom)* ● **j'en garde un excellent souvenir** guardo un excelente recuerdo de ello
5. *(complément de l'adjectif)* ● **elle est super, ta maison ! - ma foi, j'en suis assez fier** ¡que casa más guay! - pues sí, estoy bastante orgulloso de ella ● **les escargots ? il en est fou !** ¿los caracoles? ¡le encantan!

encadrer [ɑ̃kadʀe] *vt* enmarcar

encaisser [ɑ̃kese] *vt* **1.** *(argent)* cobrar **2.** *SPORT (but)* encajar

encastrer [ɑ̃kastʀe] *vt* empotrar

enceinte [ɑ̃sɛ̃t] *adj f* embarazada ◇ *nf*
1. *(haut-parleur)* altavoz *m* **2.** *(d'une ville)*

murailles *fpl* ● **être enceinte** estar embarazada ● **tomber enceinte** quedarse embarazada ● **je suis enceinte de six mois** estoy (embarazada) de seis meses

encens [ɑ̃sɑ̃] *nm* incienso *m*

encercler [ɑ̃sɛʀkle] *vt (personne, ville)* cercar

enchaîner [ɑ̃ʃene] *vt* encadenar ● **s'enchaîner** *vp* encadenarse

enchanté, e [ɑ̃ʃɑ̃te] *adj* encantado(da) ● **enchanté (de faire votre connaissance) !** ¡encantado (de conocerlo)! ● **je suis enchanté du résultat** estoy encantado con el resultado

enchères [ɑ̃ʃɛʀ] *nfpl* subasta *f* ● **vendre qqch aux enchères** subastar algo

enclencher [ɑ̃klɑ̃ʃe] *vt (mécanisme)* activar

enclos [ɑ̃klo] *nm* cercado *m*

encoche [ɑ̃kɔʃ] *nf* muesca *f*

encolure [ɑ̃kɔlyʀ] *nf (de vêtement)* cuello *m*

encombrant, e [ɑ̃kɔ̃bʀɑ̃, ɑ̃t] *adj* que estorba

encombrements [ɑ̃kɔ̃bʀəmɑ̃] *nmpl* atascos *mpl*

encombrer [ɑ̃kɔ̃bʀe] *vt* estorbar ● **encombré de** *(suj : pièce, table)* atestado de

encore [ɑ̃kɔʀ] *adv*
1. *(toujours)* todavía, aún ● **il reste encore une centaine de kilomètres** todavía quedan unos cien kilómetros ● **pas encore** todavía no
2. *(de nouveau)* otra vez ● **j'ai encore oublié mes clefs !** ¡me he vuelto a olvidar las llaves ● **encore une fois** una vez más

3. (*en plus*) más ● **encore un peu de légumes ?** ¿un poco más de verdura? ● **reste encore un peu** quédate un poco más
4. (*en intensif*) todavía ● **c'est encore plus cher ici** aquí es todavía más caro

encourager [ãkuraʒe] *vt* animar ● **encourager qqn à faire qqch** animar a alguien que haga algo

encre [ãkr] *nf* tinta *f* ● **encre de Chine** tinta china

encyclopédie [ãsiklɔpedi] *nf* enciclopedia *f*

endetter [ãdete] ♦ **s'endetter** *vp* endeudarse

endive [ãdiv] *nf* endibia *f*

endommager [ãdɔmaʒe] *vt* deteriorar

endormi, e [ãdɔrmi] *adj* dormido(da)

endormir [ãdɔrmir] *vt* **1.** dormir **2.** (*douleur, soupçons*) adormecer ♦ **s'endormir** *vp* dormirse

endroit [ãdrwa] *nm* **1.** sitio *m* **2.** (*côté*) derecho *m* ● **à l'endroit** del derecho ● **je connais un endroit sympa** conozco un lugar agradable

endurance [ãdyrãs] *nf* resistencia *f*

endurant, e [ãdyrã, ãt] *adj* resistente

endurcir [ãdyrsir] ♦ **s'endurcir** *vp* endurecerse

énergie [enerʒi] *nf* energía *f* ● **énergie renouvelable** energía renovable

énergique [enerʒik] *adj* enérgico(ca)

énerver [enerve] *vt* poner nervioso(sa) ♦ **s'énerver** *vp* ponerse nervioso(sa)

enfance [ãfãs] *nf* infancia *f* ● **souvenirs d'enfance** recuerdos de infancia

enfant [ãfã] *nmf* **1.** (*jeune*) niño *m*, -ña *f* **2.** (*descendant*) hijo *m*, -ja *f* ● **enfant de chœur** monaguillo *m* ● **attendre un enfant** esperar un hijo

enfantin, e [ãfãtɛ̃, in] *adj* infantil

enfer [ãfer] *nm* infierno *m*

enfermer [ãferme] *vt* encerrar

enfiler [ãfile] *vt* **1.** (*aiguille*) enhebrar **2.** (*perles*) ensartar **3.** (*fam*) (*vêtement*) ponerse

enfin [ãfɛ̃] *adv* **1.** (*finalement*) por fin **2.** (*en dernier*) por último ● **nous sommes enfin arrivés !** ¡por fin hemos llegado!

enflammer [ãflame] ♦ **s'enflammer** *vp* inflamarse

enfler [ãfle] *vi* hincharse ● **ma cheville a enflé** se me ha hinchado el tobillo

enfoncer [ãfɔ̃se] *vt* **1.** (*clou*) clavar **2.** (*porte*) derribar **3.** (*aile de voiture*) hundir ♦ **s'enfoncer** *vp* **●** **s'enfoncer dans** (*eau, boue*) hundirse en ; (*forêt, ville*) adentrarse en

enfouir [ãfwir] *vt* enterrar

enfreindre [ãfrɛ̃dr] *vt* infringir ● **enfreindre la loi** infringir la ley

enfreint, e [ãfrɛ̃, ɛ̃t] *pp* ➤ **enfreindre**

enfuir [ãfɥir] ♦ **s'enfuir** *vp* huir

enfumé, e [ãfyme] *adj* lleno(na) de humo

engagement [ãgaʒmã] *nm* **1.** (*promesse*) compromiso *m* **2.** SPORT saque *m*

engager [ãgaʒe] *vt* **1.** (*salarié, personnel*) contratar **2.** (*conversation, négociations*) entablar ♦ **s'engager** *vp* **1.** (*dans l'armée*) alistarse ● **s'engager à faire qqch** comprometerse a hacer algo ● **s'engager sur l'autoroute** entrar en la autopista

engelure [ãʒlyr] *nf* sabañón *m*

engin [ãʒɛ̃] *nm* artefacto *m*

engloutir [ɑ̃glutiʀ] *vt* **1.** *(nourriture)* engullir **2.** *(submerger)* tragar

engouffrer [ɑ̃gufʀe] ♦ **s'engouffrer dans** *vp + prep* meterse en

engourdi, e [ɑ̃guʀdi] *adj* entumecido(da)

engrais [ɑ̃gʀɛ] *nm* abono *m*

engraisser [ɑ̃gʀese] *vt* cebar ◇ *vi* engordar

engrenage [ɑ̃gʀənaʒ] *nm* engranaje *m*

énigmatique [enigmatik] *adj* enigmático(ca)

énigme [enigm] *nf* **1.** *(devinette)* acertijo *m* **2.** *(mystère)* enigma *m*

enjamber [ɑ̃ʒɑ̃be] *vt* **1.** *(flaque, fossé)* salvar **2.** *(suj : pont)* atravesar

enjoliveur [ɑ̃ʒɔlivœʀ] *nm* embellecedor *m*

enlaidir [ɑ̃lediʀ] *vt* afear

enlèvement [ɑ̃lɛvmɑ̃] *nm* **1.** rapto *m* **2.** *(de voiture)* ▼ **enlèvement demandé** se avisa grúa

enlever [ɑ̃lve] *vt* **1.** quitar **2.** *(kidnapper)* raptar **3.** *(voiture)* llevarse ♦ **s'enlever** *vp (tache)* quitarse

enliser [ɑ̃lize] ♦ **s'enliser** *vp* atascarse

enneigé, e [ɑ̃neʒe] *adj* nevado(da)

ennemi, e [ɛnmi] *nm, f* enemigo *m*, -ga *f*

ennui [ɑ̃nɥi] *nm* **1.** *(lassitude)* aburrimiento *m* **2.** *(problème)* problema *m* ● **avoir des ennuis** tener problemas ● **des ennuis de santé** problemas de salud

ennuyé, e [ɑ̃nɥije] *adj (contrarié)* apurado(da)

ennuyer [ɑ̃nɥije] *vt* **1.** *(lasser)* aburrir **2.** *(contrarier)* apurar ♦ **s'ennuyer** *vp* aburrirse

ennuyeux, euse [ɑ̃nɥijø, øz] *adj* **1.** *(lassant)* aburrido(da) **2.** *(contrariant)* fastidioso(sa)

énorme [enɔʀm] *adj* enorme

énormément [enɔʀmemɑ̃] *adv* muchísimo ● **énormément d'argent** muchísimo dinero ● **énormément de gens** muchísima gente

enquête [ɑ̃kɛt] *nf* **1.** *(policière)* investigación *f* **2.** *(sondage)* encuesta *f*

enquêter [ɑ̃kete] *vi* ● **enquêter (sur)** investigar (sobre)

enragé, e [ɑ̃ʀaʒe] *adj (chien)* rabioso(sa)

enrayer [ɑ̃ʀeje] *vt* detener ♦ **s'enrayer** *vp (arme)* encasquillarse

enregistrement [ɑ̃ʀəʒistʀəmɑ̃] *nm* grabación *f* ● **enregistrement des bagages** facturación *f* de equipaje

enregistrer [ɑ̃ʀəʒistʀe] *vt* **1.** *(disque, cassette)* grabar **2.** *INFORM* ● **enregistrer (sous)** guardar (como) **3.** *(bagages)* facturar

enrhumé, e [ɑ̃ʀyme] *adj* acatarrado(da)

enrhumer [ɑ̃ʀyme] ♦ **s'enrhumer** *vp* acatarrarse

enrichir [ɑ̃ʀiʃiʀ] *vt* enriquecer ♦ **s'enrichir** *vp* enriquecerse

enrobé, e [ɑ̃ʀɔbe] *adj* ● **enrobé de** bañado(da) de ou con

enroué, e [ɑ̃ʀwe] *adj* ronco(ca)

enrouler [ɑ̃ʀule] *vt* enrollar ♦ **s'enrouler** *vp* enroscarse ● **s'enrouler autour de** enroscarse alrededor de

enseignant, e [ɑ̃sɛɲɑ̃, ɑ̃t] *nm, f* profesor *m*, -ra *f*

enseigne [ɑ̃sɛɲ] *nf* letrero *m* ● **enseigne lumineuse** letrero luminoso

enseignement [ɑ̃sɛɲmɑ̃] nm enseñanza f ● **enseignement primaire/secondaire/supérieur** enseñanza primaria/secundaria/superior

enseigner [ɑ̃seɲe] vt & vi enseñar ● **enseigner qqch à qqn** enseñar algo a alguien

ensemble [ɑ̃sɑ̃bl] adv ● **ils travaillent ensemble** trabajan juntos ● **elles jouent ensemble** juegan juntas ◇ nm conjunto m ● **l'ensemble de** todo el (toda la), ● **dans l'ensemble** en conjunto

ensevelir [ɑ̃sɛvlir] vt sepultar

ensoleillé, e [ɑ̃sɔleje] adj soleado(da)

ensuite [ɑ̃sɥit] adv después

entaille [ɑ̃taj] nf 1. *(fente)* muesca f 2. *(blessure)* corte m

entamer [ɑ̃tame] vt 1. *(pain, bouteille)* empezar 2. *(discussion)* entablar

entasser [ɑ̃tase] vt *(mettre en tas)* amontonar ● **s'entasser** vp *(voyageurs)* apiñarse

entendre [ɑ̃tɑ̃dr] vt oír ● **j'ai entendu dire** que he oído decir que ● **entendre parler de** oír hablar de ● **s'entendre** vp *(sympathiser)* entenderse ● **s'entendre bien avec qqn** llevarse bien con alguien

entendu, e [ɑ̃tɑ̃dy] adj ● **(c'est) entendu !** ¡de acuerdo! ● **bien entendu** por supuesto

enterrement [ɑ̃tɛrmɑ̃] nm entierro m ● **enterrement de vie de garçon/jeune fille** despedida f de soltero/soltera

enterrer [ɑ̃tere] vt enterrar

en-tête, s [ɑ̃tɛt] nm membrete m ● **papier à en-tête** papel con membrete

entêter [ɑ̃tete] ● **s'entêter** vp empeñarse ● **s'entêter à faire qqch** empeñarse en hacer algo

enthousiasme [ɑ̃tuzjasm] nm entusiasmo m

enthousiasmer [ɑ̃tuzjasme] vt entusiasmar ● **s'enthousiasmer pour** vp + prep entusiasmarse por

enthousiaste [ɑ̃tuzjast] adj entusiasta

entier, ère [ɑ̃tje, ɛr] adj 1. entero(ra) 2. *(total)* completo(ta) ● **dans le monde entier** en el mundo entero ● **pendant des journées entières** durante días y días ● **en entier** por entero

entièrement [ɑ̃tjɛrmɑ̃] adv completamente

entonnoir [ɑ̃tɔnwar] nm embudo m

entorse [ɑ̃tɔrs] nf esguince m ● **se faire une entorse** hacerse un esguince

entortiller [ɑ̃tɔrtije] vt enroscar

entourage [ɑ̃turaʒ] nm entorno m

entourer [ɑ̃ture] vt rodear ● **entouré de** rodeado de

entracte [ɑ̃trakt] nm entreacto m

entraider [ɑ̃trede] ● **s'entraider** vp ayudarse mutuamente

entrain [ɑ̃trɛ̃] nm ● **avec entrain** con ánimo ● **plein d'entrain** muy animado(da)

entraînant, e [ɑ̃trɛnɑ̃, ɑ̃t] adj *(musique)* alegre, animado(da)

entraînement [ɑ̃trɛnmɑ̃] nm entrenamiento m ● **il manque d'entraînement** le falta entrenamiento

entraîner [ɑ̃trene] vt 1. *(emporter, emmener)* llevar 2. *(provoquer)* acarrear 3. SPORT entrenar ● **entraîner des complications** acarrear complicaciones ● **s'entraîner** vp (*sportif*) entrenarse • **s'entraîner à (faire) qqch** entrenarse a (hacer) algo

entraîneur, euse [ɑ̃tʀɛnœʀ, øz] *nm, f* SPORT entrenador *m*, -ra *f*

entraver [ɑ̃tʀave] *vt* entorpecer

entre [ɑ̃tʀ] *prép* entre • **entre l'église et la mairie** entre la iglesia y el ayuntamiento • **choisir entre deux choses** escoger entre dos cosas • **entre amis** entre amigos • **l'un d'entre nous** uno de nosotros

entrebâiller [ɑ̃tʀabaje] *vt* entornar

entrechoquer [ɑ̃tʀaʃɔke] • **s'entrechoquer** *vp* chocar entre sí

entrecôte [ɑ̃tʀakot] *nf* entrecot *m* • **entrecôte à la bordelaise** entrecot a la plancha servido con salsa de vino tinto y cebolla

entrée [ɑ̃tʀe] *nf* entrada *f* • **entrée gratuite** entrada gratuita ▼ **entrée interdite** prohibida la entrada ▼ **entrée libre** entrada libre • **vous prendrez une entrée ?** (*au restaurant*) ¿tomará un entrante?

entreposer [ɑ̃tʀapoze] *vt* almacenar

entrepôt [ɑ̃tʀapo] *nm* almacén *m*

entreprendre [ɑ̃tʀapʀɑ̃dʀ] *vt* emprender

entrepreneur, euse [ɑ̃tʀapʀənœʀ, øz] *nm, f* **1.** (*chef d'entreprise*) empresario *m*, -ria *f* **2.** (*en bâtiment*) contratista *mf*

entrepris, e [ɑ̃tʀapʀi, iz] *pp* ➤ **entreprendre**

entreprise [ɑ̃tʀapʀiz] *nf* empresa *f*

entrer [ɑ̃tʀe] *vi* entrar ◇ *vt* INFORM introducir • **entrez !** ¡pasen! • **entrer dans** (*pièce*) entrar en

entre-temps [ɑ̃tʀatɑ̃] *adv* mientras tanto

entretenir [ɑ̃tʀatniʀ] *vt* (*maison, plante*) mantener • **s'entretenir** *vp* • **s'entretenir (de qqch) avec qqn** entrevistarse con alguien (a propósito de algo)

entretenu, e [ɑ̃tʀatny] *pp* ➤ **entretenir**

entretien [ɑ̃tʀatjɛ̃] *nm* **1.** (*d'un vêtement, d'une machine*) mantenimiento *m* **2.** (*conversation*) entrevista *f* • **avoir/solliciter un entretien** tener/pedir una entrevista • **entretien téléphonique** entrevista telefónica ou por teléfono • **entretien d'embauche** entrevista de trabajo

entrevue [ɑ̃tʀavy] *nf* entrevista *f*

entrouvert, e [ɑ̃tʀuveʀ, ɛʀt] *adj* entreabierto(ta) ◇ *pp* ➤ **entrouvrir**

entrouvrir [ɑ̃tʀuvʀiʀ] *vt* entreabrir

énumération [enymeʀasjɔ̃] *nf* enumeración *f*

énumérer [enymeʀe] *vt* enumerar

envahir [ɑ̃vaiʀ] *vt* invadir

envahissant, e [ɑ̃vaisɑ̃, ɑ̃t] *adj* avasallador(ra)

enveloppe [ɑ̃vlɔp] *nf* sobre *m*

Libeller une enveloppe

Comme en France, il existe en Espagne des usages pour libeller une enveloppe. L'adresse du destinataire doit obligatoirement être écrite à droite, sous le timbre. En revanche, s'agissant de l'adresse de l'expéditeur, il faut distinguer, selon que l'on se trouve dans un contexte formel ou informel. Si le courrier est destiné à une administration ou à une entreprise, l'adresse de l'expéditeur devra figurer sur le devant de l'enveloppe, en haut à gauche. Si, à l'inverse, le courrier est adressé à un parent ou à un ami, les coordonnées de l'expéditeur pourront figurer au dos de l'enveloppe.

envelopper [ɑ̃vlɔpe] *vt* envolver

envers [ɑ̃vɛʀ] *prép* (para) con ◇ *nm* revés *m* ● **à l'envers** del revés ● **envers mon frère** (para) con mi hermano ● **envers lui** (para) con él

envie [ɑ̃vi] *nf* **1.** (désir) ganas *fpl* **2.** (jalousie) envidia *f* ● **avoir envie de (faire) qqch** tener ganas de (hacer) algo

envier [ɑ̃vje] *vt* envidiar

environ [ɑ̃viʀɔ̃] *adv* aproximadamente ● **il y a environ 20 personnes** hay unas 20 personas ● **environs** *nmpl* ● **aux environs de** (heure) a eso de ; (lieu) cerca de ● **dans les environs** en los alrededores

environnant, e [ɑ̃viʀɔnɑ̃, ɑ̃t] *adj* circundante

environnement [ɑ̃viʀɔnmɑ̃] *nm* **1.** (milieu) entorno *m* **2.** (nature) medio ambiente *m* ● **protection de l'environnement** protección del medio ambiente ● **travailler dans l'environnement** trabajar en el medio ambiente

environnemental, e, aux [ɑ̃viʀɔnmɑ̃tal, o] *adj* medioambiental

envisager [ɑ̃vizaʒe] *vt* considerar ● **j'envisage de m'installer à Rome** tengo previsto instalarme en Roma

envoi [ɑ̃vwa] *nm* (colis) envío *m*

envoler [ɑ̃vɔle] ● **s'envoler** *vp* **1.** (oiseau) echar a volar **2.** (feuilles) volar

envoyé, e [ɑ̃vwaje] *nm, f* enviado *m*, -da *f* ● **envoyé spécial** enviado especial

envoyer [ɑ̃vwaje] *vt* **1.** (lettre, SMS) mandar, enviar **2.** (balle, objet) lanzar **3.** (personne) mandar ● **envoyer un message/un courrier/un mail/un fax** enviar un mensaje/una carta/un correo electrónico/un fax

épagneul [epaɲœl] *nm* podenco *m*

épais, épaisse [epɛ, epɛs] *adj* **1.** (large) grueso(sa) **2.** (dense) espeso(sa)

épaisseur [epɛsœʀ] *nf* grosor *m*

épaissir [epesiʀ] *vi* espesarse ● **s'épaissir** *vp* espesarse

épanouir [epanwiʀ] ● **s'épanouir** *vp* **1.** (fleur) abrirse **2.** (visage) iluminarse **3.** (personne) realizarse ● **s'épanouir dans son travail** realizarse en el trabajo

épargne [epaʀɲ] *nf* ahorro *m*

épargner [epaʀɲe] *vt* **1.** (argent) ahorrar **2.** (ennemi) perdonar la vida a

éparpiller [epaʀpije] *vt* dispersar ● **s'éparpiller** *vp* dispersarse

épatant, e [epatɑ̃, ɑ̃t] *adj* asombroso(sa)

épater [epate] *vt* asombrar

épaule [epol] *nf* hombro *m* ● **épaule d'agneau** paletilla *f* de cordero

épaulette [epolɛt] *nf* **1.** (décoration) galón *m* **2.** (rembourrage) hombrera *f*

épave [epav] *nf* **1.** (bateau) restos *mpl* **2.** (voiture) chatarra *f*

épée [epe] *nf* espada *f*

épeler [eple] *vt* deletrear

éperon [epʀɔ̃] *nm* espuela *f*

épi [epi] *nm* **1.** (de blé) espiga *f* **2.** (de maïs) mazorca *f* **3.** (de cheveux) remolino *m* ● **stationnement en épi** estacionamiento *m* en batería

épice [epis] nf especia f ➤ **pain**

épicé, e [epise] adj picante

épicerie [episʀi] nf **1.** (magasin) tienda f de comestibles **2.** (denrées) comestibles mpl ● **épicerie fine** tienda de productos selectos

épicier, ère [episje, ɛʀ] nm, f tendero m, -ra f

épidémie [epidemi] nf epidemia f

épier [epje] vt espiar

épilepsie [epilɛpsi] nf epilepsia f ● **crise d'épilepsie** ataque m de epilepsia

épiler [epile] vt depilar ● **se faire épiler** depilarse ◆ **s'épiler** vp depilarse

épinards [epinaʀ] nmpl espinacas fpl

épine [epin] nf espina f ● **épine dorsale** espina dorsal

épingle [epɛ̃gl] nf alfiler m ● **épingle à cheveux** horquilla f ● **épingle à nourrice** imperdible m

épisode [epizɔd] nm episodio m

éplucher [eplyʃe] vt mondar

épluchures [eplyʃyʀ] nfpl mondas fpl

éponge [epɔ̃ʒ] nf **1.** esponja f **2.** (tissu) rizo m

éponger [epɔ̃ʒe] vt enjugar

époque [epɔk] nf época f ● **à l'époque (de)** en la época (de)

épouse ➤ **époux**

épouser [epuze] vt casarse con

épousseter [epuste] vt quitar el polvo de

épouvantable [epuvɑ̃tabl] adj espantoso(sa)

épouvantail [epuvɑ̃taj] nm espantapájaros m inv

épouvante [epuvɑ̃t] nf ➤ **film**

épouvanter [epuvɑ̃te] vt espantar

époux, épouse [epu, epuz] nm, f esposo m, -sa f

épreuve [eprœv] nf prueba f

éprouvant, e [epruvɑ̃, ɑ̃t] adj penoso(sa)

éprouver [epruve] vt **1.** (ressentir) sentir **2.** (faire souffrir) afectar

éprouvette [epruvɛt] nf probeta f

EPS [əpɛɛs] nf (abr de éducation physique et sportive) ≃ educación f física

épuisant, e [epɥizɑ̃, ɑ̃t] adj agotador(ra)

épuisé, e [epɥize] adj agotado(da)

épuiser [epɥize] vt agotar

épuisette [epɥizɛt] nf salabre m

équateur [ekwatœʀ] nm ecuador m

Équateur [ekwatœʀ] nm ● **l'Équateur** Ecuador m

équation [ekwasjɔ̃] nf ecuación f

équerre [ekɛʀ] nf escuadra f

équilibre [ekilibʀ] nm equilibrio m ● **en équilibre** en equilibrio ● **perdre l'équilibre** perder el equilibrio

équilibré, e [ekilibʀe] adj equilibrado(da)

équilibriste [ekilibʀist] nmf equilibrista mf

équipage [ekipaʒ] nm tripulación f ● **membre d'équipage** miembro m de la tripulación

équipe [ekip] nf equipo m (grupo de personas)

équipement [ekipmɑ̃] nm equipo m (material)

équiper [ekipe] vt equipar ◆ **s'équiper (de)** vp + prep equiparse (con ou de)

équipier, ère [ekipje, ɛʀ] nm, f compañero m, -ra f de equipo

équitable [ekitabl] *adj* equitativo(va)
● **commerce équitable** comercio *m* justo

équitation [ekitasjɔ̃] *nf* equitación *f*
● **faire de l'équitation** practicar equitación

équivalent, e [ekivalɑ̃, ɑ̃t] *adj* equivalente ◆ **équivalent** *nm* equivalente *m*

équivaloir [ekivalwar] *vi* ● **ça équivaut à (faire)...** equivale a (hacer)... ● **une tonne équivaut à 1 000 kilos** una tonelada equivale a 1 000 kilos

érable [erabl] *nm* arce *m* ● **sirop d'érable** jarabe *m* de arce

érafler [erafle] *vt* **1.** (peau) arañar **2.** (peinture) rozar

éraflure [eraflyr] *nf* arañazo *m*

érémiste [eremist] = RMiste

érotique [erotik] *adj* erótico(ca)

erreur [erœr] *nf* error *m* ● **faire une erreur** cometer un error

éruption [erypsjɔ̃] *nf* erupción *f* ● **éruption cutanée** erupción cutánea

es [ɛ] ➤ **être**

ESB [œsbe] (*abr de encéphalite spongiforme bovine*) *nf* ESB *f* (*encefalitis espongiforme bovina*)

escabeau, x [eskabo] *nm* escalerilla *f*

escalade [eskalad] *nf* escalada *f*

escalader [eskalade] *vt* escalar

Escalator ® [eskalatɔr] *nm* escalera *f* mecánica

escale [eskal] *nf* escala *f* ● **faire escale (à)** hacer escala (en) ● **vol sans escale** vuelo sin escala

escalier [eskalje] *nm* escalera *f* ● **les escaliers** la escalera ● **tomber dans les escaliers** caer por las escaleras ● **escalier roulant** escalera mecánica

escalope [eskalɔp] *nf* filete *m*

escargot [eskargo] *nm* caracol *m*

escarpé, e [eskarpe] *adj* escarpado(da)

escarpin [eskarpɛ̃] *nm* zapato *m* de tacón

escavèche [eskavɛʃ] *nf* (Belg) pescado frito en escabeche

esclaffer [esklafe] ◆ **s'esclaffer** *vp* partirse de risa

esclavage [esklavaʒ] *nm* esclavitud *f*

esclave [esklav] *nmf* esclavo *m*, -va *f*

escorte [eskɔrt] *nf* escolta *f* ● **sous escorte policière** con escolta policial

escrime [eskrim] *nf* esgrima *f*

escroc [eskro] *nm* estafador *m*

escroquerie [eskrɔkri] *nf* estafa *f*

espace [espas] *nm* espacio *m* ● **en l'espace de trois jours** en el espacio de tres días ● **espaces verts** zonas verdes ● **espace fumeurs/non-fumeurs** área *f* para fumadores/para no fumadores

espacement [espasmɑ̃] *nm* ● **barre d'espacement** INFORM espaciador *m*

espacer [espase] *vt* espaciar

espadrille [espadrij] *nf* alpargata *f*

Espagne [espaɲ] *nf* ● **l'Espagne** España *f*

espagnol, e [espaɲɔl] *adj* español(la) ◆ **espagnol** *nm* (langue) español *m* ◆ **Espagnol, e** *nm, f* español *m*, -la *f*

espèce [espɛs] *nf* especie *f* ● **espèce en voie d'extinction** especie en vías de extinción ● **une espèce de** una especie de ● **espèce d'imbécile !** ¡so imbécil! ● **espèces** *nfpl* efectivo *m* ● **(payer) en espèces** (pagar) en efectivo

espérer [espere] *vt* esperar ● **espérer (faire) qqch** esperar (hacer) algo ● **j'espère (bien) !** ¡eso espero!

espion, onne [ɛspjɔ̃, ɔn] *nm, f* espía *mf*

espionnage [ɛspjɔnaʒ] *nm* espionaje *m* ● **espionnage industriel** espionaje industrial ● **film/roman d'espionnage** película/novela de espías

espionner [ɛspjɔne] *vt* espiar

esplanade [ɛsplanad] *nf* explanada *f*

espoir [ɛspwaʀ] *nm* esperanza *f*

esprit [ɛspʀi] *nm* **1.** espíritu *m* **2.** (humour) ingenio *m*

Esquimau, aude, x [ɛskimo, od] *nm, f* esquimal *mf* ● **Esquimau®** *nm* bombón *m* helado

esquisser [ɛskise] *vt* esbozar

esquiver [ɛskive] *vt* esquivar ● **s'esquiver** *vp* escabullirse

essai [ese] *nm* **1.** SPORT (tentative) intento *m* **2.** (test) prueba f **3.** (littéraire) ensayo *m* ● **à l'essai** (objet) a prueba ● **être à l'essai** (employé) estar a prueba

essaim [esɛ̃] *nm* enjambre *m*

essayage [esejaʒ] *nm* ➤ **cabine**

essayer [eseje] *vt* **1.** probar **2.** (tenter) intentar ● **essayer de faire qqch** intentar hacer algo

essence [esɑ̃s] *nf* gasolina *f* ● **essence sans plomb** gasolina sin plomo

essentiel, elle [esɑ̃sjɛl] *adj* esencial ● **essentiel** *nm* ● **l'essentiel** lo esencial

essieu, x [esjø] *nm* eje *m*

essorage [esɔʀaʒ] *nm* centrifugado *m*

essorer [esɔʀe] *vt* **1.** escurrir **2.** (dans un lave-linge) centrifugar

essoufflé, e [esufle] *adj* jadeante (de manos)

essuie-glace, s [esɥiglas] *nm* limpiaparabrisas *m inv*

essuie-mains [esɥimɛ̃] *nm inv* toalla *f*

essuie-tout [esɥitu] *nm inv* bayeta *f*

essuyer [esɥije] *vt* secar ● **essuie tes pieds avant d'entrer !** ¡límpiate los pies (en el felpudo) antes de entrar! ● **s'essuyer** *vp* secarse ● **s'essuyer les mains** secarse las manos

¹est [ɛ] ➤ **être**

²est [ɛst] *adj inv* & *nm inv* este ● **à l'est (de)** al este (de) ● **l'Est** *(les pays de l'Est)* los países del Este ; *(l'Est de la France)* región situada al noreste de Francia que incluye Alsacia y Lorena

est-ce que [ɛska] *adv* ● **est-ce qu'il est là ?** ¿está aquí? ● **est-ce que tu as mangé ?** ¿has comido? ● **comment est-ce que ça c'est passé ?** ¿cómo ocurrió?

esthéticien, enne [ɛstetisjɛ̃, ɛn] *nm, f* esteticista *mf*

esthétique [ɛstetik] *adj* estético(ca)

estimation [ɛstimasjɔ̃] *nf* estimación *f*

estimer [ɛstime] *vt* estimar ● **estimer que** considerar que

estival, e [ɛstival] *adj* veraniego(ga)

estivant, e [ɛstivɑ̃, ɑ̃t] *nm, f* veraneante *mf*

estomac [ɛstɔma] *nm* estómago *m*

Estonie [ɛstɔni] *nf* ● **l'Estonie** Estonia *f*

estrade [ɛstʀad] *nf* **1.** estrado *m* **2.** (à l'école) tarima *f*

estragon [ɛstʀagɔ̃] *nm* estragón *m*

Estrémadure [ɛstʀemadyʀ] *n* ● **l'Estrémadure** Extremadura *f*

estuaire [ɛstɥɛʀ] *nm* estuario *m*

et [e] *conj* y ● **et après ?** ¿y qué? ● **je l'aime bien, et toi ?** me gusta, ¿y a ti? ● **vingt et un** veintiuno

étable [etabl] *nf* establo *m*

établi [etabli] *nm* banco *m*

établir [etablir] *vt* establecer ◆ **s'établir** *vp* establecerse

établissement [etablismã] *nm* establecimiento *m* ● **établissement scolaire** establecimiento escolar ou docente

étage [eta3] *nm* piso *m* ● **au premier étage** en el primer piso ● **à l'étage** en el piso de arriba

étagère [eta3ɛʀ] *nf* 1. *(planche)* estante *m* 2. *(meuble)* estantería *f*

étain [etɛ̃] *nm* estaño *m*

étais [etɛ] ➤ **être**

étal [etal] *nm (sur les marchés)* puesto *m*

étalage [etala3] *nm (vitrine)* escaparate *m*

étaler [etale] *vt* 1. *(nappe, carte)* extender 2. *(beurre, confiture)* untar 3. *(paiements)* escalonar ◆ **s'étaler** *vp* 1. *(s'étendre)* extenderse 2. *(dans le temps)* ● **mon stage s'étale sur six mois** mis prácticas se escalonan a lo largo de seis meses

étanche [etɑ̃ʃ] *adj* estanco(ca)

étang [etɑ̃] *nm* estanque *m*

étant [etɑ̃] *p prés* ➤ **être**

étape [etap] *nf* 1. *(période)* etapa *f* 2. *(lieu)* parada *f* ● **faire étape** a parar en

état [eta] *nm* estado *m* ● **en état (de marche)** en condiciones ● **en bon/mauvais état** en buen/mal estado ● **état civil** *(d'une personne)* estado civil ● **état d'esprit** estado de ánimo ● **état de santé** estado de salud ◆ **État** *nm* Estado *m*

États-Unis [etazyni] *nmpl* ● **les États-Unis** (los) Estados Unidos

etc. *(abr écrite de et cetera)* etc. *(etcétera)*

et cetera [etsetera] *adv* etcétera

¹**été** [ete] *pp* ➤ **être**

²**été** [ete] *nm* verano *m* ● **en été** en verano

éteindre [etɛ̃dʀ] *vt* apagar ◆ **s'éteindre** *vp* apagarse

éteint, e [etɛ̃, ɛ̃t] *pp* ➤ **éteindre**

étendre [etɑ̃dʀ] *vt* 1. *(nappe, bras)* tumbarse 2. *(linge, blessé)* tender ◆ **s'étendre** *vp* 1. *(se coucher)* tenderse 2. *(plaine, épidémie)* extenderse

étendu, e [etɑ̃dy] *adj* 1. *(grand)* extenso(sa) 2. *(couché)* tumbado(da)

étendue [etɑ̃dy] *nf* 1. *(surface)* extensión *f* 2. *(fig) (importance)* ● **l'étendue des dégâts** la magnitud de los daños

éternel, elle [etɛʀnɛl] *adj* eterno(na)

éternité [etɛʀnite] *nf* eternidad *f* ● **cela fait une éternité que...** hace una eternidad que...

éternuement [etɛʀnymã] *nm* estornudo *m*

éternuer [etɛʀnɥe] *vi* estornudar

êtes [ɛt] ➤ **être**

étinceler [etɛ̃sle] *vi* centellear

étincelle [etɛ̃sɛl] *nf* chispa *f*

étiquette [etiket] *nf* etiqueta *f*

étirer [etire] *vt* estirar ◆ **s'étirer** *vp* estirarse

étoffe [etɔf] *nf* tela *f*

étoile [etwal] *nf* estrella *f* ● **hôtel deux/trois étoiles** hôtel de dos/tres estrellas ◆ **dormir à la belle étoile** dormir al raso ● **étoile de mer** estrella de mar

étonnant, e [etɔnɑ̃, ɑ̃t] *adj* asombroso(sa)

étonné, e [etɔne] *adj* asombrado(da)

étonner [etɔne] *vt* asombrar ● **ça m'étonnerait (que)** me extrañaría (que) ● **tu m'étonnes !** *(fam)* ¡ni que lo digas!

◆ **s'étonner** *vp* ◆ **s'étonner que** extrañarse que

étouffant, e [etufɑ̃, ɑ̃t] *adj* sofocante

étouffer [etufe] *vt* **1.** *(personne, animal)* ahogar **2.** *(bruit)* amortiguar ◇ *vi* **1.** *(manquer d'air)* sofocar **2.** *(avoir chaud)* asarse ◆ **s'étouffer** *vp* *(manquer d'air)* ahogarse

étourderie [eturdəri] *nf* despiste *m* ◆ **par étourderie** por despiste ◆ **faire une étourderie** tener un despiste

étourdi, e [eturdi] *adj* *(distrait)* despistado(da)

étourdir [eturdir] *vt* aturdir

étourdissement [eturdismɑ̃] *nm* mareo *m*

étrange [etrɑ̃ʒ] *adj* extraño(ña)

étranger, ère [etrɑ̃ʒe, ɛr] *adj & nm, f* **1.** *(d'un autre pays)* extranjero(ra) **2.** *(inconnu)* extraño(ña) ◇ *nm* ◆ **à l'étranger** en el extranjero ◆ **les Affaires étrangères** los Asuntos Exteriores

étrangler [etrɑ̃gle] *vt* estrangular ◆ **s'étrangler** *vp* atragantarse

être [ɛtr] *vi* **1.** *(pour décrire)* ser ◆ **je suis architecte** soy arquitecto ◆ **il est très sympa** es muy majo **2.** *(pour désigner le lieu, l'origine)* ser ◆ **d'où êtes-vous ?** ¿de dónde es usted? ◆ **nous serons à Naples/à la maison à partir de demain** estaremos en Nápoles/en casa a partir de mañana **3.** *(pour désigner une situation, un état)* estar ◆ **être content** estar contento ◆ **être en forme** estar en forma **4.** *(pour donner la date, l'heure)* estar ◆ **quel jour sommes-nous ? – nous sommes jeudi** ¿a qué día estamos? – estamos

a jueves ◆ **quelle heure est-il ? – il est seize heures** ¿qué hora es? – son las cuatro de la tarde **5.** *(aller)* ◆ **j'ai été trois fois en Écosse** he ido tres veces a Escocia **6.** *(pour exprimer l'appartenance)* ◆ **être à qqn** ser de alguien ◆ **c'est à Daniel** es de Daniel ◆ **cette voiture est à vous ?** ¿este coche es suyo? ◇ *v impers* ◆ **il est tard** es tarde ◆ **il est difficile de savoir si...** es difícil saber si... ◆ **il serait bon de réserver à l'avance** sería conveniente reservar con antelación ◇ *v aux* **1.** *(pour former les temps composés)* haber ◆ **nous sommes partis ensemble** nos hemos ido juntos ◆ **elle est née ce matin** ha nacido esta mañana ◆ **tu t'es coiffé ?** ¿te has peinado? **2.** *(pour former le passif)* ser ◆ **les blessés ont été évacués** los heridos han sido evacuados ◇ *nm* ser *m* ◆ **être humain** ser humano

étrennes [etrɛn] *nfpl* aguinaldo *m*

étrier [etrije] *nm* estribo *m*

étroit, e [etrwa, at] *adj* estrecho(cha) ◆ **être à l'étroit** estar apiñados(das)

étude [etyd] *nf* **1.** estudio *m* **2.** *(salle d'école)* sala *f* de estudio **3.** *(de notaire)* notaría *f* ◆ **études** *nfpl* estudios *mpl* ◆ **faire des études (de)** estudiar ◆ **arrêter/poursuivre ses études** dejar/retomar los estudios

étudiant, e [etydjɑ̃, ɑ̃t] *adj & nm, f* estudiante

étudier [etydje] *vt & vi* estudiar

étui [etɥi] *nm* estuche *m*

eu, e [y] *pp* ➤ **avoir**

euh [ø] *interj* ¡pues!

euro [øʀo] *nm* euro *m* ● **trois euros cinquante** tres euros (y) cincuenta ● **zone euro** zona euro

eurochèque [øʀoʃɛk] *nm* eurocheque *m*

Europe [øʀɔp] *nf* ● **l'Europe** Europa *f* ● **l'Europe de l'Est** Europa del Este

européen, enne [øʀopeɛ̃, ɛn] *adj* europeo(a) ● **européennes** *nfpl* POL las (elecciones) europeas ◆ **Européen, enne** *nm, f* europeo *m*, -a *f*

eux [ø] *pron* ellos ● **eux-mêmes** ellos mismos ● **par eux-mêmes** por ellos mismos

évacuer [evakɥe] *vt* 1. evacuar 2. *(liquide)* verter

évader [evade] ◆ **s'évader** *vp* evadirse

évaluer [evalɥe] *vt* evaluar

Évangile [evãʒil] *nm (livre)* Evangelio *m* ● **l'Évangile selon Saint Jean** el Evangelio según San Juan

évanouir [evanwiʀ] ◆ **s'évanouir** *vp (avoir un malaise)* desmayarse

évaporer [evapɔʀe] ◆ **s'évaporer** *vp* evaporarse

évasé, e [evaze] *adj (vêtement)* acampanado(da)

évasion [evazjɔ̃] *nf* evasión *f*

éveillé, e [eveje] *adj (vif)* despierto(ta)

éveiller [eveje] *vt* despertar ◆ **s'éveiller** *vp* despertarse

événement [evenmã] *nm* acontecimiento *m*

éventail [evãtaj] *nm* abanico *m*

éventrer [evãtʀe] *vt* destripar

éventuel, elle [evãtɥɛl] *adj* eventual

éventuellement [evãtɥɛlmã] *adv* eventualmente

évêque [evɛk] *nm* obispo *m*

évidemment [evidamã] *adv* evidentemente

évident, e [evidã, ãt] *adj* evidente ● **c'est pas évident !** *(pas facile)* ¡no es nada fácil!

évier [evje] *nm* fregadero *m*

évitement [evitmã] *nm (Belg)* desvío *m*

éviter [evite] *vt* evitar ● **je voudrais éviter cette fatigue à ma mère** quisiera evitarle este esfuerzo a mi madre ● **éviter de faire qqch** evitar hacer algo

évolué, e [evolɥe] *adj* evolucionado(da)

évoluer [evolɥe] *vi* evolucionar

évolution [evolysjɔ̃] *nf* evolución *f*

évoquer [evɔke] *vt* 1. *(faire penser à)* evocar 2. *(mentionner)* mencionar

ex [ɛks] *nmf (fam)* ex *mf*

ex- [ɛks] *préf (ancien)* ex

exact, e [ɛgzakt] *adj* 1. exacto(ta) 2. *(ponctuel)* puntual ● **c'est exact** eso es

exactement [ɛgzaktəmã] *adv* exactamente

exactitude [ɛgzaktityd] *nf* 1. *(précision)* exactitud *f* 2. *(ponctualité)* puntualidad *f*

ex æquo [ɛgzeko] *adj inv* ● **ils ont terminé ex æquo** quedaron empatados

exagérer [ɛgzaʒeʀe] *vt & vi* exagerar

examen [ɛgzamɛ̃] *nm* 1. examen *m* 2. *(medical)* reconocimiento *m* ● **examen blanc** examen de entrenamiento cuya nota no entra en la evaluación ● **mise en examen** DR acto del procedimiento en el que el juez de instrucción da a conocer a alguien las imputaciones de las que se le acusan

examinateur, trice [ɛgzaminatœʀ, tʀis] *nm, f* examinador *m*, -ra *f*

examiner [ɛgzamine] *vt* 1. examinar 2. *(malade)* reconocer

exaspérer [ɛgzaspere] *vt* exasperar

excédent [ɛksedɑ̃] *nm* excedente *m* ● **excédent de bagages** exceso *m* de equipaje

excéder [ɛksede] *vt (dépasser)* exceder

excellent, e [ɛkselɑ̃, ɑ̃t] *adj* excelente

excentrique [ɛksɑ̃tʀik] *adj* excéntrico(ca)

excepté [ɛksɛpte] *prép* excepto

exception [ɛksɛpsjɔ̃] *nf* excepción *f* ● **faire une exception** hacer una excepción ● **à l'exception de** con excepción de ● **sans exception** sin excepción

exceptionnel, elle [ɛksɛpsjɔnɛl] *adj* excepcional

excès [ɛksɛ] *nm* exceso *m* ● **excès de vitesse** exceso de velocidad ◇ *nmpl* ● **faire des excès** cometer excesos

excessif, ive [ɛksesif, iv] *adj* excesivo(va)

excitant, e [ɛksitɑ̃, ɑ̃t] *adj* excitante ◆ *nm* excitante *m*

excitation [ɛksitasjɔ̃] *nf* excitación *f*

exciter [ɛksite] *vt* excitar

exclamation [ɛksklamasjɔ̃] *nf* exclamación *f*

exclamer [ɛksklame] ◆ **s'exclamer** *vp* exclamar

exclure [ɛksklyʀ] *vt* 1. excluir 2. *(élève)* expulsar

exclusif, ive [ɛksklyzif, iv] *adj* exclusivo(va)

exclusivité [ɛksklyzivite] *nf* exclusiva *f* ● **en exclusivité** en exclusiva

excursion [ɛkskyʀsjɔ̃] *nf* excursión *f*

excuse [ɛkskyz] *nf* excusa *f* ◆ **excuses** *nfpl* ● **faire des excuses à qqn** disculparse

ante alguien ● **je vous présente mes excuses** le ruego me disculpe

excuser [ɛkskyze] *vt* disculpar ● **excusez-moi** disculpe, perdone ◆ **s'excuser** *vp* disculparse ● **s'excuser de faire qqch** disculparse por hacer algo

exécuter [ɛgzekyte] *vt* ejecutar

exécution [ɛgzekysjɔ̃] *nf (mise à mort)* ejecución *f*

exemplaire [ɛgzɑ̃plɛʀ] *adj* ejemplar ◇ *nm* ejemplar *m*

exemple [ɛgzɑ̃pl] *nm* ejemplo *m* ● **par exemple** por ejemplo ● **donner un exemple** dar un ejemplo

exercer [ɛgzɛʀse] *vt* 1. *(métier, autorité)* ejercer 2. *(voix, mémoire)* ejercitar ◆ **s'exercer** *vp* ejercitarse ● **s'exercer à faire qqch** ejercitarse a hacer algo

exercice [ɛgzɛʀsis] *nm* ejercicio *m* ● **faire de l'exercice** hacer ejercicio

exigeant, e [ɛgziʒɑ̃, ɑ̃t] *adj* exigente

exigence [ɛgziʒɑ̃s] *nf* exigencia *f*

exiger [ɛgziʒe] *vt* exigir

exiler [ɛgzile] ◆ **s'exiler** *vp* exiliarse

existence [ɛgzistɑ̃s] *nf* existencia *f*

exister [ɛgziste] *vi* existir ● **il existe plusieurs possibilités** existen varias posibilidades

exorbitant, e [ɛgzɔʀbitɑ̃, ɑ̃t] *adj* exorbitante

exotique [ɛgzɔtik] *adj* exótico(ca)

expatrier [ɛkspatʀije] ◆ **s'expatrier** *vp* expatriarse

expédier [ɛkspedje] *vt (envoyer)* expedir

expéditeur, trice [ɛkspeditœʀ, tʀis] *nm, f* remitente *mf*

expédition [ɛkspedisjɔ̃] *nf* expedición *f*

expérience [ɛksperjɑ̃s] *nf* experiencia *f* ● **expérience (professionnelle)** experiencia (profesional) ● **avoir de l'expérience** tener experiencia

expérimenté, e [ɛksperimɑ̃te] *adj* experimentado(da)

expert [ɛksper] *nm* **1.** *(technicien)* perito *m* **2.** *(connaisseur)* experto *m* ● **expert en** experto en

expertiser [ɛkspertize] *vt* peritar

expiration [ɛkspirasjɔ̃] *nf* ● **arriver à expiration** vencer

expirer [ɛkspire] *vt (de l'air)* espirar ⋄ *vi* **1.** *(mourir)* expirar **2.** *(suj : délai, contrat)* vencer

explication [ɛksplikasjɔ̃] *nf* explicación *f* ● **explication de texte** comentario *m* de texto

expliquer [ɛksplike] *vt* explicar ● **expliquer qqch à qqn** explicar algo a alguien ◆ **s'expliquer** *vp* explicarse

exploit [ɛksplwa] *nm* hazaña *f*

exploitation [ɛksplwatasjɔ̃] *nf* explotación *f* ● **exploitation (agricole)** explotación agraria

exploiter [ɛksplwate] *vt* explotar

exploration [ɛksplɔrasjɔ̃] *nf* exploración *f*

explorer [ɛksplɔre] *vt* explorar

exploser [ɛksploze] *vi* explotar

explosif, ive [ɛksplozif, iv] *adj* explosivo(va) ◆ **explosif** *nm* explosivo *m*

explosion [ɛksplozjɔ̃] *nf* explosión *f*

expo [ɛkspo] *(abr de exposition) nf (fam)* exposición *f*

exportation [ɛksportasjɔ̃] *nf* exportación *f*

exporter [ɛksporte] *vt* exportar

exposé, e [ɛkspoze] *adj (en danger)* expuesto(ta) ● **exposé au sud** orientado al sur ● **bien exposé** bien orientado ◆ **exposé** *nm* exposición *f*

exposer [ɛkspoze] *vt* exponer ● **exposer qqn/qqch à** exponer a alguien/algo a ◆ **s'exposer à** *vp + prep* **1.** exponerse a **2.** *(au soleil)* ● **ne vous exposez pas entre midi et deux** no se exponga al sol entre las doce y las dos del mediodía

exposition [ɛkspozisjɔ̃] *nf* **1.** *(d'art)* exposición *f* **2.** *(d'une maison)* orientación *f*

¹exprès [ɛkspres] *adj inv* urgente ⋄ *nm* ● **par exprès** por correo urgente

²exprès [ɛkspre] *adv* aposta ● **faire exprès de faire qqch** hacer algo aposta ● **je n'ai pas fait exprès** lo hice sin querer

express [ɛkspres] *nm (café)* = **expresso** ● **(train) express** (tren) expreso *m*

expression [ɛkspresjɔ̃] *nf* expresión *f* ● **expression écrite/orale** expresión escrita/oral

expresso [ɛkspreso] *nm* exprés *m inv*

exprimer [ɛksprime] *vt* expresar ◆ **s'exprimer** *vp* expresarse

expulser [ɛkspylse] *vt* expulsar

expulsion [ɛkspylsjɔ̃] *nf* expulsión *f*

exquis, e [ɛkski, iz] *adj* exquisito(ta)

extensible [ɛkstɑ̃sibl] *adj* **1.** extensible **2.** *INFORM* ● **mémoire extensible à 1 Go** memoria expandible a 1 GB

exténué, e [ɛkstenye] *adj* agotado(da)

extérieur, e [ɛksterjœr] *adj* exterior ◆ **extérieur** *nm* ● **à l'extérieur** *(dehors)* afuera, *SPORT* fuera ● **à l'extérieur de** fuera de

exterminer [ɛkstermine] *vt* exterminar

externe [ɛkstern] *adj & nmf* externo(na)

extincteur [ɛkstɛ̃ktœʀ] *nm* extintor *m*

extinction [ɛkstɛ̃ksjɔ̃] *nf* ● extinction de voix afonía *f* ● **en voie d'extinction** en vías de extinción

extra [ɛkstʀa] *adj inv* **1.** extra **2.** *(fam) (formidable)* guay ◇ *préf* extra ◇ *nm* (chose, dépense inhabituelle) extra *m*

extraire [ɛkstʀɛʀ] *vt* extraer ● **extraire qqch de** extraer algo de ● **extraire qqn de** sacar a alguien de ● **se faire extraire une dent** hacerse sacar un diente ou una muela

extrait [ɛkstʀɛ] *nm* extracto *m*

extraordinaire [ɛkstʀaɔʀdinɛʀ] *adj* extraordinario(ria)

extravagant, e [ɛkstʀavagɑ̃, ɑ̃t] *adj* extravagante

extrême [ɛkstʀɛm] *adj* extremo(ma) ◇ *nm* extremo *m* ● **l'Extrême-Orient** Extremo Oriente *m* ● **les sports extrêmes** los deportes extremos

extrêmement [ɛkstʀɛmmɑ̃] *adv* extremadamente

extrémité [ɛkstʀemite] *nf* extremidad *f*

F (*abr écrite de Fahrenheit*) F

fable [fabl] *nf* fábula *f*

fabricant, e [fabʀikɑ̃, ɑ̃t] *nm, f* fabricante *mf*

fabrication [fabʀikasjɔ̃] *nf* fabricación *f* ● **fabrication artisanale** fabricación artesanal

fabriquer [fabʀike] *vt* fabricar ● **mais qu'est-ce que tu fabriques ?** *(fam)* pero ¿qué estás haciendo?

fabuleux, euse [fabylø, øz] *adj* fabuloso(sa)

fac [fak] (*abr de faculté*) *nf* (*fam*) facu *f*, facul *f* ● **je suis en deuxième année de fac** estoy en segundo en la facu

façade [fasad] *nf* fachada *f*

face [fas] *nf* cara *f* ● **faire face à** (*être devant*) estar frente a ; (*affronter*) hacer frente a ● **de face** de frente ● **en face (de)** enfrente (de) ● **face à face** cara a cara

fâché, e [faʃe] *adj* enfadado(da)

fâcher [faʃe] ● **se fâcher** *vp* enfadarse

facile [fasil] *adj* fácil

facilement [fasilmɑ̃] *adv* **1.** (*aisément*) fácilmente **2.** (*au moins*) por lo menos

facilité [fasilite] *nf* facilidad *f*

faciliter [fasilite] *vt* facilitar

façon [fasɔ̃] *nf* manera *f* ● **de façon (à ce)** **que** de manera que ● **de toute façon** de todas maneras ● **non merci, sans façon** gracias, pero no

facteur, trice [faktœʀ, tʀis] *nm, f* cartero *m*, -ra *f* ● **facteur** *nm* factor *m* ● **le facteur chance** el factor suerte

facture [faktyʀ] *nf* factura *f*

facturer [faktyʀe] *vt* facturar

facturette [faktyʀɛt] *nf* recibo que uno guarda cuando realiza un pago mediante tarjeta de crédito

facultatif, ive [fakyltatif, iv] *adj* facultativo(va)

faculté [fakylte] *nf* facultad *f*

fade [fad] *adj* **1.** soso(sa) **2.** (*couleur*) apagado(da)

fagot [fago] *nm* gavilla *f* (*de leña*)

faible [fɛbl] *adj* **1.** débil **2.** (*son, lumière, revenus*) bajo(ja) **3.** (*élève*) flojo(ja) ◇ *nm* ● j'ai un faible pour le chocolat mi punto flaco es el chocolate

faiblement [fɛbləmã] *adv* débilmente

faiblesse [fɛbles] *nf* **1.** flojedad *f* **2.** (*indulgence*) flaqueza *f*

faiblir [fɛbliʀ] *vi* flaquear

faïence [fajãs] *nf* loza *f*

faille [faj] *nf* **1.** (*du terrain*) falla *f* **2.** (*défaut*) fallo *m*

faillir [fajiʀ] *vi* ● il a failli tomber por poco se cae ● j'ai failli rater mon train he estado a punto de perder el tren

faillite [fajit] *nf* quiebra *f* ● faire faillite quebrar

faim [fɛ̃] *nf* hambre *f* ● avoir faim tener hambre

fainéant, e [feneã, ãt] *adj & nm, f* holgazán(ana)

faire [fɛʀ] *vt*

1. (*fabriquer, préparer*) hacer ● faire un gâteau hacer un pastel

2. (*effectuer*) hacer ● faire les comptes hacer cuentas ● faire une promenade dar un paseo

3. (*arranger, nettoyer*) hacer ● faire le ménage hacer la limpieza ● faire son lit hacer la cama ● faire la vaisselle fregar los platos ● faire ses valises hacer las maletas

4. (*s'occuper à*) ● que faites-vous comme métier ? ¿a qué se dedica usted?

5. (*sport, discipline*) hacer ● faire du piano tocar el piano ● faire des études estudiar

6. (*provoquer*) ● je lui ai fait mal sans le faire exprès sin querer le he hecho daño ● ma jambe me fait horriblement mal me

duele muchísimo la pierna ● faire de la peine à qqn entristecer a alguien

7. (*imiter*) ● faire l'imbécile hacer el imbécil

8. (*parcourir*) recorrer ● nous avons fait 150 km en deux heures hemos recorrido 150 km en dos horas ● faire du 130 (à l'heure) ir a unos 130 km (por hora)

9. (*avec des mesures*) ● les pièces font 3 m de haut las habitaciones tienen 3 m de altura ● je fais 1,68 m mido 1.68 m ● je fais du 40 uso la (talla) 40

10. *MATH* ● 10 et 3 font 13 10 más 3 son 13

11. (*dans des expressions*) ● ça ne fait rien no importa ● il ne fait que pleuvoir no para de llover ● je ne fais que passer no hago más que pasar ● il ne fait que s'amuser no hace más que divertirse ● qu'est-ce que ça peut te faire ? ¿qué más te da? ● qu'est-ce que j'ai fait de mes clefs ? ¿qué he hecho con mis llaves?

◇ *vi*

1. (*agir*) hacer ● vas-y, mais fais vite ve pero date prisa ● vous feriez mieux de... más valdría que... ● faites comme chez vous está usted en su casa

2. (*avoir l'air*) ● faire jeune/vieux parecer joven/mayor

◇ *v impers*

1. (*climat, température*) ● il fait chaud hace calor ● il fait moins 2°C hace 2 bajo cero

2. (*exprime la durée*) ● ça fait trois jours que nous avons quitté Rouen hace tres días que nos fuimos de Rouen ● ça fait longtemps que je n'ai pas eu de ses nouvelles hace tiempo que no tengo noticias

suyas ● ça fait dix ans que j'habite ici vivo aquí desde hace diez años
◇ *v aux*
1. *(indique que l'on provoque une action)* hacer ● **faire tomber qqch** hacer caer algo ● **faire cuire qqch** cocer algo
2. *(indique que l'on commande une action)* ● **faire nettoyer un vêtement** llevar a limpiar una prenda
◆ **se faire** *vp*
1. *(être convenable, à la mode)* hacerse ● **ça ne se fait pas d'arriver en retard** llegar tarde, eso no se hace ● **ça se fait** se lleva ● **ça ne se fait plus de nos jours** hoy en día esto ya no se lleva
2. *(avoir, provoquer)* ● **se faire des amis** hacerse amigos ● **se faire mal** hacerse daño ● **se faire du souci** preocuparse
3. *(devenir)* ● **se faire beau** ponerse guapo ● **se faire vieux** hacerse viejo ● **il se fait tard** se hace tarde
4. *(avec un infinitif)* ● **il se fait opérer de l'appendicite mardi** el martes lo operan de apendicitis ● **il s'est fait arrêter par la police** la policía lo detuvo ● **je me suis fait aider par mon frère** mi hermano me ha ayudado ● **il s'est fait couper les cheveux** se ha cortado el pelo
5. *(dans des expressions)* ● **comment se fait-il que...** ¿cómo es que...? ● **ne pas s'en faire** no preocuparse
◆ **faire suivre** *vt* remitir
◆ **se faire à** *vp + prep (s'habituer à)* acostumbrase a
faire-part [fɛʀpaʀ] *nm inv* participación f *(de boda)*
fais [fe] ➤ **faire**
faisable [fəzabl] *adj* factible

faisan [fəzɑ̃] *nm* faisán m
faisant [fəzɑ̃] *p prés* ➤ **faire**
faisons [fəzɔ̃] ➤ **faire**
fait, e [fe, fɛt] *pp* ➤ **faire** ◇ *adj* hecho(cha) ● **(c'est) bien fait pour toi !** ¡te está bien empleado! ◆ **fait** *nm* hecho m ● **faits divers** sucesos *mpl* ● **au fait** a propósito ● **en fait** de hecho ● **prendre qqn sur le fait** coger a alguien con las manos en la masa
faites [fɛt] ➤ **faire**
fait-tout [fetu] *nm inv* cacerola f
falaise [falɛz] *nf* acantilado m
falloir [falwaʀ] *v impers* ● **il faut du courage pour juger ça** hace falta valor para hacer eso ● **il faut du temps** hace falta tiempo ● **il faut y aller** ou **que nous y allions** tenemos que irnos ● **il me faut deux kilos d'oranges** necesito dos kilos de naranjas ● **il me faut y retourner** tengo que volver
fallu [faly] *pp* ➤ **falloir**
falsifier [falsifje] *vt* falsificar
fameux, euse [famø, øz] *adj (célèbre)* famoso(sa)
familial, e, aux [familjal, o] *adj* familiar
familiarité [familjaʀite] *nf* familiaridad f
familier, ère [familje, ɛʀ] *adj* familiar
famille [famij] *nf* familia f ● **famille d'accueil** familia de acogida ● **famille monoparentale** familia monoparental ● **famille recomposée** familia ensamblada ● **en famille** en familia ● **un membre de la famille** un miembro de la familia
fan [fan] *nmf (fam)* fan mf
fanatique [fanatik] *adj & nmf* fanático(ca)

fané, e [fane] *adj (fleur)* marchitado(da)

faner [fane] ◆ **se faner** *vp* marchitarse

fanfare [fɑ̃far] *nf* fanfarria *f*

fantaisie [fɑ̃tezi] *nf* **1.** *(imagination)* fantasía *f* **2.** *(caprice)* antojo *m* ● **bijoux fantaisie** bisutería *f* de fantasía

fantastique [fɑ̃tastik] *adj* fantástico(ca)

fantôme [fɑ̃tom] *nm* fantasma *m*

far [far] *nm* ● **far breton** flan con ciruelas pasas

farce [fars] *nf* **1.** *(plaisanterie)* broma *f* **2.** *CULIN* relleno *m* ● **faire une farce à qqn** gastar una broma a alguien

farceur, euse [farsœr, øz] *nm, f* bromista *mf*

farci, e [farsi] *adj* relleno(na)

fard [far] *nm* ● **fard à joues** colorete *m* ● **fard à paupières** sombra *f* de ojos

farfelu, e [farfəly] *adj* estrafalario(ria)

farine [farin] *nf* harina *f* ● **farine animale** harina animal

farouche [faruʃ] *adj* salvaje

fascinant, e [fasinɑ̃, ɑ̃t] *adj* fascinante

fasciner [fasine] *vt* fascinar

fasse etc ➤ **faire**

fatal, e [fatal] *adj* fatal

fatalement [fatalmɑ̃] *adv* fatalmente

fataliste [fatalist] *adj* fatalista

fatigant, e [fatigɑ̃, ɑ̃t] *adj* **1.** *(fatiguant)* cansado(da) **2.** *(agaçant)* pesado(da)

fatigue [fatig] *nf* cansancio *m* ● **je suis mort de fatigue** estoy muerto de cansancio

fatigué, e [fatige] *adj* cansado(da) ● **être fatigué de (faire) qqch** estar harto de (hacer) algo

fatiguer [fatige] *vt* cansar ◆ **se fatiguer** *vp* cansarse

faubourg [fobur] *nm* **1.** arrabal *m* **2.** ● **les faubourgs** las inmediaciones

faucher [foʃe] *vt* **1.** *(blé)* segar **2.** *(piéton, cycliste)* atropellar **3.** *(fam) (voler)* birlar

faudra [fodra] ➤ **falloir**

faufiler [fofile] ◆ **se faufiler** *vp* colarse

faune [fon] *nf* fauna *f*

fausse ➤ **faux**

fausser [fose] *vt (résultat)* falsear

faut [fo] ➤ **falloir**

faute [fot] *nf* **1.** falta *f* **2.** *(responsabilité)* culpa *f* ● **c'est (de) ma faute** es culpa mía ● **faute de** a falta de

fauteuil [fotœj] *nm* **1.** sillón *m* **2.** *(de cinéma, de théâtre)* butaca *f* ● **fauteuil à bascule** mecedora *f* ● **fauteuil roulant** silla *f* de ruedas

fauve [fov] *nm* fiera *f*

faux, fausse [fo, fos] *adj* **1.** falso(sa) **2.** *(barbe, dent)* postizo(za) ◇ *adv* ● **chanter faux** desafinar ● **fausse note** *MUS* nota *f* falsa ● **faux numéro** número *m* equivocado

faux-filet, s [fofile] *nm* solomillo *m* bajo

faveur [favœr] *nf* favor *m* ● **en faveur de** a favor de

favorable [favorabl] *adj* favorable ● **être favorable à** estar a favor de

favori, ite [favori, it] *adj* favorito(ta)

favoris [favori] *nmpl (INFORM)* favoritos *mpl*

favoriser [favorize] *vt* favorecer

fax [faks] *nm* fax *m* ● **envoyer un fax** enviar un fax

faxer [fakse] *vt* enviar por fax

féculent [fekylɑ̃] *nm* ● **les féculents** las féculas

fédéral, e, aux [federal, o] *adj* federal

fédération [federasjɔ̃] *nf* federación *f*

fée [fe] *nf* hada *f*

feignant, e [feɲɑ̃, ɑ̃t] *adj* (*fam*) holgazán(ana)

feinte [fɛ̃t] *nf* finta *f*

fêler [fele] ◆ **se fêler** *vp* resquebrajarse

félicitations [felisitasjɔ̃] *nfpl* felicidades *fpl* ● **(avec) toutes nos félicitations !** ¡enhorabuena!

féliciter [felisite] *vt* ● **féliciter qqn** felicitar a alguien

félin [felɛ̃] *nm* felino *m*

femelle [fəmɛl] *nf* hembra *f*

féminin, e [feminɛ̃, in] *adj* femenino(na) ◆ **féminin** *nm* femenino *m*

femme [fam] *nf* mujer *f* ● **femme de chambre** camarera *f* ● **femme de ménage** asistenta *f* ● **bonne femme** (*fam*) tía *f*

fendant [fɑ̃dɑ̃] *nm* variedad de vino blanco de la región de Valais en Suiza

fendre [fɑ̃dʀ] *vt* rajar

fenêtre [fənɛtʀ] *nf* ventana *f*

fenouil [fənuj] *nm* hinojo *m*

fente [fɑ̃t] *nf* **1.** (*fissure*) grieta *f* **2.** (*de tirelire, de distributeur*) ranura *f*

fer [fɛʀ] *nm* hierro *m* ● **fer à cheval** herradura *f* ● **fer forgé** hierro forjado ● **fer à repasser** plancha *f (para la ropa)*

féra [feʀa] *nf* variedad de pescado del lago Lemán

fera etc ➤ **faire**

fer-blanc [fɛʀblɑ̃] (*pl* **fers-blancs**) *nm* hojalata *f*

férié, e [feʀje] *adj m* ➤ **jour**

ferme [fɛʀm] *adj* **1.** (*dur*) firme **2.** (*strict*) severo(ra) ◇ *nf* granja *f* ● **ferme auberge** granja restaurante

fermé, e [fɛʀme] *adj* **1.** cerrado(da) **2.** (*visage*) impenetrable

fermement [fɛʀməmɑ̃] *adv* **1.** (*appuyer*) con fuerza **2.** (*refuser*) con firmeza

fermenter [fɛʀmɑ̃te] *vi* fermentar

fermer [fɛʀme] *vt* **1.** cerrar **2.** (*rideau*) correr ◇ *vi* cerrar ● **fermer qqch à clef** cerrar algo con llave ● **ça ne ferme pas** no cierra ◆ **se fermer** *vp* cerrarse

fermeté [fɛʀməte] *nf* **1.** (*dureté*) dureza *f* **2.** (*autorité*) firmeza *f*

fermeture [fɛʀmətyʀ] *nf* cierre *m* ▼ **fermeture annuelle** cierre anual ● **fermeture Éclair**® cremallera *f*

fermier, ère [fɛʀmje, ɛʀ] *nm, f* granjero *m*, -ra *f*

fermoir [fɛʀmwaʀ] *nm* cierre *m*

féroce [feʀɔs] *adj* feroz

ferraille [feʀaj] *nf* chatarra *f*

ferrée [feʀe] *adj f* ➤ **voie**

ferroviaire [feʀɔvjɛʀ] *adj* ferroviario(ria)

ferry [feʀi] (*pl* **ferrys** ou **ferries**) *nm* transbordador *m*

fertile [fɛʀtil] *adj* fértil

fesse [fɛs] *nf* nalga *f* ● **fesses** *nfpl* culo *m*

fessée [fese] *nf* azotaina *f*

festin [fɛstɛ̃] *nm* festín *m*

festival [fɛstival] *nm* festival *m*

Le festival d'Avignon

Fundado por Jean Vilar en 1947, este festival de las artes del espectáculo celebrado cada verano en Aviñón y sus alrededores es un escaparate para las nuevas obras de teatro, danza y música. Al margen del festival oficial, el llamado *festival off* es un espacio teatral más espontáneo, en el que compañías independientes de todo el mundo presentan espectáculos alternativos y que ha adquirido un gran renombre con el transcurso de los años.

Le festival de Cannes

Este festival internacional de cine creado en 1938 se celebra anualmente en Cannes en el mes de mayo. El jurado, formado por profesionales y personalidades del mundo del espectáculo, adjudica diversos premios, el más prestigioso de los cuales es la palma de oro, que recompensa la mejor película. La entrega de premios tiene lugar en el *Palais des festivals*, situado en el paseo marítimo conocido como *la Croisette*.

fête [fɛt] nf **1.** fiesta **f 2.** *(jour du saint)* santo *m* ● **faire la fête** estar de juerga ● **bonne fête !** ¡felicidades! ● **fête foraine** feria *f* ● **la fête des Mères/des Pères** el día de la madre/del padre ● **la fête de la musique** la Fiesta de la Música ● **fête nationale** fiesta nacional ● **fêtes** *nfpl* ● **les fêtes (de fin d'année)** las fiestas de fin de año

La fête

Los franceses desean *bonne fête* a la persona cuyo nombre coincide con el del santo celebrado esa fe-

cha. El día de Santo Tomás, por ejemplo, se dice que es *la Saint Thomas* o *la fête des Thomas* y para felicitar a los Thomas que conozcamos diremos *bonne fête, Thomas !* Asimismo se desea *bonne fête* a las madres por *la fête des Mères* (el último domingo de mayo), a los padres por *la fête des Pères* (el tercer domingo de junio) y a las abuelas por *la fête des Grand-mères* (el primer domingo de marzo).

La fête de la musique

La *Fête de la musique* se creó en Francia en 1982 con el objetivo de poner la música al alcance de todo el mundo. El 21 de junio, coincidiendo con la noche más larga del año, las calles se llenan de músicos de todos los estilos tanto profesionales como aficionados. Además, se organizan conciertos gratuitos al aire libre. Su éxito ha sido tal que el concepto ha atravesado fronteras y se ha exportado a más de cien países en los cinco continentes.

fêter [fete] vt celebrar

feu, x [fø] nm fuego *m* ● **avez-vous du feu ?** ¿tiene fuego? ● **faire du feu** hacer fuego ● **mettre le feu à** prender fuego a ● **à feu doux** a fuego lento ● **feu d'artifice** fuegos artificiales ● **feu de camp** fuego de campamento ● **feu rouge/vert** semáforo *m* en rojo/en verde ● **feu de signa-**

lisation ou feu tricolore semáforo • feux arrière/de croisement/de recul luces *fpl* traseras/de cruce/de marcha atrás • au feu ! ¡fuego! • en feu ardiendo

feuillage [fœjaʒ] *nm* follaje *m*

feuille [fœj] *nf* hoja *f* • feuille morte hoja seca • feuille de style hoja de estilo

feuilleté, e [fœjte] *adj* ➤ pâte • feuilleté *nm* hojaldre *m*

feuilleter [fœjte] *vt* hojear

feuilleton [fœjtɔ̃] *nm* **1.** • feuilleton télévisé telenovela *f* **2.** (*à la radio*) serial *m*

feutre [føtʀ] *nm* **1.** (*stylo*) rotulador *m* **2.** (*matière*) fieltro *m* **3.** (*chapeau*) sombrero *m* de fieltro

fève [fɛv] *nf* **1.** (*haricot*) haba *f* **2.** (*de galette*) *figurita que designa rey al que la encuentra en su porción del roscón de Reyes*

février [fevʀije] *nm* febrero *m* • en février ou au mois de février en (el mes de) febrero • début février a principios de febrero • fin février a finales de febrero • le deux février el dos de febrero

fiable [fjabl] *adj* fiable

fiançailles [fjɑ̃saj] *nfpl* **1.** (*cérémonie*) pedida *f* **2.** (*période*) noviazgo *m*

fiancé, e [fjɑ̃se] *nm, f* novio *m*, -via *f*

fiancer [fjɑ̃se] • se fiancer *vp* prometerse

fibre [fibʀ] *nf* fibra *f* • fibre optique fibra óptica

ficeler [fisle] *vt* atar

ficelle [fisɛl] *nf* **1.** cordel *m* **2.** (*pain*) barra de pan muy fina

fiche [fiʃ] *nf* ficha *f* • fiche de paie nómina *f* (*documento*)

ficher [fiʃe] *vt* **1.** (*renseignement, suspect*) fichar **2.** (*planter*) clavar **3.** (*fam*) (*faire*) hacer • mais qu'est-ce qu'il fiche ? (*fam*) ¿pero qué hace? • fiche-moi la paix ! (*fam*) ¡déjame en paz! • fiche le camp ! (*fam*) ¡lárgate! • se ficher de *vp + prep* (*fam*) (*ridiculiser*) burlarse de • je m'en fiche (*fam*) (*ça m'est égal*) me importa un bledo

fichier [fiʃje] *nm* **1.** fichero *m* **2.** INFORM archivo *m* • fichiers temporaires archivos temporales

fichu, e [fiʃy] *adj* (*fam*) • c'est fichu (*raté*) se jorobó la cosa ; (*cassé*) está escacharrado • être bien fichu (*fabrication*) estar bien hecho • être mal fichu (*santé*) estar pachucho

fidèle [fidɛl] *adj* fiel

fidélité [fidelite] *nf* fidelidad *f*

¹**fier** [fje] • se fier *vp* • se fier à fiarse de

²**fier, fière** [fjɛʀ] *adj* orgulloso(sa) • être fier de estar orgulloso de

fierté [fjɛʀte] *nf* orgullo *m*

fièvre [fjɛvʀ] *nf* fiebre *f* • fièvre aphteuse fiebre aftosa • avoir de la fièvre tener fiebre • avoir 39 de fièvre tener 39 de fiebre

fiévreux, euse [fjevʀø, øz] *adj* febril

fig. (*abr de figure*) fig. (*figura*)

figé, e [fiʒe] *adj* **1.** (*personne*) petrificado(da) **2.** (*sauce*) cuajado(da)

figer [fiʒe] • se figer *vp* **1.** (*personne*) quedarse petrificado(da) **2.** (*sauce*) cuajarse

figue [fig] *nf* higo *m* • figue de Barbarie higo chumbo

figure [figyʀ] *nf* **1.** (*visage*) cara *f* **2.** (*schéma*) figura *f*

figurer [figyʀe] *vi* figurar ● il m'a menti, figure-toi ! ¡me ha mentido, fíjate!

fil [fil] *nm* hilo *m* ● fil de fer alambre *m* ● passer un coup de fil llamar (por teléfono)

file [fil] *nf* fila *f* ● file (d'attente) cola *f* ● à la file en fila ● en file (indienne) en fila (india)

filer [file] *vt* (collant) hacerse una carrera en ◇ *vi* 1. (aller vite) volar 2. (fam) (partir) salir pitando ● filer un livre à qqn (fam) pasar un libro a alguien ● filer un coup de pied à qqn (fam) dar una patada a alguien

filet [file] *nm* 1. (de pêche, au tennis) red *f* 2. (d'eau) hilo *m* 3. (de poisson) filete *m* 4. (de bœuf) solomillo *m* ● filet américain (Belg) bistec *m* tártaro ● filet à bagages rejilla *f* ● filet mignon solomillo

filiale [filjal] *nf* filial *f*

filière [filjɛʀ] *nf* SCOL carrera *f* ● filière scientifique/littéraire carrera científica/literaria

fille [fij] *nf* 1. chica *f* 2. (descendante) hija *f*

fillette [fijɛt] *nf* chiquilla *f*

filleul, e [fijœl] *nm, f* ahijado *m*, -da *f*

film [film] *nm* 1. película *f* 2. (plastique) film *m* ● film d'horreur ou d'épouvante película de terror ● film vidéo película de vídeo

filmer [filme] *vt* filmar

fils [fis] *nm* hijo *m*

filtrage [filtʀaʒ] *nm* filtrado *m*

filtre [filtʀ] *nm* filtro *m* ● filtre parental INFORM filtro parental

filtrer [filtʀe] *vt* filtrar

fin, e [fɛ̃, in] *adj* 1. fino(na) 2. (subtil) agudo(da) ◆ **fin** *nf* final *m* ● fin juillet a finales de julio ● à la fin (de) al final (de)

final, e, als ou **aux** [final, o] *adj* final

finale [final] *nf* final *f*

finalement [finalmã] *adv* finalmente

finaliste [finalist] *nmf* finalista *mf*

finance [finãs] *nf* ● la finance las finanzas ● les finances (publiques) las finanzas ; (fam) (d'un particulier) los fondos

financement [finãsmã] *nm* financiación *f*

financer [finãse] *vt* financiar

financier, ère [finãsje, ɛʀ] *adj* financiero(ra) ● sauce financière salsa *f* a base de vino de madera y esencia de trufas ◆ **financier** *nm* (gâteau) pastel de almendras y fruta confitada

finesse [fines] *nf* 1. finura *f* 2. (d'esprit) sutileza *f*

finir [finiʀ] *vt & vi* acabar ● finir bien/mal acabar bien/mal ● finir de faire qqch acabar de hacer algo ● il a fini par accepter acabó aceptando ou por aceptar

finlandais, e [fɛ̃lãdɛ, ɛz] *adj* finlandés(esa) ◆ **finlandais** *nm* (langue) = finnois ◆ **Finlandais, e** *nm, f* finlandés *m*, -esa *f*

Finlande [fɛ̃lãd] *nf* ● la Finlande Finlandia *f*

finnois [finwa] *nm* finlandés *m*

fioul [fjul] *nm* fuel *m*

firewall [fajəʀwol] *nm* INFORM cortafuego *m*

fisc [fisk] *nm* fisco *m*

fiscal, e, aux [fiskal, o] *adj* fiscal ● contrôle fiscal inspección *f* fiscal

fissure [fisyʀ] *nf* grieta *f*

fissurer [fisyʀe] ◆ **se fissurer** vp agrietarse

fixation [fiksasjɔ̃] nf (de ski) fijación f

fixe [fiks] adj fijo(ja) ◇ nm (téléphone) fijo m ● **appeler sur le fixe** llamar al fijo

fixer [fikse] vt fijar **2.** (regarder) mirar fijamente

flacon [flakɔ̃] nm frasco m

flageolet [flaʒɔlɛ] nm alubia f verde

flagrant, e [flagʀɑ̃, ɑ̃t] adj flagrante ◆ **(en) flagrant délit** (en) flagrante delito

flair [flɛʀ] nm olfato m ● **avoir du flair** (fig) tener olfato

flairer [fleʀe] vt **1.** olfatear **2.** (fig) presentir

flamand, e [flamɑ̃, ɑ̃d] adj flamenco(ca) ◆ **flamand** nm (langue) flamenco m

flambé, e [flɑ̃be] adj flameado(da)

flamber [flɑ̃be] vi arder

flamiche [flamiʃ] nf pastel que se suele rellenar con puerros o queso, típico del norte de Francia y de Bélgica

flamme [flam] nf llama f ● **en flammes** en llamas

flan [flɑ̃] nm flan m

flanc [flɑ̃] nm **1.** (de personne, d'animal) costado m **2.** (de montagne) ladera f ● **couché sur le flanc** acostado

flâner [flane] vi callejear

flanquer [flɑ̃ke] vt rodear ● **flanquer une gifle à qqn** (fam) soltar un bofetón a alguien ● **flanquer qqn à la porte** (fam) poner a alguien de patitas en la calle

flaque [flak] nf charco m

flash [flaʃ] (pl flashs OU flashes) nm **1.** flash m **2.** (d'information) avance m informativo

flasher [flaʃe] vi (fam) ● **se faire flasher** (par un radar) hacerse sacar una foto (por un radar)

flatter [flate] vt halagar

fléau, x [fleo] nm plaga f

flèche [flɛʃ] nf flecha f

fléchette [fleʃɛt] nf dardo m

fléchir [fleʃiʀ] vt doblar ◇ vi flojear

flemme [flɛm] nf (fam) ● **avoir la flemme (de faire qqch)** darle pereza a alguien (hacer algo)

flétri, e [fletʀi] adj (fleur) marchito(ta)

fleur [flœʀ] nf flor f ● **fleur d'oranger** CULIN (flor de) azahar m ● **à fleurs** de flores ● **en fleur(s)** en flor

fleuri, e [flœʀi] adj **1.** (jardin) florido(da) **2.** (tissu) floreado(da)

fleurir [flœʀiʀ] vi florecer

fleuriste [flœʀist] nmf florista mf

fleuve [flœv] nm río m

flexible [flɛksibl] adj flexible

flic [flik] nm (fam) poli m

¹**flipper** [flipœʀ] nm flipper m

²**flipper** [flipe] vi (fam) (avoir peur) estar acojonado(da)

flirter [flœʀte] vi flirtear

flocon [flɔkɔ̃] nm ● **flocon de neige** copo m de nieve ● **flocons d'avoine** copos de avena

flore [flɔʀ] nf flora f ● **flore intestinale** flora intestinal

flot [flo] nm **1.** (vagues) ● **les flots** oleaje m **2.** (fig) (grande quantité) raudal m

flottante [flɔtɑ̃t] adj f ▶ **île**

flotte [flɔt] nf **1.** flota f **2.** (fam) (eau) agua f **3.** (fam) (pluie) lluvia f

flotter [flɔte] vi flotar

flotteur [flɔtœr] nm **1.** (de pêche) corcho m **2.** (de bateau) boya f

flou, e [flu] adj **1.** (photo) borroso(sa) **2.** (idée, souvenir) confuso(sa)

fluide [flɥid] adj fluido(da) ◇ nm fluido m

fluo [flyo] adj inv fluorescente

fluor [flyɔr] nm flúor m

fluorescent, e [flyɔresã, ãt] adj fluorescente

flûte [flyt] nf **1.** (instrument) flauta f **2.** (pain) barra fina de pan **3.** (verre) copa f de champán ◇ interj ¡vaya! ● **flûte à bec** flauta dulce

flux [fly] nm flujo m ● **flux migratoire** flujo migratorio

FM [ɛfɛm] (abr de frequency modulation) nf FM f (frecuencia modulada)

foi [fwa] nf fe f ● **(de) bonne/mauvaise foi** (de) buena/mala fe

foie [fwa] nm hígado m ● **foie gras** foiegras m ● **foie de veau** hígado de ternera

foin [fwɛ̃] nm heno m

foire [fwar] nf feria f ● **foire aux questions** preguntas fpl más frecuentes

fois [fwa] nf vez f ● **une/deux/trois fois** una/dos/tres veces (al día) ● **3 fois 2** 3 por 2 ● **il est à la fois peintre et musicien** es a la vez pintor y músico ● **ne parlez pas tous à la fois** ¡no habléis todos a la vez! ● **des fois** (fam) a veces ● **une fois que** una vez que ● **une fois pour toutes** de una vez por todas

folie [fɔli] nf locura f ● **faire une folie** hacer una locura

folklore [fɔlklɔr] nm folclore m

folklorique [fɔlklɔrik] adj folclórico(ca)

folle ➤ **fou**

foncé, e [fɔ̃se] adj oscuro(ra)

foncer [fɔ̃se] vi **1.** oscurecerse **2.** (fam) (aller vite) volar

fonction [fɔ̃ksjɔ̃] nf función f ● **la fonction publique** la función pública ● **voiture de fonction** (pour fonctionnaire) coche m oficial ; (d'entreprise) coche de servicio ● **logement de fonction** vivienda proporcionada por la administración o por las grandes empresas a sus empleados ● **en fonction de** en función de

fonctionnaire [fɔ̃ksjɔner] nmf funcionario m, -ria f

fonctionnel, elle [fɔ̃ksjɔnel] adj funcional

fonctionnement [fɔ̃ksjɔnmã] nm funcionamiento m

fonctionner [fɔ̃ksjɔne] vi funcionar ● **faire fonctionner qqch** hacer funcionar algo

fond [fɔ̃] nm fondo m ● **au fond** ou **dans le fond** (en réalité) en el fondo ● **au fond de** en el fondo de ● **à fond** a fondo ; (rouler) a todo gas ● **fond d'artichaut** corazón m de alcachofa ● **fond d'écran** INFORM fondo de pantalla ● **fond de teint** maquillaje m ● **fonds marins** fondos marinos

fondamental, e, aux [fɔ̃damãtal, o] adj fundamental

fondant, e [fɔ̃dã, ãt] adj que se derrite ◇ nm ● **fondant au chocolat** fondant m de chocolate

fondation [fɔ̃dasjɔ̃] nf fundación f ● **fondations** nfpl cimientos mpl

fonder [fɔ̃de] vt fundar ● **se fonder sur** vp + prep basarse en

fondre [fɔ̃dʀ] *vi* derretir ● **fondre en larmes** romper a llorar

fonds [fɔ̃] *nmpl* fondos *mpl* ● **fonds de commerce** negocio *m* ● **fonds de pension** fondo de pensiones

fondue [fɔ̃dy] *nf* ● **fondue bourguignonne/savoyarde** fondue *f* de carne/de queso ● **fondue parmesan** (*Québec*) *variedad de quesos fundidos, sobre todo parmesano, que se sirve empanado y frito en la sartén*

font [fɔ̃] ➤ **faire**

fontaine [fɔ̃tɛn] *nf* fuente *f*

fonte [fɔ̃t] *nf* **1.** (*métal*) hierro *m* colado **2.** (*des neiges*) deshielo *m*

foot(ball) [fut(bol)] *nm* fútbol *m* ● **jouer au football** jugar al fútbol

footballeur, euse [futbolœʀ, øz] *nm, f* futbolista *mf*

footing [futiŋ] *nm* footing *m* ● **faire un footing** hacer footing

forain, e [fɔʀɛ̃, ɛn] *adj* ➤ **fête** ● **forain** *nm* feriante *m*

force [fɔʀs] *nf* fuerza *f* ● **de force** por ou a la fuerza ● **à force de faire qqch** a fuerza de hacer algo

forcément [fɔʀsemɑ̃] *adv* forzosamente ● **pas forcément** no necesariamente

forcer [fɔʀse] *vt & vi* forzar ● **forcer qqn à faire qqch** forzar a alguien a hacer algo ● **se forcer** *vp* ● **se forcer (à faire qqch)** forzarse (a hacer algo)

forêt [fɔʀɛ] *nf* bosque *m*

forêt-noire [fɔʀɛnwaʀ] (*pl* **forêts-noires**) *nf* selva *f* negra

forfait [fɔʀfɛ] *nm* (*de ski*) forfait *m* ● **forfait Internet illimité** tarifa *f* plana (para) Internet ● **déclarer forfait** abandonar

forfaitaire [fɔʀfetɛʀ] *adj* ● **tarif forfaitaire** tarifa fija

forgé [fɔʀʒe] *adj m* ➤ **fer**

forger [fɔʀʒe] *vt* forjar

formalités [fɔʀmalite] *nfpl* formalidades *fpl* ● **remplir les formalités** cumplir los requisitos

format [fɔʀma] *nm* formato *m*

formater [fɔʀmate] *vt* formatear

formation [fɔʀmasjɔ̃] *nf* formación *f* ● **formation en alternance** formación alternada

forme [fɔʀm] *nf* forma *f* ● **en forme de** en forma de ● **être en (pleine) forme** estar en (plena) forma

former [fɔʀme] *vt* formar ◆ **se former** *vp* formarse

formidable [fɔʀmidabl] *adj* formidable

formulaire [fɔʀmylɛʀ] *nm* formulario *m* ● **remplir un formulaire** rellenar un formulario

formule [fɔʀmyl] *nf* **1.** fórmula *f* **2.** (*de restaurant*) menú *m*

fort, e [fɔʀ, fɔʀt] *adj & adv* fuerte ● **fort en maths** bueno en matemáticas

forteresse [fɔʀtəʀɛs] *nf* fortaleza *f*

fortifications [fɔʀtifikasjɔ̃] *nfpl* fortificaciones *fpl*

fortifier [fɔʀtifje] *vt* **1.** fortificar **2.** (*suj : médicament*) fortalecer

fortune [fɔʀtyn] *nf* fortuna *f* ● **faire fortune** hacer fortuna

forum [fɔʀɔm] *nm* ● **forum (de discussion)** INFORM foro *m*

fosse [fos] *nf* fosa *f*

fossé [fose] *nm* cuneta *f*

fossette [fosɛt] *nf* hoyuelo *m*

fossile [fosil] *nm* fósil *m*

fou, folle [fu, fɔl] *adj* **1.** loco(ca) **2.** *(fig)* increíble ◇ *nm*, f loco m, -ca f ● **j'ai eu le ou un fou rire** me dio la risa tonta ● **fou** *nm (aux échecs)* alfil m

foudre [fudʀ] *nf* rayo m

foudroyant, e [fudʀwajɑ̃, ɑ̃t] *adj* fulminante

foudroyer [fudʀwaje] *vt* fulminar ● **de plein fouet** de frente

fouet [fwe] *nm* **1.** látigo m **2.** CULIN batidor m ● **de plein fouet** de frente

fouetter [fwete] *vt* **1.** azotar **2.** CULIN batir

fougère [fuʒɛʀ] *nf* helecho m

fouiller [fuje] *vt* registrar

fouillis [fuji] *nm* revoltijo m

foulard [fulaʀ] *nm* pañuelo m, fular m

foule [ful] *nf* multitud f

fouler [fule] ◆ **se fouler** *vp* ● **se fouler la cheville** torcerse el tobillo

foulure [fulyʀ] *nf* torcedura f

four [fuʀ] *nm* horno m

fourche [fuʀʃ] *nf* **1.** *(instrument)* horquilla f **2.** *(Belg)* tiempo m libre

fourchette [fuʀʃɛt] *nf* **1.** tenedor m **2.** *(de prix)* gama f

fourchu, e [fuʀʃy] *adj (cheveux)* con las puntas abiertas

fourgon [fuʀɡɔ̃] *nm* furgón m

fourgonnette [fuʀɡɔnɛt] *nf* furgoneta f

fourmi [fuʀmi] *nf* hormiga f ● **j'ai des fourmis dans les jambes** tengo hormigueo en las piernas

fourmilière [fuʀmiljɛʀ] *nf* hormiguero m

fourneau, x [fuʀno] *nm* fogón m

fournir [fuʀniʀ] *vt* **1.** suministrar **2.** *(effort)* realizar ● **fournir du travail à qqn** proporcionar trabajo a alguien

fournisseur, euse [fuʀnisœʀ, øz] *nm*, f **1.** proveedor m, -ra f **2.** INFORM ● **fournisseur d'accès** proveedor de acceso

fournitures [fuʀnityʀ] *nfpl* material m

fourré, e [fuʀe] *adj* **1.** *(vêtement)* forrado(da) **2.** CULIN relleno(na)

fourrer [fuʀe] *vt* **1.** rellenar **2.** *(fam)* meter ◆ **se fourrer** *vp (fam)* meterse

fourre-tout [fuʀtu] *nm inv* bolso m

fourrière [fuʀjɛʀ] *nf* **1.** *(pour chiens)* perrera f **2.** *(pour voitures)* depósito m ● **ma voiture a été mise à la fourrière** la grúa se me ha llevado el coche

fourrure [fuʀyʀ] *nf* **1.** piel f **2.** *(vêtement)* prenda f de piel

foyer [fwaje] *nm* **1.** hogar m **2.** *(pour travailleurs, étudiants)* residencia f ● **femme/mère au foyer** ama f de casa

fracasser [fʀakase] ◆ **se fracasser** *vp* estrellarse

fraction [fʀaksjɔ̃] *nf* fracción f

fracture [fʀaktyʀ] *nf* fractura f ● **fracture sociale** fractura social

fracturer [fʀaktyʀe] *vt* forzar ◆ **se fracturer** *vp* ● **se fracturer la jambe** fracturarse la pierna

fragile [fʀaʒil] *adj* frágil

fragment [fʀaɡmɑ̃] *nm* fragmento m

fraîche ➡ **frais**

fraîcheur [fʀeʃœʀ] *nf* **1.** *(du matin, de l'ombre)* frescor m **2.** *(d'un aliment)* frescura f

frais, fraîche [fʀe, fʀeʃ] *adj* fresco(ca) ◇ *nmpl* gastos *mpl* ◇ *nm* ● **mettre qqch au frais** poner algo al fresco ● **prendre le frais** tomar el fresco ◇ *adv* ● **il fait frais** hace fresco ▼ **servir frais** servir frío

fraise [fʀez] *nf* fresa f

fraisier [fʀɛzje] nm **1.** *(plante)* fresera f **2.** *(gâteau) bizcocho empapado en kirsch relleno de nata y trocitos de fresa*

framboise [fʀɑ̃bwaz] nf frambuesa f

framboisier [fʀɑ̃bwazje] nm **1.** *(plante)* frambueso m **2.** *(gâteau) bizcocho empapado en kirsch relleno de nata y trocitos de frambuesa*

franc, franche [fʀɑ̃, fʀɑ̃ʃ] adj franco(ca) ◆ **franc** nm franco m ● **franc suisse** franco suizo

français, e [fʀɑ̃sɛ, ɛz] adj francés(esa) ◆ **français** nm *(langue)* francés m ● **Français, e** nm, f francés m, -esa f

France [fʀɑ̃s] nf ● **la France** Francia f ● **France 2** *cadena pública de televisión francesa* ≃ TVE 1 ● **France 3** *cadena pública de televisión francesa* ≃ La 2 ● **France Télécom** *compañía histórica francesa de telecomunicaciones* ≃ Telefónica

franche ➤ franc

franchement [fʀɑ̃ʃmɑ̃] adv **1.** *(honnêtement)* francamente **2.** *(tout à fait)* ● **c'est franchement insuffisant** es completamente insuficiente

franchir [fʀɑ̃ʃiʀ] vt **1.** *(porte, frontière)* atravesar **2.** *(obstacle)* salvar

franchise [fʀɑ̃ʃiz] nf **1.** *(honnêteté)* franqueza f **2.** *(d'assurance)* franquicia f

francilien, enne [fʀɑ̃siljɛ̃, ɛn] adj de la región Île-de-France ◆ **Francilien, enne** nm, f persona que vive en la región Île-de-France

francophone [fʀɑ̃kɔfɔn] adj francófono(na)

frange [fʀɑ̃ʒ] nf flequillo m ● **à franges** con flecos

frangipane [fʀɑ̃ʒipan] nf **1.** *(crème)* crema f de almendras **2.** *(gâteau)* pastel m con crema de almendras

frappant, e [fʀapɑ̃, ɑ̃t] adj *(ressemblance)* sorprendente

frappé, e [fʀape] adj *(frais)* helado(da) ● **café frappé** granizado m de café

frapper [fʀape] vt **1.** *(battre)* pegar **2.** *(coup)* golpear **3.** *(impressionner)* impresionar **4.** *(suj : maladie, catastrophe)* afectar ◇ vi ● **frapper (à la porte)** llamar (a la puerta) ● **frapper dans ses mains** dar palmadas

fraude [fʀod] nf fraude m ● **passer qqch en fraude** pasar algo fraudulentamente ● **fraude électorale/fiscale** fraude electoral/fiscal

frayer [fʀeje] ◆ **se frayer** vp ● **se frayer un chemin** abrirse camino

frayeur [fʀejœʀ] nf susto m

fredonner [fʀədɔne] vt tararear

freezer [fʀizœʀ] nm congelador m

frein [fʀɛ̃] nm freno m ● **frein à main** freno de mano

freiner [fʀene] vt & vi frenar

frémir [fʀemiʀ] vi estremecerse

fréquence [fʀekɑ̃s] nf frecuencia f

fréquent, e [fʀekɑ̃, ɑ̃t] adj frecuente

fréquenter [fʀekɑ̃te] vt frecuentar

frère [fʀɛʀ] nm hermano m

fresque [fʀɛsk] nf fresco m

friand [fʀijɑ̃] nm empanada hecha con masa de hojaldre

friandise [fʀijɑ̃diz] nf golosina f

fric [fʀik] nm *(fam)* pasta f

fricassée [fʀikase] nf fricasé m

frictionner [fʀiksjɔne] vt friccionar

Frigidaire® [fʀiʒideʀ] nm nevera f

frigo [fʀigo] *nm* (*fam*) nevera f

frileux, euse [fʀilø, øz] *adj* friolero(ra)

frimer [fʀime] *vi* (*fam*) fardar

fripé, e [fʀipe] *adj* arrugado(da)

frire [fʀiʀ] *vt & vi* freír ● **faire frire** freír

frisé, e [fʀize] *adj* rizado(da)

frisée [fʀize] *nf* escarola f

friser [fʀize] *vi* rizar

frisson [fʀisɔ̃] *nm* escalofrío m ● **avoir des frissons** sentir escalofríos

frissonner [fʀisɔne] *vi* estremecerse

frit, e [fʀi, fʀit] *pp* ➤ **frire** ◇ *adj* frito(ta)

frites [fʀit] *nfpl* ● (**pommes**) **frites** patatas *fpl* fritas

friteuse [fʀitøz] *nf* freidora f

friture [fʀityʀ] *nf* **1.** (*poissons*) fritura f **2.** (*fam*) (*parasites*) ruidos *mpl* parásitos

froid, e [fʀwa, fʀwad] *adj* frío(a) ◇ **froid** *nm* frío m ◇ *adv* ● **avoir froid** tener frío ● **il fait froid** hace frío ● **prendre froid** coger frío

froidement [fʀwadmɑ̃] *adv* fríamente

froisser [fʀwase] *vt* arrugar ● **se froisser** *vp* arrugarse

frôler [fʀole] *vt* rozar

fromage [fʀɔmaʒ] *nm* queso m ● **fromage blanc** queso blanco ● **fromage de tête** queso de cerdo

Le fromage

Se cuentan más de 400 variedades de queso en Francia, clasifica dos generalmente según la textura de su pasta y de la corteza. Se distinguen las pastas blandas como el *camembert*, el *brie* y el *pont l'évêque*; las pastas prensadas, que incluyen el *tomme*, el *emmenthal* y el *comté*; los quesos azules como el *roquefort* o el *bleu de Bresse*; los quesos especiales a los que se añaden nueces, hierbas y otras especias; los quesos de oveja o cabra y, por último, los quesos frescos. El queso se suele tomar al final de las comidas, antes del postre: generalmente se presenta una tabla de quesos que se suele acompañar con ensalada, pan y, a menudo, vino tinto.

fronce [fʀɔ̃s] *nf* frunce m

froncer [fʀɔ̃se] *vt* fruncir ● **froncer les sourcils** fruncir el ceño

fronde [fʀɔ̃d] *nf* honda f

front [fʀɔ̃] *nm* **1.** *ANAT* frente f **2.** (*à la guerre*) frente m ● **de front** (*de face*) de frente ; (*côte à côte*) juntos(tas) ; (*en même temps*) al mismo tiempo

frontière [fʀɔ̃tjɛʀ] *nf* frontera f

frottement [fʀɔtmɑ̃] *nm* roce m

frotter [fʀɔte] *vt* frotar ◇ *vi* rozar

fruit [fʀɥi] *nm* **1.** (*qui se mange*) fruta f **2.** (*d'un arbre, profit*) fruto m ● **fruit de la passion** fruta de la pasión ● **fruits confits** frutas confitadas ● **fruits de mer** marisco m ● **fruits secs** frutos secos

fruitier [fʀɥitje] *adj m* ➤ **arbre**

FTP [ɛftepe] (*abr de File Transfer Protocol*) *nm* ● **site FTP** servidor m FTP

fugue [fyg] *nf* ● **faire une fugue** fugarse

fuir [fɥiʀ] *vi* **1.** huir **2.** (*robinet*) perder agua **3.** (*eau, gaz*) escaparse

fuite [fɥit] *nf* **1.** huida *f*, fuga *f* **2.** *(d'eau, de gaz)* escape *m* ● **être en fuite** estar huido(da) ● **prendre la fuite** darse a la fuga

fumé, e [fyme] *adj* ahumado(da)

fumée [fyme] *nf* humo *m*

fumer [fyme] *vt* fumar ◊ *vi* **1.** fumar **2.** *(liquide)* humear

fumeur, euse [fymœʀ, øz] *nm, f* fumador *m*, -ra *f* ● **les non-fumeurs** los no fumadores

fumier [fymje] *nm* estiércol *m*

funambule [fynɑ̃byl] *nmf* funámbulo *m*, -la *f*

funèbre [fynɛbʀ] *adj* ➤ **pompe**

funérailles [fyneʀaj] *nfpl* *(sout)* funeral *m*

funiculaire [fynikylɛʀ] *nm* funicular *m*

fureur [fyʀœʀ] *nf* furor *m* ● **faire fureur** hacer furor

furieux, euse [fyʀjø, øz] *adj* furioso(sa)

furoncle [fyʀɔ̃kl] *nm* forúnculo *m*

fuseau, x [fyzo] *nm* *(pantalon)* pantalón *m* tubo ● **fuseau horaire** huso *m* horario

fusée [fyze] *nf* cohete *m*

fusible [fyzibl] *nm* fusible *m* ● **les fusibles ont sauté** han saltado los fusibles

fusil [fyzi] *nm* fusil *m*

fusillade [fyzijad] *nf* tiroteo *m*

fusiller [fyzije] *vt* fusilar ● **fusiller qqn du regard** fulminar a alguien con la mirada

fusionnel, elle [fyzjɔnɛl] *adj* ● **un rapport/amour fusionnel** una relación/un amor fusional

futé, e [fyte] *adj* listo(ta)

futile [fytil] *adj* fútil

futur, e [fytyʀ] *adj* futuro(ra) ◆ **futur** *nm* futuro *m*

g G

gâcher [gaʃe] *vt* *(gaspiller)* malgastar

gâchette [gaʃɛt] *nf* gatillo *m*

gâchis [gaʃi] *nm* *(gaspillage)* despilfarro *m*

gadget [gadʒɛt] *nm* chisme *m*

gaffe [gaf] *nf* ● **faire une gaffe** meter la pata ● **faire gaffe (à)** *(fam)* tener cuidado (con)

gag [gag] *nm* broma *f*

gage [gaʒ] *nm* *(dans un jeu)* prenda *f*

gagnant, e [gaɲɑ̃, ɑ̃t] *adj & nm, f* ganador(ra)

gagner [gaɲe] *vt & vi* ganar ● **(bien) gagner sa vie** ganarse (bien) la vida

gai, e [ge] *adj* alegre

gaiement [gemɑ̃] *adv* alegremente

gaieté [gete] *nf* alegría *f*

gain [gɛ̃] *nm* **1.** ganancia *f* **2.** *(de temps)* ahorro *m* ● **gains** *nmpl* *(salaire, au jeu)* ganancias *fpl*

gaine [gɛn] *nf* **1.** *(étui)* funda *f* **2.** *(sous-vêtement)* faja *f*

gala [gala] *nm* gala *f*

galant [galɑ̃] *adj m* galante

galerie [galʀi] *nf* **1.** *(passage couvert)* galería *f* **2.** *(à bagages)* baca *f* ● **galerie (d'art)** galería (de arte) ● **galerie marchande** galerías

galet [galɛ] *nm* canto *m* rodado

galette [galɛt] *nf* **1.** *(gâteau)* torta *f* **2.** *(crêpe)* crepe *f* salada ● **galette bretonne**

galleta f de Bretaña ● **galette des Rois** ≃ roscón m de Reyes

La galette des Rois

La *galette des Rois* es una torta hojaldrada rellena de crema de almendras que se come el 6 de enero, día de la Epifanía. En su interior se esconde una figurita sorpresa, *la fève*. La tradición señala que se debe cortar la torta en porciones iguales que un joven comensal adjudica a ciegas; quien encuentre *la fève* será coronado rey o reina con una corona de cartón y tendrá que elegir a su consorte.

Galice [galis] *nf* ● **la Galice** Galicia f
gallois, e [galwa, az] *adj* galés(esa) ● **Gallois, e** *nm, f* galés m, -esa f
galon [galɔ̃] *nm* **1.** *(ruban)* pasamano m **2.** MIL galón m
galop [galo] *nm* ● **aller/partir au galop** ir/salir al galope
galoper [galɔpe] *vi* galopar
gambader [gɑ̃bade] *vi* brincar
gambas [gɑ̃bas] *nfpl* langostinos *mpl*
gamelle [gamɛl] *nf* fiambrera f
gamin, e [gamɛ̃, in] *nm, f* **1.** *(fam)* *(enfant)* crío m, -a f **2.** *(fils, fille)* niño m, -ña f
gamme [gam] *nf* gama f ● **j'achète toujours du bas/haut de gamme** siempre compro artículos de gama baja/alta ● **un meuble bas/haut de gamme** un mueble de gama baja/alta
ganglion [gɑ̃glijɔ̃] *nm* ganglio m

gangster [gɑ̃gstɛʀ] *nm* gángster m
gant [gɑ̃] *nm* guante m ● **gant de toilette** manopla f
garage [gaʀaʒ] *nm* **1.** *(d'une maison)* garaje m **2.** *(de réparation)* taller m
garagiste [gaʀaʒist] *nmf* mecánico m, -ca f
garantie [gaʀɑ̃ti] *nf* garantía f ● **(bon de) garantie** garantía f ● **(appareil) sous garantie** (aparato) en garantía
garantir [gaʀɑ̃tiʀ] *vt* garantizar ● **garantir qqch à qqn** garantizar algo a alguien ● **garantir à qqn que** garantizar a alguien que
garçon [gaʀsɔ̃] *nm* chico m ● **garçon (de café)** camarero m
¹**garde** [gaʀd] *nm* guarda m ● **garde du corps** guardaespaldas *mf inv*
²**garde** [gaʀd] *nf* **1.** DR custodia f ● **avoir la garde d'un enfant** DR tener la custodia de un niño ● **garde alternée (des enfants)** DR custodia alternada ou alternativa (de los hijos) ● **monter la garde** montar la guardia ● **mettre qqn en garde (contre)** poner a alguien en guardia (contra) ● **prendre garde (à)** tener cuidado (con) ● **médecin de garde** médico m de guardia ● **pharmacie de garde** farmacia f de guardia ● **garde à vue** DR detención f preventiva
garde-barrière [gaʀd(ə)baʀjɛʀ] *(pl* gardes-barrière*)* *nm* guardabarrera *mf*
garde-boue [gaʀdəbu] *nm inv* guardabarros *m inv*
garde-chasse [gaʀdəʃas] *(pl* gardes-chasse(s)*)* *nm* guarda m de caza
garde-fou, s [gaʀdəfu] *nm* pretil m

garder [gaʀde] vt **1.** (conserver) guardar **2.** (sur soi) quedarse con **3.** (surveiller) vigilar ▼ à garder au frais après ouverture consérvese en lugar fresco después de la apertura ◆ **se garder** vp conservarse

garderie [gaʀdəʀi] nf guardería f

garde-robe, s [gaʀdəʀɔb] nf guardarropa m

gardien, enne [gaʀdjɛ̃, ɛn] nm, f **1.** (de musée, de prison) guardián m, -ana f **2.** (d'immeuble) portero m, -ra f ◆ gardien de but portero m ◆ gardien de nuit vigilante m nocturno

gare [gaʀ] nf estación f ◇ interj ◆ gare à toi ! ¡pobre de ti ! ◆ entrer en gare entrar en la estación ◆ gare maritime/routière estación marítima/de autobuses

garer [gaʀe] vt aparcar ◆ **se garer** vp aparcar

gargouille [gaʀguj] nf gárgola f

gargouiller [gaʀguje] vi **1.** (tuyau) gorgotear **2.** (estomac) hacer borborigmos

garnement [gaʀnəmɑ̃] nm pillo m

garni, e [gaʀni] adj (plat) con guarnición

Garnier [gaʀnje] n ◆ le Palais Garnier ou l'Opéra Garnier antigua ópera de París en la que en la actualidad se representan espectáculos de danza

garnir [gaʀniʀ] vt ◆ garnir qqch de guarnecer algo con

garniture [gaʀnityʀ] nf **1.** (légumes) guarnición f **2.** (décoration) adorno m

gars [ga] nm (fam) tío m

Gascogne [gaskɔɲ] n ➤ Golfe

gas-oil [gazɔjl] nm = gazole

gaspillage [gaspijaʒ] nm despilfarro m

gaspiller [gaspije] vt despilfarrar

gastronomique [gastʀɔnɔmik] adj gastronómico(ca)

gâté, e [gate] adj **1.** (enfant) mimado(da) **2.** (fruit) podrido(da) **3.** (dent) picado(da)

gâteau, x [gato] nm pastel m ◆ gâteau marbré pastel de bizcocho con capas de chocolate ◆ gâteau sec galleta f

gâter [gate] vt mimar ◆ **se gâter** vp **1.** (fruit) pudrirse **2.** (dent) picarse **3.** (temps, situation) ponerse feo(a)

gâteux, euse [gatø, øz] adj chocho(cha)

gauche [goʃ] adj **1.** izquierdo(da) **2.** (maladroit) torpe ◇ nf ◆ la gauche la izquierda ◆ à gauche (de) a la izquierda (de) ◆ de gauche (du côté gauche) de la izquierda ; POL (personne) de izquierdas

gaucher, ère [goʃe, ɛʀ] adj & nm, f zurdo(da)

gaufre [gofʀ] nf gofre m

gaufrette [gofʀɛt] nf barquillo m

gaver [gave] vt **1.** cebar **2.** ◆ gaver qqn de qqch hartar a alguien de algo ◆ **se gaver de** vp + prep hartarse de

gay [gɛ] adj inv & nmf gay

gaz [gaz] nm inv gas m

gaze [gaz] nf gasa f

gazeux, euse [gazø, øz] adj (boisson) con gas

gazinière [gazinjɛʀ] nf cocina f de gas

gazole [gazɔl] nm gasoil m

gazon [gazɔ̃] nm césped m

GB (abr écrite de Grande-Bretagne) GB (Gran Bretaña)

géant, e [ʒeɑ̃, ɑ̃t] *adj* gigante ◇ *nm, f* gigante *m*, -ta *f*

gel [ʒɛl] *nm* **1.** hielo *m* **2.** *(cosmétique)* gel *m* **3.** *(pour cheveux)* gomina *f*

gélatine [ʒelatin] *nf* gelatina *f*

gelée [ʒəle] *nf* **1.** *(glace)* helada *f* **2.** *(de fruits)* jalea *f* ● **en gelée** con gelatina

geler [ʒəle] *vt* helar ◇ *vi* **1.** helar **2.** *(avoir froid)* helarse ● **il gèle** está helando

gélule [ʒelyl] *nf* cápsula *f*

Gémeaux [ʒemo] *nmpl* Géminis *m inv*

gémir [ʒemiʀ] *vi* gemir

gênant, e [ʒenɑ̃, ɑ̃t] *adj* molesto(ta) ● **c'est gênant** me da apuro ● **ce meuble est gênant** este mueble es un estorbo

gencive [ʒɑ̃siv] *nf* encía *f*

gendarme [ʒɑ̃daʀm] *nm* gendarme *m* ≃ guardia *m* civil

gendarmerie [ʒɑ̃daʀmɔʀi] *nf* **1.** *(gendarmes)* ≃ guardia *f* civil **2.** *(bureau)* gendarmería *f* ≃ cuartel *m* de la guardia civil

La gendarmerie

La gendarmería nacional tiene como misión mantener el orden y garantizar la seguridad pública y el cumplimiento de las leyes en las zonas rurales (la policía nacional se encarga de las zonas urbanas). Tiene un estatuto militar y depende del Ministerio de Defensa (mientras que la policía nacional depende del Ministerio del Interior). Dispone asimismo de formaciones especializadas como la *Garde Républicaine*, que protege a las altas autoridades del Estado, y el *GIGN*, grupo de intervención para afrontar las situaciones críticas.

gendre [ʒɑ̃dʀ] *nm* yerno *m*

gène [ʒɛn] *nf* molestia *f*

généalogique [ʒenealɔʒik] *adj* ➤ **arbre**

gêner [ʒene] *vt* **1.** molestar **2.** *(encombrer)* estorbar ● **ça vous gêne si... ?** ¿le molesta si...? ● **se gêner** *vp* ● **il ne se gêne pas (pour faire/dire qqch)** no se corta (para hacer/decir algo)

général, e, aux [ʒeneral, o] *adj* general ♦ **général** *nm* general *m* ● **en général** en general

généralement [ʒeneralmɑ̃] *adv* generalmente

généraliste [ʒeneralist] *nm* ● **(médecin) généraliste** ≃ médico *m*, -ca *f* de cabecera

génération [ʒenerasjɔ̃] *nf* generación *f*

généreux, euse [ʒenerø, øz] *adj* generoso(sa)

générique [ʒenerik] *nm* títulos *mpl* de crédito ◇ *adj (terme)* genérico(ca) ● **médicament générique** *MÉD* medicamento *m* genérico

générosité [ʒenerozite] *nf* generosidad *f*

genêt [ʒəne] *nm* retama *f*

génétique [ʒenetik] *adj* genético(ca)

Genève [ʒənɛv] *n* Ginebra *f*

génial, e, aux [ʒenjal, o] *adj* genial

génie [ʒeni] *nm* genio *m*

génoise [ʒenwaz] *nf* ≃ bizcocho *m*

génome [ʒenom] *nm* genoma *m*

génotype [ʒenɔtip] *nm* genotipo *m*

genou, x [ʒənu] *nm* rodilla *f* ● **se mettre à genoux** ponerse de rodillas ● **être à genoux** estar arrodillado(da)

genre [ʒɑ̃ʀ] *nm* género *m* ● **un genre de** una especie de ● **en tous genres** de todo tipo

gens [ʒɑ̃] *nmpl* gente *f* ● **peu de/beaucoup de gens** poca/mucha gente

gentil, ille [ʒɑ̃ti, ij] *adj* bueno(na), amable

gentillesse [ʒɑ̃tijes] *nf* amabilidad *f*

gentiment [ʒɑ̃timɑ̃] *adv* **1.** amablemente **2.** *(sagement)* ● **jouez gentiment !** ¡jugad sin armar alboroto! **3.** *(Helv)* tranquilamente

géographie [ʒeɔgrafi] *nf* geografía *f*

géométrie [ʒeɔmetri] *nf* geometría *f*

géranium [ʒeʀanjɔm] *nm* geranio *m*

gérant, e [ʒeʀɑ̃, ɑ̃t] *nm, f* gerente *mf*

gerbe [ʒeʀb] *nf* **1.** haz *m* **2.** *(de fleurs)* ramo *m*

gercé, e [ʒeʀse] *adj* ● **avoir les lèvres gercées** tener los labios cortados

gérer [ʒeʀe] *vt* administrar

germain, e [ʒeʀmɛ̃, ɛn] *adj* ➤ **cousin**

germe [ʒeʀm] *nm* germen *m*

germer [ʒeʀme] *vi* germinar

Gérone [ʒeʀɔn] *n* Gerona

gésier [ʒezje] *nm* molleja *f*

geste [ʒest] *nm* gesto *m*

gesticuler [ʒestikyle] *vi* gesticular

gestion [ʒestjɔ̃] *nf* **1.** *(d'une entreprise)* administración *f* **2.** *(d'un projet)* gestión *f*

gibelotte [ʒiblɔt] *nf* guiso de conejo con vino blanco, panceta, cebolletas y champiñones

gibier [ʒibje] *nm* caza *f*

giboulée [ʒibule] *nf* chubasco *m*

Gibraltar [ʒibraltar] *n* Gibraltar ● **le rocher de Gibraltar** el peñón de Gibraltar

gicler [ʒikle] *vi* salpicar

gifle [ʒifl] *nf* bofetada *f*

gifler [ʒifle] *vt* dar una bofetada

gigantesque [ʒigɑ̃tesk] *adj* gigantesco(ca)

gigaoctet [ʒigaɔktɛ] *m INFORM* gigabyte *m*

gigot [ʒigo] *nm* pierna *f (de cordero)*

gigoter [ʒigɔte] *vi* agitarse ● **arrête de gigoter !** ¡estate quieto!

gilet [ʒile] *nm* **1.** *(cardigan)* rebeca *f* **2.** *(sans manches)* chaleco *m* ● **gilet de sauvetage** chaleco salvavidas

gin [dʒin] *nm* ginebra *f*

gingembre [ʒɛ̃ʒɑ̃bʀ] *nm* jengibre *m*

girafe [ʒiʀaf] *nf* jirafa *f*

giratoire [ʒiʀatwaʀ] *adj* ➤ **sens**

girofle [ʒiʀɔfl] *nm* ➤ **clou**

girouette [ʒiʀwet] *nf* veleta *f*

gisement [ʒizmɑ̃] *nm* yacimiento *m*

gitan, e [ʒitɑ̃, an] *nm, f* gitano *m*, -na *f*

gîte [ʒit] *nm (de bœuf)* codillo *m (de vaca)* ● **gîte d'étape** ≃ posada *f* ● **gîte (rural)** ≃ casa *f* rural

Gîte rural

Es una vivienda privada independiente, con una o varias habitaciones, ubicada en una zona rural y acondicionada para recibir huéspedes. Según el tipo de comodidades, se pueden encontrar diferentes precios y categorías. Algunas proponen a los huéspedes cenar todos juntos alrededor de una mesa, y en este caso se llaman *tables d'hôtes*. La marca *Gîtes de France* es una garantía de calidad establecida según baremos de confort precisos; la clasificación va de una a cinco espigas, *épis*.

givre [ʒivʀ] *nm* escarcha *f*

givré, e [ʒivʀe] *adj* escarchado(da) ● **orange givrée** naranja helada

glace [glas] *nf* 1. *(eau gelée)* hielo *m* 2. *(crème glacée)* helado *m* 3. *(miroir)* espejo *m* 4. *(vitre)* cristal *m* ● **glace à la vanille/à la fraise** helado de vainilla/de fresa

glacé, e [glase] *adj* helado(da) ● **crème glacée** helado *m*

glacer [glase] *vt* helar

glacial, e, aux [glasjal, o] *adj* glacial

glacier [glasje] *nm* 1. *(de montagne)* glaciar *m* 2. *(marchand)* vendedor *m* de helados

glacière [glasjɛʀ] *nf* nevera *f*

glaçon [glasɔ̃] *nm* cubito *m* de hielo

gland [glɑ̃] *nm* bellota *f*

glande [glɑ̃d] *nf* glándula *f*

glissade [glisad] *nf* resbalón *m*

glissant, e [glisɑ̃, ɑ̃t] *adj* resbaladizo(za)

glisser [glise] *vt* deslizar ◇ *vi* 1. *(être glissant)* resbalar 2. *(patineur, skieur)* deslizarse ● **faire glisser** INFORM arrastrar ● **se glisser** *vp* deslizarse

global, e, aux [glɔbal, o] *adj* global

globalement [glɔbalmɑ̃] *adv* globalmente

globalisation [glɔbalizasjɔ̃] *nf* globalización *f*

globe [glɔb] *nm* globo *m* ● **le globe (terrestre)** el globo (terráqueo)

gloire [glwaʀ] *nf* gloria *f*

glorieux, euse [glɔʀjø, øz] *adj* glorioso(sa)

glossaire [glɔsɛʀ] *nm* glosario *m*

gloussement [glusmɑ̃] *nm* 1. *(de poule)* cacareo *m* 2. *(rire)* risitas *fpl*

glouton, onne [glutɔ̃, ɔn] *adj* glotón(ona)

gluant, e [glyɑ̃, ɑ̃t] *adj* pegajoso(sa)

GO *(abr écrite de grandes ondes)* OL *(ondas largas)*

gobelet [gɔblɛ] *nm* 1. *(pour boire)* vaso *m* 2. *(à dés)* cubilete *m*

gober [gɔbe] *vt* 1. *(aliment)* tragar 2. *(fam) (croire)* tragarse

goéland [gɔelɑ̃] *nm* gaviota *f*

goinfre [gwɛ̃fʀ] *nmf* zampón *m*, -ona *f*

golf [gɔlf] *nm* golf *m* ● **golf miniature** minigolf *m* ● **club de golf** *(bâton)* palo *m* de golf

golfe [gɔlf] *nm* golfo *m* ● **le golfe de Gascogne** el golfo de Vizcaya

gomme [gɔm] *nf* goma *f*

gommer [gɔme] *vt* borrar

gond [gɔ̃] *nm* gozne *m*

gonflé, e [gɔ̃fle] *adj* hinchado(da) ● **être gonflé** *(fam)* tener mucho morro

gonfler [gɔ̃fle] *vt* inflar, hinchar ◇ *vi* 1. **hincharse** 2. *(pâte)* crecer

gorge [gɔʀʒ] *nf* garganta *f*

gorgée [gɔʀʒe] *nf* trago *m*

gorille [gɔʀij] *nm* gorila *m*

gosette [gɔzɛt] *nf* *(Belg)* pastelillo de hojaldre relleno de compota de manzana o albaricoque

gosse [gɔs] *nmf* *(fam)* chaval *m*, -la *f*

gothique [gɔtik] *adj* gótico(ca)

gouache [gwaʃ] *nf* guache *m*

goudron [gudʀɔ̃] *nm* alquitrán *m*
goudronner [gudʀɔne] *vt* alquitranar
gouffre [gufʀ] *nm* abismo *m*
goulot [gulo] *nm* cuello *m (de una botella)* • **boire au goulot** beber a morro
gourde [guʀd] *nf* cantimplora *f*
gourmand, e [guʀmɑ̃, ɑ̃d] *adj* goloso(sa)
gourmandise [guʀmɑ̃diz] *nf* gula *f*
gourmet [guʀme] *nm* gourmet *m*
gourmette [guʀmet] *nf* esclava *f (pulsera)*
gousse [gus] *nf* • **gousse d'ail** diente *m* de ajo • **gousse de vanille** vaina *f* de vainilla
goût [gu] *nm* **1.** *(saveur)* sabor *m* **2.** *(sens du beau)* gusto *m* • **avoir bon/mauvais goût** *(aliment)* tener buen/mal sabor ; *(personne)* tener buen/mal gusto
goûter [gute] *nm* merienda *f* ◇ *vt* probar ◇ *vi* merendar • **goûter à qqch** probar algo
goutte [gut] *nf* gota *f* • **goutte à goutte** gota a gota ◆ **gouttes** *nfpl (médicament)* gotas *fpl*
gouttelette [gutlet] *nf* gotita *f*
gouttière [gutjeʀ] *nf* gotera *f*
gouvernail [guveʀnaj] *nm* timón *m*
gouvernement [guveʀnəmɑ̃] *nm* gobierno *m* • **être au gouvernement** formar parte del gobierno
gouverner [guveʀne] *vt* gobernar
GPS [ʒepeɛs] *(abr de Global Positioning System) nm* GPS *m*
GR [ʒeeʀ] *(abr de (sentier de) grande randonnée) nm* ruta *f* principal
grâce [gʀas] *nf* gracia *f* ◆ **grâce à** *prép* gracias a

gracieux, euse [gʀasjø, øz] *adj* **1.** *(démarche, geste)* garboso(sa) **2.** *(enfant)* lleno(na) de gracia
grade [gʀad] *nm* grado *m*
gradins [gʀadɛ̃] *nmpl* gradas *fpl*
gradué, e [gʀadɥe] *adj* **1.** graduado(da) **2.** *(Belg)* diplomado técnico (diplomada técnica)
graduel, elle [gʀadɥel] *adj* gradual
graffiti(s) [gʀafiti] *nmpl* pintada *f*, graffiti *m inv*
grain [gʀɛ̃] *nm* grano *m* • **grain de beauté** lunar *m*
graine [gʀen] *nf* semilla *f*
graisse [gʀes] *nf* grasa *f*
graisser [gʀese] *vt* engrasar
graisseux, euse [gʀesø, øz] *adj* grasiento(ta)
grammaire [gʀameʀ] *nf* gramática *f*
grammatical, e, aux [gʀamatikal, o] *adj* gramatical
gramme [gʀam] *nm* gramo *m*
grand, e [gʀɑ̃, gʀɑ̃d] *adj* **1.** *(personne)* alto(ta) **2.** *(objet)* grande *(grand devant masculin singulier)* **3.** *(en durée)* largo(ga) **4.** *(important)* grande • **grand frère** hermano *m* mayor • **grand magasin** grandes almacenes *mpl* • **grande surface** hipermercado *m* • **les grandes vacances** las vacaciones de verano ◆ **grand** *adv* • **voir grand** tener grandes proyectos • **grand ouvert** abierto de par en par • **il est grand temps de** ya va siendo hora de **grand-chose** [gʀɑ̃ʃoz] *pron* • **il ne m'a pas dit grand-chose** no me ha dicho gran cosa, me ha dicho poca cosa • **ça ne vaut pas grand-chose** no vale gran cosa, vale poca cosa

Grande-Bretagne [gʀɑ̃dbʀətaɲ] nf ● **la Grande-Bretagne** Gran Bretaña f

grandeur [gʀɑ̃dœʀ] nf 1. (taille) tamaño m 2. (importance) grandeza f ● **grandeur nature** (de) tamaño real

grandir [gʀɑ̃diʀ] vi 1. (en taille) crecer 2. (en importance) engrandecerse

grand-mère [gʀɑ̃mɛʀ] (pl grands-mères) nf abuela f

grand-père [gʀɑ̃pɛʀ] (pl grands-pères) nm abuelo m

grand-rue, s [gʀɑ̃ʀy] nf calle f principal

grands-parents [gʀɑ̃paʀɑ̃] nmpl abuelos mpl

grange [gʀɑ̃ʒ] nf granero m

granit [gʀanit] nm granito m

granulé [gʀanyle] nm granulado m

graphique [gʀafik] nm gráfico m

grappe [gʀap] nf racimo m ● **une grappe de raisin** un racimo de uvas

gras, grasse [gʀa, gʀas] adj 1. graso(sa) 2. (gros) gordo(da) ● **faire la grasse matinée** levantarse tarde ● **gras** nm 1. grasa f 2. (caractères d'imprimerie) negrita f ● **écrire en gras** escribir en negrita

gras-double, s [gʀadubl] nm callos mpl (de vaca)

grasse ➤ gras

gratin [gʀatɛ̃] nm gratín m ● **gratin dauphinois** patatas fpl al gratén

gratinée [gʀatine] nf sopa de cebolla gratinada con queso

gratiner [gʀatine] vi ● **faire gratiner** qqch gratinar algo

gratis [gʀatis] adv gratis

gratitude [gʀatityd] nf gratitud f

gratte-ciel [gʀatsjɛl] nm inv rascacielos m inv

gratter [gʀate] vt 1. rascar 2. (suj : vêtement) picar ● **se gratter** vp rascarse

gratuit, e [gʀatɥi, it] adj gratuito(ta)

gravats [gʀava] nmpl escombros mpl

grave [gʀav] adj grave

gravement [gʀavmɑ̃] adv gravemente

graver [gʀave] vt grabar

graveur [gʀavœʀ] nm INFORM grabador m

gravier [gʀavje] nm grava f

gravillon [gʀavijɔ̃] nm gravilla f

gravir [gʀaviʀ] vt subir

gravité [gʀavite] nf gravedad f ● **sans gravité** sin gravedad

gravure [gʀavyʀ] nf grabado m

gré [gʀe] nm ● **de mon plein gré** por voluntad propia ● **de gré ou de force** por las buenas o por las malas ● **bon gré mal gré** mal que le pese

grec, grecque [gʀɛk] adj griego(ga) ● **grec** nm (langue) griego m ● **Grec, Grecque** nm, f griego m, -ga f

Grèce [gʀɛs] nf ● **la Grèce** Grecia f

greffe [gʀɛf] nf trasplante m

greffer [gʀefe] vt trasplantar

grêle [gʀɛl] nf granizo m

grêler [gʀele] v impers ● **il grêle** está granizando

grêlon [gʀelɔ̃] nm granizo m

grelot [gʀəlo] nm cascabel m

grelotter [gʀələte] vi tiritar

grenade [gʀənad] nf granada f

Grenade [gʀənad] n Granada

grenadine [gʀənadin] nf granadina f

grenat [gʀəna] adj inv granate

grenier [gʀənje] nm desván m

grenouille [gʀənuj] nf rana f ● **cuisses de grenouilles** ancas fpl de rana

grésiller [gʀezije] vi 1. (huile) chisporrotear 2. (radio) zumbar

grève [gʀɛv] nf huelga f ● être/se mettre en grève estar/declararse en huelga ● grève de la faim huelga de hambre

gréviste [gʀevist] nmf huelguista mf

gribouillage [gʀibujaʒ] nm garabato m

gribouiller [gʀibuje] vt garabatear

grièvement [gʀijɛvmɑ̃] adv gravemente ● grièvement blessé herido de gravedad

griffe [gʀif] nf 1. (d'un chat) uña f 2. (d'un tigre, d'un aigle) garra f 3. (Belg) (éraflure) arañazo m

griffer [gʀife] vt arañar

griffonner [gʀifɔne] vt garabatear

grignoter [gʀiɲɔte] vt (manger) picar

gril [gʀil] nm parrilla f ● au gril a la parrilla

grillade [gʀijad] nf carne f a la parrilla

grillage [gʀijaʒ] nm enrejado m

grille [gʀij] nf 1. (d'un jardin) reja f 2. (d'un four) parrilla f 3. (de mots croisés) casillas fpl 4. (de loto) boleto m 5. (tableau) cuadro m

grillé, e [gʀije] adj 1. (viande) asado(da) 2. (ampoule) fundido(da) ● du pain grillé pan m tostado

grille-pain [gʀijpɛ̃] nm inv tostador m, tostadora f

griller [gʀije] vt 1. (pain) tostar 2. (viande, poisson) hacer a la plancha 3. (fam) (feu rouge) saltarse

grillon [gʀijɔ̃] nm grillo m

grimace [gʀimas] nf mueca f ● faire des grimaces hacer muecas

grimpant, e [gʀɛ̃pɑ̃, ɑ̃t] adj (plante) trepador(ra)

grimper [gʀɛ̃pe] vt subir ◇ vi 1. (chemin) empinarse 2. (alpiniste) trepar 3. (prix) dispararse ● grimper aux arbres subirse a los árboles

grincement [gʀɛ̃smɑ̃] nm chirrido m

grincer [gʀɛ̃se] vi chirriar ● il grince des dents le rechinan los dientes

grincheux, euse [gʀɛ̃ʃø, øz] adj refunfuñón(ona)

griotte [gʀijɔt] nf guinda f

grippe [gʀip] nf gripe f ● avoir la grippe tener gripe

grippé, e [gʀipe] adj ● être grippé estar con gripe

gris, e [gʀi, gʀiz] adj gris ● cheveux gris canas fpl ◆ gris nm gris m

grivois, e [gʀivwa, az] adj verde (picante)

grognement [gʀɔɲmɑ̃] nm gruñido m

grogner [gʀɔɲe] vi gruñir

grognon, onne [gʀɔɲɔ̃, ɔn] adj gruñón(ona)

grondement [gʀɔ̃dmɑ̃] nm rugido m

gronder [gʀɔ̃de] vt reñir ◇ vi (tonnerre) rugir ● je me suis fait gronder (par ma mère) me riñó (mi madre)

groom [gʀum] nm botones m inv

gros, grosse [gʀo, gʀos] adj 1. (personne, animal) gordo(da) 2. (objet) grande 3. (épais) grueso(sa) 4. (important) importante ● gros lot premio m gordo ● gros mot palabrota f ● gros titre titular m ◆ gros adv 1. (écrire) grande 2. (gagner) mucho ◇ nm ● en gros (environ) grosso modo ; COMM al por mayor ● le (plus) gros du travail el grueso del trabajo

groseille [gʀozɛj] nf grosella f ● groseille à maquereau uva f espina grosse ➤ gros

grossesse [grɔsɛs] nf embarazo m

grosseur [grɔsœr] nf 1. (épaisseur) grosor m 2. MÉD bulto m

grossier, ère [grɔsje, ɛr] adj 1. (impoli) grosero(ra) 2. (approximatif) aproximado(da) 3. (erreur) burdo(da)

grossièreté [grɔsjɛrte] nf grosería f

grossir [grɔsir] vi engordar ◇ vt aumentar

grosso modo [grɔsomodo] adv grosso modo

grotesque [grɔtɛsk] adj grotesco(ca)

grotte [grɔt] nf cueva f

grouiller [gruje] ◆ grouiller de v + prep hervir de

groupe [grup] nm grupo m ◆ groupe armé banda f armada ◆ en groupe en grupo ◆ groupe sanguin grupo sanguíneo

grouper [grupe] vt agrupar ◆ se grouper vp agruparse

gruau [gryo] nm (Québec) copos de avena que se toman para desayunar

grue [gry] nf grúa f

grumeau, x [grymo] nm grumo m

grunge [grœnʒ] adj grunge

gruyère [gryjɛr] nm gruyer m

GSM [ʒeesɛm] (abr de Global System for Mobile Communications) nm GSM m

guacamole [gwakamɔl(e)] nm guacamole m

Guadeloupe [gwadlup] nf ◆ la Guadeloupe (la isla de) Guadalupe f

guadeloupéen, enne [gwadlupeɛ̃, ɛn] adj guadalupeño(ña) ◆ Guadeloupéen, enne nm, f guadalupeño m, -ña f

Guatemala nm ◆ le Guatemala Guatemala f

guatémaltèque [gwatemaltek] adj guatemalteco(ca) ◆ Guatémaltèque nmf guatemalteco m, -ca f

guédille [gedij] nf (Québec) bollo de pan alargado y blando relleno de una ensalada a base de huevo o de pollo

guêpe [gɛp] nf avispa f

guère [gɛr] adv ● elle ne mange guère apenas come

guérir [gerir] vt curar ◇ vi (personne, blessure) curarse

guérison [gerizɔ̃] nf curación f

guerre [gɛr] nf guerra f ● déclarer la guerre declarar la guerra ● être en guerre estar en guerra ● guerre mondiale guerra mundial ● guerre atomique ou nucléaire guerra atómica ou nuclear ● guerre bactériologique/biologique/chimique guerra bacteriológica/biológica/química ● guerre de religion guerra de religión

guerrier, ère [gɛrje, ɛr] nm, f guerrero m, -ra f

guet [gɛ] nm ● faire le guet montar la guardia

guetter [gete] vt acechar

gueule [gœl] nf 1. morro m 2. (vulg) (visage) careto m ● avoir la gueule de bois (fam) tener resaca ● faire la gueule (fam) poner morros

gueuler [gœle] vi (vulg) berrear

gueuze [gøz] nf (Belg) cerveza de alta graduación que se obtiene tras una segunda fermentación

gui [gi] nm muérdago m

guichet [giʃe] nm taquilla f ● guichet automatique (de banque) cajero m automático

guichetier, ère [giʃtje, ɛʀ] *nm, f* taquillero *m*, -ra *f*

guide [gid] *nmf* guía *mf* ◇ *nm* guía *f* ● **guide touristique** guía turística

guider [gide] *vt* guiar

guidon [gidɔ̃] *nm* manillar *m*

guignol [giɲɔl] *nm* títeres *mpl*

guillemets [gijəmɛ] *nmpl* comillas *fpl* ● **entre guillemets** entre comillas

guimauve [gimov] *nf* ≃ nube *f*

guirlande [giʀlɑ̃d] *nf* **1.** *(de fleurs)* guirnalda *f* **2.** *(de Noël)* espumillón *m*

guise [giz] *nf* ● **en guise de récompense** a modo de recompensa

guitare [gitaʀ] *nf* guitarra *f* ● **guitare électrique** guitarra eléctrica

guitariste [gitaʀist] *nmf* guitarrista *mf*

Guyane [gɥijan] *nf* ● **la Guyane (française)** Guayana *f*

gymnase [ʒimnaz] *nm* gimnasio *m*

gymnastique [ʒimnastik] *nf* gimnasia *f*

gynécologue [ʒinekɔlɔg] *nmf* ginecólogo *m*, -ga *f*

habile [abil] *adj* hábil

habileté [abilte] *nf* habilidad *f*

habillé, e [abije] *adj* **1.** *(personne)* vestido(da) **2.** *(tenue)* de vestir

habillement [abijmɑ̃] *nm (couture)* confección *f*

habiller [abije] *vt* vestir ● **s'habiller** *vp* vestirse ● **s'habiller bien/mal** vestirse bien/mal

habitant, e [abitɑ̃, ɑ̃t] *nm, f* **1.** habitante *mf* **2.** *(Québec) (paysan)* campesino *m*, -na *f* ● **loger chez l'habitant** alojarse en casa de un particular

habitation [abitasjɔ̃] *nf* vivienda *f*

habiter [abite] *vt* vivir en ◇ *vi* vivir

habits [abi] *nmpl* ropa *f*

habitude [abityd] *nf* costumbre *f* ● **avoir l'habitude de faire qqch** tener (la) costumbre de hacer algo ● **avoir l'habitude de qqch** estar acostumbrado(da) a algo ● **d'habitude** de costumbre ● **comme d'habitude** como de costumbre ● **une mauvaise habitude** una mala costumbre

habituel, elle [abitɥɛl] *adj* habitual

habituellement [abitɥɛlmɑ̃] *adv* habitualmente

habituer [abitɥe] *vt* ● **habituer qqn à (faire) qqch** acostumbrar a alguien a (hacer) algo ● **être habitué à (faire) qqch** estar acostumbrado a (hacer) algo ● **s'habituer à** *vp* + *prep* ● **s'habituer à (faire) qqch** acostumbrarse a (hacer) algo

hache [ˈaʃ] *nf* hacha *f*

haché, é [ˈaʃe] *adj* ● **viande hachée** carne *f* picada

hacher [ˈaʃe] *vt* picar

hachis [ˈaʃi] *nm* picadillo *m* ● **hachis Parmentier** pastel gratinado de carne picada y puré

hachoir [ˈaʃwaʀ] *nm (lame)* tajadera *f*

hachures [ˈaʃyʀ] *nfpl* plumeado *m*

hacker [ˈakœʀ] *nm* hacker *m*

haddock ['adɔk] *nm especie de bacalao ahumado*

haie ['ɛ] *nf* seto *m*

haine ['ɛn] *nf* odio *m*

haïr ['aiʀ] *vt* odiar

Haïti [aiti] *n* Haití *m*

hâle ['al] *nm* bronceado *m*

haleine [alɛn] *nf* aliento *m* ● **avoir bonne/mauvaise haleine** tener buen/mal aliento

haleter ['alte] *vi* jadear

hall ['ol] *nm* vestíbulo *m*

halle ['al] *nf* mercado *m*

hallucination [alysinasjɔ̃] *nf* alucinación *f*

halogène [alɔʒɛn] *nm* ● **(lampe) halogène** halógeno *m*

halte ['alt] *nf* parada *f* ● **faire halte** hacer una parada

haltère [altɛʀ] *nm* pesa *f*

hamac ['amak] *nm* hamaca *f*

hamburger ['ɑ̃buʀgœʀ] *nm* hamburguesa *f*

hameçon [amsɔ̃] *nm* anzuelo *m*

hamster ['amstɛʀ] *nm* hámster *m*

hanche ['ɑ̃ʃ] *nf* cadera *f*

handball ['ɑ̃dbal] *nm* balonmano *m*

handicap ['ɑ̃dikap] *nm* **1.** *(infirmité)* discapacidad *f* **2.** *(désavantage)* desventaja *f*

handicapé, e ['ɑ̃dikape] *adj* **1.** *(infirme)* discapacitado(da) **2.** *(désavantagé)* desaventajado(da) ◇ *nm, f* persona *f* con discapacidad

hangar ['ɑ̃gaʀ] *nm* cobertizo *m*

hanté, e ['ɑ̃te] *adj* encantado(da)

happer ['ape] *vt* **1.** *(saisir)* atrapar **2.** *(suj: voiture, train)* arrollar

harcèlement ['aʀsɛlmɑ̃] *nm* acoso *m* ● **harcèlement moral/sexuel** acoso moral/sexual

harceler ['aʀsəle] *vt* acosar

hardi, e ['aʀdi] *adj* atrevido(da)

hardware ['aʀdwɛʀ] *nm* INFORM hardware *m*

hareng ['aʀɑ̃] *nm* arenque *m* ● **hareng saur** arenque en salazón

hargneux, euse ['aʀɲø, øz] *adj* huraño(ña)

haricot ['aʀiko] *nm* judía *f* ● **haricot blanc** alubia *f* ● **haricot vert** judía verde

harmonica [aʀmɔnika] *nm* armónica *f*

harmonie [aʀmɔni] *nf* armonía *f*

harmonieux, euse [aʀmɔnjø, øz] *adj* armonioso(sa)

harmoniser [aʀmɔnize] *vt* armonizar

harnais ['aʀnɛ] *nm* **1.** *(d'alpiniste)* cinturón *m* de escalada **2.** *(de cheval)* arneses *mpl*

harpe ['aʀp] *nf* arpa *f*

hasard ['azaʀ] *nm* azar *m*, casualidad *f* ● **au hasard** al azar ● **à tout hasard** por si acaso ● **par hasard** por casualidad

hasardeux, euse ['azaʀdø, øz] *adj* arriesgado(da)

hâte ['at] *nf* prisa *f* ● **à la hâte** ou **en hâte** de prisa ● **sans hâte** sin prisa ● **avoir hâte de faire qqch** estar deseando hacer algo

hâter ['ate] ● **se hâter** *vp* apresurarse

hausse ['os] *nf* alza *f* ● **être en hausse** estar en alza

hausser ['ose] *vt* alzar ● **hausser les épaules** encogerse de hombros

haut, e ['o, 'ot] *adj* alto(ta) ● **haut** *adv* alto ◇ *nm* parte *f* alta ● **l'avion vole haut** el avión vuela alto ● **tout haut** en voz alta ◆ **haut la main** triunfalmente ● **de haut en bas** de arriba abajo ● **en haut** arriba ● **en haut de** en lo alto de ● **la pièce fait 3 m de haut** la habitación mide 3m de altura ● **avoir des hauts et des bas** tener altibajos

hautain, e ['otɛ̃, ɛn] *adj* altivo(va)

haute-fidélité ['otfidelite] (*pl* hautesfidélités) *nf* alta fidelidad *f*

hauteur ['otœR] *nf* altura *f* ● **être à la hauteur** dar la talla

haut-le-cœur ['olkœR] *nm inv* arcada *f* (náusea)

haut-parleur, s ['oparlœR] *nm* altavoz *m*

hebdomadaire [ɛbdɔmadɛR] *adj* semanal ◇ *nm* semanario *m*

hébergement [ebɛRʒemã] *nm* alojamiento *m*

héberger [ebɛRʒe] *vt* hospedar

hectare [ɛktaR] *nm* hectárea *f*

hein ['ɛ̃] *interj* (*fam*) ● **tu ne lui diras pas, hein ?** no se lo dirás, ¿vale? ● **hein ?** (*pour faire répéter*) ¿qué? ; (*de surprise*) ¡cómo!

hélas ['elas] *interj* ¡desgraciadamente!

hélice [elis] *nf* hélice *f*

hélicoptère [elikɔptɛR] *nm* helicóptero *m*

hématome [ematom] *nm* hematoma *m*

hémorragie [emɔRaʒi] *nf* hemorragia *f*

hennissement ['enismã] *nm* relincho *m*

hépatite [epatit] *nf* hepatitis *f inv* ● **hépatite A/B/C** hepatitis A/B/C

herbe [ɛRb] *nf* hierba *f* ● **fines herbes** finas hierbas ● **mauvaises herbes** mala hierba

héréditaire [eReditɛR] *adj* hereditario(ria)

hérisser ['eRise] ● **se hérisser** *vp* erizarse

hérisson ['eRisɔ̃] *nm* erizo *m*

héritage [eRitaʒ] *nm* herencia *f*

hériter [eRite] *vt* heredar ● **hériter de** *v + prep* ● **hériter d'une maison** heredar una casa

héritier, ère [eRitje, ɛR] *nm, f* heredero *m*, -ra *f*

hermétique [ɛRmetik] *adj* hermético(ca)

hernie ['eRni] *nf* hernia *f*

héroïne [eRɔin] *nf* (droga) heroína *f*

héroïsme [eRɔism] *nm* heroísmo *m*

héros, héroïne ['eRo, eRɔin] *nm, f* héroe *m*, heroína *f*

herve [ɛRv] *nm* (Belg) queso blando de vaca de la región de Lieja

hésitation [ezitasjɔ̃] *nf* vacilación *f* ● **sans hésitation** sin vacilar

hésiter [ezite] *vi* vacilar ● **hésiter à faire qqch** dudar si hacer algo

hêtre ['ɛtR] *nm* haya *f*

heure [œR] *nf* hora *f* ● **quelle heure est-il ? - il est quatre heures** ¿qué hora es? - son las cuatro ● **il est trois heures vingt** son las tres y veinte ● **à quelle heure part le train ? - à deux heures** ¿a qué hora sale el tren? - a las dos ● **c'est l'heure de...** es hora de... ● **être à l'heure** ser puntual ● **de bonne heure** de madrugada ● **heures de bureau/d'ouverture** horario *m* de oficina/de apertura ● **heures de pointe** horas punta ● **(avec) une heure de retard** (con) una hora de retraso ● **l'heure d'été/d'hiver** la hora de verano/de invierno

heureusement [œrøzmɑ̃] *adv* afortunadamente

heureux, euse [œrø, øz] *adj* feliz

heurter ['œrte] *vt* **1.** *(frapper)* chocar con **2.** *(vexer)* ofender

hexagone [ɛgzagɔn] *nm* hexágono *m* ● l'Hexagone *nombre que se da a Francia por tener la forma de un hexágono*

hibou, x ['ibu] *nm* búho *m*

hier [ijɛr] *adv* ayer ● **hier après-midi** ayer por la tarde

hiérarchie ['jeraʀʃi] *nf* jerarquía *f*

hiéroglyphes ['jeʀɔglif] *nmpl* jeroglíficos *mpl*

hi-fi [ifi] *nf inv* equipo *m* de alta fidelidad

hilarant, e [ilaʀɑ̃, ɑ̃t] *adj* hilarante

hindou, e [ɛ̃du] *adj & nm, f* hindú

hippodrome [ipodʀom] *nm* hipódromo *m*

hippopotame [ipopotam] *nm* hipopótamo *m*

hirondelle [iʀɔ̃dɛl] *nf* golondrina *f*

hisser ['ise] *vt* (*volle, drapeau*) izar

histoire [istwaʀ] *nf* **1.** historia *f* **2.** (*mensonge*) mentira *f* ● **faire des histoires** armar un follón ● **histoire drôle** chiste *m*

historique [istoʀik] *adj* histórico(ca)

hit-parade, s ['itpaʀad] *nm* lista *f* de éxitos

HIV ['afive] (*abr de human immuno deficiency virus*) *nm* VIH *m* (*virus de inmunodeficiencia humana*)

hiver [ivɛʀ] *nm* invierno *m* ● **en hiver** en invierno

HLM [aʃɛlɛm] (*abr de Habitation à loyer modéré*) *nm inv ou nf inv* ≈ VPO *f* (*vivienda de protección oficial*) ● **habiter en HLM** ≈ vivir en una VPO

hobby ['ɔbi] (*pl* hobbys ou hobbies) *nm* hobby *m*

hochepot ['ɔʃpo] *nm* (*Belg*) *especialidad flamenca consistente en un guiso a base de cola de cerdo, costillar de buey, cordero y verduras*

hocher ['ɔʃe] *vt* ● **hocher la tête** mover la cabeza

hochet ['ɔʃɛ] *nm* sonajero *m*

hockey ['ɔke] *nm* hockey *m* ● **hockey sur glace** hockey sobre hielo

hold-up ['ɔldœp] *nm inv* atraco *m*

hollandais, e [ʹɔlɑ̃dɛ, ɛz] *adj* holandés(esa) ● **hollandais** (*langue*) holandés *m* ● **Hollandais, e** *nm, f* holandés *m*, -esa *f*

hollande [ʹɔlɑ̃d] *nm* queso *m* holandés

Hollande [ʹɔlɑ̃d] *nf* ● **la Hollande** Holanda *f*

homard [ʹɔmaʀ] *nm* bogavante *m* ● **homard à l'américaine** bogavante con salsa de tomate con especias y vino blanco ● **homard Thermidor** bogavante a la plancha, servido en su caparazón con salsa de mostaza y al gratén

homéopathie [ɔmeopati] *nf* homeopatía *f*

hommage [ɔmaʒ] *nm* ● **en hommage à** en homenaje a ● **rendre hommage à** rendir homenaje a

homme [ɔm] *nm* hombre *m* ● **homme d'affaires** hombre de negocios ● **homme d'État** estadista *m* ● **homme politique** político *m*

homogène [ɔmɔʒɛn] *adj* homogéneo(nea)

homophobe [ɔmɔfɔb] *adj* homófobo(ba)

homosexuel, elle [ɔmɔsɛksɥel] *adj &*
nm, f homosexual

Honduras ['ɔ̃dyras] *nm* ● le Honduras
Honduras *f*

hondurien, enne ['ɔ̃dyRjɛ̃, ɛn] *adj* hon-
dureño(ña) ◆ **Hondurien, enne** *nm, f*
hondureño *m*, -ña *f*

Hongrie ['ɔ̃gRi] *nf* ● la Hongrie Hungría
f

hongrois, e ['ɔ̃gRwa, az] *adj* húnga-
ro(ra) ◆ **hongrois** *nm* (langue) húngaro *m*
◆ **Hongrois, e** *nm, f* húngaro *m*, -ra *f*

honnête [ɔnet] *adj* **1.** honrado(da)
2. (salaire, résultats) satisfactorio(ria)

honnêteté [ɔnɛtte] *nf* honradez *f*

honneur [ɔnœR] *nm* honor *m* ● en l'honneur de en honor a ● faire honneur à (famille) honrar a ; (repas) hacer los honores
a

honorable [ɔnɔrabl] *adj* honorable

honoraires [ɔnɔRɛR] *nmpl* honorarios
mpl

honte ['ɔ̃t] *nf* vergüenza *f* ● avoir honte (de) avergonzarse (de) ● faire honte à
qqn (embarrasser) avergonzar a alguien

honteux, euse ['ɔ̃tø, øz] *adj* **1.** (personne,
air) avergonzado(da) **2.** (scandaleux) ver-
gonzoso(sa)

hooligan, houligan ['uligan] *nm* ultra *m*

hôpital, aux [ɔpital, o] *nm* hospital *m*
● hôpital psychiatrique hospital psiquiátrico ● à l'hôpital en el hospital

hoquet ['ɔke] *nm* ● avoir le hoquet tener hipo

horaire [ɔRɛR] *nm* horario *m* ▼ horaires
d'ouverture horario de apertura

horizon [ɔRizɔ̃] *nm* horizonte *m* ● à l'horizon en el horizonte

horizontal, e, aux [ɔRizɔ̃tal, o] *adj*
horizontal

horloge [ɔRlɔʒ] *nf* reloj *m* ● l'horloge
parlante el servicio de información horaria

horloger, ère [ɔRlɔʒe, ɛR] *nm, f* relojero
m, -ra *f*

horlogerie [ɔRlɔʒRi] *nf* relojería *f*

hormone [ɔRmɔn] *nf* hormona *f*

hormonothérapie [ɔRmɔnɔterapi] *nf*
MÉD hormonoterapia *f*

horoscope [ɔRɔskɔp] *nm* horóscopo *m*

horreur [ɔRœR] *nf* horror *m* ● quelle horreur ! ¡qué horror! ● j'ai horreur des
champignons odio las setas ● elle a horreur d'être en retard le horroriza llegar
tarde

horrible [ɔRibl] *adj* horrible

horriblement [ɔRibləmɑ̃] *adv* horrible-
mente

horrifié, e [ɔRifje] *adj* horrorizado(da)

hors ['ɔR] *prép* ● hors de fuera de ● hors
saison fuera de temporada ▼ hors service fuera de servicio ● hors sujet fuera del
tema ● hors taxes IVA no incluido, sin
IVA ● hors de prix carísimo(ma) ● hors
de question ni hablar ● hors d'usage inservible

hors-bord ['ɔRbɔR] *nm inv* fueraborda *m*

hors-d'œuvre ['ɔRdœvR] *nm inv* entremeses *mf*

hors-série [ɔRseRi] *nm inv* número *m* especial

hortensia [ɔRtɑ̃sja] *nm* hortensia *f*

horticulture [ɔRtikyltyR] *nf* horticultu-
ra *f*

hospitaliser [ɔspitalize] *vt* hospitalizar

hospitalité [ɔspitalite] *nf* hospitalidad *f*

hostie [ɔsti] *nf* hostia *f*

hostile [ɔstil] *adj* hostil

hostilité [ɔstilite] *nf* hostilidad *f*

hot dog, s ['ɔtdɔg] *nm* perrito *m* caliente

hôte, hôtesse [ot, otɛs] *nm, f* anfitrión *m*, -ona *f* ● **hôte** *nm* (*invité*) huésped *m*, -da *f*

hôtel [otɛl] *nm* **1.** hotel *m* **2.** (*château*) palacete *m* ● **hôtel de ville** ayuntamiento *m* ● **hôtel particulier** palacete *m* ● **descendre à l'hôtel Royal** alojarse en el hotel Royal

hôtellerie [otɛlri] *nf* **1.** (*hôtel*) hospedería *f* **2.** (*activité*) hostelería *f* ● **travailler dans l'hôtellerie** trabajar en la hostelería

hôtesse [otɛs] *nf* (*d'accueil*) azafata *f* ● **hôtesse de l'air** azafata, aeromoza *f* (*Amér*) ➤ **hôte**

hot line, s ['ɔtlain] *nf* hot line *f*

hotte ['ɔt] *nf* (*panier*) cuévano *m* ● **hotte** (**aspirante**) campana *f* (extractora)

houle ['ul] *nf* marejadilla *f*

hooligan ['uligan] *nm* = **hooligan**

hourra ['uʀa] *interj* ¡hurra!

house [aws], **house music** [awsmjuzik] *nf* música *f* house

housse ['us] *nf* funda *f* ● **housse de couette** funda *f* de edredón

houx ['u] *nm* acebo *m*

hovercraft [ɔvœʀkʀaft] *nm* aerodeslizador *m*

HT *abr* écrit *de* **hors taxes**

HTML ['aʃteɛmɛl] (*abr de Hyper Text Markup Language*) *nm* HTML *m*

HTTP, http ['aʃtetepe] (*abr de Hyper-Text Transfer Protocol*) *nm* HTTP *m*

hublot ['yblo] *nm* **1.** (*de bateau*) ojo *m* de buey **2.** (*d'avion*) ventanilla *f*

huer ['ɥe] *vt* abuchear

huile [ɥil] *nf* aceite *m* ● **huile d'arachide/d'olive** aceite de cacahuete/de oliva ● **huile solaire** aceite bronceador

huiler [ɥile] *vt* engrasar

huileux, euse [ɥilø, øz] *adj* aceitoso(sa)

huissier [ɥisje] *nm* ● **huissier** (**de justice**) ≈ agente *m* judicial

huit ['ɥit] *adj num & pron num* ocho ◇ *nm* ocho *m* ● **il a huit ans** tiene ocho años ● **il est huit heures** son las ocho ● **le huit janvier** el ocho de enero ● **page huit** página ocho ● **ils étaient huit** eran ocho ● **le huit de pique** el ocho de picas ● (**au**) **huit rue Lepic** (en la) calle Lepic número ocho

huitaine ['ɥiten] *nf* ● **une huitaine** (**de jours**) unos ocho días

huitième ['ɥitjɛm] *adj num & pron num* octavo(va) ◇ *nm* **1.** (*fraction*) octava parte *f* **2.** (*étage*) octavo *m* (piso) **3.** (*arrondissement*) distrito *m* ocho ou octavo

huître [ɥitʀ] *nf* ostra *f*

humain, e [ymɛ̃, ɛn] *adj* humano(na) ● **humain** *nm* humano *m*

humanitaire [ymaniteʀ] *adj* humanitario(ria) ◇ *nm* ● **l' humanitaire** las organizaciones humanitarias ● **travailler dans l'humanitaire** trabajar en el sector humanitario ● **couloir humanitaire** pasillo *m* ou corredor *m* humanitario

humanité [ymanite] *nf* humanidad *f*

humble [œ̃bl] *adj* humilde

humecter [ymɛkte] *vt* humedecer

humeur [ymœʀ] *nf* humor *m* ● **être de bonne/mauvaise humeur** estar de buen/mal humor

humide [ymid] *adj* húmedo(da)

humidité [ymidite] *nf* humedad *f*

humiliant, e [ymiljɑ̃, ɑ̃t] *adj* humillante

humilier [ymilje] *vt* humillar

humoristique [ymɔʀistik] *adj* humorístico(ca)

humour [ymuʀ] *nm* humor *m* ● **avoir de l'humour** ser gracioso(sa)

hurlement ['yʀləmɑ̃] *nm* aullido *m*

hurler ['yʀle] *vi* **1.** *(loup, personne)* aullar **2.** *(vent)* ulular

hutte ['yt] *nf* choza *f*

hydratant, e [idʀatɑ̃, ɑ̃t] *adj* hidratante

hydrophile [idʀɔfil] *adj* ➤ **coton**

hygiène [iʒjɛn] *nf* higiene *f*

hygiénique [iʒjenik] *adj* higiénico(ca), ➤ **serviette**

hymne [imn] *nm* himno *m* ● **hymne national** himno nacional

hyper ['ipeʀ] *préf* hiper

hypermarché [ipeʀmaʀʃe] *nm* hipermercado *m*

hypertension [ipeʀtɑ̃sjɔ̃] *nf* hipertensión *f* ● **faire de l'hypertension** tener la tensión alta

hypertexte [ipeʀtekst] *adj* ● **lien hypertexte** hipervínculo *m* ◇ *nm* hipertexto *m*

hypnotiser [ipnɔtize] *vt* hipnotizar

hypocrisie [ipɔkʀizi] *nf* hipocresía *f*

hypocrite [ipɔkʀit] *adj & nmf* hipócrita

hypothèse [ipɔtez] *nf* hipótesis *f inv* ● **dans l'hypothèse où il viendrait** en el supuesto de que viniera

hystérique [isteʀik] *adj* histérico(ca)

i I

Ibérique [ibeʀik] *adj* ● **la péninsule Ibérique** la península Ibérica

iceberg [ajsbɛʀg] *nm* iceberg *m*

ici [isi] *adv* aquí ● **d'ici** là para entonces ● **d'ici peu** dentro de poco ● **par ici** por aquí ● **les gens d'ici** la gente de aquí

icône [ikon] *nf* icono *m*

idéal, e [ideal] *(pl* **idéals** *ou* **idéaux** [ideo]*) adj* ideal ◆ **idéal** *nm* ideal *m* ● **l'idéal, ce serait...** lo ideal, sería...

idéaliste [idealist] *adj & nmf* idealista

idée [ide] *nf* idea *f* ● **avoir une idée de** tener idea de ● **(avoir) une bonne/mauvaise idée** tener una buena/mala idea

identifiant [idɑ̃tifjɑ̃] *nm INFORM* identificador *m*

identifier [idɑ̃tifje] *vt* identificar ◆ **s'identifier à** *vp + prep* identificarse con

identique [idɑ̃tik] *adj* ● **identique (à)** idéntico(ca) (a)

identité [idɑ̃tite] *nf* identidad *f* ➤ **pièce, papiers**

idiot, e [idjo, ɔt] *adj & nm, f* idiota

idiotie [idjɔsi] *nf* idiotez *f*

idole [idɔl] *nf* ídolo *m*

igloo [iglu] *nm* iglú *m*

ignoble [iɲɔbl] *adj* ignominioso(sa)

ignorant, e [iɲɔʀɑ̃, ɑ̃t] *adj & nm, f* ignorante

ignorer [iɲɔʀe] *vt* ignorar

il [il] *pron (sujet masculin)* ● **il est grand** es alto ; *(sujet de v impers)* ● **il pleut** está lloviendo ◆ **ils** *pron* ellos ● **il sont arrivés** han llegado

île [il] *nf* isla *f* ● **île flottante** natillas con claras a punto de nieve bañadas en caramelo ● **l'île Maurice** la isla Mauricio ● **les îles anglo-normandes** las islas Normandas

Île-de-France [ildəfʀɑ̃s] *n* región de París

illégal, e, aux [ilegal, o] *adj* ilegal

illettré, e [iletʀe] *adj* & *nm, f* analfabeto(ta)

illimité, e [ilimite] *adj* ilimitado(da)

illisible [ilizibl] *adj* ilegible

illuminer [ilymine] *vt* iluminar ◆ **s'illuminer** *vp* iluminarse

illusion [ilyzjɔ̃] *nf* ilusión *f* ● **se faire des illusions** hacerse ilusiones

illusionniste [ilyzjɔnist] *nmf* ilusionista *mf*

illustration [ilystʀasjɔ̃] *nf* ilustración *f*

illustré, e [ilystʀe] *adj* ilustrado(da) ● **illustré** *nm* revista *f* ilustrada

illustrer [ilystʀe] *vt* ilustrar

îlot [ilo] *nm* islote *m*

ils ➤ il

image [imaʒ] *nf* imagen *f* ● **à l'image de** a imagen y semejanza de

imagerie [imaʒʀi] *nf* ● **imagerie médicale** diagnóstico *m* por la imagen

imaginaire [imaʒinɛʀ] *adj* imaginario(ria)

imagination [imaʒinasjɔ̃] *nf* imaginación *f* ● **avoir de l'imagination** tener imaginación

imaginer [imaʒine] *vt* imaginar ◆ **s'imaginer** *vp* imaginarse ● **s'imaginer que** imaginarse que

imbattable [ɛ̃batabl] *adj* invencible

imbécile [ɛ̃besil] *nmf* imbécil *mf*

imbiber [ɛ̃bibe] *vt* ● **imbiber qqch de** empapar algo en

imbuvable [ɛ̃byvabl] *adj* ● **ce café est imbuvable** este café no hay quien se lo beba

imitateur, trice [imitatœʀ, tʀis] *nm, f* imitador *m*, -ra *f*

imitation [imitasjɔ̃] *nf* imitación *f* ● **imitation cuir** piel *m* sintética ou de imitación

imiter [imite] *vt* imitar

immangeable [ɛ̃mɑ̃ʒabl] *adj* incomible

immatriculation [imatʀikylasjɔ̃] *nf* matrícula *f* ● **numéro d'immatriculation** número *m* de matrícula

immédiat, e [imedja, at] *adj* inmediato(ta)

immédiatement [imedjatmɑ̃] *adv* inmediatamente

immense [imɑ̃s] *adj* inmenso(sa)

immergé, e [imɛʀʒe] *adj* inmerso(sa)

immeuble [imœbl] *nm* edificio *m*

immigration [imigʀasjɔ̃] *nf* inmigración *f* ● **immigration clandestine** inmigración clandestina

immigré, e [imigʀe] *adj* & *nm, f* inmigrado(da)

immobile [imɔbil] *adj* inmóvil

immobilier, ère [imɔbilje, ɛʀ] *adj* inmobiliario(ria) ● **immobilier** *nm* ● **l'immobilier** el sector inmobiliario

immobiliser [imɔbilize] *vt* inmovilizar

immonde [imɔ̃d] *adj* inmundo(da)

immoral, e, aux [imɔʀal, o] *adj* inmoral

immortel, elle [imɔʀtɛl] *adj* inmortal

immuniser [imynize] *vt* inmunizar

impact [ɛ̃pakt] *nm* impacto *m*

impair, e [ɛ̃pɛʀ] *adj* impar

impardonnable [ɛ̃paʀdɔnabl] *adj* imperdonable

imparfait, e [ɛ̃paʀfɛ, ɛt] *adj* imperfecto(ta) ◆ **imparfait** *nm* imperfecto *m*
● **l'imparfait du subjonctif** el imperfecto de subjuntivo

impartial, e, aux [ɛ̃paʀsjal, o] *adj* imparcial

impasse [ɛ̃pas] *nf* callejón *m* sin salida
● **faire une impasse** *no estudiar un tema para un examen*

impassible [ɛ̃pasibl] *adj* impasible

impatience [ɛ̃pasjɑ̃s] *nf* impaciencia *f*

impatient, e [ɛ̃pasjɑ̃, ɑ̃t] *adj* impaciente
● **être impatient de faire qqch** estar impaciente por hacer algo

impatienter [ɛ̃pasjɑ̃te] ◆ **s'impatienter** *vp* impacientarse

impeccable [ɛ̃pekabl] *adj* impecable

imper [ɛ̃pɛʀ] (*abr de imperméable*) *nm* impermeable *m*

impératif, ive [ɛ̃peʀatif, iv] *adj* imprescindible ◆ **impératif** *nm* imperativo *m*

impératrice [ɛ̃peʀatʀis] *nf* emperatriz *f*

imperceptible [ɛ̃pɛʀsɛptibl] *adj* imperceptible

imperfection [ɛ̃pɛʀfɛksjɔ̃] *nf* imperfección *f*

impérial, e, aux [ɛ̃peʀjal, o] *adj* imperial

impériale [ɛ̃peʀjal] *nf* ➤ **autobus**

imperméable [ɛ̃pɛʀmeabl] *adj* imperméable ◇ *nm* impermeable *m*

impersonnel, elle [ɛ̃pɛʀsɔnɛl] *adj* impersonal

impitoyable [ɛ̃pitwajabl] *adj* despiadado(da)

implanter [ɛ̃plɑ̃te] *vt* **1.** (*mode*) implantar **2.** (*entreprise*) establecer ◆ **s'implanter** *vp* (*entreprise, peuple*) establecerse

impliquer [ɛ̃plike] *vt* implicar ● **impliquer qqn dans** implicar a alguien en
◆ **s'impliquer dans** *vp* + *prep* implicarse en

impoli, e [ɛ̃pɔli] *adj* maleducado(da)

import [ɛ̃pɔʀ] *nm* (*Belg*) importe *m*

importance [ɛ̃pɔʀtɑ̃s] *nf* importancia *f*
● **avoir de l'importance** tener importancia ● **cela n'a aucune** ou **pas d'importance** no tiene ninguna importancia

important, e [ɛ̃pɔʀtɑ̃, ɑ̃t] *adj* importante

importation [ɛ̃pɔʀtasjɔ̃] *nf* importación *f*

importer [ɛ̃pɔʀte] *vt* importar ◇ *vi* (*être important*) contar ● **peu importe** da igual
● **n'importe comment** (*mal*) de cualquier manera ● **n'importe quel** cualquier
● **n'importe qui** cualquiera ● **n'importe quoi !** ¡qué disparate!

import-export [ɛ̃pɔʀɛkspɔʀ] (*pl* **imports-exports**) *nm* importación y exportación *f*

importuner [ɛ̃pɔʀtyne] *vt* importunar

imposable [ɛ̃pozabl] *adj* imponible

imposant, e [ɛ̃pozɑ̃, ɑ̃t] *adj* imponente

imposer [ɛ̃poze] *vt* gravar ◆ **s'imposer** *vp* imponerse

impossible [ɛpɔsibl] *adj* imposible ● il est impossible de/que es imposible/que

impôt [ɛpo] *nm* impuesto *m* ● payer ses impôts pagar los impuestos ● impôt sur le revenu impuesto sobre la renta ● impôts locaux contribución *f* urbana

impraticable [ɛpratikabl] *adj* impracticable

imprégner [ɛpreɲe] *vt* impregnar ● imprégner qqch de impregnar algo de ● s'imprégner de *vp + prep* impregnarse de

impression [ɛpresjɔ̃] *nf* impresión *f* ● avoir l'impression que tener la impresión de que ● j'ai l'impression d'avoir dit une bêtise tengo la impresión de que he dicho una tontería

impressionnant, e [ɛpresjɔnɑ̃, ɑ̃t] *adj* impresionante

impressionner [ɛpresjɔne] *vt* impresionar

imprévisible [ɛprevizibl] *adj* imprevisible

imprévu, e [ɛprevy] *adj* imprevisto(ta) ● imprévu *nm* ● l'imprévu lo imprevisto ● nous avons eu un imprévu nos ha ocurrido algo imprevisto

imprimante [ɛprimɑ̃t] *nf* impresora *f* ● imprimante laser/à jet d'encre impresora láser/de chorro de tinta

imprimé, e [ɛprime] *adj (tissu)* estampado(da)

imprimer [ɛprime] *vt* imprimir

imprimerie [ɛprimri] *nf* imprenta *f*

imprononçable [ɛprɔnɔ̃sabl] *adj* impronunciable

improviser [ɛprɔvize] *vt & vi* improvisar

improviste [ɛprɔvist] ● à l'improviste *adv* de improviso

imprudence [ɛprydɑ̃s] *nf* imprudencia *f*

imprudent, e [ɛprydɑ̃, ɑ̃t] *adj* imprudente

impuissant, e [ɛpɥisɑ̃, ɑ̃t] *adj (sans recours)* impotente

impulsif, ive [ɛpylsif, iv] *adj* impulsivo(va)

impureté [ɛpyrte] *nf* impureza *f*

inabordable [inabɔrdabl] *adj (prix)* inasequible

inacceptable [inakseptabl] *adj* inaceptable

inaccessible [inaksesibl] *adj* inaccesible

inachevé, e [inaʃve] *adj* inacabado(da)

inactif, ive [inaktif, iv] *adj* inactivo(va)

inadapté, e [inadapte] *adj* **1.** *(personne)* inadaptado(da) **2.** *(objet)* inadecuado(da)

inadmissible [inadmisibl] *adj* inadmisible

inanimé, e [inanime] *adj* inanimado(da)

inaperçu, e [inapɛrsy] *adj* inadvertido(da) ● passer inaperçu pasar desapercibido

inapte [inapt] *adj* ● inapte à (faire) qqch no apto(ta) para (hacer) algo ● inapte au service militaire no apto para el servicio militar

inattendu, e [inatɑ̃dy] *adj* inesperado(da)

inattention [inatɑ̃sjɔ̃] *nf* falta *f* de atención ● faute d'inattention descuido *m*

inaudible [inodibl] *adj* inaudible

inauguration [inogyrasjɔ̃] *nf* inauguración *f*

inaugurer [inogyre] *vt* inaugurar

incalculable [ɛ̃kalkylabl] *adj* incalculable

incandescent, e [ɛ̃kɑ̃desɑ̃, ɑ̃t] *adj* incandescente

incapable [ɛ̃kapabl] *nmf* inútil *mf* ◇ *adj* ● être incapable de faire qqch ser incapaz de hacer algo

incapacité [ɛ̃kapasite] *nf* incapacidad *f* ● être dans l'incapacité de faire qqch resultar imposible a alguien hacer algo

incarner [ɛ̃karne] *vt* encarnar

incassable [ɛ̃kasabl] *adj* irrompible

incendie [ɛ̃sɑ̃di] *nm* incendio *m*

incendier [ɛ̃sɑ̃dje] *vt* incendiar

incertain, e [ɛ̃sɛrtɛ̃, ɛn] *adj* incierto(ta)

incertitude [ɛ̃sɛrtityd] *nf* incertidumbre *f* ● être dans l'incertitude estar en la incertidumbre

incessamment [ɛ̃sesamɑ̃] *adv* en breve

incessant, e [ɛ̃sesɑ̃, ɑ̃t] *adj* incesante

incident [ɛ̃sidɑ̃] *nm* incidente *m* ● sans incident sin incidentes

incisive [ɛ̃siziv] *nf* incisivo *m*

inciter [ɛ̃site] *vt* ● inciter qqn à faire qqch incitar a alguien a hacer algo

incivilité [ɛ̃sivilite] *nf* (*acte*) incivilidad *f*

incliné, e [ɛ̃kline] *adj* inclinado(da)

incliner [ɛ̃kline] *vt* inclinar ● **s'incliner** *vp* inclinarse ● s'incliner devant inclinarse ante

inclure [ɛ̃klyr] *vt* incluir

inclus, e [ɛ̃kly, yz] *pp* ➤ **inclure** ◇ *adj* incluso(sa) ● jusqu'au 15 inclus hasta el 15 inclusive ● le pourboire n'est pas inclus dans le prix la propina no está incluida en el precio

incohérent, e [ɛ̃kɔerɑ̃, ɑ̃t] *adj* incoherente

incollable [ɛ̃kɔlabl] *adj* **1.** (*riz*) que no se pega **2.** (*fam*) (*personne*) ● il est incollable en géo en materia de geografía, no hay quien lo gane

incolore [ɛ̃kɔlɔr] *adj* incoloro(ra)

incommoder [ɛ̃kɔmɔde] *vt* molestar

incomparable [ɛ̃kɔ̃parabl] *adj* incomparable

incompatible [ɛ̃kɔ̃patibl] *adj* incompatible

incompétent, e [ɛ̃kɔ̃petɑ̃, ɑ̃t] *adj* incompetente

incomplet, ète [ɛ̃kɔ̃plɛ, ɛt] *adj* incompleto(ta)

incompréhensible [ɛ̃kɔ̃preɑ̃sibl] *adj* incomprensible

inconditionnel, elle [ɛ̃kɔ̃disjɔnɛl] *nm, f* ● un inconditionnel de un incondicional de

incongru, e [ɛ̃kɔ̃gry] *adj* incongruente

inconnu, e [ɛ̃kɔny] *adj & nm, f* desconocido(da) ◆ **inconnu** *nm* ● l'inconnu lo desconocido ◆ **inconnue** *nf* MATH incógnita *f*

inconsciemment [ɛ̃kɔ̃sjamɑ̃] *adv* inconscientemente

inconscient, e [ɛ̃kɔ̃sjɑ̃, ɑ̃t] *adj* inconsciente ◆ **inconscient** *nm* ● l'inconscient el inconsciente

inconsolable [ɛ̃kɔ̃sɔlabl] *adj* inconsolable

incontestable [ɛ̃kɔ̃testabl] *adj* incontestable

inconvénient [ɛ̃kɔ̃venjɑ̃] *nm* inconveniente *m*

incorporer [ɛ̃kɔrpɔre] *vt* incorporar ● incorporer le lait à la farine incorporar la leche a la harina

incorrect, e [ɛkɔʀɛkt] *adj* incorrecto(ta)

incorrigible [ɛkɔʀiʒibl] *adj* incorregible

incrédule [ɛkʀedyl] *adj* incrédulo(la)

incroyable [ɛkʀwajabl] *adj* increíble

incruster [ɛkʀyste] ◆ **s'incruster** *vp* **1.** *(tache, saleté)* incrustarse **2.** *(fam) (chez quelqu'un)* instalarse

inculpé, e [ɛkylpe] *nm, f* acusado m, -da f

inculper [ɛkylpe] *vt* inculpar ● **il a été inculpé de vol** lo inculparon de robo

inculte [ɛkylt] *adj* inculto(ta)

incurable [ɛkyʀabl] *adj (maladie)* incurable

Inde [ɛd] *nf* ● **l'Inde** India f

indécent, e [ɛdesɑ̃, ɑ̃t] *adj* indecente

indécis, e [ɛdesi, iz] *adj* indeciso(sa)

indéfini, e [ɛdefini] *adj* indefinido(da)

indéfiniment [ɛdefinimɑ̃] *adv* indefinidamente

indélébile [ɛdelebil] *adj* indeleble

indemne [ɛdɛmn] *adj* ileso(sa) ● **sortir indemne d'un accident** salir indemne de un accidente

indemniser [ɛdɛmnize] *vt* indemnizar

indemnité [ɛdɛmnite] *nf* indemnización f ● **indemnité de chômage** prestación f por desempleo ● **indemnité de licenciement** indemnización por despido

indépendamment [ɛdepɑ̃damɑ̃] ● **indépendamment de** *prép (à part)* independientemente de

indépendance [ɛdepɑ̃dɑ̃s] *nf* independencia f

indépendant, e [ɛdepɑ̃dɑ̃, ɑ̃t] *adj* **1.** independiente **2.** *(travailleur)* autónomo(ma) ● **être indépendant de** *(sans relation avec)* no depender de

indescriptible [ɛdeskʀiptibl] *adj* indescriptible

index [ɛdeks] *nm* índice m

indicateur [ɛdikatœʀ] *adj m* ➤ **poteau**

indicatif, ive [ɛdikatif, iv] *adj* ● **à titre indicatif** a título indicativo ◆ **indicatif** *nm* **1.** *(téléphonique)* prefijo m **2.** *(d'une émission)* sintonía f **3.** GRAMM indicativo m

indication [ɛdikasjɔ̃] *nf* indicación f ▼ **indications** *(sur un médicament)* indicaciones

indice [ɛdis] *nm* **1.** *(preuve)* indicio m **2.** *(taux)* índice m

indien, enne [ɛdjɛ̃, ɛn] *adj* **1.** *(d'Inde)* indio(dia), hindú **2.** *(d'Amérique)* indio(dia) ◆ **Indien, enne** *nm, f* **1.** *(d'Inde)* indio m, -dia f, hindú *mf* **2.** *(d'Amérique)* indio m, -dia f

indifféremment [ɛdifeʀamɑ̃] *adv* indiferentemente

indifférence [ɛdifeʀɑ̃s] *nf* indiferencia f

indifférent, e [ɛdifeʀɑ̃, ɑ̃t] *adj* indiferente ● **ça m'est indifférent** me da igual

indigène [ɛdiʒɛn] *nmf* indígena *mf*

indigeste [ɛdiʒɛst] *adj* indigesto(ta)

indigestion [ɛdiʒɛstjɔ̃] *nf* indigestión f

indignation [ɛdiɲasjɔ̃] *nf* indignación f

indigner [ɛdiɲe] ● **s'indigner** *vp* ● **s'indigner de qqch** indignarse por algo

indiquer [ɛdike] *vt* indicar ● **indiquer qqn/qqch à qqn** indicar algn/algo a alguien ● **pouvez-vous m'indiquer la route pour la gare ?** ¿me puede indicar cómo ir a la estación?

indirect, e [ɛdiʀɛkt] *adj* indirecto(ta)

indirectement [ɛdiʀɛktəmɑ̃] *adv* indirectamente

indiscipliné, e [ɛ̃disipline] *adj* indisciplinado(da)

indiscret, ète [ɛ̃diskrɛ, ɛt] *adj* indiscreto(ta)

indiscrétion [ɛ̃diskresjɔ̃] *nf* indiscreción *f*

indispensable [ɛ̃dispɑ̃sabl] *adj* imprescindible

individu [ɛ̃dividy] *nm* individuo *m*

individualiste [ɛ̃dividɥalist] *adj & nmf* individualista

individuel, elle [ɛ̃dividɥɛl] *adj* individual

indolore [ɛ̃dɔlɔr] *adj* indoloro(ra)

indulgent, e [ɛ̃dylʒɑ̃, ɑ̃t] *adj* indulgente

industrialisé, e [ɛ̃dystrijalize] *adj* industrializado(da) ● **pays industrialisé** país *m* industrializado

industrie [ɛ̃dystri] *nf* industria *f*

industriel, elle [ɛ̃dystrijɛl] *adj* industrial ◆ **industriel** *nm* industrial *m*

inédit, e [inedi, it] *adj* inédito(ta)

inefficace [inefikas] *adj* ineficaz

inégal, e, aux [inegal, o] *adj* desigual

inégalité [inegalite] *nf* desigualdad *f* ● **inégalités sociales** desigualdades sociales

inépuisable [inepɥizabl] *adj* inagotable

inerte [inɛrt] *adj* inerte

inestimable [inɛstimabl] *adj* inestimable

inévitable [inevitabl] *adj* inevitable

inexact, e [inɛgza(kt), akt] *adj* inexacto(ta)

inexcusable [inɛkskyzabl] *adj* inexcusable

inexistant, e [inɛgzistɑ̃, ɑ̃t] *adj* inexistente

inexplicable [inɛksplikabl] *adj* inexplicable

inexpliqué, e [inɛksplike] *adj* inexplicado(da)

in extremis [inɛkstremis] *adv* in extremis

infaillible [ɛ̃fajibl] *adj* infalible

infarctus [ɛ̃farktys] *nm* infarto *m* ● **avoir un infarctus** sufrir un infarto

infatigable [ɛ̃fatigabl] *adj* incansable

infect, e [ɛ̃fɛkt] *adj* **1.** *(odeur)* apestoso(sa) **2.** *(goût, attitude, personne)* asqueroso(sa)

infecter [ɛ̃fɛkte] ◆ **s'infecter** *vp* infectarse

infection [ɛ̃fɛksjɔ̃] *nf* **1.** infección *f* **2.** *(odeur)* peste *f*

inférieur, e [ɛ̃ferjœr] *adj* inferior ● **inférieur à** inferior a

infériorité [ɛ̃ferjɔrite] *nf* inferioridad *f* ● **sentiment/complexe d'infériorité** sentimiento/complejo *m* de inferioridad ● **en infériorité numérique** numéricamente inferior

infernal, e, aux [ɛ̃fɛrnal, o] *adj* infernal

infesté, e [ɛ̃fɛste] *adj* ● **infesté de** infestado de

infidèle [ɛ̃fidɛl] *adj* infiel

infiltrer [ɛ̃filtre] ◆ **s'infiltrer** *vp* infiltrarse

infime [ɛ̃fim] *adj* ínfimo(ma)

infini, e [ɛ̃fini] *adj* infinito(ta) ◆ **infini** *nm* infinito *m* ● **à l'infini** hasta el infinito

infiniment [ɛ̃finimɑ̃] *adv* infinitamente ● **je vous remercie infiniment** le estoy sumamente agradecido

infinitif [ɛ̃finitif] *nm* infinitivo *m*

infirme [ɛ̃firm] *adj & nmf* inválido(da)

infirmerie [ɛ̃firməri] *nf* enfermería *f*

infirmier, ère [ɛ̃firmje, ɛʀ] *nm, f* enfermero *m*, -ra *f*

inflammable [ɛ̃flamabl] *adj* inflamable

inflammation [ɛ̃flamasjɔ̃] *nf* inflamación *f*

inflation [ɛ̃flasjɔ̃] *nf* inflación *f*

inflexible [ɛ̃flɛksibl] *adj* inflexible

infliger [ɛ̃fliʒe] *vt* • **infliger une correction à qqn** infligir un castigo a alguien

influence [ɛ̃flyɑ̃s] *nf* influencia *f* • **avoir de l'influence sur qqn** tener influencia sobre alguien

influencer [ɛ̃flyɑ̃se] *vt* influenciar

influent, e [ɛ̃flyɑ̃, ɑ̃t] *adj* influyente

informaticien, enne [ɛ̃fɔʀmatisjɛ̃, ɛn] *nm, f* informático *m*, -ca *f*

information [ɛ̃fɔʀmasjɔ̃] *nf* información *f* • **d'information** (*réunion, site*) informativo(va) • **informations** *nfpl* noticias *fpl*

informatique [ɛ̃fɔʀmatik] *adj* informático(a) ◇ *nf* informática *f* • **faire de l'informatique** hacer informática

informatisé, e [ɛ̃fɔʀmatize] *adj* informatizado(da)

informe [ɛ̃fɔʀm] *adj* informe

informer [ɛ̃fɔʀme] *vt* • **informer qqn de/que** informar a alguien de/de que • **s'informer** (**de**) *vp + prep* informarse (de)

infos [ɛ̃fo] *nfpl* (*fam*) noticias *fpl* • **regarder/écouter les infos** mirar/escuchar las noticias

infraction [ɛ̃fʀaksjɔ̃] *nf* infracción *f* • **être en infraction** cometer una infracción

infranchissable [ɛ̃fʀɑ̃ʃisabl] *adj* infranqueable

infrarouge [ɛ̃fʀaʀuʒ] *nm* infrarrojo *m*

infusion [ɛ̃fyzjɔ̃] *nf* infusión *f*

ingénieur [ɛ̃ʒenjœʀ] *nm* ingeniero *m*, -ra *f*

ingénieux, euse [ɛ̃ʒenjø, øz] *adj* ingenioso(sa)

ingrat, e [ɛ̃gʀa, at] *adj* **1.** (*personne*) ingrato(ta) **2.** (*visage, physique*) poco agraciado(da)

ingratitude [ɛ̃gʀatityd] *nf* ingratitud *f*

ingrédient [ɛ̃gʀedjã] *nm* ingrediente *m*

inhabituel, elle [inabityɛl] *adj* inusual

inhumain, e [inymɛ̃, ɛn] *adj* inhumano(na)

inimaginable [inimaʒinabl] *adj* inimaginable

ininflammable [inɛ̃flamabl] *adj* ininflamable

ininterrompu, e [inɛ̃teʀɔ̃py] *adj* ininterrumpido(da)

initial, e, aux [inisjal, o] *adj* inicial

initiale [inisjal] *nf* inicial *f*

initialisation [inisjalizasjɔ̃] *nm* inicialización *f*

initialiser [inisjalize] *vt INFORM* inicializar

initiation [inisjasjɔ̃] *nf* iniciación *f* • **un cours d'initiation à** un curso de iniciación a

initiative [inisjativ] *nf* iniciativa *f* • **prendre l'initiative de faire qqch** tomar la iniciativa de hacer algo

injecter [ɛ̃ʒɛkte] *vt* inyectar

injection [ɛ̃ʒɛksjɔ̃] *nf* inyección *f*

injure [ɛ̃ʒyʀ] *nf* insulto *m*

injurier [ɛ̃ʒyʀje] *vt* insultar

injuste [ɛ̃ʒyst] *adj* injusto(ta)

injustice [ɛ̃ʒystis] *nf* injusticia *f*

injustifié, e [ɛ̃ʒystifje] *adj* injustificado(da)

inné, e [ine] *adj* innato(ta)

innocence [inɔsɑ̃s] *nf* inocencia f ● **en toute innocence** con toda inocencia

innocent, e [inɔsɑ̃, ɑ̃t] *adj* & *nm, f* inocente

innombrable [inɔ̃bʀabl] *adj* innumerable

innovant, e [inɔvɑ̃, ɑ̃t] *adj* innovador(ra)

innover [inɔve] *vi* innovar

inoccupé, e [inɔkype] *adj (vide)* desocupado(da)

inodore [inɔdɔʀ] *adj* inodoro(ra)

inoffensif, ive [inɔfɑ̃sif, iv] *adj* inofensivo(va)

inondation [inɔ̃dasjɔ̃] *nf* inundación f

inonder [inɔ̃de] *vt* inundar

inoubliable [inublijabl] *adj* inolvidable

Inox ® [inɔks] *nm* acero m inoxidable

inoxydable [inɔksidabl] *adj* inoxidable

inquiet, ète [ɛ̃kje, ɛt] *adj* inquieto(ta) ● **être inquiet (pour qqch/qqn)** estar preocupado (por alguien/algo)

inquiétant, e [ɛ̃kjetɑ̃, ɑ̃t] *adj* inquietante

inquiéter [ɛ̃kjete] *vt* preocupar ● **s'inquiéter** *vp* preocuparse

inquiétude [ɛ̃kjetyd] *nf* inquietud f

inscription [ɛ̃skʀipsjɔ̃] *nf* **1.** inscripción f **2.** *(à l'université)* matrícula f

inscrire [ɛ̃skʀiʀ] *vt* inscribir ● **s'inscrire** *vp* inscribirse ● **s'inscrire à** *(club)* inscribirse en ; *(université)* matricularse en

inscrit, e [ɛ̃skʀi, it] *pp* ➤ **inscrire**

insecte [ɛ̃sɛkt] *nm* insecto m

insecticide [ɛ̃sɛktisid] *nm* insecticida m

insensé, e [ɛ̃sɑ̃se] *adj* disparatado(da)

insensible [ɛ̃sɑ̃sibl] *adj* insensible ● **être insensible à** ser insensible a

inséparable [ɛ̃sepaʀabl] *adj* inseparable

insérer [ɛ̃seʀe] *vt* insertar

insertion [ɛ̃sɛʀsjɔ̃] *nf* inserción f

insigne [ɛ̃siɲ] *nm (d'un policier, d'un club)* insignia f

insignifiant, e [ɛ̃siɲifjɑ̃, ɑ̃t] *adj* insignificante

insinuer [ɛ̃sinɥe] *vt* insinuar

insistance [ɛ̃sistɑ̃s] *nf* insistencia f ● **avec insistance** con insistencia

insister [ɛ̃siste] *vi* insistir ● **insister sur** insistir en ● **inutile d'insister** es inútil insistir

insolation [ɛ̃sɔlasjɔ̃] *nf* insolación f

insolence [ɛ̃sɔlɑ̃s] *nf* insolencia f

insolent, e [ɛ̃sɔlɑ̃, ɑ̃t] *adj* insolente

insolite [ɛ̃sɔlit] *adj* insólito(ta)

insoluble [ɛ̃sɔlybl] *adj (problème)* insoluble

insomnie [ɛ̃sɔmni] *nf* insomnio m ● **avoir des insomnies** tener insomnio

insonorisé, e [ɛ̃sɔnɔʀize] *adj* insonorizado(da)

insouciant, e [ɛ̃susjɑ̃, ɑ̃t] *adj* despreocupado(da)

inspecter [ɛ̃spɛkte] *vt* inspeccionar

inspecteur, trice [ɛ̃spɛktœʀ, tʀis] *nm, f* inspector m, -ra f ● **inspecteur de police** inspector de policía

inspiration [ɛ̃spiʀasjɔ̃] *nf* inspiración f

inspirer [ɛ̃spiʀe] *vt & vi* inspirar ● **ça ne m'inspire pas** no me dice nada ● **s'inspirer de** *vp + prep* inspirarse de

instable [ɛ̃stabl] *adj* inestable

installation [ɛ̃stalasjɔ̃] *nf* instalación f

installer [ɛ̃stale] *vt* instalar ◆ **s'installer** *vp* **1.** *(dans un appartement)* instalarse **2.** *(dans un fauteuil)* acomodarse **3.** *(commerçant, médecin)* establecerse

instant [ɛ̃stɑ̃] *nm* instante *m* ◆ **dans un instant** ahora mismo ◆ **il sort à l'instant** acaba de salir ◆ **pour l'instant** de momento

instantané, e [ɛ̃stɑ̃tane] *adj* instantáneo(a)

instinct [ɛ̃stɛ̃] *nm* instinto *m* ◆ **instinct de survie** instinto de supervivencia

instinctif, ive [ɛ̃stɛ̃ktif, iv] *adj* instintivo(va)

institut [ɛ̃stity] *nm* instituto *m* ◆ **institut de beauté** instituto de belleza

instituteur, trice [ɛ̃stitytœr, tris] *nm, f* ≃ profesor *m*, -ra *f* de primaria

institution [ɛ̃stitysjɔ̃] *nf* institución *f*

instructif, ive [ɛ̃stryktif, iv] *adj* instructivo(va)

instruction [ɛ̃stryksjɔ̃] *nf* instrucción *f* ◆ **instructions** *nfpl* instrucciones *fpl*

instruire [ɛ̃stryir] ◆ **s'instruire** *vp* instruirse

instruit, e [ɛ̃strɥi, it] *pp* ➤ **instruire** ◆ *adj* instruido(da)

instrument [ɛ̃strymɑ̃] *nm* instrumento *m* ◆ **instrument (de musique)** instrumento (musical)

instrumentaliser [ɛ̃strymɑ̃talize] *vt* instrumentalizar

insuffisant, e [ɛ̃syfizɑ̃, ɑ̃t] *adj* insuficiente

insuline [ɛ̃sylin] *nf* insulina *f*

insulte [ɛ̃sylt] *nf* insulto *m*

insulter [ɛ̃sylte] *vt* insultar

insupportable [ɛ̃syportabl] *adj* insoportable

insurmontable [ɛ̃syrmɔ̃tabl] *adj* (difficulté) insalvable

intact, e [ɛ̃takt] *adj* intacto(ta)

intégral, e, aux [ɛ̃tegral, o] *adj* integral

intégration [ɛ̃tegrasjɔ̃] *nf* (sociale) integración *f*

intégrer [ɛ̃tegre] *vt* integrar ◆ **s'intégrer** *vp* ◆ **(bien) s'intégrer** integrarse (bien)

intellectuel, elle [ɛ̃telɛktɥɛl] *adj* & *nm, f* intelectual

intelligence [ɛ̃teliʒɑ̃s] *nf* inteligencia *f* ◆ **intelligence artificielle** inteligencia artificial

intelligent, e [ɛ̃teliʒɑ̃, ɑ̃t] *adj* inteligente

intempéries [ɛ̃tɑ̃peri] *nfpl* inclemencias *fpl* climáticas

intense [ɛ̃tɑ̃s] *adj* intenso(sa)

intensif, ive [ɛ̃tɑ̃sif, iv] *adj* intensivo(va)

intensité [ɛ̃tɑ̃site] *nf* intensidad *f*

intention [ɛ̃tɑ̃sjɔ̃] *nf* intención *f* ◆ **avoir l'intention de faire qqch** tener la intención de hacer algo ◆ **intention de vote** intención de voto

intentionné, e [ɛ̃tɑ̃sjɔne] *adj* ◆ **bien intentionné** bienintencionado ◆ **mal intentionné** malintencionado

interactif, ive [ɛ̃teraktif] *adj* interactivo(va)

intercalaire [ɛ̃terkaler] *nm* folio *m* separador

intercaler [ɛ̃terkale] *vt* intercalar

intercepter [ɛ̃tersepte] *vt* interceptar

interchangeable [ɛ̃terʃɑ̃ʒabl] *adj* intercambiable

interclasse [ɛ̃tɛʀklas] *nm* descanso *m (entre dos clases)*

interdiction [ɛ̃tɛʀdiksjɔ̃] *nf* prohibición *f* ▼ **interdiction de fumer** prohibido fumar

interdire [ɛ̃tɛʀdiʀ] *vt* prohibir ● **ma mère m'a interdit de sortir** mi madre me ha prohibido salir

interdit, e [ɛ̃tɛʀdi, it] *pp* ➤ **interdire** ◇ *adj* prohibido(da) ● **il est interdit de...** está prohibido... ◆ **interdit** *nm* ● **être interdit bancaire** estar privado de talonario, tarjeta de crédito etc por haberse excedido en los números rojos; con todo, se dispone de una tarjeta que únicamente permite el acceso a la cuenta

intéressant, e [ɛ̃teʀesɑ̃, ɑ̃t] *adj* interesante

intéresser [ɛ̃teʀese] *vt* **1.** interesar **2.** *(concerner)* afectar ◆ **s'intéresser à** *vp + prep* interesarse por

intérêt [ɛ̃teʀɛ] *nm* interés *m* ● **tu as intérêt à réserver à l'avance** más vale que reserves con antelación ● **dans l'intérêt de** en beneficio de ◆ **intérêts** *nmpl* FIN intereses *mpl*

interface [ɛ̃tɛʀfas] *nf* INFORM interfaz *m* o *f*

intérieur, e [ɛ̃teʀjœʀ] *adj* interior ◆ **intérieur** *nm* interior *m* ● **à l'intérieur (de)** en el interior (de) ; *(de maison)* dentro (de)

intérim [ɛ̃teʀim] *nm* *(travail)* trabajo *m* temporal ● **faire de l'intérim** hacer trabajos temporales

interligne [ɛ̃tɛʀliɲ] *nm* interlínea *f*

interlocuteur, trice [ɛ̃tɛʀlɔkytœʀ, tʀis] *nm, f* interlocutor *m*, -ra *f*

intermédiaire [ɛ̃tɛʀmedjɛʀ] *adj* intermedio(dia) ◇ *nmf* intermediario *m*, -ria *f* ◇ *nm* ● **par l'intermédiaire de** por mediación de

interminable [ɛ̃tɛʀminabl] *adj* interminable

intermittent, e [ɛ̃tɛʀmitɑ̃, ɑ̃t] *nm, f* ● **les intermittents du spectacle** los trabajadores temporales del espectáculo

internat [ɛ̃tɛʀna] *nm* internado *m*

international, e, aux [ɛ̃tɛʀnasjɔnal, o] *adj* internacional

internaute [ɛ̃tɛʀnot] *nmf* internauta *mf*

interne [ɛ̃tɛʀn] *adj* & *nmf* interno(na) ● **interne des hôpitaux** médico *m* interno

interner [ɛ̃tɛʀne] *vt* *(malade)* internar

Internet [ɛ̃tɛʀnɛt] *nm* Internet *f* ● **avoir Internet (à la maison/au bureau)** tener Internet (en casa/en el despacho) ● **surfer sur Internet** navegar por Internet

interpeller [ɛ̃tɛʀpəle] *vt* **1.** *(appeler)* interpelar **2.** *(suj : police)* detener

Interphone® [ɛ̃tɛʀfɔn] *nm* portero *m* automático

interposer [ɛ̃tɛʀpoze] ◆ **s'interposer** *vp* interponerse

interprète [ɛ̃tɛʀpʀɛt] *nmf* intérprete *mf*

interpréter [ɛ̃tɛʀpʀete] *vt* interpretar

interrogation [ɛ̃teʀɔgasjɔ̃] *nf* *(question)* interrogación *f* ● **interrogation (écrite)** control *m* (escrito)

interrogatoire [ɛ̃teʀɔgatwaʀ] *nm* interrogatorio *m*

interroger [ɛ̃teʀɔʒe] *vt* **1.** *(un témoin)* interrogar **2.** *(un élève)* hacer preguntas a

• **interroger** qqn sur qqch preguntar algo a alguien

interrompre [ɛ̃terɔ̃pr] vt interrumpir

interrupteur [ɛ̃teryptœr] nm interruptor m

interruption [ɛ̃terypsjɔ̃] nf interrupción f • sans interruption sin interrupción

intersection [ɛ̃terseksjɔ̃] nf intersección f

intervalle [ɛ̃terval] nm intervalo m • à deux jours d'intervalle con un intervalo de dos días

intervenir [ɛ̃tervənir] vi **1.** intervenir **2.** (avoir lieu) suceder

intervention [ɛ̃tervɑ̃sjɔ̃] nf intervención f

intervenu, e [ɛ̃tervəny] pp ➤ intervenir

interview [ɛ̃tervju] nf entrevista f

interviewer [ɛ̃tervjuve] vt entrevistar

intestin [ɛ̃testɛ̃] nm intestino m

intestinal, e, aux [ɛ̃testinal, o] adj intestinal

intime [ɛ̃tim] adj íntimo(ma)

intimider [ɛ̃timide] vt intimidar

intimité [ɛ̃timite] nf intimidad f

intituler [ɛ̃tityle] • s'intituler vp titularse

intolérable [ɛ̃tolerabl] adj intolerable

intoxication [ɛ̃toksikasjɔ̃] nf • intoxication alimentaire intoxicación f alimenticia

intraduisible [ɛ̃tradɥizibl] adj intraducible

intranet [ɛ̃tranet] nm *INFORM* intranet f

intransigeant, e [ɛ̃trɑ̃ziʒɑ̃, ɑ̃t] adj intransigente

intrépide [ɛ̃trepid] adj intrépido(da)

intrigue [ɛ̃trig] nf intriga f

intriguer [ɛ̃trige] vt intrigar • tout ça m'intrigue todo esto me intriga

introduction [ɛ̃trɔdyksjɔ̃] nf introducción f

introduire [ɛ̃trɔdɥir] vt introducir ◆ s'introduire vp introducirse

introduit, e [ɛ̃trɔdɥi, it] pp ➤ Introduire

introuvable [ɛ̃truvabl] adj (objet perdu) imposible de encontrar

intrus, e [ɛ̃try, yz] nm, f intruso m, -sa f

intuition [ɛ̃tɥisjɔ̃] nf intuición f • avoir de l'intuition tener intuición

inusable [inyzabl] adj resistente, duradero(ra)

inutile [inytil] adj inútil

inutilisable [inytilizabl] adj inservible

invalide [ɛ̃valid] nmf inválido m, -da f

invariable [ɛ̃varjabl] adj invariable

invasion [ɛ̃vazjɔ̃] nf invasión f

inventaire [ɛ̃vɑ̃ter] nm inventario m • faire l'inventaire de qqch hacer el inventario de algo ▼ fermé pour cause d'inventaire cerrado por inventario

inventer [ɛ̃vɑ̃te] vt inventar

inventeur, trice [ɛ̃vɑ̃tœr, tris] nm, f inventor m, -ra f

invention [ɛ̃vɑ̃sjɔ̃] nf invento m

inverse [ɛ̃vers] nm contrario m • à l'inverse (de) al contrario (de) • en sens inverse en sentido contrario

investir [ɛ̃vestir] vt invertir • s'investir dans vp + prep • s'investir dans son travail consagrarse enteramente a su trabajo

investissement [ɛ̃vestismɑ̃] nm inversión f

invisible [ɛ̃viʒibl] *adj* invisible

invitation [ɛ̃vitasjɔ̃] *nf* invitación *f*

invité, e [ɛ̃vite] *nm, f* invitado *m*, -da *f*

inviter [ɛ̃vite] *vt* invitar

involontaire [ɛ̃vɔlɔ̃tɛr] *adj* involuntario(ria)

invraisemblable [ɛ̃vrɛsɑ̃blabl] *adj* inverosímil

iode [jɔd] *nm* ➤ teinture

ira etc ➤ aller

Irak, Iraq [irak] *nm* • l'Irak Iraq *m*, Irak *m*

irakien, enne, iraquien, enne [irakjɛ̃, ɛn] *adj* iraquí • **Irakien, enne, Iraquien, enne** *nm, f* iraquí *mf*

Iran [irɑ̃] *nm* • l'Iran Irán *m*

iranien, enne [iranjɛ̃, ɛn] *adj* iraní • **Iranien, enne** *nm, f* iraní *mf*

irlandais, e [irlɑ̃dɛ, ez] *adj* irlandés(esa) • **Irlandais, e** *nm, f* irlandés *m*, -esa *f*

Irlande [irlɑ̃d] *nf* • l'Irlande du Nord Irlanda *f* del Norte • la République d'Irlande la República de Irlanda

IRM [iɛrɛm] (*abr de imagerie par résonance magnétique*) *nm* MÉD IRM *f* (*imágenes por resonancia magnética*)

ironie [irɔni] *nf* ironía *f*

ironique [irɔnik] *adj* irónico(ca)

irrationnel, elle [irasjɔnɛl] *adj* irracional

irrécupérable [irekyperabl] *adj* irrecuperable

irréel, elle [ireɛl] *adj* irreal

irrégulier, ère [iregylje, ɛr] *adj* irregular

irremplaçable [irɑ̃plasabl] *adj* irreemplazable

irréparable [ireparabl] *adj* irreparable

irrésistible [irezistibl] *adj* irresistible

irrespirable [irɛspirabl] *adj* irrespirable

irrigation [irigasjɔ̃] *nf* riego *m*

irritable [iritabl] *adj* irritable

irritation [iritasjɔ̃] *nf* irritación *f*

irriter [irite] *vt* irritar

islam [islam] *nm* • l'islam el islam

islandais, e [islɑ̃dɛ, ez] *adj* islandés(esa) • **islandais** *nm* (*langue*) islandés *m* • **Islandais, e** *nm, f* islandés *m*, -esa *f*

Islande [islɑ̃d] *nf* • l'Islande Islandia *f*

isolant, e [izɔlɑ̃, ɑ̃t] *adj* aislante • **isolant** *nm* aislante *m*

isolation [izɔlasjɔ̃] *nf* aislamiento *m*

isolé, e [izɔle] *adj* aislado(da)

isoler [izɔle] *vt* aislar • **s'isoler** *vp* aislarse

Israël [israɛl] *n* Israel *m*

issu, e [isy] *adj* • être issu de (*famille*) proceder de ; (*processus, théorie*) resultar de

issue [isy] *nf* (*sortie*) salida *f* ▾ issue de secours salida de emergencia ▾ voie sans issue calle sin salida

Italie [itali] *nf* • l'Italie Italia *f*

italien, enne [italjɛ̃, ɛn] *adj* italiano(na) • **italien** *nm* (*langue*) italiano *m* • **Italien, enne** *nm, f* italiano *m*, -na *f*

italique [italik] *nm* cursiva *f* • écrire en italique escribir en cursiva

itinéraire [itinerɛr] *nm* itinerario *m* • itinéraire bis itinerario alternativo

ivoire [ivwar] *nm* marfil *m*

ivre [ivr] *adj* ebrio(bria)

ivrogne [ivrɔɲ] *nmf* borracho *m*, -cha *f*

j J

j' ➤ je

jacinthe [ʒasɛ̃t] *nf* jacinto *m*

Jacuzzi® [ʒakuzi] *nm* jacuzzi® *m*

jaillir [ʒajiʀ] *vi* brotar

jalousie [ʒaluzi] *nf* **1.** (*sentiment*) envidia *f* **2.** (*en amour*) celos *mpl*

jaloux, ouse [ʒalu, uz] *adj* **1.** (*en amour*) celoso(sa) **2.** (*envieux*) envidioso(sa) ● être jaloux de tener envidia de

jamaïquain, e, jamaïcain, e [ʒamaikɛ̃, ɛn] *adj* jamaicano(na) ◆ **Jamaïquain, e, Jamaïcain, e** *nm, f* jamaicano *m*, -na *f*

Jamaïque [ʒamaik] *nf* ● la Jamaïque Jamaica *f*

jamais [ʒamɛ] *adv* nunca ● je ne vais jamais au théâtre no voy nunca al teatro ● je ne reviendrai plus jamais no volveré nunca más ● c'est le plus long voyage que j'aie jamais fait es el viaje más largo que haya hecho ● plus que jamais más que nunca ● si jamais... si por casualidad,...

jambe [ʒɑ̃b] *nf* pierna *f*

jambon [ʒɑ̃bɔ̃] *nm* jamón *m* ● jambon blanc ≃ jamón de York ● jambon cru ≃ jamón serrano

jambonneau, x [ʒɑ̃bɔno] *nm* codillo *m* de cerdo

jante [ʒɑ̃t] *nf* llanta *f*

janvier [ʒɑ̃vje] *nm* enero *m* ● en janvier ou au mois de janvier en (el mes de) enero ● début janvier a principios de enero ● fin janvier a finales de enero ● le deux janvier el dos de enero

Japon [ʒapɔ̃] *nm* ● le Japon Japón *m*

japonais, e [ʒapɔnɛ, ɛz] *adj* japonés(esa) ◆ **japonais** *nm* (*langue*) japonés *m* ◆ **Japonais, e** *nm, f* japonés *m*, -esa *f*

jardin [ʒaʀdɛ̃] *nm* jardín *m* ● jardin d'enfants/public jardín de infancia/público

jardinage [ʒaʀdinaʒ] *nm* jardinería *f*

jardinier, ère [ʒaʀdinje, ɛʀ] *nm, f* jardinero *m*, -ra *f*

jardinière [ʒaʀdinjɛʀ] *nf* jardinera *f* ● jardinière de légumes ≃ menestra *f* de verduras

jarret [ʒaʀɛ] *nm* jarrete *m* ● jarret de veau jarrete de ternera

jauge [ʒoʒ] *nf* indicador *m* ● jauge d'essence indicador del nivel de gasolina

jaune [ʒon] *adj* amarillo(lla) ◇ *nm* amarillo *m* ● jaune d'œuf yema *f* de huevo

jaunir [ʒoniʀ] *vi* amarillear

jaunisse [ʒonis] *nf* ictericia *f*

Javel [ʒavɛl] *nf* ● (eau de) Javel lejía *f*

jazz [dʒaz] *nm* jazz *m*

je [ʒə] *pron* yo

jean [dʒin] *nm* vaqueros *mpl*

Jeep® [dʒip] *nf* jeep® *m*

jerrican [ʒerikan] *nm* bidón *m*

Jésus-Christ [ʒezykʀi] *nm* Jesucristo ● avant/après Jésus-Christ antes de/después de Cristo

¹jet [ʒɛ] *nm* **1.** (*de liquide*) chorro *m* **2.** (*fait de lancer*) lanzamiento *m* ● jet d'eau surtidor *m*

²jet [dʒɛt] *nm* (*avion*) jet *m*

jetable [ʒətabl] *adj* desechable

jetée [ʒəte] *nf* espigón *m*

jeter [ʒəte] *vt* tirar ◆ **se jeter** *vp* ● se jeter **dans** *(suj : rivière)* desembocar en ● **se jeter sur** abalanzarse sobre

jeton [ʒətɔ̃] *nm* ficha *f*

jet-set, s [dʒɛtsɛt] *nf* jet *f* (set)

jeu, x [ʒø] *nm* juego *m* ● **le jeu** el juego ● **jeu de cartes** juego de cartas ; *(paquet)* baraja *f* ● **jeu de société** juego de sociedad ● **jeu d'échecs** ajedrez *m* ● **jeu de mots** juego de palabras ● **jeu vidéo** videojuego *m* ● **les Jeux olympiques** los Juegos Olímpicos

jeudi [ʒødi] *nm* jueves *m* ● **nous sommes jeudi** estamos a ou hoy es jueves ● **jeudi 13 septembre** jueves 13 de septiembre ● **nous sommes partis jeudi** nos fuimos el jueves ● **jeudi dernier** el jueves pasado ● **jeudi prochain** el jueves próximo ou que viene ● **jeudi matin** el jueves por la mañana ● **le jeudi** los jueves ● **à jeudi !** ¡hasta el jueves!

jeun [ʒœ̃] ● **à jeun** *adj* en ayunas

jeune [ʒœn] *adj & nmf* joven ● **jeune fille** muchacha *f* ● **jeune homme** muchacho *m* ● **les jeunes** los jóvenes

jeûner [ʒøne] *vi* ayunar

jeunesse [ʒœnɛs] *nf* juventud *f*

job [dʒɔb] *nm (fam)* curro *m*

jockey [ʒɔke] *nm* jockey *m*

jogging [dʒɔgiŋ] *nm* 1. *(vêtement)* chándal *m* 2. *(course)* footing *m* ● **faire du jogging** hacer footing

joie [ʒwa] *nf* alegría *f*

joindre [ʒwɛ̃dʀ] *vt* 1. *(relier)* conectar 2. *(contacter)* localizar ● **joindre qqch à** adjuntar algo a ● **joindre un document/ un fichier** adjuntar un documento/un archivo ● **je n'arrive pas à le joindre** no

consigo localizarlo ◆ **se joindre à** *vp + prep* unirse a

joint, e [ʒwɛ̃, ɛ̃t] *pp* ➤ joindre ; ➤ pièce ◆ **joint** *nm* 1. junta *f* 2. *(fam) (à fumer)* porro *m* ● **joint de culasse** junta de culata

joker [ʒɔkɛʀ] *nm* comodín *m*

joli, e [ʒɔli] *adj* bonito(ta)

jongleur, euse [ʒɔ̃glœʀ, øz] *nm, f* malabarista *mf*

jonquille [ʒɔ̃kij] *nf* junquillo *m*

joual [ʒwal] *nm (Québec)* dialecto francocanadiense que se habla en la región de Quebec

joue [ʒu] *nf* mejilla *f*

jouer [ʒwe] *vi* 1. jugar 2. *(musicien)* tocar 3. *(acteur)* actuar ◇ *vt* 1. jugar 2. *(somme)* apostar 3. *(suj : acteur, musicien)* interpretar ● **jouer à** jugar a ● **jouer de la guitare** tocar la guitarra ● **jouer un rôle dans qqch** *(fig)* desempeñar un papel en algo

jouet [ʒwɛ] *nm* juguete *m*

joueur, euse [ʒwœʀ, øz] *nm, f* 1. *(au casino)* jugador *m*, -ra *f* 2. SPORT deportista *mf* ● **être mauvais joueur** ser mal perdedor ● **joueur de cartes** jugador de cartas ● **joueur de flûte** flautista *m* ● **joueur de foot** futbolista *m*

jour [ʒuʀ] *nm* 1. día *m* 2. *(clarté)* claridad *f* ● **il fait jour** es de día ● **jour de l'An** día de año nuevo ● **jour férié/ouvrable** día festivo/laborable ● **quinze jours** quince días ● **de jour** de día ● **du jour au lendemain** de la noche a la mañana ● **de nos jours** hoy en día ● **être à jour** estar al día ● **mettre qqch à jour** poner algo al día

journal, aux [ʒuʀnal, o] *nm* periódico *m* ● **journal (intime)** diario *m* ● **journal télévisé** telediario *m*

journaliste [ʒuʀnalist] *nmf* periodista *mf*

journée [ʒuʀne] *nf* día *m* ● **dans la journée** durante el día ● **toute la journée** todo el día

joyeux, euse [ʒwajø, øz] *adj* feliz
● **joyeux anniversaire !** ¡feliz cumpleaños! ● **joyeux Noël !** ¡feliz Navidad!

joystick [dʒɔjstik] *nm* joystick *m*, palanca *f* de juegos

judo [ʒydo] *nm* judo *m* ● **faire du judo** practicar judo

juge [ʒyʒ] *nm* **1.** (*magistrat*) juez *m*, -za *f* **2.** *SPORT* árbitro *m* ● **juge d'enfants** juez de menores

juger [ʒyʒe] *vt* juzgar

juif, juive [ʒɥif, ʒɥiv] *adj* judío(a) ● **Juif, Juive** *nm, f* judío *m*, -a *f*

juillet [ʒɥijɛ] *nm* julio *m* ● **le 14 juillet** *el 14 de julio, fiesta nacional francesa* ● **en juillet** ou **au mois de juillet** en (el mes de) julio ● **début juillet** a principios de julio ● **fin juillet** a finales de julio ● **le deux juillet** el dos de julio

Le 14 juillet

El 14 de julio se celebra la fiesta nacional francesa, que conmemora la toma de la Bastilla por el pueblo durante la Revolución de 1789. En París, los festejos comienzan el 13 de julio con bailes al aire libre y continúan el 14 con un impresionante desfile militar en los Campos Elíseos, presidido por el jefe de Estado, y culminan con un gran espectáculo de fuegos artificiales en la Torre Eiffel.

juin [ʒɥɛ̃] *nm* junio *m* ● **en juin** ou **au mois de juin** en (el mes de) junio ● **début juin** a principios de junio ● **fin juin** a finales de junio ● **le deux juin** el dos de junio

juke-box [dʒukbɔks] *nm inv* juke-box *m*

julienne [ʒyljɛn] *nf* juliana *f*

jumeau, elle, x [ʒymo, ɛl, o] *adj* (*maisons*) adosado(da) ◊ *nm, f* gemelo *m*, -la *f* ● **frère jumeau** hermano gemelo

jumelé, e [ʒymle] *adj* hermanado(da) ● **ville jumelée avec...** ciudad hermanada con...

jumelle [ʒymɛl] *adj* ➤ **jumeau** ● **jumelles** *nfpl* gemelos *mpl*

jument [ʒymɑ̃] *nf* yegua *f*

jungle [ʒœ̃gl] *nf* selva *f*

jupe [ʒyp] *nf* falda *f* ● **jupe droite/plissée** falda recta/plisada

jupon [ʒypɔ̃] *nm* enaguas *fpl*

jurer [ʒyʀe] *vt & vi* jurar ● **jurer (à qqn)** que jurar (a alguien) que ● **jurer de faire qqch** jurar hacer algo

jury [ʒyʀi] *nm* **1.** jurado *m* **2.** (*d'examen*) tribunal *m*

jus [ʒy] *nm* **1.** (*de fruit*) zumo *m*, jugo *m* (*Amér*) **2.** (*de viande*) salsa *f* ● **jus d'orange** zumo de naranja

jusque [ʒysk(ə)] ● **jusqu'à** *prép* ● **allez jusqu'à l'église** vaya hasta la iglesia ● **jusqu'à ce que je parte** hasta que me vaya ● **jusqu'à présent** hasta ahora ● **jusqu'ici** *adv* **1.** (*dans l'espace*) hasta aquí **2.** (*dans le temps*) hasta ahora ● **jusque-là** *adv* **1.** (*dans l'espace*) hasta allí **2.** (*dans le temps*) hasta entonces

justaucorps [ʒystokɔʀ] *nm* body *m*

juste [ʒyst] *adj* **1.** justo(ta) **2.** *(addition, raisonnement)* correcto(ta) **3.** *(note, voix)* afinado(da) ◇ *adv* **1.** *(seulement)* sólo **2.** *(exactement)* justo ● **que voulez-vous, au juste ?** ¿qué quiere exactamente? ● **chanter juste** cantar bien ● **il a juste dit qu'il ne viendrait pas** tan sólo ha dicho que no vendría ● **c'est juste à côté** está justo al lado ● **ça tombe juste** *(calcul)* cuadra ● **il est 8 h juste** son las 8 en punto

justement [ʒystəmɑ̃] *adv* precisamente

justesse [ʒystɛs] ● **de justesse** *adv* por poco

justice [ʒystis] *nf* justicia *f*

justifier [ʒystifje] *vt* justificar ◆ **se justifier** *vp* justificarse

jute [ʒyt] *nm* ● **(toile de) jute** yute *m*

juteux, euse [ʒytø, øz] *adj* jugoso(sa)

K7 [kasɛt] *nf (abr de cassette)* casete *f*

kaki [kaki] *adj inv* caqui *inv*

kangourou [kɑ̃guʀu] *nm* canguro *m*

karaté [kaʀate] *nm* kárate *m*

kart [kaʀt] *nm* kart *m*

karting [kaʀtiŋ] *nm* karting *m*

kayak [kajak] *nm* **1.** *(bateau)* kayak *m* **2.** *SPORT* piragüismo *m*

képi [kepi] *nm* quepis *m inv*

kermesse [kɛʀmɛs] *nf* kermés *f*

kérosène [keʀozɛn] *nm* queroseno *m*

ketchup [kɛtʃœp] *nm* ketchup *m*

keuf [kœf] *nm (fam)* poli *m*

keum [kœm] *nm (fam)* tío *m*

kg *(abr écrite de kilogramme)* kg *(kilogramo)*

kidnapper [kidnape] *vt* secuestrar

kilo(gramme) [kilo(gram)] *nm* kilo *(gramo) m*

kilométrage [kilometʀaʒ] *nm* kilometraje *m* ● **kilométrage illimité** kilometraje ilimitado

kilomètre [kilomɛtʀ] *nm* kilómetro *m* ● **100 kilomètres à l'heure** 100 kilómetros por hora

kilt [kilt] *nm* falda *f* escocesa

kiné [kine] *(fam) nmf (abr de kinésithérapeute)* quinesi(o)terapeuta *mf* ◇ *nf (abr de kinésithérapie)* ● **faire des séances de kiné** hacer sesiones de quinesi(o)terapia

kinésithérapeute [kineziteʀapøt] *nmf* quinesi(o)terapeuta *mf*

kiosque [kjɔsk] *nm* quiosco *m* ● **kiosque à journaux** quiosco de periódicos

kir [kiʀ] *nm* aperitivo compuesto de vino blanco con licor de fruta por lo general de grosella negra ● **kir royal** kir con champán en vez de vino blanco

kirsch [kiʀʃ] *nm* kirsch *m*

kit [kit] *nm* kit *m* ● **en kit** por piezas ● **kit mains libres** kit (de) manos libres ● **kit piéton** kit peatón

kiwi [kiwi] *nm* kiwi *m*

Klaxon® [klaksɔn] *nm* claxon® *m*

klaxonner [klaksɔne] *vi* tocar el claxon®

Kleenex® [klinɛks] *nm* kleenex® *m inv*

km *(abr écrite de kilomètre)* km *(kilómetro)*

km/h [abr écrite de kilomètre par heure] km/h (*kilómetro por hora*)

Ko [kao] (*abr de kilo-octet*) m inv Kb m (*kilobyte*)

K-O [kao] (*abr de knock-out*) adj inv K.O

Kosovo [kɔsovo] nm ● le Kosovo Kosovo m

kouglof [kuglɔf] nm bizcocho de la región de Alsacia con uvas pasas y almendras

K-way ® [kawe] nm inv chubasquero m

kyste [kist] nm quiste m

l (*abr écrite de litre*) l (*litro*)

l' ➤ **le**

la ➤ **le**

là [la] adv 1. (*lieu*) allí, ahí 2. (*temps*) entonces ● par là (*de ce côté*) por allí ; (*dans les environs*) por ahí ● cette fille-là aquella chica ● ce jour-là aquel día

là-bas [laba] adv allí

laboratoire [labɔʀatwaʀ] nm laboratorio m

labourer [labuʀe] vt labrar

labyrinthe [labiʀɛ̃t] nm laberinto m

lac [lak] nm lago m

lacer [lase] vt atar

lacet [lase] nm 1. (*de chaussure*) cordón m 2. (*virage*) curva f

lâche [laʃ] adj 1. (*peureux*) cobarde 2. (*nœud, corde*) flojo(ja) ◇ nmf cobarde mf

lâcher [laʃe] vt soltar ◇ vi 1. (*corde*) ceder 2. (*freins*) fallar ● lâche-moi ! (*fam*) ¡déjame en paz!

lâcheté [laʃte] nf cobardía f

là-dedans [laddɑ̃] adv ahí dentro ● je ne sais pas ce que je viens faire là-dedans no sé qué pinto yo en todo esto

là-dessous [ladsu] adv ahí debajo ● il y a quelque chose de louche là-dessous hay algo turbio detrás de esto

là-dessus [ladsy] adv 1. (*lieu*) ahí encima 2. (*fig*) (*à ce sujet*) al respecto

là-haut [lao] adv ahí arriba

laid, e [le, led] adj feo(a)

laideur [ledœʀ] nf fealdad f

lainage [lɛnaʒ] nm prenda f de lana

laine [lɛn] nf lana f ● en laine de lana

laïque, laïc [laik] adj laico(ca)

laisse [lɛs] nf correa f ● tenir un chien en laisse llevar a un perro atado

laisser [lese] vt dejar ◇ v aux ● laisser qqn faire qqch dejar a alguien hacer algo ● laisser tomber (*objet*) dejar caer ; (*fig*) (*projet, personne*) dejar, abandonar ● laisse-moi t'aider déjame ayudarte ◆ se laisser vp ● se laisser aller abandonarse ● se laisser faire (*par lâcheté*) achicarse

lait [lɛ] nm leche f ● lait entier/demi-écrémé leche entera/semidesnatada ● lait démaquillant/de toilette leche desmaquilladora/limpiadora ● lait solaire leche bronceadora

laitage [lɛtaʒ] nm producto m lácteo

laitier [lɛtje] adj m ➤ **produit**

laiton [lɛtɔ̃] nm latón m

laitue [lɛty] nf lechuga f

lambeau, x [lãbo] *nm* jirón *m* ● **en lambeaux** hecho(cha) jirones

lambic [lãbik] *nm* (*Belg*) *cerveza elaborada con malta y trigo que fermenta de forma espontánea*

lambris [lãbri] *nm* friso *m*

lame [lam] *nf* **1.** (*plaque de métal*) lámina *f* **2.** (*de couteau, d'épée*) hoja *f* **3.** (*vague*) ola *f* ● **lame de rasoir** cuchilla *f* de afeitar

lamelle [lamɛl] *nf* **1.** loncha *f* **2.** (*de légume*) lámina *f*

lamentable [lamãtabl] *adj* lamentable

lamenter [lamãte] ◆ **se lamenter** *vp* lamentarse

lampadaire [lãpadɛʀ] *nm* **1.** lámpara *f* **2.** (*dans la rue*) farola *f*

lampe [lãp] *nf* lámpara *f* ● **lampe de chevet** lámpara de mesa ● **lampe de poche** linterna *f*

lance [lãs] *nf* lanza *f* ● **lance d'incendie** manguera *f*

lancée [lãse] *nf* ● **continuer sur sa lancée** continuar con su impulso

lancement [lãsmã] *nm* lanzamiento *m*

lance-pierres [lãspjɛʀ] *nm inv* tirachinas *m inv*

lancer [lãse] *vt* lanzar ◆ **se lancer** *vp* lanzarse ● **se lancer dans qqch** lanzarse en algo

landau [lãdo] *nm* cochecito *m* (*de bebé*)

lande [lãd] *nf* landa *f*

langage [lãgaʒ] *nm* lenguaje *m*

langer [lãʒe] *vt* poner pañales a

langouste [lãgust] *nf* langosta *f*

langoustine [lãgustin] *nf* cigala *f*

langue [lãg] *nf* lengua *f* ● **langue étrangère** lengua extranjera ● **langue ma-**ternelle/vivante lengua materna/viva ● **langue officielle** lengua oficial

langue-de-chat [lãgdəʃa] (*pl* langues-de-chat) *nf* lengua *f* de gato

languette [lãgɛt] *nf* lengüeta *f*

lanière [lanjɛʀ] *nf* correa *f*

lanterne [lãtɛʀn] *nf* farol *m*

lapin [lapɛ̃] *nm* conejo *m* ● **poser un lapin à qqn** (*fam*) dar plantón a alguien

laque [lak] *nf* laca *f*

laqué, e [lake] *adj* ➤ **canard**

laquelle ➤ **lequel**

lard [laʀ] *nm* tocino *m*

lardon [laʀdɔ̃] *nm* taco *m* de tocino

large [laʀʒ] *adj* **1.** ancho(cha) **2.** (*généreux*) espléndido(da) **3.** (*esprit*) abierto(ta) ◇ *nm* (*en mer*) ● **au large de** a la altura de ● **prendre le large** largarse ◇ *adv* ● **prévoir large** prever de sobra ● **ça fait 2 mètres de large** mide dos metros de anchura

largement [laʀʒəmã] *adv* de sobra ● **il y en a largement assez** hay de sobra

largeur [laʀʒœʀ] *nf* anchura *f*

larme [laʀm] *nf* lágrima *f* ● **être en larmes** estar llorando

lasagnes [lazaɲ] *nfpl* lasaña *f*

laser [lazeʀ] *nm* láser *m*

lasser [lase] *vt* hastiar ◆ **se lasser de** *vp + prep* hastiarse de

latéral, e, aux [lateʀal, o] *adj* lateral

latin [latɛ̃] *nm* latín *m*

latino-américain, e [latinoameʀikɛ̃, ɛn] (*mpl* latino-américains, *fpl* latino-américaines) *adj* latinoamericano(na) ◆ **Latino-Américain, e** *nm, f* latinoamericano *m*, -na *f*

latitude [latityd] *nf* latitud *f*

latte [lat] nf **1.** listón m **2.** (de sommier) lámina f

lauréat, e [lɔʁea, at] nm, f galardonado m, -da f

laurier [lɔʁje] nm laurel m

lavable [lavabl] adj lavable ● **lavable en machine** lavable a máquina

lavabo [lavabo] nm lavabo m

lavage [lavaʒ] nm lavado m

lavande [lavɑ̃d] nf lavanda f

lave-linge [lavliʒ] nm inv lavadora f

laver [lave] vt **1.** lavar **2.** (tache) limpiar ● **se laver** vp lavarse ● **se laver les mains/les dents** lavarse las manos/los dientes

laverie [lavʁi] nf ● **laverie (automatique)** lavandería f (automática)

lavette [lavɛt] nf bayeta f

lave-vaisselle [lavvɛsɛl] nm inv lavavajillas m inv

lavoir [lavwaʁ] nm lavadero m

laxatif [laksatif] nm laxante m

layette [lɛjɛt] nf canastilla f

LCD [ɛlsede] (abr de Liquid Crystal Display) nm LCD m

le, la, les [lə, la, le] art

1. (la) ● **le lac** el lago ● **la fenêtre** la ventana ● (homme) el hombre ● **les enfants** los niños ● **les filles** las niñas ● **nous sommes le 2 août** estamos a dos de agosto ● **le samedi** los sábados ● **le matin** (por) las mañanas ● **se laver les mains** lavarse las manos ● **elle a les yeux bleus** tiene los ojos azules **2.** (chaque) ● **les pommes sont à deux euros le kilo** las manzanas están a dos euros el kilo ● **c'est 40 euros la nuit** son 40 euros por noche

◇ pron

1. (représente une personne, une chose, un animal) lo (la) ● **regarde-le/regarde-la** míralo/mírala ● **laissez-les-nous** déjenoslos **2.** (reprend un mot, une phrase) lo ● **je l'avais entendu dire** eso ya lo había oído antes ● **je peux le croire** lo creo

lécher [leʃe] vt lamer

lèche-vitrines [lɛʃvitʁin] nm inv ● **faire du lèche-vitrines** ir de escaparates

leçon [ləsɔ̃] nf lección f

lecteur, trice [lɛktœʁ, tʁis] nm, f lector m, -ra f ● **lecteur** nm INFORM lector m ● **lecteur de cassettes** lector de casetes ● **lecteur laser** ou **(de) CD** lector láser ou de CD ● **lecteur (de) DVD** lector de DVD ● **lecteur de disquettes** disquetera f ● **lecteur MP3/WMA** lector de MP3/WMA

lecture [lɛktyʁ] nf lectura f

légal, e, aux [legal, o] adj legal

légende [leʒɑ̃d] nf leyenda f

léger, ère [leʒe, ɛʁ] adj **1.** ligero(ra) **2.** (café, infusion) flojo(ja) ● **à la légère** a la ligera

légèrement [leʒɛʁmɑ̃] adv ligeramente ● **être habillé légèrement** llevar poca ropa

légèreté [leʒɛʁte] nf ligereza f

légionellose [leʒjɔnɛloz] nf MÉD legionela f

législation [leʒislasjɔ̃] nf legislación f

légitime [leʒitim] adj legítimo(ma) ● **légitime défense** legítima defensa

léguer [lege] vt legar

légume [legym] nm verdura f ● **légumes verts** hortalizas fpl ● **légumes secs** legumbres fpl

lendemain [lɑ̃dmɛ̃] *nm* ● **le lendemain (de)** al día siguiente (de) ● **le lendemain matin** a la mañana siguiente

lent, e [lɑ̃, lɑ̃t] *adj* lento(ta)

lentement [lɑ̃tmɑ̃] *adv* lentamente

lenteur [lɑ̃tœʀ] *nf* lentitud *f*

lentille [lɑ̃tij] *nf* **1.** *(légume)* lenteja *f* **2.** *(verre de contact)* lentilla *f* ● **porter des lentilles** llevar lentillas

léopard [leɔpaʀ] *nm* leopardo *m*

lequel, laquelle [ləkɛl, lakɛl] *(mpl* **lesquels** [lekɛl], *fpl* **lesquelles** [lekɛl]) *pron* **1.** *(sujet)* el cual (la cual) **2.** *(complément)* el que (la que) **3.** *(interrogatif)* cuál ● **j'ai deux amis avec lesquels je m'entends très bien** tengo dos amigos con los que me llevo muy bien ● **lequel veux-tu ?** ¿cuál quieres? ● **l'homme auquel j'ai parlé** el hombre con el que he hablado ● **l'homme duquel on m'a parlé** el hombre del que me hablaron ● **les personnes auxquelles je pense** las personas en las que pienso

les [le] ➤ **le**

léser [leze] *vt* perjudicar

lésion [lezjɔ̃] *nf* lesión *f*

lesquelles ➤ **lequel**

lesquels ➤ **lequel**

lessive [lesiv] *nf* **1.** *(poudre, liquide)* detergente *m* **2.** *(linge)* colada *f* ● **faire la lessive** hacer la colada

lessiver [lesive] *vt* limpiar ● **être lessivé** *(fam)* estar hecho polvo

lettre [lɛtʀ] *nf* **1.** letra *f* **2.** *(courrier)* carta *f* ● **écrivez en toutes lettres** escriba la palabra completa ● **lettre de motivation/de recommandation** carta de motivación/de recomendación ● **un homme de lettres** un literato ● **j'ai fait lettres à la fac** estudié letras en la facu

Commencer une lettre

Une lettre commence généralement par *Querido/Querida*, c'est-à-dire Cher/Chère, si l'on écrit à un ami ou à un membre de sa famille. Dans la correspondance professionnelle ou officielle, on commencera par *Muy Sr. Mío/Muy Sra. Mía*, c'est-à-dire Monsieur/Madame, ou encore par *Muy Sres. Míos* si l'on ne connaît pas le sexe de la personne à laquelle on s'adresse. Attention, toutes ces formules devront être suivies de deux points – et non d'une virgule comme en français – et d'un retour à la ligne. Le corps de la lettre doit (ou devrait) être composé d'une introduction, d'un développement et d'une conclusion.

Clore une lettre

À la fin d'une lettre, il est d'usage d'utiliser une formule du type *Afectuosos saludos, Un abrazo, Un fuerte abrazo,* ou encore *Recibe un abrazo afectuoso,* lorsque l'on écrit à un ami ou à un proche. Mais si l'on désire se montrer plus affectueux, on pourra dire : *Con todo mi cariño, Vuestro sobrino que no os olvida, Un beso muy cariñoso, Besos, Besotes,* etc. Dans le cas de la correspondance administrative ou officielle, on utilisera une formule du type : *Reciba un cordial saludo*, *Le saluda atentamente*, *Cordialmente*, *Atentamente*, ou encore *Muy atentamente*. Toutes ces formules seront suivies d'une virgule. Après ces mentions, l'expéditeur devra apposer sa signature.

leucémie [løsemi] *nf* leucemia *f*

leur [lœr] *adj* ◇ *pron* les ● **ils ont vendu leur maison** han vendido su casa ● **je vais leur montrer le chemin** les voy a indicar el camino ● **tu devras le leur renvoyer** deberías devolvérselo ● **le leur, la leur** (*pl* **les leurs**) *pron* el suyo (la suya) ● **je préfère la leur** prefiero la suya ● **cet argent est le leur** este dinero es suyo

levant [ləvã] *adj m* ➤ **soleil**

levé, e [ləve] *adj* levantado(da)

levée [ləve] *nf* (*du courrier*) recogida *f*

lever [ləve] *vt* levantar ◇ *nm* ● **au lever al levantarse** ● **le lever du jour** el amanecer ● **le lever du soleil** la salida del sol ◆ **se lever** *vp* **1.** (*personne*) levantarse **2.** (*soleil*) salir **3.** (*jour*) amanecer

levier [ləvje] *nm* palanca *f* ● **levier de vitesse** palanca de cambios

lèvre [lɛvr] *nf* labio *m*

levure [ləvyr] *nf* levadura *f*

lexique [lɛksik] *nm* léxico *m*

lézard [lezar] *nm* lagarto *m*

lézarder [lezarde] ◆ **se lézarder** *vp* agrietarse

liaison [ljɛzɔ̃] *nf* **1.** enlace *m* **2.** (*amoureuse*) relación *f* ● **être en liaison avec** estar en relación con

liane [ljan] *nf* liana *f*

liasse [ljas] *nf* (*de billets*) fajo *m*

Liban [libã] *nm* ● **le Liban** Líbano *m*

libanais, e [libanɛ, ɛz] *adj* libanés(esa) ◆ **Libanais, e** *nm, f* libanés *m*, -esa *f*

libéral, e, aux [liberal, o] *adj* liberal

libération [liberasjɔ̃] *nf* liberación *f* ◆ **Libération** *nf* ● **la Libération** la Liberación (*de Francia*)

libérer [libere] *vt* liberar ◆ **se libérer** *vp* librarse ● **je vais essayer de me libérer pour venir** voy a intentar escaparme para venir

liberté [libɛrte] *nf* libertad *f* ● **en liberté** en libertad

libraire [librɛr] *nmf* librero *m*, -ra *f*

librairie [librɛri] *nf* librería *f*

libre [libr] *adj* libre ● **libre de faire qqch** libre de hacer algo

librement [librəmã] *adv* libremente

libre-service [librəsɛrvis] (*pl* **libres-services**) *nm* autoservicio *m*

Libye [libi] *nf* ● **la Libye** Libia *f*

libyen, enne [libjɛ̃, ɛn] *adj* libio(bia) ◆ **Libyen, enne** *nm, f* libio *m*, -bia *f*

licence [lisãs] *nf* **1.** (*permis*) permiso *m* **2.** (*diplôme*) diploma universitario que se obtiene después de los tres primeros años de carrera ≃ diplomatura *f* **3.** (*sportive*) ficha *f*

licenciement [lisãsimã] *nm* despido *m*

licencier [lisãsje] *vt* despedir ● **elle s'est fait licencier** la han despedido

liège [ljɛʒ] *nm* corcho *m*

liégeois [ljeʒwa] *adj m* ➤ **café, chocolat**

lien [ljɛ̃] *nm* **1.** (*ruban*) lazo *m* **2.** (*relation*) vínculo *m* **3.** INFORM ● **lien hypertexte** hipervínculo *m* ● **il n'y a aucun lien entre**

ces deux choses no hay ninguna relación entre estas dos cosas
lier [lje] vt **1.** (attacher) atar **2.** (par contrat) ligar **3.** (idées) enlazar ● **lier conversation avec qqn** entablar conversación con alguien ◆ **se lier** vp ● **se lier (d'amitié) avec qqn** trabar amistad con alguien
lierre [ljɛʀ] nm hiedra f
lieu, x [ljø] nm lugar m ● **avoir lieu** tener lugar ● **au lieu de** en lugar de
lièvre [ljɛvʀ] nm liebre f
ligne [liɲ] nf línea f ● **aller à la ligne** poner punto y aparte ● **être en ligne** estar conectado ● **garder la ligne** guardar la línea ● **se mettre en ligne** alinearse ▼ **grandes lignes** largo recorrido ● **dans les grandes lignes** (grosso modo) a grandes rasgos ● **ligne blanche** (sur la route) línea continua ● **ligne directe** línea directa ● **(en) ligne droite** (en) línea recta
ligoter [ligɔte] vt atar
lilas [lila] nm lila f
limace [limas] nf babosa f
limande [limɑ̃d] nf gallo m (pez)
lime [lim] nf lima f ● **lime à ongles** lima de uñas
limer [lime] vt limar
limitation [limitasjɔ̃] nf limitación f ● **limitation de vitesse** límite m de velocidad
limite [limit] nf límite m ◆ adj límite ● **à la limite** en el peor de los casos ● **sans limite** sin límite(s)
limiter [limite] vt limitar ◆ **se limiter à** vp + prep limitarse a
limonade [limɔnad] nf gaseosa f
limpide [lɛ̃pid] adj **1.** (eau) límpido(da) **2.** (raisonnement) claro(ra)
lin [lɛ̃] nm lino m

linge [lɛ̃ʒ] nm ropa f ● **linge de maison** ropa blanca ● **laver son linge** lavar la ropa
lingerie [lɛ̃ʒʀi] nf (sous-vêtements) lencería f
lingette [lɛ̃ʒɛt] nf toallita f ● **lingette démaquillante** toallita desmaquilladora ● **lingette antibactérienne** toallita antimicrobiana
lingot [lɛ̃go] nm ● **lingot (d'or)** lingote m (de oro)
lino(léum) [lino(leɔm)] nm linóleo m
lion [ljɔ̃] nm león m ● **Lion** nm Leo m
liqueur [likœʀ] nf licor m
liquidation [likidasjɔ̃] nf ▼ **liquidation totale** liquidación f total
liquide [likid] adj líquido(da) ◇ nm líquido m ● **(argent) liquide** dinero m en efectivo ● **payer en liquide** pagar en efectivo ● **liquide de frein** líquido de frenos ● **liquide vaisselle** lavavajillas m inv
liquider [likide] vt (vendre) liquidar
lire [liʀ] vt & vi leer
Lisbonne [lisbɔn] n Lisboa
lisible [lizibl] adj legible
lisière [lizjɛʀ] nf (d'une forêt) linde m
lisse [lis] adj liso(sa)
liste [list] nf lista f ● **liste d'attente** lista de espera ● **liste déroulante** lista desplegable ● **liste de mariage** lista de boda ● **(être sur) liste rouge** (estar en) la lista de números secretos
lit [li] nm **1.** cama f **2.** (d'une rivière) lecho m ● **aller au lit** ir a la cama ● **lit de camp** catre m ● **lit double** ou **grand lit** cama de matrimonio ● **lit simple** ou **lit à une place** ou **petit lit** cama individual ● **lits ju-**

meaux camas gemelas • **lits superposés** literas *fpl*

litchi [litʃi] *nm* litchi *m*

literie [litʀi] *nf* todo lo relativo a la cama (somier, colchón, ropa etc)

litière [litjɛʀ] *nf* (pour chat) lecho *m* para gatos

litige [litiʒ] *nm* litigio *m*

litre [litʀ] *nm* litro *m*

littéraire [literɛʀ] *adj* literario(ria)

littérature [literatyʀ] *nf* literatura *f*

littoral, aux [litɔʀal, o] *nm* litoral *m*

livide [livid] *adj* lívido(da)

living(-room), s [liviŋ(ʀum)] *nm* cuarto *m* de estar

livraison [livʀɛzɔ̃] *nf* entrega *f* • **livraison à domicile** reparto *m* a domicilio ▼ **livraison des bagages** recogida de equipajes

¹**livre** [livʀ] *nm* libro *m* • **livre de français** libro de francés • **livre de poche** libro de bolsillo • **livre électronique** libro electrónico

²**livre** [livʀ] *nf* (demi-kilo) medio kilo *m* • **livre (sterling)** libra *f* (esterlina)

livrer [livʀe] *vt* entregar • **vous livrez à domicile ?** ¿reparten a domicilio?

livret [livʀɛ] *nm* libreta *f* • **livret (de caisse) d'épargne** libreta (de caja) de ahorros • **livret de famille** libro *m* de familia • **livret scolaire** libro de escolaridad

livreur, euse [livʀœʀ, øz] *nm, f* reparti-/ffff m, rof

local, e, aux [lɔkal, o] *adj* local • **local** *nm* local *m* • **dans les locaux** en los locales

locataire [lɔkatɛʀ] *nmf* inquilino *m*, -na *f*

location [lɔkasjɔ̃] *nf* **1.** alquiler *m* **2.** (d'un billet) venta *f* **3.** (logement) casa *f* de alquiler ▼ **location de voitures** alquiler de coches

locomotive [lɔkɔmɔtiv] *nf* locomotora *f*

loge [lɔʒ] *nf* **1.** (de concierge) portería *f* **2.** (d'acteur) camerino *m*

logement [lɔʒmɑ̃] *nm* **1.** vivienda *f* **2.** (hébergement) alojamiento *m* • **le logement** (secteur) la vivienda

loger [lɔʒe] *vt* alojar ◆ *vi* vivir

logger [lɔʒe] ◆ **se logger** *vp* INFORM entrar, abrir una sesión

logiciel [lɔʒisjɛl] *nm* programa *m*, software *m* • **logiciel de navigation** explorador *m*

login [lɔgin] *nm* INFORM nombre *m* de usuario

logique [lɔʒik] *adj* lógico(ca) ◆ *nf* lógica *f*

logiquement [lɔʒikmɑ̃] *adv* lógicamente

logo [lɔgo] *nm* logotipo *m*

loi [lwa] *nf* ley *f* • **interdit par la loi** legalmente prohibido • **la loi de l'offre et de la demande** la ley de la oferta y la demanda

loin [lwɛ̃] *adv* lejos • **au loin** a lo lejos • **de loin** de lejos ; (fig) (nettement) con diferencia • **loin de** (dans l'espace) lejos de • **loin de là** (fig) ni mucho menos

lointain, e [lwɛ̃tɛ̃, ɛn] *adj* lejano(na)

Loire [lwaʀ] *nf* • **la Loire** (fleuve) el Loira • **les châteaux de la Loire** los castillos del Loira

loisirs [lwaziʀ] *nmpl* **1.** (temps libre) tiempo *m* libre **2.** (activités) ocio *m*

Londres [lɔ̃dʀ] *n* Londres

long, longue [lɔ̃, lɔ̃g] *adj* largo(ga) ● **la pièce fait 10 mètres de long** la habitación tiene diez metros de largo ● **le long de a lo largo de** ● **de long en large** a lo largo y a lo ancho ● **à la longue** a la larga

longeole [lɔ̃ʒɔl] *nf* salchicha ahumada típica de la región de Ginebra en Suiza

longer [lɔ̃ʒe] *vt* bordear ● **longez la rivière sur 500 mètres** bordeen el río a lo largo de 500 metros

longitude [lɔ̃ʒityd] *nf* longitud *f*

longtemps [lɔ̃tɑ̃] *adv* mucho tiempo ● **depuis longtemps** desde hace mucho (tiempo) ● **il y a longtemps que...** hace mucho (tiempo) que... ● **j'ai longtemps cru que...** durante mucho tiempo creí que... ● **il ne faut pas longtemps pour...** no hace falta mucho (tiempo) para...

longue ➤ **long**

longuement [lɔ̃gmɑ̃] *adv* mucho tiempo

longueur [lɔ̃gœr] *nf* **1.** *(d'une route)* longitud *f* **2.** *(d'une table)* largo *m* **3.** *(d'un voyage, d'un discours)* duración *f* ● **à longueur de** a lo largo de ● **longueur d'onde** longitud de onda

longue-vue [lɔ̃gvy] *(pl* longues-vues*) nf* catalejo *m*

loquet [lɔkɛ] *nm* picaporte *m*

lorraine [lɔrɛn] *adj f* ➤ **quiche**

lors [lɔr] ● **lors de** *prép* durante

lorsque [lɔrskə] *conj* cuando

losange [lɔzɑ̃ʒ] *nm* rombo *m*

lot [lo] *nm* **1.** *(de loterie)* premio *m* **2.** *COMM (en offre spéciale)* lote *m* ● **(gagner) le gros lot** (ganar) el gordo

loterie [lɔtri] *nf* lotería *f*

lotion [lɔsjɔ̃] *nf* loción *f* ● **lotion après-rasage** loción para después del afeitado

lotissement [lɔtismɑ̃] *nm* urbanización *f*

loto [lɔto] *nm (national)* ≃ lotería *f* primitiva ● **le loto sportif** ≃ las quinielas

lotte [lɔt] *nf* rape *m* ● **lotte à l'américaine** rape a la americana

louche [luʃ] *adj* sospechoso(sa) ◇ *nf* cucharón *m*

loucher [luʃe] *vi* bizquear

louer [lwe] *vt* alquilar ▼ **à louer** se alquila

loup [lu] *nm (animal)* lobo *m*

loupe [lup] *nf* lupa *f*

louper [lupe] *vt (fam)* **1.** *(examen)* catear **2.** *(train)* perder

lourd, e [lur, lurd] *adj* **1.** pesado(da) **2.** *(dépense)* importante **3.** *(erreur)* grave ◆ **lourd** *adv* ● **peser lourd** pesar mucho

lourdement [lurdəmɑ̃] *adv* pesadamente ● **il se trompe lourdement** está muy equivocado

lourdeur [lurdœr] *nf* ● **avoir des lourdeurs d'estomac** tener pesadez de estómago

Louvre [luvr] *nm* ● **le Louvre** el Louvre

Le Louvre

Este museo nacional alberga una de las colecciones de arte más ricas del mundo. Está dividido en varios departamentos (antigüedades orientales, antigüedades griegas, etruscas y romanas, pintura, escultura, etc.). Parte del Palacio del Louvre se abrió por primera vez al público como museo en 1793, durante la Revolución. En

1999 terminó la rehabilitación integral de los alrededores de lo que hoy se denomina el *Grand Louvre*. Desde entonces se accede al museo por una gran pirámide de cristal. En él se puede contemplar la famosísima *Gioconda*.

loyal, e, aux [lwajal, o] *adj* leal

loyauté [lwajote] *nf* lealtad *f*

loyer [lwaje] *nm* alquiler *m* ● **payer son loyer** pagar el alquiler

lu, e [ly] *pp* ➤ **lire**

lubrifiant [lybʀifjɑ̃] *nm* lubricante *m*

lucarne [lykaʀn] *nf* tragaluz *m*

lucide [lysid] *adj* lúcido(da)

lueur [lɥœʀ] *nf* 1. *(lumière)* luz *f* 2. *(dans le regard)* chispa *f* ● **une lueur d'espoir** un atisbo de esperanza

luge [lyʒ] *nf* trineo *m* ● **faire de la luge** hacer trineo

lugubre [lygybʀ] *adj* lúgubre

¹**lui** [lɥi] *pron*

1. *él* ● **j'en ai moins que lui** tengo menos que él ● **et lui, qu'est ce qu'il en pense?** y él, ¿qué piensa de eso? ● **c'est lui qui nous a renseignés** fue él quien nos informó ● **c'est lui-même qui l'a dit** él mismo lo ha dicho ● **il se contredit lui-même** se contradice a sí mismo

2. *(complément d'objet indirect)* le ● **dites-le lui tout de suite** dígaselo inmediatamente ● **je lui ai serré la main** le estreché la mano

²**lui** [lɥi] *pp* ➤ **luire**

luire [lɥiʀ] *vi* lucir

luisant, e [lɥizɑ̃, ɑ̃t] *adj* reluciente ➤ ver

lumière [lymjɛʀ] *nf* luz *f*

luminaire [lyminɛʀ] *nm* lámpara *f*

lumineux, euse [lyminø, øz] *adj* luminoso(sa)

lunatique [lynatik] *adj* lunático(ca)

lunch [lœnʃ] *(pl* lunchs OU lunches*)* *nm* lunch *m*

lundi [lœdi] *nm* lunes *m* ● **nous sommes lundi** estamos a oU hoy es lunes ● **lundi 13 septembre** lunes 13 de septiembre ● **nous sommes partis lundi** nos fuimos el lunes ● **lundi dernier** el lunes pasado ● **lundi prochain** el lunes próximo ou que viene ● **lundi matin** el lunes por la mañana ● **le lundi** los lunes ● **à lundi !** ¡hasta el lunes!

lune [lyn] *nf* luna *f* ● **lune de miel** luna de miel ● **pleine lune** luna llena

lunette [lynɛt] *nf* anteojo *m* ● **lunette arrière** luneta *f* trasera ● **lunettes** *nfpl* gafas *fpl* ● **lunettes de soleil** gafas de sol ● **lunettes de vue** gafas graduadas

lustre [lystʀ] *nm (lampe)* araña *f*

lutte [lyt] *nf* lucha *f*

lutter [lyte] *vi* luchar ● **lutter contre** luchar contra

luxation [lyksasjɔ̃] *nf* luxación *f*

luxe [lyks] *nm* lujo *m* ● **de (grand) luxe** de (gran) lujo

Luxembourg [lyksɑ̃buʀ] *nm* ● **le Luxembourg** Luxemburgo *m*

Luxembourgeois, e [lyksɑ̃buʀʒwa, az] *nm, f* luxemburgués *m*, -esa *f*

luxueux, euse [lyksɥø, øz] *adj* lujoso(sa)

lycée [lise] *nm* instituto *m* ● **lycée professionnel** instituto de formación profesional

Le lycée

Establecimiento escolar de segundo ciclo de enseñanza secundaria destinado a alumnos de entre 15 y 18 años. El *lycée* incluye los cursos de *seconde*, *première* y *terminale*. Según hayan escogido la rama general, técnica o profesional, los alumnos prepararán su *bac* en un *lycée* de enseñanza general y técnica o en un *lycée* profesional (ver también *baccalauréat*).

lycéen, enne [liseɛ̃, ɛn] *nm, f* alumno *m*, -na *f (de instituto)*

Lycra ® [likʀa] *nm* lycra *f*

Lyon [ljɔ̃] *n* Lyon

m M

m *(abr écrite de mètre)* m *(metro)*

M. *(abr écrite de Monsieur)* Sr. *(señor)*

m' ➤ me

ma ➤ mon

macadam [makadam] *nm* macadán *m*

macaron [makaʀɔ̃] *nm (gâteau)* macarrón *m*

macaronis [makaʀɔni] *nmpl* macarrones *mpl*

macédoine [masedwan] *nf* ● macédoine (de légumes) macedonia *f* ● macédoine de fruits macedonia *f*

Macédoine [masedwan] *nf* ● la Macédoine Macedonia *f*

macédonien, enne [masedɔnjɛ̃, ɛn] *adj* macedonio(nia) ◆ **macédonien** *nm (langue)* macedonio *m* ◆ **Macédonien, enne** *nm, f* macedonio *m*, -nia *f*

macérer [maseʀe] *vi* macerar

mâcher [maʃe] *vt* masticar

machin [maʃɛ̃] *nm (fam)* chisme *m*

machinal, e, aux [maʃinal, o] *adj* maquinal

machine [maʃin] *nf* máquina *f* ● machine à coudre máquina de coser ● machine à laver lavadora *f* ● machine à sous tragaperras *f inv*

mâchoire [maʃwaʀ] *nf* mandíbula *f*

maçon [masɔ̃] *nm* albañil *m*

macro [makʀo] *nf INFORM* macro *f*

madame [madam] *(pl* mesdames [medam]*)* *nf* ● madame X la señora X ● bonjour madame/mesdames ! ¡buenos días señora/señoras! ▼ Madame, *(dans une lettre)* Señora: ● Madame ! *(pour appeler le professeur)* ¡Señorita!

madeleine [madlɛn] *nf* magdalena *f*

mademoiselle [madmwazɛl] *(pl* mesdemoiselles [medmwazɛl]*)* *nf* ● mademoiselle X la señorita X ● bonjour mademoiselle/mesdemoiselles ! ¡buenos días señorita/señoritas! ▼ Mademoiselle, *(dans une lettre)* Señorita: ● Mademoiselle ! *(pour appeler le professeur)* ¡Señorita!

madère [madɛʀ] *nm* ➤ sauce

Madrid [madʀid] *n* Madrid

madrilène [madʀilɛn] *adj* madrileño(ña) ◆ **Madrilène** *nmf* madrileño *m*, -ña *f*

maf(f)ia [mafja] *nf* mafia *f* ● **la Maf(f)ia** la Mafia

magasin [magazɛ̃] *nm* tienda *f* ● **en magasin** *(réserve)* en almacén ● **vendu en magasin** vendido en tiendas ● **les grands magasins** los grandes almacenes

magasiner [magazine] *(Québec) vi* ir de tiendas ou de compras ◇ *vt* negociar, regatear

magazine [magazin] *nm* revista *f*

Maghreb [magrɛb] *nm* ● **le Maghreb** el Magreb

Maghrébin, e [magrebɛ̃, in] *nm, f* magrebí *mf*

magicien, enne [maʒisjɛ̃, ɛn] *nm, f* mago *m, -ga f*

magie [maʒi] *nf* magia *f* ● **magie noire** magia negra

magique [maʒik] *adj* mágico(ca)

magistrat [maʒistra] *nm* magistrado *m*

magnésium [maɲezjɔm] *nm* magnesio *m*

magnétique [maɲetik] *adj* magnético(ca)

magnétoscope [maɲetɔskɔp] *nm* vídeo *m*

magnifique [maɲifik] *adj* magnífico(ca)

magret [magrɛ] *nm* ● **magret (de canard)** magret *m* de pato

mai [mɛ] *nm* mayo *m* ● **le premier mai** el uno de mayo ● **en mai** ou **au mois de mai** en (el mes de) mayo ● **début mai** a principios de mayo ● **fin mai** a finales de mayo ● **le deux mai** el dos de mayo

maigre [mɛgr] *adj* **1.** *(personne)* flaco(ca) **2.** *(viande)* magro(gra) **3.** *(yaourt)* bajo(ja) en grasas

maigrir [mɛgrir] *vi* adelgazar

mail [mɛl] *nm INFORM* correo *m* electrónico ● **avoir un mail** tener una dirección de correo electrónico ● **donner son mail à qqn** dar la dirección de correo electrónico a alguien

mailing [melɪŋ] *nf INFORM* ● **liste de mailing** lista *f* de correo

maille [maj] *nf* **1.** *(d'un tricot)* punto *m* **2.** *(d'un filet)* malla *f*

maillon [majɔ̃] *nm* eslabón *m*

maillot [majo] *nm* **1.** *(de foot)* camiseta *f* **2.** *(de danse)* maillot *m* ● **maillot de bain** bañador *m* ● **maillot une pièce** bañador de una pieza ● **maillot deux pièces** bikini *m* ● **maillot jaune** *(du Tour de France)* maillot amarillo

main [mɛ̃] *nf* mano *f* ● **fait (à la)** main hecho a mano ● **prendre qqch en main** coger las riendas de algo ● **se donner la main** darse la mano ● **serrer la main à qqn** estrechar la mano a alguien

main-d'œuvre [mɛ̃dœvr] *(pl* mains-d'œuvre) *nf* mano *f* de obra

maintenant [mɛ̃tnɑ̃] *adv* ahora

maintenir [mɛ̃tnir] *vt* mantener

maintenu, e [mɛ̃tny] *pp* ➤ **maintenir**

maire [mɛr] *nm* alcalde *m*, -desa *f*

mairie [meri] *nf (bâtiment)* ayuntamiento *m*

mais [mɛ] *conj* pero ● **mais non !** ¡claro que no!

maïs [mais] *nm* maíz *m*

maison [mɛzɔ̃] *nf* casa *f* ◇ *adj inv* casero(ra) ● **à la maison** en casa ● **maison de campagne** casa de campo ● **Maison des Jeunes et de la Culture** centro cultural para jóvenes

maître, maîtresse [mɛtʁ, mɛtʁɛs] *nm, f* dueño *m*, -ña *f* ● **maître (d'école)** maestro *m*, -tra *f* ● **maître d'hôtel** jefe *m* de comedor ● **maître nageur** profesor *m* de natación

maîtresse [mɛtʁɛs] *nf (amante)* amante *f* ▶ **maître**

maîtrise [mɛtʁiz] *nf (diplôme)* diploma obtenido al final del segundo ciclo universitario

maîtriser [mɛtʁize] *vt* **1.** controlar **2.** *(sujet)* dominar

majestueux, euse [maʒɛstɥø, øz] *adj* majestuoso(sa)

majeur, e [maʒœʁ] *adj* **1.** *(adulte)* mayor de edad **2.** *(principal)* principal ● **la majeure partie (de)** la mayor parte (de) ♦ **majeur** *nm* (dedo) corazón *m*

majoration [maʒɔʁasjɔ̃] *nf* recargo *m*

majorette [maʒɔʁɛt] *nf* majorette *f*

majorité [maʒɔʁite] *nf* **1.** *(âge)* mayoría *f* de edad **2.** *(plus grand nombre)* mayoría *f* ● **en majorité** en su mayoría ● **la majorité de** la mayoría de la

Majorque [maʒɔʁk] *n* Mallorca *f*

majuscule [maʒyskyl] *nf* mayúscula *f* ● **écrire en majuscules** escribir en mayúsculas

mal [mal] *(pl* **maux** [mo]*) nm* mal *m* ◇ *adv* mal ● **j'ai très mal** me duele mucho ● **avoir mal au cœur** tener mareo ● **avoir mal aux dents** tener dolor de muelas ● **avoir mal au dos** tener dolor de espalda ● **avoir mal à la tête** tener dolor de cabeza ● **avoir mal au ventre** tener dolor de estómago ● **ça fait mal** eso duele ● **faire mal à** hacer daño a ● **se faire mal** hacerse daño ● **se donner du mal pour** faire qqch

esforzarse por hacer algo ● **mal de mer** mareo *m* ● **maux de tête** dolores *mpl* de cabeza ● **pas mal** *(fam)* no está mal ● **pas mal de** *(fam)* bastante ● **mal à l'aise** *loc adj* ● **être/se sentir mal à l'aise** estar/sentirse incómodo, no estar/no sentirse a gusto

malade [malad] *adj* **1.** enfermo(ma) **2.** *(sur un bateau)* mareado(da) ◇ *nmf* enfermo *m*, -ma *f* ● **être malade** estar enfermo(ma) ● **malade mental** enfermo mental

maladie [maladi] *nf* enfermedad *f* ● **maladie contagieuse** enfermedad contagiosa ● **maladie héréditaire** enfermedad hereditaria ● **maladie sexuellement transmissible** enfermedad de transmisión sexual ● **maladie d'Alzheimer** enfermedad de Alzheimer ● **maladie de Creutzfeldt-Jakob** enfermedad de Creutzfeldt-Jakob ● **maladie de Parkinson** enfermedad de Parkinson ● **maladie de la vache folle** enfermedad de las vacas locas

maladresse [maladʁɛs] *nf* torpeza *f*

maladroit, e [maladʁwa, at] *adj* torpe

malais, e [malɛ, ɛz] *adj* malayo(ya) ● **malais** *(langue)* malayo *m* ♦ **Malais, e** *nm, f* malayo *m*, -ya *f*

malaise [malɛz] *nm* malestar *m* ● **avoir un malaise** marearse

Malaisie [malɛzi] *nf* ● **la Malaisie** Malasia *f*

malaxer [malakse] *vt* amasar

malbouffe [malbuf] *nf* comida *f* basura

malchance [malʃɑ̃s] *nf* mala suerte *f*

mâle [mal] *adj* macho ◇ *nm* macho *m*

malentendu [malɑ̃tɑ̃dy] *nm* malentendido *m*

malfaiteur [malfɛtœr] *nm* malhechor *m*, -ra *f*

malfamé, e [malfame] *adj* de mala fama

malformation [malfɔrmasjɔ̃] *nf* malformación *f*

malgré [malgre] *prép* a pesar de ● **malgré tout** a pesar de todo

malheur [malœr] *nm* desgracia *f*

malheureusement [malœrøzmɑ̃] *adv* desgraciadamente

malheureux, euse [malœrø, øz] *adj* desgraciado(da)

malhonnête [malɔnɛt] *adj* deshonesto(ta)

Mali [mali] *nm* ● **le Mali** Malí *m*

malicieux, euse [malisjø, øz] *adj* malicioso(sa)

malin, igne [malɛ̃, iɲ] *adj* (habile, intelligent) listo(ta)

malle [mal] *nf* baúl *m*

mallette [malɛt] *nf* maletín *m*

malmener [malmøne] *vt* maltratar

malnutrition [malnytrisjɔ̃] *nf* desnutrición *f*

Malouines [malwin] *nfpl* ● **les (îles) Malouines** las (islas) Malvinas

malpoli, e [malpoli] *adj* maleducado(da)

malsain, e [malsɛ̃, ɛn] *adj* malsano(na)

maltraiter [maltrete] *vt* maltratar

malveillant, e [malvɛjɑ̃, ɑ̃t] *adj* malévolo(la)

maman [mamɑ̃] *nf* mamá *f*

mamie [mami] *nf* abuelita *f*

mammifère [mamifɛr] *nm* mamífero *m*

manager [manadʒœr] *nm* mánager *m*

manche [mɑ̃ʃ] *nf* manga *f* ◇ *nm* **1.** (d'outil) mango *m* **2.** (de guitare) mástil *m* ● **à manches courtes/longues** de manga corta/larga

Manche [mɑ̃ʃ] *nf* ● **la Manche** la Mancha

manchette [mɑ̃ʃɛt] *nf* (manche) puño *m* ● **boutons de manchette** gemelos *mpl*

mandarine [mɑ̃darin] *nf* mandarina *f*

mandat [mɑ̃da] *nm* (postal) giro *m*

manège [manɛʒ] *nm* **1.** (attraction) tiovivo *m* **2.** (d'équitation) picadero *m*

manette [manɛt] *nf* palanca *f* ● **manette de jeux** palanca de juego

manga [mɑ̃ga] *nm* manga *f*

mangeoire [mɑ̃ʒwar] *nf* comedero *m*

manger [mɑ̃ʒe] *vt & vi* comer ● **donner à manger à qqn** dar de comer a alguien ● **manger au restaurant** comer en el restaurante ● **manger un morceau** comer un bocado

mangue [mɑ̃g] *nf* mango *m*

maniable [manjabl] *adj* manejable

maniaque [manjak] *adj* (méticuleux à l'excès) maniático(ca) ◇ *nmf* maníaco(ca)

● **maniaque sexuel** maníaco sexual

manie [mani] *nf* manía *f*

manier [manje] *vt* manejar

manière [manjɛr] *nf* manera *f* ● **de manière à fin de** ● **de toute manière de** todas maneras ● **manières** *nfpl* (attitude) modales *mpl* ● **faire des manières** andar con remilgos

maniéré, e [manjere] *adj* amanerado(da)

manif [manif] (abr de manifestation) *nf* (fam) mani *f*

manifestant, e [manifɛstɑ̃, ɑ̃t] *nm, f* manifestante *mf*

manifestation [manifestasjɔ̃] *nf* manifestación *f*

manifester [manifeste] *vt* manifestar ◇ *vi* manifestarse ◆ **se manifester** *vp* manifestarse

manigancer [manigɑ̃se] *vt* tramar

manipulation [manipylasjɔ̃] *nf* manipulación *f*

manipuler [manipyle] *vt* manipular

manivelle [manivɛl] *nf* manivela *f*

mannequin [mankɛ̃] *nm* **1.** modelo *mf* **2.** (*de vitrine*) maniquí *m*

manœuvre [manœvʀ] *nf* maniobra *f*

manœuvrer [manœvʀe] *vt* manejar ◇ *vi* maniobrar

manoir [manwaʀ] *nm* mansión *f*

manquant, e [mɑ̃kɑ̃, ɑ̃t] *adj* ● **la pièce manquante** la pieza que falta ● **les objets manquants** los objetos que faltan

manque [mɑ̃k] *nm* ● **le manque de la falta de** ● **un manque de sérieux** falta de seriedad ● **être en manque** (*toxicomane*) tener el mono

manquer [mɑ̃ke] *vt* **1.** (*train, occasion*) perder **2.** (*cible*) fallar ◇ *vi* **1.** (*échouer*) fallar **2.** (*être absent*) faltar ● **elle nous manque** la echamos de menos ● **il me manque dix euros** me faltan diez euros ● **manquer de qqch** (*n'avoir pas assez de*) carecer de algo ● **il a manqué (de) se faire écraser** por poco lo atropellan

mansardé, e [mɑ̃saʀde] *adj* abuhardillado(da)

manteau, x [mɑ̃to] *nm* (*vêtement*) abrigo *m*

manucure [manykyʀ] *nmf* manicuro *m*, -ra *f*

manuel [manɥel] *nm* manual *m*

manuscrit [manyskʀi] *nm* manuscrito *m*

mappemonde [mapmɔ̃d] *nf* **1.** (*carte*) mapamundi *m* **2.** (*globe*) globo *m* terráqueo

maquereau, x [makʀo] *nm* caballa *f*

maquette [makɛt] *nf* maqueta *f*

maquillage [makijaʒ] *nm* maquillaje *m*

maquiller [makije] ◆ **se maquiller** *vp* maquillarse

marais [maʀɛ] *nm* pantano *m*

Le Marais

Este barrio del distrito cuarto de París, se sitúa entre la plaza de la Bastilla y el Ayuntamiento. Constituye el centro histórico de la capital, conocido por el gran número de palacetes denominados *hôtels particuliers*. Los más prestigiosos se hallan alrededor de la Place des Vosges. Es el lugar donde reside gran parte de la comunidad judía y gay.

marathon [maʀatɔ̃] *nm* maratón *m ou f*

marbre [maʀbʀ] *nm* mármol *m*

marbré, e [maʀbʀe] *adj* jaspeado(da) ➤ **gâteau**

marchand, e [maʀʃɑ̃, ɑ̃d] *nm, f* vendedor *m*, -ra *f* ● **marchand ambulant** vendedor ambulante ● **chez le marchand de fruits et légumes** ou **de primeurs** en la frutería ● **marchand de journaux** vendedor de periódicos

marchander [maʀʃɑ̃de] *vi* regatear

marchandise [maʀʃɑ̃diz] *nf* mercancía *f*

marche [maʁʃ] nf **1.** marcha f **2.** (d'escalier) escalón m **3.** (fonctionnement) funcionamiento m ● **bouton marche** botón m de encendido ● **faire de la marche** hacer caminatas ● **marche silencieuse** marcha silenciosa ● **à une heure de marche** a una hora andando ● **en marche** en marcha ● **marche arrière** marcha atrás

marché [maʁʃe] nm **1.** mercado m **2.** (contrat) trato m ● **faire son marché** hacer la compra ● **bon marché** barato(ta) ● **par-dessus le marché** para colmo ● **marché couvert** mercado cubierto ● **marché aux puces** rastro m ● **conclure un marché** cerrar un trato ● **marchés financiers** mercados financieros

marchepied [maʁʃapje] nm estribo m

marcher [maʁʃe] vi **1.** (à pied) andar **2.** (fonctionner) funcionar ● **faire marcher qqch** hacer funcionar algo ● **faire marcher qqn** (fam) tomar el pelo a alguien

mardi [maʁdi] nm martes m ● **mardi gras** martes de carnaval ● **nous sommes mardi** estamos a ou hoy es martes ● **mardi 13 septembre** martes 13 de septiembre ● **nous sommes partis mardi** nos fuimos el martes ● **mardi dernier** el martes pasado ● **mardi prochain** el martes próximo ou que viene ● **mardi matin** el martes por la mañana ● **le mardi** los martes ● **à mardi !** ¡hasta el martes!

mare [maʁ] nf charca f

marécage [maʁekaʒ] nm ciénaga f

marée [maʁe] nf marea f ● **(à) marée basse/haute** (con) marea baja/alta

margarine [maʁgaʁin] nf margarina f

marge [maʁʒ] nf margen m ● **il n'est que 8 heures, nous avons de la marge** sólo son las ocho, tenemos tiempo

marginal, e, aux [maʁʒinal, o] nm, f marginado m, -da f

marguerite [maʁgəʁit] nf margarita f

mari [maʁi] nm marido m

mariage [maʁjaʒ] nm **1.** (noce) boda f **2.** (institution) matrimonio m

marianne [maʁjan] n personificación de la República Francesa

marié, e [maʁje] adj casado(da) ⋄ nm, f novio m, -via f ● **jeunes mariés** recién casados

marier [maʁje] ◆ **se marier** vp casarse

marin, e [maʁɛ̃, in] adj marino(na) ◆ **marin** nm marino m, marinero m

marine [maʁin] adj inv ● **bleu marine** azul marino ⋄ nm marino m ⋄ nf marina f

mariner [maʁine] vi marinar

marinière [maʁinjɛʁ] nf ➤ **moule**[2]

marionnette [maʁjɔnet] nf marioneta f

maritime [maʁitim] adj marítimo(ma)

marketing [maʁketiŋ] nm marketing m

marmelade [maʁməlad] nf mermelada f

marmite [maʁmit] nf olla f

marmonner [maʁmɔne] vt refunfuñar

Maroc [maʁɔk] nm ● **le Maroc** Marruecos m

marocain, e [maʁɔkɛ̃, ɛn] adj marroquí ◆ **Marocain, e** nm, f marroquí mf

maroquinerie [maʁɔkinʁi] nf marroquinería f

marque [maʁk] nf **1.** marca f **2.** (nombre de points) resultado m ● **un vêtement de marque** ropa f de marca

marqué, e [maʁke] adj marcado(da)

marquer [maʀke] vt 1. marcar 2. *(écrire)* apuntar ◇ vi *(stylo)* marcar

marqueur [maʀkœʀ] nm rotulador m de punta gruesa

marquis, e [maʀki, iz] nm, f marqués m, -esa f

marraine [maʀɛn] nf madrina f

marrant, e [maʀɑ̃, ɑ̃t] adj *(fam)* gracioso(sa)

marre [maʀ] adv ● en avoir marre (de) *(fam)* estar harto(ta) (de)

marrer [maʀe] ◆ se marrer vp 1. *(fam)* *(s'amuser)* pasarlo pipa 2. *(rigoler)* desternillarse

marron [maʀɔ̃] adj inv marrón ◇ nm 1. *(fruit)* castaña f 2. *(couleur)* marrón m ● marron glacé marrón glacé

marronnier [maʀɔnje] nm castaño m

mars [maʀs] nm marzo m ● en mars ou au mois de mars en (el mes de) marzo ● début mars a principios de marzo ● fin mars a finales de marzo ● le deux mars el dos de marzo

Marseille [maʀsɛj] n Marsella

marteau, x [maʀto] nm martillo m ● marteau piqueur martillo neumático

martiniquais, e [maʀtinike, ɛz] adj martiniqués(esa) ◆ **Martiniquais, e** nm, f martiniqués m, -esa f

Martinique [maʀtinik] nf ● la Martinique Martinica f

martyr, e [maʀtiʀ] adj maltratado(da) ◇ nm, f mártir mf

martyre [maʀtiʀ] nm martirio m ● souffrir le martyre sufrir atrozmente

martyriser [maʀtiʀize] vt martirizar

mascara [maskaʀa] nm rímel m

mascotte [maskɔt] nf mascota f

masculin, e [maskylɛ̃, in] adj masculino(na) ◆ **masculin** nm masculino m

masque [mask] nm máscara f

masquer [maske] vt *(cacher à la vue)* tapar

massacre [masakʀ] nm masacre f

massacrer [masakʀe] vt 1. masacrar 2. *(fig)* destrozar

massage [masaʒ] nm masaje m

masse [mas] nf 1. masa f 2. *(outil)* mazo m ● une masse ou des masses de un montón ou montones de ● une arrivée en masse una llegada masiva ● de masse *(tourisme, consommation)* masivo(va)

masser [mase] vt dar un masaje a

masseur, euse [masœʀ, øz] nm, f masajista mf

massif, ive [masif, iv] adj macizo(za) ◆ **massif** nm macizo m ● le Massif central el macizo central francés

massivement [masivmɑ̃] adv masivamente

massue [masy] nf maza f

mastic [mastik] nm masilla f

mastiquer [mastike] vt masticar

mat, e [mat] adj mate ◇ adj m inv *(aux échecs)* mate

mât [ma] nm mástil m

match [matʃ] *(pl* matchs *ou* matches*)* nm partido m ● faire match nul empatar a cero ● match aller/retour partido de ida/de vuelta

matelas [matla] nm colchón m ● matelas pneumatique colchoneta f hinchable

matelassé, e [matlase] adj acolchado(da) ● enveloppe matelassée sobre m acolchado

mater [mate] *vt* **1.** *(révolte)* reprimir **2.** *(personne)* dominar

matérialiser [materjalize] ◆ **se matérialiser** *vp* materializarse

matériaux [materjo] *nmpl* materiales *mpl*

matériel, elle [materjɛl] *adj* material ◆ **matériel** *nm* **1.** equipo *m* **2.** INFORM hardware *m* ◆ **matériel de camping** material *m* de acampada

maternel, elle [matɛrnɛl] *adj* materno(na) ◆ **maternelle** *nf* ◆ **(école) maternelle** ≃ parvulario *m*

maternité [matɛrnite] *nf* maternidad *f* ◆ **être en congé (de) maternité** estar de baja por maternidad

mathématiques [matematik] *nfpl* matemáticas *fpl*

maths [mat] *(abr de* **mathématiques)** *nfpl (fam)* mates *fpl*

matière [matjɛr] *nf* **1.** materia *f* **2.** SCOL asignatura *f* ◆ **matière première** materia prima *f* ◆ **matières grasses** materias grasas

Matignon [matiɲɔ̃] *n* ◆ **(l'hôtel) Matignon** *residencia del primer ministro francés* ≃ (el palacio de) la Moncloa

---

Matignon

El *hôtel Matignon*, edificio de un solo piso con fachada decorada en estilo Regencia situado en la parisina rue de Varenne, acoge el despacho del primer ministro desde 1959, unos meses después de la proclamación de la V República. A menudo los franceses utilizan el término *Matignon* para hacer referencia al primer ministro y a su cabinete.

---

matin [matɛ̃] *nm* mañana *f* ◆ **le matin** por la mañana

matinal, e, aux [matinal, o] *adj* **1.** *(réveil)* matinal **2.** *(personne)* madrugador(ra)

matinée [matine] *nf* **1.** mañana *f* **2.** *(spectacle)* matiné *f* ◆ **dans la matinée** por la mañana

matraque [matrak] *nf* porra *f*

maudire [modir] *vt* maldecir

maudit, e [modi, it] *pp* ➤ **maudire** ◇ *adj* maldito(ta)

Maurice [moris] *n* ➤ **Île**

maussade [mosad] *adj* **1.** *(humeur)* alicaído(da) **2.** *(temps)* desapacible

mauvais, e [movɛ, ɛz] *adj* **1.** malo(la) **2.** *(faux)* erróneo(a) ◆ **il fait mauvais** hace mal tiempo ◆ **mauvais en** malo en

mauve [mov] *adj* malva

maux [mo] ➤ **mal**

max. [maks] *(abr de* maximum) máx. *(máximo)*

maximum [maksimɔm] *nm* máximo *m* ◆ **au maximum** como máximo

mayonnaise [majɔnɛz] *nf* mayonesa *f*, mahonesa *f*

mazout [mazut] *nm* fuel-oil *m*

me [mə] *pron* me ◆ **je me lève** me levanto

mécanicien, enne [mekanisjɛ̃, ɛn] *nm, f* mecánico *m*, -ca *f*

mécanique [mekanik] *adj* mecánico(ca) ◇ *nf* mecánica *f*

mécanisme [mekanism] *nm* mecanismo *m*

méchamment [meʃamɑ̃] *adv* con mala intención

méchanceté [meʃɑ̃ste] *nf* maldad *f*

méchant, e [meʃɑ̃, ɑ̃t] *adj* **1.** *(personne)* malo(la) **2.** *(action)* malvado(da)

mèche [mɛʃ] *nf* **1.** mechón *m* **2.** *(d'explosif)* mecha *f*

méchoui [meʃwi] *nm* cordero asado típico del Norte de África

méconnaissable [mekɔnɛsabl] *adj* irreconocible

mécontent, e [mekɔ̃tɑ̃, ɑ̃t] *adj* descontento(ta)

médaille [medaj] *nf* medalla *f*

médaillon [medajɔ̃] *nm* medallón *m*

médecin [medsɛ̃] *nm* médico *m* ● **médecin traitant** médico de cabecera ● **aller chez le médecin** ir al médico

médecine [medsin] *nf* medicina *f*

Medef [medɛf] *(abr de Mouvement des entreprises de France)* nm asociación empresarial francesa ≃ CEOE *f (confederación española de organizaciones empresariales)*

médias [medja] *nmpl* medios *mpl* de comunicación

médiatique [medjatik] *adj (personnalité)* muy presente en los medios de comunicación

médical, e, aux [medikal, o] *adj* médico(ca)

médicament [medikamɑ̃] *nm* medicina *f*, medicamento *m*

médiéval, e, aux [medjeval, o] *adj* medieval

médiocre [medjɔkʀ] *adj* mediocre

médisant, e [medizɑ̃, ɑ̃t] *adj* murmurador(ra)

méditation [meditasjɔ̃] *nf* meditación *f*

méditer [medite] *vt & vi* meditar

Méditerranée [mediteʀane] *nf* ● **la (mer) Méditerranée** el (mar) Mediterráneo

méditerranéen, enne [mediteʀaneɛ̃, ɛn] *adj* mediterráneo(a)

méduse [medyz] *nf* medusa *f*

meeting [mitiŋ] *nm* **1.** POL mitin *m* **2.** SPORT encuentro *m* ● **meeting d'athlétisme** encuentro de atletismo

méfiance [mefjɑ̃s] *nf* desconfianza *f*

méfiant, e [mefjɑ̃, ɑ̃t] *adj* desconfiado(da)

méfier [mefje] ♦ **se méfier** *vp* desconfiar ● **se méfier de** desconfiar de

megaoctet [megaɔktɛ] *nm* INFORM megabyte *m*

mégot [mego] *nm* colilla *f*

meilleur, e [mejœʀ] *adj* mejor ◇ *nm, f* mejor *mf*

mél [mel] *nm* INFORM correo *m* electrónico

mélancolie [melɑ̃kɔli] *nf* melancolía *f*

mélange [melɑ̃ʒ] *nm* mezcla *f*

mélanger [melɑ̃ʒe] *vt* mezclar

Melba [mɛlba] *adj inv* ➤ **pêche**

mêlée [mele] *nf (au rugby)* melé *f*

mêler [mele] *vt (mélanger)* mezclar ● **mêler qqn à qqch** meter a alguien en algo ● **se mêler** *vp* ● **se mêler à qqch** *(se mélanger à)* mezclarse con algo ● **se mêler de qqch** meterse en algo ● **de quoi tu te mêles ?** ¿quién te ha dado vela en este entierro?

mélodie [melɔdi] *nf* melodía *f*

melon [məlɔ̃] *nm* melón *m*

membre [mɑ̃bʀ] *nm* miembro *m*

même [mɛm] *adj*
1. *(identique)* mismo(ma) • **nous avons les mêmes places qu'à l'aller** tenemos los mismos asientos que a la ida
2. *(sert à renforcer)* • **c'est cela même** eso mismo • **cette fille, c'est la gentillesse même** esta chica es la simpatía personificada
◇ *pron* • **le/la même (que)** el mismo/la misma (que)
◇ *adv*
1. *(sert à renforcer)* • **même les sandwichs sont chers ici** aquí incluso los bocadillos son caros • **il n'y a même pas de cinéma** ni siquiera hay un cine • **même si** incluso si
2. *(exactement)* mismo • **c'est aujourd'hui même** es hoy mismo • **ici même** aquí mismo
3. *(dans des expressions)* • **être à même de faire qqch** ser capaz de hacer algo • **bon appétit ! - vous de même** ¡qué aproveche! - igualmente • **faire de même** hacer lo mismo

mémé [meme] *nf (fam)* abuelita *f*

mémoire [memwaʀ] *nf* memoria *f* • **de mémoire** *(réciter, jouer)* de memoria • **mémoire cache** memoria caché • **mémoire morte** memoria de sólo lectura • **mémoire tampon** memoria intermedia • **mémoire vive** memoria viva

menace [mənas] *nf* amenaza *f*

menacer [mənase] *vt* amenazar ◇ *vi* • **menacer de faire qqch** amenazar con hacer algo

ménage [menaʒ] *nm* **1.** *(rangement)* limpieza *f* **2.** *(famille)* hogar *m* **3.** *(couple)* pareja *f* • **faire le ménage** hacer la limpieza

¹ménager [menaʒe] *vt* **1.** *(bien traiter)* tratar con concideración **2.** *(utiliser avec modération)* emplear bien

²ménager, ère [menaʒe, ɛʀ] *adj* doméstico(ca)

ménagère [menaʒɛʀ] *nf* **1.** *(couverts)* cubertería *f* **2.** *(personne)* ama *f* de casa

ménagerie [menaʒʀi] *nf* zoológico *m*

mendiant, e [mɑ̃djɑ̃, ɑ̃t] *nm, f* mendigo *m*, -ga *f* • **mendiant** *nm (gâteau)* galleta *con frutos secos (almendras, avellanas, higos y pasas)*

mendier [mɑ̃dje] *vi* mendigar

mener [məne] *vt* **1.** llevar **2.** *(diriger)* dirigir ◇ *vi* ir ganando • **qui mène ?** ¿quién va ganando?

menottes [mənɔt] *nfpl* esposas *fpl*

mensonge [mɑ̃sɔ̃ʒ] *nm* mentira *f*

menstruations [mɑ̃stʀɥasjɔ̃] *nfpl* menstruaciones *fpl*

mensualité [mɑ̃sɥalite] *nf* mensualidad *f*

mensuel, elle [mɑ̃sɥɛl] *adj* mensual • **mensuel** *nm* revista *f* mensual

mensurations [mɑ̃syʀasjɔ̃] *nfpl* medidas *fpl*

mental, e, aux [mɑ̃tal, o] *adj* mental

mentalité [mɑ̃talite] *nf* mentalidad *f*

menteur, euse [mɑ̃tœʀ, øz] *nm, f* mentiroso *m*, -sa *f*

menthe [mɑ̃t] *nf* **1.** *(feuilles, plante)* hierbabuena *f* **2.** *(essence)* menta *f* • **menthe à l'eau** refresco compuesto de jarabe de menta con agua

mention [mɑ̃sjɔ̃] *nf (à un examen)* nota *f* • **mention passable/assez bien/bien/très**

bien ≃ suffisant/bien/notable/sobresaliente ▼ rayer les mentions inutiles tachen las informaciones innecesarias

mentionner [mɑ̃sjɔne] *vt* mencionar

mentir [mɑ̃tiʁ] *vi* mentir

menton [mɑ̃tɔ̃] *nm* barbilla *f*

menu, e [məny] *adj* menudo(da) ◆ **menu** *nm* menú *m* ● menu Démarrer INFORM menú de Inicio ● menu déroulant INFORM menú desplegable ● menu gastronomique menú gastronómico ● menu touristique menú turístico ● je prends le menu à 15 euros tomaré el menú a 15 euros

menuisier [mənɥizje] *nm* carpintero *m*

mépris [mepʁi] *nm* desprecio *m*

méprisant, e [mepʁizɑ̃, ɑ̃t] *adj* despectivo(va)

mépriser [mepʁize] *vt* despreciar

mer [mɛʁ] *nf* mar *m* ou *f* ● au bord de la mer a orillas del mar ; *(en vacances)* en la playa ou costa ● en mer en alta mar ● la mer du Nord el mar del Norte

mercerie [mɛʁsəʁi] *nf (boutique)* mercería *f*

merci [mɛʁsi] *interj* ¡gracias! ● merci beaucoup ! ¡muchas gracias! ● merci de... gracias por...

mercredi [mɛʁkʁədi] *nm* miércoles *m inv* ● nous sommes mercredi estamos a ou hoy es miércoles ● mercredi 13 septembre miércoles 13 de septiembre ● nous sommes partis mercredi nos fuimos el miércoles ● mercredi dernier el miércoles pasado ● mercredi prochain el miércoles próximo ou que viene ● mercredi matin el miércoles por la mañana

● le mercredi los miércoles ● à mercredi ! ¡hasta el miércoles!

merde [mɛʁd] *interj (vulg)* ¡mierda! ◇ *nf (vulg)* mierda *f*

mère [mɛʁ] *nf* madre *f* ● mère biologique madre biológica

merguez [mɛʁgɛz] *nf* salchicha picante de vaca u oveja que acompaña al cuscús

méridional, e, aux [meʁidjɔnal, o] *adj* meridional

meringue [məʁɛ̃g] *nf* merengue *m*

mérite [meʁit] *nm* mérito *m* ● avoir du mérite tener mérito

mériter [meʁite] *vt* merecer

merlan [mɛʁlɑ̃] *nm* pescadilla *f*

merle [mɛʁl] *nm* mirlo *m*

merlu [mɛʁly] *nm* merluza *f*

merveille [mɛʁvɛj] *nf* maravilla *f*

merveilleux, euse [mɛʁvɛjø, øz] *adj* maravilloso(sa)

mes ➤ mon

mésaventure [mezavɑ̃tyʁ] *nf* desventura *f*

mesdames ➤ madame

mesdemoiselles ➤ mademoiselle

mesquin, e [mɛskɛ̃, in] *adj* mezquino(na)

message [mesaʒ] *nm* mensaje *m* ● laisser un message dejar un mensaje ou un recado

messager, ère [mesaʒe, ɛʁ] *nm, f* mensajero *m*, -ra *f*

messagerie [mesaʒʁi] *nf* ● messagerie électronique mensajería *f* electrónica

messe [mes] *nf* misa *f*

messieurs ➤ monsieur

mesure [məzyʁ] *nf* **1.** medida *f* **2.** *(rythme)* compás *m* ● mesures de sécurité medidas de seguridad • **sur mesure** a (la) medida • **dans la mesure du possible** en la medida de lo posible • **(ne pas) être en mesure de faire qqch** (no) estar en condiciones de ou para hacer algo

mesuré, e [məzyʀe] *adj* mesurado(da)

mesurer [məzyʀe] *vt* medir • **il mesure 2 mètres** mide 2 metros

met etc ➤ **mettre**

métal, aux [metal, o] *nm* metal m

métallique [metalik] *adj* metálico(ca)

météo [meteo] *nf* • **la météo** ou **le bulletin météo** el tiempo • **météo marine** meteorología f marítima

météorologique [meteɔʀɔlɔʒik] *adj* meteorológico(ca)

méthode [metɔd] *nf* método m

méthodique [metɔdik] *adj* metódico(ca)

méticuleux, euse [metikylø, øz] *adj* meticuloso(sa)

métier [metje] *nm* oficio m

métis, isse [metis] *nm, f* mestizo m, -za f

mètre [mɛtʀ] *nm* metro m

métro [metʀo] *nm* metro m • **métro aérien** metro aéreo

Le métro

La red ferroviaria subterránea parisina fue creada en 1900. Sus primeras y más características bocas de metro, en hierro forjado, fueron diseñadas por Hector Guimard en estilo *Art Nouveau*. Actualmente cuenta con catorce líneas; la de más reciente construcción, la *Météor*, es una de las

más modernas del mundo: sus trenes no llevan conductor y operan de manera automática controlados por ordenador. El metro es la manera más rápida de desplazarse dentro de la capital. Funciona de forma ininterrumpida de cinco y media a una de la madrugada.

métropole [metʀɔpɔl] *nf* metrópolis f

metteur, euse [metœʀ, øz] *nm, f* • **metteur(euse) en scène** director m, -ra f

mettre [mɛtʀ] *vt*

1. *(placer, poser)* poner • **mettre qqch debout** poner algo de pie • **mets-le sur la table** ponlo encima de la mesa

2. *(vêtement)* ponerse • **mettre qqch à qqn** poner algo a alguien

3. *(temps)* tardar • **nous avons mis deux heures par l'autoroute** hemos tardado dos horas por la autopista

4. *(argent)* gastarse • **combien voulez-vous mettre ?** ¿cuánto desea gastarse?

5. *(appareil, dispositif)* • **mettre la télé/la radio** poner la tele/la radio • **mettre le chauffage** poner la calefacción • **mettre le contact** dar al contacto

6. *(dans un état différent)* poner • **mettre qqn en colère** poner furioso(sa) a alguien • **mettre qqch en marche/en route** poner algo en marcha

7. *(dans des expressions)* • **mettre la table** poner la mesa

• **se mettre** *vp*

1. *(se placer)* ponerse • **se mettre debout** ponerse de pie • **se mettre au lit** meterse en la cama

2. *(dans un état différent)* • **se mettre en colère** ponerse furioso(sa) • **se mettre d'accord** ponerse de acuerdo
3. *(vêtement, maquillage)* ponerse • **elle s'est mis du rouge à lèvres** se pintó los labios
4. *(commencer)* • **se mettre à faire qqch** ponerse a hacer algo • **se mettre au travail** ponerse a trabajar • **s'y mettre** ponerse a ello

meuble [mœbl] *nm* mueble *m*

meublé [mœble] *nm* piso *m* amueblado

meubler [mœble] *vt* amueblar

meuf [mœf] *nf (fam)* tía *f*

meugler [møgle] *vi* mugir

meule [møl] *nf (de foin)* hacina *f*

meunière [mønjɛr] *nf* ◆ **sole**

meurt [mœr] ➤ **mourir**

meurtre [mœrtr] *nm* asesinato *m*

meurtrier, ère [mœrtrije, ɛr] *nm, f* asesino *m*, -na *f* ◆ **meurtrière** *nf (d'un château)* aspillera *f*

meurtrir [mœrtrir] *vt* magullar

meurtrissure [mœrtrisyr] *nf* **1.** magulladura *f* **2.** *(sur un fruit)* golpe *m*

meute [møt] *nf (de chiens)* jauría *f*

mexicain, e [mɛksikɛ̃, ɛn] *adj* mexicano(na), mejicano(na) ◆ **Mexicain, e** *nm, f* mexicano *m*, -na *f*, mejicano *m*, -na *f (au Mexique, s'écrit toujours avec x)*

Mexique [mɛksik] *nm* • **le Mexique** México *m*, Méjico *m (au Mexique, s'écrit toujours avec x)*

mezzanine [mɛdzanin] *nf* entreplanta *f*

mi- [mi] *préf* medio, media • **à la mi-mars** a mediados de marzo • **à mi-chemin** a medio camino

miauler [mjole] *vi* maullar

miche [miʃ] *nf (de pain)* hogaza *f*

micro [mikro] *nm* **1.** micro *m* **2.** *(micro-ordinateur)* microordenador *m*

microbe [mikrɔb] *nm* microbio *m*

micro-ondes [mikrɔ̃d] *nm inv* • **(four à) micro-ondes** (horno) microondas *m inv*

micro-ordinateur, s [mikrɔɔrdinatœr] *nm* microordenador *m*

microprocesseur [mikrɔprɔsesœr] *nm* microprocesador *m*

microscope [mikrɔskɔp] *nm* microscopio *m*

microscopique [mikrɔskɔpik] *adj* microscópico(ca)

midi [midi] *nm* mediodía *m* • **à midi** *(à 12 h)* a las doce ; *(à l'heure du déjeuner)* a mediodía • **le Midi** el Mediodía *(el Sur de Francia)*

mie [mi] *nf* miga *f*

miel [mjɛl] *nm* miel *f*

mien [mjɛ̃] • **le mien, la mienne** [ləmjɛ̃, lamjɛn] *(mpl* **les miens** [lemjɛ̃]*, fpl* **les miennes** [lemjɛn]*) pron* el mío (la mía)

miette [mjɛt] *nf* miga *f* • **en miettes** hecho(cha) migas

mieux [mjø] *adv* mejor ◇ *adj* **1.** mejor **2.** *(plus beau)* más guapo(pa) • **c'est ce qu'il fait le mieux** es lo que hace mejor • **le mieux habillé des deux/de tous** el mejor vestido de los dos/de todos • **aller mieux** *(malade)* estar mejor ; *(situation)* mejorar • **ça vaut mieux** más vale • **de mieux en mieux** cada vez mejor • **c'est le mieux des deux/de tous** *(le plus beau)* es el más guapo de los dos/de todos

● c'est le mieux (la meilleure chose à faire) es lo mejor

mignon, onne [miɲɔ̃, ɔn] *adj* **1.** (joli) mono(na) **2.** (gentil) majo(ja)

migraine [migʀɛn] *nf* jaqueca *f*

mijoter [miʒɔte] *vt* cocer a fuego lento

milieu, x [miljø] *nm* **1.** centro *m* **2.** (environnement) medio *m* ● au milieu (de) en medio (de)

militaire [militɛʀ] *adj* militar ◇ *nm* militar *m*

militant, e [militɑ̃, ɑ̃t] *nm, f* militante *mf*

milk-shake, s [milkʃɛk] *nm* batido *m*

mille [mil] *num* mil ◇ *nm inv* mil *m* ● mille euros mil euros ◇ deux mille euros dos mil euros ● en mille morceaux hecho(cha) trizas

mille-feuille, s [milfœj] *nm* milhojas *m inv*

mille-pattes [milpat] *nm inv* ciempiés *m inv*

milliard [miljaʀ] *nm* ● un milliard de mil millones de

milliardaire [miljaʀdɛʀ] *nmf* multimillonario *m*, -ria *f*

millier [milje] *nm* millar *m* ● des milliers de miles de

millilitre [mililitʀ] *nm* mililitro *m*

millimètre [milimɛtʀ] *nm* milímetro *m*

million [miljɔ̃] *nm* millón *m*

millionnaire [miljɔnɛʀ] *nmf* millonario *m*, -ria *f*

mime [mim] *nm* mimo *m*

mimer [mime] *vt* **1.** (action) hacer mímica **2.** (personne) imitar

mimosa [mimɔza] *nm* mimosa *f*

min (abr écrite de minute) min (minuto)

min. (abr écrite de minimum) mín. (mínimo)

minable [minabl] *adj* (fam) ruin

mince [mɛ̃s] *adj* delgado(da) ◇ *interj* ¡córcholis!

mine [min] *nf* **1.** mina *f* **2.** (visage) cara *f* ● avoir bonne/mauvaise mine tener buena/mala cara ● il a fait mine de partir fingió marcharse

miner [mine] *vt* minar

minerai [minʀɛ] *nm* mineral *m*

minéral, e, aux [mineral, o] *adj* mineral ● minéral *nm* mineral *m*

minéralogique [mineralɔʒik] *adj* ➤ plaque

mineur, e [minœʀ] *adj* menor ◇ *nm, f* (enfant) menor *mf* ● mineur *nm* (ouvrier) minero *m*

miniature [minjatyʀ] *adj* en miniatura ◇ *nf* miniatura *f* ● en miniature en miniatura

minibar [minibaʀ] *nm* **1.** (de train) bar *m* **2.** (d'hôtel) minibar *m*

minidisque [minidisk] *nm* minidisco *m*

minijupe [miniʒyp] *nf* minifalda *f*

minimessage [minimesaʒ] *nm* mini mensaje *m*

minimiser [minimize] *vt* minimizar

minimum [minimɔm] *adj* mínimo(ma) ◇ *nm* mínimo *m* ● au minimum como mínimo

ministère [ministɛʀ] *nm* ministerio *m*

ministre [ministʀ] *nm* ministro *m*

minorité [minɔʀite] *nf* minoría *f*

Minorque [minɔʀk] *n* Menorca *f*

minuit [minɥi] *nm* medianoche *f*

minuscule [minyskyl] *adj* minúsculo(la) ◇ *nf* minúscula *f* ● **écrire en minuscule(s)** escribir en minúsculas

minute [minyt] *nf* minuto *m* ● **j'arrive dans une minute** llego dentro de un minuto ● **d'une minute à l'autre** de un momento a otro

minuterie [minytʀi] *nf* temporizador *m*

minuteur [minytœʀ] *nm* minutero *m*

minutieux, euse [minysjø, øz] *adj* minucioso(sa)

mirabelle [miʀabɛl] *nf* ciruela *f* mirabel

miracle [miʀakl] *nm* milagro *m*

mirage [miʀaʒ] *nm* espejismo *m*

miroir [miʀwaʀ] *nm* espejo *m*

mis, e [mi, miz] *pp* ➤ **mettre**

mise [miz] *nf* (enjeu) apuesta *f* ● **mise à jour** actualización *f* ● **mise à mort** tercio *m* de muerte ● **mise en marche** puesta *f* en funcionamiento ● **mise en page** maquetación *f* ● **mise en scène** dirección *f* ● **mise sous tension** encendido *m*

miser [mize] ◆ **miser sur** *v + prep* **1.** (au jeu) apostar por **2.** (compter sur) contar con

misérable [mizeʀabl] *adj* miserable

misère [mizeʀ] *nf* miseria *f*

missile [misil] *nm* misil *m*

mission [misjɔ̃] *nf* misión *f*

mistral [mistʀal] *nm* mistral *m*

mitaine [mitɛn] *nf* mitón *m*

mite [mit] *nf* polilla *f*

mi-temps [mitɑ̃] *nf inv* **1.** (pause) descanso *m* **2.** (période) parte *f* ● **travailler à mi-temps** trabajar media jornada

mitigé, e [mitiʒe] *adj* moderado(da)

mitoyen, enne [mitwajɛ̃, ɛn] *adj* medianero(ra)

mitrailler [mitʀaje] *vt* **1.** ametrallar **2.** (fam) (photographier) acribillar a fotos

mitraillette [mitʀajɛt] *nf* metralleta *f*

mitrailleuse [mitʀajøz] *nf* ametralladora *f*

mixer [mikse] *vt* triturar

mixe(u)r [miksœʀ] *nm* batidora *f*

mixte [mikst] *adj* mixto(ta) ● **mariage mixte** matrimonio *m* mixto

ml (abr écrite de millilitre) ml (mililitro)

Mlle (abr écrite de mademoiselle) Srta. (señorita)

mm (abr écrite de millimètre) mm (milímetro)

Mme (abr écrite de madame) Sra. (señora)

Mo [emo] (abr de megaoctet) INFORM MB (megabyte)

mobile [mɔbil] *adj* **1.** móvil **2.** (regard) vivaz ◇ *nm* móvil *m*

mobilier [mɔbilje] *nm* mobiliario *m*

mobiliser [mɔbilize] *vt* movilizar

Mobylette ® [mɔbilɛt] *nf* mobylette ® *f*

mocassin [mɔkasɛ̃] *nm* mocasín *m*

moche [mɔʃ] *adj* (fam) **1.** (laid) feo(a) **2.** (choquant) chungo(ga)

¹ **mode** [mɔd] *nf* moda *f* ● **à la mode** de moda

² **mode** [mɔd] *nm* modo *m* ● **mode d'emploi** modo de empleo

modèle [mɔdɛl] *nm* modelo *m* ● **modèle réduit** modelo reducido

modeler [mɔdle] *vt* (terre, pâte) modelar

modélisme [mɔdelism] *nm* modelismo *m*

modem [mɔdɛm] *nm* INFORM módem *m*

modération [moderasjɔ̃] nf moderación f ● **à consommer avec modération** consumir con moderación *(referido a bebidas alcohólicas)*

modéré, e [modere] adj moderado(da)

moderne [modɛʁn] adj moderno(na)

moderniser [modɛʁnize] vt modernizar

modeste [modɛst] adj **1.** *(humble)* modesto(ta) **2.** *(pauvre)* humilde

modestie [modɛsti] nf modestia f ● **sans fausse modestie** sin falsa modestia

modification [modifikasjɔ̃] nf modificación f

modifier [modifje] vt modificar

modulation [modylasjɔ̃] nf ● **modulation de fréquence** frecuencia f modulada

moelle [mwal] nf médula f ● **moelle épinière** médula espinal

moelleux, euse [mwalø, øz] adj **1.** *(lit)* mullido(da) **2.** *(gâteau)* esponjoso(sa)

mœurs [mœʁ(s)] nfpl costumbres fpl

mohair [mɔɛʁ] nm mohair m

moi [mwa] pron
1. *(objet direct ou indirect)* me ● **regarde-moi** mírame ● **donne-le-moi** dámelo
2. *(après une préposition)* mí ● **c'est pour moi** es para mí ● **il est à moi** es mío
3. *(après une comparaison, pour insister)* yo ● **il est comme moi** es como yo ● **moi, je crois que...** yo creo que... ● **je le ferai moi-même** voy a hacerlo yo mismo ● **je le fais pour moi-même** lo hago para mí

moindre [mwɛ̃dʁ] adj menor ● **le moindre...** el menor... ● **un degré moindre** en menor grado ● **il s'énerve au moindre incident** se irrita por el más mínimo incidente

moine [mwan] nm monje m

moineau, x [mwano] nm gorrión m

moins [mwɛ̃] adv
1. *(pour comparer)* menos ● **moins ancien (que)** menos antiguo (que) ● **moins vite (que)** menos deprisa (que)
2. *(superlatif)* menos ● **c'est la nourriture qui coûte le moins** la comida es lo que menos cuesta ● **la ville la moins intéressante que nous ayons visitée** la ciudad menos interesante que hemos visitado ● **le moins possible** lo menos posible
3. *(en quantité)* menos ● **ils ont accepté de gagner moins** han aceptado ganar menos ● **moins de viande/de travail** menos carne/trabajo ● **moins de la moitié** menos de la mitad ● **en moins de dix minutes** en menos de diez minutos
4. *(dans des expressions)* menos ● **à moins d'un imprévu** a menos que surja un imprevisto ● **à moins de rouler ou que nous roulions toute la nuit,...** a menos que conduzcamos toda la noche,... ● **au moins** por lo menos ● **ça coûte deux euros de ou en moins** cuesta dos euros menos ● **j'ai deux ans de moins qu'elle** tengo dos años menos que ella ● **de moins en moins** cada vez menos ● **moins tu y penseras, mieux ça ira** cuanto menos pienses en ello, mejor irá todo
◇ prép
1. *(pour indiquer l'heure, soustraire)* ● **nous partirons à 3 heures moins le quart** saldremos a las tres menos cuarto ● **dix moins trois égale sept** diez menos tres son siete
2. *(pour indiquer la température)* ● **il fait moins 2° C** hace dos grados bajo cero

mois [mwa] nm mes m ● **au mois de...** en el mes de...

moisi, e [mwazi] *adj* mohoso(sa) ◆ **moisi** *nm* moho *m* ● **sentir le moisi** oler a moho

moisir [mwaziʀ] *vi* enmohecer

moisissure [mwazisyʀ] *nf* moho *m*

moisson [mwasɔ̃] *nf* siega *f*

moissonner [mwasɔne] *vt* segar *(las mieses)*

moissonneuse [mwasɔnøz] *nf* cosechadora *f*

moite [mwat] *adj* húmedo(da) ● **avoir les mains moites** tener las manos sudorosas

moitié [mwatje] *nf* mitad *f* ● **la moitié de** la mitad de ● **à moitié** a medias, por la mitad ● **la bouteille est à moitié vide** la botella está medio vacía ● **à moitié prix** a mitad de precio ● **à moitié plein** medio lleno

moka [mɔka] *nm (gâteau)* pastel *m* de moca

molaire [mɔlɛʀ] *nf* muela *f*

molle [mɔl] ➤ **mou**

mollet [mɔlɛ] *nm* pantorrilla *f*

molletonné, e [mɔltɔne] *adj* acolchado(da)

mollusque [mɔlysk] *nm* molusco *m*

môme [mom] *nmf (fam)* crío *m*, -a *f*

moment [mɔmɑ̃] *nm* momento *m* ◆ **c'est le moment de...** es el momento de... ● **au moment où** cuando ● **du moment que** con tal de que ● **en ce moment** en estos momentos ● **par moments** a veces ● **pour le moment** de momento

momentané, e [mɔmɑ̃tane] *adj* momentáneo(a)

momie [mɔmi] *nf* momia *f*

mon, ma [mɔ̃, ma] *(pl* mes [me]*) adj* mi ● **ma maison** mi casa ● **mes chats** mis gatos

Monaco [mɔnako] *n* Mónaco *m*

monarchie [mɔnaʀʃi] *nf* monarquía *f*

monastère [mɔnastɛʀ] *nm* monasterio *m*

monde [mɔ̃d] *nm* mundo *m* ● **il y a du monde** OU **beaucoup de monde** hay mucha gente ● **tout le monde** todo el mundo, todos

mondial, e, aux [mɔ̃djal, o] *adj* mundial

mondialisation [mɔ̃djalizasjɔ̃] *nf* globalización *f*

mondialiste [mɔ̃djalist] *adj* globalizador(ra) ◇ *nmf* globalista *mf*

moniteur, trice [mɔnitœʀ, tʀis] *nm, f* monitor *m*, -ra *f* ◆ **moniteur** *nm (écran)* monitor *m*

monnaie [mɔnɛ] *nf* **1.** moneda *f* **2.** *(pièces)* suelto *m* ● **la monnaie de 20 euros** el cambio de 20 euros ● **faire de la monnaie** cambiar dinero ● **rendre la monnaie** dar la vuelta ● **monnaie unique** moneda única

monologue [mɔnɔlɔg] *nm* monólogo *m*

monopoliser [mɔnɔpolize] *vt* monopolizar

monospace [mɔnɔspas] *nm* monovolumen *m*

monotone [mɔnɔtɔn] *adj* monótono(na)

monotonie [mɔnɔtɔni] *nf* monotonía *f*

monsieur [məsjø] *(pl* messieurs [mesjø]*) nm* señor *m* ● **monsieur X** el señor X ● **bonjour monsieur/messieurs !** ¡buenos días! ● **Cher Monsieur,** *(dans une* _lettre)_ Muy señor mío : ● **Monsieur !** _(pour appeler le professeur)_ ¡profesor!

monstre [mɔ̃stʀ] _nm_ monstruo _m_ ◇ _adj (fam)_ bárbaro(ra)

monstrueux, euse [mɔ̃stʀyø, øz] _adj_ monstruoso(sa)

mont [mɔ̃] _nm_ monte _m_ ● **le Mont-Blanc** el Mont Blanc ● **le Mont-Saint-Michel** el Monte San Miguel

montage [mɔ̃taʒ] _nm_ montaje _m_

montagne [mɔ̃taɲ] _nf_ montaña _f_ ● **à la montagne** en la montaña ● **montagnes russes** montaña rusa

montagneux, euse [mɔ̃taɲø, øz] _adj_ montañoso(sa)

montant, e [mɔ̃tɑ̃, ɑ̃t] _adj (marée)_ creciente ◆ **montant** _nm_ **1.** _(somme)_ importe _m_ **2.** _(d'une fenêtre, d'une échelle)_ montante _m_

montée [mɔ̃te] _nf_ subida _f_

monter [mɔ̃te] _vi_ subir ◇ _vt_ **1.** _(escalier, côte, son)_ subir **2.** _(meuble, tente, complot)_ armar **3.** _(société, pièce de théâtre)_ montar ● **ça monte !** _(route)_ ¡vaya cuesta! ● **monter à bord (d'un avion)** subir a bordo (de un avión) ● **monter à cheval** montar a caballo ● **monter en voiture** subir al coche ● **monter les blancs en neige** CULIN montar las claras a punto de nieve ● **monter à ou sur une échelle** subirse a una escalera ● **se monter à** _vp + prep (s'élever à)_ ascender a

montre [mɔ̃tʀ] _nf_ reloj _m_

montrer [mɔ̃tʀe] _vt_ **1.** _(désigner)_ enseñar **2.** _(exposer, prouver)_ mostrar ● **montrer qqch à qqn** enseñar algo a alguien ● **montrer qqn/qqch du doigt** señalar a alguien/algo con el dedo ◆ **se montrer**

_vp_ aparecer ● **se montrer courageux** mostrarse valiente

monture [mɔ̃tyʀ] _nf_ montura _f_

monument [mɔnymɑ̃] _nm_ monumento _m_ ● **monument aux morts** monumento a los caídos

moquer [mɔke] ◆ **se moquer de** _vp + prep_ **1.** _(plaisanter)_ burlarse de **2.** _(ignorer)_ ● **je me moque de son nouveau roman** paso de su nueva novela ● **je m'en moque** me da igual

moques [mɔk] _nfpl (Belg)_ rodajas de una masa elaborada con clavo cocinadas al horno

moquette [mɔkɛt] _nf_ moqueta _f_

moqueur, euse [mɔkœʀ, øz] _adj_ burlón(ona)

moral, e, aux [mɔʀal, o] _adj_ moral ◆ **moral** _nm_ moral _f_ ● **avoir le moral** tener la moral alta ● **ne pas avoir le moral** no tener ánimos ◆ **morale** [mɔʀal] _nf_ **1.** _(valeurs)_ moral _f_ **2.** _(d'une histoire)_ moraleja _f_ ● **faire la morale à qqn** echar un sermón a alguien

moralement [mɔʀalmɑ̃] _adv_ moralmente

morceau, x [mɔʀso] _nm_ **1.** _(partie)_ trozo _m_ **2.** _(de musique)_ fragmento _m_ ● **morceau de sucre** terrón _m_ de azúcar

mordiller [mɔʀdije] _vt_ mordisquear

mordre [mɔʀdʀ] _vt_ morder

morille [mɔʀij] _nf_ colmenilla _f_

mors [mɔʀ] _nm_ bocado _m_

morse [mɔʀs] _nm_ **1.** _(animal)_ morsa _f_ **2.** _(code)_ morse _m_

morsure [mɔʀsyʀ] _nf_ mordedura _f_

mort, e [mɔʀ, mɔʀt] _pp_ ➤ **mourir** ◇ _adj_ **1.** muerto(ta) **2.** _(hors d'usage)_ acabado(da) ◇ *nm, f* muerto *m*, -ta *f* ● **être mort de peur** estar muerto de miedo ● **mort** *nf* muerte *f* ● **être en danger de mort** correr peligro de muerte

mortel, elle [mɔʀtɛl] *adj* mortal

morue [mɔʀy] *nf* bacalao *m*

mosaïque [mɔzaik] *nf* mosaico *m*

Moscou [mɔsku] *n* Moscú

mosquée [mɔske] *nf* mezquita *f*

mot [mo] *nm* **1.** palabra *f* **2.** *(message)* nota *f* ● **je peux vous dire un mot ?** ¿le puedo decir algo? ● **écrire un mot à qqn** escribir unas líneas a alguien ● **laisser un mot** dejar un mensaje ou un recado ● **mot à mot** *(traduire)* literalmente ● **mot de passe** contraseña *f* ; INFORM código *m* de acceso ● **mots croisés** crucigramas *mpl*

motard [mɔtaʀ] *nm* motorista *m*

mot-clé [mokle] *(pl* mots-clé*) nm* palabra *f* clave

motel [mɔtɛl] *nm* motel *m*

moteur [mɔtœʀ] *nm* motor *m* ● **moteur de recherche** INFORM buscador *m*

motif [mɔtif] *nm* motivo *m*

motivation [mɔtivasjɔ̃] *nf* motivación *f* ➤ **lettre**

motivé, e [mɔtive] *adj* con motivación

moto [mɔto] *nf* moto *f*

motocross [mɔtokʀɔs] *nm inv* motocross *m*

motocycliste [mɔtosiklist] *nmf* motociclista *mf*

motte [mɔt] *nf* **1.** terrón *m* **2.** *(de beurre)* pella *f*

mou, molle [mu, mɔl] *adj* **1.** *(sans consistance)* blando(da) **2.** *(sans énergie)* flojo(ja)

mouche [muʃ] *nf* mosca *f*

moucher [muʃe] ◆ **se moucher** *vp* sonarse

moucheron [muʃʀɔ̃] *nm* mosquita *f*

mouchoir [muʃwaʀ] *nm* pañuelo *m* ● **mouchoir en papier** pañuelo de papel

moudre [mudʀ] *vt* moler

moue [mu] *nf* mohín *m* ● **faire la moue** hacer pucheros

mouette [mwɛt] *nf* gaviota *f*

moufle [mufl] *nf* manopla *f*

mouillé, e [muje] *adj* mojado(da)

mouiller [muje] *vt* mojar ◆ **se mouiller** *vp* mojarse

mouillette [mujɛt] *nf* trocito de pan alargado con el que se moja la yema de los huevos pasados por agua

moulant, e [mulɑ̃, ɑ̃t] *adj* ceñido(da)

¹**moule** [mul] *nm* molde *m* ● **moule à gâteau** molde

²**moule** [mul] *nf* mejillón *m* ● **moules marinière** mejillones a la marinera

mouler [mule] *vt* **1.** *(statue)* moldear **2.** *(suj : vêtement)* ceñir

moulin [mulɛ̃] *nm* molino *m* ● **moulin à café/à poivre** molinillo *m* de café/de pimienta ● **moulin à vent** molino de viento

moulinet [mulinɛ] *nm (de canne à pêche)* carrete *m*

Moulinette® [mulinɛt] *nf* pasapurés *m inv*

moulu, e [muly] *adj* molido(da)

moulure [mulyʀ] *nf* moldura *f*

mourant, e [muʀɑ̃, ɑ̃t] *adj* moribundo(da)

mourir [muʀiʀ] *vi* morir ● **mourir de faim** morirse de hambre ● **mourir d'envie de** morirse de ganas de

moussaka [musaka] *nf* plato griego compuesto de rodajas de berenjena con picadillo de carne, cebolla y tomate

moussant, e [musɑ̃, ɑ̃t] *adj* ● **bain moussant** baño *m* de espuma ● **gel moussant** gel *m* de baño

mousse [mus] *nf* **1.** *(bulles)* espuma *f* **2.** *(plante)* musgo *m* **3.** *CULIN* mousse *f* ● **mousse à raser** espuma de afeitar ● **mousse au chocolat** mousse *f* de chocolate

mousseline [muslin] *nf* muselina *f* ◇ *adj inv* ● **purée** OU **pommes mousseline** puré de patatas muy ligero ● **sauce mousseline** salsa a base de yemas, mantequilla y nata montada para acompañar pescado o verdura

mousser [muse] *vi* hacer espuma

mousseux, euse [musø, øz] *adj* **1.** espumoso(sa) **2.** *(chocolat)* cremoso(sa) ◆ **mousseux** *nm* ● **du (vin) mousseux** (vino) espumoso *m*

moustache [mustaʃ] *nf* bigote *m*

moustachu, e [mustaʃy] *adj* bigotudo(da)

moustiquaire [mustikɛʁ] *nf* mosquitera *f*

moustique [mustik] *nm* mosquito *m*

moutarde [mutaʁd] *nf* mostaza *f*

mouton [mutɔ̃] *nm* **1.** *(animal)* oveja *f* **2.** *CULIN* cordero *m*

mouvants [muvɑ̃] *adj m pl* ➤ **sable**

mouvement [muvmɑ̃] *nm* movimiento *m*

mouvementé, e [muvmɑ̃te] *adj* movido(da)

moyen, enne [mwajɛ̃, ɛn] *adj* **1.** *(intermédiaire, passable)* mediano(na) **2.** *(température, salaire, prix)* medio(dia) ◆ **moyen** *nm* medio *m* ● **au moyen de** por medio de ● **il n'y a pas moyen de** no hay manera de ● **moyen de transport** medio de transporte ◆ **moyens** *nmpl* **1.** *(ressources)* medios *mpl* **2.** *(capacités)* facultades *fpl* ● **avoir les moyens de faire qqch** *(financièrement)* tener medios suficientes para hacer algo ● **perdre ses moyens** bloquearse

moyenne [mwajɛn] *nf* media *f* ● **en moyenne** por término medio

MP3 [ɛmpetʁwa] *(abr de MPEG-1 Audio Layer 3) nm* MP3 *m*

muer [mɥe] *vi* mudar

muet, muette [mɥɛ, ɛt] *adj* mudo(da)

muguet [myɡɛ] *nm* muguete *m*

Le muguet

El 1 de mayo, día de la Fiesta del Trabajo, tienen lugar grandes manifestaciones sindicales y desfiles en los que también participan los políticos. En Francia, para desear buena suerte, es tradición regalar un ramillete de muguete, planta con pequeñas flores blancas que se compra en los innumerables puestos que aparecen en las calles ese día.

---

mule [myl] *nf* **1.** *(animal)* mula *f* **2.** *(chaussure)* chinela *f*

mulet [mylɛ] *nm* mulo *m*

multicolore [myltikɔlɔʁ] *adj* multicolor

multiple [myltipl] *adj* múltiple ◇ *nm* múltiplo *m*

multiplication [myltiplikasjɔ̃] *nf* multiplicación *f*

multiplier [myltiplije] *vt* multiplicar ● **2 multiplié par 9** 2 multiplicado por 9 ◆ **se multiplier** *vp* multiplicarse

multipropriété [myltipropRijete] *nf* vivienda en copropiedad de la que puede disfrutar cada copropietario durante cierto tiempo

multitude [myltityd] *nf* ● **une multitude de** una multitud de

municipal, e, aux [mynisipal, o] *adj* municipal

municipalité [mynisipalite] *nf* municipio *m*

munir [mynir] *vt* ● **munir qqn/qqch de** proveer a alguien/algo de ◆ **se munir de** *vp + prep* proveerse de

munitions [mynisjɔ̃] *nfpl* municiones *fpl*

mur [myr] *nm* **1.** *(intérieur)* pared *f*, muro *m* **2.** *(extérieur)* tapia *f* ● **mur du son** barrera *f* del sonido

mûr, e [myr] *adj (fruit)* maduro(ra)

muraille [myraj] *nf* muralla *f*

mural, e, aux [myral, o] *adj* mural

Murcie [myrsi] *nf* Murcia

mûre [myr] *nf* mora *f* > **mûr**

murer [myre] *vt* tapiar

mûrir [myrir] *vi (fruit)* madurar

murmure [myrmyr] *nm* murmullo *m*

murmurer [myrmyre] *vi* murmurar

muscade [myskad] *nf* ● **(noix de) muscade** nuez *f* moscada

muscat [myska] *nm* moscatel *f*

muscle [myskl] *nm* músculo *m*

musclé, e [myskle] *adj* musculoso(sa)

musculaire [myskyler] *adj* muscular

musculation [myskylasjɔ̃] *nf* ● **faire de la musculation** hacer (esercicios de) musculación

museau, x [myzo] *nm* **1.** hocico *m* **2.** *CULIN* embutido hecho con partes del hocico de cerdo o de buey

musée [myze] *nm* museo *m*

muselière [myzəljer] *nf* bozal *m*

musical, e, aux [myzikal, o] *adj* musical

music-hall, s [myzikol] *nm* music-hall *m*

musicien, enne [myzisjɛ̃, ɛn] *nm, f* músico *m*, -ca *f*

musique [myzik] *nf* música *f* ● **musique de chambre** música de cámara ● **musique classique** música clásica ● **musique de film** banda *f* sonora

musulman, e [myzylmɑ̃, an] *adj & nm, f* musulmán(ana)

mutation [mytasjɔ̃] *nf* **1.** *(génétique)* mutación *f* **2.** *(d'un employé)* traslado *m*

mutiler [mytile] *vt* mutilar

mutuel, elle [mytɥɛl] *adj* mutuo(tua)

mutuelle [mytɥɛl] *nf* mutualité *f*, mutua *f*

mutuellement [mytɥɛlmɑ̃] *adv* mutuamente

myope [mjɔp] *adj* miope

myosotis [mjozɔtis] *nm* miosota *f*

myrtille [mirtij] *nf* arándano *m*

mystère [mister] *nm* misterio *m* ● **Mystère®** helado de nata y merengue bañado en chocolate y recubierto con almendras picadas

mystérieusement [misterjøzmɑ̃] *adv* misteriosamente

mystérieux, euse [misterjø, øz] *adj* misterioso(sa)

mythe [mit] *nm* mito *m*

mythologie [mitɔlɔʒi] *nf* mitología *f*

N (abr écrite de nord) N (norte)

n' ➤ **ne**

nacre [nakʀ] nf nácar m

nage [naʒ] nf natación f **• à la nage** a nado **• en nage** empapado(da) de sudor

nageoire [naʒwaʀ] nf aleta f

nager [naʒe] vt & vi nadar

nageur, euse [naʒœʀ, øz] nm, f nadador m, -ra f

naïf, naïve [naif, naiv] adj ingenuo(nua)

nain, e [nɛ̃, nɛn] adj & nm, f enano(na) **• nain de jardin** enano de jardín

naissance [nesɑ̃s] nf nacimiento m

naître [nɛtʀ] vi nacer **• je suis né le... à...** nací el... en...

naïve ➤ **naïf**

naïveté [naivte] nf ingenuidad f

nappe [nap] nf 1. mantel m 2. (de pétrole, de brouillard) capa f

nappé, e [nape] adj **• nappé de** cubierto de

napperon [napʀɔ̃] nm tapete m

narine [naʀin] nf ventana f nasal

narrateur, trice [naʀatœʀ, tʀis] nm, f narrador m, -ra f

naseaux [nazo] nmpl nariz m

natal, e [natal] adj natal

natalité [natalite] nf natalidad f

natation [natasjɔ̃] nf natación f **• faire de la natation** practicar natación **• natation synchronisée** natación sincronizada

natif, ive [natif, iv] adj **• natif de** natural de

nation [nasjɔ̃] nf nación f

national, e, aux [nasjɔnal, o] adj nacional

nationale [nasjɔnal] nf **• (route) nationale** (carretera) nacional f

nationaliser [nasjɔnalize] vt nacionalizar

nationalité [nasjɔnalite] nf nacionalidad f

native ➤ **natif**

natte [nat] nf 1. (tresse) trenza f 2. (tapis) estera f

naturaliser [natyralize] vt naturalizar

nature [natyʀ] nf naturaleza f ◇ adj inv al natural **• nature morte** bodegón m

naturel, elle [natyʀɛl] adj natural **• naturel** nm 1. natural m 2. (simplicité) naturalidad f

naturellement [natyʀɛlmɑ̃] adv naturalmente

naturiste [natyʀist] nmf naturista mf

naufrage [nofʀaʒ] nm naufragio m **• faire naufrage** naufragar

nausée [noze] nf náusea f **• avoir la nausée** tener náuseas

nautique [notik] adj náutico(ca)

naval, e [naval] adj naval **• chantier naval** astillero m

navarin [navaʀɛ̃] nm carne de cordero estofada con patatas y verdura

Navarre [navaʀ] nf **• la Navarre** Navarra f

navet [nave] nm 1. nabo m 2. (fam) birria f

navette [navɛt] nf autobús m (de enlace) **• navette spatiale** lanzadera f espacial **• faire la navette (entre)** ir y venir (entre)

navigateur, trice [navigatœr, tris] *nm, f* navegante *mf* ♦ **navigateur** *nm INFORM* navegador *m*

navigation [navigasjɔ̃] *nf* navegación *f* ● **navigation de plaisance** náutica *f* de recreo

naviguer [navige] *vi INFORM* navegar, surfear

navire [navir] *nm* nave *f*

navré, e [navre] *adj* ● **je suis navré** lo siento mucho

NB (*abr écrite de nota bene*) NB

ne [nə] *adv* no ➤ **jamais, pas, personne, plus, que, rien**

né, e [ne] *pp* ➤ **naître**

néanmoins [neɑ̃mwɛ̃] *adv* no obstante

néant [neɑ̃] *nm* nada *f* ● **réduire qqch à néant** aniquilar algo ▼ **néant** *en un impreso, indica que no hay nada que señalar*

nécessaire [nesesɛr] *adj* necesario(ria) ◊ *nm* necesario *m* ● **il est nécessaire de** es necesario que

nécessité [nesesite] *nf* necesidad *f*

nécessiter [nesesite] *vt* necesitar

nécessiteux, euse [nesesitø, øz] *nm, f* necesitado *m*, -da *f*

nectarine [nɛktarin] *nf* nectarina *f*

néerlandais, e [neɛrlɑ̃dɛ, ɛz] *adj* neerlandés(esa) ♦ **néerlandais** *nm* (*langue*) neerlandés *m* ♦ **Néerlandais, e** *nm, f* neerlandés *m*, -esa *f*

nef [nɛf] *nf* nave *f*

néfaste [nefast] *adj* nefasto(ta)

négatif, ive [negatif, iv] *adj* negativo(va) ♦ **négatif** *nm* negativo *m*

négation [negasjɔ̃] *nf* negación *f*

négligeable [negliʒabl] *adj* desdeñable

négligent, e [negliʒɑ̃, ɑ̃t] *adj* descuidado(da)

négliger [negliʒe] *vt* descuidar

négociant, e [negɔsjɑ̃, ɑ̃t] *nm, f* ● **négociant(e) en vins** negociante *mf* de vinos

négociations [negɔsjasjɔ̃] *nfpl* negociaciones *fpl*

négocier [negɔsje] *vt* **1.** negociar **2.** (*virage*) tomar bien ◊ *vi* negociar

neige [nɛʒ] *nf* nieve *f*

neiger [neʒe] *v impers* ● **il neige** nieva

neigeux, euse [nɛʒø, øz] *adj* (*enneigé*) nevado(da)

nénuphar [nenyfar] *nm* nenúfar *m*

néon [neɔ̃] *nm* (*tube*) fluorescente *m*

néo-zélandais, e [neozelɑ̃de, ɛz] *adj* (*mpl* **néo-zélandais**, *fpl* **néo-zélandaises**) *adj* neocelandés(esa) ♦ **Néo-Zélandais, e** *nm, f* neocelandés *m*, -esa *f*

nerf [nɛr] *nm* nervio *m* ● **du nerf !** ¡ánimo! ● **être à bout de nerfs** estar al borde del ataque de nervios

nerveusement [nɛrvøzmɑ̃] *adv* nerviosamente

nerveux, euse [nɛrvø, øz] *adj* nervioso(sa)

nervosité [nɛrvozite] *nf* nerviosismo *m*

n'est-ce pas [nɛspa] *adv* ¿verdad?

net, nette [nɛt] *adj* **1.** (*précis, marqué*) nítido(da) **2.** (*propre*) limpio(pia) **3.** (*prix, salaire*) neto(ta) ♦ **net** *adv* (*se casser, s'arrêter*) de golpe

Net [nɛt] *nm* ● **le Net** la Red

netéconomie [nɛtekɔnɔmi] *nf* economía *f* en red

nettement [nɛtmɑ̃] *adv* **1.** (*clairement*) nítidamente **2.** (*beaucoup*) mucho **3.** (*très*) muy ● **il va nettement mieux** va mucho mejor • **elle est nettement plus forte que lui** ella es mucho más fuerte que él

netteté [nɛtte] *nf* nitidez *f*

nettoyage [netwajaʒ] *nm (ménage)* limpieza *f* ▼ **nettoyage à sec** limpieza en seco

nettoyer [netwaje] *vt* limpiar • **faire nettoyer un vêtement** llevar a limpiar una prenda

neuf, neuve [nœf, nœv] *adj* nuevo(va) • **remettre qqch à neuf** renovar algo • **quoi de neuf ?** ¿qué hay de nuevo? • **neuf** *adj num & pron num* nueve ◇ *nm* nueve *m* • **il a neuf ans** tiene nueve años • **il est neuf heures** son las nueve • **le neuf janvier** el nueve de enero • **page neuf** página nueve • **ils étaient neuf** eran nueve • **le neuf de pique** el nueve de picas • **(au) neuf rue Lepic** (en la) calle Lepic número nueve

neutre [nøtʀ] *adj* neutro(tra)

neuvième [nœvjɛm] *num* noveno(na) ◇ *adj num & pron num* noveno(na) ◇ *nm* **1.** *(fraction)* novena parte *f* **2.** *(étage)* noveno *m* (piso) **3.** *(arrondissement)* distrito *m* nueve *ou* noveno

neveu, x [nəvø] *nm* sobrino *m*

newsgroup [njuzgʀup] *nm* grupo *m* de noticias

nez [ne] *nm* **1.** nariz *f* **2.** *(d'un avion)* morro *m* • **se trouver nez à nez avec qqn** encontrarse cara a cara con alguien

ni [ni] *conj* • **je n'aime ni la guitare ni le piano** no me gusta ni la guitarra ni el piano • **ni l'un ni l'autre ne sont français** ni el uno ni el otro son franceses • **elle**

n'est ni mince ni grosse no es ni delgada ni gorda

niais, e [njɛ, njɛz] *adj* bobo(ba)

Nicaragua [nikaʀagwa] *nm* • **le Nicaragua** Nicaragua

nicaraguayen, enne [nikaʀagwɛjɛ̃, ɛn] *adj* nicaragüense • **Nicaraguayen, enne** *nm, f* nicaragüense *mf*

Nice [nis] *n* Niza

niche [niʃ] *nf* **1.** *(de chien)* caseta *f* **2.** *(dans un mur)* hornacina *f*

niçoise [niswaz] *adj f* ➤ **salade**

nicotine [nikɔtin] *nf* nicotina *f*

nid [ni] *nm* **1.** *(d'oiseaux)* nido *m* **2.** *(de guêpes)* avispero *m* **3.** *(de souris)* ratonera *f*

nid-de-poule [nidpul] *(pl* **nids-de-poule)** *nm* bache *m*

nièce [njɛs] *nf* sobrina *f*

nier [nje] *vt* negar • **nier avoir fait qqch** negar haber hecho algo • **nier que** negar que

Nil [nil] *nm* • **le Nil** el Nilo

n'importe [nɛ̃pɔʀt] ➤ **importer**

niveau, x [nivo] *nm* nivel *m* • **au niveau de** al nivel de • **niveau d'huile** nivel de aceite • **niveau de vie** nivel de vida

n° *(abr écrite de numéro)* n° *(número)*

noble [nɔbl] *adj & nmf* noble

noblesse [nɔblɛs] *nf* nobleza *f*

noce [nɔs] *nf* boda *f* • **noces d'or** bodas de oro

nocif, ive [nɔsif, iv] *adj* nocivo(va)

nocturne [nɔktyʀn] *adj* nocturno(na) ◇ *nf (d'un magasin)* apertura *f* nocturna

Noël [nɔɛl] *nm ou nf* Navidad *f* • **la Noël** *(jour)* el día de Navidad ; *(période)* la Navidad

Noël

La festividad de la Navidad empieza en Nochebuena con el *réveillon* que se celebra tradicionalmente comiendo pavo con castañas (además de productos selectos como *foie gras*, ostras, etc.) y tomando de postre una *bûche*, pastel parecido a un brazo de gitano con crema. Antiguamente los niños colocaban sus zapatos delante de la chimenea donde encontraban, el día 25 por la mañana, los regalos que Papá Noel les había dejado. Hoy es cada día más frecuente que los regalos se entreguen en torno al árbol de Navidad la noche del 24.

nœud [nø] *nm* **1.** nudo *m* **2.** *(ruban)* lazo *m* ● **nœud papillon** pajarita *f*

noir, e [nwar] *adj* **1.** negro(gra) **2.** *(sombre)* oscuro(ra) ◆ **noir** *nm* **1.** negro *m* **2.** *(obscurité)* oscuridad *f* ● **il fait noir dans cette pièce** esta habitación está oscura ● **dans le noir** en la oscuridad ◆ **Noir, e** *nm, f* negro *m*, -gra *f*

noircir [nwarsir] *vt & vi* ennegrecer

noisetier [nwaztje] *nm* avellano *m*

noisette [nwazet] *nf* avellana *f* ◆ *adj inv* *(yeux)* pardos ● **une noisette de beurre** un poquito de mantequilla

noix [nwa] *nf* nuez *f* ● **une noix de beurre** un poco de mantequilla ● **noix de cajou** anacardo *m* ● **noix de coco** coco *m*

nom [nɔ̃] *nm* nombre *m* ● **nom commun** nombre común ● **nom de famille** apellido *m* ● **nom de jeune fille** apellido de soltera ● **nom propre** nombre propio

nomade [nɔmad] *nmf* nómada *mf*

nombre [nɔ̃bʀ] *nm* número *m* ● **un grand nombre de** un gran número de

nombreux, euse [nɔ̃bʀø, øz] *adj* numeroso(sa) ● **peu nombreux** poco numeroso

nombril [nɔ̃bʀil] *nm* ombligo *m*

nommer [nɔme] *vt* nombrar ◆ **se nommer** *vp* llamarse

non [nɔ̃] *adv* no ● **non ?** *(exprime la surprise)* ¿no? ● **non plus** tampoco ● **non seulement..., mais...** no sólo..., sino...

nonante [nɔnɑ̃t] *num* (Belg & Helv) noventa

nonchalant, e [nɔ̃ʃalɑ̃, ɑ̃t] *adj* indolente

non-fumeur, euse [nɔ̃fymœʀ, øz] *nm, f* no fumador *m*, -ra *f*

nord [nɔʀ] *adj inv & nm* norte ● **au nord (de)** al norte (de) ● **le Nord** *(région)* el Norte

nord-américain, e [nɔʀameʀikɛ̃, ɛn] *(mpl* nord-américains, *fpl* nord-américaines) *adj* norteamericano(na) ◆ **Nord-Américain, e** *nm, f* norteamericano *m*, -na *f*

nord-est [nɔʀɛst] *adj inv* nordeste ◇ *nm* nordeste *m* ● **au nord-est (de)** al nordeste (de)

nordique [nɔʀdik] *adj* **1.** nórdico(ca) **2.** *(Québec) (du Nord canadien)* del norte de Canadá

nord-ouest [nɔʀwɛst] *adj inv* noroeste ◇ *nm* noroeste *m* ● **au nord-ouest (de)** al noroeste (de)

normal, e, aux [nɔʀmal, o] *adj* normal ● **ce n'est pas normal** no es normal

◆ **normale** nf ● **la normale** (la moyenne) lo normal

normalement [nɔʀmalmɑ̃] adv normalmente

normand, e [nɔʀmɑ̃, ɑ̃d] adj normando(da)

Normandie [nɔʀmɑ̃di] nf ● **la Normandie** Normandía f

norme [nɔʀm] nf norma f

Norvège [nɔʀvɛʒ] nf ● **la Norvège** Noruega f

norvégien, enne [nɔʀveʒjɛ̃, ɛn] adj noruego(ga) ● **norvégien** nm (langue) noruego m ● **Norvégien, enne** nm, f noruego m, -ga f

nos ➤ notre

nosocomial, e [nozɔkɔmjal] (mpl **-aux** [o]) adj ● **infection/maladie nosocomiale** infección/enfermedad nosocomial

nostalgie [nɔstalʒi] nf nostalgia f ● **avoir la nostalgie de** tener nostalgia de

notable [nɔtabl] adj & nm (sensible) notable

notaire [nɔtɛʀ] nm notario m, -ria f

notamment [nɔtamɑ̃] adv particularmente

note [nɔt] nf nota f ● **prendre des notes** tomar apuntes ● **note de frais** nota de gastos

noter [nɔte] vt 1. (écrire) anotar 2. (élève, devoir) calificar 3. (remarquer) señalar

notice [nɔtis] nf (mode d'emploi) instrucciones fpl (de uso)

notion [nɔsjɔ̃] nf noción f ● **avoir des notions de** tener nociones de

notoriété [nɔtɔʀjete] nf notoriedad f

notre [nɔtʀ] (pl **nos** [no]) adj nuestro(tra) ● **notre maison** nuestra casa

nôtre [notʀ] ◆ **le nôtre, la nôtre** [lənotʀ, lanotʀ] (pl **les nôtres** [lenotʀ]) pron el nuestro (la nuestra)

nouer [nwe] vt 1. (cravate) anudar 2. (lacet, cheveux) atar

nougat [nuga] nm ≃ turrón m

nougatine [nugatin] nf hoja de caramelo rubio y de almendras trituradas

nouilles [nuj] nfpl pasta f

nourrice [nuʀis] nf (garde d'enfants) niñera f

nourrir [nuʀiʀ] vt 1. alimentar 2. (entretenir) mantener ◆ **se nourrir (de)** vp + prep alimentarse (de)

nourrissant, e [nuʀisɑ̃, ɑ̃t] adj nutritivo(va)

nourrisson [nuʀisɔ̃] nm niño m de pecho

nourriture [nuʀityʀ] nf comida f

nous [nu] pron 1. (sujet) nosotros(tras) 2. (complément) nos ● **nous sommes sœurs** somos hermanas ● **ils nous regardent** nos miran ● **nous nous sommes parlés** nos hablamos ● **nous-mêmes** nosotros mismos

nouveau, elle [nuvo, ɛl] (mpl **nouveaux** [nuvo] (nouvel [nuvɛl] devant voyelle ou h muet) adj & nm, f nuevo(va) ● **rien de nouveau** nada nuevo ● **le nouvel an** el año nuevo ● **nouvelle** nf 1. (information) noticia f 2. (roman) relato m ● **les nouvelles** las noticias ● **avoir des nouvelles de qqn** tener noticias de alguien

nouveau-né, e [nuvone] (mpl **nouveau-nés**, fpl **nouveau-nées**) nm, f recién nacido m, -da f

nouveauté [nuvote] nf novedad f

nouvel ➤ nouveau

nouvelle ➤ nouveau

Nouvelle-Calédonie [nuvɛlkaledɔni] *nf*
● la Nouvelle-Calédonie Nueva Caledonia *f*

Nouvelle-Zélande [nuvɛlzelɑ̃d] *nf* ● la
Nouvelle-Zélande Nueva Zelanda *f*

novembre [nɔvɑ̃bʀ] *nm* noviembre ● **en
novembre** ou **au mois de novembre** en
(el mes de) noviembre ● **début novembre** a principios de noviembre ● **fin novembre** a finales de noviembre ● **le deux
novembre** el dos de noviembre

noyade [nwajad] *nf* ahogamiento *m*

noyau, x [nwajo] *nm* **1.** *(de fruit)* hueso *m*
2. *(petit groupe)* núcleo *m*

noyé, e [nwaje] *nm, f* ahogado *m*, -da *f*

¹noyer [nwaje] *nm* nogal *m*

²noyer [nwaje] *vt* ahogar ◆ **se noyer** *vp*
ahogarse

NPI [ɛnpei] *(abr de nouveaux pays in-
dustrialisés) nmpl* NPI *mpl (nuevos países
industrializados* ou *industriales)*

nu, e [ny] *adj* **1.** *(personne)* desnudo(da)
2. *(pièce)* vacío(a) **3.** *(arbre)* sin hojas
● **pieds nus** descalzo(za) ● **tout nu en
cueros** ● **à l'œil nu** a simple vista ● **nu-
tête** con la cabeza descubierta

nuage [nɥaʒ] *nm* nube *f*

nuageux, euse [nɥaʒø, øz] *adj* nubla-
do(da)

nuance [nɥɑ̃s] *nf* matiz *m*

nucléaire [nykleɛʀ] *adj* nuclear

nudiste [nydist] *nmf* nudista *mf*

nui [nɥi] *pp* ➤ nuire

nuire [nɥiʀ] ● **nuire à** *v + prep* perjudicar a

nuisible [nɥizibl] *adj* perjudicial ● **nuisible à** perjudicial para

nuit [nɥi] *nf* noche *f* ● **il travaille la nuit**
trabaja por la noche ou de noche ● **bon-
ne nuit !** ¡buenas noches! ● **il fait nuit**
es de noche ● **de nuit** *(travail, poste)* noc-
turno(na) ; *(travailler, voyager)* de noche
● **une nuit blanche** una noche en blanco

nul, nulle [nyl] *adj* **1.** pésimo(ma)
2. *(fam) (idiot)* negado(da) ● **être nul en
qqch** ser negado para algo ● **nulle part** en
ninguna parte

numérique [nymeʀik] *adj* digital

numériser [nymeʀize] *vt* digitalizar

numéro [nymeʀo] *nm* número *m* ● **numéro de compte** número de cuenta
● **numéro de fax** número de fax ● **numéro d'immatriculation** número de matrícula ● **numéro de poste** extensión *f* ● **numéro de portable/de téléphone** número
de móvil/de teléfono ▼ **numéro vert**
≃ llamada *f* gratuita ● **faire un faux numéro** equivocarse de número

numéroter [nymeʀɔte] *vt* numerar
● **place numérotée** asiento *m* numerado

nu-pieds [nypje] *nm inv* sandalia *f*

nuque [nyk] *nf* nuca *f*

nylon [nilɔ̃] *nm* nailon *m*

Oo

O *(abr écrite de ouest)* O *(oeste)*

oasis [ɔazis] *nf inv* oasis *m*

obéir [ɔbeiʀ] *vi* obedecer ● **obéir à** obedecer a

obéissant, e [ɔbeisɑ̃, ɑ̃t] *adj* obediente

obèse [ɔbɛz] *adj* obeso(sa)

objectif, ive [ɔbʒɛktif, iv] *adj* objetivo(va) ♦ **objectif** *nm* objetivo *m*

objection [ɔbʒɛksjɔ̃] *nf* objeción *f*

objet [ɔbʒɛ] *nm* objeto *m* ● **(bureau des) objets trouvés** (oficina de) objetos perdidos ● **objets de valeur** objetos de valor ● **sans objet** *(demande)* sin objeto

obligation [ɔbligasjɔ̃] *nf* obligación *f* ● **être dans l'obligation de** estar en la obligación de ● **obligations militaires/ familiales/professionnelles** obligaciones militares/familiares/profesionales

obligatoire [ɔbligatwaR] *adj* obligatorio(ria)

obligé, e [ɔbliʒe] *adj (fam) (inévitable)* inevitable ● **être obligé de faire qqch** estar obligado a hacer algo

obliger [ɔbliʒe] *vt* ● **obliger qqn à faire qqch** obligar a alguien a hacer algo

oblique [ɔblik] *adj* oblicuo(cua)

oblitérer [ɔblitere] *vt* **1.** *(billet)* picar **2.** *(timbre)* matar

obscène [ɔpsɛn] *adj* obsceno(na)

obscur, e [ɔpskyR] *adj* oscuro(ra)

obscurcir [ɔpskyRsiR] ♦ **s'obscurcir** *vp* oscurecerse

obscurité [ɔpskyRite] *nf* oscuridad *f*

obséder [ɔpsede] *vt* obsesionar

obsèques [ɔpsɛk] *nfpl* funerales *mpl* ● **assister aux obsèques de qqn** asistir a los funerales de alguien

observateur, trice [ɔpsɛRvatœR, tRis] *adj & nm, f* observador(ra)

observation [ɔpsɛRvasjɔ̃] *nf* observación *f*

observatoire [ɔpsɛRvatwaR] *nm* observatorio *m*

observer [ɔpsɛRve] *vt* observar

obsession [ɔpsesjɔ̃] *nf* obsesión *f*

obstacle [ɔpstakl] *nm* obstáculo *m*

obstiné, e [ɔpstine] *adj* obstinado(da)

obstiner [ɔpstine] ♦ **s'obstiner** *vp* obstinarse ● **s'obstiner à faire qqch** obstinarse en hacer algo

obstruer [ɔpstRye] *vt* obstruir

obtenir [ɔptəniR] *vt* obtener

obtenu, e [ɔptəny] *pp* ➤ **obtenir**

obturateur [ɔptyRatœR] *nm* obturador *m*

obus [ɔby] *nm inv* obús *m*

OC *(abr écrite de ondes courtes)* OC *(ondas cortas)*

occasion [ɔkazjɔ̃] *nf* ocasión *f* ● **avoir l'occasion de** tener la ocasión de ● **à l'occasion de** con ocasión de ● **d'occasion** de segunda mano

occasionnel, elle [ɔkazjɔnɛl] *adj* ocasional

Occident [ɔksidɑ̃] *nm* ● **l'Occident** Occidente *m*

occidental, e, aux [ɔksidɑ̃tal, o] *adj* occidental

occupation [ɔkypasjɔ̃] *nf* ocupación *f*

occupé, e [ɔkype] *adj* ocupado(da) ● **ça sonne occupé** está comunicando

occuper [ɔkype] *vt* ocupar ● **ça l'occupe** eso lo entretiene ● **s'occuper** *vp* **1.** *(s'affairer)* entretenerse **2.** *(se charger)* ● **s'occuper de** ocuparse de ● **je m'en occupe** yo me encargo

occurrence [ɔkyRɑ̃s] ● **en l'occurrence** *adv* en este caso

océan [ɔseɑ̃] *nm* océano *m*

Océanie [ɔseani] *nf* ● **l'Océanie** Oceanía *f*

ocre [ɔkR] *adj inv* ocre

octane [ɔktan] *nm* • indice d'octane índice de octanos

octante [ɔktɑ̃t] *num* (Belg & Helv) ochenta

octet [ɔktɛ] *nm* INFORM byte *m*, octeto *m*

octobre [ɔktɔbʀ] *nm* octubre • en octobre ou au mois d'octobre en (el mes de) octubre • début octobre a principios de octubre • fin octobre a finales de octubre • le deux octobre el dos de octubre

oculiste [ɔkylist] *nmf* oculista *mf*

odeur [ɔdœʀ] *nf* olor *m* • bonne/mauvaise odeur buen/mal olor

odieux, euse [ɔdjø, øz] *adj* odioso(sa)

odorat [ɔdɔʀa] *nm* olfato *m*

œil [œj] (*pl* yeux [jø]) *nm* ojo *m* • à l'œil (*fam*) por la cara • avoir qqn à l'œil (*fam*) no quitar ojo a alguien • mon œil ! (*fam*) ¡y una porra!

œillet [œjɛ] *nm* 1. (*fleur*) clavel *m* 2. (*de chaussure*) ojete *m*

œsophage [ezɔfaʒ] *nm* esófago *m*

œuf [œf] (*pl* œufs [ø]) *nm* huevo *m* • œuf à la coque huevo pasado por agua • œuf dur huevo duro • œuf de Pâques huevo de Pascua • œuf poché huevo escalfado • œuf sur le plat huevo frito • œufs brouillés huevos revueltos • œufs à la neige *natillas y merengue con caramelo*

œuvre [œvʀ] *nf* obra *f* • mettre qqch en œuvre poner algo en práctica • œuvre d'art obra de arte

offenser [ɔfɑ̃se] *vt* ofender

offert, e [ɔfɛʀ, ɛʀt] *pp* ➤ offrir

office [ɔfis] *nm* 1. (*organisme*) oficina *f* 2. (*messe*) oficio *m* • faire office de hacer las veces de • d'office de oficio • office du tourisme oficina de turismo

officiel, elle [ɔfisjɛl] *adj* oficial

officiellement [ɔfisjɛlmɑ̃] *adv* oficialmente

officier [ɔfisje] *nm* oficial *m*

offre [ɔfʀ] *nf* oferta *f* ▼ offre spéciale oferta especial • offres d'emploi ofertas de empleo

offrir [ɔfʀiʀ] *vt* • offrir qqch à qqn (*mettre à sa disposition*) ofrecer algo a alguien ; (*en cadeau*) regalar algo a alguien • offrir (à qqn) de faire qqch ofrecerse (a alguien) a hacer algo • s'offrir *vp* regalarse

OGM [ɔʒeɛm] (*abr de organisme génétiquement modifié*) *nm* OGM *m* (*organismo genéticamente modificado*)

oie [wa] *nf* oca *f*

oignon [ɔɲɔ̃] *nm* 1. (*légume*) cebolla *f* 2. (*de fleur*) bulbo *m* • petits oignons cebolletas *fpl*

oiseau, x [wazo] *nm* pájaro *m*

OK [ɔke] *interj* ¡vale!

ola [ɔla] *nf* • faire la ola hacer la ola

olive [ɔliv] *nf* aceituna *f* • olive noire/verte aceituna negra/verde

olivier [ɔlivje] *nm* olivo *m*

olympique [ɔlɛ̃pik] *adj* olímpico(ca)

omble-chevalier [ɔ̃bləʃəvalje] *nm* pescado de carne muy fina del lago Lemán

ombragé, e [ɔ̃bʀaʒe] *adj* umbrío(a)

ombre [ɔ̃bʀ] *nf* sombra *f* • à l'ombre (de) a la sombra (de) • ombre chinoise sombra chinesca • ombre à paupières sombra de ojos

ombrelle [ɔ̃bʀɛl] *nf* sombrilla *f*

OMC [ɔɛmse] (*abr de Organisation mondiale du commerce*) *nf* OMC *f* (*Organización Mundial del Comercio*)

omelette [ɔmlɛt] *nf* tortilla *f* ● **omelette norvégienne** *tarta helada cubierta de una capa de merengue caliente*

omission [ɔmisjɔ̃] *nf* omisión *f*

omnibus [ɔmnibys] *adj* ● (*train*) omnibus *tren con parada en todas las estaciones*

omoplate [ɔmɔplat] *nf* omoplato *m*

on [ɔ̃] *pron* ● on m'appelle alguien me está llamando ● **on m'a dit que...** me han dicho que... ● **on dit que...** dicen que... ● **comment écrit-on "zorro" ?** ¿cómo se escribe "zorro"? ● **on ne sait jamais** nunca se sabe ● **on s'en va** nos vamos ● **on frappe** están llamando a la puerta

oncle [ɔ̃kl] *nm* tío *m*

onctueux, euse [ɔ̃ktɥø, øz] *adj* untuoso(sa)

onde [ɔ̃d] *nf* onda *f* ● **grandes ondes** onda larga ● **ondes courtes/moyennes** onda corta/media

ondulé, e [ɔ̃dyle] *adj* ondulado(da)

ongle [ɔ̃gl] *nm* uña *f*

ont [ɔ̃] ➤ avoir

ONU [ɔny] *nf* (*abr de Organisation des Nations unies*) ONU *f* (*Organización de las Naciones Unidas*)

onze [ɔ̃z] *adj num & pron num* once ◇ *nm* once *m* ● **il a onze ans** tiene once años ● **il est onze heures** son las once ● **le onze janvier** el once de enero ● **page onze** página once ● **ils étaient onze** eran once ● **(au) onze rue Lepic** (en la) calle Lepic número once

onzième [ɔ̃zjɛm] *adj num & pron num* undécimo(ma) ◇ *nm* **1.** (*fraction*) undécima parte *f* **2.** (*étage*) undécimo *m* (*piso*) **3.** (*arrondissement*) distrito *m* once ou undécimo

opaque [ɔpak] *adj* opaco(ca)

opéra [ɔpera] *nm* ópera *f*

opérateur, trice [ɔperatœr, tris] *nm, f* (*au téléphone*) operador *m*, -ra *f* ● **opérateur téléphonique** (*fournisseur*) operador telefónico

opération [ɔperasjɔ̃] *nf* operación *f*

opérer [ɔpere] *vt* operar ◇ *vi* obrar ● **se faire opérer (de)** operarse (de)

opérette [ɔperɛt] *nf* opereta *f*

ophtalmologiste [ɔftalmɔlɔʒist] *nmf* oftalmólogo *m*, -ga *f*

opinion [ɔpinjɔ̃] *nf* opinión *f* ● **l'opinion (publique)** la opinión (pública)

opportun, e [ɔpɔrtœ̃, yn] *adj* oportuno(na)

opportuniste [ɔpɔrtynist] *adj* oportunista

opposé, e [ɔpoze] *adj* **1.** (*inverse*) opuesto(ta) **2.** (*d'en face*) de enfrente ● **opposé à** (*inverse*) opuesto a ; (*hostile à*) contrario a ◆ **opposé** *nm* ● **l'opposé** lo contrario ● **à l'opposé de** (*du côté opposé à*) en el lado opuesto de ; (*contrairement à*) al contrario de

opposer [ɔpoze] *vt* **1.** (*argument, résistance*) oponer **2.** (*personnes, équipes*) enfrentar ◆ **s'opposer** *vp* (*s'affronter*) oponerse ● **s'opposer à** oponerse a

opposition [ɔpozisjɔ̃] *nf* oposición *f* ● **faire opposition** (*à un chèque, sur une carte bancaire*) bloquear la cuenta

● **les membres de l'opposition** *POL* los miembros de la oposición

oppresser [ɔpʀese] *vt* oprimir

oppression [ɔpʀesjɔ̃] *nf* opresión *f*

opprimer [ɔpʀime] *vt* oprimir

opticien, enne [ɔptisjɛ̃, ɛn] *nm, f* óptico *m*, -ca *f*

optimisme [ɔptimism] *nm* optimismo *m*

optimiste [ɔptimist] *adj & nmf* optimista

option [ɔpsjɔ̃] *nf* opción *f* ● **en option** *(accessoire)* opcional ● **être en option** ser opcional

optionnel, elle [ɔpsjɔnɛl] *adj (matière)* optativo(va)

optique [ɔptik] *adj* óptico(ca) ◇ *nf* óptica *f*

¹ or [ɔʀ] *conj* ahora bien

² or [ɔʀ] *nm* oro *m* ● **en** de oro

orage [ɔʀaʒ] *nm* tormenta *f*

orageux, euse [ɔʀaʒø, øz] *adj* tormentoso(sa)

oral, e, aux [ɔʀal, o] *adj* oral ▼ **voie orale** vía oral ◆ **oral** *nm* oral *m* ● **par oral** oralmente ● **il a été reçu à l'oral** ha aprobado el examen oral

orange [ɔʀɑ̃ʒ] *adj inv* naranja *m* ◇ *nm* naranja *m* ◇ *nf* naranja *f* ● **orange pressée** zumo *m* de naranja natural

orangeade [ɔʀɑ̃ʒad] *nf* naranjada *f*

oranger [ɔʀɑ̃ʒe] *nm* naranjo *m* ➤ **fleur**

orbite [ɔʀbit] *nf* órbita *f*

orchestre [ɔʀkɛstʀ] *nm* **1.** orquesta *f* **2.** *(au théâtre)* patio *m* de butacas

orchidée [ɔʀkide] *nf* orquídea *f*

ordinaire [ɔʀdinɛʀ] *adj* **1.** *(normal)* ordinario(ria) **2.** *(banal)* corriente ◇ *nm (essence)* normal *f* ● **sortir de l'ordinaire**

salirse de lo corriente ● **d'ordinaire** normalmente

ordinateur [ɔʀdinatœʀ] *nm* ordenador *m*, computadora *f (Amér)* ● **ordinateur de poche** palmtop *m*, ordenador de bolsillo ● **ordinateur portable** ordenador portátil

ordonnance [ɔʀdɔnɑ̃s] *nf (médicale)* receta *f* ▼ **sur ordonnance** con receta médica

ordonné, e [ɔʀdɔne] *adj* ordenado(da)

ordonner [ɔʀdɔne] *vt* ordenar ● **ordonner à qqn de faire qqch** ordenar a alguien que haga algo

ordre [ɔʀdʀ] *nm* **1.** *(commandement, organisation)* orden *f* **2.** *(enchaînement)* orden *m* ● **donner l'ordre de** dar la orden de ● **à l'ordre de** a la orden de ● **jusqu'à nouvel ordre** hasta nueva orden ● **en ordre** en orden ● **mettre de l'ordre dans** poner orden en ● **dans l'ordre** en orden ● **ordre alphabétique** orden alfabético

ordures [ɔʀdyʀ] *nfpl* basura *f*

oreille [ɔʀɛj] *nf* oreja *f*

oreiller [ɔʀeje] *nm* almohada *f*

oreillons [ɔʀejɔ̃] *nmpl* paperas *fpl*

organe [ɔʀgan] *nm* órgano *m*

organisateur, trice [ɔʀganizatœʀ, tʀis] *nm, f* organizador *m*, -ra *f*

organisation [ɔʀganizasjɔ̃] *nf* organización *f*

organisé, e [ɔʀganize] *adj* organizado(da)

organiser [ɔʀganize] *vt* organizar ◆ **s'organiser** *vp* organizarse

organisme [ɔʀganism] *nm* organismo *m*

orge [ɔʀʒ] *nf* ➤ **sucre**

orgue [ɔʀg] *nm* órgano *m* ● **orgue de Barbarie** organillo *m*

orgueil [ɔʀgœj] *nm* orgullo *m*

orgueilleux, euse [ɔʀgœjø, øz] *adj* orgulloso(sa)

Orient [ɔʀjã] *nm* ● **l'Orient** Oriente *m*

oriental, e, aux [ɔʀjãtal, o] *adj* oriental

orientation [ɔʀjãtasjɔ̃] *nf* orientación *f*

orienter [ɔʀjãte] *vt* orientar ◆ **s'orienter** *vp* orientarse ● **s'orienter vers** orientarse hacia

orifice [ɔʀifis] *nm* orificio *m*

originaire [ɔʀiʒinɛʀ] *adj* ● **originaire de** natural de

original, e, aux [ɔʀiʒinal, o] *adj* original ◇ *nm, f* original *mf* ● **original** *nm* original *m*

originalité [ɔʀiʒinalite] *nf* originalidad *f*

origine [ɔʀiʒin] *nf* origen *m* ● **être à l'origine de** ser la causa de ● **à l'origine** al principio ● **d'origine** de origen

ORL [ɔɛʀɛl] *nmf* (*abr de* oto-rhino-laryngologiste*) otorrino *mf*

ornement [ɔʀnəmã] *nm* ornamento *m*

orner [ɔʀne] *vt* adornar ● **orner qqch de** adornar algo con o de

ornière [ɔʀnjɛʀ] *nf* rodada *f*

orphelin, e [ɔʀfəlɛ̃, in] *nm, f* huérfano *m*, -na *f*

orphelinat [ɔʀfəlina] *nm* orfanato *m*

Orsay [ɔʀsɛ] *n* ● **le musée d'Orsay** museo parisino dedicado al arte del siglo diecinueve

orteil [ɔʀtɛj] *nm* dedo *m* del pie ● **gros orteil** dedo gordo del pie

orthographe [ɔʀtɔgʀaf] *nf* ortografía *f*

orthophoniste [ɔʀtɔfɔnist] *nmf* ortofonista *mf*

ortie [ɔʀti] *nf* ortiga *f*

os ([ɔs], *pl* [o]) *nm* hueso *m*

osciller [ɔsile] *vi* oscilar

osé, e [oze] *adj* atrevido(da)

oseille [ozɛj] *nf* acedera *f*

oser [oze] *vt* atreverse ● **oser faire qqch** atreverse a hacer algo

osier [ozje] *nm* mimbre *m*

osselets [ɔslɛ] *nmpl* (*jeu*) taba *f*

otage [ɔtaʒ] *nm* rehén *m* ● **prendre en otage** tomar como rehén

otarie [ɔtaʀi] *nf* león *m* marino

ôter [ote] *vt* quitar ● **ôter qqch à qqn** quitar algo a alguien ● **8 ôté de 10 égale 7** 10 menos 3 igual a 7

otite [ɔtit] *nf* otitis *f*

oto-rhino(-laryngologiste), s [ɔtɔʀino(larɛ̃gɔlɔʒist)] *nmf* otorrino(laringólogo) *m*, otorrino(laringóloga) *f*

ou [u] *conj* o (*u delante de* o) ● **c'est l'un ou l'autre** uno u otro ● **ou bien** o bien ● **ou... ou...** o...

où [u] *adv* (*pour interroger – sans mouvement*) dónde ● **où habitez-vous ?** ¿dónde vive usted? ● **d'où êtes-vous ?** ¿de dónde es usted? ● **par où faut-il passer ?** ¿por dónde hay que pasar? ; (*– avec mouvement*) adónde ● **où allez-vous ?** ¿adónde va usted?

◇ *pron*

1. (*spatial – sans mouvement*) donde ● **le village où j'habite** el pueblo donde vivo ● **le pays d'où je viens** el país de donde vengo ● **la ville par où nous venons de passer** la ciudad por la que acabamos de pasar ; (*– avec mouvement*) adonde ● **les endroits où nous sommes allés** los sitios adonde hemos ido

2. *(temporel)* (en) que ● **le jour où** el día (en) que ● **juste au moment où** justo en el momento en que

ouate [wat] *nf* guata *f*

oubli [ubli] *nm* olvido *m*

oublier [ublije] *vt* olvidar ● **oublier de faire qqch** olvidar hacer algo

oubliettes [ublijɛt] *nfpl* mazmorra *f*

ouest [wɛst] *adj inv* oeste ◇ *nm* oeste *m* ● **à l'ouest (de)** al oeste (de) ● **l'Ouest** el Oeste

ouf [uf] *interj* ¡uf!

oui [wi] *adv* sí

ouïe [wi] *nf* oído *m* ● **ouïes** *nfpl (de poisson)* agallas *fpl*

ouragan [uʀagɑ̃] *nm* huracán *m*

ourlet [uʀlɛ] *nm* dobladillo *m*

ours [uʀs] *nm* oso *m* ● **ours en peluche** oso de peluche

oursin [uʀsɛ̃] *nm* erizo *m* de mar

outil [uti] *nm* herramienta *f* ● **boîte ou caisse à outils** caja *f* de herramientas ◆ **outils** *nmpl INFORM* herramientas *fpl*

outillage [utijaʒ] *nm* herramientas *fpl*

outre [utʀ] *prép* además de ● **en outre** además ● **outre mesure** desmesuradamente

outré, e [utʀe] *adj* indignado(da)

outre-mer [utʀəmɛʀ] *adv* en ultramar

ouvert, e [uvɛʀ, ɛʀt] *pp* ▶ **ouvrir** ◇ *adj* abierto(ta) ▼ **ouvert le lundi** abierto los lunes

ouvertement [uvɛʀtəmɑ̃] *adv* abiertamente

ouverture [uvɛʀtyʀ] *nf* **1.** apertura *f* **2.** *(porte, fenêtre)* vano *m*

ouvrable [uvʀabl] *adj* ▶ **jour**

ouvrage [uvʀaʒ] *nm* obra *f*

ouvre-boîtes [uvʀəbwat] *nm inv* abrelatas *m inv*

ouvre-bouteilles [uvʀəbutɛj] *nm inv* abrebotellas *m inv*

ouvreur, euse [uvʀœʀ, øz] *nm, f (au cinéma, au théâtre)* acomodador *m*, -ra *f*

ouvrier, ère [uvʀije, ɛʀ] *adj & nm, m* obrero(ra)

ouvrir [uvʀiʀ] *vt & vi* abrir ◆ **s'ouvrir** *vp* abrirse

ovale [ɔval] *adj* oval

oxyder [ɔkside] ◆ **s'oxyder** *vp* oxidarse

oxygène [ɔksiʒɛn] *nm* oxígeno *m*

oxygénée [ɔksiʒene] *adj f* ▶ **eau**

ozone [ozɔn] *nm* ozono *m* ● **couche d'ozone** capa *f* de ozono

*p***P**

pacifique [pasifik] *adj* pacífico(ca) ● **l'océan Pacifique** ou **le Pacifique** el (océano) Pacífico

pack [pak] *nm (de bouteilles)* pack *m*

PACS [paks] *(abr de Pacte civil de solidarité) nm* pacto que pretende la igualdad de las parejas de hecho con las parejas casadas

pacsé, e [pakse] *(fam) nm, f* persona que ha suscrito un PACS

pacser [pakse] ◆ **se pacser** *vp* suscribir un PACS

pacte [pakt] *nm* pacto *m*

paella [paela] *nf* paella *f*

pagayer [pageje] *vi* remar con zagual

page [paʒ] nf página f • **page d'accueil** INFORM página de inicio • **page web** INFORM página web • **page de garde** guarda f • **les pages jaunes** las páginas amarillas

paie [pɛ] → **paye**

paiement [pɛmɑ̃] nm pago m

paillasson [pajasɔ̃] nm felpudo m

paille [naj] nf paja f

paillette [pajɛt] nf (de costume) lentejuela f

pain [pɛ̃] nm pan m • **pain au chocolat** napolitana f de chocolate • **pain complet** pan integral • **pain doré** (Québec) torrija f • **pain d'épice(s)** = alajú m • **pain de mie** pan de molde • **pain perdu** = torrija f • **pain aux raisins** caracola f con pasas

Le pain

Desde un punto de vista cultural, el pan es indisociable de la gastronomía francesa. El de consumo más corriente se elabora a base de harina de trigo pero existe más de una treintena de tipos: los panes artesanos, los panes especiales que contienen cereales o germen de trigo, los panes fantasía a los que se añaden nueces, castañas, aceitunas, etc. Se presentan bajo una gran variedad de formas: *baguette* (barra tradicional), *ficelle* (barra larga y fina), *bâtard* (pan de 400 gramos), *miché* (hogaza) y *épi* (en forma de espiga), entre otras.

pair, e [pɛr] adj par ◆ **pair** nm igual m • **jeune fille au pair** chica f au pair

paire [pɛr] nf par m

paisible [pezibl] adj apacible

paître [pɛtr] vi pacer

paix [pɛ] nf paz f • **avoir la paix** estar tranquilo(la)

Pakistan [pakistɑ̃] nm • **le Pakistan** Pakistán m

pakistanais, e [pakistanɛ, ɛz] adj pakistaní ◆ **Pakistanais, e** nm, f paquistaní mf

palace [palas] nm hotel m de lujo

palais [palɛ] nm **1.** (résidence) palacio m **2.** ANAT paladar m • **Palais de Justice** Palacio de Justicia

pâle [pal] adj pálido(da)

Palestine [palestin] nf • **la Palestine** Palestina f

palestinien, enne [palestinjɛ̃, ɛn] adj palestino(na) ◆ **Palestinien, enne** nm, f palestino m, -na f

palette [palɛt] nf **1.** (de peintre) paleta f **2.** (viande) paletilla f

palier [palje] nm (d'escalier) rellano m

pâlir [palir] vi palidecer

palissade [palisad] nf empalizada f

palmarès [palmares] nm palmarés m

palme [palm] nf (de plongée) aleta f

palmé, e [palme] adj palmeado(da)

palmier [palmje] nm palmera f

palourde [palurd] nf almeja f

palper [palpe] vt palpar

palpitant, e [palpitɑ̃, ɑ̃t] adj palpitante

palpiter [palpite] vi palpitar

Pampelune [pɑ̃plyn] n Pamplona f

pamplemousse [pɑ̃pləmus] nm pomelo m

pan [pɑ̃] nm **1.** (de mur) lienzo m de pared **2.** (de chemise) faldón m

panaché [panaʃe] *nm* ● **(demi) panaché** (caña de) clara *f*

panaris [panaʀi] *nm* panadizo *m*

pan-bagnat [pãbaɲa] *(pl* pans-bagnats*) nm* bocadillo con lechuga, tomates, anchoas, huevo duro, atún y aceite de oliva

pancarte [pãkaʀt] *nf* letrero *m*

pané, e [pane] *adj* empanado(da)

panier [panje] *nm* **1.** cesta *f* **2.** *(de basket, point)* canasta *f* ● **panier à provisions** cesta de la compra

panier-repas [panjeʀəpa] *(pl* paniers-repas*) nm* cesta *f* de picnic

panini [panini] *(pl* paninis*) nm* panini *m*

panique [panik] *nf* pánico *m*

paniquer [panike] *vt* aterrorizar ◇ *vi* entrarle a uno el pánico

panne [pan] *nf* avería *f* ● **être en panne** estar averiado(da) ● **tomber en panne** tener una avería ▼ **en panne** averiado ● **panne d'électricité** ou **de courant** apagón *m* ● **avoir une panne d'essence** quedarse sin gasolina

panneau, x [pano] *nm* **1.** *(d'indication)* panel *m* (indicador) **2.** *(de bois, de verre)* tablero *m* ● **panneau d'affichage** tablón *m* de anuncios ● **panneau de signalisation** señal *f* de tráfico

panoplie [panɔpli] *nf* *(déguisement)* disfraz *m* *(de niño)*

panorama [panɔʀama] *nm* panorama *m*

pansement [pãsmã] *nm* venda *f* ● **pansement adhésif** tirita ® *f*

pantacourt [pãtakuʀ] *nm* pantalón *m* pirata

pantalon [pãtalɔ̃] *nm* pantalón *m*

panthère [pãtɛʀ] *nf* pantera *f*

pantin [pãtɛ̃] *nm* marioneta *f*

pantoufle [pãtufl] *nf* zapatilla *f*

PAO [peao] *(abr de* publication assistée par ordinateur*) nf* autoedición *f*

paon [pã] *nm* pavo *m* real

papa [papa] *nm* papá *m*

pape [pap] *nm* papa *m*

papet [papɛ] *nm* ● **papet vaudois** *guiso preparado a base de puerros y patatas acompañado de salchichas con coles e hígado de cerdo, típico del cantón de Vaud en Suiza*

papeterie [papɛtʀi] *nf* *(magasin)* papelería *f*

papi [papi] *nm* abuelito *m*

papier [papje] *nm* papel *m* ● **papier aluminium** papel de aluminio ou de plata ● **papier cadeau** papel de regalo ● **papier d'emballage** papel de embalar ● **papier hygiénique** ou **toilette** papel higiénico ● **papier à lettre** papel de cartas ● **papier peint** papel pintado ● **papier de verre** papel de lija ● **papiers (d'identité)** papeles, documentación *f* ● **papier à entête** papel con membrete

papillon [papijɔ̃] *nm* mariposa *f* ● **(brasse) papillon** mariposa *f*

papillote [papijɔt] *nf* ● **en papillote** a la papillote

papoter [papɔte] *vi* *(fam)* estar de cháchara

paquebot [pakbo] *nm* paquebote *m*

pâquerette [pakʀɛt] *nf* margarita *f*

Pâques [pak] *nm* Semana *f* Santa

paquet [pakɛ] *nm* **1.** paquete *m* **2.** *(de cartes)* baraja *f* ● **paquet-cadeau** paquete para regalo

par [paʁ] *prép*
1. *(à travers)* por ● passer par pasar por ● regarder par la fenêtre mirar por la ventana
2. *(indique le moyen)* ● envoyer qqch par la poste enviar algo por correo ● par correspondance por correspondencia
3. *(introduit l'agent)* por ● le logiciel est protégé par un code el programa está protegido por un código
4. *(introduit la cause)* por ● faire qqch par intérêt/amitié hacer algo por interés/amistad
5. *(distributif)* ● deux comprimés par jour dos comprimidos al día ● 20 euros par personne 20 euros por persona ● deux par deux de dos en dos
6. *(dans des expressions)* ● par moments a veces ● par-ci par-là por aquí por allá

parabolique [paʁabɔlik] *adj* ➤ **antenne**

paracétamol [paʁasetamɔl] *nm* paracétamol *m*

parachute [paʁaʃyt] *nm* paracaídas *m inv*

parade [paʁad] *nf (défilé)* desfile *m*

paradis [paʁadi] *nm* paraíso *m* ● **paradis fiscal** paraíso fiscal

paradoxal, e, aux [paʁadɔksal, o] *adj* paradójico(ca)

paradoxe [paʁadɔks] *nm* paradoja *f*

parages [paʁaʒ] *nmpl* ● **dans les parages** en los alrededores

paragraphe [paʁagʁaf] *nm* párrafo *m*

Paraguay [paʁagwɛ] *nm* ● **le Paraguay** Paraguay *m*

paraguayen, enne [paʁagwejɛ̃, ɛn] *adj* paraguayo(ya) ● **Paraguayen, enne** *nm, f* paraguayo *m*, -ya *f*

paraître [paʁɛtʁ] *vi* **1.** *(sembler)* parecer
2. *(apparaître, être publié)* aparecer ● **il paraît que** parece que

parallèle [paʁalɛl] *adj* paralelo(la) ◇ *nm* paralelo *m* ● **parallèle à** paralelo a

paralyser [paʁalize] *vt* paralizar

paralysie [paʁalizi] *nf* parálisis *f inv*

parapente [paʁapɑ̃t] *nm* parapente *m* ● **faire du parapente** hacer parapente

parapet [paʁapɛ] *nm* parapeto *m*

parapluie [paʁaplɥi] *nm* paraguas *m inv*

parasite [paʁazit] *nm* parásito *m* ● **parasites** *nmpl (perturbation)* parásitos *mpl*

parasol [paʁasɔl] *nm* sombrilla *f*

paratonnerre [paʁatɔnɛʁ] *nm* pararrayos *m inv*

paravent [paʁavɑ̃] *nm* biombo *m*

parc [paʁk] *nm* parque *m* ● **parc d'attractions** parque de atracciones ● **parc de stationnement** aparcamiento *m* ● **parc zoologique** parque zoológico ● **le Parc des Princes** estadio deportivo de París que recibe a los equipos de fútbol franceses y también a los de rugby

parce que [paʁsk(ə)] *conj* porque

parchemin [paʁʃəmɛ̃] *nm* pergamino *m*

parcmètre [paʁkmɛtʁ] *nm* parquímetro *m*

parcourir [paʁkuʁiʁ] *vt* **1.** recorrer **2.** *(livre, article)* hojear

parcours [paʁkuʁ] *nm* recorrido *m*

parcouru, e [paʁkuʁy] *pp* ➤ **parcourir**

par-derrière [paʁdɛʁjɛʁ] *adv* por detrás ◇ *prép* tras

par-dessous [paʁdəsu] *adv* por debajo ◇ *prép* bajo

pardessus [paʁdəsy] *nm* sobretodo *m*

par-dessus [paʀdəsy] *adv* por encima ◇ *prép* sobre

par-devant [paʀdəvɑ̃] *adv* por delante ◇ *prép* ante

pardon [paʀdɔ̃] *nm* ● demander pardon à qqn pedir perdón a alguien ● pardon ! (*pour s'excuser*) ¡perdón! ; (*pour appeler*) perdone

pardonner [paʀdɔne] *vt* perdonar ● pardonner (qqch) à qqn perdonar (algo) a alguien

pare-brise [paʀbʀiz] *nm inv* parabrisas *m inv*

pare-chocs [paʀʃɔk] *nm inv* parachoques *m inv*

pare-feu [paʀfø] *nm inv* cortafuego *m*

pareil, eille [paʀɛj] *adj* igual ◇ *adv* (*fam*) igual ● une somme pareille semejante suma ● l'un ou l'autre, pour moi c'est pareil lo uno o lo otro, me da igual

parent, e [paʀɑ̃, ɑ̃t] *nm, f* familiar *m* ● les parents los padres

parenthèse [paʀɑ̃tɛz] *nf* paréntesis *m inv* ● entre parenthèses entre paréntesis

parer [paʀe] *vt* (*éviter*) evitar

paresse [paʀɛs] *nf* pereza *f*

paresseux, euse [paʀɛsø, øz] *adj & nm, f* perezoso(sa)

parfait, e [paʀfɛ, ɛt] *adj* perfecto(ta) ◆ parfait *nm* postre hecho a base de nata, generalmente con sabor a café

parfaitement [paʀfɛtmɑ̃] *adv* **1.** (*très bien*) perfectamente **2.** (*en réponse*) desde luego

parfois [paʀfwa] *adv* a veces

parfum [paʀfœ̃] *nm* **1.** (*odeur*) olor *m* **2.** (*de toilette*) perfume *m* **3.** (*de glace*) sabor *m*

parfumé, e [paʀfyme] *adj* perfumado(da)

parfumer [paʀfyme] *vt* perfumar ● parfumé au citron con sabor a limón ◆ se parfumer *vp* perfumarse

parfumerie [paʀfymʀi] *nf* perfumería *f*

pari [paʀi] *nm* apuesta *f* ● faire un pari hacer una apuesta

parier [paʀje] *vt* apostar ● je (te) parie que... (te) apuesto que... ● parier sur apostar por

Paris [paʀi] *n* París

paris-brest [paʀibʀɛst] *nm inv* pastel relleno de crema caramelizada y recubierto de almendras ralladas

parisien, enne [paʀizjɛ̃, ɛn] *adj* parisiense ◆ Parisien, enne *nm, f* parisiense *mf*

parka [paʀka] *nm* ou *nf* parka *f*

parking [paʀkiŋ] *nm* parking *m*

parlante [paʀlɑ̃t] *adj f* ➤ horloge

parlement [paʀləmɑ̃] *nm* parlamento *m* ● le Parlement européen el Parlamento Europeo

parler [paʀle] *vt & vi* hablar ● parler à qqn/de qqch hablar a alguien/de algo

parmesan [paʀməzɑ̃] *nm* parmesano *m*

parmi [paʀmi] *prép* entre

parodie [paʀɔdi] *nf* parodia *f*

paroi [paʀwa] *nf* pared *f*

paroisse [paʀwas] *nf* parroquia *f*

parole [paʀɔl] *nf* palabra *f* ● adresser la parole à qqn dirigir la palabra a alguien ● couper la parole à qqn quitarle la palabra a alguien ● prendre la parole tomar la palabra ◆ paroles *nfpl* (*d'une chanson*) letra *f*

parquet [paʀkɛ] *nm* (*plancher*) parqué *m*

parrain [paʀɛ̃] *nm* padrino *m*

parrainer [paʀene] *vt* patrocinar

parsemer [paʀsəme] *vt* ● parsemer une allée de fleurs recubrir un camino de flores

part [paʀ] *nf* **1.** (*de gâteau*) pedazo *m* **2.** (*d'un héritage*) parte *f* ● prendre part à participar en ● à part (*sauf*) aparte ● de la part de de parte de ● d'une part... d'autre part... por una parte..., por otra... ● autre part en otro sitio ● nulle part en ningún sitio ● quelque part en algún sitio

partage [paʀtaʒ] *nm* reparto *m*

partager [paʀtaʒe] *vt* dividir ● se partager *vp* ● se partager qqch repartirse algo

partenaire [paʀtənɛʀ] *nmf* **1.** pareja *f* **2.** (*en affaires*) socio *m*, -cia *f*

parterre [paʀtɛʀ] *nm* **1.** (*de fleurs*) parterre *m* **2.** (*au théâtre*) patio *m* de butacas

parti [paʀti] *nm* partido *m* ● prendre parti por tomar partido por ● tirer parti de sacar partido de ● parti pris perjuicio *m*

partial, e, aux [paʀsjal, o] *adj* parcial

participant, e [paʀtisipɑ̃, ɑ̃t] *nm, f* participante *mf*

participation [paʀtisipasjɔ̃] *nf* participación *f*

participer [paʀtisipe] ● participer à *v + prep* participar en

particularité [paʀtikylaʀite] *nf* particularidad *f*

particulier, ère [paʀtikylje, ɛʀ] *adj* particular ● en particulier (*surtout*) en particular ● offre réservée aux particuliers oferta reservada a particulares

particulièrement [paʀtikyljɛʀmɑ̃] *adv* particularmente

partie [paʀti] *nf* **1.** parte *f* **2.** (*au jeu*) partida *f* ● en partie en parte ● faire partie de formar parte de

partiel, elle [paʀsjɛl] *adj* parcial ◆ **partiel** *nm* (*examen*) parcial *m*

partiellement [paʀsjɛlmɑ̃] *adv* parcialmente

partir [paʀtiʀ] *vi* **1.** irse **2.** (*moteur*) arrancar **3.** (*coup de feu*) saltar ● être bien/mal parti empezar bien/mal ● à partir de (*chemin*) empezar en ● à partir de a partir de

partisan, e [paʀtizɑ̃, an] *adj* ● être partisan de (faire) qqch ser partidario de (hacer) algo ◆ **partisan** *nm, f* **1.** (*adepte*) partidario *m*, -ria *f* **2.** POL partidista *mf* ◆ **partisan** *nm* (*combattant*) guerrillero *m*, -ra *f*

partition [paʀtisjɔ̃] *nf* MUS partitura *f*

partout [paʀtu] *adv* en todas partes

paru, e [paʀy] *pp* ➤ **paraître**

parution [paʀysjɔ̃] *nf* publicación *f*

parvenir [paʀvəniʀ] ● parvenir à *v + prep* llegar a ● parvenir à faire qqch conseguir hacer algo ● faire parvenir qqch à qqn hacer llegar algo a alguien

parvenu, e [paʀvəny] *pp* ➤ **parvenir**

parvis [paʀvi] *nm* plaza *f* (*delante de una iglesia*)

pas [pa] *adv*

1. (*avec "ne"*) no ● je n'aime pas les épinards no me gustan las espinacas ● elle ne dort pas encore no duerme todavía ● je n'ai pas terminé no he terminado ● il n'y a pas de train pour Madrid aujourd'hui hoy no hay tren para Madrid **2.** (*sans "ne"*) ● tu viens ou pas ? ¿vienes o no? ● elle a aimé l'exposition, moi pas ou pas moi a ella le ha gustado la exposición, a mí, no ● c'est un endroit pas très agréable es un sitio no muy agradable ● pas du tout en absoluto

²pas [pa] nm paso m ● à deux pas de a dos pasos de ● pas à pas paso a paso ● sur le pas de la porte en el umbral de la puerta

passable [pasabl] adj 1. aceptable 2. SCOL suficiente

passage [pasaʒ] nm 1. paso m 2. (de livre, de film) pasaje m ● être de passage estar de paso ● passage clouté ou (pour) piétons paso de cebra ou de peatones ● passage à niveau paso a nivel ● passage protégé cruce m con prioridad ● passage souterrain paso subterráneo

passager, ère [pasaʒe, ɛʀ] adj & nm, f pasajero(ra) ● passager clandestin polizón m

passant, e [pasɑ̃, ɑ̃t] nm, f transeúnte m ● passant nm 1. (d'une ceinture) hebilla f 2. (d'un vêtement) trabilla f

passe [pas] nf SPORT pase m

passé, e [pase] adj pasado(da) ● l'an passé el año pasado ● passé nm pasado m ● passé composé pretérito perfecto

passe-partout [paspaʀtu] nm inv llave f maestra

passe-passe [paspas] nm inv ● tour de passe-passe juego m de manos

passeport [paspɔʀ] nm pasaporte m

passer [pase] vi
1. pasar ● laisser passer qqn dejar pasar a alguien ● passer par pasar por ● passer voir qqn pasar a ver a alguien ● je passe en 3ᵉ année paso a tercero ● passer en seconde (vitesse) meter la segunda
2. (à la télé, à la radio, au cinéma) poner ● qu'est-ce qui passe au cinéma ? ¿qué ponen en el cine? ● le film passe ce soir sur la deuxième chaîne esta noche ponen en la película en el segundo canal ● ma sœur est passée à la télé mi hermana ha salido en la tele
3. (disparaître) ● ta douleur est-elle passée ? ¿se te ha pasado el dolor?
4. (dans des expressions) ● passons ! (pour changer de sujet) ¡dejémoslo! ● en passant de paso
◇ vt
1. (temps, vacances) pasar ● nous avons passé l'après-midi à chercher un hôtel hemos pasado la tarde buscando un hotel ● cette année, nous passerons nos vacances en Espagne este año pasaremos las vacaciones en España
2. (mettre, faire passer) pasar ● passer le bras par la portière asomar el brazo por la puerta ● passer l'aspirateur pasar la aspiradora ● passer un coup d'éponge pasar la esponja
3. (frontière, douane) pasar
4. (examen) hacer ● passer un test hacer un test ● passer son permis de conduire examinarse del carné de conducir ● passer une visite médicale pasar una revisión médica
5. (film, disque) poner ● ils passent un western au cinéma ponen una película del Oeste en el cine
6. (vitesse) meter
7. (filtrer) colar ● passer la soupe colar la sopa
8. (sauter) pasar ● passer son tour pasar el turno ● je passe (au jeu) paso
9. (donner, transmettre) ● passer qqch à qqn (objet) pasar algo a alguien ; (mala-

die) pegar algo a alguien ● **je vous le passe** *(au téléphone)* se lo paso

◆ **passer pour** v + prep pasar por ● **se faire passer pour** hacerse pasar por

◆ **se passer** vp

1. *(arriver)* pasar ● **qu'est-ce qui se passe ?** ¿qué pasa?

2. *(se dérouler)* ● **se passer bien/mal** ir bien/mal

3. *(crème, eau)* ponerse ● **se passer de l'huile solaire sur les jambes** ponerse aceite solar en las piernas

◆ **se passer de** vp + prep prescindir de

passerelle [pasʀɛl] nf **1.** pasarela f **2.** *(sur un bateau)* puente m de mando

passe-temps [pastɑ̃] nm inv pasatiempo m

passible [pasibl] adj ● **passible de** merecedor(ra) de

passif, ive [pasif, iv] adj pasivo(va)
◆ **passif** nm **1.** GRAMM pasiva f **2.** FIN pasivo m

passion [pasjɔ̃] nf pasión f

passionnant, e [pasjonɑ̃, ɑ̃t] adj apasionante

passionné, e [pasjone] adj & nm, f apasionado(da) ● **passionné de musique** apasionado de ou por la música

passionner [pasjone] vi apasionar ◆ **se passionner pour** vp + prep apasionarse por

passoire [paswaʀ] nf colador m

password [paswɔʀd] nm INFORM contraseña f

pastel [pastɛl] adj inv pastel

pastèque [pastɛk] nf sandía f

pasteur [pastœʀ] nm pastor m

pasteurisé, e [pastœʀize] adj pasteurizado(da)

pastille [pastij] nf pastilla f

pastis [pastis] nm anís m

Patagonie [patagɔni] nf ● **la Patagonie** Patagonia f

patate [patat] nf patata f, papa f *(Amér)*
● **patates pilées** *(Québec)* puré m de patatas

patauger [patoʒe] vi chapotear

patch [patʃ] nm MÉD parche m

pâte [pat] nf masa f ● **pâte d'amandes** mazapán m ● **pâte brisée** masa f quebrada ● **pâte feuilletée** hojaldre m ● **pâte de fruits** dulce m de frutas ● **pâte à modeler** plastilina f ◆ **pâtes** nfpl pasta f

pâté [pate] nm **1.** *(charcuterie)* paté m
2. *(tache)* borrón m ● **pâté chinois** *(Québec)* especie de gratén de carne picada, patatas y queso cubierto con una capa de maíz ● **pâté de maisons** manzana f cuadra f *(Amér)* ● **pâté de sable** flan m de arena

pâtée [pate] nf *(pour chien)* comida f *(para perros)*

paternel, elle [patɛʀnɛl] adj paterno(na)

pâteux, euse [patø, øz] adj pastoso(sa)

patiemment [pasjamɑ̃] adv pacientemente

patience [pasjɑ̃s] nf **1.** paciencia f **2.** *(jeu de cartes)* solitario m

patient, e [pasjɑ̃, ɑ̃t] adj & nm, f paciente

patienter [pasjɑ̃te] vi esperar

patin [patɛ̃] nm ● **patins à glace** patines mpl de cuchilla ● **patins à roulettes** patines de ruedas

patinage [patinaʒ] *nm* patinaje *m* ● **patinage artistique** patinaje artístico

patiner [patine] *vi* patinar

patineur, euse [patinœr, øz] *nm, f* patinador *m*, -ra *f*

patinoire [patinwaR] *nf* pista *f* de patinaje

pâtisserie [pɑtisRi] *nf* **1.** (*gâteau*) pastel *m* **2.** (*magasin*) pastelería *f*

pâtissier, ère [pɑtisje, ER] *nm, f* pastelero *m*, -ra *f*

patois [patwa] *nm* habla *f* regional

patrie [patRi] *nf* patria *f*

patrimoine [patRimwan] *nm* patrimonio *m*

patriote [patRijɔt] *nmf* patriota *mf*

patriotique [patRijɔtik] *adj* patriótico(ca)

patron, onne [patRɔ̃, ɔn] *nm, f* patrón *m*, -ona *f* ◆ **patron** *nm* (*modèle de vêtement*) patrón *m*

patrouille [patRuj] *nf* patrulla *f*

patte [pat] *nf* **1.** (*d'animal*) pata *f* **2.** (*languette*) lengüeta *f* **3.** (*favori*) patilla *f*

pâturage [pɑtyRaʒ] *nm* pasto *m*

paume [pom] *nf* palma *f*

paumer [pome] *vt* (*fam*) perder ◆ **se paumer** *vp* (*fam*) perderse

paupière [popjɛR] *nf* párpado *m*

paupiette [popjɛt] *nf* rollito de carne relleno de carne picada

pause [poz] *nf* pausa *f* ● **faire une pause** descansar un rato

pause-café [pozkafe] (*pl* **pauses-café**) *nf* pausa *f* para el café

pauvre [povR] *adj & nmf* pobre

pauvreté [povRəte] *nf* pobreza *f*

pavé, e [pave] *adj* pavimentado(da) ◆ **pavé** *nm* adoquín *m* ● **pavé numérique** *INFORM* teclado *m* numérico

pavillon [pavijɔ̃] *nm* (*maison individuelle*) chalé *m*

payant, e [pejɑ̃, ɑ̃t] *adj* de pago

paye [pɛj] *nf* paga *f*

payer [peje] *vt* pagar ● **bien/mal payé** bien/mal pagado ● **payer qqch à qqn** (*fam*) (*offrir*) invitar a alguien a algo

pays [pei] *nm* país *m* ● **les gens du pays** (*de la région*) la gente del lugar ● **de pays** (*jambon, fromage*) de la región

paysage [peizaʒ] *nm* paisaje *m*

paysan, anne [peizɑ̃, an] *nm, f* campesino *m*, -na *f*

Pays-Bas [peiba] *nmpl* ● **les Pays-Bas** los Países Bajos

PC [pese] *nm* **1.** (*abr de Parti communiste*) partido comunista francés **2.** (*abr de personal computer*) PC *m*

PCV [peseve] (*abr de à percevoir*) *nm* ● **appeler en PCV** llamar a cobro revertido

PDA [pedea] (*abr de Personal Digital Assistant*) *nm* PDA *m*, asistente *m* personal

PDF [pedeɛf] (*abr de Portable Document Format*) *nm* PDF *m*

P-DG [pedeʒe] *nm* (*abr de président-directeur général*) director *m* general

péage [peaʒ] *nm* peaje *m*

peau, x [po] *nf* piel *f* ● **peau de chamois** gamuza *f*

pêche [pɛʃ] *nf* **1.** (*fruit*) melocotón *m* **2.** (*activité*) pesca *f* ● **aller à la pêche (à la ligne)** ir de pesca (con caña) ● **pêche en mer** pesca en alta mar ● **pêche Melba** (copa) Melba *f*

péché [peʃe] nm pecado m

¹**pêcher** [peʃe] vt pescar

²**pêcher** [peʃe] nm melocotonero m

pêcheur, euse [peʃœʀ, øz] nm, f pescador m, -ra f

pédagogie [pedagɔʒi] nf pedagogía f

pédale [pedal] nf pedal m

pédaler [pedale] vi pedalear

pédalier [pedalje] nm pedalero m

Pédalo® [pedalo] nm patín m (de pedales)

pédant, e [pedã, ãt] adj pedante

pédestre [pedestʀ] adj ➤ randonnée

pédiatre [pedjatʀ] nmf pediatra mf

pédicure [pedikyʀ] nmf pedicuro m, -ra f

pedigree [pedigʀe] nm pedigrí m

pédophile [pedofil] adj & nmf pedófilo(la)

pédopsychiatre [pedopsikjatʀ] nmf pedopsiquiatra mf

peigne [peɲ] nm 1. peine m 2. (barrette) peineta f

peigner [peɲe] vt peinar ◆ **se peigner** vp peinarse

peignoir [peɲwaʀ] nm bata f ◆ **peignoir de bain** albornoz m

peindre [pɛ̃dʀ] vt pintar ◆ **peindre qqch en blanc** pintar algo de blanco

peine [pɛn] nf pena f ◆ **avoir de la peine** estar triste ◆ **avoir de la peine à faire qqch** costarle a uno un trabajo hacer algo ◆ **faire de la peine à qqn** causar pena a alguien ◆ **ce n'est pas la peine (de)** no vale la pena ◆ **valoir la peine** merecer ou valer la pena ◆ **à peine** apenas ◆ **sous peine de** so pena de ◆ **peine de mort** pena de muerte

peiner [pene] vi costar trabajo

peint, e [pɛ̃, pɛ̃t] pp ➤ peindre

peintre [pɛ̃tʀ] nm pintor m, -ra f

peinture [pɛ̃tyʀ] nf pintura f

pelage [pəlaʒ] nm pelaje m

pêle-mêle [pɛlmɛl] adv en desorden

peler [pəle] vt pelar ◇ vi pelarse

pèlerinage [pɛlʀinaʒ] nm peregrinaje m

pelle [pɛl] nf pala f

pellicule [pelikyl] nf película f ◆ **pellicules** nfpl caspa f

pelote [pəlɔt] nf ovillo m

peloton [pəlɔtɔ̃] nm (de cyclistes) pelotón m

pelotonner [pəlɔtɔne] ◆ **se pelotonner** vp apelotonarse

pelouse [pəluz] nf césped m ▼ **pelouse interdite** prohibido pisar el césped

peluche [pəlyʃ] nf (jouet) peluche m ◆ **animal en peluche** animal de peluche

pelure [pəlyʀ] nf monda f

pénaliser [penalize] vt perjudicar

penalty [penalti] (pl penaltis OU penalties) nm penalti m

penchant [pɑ̃ʃɑ̃] nm ◆ **avoir un penchant pour** tener inclinación por

pencher [pɑ̃ʃe] vt inclinar ◇ vi inclinarse ◆ **pencher pour** inclinarse por ◆ **se pencher** vp inclinarse

pendant [pɑ̃dɑ̃] prép durante ◆ **pendant les vacances** durante las vacaciones ◆ **pendant trois jours** durante tres días ◆ **pendant que** mientras

pendentif [pɑ̃dɑ̃tif] nm colgante m

penderie [pɑ̃dʀi] nf ropero m

pendre [pɑ̃dʀ] vt 1. (suspendre) colgar 2. (condamné) ahorcar ◇ vi colgar ◆ **se pendre** vp (se tuer) ahorcarse

pendule [pɑ̃dyl] nf reloj m de péndulo

pénétrer [penetʀe] vi ● **pénétrer dans** penetrar en

pénible [penibl] adj **1.** penoso(sa) **2.** (fam) (agaçant) pesado(da)

péniche [peniʃ] nf chalana f

pénicilline [penisilin] nf penicilina f

péninsule [penɛ̃syl] nf península f

pénis [penis] nm pene m

pense-bête, s [pɑ̃sbɛt] nm señal f (recordatorio)

pensée [pɑ̃se] nf pensamiento m

penser [pɑ̃se] vt & vi pensar ● **qu'est-ce que tu en penses ?** ¿qué te parece? ● **penser faire qqch** pensar hacer algo ● **penser à** pensar en ● **penser à faire qqch** acordarse de hacer algo

pensif, ive [pɑ̃sif, iv] adj pensativo(va)

pension [pɑ̃sjɔ̃] nf pensión f ● **être en pension** estar en un internado ● **pension complète** pensión completa ● **pension de famille** casa f de huéspedes

pensionnaire [pɑ̃sjɔnɛʀ] nmf pensionista mf

pensionnat [pɑ̃sjɔna] nm internado m

pente [pɑ̃t] nf **1.** (inclinaison) pendiente f **2.** (côte) cuesta f ● **en pente** empinado(da)

Pentecôte [pɑ̃tkot] nf Pentecostés m

pénurie [penyʀi] nf escasez f

pépé [pepe] nm abuelito m

pépin [pepɛ̃] nm **1.** pepita f **2.** (fam) (ennui) marrón m

perçant, e [pɛʀsɑ̃, ɑ̃t] adj penetrante

percepteur, trice [pɛʀsɛptœʀ, tʀis] nm, f recaudador m, -ra f

perceptible [pɛʀsɛptibl] adj perceptible

percer [pɛʀse] vt **1.** (perforer) taladrar **2.** (trou, ouverture) abrir **3.** (mystère)

descubrir ◇ vi **1.** (dent) salir **2.** (réussir) despuntar

perceuse [pɛʀsøz] nf taladradora f

percevoir [pɛʀsəvwaʀ] vt percibir

perche [pɛʀʃ] nf (tige) pértiga f

percher [pɛʀʃe] ◆ **se percher** vp **1.** (personne) encaramarse **2.** (oiseau) posarse

perchoir [pɛʀʃwaʀ] nm palo m (para pájaros)

perçu, e [pɛʀsy] pp ➤ **percevoir**

percussions [pɛʀkysjɔ̃] nfpl instrumentos mpl de percusión

percuter [pɛʀkyte] vt chocar contra

perdant, e [pɛʀdɑ̃, ɑ̃t] nm, f perdedor m, -ra f

perdre [pɛʀdʀ] vt & vi perder ● **perdre qqn de vue** perder a alguien de vista ◆ **se perdre** vp perderse

perdreau, x [pɛʀdʀo] nm perdigón m (pájaro)

perdrix [pɛʀdʀi] nf perdiz f

perdu, e [pɛʀdy] adj perdido(da)

père [pɛʀ] nm padre m ● **le père Noël** Papá Noel

perfection [pɛʀfɛksjɔ̃] nf perfección f

perfectionné, e [pɛʀfɛksjɔne] adj perfeccionado(da)

perfectionnement [pɛʀfɛksjɔnmɑ̃] nm perfeccionamiento m

perfectionner [pɛʀfɛksjɔne] vt perfeccionar ◆ **se perfectionner** vp perfeccionarse

perforer [pɛʀfɔʀe] vt perforar

performance [pɛʀfɔʀmɑ̃s] nf (d'un sportif) resultado m ◆ **performances** nfpl (d'un ordinateur, d'une voiture) prestaciones fpl

perfusion [pɛʁfyzjɔ̃] nf perfusión f ● **être sous perfusion** tener puesto el gotero

péril [peʁil] nm peligro m ● **en péril** en peligro

périlleux, euse [peʁijø, øz] adj peligroso(sa)

périmé, e [peʁime] adj caducado(da)

périmètre [peʁimɛtʁ] nm perímetro m

période [peʁjɔd] nf periodo m, período m ● **en période de vacances** en periodo de vacaciones

périodique [peʁjɔdik] adj periódico(ca) ◇ nm publicación f periódica

péripéties [peʁipesi] nfpl peripecias fpl

périph [peʁif] (abr de périphérique) (fam) nm ● **le périph** la ronda de circunvalación

périphérique [peʁifeʁik] adj periférico(ca) ◇ nm INFORM periférico m ● **le (boulevard) périphérique** la ronda de circunvalación ● **périphériques de sortie** dispositivos mpl de salida

périr [peʁiʁ] vi perecer

périssable [peʁisabl] adj perecedero(ra)

perle [pɛʁl] nf perla f

permanence [pɛʁmanɑ̃s] nf 1. (bureau) servicio m de guardia 2. SCOL sala f de estudio ● **en permanence** permanentemente

permanent, e [pɛʁmanɑ̃, ɑ̃t] adj permanente

permanente [pɛʁmanɑ̃t] nf permanente f

perméable [pɛʁmeabl] adj permeable

permettre [pɛʁmɛtʁ] vt permitir ● **permettre à qqn de faire qqch** permitir a alguien hacer algo ● **se permettre** vp ● **se**

permettre de faire qqch permitirse hacer algo ● **je ne peux pas me permettre cette dépense** no me puedo permitir este gasto

permis, e [pɛʁmi, iz] pp ➤ **permettre** ● **permis** nm permiso m ● **il est permis de...** está permitido... ● **permis de conduire** carné m de conducir ● **permis de construire** licencia f de obras ● **permis de pêche** permiso de pesca ● **permis à points** carné por puntos ● **permis de séjour** permiso de residencia

permission [pɛʁmisjɔ̃] nf permiso m ● **demander la permission de faire qqch** pedir permiso para hacer algo

Pérou [peʁu] nm ● **le Pérou** Perú m

perpendiculaire [pɛʁpɑ̃dikylɛʁ] adj perpendicular

perpétuel, elle [pɛʁpetɥɛl] adj perpetuo(tua)

perplexe [pɛʁplɛks] adj perplejo(ja)

perron [peʁɔ̃] nm escalinata f

perroquet [peʁɔkɛ] nm loro m

perruche [peʁyʃ] nf cotorra f

perruque [peʁyk] nf peluca f

persécuter [pɛʁsekyte] vt perseguir

persécution [pɛʁsekysjɔ̃] nf persecución f

persévérant, e [pɛʁseveʁɑ̃, ɑ̃t] adj perseverante

persévérer [pɛʁseveʁe] vi perseverar

persienne [pɛʁsjɛn] nf persiana f

persil [pɛʁsi] nm perejil m

persillé, e [pɛʁsije] adj (sauce du persil) con perejil

persistant, e [pɛʁsistɑ̃, ɑ̃t] adj persistente

persister [pɛrsiste] *vi* persistir ● **persister à faire qqch** persistir en hacer algo
perso [pɛrso] *(abr de personnel) (fam) adj* personal
personnage [pɛrsɔnaʒ] *nm* personaje *m*
personnaliser [pɛrsɔnalize] *vt* personalizar
personnalité [pɛrsɔnalite] *nf* personalidad *f*
personne [pɛrsɔn] *nf* persona *f* ◇ *pron* nadie ● **personne âgée** persona mayor ● **personne n'est venu** nadie vino, no vino nadie ● **il n'y a personne** no hay nadie ● **en personne** en persona ● **par personne interposée** por terceras personas
personnel, elle [pɛrsɔnel] *adj* personal ◆ **personnel** *nm* personal *m*, plantilla *f*
personnellement [pɛrsɔnelmã] *adv* personalmente
personnifier [pɛrsɔnifje] *vt* personificar *f*
perspective [pɛrspɛktiv] *nf* perspectiva *f*
persuader [pɛrsɥade] *vt* persuadir ● **il faut le persuader de partir** hay que convencerlo de que se vaya
persuasif, ive [pɛrsɥazif, iv] *adj* persuasivo(va)
perte [pɛrt] *nf* pérdida *f* ● **perte de temps** pérdida de tiempo
perturbation [pɛrtyrbasjɔ̃] *nf* perturbación *f* ● **des perturbations dans les transports** perturbaciones en los transportes
perturber [pɛrtyrbe] *vt* perturbar
péruvien, enne [peryvjɛ̃, ɛn] *adj* peruano(na) ◆ **Péruvien, enne** *nm, f* peruano *m*, -na *f*
pesant, e [pəzã, ãt] *adj* pesado(da)

pesanteur [pəzãtœr] *nf (gravité)* gravedad *f*
pèse-personne [pɛzpɛrsɔn] *nm inv* báscula *f* de baño
peser [pəze] *vt & vi* pesar ● **peser lourd** pesar mucho
pessimisme [pesimism] *nm* pesimismo *m*
pessimiste [pesimist] *adj & nmf* pesimista
peste [pɛst] *nf* peste *f*
pétale [petal] *nm* pétalo *m*
pétanque [petãk] *nf* petanca *f*
pétard [petar] *nm* petardo *m*
péter [pete] *vi* 1. tirarse pedos 2. *(fam) (se casser)* escacharrarse ● **il a pété les plombs** ou **un boulon** *(fam)* se le han cruzado los cables
pétillant, e [petijã, ãt] *adj* 1. *(vin, eau)* con burbujas 2. *(yeux)* chispeante
pétiller [petije] *vi* 1. *(champagne)* burbujear 2. *(yeux)* chispear
petit, e [p(ə)ti, it] *adj* 1. pequeño(ña) 2. *(en durée)* corto(ta) ◇ *nm, f* pequeño *m*, -ña *f* ● **petit à petit** poco a poco ● **petit ami** novio *m* ● **petite amie** novia *f* ● **petit déjeuner** desayuno *m* ● **petit pain** panecillo *m* ● **petit pois** guisante *m* ● **petit pot** potito *m* ● **petites annonces** anuncios *mpl* por palabras ◆ **petit** *nm (d'un animal)* cría *f*
petite-fille [p(ə)titfij] *(pl* petites-filles*)* *nf* nieta *f*
petit-fils [p(ə)tifis] *(pl* petits-fils*)* *nm* nieto *m*
petit-four [p(ə)tifur] *(pl* petits-fours*)* *nm* 1. *(salé)* canapé *m* 2. *(sucré)* pastelito *m*

pétition [petisjɔ̃] nf petición f
petits-enfants [p(ə)tizɑ̃fɑ̃] nmpl nietos mpl
petit-suisse [p(ə)tisɥis] (pl petits-suisses) nm petit suisse f
pétrole [petʀɔl] nm petróleo m
pétrolier [petʀɔlje] nm petrolero m
peu [pø] adv
1. (avec un verbe, un adverbe, un adjectif) poco ● j'ai peu voyagé he viajado poco ● ils sont peu nombreux son poco numerosos ● peu après poco después ● peu amicalement poco amistosamente
2. (avec un nom) poco ● peu de gens poca gente ● peu de temps poco tiempo ● peu de livres pocos libros
3. (dans le temps) poco ● sous ou d'ici peu dentro de poco ● il y a peu hace poco
4. (dans des expressions) ● à peu près aproximadamente ● peu à peu poco a poco ◇ nm ● un peu un poco ● un (tout) petit peu un poquito ● un peu de un poco de
peuple [pœpl] nm pueblo m
peupler [pœple] vt poblar
peuplier [pøplije] nm álamo m
peur [pœʀ] nf miedo m ● avoir peur tener miedo ● avoir peur de (faire) qqch tener miedo de (hacer) algo ● faire peur (à) asustar (a)
peureux, euse [pœrø, øz] adj & nm, f miedoso(sa)
peut [pø] ➤ pouvoir
peut-être [pøtɛtʀ] adv quizás ● peut-être qu'elle ne viendra pas quizás no venga ● peut-être bien quizás
peux [pø] ➤ pouvoir
phalange [falɑ̃ʒ] nf falange f
pharaon [faʀaɔ̃] nm faraón m

phare [faʀ] nm faro m
pharmacie [faʀmasi] nf **1.** farmacia f **2.** (armoire) botiquín m
pharmacien, enne [faʀmasjɛ̃, ɛn] nm, f farmacéutico m, -ca f
phase [faz] nf fase f ● phase terminale MÉD fase terminal
phénoménal, e, aux [fenɔmenal, o] adj fenomenal
phénomène [fenɔmɛn] nm fenómeno m
philatélie [filateli] nf filatelia f
philippin, e [filipɛ̃, in] adj filipino(na) ● Philippin, e nm, f filipino m, -na f
Philippines [filipin] nfpl ● les Philippines Filipinas fpl
philosophe [filɔzɔf] adj ● être très philosophe tomárse las cosas con filosofía ◇ nmf filósofo m, -fa f
philosophie [filɔzɔfi] nf filosofía f
phonétique [fonetik] adj fonético(ca)
phoque [fɔk] nm foca f
photo [foto] nf **1.** (image) foto f **2.** (art) fotografía f ● prendre qqn en photo sacar una foto a alguien ● prendre qqch en photo sacar una foto de algo ● prendre une photo (de) sacar una foto (de) ● y'a pas photo (fam) no hay color
photocopie [fotokɔpi] nf fotocopia f ● faire une photocopie de qqch hacer una fotocopia de algo
photocopier [fotokɔpje] vt fotocopiar
photocopieuse [fotokɔpjøz] nf fotocopiadora f
photographe [fotɔgraf] nmf fotógrafo m, -fa f
photographie [fotɔgrafi] nf fotografía f
photographier [fotɔgrafje] vt fotografiar

Photomaton ® [fɔtɔmatɔ̃] *nm* fotomatón ® *m*

phrase [fʀɑz] *nf* frase *f*

physionomie [fizjɔnɔmi] *nf* fisonomía *f*

physique [fizik] *adj* físico(ca) ◇ *nf* física *f* ◇ *nm* físico *m*

pianiste [pjanist] *nmf* pianista *mf*

piano [pjano] *nm* piano *m* ● **jouer du piano** tocar el piano

pic [pik] *nm* **1.** (*montagne*) pico *m* **2.** ● **pic d'audience** pico de audiencia ● **pic de pollution** pico de polución ● **à pic** (*couler*) a pique ; (*descendre*) en picado ; (*fig*) (*tomber, arriver*) a punto

pichet [piʃɛ] *nm* jarra *f*

pickpocket [pikpɔkɛt] *nm* carterista *mf*

picorer [pikɔʀe] *vt* picotear

picotement [pikɔtmɑ̃] *nm* picor *m*

picoter [pikɔte] *vt* picar

pie [pi] *nf* urraca *f*

pièce [pjɛs] *nf* **1.** (*argent*) moneda *f* **2.** (*salle*) habitación *f* **3.** (*sur un vêtement*) remiendo *m* **4.** (*morceau*) pieza *f* ● **quatre euros pièce** cuatro euros cada uno ● (*maillot de bain*) **une pièce** bañador *m* ● **pièce d'identité** documento *m* de identidad ● **pièce de monnaie** moneda *f* ● **pièce montée** torta *f* de boda ● **pièce de rechange** pieza de repuesto ● **pièce** (*de théâtre*) obra *f* (de teatro) ● **(en) pièce jointe** (como) archivo adjunto *ou* anexo *m*

pied [pje] *nm* pie *m* ● **à pied** a pie, andando ● **au pied de** al pie de ● **avoir pied** hacer pie

piège [pjɛʒ] *nm* trampa *f* ● **être pris au piège** caer en la trampa

piéger [pjeʒe] *vt* **1.** (*animal*) cazar (*con trampas*) **2.** (*personne*) tender una trampa **3.** (*voiture, valise*) poner una bomba en ● **voiture piégée** coche *m* bomba

piercing [pirsiŋ] *nm* piercing *m*

pierre [pjɛʀ] *nf* piedra *f* ● **pierre précieuse** piedra preciosa

piétiner [pjetine] *vt* pisotear ◇ *vi* (*foule*) no avanzar

piéton, onne [pjetɔ̃, ɔn] *nm, f* peatón *m*, -ona *f* ◇ *adj* peatonal

piétonnier, ère [pjetɔnje, ɛʀ] *adj* peatonal

pieu, x [pjø] *nm* estaca *f*

pieuvre [pjœvʀ] *nf* pulpo *m*

pigeon [piʒɔ̃] *nm* paloma *f*

pilaf [pilaf] *nm* ➤ **riz**

pile [pil] *nf* pila *f* ◇ *adv* (*à l'heure*) en punto ● **jouer qqch à pile ou face** jugarse algo a cara o cruz ● **pile ou face ?** ¿cara o cruz? ● **s'arrêter pile** pararse en seco ● **à 3 h pile** a las 3 en punto

piler [pile] *vt* picar ◇ *vi* frenar en seco

pilier [pilje] *nm* pilar *m*

pili-pili [pilipili] *nm inv* (*Afrique*) pili-pili *m*

piller [pije] *vt* saquear

pilote [pilɔt] *nm* **1.** piloto *m* **2.** *INFORM* piloto *m*

piloter [pilɔte] *vt* **1.** (*avion, voiture*) pilotar **2.** (*diriger*) guiar

pilotis [pilɔti] *nm* pilote *m*

pilule [pilyl] *nf* **1.** (*cachet*) pastilla *f* **2.** (*contraception*) píldora *f* ● **prendre la pilule** tomar la píldora

piment [pimã] *nm* ● **piment rouge** guindilla *f*

pimenté, e [pimãte] *adj* picante

pin [pɛ̃] *nm* pino *m*

PIN [pin] (*abr de Personal Identification Number*) *nm* PIN *m*

pince [pɛ̃s] *nf* pinza *f* ● **pince à cheveux** horquilla *f* ● **pince à épiler** pinzas de depilar ● **pince à linge** pinza de la ropa

pinceau, X [pɛ̃so] *nm* pincel *m*

pincée [pɛ̃se] *nf* pizca *f*

pincer [pɛ̃se] *vt* **1.** (*serrer*) pellizcar **2.** (*fam*) (*coincer*) pillar

pingouin [pɛ̃gwɛ̃] *nm* pingüino *m*

ping-pong, s [piŋpɔ̃g] *nm* ping-pong *m*

pintade [pɛ̃tad] *nf* pintada *f*

pinte [pɛ̃t] *nf* **1.** (*de bière*) pinta *f* **2.** (*Helv*) (*café*) bar *m*

pioche [pjɔʃ] *nf* pico *m*

piocher [pjɔʃe] *vi* (*aux cartes, aux dominos*) robar

pion [pjɔ̃] *nm* peón *m*

pionnier, ère [pjɔnje, ɛʀ] *nm, f* pionero *m, -a f*

pipe [pip] *nf* pipa *f*

pipeau [pipo] *nm* MUS caramillo *m* ● **c'est du pipeau** (*fam*) no se lo cree ni él

pipi [pipi] *nm* ● **faire pipi** hacer pis

piquant, e [pikɑ̃, ɑ̃t] *adj* picante ● **piquant** *nm* pincho *m*

pique [pik] *nm* picas *fpl*

pique-nique, s [piknik] *nm* picnic *m*

pique-niquer [piknike] *vi* ir de picnic

piquer [pike] *vt* **1.** (*suj : aiguille, pointe*) pinchar **2.** (*suj : guêpe, moustique, ortie*) picar **3.** (*suj : fumée*) irritar **4.** (*fam*) (*voler*) birlar ◇ *vi* picar

piquet [pike] *nm* estaca *f*

piqûre [pikyʀ] *nf* **1.** (*d'insecte*) picadura *f* **2.** MÉD pinchazo *m* ● **piqûre de rappel** inyección *f* de refuerzo

piratage [piʀataʒ] *nm* **1.** piratería *f* **2.** (*de logiciel, de vidéo*) pirateo *m*

pirate [piʀat] *adj* pirata ◇ *nm* pirata *m* ● **pirate de l'air** pirata del aire

pirater [piʀate] *vt* piratear

pire [piʀ] *adj* peor ◇ *nm* ● **le pire** lo peor ● **de pire en pire** cada vez peor

pirouette [piʀwɛt] *nf* pirueta *f*

pis [pi] *nm* ubre *f*

piscine [pisin] *nf* piscina *f*

pissenlit [pisɑ̃li] *nm* diente *m* de león

pisser [pise] *vi* (*vulg*) mear

pistache [pistaʃ] *nf* pistacho *m*

piste [pist] *nf* **1.** pista *f* **2.** (*chemin*) senda *f* ● **piste d'atterrissage** pista (de aterrizaje) ● **piste cyclable** carril-bici *m* ● **piste de danse** pista de baile ● **piste verte/ bleue/rouge/noire** pista verde/azul/roja/ negra

pistolet [pistɔle] *nm* pistola *f*

piston [pistɔ̃] *nm* (*de moteur*) pistón *m*

pitié [pitje] *nf* piedad *f*, lástima *f* ● **avoir pitié de qqn** sentir lástima por alguien ● **faire pitié à qqn** dar lástima a alguien

pitoyable [pitwajabl] *adj* **1.** (*triste*) lastimoso(a) **2.** (*méprisable*) lamentable

pitre [pitʀ] *nm* payaso *m* ● **faire le pitre** hacer el payaso

pittoresque [pitɔʀɛsk] *adj* pintoresco(ca)

pivotant, e [pivɔtɑ̃, ɑ̃t] *adj* **1.** (*porte*) giratorio(ria) **2.** (*tête*) pivotante

pivoter [pivɔte] *vi* girar

pixel [piksɛl] *m* INFORM píxel *m*

pixellisation [pikselizasjɔ̃] *nf* INFORM pixelización *f*

pizza [pidza] *nf* pizza *f*

pizzeria [pidzeʀja] *nf* pizzería *f*

placard [plakaʀ] *nm* armario *m* empotrado

placarder [plakaʀde] *vt (avis, affiche)* fijar *(carteles)*

place [plas] *nf* **1.** *(endroit, espace)* sitio *m* **2.** *(de théâtre)* localidad *f* **3.** *(siège)* asiento *m* **4.** *(d'une ville)* plaza *f* **5.** *(dans un classement)* lugar *m* **6.** *(emploi)* colocación *f* ● **changer qqch de place** cambiar algo de sitio ● **à la place de** en lugar de ● **sur place** *(manger, dormir)* allí (mismo) ● **place assise/debout** plaza sentada/de pie

placement [plasmɑ̃] *nm* inversión *f*

placer [plase] *vt* **1.** colocar **2.** *(argent)* invertir ◆ **se placer** *vp* **1.** *(se mettre)* colocarse **2.** *(se classer)* situarse

plafond [plafɔ̃] *nm* **1.** *(d'une salle)* techo *m* **2.** *(limite)* tope *m*

plafonnier [plafɔnje] *nm* plafón *m*

plage [plaʒ] *nf* **1.** playa *f* **2.** *(de CD)* surco *m* ● **plage arrière** bandeja *f*

plaie [plɛ] *nf* llaga *f*

plaindre [plɛ̃dʀ] *vt* compadecer ◆ **se plaindre** *vp* quejarse ● **se plaindre de** quejarse de

plaine [plɛn] *nf* llanura *f*

plaint, e [plɛ̃, plɛ̃t] *pp* ➤ **plaindre**

plainte [plɛ̃t] *nf* **1.** *(gémissement)* quejido *m* **2.** *(en justice)* denuncia *f* ● **porter plainte (contre qqn)** denunciar (a alguien)

plaintif, ive [plɛ̃tif, iv] *adj* quejumbroso(sa)

plaire [plɛʀ] *vi* gustar ● **plaire à qqn** gustarle a alguien ● **ça ne me plaît pas** esto

no me gusta ● **il me plaît** me gusta ● **s'il vous/te plaît** por favor ◆ **se plaire** *vp (quelque part)* sentirse a gusto

plaisance [plɛzɑ̃s] *nf* ➤ **navigation, port**

plaisanter [plɛzɑ̃te] *vi* bromear

plaisanterie [plɛzɑ̃tʀi] *nf* broma *f*

plaisir [plɛziʀ] *nm* placer *m* ● **faire plaisir à qqn** agradar ou complacer a alguien ● **avec plaisir !** ¡con mucho gusto!

plan [plɑ̃] *nm* **1.** *(projet, structure)* plan *m* **2.** *(carte)* mapa *f* **3.** *(niveau)* plano *m* ● **plan de ville** mapa de la ciudad ● **gros plan** primer plano ● **au premier/second plan** en primer/segundo plano ● **plan d'eau** estanque *m* ● **plan social** plan *m* social ● **plan vigipirate** *dispositivo de seguridad antiterrorista que el primer ministro activa a petición del ministro del Interior*

planche [plɑ̃ʃ] *nf* tabla *f* ● **faire la planche** hacer el muerto ● **planche à roulettes** monopatín *m* ● **planche à voile** tabla de windsurf

plancher [plɑ̃ʃe] *nm* suelo *m*

planer [plane] *vi* **1.** planear **2.** *(fig) (être dans la lune)* estar en las nubes

planète [planɛt] *nf* planeta *m*

planeur [planœʀ] *nm* planeador *m*

planifier [planifje] *vt* planificar

planning [planiŋ] *nm* programa *m*

plantation [plɑ̃tasjɔ̃] *nf* plantación *f*

plante [plɑ̃t] *nf* planta *f* ● **plante des pieds** planta de los pies ● **plante grasse** planta carnosa *(cactus)* ● **plante verte** planta de interior

planter [plɑ̃te] *vt* **1.** *(graines)* plantar **2.** *(enfoncer)* clavar ◇ *vi (fam)* INFORM ● **mon ordinateur a encore planté** el ordenador se me ha vuelto a colgar

plaque [plak] *nf* **1.** placa *f* **2.** *(de chocolat)* tableta *f* **3.** *(tache)* mancha *f* ● **plaque de cuisson** placa eléctrica ● **plaque d'immatriculation** ou **minéralogique** matrícula *f*

plaqué, e [plake] *adj* ● **plaqué or/argent** chapado en oro/en plata

plaquer [plake] *vt* **1.** aplastar **2.** *(au rugby)* placar ● **plaquer ses cheveux** alisar el pelo

plaquette [plakɛt] *nf (de beurre, de chocolat)* pastilla *f* ● **plaquette de frein** pastilla *f* de freno

plasma [plasma] *nm* ● **écran (à) plasma** pantalla *f* de plasma

plastifié, e [plastifje] *adj* plastificado(da)

plastique [plastik] *nm* plástico *m* ● **sac en plastique** bolsa de plástico

plat, e [pla, plat] *adj* **1.** plano(na) **2.** *(terrain)* llano(na) **3.** *(eau)* sin gas ◆ **plat** *nm* **1.** *(assiette)* fuente *f* **2.** *(de menu)* plato *m* ● **à plat** *(pneu)* desinflado(da) ; *(batterie)* agotado(da) ; *(fam) (fatigué)* reventado(da) ● **à plat ventre** boca abajo ● **plat cuisiné** plato precocinado ● **plat du jour** plato del día ● **plat de résistance** plato fuerte

platane [platan] *nm* plátano *m (árbol)*

plateau, x [plato] *nm* **1.** *(de cuisine)* bandeja *f* **2.** *(plaine)* meseta *f* **3.** *(de télévision, de cinéma)* plató *m* ● **plateau de fromages** tabla *f* de quesos

plate-bande [platbɑ̃d] *(pl* **plates-bandes***) nf* parterre *m*

plate-forme [platfɔʀm] *(pl* **plates-formes***) nf* plataforma *f*

platine [platin] *nf* ● **platine cassette** platina *f (de casete)* ● **platine laser** reproduc-

tor *m* de discos compactos ◆ *nm* platino *m*

plâtre [platʀ] *nm* **1.** *(matière)* yeso *m* **2.** *MÉD* escayola *f*

plâtrer [platʀe] *vt MÉD* escayolar

plausible [plozibl] *adj* plausible

plébiscite [plebisit] *nm* **1.** plebiscito *m* **2.** *(Helv) (référendum)* referéndum *m*

plein, e [plɛ̃, plɛn] *adj* **1.** *(rempli)* lleno(na) **2.** *(complet)* completo(ta) ◆ **plein de** *(rempli de)* lleno de ; *(fam) (beaucoup de)* un montón de ● **en plein air** al aire libre ● **en pleine forme** en plena forma ● **en pleine nuit** en medio de la noche ● **en plein devant moi** justo delante de mí ● **en plein milieu** justo en medio ● **pleins phares** *(luces)* largas *fpl* ● **pleine lune** luna f llena ● **pleins pouvoirs** plenos poderes *mpl* ◆ **plein** *nm* ● **faire le plein (d'essence)** llenar el depósito *(de gasolina)*

pleurer [plœʀe] *vi* llorar

pleurnicher [plœʀniʃe] *vi* lloriquear

pleut [plø] ➤ **pleuvoir**

pleuvoir [pløvwaʀ] *vi* llover ◇ *v impers* ● **il pleut (à verse)** llueve (a cántaros)

Plexiglas® [plɛksiglas] *nm* plexiglás® *m*

pli [pli] *nm* **1.** pliegue *m* **2.** *(d'un pantalon)* raya *f* **3.** *(aux cartes)* baza *f* ● **(faux) pli** arruga *f*

pliant, e [plijɑ̃, ɑ̃t] *adj* plegable

plier [plije] *vt* **1.** doblar **2.** *(lit, tente)* plegar ◇ *vi* doblegarse

plinthe [plɛ̃t] *nf* zócalo *m*

plissé, e [plise] *adj (jupe)* plisado(da)

plisser [plise] vt **1.** *(papier)* hacer pliegues en **2.** *(tissu)* plisar **3.** *(yeux)* entrecerrar

plomb [plɔ̃] nm **1.** *(matière, fusible)* plomo m **2.** *(de pêche)* plomada f **3.** *(de chasse)* perdigón m ● **les plombs ont sauté** han saltado los plomos

plombage [plɔ̃baʒ] nm empaste m

plomberie [plɔ̃bri] nf fontanería f

plombier [plɔ̃bje] nm fontanero m

plongeant, e [plɔ̃ʒɑ̃, ɑ̃t] adj **1.** *(vue)* de pájaro **2.** *(décolleté)* muy abierto(ta)

plongée [plɔ̃ʒe] nf buceo m ● **plongée sous-marine** submarinismo m

plongeoir [plɔ̃ʒwar] nm trampolín m *(de piscina)*

plongeon [plɔ̃ʒɔ̃] nm zambullida f

plonger [plɔ̃ʒe] vi zambullirse ◇ vt hundir ● **être plongé dans ses pensées/son travail** estar sumido en sus pensamientos/el trabajo ◆ **se plonger dans** vp + prep enfrascarse en

plongeur, euse [plɔ̃ʒœr, øz] nm, f SPORT buceador m, -ra f

plu [ply] pp ➤ plaire, pleuvoir

plug-in [plœgin] nm plug-in m, dispositivo m opcional

pluie [plɥi] nf lluvia f

plumage [plymaʒ] nm plumaje m

plume [plym] nf pluma f

plupart [plypar] nf ● **la plupart (de)** la mayoría (de) ● **la plupart du temps** la mayor parte del tiempo

pluriel [plyrjɛl] nm plural m

plus [ply(s)] adv
1. *(davantage)* más ● **je ne veux pas dépenser plus** no quiero gastar más ● **plus d'argent/de vacances** más dinero/vaca-

ciones ● **plus de la moitié** más de la mitad ● **il reste plus de 100 km jusqu'à Nantes** quedan más de 100 km hasta Nantes ● **je n'en veux plus, merci** no quiero más, gracias
2. *(comparatif)* más ● **plus intéressant (que)** más interesante (que) ● **plus simplement (que)** de forma más sencilla (que)
3. *(superlatif)* ● **le/la plus** el/la más ● **c'est ce qui me plaît le plus ici** es lo que más me gusta aquí ● **l'hôtel le plus confortable où nous ayons logé** el hotel más cómodo donde nos hemos alojado ● **le plus souvent** la mayoría de las veces ● **le plus... possible** lo más... posible
4. *(dans des expressions)* ● **de plus** *(en supplément)* más ; *(d'autre part)* además ● **il a deux ans de plus que moi** tiene dos años más que yo ● **de plus en plus (de)** cada vez más ● **en plus** *(en supplément)* de más ; *(d'autre part)* además ● **en plus de** además de ● **plus ou moins** más o menos ● **plus tu y penseras, pire ce sera** cuanto más pienses en ello, peor será
◇ prép más

plusieurs [plyzjœr] adj & pron varios(rias)

plus-que-parfait [plyskəparfɛ] nm *(pretérito)* pluscuamperfecto m

plutôt [plyto] adv **1.** *(de préférence)* más bien **2.** *(assez)* bastante ● **plutôt que (de) faire qqch** en vez de hacer algo

pluvieux, euse [plyvjø, øz] adj lluvioso(sa)

PMU [peemy] *(abr de Pari mutuel urbain)* nm quiniela hípica en Francia

Le PMU

Creado en 1930, el *Pari Mutuel Urbain* es una organización que reúne 63 sociedades encargadas de organizar, promover y comercializar las apuestas hípicas. Se calcula que hay en Francia alrededor de 8 millones de apostantes, de los cuales un millón son verdaderos *turfistes* (nombre dado a los apostantes que van a los hipódromos) y existen más de 8.000 *points PMU*, lo que refleja la pasión de los franceses por las carreras de caballos.

pneu [pnø] nm neumático m

pneumatique [pnømatik] adj ➤ canot, matelas

pneumonie [pnømɔni] nf neumonía f

PO (abr de petites ondes) OC (ondas cortas)

poche [pɔʃ] nf bolsillo m ● de poche de bolsillo

pocher [pɔʃe] vt 1. (œil) poner un ojo morado 2. CULIN escalfar

pochette [pɔʃɛt] nf 1. (de rangement) sobre m 2. (sac à main) cartera f 3. (mouchoir) pañuelo m de (traje) ● pochette d'allumettes caja f de cerillas

podium [pɔdjɔm] nm podio m

poème [pɔɛm] nm poema m

poésie [pɔezi] nf poesía f

poète [pɔɛt] nm poeta m

poétique [pɔetik] adj poético(ca)

poids [pwa] nm 1. peso m 2. (de balance) pesa f ● perdre/prendre du poids adelga-

zar/engordar ● poids lourd (camion) vehículo m pesado

poignard [pwaɲar] nm puñal m

poignarder [pwaɲarde] vt apuñalar

poignée [pwaɲe] nf 1. (de porte) picaporte m 2. (de valise) asa f 3. (de sable, de bonbons) puñado m ● une poignée de un puñado de ● poignée de main apretón m de manos

poignet [pwaɲɛ] nm 1. ANAT muñeca f 2. (de vêtement) puño m

poil [pwal] nm 1. pelo m 2. (sur les jambes) vello m 3. (de pinceau, de brosse à dents) cerda f ● à poil (fam) en pelotas

poilu, e [pwaly] adj peludo(da)

poing [pwɛ̃] nm puño m ● un coup de poing un puñetazo

point [pwɛ̃] nm punto m ● à point (steak) en su punto ● notre nouveau modèle est au point nuestro modelo está a punto ● au point où à tel point que hasta tal punto que ● être sur le point de faire qqch estar a punto de hacer algo ● point de côté punzada f en el costado ● point de départ punto de partida ● point d'exclamation signo m de exclamación ● point faible punto débil ou flaco ● point final punto final ● point d'interrogation signo m de interrogación ● (au) point mort (en) punto muerto ● point de repère punto de referencia ● points cardinaux puntos cardinales ● points de suspension puntos suspensivos ● points (de suture) puntos (de sutura)

point de vue [pwɛ̃dvy] (pl points de vue) nm 1. (endroit) vista f 2. (opinion) punto m de vista

pointe [pwɛ̃t] *nf* punta *f* ● **sur la pointe des pieds** de puntillas ● **à la pointe (de)** *(technique, recherche)* a la vanguardia (de) ● **de pointe** puntero(ra), punta ● **en pointe** *(tailler)* en punta ◆ **pointes** *nfpl (chaussons)* puntas *fpl*

pointer [pwɛ̃te] *vt* apuntar ◇ *vi* fichar

pointeur [pwɛ̃tœʀ] *nm INFORM* ● **pointeur de la souris** puntero *m* (del ratón)

pointillé [pwɛ̃tije] *nm* línea *f* de puntos ● **en pointillé** *(ligne)* de puntos

pointu, e [pwɛ̃ty] *adj* puntiagudo(da)

pointure [pwɛ̃tyʀ] *nf* número *m* ● **quelle pointure faites-vous ?** ¿qué número calza?

point-virgule [pwɛ̃viʀgyl] *(pl* **points-virgules)** *nm* punto y coma *m*

poire [pwaʀ] *nf* pera *f* ● **poire Belle-Hélène** pera en almíbar bañada en chocolate caliente y servida con helado de nata

poireau, x [pwaʀo] *nm* puerro *m*

poirier [pwaʀje] *nm* peral *m*

pois [pwa] *nm (rond)* lunar *m* ● **à pois de** lunares ● **pois chiche** garbanzo *m*

poison [pwazɔ̃] *nm* veneno *m*

poisseux, euse [pwasø, øz] *adj* pegajoso(sa)

poisson [pwasɔ̃] *nm* **1.** *(animal)* pez *m* **2.** *(mets)* pescado *m* ● **poisson d'avril** ≃ inocentada *f* ● **poisson rouge** pez de colores ● **poissons du lac** *(Helv)* pescado del lago Lemán, sobre todo percas ◆ **Poissons** *nmpl* Piscis *m inv*

poissonnerie [pwasɔnʀi] *nf* pescadería *f*

poissonnier, ère [pwasɔnje, ɛʀ] *nm, f* pescadero *m*, -ra *f*

poitrine [pwatʀin] *nf* **1.** pecho *m* **2.** *(de porc)* panceta *f*

poivre [pwavʀ] *nm* pimienta *f*

poivré, e [pwavʀe] *adj* picante *(con pimienta)*

poivrier [pwavʀije] *nm (sur la table)* pimentero *m*

poivrière [pwavʀijɛʀ] *nf* = **poivrier**

poivron [pwavʀɔ̃] *nm* pimiento *m*

poker [pɔkɛʀ] *nm* póquer *m*

polaire [pɔlɛʀ] *adj* polar ◇ *nf (textile, vêtement)* polar *m*

Polaroid® [pɔlaʀɔid] *nm* **1.** *(appareil)* polaroid® *f* **2.** *(photo)* fotografía *f* polaroid®

pôle [pol] *nm* polo *m* ● **pôle Nord/Sud** polo Norte/Sur

poli, e [pɔli] *adj* **1.** *(bien élevé)* educado(da) **2.** *(verre, bois)* pulido(da)

police [pɔlis] *nf* **1.** policía *f* **2.** *(de caractères)* tipo *m* de letra ● **police d'assurance** póliza *f* de seguros ● **police secours** policía que se encarga de dar los primeros auxilios

policier, ère [pɔlisje, ɛʀ] *adj* **1.** *(régime, mesure)* policial **2.** *(roman, film)* policíaco(ca) ◇ *nm, f (agent)* policía *mf* ◆ **policier** *nm* **1.** *(livre)* novela *f* policíaca **2.** *(film)* película *f* policíaca

poliment [pɔlimɑ̃] *adv* amablemente

politesse [pɔlitɛs] *nf* cortesía *f* ● **par politesse** por cumplir

politicien, enne [pɔlitisjɛ̃, ɛn] *nm, f* político *m*, -ca *f*

politique [pɔlitik] *adj* político *m*, -ca *f* ◇ *nf* política *f* ● **un homme/une femme politique** un político/una política

pollen [pɔlɛn] *nm* polen *m*

pollué, e [pɔlye] *adj* contaminado(da)

pollution [pɔlysjɔ̃] *nf* contaminación *f*

polo [pɔlo] *nm (vêtement)* polo *m*

polochon [pɔlɔʃɔ̃] nm traversaño m *(almohada)*

Pologne [pɔlɔɲ] nf ● **la Pologne** Polonia f

polonais, e [pɔlɔnɛ, ɛz] adj polaco(ca) ◆ **polonais** nm (langue) polaco m ◆ **Polonais, e** nm, f polaco m, -ca f

polyester [pɔliɛstɛʀ] nm poliéster m

Polynésie [pɔlinezi] nf ● **la Polynésie** Polinesia f ● **la Polynésie française** la Polinesia Francesa

polystyrène [pɔlistiʀɛn] nm poliestireno m

polyvalent, e [pɔlivalɑ̃, ɑ̃t] adj polivalente

POM [pɔm] (abr de Pays d'outre-mer) nm cada uno de los dos territorios franceses considerados "países de ultramar", a saber la Polinesia Francesa y Nueva Caledonia

pommade [pɔmad] nf pomada f

pomme [pɔm] nf **1.** manzana f **2.** (de douche, d'arrosoir) alcachofa f ● **il est tombé dans les pommes** (fam) le dio un patatús ● **pomme de pin** piña f *(de pino)* ● **pommes dauphine** ≃ croquetas fpl de patata ● **pommes noisettes** bolitas fpl de patata

pomme de terre [pɔmdətɛʀ] (pl **pommes de terre**) nf patata f, papa f (Amér)

pommette [pɔmɛt] nf pómulo m

pommier [pɔmje] nm manzano m

pompe [pɔ̃p] nf bomba f ● **pompe à essence** surtidor m de gasolina ● **pompe à vélo** bomba de aire ● **pompes funèbres** pompas fpl fúnebres

pomper [pɔ̃pe] vt bombear

pompier [pɔ̃pje] nm bombero m

pompiste [pɔ̃pist] nmf empleado m, -da f de gasolinera

pompon [pɔ̃pɔ̃] nm pompón m

poncer [pɔ̃se] vt lijar

ponctualité [pɔ̃ktɥalite] nf puntualidad f

ponctuation [pɔ̃ktɥasjɔ̃] nf puntuación f

ponctuel, elle [pɔ̃ktɥɛl] adj puntual

pondre [pɔ̃dʀ] vt poner

poney [pɔnɛ] nm poney m

pont [pɔ̃] nm puente m ● **faire le pont** hacer puente

pont-levis [pɔ̃ləvi] (pl **ponts-levis**) nm puente m levadizo

ponton [pɔ̃tɔ̃] nm pontón m

pop [pɔp] adj inv & nf pop

pop-corn [pɔpkɔʀn] nm inv palomitas fpl

populaire [pɔpylɛʀ] adj popular

population [pɔpylasjɔ̃] nf población f

pop-up [pɔpœp] nm INFORM ventana f emergente

porc [pɔʀ] nm cerdo m

porcelaine [pɔʀsəlɛn] nf porcelana f

porche [pɔʀʃ] nm porche m

pore [pɔʀ] nm poro m

poreux, euse [pɔʀø, øz] adj poroso(sa)

pornographique [pɔʀnɔgʀafik] adj pornográfico(ca)

port [pɔʀ] nm **1.** puerto m **2.** INFORM ● **port Ethernet** puerto Ethernet ● **port parallèle** puerto paralelo ● **port série** puerto serie ● **port USB** puerto USB ▼ **port payé** 'porte pagado' ● **port de pêche** puerto pesquero ● **port de plaisance** puerto deportivo

portable [pɔʀtabl] *adj* portátil ◇ *nm* **1.** *INFORM* portátil *m* **2.** *(téléphone)* móvil *m*

portail [pɔʀtaj] *nm* **1.** portada *f* **2.** *(internet)* portal *m*

portant, e [pɔʀtɑ̃, ɑ̃t] *adj* • être bien/mal portant encontrarse bien/mal de salud • à bout portant a quemarropa

portatif, ive [pɔʀtatif, iv] *adj* portátil

porte [pɔʀt] *nf* puerta *f* • mettre qqn à la porte poner a alguien de patitas en la calle • porte d'embarquement puerta de embarque • porte d'entrée puerta de entrada

porte-avions [pɔʀtavjɔ̃] *nm inv* portaaviones *m inv*

porte-bagages [pɔʀtbagaʒ] *nm inv* portaequipaje *m*

porte-bébé, s [pɔʀtbebe] *nm* mochila *f* portabebé

porte-bonheur [pɔʀtbɔnœʀ] *nm inv* talismán *m*

porte-clefs [pɔʀtəkle] = porte-clés

porte-clés [pɔʀtəkle] *nm inv* llavero *m*

portée [pɔʀte] *nf* **1.** *(d'un son, d'une arme)* alcance *m* **2.** *(d'une femelle)* camada *f* **3.** *MUS* pentagrama *m* • à la portée de qqn *(intellectuelle)* al alcance de alguien • à portée de (la) main al alcance de la mano

porte-fenêtre [pɔʀtfənɛtʀ] *(pl* portes-fenêtres*)* *nf* puerta *f* vidriera

portefeuille [pɔʀtəfœj] *nm* cartera *f*

porte-jarretelles [pɔʀtʒaʀtɛl] *nm inv* liguero *m*

portemanteau, x [pɔʀtmɑ̃to] *nm* perchero *m*

porte-monnaie [pɔʀtmɔnɛ] *nm inv* monedero *m*

porte-parole [pɔʀtpaʀɔl] *nm inv* portavoz *mf*

porter [pɔʀte] *vt* llevar • porter bonheur/malheur traer (buena) suerte/mala suerte • porter sur *(suj : discussion)* tratar de • se porter *vp* • se porter bien/mal encontrarse bien/mal

porte-savon, s [pɔʀtsavɔ̃] *nm* jabonera *f*

porte-serviette, s [pɔʀtsɛʀvjet] *nm* toallero *m*

porteur, euse [pɔʀtœʀ, øz] *nm, f* **1.** *(de bagages)* mozo *m* de equipaje **2.** *(d'une maladie)* portador *m*, -ra *f*

portier [pɔʀtje] *nm* portero *m*

portière [pɔʀtjɛʀ] *nf* puerta *f*

portillon [pɔʀtijɔ̃] *nm* puerta *f* • portillon automatique puerta automática

portion [pɔʀsjɔ̃] *nf* porción *f*

porto [pɔʀto] *nm* (vino de) oporto *m*

portoricain, e [pɔʀtɔʀikɛ̃, ɛn] *adj* puertorriqueño(ña) ◆ **Portoricain, e** *nm, f* puertorriqueño *m*, -ña *f*

Porto Rico [pɔʀtoʀiko], **Puerto Rico** [pwɛʀtoʀiko] *nm* • (le) Porto Rico Puerto Rico *m*

portrait [pɔʀtʀɛ] *nm* retrato *m*

portuaire [pɔʀtɥɛʀ] *adj* portuario(ria)

portugais, e [pɔʀtygɛ, ɛz] *adj* portugués(esa) ◆ **portugais** *nm (langue)* portugués *m* ◆ **Portugais, e** *nm, f* portugués *m*, -esa *f*

Portugal [pɔʀtygal] *nm* • le Portugal Portugal *m*

pose [poz] *nf* **1.** *(d'une moquette, d'une vitre)* instalación *f* **2.** *(attitude)* pose *f*

● prendre la pose posar ● pellicule 24 poses película de 24 exposiciones

posé, e [poze] *adj* pausado(da)

poser [poze] *vt* **1.** *(objet)* poner **2.** *(installer)* instalar **3.** *(question)* hacer **4.** *(problème)* plantear ◇ *vi* posar ◆ **se poser** *vp* posarse

positif, ive [pozitif, iv] *adj* positivo(va)

position [pozisjɔ̃] *nf* **1.** posición f **2.** *(opinion, attitude)* postura f

posologie [pozɔlɔʒi] *nf* posología f

posséder [posede] *vt* poseer

possessif, ive [posesif, iv] *adj* posesivo(va)

possibilité [posibilite] *nf* posibilidad f ● avoir la possibilité de faire qqch tener la posibilidad de hacer algo ● **possibilités** *nfpl* **1.** *(financières)* posibilidades fpl **2.** *(intellectuelles)* facultades fpl

possible [posibl] *adj* posible ● prends le plus d'argent possible coge todo el dinero que puedas ● dès que possible ou le plus tôt possible cuanto antes ● si possible dentro de lo posible ● faire son possible (pour faire qqch) hacer todo lo posible (para hacer algo)

postal, e, aux [postal, o] *adj* postal

¹**poste** [post] *nm* **1.** *(emploi)* puesto *m* **2.** *(de ligne téléphonique)* extensión f ● demander/passer le poste (numéro) 42 pedir/pasar la extensión (número) 42 ● poste (de police) comisaría f ● poste de radio radio f ● poste de télévision televisor *m*

²**poste** [post] *nf* correos *mpl* ● bureau de poste oficina f de correos ● poste restante lista f de correos

³**poster** [poste] *vt* echar al correo

²**poster** [poster] *nm* póster *m*

postérieur, e [posterjœr] *adj* posterior ◆ **postérieur** *nm* trasero *m*

postier, ère [postje, er] *nm, f* empleado, -da f de correos

postillons [postijɔ̃] *nmpl* perdigones *mpl* (de saliva)

Post-it® [postit] *nm inv* post-it® *m*

post-scriptum [postskriptɔm] *nm inv* postdata f

posture [postyr] *nf* postura f

pot [po] *nm* **1.** *(récipient)* tarro *m*, bote *m* **2.** *(boisson)* ● prendre un pot tomar una copa ● organiser un pot de départ organizar una copa de despedida ● pot d'échappement tubo *m* de escape ● pot de fleurs maceta f

potable [potabl] *adj* ➤ eau

potage [potaʒ] *nm* potaje *m*

potager, ère [potaʒe, er] *adj* ● plante potagère hortaliza f ● *(jardin)* potager huerto *m*

pot-au-feu [potofø] *nm inv* ≃ cocido *m*

pot-de-vin [podvɛ̃] *(pl* pots-de-vin*)* soborno *m*

poteau, x [poto] *nm* poste *m* ● poteau indicateur poste indicador

potée [pote] *nf* guiso compuesto de carne, verduras, etc.

potentiel, elle [potɑ̃sjɛl] *adj* potencial ◆ **potentiel** *nm* potencial *m*

poterie [potri] *nf* **1.** *(art)* alfarería f **2.** *(objet)* cerámica f

potiron [potirɔ̃] *nm* calabaza f

pot-pourri [popuri] *(pl* pots-pourris*)* *nm* popurrí *m*

pou, x [pu] *nm* piojo *m*

poubelle [pubɛl] *nf* cubo *m* de la basura ● **mettre qqch à la poubelle** tirar algo a la basura

pouce [pus] *nm* pulgar *m*

pouding [pudiŋ] *nm* púdin *m* ● **pouding de cochon** (*Québec*) pastel preparado con carne e hígado de cerdo picados, cebolla y huevos

poudre [pudʀ] *nf* 1. (*substance*) polvo *m* 2. (*maquillage*) polvos *mpl* 3. (*explosif*) pólvora *f* ● **en poudre** en polvo

poudreux, euse [pudʀø, øz] *adj* ● **neige poudreuse** nieve en polvo

pouf [puf] *nm* puf *m*

pouffer [pufe] *vi* ● **pouffer (de rire)** (*une fois*) reventar de risa ; (*continuellement*) tener la risa tonta

poulailler [pulaje] *nm* gallinero *m*

poulain [pulɛ̃] *nm* potro *m*

poule [pul] *nf* gallina *f* ● **poule au pot** guiso *m* de gallina

poulet [pulɛ] *nm* pollo *m* ● **poulet basquaise** pollo con guarnición a base de tomates, pimientos y ajos

poulie [puli] *nf* polea *f*

pouls [pu] *nm* pulso *m* ● **prendre le pouls de qqn** tomar el pulso a alguien

poumon [pumɔ̃] *nm* pulmón *m*

poupée [pupe] *nf* muñeca *f*

pour [puʀ] *prép*
1. (*destiné à*) para ● **c'est pour vous** es para usted ● **pour rien** (*inutilement*) para nada
2. (*afin de*) ● **pour faire qqch** para hacer algo ● **pour que** para que
3. (*en vue de*) ● **faire qqch pour de l'argent** hacer algo por dinero
4. (*en raison de*) por ● **pour avoir fait qqch** por haber hecho algo
5. (*à destination de*) para ● **le vol pour Barcelone** el vuelo para Barcelona ● **partir pour** salir para
6. (*exprime la durée*) ● **pour longtemps** por mucho tiempo ● **pour toujours** para siempre ● **on en a encore pour une heure** todavía tenemos para una hora
7. (*à la place de*) ● **signe pour moi** firma por mí
8. (*en faveur de*) ● **être pour (qqch)** estar a favor de (algo) ● **je suis pour !** ¡estoy a favor!
9. (*envers*) ● **avoir de la sympathie pour qqn** sentir simpatía por alguien
10. (*avec une somme*) ● **je voudrais pour quatre euros de bonbons** quería cuatro euros de caramelos ● **nous en avons eu pour 120 euros** nos ha salido por 120 euros
11. (*pour donner son avis*) ● **pour moi** para mí

pourboire [puʀbwaʀ] *nm* propina *f*

Le pourboire

En Francia, se suele dar propina al personal de cafés, bares y restaurantes, pero no es obligatorio ya que el servicio está incluido. También es costumbre dejar algo de propina a taxistas, guías, mozos de equipajes, botones, repartidores a domicilio, en la peluquería y en los institutos de belleza. Se justifica simplemente como una manera de agradecer un servicio prestado del que se ha apreciado la calidad.

pourcentage [puʀsɑ̃taʒ] *nm* porcentaje *m*

pourquoi [puʀkwa] *adv* por qué ● **c'est pourquoi...** por eso... ● **pourquoi pas ?** ¿por qué no?

pourra etc ➤ **pouvoir**

pourrir [puʀiʀ] *vt* pudrirse

pourriture [puʀityʀ] *nf* podredumbre *f*

poursuite [puʀsɥit] *nf* persecución *f* ● **se lancer à la poursuite de qqn** lanzarse en persecución de alguien ● **poursuites** *nfpl* DR diligencias *fpl*

poursuivi, e [puʀsɥivi] *pp* ➤ **poursuivre**

poursuivre [puʀsɥivʀ] *vt* **1.** (*voleur*) perseguir **2.** DR llevar ante los tribunales **3.** (*continuer*) proseguir ♦ **se poursuivre** *vp* proseguir

pourtant [puʀtɑ̃] *adv* sin embargo

pourvu [puʀvy] ♦ **pourvu que** *conj* **1.** (*condition*) con tal de que **2.** (*souhait*) ojalá

pousse-pousse [puspus] *nm inv* (*Helv*) (*poussette*) cochecito *m* de niño

pousser [puse] *vt* **1.** (*déplacer*) echar a un lado **2.** (*appuyer sur, bousculer*) empujar **3.** (*cri*) dar ♦ *vi* crecer ● **pousser qqn à faire qqch** empujar a alguien a hacer algo ● **faire pousser** hacer crecer ▼ **poussez** empuje

poussette [puset] *nf* cochecito *m* de niño

poussière [pusjɛʀ] *nf* polvo *m*

poussiéreux, euse [pusjeʀø, øz] *adj* polvoriento(ta)

poussin [pusɛ̃] *nm* pollito *m*

poutine [putin] *nf* (*Québec*) patatas fritas cubiertas de pequeños trozos de queso y de una salsa parecida a la "brown sauce" estadounidense

poutre [putʀ] *nf* **1.** (*de toit*) viga *f* **2.** (*de gymnastique*) potro *m*

pouvoir [puvwaʀ] *nm* poder *m* ● **le pouvoir** el poder ● **les pouvoirs publics** los poderes públicos

◇ *vt*

1. (*être capable de*) poder ● **pouvoir faire qqch** poder hacer algo ● **je fais ce que je peux** hago lo que puedo ● **tu aurais pu faire ça avant !** ¡podrías haberlo hecho antes! ● **je n'en peux plus** no puedo más ● **je n'y peux rien** no puedo hacer nada ● **pourriez-vous m'aider, s'il vous plaît ?** ¿podría ayudarme, por favor?

2. (*être autorisé à*) poder ● **vous ne pouvez pas stationner ici** no puede aparcar aquí **3.** (*exprime l'hypothèse*) poder ● **attention, tu pourrais te blesser** cuidado, te puedes hacerte daño

♦ **se pouvoir** *vp* ● **il se peut que... puede que...** ● **ça se pourrait (bien)** podría ser

prairie [pʀeʀi] *nf* pradera *f*

praline [pʀalin] *nf* **1.** almendra *f* garrapiñada **2.** (*Belg*) (*chocolat*) bombón *m*

praliné, e [pʀaline] *adj* garrapiñado(da)

pratiquant, e [pʀatikɑ̃, ɑ̃t] *adj* practicante

pratique [pʀatik] *adj* práctico(ca) ◇ *nf* ● **mettre qqch en pratique** poner algo en práctica

pratiquement [pʀatikmɑ̃] *adv* prácticamente

pratiquer [pʀatike] *vt* practicar

pré [pʀe] *nm* prado *m*

préau, x [pʀeo] *nm* patio *m* (*de escuela*)

précaire [pʀekɛʀ] *adj* precario(ria)

précariser [pʀekaʀize] *vt* precarizar

précaution [prekosjɔ̃] nf precaución f
● **prendre des précautions** tomar precauciones ● **avec précaution** con precaución ● **par précaution** por precaución

précédent, e [presedɑ̃, ɑ̃t] adj precedente

précéder [presede] vt preceder

précieux, euse [presjø, øz] adj **1.** (bijou) precioso(sa) **2.** (aide, conseils) valioso(sa) **3.** (ami) preciado(da)

précipice [presipis] nm precipicio m

précipitation [presipitasjɔ̃] nf precipitación f ● **précipitations** nfpl precipitaciones fpl

précipiter [presipite] vt precipitar ◆ **se précipiter** vp precipitarse ● **se précipiter dans/vers/sur** precipitarse en/hacia/sobre

précis, e [presi, iz] adj preciso(sa) ● **à cinq heures précises** a las cinco en punto

préciser [presize] vt precisar ◆ **se préciser** vp concretarse

précision [presizjɔ̃] nf precisión f

précoce [prekɔs] adj precoz

prédécesseur [predesesœr] nm predecesor m

prédiction [prediksjɔ̃] nf predicción f

prédire [predir] vt predecir

prédit, e [predi, it] pp ➤ prédire

préfabriqué, e [prefabrike] adj prefabricado(da)

préface [prefas] nf prefacio m

préfecture [prefektyr] nf ≃ gobierno m civil

préféré, e [prefere] adj & nm, f preferido(da)

préférence [preferɑ̃s] nf preferencia f ● **de préférence** preferentemente

préférer [prefere] vt preferir ● **préférer (faire) qqch** preferir (hacer) algo ● **je préférerais qu'elle s'en aille** preferiría que se fuera

préfet [prefe] nm ≃ gobernador m, -ra f civil

préhistoire [preistwar] nf prehistoria f

préhistorique [preistɔrik] adj prehistórico(ca)

préjugé [preʒyʒe] nm prejuicio m

prélèvement [prelevmã] nm **1.** (d'argent) retención f **2.** MÉD extracción f

prélever [prelve] vt **1.** (somme, part) retener **2.** (sang) sacar

prématuré, e [prematyre] adj & nm, f prematuro(ra)

prémédité, e [premedite] adj premeditado(da)

premier, ère [prəmje, ɛr] adj & nm, f primero(ra) (primer devant nom masculin) ● **en premier** en primer lugar ● **Premier ministre** Primer ministro m ◆ **premier** nm **1.** (étage) primero m ou primer piso m **2.** (arrondissement) distrito m uno ou primero

première [prəmjɛr] nf **1.** SCOL ≃ primero m de Bachillerato **2.** (vitesse) primera f ● **voyager en première (classe)** viajar en primera (clase)

premièrement [prəmjɛrmɑ̃] adv primero

prenais etc ➤ prendre

prendre [prɑ̃dr] vt
1. (emprunter, utiliser) coger, agarrar (Amér) ● **quelle route dois-je prendre ?** ¿qué carretera tengo que coger? ● **prendre l'avion/le train** coger el avión/el tren

2. *(aller chercher)* recoger ● **passer prendre qqn** pasar a recoger a alguien

3. *(enlever)* ● **je lui ai pris sa place** le quitado su asiento ● **il m'a pris le micro des mains** me quitó el micro de las manos

4. *(aliments, boisson)* tomar ● **qu'est-ce que vous prendrez ?** ¿qué va a tomar? ● **prendre un verre** tomar una copa ● **prendre ses repas** comer

5. *(attraper, surprendre)* pillar ● **il s'est fait prendre** lo pillaron

6. *(air, ton)* ● **ne prends pas ton air de martyre** no te hagas el mártir ● **ne prends pas ce ton pour me parler** no me hables en ese tono

7. *(considérer)* ● **prendre qqn pour un imbécile** tomar a alguien por un imbécil

8. *(notes, mesures)* tomar

9. *(photo)* hacer

10. *(poids)* engordar ● **j'ai pris trois kilos** he engordado tres kilos

11 *(dans des expressions)* ● **qu'est-ce qui te prend ?** ¿qué te pasa?

◇ *vi*

1 *(sauce)* espesarse

2. *(ciment)* fraguar

3. *(feu)* prender

4. *(se diriger)* ● **prenez à droite** tuerza a la derecha

● **se prendre** *vp*

1. *(se considérer)* ● **se prendre pour** tomarse por

2. *(dans des expressions)* ● **s'en prendre à qqn** *(critiquer)* tomarla con alguien ● **s'y prendre bien/mal** hacer algo bien/mal

prenne etc ➤ **prendre**

prénom [pʀenɔ̃] *nm* nombre *m* (de pila)

préoccupé, e [pʀeɔkype] *adj* preocupado(da)

préoccuper [pʀeɔkype] *vt* preocupar ● **se préoccuper de** *vp + prep* preocuparse de

préparatifs [pʀepaʀatif] *nmpl* preparativos *mpl*

préparation [pʀepaʀasjɔ̃] *nf* preparación *f*

préparer [pʀepaʀe] *vt* preparar ● **se préparer** *vp* **1.** prepararse **2.** *(se laver, s'habiller)* arreglarse ● **se préparer à faire qqch** prepararse para hacer algo

préposition [pʀepozisjɔ̃] *nf* preposición *f*

près [pʀɛ] *adv* ● **de près** de cerca ● **tout près** muy cerca ● **près de la mairie** cerca del ayuntamiento ● **il a près de 30 ans** tiene casi 30 años

prescrire [pʀeskʀiʀ] *vt* recetar

prescrit, e [pʀeskʀi, it] *pp* ➤ **prescrire**

présence [pʀezɑ̃s] *nf* presencia *f* ● **en présence de** en presencia de

présent, e [pʀezɑ̃, ɑ̃t] *adj* presente ● **présent** *nm* presente *m* ● **à présent (que)** ahora (que)

présentateur, trice [pʀezɑ̃tatœʀ, tʀis] *nm, f* presentador *m*, -ra *f*

présentation [pʀezɑ̃tasjɔ̃] *nf* presentación *f* ● **présentations** *nfpl* ● **faire les présentations** hacer las presentaciones ● **faire une présentation de qqch** hacer una presentación de algo ou presentar algo

présenter [pʀezɑ̃te] *vt* presentar ● **je te présente Jacques** te presento a Jacques ● **se présenter** *vp* presentarse ● **se présenter bien/mal** presentarse bien/mal

préservatif [pʀezɛʀvatif] *nm* preservativo *m*

préserver [pʀezɛʀve] *vt* preservar ● **préserver qqn/qqch de** preservar a alguien/algo de

président, e [pʀezidɑ̃, ɑ̃t] *nm, f* presidente *m*, -ta *f* ● **Président de la République** presidente de la República

présider [pʀezide] *vt* presidir

presque [pʀɛsk] *adv* casi ● **presque pas de** apenas ● **il n'y a presque pas de neige** apenas hay nieve ● **il ne reste presque plus de pain** apenas queda pan

presqu'île [pʀɛskil] *nf* península *f*

pressant, e [pʀesɑ̃, ɑ̃t] *adj* apremiante

presse [pʀɛs] *nf* (*journaux*) prensa *f* ● **presse à sensation** prensa amarilla

pressé, e [pʀese] *adj* **1.** (*personne, voyageur*) con prisa **2.** (*urgent*) urgente **3.** (*citron, orange*) exprimido(da) ● **être pressé de faire qqch** tener prisa por hacer algo

presse-citron [pʀɛssitʀɔ̃] *nm inv* exprimidor *m*

pressentiment [pʀesɑ̃timɑ̃] *nm* presentimiento *m*

presser [pʀese] *vt* **1.** (*fruit*) exprimir **2.** (*bouton*) apretar ⬦ *vi* ● **le temps presse** el tiempo apremia ● **rien ne presse** nada urge ◆ **se presser** *vp* darse prisa

pressing [pʀesiŋ] *nm* tintorería *f*

pression [pʀesjɔ̃] *nf* **1.** presión *f* **2.** (*bouton*) automático *m* ● (*bière*) **pression** cerveza de barril

prestidigitateur, trice [pʀestidiʒitatœʀ, tʀis] *nm, f* prestidigitador *m*, -ra *f*

prestige [pʀestiʒ] *nm* prestigio *m*

prêt, e [pʀɛ, pʀɛt] *adj* listo(ta) ● **être prêt à faire qqch** estar dispuesto a hacer algo ◆ **prêt** *nm* préstamo *m* ● **prêt bancaire/immobilier** préstamo bancario/inmobiliario

prêt-à-porter [pʀɛtapɔʀte] (*pl* prêts-à-porter) *nm* prêt-à-porter *m*

prétendre [pʀetɑ̃dʀ] *vt* ● **prétendre que** asegurar que ● **il prétend tout connaître** pretende saberlo todo

prétentieux, euse [pʀetɑ̃sjø, øz] *adj* pretencioso(sa)

prétention [pʀetɑ̃sjɔ̃] *nf* pretensión *f* ● **sans prétention** sencillo(lla)

prêter [pʀete] *vt* prestar ● **prêter un livre à qqn** prestar un libro a alguien ● **prêter attention à** prestar atención a

prétexte [pʀetɛkst] *nm* pretexto *m* ● **sous prétexte que** con el pretexto de que

prétimbré, e [pʀetɛ̃bʀe] *adj* ● **enveloppe prétimbrée** sobre *m* prepagado

prêtre [pʀɛtʀ] *nm* sacerdote *m*

preuve [pʀœv] *nf* prueba *f* ● **faire preuve de** dar pruebas de ● **faire ses preuves** dar prueba de su eficacia

prévenir [pʀevniʀ] *vt* avisar ● **prévenir qqn de qqch** avisar a alguien de algo

préventif, ive [pʀevɑ̃tif, iv] *adj* preventivo(va)

prévention [pʀevɑ̃sjɔ̃] *nf* prevención *f* ● **la prévention routière** ≃ (la Dirección General de) Tráfico *m*

prévenu, e [pʀevny] *pp* ➤ **prévenir** ⬦ *nm, f* DR acusado *m*, -da *f*

prévisible [pʀevizibl] *adj* previsible

prévision [pʀevizjɔ̃] *nf* previsión *f* ● **en prévision de** en previsión de ● **prévisions météo(rologiques)** previsiones meteorológicas

prévoir [prevwar] vt prever ● **comme prévu** (tal) como estaba previsto

prévoyant, e [prevwajɑ̃, ɑ̃t] adj previsor(ra)

prévu, e [prevy] pp ➤ prévoir

prier [prije] vi rezar ◇ vt rezar ● **prier qqn de faire qqch** rogar a alguien que haga algo ● **suivez-moi, je vous prie** sígame, por favor ● **merci - je vous en prie !** gracias - de nada ! ● **je peux fumer ? - je t'en prie !** ¿puedo fumar? - por supuesto!

prière [prijer] nf RELIG oración f ▼ **prière de ne pas fumer** se ruega no fumar

primaire [primer] adj primario(ria)

prime [prim] nf prima f ● **en prime** (avec un achat) de regalo

primeurs [primœr] nfpl frutas y verduras fpl

primevère [primver] nf prímula f

primitif, ive [primitif, iv] adj primitivo(va)

prince [prɛ̃s] nm príncipe m

princesse [prɛ̃ses] nf princesa f

principal, e, aux [prɛ̃sipal, o] adj principal ● **principal** nm (d'un collège) director m, -ra f ● **le principal** (l'essentiel) lo principal

principalement [prɛ̃sipalmɑ̃] adv principalmente

principe [prɛ̃sip] nm principio m ● **en principe** en principio

printemps [prɛ̃tɑ̃] nm primavera f ● **au printemps** en primavera

priori [prijɔri] ➤ a priori

prioritaire [prijɔriter] adj prioritario(ria)

priorité [prijɔrite] nf prioridad f ▼ **priorité à droite** prioridad a la derecha ● **laisser la priorité** dar preferencia

pris, e [pri, iz] pp ➤ prendre

prise [priz] nf **1.** (à la pêche) presa f **2.** (point d'appui) agarradero m ● **prise de courant** enchufe m ● **prise multiple** ladrón m ● **prise de sang** toma f de sangre

prison [prizɔ̃] nf cárcel f ● **en prison** en la cárcel

prisonnier, ère [prizɔnje, ɛr] nm, f prisionero m, -ra f

privé, e [prive] adj privado(da) ● **en privé** en privado

priver [prive] vt ● **priver qqn de qqch** privar a alguien de algo ● **se priver** vp ● **se priver (de qqch)** privarse (de algo)

privilège [privileʒ] nm privilegio m

privilégié, e [privileʒje] adj privilegiado(da)

prix [pri] nm **1.** (d'un produit) precio m **2.** (récompense) premio m ● **à tout prix** a toda costa

probable [prɔbabl] adj probable

probablement [prɔbabləmɑ̃] adv probablemente

problème [prɔblɛm] nm problema m

procédé [prɔsede] nm procedimiento m

procès [prɔsɛ] nm proceso m ● **faire un procès à qqn** poner pleito a alguien

procession [prɔsesjɔ̃] nf procesión f

processus [prɔsesys] nm proceso m

procès-verbal, aux [prɔseverbal, o] nm (contravention) multa f

prochain, e [prɔʃɛ̃, ɛn] adj próximo(ma) ● **le mois prochain** el mes que viene ● **la semaine prochaine** la semana que viene

proche [pʀɔʃ] *adj* **1.** *(dans le temps)* próximo(ma) **2.** *(dans l'espace)* cercano(na) ● **être proche de** *(lieu, but)* estar cerca de ; *(personne, ami)* estar muy unido(da) a ● **le Proche-Orient** el Oriente Próximo

procréation [pʀɔkʀeasjɔ̃] *nf* ● **procréation médicalement assistée** procreación *f* médicamente asistida

procuration [pʀɔkyʀasjɔ̃] *nf* poder *m* ● **donner procuration à qqn** dar poderes a alguien

procurer [pʀɔkyʀe] ◆ **se procurer** *vp* procurarse

procureur, e [pʀɔkyʀœʀ] *nm, f* ● **procureur de la République** ≃ fiscal ● **procureur général** ≃ fiscal *mf* del Tribunal Supremo

prodigieux, euse [pʀɔdiʒjø, øz] *adj* prodigioso(sa)

producteur, trice [pʀɔdyktœʀ, tʀis] *nm, f* productor *m*, -ra *f*

production [pʀɔdyksjɔ̃] *nf* producción *f*

produire [pʀɔdɥiʀ] *vt* producir ◆ **se produire** *vp* producirse

produit, e [pʀɔdɥi, it] *pp* ➤ **produire** ◆ **produit** *nm* producto *m* ● **produits de beauté** productos de belleza ● **produits laitiers** productos lácteos

prof [pʀɔf] *nmf (fam)* profe *mf*

professeur [pʀɔfesœʀ] *nm* profesor *m*, -ra *f* ● **professeur d'anglais/de piano** profesor de inglés/de piano

profession [pʀɔfesjɔ̃] *nf* profesión *f* ● **profession libérale** profesión liberal

professionnel, elle [pʀɔfesjɔnɛl] *adj & nm, f* profesional

profil [pʀɔfil] *nm* perfil *m* ● **de profil** de perfil ● **profil utilisateur** *INFORM* perfil de usuario

profit [pʀɔfi] *nm* **1.** *(avantage)* provecho *m* **2.** *(d'une entreprise)* beneficio *m*

profiter [pʀɔfite] ◆ **profiter de** *v + prep* aprovechar

profiterole [pʀɔfitʀɔl] *nf* ● **profiteroles au chocolat** profiteroles *mpl* con chocolate

profond, e [pʀɔfɔ̃, ɔ̃d] *adj* profundo(da)

profondeur [pʀɔfɔ̃dœʀ] *nf* profundidad *f* ● **à 10 mètres de profondeur** a diez metros de profundidad

programmateur, trice [pʀɔgʀamatœʀ, tʀis] *nm* programador *m*

programme [pʀɔgʀam] *nm* programa *m*

programmer [pʀɔgʀame] *vt* programar

programmeur, euse [pʀɔgʀamœʀ, øz] *nm, f* programador *m*, -ra *f*

progrès [pʀɔgʀɛ] *nm* progreso *m* ▼ **en progrès** *(appréciation)* progresa adecuadamente ● **faire des progrès** hacer progresos

progresser [pʀɔgʀese] *vi* avanzar

progressif, ive [pʀɔgʀesif, iv] *adj* progresivo(va)

progressivement [pʀɔgʀesivmɑ̃] *adv* progresivamente

proie [pʀwa] *nf* presa *f*

projecteur [pʀɔʒɛktœʀ] *nm* proyector *m*

projection [pʀɔʒɛksjɔ̃] *nf* proyección *f*

projectionniste [pʀɔʒɛksjɔnist] *nmf* proyeccionista *mf*

projet [pʀɔʒɛ] *nm* proyecto *m* ● **projet de loi** proyecto de ley

projeter [pʀɔʒte] *vt* proyectar ● **projeter de faire qqch** planear hacer algo

prolongation [prɔlɔ̃gasjɔ̃] nf prolongación f ♦ **prolongations** nfpl SPORT prórroga f

prolongement [prɔlɔ̃ʒmɑ̃] nm prolongación f ♦ **dans le prolongement de** en la prolongación de

prolonger [prɔlɔ̃ʒe] vt prolongar ♦ **se prolonger** vp prolongarse

promenade [prɔmnad] nf paseo m ♦ **faire une promenade** dar un paseo

promener [prɔmne] vt pasear ♦ **se promener** vp pasearse

promesse [prɔmɛs] nf promesa f ♦ **tenir ses promesses** cumplir sus promesas

promettre [prɔmɛtr] vt ♦ **promettre qqch à qqn** prometer algo a alguien ♦ **promettre à qqn de faire qqch** prometer a alguien hacer algo ♦ **c'est promis** prometido

promis, e [prɔmi, iz] pp ➤ promettre

promotion [prɔmosjɔ̃] nf **1** (dans un emploi) ascenso m **2.** COMM promoción f ♦ **en promotion** en oferta

pronom [prɔnɔ̃] nm pronombre m

prononcer [prɔnɔ̃se] vt pronunciar ♦ **se prononcer** vp (mot) pronunciarse ♦ **se prononcer sur qqch** pronunciarse acerca de algo ♦ **se prononcer en faveur de** pronunciarse en favor de

prononciation [prɔnɔ̃sjasjɔ̃] nf pronunciación f

pronostic [prɔnɔstik] nm pronóstico m

propagande [prɔpagɑ̃d] nf propaganda f

propager [prɔpaʒe] vt propagar ♦ **se propager** vp propagarse

prophétie [prɔfesi] nf profecía f

propice [prɔpis] adj propicio(cia)

proportion [prɔpɔrsjɔ̃] nf proporción f

proportionnel, elle [prɔpɔrsjɔnɛl] adj ♦ **proportionnel à** proporcional a

propos [prɔpo] nmpl palabras fpl ♦ **à propos,...** por cierto,... ♦ **à propos de** con respecto a

proposer [prɔpoze] vt proponer ♦ **proposer à qqn de faire qqch** proponer a alguien hacer algo

proposition [prɔpozisjɔ̃] nf proposición f

propre [prɔpr] adj **1.** (linge, pièce) limpio(pia) **2.** (sens) propio(pia) ♦ **avec ma propre voiture** con mi propio coche

proprement [prɔprəmɑ̃] adv (manger, travailler) decentemente

propreté [prɔprəte] nf limpieza f

propriétaire [prɔprijetɛr] nmf propietario m, -ria f

propriété [prɔprijete] nf propiedad f ▼ **propriété privée** propiedad privada ♦ **propriétés** nfpl INFORM propiedades fpl

prose [proz] nf prosa f

prospectus [prɔspɛktys] nm prospecto m

prospère [prɔspɛr] adj próspero(ra)

prostitué, e [prɔstitɥe] nm, f prostituto m, -ta f

protection [prɔtɛksjɔ̃] nf protección f

protège-cahier, s [prɔtɛʒkaje] nm forro m

protège-poignets [prɔtɛʒpwaɲɛ] nm inv muñequera f

protéger [prɔteʒe] vt proteger ♦ **protéger qqn de ou contre qqch** proteger a alguien de ou contra algo ♦ **se protéger (de)** vp + prep protegerse (de)

protestant, e [pʀɔtɛstɑ̃, ɑ̃t] *adj & nm, f* protestante

protester [pʀɔtɛste] *vi* protestar

prothèse [pʀɔtɛz] *nf* prótesis *f*

protocole [pʀɔtɔkɔl] *nm* protocolo *m*

prototype [pʀɔtɔtip] *nm* prototipo *m*

prouesse [pʀuɛs] *nf* proeza *f*

prouver [pʀuve] *vt* probar ● **prouver le contraire** probar lo contrario

provenance [pʀɔvnɑ̃s] *nf* procedencia *f* ● **en provenance de** procedente de

provençal, e, aux [pʀɔvɑ̃sal, o] *adj* provenzal

Provence [pʀɔvɑ̃s] *nf* ● **la Provence** Provenza *f*

provenir [pʀɔvniʀ] ◆ **provenir de** *v + prep* proceder de

proverbe [pʀɔvɛʀb] *nm* proverbio *m*

provider [pʀɔvajdœʀ] *nm* INFORM proveedor *m* de acceso a Internet

province [pʀɔvɛ̃s] *nf* región *f* ● **en province** en provincias

provincial, e, aux [pʀɔvɛ̃sjal, o] *adj* de provincias

proviseur [pʀɔvizœʀ] *nm* director *m*, -ra *f* (de instituto)

provisions [pʀɔvizjɔ̃] *nfpl* provisiones *fpl*

provisoire [pʀɔvizwaʀ] *adj* provisional

provocant, e [pʀɔvɔkɑ̃, ɑ̃t] *adj* provocador(ra)

provoquer [pʀɔvɔke] *vt* provocar

proximité [pʀɔksimite] *nf* ● **à proximité (de)** cerca (de) ◆ **de proximité** *loc adj* ● **commerce de proximité** comercio *m* a mano ● **police de proximité** policía *f* comunitaria

proxy [pʀɔksi] *nm* INFORM proxy *m*

prudemment [pʀydamɑ̃] *adv* prudentemente

prudence [pʀydɑ̃s] *nf* prudencia *f* ● **avec prudence** con prudencia

prudent, e [pʀydɑ̃, ɑ̃t] *adj* prudente

prune [pʀyn] *nf* ciruela *f*

pruneau, x [pʀyno] *nm* ciruela *f* pasa

PS [peɛs] *nm* **1.** (*abr de post-scriptum*) PD (*posdata*) **2.** (*abr de parti socialiste*) partido socialista francés

psychanalyse [psikanaliz] *nf* psicoanálisis *f inv*

psychanalyste [psikanalist] *nmf* psicoanalista *mf*

psychiatre [psikjatʀ] *nmf* psiquiatra *mf*

psychologie [psikɔlɔʒi] *nf* psicología *f*

psychologique [psikɔlɔʒik] *adj* psicológico(ca)

psychologue [psikɔlɔg] *nmf* psicólogo *m*, -ga *f*

pu [py] *pp* ➤ **pouvoir**

¹ pub [pœb] *nm* pub *m*

² pub [pyb] *nf* (*fam*) anuncio *m*

public, ique [pyblik] *adj* público(ca) ◆ **public** *nm* público *m* ● **en public** en público

publication [pyblikasjɔ̃] *nf* publicación *f*

publicitaire [pyblisitɛʀ] *adj* publicitario(ria)

publicité [pyblisite] *nf* publicidad *f*

publier [pyblije] *vt* publicar

puce [pys] *nf* **1.** pulga *f* **2.** INFORM chip *m*

pudding [pudiŋ] = **pouding**

pudique [pydik] *adj* púdico(ca)

puer [pɥe] *vi* apestar ⋄ *vt* apestar a

puéricultrice [pɥerikyltris] *nf* puericultora *f*

puéril, e [pɥeril] *adj* pueril

puis [pɥi] *adv* después

puisque [pɥiskə] *conj* ya que

puissance [pɥisɑ̃s] *nf* **1.** potencia *f* **2.** *(pouvoir)* poder *m*

puissant, e [pɥisɑ̃, ɑ̃t] *adj* **1.** *(influent)* poderoso(sa) **2.** *(fort)* potente

puisse etc ➤ **pouvoir**

puits [pɥi] *nm* pozo *m* ● **puits de pétrole** pozo de petróleo

pull(-over), s [pyl(ɔver)] *nm* jersey *m*

pulpe [pylp] *nf* pulpa *f*

pulsation [pylsasjɔ̃] *nf* pulsación *f*

pulvérisateur [pylverizatœr] *nm* pulverizador *m*

pulvériser [pylverize] *vt* pulverizar

punaise [pynɛz] *nf* **1.** *(insecte)* chinche *f* **2.** *(clou)* chincheta *f*

¹ punch [pɔ̃ʃ] *nm* *(boisson)* ponche *m*

² punch [pœnʃ] *nm* *(fam)* *(énergie)* dinamismo *m*

punir [pynir] *vt* castigar

punition [pynisjɔ̃] *nf* castigo *m*

pupille [pypij] *nf* *(de l'œil)* pupila *f*

pupitre [pypitr] *nm* **1.** *(bureau)* pupitre *m* **2.** *(à musique)* atril *m*

pur, e [pyr] *adj* puro(ra)

purée [pyre] *nf* puré *m* ● **purée (de pommes de terre)** puré (de patatas)

pureté [pyrte] *nf* pureza *f*

purger [pyrʒe] *vt* purgar

purification [pyrifikasjɔ̃] *nf* ● **purification ethnique** limpieza *f* étnica

purifier [pyrifje] *vt* purificar

pur-sang [pyrsɑ̃] *nm inv* pura sangre *m*

pus [py] *nm* pus *m*

puzzle [pœzl] *nm* rompecabezas *m*

PV [peve] *nm* *(abr de procès-verbal)* multa *f*

PVC [pevese] *(abr de polyvinyl chloride)* *nm* PVC *m* *(cloruro de polivinilo)*

pyjama [piʒama] *nm* pijama *m*

pylône [pilon] *nm* pilón *m*

pyramide [piramid] *nf* pirámide *f*

Pyrénées [pirene] *nfpl* ● **les Pyrénées** los Pirineos

Pyrex® [pirɛks] *nm* pírex® *m*

QI [kyi] *nm* *(abr de quotient intellectuel)* CI *m* *(coeficiente intelectual)*

qu' ➤ **que**

quad [kwad] *nm* *(moto)* quad *m*

quadra [kadra] *(abr de quadragénaire)* *(fam)* *nmf* cuarentón *m*, -ona *f*

quadrillé, e [kadrije] *adj* cuadriculado(da)

quadruple [k(w)adrypl] *nm* ● **le quadruple (de)** el cuádruple (de)

quai [ke] *nm* **1.** *(de port)* muelle *m* **2.** *(de gare, du métro)* andén *m*

qualification [kalifikasjɔ̃] *nf* calificación *f*

qualifié, e [kalifje] *adj* cualificado(da)

qualifier [kalifje] *vt* ● **qualifier qqch/qqn de** calificar algo/a alguien de ● **se qualifier** *vp* calificarse

qualité [kalite] *nf* calidad *f* ● **de (bonne) qualité** de (buena) calidad

quand [kɑ̃] *conj*
1. cuando
2. *(dans des expressions)* ● **quand même** *(malgré tout)* a pesar de todo ● **quand même !** *(enfin)* ¡por fin! ● **quand même, tu es un peu gonflé !** *(fam)* *(exprime l'indignation)* ¡tienes un poco de cara!, ¿no? ◇ *adv* cuándo ● **je me demande quand il va arriver** me pregunto cuándo va a llegar

quant [kɑ̃] ● **quant à** *prép* en cuanto a

quantité [kɑ̃tite] *nf* cantidad *f* ● **une quantité** ou **des quantités de** cantidad de

quarantaine [kaʀɑ̃tɛn] *nf* *(isolement)* cuarentena *f* ● **être en quarantaine** estar en cuarentena ● **une quarantaine (de)** unos cuarenta ● **avoir la quarantaine** tener la cuarentena

quarante [kaʀɑ̃t] *adj num* & *pron num* cuarenta ◇ *nm* cuarenta *m* ● **il a quarante ans** tiene cuarenta años ● **page quarante** página cuarenta ● **ils étaient quarante** eran cuarenta ● **(au) quarante rue Lepic** (en la) calle Lepic número cuarenta

quarantième [kaʀɑ̃tjɛm] *adj num* & *pron num* cuadragésimo(ma) ◇ *nm* *(fraction)* cuadragésima parte *f*

quart [kaʀ] *nm* cuarto *m* ● **cinq heures et quart** las cinco y cuarto ● **cinq heures moins le quart** las cinco menos cuarto ● **un quart d'heure** un cuarto de hora

quartier [kaʀtje] *nm* **1.** *(d'une ville)* barrio *m* **2.** *(d'orange)* gajo *m* ● **le Quartier latin** barrio de París al lado del Sena que se asocia a los estudiantes y artistas

Le Quartier latin

El *Quartier latin* es un barrio de París situado en la orilla izquierda del Sena. Centro estudiantil desde la creación de la Sorbona en la Edad Media, debe su nombre a que los estudiantes de esta universidad de teología, provenientes de toda Europa, solían hablar latín entre ellos. Además de las facultades de letras y derecho de la Sorbona, de *lycées* prestigiosos y bibliotecas, pueden encontrarse en él numerosas librerías, cafeterías, cines de arte y ensayo, y es una zona con mucha animación nocturna.

quart-monde [kaʀmɔ̃d] *(pl* **quarts-mondes)** *nm* cuarto mundo *m*

quartz [kwaʀts] *nm* cuarzo *m* ● **montre à quartz** reloj *m* de cuarzo

quasiment [kazimɑ̃] *adv* casi, prácticamente

quatorze [katɔʀz] *adj num* & *pron num* catorce ◇ *nm* catorce *m* ● **il a quatorze ans** tiene catorce años ● **il est quatorze heures** son las dos de la tarde ● **le quatorze janvier** el catorce de enero ● **page quatorze** página catorce ● **ils étaient quatorze** eran catorce ● **(au) quatorze rue Lepic** (en la) calle Lepic número catorce

quatorzième [katɔʀzjɛm] *adj num* & *pron num* decimocuarto(ta) ◇ *nm* **1.** *(fraction)* decimocuarta parte *f* **2.** *(étage)* decimocuarto *m* (piso) **3.** *(arrondissement)* distrito *m* catorce ou decimocuarto

quatre [katʀ] *adj num & pron num* cuatro ◇ *nm* cuatro *m* • **monter les escaliers quatre à quatre** subir las escaleras de cuatro en cuatro • **à quatre pattes** a cuatro patas • **il a quatre ans** tiene cuatro años • **il est quatre heures** son las cuatro • **le quatre janvier** el cuatro de enero • **page quatre** página cuatro • **ils étaient quatre** eran cuatro • **le quatre de pique** el cuatro de picas • **(au) quatre rue Lepic** (en la) calle Lepic número cuatro

quatre-quarts [katkaʀ] *nm inv* bizcocho compuesto de cuatro ingredientes a partes iguales

quatre-quatre [kat(ʀe)katʀ] *nm inv* (coche) todoterreno *m*

quatre-vingt [katʀave] = **quatre-vingts**

quatre-vingt-dix [katʀevɛ̃dis] *adj num & pron num* noventa ◇ *nm* noventa *m* • **il a quatre-vingt-dix ans** tiene noventa años • **page quatre-vingt-dix** página noventa • **ils étaient quatre-vingt-dix** eran noventa • **(au) quatre-vingt-dix rue Lepic** (en la) calle Lepic número noventa

quatre-vingt-dixième [katʀevɛ̃dizjɛm] *adj num & pron num* nonagésimo(ma) ◇ *nm (fraction)* nonagésima parte *f*

quatre-vingtième [katʀevɛ̃tjɛm] *adj num & pron num* octogésimo(ma) ◇ *nm (fraction)* octogésima parte *f*

quatre-vingts [katʀavɛ̃] *adj num & pron num* ochenta ◇ *nm* ochenta *m* • **il a quatre-vingts ans** tiene ochenta años • **quatre-vingt trois ans** ochenta y tres años

• **page quatre-vingts** página ochenta • **ils étaient quatre-vingts** eran ochenta • **(au) quatre-vingts rue Lepic** (en la) calle Lepic número ochenta

quatrième [katʀijɛm] *adj num & pron num* cuarto(ta) ◇ *nf* **1.** *SCOL* ≃ segundo *m* de ESO *(educación secundaria obligatoria)* **2.** *(vitesse)* cuarta *f* ◇ *nm* **1.** *(fraction)* cuarta parte *f* **2.** *(étage)* cuarto *m* (piso) **3.** *(arrondissement)* distrito *m* cuarto ou cuarto

que [kə] *conj*
1. *(introduit une subordonnée)* que • **voulez-vous que je ferme la fenêtre ?** ¿quiere que cierre la ventana? • **je sais que tu es là** sé que estás ahí
2. *(exprime une restriction)* • **je n'ai qu'une sœur** no tengo más que una hermana
3. *(dans une comparaison)* ➤ aussi, autant, même, moins, plus
4. *(exprime l'hypothèse)* • **que nous partions aujourd'hui ou demain...** que nos vayamos hoy o mañana...
5. *(remplace une autre conjonction)* • **comme il pleut et que je n'ai pas de parapluie...** como llueve y no tengo paraguas...
◇ *pron rel*
1. *(désigne une personne)* (al) que, (a la) que • **la personne que tu voulais là-bas** la persona que ve allí
2. *(désigne une chose)* que • **le train que nous prenons part dans 10 minutes** el tren que cogemos sale dentro de 10 minutos • **les livres qu'il m'a prêtés** los libros que me ha prestado
◇ *pron inter* qué • **qu'a-t-il dit ou qu'est-ce qu'il a dit ?** ¿qué ha dicho? • **qu'est-ce**

qui ne va pas ? ¿qué ocurre? ● **je ne sais plus que faire** ya no sé qué hacer
◇ *adv (dans une exclamation)* ● **que c'est beau** ou **qu'est-ce que c'est beau !** ¡qué bonito!

Québec [kebɛk] *nm* ● **le Québec** Quebec *m*

québécois, e [kebekwa, az] *adj* quebequés(esa) ● **Québécois, e**, *nm, f* quebequés *m*, -esa *f*

quel, quelle [kɛl] *adj*
1. *(interrogatif)* qué ● **quels amis comptez-vous aller voir ?** ¿(a) qué amigos vais a ver? ● **quelle heure est-il ?** ¿qué hora es? ● **quel vin préfères-tu ?** ¿qué vino prefieres? ● **quelle vendeuse s'est occupée de vous ?** ¿qué dependienta le ha atendido?
2. *(exclamatif)* qué ● **quel beau temps !** ¡qué buen tiempo!
3. *(avec « que »)* ● **tous les Français quels qu'ils soient** todos los franceses, sean quienes sean ● **quel que soit le menu, il est toujours content** sea cual sea el menú, siempre está contento
◇ *pron interr* ¿cuál? ● **quel est le plus intéressant des deux musées ?** ¿cuál de los dos museos es el más interesante?

quelconque [kɛlkɔ̃k] *adj* cualquiera

quelque [kɛlk(ə)] *adj (un peu de)* alguno(na) ● **dans quelque temps** dentro de algún tiempo ; *(avec «que»)* sea cual sea ● **quelque route que je prenne** sea cual sea la carretera que coja
◆ **quelques** *adj*
1. *(plusieurs)* algunos(nas) ● **j'ai quelques lettres à écrire** tengo que escribir algunas cartas

2. *(dans des expressions)* ● **20 euros et quelques** 20 euros y pico ● **il est midi et quelques** son las doce y pico

quelque chose [kɛlkəʃoz] *pron* algo ● **il y a quelque chose de bizarre** hay algo raro

quelquefois [kɛlkəfwa] *adv* a veces

quelque part [kɛlkəpaʀ] *adv* **1.** *(sans mouvement)* en alguna parte **2.** *(avec mouvement)* a alguna parte

quelques-uns, quelques-unes [kɛlkəzœ̃, kɛlkəzyn] *pron* algunos(nas)

quelqu'un [kɛlkœ̃] *pron* alguien

qu'en-dira-t-on [kɑ̃diʀatɔ̃] *nm inv* ● **le qu'en-dira-t-on** el qué dirán

quenelle [kənɛl] *nf* rulo de pescado o carne picados con huevos y nata

qu'est-ce que [kɛskə] ➤ **que**

qu'est-ce qui [kɛski] ➤ **que**

question [kɛstjɔ̃] *nf* **1.** *(interrogation)* pregunta *f* **2.** *(sujet)* cuestión *f* ● **l'affaire en question** el asunto en cuestión ● **il est question de qqch** se trata de algo ● **il est question de faire qqch** es cuestión de hacer algo ● **(il n'en est) pas question !** ¡ni hablar! ● **remettre qqch en question** poner algo en duda

questionnaire [kɛstjɔnɛʀ] *nm* cuestionario *m*

questionner [kɛstjɔne] *vt* interrogar

quête [kɛt] *nf (d'argent)* colecta *f* ● **faire la quête** hacer una colecta ● **être en quête de qqch** buscar algo

quêter [kete] *vi* colectar

quetsche [kwɛtʃ] *nf* ciruela *f* damascena

queue [kø] *nf* cola *f* ● **faire la queue** hacer cola ● **à la queue leu leu** en fila india

● **faire une queue de poisson à qqn** cerrar a alguien

queue-de-cheval [kødʃəval] (*pl* queues-de-cheval) *nf* cola *f* de caballo

qui [ki] *pron rel*
1. (*sujet*) que ● **les passagers qui doivent changer d'avion** los pasajeros que tengan que hacer transbordo ● **la route qui mène à Bordeaux** la carretera que conduce a Burdeos
2. (*complément d'objet*) quien ● **tu vois qui je veux dire** ves a quien me refiero ● **invite qui tu veux** invita a quien quieras ● **la personne à qui j'ai parlé** la persona con quien he hablado
3. (*quiconque*) ● **qui que ce soit** quienquiera que sea
4. (*dans des expressions*) ● **qui plus est** encima
◇ *pron interr*
1. (*sujet*) quién ● **qui êtes-vous ?** ¿quién es usted? ● **je voudrais savoir qui viendra** me gustaría saber quién vendrá
2. (*complément d'objet*) ● **qui demandez-vous ou qui est ce que vous demandez ?** ¿por quién pregunta? ● **dites-moi qui vous demandez** dígame por quién pregunta ● **à qui dois-je m'adresser ?** ¿a quién debo preguntar?

quiche [kiʃ] *nf* ● **quiche (lorraine)** pastel salado a base de hojaldre, huevos y trocitos de beicon

quiconque [kikɔ̃k] *pron* cualquiera que

quille [kij] *nf* **1.** (*de jeu*) bolo *m* **2.** (*d'un bateau*) quilla *f*

quincaillerie [kɛ̃kajʀi] *nf* (*boutique*) ferretería *f*

quinqua [kɛ̃ka] (*abr de quinquagénaire*) (*fam*) *nmf* cincuentón *m*, -ona *f*

quinquennat [kɛ̃kena] *nm* periodo de cinco años correspondiente al mandato del presidente de la República en Francia

quinte [kɛ̃t] *nf* ● **quinte de toux** ataque *m* de tos

quintuple [kɛ̃typl] *nm* quíntuplo *m* ● **le quintuple (de)** el quíntuplo (de)

quinzaine [kɛ̃zɛn] *nf* (*deux semaines*) quincena *f* ● **une quinzaine (de)** una quincena (de)

quinze [kɛ̃z] *adj num & pron num* quince ◇ *nm* quince *m* ● **il a quinze ans** tiene quince años ● **il est quinze heures** son las tres de la tarde ● **le quinze janvier** el quince de enero ● **dans quinze jours** dentro de quince días ● **page quinze** página quince ● **ils étaient quinze** eran quince ● **(au) quinze rue Lepic** (en la) calle Lepic número quince

quinzième [kɛ̃zjɛm] *adj num & pron num* decimoquinto(ta) ◇ *nm* **1.** (*fraction*) decimoquinta parte *f* **2.** (*étage*) decimoquinto *m* (*piso*) **3.** (*arrondissement*) distrito *m* quince ou decimoquinto

quiproquo [kipʀɔko] *nm* equívoco *m*

quittance [kitɑ̃s] *nf* recibo *m* ● **quittance de loyer** recibo del alquiler

quitte [kit] *adj* ● **être quitte (envers qqn)** estar en paz (con alguien) ● **quitte à** y **aller en taxi** aunque tengamos que ir en taxi

quitter [kite] *vt* **1.** (*un lieu*) irse de **2.** (*une personne*) dejar **3.** *INFORM* salir ● **ne quittez pas** (*au téléphone*) no cuelgue ● **se quitter** *vp* separarse

quoi [kwa] *pron interr*

1. *(employé seul)* qué ● **c'est quoi ?** *(fam)* ¿qué es? ● **quoi de neuf ?** ¿qué hay de nuevo? ● **quoi ?** *(pour faire répéter)* ¿qué? **2.** *(complément d'objet direct)* **je ne sais pas quoi dire** no sé qué decir **3.** *(après une préposition)* qué ● **à quoi penses-tu ?** ¿en qué piensas? ● **à quoi bon ?** ¿para qué? **4.** *(fam)* *(exclamatif)* ● **allez, quoi !** ¡venga, hombre! **5.** *(dans des expressions)* ● **tu viens ou quoi ?** *(fam)* ¿vienes o qué? ● **quoi qu'il dise** diga lo que diga ● **quoi qu'il en soit** sea como sea ◇ *pron rel (après préposition)* ● **sans quoi** si no ● **ce à quoi je pense** lo que estoy pensando ● **avoir de quoi manger/vivre** tener de qué comer/vivir ● **avez-vous de quoi écrire ?** ¿tiene con qué escribir? ● **merci - il n'y a pas de quoi** gracias - no hay de qué

quoique [kwakə] *conj* aunque

quotidien, enne [kɔtidjɛ̃, ɛn] *adj* diario(ria) ● *nm* diario *m*

quotient [kɔsjã] *nm* cociente *m* ● **quotient intellectuel** coeficiente *m* intelectual

r R

rabâcher [ʀabaʃe] *vt* machacar

rabais [ʀabɛ] *nm* descuento *m*

rabaisser [ʀabɛse] *vt* rebajar

rabat [ʀaba] *nm* **1.** *(de poche)* carterilla *f* **2.** *(d'enveloppe)* solapa *f*

rabat-joie [ʀabajwa] *nm inv* aguafiestas *mf inv*

rabattre [ʀabatʀ] *vt* *(replier)* plegar ● **se rabattre** *vp* *(automobiliste)* cerrarse ● **se rabattre sur** *(choisir)* conformarse con

rabbin [ʀabɛ̃] *nm* rabino *m*

rabot [ʀabo] *nm* cepillo *m (de carpintería)*

raboter [ʀabɔte] *vt* cepillar *(madera)*

rabougri, e [ʀabugʀi] *adj* desmedrado(da)

raccommoder [ʀakɔmɔde] *vt* zurcir

raccompagner [ʀakɔ̃paɲe] *vt* acompañar

raccord [ʀakɔʀ] *nm* **1.** *(de tuyau)* empalme *m* **2.** *(de papier peint)* unión *f*

raccourci [ʀakuʀsi] *nm* **1.** atajo *m* **2.** *INFORM* tecla *f* aceleradora ● **créer un raccourci (sur le bureau)** crear una tecla aceleradora (en el escritorio) ● **raccourcis clavier** métodos *mpl* abreviados de teclado

raccourcir [ʀakuʀsiʀ] *vt* acortar ◇ *vi* acortarse

raccrocher [ʀakʀɔʃe] *vt* **1.** *(tableau)* volver a colgar **2.** *(remorque)* volver a enganchar ◇ *vi (au téléphone)* colgar

race [ʀas] *nf* raza *f* ● **de race** de raza

racheter [ʀaʃte] *vt* comprar más ● **racheter qqch à qqn** comprar algo a alguien ● **se racheter** *vp* hacer méritos

racial, e, aux [ʀasjal, o] *adj* racial

racine [ʀasin] *nf* raíz *f* ● **racine carrée** raíz cuadrada

racisme [ʀasism] *nm* racismo *m*

raciste [ʀasist] *adj & nmf* racista

racket [ʀaket] *nm* extorsión *f*

racketter [ʀakete] *vt* extorsionar

raclée [rakle] nf paliza f

racler [rakle] vt raspar ◆ **se racler** vp ● **se racler la gorge** aclararse la garganta

raclette [raklɛt] nf plato típico suizo a base de queso fundido y patatas

racontars [rakɔ̃tar] nmpl (fam) chismes mpl

raconter [rakɔ̃te] vt contar ● **raconter qqch à qqn** contar algo a alguien ● **raconter à qqn que** contar a alguien que ● **on raconte que...** cuentan que...

radar [radar] nm radar m

radeau, x [rado] nm balsa f

radiateur [radjatœr] nm radiador m

radiations [radjasjɔ̃] nfpl radiaciones fpl

radical, e, aux [radikal, o] adj radical ◆ **radical** nm radical m

radieux, euse [radjø, øz] adj radiante

radin, e [radɛ̃, in] adj tacaño(ña)

radio [radjo] nf 1. radio f 2. MÉD radiografía f ● **à la radio** en la radio

radioactif, ive [radjoaktif, iv] adj radioactivo(va)

radiocassette [radjokasɛt] nf radiocasete m

radiographie [radjɔgrafi] nf radiografía f

radiologue [radjɔlɔg] nmf radiólogo m, -ga f

radio-réveil [radjorevej] (pl radios-réveils) nm radio despertador m

radis [radi] nm rábano m

radoter [radɔte] vi chochear

radoucir [radusir] ◆ **se radoucir** vp suavizarse

rafale [rafal] nf ráfaga f

raffermir [rafɛrmir] vt fortalecer

raffiné, e [rafine] adj refinado(da)

raffinement [rafinmɑ̃] nm refinamiento m

raffinerie [rafinri] nf refinería f

raffoler [rafɔle] ◆ **raffoler de** v + prep volverse loco(ca) por

rafler [rafle] vt (fam) (emporter) arramblar con

rafraîchir [rafreʃir] vt refrescar ◆ **se rafraîchir** vp 1. (boire) tomar algo fresco 2. (temps) refrescar

rafraîchissant, e [rafreʃisɑ̃, ɑ̃t] adj refrescante

rafraîchissement [rafreʃismɑ̃] nm refresco m

rage [raʒ] nf rabia f ● **rage de dents** dolor m de muelas

ragots [rago] nmpl (fam) cotilleos mpl

ragoût [ragu] nm ragú m

raide [rɛd] adj 1. (cheveux) lacio(cia) 2. (personne, démarche) rígido(da) 3. (pente) empinado(da) ◇ adv ● **tomber raide mort** caer fulminado

raidir [redir] vt endurecer ◆ **se raidir** vp ponerse tieso(sa)

raie [rɛ] nf raya f

rails [raj] nmpl raíles mpl

rainure [renyr] nf ranura f

raisin [rezɛ̃] nm uva f ● **raisins secs** uvas pasas

raison [rezɔ̃] nf razón f ● **à raison de** a razón de ● **avoir raison** tener razón ● **tu as raison de venir** haces bien en venir ● **en raison de** con motivo de

raisonnable [rezɔnabl] adj razonable

raisonnement [rezɔnmɑ̃] nm razonamiento m

raisonner [ʀɛzɔne] *vi* razonar ◇ *vt* hacer entrar en razón

rajeunir [ʀaʒœniʀ] *vi* rejuvenecer ◇ *vt* **1.** *(faire paraître plus jeune)* rejuvenecer **2.** *(attribuer un âge moindre)* echar menos años

rajouter [ʀaʒute] *vt* añadir

ralenti [ʀalɑ̃ti] *nm* **1.** *(d'un moteur)* ralentí *m* **2.** *(au cinéma)* cámara *f* lenta ● **au ralenti** *(fonctionner)* al ralentí ; *(passer une scène)* a cámara lenta

ralentir [ʀalɑ̃tiʀ] *vt* ralentizar ◇ *vi* ir más despacio

râler [ʀale] *vi* gruñir

rallonge [ʀalɔ̃ʒ] *nf* **1.** *(de table)* larguero *m* **2.** *(électrique)* alargador *m*

rallonger [ʀalɔ̃ʒe] *vt* alargar ◇ *vi* alargarse

rallumer [ʀalyme] *vt* volver a encender

rallye [ʀali] *nm* rally *m*

RAM [ʀam] *(abr de Random Access Memory)* *nf inv* RAM *f inv*

ramadan [ʀamadɑ̃] *nm* ramadán *m*

ramassage [ʀamasaʒ] *nm* ● **ramassage scolaire** transporte *m* escolar

ramasser [ʀamase] *vt* recoger

rambarde [ʀɑ̃baʀd] *nf* barandilla *f (de protección)*

rame [ʀam] *nf* **1.** *(aviron)* remo *m* **2.** *(de métro)* tren *m*

ramener [ʀamne] *vt* **1.** *(raccompagner)* llevar **2.** *(amener de nouveau)* volver a llevar

ramequin [ʀamkɛ̃] *nm* cuenco *m*

ramer [ʀame] *vi* remar

ramollir [ʀamɔliʀ] *vt* ablandar ◆ **se ramollir** *vp* ablandarse

ramoner [ʀamɔne] *vt* deshollinar

rampe [ʀɑ̃p] *nf* **1.** *(d'escalier)* barandilla *f* **2.** *(d'accès)* rampa *f*

ramper [ʀɑ̃pe] *vi* **1.** *(animal)* reptar **2.** *(persona)* arrastrarse

rampon [ʀɑ̃pɔ̃] *nm (Helv)* hierba *f* de canónigo

rance [ʀɑ̃s] *adj* rancio(cia)

ranch [ʀɑ̃tʃ] *(pl ranchs OU ranches)* *nm* rancho *m*

rançon [ʀɑ̃sɔ̃] *nf* rescate *m*

rancune [ʀɑ̃kyn] *nf* rencor *m* ● **sans rancune !** ¡sin rencor!

rancunier, ère [ʀɑ̃kynje, ɛʀ] *adj* rencoroso(sa)

randonnée [ʀɑ̃dɔne] *nf* paseo *m* ● **randonnée pédestre** marcha *f*

rang [ʀɑ̃] *nm* **1.** *(rangée)* fila *f* **2.** *(place)* posición *f* ● **se mettre en rang** ponerse en fila

rangé, e [ʀɑ̃ʒe] *adj* ordenado(da)

rangée [ʀɑ̃ʒe] *nf* fila *f*

rangement [ʀɑ̃ʒmɑ̃] *nm* **1.** *(d'une chambre, de vêtements)* orden *m* **2.** *(placard)* alacena *f*

ranger [ʀɑ̃ʒe] *vt* ordenar ◆ **se ranger** *vp (en voiture)* echarse a un lado

ranimer [ʀanime] *vt* **1.** *(blessé)* reanimar **2.** *(feu)* avivar

rap [ʀap] *nm* rap *m*

rapace [ʀapas] *nm* rapaz *f*

rapatrier [ʀapatʀije] *vt* repatriar

râpe [ʀap] *nf* **1.** rallador *m* **2.** *(Helv)* *(fam)* *(avare)* tacaño *m*, -ña *f*

râper [ʀape] *vt* rallar

rapetisser [ʀaptise] *vi* reducir de tamaño

râpeux, euse [ʀapø, øz] *adj* áspero(ra)

raphia [ʀafja] *nm* rafia *f*

rapide [ʀapid] *adj* rápido(da)

rapidement [ʀapidmã] *adv* rápidamente

rapidité [ʀapidite] *nf* rapidez *f*

rapiécer [ʀapjese] *vt* remendar

rappel [ʀapel] *nm* (de paiement) advertencia *f* ▼ **rappel** (panneau routier) recuerde

rappeler [ʀaple] *vt* **1.** (faire revenir) llamar **2.** (au téléphone) volver a llamar ◆ **rappeler qqch à qqn** recordar algo a alguien ◆ **se rappeler** *vp* acordarse

rapport [ʀapɔʀ] *nm* **1.** (compte-rendu) informe *m* **2.** (point commun) conexión *f* **3.** (relation) relación *f* ◆ **par rapport à** con relación a ◆ **rapports** (sexuels) protégés relaciones (sexuales) protegidas

rapporter [ʀapɔʀte] *vt* **1.** (rendre) devolver **2.** (argent, avantage) reportar ◇ *vi* (être avantageux) reportar ◆ **se rapporter à** *vp + prep* referirse a

rapporteur, euse [ʀapɔʀtœʀ, øz] *nm, f* chivato *m*, -ta *f* ◆ **rapporteur** *nm* MATH transportador *m*

rapprocher [ʀapʀɔʃe] *vt* acercar ◆ **se rapprocher** *vp* acercarse ◆ **se rapprocher de** (dans l'espace) acercarse de ; (affectivement) acercarse a

raquette [ʀaket] *nf* raqueta *f*

rare [ʀaʀ] *adj* **1.** (peu fréquent) raro(ra) **2.** (peu nombreux) escaso(sa)

rarement [ʀaʀmã] *adv* raramente

ras, e [ʀɑ, ʀɑz] *adj* raso(sa) ◆ **ras** *adv* **(à) ras** al raso ◆ **au ras de** a ras de ◆ **à ras bord** hasta el borde ◆ **en avoir ras le bol** estar hasta las narices

raser [ʀɑze] *vt* **1.** (barbe, personne) afeitar **2.** (frôler) rozar ◆ **se raser** *vp* afeitarse

rasoir [ʀazwaʀ] *nm* maquinilla *f* de afeitar ◆ **rasoir électrique** maquinilla eléctrica

rassasié, e [ʀasazje] *adj* saciado(da)

rassembler [ʀasãble] *vt* juntar ◆ **se rassembler** *vp* juntarse

rasseoir [ʀaswaʀ] ◆ **se rasseoir** *vp* volverse a sentar

rassis, e [ʀasi, iz] *pp* > rasseoir ◇ *adj* (pain) duro(ra)

rassurant, e [ʀasyʀã, ãt] *adj* tranquilizador(ra)

rassurer [ʀasyʀe] *vt* tranquilizar

rat [ʀa] *nm* rata *f*

ratatiné, e [ʀatatine] *adj* arrugado(da)

ratatouille [ʀatatuj] *nf* ≈ pisto *m*

râteau, x [ʀato] *nm* rastrillo *m*

rater [ʀate] *vt* **1.** (cible) fallar **2.** (examen) suspender **3.** (train) perder ◇ *vi* fracasar

ration [ʀasjɔ̃] *nf* ración *f*

rationnel, elle [ʀasjɔnel] *adj* racional

ratisser [ʀatise] *vt* pasar el rastrillo

RATP [ʀɑtepe] (abr de Régie autonome des transports parisiens) *nf* compañía de transportes de París ≈ EMT *f* (Empresa Municipal de Transportes)

rattacher [ʀataʃe] *vt* ◆ **rattacher qqch à** (attacher) volver a atar algo a ; (relier) vincular algo a

ratte [ʀat] *nf* (pomme de terre) variedad de patata alargada

rattrapage [ʀatʀapaʒ] *nm* SCOL recuperación *f*

rattraper [ʀatʀape] *vt* **1.** atrapar **2.** (retard) recuperar ◆ **se rattraper** *vp* **1.** (se retenir) agarrarse **2.** (d'une erreur) corregirse

rature [ʀatyʀ] *nf* tachadura *f*

rauque [ʀok] *adj* ronco(ca)

ravages [ʀavaʒ] *nmpl* ● **faire des ravages** hacer estragos

ravaler [ʀavale] *vt (façade)* restaurar

rave [ʀɛv] *nf* fiesta f rave

ravi, e [ʀavi] *adj* encantado(da) ● **ravi de faire votre connaissance !** ¡encantado de conocerle!

ravin [ʀavɛ̃] *nm* barranco m

ravioli(s) [ʀavjɔli] *nmpl* raviolis mpl

raviser [ʀavize] ◆ **se raviser** *vp* cambiar de opinión

ravissant, e [ʀavisɑ̃, ɑ̃t] *adj* encantador(ra)

ravisseur, euse [ʀavisœʀ, øz] *nm, f* secuestrador m, -ra f

ravitaillement [ʀavitajmɑ̃] *nm* 1. *(action)* abastecimiento m 2. *(provisions)* provisiones fpl

ravitailler [ʀavitaje] *vt* abastecer

rayé, e [ʀeje] *adj* 1. *(tissu)* de ou a rayas 2. *(disque, verre)* rayado(da)

rayer [ʀeje] *vt* 1. *(abîmer)* rayar 2. *(barrer)* tachar

rayon [ʀɛjɔ̃] *nm* 1. *(de soleil, de lumière)* rayo m 2. *(d'un cercle, d'une roue)* radio m ● **rayons X** rayos X

rayonnage [ʀɛjɔnaʒ] *nm* estantería f

rayonner [ʀɛjɔne] *vi (visage, personne)* irradiar ● **rayonner autour de** *(ville)* moverse por los alrededores de

rayure [ʀɛjyʀ] *nf* raya f ● **à rayures** de rayas

raz(-)de(-)marée [ʀadmaʀe] *nm inv* maremoto m

réacteur [ʀeaktœʀ] *nm* reactor m

réaction [ʀeaksjɔ̃] *nf* reacción f

réagir [ʀeaʒiʀ] *vi* reaccionar

réalisateur, trice [ʀealizatœʀ, tʀis] *nm, f* realizador m, -ra f

réaliser [ʀealize] *vt* 1. realizar 2. *(comprendre)* darse cuenta de ◆ **se réaliser** *vp* realizarse

réaliste [ʀealist] *adj* realista

réalité [ʀealite] *nf* realidad f ● **en réalité** en realidad ● **réalité virtuelle** realidad virtual

réanimation [ʀeanimasjɔ̃] *nf* reanimación f

rebelle [ʀebɛl] *nmf* rebelde mf

rebeller [ʀebele] ◆ **se rebeller** *vp* rebelarse

rebondir [ʀebɔ̃diʀ] *vi* rebotar

rebondissement [ʀebɔ̃dismɑ̃] *nm (d'une affaire)* vuelta f a la actualidad

rebord [ʀebɔʀ] *nm* borde m

reboucher [ʀebuʃe] *vt* tapar

rebrousse-poil [ʀebʀuspwal] ◆ **à rebrousse-poil** *adv* a contrapelo

rebrousser [ʀebʀuse] *vt* ● **rebrousser chemin** desandar lo andado

rébus [ʀebys] *nm* jeroglífico m

récapituler [ʀekapityle] *vt* recapitular

récemment [ʀesamɑ̃] *adv* recientemente

recensement [ʀəsɑ̃smɑ̃] *nm* censo m

récent, e [ʀesɑ̃, ɑ̃t] *adj* reciente

récépissé [ʀesepise] *nm* resguardo m

récepteur [ʀeseptœʀ] *nm* receptor m

réception [ʀesepsjɔ̃] *nf* recepción f ▼ **s'adresser à la réception** preguntar en recepción ● **laisser qqch à la réception** dejar algo en la recepción ● **à réception du colis** a la recepción del paquete

réceptionniste [ʀesepsjɔnist] *nmf* recepcionista mf

recette [ʀəsɛt] nf **1.** (de cuisine) receta f **2.** (argent gagné) ingresos mpl

recevoir [ʀəsəvwaʀ] vt **1.** recibir **2.** (candidat) aprobar

rechange [ʀəʃɑ̃ʒ] ◆ **de rechange** adj de recambio

recharge [ʀəʃaʀʒ] nf recambio m

rechargeable [ʀəʃaʀʒabl] adj recargable

recharger [ʀəʃaʀʒe] vt recargar

réchaud [ʀeʃo] nm hornillo m ◆ **réchaud à gaz** hornillo de gas

réchauffement [ʀeʃofmɑ̃] nm ◆ **réchauffement de la planète** calentamiento m del planeta

réchauffer [ʀeʃofe] vt calentar ◆ **se réchauffer** vp calentarse ◆ **se réchauffer les mains** calentarse las manos

recherche [ʀəʃɛʀʃ] nf (scientifique) investigación m ◆ **faire des recherches** (pour un travail scolaire) documentarse ◆ **faire de la recherche** dedicarse a la investigación ◆ **être à la recherche de** estar buscando

rechercher [ʀəʃɛʀʃe] vt buscar

rechute [ʀəʃyt] nf recaída f ◆ **faire une rechute** tener una recaída

rechuter [ʀəʃyte] vi recaer

récif [ʀesif] nm arrecife m

récipient [ʀesipjɑ̃] nm recipiente m

réciproque [ʀesipʀɔk] adj recíproco(ca)

récit [ʀesi] nm narración f

récital [ʀesital] nm recital m

récitation [ʀesitasjɔ̃] nf recitación f

réciter [ʀesite] vt recitar

réclamation [ʀeklamasjɔ̃] nf reclamación f

réclamer [ʀeklame] vt & vi reclamar

recoiffer [ʀəkwafe] ◆ **se recoiffer** vp volver a peinarse

recoin [ʀəkwɛ̃] nm rincón m

recoller [ʀəkɔle] vt volver a pegar

récolte [ʀekɔlt] nf cosecha f

récolter [ʀekɔlte] vt cosechar

recommandation [ʀəkɔmɑ̃dasjɔ̃] nf recomendación f

recommandé, e [ʀəkɔmɑ̃de] adj (lettre, paquet) certificado(da) ◆ **recommandé** nm carta f certificada ◆ **envoyer en recommandé** enviar una carta certificada ◆ **envoyer qqch en recommandé** enviar algo certificado

recommander [ʀəkɔmɑ̃de] vt recomendar ◆ **être recommandé par qqn** ser recomendado por alguien ◆ **se recommander** vp (Helv) (insister) insistir

recommencer [ʀəkɔmɑ̃se] vt volver a empezar ◇ vi (spectacle) reanudarse ◆ **recommencer à faire qqch** volver a hacer algo

récompense [ʀekɔ̃pɑ̃s] nf recompensa f

récompenser [ʀekɔ̃pɑ̃se] vt recompensar

réconcilier [ʀekɔ̃silje] vt reconciliar ◆ **se réconcilier** vp reconciliarse

reconduire [ʀəkɔ̃dɥiʀ] vt acompañar

reconduit, e [ʀəkɔ̃dɥi, it] pp ➤ **reconduire**

réconforter [ʀekɔ̃fɔʀte] vt reconfortar

reconnaissance [ʀəkɔnɛsɑ̃s] nf reconocimiento m

reconnaissant, e [ʀəkɔnɛsɑ̃, ɑ̃t] adj agradecido(da) ◆ **je vous suis très reconnaissant** le estoy muy agradecido

reconnaître [ʀəkɔnɛtʀ] vt reconocer

reconnu, e [ʀəkɔny] pp ➤ **reconnaître**

reconstituer [ʀəkɔ̃stitɥe] vt reconstituir

reconstruire [ʀəkɔ̃stʀɥiʀ] vt reconstruir

reconstruit, e [ʀəkɔ̃stʀɥi, it] pp ➤ reconstruire

recontacter [ʀəkɔ̃takte] vt ◆ nous vous recontacterons (ultérieurement) nos volveremos a poner en contacto con usted (más adelante)

reconvertir [ʀəkɔ̃vɛʀtiʀ] ◆ se reconvertir (dans) vp + prep (professionnellement) reconvertirse (en)

recopier [ʀəkɔpje] vt 1. (brouillon) pasar a limpio 2. (texte) copiar

record [ʀəkɔʀ] nm récord m

recoucher [ʀəkuʃe] ◆ se recoucher vp volver a acostarse

recoudre [ʀəkudʀ] vt coser

recourbé, e [ʀəkuʀbe] adj encorvado(da)

recours [ʀəkuʀ] nm ● avoir recours à recurrir a

recouvert, e [ʀəkuvɛʀ, ɛʀt] pp ➤ recouvrir

recouvrir [ʀəkuvʀiʀ] vt recubrir ● recouvrir qqch de recubrir algo de

récréation [ʀekʀeasjɔ̃] nf recreo m

recroqueviller [ʀəkʀɔkvije] ◆ se recroqueviller vp 1. (personne) acurrucarse 2. (feuille) encogerse

recrutement [ʀəkʀytmã] nm (de personnel) contratación f

recruter [ʀəkʀyte] vt contratar

rectangle [ʀɛktɑ̃gl] nm rectángulo m

rectangulaire [ʀɛktɑ̃gylɛʀ] adj rectangular

rectifier [ʀɛktifje] vt rectificar

rectiligne [ʀɛktiliɲ] adj rectilíneo(a)

recto [ʀɛkto] nm recto m

reçu, e [ʀəsy] pp ➤ recevoir ◆ reçu nm recibo m

recueil [ʀəkœj] nm selección f

recueillir [ʀəkœjiʀ] vt 1. (rassembler) reunir 2. (accueillir) recoger ◆ se recueillir vp recogerse

recul [ʀəkyl] nm retroceso m ● prendre du recul (pour sauter) coger carrerilla ; (pour réfléchir) distanciarse

reculer [ʀəkyle] vt 1. mover hacia atrás 2. (date) aplazar ◇ vi retroceder

reculons [ʀəkylɔ̃] ◆ à reculons adv hacia atrás

récupérer [ʀekypeʀe] vt recuperar ◇ vi recuperarse

récurer [ʀekyʀe] vt frotar

recyclage [ʀəsiklaʒ] nm reciclaje m

recycler [ʀəsikle] vt reciclar

rédacteur, trice [ʀedaktœʀ, tʀis] nm, f ● rédacteur/rédactrice en chef redactor/redactora jefe

rédaction [ʀedaksjɔ̃] nf redacción f

redémarrer [ʀədemaʀe] vt INFORM reiniciar

redescendre [ʀədesɑ̃dʀ] vi volver a bajar

redevance [ʀədəvɑ̃s] nf impuesto m

rediffusion [ʀədifyzjɔ̃] nf repetición f

rédiger [ʀediʒe] vt redactar

redimensionner [ʀədimɑ̃sjɔne] vt cambiar de tamaño

redire [ʀədiʀ] vt repetir

redonner [ʀədɔne] vt 1. (rendre) devolver 2. (donner à nouveau) volver a dar ● redonner confiance à qqn devolver la confianza a alguien

redoubler [ʀəduble] vt SCOL repetir ◇ vi 1. SCOL repetir 2. (pluie) arreciar

redoutable [ʀədutabl] *adj* temible

redouter [ʀədute] *vt* temer

redresser [ʀədʀese] *vt* 1. *(tête, buste)* levantar 2. *(remettre droit)* enderezar ◇ *vi* *(en voiture)* enderezar ♦ **se redresser** *vp* enderezarse

réduction [ʀedyksjɔ̃] *nf* 1. reducción *f* 2. *(sur un prix)* descuento *m*

réduire [ʀedɥiʀ] *vt* 1. reducir 2. INFORM minimizar ● **réduire en miettes** hacer añicos ● **réduire qqch en poudre** hacer polvo algo

réduit, e [ʀedɥi, it] *pp* ➤ réduire ◇ *adj* reducido(da)

rééducation [ʀeedykasjɔ̃] *nf* rehabilitación *f*

réel, elle [ʀeel] *adj* real

réellement [ʀeelmɑ̃] *adv* realmente

réexpédier [ʀeɛkspedje] *vt* reexpedir

refaire [ʀəfɛʀ] *vt* rehacer

refait, e [ʀəfɛ, ɛt] *pp* ➤ refaire

réfectoire [ʀefɛktwaʀ] *nm* comedor *m*

référence [ʀefeʀɑ̃s] *nf* referencia *f* ● faire référence à hacer referencia a ▼ références exigées se exigen referencias

référendum [ʀefeʀɛ̃dɔm] *nm* referéndum *m*

refermer [ʀəfɛʀme] *vt* cerrar ● **se refermer** *vp* cerrarse

réfléchi, e [ʀefleʃi] *adj* GRAMM reflexivo(va)

réfléchir [ʀefleʃiʀ] *vt* reflejar ◇ *vi* reflexionar ● **se réfléchir** *vp* reflejarse

reflet [ʀəflɛ] *nm* reflejo *m*

refléter [ʀəflete] *vt* reflejar ● **se refléter** *vp* reflejarse

réflexe [ʀeflɛks] *nm* reflejo *m*

réflexion [ʀeflɛksjɔ̃] *nf* 1. reflexión *f* 2. *(critique)* reproche *m*

réforme [ʀefɔʀm] *nf* reforma *f*

réformer [ʀefɔʀme] *vt* 1. reformar 2. MIL declarar exento *(del servicio militar)*

refouler [ʀəfule] *vt* reprimir

refrain [ʀəfʀɛ̃] *nm* estribillo *m*

réfrigérateur [ʀefʀiʒeʀatœʀ] *nm* frigorífico *m*

refroidir [ʀəfʀwadiʀ] *vt* 1. *(aliment)* enfriar 2. *(décourager)* desanimar ◇ *vi* enfriarse ● **se refroidir** *vp* *(temps)* refrescar

refroidissement [ʀəfʀwadismɑ̃] *nm* enfriamiento *m*

refuge [ʀəfyʒ] *nm* 1. *(en montagne)* refugio *m* 2. *(pour sans abri)* asilo *m*

réfugié, e [ʀefyʒje] *nm, f* refugiado(da)

réfugier [ʀefyʒje] ● **se réfugier** *vp* refugiarse

refus [ʀəfy] *nm* negativa *f*

refuser [ʀəfyze] *vt* rechazar ● **refuser qqch à qqn** negar algo a alguien ● **refuser de faire qqch** negarse a hacer algo

regagner [ʀəgaɲe] *vt (reprendre)* recuperar ● **veuillez regagner vos places** vuelvan a sus asientos

régaler [ʀegale] ● **se régaler** *vp* ● **tu vas te régaler !** ¡te va a encantar!

regard [ʀəgaʀ] *nm* mirada *f*

regarder [ʀəgaʀde] *vt* 1. *(observer)* mirar 2. *(concerner)* incumbir ● **ça ne te regarde pas** eso no es asunto tuyo

reggae [ʀege] *nm* reggae *m*

régime [ʀeʒim] *nm* 1. régimen *m* 2. *(de bananes)* racimo *m* ● **être/se mettre au régime** estar/ponerse a régimen ● **faire un régime** hacer régimen

régiment [ʀeʒimɑ̃] *nm* regimiento *m*

région [reʒjɔ̃] *nf* región *f*

Les régions

Francia se divide administrativamente en 26 regiones, de las cuales 22 están en la metrópoli. Cada *région*, gobernada por un *conseil régional* elegido por sufragio universal cada 6 años, está dividida a su vez en *départements* y éstos, en *cantons*. En cada región y en cada departamento, un funcionario, el *préfet*, representa al Estado. Creadas en 1960, las regiones se han convertido en *collectivités territoriales* tras las leyes de descentralización del presidente Mitterrand en 1982, cuyo objetivo era reducir las diferencias entre París y las regiones concediendo a estas últimas más competencias administrativas.

régional, e, aux [reʒjɔnal, o] *adj* regional

registre [rəʒistr] *nm* registro *m*

réglable [reglabl] *adj* regulable ● **réglable en hauteur/profondeur** altura/profundidad regulable

réglage [reglaʒ] *nm* ajuste *m*

règle [regl] *nf* regla *f* ● **règle graduée** regla graduada ● **être en règle** estar en regla ● **en règle générale** por regla general ● **règles du jeu** reglas del juego ◆ **règles** *nfpl* (*menstruations*) regla *f inv*

règlement [regləmɑ̃] *nm* **1.** (*lois*) reglamento *m* **2.** (*paiement*) pago *m*

régler [regle] *vt* **1.** (*appareil, moteur*) INFORM ajustar **2.** (*payer*) pagar **3.** (*problème*) arreglar

réglisse [reglis] *nm* regaliz *m*

règne [reɲ] *nm* reino *m*

régner [reɲe] *vi* reinar

regret [rəgrɛ] *nm* arrepentimiento *m* ● **avoir des regrets** de arrepentirse de

regrettable [rəgretabl] *adj* lamentable ● **c'est regrettable que** es una pena que

regretter [rəgrete] *vt* **1.** (*erreur, décision*) arrepentirse de **2.** (*personne*) echar de menos ● **regretter de faire qqch** sentir hacer algo ● **regretter que** sentir que

regrouper [rəgrupe] *vt* agrupar ◆ **se regrouper** *vp* agruparse

régulier, ère [regylje, ɛr] *adj* regular

régulièrement [regyljɛrmɑ̃] *adv* regularmente

rehausseur [rəosœr] *nm* elevador *m*

rein [rɛ̃] *nm* riñón *m* ● **reins** *nmpl* (*dos*) riñones *mpl*

réincarner [reɛ̃karne] ◆ **se réincarner** *vp* reencarnarsee

reine [rɛn] *nf* reina *f*

réinitialiser [reinisjalize] *vt* INFORM reiniciar

réinscriptible [reɛ̃skriptibl] *adj* INFORM regrabable

rejeter [rəʒte] *vt* **1.** (*renvoyer*) devolver **2.** (*refuser*) rechazar

rejoindre [rəʒwɛ̃dr] *vt* **1.** (*personne*) alcanzar **2.** (*lieu*) llegar a

rejoint, e [rəʒwɛ̃, ɛ̃t] *pp* ➤ **rejoindre**

réjouir [ʀeʒwiʀ] vp ◆ **se réjouir** vp alegrarse ● **se réjouir de (faire) qqch** alegrarse de (hacer) algo

réjouissant, e [ʀeʒwisɑ̃, ɑ̃t] adj regocijante

relâcher [ʀəlɑʃe] vt soltar ● **relâcher son attention** relajar la atención ◆ **se relâcher** vp (attention, discipline) relajarse

relais [ʀəlɛ] nm 1. (auberge) albergue m 2. SPORT relevo m ● **prendre le relais (de qqn)** tomar el relevo (de alguien) ● **relais routier** restaurante m de carretera

relancer [ʀəlɑ̃se] vt 1. (balle) volver a lanzar 2. (solliciter) volver a contactar con 3. (économie, projet) reactivar 4. INFORM reiniciar

relatif, ive [ʀəlatif, iv] adj relativo ● **relatif à** relativo a

relation [ʀəlasjɔ̃] nf relación f ● **être/entrer en relation avec qqn** estar/ponerse en contacto con alguien ● **relations humaines/professionnelles** relaciones humanas/profesionales ● **avoir de bonnes/mauvaises relations avec qqn** llevarse bien/mal con alguien

relativement [ʀəlativmɑ̃] adv relativamente

relaxation [ʀəlaksasjɔ̃] nf relajación f

relaxer [ʀəlakse] ◆ **se relaxer** vp relajarse

relayer [ʀəleje] vt relevar ◆ **se relayer** vp ● **se relayer (pour faire qqch)** relevarse (para hacer algo)

relevé, e [ʀəlve] adj picante ◆ nm ● **relevé de compte** extracto m de cuenta

relever [ʀəlve] vt 1. (mettre droit) levantar 2. (remarquer) notar 3. (épicer) condimentar ◆ **se relever** vp levantarse

relief [ʀəljɛf] nm relieve m ● **en relief** en relieve

relier [ʀəlje] vt unir

religieuse [ʀəliʒjøz] nf pastelillo redondo relleno de crema de café o chocolate

religieux, euse [ʀəliʒjø, øz] adj religioso(sa) ◆ nm, f fraile m, monja f

religion [ʀəliʒjɔ̃] nf religión f

relire [ʀəliʀ] vt releer

reliure [ʀəljyʀ] nf encuadernación f

relu, e [ʀəly] pp ➤ relire

remanier [ʀəmanje] vt remodelar

remarquable [ʀəmaʀkabl] adj notable

remarque [ʀəmaʀk] nf observación f

remarquer [ʀəmaʀke] vt notar ● **remarque,... fíjate,...** ◆ **se faire remarquer** hacerse notar

rembobiner [ʀɑ̃bɔbine] vt rebobinar

rembourré, e [ʀɑ̃buʀe] adj relleno(na)

remboursement [ʀɑ̃buʀsəmɑ̃] nm reembolso m

rembourser [ʀɑ̃buʀse] vt reembolsar ● **j'ai préféré me faire rembourser** preferí que me devolvieran el dinero

remède [ʀəmɛd] nm remedio m

remédier [ʀəmedje] ◆ **remédier à** v + prep poner remedio a

remerciements [ʀəmɛʀsimɑ̃] nmpl agradecimientos mpl

remercier [ʀəmɛʀsje] vt agradecer ● **remercier qqn de o/ pour qqch** agradecer a alguien algo ● **je te remercie d'être venu** te agradezco que hayas venido

remettre [ʀəmɛtʀ] vt **1.** (reposer) volver a poner **2.** (vêtement) volver a ponerse **3.** (repousser) aplazar • **remettre un paquet à qqn** entregar un paquete a alguien • **remettre qqch en état** arreglar algo • **se remettre** vp reponerse • **se remettre à faire qqch** volver a hacer algo • **se remettre au tennis** volver a practicar tenis • **se remettre d'un accident/d'une émotion** reponerse de un accidente/de una emoción

remis, e [ʀəmi, iz] pp ➤ remettre

remise [ʀəmiz] nf **1.** (abri) cobertizo m **2.** (rabais) descuento m • **faire une remise à qqn** hacer un descuento a alguien

remontant [ʀəmɔ̃tɑ̃] nm tónico m

remontée [ʀəmɔ̃te] nf • **remontées mécaniques** remontes mpl mecánicos

remonte-pente, s [ʀəmɔ̃tpɑ̃t] nm telearrastre m

remonter [ʀəmɔ̃te] vt **1.** (mettre plus haut) subir **2.** (côte, escalier) volver a subir **3.** (moteur, pièces) volver a armar **4.** (montre) dar cuerda a ◇ vi volver a subir • **remonter à** (dater de) remontarse a

remords [ʀəmɔʀ] nm remordimiento m

remorque [ʀəmɔʀk] nf remolque m

remorquer [ʀəmɔʀke] vt remolcar

rémoulade [ʀemulad] nf ➤ céleri

remous [ʀəmu] nm remolino m • **bain à remous** baño m de burbujas

remparts [ʀɑ̃paʀ] nmpl murallas fpl

remplaçant, e [ʀɑ̃plasɑ̃, ɑ̃t] nm, f suplente mf

remplacer [ʀɑ̃plase] vt **1.** (changer) cambiar **2.** (prendre la place de) sustituir

• **remplacer qqn/qqch par** cambiar a alguien/algo por

remplir [ʀɑ̃pliʀ] vt **1.** (verre, salle) llenar **2.** (questionnaire) rellenar • **remplir qqch de** llenar algo de • **se remplir (de)** vp + prep llenarse (de)

remporter [ʀɑ̃pɔʀte] vt **1.** (reprendre) llevarse **2.** (gagner) ganar • **remporter la victoire** conseguir la victoria

remuant, e [ʀəmɥɑ̃, ɑ̃t] adj revoltoso(sa)

remue-ménage [ʀəmymenaʒ] nm inv trajín m

remuer [ʀəmɥe] vt **1.** (bouger) menear **2.** (mélanger) revolver

rémunération [ʀemyneʀasjɔ̃] nf remuneración f

rémunérer [ʀemyneʀe] vt remunerar

renard [ʀənaʀ] nm zorro m

rencontre [ʀɑ̃kɔ̃tʀ] nf encuentro m • **aller à la rencontre de qqn** salir al encuentro de alguien

rencontrer [ʀɑ̃kɔ̃tʀe] vt **1.** (par hasard) encontrarse con **2.** (faire la connaissance de) conocer **3.** (équipe adverse) enfrentarse a • **se rencontrer** vp **1.** (par hasard) encontrarse **2.** (faire connaissance) conocerse • **on ne s'est pas déjà rencontrés ?** ¿no nos hemos visto ya?

rendez-vous [ʀɑ̃devu] nm cita f • **rendez-vous chez moi à 14 h** os espero en casa a las 2 • **avoir rendez-vous avec qqn** tener (una) cita con alguien • **donner rendez-vous à qqn** dar cita a alguien • **noter un rendez-vous** apuntar una cita • **prendre rendez-vous** pedir hora

rendormir [ʀɑ̃dɔʀmiʀ] ♦ **se rendormir** *vp* volver a dormirse

rendre [ʀɑ̃dʀ] *vt* 1. volver 2. *(redonner)* devolver ● **rendre visite à** visitar ♦ **se rendre** *vp* rendirse ● **se rendre à** *(sout)* *(aller à)* acudir a ● **se rendre utile** hacer algo útil ● **se rendre malade** ponerse enfermo(ma)

rênes [ʀɛn] *nfpl* riendas *fpl*

renfermé, e [ʀɑ̃fɛʀme] *adj* cerrado(da) ● **renfermé** *nm* sentir lo renfermé oler a cerrado ● cerrado(ma)

renfermer [ʀɑ̃fɛʀme] *vt (contenir)* encerrar

renfoncement [ʀɑ̃fɔ̃smɑ̃] *nm* hueco *m*

renforcer [ʀɑ̃fɔʀse] *vt* 1. *(consolider)* reforzar 2. *(fig) (certitude, peur)* afianzar

renforts [ʀɑ̃fɔʀ] *nmpl* refuerzos *mpl*

renfrogné, e [ʀɑ̃fʀɔɲe] *adj* enfurruñado(da)

renier [ʀənje] *vt* renegar de

renifler [ʀənifle] *vi* sorber

renommé, e [ʀɛnɔme] *adj* famoso(sa)

renommée [ʀənɔme] *nf* fama *f*

renommer [ʀənɔme] *vt* INFORM cambiar el nombre de

renoncer [ʀənɔ̃se] ● **renoncer à** *v + prep* renunciar a ● **renoncer à faire qqch** renunciar a hacer algo

renouer [ʀənwe] *vt* reanudar ◇ *vi* ● **renouer avec qqn** reanudar la amistad con alguien

renouvelable [ʀənuvlabl] *adj* renovable ● **énergie renouvelable** energía *f* renovable

renouveler [ʀənuvle] *vt* 1. *(changer)* reponer 2. *(recommencer, prolonger)* renovar ♦ **se renouveler** *vp* renovarse

rénovation [ʀenɔvasjɔ̃] *nf* renovación *f*

rénover [ʀenɔve] *vt* renovar

renseignement [ʀɑ̃sɛɲmɑ̃] *nm* información *f* ● **appeler les renseignements** llamar a información

renseigner [ʀɑ̃seɲe] *vt* ● **renseigner qqn (sur)** informar a alguien (sobre) ♦ **se renseigner (sur)** *vp + prep* informarse (sobre)

rentable [ʀɑ̃tabl] *adj* rentable

rente [ʀɑ̃t] *nf* renta *f*

rentrée [ʀɑ̃tʀe] *nf* ● **rentrée (d'argent)** ingreso *m* (de dinero) ● **rentrée (des classes)** vuelta *f* al colegio ● **à la rentrée** *(en septembre)* en septiembre

---

La rentrée

La *rentrée* se refiere a la primera semana de septiembre, momento en que se reanudan las clases y los alumnos vuelven a la escuela y al instituto (los estudiantes universitarios comienzan en octubre). Pero este término se extiende generalmente a todas las actividades sociales, culturales, políticas y económicas (*rentrée parlementaire* del gobierno, *rentrée littéraire* etc) que retoman su curso tras la larga interrupción estival, *les grandes vacances*.

---

rentrer [ʀɑ̃tʀe] *vi* 1. *(entrer)* entrar 2. *(chez soi)* volver (a casa) 3. *(être contenu)* caber ◇ vt meter • **rentrer dans** *(heurter)* estrellarse contra • **rentrer le ventre** meter la barriga ◆ **se rentrer dedans** *vp* *(fam) (voitures)* chocar

renverser [ʀɑ̃vɛʀse] *vt* 1. *(liquide)* derramar 2. *(piéton)* atropellar 3. *(gouvernement)* derrocar • **un piéton s'est fait renverser** han atropellado a un peatón ◆ **se renverser** *vp* derramarse

renvoi [ʀɑ̃vwa] *nm* 1. *(d'un élève)* expulsión *f* 2. *(d'un salarié)* despido *m* 3. INFORM remisión *f* • **le chorizo me donne des renvois** el chorizo se me repite

renvoyer [ʀɑ̃vwaje] *vt* 1. *(balle, lettre)* devolver 2. *(image, rayon)* reflejar 3. *(élève)* expulsar 4. *(salarié)* despedir

réorganiser [ʀeɔʀganize] *vt* reorganizar

répandre [ʀepɑ̃dʀ] *vt* 1. *(renverser)* derramar 2. *(nouvelle)* difundir ◆ **se répandre** *vp* 1. *(liquide)* derramarse 2. *(nouvelle, maladie)* difundirse

répandu, e [ʀepɑ̃dy] *adj* corriente

réparateur, trice [ʀepaʀatœʀ, tʀis] *nm, f* reparador *m*, -ra *f*

réparation [ʀepaʀasjɔ̃] *nf* reparación *f* • **en réparation** en reparación

réparer [ʀepaʀe] *vt* arreglar ◆ **faire réparer qqch** llevar algo a arreglar

repartir [ʀəpaʀtiʀ] *vi* 1. *(partir à nouveau)* volver a salir 2. *(rentrer)* volver, regresarse *(Amér)*

répartir [ʀepaʀtiʀ] *vt* repartir ◆ **se répartir** *vp* • **se répartir le travail** repartirse el trabajo

répartition [ʀepaʀtisjɔ̃] *nf* reparto *m*

repas [ʀəpa] *nm* comida *f*

repassage [ʀəpasaʒ] *nm* planchado *m*

repasser [ʀəpase] *vt* planchar ◇ *vi* *(aller de nouveau)* volver a pasar • **repasser le standard (téléphonique)** volver a poner con la centralita

repêchage [ʀəpeʃaʒ] *nm* *(d'un sportif)* repechaje *m*

repêcher [ʀəpeʃe] *vt* 1. *(retirer de l'eau)* rescatar 2. *(un concurrent)* repescar

repeindre [ʀəpɛ̃dʀ] *vt* volver a pintar

repeint, e [ʀəpɛ̃, ɛ̃t] *pp* > repeindre

répercussions [ʀepɛʀkysjɔ̃] *nfpl* repercusiones *fpl*

repère [ʀəpɛʀ] *nm* señal *f* • **faire un repère sur qqch** marcar algo • **ne plus avoir ses repères** *(fig)* estar desorientado

repérer [ʀəpeʀe] *vt* localizar ◆ **se repérer** *vp* orientarse

répertoire [ʀepɛʀtwaʀ] *nm* 1. *(carnet)* agenda *f* 2. *(d'un acteur, d'un musicien)* repertorio *m* 3. INFORM directorio *m*

répéter [ʀepete] *vt* 1. repetir 2. *(rôle)* ensayar ◆ **se répéter** *vp* repetirse

répétition [ʀepetisjɔ̃] *nf* 1. *(dans un texte)* repetición *f* 2. *(au théâtre)* ensayo *m* • **répétition générale** ensayo general

replacer [ʀəplase] *vt* volver a colocar

replier [ʀəplije] *vt* doblar

réplique [ʀeplik] *nf* réplica *f*

répliquer [ʀeplike] *vt & vi* replicar

répondeur [ʀepɔ̃dœʀ] *nm* • **répondeur (téléphonique)** contestador *m* (automático)

répondre [ʀepɔ̃dʀ] *vi* 1. *(à une question, à une lettre)* contestar 2. *(freins)* responder ◇ *vt* contestar • **répondre à qqn** contestar a alguien

réponse [ʀepɔ̃s] *nf* respuesta *f*

reportage [ʀəpɔʀtaʒ] *nm* reportaje *m*

¹reporter [ʀəpɔʀtɛʀ] *nm* reportero *m*, -ra *f*

²reporter [ʀəpɔʀte] *vt* **1.** *(rapporter)* devolver **2.** *(date, réunion)* aplazar

repos [ʀəpo] *nm* descanso *m* ● **prendre du repos** descansar

reposant, e [ʀəpozɑ̃, ɑ̃t] *adj* relajante

repose-poignets *nm inv* reposamuñecas *m inv*

reposer [ʀəpoze] *vt* volver a poner ● **se reposer** *vp* descansar

repousser [ʀəpuse] *vt* **1.** *(faire reculer)* empujar **2.** *(retarder)* aplazar ◇ *vi* volver a crecer ● **repousser une réunion** aplazar una reunión ● **mes cheveux repoussent vite** el pelo me vuelve a crecer rápidamente

reprendre [ʀəpʀɑ̃dʀ] *vt* **1.** *(revenir chercher)* volver a coger **2.** *(objet donné)* volver a llevarse **3.** *(activité)* reemprender **4.** *(prisonnier)* capturar **5.** *(se resservir)* repetir **6.** *(corriger)* corregir ● **reprendre sa place** volver a su sitio ● **reprendre son souffle** recobrar el aliento ▼ **ni repris ni échangé** no se devuelve el dinero ni se cambia ● **se reprendre** *vp* **1.** *(se ressaisir)* dominarse **2.** *(se corriger)* rectificarse

représailles [ʀəpʀezaj] *nfpl* represalias *fpl*

représentant, e [ʀəpʀezɑ̃tɑ̃, ɑ̃t] *nm, f* representante *mf* ● **représentant (de commerce)** viajante *m*

représentatif, ive [ʀəpʀezɑ̃tatif, iv] *adj* representativo(va)

représentation [ʀəpʀezɑ̃tasjɔ̃] *nf* representación *f*

représenter [ʀəpʀezɑ̃te] *vt* representar

répression [ʀepʀesjɔ̃] *nf* represión *f*

réprimer [ʀepʀime] *vt* reprimir

repris, e [ʀəpʀi, iz] *pp* ➤ **reprendre** ◆ **repris** *nm inv* ● **repris de justice** reincidente *mf*

reprise [ʀəpʀiz] *nf* **1.** *(couture)* zurcido *m* **2.** *(économique)* reactivación *f* **3.** *(rachat)* traspaso *m* ● **à plusieurs reprises** varias veces

repriser [ʀəpʀize] *vt* zurcir

reproche [ʀəpʀɔʃ] *nm* reproche *m*

reprocher [ʀəpʀɔʃe] *vt* ● **reprocher qqch à qqn** reprochar algo a alguien

reproduction [ʀəpʀɔdyksjɔ̃] *nf* reproducción *f*

reproduire [ʀəpʀɔdɥiʀ] *vt* reproducir ◆ **se reproduire** *vp* reproducirse

reproduit, e [ʀəpʀɔdɥi, it] *pp* ➤ **reproduire**

reptile [ʀɛptil] *nm* reptil *m*

république [ʀepyblik] *nf* república *f*

répugnant, e [ʀepyɲɑ̃, ɑ̃t] *adj* repugnante

réputation [ʀepytasjɔ̃] *nf* reputación *f*

réputé, e [ʀepyte] *adj* reputado(da)

requête [ʀəkɛt] *nf* consulta *f*

requin [ʀəkɛ̃] *nm* tiburón *m*

RER [ɛʀøɛʀ] *(abr de Réseau express régional) nm* red de trenes de cercanías en París

Le RER

El *Réseau express régional* es una red ferroviaria que atraviesa la región de *Île-de-France*. En sus 5 cinco líneas principales circulan trenes con parada tanto en las estaciones de las afueras de la ciudad y en los aeropuertos como en algunas de las estaciones más importantes del metro parisino. Gracias al *RER*, los habitantes de las afueras pueden acceder de forma rápida a la capital.

rescapé, e [ʀɛskape] *nm, f* superviviente *mf*

rescousse [ʀɛskus] *nf* ● **appeler qqn à la rescousse** pedir socorro a alguien

réseau, x [ʀezo] *nm* red *f* ● **en réseau** *INFORM* en red ● **réseau local** red local ● **réseau Wi-Fi** red Wi-Fi

réservation [ʀezɛʀvasjɔ̃] *nf* reserva *f*

réserve [ʀezɛʀv] *nf* reserva *f* ● **en réserve** en reserva

réservé, e [ʀezɛʀve] *adj* reservado(da)

réserver [ʀezɛʀve] *vt* reservar ● **réserver une surprise à qqn** reservar una sorpresa a alguien ● **se réserver** *vp* ● **se réserver le droit/la possibilité de faire qqch** reservarse el derecho/la posibilidad a hacer algo

réservoir [ʀezɛʀvwaʀ] *nm* depósito *m*

reset [ʀiset] *nm* *INFORM* botón *m* para reiniciar

résidence [ʀezidɑ̃s] *nf* **1.** (*sout*) (*domicile*) residencia *f* **2.** (*immeuble*) edificio *m* residencial ● **résidence secondaire** segunda vivienda *f*

résider [ʀezide] *vi* residir

résigner [ʀeziɲe] ● **se résigner** *vp* resignarse ● **se résigner à (faire) qqch** resignarse a (hacer) algo

résilier [ʀezilje] *vt* rescindir

résine [ʀezin] *nf* resina *f*

résistance [ʀezistɑ̃s] *nf* resistencia *f*

résistant, e [ʀezistɑ̃, ɑ̃t] *adj & nm, f* resistente

résister [ʀeziste] ● **résister à** *v + prep* **1.** (*supporter*) resistir **2.** (*lutter contre, s'opposer à*) resistirse a

résolu, e [ʀezɔly] *pp* ➤ **résoudre** ◇ *adj* (*décidé*) determinado(da)

résolution [ʀezɔlysjɔ̃] *nf* (*décision*) resolución *f* ● **haute résolution** alta resolución *f*

résonner [ʀezɔne] *vi* resonar

résoudre [ʀezudʀ] *vt* resolver

respect [ʀɛspɛ] *nm* respeto *m* ● **avoir du respect pour qqn** sentir respeto por alguien

respecter [ʀɛspɛkte] *vt* respetar

respectif, ive [ʀɛspɛktif, iv] *adj* respectivo(va)

respiration [ʀɛspiʀasjɔ̃] *nf* respiración *f*

respirer [ʀɛspiʀe] *vi & vt* respirar

responsabilité [ʀɛspɔ̃sabilite] *nf* responsabilidad *f* ● **prendre ses responsabilités** responsabilizarse ● **sous la responsabilité de qqn** bajo la responsabilidad de

responsable [ʀɛspɔ̃sabl] *adj* responsable ◇ *nmf* **1.** (*coupable*) responsable *mf* **2.** (*d'une administration, d'un magasin*) encargado *m*, -da *f* ● **être responsable de** (*coupable de*) ser responsable de ; (*chargé de*) ser el encargado (la encargada) de

ressaisir [ʀəseziʀ] ● **se ressaisir** *vp* dominarse

ressemblant, e [rəsɑ̃blɑ̃, ɑ̃t] *adj* parecido(da)

ressembler [rəsɑ̃ble] ◆ **ressembler à** *v + prep* parecerse a ◆ **se ressembler** *vp* parecerse

ressemeler [rəsəmle] *vt* poner suelas nuevas a

ressentir [rəsɑ̃tir] *vt* sentir

resserrer [rəsere] *vt* apretar ◆ **se resserrer** *vp* estrecharse

resservir [rəservir] *vt & vi* volver a servir ◆ **se resservir** *vp* ◆ **se resservir (de)** volver a servirse (de)

ressort [rəsɔr] *nm* muelle *m*

ressortir [rəsɔrtir] *vi* 1. (*sortir à nouveau*) volver a salir 2. (*se détacher*) resaltar

ressortissant, e [rəsɔrtisɑ̃, ɑ̃t] *nm, f* ciudadano *m*, -na *f*

ressources [rəsurs] *nfpl* recursos *mpl*

ressusciter [resysite] *vt* resucitar

restant, e [rɛstɑ̃, ɑ̃t] *adj* ➤ **poste** ◆ **restant** *nm* resto *m*

restaurant [rɛstɔrɑ̃] *nm* restaurante *m* ◆ **restaurant universitaire** comedor *m* universitario

restauration [rɛstɔrasjɔ̃] *nf* restauración *f*

restaurer [rɛstɔre] *vt* restaurar

reste [rɛst] *nm* resto *m* ◆ **un reste de** restos *de* ◆ **les restes** (*d'un repas*) las sobras

rester [rɛste] *vi* 1. (*dans un lieu*) quedarse 2. (*subsister*) quedar 3. (*continuer à être*) permanecer ◆ **il n'en reste que deux** no quedan más que dos

restituer [rɛstitɥe] *vt* restituir

resto [rɛsto] *nm* (*fam*) restaurante *m* ◆ **les Restos du cœur** centro de distribución de comida para los necesitados

restreindre [rɛstrɛ̃dr] *vt* restringir

restreint, e [rɛstrɛ̃, ɛ̃t] *pp* ➤ **restreindre** o *adj* limitado(da)

résultat [rezylta] *nm* resultado *m*

résumé [rezyme] *nm* resumen *m* ◆ **en résumé** en resumen

résumer [rezyme] *vt* resumir

rétablir [retablir] *vt* restablecer ◆ **se rétablir** *vp* restablecerse

retard [rətar] *nm* retraso *m* ◆ **avoir du retard** retrasarse ◆ **avoir une heure de retard** tener una hora de retraso ◆ **être en retard (sur)** llevar retraso (con respecto a)

retarder [rətarde] *vi* ◆ **ma montre retarde (de 5 minutes)** mi reloj va (5 minutos) atrasado

retenir [rətnir] *vt* 1. (*empêcher de partir, se souvenir*) retener 2. (*empêcher de tomber*) agarrar 3. (*empêcher d'agir*) contener 4. (*réserver*) reservar ◆ **retenir son souffle** contener la respiración ◆ **je retiens 1** (*dans une opération*) me llevo 1 ◆ **se retenir** *vp* ◆ **se retenir (à qqch)** agarrarse (a algo) ◆ **se retenir (de faire qqch)** contenerse (para no hacer algo)

retenu, e [rətny] *pp* ➤ **retenir**

retenue [rətny] *nf* 1. SCOL castigo *m* ? (*dans une opération*) cantidad *f* que se lleva

réticent, e [retisɑ̃, ɑ̃t] *adj* reticente

retirer [rətire] *vt* 1. sacar 2. (*vêtement*) quitarse 3. (*billet, colis, bagages*) recoger

● **retirer** qqch à qqn quitarle algo a alguien

retomber [rətɔ̃be] *vi* 1. *(tomber à nouveau)* volver a caer 2. *(après un saut, pendre)* caer ● **retomber malade** volver a ponerse enfermo(ma)

retour [rətur] *nm* vuelta *f* ● **être de retour** estar de vuelta ● **au retour** a la vuelta

retourner [rəturne] *vt* 1. *(mettre à l'envers)* dar la vuelta a 2. *(renvoyer)* devolver ◇ *vi* 1. *(d'où l'on arrive)* volverse 2. *(aller à nouveau)* volver ● **se retourner** *vp* 1. *(voiture, bateau)* volcarse 2. *(tourner la tête)* volverse

retrait [rətrɛ] *nm (d'argent)* reintegro *m*

retraite [rətrɛt] *nf (arrêt du travail)* jubilación *f* ● **être à la retraite** estar jubilado(da) ● **prendre sa retraite** jubilarse ● **retraite complémentaire** pensión *f* complementaria

retraité, e [rətrete] *nm, f* jubilado *m*, -da *f*

retransmission [rətrɑ̃smisjɔ̃] *nf* retransmisión *f*

rétrécir [retresir] *vi* encoger ● **se rétrécir** *vp* estrecharse

rétro [retro] *adj inv* retro ◇ *nm (fam) (rétroviseur)* retrovisor *m*

rétrograder [retrograde] *vi (automobiliste)* reducir

rétroprojecteur [retroprɔʒɛktœr] *nm* retroproyector *m*

rétrospective [retrospektiv] *nf* retrospectiva *f*

retrousser [rətruse] *vt* remangarse

retrouvailles [rətruvaj] *nfpl* reencuentro *m*

retrouver [rətruve] *vt* 1. *(objet perdu)* encontrar 2. *(personne perdue de vue)* encontrarse (con) 3. *(rejoindre)* reunirse con ● **se retrouver** *vp* 1. *(se réunir)* reunirse 2. *(dans une situation)* encontrarse

rétroviseur [retrovizœr] *nm* retrovisor *m*

réunion [reynjɔ̃] *nf* reunión *f* ● **la Réunion** la Reunión

réunionnais, e [reynjɔnɛ, ɛz] *adj* reunionense ● **Réunionnais, e** *nm, f* reunionense *mf*

réunir [reynir] *vt* reunir ● **se réunir** *vp* reunirse

réussi, e [reysi] *adj (photo)* logrado(da) ● **la soirée a été très réussie** la fiesta ha sido todo un éxito

réussir [reysir] *vt* salirle bien a uno ◇ *vi* 1. *(tentative)* salir bien 2. *(socialement, professionnellement)* triunfar (en la vida) ● **réussir (à) un examen** aprobar un examen ● **réussir à faire qqch** conseguir hacer algo ● **réussir à qqn** *(aliment, climat)* sentarle bien a alguien

réussite [reysit] *nf* 1. *(succès)* éxito *m* 2. *(jeu)* solitario *m*

revanche [rəvɑ̃ʃ] *nf* revancha *f* ● **en revanche** en cambio

rêve [rɛv] *nm* sueño *m*

réveil [revej] *nm* 1. despertar *m* 2. *(pendule)* despertador *m* ● **à son réveil** al despertar

réveiller [reveje] *vt* despertar ● **se réveiller** *vp* despertarse

réveillon [ʀevejɔ̃] nm **1.** (repas du 24 décembre) cena f de Nochebuena **2.** (repas du 31 décembre) cena f de Nochevieja **3.** (fête du 31 décembre) cotillón m

réveillonner [ʀevejɔne] vi **1.** (faire un repas le 24 décembre) celebrar la Nochebuena **2.** (faire un repas le 31 décembre) celebrar la Nochevieja **3.** (participer à la fête du 31 décembre) ir a un cotillón

révélation [ʀevelasjɔ̃] nf revelación f

révéler [ʀevele] vt revelar ◆ **se révéler** vp (s'avérer) revelarse

revenant, e [ʀəvnɑ̃, ɑ̃t] nm, f aparecido m, da ◆ tiens, un revenant/une revenante ! ¡mira, un resucitado/una resucitada!

revendication [ʀəvɑ̃dikasjɔ̃] nf reivindicación f

revendre [ʀəvɑ̃dʀ] vt revender

revenir [ʀəvniʀ] vi volver ◆ faire revenir qqch CULIN rehogar algo ◆ revenir cher resultar caro ◆ ça nous est revenu à 300 euros nos salió por 300 euros ◆ ça me revient maintenant ahora me acuerdo ◆ ça revient au même viene a ser lo mismo ◆ je n'en reviens pas no salgo de mi asombro ◆ revenir sur sa décision volverse atrás ◆ revenir sur ses pas dar media vuelta

revenu, e [ʀəvny] pp ➤ **revenir** ◆ **revenu** nm renta f

rêver [ʀeve] vi **1.** (en dormant) soñar **2.** (être distrait) estar en las nubes ◆ vt ◆ rêver que soñar que ◆ rêver de soñar con ◆ rêver de faire qqch soñar con hacer algo

réverbère [ʀeveʀbeʀ] nm farola f

revers [ʀəveʀ] nm **1.** (au tennis, d'une pièce) revés m **2.** (de la main) dorso m **3.** (d'une veste, d'un pantalon) vuelta f

réversible [ʀeveʀsibl] adj reversible

revêtement [ʀəvetmɑ̃] nm revestimiento m

rêveur, euse [ʀevœʀ, øz] adj soñador(ra)

réviser [ʀevize] vt (leçons) repasar ◆ faire réviser sa voiture llevar el coche a revisión

révision [ʀevizjɔ̃] nf (d'une voiture) revisión f ◆ **révisions** nfpl SCOL repaso m

revoir [ʀəvwaʀ] vt **1.** (voir à nouveau) volver a ver **2.** (leçons) repasar ◆ **au revoir** interj ¡adiós!

révoltant, e [ʀevɔltɑ̃, ɑ̃t] adj indignante

révolte [ʀevɔlt] nf revuelta f

révolter [ʀevɔlte] vt sublevar ◆ **se révolter** vp sublevarse

révolution [ʀevɔlysjɔ̃] nf revolución f ◆ **la Révolution (française)** la Revolución Francesa

révolutionnaire [ʀevɔlysjɔneʀ] adj & nmf revolucionario(ria)

revolver [ʀevɔlveʀ] nm revólver m

revue [ʀəvy] nf (revista) **1.** revue de presse revista de prensa ◆ passer qqch en revue pasar revista a algo

rez-de-chaussée [ʀedʃose] nm inv planta f baja

Rhin [ʀɛ̃] nm ◆ **le Rhin** el Rin

rhinocéros [ʀinɔseʀɔs] nm rinoceronte m

Rhône [ʀon] nm ◆ **le Rhône** el Ródano

rhubarbe [ʀybaʀb] nf ruibarbo m

rhum [Rɔm] *nm* ron *m*

rhumatismes [Rymatism] *nmpl* reumatismo *m* • **avoir des rhumatismes** tener reúma

rhume [Rym] *nm* catarro *m*, resfriado *m* • **avoir un rhume** tener un catarro • **rhume des foins** fiebre *f* del heno

ri [Ri] *pp* ➤ **rire**

ricaner [Rikane] *vi* pitorrearse

riche [Riʃ] *adj* rico(ca) ◇ *nmf* • **les riches** los ricos • **riche en** rico(ca) en

richesse [Riʃes] *nf* riqueza *f* ✦ **richesses** *nfpl* riquezas *fpl*

ricocher [Rikɔʃe] *vi* rebotar

ricochet [Rikɔʃe] *nm* • **faire des ricochets** tirar piedras en el agua de modo que reboten

ride [Rid] *nf* arruga *f*

ridé, e [Ride] *adj* arrugado(da)

rideau, x [Rido] *nm* **1.** cortina *f* **2.** *(au théâtre)* telón *m*

ridicule [Ridikyl] *adj* ridículo(la)

rien [Rjɛ̃] *pron* nada • **je ne fais rien le dimanche** los domingos no hago nada • **ne... rien** no... nada • **ça ne fait rien** no importa • **de rien** de nada • **pour rien** *(gratuitement)* gratis ; *(inutilement)* para nada • **rien d'intéressant** nada interesante • **rien du tout** absolutamente nada • **rien que** sólo (con)

rigide [Riʒid] *adj* rígido(da)

rigole [Rigɔl] *nf* reguero *m*

rigoler [Rigɔle] *vi* **1.** *(fam)* *(rire)* reírse **2.** *(s'amuser)* pasarlo bomba **3.** *(plaisanter)* bromear

rigolo, ote [Rigɔlo, ɔt] *adj* **1.** *(fam)* *(amusant)* cachondo(da) **2.** *(bizarre)* curioso(sa)

rigoureux, euse [Riguʀø, øz] *adj* riguroso(sa)

rigueur [Rigœʀ] *nf* • **à la rigueur** *adv* como mucho

rillettes [Rijet] *nfpl especie de paté a base de hebras de carne de cerdo u oca*

rime [Rim] *nf* rima *f*

rinçage [Rɛ̃saʒ] *nm* aclarado *m*

rincer [Rɛ̃se] *vt* **1.** *(verre, vaisselle)* enjuagar **2.** *(linge)* aclarar

ring [Riŋ] *nm* **1.** ring *m* **2.** *(Belg)* *(route)* carretera *f* de circunvalación

riposter [Ripɔste] *vi* replicar

rire [RiR] *nm* risa *f* ◇ *vi* **1.** *(de joie)* reír **2.** *(s'amuser)* pasárselo bien • **rire aux éclats** reír a carcajadas • **tu veux rire ?** ¿bromeas? • **pour rire** de broma

ris [Ri] *nmpl* • **ris de veau** mollejas *fpl*

risotto [Rizɔto] *nm* risotto *m*

risque [Risk] *nm* riesgo *m* • **prendre des risques** arriesgarse

risqué, e [Riske] *adj* arriesgado(da)

risquer [Riske] *vt* **1.** *(mettre en danger)* arriesgar **2.** *(être exposé à)* correr el riesgo de **3.** *(proposition, question)* aventurar ✦ **risquer de** *v + prep* *(être en danger de)* correr el riesgo de • **il risque de partir** puede que se vaya

rissolé, e [Risole] *adj* sofrito(ta)

rivage [Rivaʒ] *nm* orilla *f*

rival, e, aux [Rival, o] *adj & nm, f* rival

rivalité [Rivalite] *nf* rivalidad *f*

rive [ʀiv] *nf* ribera *f* • **la Rive droite/gauche** (à Paris) barrios situados respectivamente al norte y al sur del río Sena

riverain, e [ʀivʀɛ̃, ɛn] *nm, f* (d'une rue) vecino *m*, -na *f* ▼ **interdit sauf riverains** paso reservado únicamente a los vecinos de una calle

rivière [ʀivjɛʀ] *nf* río *m*

riz [ʀi] *nm* arroz *m* • **riz cantonais** arroz cantonés • **riz au lait** arroz con leche • **riz pilaf** arroz pilaf • **riz sauvage** (Québec) planta de granos oscuros, finos y alargados parecida al arroz; se prepara de la misma manera que este último

RMI [ɛʀɛmi] *nm* (abr de revenu minimum d'insertion) subsidio para ayudar a la inserción social de las personas sin ingresos

RN *nf* (abr écrite de route nationale) N *f* (nacional)

robe [ʀɔb] *nf* **1.** (vêtement de femme) vestido *m* **2.** (d'un cheval) pelaje *m* • **robe de chambre** bata *f* • **robe du soir** traje *m* de noche

robinet [ʀɔbinɛ] *nm* grifo *m*

robot [ʀɔbo] *nm* **1.** robot *m* **2.** (ménager) robot *m* (de cocina)

robuste [ʀɔbyst] *adj* robusto(ta)

roc [ʀɔk] *nm* roca *f*

rocade [ʀɔkad] *nf* carretera *f* de circunvalación

roche [ʀɔʃ] *nf* roca *f*

rocher [ʀɔʃe] *nm* **1.** roca *f* **2.** (au chocolat) bombón *m*

rock [ʀɔk] *nm* rock *m*

rodage [ʀɔdaʒ] *nm* rodaje *m*

rôder [ʀode] *vi* rondar

rœsti [ʀøʃti] *nmpl* (Helv) pastel relleno de patatas ralladas doradas en la sartén

rognons [ʀɔɲɔ̃] *nmpl* riñones *mpl*

roi [ʀwa] *nm* rey *m* • **les Rois** ou **la fête des Rois** el día de Reyes

Roland-Garros [ʀɔlɑ̃gaʀɔs] *n* • (le tournoi de) **Roland-Garros** (el torneo de) Roland-Garros

rôle [ʀol] *nm* papel *m*

roller [ʀɔlœʀ] *nm* roller *m inv* • **faire du roller** hacer rolling

ROM [ʀɔm] *nf* (abr de read only memory) ROM *f*

romain, e [ʀɔmɛ̃, ɛn] *adj* romano(na)

roman, e [ʀɔmɑ̃, an] *adj* románico(ca) • **roman** *nm* novela *f*

romancier, ère [ʀɔmɑ̃sje, ɛʀ] *nm, f* novelista *mf*

romantique [ʀɔmɑ̃tik] *adj* romántico(ca)

romarin [ʀɔmaʀɛ̃] *nm* romero *m*

Rome [ʀɔm] *n* Roma

rompre [ʀɔ̃pʀ] *vi* romper

romsteck [ʀɔmstɛk] *nm* filete *m* de lomo de vaca

ronces [ʀɔ̃s] *nfpl* zarzas *fpl*

rond, e [ʀɔ̃, ʀɔ̃d] *adj* **1.** redondo(da) **2.** (gros) rechoncho(cha) • **rond** *nm* círculo *m* • **en rond** en corro

ronde [ʀɔ̃d] *nf* (de policiers) ronda *f*

rondelle [ʀɔ̃dɛl] *nf* rodaja *f*

rond-point [ʀɔ̃pwɛ̃] (pl ronds-points) *nm* **1.** (en ville) glorieta *f* **2.** (sur route) rotonda *f*

ronfler [ʀɔ̃fle] *vi* roncar

ronger [rɔ̃ʒe] vt **1.** (os) roer **2.** (suj : rouille) corroer ◆ **se ronger** vp ● **se ronger les ongles** morderse las uñas

ronronner [rɔ̃rɔne] vi ronronear

roquefort [rɔkfɔr] nm roquefort m

rosace [rozas] nf rosetón m

rosbif [rɔzbif] nm redondo m (de vaca)

rose [roz] adj rosa ◇ nm (couleur) rosa m ◇ nf (fleur) rosa f

rosé, e [roze] adj rosado(da) ◆ **rosé** nm rosado m, clarete m

roseau, x [rozo] nm caña f (planta)

rosée [roze] nf rocío m

rosier [rozje] nm rosal m

rossignol [rɔsiɲɔl] nm ruiseñor m

rot [ro] nm eructo m

roter [rɔte] vi eructar

rôti [roti] nm asado m

rôtie [roti] nf (Québec) tostada f

rotin [rɔtɛ̃] nm mimbre m

rôtir [rotir] vt asar ◇ vi asarse

rôtissoire [rotiswar] nf (électrique) asador m

rotule [rɔtyl] nf rótula f

roucouler [rukule] vi arrullar

roue [ru] nf rueda f ● **roue de secours** rueda de repuesto ● **grande roue** noria f

rougail [rugaj] nm (Réunion) salsa picante a base de tomate, hortalizas y especias que acompaña diversos platos locales

rouge [ruʒ] adj **1.** rojo(ja) **2.** (fer) candente **3.** (de confusion) colorado(da) ◇ nm **1.** rojo m **2.** (vin) tinto m ● **le feu est passé au rouge** el semáforo se ha puesto en rojo ● **passer au rouge** (véhicule) saltarse un

semáforo ● **rouge à lèvres** lápiz m de labios

rouge-gorge [ruʒgɔrʒ] (pl rouges-gorges) nm petirrojo m

rougeole [ruʒɔl] nf sarampión m

rougeurs [ruʒœr] nfpl manchas fpl rojas

rougir [ruʒir] vi ruborizarse

rouille [ruj] nf **1.** óxido m **2.** (sauce) salsa con ajo y guindilla que se sirve con la sopa de pescado

rouillé, e [ruje] adj **1.** oxidado(da) **2.** (fig) (physiquement, intellectuellement) anquilosado(da)

rouiller [ruje] vi oxidarse

roulant, e [rulɑ̃] adj m ➤ **fauteuil, tapis**

rouleau, x [rulo] nm **1.** (de papier, de tissu) rollo m **2.** (pinceau) rodillo m **3.** (vague) ola f **4.** CULIN ● **rouleau de printemps** rollito m de primavera ● **rouleau à pâtisserie** rodillo

roulement [rulmɑ̃] nm turnos mpl ● **roulement à billes** rodamiento m de bolas ● **roulement de tambour** redoble m de tambor

rouler [rule] vt **1.** enrollar **2.** (fam) (duper) timar ◇ vi **1.** (balle, caillou) rodar **2.** (véhicule) circular **3.** (automobiliste) conducir ● **rouler les r** pronunciar fuerte las erres ▼ **roulez au pas** circulen despacio ● **rouler vite** correr ◆ **se rouler** vp (par terre, dans l'herbe) revolcarse

roulette [rulɛt] nf rueda f ● **la roulette** (jeu) la ruleta

roulotte [rulɔt] nf caravana f

roumain, e [rumɛ̃, ɛn] adj rumano(na) ◆ **roumain** nm (langue) rumano m ◆ **Roumain, e** nm, f rumano m, -na f

Roumanie [rumani] nf • la Roumanie Rumania f

rousse ➤ roux

rousseur [rusœr] nf ➤ tache

roussi [rusi] nm • ça sent le roussi huele a chamusquina

route [rut] nf 1. carretera f 2. (itinéraire) camino m • mettre qqch en route poner algo en marcha • se mettre en route (voyageur) ponerse en camino ▼ route barrée carretera cortada

routeur [rutœr] nm INFORM enrutador m

routier, ère [rutje, ɛr] adj 1. (carte) de carretera 2. (transports) por carretera • routier nm 1. (camionneur) camionero m, ra f 2. (restaurant) restaurante m de carretera

routine [rutin] nf (péj) rutina f

roux, rousse [ru, rus] adj & nm, f pelirrojo(ja)

royal, e, aux [rwajal, o] adj 1. (famille, pouvoir) real 2. (cadeau, pourboire) regio(gia)

royaume [rwajom] nm reino m

Royaume-Uni [rwajomyni] nm • le Royaume Uni el Reino Unido

RTT [ɛrtete] (abr de réduction du temps de travail) nf reducción f del tiempo de trabajo • un nm ou nf • prendre un ou une RTT tomar un día de asueto

ruade [ryad] nf coz f

ruban [rybɑ̃] nm cinta f • ruban adhésif cinta adhesiva

rubéole [rybeol] nf rubeola f

rubis [rybi] nm rubí m

rubrique [rybrik] nf 1. (catégorie) apartado m 2. (de journal) sección f

ruche [ryʃ] nf colmena f

rude [ryd] adj 1. (climat) riguroso(sa) 2. (travail) penoso(sa) 3. (voix) bronco(ca)

rudimentaire [rydimɑ̃tɛr] adj rudimentario(ria)

rue [ry] nf calle f • rue piétonne ou piétonnière calle peatonal

ruelle [rɥɛl] nf callejón m

ruer [rɥe] vi dar coces ◆ se ruer vp • se ruer dans/sur abalanzarse sobre

rugby [rygbi] nm rugby m

rugir [ryʒir] vi rugir

rugueux, euse [rygø, øz] adj rugoso(sa)

ruine [rɥin] nf ruina f • en ruine en ruinas • tomber en ruine estarse derruyendo ◆ ruines nfpl ruinas fpl

ruiné, e [rɥine] adj arruinado(da)

ruisseau, x [rɥiso] nm arroyo m

ruisseler [rɥisle] vi chorrear • ruisseler de (sueur, larmes) chorrear de

rumeur [rymœr] nf rumor m

ruminer [rymine] vi rumiar

rupture [ryptyr] nf ruptura f

rural, e, aux [ryral, o] adj rural

ruse [ryz] nf 1. (habileté) astucia f 2. (procédé) ardid m

rusé, e [ryze] adj astuto(ta)

russe [rys] adj ruso(sa) • nm (langue) ruso m • Russe nmf ruso m, sa f

Russie [rysi] nf • la Russie Rusia f

Rustine® [rystin] nf parche m (de bicicleta)

rustique [rystik] adj rústico(ca)

rythme [ritm] nm ritmo m

ss

S (*abr écrite de* sud) S (*sur*)

sa ➤ **son** (*adj*)

SA [ɛsa] (*abr de* société anonyme) *nf* SA *f* (*sociedad anónima*)

sable [sabl] *nm* arena *f* ◆ **sables mouvants** arenas movedizas

sablé, e [sable] *adj* ◆ **pâte sablée** pasta flora ◆ **sablé** *nm* galleta *f*

sablier [sablije] *nm* reloj *m* de arena

sablonneux, euse [sablonø, øz] *adj* arenoso(sa)

sabot [sabo] *nm* 1. (*de cheval*) casco *m* 2. (*de vache*) pezuña *f* 3. (*chaussure*) zueco *m* ◆ **sabot de Denver** cepo *m* (*para los coches*)

sabre [sabʀ] *nm* sable *m*

sac [sak] *nm* 1. (*en papier, en plastique*) bolsa *f* 2. (*de pommes de terre*) saco *m* ◆ **sac de couchage** saco de dormir ◆ **sac à dos** mochila *f* ◆ **sac à main** bolso *m*

saccadé, e [sakade] *adj* 1. (*gestes*) brusco(ca) 2. (*respiration*) entrecortado(da)

saccager [sakaʒe] *vt* saquear

sachant [saʃɑ̃] *p prés* ➤ **savoir**

sache etc ➤ **savoir**

sachet [saʃɛ] *nm* bolsa *f* ◆ **sachet de thé** bolsita *f* de té

sacoche [sakɔʃ] *nf* (*sac*) cartera *f*

sac-poubelle [sakpubɛl] (*pl* **sacs-poubelle**) *nm* bolsa *f* de basura

sacré, e [sakre] *adj* 1. (*temple, texte*) sagrado(da) 2. (*musique, art*) sacro(cra) 3. (*fam*) (*maudit*) dichoso(sa)

sacrifice [sakrifis] *nm* sacrificio *m*

sacrifier [sakrifje] *vt* sacrificar ◆ **se sacrifier** *vp* sacrificarse

sadique [sadik] *adj* sádico(ca)

safari [safari] *nm* safari *m*

safran [safʀɑ̃] *nm* azafrán *m*

sage [saʒ] *adj* 1. (*avisé*) sensato(ta) 2. (*obéissant*) bueno(na)

sage-femme [saʒfam] (*pl* **sages-femmes**) *nf* comadrona *f*

sagesse [saʒɛs] *nf* sabiduría *f*

Sagittaire [saʒitɛʀ] *nm* Sagitario *m*

saignant, e [sɛɲɑ̃, ɑ̃t] *adj* (*viande*) poco hecho(cha)

saigner [seɲe] *vi* sangrar ◆ **saigner du nez** sangrar por la nariz

saillant, e [sajɑ̃, ɑ̃t] *adj* saliente

sain, e [sɛ̃, sɛn] *adj* sano(na) ◆ **sain et sauf** sano y salvo

saint, e [sɛ̃, sɛ̃t] *adj & nm, f* santo(ta) ◆ **saint François** San Francisco

saint-honoré [sɛ̃tɔnɔʀe] *nm inv* tarta bordeada de bocaditos de nata y crema en el interior

Saint-Jacques-de-Compostelle [sɛ̃ʒakdəkɔ̃pɔstɛl] *n* Santiago de Compostela

Saint-Sébastien [sɛ̃sebastjɛ̃] *n* San Sebastián

Saint-Sylvestre [sɛ̃silvɛstʀ] *nf* ◆ **la Saint-Sylvestre** Nochevieja *f*

sais etc ➤ **savoir**

saisie [sezi] *nf* INFORM introducción *f*

saisir [seziʀ] *vt* **1.** *(prendre)* agarrar **2.** *(occasion)* aprovechar **3.** *(comprendre)* coger **4.** *DR (biens)* embargar **5.** *INFORM* introducir

saison [sɛzɔ̃] *nf* **1.** estación *f* **2.** *(période)* temporada *f* ● **basse/haute saison** temporada baja/alta

salade [salad] *nf* **1.** *(plante)* lechuga *f* **2.** *(plat)* ensalada *f* ● **champignons en salade** ensalada de champiñones ● **salade de fruits** macedonia *f* de frutas ● **salade mixte** ensalada mixta ● **salade niçoise** ensaladilla con tomate, atún, anchoas, huevo...

saladier [saladje] *nm* ensaladera *f*

salaire [salɛʀ] *nm* sueldo *m*

Salamanque [salamɑ̃k] *n* Salamanca

salami [salami] *nm* salami *m*

salarié, e [salaʀje] *nm, f* asalariado *m*, -da *f*

sale [sal] *adj* **1.** sucio(cia) **2.** *(fam) (temps)* asqueroso(sa) **3.** *(fam) (coup)* malo(la)

salé, e [sale] *adj* salado(da) ● **salé** *nm* ● **petit salé aux lentilles** plato compuesto de lentejas con carne de cerdo en salazón

saler [sale] *vt* salar

saleté [salte] *nf* **1.** suciedad *f* **2.** *(fam) (chose très sale)* porquería *f*

salière [saljɛʀ] *nf* salero *m*

salir [saliʀ] *vt* ensuciar ● **se salir** *vp* ensuciarse

salissant, e [salisɑ̃, ɑ̃t] *adj* sucio(cia)

salive [saliv] *nf* saliva *f*

salle [sal] *nf* sala *f* ● **salle d'attente** sala de espera ● **salle de bains** cuarto *m* de baño ● **salle de classe** aula *f* ● **salle d'embarquement** sala de embarque ● **salle à manger** comedor *m* ● **salle d'opération** quirófano *m* ● **salle de réunion** sala de reuniones

salon [salɔ̃] *nm* salón *m* ● **salon de beauté** salón de belleza ● **salon de coiffure** peluquería *f* ● **le salon de thé** salón de té ● **le salon de l'Auto** el Salón del Automóvil

salopette [salɔpɛt] *nf* peto *m*

salsifis [salsifi] *nm* salsifí *m*

saluer [salɥe] *vt* saludar ● **saluer de la tête** saludar con la cabeza

salut [saly] *nm* saludo *m* ◇ *interj* **1.** *(fam) (bonjour)* ¡hola! **2.** *(au revoir)* ¡adiós!

salutations [salytasjɔ̃] *nfpl (dans une lettre)* ▾ **meilleures salutations** ou **salutations distinguées** le saluda atentamente

Salvador [salvadɔʀ] *nm* ● **le Salvador** El Salvador

salvadorien, enne [salvadɔʀjɛ̃, ɛn] *adj* salvadoreño(ña) ◆ **Salvadorien, enne** *nm, f* salvadoreño *m*, -ña *f*

samara [samaʀa] *nf (Afrique)* ≃ sandalia *f* de dedo

samaritain [samaʀitɛ̃] *nm (Helv)* socorrista *m*

samedi [samdi] *nm* sábado *m* ● **nous sommes samedi** estamos a ou hoy es sábado ● **samedi 13 septembre** sábado 13 de septiembre ● **nous sommes partis samedi** nos fuimos el sábado ● **samedi dernier** el sábado pasado ● **samedi prochain** el sábado próximo ou que viene ● **samedi matin** el sábado por la mañana ● le

samedi los sábados ● **à samedi !** ¡hasta el sábado!

SAMU [samy] (*abr de Service d'aide médicale d'urgence*) *nm* servicio móvil de urgencias médicas

sanction [sãksjɔ̃] *nf* sanción f

sanctionner [sãksjɔne] *vt* sancionar

sandale [sãdal] *nf* sandalia f

sandwich [sãdwitʃ] *nm* bocadillo m ● **sandwich club** sándwich m

sandwicherie [sãdwitʃʀi] *nf* bocadillería f

sang [sã] *nm* sangre f ● **en sang** ensangrentado(da) ● **prise de sang** toma f de sangre ● **faire une prise de sang** hacer un análisis de sangre

sang-froid [sãfʀwa] *nm inv* sangre f fría

sanglant, e [sãglã, ãt] *adj* sangriento(ta)

sangle [sãgl] *nf* **1.** (*de valise*) correa f **2.** (*de selle*) cincha f

sanglier [sãglije] *nm* jabalí m

sanglot [sãglo] *nm* sollozo m

sangloter [sãglɔte] *vi* sollozar

sangria [sãgrija] *nf* sangría f

sanguin [sãgɛ̃] *adj* **>** groupe

sanguine [sãgin] *nf* (*orange*) sanguina f

Sanisette® [sanizɛt] *nf* aseos públicos automáticos

sanitaire [sanitɛʀ] *adj* sanitario(ria) ◆ **sanitaires** *nmpl* sanitarios mpl

sans [sã] *prép* sin ● **sans faire qqch** sin hacer algo ● **sans que personne s'en rende compte** sin que nadie se dé cuenta ● **il va falloir faire sans** habrá que apañárselas sin

sans-abri [sãzabri] *nmf inv* techo *mf inv*

sans-gêne [sãʒɛn] *adj inv* descarado(da) ◇ *nm inv* caradura m

sans-papiers [sãpapje] *nmf inv* sin papeles *mf inv*

sans-plomb [sãplɔ̃] *nm inv* sin plomo f inv

santé [sãte] *nf* salud f ● **être en bonne/ mauvaise santé** tener buena/mala salud ● **(à ta) santé !** ¡(a tu) salud!

saoul, e [su, sul] = **soûl**

saouler [sule] = **soûler**

saphir [safir] *nm* (*pierre*) zafiro m

sapin [sapɛ̃] *nm* **1.** (*arbre*) abeto m **2.** (*bois*) pino m ● **sapin de Noël** árbol m de Navidad

Saragosse [saragɔs] *n* Zaragoza

sarcophage [sarkɔfaʒ] *nm* sarcófago m

sardine [sardin] *nf* sardina f

SARL [ɛsaɛʀɛl] *nf* (*abr de société à responsabilité limitée*) SL f (*sociedad limitada*)

sarrasin [sarazɛ̃] *nm* alforfón m

satellite [satelit] *nm* satélite m ● **satellite artificiel** satélite artificial ● **satellite météorologique** satélite meteorológico ● **satellite de télécommunications** satélite de comunicaciones

satin [satɛ̃] *nm* raso m

satiné, e [satine] *adj* **1.** (*tissu, peinture*) satinado(da) **2.** (*peau*) terso(sa)

satirique [satirik] *adj* satírico(ca)

satisfaction [satisfaksjɔ̃] *nf* satisfacción f

satisfaire [satisfɛʀ] *vt* satisfacer ◆ **se satisfaire de** *vp* + *prep* contentarse con

satisfaisant, e [satisfazɑ̃, ɑ̃t] adj satisfactorio(ria)

satisfait, e [satisfɛ, ɛt] pp ➤ **satisfaire**
◇ adj satisfecho(cha) ● **être satisfait de** estar satisfecho con

saturé, e [satyre] adj saturado(da)

sauce [sos] nf salsa f ● **en sauce** con ou en salsa ● **sauce blanche** salsa a base de caldo de ternera o de ave ● **sauce chasseur** salsa a base de champiñones, vino blanco y tomate ● **sauce madère** salsa madera ● **sauce tartare** salsa tártara ● **sauce tomate** tomate m frito

saucer [sose] vt rebañar

saucisse [sosis] nf salchicha f ● **saucisse sèche** salchichón m

saucisson [sosisɔ̃] nm salchichón m

sauf, sauve [sof, sov] adj ➤ **sain** ● **sauf** prép salvo ● **sauf erreur de ma part** a menos que me equivoque ● **tout le monde sauf lui** todos excepto él ● **je pourrais, sauf que je ne veux pas** yo podría, pero no quiero

sauge [soʒ] nf salvia f

saule [sol] nm sauce m ● **saule pleureur** sauce llorón

saumon [somɔ̃] nm salmón m ◇ adj inv ● **(rose) saumon** salmón ● **saumon fumé** salmón ahumado

sauna [sona] nm sauna f

saupoudrer [sopudʁe] vt ● **saupoudrer qqch de** espolvorear algo con

saur [sɔʁ] adj m ➤ **hareng**

saura etc ➤ **savoir**

saut [so] nm salto m ● **faire un saut chez qqn** ir hasta casa de alguien ● **saut à**

l'élastique SPORT goming m ● **saut en hauteur** salto de altura ● **saut en longueur** salto de longitud ● **saut de page** INFORM salto de página ● **saut à la perche** salto con pértiga ● **saut périlleux** salto mortal

saute [sot] nf ● **saute d'humeur** brusco m de humor

sauté, e [sote] adj salteado(da) ● **sauté** nm ● **sauté de veau** ternera f salteada

saute-mouton [sotmutɔ̃] nm inv ● **jouer à saute-mouton** jugar al salto de pídola

sauter [sote] vi **1.** saltar **2.** (exploser) estallar ◇ vt **1.** (obstacle) saltar **2.** (passage, classe) saltarse ● **faire sauter qqch** (faire exploser) hacer saltar algo ; CULIN saltear algo

sauterelle [sotʁɛl] nf saltamontes m inv

sautiller [sotije] vi brincar

sauvage [sovaʒ] adj & nmf salvaje

sauvegarde [sovgaʁd] nf INFORM copia f de seguridad ● **sauvegarde automatique** copia automática ● **fichier de sauvegarde** archivo m de seguridad

sauvegarder [sovgaʁde] vt **1.** salvaguardar **2.** INFORM guardar

sauver [sove] vt **1.** salvar **2.** INFORM guardar ● **sauver qqn/qqch de qqch** salvar a alguien/algo de algo ● **se sauver** vp escaparse

sauvetage [sovtaʒ] nm salvamento m

sauveteur [sovtœʁ] nm socorrista mf

SAV [ɛsave] (abr de **service après-vente**) nm SPV m (servicio posventa)

savane [savan] nf sabana f

savant, e [savɑ̃, ɑ̃t] *adj* erudito(ta) ◆ **savant** *nm* científico *m*, -ca *f*

savarin [savaʀɛ̃] *nm* bizcocho borracho con crema

saveur [savœʀ] *nf* sabor *m*

savoir [savwaʀ] *vt* 1. saber 2. *(leçon)* saberse ◆ **savoir faire qqch** saber hacer algo ◆ **je n'en sais rien** no tengo ni idea

savoir-faire [savwaʀfɛʀ] *nm inv* destreza *f*

savoir-vivre [savwaʀvivʀ] *nm inv* mundo *m*

savon [savɔ̃] *nm* jabón *m* ◆ **savon de Marseille** jabón de Marsella

savonner [savɔne] *vt* enjabonar

savonnette [savɔnɛt] *nf* pastilla *f* de jabón

savourer [savuʀe] *vt* saborear

savoureux, euse [savuʀø, øz] *adj (aliment)* sabroso(sa)

savoyarde [savwajaʀd] *adj f* ➤ **fondue**

saxophone [saksɔfɔn] *nm* saxofón *m*

sbrinz [ʃbʀints] *nm* queso suizo de vaca duro y quebradizo

scandale [skɑ̃dal] *nm* escándalo *m* ◆ **faire du** OU **un scandale** armar un escándalo ◆ **faire scandale** causar escándalo

scandaleux, euse [skɑ̃dalø, øz] *adj* escandaloso(sa)

scandinave [skɑ̃dinav] *adj* escandinavo(va)

Scandinavie [skɑ̃dinavi] *nf* ◆ **la Scandinavie** Escandinavia *f*

¹ **scanner** [skane] *vt* escanear

² **scanner** [skanɛʀ], **scanneur** [skanœʀ] *nm* escáner *m*

scaphandre [skafɑ̃dʀ] *nm* escafandra *f*

scarole [skaʀɔl] *nf* escarola *f*

sceller [sele] *vt (cimenter)* sellar

scénario [senaʀjo] *nm* guión *m*

scène [sɛn] *nf* escena *f* ◆ **faire une scène (à qqn)** armar un belén (a alguien) ◆ **mettre qqch en scène** poner algo en escena

sceptique [sɛptik] *adj* escéptico(ca)

schéma [ʃema] *nm* esquema *m*

schématique [ʃematik] *adj* esquemático(ca)

schublig [ʃublig] *nm (Helv)* variedad de salchicha

sciatique [sjatik] *nf* ciática *f*

scie [si] *nf* sierra *f*

science [sjɑ̃s] *nf* ciencia *f* ◆ **sciences naturelles** ciencias naturales ◆ **sciences humaines** ciencias humanas

science-fiction [sjɑ̃sfiksjɔ̃] *(pl* **sciences-fictions)** *nf* ciencia *f* ficción

scientifique [sjɑ̃tifik] *adj & nmf* científico(ca)

scier [sje] *vt* serrar

scintiller [sɛ̃tije] *vi* centellear

sciure [sjyʀ] *nf* serrín *m*

scolaire [skɔlɛʀ] *adj* escolar

scoop [skup] *nm* primicia *f*

scooter [skutœʀ] *nm* scooter *m*

score [skɔʀ] *nm* resultado *m*

scorpion [skɔʀpjɔ̃] *nm* escorpión *m* ◆ **Scorpion** *nm* Escorpio *m*

Scotch ® [skɔtʃ] *nm* celo ® *m*

scotch [skɔtʃ] *nm (whisky)* scotch *m*

scotché, e [skɔtʃe] (*fam & fig*) *adj* ● **être scotché devant la télévision** estar pegado al televisor

scout, e [skut] *nm, f* scout *mf*

scrupule [skRypyl] *nm* escrúpulo *m*

scrutin [skRytɛ̃] *nm* escrutinio *m*

sculpter [skylte] *vt* esculpir

sculpteur [skyltœR] *nm* escultor *m*

sculpture [skyltyR] *nf* escultura *f*

SDF [ɛsdeɛf] (*abr de sans domicile fixe*) *nmf* sin techo *mf inv*

se [sə] *pron*
1. (*réfléchi : complément d'objet direct*) se ● **elle se regarde dans le miroir** se mira en el espejo
2. (*réfléchi : complément d'objet indirect*) se ● **se faire mal** hacerse daño ● **il se l'est acheté** se lo ha comprado
3. (*réciproque : complément d'objet direct*) se ● **se battre** pelearse
4. (*réciproque : complément d'objet indirect*) se ● **ils s'écrivent toutes les semaines** se escriben todas las semanas
5. (*avec certains verbes, vide de sens*) se ● **se décider** decidirse ● **se mettre à faire qqch** ponerse a hacer algo
6. (*passif*) se ● **ce produit se vend bien/partout** este producto se vende bien/en todas partes ● **il s'est fait surprendre** lo han comprendido
7. (*à valeur de possessif*) se ● **se laver les mains** lavarse las manos ● **se couper le doigt** cortarse el dedo

séance [seɑ̃s] *nf* sesión *f*

seau, x [so] *nm* cubo *m* ● **seau à champagne** champañera *f*

sec, sèche [sɛk, sɛʃ] *adj* **1.** seco(ca) **2.** (*whisky*) solo(la) ● **à sec** seco(ca) ● **au sec** en sitio seco ● **d'un coup sec** de un golpe seco ● **vol sec** sólo vuelo *m*

sécateur [sekatœR] *nm* tijeras *fpl* de podar

séchage [seʃaʒ] *nm* secado *m*

sèche ➤ **sec**

sèche-cheveux [sɛʃʃəvø] *nm inv* secador *m* (de pelo)

sèche-linge [sɛʃlɛ̃ʒ] *nm inv* secadora *f* (de ropa)

sèchement [sɛʃmɑ̃] *adv* con sequedad

sécher [seʃe] *vt* **1.** secar **2.** (*fam*) (*cours*) fumarse ◇ *vi* secarse

sécheresse [seʃRɛs] *nf* sequía *f*

séchoir [seʃwaR] *nm* ● **séchoir (à cheveux)** secador *m* (de pelo) ● **séchoir (à linge)** secadora *f* (de ropa)

second, e [səgɔ̃, ɔ̃d] *adj* segundo(da)

secondaire [səgɔ̃dɛR] *adj* secundario(ria)

seconde [səgɔ̃d] *nf* **1.** (*unité de temps*) segundo *m* **2.** SCOL ≃ cuarto *m* de ESO (*educación secundaria obligatoria*) **3.** (*vitesse*) segunda *f* ● **voyager en seconde** (*de classe*) viajar en segunda (clase)

secouer [səkwe] *vt* **1.** (*agiter*) sacudir **2.** (*bouleverser*) trastornar **3.** (*inciter à agir*) zarandear

secourir [səkuRiR] *vt* socorrer

secouriste [səkuRist] *nmf* socorrista *mf*

secours [səkuR] *nm* socorro *m* ● **appeler au secours** pedir socorro ● **au secours !** ¡socorro! ● **secours d'urgence** auxilio *m* de urgencia ● **premiers secours** primeros auxilios

secouru, e [səkury] *pp* ➤ secourir

secousse [səkus] *nf* sacudida *f*

secret, ète [səkrɛ, ɛt] *adj* secreto(ta) ◆ *secret nm* secreto *m* ● **en secret** en secreto

secrétaire [səkretɛr] *nmf* secretario *m*, -ria *f* ◇ *nm (meuble)* escritorio *m*

secrétariat [səkretarja] *nm* secretaría *f*

secte [sɛkt] *nf* secta *f*

secteur [sɛktœr] *nm* sector *m* ● **fonctionner sur secteur** funcionar con electricidad

section [sɛksjɔ̃] *nf* **1.** sección *f* **2.** *(de ligne d'autobus)* zona *f*

Sécu [seky] *nf (fam)* ● **la Sécu** ≃ el Seguro

sécurité [sekyrite] *nf* seguridad *f* ● **en sécurité** seguro(ra) ● **la sécurité routière** la seguridad vial ● **la Sécurité sociale** la Seguridad Social

séduire [sedɥir] *vt* seducir

séduisant, e [sedɥizɑ̃, ɑ̃t] *adj* **1.** seductor(ra) **2.** *(fig) (proposition)* atractivo(va)

séduit, e [sedɥi, it] *pp* ➤ séduire

segment [sɛgmɑ̃] *nm* segmento *m*

ségrégation [segregasjɔ̃] *nf* segregación *f*

seigle [sɛgl] *nm* centeno *m*

seigneur [sɛɲœr] *nm* señor *m* ● **le Seigneur** el Señor

sein [sɛ̃] *nm* pecho *m* ● **au sein de** en el seno de ● **donner le sein (à un enfant)** dar el pecho (a un niño)

Seine [sɛn] *nf* ● **la Seine** el Sena

séisme [seism] *nm* seísmo *m*

seize [sɛz] *adj num & pron num* dieciséis ◇ *nm* dieciséis *m* ● **il a seize ans** tiene dieciséis años ● **il est seize heures** son las cuatro de la tarde ● **le seize janvier** el dieciséis de enero ● **page seize** página dieciséis ● **ils étaient seize** eran dieciséis ● **(au) seize rue Lepic** (en la) calle Lepic número dieciséis

seizième [sɛzjɛm] *adj num & pron num* decimosexto(ta) ◇ *nm* **1.** *(fraction)* decimosexta parte *f* **2.** *(étage)* decimosexto *m* *(piso)* **3.** *(arrondissement)* distrito *m* dieciséis ou decimosexto

séjour [seʒur] *nm* estancia *f* ● **(salle de) séjour** sala *f* de estar

séjourner [seʒurne] *vi* residir

sel [sɛl] *nm* sal *f* ● **sels de bain** sales de baño

sélection [selɛksjɔ̃] *nf* selección *f*

sélectionner [selɛksjɔne] *vt* seleccionar

self-service, s [sɛlfsɛrvis] *nm* autoservicio *m*

selle [sɛl] *nf* **1.** *(de cheval)* silla *f* **2.** *(de vélo)* sillín *m*

seller [sele] *vt* ensillar

selon [səlɔ̃] *prép* según ● **selon que** según que

semaine [səmɛn] *nf* semana *f* ● **en semaine** durante la semana

semblable [sɑ̃blabl] *adj* parecido(da) ● **semblable à** parecido(da) a

semblant [sɑ̃blɑ̃] *nm* ● **faire semblant (de faire qqch)** fingir (hacer algo)

sembler [sãble] _vi_ parecer ● il semble que parecer que ● il me semble que me parece que

semelle [səmɛl] _nf_ 1. suela _f_ 2. _(intérieure)_ plantilla _f_

semer [səme] _vt_ sembrar

semestre [səmɛstʀ] _nm_ semestre _m_

semi-remorque, s [səmiʀəmɔʀk] _nm_ semirremolque _m_

semoule [səmul] _nf_ sémola _f_

sénat [sena] _nm_ senado _m_

sénateur, trice [senatœʀ, tʀis] _nm, f_ senador _m_, -ra _f_

senior [senjɔʀ] _adj & nmf_ sénior

sens [sɑ̃s] _nm_ sentido _m_ ● dans le sens (inverse) des aiguilles d'une montre en el sentido (contrario) de las agujas del reloj ● en sens inverse en sentido contrario ● sens dessus dessous patas arriba ● avoir du bon sens tener sentido común ● sens giratoire sentido rotatorio ● sens interdit/unique dirección _f_ prohibida/única

sensation [sãsasjɔ̃] _nf_ sensación _f_ ● faire sensation causar sensación

sensationnel, elle [sãsasjɔnɛl] _adj_ sensacional

sensible [sãsibl] _adj_ sensible ● sensible à sensible a

sensiblement [sãsibləmã] _adv_ 1. _(à peu près)_ casi 2. _(de façon perceptible)_ sensiblemente

sensuel, elle [sãsɥɛl] _adj_ sensual

sentence [sãtãs] _nf_ sentencia _f_

sentier [sãtje] _nm_ sendero _m_

sentiment [sãtimã] _nm_ sentimiento _m_ ▼ sentiments dévoués ou respectueux atentos saludos

sentimental, e, aux [sãtimãtal, o] _adj & nm, f_ sentimental

sentir [sãtiʀ] _vt_ 1. oler 2. _(percevoir, ressentir)_ sentir ● sentir bon/mauvais oler bien/mal ◆ se sentir _vp_ ● se sentir mal sentirse mal ● se sentir bizarre sentirse raro(ra)

séparation [separasjɔ̃] _nf_ separación _f_

séparément [separemã] _adv_ por separado

séparer [separe] _vt_ separar ● séparer qqn/qqch de separar a alguien/algo de ◆ se séparer _vp_ ● se séparer de _(conjoint)_ separarse de ; _(employé)_ despedir

sept [sɛt] _adj num & pron num_ siete ◇ _nm_ siete _m_ ● il a sept ans tiene siete años ● il est sept heures son las siete ● le sept janvier el siete de enero ● page sept página siete ● ils étaient sept eran siete ● le sept de pique el siete de picas ● (au) sept rue Lepic (en la) calle Lepic número siete

septante [sɛptãt] _num (Belg & Helv)_ setenta

septembre [sɛptãbʀ] _nm_ septiembre ● en septembre ou au mois de septembre en (el mes de) septiembre ● début/fin septembre a principios de/a finales de septiembre ● le deux septembre el dos de septiembre

septième [sɛtjɛm] _adj num & pron num_ séptimo(ma) ◇ _nm_ 1. _(fraction)_ séptima parte _f_ 2. _(étage)_ séptimo _m_ (piso) 3. _(arrondissement)_ distrito _m_ siete ou séptimo

séquelles [sekɛl] *nfpl* secuelas *fpl*

séquence [sekɑ̃s] *nf (de film)* secuencia *f*

sera etc ➤ **être**

serbe [sɛrb] *adj* serbio(bia) ◇ *nm (langue)* serbio *m* ◆ **Serbe** *nmf* serbio *m*, -bia *f*

Serbie [sɛrbi] *nf* ● **la Serbie** Serbia *f*

séré [sere] *nm (Helv)* queso *m* fresco

serein, e [səʀɛ̃, ɛn] *adj* sereno(na)

sérénité [serenite] *nf* serenidad *f*

sergent [sɛʀʒɑ̃] *nm* sargento *m*

série [seri] *nf* serie *f* ● **série (télévisée)** serie (televisiva)

sérieusement [serjøzmɑ̃] *adv* seriamente

sérieux, euse [serjø, øz] *adj* serio(ria) ◆ **sérieux** *nm* ● **avec sérieux** *(travailler)* con seriedad ● **garder son sérieux** mantener la seriedad ● **prendre qqch au sérieux** tomarse algo en serio

seringue [səʀɛ̃g] *nf* jeringa *f*

sermon [sɛʀmɔ̃] *nm* sermón *m*

séropositif, ive [seropozitif, iv] *adj* seropositivo(va)

serpent [sɛʀpɑ̃] *nm* serpiente *f*

serpentin [sɛʀpɑ̃tɛ̃] *nm (de fête)* serpentina *f*

serpillière [sɛʀpijɛʀ] *nf* bayeta *f*

serre [sɛʀ] *nf* invernadero *m* ● **effet de serre** efecto *m* invernadero

serré, e [sere] *adj* **1.** *(vêtement)* estrecho(cha) **2.** *(spectateurs, passagers)* apretado(da)

serrer [sere] *vt* **1.** apretar **2.** *(dans ses bras)* abrazar **3.** *(rapprocher)* juntar ● **serrer la main à qqn** estrechar la mano a alguien ▼ **serrez à droite** péguese a la de-

recha ◆ **se serrer** *vp* apretarse ● **se serrer contre qqn** apretujarse contra alguien

serre-tête [sɛʀtɛt] *nm inv* diadema *f*

serrure [seʀyʀ] *nf* cerradura *f*

serrurier [seʀyʀje] *nm* cerrajero *m*

sers etc ➤ **servir**

sérum [seʀɔm] *nm* ● **sérum physiologique** solución *f* salina

serveur, euse [sɛʀvœʀ, øz] *nm, f* camarero *m*, -ra *f* ◆ **serveur** *nm* INFORM servidor *m*

serviable [sɛʀvjabl] *adj* servicial

service [sɛʀvis] *nm* **1.** servicio *m* **2.** *(faveur)* favor *m* ● **faire le service** servir la comida ● **rendre service à qqn** hacer un favor a alguien ● **être de service** estar de servicio ▼ **service compris/non compris** servicio incluido/no incluido ● **service après-vente** servicio posventa ● **service militaire** servicio militar

serviette [sɛʀvjɛt] *nf (cartable)* cartera *f* ● **serviette hygiénique** compresa *f* ● **serviette (de table)** servilleta *f* ● **serviette (de toilette)** toalla *f*

servir [sɛʀviʀ] *vt* servir

◇ *vi*

1. *(être utile)* servir ● **servir à (faire) qqch** servir para (hacer) algo ● **ça ne sert à rien d'insister** no sirve de nada insistir

2. *(avec "de")* ● **servir (à qqn) de qqch** servir (a alguien) de algo

3. *(au tennis)* sacar ● **(c'est) à toi de servir !** ¡te toca sacar a ti!

4. *(aux cartes)* repartir

◆ **se servir** *vp (de la nourriture, une boisson)* servirse

◆ **se servir de** *vp + prep (objet)* utilizar

ses ➤ son *(adj)*

sésame [sezam] *nm (graine)* sésamo *m*

set [set] *nm* SPORT set *m* ● **set (de table)** juego *m* de mesa

seuil [sœj] *nm* umbral *m*

seul, e [sœl] *adj* solo(la) ◇ *nm, f* **le seul/ la seule/les seuls/les seules** el único/la única/los únicos/las únicas ● **un seul** uno solo ● **(tout) seul** solo

seulement [sœlmɑ̃] *adv* **1.** *(uniquement)* sólo **2.** *(mais)* sólo que ● **non seulement... mais encore** ou **en plus** no sólo... sino que encima ou además ● **si seulement...** si tan sólo...

sève [sεv] *nf* savia *f*

sévère [sevεʀ] *adj* severo(ra)

sévérité [seveʀite] *nf* severidad *f*

Séville [sevij] *n* Sevilla

sévir [seviʀ] *vi* **1.** *(punir)* castigar duramente **2.** *(épidémie, crise)* hacer estragos

sexe [sεks] *nm* sexo *m*

sexiste [sεksist] *adj* sexista

sexuel, elle [sεksɥεl] *adj* sexual

Seychelles [seʃεl] *nfpl* ● **les Seychelles** las Seychelles

shampo(o)ing [ʃɑ̃pwɛ̃] *nm* champú *m* ● **un shampooing et une coupe** lavar y cortar

shit [ʃit] *(fam)* *nm* costo *m*

short [ʃɔʀt] *nm* shorts *mpl*

show [ʃo] *nm* show *m*

si [si] *conj*

1. *(exprime l'hypothèse)* si ● **si tu veux, on y va** si quieres, vamos ● **ce serait bien si vous pouviez** estaría bien si pudiera ● **si j'avais su...** si lo hubiera sabido...

2. *(dans une question)* si ● **(et) si on allait à la piscine ?** ¿y si fuésemos a la piscina? **3.** *(dans une question indirecte)* si ● **dites-moi si vous venez** dígame si viene **4.** *(exprime un souhait)* si ● **si seulement tu m'en avais parlé avant !** ¡si al menos me lo hubieras dicho antes! **5.** *(puisque)* ● **si je le fais, c'est que ça ne me dérange pas** si lo hago será que no me molesta

◇ *adv*

1. *(tellement)* tan ● **une si jolie ville** una ciudad tan bonita ● **si... que** tan... que ● **ce n'est pas si facile que ça** no es tan fácil la cosa ● **si bien que** de modo que **2.** *(oui)* sí

SIDA [sida] *(abr de syndrome immunodéficitaire acquis)* *nm* SIDA *m* *(síndrome de inmunodeficiencia adquirida)*

siècle [sjεkl] *nm* siglo *m* ● **au vingtième siècle** en el siglo veinte

siège [sjεʒ] *nm* **1.** asiento *m* **2.** *(aux élections)* escaño *m* **3.** *(d'une banque, d'une association)* sede *f*

sien [sjɛ̃] ● **le sien, la sienne** [lǝsjɛ̃, lasjɛn] *(mpl* **les siens** [lesjɛ̃], *fpl* **les siennes** [lesjεn]) *pron* el suyo (la suya)

sieste [sjεst] *nf* siesta *f* ● **faire la sieste** echarse la siesta

sifflement [siflǝmɑ̃] *nm* silbido *m*

siffler [sifle] *vt & vi* silbar

sifflet [siflε] *nm* **1.** *(instrument)* silbato *m* **2.** *(sifflement)* silbido *m*

sigle [sigl] *nm* sigla *f*

signal, aux [siɲal, o] *nm* señal *f* ● **signal d'alarme** señal de alarma

signalement [siɲalmɑ̃] *nm* descripción *f*

signaler [siɲale] *vt* señalar

signalisation [siɲalizasjɔ̃] *nf* señalización *f*

signature [siɲatyʀ] *nf* firma *f*

signe [siɲ] *nm* **1.** (*geste*) seña *f* **2.** (*indice*) señal *f* **3.** (*dessin*) signo *m* ● **faire signe à qqn (de faire qqch)** hacer señas a alguien (de que haga algo) ● **c'est bon/mauvais signe** es buena/mala señal ● **faire le signe de croix** hacer la señal de la cruz ● **signe du zodiaque** signo del zodíaco

signer [siɲe] *vt & vi* firmar ● **se signer** *vp* santiguarse

significatif, ive [siɲifikatif, iv] *adj* significativo(va)

signification [siɲifikasjɔ̃] *nf* significado *m*

signifier [siɲifje] *vt* significar

silence [silɑ̃s] *nm* silencio *m* ● **en silence** en silencio

silencieux, euse [silɑ̃sjø, øz] *adj* **1.** silencioso(sa) **2.** (*personne*) callado(da)

silhouette [silwɛt] *nf* silueta *f*

sillonner [sijɔne] *vt* surcar

similaire [similɛʀ] *adj* similar

simple [sɛ̃pl] *adj* **1.** sencillo(lla) **2.** (*direct, sans manières*) simple **3.** (*chambre*) individual

simplement [sɛ̃pləmɑ̃] *adv* **1.** (*sans complication*) sencillamente **2.** (*seulement*) simplemente

simplicité [sɛ̃plisite] *nf* simplicidad *f*

simplifier [sɛ̃plifje] *vt* simplificar

simuler [simyle] *vt* simular

simultané, e [simyltane] *adj* simultáneo(a)

simultanément [simyltanemɑ̃] *adv* simultáneamente

sincère [sɛ̃sɛʀ] *adj* sincero(ra)

sincérité [sɛ̃seʀite] *nf* sinceridad *f*

singe [sɛ̃ʒ] *nm* mono *m*

singulier [sɛ̃gylje] *nm* singular *m*

sinistre [sinistʀ] *adj* siniestro(tra) ◇ *nm* (*catastrophe*) siniestro *m*

sinistré, e [sinistʀe] *adj & nm, f* siniestrado(da)

sinon [sinɔ̃] *conj* **1.** (*autrement*) si no **2.** (*excepté*) sino ● **personne, sinon lui** nadie menos él

sinueux, euse [sinɥø, øz] *adj* sinuoso(sa)

sinusite [sinyzit] *nf* sinusitis *f inv*

sirène [siʀɛn] *nf* sirena *f*

sirop [siʀo] *nm* jarabe *m* ● **sirop d'érable/de fruits** jarabe de arce/de frutas

siroter [siʀɔte] *vt* beber a sorbos

site [sit] *nm* **1.** (*paysage*) paraje *m* **2.** (*emplacement*) emplazamiento *m* ● **site touristique** emplazamiento turístico ● **site FTP** servidor *m* FTP ● **site web** ou **internet** sitio *m* ou página *f* web ● **site personnel/professionnel** página personal/profesional

situation [sitɥasjɔ̃] *nf* situación *f*

situé, e [sitɥe] *adj* situado(da) ● **bien/mal situé** bien/mal situado

situer [sitɥe] ● **se situer** *vp* situarse

six [sis] *adj num & pron num* seis ◇ *nm* seis *m* ● **il a six ans** tiene seis años ● **il est six heures** son las seis ● **le six janvier** el seis de enero ● **page six** página seis ● **ils étaient six** eran seis ● **le six de pique** el seis de picas ● **(au) six rue Lepic** (en la) calle Lepic número seis

sixième [sizjɛm] *adj num & pron num* sexto(ta) ◇ *nf SCOL* ≃ sexto m de EP (enseñanza primaria) ◇ *nm* **1.** *(fraction)* sexta parte *f* **2.** *(étage)* sexto m (piso) **3.** *(arrondissement)* distrito m seis OU sexto

Skaï® [skaj] *nm* escay m

skateboard [sketbɔrd] *nm* monopatín m

sketch [skɛtʃ] *(pl* sketchs OU sketches*)* *nm* sketch m

ski [ski] *nm* esquí m ● **faire du ski** esquiar ● **ski alpin/de fond** esquí alpino/de fondo ● **ski nautique** esquí acuático

skier [skje] *vi* esquiar

skieur, euse [skjœr, øz] *nm, f* esquiador m, -ra f

slalom [slalɔm] *nm* eslalon m

slip [slip] *nm* **1.** *(d'homme)* eslip m **2.** *(de femme)* bragas *fpl* ● **slip de bain** bañador m

slogan [slɔgɑ̃] *nm* eslogan m

slovaque [slɔvak] *adj* eslovaco(ca) ◇ *nm (langue)* eslovaco m ● **Slovaque** *nmf* eslovaco m, -ca f

Slovaquie [slɔvaki] *nf* ● **la Slovaquie** Eslovaquia f

slovène [slɔvɛn] *adj* esloveno(na) ◇ *nm (langue)* esloveno m ● **Slovène** *nmf* esloveno m, -na f

Slovénie [slɔveni] *nf* ● **la Slovénie** Eslovenia f

SMIC [smik] *(abr de salaire minimum interprofessionnel de croissance)* *nm* ≃ SMI m *(salario mínimo interprofesional)*

smiley [smajli] *nm* emoticono m, cara f sonriente

smoking [smɔkiŋ] *nm* esmoquin m

SMS ['ɛsɛmɛs] *nm inv* SMS m ● **envoyer/recevoir un SMS** enviar/recibir un SMS

snack(-bar), s [snak(bar)] *nm* snack-bar m

SNCF [ɛsɛnseɛf] *(abr de Société nationale des chemins de fer français)* *nf* compañía francesa de ferrocarril ≃ RENFE f *(Red Nacional de Ferrocarriles Españoles)*

snob [snɔb] *adj & nmf* esnob

soap opera [sopɔpera] *(pl* soap operas*)*, **soap** [sop] *(pl* soaps*)* *nm* serial m

sobre [sɔbr] *adj* **1.** *(qui ne boit pas)* abstemio(mia) **2.** *(simple)* sobrio(bria)

sociable [sɔsjabl] *adj* sociable

social, e, aux [sɔsjal, o] *adj* social

socialisme [sɔsjalism] *nm* socialismo m

socialiste [sɔsjalist] *adj & nmf* socialista

société [sɔsjete] *nf* sociedad f

socle [sɔkl] *nm* zócalo m

socquette [sɔkɛt] *nf* calcetín m corto

soda [sɔda] *nm* soda f

sœur [sœr] *nf* **1.** hermana f **2.** RELIG monja f

sofa [sɔfa] *nm* sofá m

software [sɔftwɛr] *nm* INFORM software m

soi [swa] *pron* sí mismo(ma) ● **en soi** en sí ● **cela va de soi** ni que decir tiene

soi-disant [swadizɑ̃] *adj inv* supuesto(ta) ◇ *adv* ● il avait soi-disant arrêté de fumer se supone que había dejado de fumar

soie [swa] *nf* seda *f*

soif [swaf] *nf* sed *f* ● avoir soif tener sed ● ça (me) donne soif (me) da sed

soigner [swaɲe] *vt* **1.** *(suj : médecin, infirmière)* atender ● **2.** *(maladie)* curar **3.** *(travail, présentation)* esmerarse en **4.** *(s'occuper de)* cuidar

soigneusement [swaɲøzmɑ̃] *adv* cuidadosamente

soigneux, euse [swaɲø, øz] *adj* cuidadoso(sa)

soin [swɛ̃] *nm* esmero *m* ● prendre soin de ses affaires cuidar sus cosas ● prendre soin de faire qqch asegurarse de hacer algo ◆ **soins** *nmpl (médicaux, de beauté)* cuidados *mpl* ● premiers soins primeros auxilios *mpl*

soir [swar] *nm* **1.** *(avant le coucher du soleil)* tarde *f* **2.** *(après le coucher du soleil)* noche *f* ● le soir por la tarde/por la noche

soirée [sware] *nf* **1.** noche *f* **2.** *(réception)* recepción *f*

sois, soit [swa] ➤ être

soit [swa] *conj* ● soit... soit o... o

soixante [swasɑ̃t] *adj num & pron num* sesenta ◇ *nm* sesenta *m* ● il a soixante ans tiene sesenta años ● page soixante página sesenta ● ils étaient soixante eran sesenta ● (au) soixante rue Lepic (en la) calle Lepic número sesenta

soixante-dix [swasɑ̃tdis] *adj num & pron num* setenta ◇ *nm* setenta *m* ● il a soixante-dix ans tiene setenta años

● page soixante-dix página setenta ● ils étaient soixante-dix eran setenta ● (au) soixante-dix rue Lepic (en la) calle Lepic número setenta

soixante-dixième [swasɑ̃tdizjɛm] *adj num & pron num* septuagésimo(ma) ◇ *nm (fraction)* septuagésima parte *f*

soixantième [swasɑ̃tjɛm] *adj num & pron num* sexagésimo(ma) ◇ *nm (fraction)* sexagésima parte *f*

soja [sɔʒa] *nm* soja *f*

sol [sɔl] *nm* suelo *m*

solaire [sɔlɛr] *adj* solar

soldat [sɔlda] *nm* soldado *m*

solde [sɔld] *nm* saldo *m* ● en solde *(article)* rebajado(da) ; *(acheter)* en rebajas ◆ **soldes** *nmpl* rebajas *fpl*

soldé, e [sɔlde] *adj* rebajado(da)

sole [sɔl] *nf* lenguado *m* ● sole meunière lenguado preparado en una sartén con mantequilla y limón y servido con su propia salsa

soleil [sɔlɛj] *nm* sol *m* ● au soleil al sol ● soleil levant/couchant sol naciente/poniente

solennel, elle [sɔlanɛl] *adj* solemne

solfège [sɔlfɛʒ] *nm* solfeo *m*

solidaire [sɔlidɛr] *adj* ● être solidaire de qqn ser solidario(ria) con alguien

solidarité [sɔlidarite] *nf* solidaridad *f*

solide [sɔlid] *adj* **1.** *(matériau, construction)* sólido(da) **2.** *(personne, santé)* robusto(ta)

solidité [sɔlidite] *nf* solidez *f*

soliste [sɔlist] *nmf* solista *mf*

solitaire [sɔlitɛr] *adj & nmf* solitario(ria)

solitude [sɔlityd] nf soledad f

solliciter [sɔlisite] vt solicitar

soluble [sɔlybl] adj soluble

solution [sɔlysjɔ̃] nf solución f

sombre [sɔ̃br] adj **1.** oscuro(ra) **2.** (fig) (mélancolique, triste) sombrío(a)

sommaire [sɔmɛr] adj **1.** (explication, résumé) somero(ra) **2.** (repas, logement) sencillo(lla) ◇ nm índice m

¹somme [sɔm] nf suma f ● faire la somme de MATH efectuar la suma de ● en somme ou somme toute después en suma

²somme [sɔm] nm ● faire un somme echar una cabezada

sommeil [sɔmɛj] nm sueño m ● avoir sommeil tener sueño

sommelier, ère [sɔməlje, ɛr] nm, f sumiller mf

sommes [sɔm] ➤ être

sommet [sɔme] nm cumbre f

sommier [sɔmje] nm somier m

somnambule [sɔmnãbyl] adj & nmf sonámbulo(la)

somnifère [sɔmnifɛr] nm somnífero m

somnoler [sɔmnɔle] vi dormitar

somptueux, euse [sɔ̃ptɥø, øz] adj fastuoso(sa)

¹son, sa [sɔ̃, sa] (pl ses [se]) adj ● son, su su

²son [sɔ̃] nm **1.** (bruit) sonido m **2.** (de blé) salvado m ● son et lumière espectáculo m de luces y sonido

sondage [sɔ̃daʒ] nm sondeo m

sonde [sɔ̃d] nf MÉD sonda f

songer [sɔ̃ʒe] ◆ songer à v + prep (envisager de) pensar en

songeur, euse [sɔ̃ʒœr, øz] adj pensativo(va)

sonner [sɔne] vi **1.** sonar **2.** (à la porte) llamar ◇ vt **1.** (cloche) tañir **2.** (suj : horloge) sonar

sonnerie [sɔnri] nf timbre m

sonnette [sɔnet] nf timbre m ● sonnette d'alarme (dans un train) señal f de alarma

sono [sɔno] nf (fam) sonorización f

sonore [sɔnɔr] adj sonoro(ra)

sonorité [sɔnɔrite] nf sonoridad f

sont [sɔ̃] ➤ être

sophistiqué, e [sɔfistike] adj sofisticado(da)

sorbet [sɔrbe] nm sorbete m

Sorbonne [sɔrbɔn] nf ● la Sorbonne La Sorbona

sorcier, ère [sɔrsje, ɛr] nm, f brujo m, -ja f

sordide [sɔrdid] adj (crime, affaire) sórdido(da)

sort [sɔr] nm suerte f ● tirer au sort echar a suertes

sorte [sɔrt] nf especie f ● une sorte de una especie de ● de (telle) sorte que (afin que) de manera que ● en quelque sorte en cierto modo

sortie [sɔrti] nf salida f ▼ sortie de secours salida de emergencia ▼ sortie de voitures vado permanente

sortir [sɔrtir] vi salir ◇ vt sacar ● sortir de salir de ● s'en sortir vp salir adelante

SOS [ɛsɔɛs] (abr de save our souls) nm SOS m ● SOS Médecins servicio de urgen-

cias médicas ● **SOS Racisme** SOS Racismo

sosie [sɔzi] *nm* sosia *m*

sou [su] *nm* ● **ne plus avoir un sou** no tener ni blanca ● **sous** *nmpl* (*fam*) cuartos *mpl*

souche [suʃ] *nf* **1.** (*d'arbre*) tocón *m* **2.** (*de carnet*) matriz *f*

souci [susi] *nm* preocupación *f* ● **se faire du souci (pour)** preocuparse (por)

soucier [susje] ◆ **se soucier de** *vp + prep* preocuparse de

soucieux, euse [susjø, øz] *adj* preocupado(da)

soucoupe [sukup] *nf* platillo *m* ● **soucoupe volante** platillo volante

soudain, e [sudɛ̃, ɛn] *adj* súbito(ta) ◆ **soudain** *adv* de repente

souder [sude] *vt* soldar

soudure [sudyʀ] *nf* soldadura *f*

souffert [sufɛʀ] *pp* ➤ **souffrir**

souffle [sufl] *nm* **1.** (*respiration*) soplido *m* **2.** (*d'une explosion*) onda *f* expansiva ● **un souffle d'air** ou **de vent** un soplo de aire ou de viento ● **être à bout de souffle** estar sin aliento

soufflé [sufle] *nm* soufflé *m*

souffler [sufle] *vt* **1.** (*fumée*) soplar **2.** (*bougie*) apagar ◇ *vi* **1.** soplar **2.** (*haleter*) respirar ● **souffler qqch à qqn** (*à un examen*) soplar algo a alguien

soufflet [suflɛ] *nm* fuelle *m*

souffrance [sufʀɑ̃s] *nf* sufrimiento *m*

souffrant, e [sufʀɑ̃, ɑ̃t] *adj* (*sout*) indispuesto(ta)

souffrir [sufʀiʀ] *vi* sufrir ● **souffrir de** (*maladie*) padecer de ; (*chaleur, froid*) pasar

soufre [sufʀ] *nm* azufre *m*

souhait [swɛ] *nm* deseo *m* ● **à tes souhaits !** ¡Jesús!

souhaitable [swɛtabl] *adj* deseable

souhaiter [swɛte] *vt* ● **souhaiter que** desear que ● **souhaiter faire qqch** desear hacer algo ● **souhaiter bonne chance/un bon anniversaire à qqn** desear buena suerte/un feliz cumpleaños a alguien

soûl, e [su, sul] *adj* borracho(cha)

soulagement [sulaʒmɑ̃] *nm* alivio *m*

soulager [sulaʒe] *vt* aliviar

soûler [sule] ◆ **se soûler** *vp* emborracharse

soulever [sulve] *vt* **1.** levantar **2.** (*problème*) plantear ● **se soulever** *vp* levantarse

soulier [sulje] *nm* zapato *m*

souligner [suliɲe] *vt* subrayar

soumettre [sumɛtʀ] *vt* ● **soumettre qqn/qqch à** someter a alguien/algo a ● **soumettre qqch à qqn** someter algo a alguien ◆ **se soumettre à** *vp + prep* (*loi, obligation*) someterse a

soumis, e [sumi, iz] *pp* ➤ **soumettre** ◇ *adj* sumiso(sa)

soupape [supap] *nf* válvula *f*

soupçon [supsɔ̃] *nm* sospecha *f*

soupçonner [supsɔne] *vt* sospechar

soupçonneux, euse [supsɔnø, øz] *adj* sospechoso(sa)

soupe [sup] *nf* sopa *f* ● **soupe à l'oignon** sopa de cebolla ● **soupe de légumes** sopa de verduras

souper [supe] nm cena f ◇ vi cenar

soupeser [supəze] vt sopesar

soupière [supjɛʀ] nf sopera f

soupir [supiʀ] nm suspiro m ● **pousser un soupir** dar un suspiro

soupirer [supiʀe] vi suspirar

souple [supl] adj flexible

souplesse [suples] nf flexibilidad f

source [suʀs] nf fuente f

sourcil [suʀsi(l)] nm ceja f

sourd, e [suʀ, suʀd] adj & nm, f sordo(da)

sourd-muet, sourde-muette [suʀmɥe, suʀdmɥet] (mpl **sourds-muets**, fpl **sourdes-muettes**) nm, f sordomudo m, -da f

souriant, e [suʀjɑ̃, ɑ̃t] adj sonriente

sourire [suʀiʀ] nm sonrisa f ◇ vi sonreír

souris [suʀi] nf ratón m ● **souris sans fil** ratón inalámbrico ● **souris optique/à roulette** ratón óptico/con rueda

sournois, e [suʀnwa, az] adj solapado(da)

sous [su] prép bajo, debajo de ● **sous la pluie** bajo la lluvia ● **sous la table** debajo de la mesa ● **sous enveloppe** en un sobre ● **sous peu** en breve

sous-bois [subwa] nm monte m bajo

sous-développé, e, s [sudevlɔpe] adj subdesarrollado(da)

sous-entendre [suzɑ̃tɑ̃dʀ] vt sobrentender

sous-entendu, s [suzɑ̃tɑ̃dy] nm sobrentendido m

sous-estimer [suzestime] vt subestimar

sous-louer [sulwe] vt subarrendar

sous-marin, e, s [sumaʀɛ̃, in] adj submarino(na) ◆ **sous-marin** nm **1.** submarino m **2.** (Québec) bollo de pan blando y alargado relleno de pastrami, lechuga y queso

sous-préfecture, s [supʀefektyʀ] nf subdivisión administrativa del gobierno civil francés

sous-pull, s [supyl] nm niqui m

sous-sol, s [susɔl] nm (d'un bâtiment) sótano m

sous-titre, s [sutitʀ] nm subtítulo m

sous-titré, e, s [sutitʀe] adj subtitulado(da)

soustraction [sustʀaksjɔ̃] nf resta f

soustraire [sustʀeʀ] vt restar

sous-verre [suveʀ] nm inv posavasos m inv

sous-vêtements [suvetmɑ̃] nmpl ropa f interior

soute [sut] nf (d'un bateau) pañol m ● **soute à bagages** compartimento m de equipajes

soutenir [sutniʀ] vt sostener ● **soutenir que** sostener que

souterrain, e [suteʀɛ̃, ɛn] adj subterráneo(a) ◆ **souterrain** nm subterráneo m

soutien [sutjɛ̃] nm apoyo m ● **soutien scolaire** apoyo escolar

soutien-gorge [sutjɛ̃gɔʀʒ] nm (pl **soutiens-gorge**) nm sujetador m

¹**souvenir** [suvniʀ] nm recuerdo m

²**souvenir** [suvniʀ] ◆ **se souvenir de** vp + prep acordarse de

souvent [suvɑ̃] adv **1.** (fréquemment) a menudo **2.** (généralement) en general

souvenu [suvny] *pp* ➤ **souvenir**

souverain, e [suvʀɛ̃, ɛn] *nm, f* soberano *m*, -na *f*

soviétique [sɔvjetik] *adj* soviético(ca)

soyeux, euse [swajø, øz] *adj* sedoso(sa)

soyons [swajɔ̃] ➤ **être**

SPA [espea] (*abr de* Société protectrice des animaux) *nf* SPA *f* (*Sociedad Protectora de Animales*)

spacieux, euse [spasjø, øz] *adj* espacioso(sa)

spaghettis [spageti] *nmpl* espaguetis *mpl*

spam [spam] *nm* INFORM correo *m* basura

sparadrap [spaʀadʀa] *nm* esparadrapo *m*

spatial, e, aux [spasjal, o] *adj* espacial

spatule [spatyl] *nf* espátula *f*

spätzli [ʃpetsli] *nmpl* (*Helv*) trozos pequeños de masa pasados por agua hirviendo; se suelen servir como acompañamiento a la carne

spécial, e, aux [spesjal, o] *adj* especial

spécialisé, e [spesjalize] *adj* especializado(da)

spécialiste [spesjalist] *nmf* especialista *mf*

spécialité [spesjalite] *nf* especialidad *f*

spécifique [spesifik] *adj* específico(ca)

spécimen [spesimen] *nm* espécimen *m*

spectacle [spektakl] *nm* espectáculo *m*

spectaculaire [spektakyleʀ] *adj* espectacular

spectateur, trice [spektatœʀ, tʀis] *nm, f* espectador *m*, -ra *f*

speculoos [spekulos] *nmpl* (*Belg*) pasta con forma de muñeco hecha de azúcar moreno y canela

speed [spid] *adj* (*fam*) ● **il est très speed** anda sobreexcitado

spéléologie [speleɔlɔʒi] *nf* espeleología *f*

sphère [sfɛʀ] *nf* esfera *f*

spirale [spiʀal] *nf* **1.** espiral *f* **2.** (*d'un cahier*) anillas *fpl* ● **en spirale** en espiral

spirituel, elle [spiʀitɥel] *adj* **1.** (*de l'âme*) espiritual **2.** (*personne, remarque*) ingenioso(sa)

spiritueux [spiʀitɥø] *nm* licor *m* espirituoso

splendide [splɑ̃did] *adj* espléndido(da)

sponsor [spɔ̃sɔʀ] *nm* patrocinador *m*

sponsoriser [spɔ̃sɔʀize] *vt* patrocinar

spontané, e [spɔ̃tane] *adj* espontáneo(a)

spontanéité [spɔ̃taneite] *nf* espontaneidad *f*

sport [spɔʀ] *nm* deporte *m* ● **faire du sport** hacer deporte ● **sports d'hiver** deportes de invierno

sportif, ive [spɔʀtif, iv] *adj* deportivo(va) ◇ *nm, f* deportista *mf*

spot [spɔt] *nm* foco *m* ● **spot publicitaire** anuncio *m*

sprint [spʀint] *nm* esprint *m*

spyware [spajwɛʀ] *nm* INFORM programa *m* espía

square [skwaʀ] *nm* plaza *f* ajardinada

squelette [skəlɛt] *nm* esqueleto *m*

St (*abr écrite de* saint) Sto (*santo*), S (*san*)

stable [stabl] *adj* estable

stade [stad] *nm* estadio m ● **stade d'athlétisme** estadio de atletismo ● **à ce stade, je ne peux plus rien faire** llegados a este punto, yo no puedo hacer nada más

stage [staʒ] *nm* prácticas *fpl* ● **faire/chercher un stage** hacer/buscar unas prácticas ● **être en stage** (de formation, de perfectionnement) estar haciendo un cursillo ; (en entreprise) hacer unas prácticas

stagiaire [staʒjɛʀ] *nmf* **1.** (en formation intensive) cursillista *mf* **2.** (en classe pratique, en entreprise) estudiante *mf* en prácticas

stagner [stagne] *vi* estancarse

stalactite [stalaktit] *nf* estalactita f

stalagmite [stalagmit] *nf* estalagmita f

stand [stɑ̃d] *nm* **1.** (d'exposition) estand m **2.** (de fête) caseta f

standard [stɑ̃daʀ] *adj inv* estándar ◊ *nm* (téléphonique) centralita f

standardiste [stɑ̃daʀdist] *nmf* telefonista *mf*

star [staʀ] *nf* estrella f

starter [staʀtɛʀ] *nm* estárter m

start up [staʀtœp] *nf inv* (nouvelle entreprise) empresa f puntocom

station [stasjɔ̃] *nf* **1.** estación f **2.** (de radio) emisora f ● **station balnéaire** balneario m ● **station de taxis** parada f de taxis

stationnement [stasjɔnmɑ̃] *nm* estacionamiento m ▼ **stationnement payant** estacionamiento de pago ● **stationnement bilatéral/unilatéral autorisé** estacionamiento autorizado respectivamente a los dos lados o a un lado de la calzada

stationner [stasjɔne] *vi* estacionar

station-service [stasjɔ̃sɛʀvis] (*pl* **stations-service**) *nf* gasolinera f

statistiques [statistik] *nfpl* estadísticas *fpl*

statue [staty] *nf* estatua f

statuette [statɥɛt] *nf* estatuilla f

statut [staty] *nm* estatus m inv

Ste (abr écrite de sainte) Sta (santa)

Sté (abr écrite de société) Sdad (sociedad)

steak [stɛk] *nm* bistec m ● **steak frites** filete con patatas (fritas) ● **steak haché** bistec de carne picada ● **steak tartare** bistec tártaro

stéréo [steʀeo] *adj inv* estéreo ◊ *nf* estereofonía f

stérile [steʀil] *adj* estéril

stériliser [steʀilize] *vt* esterilizar

steward [stiwaʀt] *nm* auxiliar m de vuelo

stimuler [stimyle] *vt* estimular

stock [stɔk] *nm* existencias *fpl* ● **en stock** en depósito

stocker [stɔke] *vt* almacenar

stop [stɔp] *nm* **1.** (panneau) stop m **2.** (phare) luz f de freno ◊ *interj* ¡alto! ● **faire du stop** hacer dedo

stopper [stɔpe] *vt* parar ◊ *vi* parar

store [stɔʀ] *nm* persiana f

strapontin [stʀapɔ̃tɛ̃] *nm* traspuntín m

Strasbourg [stʀasbuʀ] *n* Estrasburgo

stratégie [stʀateʒi] *nf* estrategia f

stress [stʀɛs] *nm* estrés m inv

stressé, e [stʀese] *adj* ● **être stressé** tener estrés

strict, e [stʀikt] *adj* estricto(ta)

strictement [stʀiktəmã] *adv* **1.** estrictamente **2.** *(interdire)* terminantemente

strident, e [stʀidã, ãt] *adj* estridente

strié, e [stʀije] *adj* estriado(da)

strophe [stʀɔf] *nf* estrofa *f*

structure [stʀyktyʀ] *nf* estructura *f*

studieux, euse [stydjø, øz] *adj* estudioso(sa)

studio [stydjo] *nm* estudio *m*

stupéfait, e [stypefɛ, ɛt] *adj* estupefacto(ta)

stupéfiant, e [stypefjã, ãt] *adj* asombroso(sa) ◆ **stupéfiant** *nm* estupefaciente *m*

stupide [stypid] *adj* estúpido(da)

stupidité [stypidite] *nf* estupidez *f*

style [stil] *nm* estilo *m* ● **meuble de style** mueble de estilo

stylo [stilo] *nm* boli *m* ● **stylo (à) bille** bolígrafo *m* ● **stylo (à) plume** pluma *f* estilográfica

stylo-feutre [stiloføtʀ] *(pl* stylos-feutres*) nm* rotulador *m*

su, e [sy] *pp* ➤ savoir

subir [sybiʀ] *vt* sufrir

subit, e [sybi, it] *adj* súbito(ta)

subjectif, ive [sybʒɛktif, iv] *adj* subjetivo(va)

subjonctif [sybʒɔ̃ktif] *nm* subjuntivo *m*

sublime [syblim] *adj* sublime

submerger [sybmɛʀʒe] *vt* **1.** *(suj : eau)* sumergir **2.** *(suj : travail, responsabilités)* abrumar

subsister [sybziste] *vi* subsistir

substance [sypstãs] *nf* sustancia *f*

substituer [sypstitɥe] *vt* ● substituer qqch à sustituir algo por ● **se substituer à** *vp + prep* sustituir a

subtil, e [syptil] *adj* sutil

subtilité [syptilite] *nf* sutileza *f*

subvention [sybvãsjɔ̃] *nf* subvención *f*

succéder [syksede] ◆ **succéder à** *v + prep* suceder a ● **il a succédé à ses parents à la tête de l'entreprise** sucedió a sus padres a la cabeza de la empresa ◆ **se succéder** *vp* sucederse

succès [syksɛ] *nm* éxito *m* ● **avoir du succès** tener éxito

successeur [syksesœʀ] *nm* sucesor *m*

successif, ive [syksesif, iv] *adj* sucesivo(va)

succession [syksesjɔ̃] *nf* sucesión *f* ● **droits de succession** derechos *mpl* sucesorios

succulent, e [sykylã, ãt] *adj* suculento(ta)

succursale [sykyʀsal] *nf* sucursal *f*

sucer [syse] *vt* chupar ● **sucer son pouce** chuparse el dedo

sucette [sysɛt] *nf* **1.** *(sucrerie)* pirulí *m* **2.** *(de bébé)* chupete *m*

sucre [sykʀ] *nm* **1.** azúcar *m ou f* **2.** *(morceau)* azucarillo *m* ● **sucre glace** azúcar glas ● **sucre en morceaux** terrones *mpl* de azúcar ● **sucre d'orge** bastón *m* de caramelo ● **sucre en poudre** azúcar en polvo

sucré, e [sykʀe] *adj* azucarado(da)

sucrer [sykʀe] *vt* azucarar

sucreries [sykʀəʀi] *nfpl* golosinas *fpl*

sucrette ® [sykʀɛt] *nf* pastilla *f* de sacarina

sucrier [sykʀije] nm azucarero m

sud [syd] adj inv sur ◇ nm sur m ◆ **Sud** nm Sur m ● **au sud (de)** al sur (de)

sud africain, e, s [sydafʀikɛ̃, ɛn] adj sudafricano(na) ◆ **Sud-Africain, e, s** nm, f sudafricano m, -na f

sud-américain, e [sydameʀikɛ̃, ɛn] adj sudamericano(na) ◆ **Sud-Américain, e** nm, f sudamericano m, -na f

sud-est [sydɛst] adj inv sudeste ◇ nm sudeste m ● **au sud-est (de)** al sudeste (de)

sud-ouest [sydwɛst] adj inv sudoeste ◇ nm sudoeste m ● **au sud-ouest (de)** al sudoeste (de)

Suède [sɥɛd] nf ● **la Suède** Suecia f

suer [sɥe] vi sudar

sueur [sɥœʀ] nf sudor m ● **être en sueur** estar chorreando de sudor ● **avoir des sueurs froides** tener escalofríos

suffire [syfiʀ] vi bastar ● **ça suffit !** ¡ya está bien! ● **cette voiture me suffit** este coche me basta ● **il suffit de qqch pour** basta con algo para ● **il suffit de faire qqch** basta con hacer algo

suffisamment [syfizamɑ̃] adv bastante ● **suffisamment de** bastante de

suffisant, e [syfizɑ̃, ɑ̃t] adj suficiente

suffocant, e [syfɔkɑ̃, ɑ̃t] adj sofocante

suffoquer [syfɔke] vi sofocarse

suggérer [sygʒeʀe] vt sugerir ● **suggérer à qqn de faire qqch** sugerir a alguien que haga algo

suggestion [sygʒɛstjɔ̃] nf sugerencia f

suicide [sɥisid] nm suicidio m

suicider [sɥiside] ◆ **se suicider** vp suicidarse

suie [sɥi] nf hollín m

suinter [sɥɛ̃te] vi rezumar

suis [sɥi] ➤ être, suivre

suisse [sɥis] adj suizo(za) ◆ **Suisse** nmf suizo(za) ◇ nf ● **la Suisse** Suiza f

suite [sɥit] nf 1. (série, succession) serie f 2. (d'une histoire, d'un film) continuación f ● **suites** repercusiones fpl ● **deux jours à la suite** OU **de suite** dos días seguidos ● **à la suite de** (à cause de) a raíz de ● **par suite de** a consecuencia de ● **tout de suite** enseguida

suivant, e [sɥivɑ̃, ɑ̃t] adj & nm, f siguiente ● **au suivant !** ¡(el) siguiente! ◆ **suivant** prép según

suivi, e [sɥivi] pp ➤ suivre

suivre [sɥivʀ] vt seguir ● **suivi de** seguido de ● **faire suivre le courrier** remitir el correo a una nueva dirección ▼ **à suivre** continuará

sujet, ette [syʒɛ, ɛt] adj ● **être sujet à** (maladie) ser proclive a ◇ nm, f (d'un roi) súbdito m, -ta f ◆ **sujet** nm 1. (thème) tema m 2. GRAMM sujeto m ● **au sujet de** a propósito de ● **c'est à quel sujet ?** ¿de qué se trata?

super [sypɛʀ] adj inv guay ◇ nm súper m

superbe [sypɛʀb] adj espléndido(da)

supérette [sypeʀɛt] nf pequeño supermercado m

superficie [sypɛʀfisi] nf superficie f

superficiel, elle [sypɛʀfisjɛl] adj superficial

superflu, e [sypɛʀfly] adj superfluo(a)

supérieur, e [sypeʀjœʀ] *adj* superior ◇ *nm, f* superior *m*, -ra *f* ● **supérieur à** superior a

supériorité [sypeʀjɔʀite] *nf* superioridad *f* ● **en supériorité numérique** numéricamente superior

supermarché [sypeʀmaʀʃe] *nm* supermercado *m*

superposer [sypeʀpoze] *vt* superponer

superstitieux, euse [sypeʀstisjø, øz] *adj* supersticioso(sa)

superviser [sypeʀvize] *vt* (*fam*) supervisar

supplément [syplemɑ̃] *nm* suplemento *m* ● **en supplément** en suplemento

supplémentaire [syplemɑ̃teʀ] *adj* suplementario(ria)

supplice [syplis] *nm* suplicio *m*

supplier [syplije] *vt* ● **supplier qqn (de faire qqch)** suplicar a alguien (que haga algo)

support [sypɔʀ] *nm* soporte *m*

supportable [sypɔʀtabl] *adj* soportable

¹supporter [sypɔʀte] *vt* 1. soportar 2. (*soutenir*) apoyar

²supporter [sypɔʀtœʀ] *nm* hincha *mf*

supposer [sypoze] *vt* suponer ● **à supposer que...** suponiendo que...

supposition [sypozisjɔ̃] *nf* suposición *f*

suppositoire [sypozitwaʀ] *nm* supositorio *m*

suppression [sypʀesjɔ̃] *nf* supresión *f*

supprimer [sypʀime] *vt* 1. suprimir 2. (*tuer*) eliminar

suprême [sypʀɛm] *adj* supremo(ma) ◇ *nm* ● **suprême de volaille** *pechuga de ave con salsa*

sur [syʀ] *prép*
1. (*dessus*) en, encima de ● **sur la table** en ou encima de la mesa
2. (*au-dessus de, au sujet de*) sobre ● **il y aura des nuages demain sur la région** mañana habrá nubes sobre la región ● **un dépliant sur l'Auvergne** un folleto sobre Auvernia
3. (*indique la direction*) hacia ● **tournez sur la droite** gire a la derecha ● **le camion se dirigeait sur nous** el camión venía hacia nosotros
4. (*indique la distance*) en ▼ **travaux sur 10 kilomètres** obras en 10 kilómetros
5. (*dans une mesure*) por ● **un mètre sur deux** un metro por dos
6. (*dans une proportion*) ● **9 personnes sur 10** nueve de cada diez personas ● **un jour sur deux** un día sí y otro no

sûr, e [syʀ] *adj* seguro(ra) ● **être sûr de/que** estar seguro de/de que ● **être sûr de soi** estar seguro de sí mismo

surcharger [syʀʃaʀʒe] *vt* sobrecargar

surchauffé, e [syʀʃofe] *adj* ● **une chambre surchauffée** un cuarto con la calefacción demasiado alta

surdimensionné, e [syʀdimɑ̃sjɔne] *adj* exagerado(da)

surélever [syʀelve] *vt* ● **surélever un bâtiment** añadir una planta a un edificio

sûrement [syʀmɑ̃] *adv* seguramente ● **sûrement pas !** ¡ni hablar!

surestimer [syʀestime] *vt* sobreestimar

sûreté [syʀte] nf • mettre qqch en sûreté poner algo a salvo

surexcité, e [syʀɛksite] adj sobreexcitado(da)

surf [sœʀf] nm surf m • surf des neiges surf de nieve

surface [syʀfas] nf superficie f

surfer [sœʀfe] vi 1. SPORT hacer surf 2. INFORM navegar

surgelé, e [syʀʒale] adj congelado(da) ◆ **surgelés** nmpl congelados mpl

surgir [syʀʒiʀ] vi surgir

surimi [syʀimi] nm surimi m

sur-le-champ [syʀləʃɑ̃] adv en el acto

surlendemain [syʀlɑ̃dmɛ̃] nm • le surlendemain dos días después

surligneur [syʀliɲœʀ] nm INFORM marcador m

surmené, e [syʀməne] adj agotado(da)

surmonter [syʀmɔ̃te] vt superar

surnaturel, elle [syʀnatyʀɛl] adj sobrenatural

surnom [syʀnɔ̃] nm apodo m

surnommer [syʀnɔme] vt apodar

surpasser [syʀpɑse] vt superar • **se surpasser** vp superarse

surplomber [syʀplɔ̃be] vt dominar

surplus [syʀply] nm excedente m

surprenant, e [syʀpʀənɑ̃, ɑ̃t] adj sorprendente

surprendre [syʀpʀɑ̃dʀ] vt sorprender

surpris, e [syʀpʀi, iz] pp ➤ surprendre ◇ adj asombrado(da) • je suis surpris de le voir/qu'il vienne me sorprende verlo/que venga

surprise [syʀpʀiz] nf sorpresa f • faire une surprise à qqn dar una sorpresa a alguien • par surprise por sorpresa

sursaut [syʀso] nm • se réveiller en sursaut despertarse de un sobresalto

sursauter [syʀsote] vi sobresaltarse

surtaxe [syʀtaks] nf recargo m

surtout [syʀtu] adv sobre todo • surtout, fais bien attention ! ¡sobre todo, ten mucho cuidado! • surtout que sobre todo porque

survécu [syʀveky] pp ➤ survivre

surveillance [syʀvejɑ̃s] nf vigilancia f • être sous surveillance estar vigilado(da)

surveillant, e [syʀvejɑ̃, ɑ̃t] nm, f 1. persona encargada de la disciplina en un establecimiento escolar 2. (de prison) vigilante mf

surveiller [syʀveje] vt 1. (observer) vigilar 2. (prendre soin de) cuidar • **se surveiller** vp (faire attention à soi) cuidarse

survêtement [syʀvɛtmɑ̃] nm chándal m

survivant, e [syʀvivɑ̃, ɑ̃t] nm, f superviviente mf

survivre [syʀvivʀ] vi sobrevivir • survivre à sobrevivir a

survoler [syʀvɔle] vi sobrevolar

sus [sy(s)] ◆ **en sus** adv además

susceptible [syseptibl] adj susceptible • être susceptible de faire qqch ser capaz de hacer algo

susciter [sysite] vt suscitar

sushi [suʃi] nm sushi m

suspect, e [syspɛ, ɛkt] adj & nm, f sospechoso(sa)

suspecter [syspɛkte] *vt* sospechar

suspendre [syspɑ̃dʀ] *vt* **1.** *(accrocher)* colgar **2.** *(arrêter)* suspender

suspense [syspɛns] *nm* suspense *m*

suspension [syspɑ̃sjɔ̃] *nf* **1.** *(d'une voiture)* suspensión *f* **2.** *(lampe)* lámpara *f* de techo

suture [sytyʀ] *nf* ➤ **point**

SVP [ɛsvepe] *(abr de s'il vous plaît)* por favor

sweat-shirt, **s** [switʃœʀt] *nm* sudadera *f*

syllabe [silab] *nf* sílaba *f*

symbole [sɛ̃bɔl] *nm* símbolo *m*

symbolique [sɛ̃bɔlik] *adj* simbólico(ca)

symboliser [sɛ̃bɔlize] *vt* simbolizar

symétrie [simetʀi] *nf* simetría *f*

symétrique [simetʀik] *adj* simétrico(ca)

sympa [sɛ̃pa] *adj* *(fam)* **1.** *(personne)* majo(ja) **2.** *(endroit, ambiance)* guay

sympathie [sɛ̃pati] *nf* simpatía *f* • **éprouver** ou **avoir de la sympathie pour qqn** sentir simpatía por alguien

sympathique [sɛ̃patik] *adj* **1.** *(personne)* simpático(ca) **2.** *(endroit, ambiance)* agradable

sympathiser [sɛ̃patize] *vi* simpatizar

symphonie [sɛ̃fɔni] *nf* sinfonía *f*

symptôme [sɛ̃ptom] *nm* síntoma *m*

synagogue [sinagɔg] *nf* sinagoga *f*

synchronisé, **e** [sɛ̃kʀɔnize] *adj* sincronizado(da)

synchroniser [sɛ̃kʀɔnize] *vt* sincronizar

syncope [sɛ̃kɔp] *nf* MÉD síncope *m*

syndical, **e**, **aux** [sɛ̃dikal, o] *adj* sindical

syndicaliste [sɛ̃dikalist] *nmf* sindicalista *mf*

syndicat [sɛ̃dika] *nm* sindicato *m* • **syndicat d'initiative** oficina *f* de turismo

syndiqué, **e** [sɛ̃dike] *adj* sindicado(da)

syndrome [sɛ̃dʀom] *nm* • **syndrome immunodéficitaire acquis** síndrome *m* de inmunodeficiencia adquirida

synonyme [sinɔnim] *nm* sinónimo *m*

synthèse [sɛ̃tez] *nf* síntesis *f inv*

synthétique [sɛ̃tetik] *adj* sintético(ca) ◇ *nm* sintético *m*

synthétiseur [sɛ̃tetizœʀ] *nm* sintetizador *m*

Syrie [siʀi] *nf* • **la Syrie** Siria *f*

syrien, **enne** [siʀjɛ̃, ɛn] *adj* sirio(ria) ◆ **syrien** *nm* *(langue)* sirio *m* ◆ **Syrien**, **enne** *nm*, *f* sirio *m*, -ria *f*

systématique [sistematik] *adj* sistemático(ca)

système [sistɛm] *nm* sistema *m* • **système d'exploitation** INFORM sistema operativo

t' ➤ **te**

ta ➤ **ton** *(adj)*

tabac [taba] *nm* **1.** tabaco *m* **2.** *(magasin)* estanco *m*

tabagie [tabaʒi] *nf* *(Québec)* *(bureau de tabac)* estanco *m*

table [tabl] *nf* **1.** mesa *f* **2.** *(tableau)* tabla *f* ● mettre la table poner la mesa ● être à table estar comiendo ● se mettre à table sentarse a comer ● à table ! ¡a comer! ● table de chevet ou de nuit mesilla *f* (de noche) ● table de cuisson encimera *f* ● table à langer cambiador *m* ● table des matières índice *m* ● table d'opération mesa de operaciones ● table à repasser tabla de planchar

tableau, x [tablo] *nm* **1.** cuadro *m* **2.** *(panneau)* tablón *m* **3.** INFORM tabla *f* ● tableau de bord *(de voiture)* salpicadero *m* ; *(d'avion)* cuadro *m* de instrumentos ● tableau (noir) pizarra *f*

tablette [tablɛt] *nf (étagère)* repisa *f* ● tablette de chocolat tableta *f* de chocolate

tableur [tablœʀ] *nm* hoja *f* de cálculo

tablier [tablije] *nm* delantal *m*

taboulé [tabule] *nm* ensalada de sémola, tomate, cebolla, menta y limón

tabouret [tabuʀɛ] *nm* taburete *m*

tache [taʃ] *nf* mancha *f* ● se faire une tache de qqch mancharse con algo ● taches de rousseur pecas *fpl*

tâche [taʃ] *nf* tarea *f*

tacher [taʃe] *vt* manchar ● se tacher *vp* mancharse

tâcher [taʃe] ● tâcher de *v + prep* procurar

tacheté, e [taʃte] *adj* moteado(da)

tact [takt] *nm* tacto *m*

tactile [taktil] *adj* ● pavé tactile almohadilla *f* táctil

tactique [taktik] *nf* táctica *f*

taffe [taf] *nf (fam) (de cigarette)* calada *f*

tag [tag] *nm* pintada *f*

tagine [taʒin] *nm* comida del Norte de África que consiste en carne con verduras estofada en un recipiente de barro

taie [tɛ] *nf* ● taie d'oreiller funda *f* de almohada

taille [taj] *nf* **1.** *(hauteur d'une personne)* estatura *f* **2.** *(dimension)* tamaño *m* **3.** *(mensuration)* talla *f* **4.** *(partie du corps)* cintura *f* ● quelle taille faites-vous ? *(hauteur)* ¿cuánto mide? ; *(de chaussure)* ¿qué número calza? ; *(de vêtement)* ¿qué talla usa?

taille-crayon, s [tajkʀɛjɔ̃] *nm* sacapuntas *m inv*

tailler [taje] *vt* **1.** *(arbre)* talar **2.** *(tissu)* cortar **3.** *(crayon)* sacar punta a

tailleur [tajœʀ] *nm* **1.** *(couturier)* sastre *m* **2.** *(vêtement)* traje *m* de chaqueta ● s'asseoir en tailleur sentarse con las piernas cruzadas

taire [tɛʀ] ● se taire *vp* **1.** *(arrêter de parler)* callarse **2.** *(rester silencieux)* callar ● tais-toi ! ¡cállate!

talc [talk] *nm* talco *m*

talent [talɑ̃] *nm* talento *m*

talkie-walkie [tɔkiwɔki] *(pl* talkies-walkies*) nm* walkie talkie *m*

talon [talɔ̃] *nm* **1.** talón *m* **2.** *(d'une chaussure)* tacón *m* ● talons hauts/plats tacones altos/planos ● talons aiguille tacones de aguja

talus [taly] *nm* talud *m*

tambour [tɑ̃buʀ] *nm* tambor *m*

tambourin [tɑ̃buʀɛ̃] *nm* pandereta *f*

tamis [tami] *nm* tamiz *m*

tamisé, e [tamize] *adj* tamizado(da)

tamiser [tamize] *vt* tamizar

tampon [tɑ̃pɔ̃] *nm* **1.** *(cachet)* tampón *m* **2.** *(de tissu)* paño *m* ● **tampon (hygiénique)** tampón *m*

tamponneuse [tɑ̃pɔnøz] *adj f* ➤ **auto**

tandem [tɑ̃dɛm] *nm (vélo)* tándem *m*

tandis [tɑ̃di] ● **tandis que** *conj* mientras que

tango [tɑ̃go] *nm* tango *m*

tanguer [tɑ̃ge] *vi* cabecear

tank [tɑ̃k] *nm* tanque *m*

tant [tɑ̃] *adv* **1.** *(tellement)* tanto ● **il l'aime tant (que) la quiere tanto (que)** ● **j'ai tant de travail/de problèmes (que)** tengo tanto trabajo/tantos problemas (que) **2.** *(autant)* ● **j'en profite tant que je peux** saco tanto partido como puedo **3.** *(temporel)* ● **tant que nous resterons ici** mientras estemos aquí **4.** *(dans des expressions)* ● **en tant que como** ● **tant bien que mal** mal que bien ● **tant mieux** tanto mejor ● **tant pis !** ¡qué se le va a hacer! ● **tant pis pour lui** peor para él ● **prends-moi une baguette tant que tu y es** ya puestos coge una barra de pan para mí

tante [tɑ̃t] *nf* tía *f*

tantôt [tɑ̃to] *adv* ● **tantôt... tantôt...** unas veces... otras...

taon [tɑ̃] *nm* tábano *m*

tapage [tapaʒ] *nm* alboroto *m*

tape [tap] *nf* palmada *f*

tapenade [tapǝnad] *nf* condimento a base de aceitunas, anchoas, alcaparras trituradas con aceite de oliva y hierbas aromáticas

taper [tape] *vt* **1.** golpear **2.** *(code)* teclear ● **taper des pieds** patalear ● **taper sur** *(porte)* dar golpes en ; *(dos)* dar una palmada en ; *(personne)* pegar

tapioca [tapjɔka] *nm* tapioca *f*

tapis [tapi] *nm* alfombra *f* ● **tapis de souris** alfombrilla *f* de ratón ● **tapis roulant** *(de marchandises)* cinta *f* transportadora ; *(de voyageurs)* cinta *f* mecánica ● **tapis de sol** *(de camping)* suelo *m* impermeable

tapisser [tapise] *vt* tapizar

tapisserie [tapisri] *nf* **1.** *(à l'aiguille)* tapicería *f* **2.** *(papier peint)* empapelado *m* **3.** *(arts décoratifs)* tapiz *m*

tapoter [tapɔte] *vt* golpetear

taquiner [takine] *vt* pinchar

tarama [tarama] *nm* crema a base de huevas de pescado, miga de pan, aceite de oliva y limón

tard [taʁ] *adv* tarde ● **plus tard** más tarde ● **à plus tard !** ¡nos vemos luego! ● **au plus tard** a más tardar

tarder [taʁde] *vi* ● **tarder à faire qqch** tardar en hacer algo ● **elle ne va pas tarder (à arriver)** no va a tardar (en llegar)

tarif [taʁif] *nm* tarifa *f* ● **tarif plein** tarifa normal ● **tarif réduit** tarifa reducida

tarir [taʁiʁ] *vi* secarse

tarot [taʁo] *nm* juego de naipes que se practica con el tarot

tartare [taʁtaʁ] *adj* ➤ **sauce, steak**

tarte [taʀt] *nf* tarta *f* ◆ **tarte aux fraises** tarta de fresas ◆ **tarte au maton** (*Belg*) *tarta elaborada con leche fermentada y almendras* ◆ **tarte Tatin** *tarta de manzana con caramelo por encima*

tartelette [taʀtəlɛt] *nf* tartaleta *f*

tartine [taʀtin] *nf* rebanada *f* de pan (*con mantequilla o mermelada*)

tartiner [taʀtine] *vt* untar ◆ **fromage/pâte à tartiner** queso *m* /crema *f* de untar

tartre [taʀtʀ] *nm* **1.** (*sur les dents*) sarro *m* **2.** (*calcaire*) cal *f*

tas [tɑ] *nm* montón *m* ◆ **mettre qqch en tas** amontonar algo ◆ **un** *ou* **des tas de** un montón *ou* montones de

tasse [tɑs] *nf* taza *f* ◆ **boire la tasse** tragar agua (*al nadar*) ◆ **tasse à café/thé** taza de café/de té (*vajilla*)

tasser [tɑse] *vt* apretujar ◆ **se tasser** *vp* (*dans une voiture*) apretujarse ◆ **ça se tasse** (*fam*) (*ça s'arrange*) esto se va a arreglando

tâter [tɑte] *vt* tentar ◆ **se tâter** *vp* (*hésiter*) pensárselo

tâtonner [tɑtɔne] *vi* tantear

tâtons [tɑtɔ̃] ◆ **à tâtons** *adv* a tientas

tatouage [tatwaʒ] *nm* tatuaje *m*

taupe [top] *nf* topo *m*

taureau, x [tɔʀo] *nm* toro *m* ◆ **Taureau** *nm* Tauro *m*

taux [to] *nm* **1.** (*proportion*) tasa *f* **2.** (*prix*) tipo *m* ◆ **taux de change** tipo de cambio ◆ **taux d'intérêt** tipo de interés

taverne [tavɛʀn] *nf* (*Québec*) (*café*) bar *m*

taxe [taks] *nf* impuesto *m* ◆ **hors taxes** (*prix*) sin IVA ; (*boutique*) libre de impuestos ◆ **toutes taxes comprises** ≃ IVA incluido

taxer [takse] *vt* gravar

taxi [taksi] *nm* taxi *m*

taxi-brousse [taksibʀys] (*fpl* **taxisbrousse**) *nm* (*Afrique*) *taxi que puede transportar hasta diez personas*

tchatche [tʃaʃ] *nf* (*fam*) ◆ **avoir la tchatche** tener la lengua floja

tchatcher [tʃaʃe] *vi* (*fam*) estar de cháchara

tchèque [tʃɛk] *adj* checo(ca) ◇ *nm* (*langue*) checo *m* ◆ **République tchèque** *n* ◆ **la République tchèque** la República Checa ◆ **Tchèque** *nmf* checo *m*, -ca *f*

tchétchène [tʃeʃɛn] *adj* checheno(na) ◆ **Tchétchène** *nmf* checheno *m*, -na *f*

Tchétchénie [tʃeʃeni] *nf* ◆ **la Tchétchénie** Chechenia *f*

te [tə] *pron* te

technicien, enne [tɛknisjɛ̃, ɛn] *nm, f* técnico *m*, -ca *f*

technique [tɛknik] *adj* técnico(ca) ◇ *nf* técnica *f*

techno [tɛkno] *adj* tecno ◇ *nf* tecno *m*

technologie [tɛknɔlɔʒi] *nf* tecnología *f*

tee-shirt [tiʃœrt] *nm* camiseta *f*

teindre [tɛ̃dʀ] *vt* teñir ◆ **se faire teindre (les cheveux)** teñirse (el pelo)

teint, e [tɛ̃, tɛ̃t] *pp* ➤ **teindre** ◆ **teint** *nm* tez *f*

teinte [tɛ̃t] *nf* matiz *m*

teinter [tɛ̃te] *vt* teñir

teinture [tɛ̃tyʀ] *nf* tinte *m* ◆ **teinture d'iode** tintura *f* de yodo

teinturerie [tɛ̃tyʀʀi] *nf* tintorería *f*

teinturier, ère [tɛ̃tyʀje, ɛʀ] *nm, f* tintorero *m*, -ra *f*

tel, telle [tɛl] *adj* 1. *(semblable)* semejante 2. *(si grand)* tal ● **tel que** como ● **tel quel** tal cual ● **tel ou tel** tal o cual

tél. *(abr écrite de téléphone)* tel. *(teléfono)*

télé [tele] *nf (fam)* tele *f* ● **à la télé** en la tele

télécabine [telekabin] *nf* telecabina *f*

Télécarte ® [telekaʀt] *nf* tarjeta *f* telefónica

téléchargement [teleʃaʀʒəmɑ̃] *nm* INFORM descarga *f*

télécharger [teleʃaʀʒe] *vt* INFORM descargar, bajar

télécommande [telekɔmɑ̃d] *nf* mando *m* a distancia

télécommunications [telekɔmynikasjɔ̃] *nfpl* telecomunicaciones *fpl*

télécopie [telekɔpi] *nf* (tele)fax *m inv* *(documento)*

télécopieur [telekɔpjœʀ] *nm* (tele)fax *m inv* *(aparato)*

téléfilm [telefilm] *nm* telefilme *m*

télégramme [telegʀam] *nm* telegrama *m* ● **télégramme téléphoné** telegrama por teléfono

téléguidé, e [telegide] *adj* teledirigido(da)

téléobjectif [teleɔbʒɛktif] *nm* teleobjetivo *m*

téléphérique [teleferik] *nm* teleférico *m*

téléphone [telefɔn] *nm* teléfono *m* ● **au téléphone** al teléfono ● **téléphone à carte** teléfono con tarjeta prepagada ● **téléphone fixe** teléfono fijo ● **téléphone mo**bile ou **portable** teléfono móvil ● **téléphone sans fil** teléfono inalámbrico ● **téléphone de voiture** teléfono de coche

Le téléphone

Les numéros de téléphone espagnols se composent de 9 chiffres. Les deux ou trois premiers chiffres indiquent la province : 91 pour Madrid, 93 pour Barcelone, 976 pour Saragosse, etc. Tous les numéros de téléphones portables commencent par 6. Pour appeler à l'étranger, il faut composer le 00, suivi du préfixe du pays et du numéro du correspondant. Pour téléphoner en France, on composera le 00 33, puis le numéro du correspondant, mais sans le 0. Voici quelques numéros utiles.
Police nationale : 091.
Police locale : 092.
Pompiers : 80.
Urgences : 112.
Pharmacies de garde : 098.
Urgences médicales : 061.

Commencer une conversation téléphonique

Les espagnols répondent au téléphone en disant : ¡diga!, ¡dígame!, ¿dígame? ou simplement ¿sí?. Si c'est la personne demandée qui décroche, celle-ci répondra : *Soy yo*. Dans un contexte formel, la personne qui appelle pourra dire :

Buenas tardes, soy Carlos Urrutia. ¿Podría hablar con el Sr. Saez, por favor?, ou encore *Buenos días, querría hablar con el encargado, por favor*, etc. Dans un contexte plus informel, on pourra se présenter de la manière suivante : *Hola, soy Pedro, del almacén. ¿Puedo hablar con García?, Victoria, soy Eduardo. ¿Me pasas a tu hermano?*, etc. Enfin, dans un contexte familier, on dira simplement : *Hola, soy Bárbara. ¿No me conoces?*, ou encore *Soy yo, cariño.*

Terminer une conversation téléphonique

Dans un souci de politesse, il est préférable d'attendre que la personne qui a appelé prenne l'initiative de raccrocher. Dans un contexte formel, on terminera la conversation en disant simplement *adiós*. En revanche, dans un contexte amical, on terminera plutôt par une formule du type : *Hasta pronto, ¡Que vaya bien!, ¡Chao!*, ou encore *¡Nos vemos!*

téléphoner [telefɔne] *vt* llamar (por teléfono) ● **téléphoner à qqn** llamar (por teléfono) a alguien ● **se téléphoner** *vp* llamarse (por teléfono)

téléphonique [telefɔnik] *adj* ➤ cabine, carte

télescope [teleskɔp] *nm* telescopio *m*

télescopique [teleskɔpik] *adj* telescópico(ca)

télésiège [telesjɛʒ] *nm* telesilla *m*

téléski [teleski] *nm* telesquí *m*

téléspectateur, trice [telespɛktatœr, tris] *nm, f* telespectador *m*, -ra *f*

télétravail, aux [teletravaj, o] *nm* teletrabajo *m*

télétravailleur, euse [teletravajœr, øz] *nm, f* teletrabajador *m*, -ra *f*

télévente [televɑ̃t] *nf* televenta *f*

télévisé, e [televize] *adj* televisivo(va)

téléviseur [televizœr] *nm* televisor *m*

télévision [televizjɔ̃] *nf* televisión *f* ● **à la télévision** en la televisión ● **télévision numérique** televisión digital

télex [telɛks] *nm inv* télex *m inv*

telle ➤ tel

tellement [tɛlmɑ̃] *adv* **1.** *(tant)* tanto **2.** *(si)* tan ● **tellement de** tanto(ta) ● **pas tellement** no mucho, no muy

témoignage [temwaɲaʒ] *nm* testimonio *m*

témoigner [temwaɲe] *vi* testificar

témoin [temwɛ̃] *nm* testigo *m* ● **être témoin de qqch** ser testigo de ● **être le témoin de mariage de qqn** ser el padrino de boda de alguien

tempe [tɑ̃p] *nf* sien *f*

tempérament [tɑ̃peramɑ̃] *nm* temperamento *m*

température [tɑ̃peratyr] *nf* temperatura *f*

tempête [tɑ̃pɛt] *nf* tempestad *f*

temple [tɑ̃pl] *nm* templo *m*

temporaire [tɑ̃pɔrɛr] *adj* temporal

temporairement [tɑ̃pɔrɛrmɑ̃] *adv* temporalmente

temps [tɑ̃] *nm* tiempo *m* ● **avoir le temps de faire qqch** tener tiempo de hacer algo ● **il est temps de partir** ou **que nous partions** es hora de irnos ou de que nos vayamos ● **à temps** a tiempo ● **de temps en temps** de vez en cuando ● **en même temps** al mismo tiempo ● **à temps complet/partiel** a tiempo completo/parcial ● **le beau/mauvais temps** el buen/mal tiempo

tenailles [tənaj] *nfpl* tenazas *fpl*

tenant, e [tənɑ̃, ɑ̃t] *nm, f* ● **tenant/tenante du titre** poseedor *m*, -ra *f* del título

tendance [tɑ̃dɑ̃s] *nf* tendencia *f* ● **avoir tendance à** tener tendencia a

tendeur [tɑ̃dœʀ] *nm* tensor *m*

tendinite [tɑ̃dinit] *nf* tendinitis *f inv*

tendon [tɑ̃dɔ̃] *nm* tendón *m*

tendre [tɑ̃dʀ] *adj* tierno(na) ● *vt* **1.** *(corde)* tensar **2.** *(bras)* tender ● **tendre qqch à qqn** tender algo a alguien ● **tendre la main à qqn** tender la mano a alguien ● **tendre l'oreille** aguzar el oído ● **tendre un piège à qqn** tender una trampa a alguien ● **se tendre** *vp* tensarse

tendresse [tɑ̃dʀɛs] *nf* ternura *f*

tendu, e [tɑ̃dy] *adj* tenso(sa)

tenir [təniʀ] *vt*
1. *(à la main, dans ses bras)* sujetar ● **tenir la main de qqn** sujetar la mano de alguien
2. *(garder)* mantener ● **tenir un plat au chaud** mantener un plato caliente
3. *(promesse, engagement)* cumplir
4. *(magasin, bar)* llevar
5. *(dans des expressions)* ● **tiens !** ¡toma! ● **tenez !** ¡tenga! ● **tiens !** *(exprime la surprise)* ¡anda!

◇ *vi*
1. *(construction)* ● **ça tient avec du ciment** está unido con cemento
2. *(résister)* resistir ● **la neige n'a pas tenu** la nieve no ha cuajado ● **tenir bon** resistir
3. *(rester)* mantenerse ● **tenir debout** *(objet, personne)* tenerse de pie ● **ne plus tenir debout** *(personne)* no tenerse en pie ● **ne pas tenir en place** no estarse quieto(ta)
4. *(être contenu)* caber ● **six personnes tiennent dans cette voiture** en este coche caben seis personas

◆ **tenir à** *v + prep (être attaché à)* apegarse a ● **tenir à faire qqch** querer hacer algo
◆ **tenir de** *v + prep (ressembler à)* salir a ● **elle tient de sa mère** ha salido a su madre

◆ **se tenir** *vp*
1. *(avoir lieu)* tener lugar ● **le festival se tient dans le château** el festival tiene lugar en el castillo
2. *(s'accrocher)* agarrarse ● **se tenir à** agarrarse a
3. *(être, rester)* permanecer ● **se tenir droit** mantenerse derecho ● **se tenir debout/assis** quedarse de pie/sentado ● **se tenir tranquille** estarse quieto(ta)
4. *(se comporter)* ● **bien/mal se tenir** portarse bien/mal

tennis [tenis] *nm* tenis *m* ◇ *nmpl* zapatillas *fpl* de deporte ● **tennis de table** tenis de mesa

tension [tɑ̃sjɔ̃] *nf* tensión *f*

tentacule [tɑ̃takyl] *nm* tentáculo *m*

tentant, e [tɑ̃tɑ̃, ɑ̃t] *adj* tentador(ra)

tentation [tɑ̃tasjɔ̃] *nf* tentación *f*

tentative [tɑ̃tativ] *nf* tentativa *f*

tente [tɑ̃t] *nf* tienda *f* (de campaña)

tenter [tɑ̃te] *vt* **1.** *(essayer)* intentar **2.** *(attirer)* tentar ● **tenter de faire qqch** intentar hacer algo

tenu, e [təny] *pp* ➤ **tenir**

tenue [təny] *nf* ropa *f* ● **tenue de soirée** traje *m* de noche

ter [tɛʁ] *adv* indica que hay tres números iguales en una calle

TER [teœɛʁ] *(abr de Train Express Régional)* *nm* ≈ tren *m* de cercanías

Tergal® [tɛʁgal] *nm* tergal® *m*

terme [tɛʁm] *nm* término *m* ● **à court/ long terme** a corto/largo plazo

terminaison [tɛʁminɛzɔ̃] *nf* terminación *f*

terminal, aux [tɛʁminal, o] *nm* **1.** *(d'aéroport)* terminal *f* **2.** INFORM terminal *m*

terminale [tɛʁminal] *nf* SCOL ≈ segundo *m* de Bachillerato

terminer [tɛʁmine] *vt* terminar ● **se terminer** *vp* terminarse

terminus [tɛʁminys] *nm* término *m*, fin *m* de línea

terne [tɛʁn] *adj* apagado(da)

terrain [teʁɛ̃] *nm* **1.** *(emplacement)* solar *m* **2.** *(sol)* terreno *m* ● **tout terrain** todoterreno *m* ● **terrain de camping** camping *m* ● **terrain de foot** campo *m* de fútbol ● **terrain de jeux** área *f* de juegos ● **terrain vague** descampado *m*

terrasse [teʁas] *nf* terraza *f* ● **on mange en terrasse ?** *(d'un café, restaurant)* ¿comemos en la terraza?

terre [tɛʁ] *nf* **1.** tierra *f* **2.** *(argile)* barro *m* ● **la Terre** la Tierra ● **par terre** *(tomber)* al suelo ; *(s'asseoir)* en el suelo

Terre de Feu [tɛʁdəfø] *nf* ● **la Terre de Feu** la Tierra del Fuego

terre-plein, s [tɛʁplɛ̃] *nm* terraplén *m* ● **terre-plein central** mediana *f*

terrestre [teʁɛstʁ] *adj* terrestre

terreur [teʁœʁ] *nf* terror *m*

terrible [teʁibl] *adj* terrible ● **pas terrible** *(fam)* nada del otro mundo

terrier [teʁje] *nm* madriguera *f*

terrifier [teʁifje] *vt* aterrar

terrine [teʁin] *nf* **1.** *(récipient)* terrina *f* **2.** CULIN paté de carne, pescado o verdura

territoire [teʁitwaʁ] *nm* territorio *m*

terroriser [teʁɔʁize] *vt* aterrorizar

terroriste [teʁɔʁist] *nmf* terrorista *mf*

tes ➤ **ton** *(adj)*

test [tɛst] *nm* test *m* ● **test de dépistage** prueba *f* de detección

testament [tɛstamɑ̃] *nm* testamento *m*

tester [tɛste] *vt* probar

tétanos [tetanos] *nm* tétanos *m inv*

tête [tɛt] *nf* **1.** cabeza *f* **2.** *(visage)* cara *f* ● **de tête** *(wagon)* de cabeza ● **être en tête** *(en cabeza)* ● **faire la tête** estar de morros ● **en tête à tête** a solas ● **tête de liste** POL cabeza *mf* de lista ● **tête de série** SPORT cabeza *mf* de serie ● **tête de veau** preparación de las partes comestibles de la cabeza de ternera

tête-à-queue [tɛtakø] *nm inv* trompo *m*

téter [tete] *vi* mamar

tétine [tetin] *nf* **1.** *(de biberon)* tetina *f* **2.** *(sucette)* chupete *m*

Tétrabrick® [tetʀabʀik] *nm* tetra brick®

têtu, e [tety] *adj* testarudo(da)

teuf [tœf] *(fam) nf* fiesta *f*

tex mex [teksmeks] *adj* tex mex ◇ *nm* tex mex *m*

texte [tekst] *nm* texto *m*

textile [tekstil] *nm* tejido *m*

texto [teksto] *adv (fam)* literalmente ◆ **Texto**® *nm* ● **envoyer/recevoir un Texto**® enviar/recibir un mensaje de texto

TF1 [teɛfœ̃] *(abr de Télévision française 1) n* cadena de televisión francesa privada

TGV [teʒeve] *(abr de train à grande vitesse) nm* ≃ AVE *m* (alta velocidad española)

thaïlandais, e [tajlɑ̃dɛ, ɛz] *adj* tailandés(esa) ◆ **Thaïlandais, e** *nm, f* tailandés *m*, -esa *f*

Thaïlande [tajlɑ̃d] *nf* ● **la Thaïlande** Tailandia *f*

thalassothérapie [talasoteʀapi] *nf* talasoterapia *f*

thé [te] *nm* té *m* ● **thé au citron** té con limón ● **thé au lait** té con leche ● **thé nature** té solo

théâtral, e, aux [teatʀal, o] *adj* teatral

théâtre [teatʀ] *nm* teatro *m*

théière [tejɛʀ] *nf* tetera *f*

thème [tɛm] *nm* **1.** tema *m* **2.** *(traduction)* traducción *f* inversa

théorie [teɔʀi] *nf* teoría *f* ● **en théorie** en teoría

théoriquement [teɔʀikmɑ̃] *adv* teóricamente

thermal, e, aux [tɛʀmal, o] *adj* termal

thermomètre [tɛʀmɔmɛtʀ] *nm* termómetro *m*

Thermos® [tɛʀmɔs] *nf* ● **(bouteille) Thermos** termo® *m*

thermostat [tɛʀmɔsta] *nm* termostato *m*

thèse [tɛz] *nf* tesis *f inv*

thon [tɔ̃] *nm* atún *m*

thym [tɛ̃] *nm* tomillo *m*

tibia [tibja] *nm* tibia *f*

tic [tik] *nm* **1.** *(mouvement)* tic *m* **2.** *(habitude)* manía *f*

ticket [tike] *nm* **1.** tique *m* **2.** *(d'autobus, de métro)* billete *m* ● **ticket de caisse** tique de caja ● **ticket de métro** billete de metro

tiède [tjɛd] *adj* tibio(bia)

tien [tjɛ̃] ● **le tien, la tienne** [lətjɛ̃, latjɛn] *(mpl* **les tiens** [letjɛ̃], *fpl* **les tiennes** [letjɛn]) *pron* el tuyo ● **la tienne** la tuya ● **à la tienne !** ¡salud!

tiendra etc ➤ tenir

tienne etc ➤ tenir, tien

tiens etc ➤ tenir, tien

tiercé [tjɛʀse] *nm* ≃ quiniela *f* hípica ● **jouer au tiercé** ≃ hacer apuestas en la quiniela hípica

tiers [tjɛʀ] *nm* tercio *m* ● **être assuré au tiers** estar asegurado contra terceros

tiers-monde, s [tjɛʀmɔ̃d] *nm* tercer mundo *m*

tige [tiʒ] *nf* **1.** *(de plante)* tallo *m* **2.** *(de métal, de bois)* vara *f*

tigre [tigʀ] *nm* tigre *m*

tilleul [tijœl] *nm* **1.** *(arbre)* tilo *m* **2.** *(tisane)* tila *f*

tilsit [tilsit] *nm* queso suizo blando de vaca, de color amarillo, sabor fuertemente afrutado y con pequeños agujeros

timbale [tɛbal] *nf* 1. (*gobelet*) cubilete *m* 2. CULIN timbal *m*

timbre(-poste) [tɛ̃bʀ(əpɔst)] (*pl* timbres (-poste)) *nm* sello *m*

timbrer [tɛ̃bʀe] *vt* sellar

timide [timid] *adj* tímido(da)

timidité [timidite] *nf* timidez *f*

tir [tiʀ] *nm* tiro *m* ● **tir à l'arc** tiro con arco ● **tir au but** lanzamiento *m* de penalti

tirage [tiʀaʒ] *nm* (*d'une loterie*) sorteo *m* ● **tirage au sort** sorteo

tire-bouchon, s [tiʀbuʃɔ̃] *nm* sacacorchos *m inv*

tirelire [tiʀliʀ] *nf* hucha *f*

tirer [tiʀe] *vt*
1. sacar ; (*élastique*) estirar ; (*rideau*) correr
2. (*remorquer*) tirar de
3. (*trait*) trazar
4. (*avec une arme*) tirar ● **tirer un coup de feu** disparar
5. (*sortir*) sacar ● **tirer qqch/qqn de** sacar algo/a alguien de ● **tirer une conclusion de qqch** sacar una conclusión de algo ● **tirer la langue à qqn** sacar la lengua a alguien
6. (*numéro, carte*) sacar
◇ *vi*
1. (*avec une arme à feu*) disparar ● **tirer sur** disparar
2. (*vers soi, vers le bas, etc.*) ● **tirer sur qqch** tirar de algo
3. SPORT tirar

◆ **se tirer** *vp* (*fam*) (*s'en aller*) abrirse
◆ **s'en tirer** *vp* salir adelante ● **il s'en est tiré** ha salido adelante

tiret [tiʀɛ] *nm* guión *m*

tirette [tiʀɛt] *nf* (*Belg*) (*fermeture*) cremallera *f*

tiroir [tiʀwaʀ] *nm* cajón *m*

tisane [tizan] *nf* tisana *f*

tisonnier [tizɔnje] *nm* atizador *m*

tisser [tise] *vt* tejer

tissu [tisy] *nm* tejido *m*

titre [titʀ] *nm* 1. título *m* 2. (*de journal*) titular *m* ● **titre de transport** billete *m*

toast [tost] *nm* (*pain*) tostada *f* ● **porter un toast à qqn** brindar por alguien

toboggan [tɔbɔgɑ̃] *nm* tobogán *m*

toc [tɔk] *nm* imitación *f* ◇ *interj* ● **toc toc !** ¡toc, toc! ● **en toc** (*bijou*) de bisutería

TOC [tɔk] (*abr de troubles obsessionnels compulsifs*) *nmpl* MÉD TOC *m* (*trastorno obsesivo compulsivo*)

toi [twa] *pron* 1. (*objet direct, après prép*) ti 2. (*après comparaison, pour insister*) tú ● **regarde-toi dans la glace** mírate en el espejo ● **lève-toi** levántate ● **toi-même** (*sujet*) tú mismo ; (*complément*) ti mismo

toile [twal] *nf* 1. (*tissu*) tela *f* 2. (*tableau*) lienzo *m* ● **toile d'araignée** telaraña *f*

toilette [twalɛt] *nf* (*vêtements*) traje *m* ● **faire sa toilette** asearse ◆ **toilettes** *nfpl* servicios *mpl*

toit [twa] *nm* tejado *m*

tôle [tol] *nf* chapa *f* ● **tôle ondulée** chapa ondulada

Tolède [tɔlɛd] *n* Toledo

tolérant, e [tɔleʀɑ̃, ɑ̃t] *adj* tolerante

tolérer [tolere] vt tolerar

tomate [tɔmat] nf tomate m ● **tomates farcies** tomates rellenos

tombe [tɔ̃b] nf tumba f

tombée [tɔ̃be] nf ● **à la tombée de la nuit** al anochecer

tomber [tɔ̃be] vi 1. caer 2. (date, fête) caer en ● **ça tombe bien !** ¡qué bien! ● **la nuit tombe** está anocheciendo ● **laisser tomber** abandonar ● **tomber amoureux** enamorarse ● **tomber malade** ponerse enfermo(ma) ● **tomber en panne** averiarse

tombola [tɔ̃bɔla] nf tómbola f

tome [tɔm] nm tomo m

tomme [tɔm] nf ● **tomme vaudoise** (Helv) queso blando de vaca, blanco y suave

¹**ton, ta** [tɔ̃, ta] (pl **tes** [te]) adj tu

²**ton** [tɔ̃] nm tono m

tonalité [tɔnalite] nf (au téléphone) línea f (sonido)

tondeuse [tɔ̃døz] nf ● **tondeuse (à gazon)** cortacésped m

tondre [tɔ̃dʀ] vt 1. (gazon) cortar 2. (cheveux) rapar

toner [tɔneʀ] nm tóner m

tongs [tɔ̃g] nfpl chancletas fpl (de goma)

tonne [tɔn] nf tonelada f

tonneau, x [tɔno] nm tonel m ● **faire des tonneaux** (voiture) dar vueltas de campana

tonnerre [tɔneʀ] nm trueno m ● **coup de tonnerre** trueno m

tonus [tɔnys] nm tono m

torche [tɔʀʃ] nf antorcha f ● **torche électrique** linterna f

torchon [tɔʀʃɔ̃] nm trapo m

tordre [tɔʀdʀ] vt 1. retorcer 2. (plier) torcer ◆ **se tordre** vp ● **se tordre la cheville** torcerse el tobillo ● **se tordre de douleur** retorcerse de dolor ● **se tordre de rire** partirse de risa

tornade [tɔʀnad] nf tornado m

torrent [tɔʀɑ̃] nm torrente m ● **il pleut à torrents** llueve a cántaros

torsade [tɔʀsad] nf ● **pull à torsades** jersey de ochos

torse [tɔʀs] nm torso m ● **torse nu** con el torso desnudo

tort [tɔʀ] nm ● **avoir tort (de faire qqch)** equivocarse (en hacer algo) ● **causer** ou **faire du tort à qqn** perjudicar ou hacer daño a alguien ● **donner tort à qqn** quitarle la razón a alguien ● **être dans son tort** ou **être en tort** tener la culpa ● **à tort** sin razón

torticolis [tɔʀtikɔli] nm tortícolis f inv

tortiller [tɔʀtije] vt retorcer ◆ **se tortiller** vp retorcerse

tortue [tɔʀty] nf tortuga f

torture [tɔʀtyʀ] nf tortura f

torturer [tɔʀtyʀe] vt 1. (prisonnier) torturar 2. (moralement) atormentar

tôt [to] adv 1. (de bonne heure) temprano 2. (vite) pronto ● **tôt ou tard** tarde o temprano

total, e, aux [tɔtal, o] adj total ◆ **total** nm total m

totalement [tɔtalmɑ̃] adv totalmente

totalité [tɔtalite] *nf* ● **la totalité de** la totalidad de ● **en totalité** totalmente

touchant, e [tuʃɑ̃, ɑ̃t] *adj* conmovedor(ra)

touche [tuʃ] *nf* **1.** tecla *f* **2.** SPORT *(ligne)* banda *f* ● **touche d'annulation** tecla de anulación ● **touche de contrôle** tecla de control ● **touche de suppression** tecla de borrado ● **touche entrée** tecla de entrada ● **touche escape** tecla de escape ● **touche majuscule** tecla de mayúsculas

toucher [tuʃe] *vt* **1.** tocar **2.** *(argent, chèque)* cobrar **3.** *(cible)* dar en **4.** *(émouvoir)* conmover ◇ *vi* ● **toucher à** *(objet)* tocar ; *(nourriture)* probar ● **se toucher** *vp (être en contact)* tocarse

touffe [tuf] *nf* mata *f*

toujours [tuʒuʀ] *adv* **1.** *(tout le temps)* siempre **2.** *(encore)* todavía, aún ● **il n'est toujours pas rentré** todavía no ha vuelto ● **pour toujours** para siempre

Toulouse [tuluz] *n* Tolosa

toupie [tupi] *nf* trompo *m*

¹tour [tuʀ] *nm* vuelta *f* ● **faire un tour** dar una vuelta ● **faire le tour de qqch** dar la vuelta a algo ● **c'est ton tour** *(de faire qqch)* te toca *(hacer algo)* ● **à tour de rôle** por turno ● **le Tour de France** el Tour de Francia ● **tour de magie** truco *m* de manos

Le Tour de France

El *Tour de France*, que se celebró por primera vez en 1903, es una de las vueltas ciclistas con más renombre internacional. Tiene lugar durante tres semanas en el mes de julio y, si bien comienza cada año en una ciudad distinta, siempre acaba en París con su célebre recta final en los Campos Elíseos. El *maillot* amarillo nos permite reconocer al líder de la carrera; el verde, al líder de la clasificación general por puntos; el blanco con motas rojas, al ganador final de la montaña, y el blanco, al mejor corredor joven en la carrera en la clasificación general. La emoción suscitada por esta competición refleja el interés de los franceses por el ciclismo en general.

²tour [tuʀ] *nf* torre *f* ● **tour de contrôle** torre de control ● **la Tour Eiffel** la Torre Eiffel

La Tour Eiffel

Erigida por el ingeniero francés Gustave Eiffel con ocasión de la Exposición Universal de 1889, la Torre Eiffel es, desde entonces, el símbolo de París y de Francia. Su construcción suscitó una intensa controversia entre sus contemporáneos, que la veían como un monstruo de hierro, e inicialmente estaba previsto que fuera desmontada. Tiene una altura de 324 metros y su peso actual se calcula en más de 10.000 toneladas. Se trata de uno de los monumentos más visitados del mundo y desde la cumbre de esta estructura metálica se domina toda la ciudad y parte de sus alrededores.

tourbillon [tuʀbijɔ̃] *nm* torbellino *m*

tourisme [tuʀism] *nm* turismo *m* ● **faire du tourisme** hacer turismo

touriste [tuʀist] *nmf* turista *mf*

touristique [tuʀistik] *adj* turístico(ca)

tourmenter [tuʀmɑ̃te] *vt* atormentar ◆ **se tourmenter** *vp* atormentarse

tournage [tuʀnaʒ] *nm* rodaje *m*

tournant [tuʀnɑ̃] *nm* curva *f*

tournante [tuʀnɑ̃t] *nf* violación *f* colectiva

tournedos [tuʀnədo] *nm* solomillo grueso de ternera ● **tournedos Rossini** filete grueso de ternera con foie gras y salsa de trufas

tournée [tuʀne] *nf* **1.** ronda *f* **2.** (*d'un chanteur*) gira *f*

tourner [tuʀne] *vt* **1.** girar **2.** (*sauce, salade*) remover **3.** (*page*) pasar **4.** (*tête, regard*) volver **5.** (*film*) rodar ◇ *vi* **1.** girar **2.** (*route*) torcer **3.** (*moteur, machine*) marchar **4.** (*lait*) cuajar **5.** (*acteur*) rodar ● **tourner à gauche/droite** girar a la izquierda/derecha ● **tourner autour de** girar alrededor de ● **j'ai la tête qui tourne** me da vueltas la cabeza ● **mal tourner** (*affaire*) tomar mal cariz ◆ **se tourner** *vp* volverse ● **se tourner vers** (*dans l'espace*) volverse hacia

tournesol [tuʀnəsɔl] *nm* girasol *m*

tournevis [tuʀnəvis] *nm* destornillador *m*

tourniquet [tuʀnike] *nm* (*du métro*) molinete *m*

tournoi [tuʀnwa] *nm* torneo *m*

tournure [tuʀnyʀ] *nf* (*expression*) giro *m*

tourte [tuʀt] *nf* especie de empanada redonda

tourtière [tuʀtjɛʀ] *nf* (*Québec*) pastel elaborado con carne de vaca picada y cebolla

tous ➤ **tout**

Toussaint [tusɛ̃] *nf* ● **la Toussaint** (el día de Todos) los Santos

La Toussaint

El uno de noviembre, día de Todos los Santos, es una fecha festiva en Francia. Es tradición depositar crisantemos en las tumbas de los familiares y amigos difuntos. La *Toussaint* designa asimismo el primer período de vacaciones escolares del curso, de aproximadamente diez días.

tousser [tuse] *vi* toser

tout, e [tu, tut] (*mpl* **tous** [tus], *fpl* **toutes** [tut]) *adj* **1.** (*avec un substantif*) todo(da) ● **tout le vin** todo el vino ● **toute la journée** todo el día ● **tout le monde** todo el mundo, todos ● **tout le temps** todo el tiempo, todo el rato ● **tout un gâteau** un pastel entero ● **toute sa famille** toda su familia **2.** (*avec un substantif pluriel*) ● **tous les gâteaux** todos los pasteles ● **toutes les maisons** todas las casas ● **toutes les deux** las dos ● **tous les deux ans** cada dos años

3. *(avec un pronom démonstratif)* todo ● **tout ça** ou **cela** todo eso

4. *(n'importe quel)* ● **à toute heure** a cualquier hora

◇ *pron*

1. *(la totalité)* todo ● **je t'ai tout dit** te lo he dicho todo ● **en tout** en total ● **tout est là** todo está ahí

2. *(dans des expressions)* ● **c'est tout** eso es todo ● **ce sera tout ?** *(dans un magasin)* ¿algo más? ● **il est capable de tout** es capaz de cualquier cosa

3. *(au pluriel ; tout le monde)* ● **ils voulaient tous la voir** todos querían verla

◇ *adv*

1. *(très, complètement)* muy ● **tout jeune** muy joven ● **tout près** muy cerca ● **ils étaient tout seuls** estaban (completamente) solos ● **tout en haut** arriba del todo

2. *(avec un gérondif)* ● **il mangeait tout en marchant** comía mientras andaba

3. *(dans des expressions)* ● **tout à coup** de repente ● **je comprends tout à fait** lo entiendo perfectamente ● **tout à fait possible** perfectamente posible ● **tout à fait !** ¡por supuesto!, ¡claro! ● **tout à l'heure** *(avant)* hace un rato ; *(après)* dentro de un rato ● **à tout à l'heure** ¡hasta luego! ● **je le ferai tout de même** *(malgré tout)* lo haré a pesar de todo ● **tout de même, tu exagères !** ¡desde luego exageras! ● **j'arrive tout de suite** enseguida llego

◇ *nm* ● **le tout** *(la totalité)* todo ● **le tout est de...** lo importante es... ● **pas du tout** en absoluto ● **pas du tout sympathique** ou **pas sympathique du tout** nada simpático

toutefois [tutfwa] *adv* sin embargo

tout-terrain [tuteʀɛ̃] *adj inv* todoterreno

toux [tu] *nf* tos *f*

toxique [tɔksik] *adj* tóxico(ca)

TP [tepe] *nmpl abr de* travaux pratiques

trac [tʀak] *nm* ● **avoir le trac** estar nervioso(sa)

traçabilité [tʀasabilite] *nf* trazabilidad *f*

tracasser [tʀakase] *vt* preocupar ◆ **se tracasser** *vp* preocuparse

trace [tʀas] *nf* huella *f* ● **trace de pas** pisada *f* ● **trace de doigt** huella (dactilar)

tracer [tʀase] *vt* trazar

tract [tʀakt] *nm* octavilla *f*

tracteur [tʀaktœʀ] *nm* tractor *m*

tradition [tʀadisjɔ̃] *nf* tradición *f*

traditionnel, elle [tʀadisjɔnɛl] *adj* tradicional

traducteur, trice [tʀadyktœʀ, tʀis] *nm, f* traductor *m*, -ra *f*

traduction [tʀadyksjɔ̃] *nf* traducción *f*

traduire [tʀadɥiʀ] *vt* traducir

trafic [tʀafik] *nm* tráfico *m* ● **trafic de drogue** narcotráfico *m*

tragédie [tʀaʒedi] *nf* tragedia *f*

tragique [tʀaʒik] *adj* trágico(ca)

trahir [tʀaiʀ] *vt* **1.** *traicionar* **2.** *(secret)* desvelar ◆ **se trahir** *vp* traicionarse

train [tʀɛ̃] *nm* tren *m* ● **être en train de faire qqch** estar haciendo algo ● **train d'atterrissage** tren de aterrizaje ● **train de banlieue** tren de cercanías ● **train rapide** tren rápido

traîne [tʀɛn] *nf* cola *f* ● **être à la traîne** ir rezagado(da)

traîneau, x [tʀɛno] *nm* trineo *m*

traînée [tʀɛne] *nf (trace)* reguero *m*

traîner [tʀene] *vt* arrastrar ◊ *vi* **1.** *(par terre)* estar por en medio **2.** *(prendre du temps)* ● **le procès traîne (en longueur)** el pleito va para largo **3.** *(s'attarder)* entretenerse **4.** *(être en désordre)* estar desperdigado(da) **5.** *(péj) (dans la rue, dans les bars)* vagabundear ◆ **se traîner** *vp* arrastrarse

train-train [tʀɛ̃tʀɛ̃] *nm inv* rutina *f*

traire [tʀɛʀ] *vt* ordeñar

trait [tʀɛ] *nm* **1.** trazo *m* **2.** *(caractéristique)* rasgo *m* ● **d'un trait** *(boire)* de un trago ● **trait d'union** guión *m* ● **traits** *nmpl (du visage)* rasgos *mpl*

traite [tʀɛt] *nf* ● **d'une (seule) traite** de un tirón

traitement [tʀɛtmɑ̃] *nm* MÉD tratamiento *m* ● **traitement de texte** INFORM procesamiento *m* de textos

traiter [tʀɛte] *vt* tratar ● **il l'a traité d'idiot** lo trató de idiota ◆ **traiter de** *v + prep (suj : livre, exposé)* tratar de

traiteur [tʀɛtœʀ] *nm* tienda que vende platos preparados individuales o para banquetes

traître, esse [tʀɛtʀ, es] *nm, f* traidor *m*, -ra *f*

trajectoire [tʀaʒɛktwaʀ] *nf* trayectoria *f*

trajet [tʀaʒe] *nm* trayecto *m*

trampoline [tʀɑ̃pɔlin] *nm* cama *f* elástica

tramway [tʀamwe] *nm* tranvía *m*

tranchant, e [tʀɑ̃ʃɑ̃, ɑ̃t] *adj* cortante ◆ **tranchant** *nm* filo *m*

tranche [tʀɑ̃ʃ] *nf* **1.** loncha *f* **2.** *(d'un livre)* canto *m* **3.** *(temporelle)* intervalo *m* ● **tranche d'âge** segmento *m* de edad ● **tranche horaire** franja *f* horaria

tranchée [tʀɑ̃ʃe] *nf* zanja *f*

trancher [tʀɑ̃ʃe] *vt* cortar ◊ *vi (décider)* decidirse ● **trancher une question** zanjar una cuestión

tranquille [tʀɑ̃kil] *adj* tranquilo(la) ● **laisser qqch/qqn tranquille** dejar algo/a alguien tranquilo ● **rester tranquille** quedarse tranquilo(la) ● **soyez tranquille** *(ne vous inquiétez pas)* no se preocupe

tranquillisant [tʀɑ̃kilizɑ̃] *nm* tranquilizante *m*

tranquillité [tʀɑ̃kilite] *nf* tranquilidad *f* ● **en toute tranquillité** con toda tranquilidad

transaction [tʀɑ̃zaksjɔ̃] *nf* transacción *f*

transférer [tʀɑ̃sfeʀe] *vt* transferir ● **transférer un message** INFORM transferir un mensaje

transfert [tʀɑ̃sfɛʀ] *nm* ● **transfert de fichiers** transferencia *f* de archivos

transformateur [tʀɑ̃sfɔʀmatœʀ] *nm* transformador *m*

transformation [tʀɑ̃sfɔʀmasjɔ̃] *nf* transformación *f*

transformer [tʀɑ̃sfɔʀme] *vt* transformar ● **transformer une chambre en bureau** transformar un dormitorio en despacho ◆ **se transformer** *vp* transformarse ● **se transformer en qqch** transformarse en algo

transfusion [tʀɑ̃sfyzjɔ̃] *nf* ● **transfusion (sanguine)** transfusión *f* (de sangre)

transgénique [trãʒenik] *adj* transgénico(ca)

transistor [trãzistɔr] *nm* transistor *m*

transit [trãzit] *nm* ● **passagers en transit** pasajeros en tránsito ● **transit intestinal** tránsito *m* intestinal

transmettre [trãsmɛtr] *vt* ● **transmettre qqch à qqn** transmitir algo a alguien ● **transmettre un message** transmitir un mensaje ● **se transmettre** *vp* transmitirse

transmis, e [trãsmi, iz] *pp* > **transmettre**

transmission [trãsmisjõ] *nf* transmisión *f*

transparent, e [trãsparã, ãt] *adj* transparente

transpercer [trãspɛrse] *vt* traspasar

transpiration [trãspirasjõ] *nf* sudor *m*

transpirer [trãspire] *vi* sudar

transplanter [trãsplãte] *vt* trasplantar

transport [trãspɔr] *nm* transporte *m* ● **les transports (en commun)** los transportes públicos

transporter [trãspɔrte] *vt* transportar

transversal, e, aux [trãsvɛrsal, o] *adj* transversal

trapèze [trapɛz] *nm* trapecio *m*

trapéziste [trapezist] *nmf* trapecista *mf*

trappe [trap] *nf* trampa *f*

travail, aux [travaj, o] *nm* trabajo *m* ● **travail au noir** trabajo clandestino ● **travaux** *nmpl* **1.** (*ménagers, agricoles*) labores *fpl* **2.** (*de construction*) obras *fpl* ▼ **travaux** obras ● **travaux pratiques** prácticas *fpl*

travailler [travaje] *vi & vt* trabajar ● **travailler à temps partiel** trabajar a tiempo parcial

traveller's check, s [travlœrʃɛk] *nm* cheque *m* de viaje

traveller's cheque, s [travlœrʃɛk] = **traveller's check**

travers [travɛr] *nm* ● **à travers** a través ● **de travers** de través ; (*marcher*) de lado ; (*fig*) (*mal*) al revés ; (*regarder*) de soslayo ● **avaler de travers** atragantarse ● **en travers (de)** atravesado(a) (en) ● **travers de porc** costillas *fpl* de cerdo

traversée [traverse] *nf* travesía *f*

traverser [traverse] *vt* atravesar ◇ *vi* cruzar

traversin [traversẽ] *nm* travesaño *m* (*almohada*)

travesti [travesti] *nm* travestí *m*

trébucher [trebyʃe] *vi* tropezar

trèfle [trɛfl] *nm* trébol *m* ● **trèfle à quatre feuilles** trébol de cuatro hojas

treize [trɛz] *adj num & pron num* trece ◇ *nm* trece *m* ● **il a treize ans** tiene trece años ● **il est treize heures** es la una del mediodía ● **le treize janvier** el trece de enero ● **page treize** página trece ● **ils étaient treize** eran trece ● **(au) treize rue Lepic** (en la) calle 13 ● **le número trece**

treizième [trɛzjɛm] *adj num & pron num* decimotercero(ra) ◇ *nm* **1.** (*fraction*) decimotercera parte *f* **2.** (*étage*) decimotercero *m* ou decimotercer piso **3.** (*arrondissement*) distrito *m* trece ou decimotercero

tremblement [trãbləmã] *nm* ● **tremblement de terre** terremoto *m* ● **tremblements** temblores *mpl*

trembler [tʀɑ̃ble] *vi* temblar ● **trembler de peur/froid** temblar de miedo/de frío

trémousser [tʀemuse] ◆ **se trémousser** *vp* menearse

trempé, e [tʀɑ̃pe] *adj* empapado(da)

tremper [tʀɑ̃pe] *vt* mojar ◇ *vi* ● **faire tremper qqch** poner en remojo

tremplin [tʀɑ̃plɛ̃] *nm* trampolín *m*

trente [tʀɑ̃t] *adj num & pron num* treinta ◇ *nm* treinta *m* ● **il a trente ans** tiene treinta años ● **le trente janvier** el treinta de enero ● **page trente** página treinta ● **ils étaient trente** eran treinta ● **(au) trente rue Lepic** (en la) calle Lepic número treinta

trentième [tʀɑ̃tjɛm] *adj num & pron num* trigésimo(ma) ◇ *nm* **1.** (*fraction*) trigésima parte *f* **2.** (*étage*) trigésimo *m* (piso)

très [tʀe] *adv* muy ● **très peur/faim** mucho miedo/mucha hambre ● **très malade** muy enfermo(ma) ● **très bien** muy bien

trésor [tʀezɔʀ] *nm* tesoro *m*

tresse [tʀes] *nf* **1.** trenza *f* **2.** (*Helv*) (*pain*) pan con forma de trenza, típico de la ciudad de Berna

tresser [tʀese] *vt* trenzar

tréteau, x [tʀeto] *nm* caballete *m*

treuil [tʀœj] *nm* torno *m*

tri [tʀi] *nm* ● **faire un tri parmi** hacer una selección entre ● **le tri sélectif (des ordures ménagères)** la recogida selectiva (de basura)

triangle [tʀijɑ̃gl] *nm* triángulo *m*

triangulaire [tʀijɑ̃gylɛʀ] *adj* triangular

tribord [tʀibɔʀ] *nm* estribor *m* ● **à tribord** a estribor

tribu [tʀiby] *nf* tribu *f*

tribunal, aux [tʀibynal, o] *nm* tribunal *m*

tricher [tʀiʃe] *vi* **1.** (*au jeu*) hacer trampas **2.** (*à un examen*) copiar

tricheur, euse [tʀiʃœʀ, øz] *nm, f* tramposo *m*, -sa *f*

tricot [tʀiko] *nm* (*ouvrage*) punto *m*

tricoter [tʀikɔte] *vt* tejer ◇ *vi* hacer punto ● **tricoter un pull** hacer un jersey de punto

tricycle [tʀisikl] *nm* triciclo *m*

trier [tʀije] *vt* **1.** (*sélectionner*) seleccionar **2.** (*classer*) clasificar **3.** *INFORM* ordenar

trimestre [tʀimestʀ] *nm* trimestre *m*

trimestriel, elle [tʀimestʀijel] *adj* trimestral

trinquer [tʀɛ̃ke] *vi* brindar

triomphe [tʀijɔ̃f] *nm* triunfo *m*

triompher [tʀijɔ̃fe] *vi* triunfar ◆ **triompher de** *v* + *prep* triunfar sobre

tripes [tʀip] *nfpl* CULIN callos *mpl*

triple [tʀipl] *adj* triple ◇ *nm* ● **le triple (de)** el triple (de)

tripler [tʀiple] *vt* triplicar ◇ *vi* triplicarse

tripoter [tʀipɔte] *vt* manosear

triste [tʀist] *adj* triste

tristesse [tʀistes] *nf* tristeza *f*

troc [tʀɔk] *nm* trueque *m*

trognon [tʀɔɲɔ̃] *nm* corazón *m*

trois [tʀwa] *adj num & pron num* tres ◇ *nm* tres *m* ● **il a trois ans** tiene tres años ● **il est trois heures** son las tres ● **le trois janvier** el tres de enero ● **page trois** página tres ● **ils étaient trois** eran tres ● **le trois de pique** el tres de picas ● **(au) trois rue Lepic** (en la) calle Lepic número tres

troisième [tʀwazjɛm] *adj* num & *pron* num tercero(ra) (tercer *devant nom masculin*) ◇ *nm* **1.** SCOL ≈ tercero *m* de ESO *(aducación secundaria obligatoria)* **2.** *(vitesse)* tercera *f* **2.** *(fraction)* tercera parte *f* **2.** *(étage)* tercero *m* ou tercer piso *m* **3.** *(arrondissement)* distrito *m* tres ou tercero

trois-quarts [tʀwakaʀ] *nm* tres cuartos *m*

trombe [tʀɔ̃b] *nf* ● **des trombes d'eau** trombas *fpl* de agua ● **en trombe** *(démarrer)* en tromba

trombone [tʀɔ̃bɔn] *nm* **1.** *(agrafe)* clip *m* **2.** MUS trombón *m*

trompe [tʀɔ̃p] *nf* trompa *f*

tromper [tʀɔ̃pe] *vt* engañar ● **se tromper** *vp* equivocarse ● **se tromper de** equivocarse de

trompette [tʀɔ̃pɛt] *nf* trompeta *f*

trompeur, euse [tʀɔ̃pœʀ, øz] *adj* engañoso(sa)

tronc [tʀɔ̃] *nm* ● **tronc (d'arbre)** tronco *m* (de árbol)

tronçonneuse [tʀɔ̃sɔnøz] *nf* sierra *f* eléctrica

trône [tʀon] *nm* trono *m*

trop [tʀo] *adv* demasiado ● **j'ai trop chaud/faim** tengo demasiado calor/demasiada hambre ● **trop de travail** demasiado trabajo ● **trop de valises** demasiadas maletas ● **de** ou **en trop** de más ● **cette voiture consomme trop** este coche consume demasiado

trophée [tʀofe] *nm* trofeo *m*

tropical, e, aux [tʀɔpikal, o] *adj* tropical

trot [tʀo] *nm* trote *m* ● **au trot** al trote

trotter [tʀɔte] *vi* trotar

trotteuse [tʀɔtøz] *nf* segundero *m*

trottinette [tʀɔtinɛt] *nf* patinete *m*

trottoir [tʀɔtwaʀ] *nm* acera *f*

trou [tʀu] *nm* agujero *m* ● **avoir un trou de mémoire** fallarle a uno la memoria

trouble [tʀubl] *adj* **1.** *(eau)* turbio(bia) **2.** *(image)* borroso(sa) ◇ *adv* ● **voir trouble** ver borroso ● **troubles** *nmpl* ● **troubles du langage** trastornos *mpl* del lenguaje ● **une période de troubles** un periodo de disturbios

trouer [tʀue] *vt* agujerear

trouille [tʀuj] *nf (fam)* ● **avoir la trouille** tener canguelo

troupe [tʀup] *nf* **1.** *(militaire)* tropa *f* **2.** *(de théâtre)* compañía *f*

troupeau, x [tʀupo] *nm* rebaño *m*

trousse [tʀus] *nf* estuche *m* ● **trousse de secours** botiquín *m* ● **trousse de toilette** neceser *m*

trousseau, x [tʀuso] *nm (de clefs)* manojo *m* de llaves

trouver [tʀuve] *vt* encontrar ● **je trouve que creo que** ● **je ne trouve pas ça beau** no lo encuentro bonito ● **se trouver** *vp* encontrarse ● **se trouver mal** encontrarse mal

truc [tʀyk] *nm* **1.** *(fam) (objet)* chisme *m* **2.** *(astuce)* truco *m*

trucage [tʀykaʒ] *nm* trucaje *m*

truffe [tʀyf] *nf* trufa *f* ● **truffe (au chocolat)** trufa (de chocolate)

truite [tʀɥit] *nf* trucha *f* • **truite aux amandes** trucha con almendras

truquage [tʀykaʒ] = **trucage**

T-shirt [tiʃœʀt] = **tee-shirt**

TSVP (*abr de tournez s'il vous plaît*) véase al dorso

TTC [tetese] *adj* (*abr de toutes taxes comprises*) ≃ IVA incluido

¹**tu** [ty] *pron* tú

²**tu, e** [ty] *pp* ► **taire**

tuba [tyba] *nm* (*de plongeur*) tubo *m* (*de buceo*)

tube [tyb] *nm* **1.** tubo *m* **2.** (*fam*) (*musique*) éxito *m*

tuberculose [tybɛʀkyloz] *nf* tuberculosis *f inv*

tuer [tɥe] *vt* matar • **se tuer** *vp* matarse

tue-tête [tytɛt] • **à tue-tête** *adv* a voz en grito

tueur, euse [tɥœʀ, øz] *nm, f* • **tueur en série** asesino *m* en serie

tuile [tɥil] *nf* teja *f* • **tuile aux amandes** teja con almendras

tulipe [tylip] *nf* tulipán *m*

tumeur [tymœʀ] *nf* tumor *m*

tuner [tynɛʀ] *nm* radio *f*

tunique [tynik] *nf* túnica *f*

Tunisie [tynizi] *nf* • **la Tunisie** Túnez *m*

tunisien, enne [tynizjɛ̃, ɛn] *adj* tunecino(na) • **Tunisien, enne** *nm, f* tunecino *m*, -na *f*

tunnel [tynɛl] *nm* túnel *m* • **le tunnel sous la Manche** el túnel de la Mancha

turbo [tyʀbo] *adj inv* turbo ◇ *nm TECH* turbo *m*

turbot [tyʀbo] *nm* rodaballo *m*

turbulences [tyʀbylɑ̃s] *nfpl* turbulencias *fpl*

turbulent, e [tyʀbylɑ̃, ɑ̃t] *adj* revoltoso(sa)

turc, turque [tyʀk] *adj* turco(ca) • **turc** *nm* (*langue*) turco *m* • **Turc, Turque** *nm, f* turco *m*, -ca *f*

Turquie [tyʀki] *nf* • **la Turquie** Turquía *f*

turquoise [tyʀkwaz] *adj* turquesa ◇ *nf* turquesa *f*

tutoyer [tytwaje] *vt* tutear • **se tutoyer** *vp* tutearse

tutu [tyty] *nm* tutú *m*

tuyau, x [tɥijo] *nm* tubo *m* • **tuyau d'arrosage** manguera *f* de riego • **tuyau d'échappement** tubo de escape

TV [teve] *nf* (*abr de télévision*) tele *f*

TVA [tevea] *nf* (*abr de taxe sur la valeur ajoutée*) ≃ IVA *m* (*impuesto sobre el valor añadido*)

tweed [twid] *nm* tweed *m*

tympan [tɛ̃pɑ̃] *nm* tímpano *m*

type [tip] *nm* tipo *m*

typique [tipik] *adj* típico(ca)

u U

UDF [ydeɛf] (*abr de Union pour la démocratie française*) *nm* partido político de centro derecha del espectro político francés

UE [yœ] (*abr de Union européenne*) *nf* UE *f* (*Unión Europea*)

ulcère [ylsɛʀ] *nm* úlcera *f*

ULM [yɛlɛm] (*abr de ultra-léger motorisé*) *nm* ultraligero *m*

ultérieur, e [ylterjœʀ] *adj* ulterior, posterior

ultra- [yltʀa] *préf* ultra

UMP [yɛmpe] (*abr de Union pour un mouvement populaire*) *nm* partido político a la derecha del espectro político francés

un, une [œ̃, yn] (*pl des* [de]) *art un* (una) • **un homme** des hommes un hombre/hombres • **une femme**/des femmes una mujer/mujeres
◇ *pron* uno (una) • **(l') un de mes amis** uno de mis amigos • **(l') un des plus intéressants** uno de los más interesantes • **l'un l'autre** el uno al otro • **l'un..., l'autre uno...**, el otro • **les uns..., les autres uno...**, otros • **l'un et l'autre** uno y otro • **l'un ou l'autre** uno u otro • **ni l'un ni l'autre** ni uno ni otro
◇ *num* uno • **il a un an** tiene un año • **il est une heure** es la una • **lire les pages un à quatre** leer las páginas de la una a la cuatro • **(au) une rue Lepic** (en la) calle Lepic número uno

unanime [ynanim] *adj* unánime

unanimité [ynanimite] *nf* unanimidad *f* • **à l'unanimité** por unanimidad

Unetelle ➤ Untel

uni, e [yni] *adj* **1.** (*tissu, couleur*) liso(sa) **2.** (*famille, couple*) unido(da)

uniforme [ynifɔʀm] *adj* uniforme ◇ *nm* uniforme *m*

unilatéral, e, aux [ynilateʀal, o] *adj* ➤ stationnement

union [ynjɔ̃] *nf* unión *f* • **l'Union européenne** la Unión Europea

unique [ynik] *adj* único(ca)

uniquement [ynikmɑ̃] *adv* únicamente

unir [yniʀ] *vt* unir • **s'unir** *vp* unirse

unisson [ynisɔ̃] *nm* • **à l'unisson** al unísono

unitaire [yniteʀ] *adj* unitario(ria)

unité [ynite] *nf* unidad *f* • **à l'unité** por unidad • **unité centrale** unidad central

univers [yniveʀ] *nm* universo *m*

universel, elle [yniveʀsɛl] *adj* universal

universitaire [yniversiteʀ] *adj* universitario(ria)

université [yniversite] *nf* universidad *f*

Untel, Unetelle [œ̃tɛl, yntɛl] *nm, f* fulano *m*, -na *f*

urbain, e [yʀbɛ̃, ɛn] *adj* urbano(na)

urbanisme [yʀbanism] *nm* urbanismo *m*

urgence [yʀʒɑ̃s] *nf* urgencia *f* • **d'urgence** urgentemente • **(service des) urgences** (servicio *m* de) urgencias

urgent, e [yʀʒɑ̃, ɑ̃t] *adj* urgente

urgentiste [yʀʒɑ̃tist] *nmf MÉD* médico *m* de urgencias

urine [yʀin] *nf* orina *f*

uriner [yʀine] *vi* orinar

urinoir [yʀinwaʀ] *nm* urinario *m*

URL [yɛʀɛl] (*abr de Uniform Resource Locator*) *nf* URL *m*

urticaire [yʀtikɛʀ] *nf* urticaria *f*

Uruguay [yʀygwɛ] *nm* • **l'Uruguay** Uruguay *m*

uruguayen, enne [yʀygwɛjɛ̃, ɛn] *adj* uruguayo(ya) • **Uruguayen, enne** *nm, f* uruguayo *m*, -ya *f*

USA [yesa] *nmpl* ● **les USA** (los) EE.UU.

usage [yzaʒ] *nm* uso *m* ▼ **usage externe** uso tópico ▼ **usage interne** vía oral, rectal o parenteral

usagé, e [yzaʒe] *adj* usado(da)

usager [yzaʒe] *nm* usuario *m*, -ria *f*

USB [yɛsbe] *(abr de Universal Serial Bus) nm* ● **clé USB** llave *f* USB ● **port USB** puerto *m* USB

usé, e [yze] *adj* gastado(da)

user [yze] *vt* **1.** *(abîmer)* estropear **2.** *(consommer)* gastar ◆ **s'user** *vp* desgastarse

usine [yzin] *nf* fábrica *f*

ustensile [ystɑ̃sil] *nm* utensilio *m* ● **ustensiles de cuisine** utensilios de cocina

utile [ytil] *adj* útil

utilisateur, trice [ytilizatœʀ, tʀis] *nm, f* usuario *m*, -ria *f*

utilisation [ytilizasjɔ̃] *nf* utilización *f*

utiliser [ytilize] *vt* utilizar

utilité [ytilite] *nf* ● **être d'une grande utilité** ser de (una) gran utilidad

UV [yve] *nmpl (abr de ultraviolets)* UVA *mpl (ultravioleta)*

V V

va [va] ➤ **aller**

vacances [vakɑ̃s] *nfpl* vacaciones *fpl* ● **être/partir en vacances** estar/irse de vacaciones ● **prendre des vacances** hacer vacaciones ● **vacances scolaires** vacaciones escolares

vacancier, ère [vakɑ̃sje, ɛʀ] *nm, f persona que está de vacaciones*

vacarme [vakaʀm] *nm* jaleo *m*

vaccin [vaksɛ̃] *nm* vacuna *f*

vacciner [vaksine] *vt* ● **vacciner qqn contre** vacunar a alguien contra ● **se faire vacciner** vacunarse

vache [vaʃ] *nf* vaca *f* ◊ *adj (fam)* ● **il est vache** es un hueso

vachement [vaʃmɑ̃] *adv* tope ● **c'est vachement bien** está tope guay

vacherin [vaʃʀɛ̃] *nm* **1.** *(gâteau)* tarta helada con nata y merengue **2.** *(Helv)* queso blando de la región de Friburgo

vague [vag] *adj* vago(ga) ◊ *nf ola f* ● **vague de chaleur** ola de calor

vaguement [vagmɑ̃] *adv* vagamente

vaille etc ➤ **valoir**

vain [vɛ̃] ● **en vain** *adv* en vano

vaincre [vɛ̃kʀ] *vt* vencer

vaincu, e [vɛ̃ky] *nm, f* perdedor *m*, -ra *f*

vainqueur [vɛ̃kœʀ] *nm* vencedor *m*, -ra *f*

vais [vɛ] ➤ **aller**

vaisseau, x [vɛso] *nm* **1.** *(veine)* vaso *m* **2.** *(navire)* nave *f* ● **vaisseau spatial** nave espacial

vaisselle [vɛsɛl] *nf* vajilla *f* ● **faire la vaisselle** fregar los platos

valable [valabl] *adj* válido(da)

valait etc ➤ **valoir**

Valence [valɑ̃s] *n* Valencia

valent [val] ➤ **valoir**

valet [valɛ] *nm (aux cartes)* ≈ sota *f*

valeur [valœʁ] *nf* valor *m* ● **mettre en valeur** poner de relieve

valider [valide] *vt* validar

validité [validite] *nf* validez *f* ▾ **date limite de validité** fecha límite de validez

valise [valiz] *nf* maleta *f* ● **faire ses valises** hacer las maletas

vallée [vale] *nf* valle *m*

vallonné, e [valɔne] *adj* ondulado(da)

valoir [valwaʁ] *vi* valer ◇ *v impers* ● **il vaut mieux faire qqch** más vale hacer algo ● **il vaut mieux que tu restes** más vale que te quedes ● **ça vaut combien ?** ¿cuánto vale? ● **ça vaut la peine (de faire qqch)** vale la pena (hacer algo)

valse [vals] *nf* vals *m*

valu [valy] *pp* ➤ **valoir**

vandale [vɑ̃dal] *nm* vándalo *m*, -la *f*

vandalisme [vɑ̃dalism] *nm* vandalismo *m*

vanille [vanij] *nf* vainilla *f*

vaniteux, euse [vanitø, øz] *adj* vanidoso(sa)

vanter [vɑ̃te] ● **se vanter** *vp* alardear

vapeur [vapœʁ] *nf* vapor *m* ● **à vapeur** (for, bateau) de vapor ● **(à la) vapeur** CULIN al vapor

vaporisateur [vapɔʁizatœʁ] *nm* vaporizador *m*

vaporiser [vapɔʁize] *vt*

varappe [vaʁap] *nf* escalada *f*

variable [vaʁjabl] *adj* variable

varicelle [vaʁisɛl] *nf* varicela *f*

varices [vaʁis] *nfpl* varices *fpl*

varié, e [vaʁje] *adj* variado(da) ● **hors-d'œuvre variés** entremeses variados

variété [vaʁjete] *nf* variedad *f* ◆ **variétés** *nfpl* (musique) variedades *fpl*

variole [vaʁjɔl] *nf* viruela *f*

vas [va] ➤ **aller**

vase [vaz] *nf* cieno *m* ◇ *nm* jarrón *m*

vaste [vast] *adj* vasto(ta)

vaudra etc ➤ **valoir**

vaut [vo] ➤ **valoir**

vautour [votuʁ] *nm* buitre *m*

veau, x [vo] *nm* 1. (animal) ternero *m* 2. CULIN ternera *f*

vécu, e [veky] *pp* ➤ **vivre** ◇ *adj* vivido(da)

vedette [vədɛt] *nf* 1. (célébrité) estrella *f* 2. (bateau) lancha *f* (motora)

végétal, e, aux [veʒetal, o] *adj* vegetal ◆ **végétal** *nm* vegetal *m*

végétarien, enne [veʒetaʁjɛ̃, ɛn] *adj* & *nm, f* vegetariano(na)

végétation [veʒetasjɔ̃] *nf* vegetación *f* ◆ **végétations** *nfpl* MÉD vegetaciones *fpl*

véhicule [veikyl] *nm* vehículo *m*

veille [vɛj] *nf* víspera *f*

veillée [veje] *nf* velada *f*

veiller [veje] *vi* velar ● **veiller à faire qqch** cerciorarse de hacer algo ● **veille à ce que la porte soit bien fermée** asegúrate de que la puerta esté bien cerrada ● **veiller sur qqn** cuidar de alguien

veilleur [vejœʁ] *nm* ● **veilleur de nuit** vigilante *m* nocturno

veilleuse [vejøz] *nf* 1. (lampe) lamparilla *f* de noche 2. (flamme) llama *f* piloto

veine [vɛn] *nf* vena *f* ● **avoir de la veine** (fam) tener potra

Velcro® [vɛlkʁo] *nm* velcro® *m*

vélo [velo] *nm* bici *f* ● **faire du vélo** montar en bici ● **vélo de course** bici de carreras ● **vélo tout terrain** bici todo terreno

vélomoteur [velɔmɔtœr] *nm* velomotor *m*

velours [vəlur] *nm* terciopelo *m* ● **velours côtelé** pana *f*

velouté [vəlute] *nm* ● **velouté d'asperge** crema *f* de espárragos

vendanges [vɑ̃dɑ̃ʒ] *nfpl* vendimia *f*

vendeur, euse [vɑ̃dœr, øz] *nm, f* vendedor *m*, -ra *f*

vendre [vɑ̃dr] *vt* vender ● **vendre qqch à qqn** vender algo a alguien ▼ **à vendre** se vende

vendredi [vɑ̃drədi] *nm* viernes *m* ● **Vendredi saint** Viernes Santo ● **nous sommes vendredi** estamos a *ou* hoy es viernes ● **vendredi dernier** el viernes pasado ● **vendredi prochain** el viernes próximo *ou* que viene ● **vendredi matin** el viernes por la mañana ● **le vendredi** los viernes ● **à vendredi !** ¡hasta el viernes!

vénéneux, euse [venenø, øz] *adj* venenoso(sa)

Venezuela [venezɥela] *nm* ● **le Venezuela** Venezuela *f*

vénézuélien, enne [venezɥeljɛ̃, ɛn] *adj* venezolano(na) ● **Vénézuélien, enne** *nm, f* venezolano *m*, -na *f*

vengeance [vɑ̃ʒɑ̃s] *nf* venganza *f*

venger [vɑ̃ʒe] ◆ **se venger** *vp* vengarse

venimeux, euse [vənimø, øz] *adj* venenoso(sa)

venin [vənɛ̃] *nm* veneno *m*

venir [vənir] *vi* venir ● **venir de** venir de ● **il vient de partir** acaba de irse ● **faire venir qqn** llamar a alguien

Venise [vəniz] *n* Venecia

vent [vɑ̃] *nm* viento *m* ● **vent d'ouest** (viento de) poniente *m*

vente [vɑ̃t] *nf* venta *f* ● **être/mettre qqch en vente** estar/poner algo en venta ● **vente par correspondance** venta por correspondencia ● **vente par téléphone** venta por teléfono ● **vente en ligne** venta en línea ● **vente aux enchères** subasta *f*

ventilateur [vɑ̃tilatœr] *nm* ventilador *m*

ventouse [vɑ̃tuz] *nf* ventosa *f*

ventre [vɑ̃tr] *nm* barriga *f*

venu, e [vəny] *pp* ➤ **venir**

ver [vɛr] *nm* gusano *m* ● **ver luisant** luciérnaga *f* ● **ver de terre** lombriz *f*

véranda [verɑ̃da] *nf* mirador *m*

verbe [vɛrb] *nm* verbo *m*

verdict [vɛrdikt] *nm* veredicto *m*

verdure [vɛrdyr] *nf* verdor *m*

véreux, euse [verø, øz] *adj (fruit)* con gusano

verger [vɛrʒe] *nm* vergel *m*

verglacé, e [vɛrglase] *adj* cubierto(ta) de hielo

verglas [vɛrgla] *nm* hielo *m*

vérification [verifikasjɔ̃] *nf* comprobación *f*

vérifier [verifje] *vt* comprobar

véritable [veritabl] *adj* verdadero(ra)

vérité [verite] *nf* verdad *f* ● **dire la vérité** decir la verdad

verlan [vɛrlɑ̃] *nm* jerga que consiste en hablar invirtiendo las sílabas de las palabras

vermicelle [vɛʀmisɛl] *nm* fideo *m*

verni, e [vɛʀni] *adj* **1.** *(meuble)* barnizado(a) **2.** *(chaussure)* de charol

vernis [vɛʀni] *nm* barniz *m* ● **vernis à ongles** esmalte *m* de uñas

verra etc ➤ **voir**

verre [vɛʀ] *nm* **1.** vaso *m* **2.** *(matière)* cristal *m* ● **boire** ou **prendre un verre** tomar una copa ● **verre à pied** copa *f* ● **verre à vin** copa de vino ● **verres progressifs** lentes progresivas

verrière [vɛʀjɛʀ] *nf* vidriera *f*

verrou [vɛʀu] *nm* pestillo *m*

verrouiller [vɛʀuje] *vt* **1.** echar el pestillo **2.** *INFORM* bloquear

verrue [vɛʀy] *nf* verruga *f*

vers [vɛʀ] *nm* verso *m* ◇ *prép* hacia

Versailles [vɛʀsaj] *n* ● **le château de Versailles** el palacio de Versalles

versant [vɛʀsɑ̃] *nm* ladera *f*

verse [vɛʀs] ● **à verse** *adv* ● **pleuvoir à verse** llover a cántaros

Verseau [vɛʀso] *nm* Acuario *m inv*

versement [vɛʀsəmɑ̃] *nm* **1.** *(d'argent)* pago *m* **2.** *(à la banque)* ingreso *m*

verser [vɛʀse] *vt* **1.** *(liquide)* echar **2.** *(argent)* pagar **3.** *(à la banque)* ingresar

version [vɛʀsjɔ̃] *nf* **1.** versión *f* **2.** *(traduction)* traducción *f* directa ● **(en) version française** (en) versión francesa ● **(en) version originale** (en) versión original

verso [vɛʀso] *nm* reverso *m* ▼ **voir au verso** véase al dorso

vert, e [vɛʀ, vɛʀt] *adj* verde ● **vert** *nm* verde *m*

vertébrale [vɛʀtebʀal] *adj f* ➤ **colonne**

vertèbre [vɛʀtebʀ] *nf* vértebra *f*

vertical, e, aux [vɛʀtikal, o] *adj* vertical

vertige [vɛʀtiʒ] *nm* ● **avoir le vertige** tener vértigo

vessie [vesi] *nf* vejiga *f*

veste [vɛst] *nf* chaqueta *f*, saco *m* (*Amér*)

vestiaire [vɛstjɛʀ] *nm* **1.** *(d'un musée, d'un théâtre)* guardarropa *m* **2.** *(d'une piscine)* vestuario *m*

vestibule [vɛstibyl] *nm* vestíbulo *m*

vestiges [vɛstiʒ] *nmpl* vestigios *mpl*

veston [vɛstɔ̃] *nm* americana *f*

vêtements [vɛtmɑ̃] *nmpl* ropa *f*

vétérinaire [veteʀinɛʀ] *nmf* veterinario *m*, ria *f*

vététiste [vetetist] *nmf persona que participa en competiciones de BTT (bicicleta todo terreno)*

veuf, veuve [vœf, vœv] *adj & nm, f* viudo(da)

veuille etc ➤ **vouloir**

veuve ➤ **veuf**

veux [vø] ➤ **vouloir**

vexant, e [vɛksɑ̃, ɑ̃t] *adj* humillante

vexer [vɛkse] *vt* ofender ♦ **se vexer** *vp* molestarse

VF [veef] *nf abr de* version française

viaduc [vjadyk] *nm* viaducto *m*

viande [vjɑ̃d] *nf* carne *f* ♦ **viande séchée des Grisons** *carne de vaca en salazón, curada y prensada*

vibration [vibrasjɔ̃] *nf* vibración *f*

vibrer [vibre] *vi* vibrar

vibreur [vibrœr] *nm* vibrador *m*

vice [vis] *nm* vicio *m*

vice versa [vis(e)vɛrsa] *adv* viceversa

vicieux, euse [visjø, øz] *adj* vicioso(sa)

victime [viktim] *nf* víctima *f* ♦ **être victime** de ser víctima de

victoire [viktwar] *nf* victoria *f*

vidange [vidɑ̃ʒ] *nf (d'une auto)* cambio *m* de aceite

vide [vid] *adj* vacío(a) ◇ *nm* vacío *m* ♦ **sous vide** al vacío ♦ **vide juridique** vacío jurídico

vidéo [video] *adj inv de* vídeo ◇ *nf* vídeo *m*

vidéoconférence [videokɔ̃feRɑ̃s] = **visioconférence**

vidéoprojecteur [videopRɔʒɛktœr] *nm* videoproyector *m*

vide-ordures [vidɔRdyR] *nm inv* colector *m* de basuras

vide-poches [vidpɔʃ] *nm inv (dans une voiture)* guantera *f*

vider [vide] *vt* **1.** vaciar **2.** *(poulet, poisson)* limpiar ♦ **se vider** *vp* vaciarse

videur [vidœr] *nm (de boîte de nuit)* segura *m*

vie [vi] *nf* vida *f* ♦ **en vie** con vida ♦ **être en vie** estar vivo(va) ♦ **vie privée** vida privada

vieil ➤ **vieux**

vieillard [vjɛjaR] *nm* anciano *m*

vieille ➤ **vieux**

vieillesse [vjɛjɛs] *nf* vejez *f*

vieillir [vjejiR] *vi* envejecer ◇ *vt* ♦ **ça le vieillit** *(apparence)* lo envejece

viendra etc ➤ **venir**

viens etc ➤ **venir**

vierge [vjɛRʒ] *adj* virgen ♦ **Vierge** *nf (signe du zodiaque)* Virgo *m*

Vietnam [vjetnam] *nm* ♦ **le Vietnam** Vietnam *m*

vieux, vieille [vjø, vjɛj] *(mpl* vieux [vjø]*)* *(vieil* [vjɛj] *devant voyelle ou h muet) adj & nm, f* viejo(ja) ♦ **vieux jeu** chapado a la antigua

vif, vive [vif, viv] *adj* **1.** *(geste)* enérgico(ca) **2.** *(esprit, couleur)* vivo(va) **3.** *(regard)* intenso(sa)

vigile [viʒil] *nm* vigilante *m*

vigne [viɲ] *nf* **1.** *(plante)* vid *f* **2.** *(terrain)* viñedo *m*

vignette [viɲɛt] *nf (de médicament)* etiqueta *f*

vignoble [viɲɔbl] *nm* viñedo *m*

vigoureux, euse [viguʁø, øz] *adj* vigoroso(sa)

vigueur [vigœʁ] *nf* • **les prix en vigueur** los precios en vigor • **entrer en vigueur** entrar en vigor

VIH, V.I.H. [veiaʃ] (*abr de Virus d'Immunodéficience Humaine*) *nm* VIH *m* (*virus de la inmunodeficiencia humana*)

vilain, e [vilɛ̃, ɛn] *adj* **1.** (*méchant*) malo(la) **2.** (*laid*) feo(a)

villa [vila] *nf* mansión *f*

village [vilaʒ] *nm* pueblo *m*

ville [vil] *nf* ciudad *f* • **aller en ville** ir a la ciudad

Villette [vilɛt] *nf* • (le parc de) la Villette complejo cultural en el norte de París dedicado a las ciencias y la música

vin [vɛ̃] *nm* vino *m* • **vin blanc** vino blanco • **vin doux** vino dulce • **vin rosé** vino rosado • **vin rouge** vino tinto • **vin sec** vino seco • **vin de table** vino de mesa

Le vin

Francia es un importante país productor de vino. Las principales regiones vinícolas son la zona de Burdeos, Borgoña y el valle del Loira, donde se producen tanto tintos como blancos. En Alsacia predomina la producción de vino blanco, mientras que en las Côtes du Rhône, en Provenza y en Córcega se produce principalmente rosado. Los vinos se clasifican en cuatro categorías: los *AOC*, vinos con denominación de origen, conocidos por su alta calidad y cuya procedencia está garantizada; los *VDQS*, vinos de calidad que se producen en una región determinada; los *vins de pays*, vinos de mesa en los que se indica la procedencia, y los *vins de table*, vinos en los que no se indica la procedencia y que pueden ser el resultado de mezclas.

vinaigre [vinɛgʁ] *nm* vinagre *m*

vinaigrette [vinɛgʁɛt] *nf* vinagreta *f*

vingt [vɛ̃] *adj num* & *pron num* veinte ◇ *nm* veinte *m* • **il a vingt ans** tiene veinte años • **le vingt janvier** el veinte de enero • **page vingt** página veinte • **ils étaient vingt** eran veinte • **(au) vingt rue** Lepic (en la) calle Lepic número veinte

vingtaine [vɛ̃tɛn] *nf* • **une vingtaine (de)** una veintena (de)

vingtième [vɛ̃tjɛm] *adj num* & *pron num* vigésimo(ma) ◇ *nm* **1.** (*fraction*) vigésima parte *f* **2.** (*étage*) vigésimo *m* (piso) **3.** (*arrondissement*) distrito *m* veinte ou vigésimo

viol [vjɔl] *nm* violación *f*

violemment [vjɔlamɑ̃] *adv* violentamente

violence [vjɔlɑ̃s] *nf* violencia *f* • **violence routière** violencia vial

violent, e [vjɔlɑ̃, ɑ̃t] *adj* violento(ta)

violer [vjɔle] *vt* violar

violet, ette [vjɔlɛ, ɛt] *adj* violeta ◆ **violet** *nm* violeta *m*

violette [vjɔlɛt] *nf* violeta *f*

violon [vjɔlɔ̃] *nm* violín *m*

violoncelle [vjɔlɔ̃sɛl] *nm* violonchelo *m*

violoniste [vjɔlɔnist] *nmf* violinista *mf*

vipère [vipɛʀ] *nf* víbora *f*

virage [viʀaʒ] *nm* **1.** *(sur la route)* curva *f* **2.** *(en voiture, à ski)* giro *m*

virement [viʀmɑ̃] *nm (sur un compte)* transferencia *f*

virer [viʀe] *vt (argent)* transferir

virgule [viʀgyl] *nf* coma *f*

viril, e [viʀil] *adj* viril

virtuel, elle [viʀtɥɛl] *adj* virtual

virtuose [viʀtɥoz] *nmf* virtuoso *m*, -sa *f*

virus [viʀys] *nm* virus *m inv*

vis [vis] *nf* tornillo *m*

visa [viza] *nm* visado *m*, visa *f (Amér)*

visage [vizaʒ] *nm* cara *f*

vis-à-vis [vizavi] ◆ **vis-à-vis de** *prép* con respecto a

viser [vize] *vt* **1.** *(cible)* apuntar **2.** *(concerner)* concernir

viseur [vizœʀ] *nm* **1.** *(de carabine)* mira *f* **2.** *(d'appareil photo)* visor *m*

visibilité [vizibilite] *nf* visibilidad *f*

visible [vizibl] *adj* visible

visière [vizjɛʀ] *nf* visera *f*

visioconférence [vizjokɔ̃feʀɑ̃s], **vidéoconférence** [videokɔ̃feʀɑ̃s] *nf* videoconferencia *f*, visioconferencia *f*

vision [vizjɔ̃] *nf* visión *f*

visionneuse [vizjɔnøz] *nf* proyector *m*

visite [vizit] *nf* visita *f* ● **rendre visite à qqn** hacer una visita a alguien ● **visite guidée** visita comentada ● **visite médicale** reconocimiento *m* médico

visiter [vizite] *vt* visitar

visiteur, euse [vizitœʀ, øz] *nm, f (touriste)* visitante *mf*

visqueux, euse [viskø, øz] *adj* viscoso(sa)

visser [vise] *vt* enroscar

visuel, elle [vizɥɛl] *adj* visual

vital, e, aux [vital, o] *adj* vital

vitalité [vitalite] *nf* vitalidad *f*

vitamine [vitamin] *nf* vitamina *f*

vite [vit] *adv* deprisa

vitesse [vites] *nf* **1.** velocidad *f* **2.** *(d'un véhicule)* **boîte cinq vitesses** caja *f* de cambios ● **à toute vitesse** a toda velocidad

vitrail, aux [vitʀaj, o] *nm* vidriera *f*

vitre [vitʀ] *nf* cristal *m*

vitré, e [vitʀe] *adj* acristalado(da)

vitrine [vitʀin] *nf* **1.** escaparate *m* **2.** *(meuble)* vitrina *f* ● **en vitrine** en el escaparate ● **faire les vitrines** ir a ver escaparates

vivacité [vivasite] *nf* vivacidad *f*

vivant, e [vivɑ̃, ɑ̃t] *adj* vivo(va)

vive [viv] *adj* ➤ **vif** ◇ *interj* ● **vive les mariés !** ¡viva los novios!

vivement [vivmɑ̃] *adv* enérgicamente ◇ *interj* ● **vivement demain !** ¡que llegue pronto mañana!

vivre [vivʀ] *vi & vt* vivir

VO [veo] *nf abr de* **version originale**

vocabulaire [vɔkabylɛʀ] *nm* vocabulario *m*

vodka [vɔdka] *nf* vodka *m*

vœu, x [vø] *nm* deseo *m* ● **envoyer/adresser ses vœux (à qqn)** felicitar (a alguien) ● **meilleurs vœux** ¡muchas felicidades!

voici [vwasi] *prép* ● voici votre clef aquí está su llave ● voici ma fille ésta es mi hija ● le voici aquí está

voie [vwa] *nf* **1.** vía *f* **2.** *(sur une route)* carril *m* ● en voie de en vías de ▼ par voie orale por vía oral ● voie ferrée vía férrea ▼ voie sans issue callejón *m* sin salida ● être sur la bonne voie ir por buen camino

voilà [vwala] *prép* ● voilà ce qui s'est passé eso es lo que pasó ● voilà Pierre aquí viene Pierre

voile [vwal] *nm* velo *m* ◇ *nf* vela *f*

voilé, e [vwale] *adj (roue)* torcido(da)

voilier [vwalje] *nm* velero *m*

voir [vwar] *vt* ver ● ça n'a rien à voir (avec) no tiene nada que ver (con) ● voyons ! *(pour reprocher)* ¡qué diablos! ● faire voir qqch à qqn enseñar algo a alguien ● se voir *vp* **1.** *(être visible)* notarse **2.** *(se rencontrer)* verse

voisin, e [vwazɛ̃, in] *adj & nm, f* vecino(na)

voiture [vwatyʀ] *nf* **1.** coche *m*, carro *m* *(Amér.)* **2.** *(wagon)* vagón *m* ● voiture de sport coche deportivo

voix [vwa] *nf* **1.** *(organe)* voz *f* **2.** *(vote)* voto *m* ● à voix basse/haute en voz baja/alta

vol [vɔl] *nm* **1.** *(en avion)* vuelo *m* **2.** *(délit)* robo *m* **3.** *(groupe d'oiseaux)* bandada *f* ● attraper qqch au vol coger algo al vuelo ● à vol d'oiseau en línea recta ● en vol en vuelo ● vol charter vuelo chárter ● vol régulier vuelo regular

volaille [vɔlaj] *nf* **1.** ave *f* **2.** *(collectif)* aves *fpl* *(de corral)*

volant [vɔlɑ̃] *nm* volante *m* ● à volants *(jupe)* de volantes

vol-au-vent [vɔlovɑ̃] *nm inv* volován *m*

volcan [vɔlkɑ̃] *nm* volcán *m*

voler [vɔle] *vt* robar ◇ *vi* **1.** volar **2.** *(commettre un vol)* robar

volet [vɔlɛ] *nm* **1.** *(de fenêtre)* persiana *f* **2.** *(d'imprimé)* hoja *f*

voleur, euse [vɔlœʀ, øz] *nm, f* ladrón *m*, -ona *f* ● au voleur ! ¡al ladrón!

volière [vɔljɛʀ] *nf* pajarera *f*

volley(-ball) [vɔlɛ(bol)] *nm* voleibol *m*

volontaire [vɔlɔ̃tɛʀ] *adj & nmf* voluntario(ria)

volontairement [vɔlɔ̃tɛʀmɑ̃] *adv* voluntariamente

volonté [vɔlɔ̃te] *nf* voluntad *f* ● bonne/mauvaise volonté buena/mala voluntad

volontiers [vɔlɔ̃tje] *adv* con mucho gusto

volt [vɔlt] *nm* voltio *m*

volume [vɔlym] *nm* volumen *m* ● réglage du volume ajuste *m* del volumen

volumineux, euse [vɔlyminø, øz] *adj* voluminoso(sa)

vomir [vɔmiʀ] *vi & vt* vomitar

vont [vɔ̃] → aller

vos → votre

vote [vɔt] *nm* voto *m*

voter [vɔte] *vi* votar

votre [vɔtʀ] *(pl* vos *[vo]) adj* **1.** *(collectif)* vuestro(tra) **2.** *(de vouvoiement)* su

vôtre [votʀ] ● le vôtre, la vôtre [lavotʀ, lavotʀ] *(pl* les vôtres [levotʀ]) *pron* **1.** *(collectif)* el vuestro (la vuestra) **2.** *(de* *vouvoiement*) el suyo (la suya) • **à la vô-tre !** ¡salud!

voudra etc ➤ vouloir

vouloir [vulwaʀ] *vt*
1. (*désirer*) querer • **voulez-vous boire quelque chose ?** ¿quiere beber algo? • **vouloir que** querer que • **si tu veux** si quieres • **sans le vouloir** sin querer • **je voudrais...** quisiera... • **que me voulez-vous ?** ¿qué quiere de mí?
2. (*accepter*) • **je veux bien** de acuerdo
3. (*dans des expressions*) • **en vouloir à qqn** estar resentido(da) con alguien • **vouloir dire** querer decir • **veuillez vous asseoir** tome asiento, por favor
◆ **s'en vouloir** *vp* • **je m'en veux (de lui avoir dit ça)** me arrepiento (de haberle dicho eso)

voulu, e [vuly] *pp* ➤ **vouloir**

vous [vu] *pron*
1. (*collectif*) vosotros(tras) • **vous avez fi-ni, les enfants ?** ¿habéis terminado, ni-ños?
2. (*sujet singulier pour vouvoyer*) usted • **merci, vous êtes très aimable** gracias, es usted muy amable
3. (*sujet pluriel pour vouvoyer*) ustedes • **vous avez fait bon voyage, messieurs ?** ¿han tenido ustedes buen viaje?
4. (*complément pluriel collectif, réfléchi*) os • **elle vous a vus dans la rue** ella os vio en la calle • **dépêchez-vous !** ¡daos prisa!
5. (*complément singulier pour vouvoyer*) lo (la) • **je ne vous connais pas, monsieur** a usted no lo conozco, señor

6. (*complément pl pour vouvoyer*) los (las) • **je vous raccompagne, mesdames ?** ¿se-ñoras, las acompaño?
7. (*complément indirect singulier pour vou-voyer*) usted • **il ne se fie qu'à vous** sólo confía en usted
8. (*réciproque*) • **vous-mêmes** (*collectif*) vosotros(tras) mismos(mas) • **vous-même** (*vouvoiement*) usted mismo(ma) • **vous-mêmes** (*vouvoiement pluriel*) uste-des mismos(mas)

Vous

Los franceses utilizan general-mente el *vous* cuando se dirigen a una persona por primera vez (ex-cepto a los niños) y con frecuen-cia cuando se trata de una perso-na mayor o un superior. A un desconocido rara vez se le tutea. Se considera una formula de res-peto, pero también se emplea pa-ra mantener una cierta distancia entre los interlocutores. En Fran-cia, el *tu* no se utiliza nunca en los eslóganes publicitarios. El paso al tuteo se produce normalmente cuando comenzamos a conocer a la otra persona o la vemos muy a menudo. Sin embargo, es pruden-te preguntar antes de tutear a al-guien.

voûte [vut] *nf* bóveda *f*

voûté, e [vute] *adj* encorvado(da)

vouvoyer [vuvwaje] *vt* tratar de usted • **se vouvoyer** *vp* tratarse de usted

voyage [vwajaʒ] nm viaje m ● **bon voyage !** ¡buen viaje! ● **partir en voyage** irse de viaje ● **voyage de noces** viaje de novios ● **voyage organisé** viaje organizado

voyager [vwajaʒe] vi viajar

voyageur, euse [vwajaʒœr, øz] nm, f viajero m, -ra f

voyant, e [vwajɑ̃, ɑ̃t] adj vistoso(sa) ◇ nm, f (devin) vidente mf ● **voyant** nm ● **voyant lumineux** indicador m luminoso

voyelle [vwajɛl] nf vocal f

voyons [vwajɔ̃] ➤ **voir**

voyou [vwaju] nm golfo m

vrac [vrak] nm ● **en vrac** (en désordre) en desorden ; (sans emballage) a granel

vrai, e [vrɛ] adj **1.** (exact) cierto(ta) **2.** (véritable) auténtico(ca) ● **à vrai dire** a decir verdad

vraiment [vrɛmɑ̃] adv realmente

vraisemblable [vrɛsɑ̃blabl] adj verosímil

VTC [vetese] (abr de vélo tout chemin) nf SPORT bicicleta apta para ciudad, campo, montaña etc

VTT [vetete] (abr de vélo tout terrain) nm BTT f (bicicleta todo terreno)

vu, e [vy] pp ➤ **voir** ◇ prép dado(da) ● **vu son caractère** dado su carácter ● **vu nos problèmes** dados nuestros problemas ● **vu que** dado que ◇ adj : **être bien/mal vu (de qqn)** estar bien/mal visto (por alguien)

vue [vy] nf **1.** vista f **2.** (vision, spectacle) visión f ● **avec vue sur** con vistas a ● **connaître qqn de vue** conocer a alguien de vista ● **en vue de faire qqch** con vistas a hacer algo ● **à vue d'œil** a simple vista ● **avoir une bonne/mauvaise vue** tener buena/mala vista

vulgaire [vylgɛr] adj vulgar

wagon [vagɔ̃] nm vagón m

wagon-lit [vagɔ̃li] (pl **wagons-lits**) nm coche m cama

wagon-restaurant [vagɔ̃rɛstorɑ̃] (pl **wagons-restaurants**) nm vagón m restaurante

Walkman® [wɔkman] nm walkman® m

wallon, onne [walɔ̃, ɔn] adj valón(ona) ● **Wallon, onne** nm, f valón m, -ona f

waterproof [waterpruf] adj inv resistente al agua

waters [water] nmpl váter m

waterzooï [waterzɔj] nm (Belg) especialidad flamenca a base de pollo o de pescado y verduras preparada con una salsa con nata

watt [wat] nm vatio m

W-C [vese] nmpl WC m

Web [wɛb] nm ● **le Web** la Web

webcam [webkam] nf webcam f inv

webmestre [webmɛstr], **webmaster** [webmastœr] nm administrador(ra) de (sitio) web

week-end, s [wikɛnd] nm fin m de semana ● **bon week-end !** ¡buen fin de semana!

western [wɛstɛʀn] *nm* película *f* del Oeste

whisky [wiski] *nm* whisky *m*

Wi-Fi [wifi] *(abr de Wireless Fidelity) nm* Wi-Fi *m*

WWW *(abr de World Wide Web) nf* WWW *f*

yeux [jø] ► œil

yoga [jɔga] *nm* yoga *m*

yoghourt [jɔgurt] = **yaourt**

yougoslave [jugɔslav] *adj* yugoslavo(va) ◆ **Yougoslave** *nmf* yugoslavo *m*, -va *f*

Yougoslavie [jugɔslavi] *nf* ◆ **la Yougoslavie** Yugoslavia *f*

Yo-Yo® [jojo] *nm inv* yoyó® *m*

xérès [gzeʀɛs] *nm* jerez *m*

xml, XML [iksɛmɛl] *(abr de Extensible Markup Language) nm* XML *m*

xylophone [ksilɔfɔn] *nm* xilófono *m*

zapper [zape] *vi* zapear, hacer zapping

zèbre [zɛbʀ] *nm* cebra *f*

zen [zɛn] *adj inv* ◆ **être** ou **rester zen** mantener la calma

zéro [zeʀo] *nm* cero *m*

zeste [zɛst] *nm (écorce)* corteza *f*

zigzag [zigzag] *nm* zigzag *m* ◆ **en zigzag** en zigzag, haciendo eses

zigzaguer [zigzage] *vi* zigzaguear

zip, ZIP [zip] *nm INFORM* ◆ **fichier zip** archivo *m* zip

zipper [zipe] *vt INFORM* comprimir

zodiaque [zɔdjak] *nm* ► **signe**

zone [zon] *nf* zona *f* ◆ **zone bleue** ≃ zona azul ◆ **zone industrielle** zona industrial ◆ **zone piétonne** ou **piétonnière** zona peatonal ◆ **zone de texte** campo *m* de texto

zoo [zo(o)] *nm* zoo *m*

zoologique [zɔɔlɔʒik] *adj* ► **parc**

zut [zyt] *interj* ¡ostras!

y [i] *adv*
1. *(indique le lieu)* ◆ **nous y resterons une semaine** nos quedaremos (allí) una semana ◆ **j'y vais demain** voy mañana
2. *(dedans)* ◆ **mets-y du sel** pon sal
◇ *pron* ◆ **que veux-tu que j'y fasse ?** ¿qué quieres que le haga? ◆ **pensez-y** piense en ello ◆ **n'y comptez pas** no cuente con ello ► **aller, avoir**

yacht [jɔt] *nm* yate *m*

yaourt [jauʀt] *nm* yogur *m*

GUÍA
DE CONVERSACIÓN

---

las cifras y la hora

GUIDE
DE CONVERSATION

---

les chiffres et l'heure

Índice

Sommaire

saludar a alguien	*saluer quelqu'un*
buenos días (Esp) o buen día (Amér)	bonjour [le matin]
buenas tardes	bonsoir [l'après-midi]
buenas noches	bonsoir [la nuit]
¡hola!	salut !
¿cómo estás/está?	comment vas-tu/allez-vous ?
muy bien, gracias	très bien, merci
¿qué tal?	ça va ?
bien, ¿y tú/usted?	bien, et toi/vous ?

presentarse	*se présenter*
me llamo Pierre	je m'appelle Pierre
soy francés(esa)	je suis français(e)
soy de París	je viens de Paris
hola, soy Marc	salut, moi c'est Marc
deja que me presente, soy Lola	je me présente, je m'appelle Lola
me parece que no nos conocemos	je ne crois pas que nous nous connaissions

presentar a alguien	*présenter quelqu'un*
éste es el señor Durand	voici M. Durand
le presento al señor Durand	je vous présente M. Durand
encantado(a) o mucho gusto	enchanté(e)
encantado(a) de conocerlo(a)	ravi(e) de vous connaître/de faire votre connaissance
espero que haya tenido un buen viaje	j'espère que vous avez fait bon voyage
bienvenido(a)	bienvenu(e)
voy a hacer las presentaciones...	je vais faire les présentations...

despedirse	*prendre congé*
adiós (Esp) chao o chau (Amér)	salut
hasta luego (Esp)	au revoir
hasta ahora	à tout à l'heure
hasta pronto o nos vemos	à bientôt
hasta mañana o nos vemos mañana	à demain
hasta luego	à plus
nos vemos luego	à plus tard
nos vemos un día de estos	à un de ces jours
buenas noches	bonsoir/bonne nuit
(que tenga un) buen viaje	je vous souhaite un bon voyage
encantado(a) de conocerlo(a)	heureux(euse) d'avoir fait votre connaissance
me temo que tengo que irme	je vais devoir vous laisser
recuerdos a ...	mes amitiés à ...

dar las gracias	*remercier*
gracias	merci
muchas gracias	merci beaucoup
igualmente	vous de même
gracias por su ayuda	merci de votre aide
gracias por todo	merci pour tout
no sé cómo agradecerle	je ne sais comment vous remercier
le estoy muy agradecido por ...	je vous suis très reconnaissant de ...

devolver las gracias	*répondre à des remerciements*
no hay de qué o ha sido un placer	il n'y a pas de quoi
de nada	de rien
no hay de qué	je t'en prie/je vous en prie
no es nada	ce n'est rien
qué menos	c'est la moindre des choses

pedir disculpas	*présenter ses excuses*
disculpe o perdone	excusez-moi
perdón o perdona(e)	pardon [pour s'excuser]
con permiso	pardon [pour passer]
lo siento	je suis désolé(e)
lo siento mucho	je suis vraiment désolé(e)
perdón por el retraso o siento llegar tarde	je suis désolé(e) d'être en retard
perdone que lo(a) moleste	je suis désolé(e) de vous déranger
me temo que vamos a tener que anular la cita	j'ai bien peur de devoir annuler le rendez-vous

aceptar disculpas	*accepter des excuses*
no pasa nada o no ha sido nada o no fue nada	ce n'est pas grave
no tiene importancia	ça ne fait rien
vale (Esp) o está bien (Amér)	il n'y a pas de mal
olvídalo o no te preocupes	c'est oublié
no se hable más	n'en parlons plus

felicitar	*exprimer des vœux*
¡(buena) suerte!	bonne chance !
¡que lo pases bien!	amuse-toi bien !
¡buen provecho!	bon appétit !
¡feliz cumpleaños!	bon anniversaire !
¡que pases una buena Semana Santa!	joyeuses pâques !
¡feliz Navidad! o ¡felices fiestas!	joyeux noël !
¡feliz o próspero año nuevo!	bonne année !
¡buen fin de semana!	bon week-end !
¡(que pases unas) buenas vacaciones!	bonnes vacances !
¡muchas felicidades!	meilleurs vœux !
¡que tengas un buen día!	passe une bonne journée !
¡salud!	santé !
¡a su salud!	à votre santé !
¡que vaya bien! o ¡que disfrute(n)!	bonne continuation !
¡enhorabuena!	félicitations !

el tiempo	*le temps*
hace buen tiempo o hace bueno	il fait beau
hoy hace muy buen tiempo o hoy hace muy bueno o hoy hace un día precioso	il fait très beau aujourd'hui
hace sol	il y a du soleil
llueve	il pleut
nieva	il neige
está nublado	le ciel est couvert
se espera lluvia para mañana	on annonce de la pluie pour demain

¡qué tiempo tan horrible!	quel temps épouvantable !
hace (mucho) calor/frío	il fait (très) chaud/froid
¿qué tiempo hace?	quel temps fait-il ?
parece que aclara	il y a une éclaircie
hay humedad	le temps est humide
hace bochorno	le temps est très lourd
¿cree que las temperaturas van a subir?	pensez-vous que les températures vont remonter ?
¡espero que mejore el tiempo!	j'espère que le temps va changer !
expresar opiniones	*exprimer une opinion*
me gusta	ça me plaît
no me gusta	ça ne me plaît pas
sí, por favor	oui, volontiers
no, gracias	non merci
te apetecería ir al parque con nosotros?	ça te dirait de venir au parc avec nous ?
sí, me encantaría o con mucho gusto	oui, avec grand plaisir
no estoy de acuerdo	je ne suis pas d'accord
estoy completamente de acuerdo con usted	je suis totalement de votre avis
no es lo mío	ce n'est pas ma tasse de thé
¿por qué no?	cela me tenterait bien
preferiría otra cosa	je préférerais quelque chose d'autre
me encanta la vela	j'adore la voile
a mi parecer, ... o en mi opinión, ...	à mon avis, ...
por lo que a mí respecta, ...	en ce qui me concerne, ...

al teléfono	au téléphone
¿oiga? (Esp) ¡hola! (Amér)	allô ! [personne qui appelle]
¿diga? o ¿dígame? o ¿sí? (Esp) ¡hola! o ¡bueno! (Amér)	allô ! [personne qui répond]
soy Anne Martin	Anne Martin à l'appareil
quisiera hablar con el señor Herrera	je voudrais parler à M. Herrera
llamo de parte de la señora Dubois	j'appelle de la part de Mme Dubois
volveré a llamar dentro de diez minutos	je rappellerai dans dix minutes
prefiero esperar	je préfère patienter
¿puedo dejarle un recado?	puis-je lui laisser un message ?
perdone, debo de haberme equivocado de número	excusez-moi, j'ai dû faire un mauvais numéro
¿quién es?	qui est à l'appareil ?
no cuelgue, ahora le paso	ne quittez pas, je vous le passe
¿puede llamar dentro de una hora?	pouvez-vous rappeler dans une heure ?
ha salido	il/elle est sorti(e)
no volverá hasta mañana	il/elle est absent(e) jusqu'à demain
creo que se equivoca	je pense que vous faites erreur

en la empresa	relations professionnelles
buenos días, soy de Biotech	bonjour, je fais partie de Biotech
tengo una cita con el señor Martin a las dos y media	j'ai rendez-vous avec M. Martin à 14 h 30
aquí tiene mi tarjeta de visita	voici ma carte de visite
quisiera ver al director	je voudrais voir le directeur

9

mi dirección de correo electrónico es paul@easyconnect.com	mon adresse e-mail est paul@easyconnect.com
llamaba para fijar una cita	j'appelle pour prendre rendez-vous
si no tiene ningún compromiso podríamos comer juntos	seriez-vous libre pour déjeuner ?
mi secretaria lo(a) llamará para fijar una fecha	ma secrétaire vous rappellera pour fixer une date

alquilar un vehículo — *louer une voiture*

quisiera alquilar un coche (Esp) o carro (Amér) con aire acondicionado para una semana	je voudrais louer une voiture climatisée pour une semaine
¿cuánto cuesta por día?	quel est le tarif pour une journée ?
¿incluye kilometraje ilimitado?	le kilométrage est-il illimité ?
¿cuánto cuesta el seguro a todo riesgo (Esp) o contra todo riesgo (Amér)?	combien coûte l'assurance tous risques ?
¿puedo devolver el coche (Esp) o carro (Amér) en el aeropuerto?	pourrai-je rendre la voiture à l'aéroport ?
aquí tiene mi carné de conducir (Esp) o licencia de manejar (Méx)	voici mon permis de conduire

al volante — *circuler en voiture*

¿cómo se va al centro/a la autopista?	comment rejoint-on le centre-ville/l'autoroute ?
¿hay algún aparcamiento cerca de aquí?	y a-t-il un parking près d'ici ?
¿se puede aparcar aquí?	est-ce que je peux stationner ici ?
estoy buscando una gasolinera	je cherche une station-service

¿dónde está el taller (de reparaciones) más cercano?	où se trouve le garage le plus proche ?
¿voy bien para ir a la estación?	est-ce bien la direction de la gare ?
¿queda lejos en coche (Esp) o carro (Amér)?	est-ce que c'est loin en voiture ?

en la gasolinera — *à la station-service*

lléneme el depósito, por favor	le plein, s'il vous plaît
quiero comprobar el aire de las ruedas (Esp) o las llantas (Méx)	je voudrais vérifier la pression des pneus
surtidor (número) tres	pompe (numéro) 3
¿no venden cadenas para la nieve?	vous ne vendez pas de chaînes à neige ?
quiero un par de limpiaparabrisas	je voudrais une paire d'essuie-glaces

en el taller — *chez le garagiste*

tengo una avería en el coche (Esp) o carro (Amér)	je suis en panne
me he quedado sin gasolina	je suis en panne d'essence
no me funciona el aire acondicionado	l'air conditionné ne marche pas
se me ha caído el tubo (Esp) o caño (Amér) de escape	j'ai perdu le pot d'échappement
mi coche (Esp) o carro (Amér) pierde aceite	ma voiture perd de l'huile
el motor se calienta	le moteur chauffe
el motor hace un ruido raro	le moteur fait un drôle de bruit
¿puede comprobar los frenos?	pourriez-vous vérifier les freins ?
¿puede comprobar el nivel de agua?	pourriez-vous vérifier le niveau d'eau ?

me he quedado sin batería	la batterie est à plat
se me ha pinchado una rueda (Esp) o se me ponchó una llanta (Méx)	j'ai crevé
me tendrían que arreglar la rueda (Esp) o reparar la llanta (Méx)	il faut réparer le pneu
¿cuánto va a costar la reparación?	combien vont coûter les réparations ?
tomar un taxi	*prendre un taxi*
¿me podría pedir un taxi?	pourriez-vous m'appeler un taxi ?
¿dónde hay una parada de taxis?	où est la station de taxis ?
quisiera un taxi para las ocho	je voudrais réserver un taxi pour 8 h
¿cuánto cuesta un taxi de aquí al centro?	combien coûte un taxi d'ici au centre-ville ?
¿cuánto tiempo se tarda (Esp) o se demora (Amér) en ir al aeropuerto?	combien de temps met-on pour aller à l'aéroport ?
¿me puedo sentar delante?	puis-je monter devant ?
a la estación de autobuses (Esp) o buses (Amér)/a la estación de tren/al aeropuerto, por favor	à la gare routière/à la gare/à l'aéroport, s'il vous plaît
pare aquí/en el semáforo/a la vuelta de la esquina, por favor	veuillez vous arrêtez ici/au feu/au coin de la rue
¿puede esperarme?	pourriez-vous m'attendre ?
¿cuánto es? o ¿cuánto le debo?	je vous dois combien ?
quisiera un recibo, por favor	pourrais-je avoir une fiche ?
quédese con la vuelta (Esp) o el vuelto (Amér)	gardez la monnaie

tomar el autocar	*prendre le car*
¿cuándo sale el próximo autocar para Toledo?	quand part le prochain car pour Tolède ?
¿cuánto tiempo tarda (Esp) o demora (Amér) en llegar a Perpiñán?	combien de temps met le car pour Perpignan ?
¿cuánto cuesta un billete (Esp) o un boleto (Amér) de ida y vuelta para Sevilla?	combien coûte un aller-retour pour Séville ?
¿tienen descuentos?	avez-vous des tarifs réduits ?
¿hay aseos en el autocar?	y a-t-il des toilettes dans le car ?
¿es un autocar con aire acondicionado?	le car est-il climatisé ?
disculpe, ¿está ocupado este asiento?	excusez-moi, cette place est-elle occupée ?
¿le importa si bajo la persiana?	cela vous ennuie si je baisse le store ?
parada solicitada	arrêt demandé

tomar el tren	*prendre le train*
¿dónde está el mostrador de venta de billetes (Esp) o la boletería (Amér)?	où se trouvent les guichets ?
¿a qué hora sale el próximo tren para París?	à quelle heure part le prochain train pour Paris ?
¿de qué andén sale?	de quel quai part-il ?
¿cuánto cuesta un billete (Esp) o un boleto (Amér) de ida y vuelta para Granada?	combien coûte un aller-retour pour Grenade ?
¿hay descuentos para jóvenes?	y a-t-il un tarif jeune ?
¿hay consigna?	y a-t-il une consigne ?

un asiento de ventanilla en un compartimiento para no fumadores, por favor	une place côté fenêtre (dans un wagon) non-fumeur(s), s'il vous plaît
quisiera reservar una litera en el tren de las nueve de la noche para París	je voudrais réserver une couchette dans le train de 21 h pour Paris
¿dónde tengo que validar el billete (Esp) o boleto (Amér)?	où puis-je composter mon billet ?
disculpe, ¿está libre este asiento?	excusez-moi, cette place est-elle libre ?
¿dónde está el vagón restaurante?	où est la voiture restaurant ?
en el aeropuerto	*à l'aéroport*
¿dónde está la terminal uno/la puerta dos?	où se trouve le terminal 1/ la porte 2 ?
¿dónde está el mostrador de Air France?	où est le comptoir d'Air France ?
¿dónde está el mostrador de facturación? (Esp) o ¿dónde es el check-in? (Amér)	où dois-je enregistrer mes bagages ?
quisiera un asiento de pasillo/ventanilla	j'aimerais une place côté couloir/hublot
¿a qué hora es el embarque?	à quelle heure est l'embarquement ?
he perdido el vuelo de enlace o la conexión	j'ai raté ma correspondance
¿cuándo es el próximo vuelo para Lyon?	quand part le prochain vol pour Lyon ?
he perdido la tarjeta de embarque	j'ai perdu ma carte d'embarquement

¿dónde se recogen las maletas?	où récupère-t-on les bagages ?
¿dónde está el autobús (Esp) o bus (Amér) de enlace con el centro?	où se trouve la navette pour se rendre au centre-ville ?
preguntar el camino	*demander son chemin*
¿me podría indicar en el mapa dónde estamos?	pourriez-vous m'indiquer où nous sommes sur le plan ?
¿dónde está correos/la estación de autobuses (Esp) o buses (Amér)?	où se trouve la poste/la gare routière ?
disculpe, ¿cómo voy a la Plaza Mayor?	excusez-moi, comment je dois faire pour aller à la Plaza Mayor ?
estoy buscando la estación marítima	je cherche la gare maritime
¿para ir al museo de arte moderno hay que seguir todo recto?	est-ce que je dois continuer tout droit pour le musée d'art moderne ?
¿queda lejos?	est-ce loin ?
¿voy bien por aquí para ir al metro?	est-ce bien la direction du métro ?
¿se puede ir andando?	peut-on y aller à pied ?
¿hay que coger el autobús (Esp) o tomar el bus (Amér)/el metro?	faut-il prendre le bus/le métro ?
¿dónde está la estación de metro más cercana?	où est la station de métro la plus proche ?
¿hay alguna parada de autobús (Esp) o bus (Amér) cerca de aquí?	y a-t-il un arrêt de bus à proximité ?
¿me podría ayudar? creo que me he perdido	pourriez-vous m'aider ? je crois que je me suis perdu(e)

desplazarse por la ciudad	se déplacer en ville
¿qué autobús (Esp) o bus (Amér) va al aeropuerto?	quel est le bus qui mène à l'aéroport ?
¿donde puedo coger el autobús (Esp) o tomar el bus (Amér) para la estación?	où puis-je prendre le bus pour la gare ?
¿me puede avisar cuando me tenga que bajar en esta parada?	pourrez-vous me prévenir quand nous serons arrivés à cet arrêt ?
¿éste es el autobús (Esp) o bus (Amér) que va a la estación?	est-ce que ce bus va à la gare ?
¿dónde se coge (Esp) o toma (Amér) la línea que va a Ópera?	où faut-il prendre la ligne pour aller à Opera ?
¿a qué hora es el ultimo metro/tranvía?	à quelle heure est le dernier métro/tramway ?

en el bar	au café
¿está libre esta mesa/silla?	cette table/chaise est-elle libre ?
¡oiga, por favor!	s'il vous plaît !
¿podría traernos la carta de bebidas?	pourriez-vous nous apporter la carte des consommations ?
dos cafés solos (Esp) o negros (Amér), por favor	deux cafés, s'il vous plaît
quiero un café con leche	je voudrais un café au lait
un té solo/con limón/con leche	un thé nature/citron/au lait
¿qué bebidas calientes/frías tiene?	qu'est-ce que vous avez comme boissons chaudes/fraîches ?

¿me puede traer cubitos de hielo?	pourrais-je avoir des glaçons ?
un zumo (Esp) o jugo (Amér) de naranja/un agua mineral	un jus d'orange/une eau minérale
¿me trae otra cerveza, por favor?	puis-je avoir une autre bière ?
¿dónde están los servicios? o ¿dónde es el baño?	où sont les toilettes ?
¿hay una zona para fumadores?	y a-t-il une zone fumeur ?

en el restaurante	*au restaurant*
quisiera reservar una mesa para las nueve	j'aimerais réserver une table pour 21 heures
una mesa par dos, por favor	une table pour deux personnes
¿tendría una mesa en la sala para fumadores?	peut-on avoir une table dans la zone fumeur ?
¿quieren comer/beber algo?	voulez-vous quelque chose à manger/à boire ?
¿tiene un menú infantil/vegetariano?	avez-vous un menu enfant/végétarien ?
quisiéramos un aperitivo	nous aimerions prendre un apéritif
una botella/un vaso de vino blanco/ tinto, por favor	une bouteille/un verre de vin blanc/rouge, s'il vous plaît
¿cuál es la especialidad de la casa?	quelle est votre spécialité ?
poco hecho(a)/al punto/ muy hecho(a)	saignant(e)/à point/bien cuit(e)
¿qué tiene de postre?	qu'est-ce que vous avez comme desserts ?
la cuenta, por favor	l'addition, s'il vous plaît

en el hotel	à l'hôtel
quisiéramos una habitación doble/dos habitaciones individuales	nous voudrions une chambre double/deux chambres simples
quisiera una habitación para dos noches	j'aimerais une chambre pour deux nuits
tengo una reserva a nombre de Berger	j'ai réservé une chambre au nom de Berger
he reservado una habitación con ducha/baño	j'ai réservé une chambre avec douche/avec salle de bains
¿hay un aparcamiento reservado para los clientes del hotel?	y a-t-il un parking réservé aux clients de l'hôtel ?
la llave de la habitación 121, por favor	la clé de la chambre 121, s'il vous plaît
¿podría darme una almohada/manta (Esp) o cobija o frazada (Amér) más, por favor?	pourrais-je avoir un oreiller/une couverture supplémentaire ?
¿hay algún recado para mí?	est-ce qu'il y a des messages pour moi ?
¿a qué hora se sirve el desayuno?	à quelle heure est le petit déjeuner ?
quisiera tomar el desayuno en la habitación	j'aimerais prendre le petit déjeuner dans ma chambre
¿me podría despertar a las siete de la mañana?	pourriez-vous me réveiller à 7 heures ?
quisiera pagar la cuenta	je voudrais régler

de compras	les achats
¿cuánto cuesta? o ¿cuánto es?	combien ça coûte ? o c'est combien ?
estoy buscando unas gafas (Esp) o anteojos (Amér) de sol/un traje de baño	je cherche des lunettes de soleil/ un maillot de bain

uso la (talla) treinta y ocho	je fais du 38
calzo un cuarenta	je chausse du 40
¿puedo probármelo?	est-ce que je peux l'essayer ?
¿dónde están los probadores?	où se trouvent les cabines d'essayage ?
¿tiene una talla más pequeña/grande?	avez-vous la taille au-dessus/en dessous ?
¿lo tiene en azul?	l'avez-vous en bleu ?
¿tiene sobres/mapas de carretera?	vendez-vous des enveloppes/des cartes routières ?
un carrete (Esp) o una película (Amér), por favor	une pellicule photo, s'il vous plaît
¿a qué hora cierran?	à quelle heure fermez-vous ?
¿dónde está la caja?	où est la caisse ?
en la oficina de turismo	*à l'office de tourisme*
¿a qué hora cierra el museo?	à quelle heure le musée ferme-t-il ?
¿dónde está la piscina más cercana?	où se trouve la piscine la plus proche ?
¿sabe si hay alguna iglesia cerca de aquí?	pourriez-vous m'indiquer une église à proximité ?
¿sabe cuándo se celebra la misa/el próximo culto?	savez-vous quand a lieu la messe/le prochain office religieux ?
¿hay algún cine cerca de aquí?	y a-t-il un cinéma près d'ici ?
¿a qué distancia está la playa?	à quelle distance se trouve la plage ?
¿tiene un plano de la ciudad?	avez-vous un plan de la ville ?
estoy buscando un hotel que no sea muy caro	je cherche un hôtel pas trop cher

¿me puede recomendar un hotel cerca del centro?	pouvez-vous me recommander un hôtel près du centre ?
¿tiene una guía de los restaurantes de la ciudad?	avez-vous un guide des restaurants de la ville ?

deportes — *le sport*

queremos ver un partido de fútbol, ¿hay alguno esta noche?	nous aimerions voir un match de football, y en a-t-il un ce soir ?
¿dónde está el estadio?	où se trouve le stade ?
¿dónde se pueden alquilar bicicletas?	où peut-on louer des vélos ?
quisiera reservar una pista (Esp) o cancha (Amér) [de tenis] para las siete de la tarde	je voudrais réserver un court (de tennis) pour 19 heures
¿cuánto cuesta una hora de clase?	c'est combien pour une heure de cours ?
¿la piscina está abierta todos los días?	la piscine est-elle ouverte tous les jours ?
¿dónde podemos cambiarnos?	où peut-on se changer ?
¿podemos alquilar el equipo?	peut-on louer du matériel ?
¿alquilan barcas?	est-ce que vous louez des bateaux ?
me gustaría hacer un paseo o una excursión (en bicicleta)	j'aimerais faire une randonnée (à vélo)

en el banco — *à la banque*

quisiera cambiar 100 euros en dólares	je voudrais changer 100 euros en dollars
en billetes pequeños, por favor	en petites coupures, s'il vous plaît
¿cuál es el cambio del franco suizo?	quel est le taux de change pour le franc suisse ?

¿a cuánto asciende la comisión?	quel est le montant de la commission ?
¿cuánto es en euros?	en euros, cela fait combien ?
quiero cambiar unos cheques de viaje	je voudrais encaisser des chèques de voyage
quiero hacer una transferencia bancaria	je voudrais faire un transfert d'argent
¿dónde hay un cajero automático?	où se trouve le distributeur de billets ?
el cajero automático se ha tragado mi tarjeta	le distributeur a avalé ma carte
mi tarjeta de crédito no funciona	ma carte de crédit ne fonctionne pas
en correos	*au bureau de poste*
¿cuánto cuesta enviar una carta/una postal a Bélgica?	combien ça coûte pour envoyer une lettre/une carte postale en Belgique ?
quiero diez sellos para Francia	je voudrais dix timbres pour la France
quiero enviar este paquete por correo certificado (Esp) o registrado (Amér)	je voudrais envoyer ce paquet en recommandé
¿cuánto cuesta en urgente?	quel est le tarif pour un courrier urgent ?
¿cuánto tiempo tarda (Esp) o demora (Amér) en llegar?	combien de temps mettra-t-il pour arriver ?
quería una tarjeta telefónica de 50 unidades	je voudrais une télécarte à 50 unités
¿puedo enviar un fax?	puis-je envoyer un fax ?

quisiera enviar un mensaje por correo electrónico, ¿dónde hay un cibercafé?	je voudrais envoyer un e-mail, pouvez-vous m'indiquer un cybercafé ?
quisiera consultar la guía telefónica o de teléfonos (Esp) o el directorio de teléfonos (Amér)	je voudrais consulter l'annuaire

en la consulta del médico	*chez le médecin*
tengo vómitos	j'ai vomi
tengo diarrea	j'ai la diarrhée
me duele aquí	j'ai mal là
me duele la cabeza	j'ai mal à la tête
me duele la garganta	j'ai mal à la gorge
me duele el estómago	j'ai mal au ventre
no puedo andar	je ne peux plus marcher
mi hijo tiene tos	mon fils tousse
tiene fiebre	il a de la fièvre
soy alérgico(a) a la penicilina	je suis allergique à la pénicilline
los antibióticos no me sientan muy bien	je ne supporte pas bien les antibiotiques
creo que tengo una otitis	je crois que j'ai une otite
tengo la tensión alta	je souffre d'hypertension
soy diabético(a)	je suis diabétique
creo que me he roto la muñeca	je crois que je me suis cassé le poignet
¿durante cuánto tiempo debo seguir el tratamiento?	jusqu'à quand dois-je suivre le traitement ?

en el dentista	chez le dentiste
tengo dolor de muelas	j'ai une rage de dents
me duele una muela	c'est une molaire qui me fait mal
se me ha caído un empaste (Esp) o una tapadura (Méx)	j'ai perdu un plombage
seguramente tengo una caries	j'ai certainement une carie
tengo un incisivo roto	une de mes incisives s'est cassée
habría que hacer un puente nuevo	il faudrait refaire le bridge
he perdido el aparato corrector	j'ai perdu mon appareil dentaire
¿me puede poner anestesia local?	pourriez-vous me faire une anesthésie locale ?

en la farmacia	à la pharmacie
¿tiene algo para el dolor de cabeza/el dolor de garganta/la diarrea?	je voudrais un médicament contre les maux de tête/le mal de gorge/la diarrhée
¿tiene un analgésico/tiritas® (Esp) o curitas (Amér), por favor?	il me faudrait de l'aspirine/des pansements
quiero una crema solar de alto índice de protección	je voudrais une crème solaire haute protection
¿tiene un repelente contra insectos?	auriez-vous une lotion contre les piqûres d'insectes ?
tengo una receta de mi médico en Francia	j'ai une ordonnance de mon médecin français
¿este medicamento se vende sin receta?	vendez-vous ce médicament sans ordonnance ?
¿me podría recomendar un médico?	pourriez-vous me recommander un médecin ?
¿dónde hay un médico de guardia?	quel est le médecin de garde ?

emergencias	*urgences*
¡llamen a un médico/a los bomberos/a la policía!	appelez un médecin/les pompiers/la police !
¡llamen a una ambulancia!	appelez une ambulance !
¿nos puede llevar a urgencias?	pouvez-vous nous emmener aux urgences ?
¿dónde está el hospital más cercano?	où est l'hôpital le plus proche ?
mi hijo es (del grupo sanguíneo) cero positivo	le groupe sanguin de mon fils est O+
tengo que ver urgentemente a un medico/a un dentista	je dois voir un médecin/un dentiste de toute urgence
me han robado	j'ai été victime d'un vol
ha habido un accidente	il y a eu un accident
me han robado el coche (Esp) o carro (Amér)	on m'a volé ma voiture
nos han atacado o agredido	nous avons été agressés

Números cardinales / Nombres cardinaux		
cero	0	zéro
uno	1	un
dos	2	deux
tres	3	trois
cuatro	4	quatre
cinco	5	cinq
seis	6	six
siete	7	sept
ocho	8	huit
nueve	9	neuf
diez	10	dix
once	11	onze
doce	12	douze
trece	13	treize
catorce	14	quatorze
quince	15	quinze
dieciséis	16	seize
diecisiete	17	dix-sept
dieciocho	18	dix-huit
diecinueve	19	dix-neuf
veinte	20	vingt
veintiuno	21	vingt et un
veintidós	22	vingt-deux
veintitrés	23	vingt trois
veinticuatro	24	vingt-quatre
veinticinco	25	vingt-cinq
veintiséis	26	vingt-six
veintisiete	27	vingt-sept

Números cardinales / Nombres cardinaux		
veintiocho	28	vingt-huit
veintinueve	29	vingt-neuf
treinta	30	trente
treinta y uno	31	trente et un
treinta y dos	32	trente-deux
cuarenta	40	quarante
cuarenta y uno	41	quarante et un
cuarenta y dos	42	quarante-deux
cincuenta	50	cinquante
cincuenta y uno	51	cinquante et un
sesenta	60	soixante
sesenta y uno	61	soixante et un
setenta	70	soixante-dix
setenta y uno	71	soixante et onze
ochenta	80	quatre-vingts
ochenta y uno	81	quatre-vingt-un
noventa	90	quatre-vingt-dix
noventa y uno	91	quatre-vingt-onze
cien	100	cent
ciento uno	101	cent un
ciento diez	110	cent dix
doscientos	200	deux cents
mil	1 000	mille
mil veinte	1 020	mille vingt
mil quinientos seis	1 506	mille cinq cent six
dos mil	2 000	deux mille
un millón	1 000 000	un million
mil millones	1 000 000 000	un milliard

Números ordinales / Nombres ordinaux		
primer(o)	1°/1ᵉʳ	premier
segundo	2°/2ᵉ	deuxième
tercer(o)	3°/3ᵉ	troisième
cuarto	4°/4ᵉ	quatrième
quinto	5°/5ᵉ	cinquième
sexto	6°/6ᵉ	sixième
séptimo	7°/7ᵉ	septième
octavo	8°/8ᵉ	huitième
noveno	9°/9ᵉ	neuvième
décimo	10°/10ᵉ	dixième
undécimo	11°/11ᵉ	onzième
duodécimo	12°/12ᵉ	douzième
decimotercer(o)	13°/13ᵉ	treizième
decimocuarto	14°/14ᵉ	quatorzième
decimoquinto	15°/15ᵉ	quinzième
decimosexto	16°/16ᵉ	seizième
decimoséptimo	17°/17ᵉ	dix-septième
decimoctavo	18°/18ᵉ	dix-huitième
decimonoveno	19°/19ᵉ	dix-neuvième
vigésimo	20°/20ᵉ	vingtième
vigésimo primer(o)	21°/21ᵉ	vingt et unième
vigésimo segundo	22°/22ᵉ	vingt-deuxième
vigésimo tercer(o)	23°/23ᵉ	vingt-troisième
vigésimo cuarto	24°/24ᵉ	vingt-quatrième
vigésimo quinto	25°/25ᵉ	vingt-cinquième

Números ordinales / Nombres ordinaux		
vigésimo sexto	26°/26ᵉ	vingt-sixième
vigésimo séptimo	27°/27ᵉ	vingt-septième
vigésimo octavo	28°/28ᵉ	vingt-huitième
vigésimo noveno	29°/29ᵉ	vingt-neuvième
trigésimo	30°/30ᵉ	trentième
trigésimo primer(o)	31°/31ᵉ	trente et unième
trigésimo segundo	32°/32ᵉ	trente-deuxième
cuadragésimo	40°/40ᵉ	quarantième
cuadragésimo primer(o)	41°/41ᵉ	quarante et unième
cuadragésimo segundo	42°/42ᵉ	quarante-deuxième
quincuagésimo	50°/50ᵉ	cinquantième
quincuagésimo primer(o)	51°/51ᵉ	cinquante et unième
sexagésimo	60°/60ᵉ	soixantième
sexagésimo primer(o)	61°/61ᵉ	soixante et unième
septuagésimo	70°/70ᵉ	soixante-dixième
septuagésimo primer(o)	71°/71ᵉ	soixante et onzième
octogésimo	80°/80ᵉ	quatre-vingtième
octogésimo primer(o)	81°/81ᵉ	quatre-vingt unième
nonagésimo	90°/90ᵉ	quatre-vingt dixième
nonagésimo primer(o)	91°/91ᵉ	quatre-vingt onzième
centésimo	100°/100ᵉ	centième
centésimo primer(o)	101°/101ᵉ	cent unième
milésimo	1 000°/1 000ᵉ	millième

Fracciones y decimales / Fractions et décimaux

medio	1/2	un demi
dos tercios	2/3	deux tiers
tres cuartos	3/4	trois quarts
seis quintos	6/5	six cinquièmes
siete doceavos	7/12	sept douzièmes
un décimo o una décima parte	1/10	un dixième
un centésimo o una centésima parte	1/100	un centième
cero coma uno	0,1	zéro virgule un
dos coma cinco	2,5	deux virgule cinq
seis coma cero tres	6,03	six virgule zéro trois
menos uno	-1	moins un
menos doce	-12	moins douze

Cálculo / Calcul

ocho más dos igual a diez	8+2=10	huit plus deux égal dix
nueve menos tres igual a seis	9-3=6	neuf moins trois égal six
siete por tres veintiuno	7x3=21	sept fois trois égal vingt et un
veinte entre cuatro igual a cinco	20:4=5	vingt divisé par quatre égal cinq

La hora / L'heure		
las cinco		cinq heures
las siete y cinco		sept heures cinq
las ocho y diez		huit heures dix
las nueve y cuarto		neuf heures et quart o neuf heures quinze
las diez y veinte		dix heures vingt
las once y media		onze heures et demie
las doce (del mediodía)		midi
las doce y media (del mediodía)		midi et demie
la una		une heure
las dos de la tarde		deux o quatorze heures
las cuatro menos cuarto		quatre heures moins le quart o quinze heures quarante-cinq

las cinco y veintitrés de la tarde		cinq o dix-sept heures vingt-trois
las nueve menos veinticinco		huit heures trente-cinq
las doce (de la noche)		minuit
la una (de la madrugada o de la mañana)		une heure (du matin)

La fecha / La date		
dieciséis de octubre de mil novecientos setenta y cinco	16/10/1975	seize octobre mille neuf cent soixante-quinze
mil cuatrocientos noventa y dos	1492	mille quatre cent quatre-vingt-douze
dos mil seis	2006	deux mille six
el siglo dieciocho	s. XVIII/XVIIIᵉ s.	le dix-huitième siècle

mañana	*matin*
tarde	*après-midi o soir*
noche	*soir o nuit*
¿Qué hora es? o ¿Sabe qué hora es?	*Il est quelle heure ? o Est-ce que vous avez l'heure ?*
Es la una. Son las cinco menos diez.	*Il est une heure. Il est cinq heures moins dix.*
¿A qué hora?	*À quelle heure ?*
A/Hacia/Sobre las tres.	*À/Vers/Aux environs de trois heures.*
¿Cuándo?	*Quand ?*

31

Hace media hora.	*Il y a une demi-heure.*
Dentro de tres cuartos de hora.	*Dans trois quarts d'heure.*
hoy	*aujourd'hui*
mañana	*demain*
ayer	*hier*
pasado mañana	*après-demain*
anteayer	*avant-hier*
el día siguiente	*le lendemain*
el día anterior o la víspera	*la veille*
esta mañana	*ce matin*
esta tarde	*cet après-midi o ce soir*
esta noche	*ce soir o cette nuit*
mañana por la tarde	*demain après-midi*
ayer por la tarde	*hier après-midi o soir*
ayer por la noche	*hier soir o la nuit dernière*
pasado mañana por la mañana	*après-demain matin*